Vérifiez votre orthographe

68 000 mots

Rédaction : Dominique Le Fur, Jennifer Rossi
Informatique : Karol Goskrzynski, Sébastien Pettoello
Informatique documentaire : Laurent Nicolas
Lecture-correction : Muriel Zarka-Richard
Maquette : Maud Dubourg

Cet ouvrage a été composé
avec CALLIGRAM PAGINATION conçu par X-MEDIA
F92200 Neuilly-sur-Seine (www.x-media.fr)

N° d'éditeur : 101 91 625
Dépôt légal : Novembre 2012
Imprimé en Italie chez Grafica Veneta S.p.A.

Nouvelle édition

*Tous droits de reproduction, de traduction et d'adaptation
réservés pour tous pays.*

© 2013 Dictionnaires LE ROBERT
25, avenue Pierre-de-Coubertin, 75211 Paris Cedex 13

ISBN 978-2-32100-219-2

© 2008 Dictionnaires LE ROBERT pour la première édition

Cet ouvrage est une œuvre collective au sens de l'article L. 113-2 du Code de la propriété intellectuelle. Publié par la société DICTIONNAIRES LE ROBERT, représentée par Estelle Dubernard, directrice déléguée.

« Toute représentation ou reproduction, intégrale ou partielle, faite sans le consentement de l'auteur, ou de ses ayants droit, ou ayants cause, est illicite » (article L. 122-4 du Code de la propriété intellectuelle). Cette représentation ou reproduction, par quelque procédé que ce soit, constituerait une contrefaçon sanctionnée par l'article L. 335-2 du Code de la propriété intellectuelle. Le Code de la propriété intellectuelle n'autorise, aux termes de l'article L. 122-5, que les copies ou reproductions strictement réservées à l'usage privé du copiste et non destinées à une utilisation collective, d'une part, et, d'autre part, que les analyses et les courtes citations dans un but d'exemple et d'illustration.

PRÉFACE

Vérifiez votre orthographe a été conçu pour apporter une réponse rapide, claire et complète aux questions que l'on peut se poser sur l'orthographe d'un mot et éventuellement sa prononciation. Il contient **68 000 mots,** pour lesquels il précise :
- la catégorie grammaticale
- l'invariabilité et le genre
- le féminin des adjectifs et des noms
- les pluriels irréguliers des mots simples et les pluriels des mots composés
- la catégorie des verbes
- le numéro de conjugaison des verbes, qui renvoie aux tableaux en annexe
- la prononciation de mots rares ou difficiles
- les marques déposées
- les recommandations officielles

Les variantes orthographiques des mots sont données, qu'il s'agisse des variantes bien installées dans l'usage (ex. *shampouiner* ou *shampooiner* ; *èvènement* ou *événement*) ou des graphies préconisées dans le cadre de la réforme de l'orthographe de 1990, dont certaines ont du mal à s'imposer dans notre langue (ex. : *ognon* pour *oignon*).

LA RÉFORME DE L'ORTHOGRAPHE

Le 6 décembre 1990 paraissait au Journal officiel un texte du Conseil supérieur de la langue française proposant un certain nombre de rectifications orthographiques. Elles portent sur les 5 points principaux suivants :
- le trait d'union disparaît dans un certain nombre de mots au profit de la soudure (ex. *autoécole, contrappel*) mais est ajouté dans les numéros composés (ex. *vingt-et-un-mille-six-cent-deux*)
- les mots composés de type forme verbale + nom ou bien préposition + nom prennent la marque du pluriel au deuxième élément (ex. *un essuie-main, des essuie-mains* ; *un garde-côte, des garde-côtes* ; *un après-midi, des après-midis*)
- l'accent circonflexe n'est plus obligatoire sur les lettres *i* et *u* (ex. *flute, traitre*), sauf dans les formes verbales (ex. *qu'il fût*), et dans quelques mots qui pourraient devenir ambigus (ex. *mûr*)
- le participe passé est invariable dans le cas de *laisser* suivi d'un infinitif (ex. *elle s'est laissé convaincre*)
- les mots empruntés suivent les règles d'accentuation et de formation du pluriel des mots français (ex. *un impresario, des impresarios*).

PRÉFACE

Par ailleurs :
- les graphies de mots de la même famille sont harmonisées (ex. *boursouffler* comme *souffler*, *charriot* comme *charrette*) et rendues conformes aux règles de l'écriture du français (ex. *douçâtre*)
- une consonne qui suit un e muet n'est pas doublée : ex. on écrit *lunette /lunetier*, *prunelle /prunelier*, sur le modèle de *noisette /noisetier*
- les verbes en -*eler* et en -*eter* s'écrivent avec un accent grave et une consonne simple devant une syllabe contenant un e muet. Les dérivés en -*ment* de ces verbes suivent la même règle (ex. *il dètèle* sur le modèle de *il pèle* ; *il étiquètera* sur le modèle de *il achètera* ; *nivèlement, renouvèlement*). Exceptions : *appeler*, *jeter* et leurs composés (y compris *interpeler*) bien implantés dans l'usage
- les verbes en -*otter* s'écrivent avec une consonne simple, de même que leurs dérivés (ex. *frisoter, frisotis*).

CERTAINES CONJUGAISONS SONT MODIFIÉES :
- les formes conjuguées des verbes du type *céder* s'écrivent avec un accent grave au futur et au conditionnel (ex. *il cèdera*, sur le modèle de *il lèvera*)
- dans les inversions interrogatives, la première personne du singulier en e suivie du pronom personnel je porte un accent grave (ex. *aimè-je*).

Ces propositions ont reçu un avis favorable de l'Académie française, l'accord du Conseil de la langue française du Québec et celui du Conseil de la langue de la Communauté française de Belgique. Censées aller dans le sens de la simplification, elles n'en ont pas moins de détracteurs qui pointent l'introduction d'incohérences et de confusions. Pourquoi écrire *un sèche-cheveu*, *des sèche-cheveux* alors que cet appareil a toujours vocation à sécher plusieurs cheveux ? Pourquoi écrire *sûr* au masculin mais *sure* au féminin alors que cela crée une ambiguïté avec l'homographe *sure* dans le sens de « aigre » (*une pomme sure*) ?

Loin de ces polémiques, **Vérifiez votre orthographe** identifie par le symbole * les graphies préconisées par la réforme de l'orthographe, lorsqu'elles ne sont pas déjà entérinées par l'usage et enregistrées dans des ouvrages de référence tels que le *Petit Robert de la langue française*. Il signale ainsi que ces formes, réputées fautives jusqu'en 1990, ne devraient plus être sanctionnées.

Vous trouverez également en annexe :
- les noms d'habitants
- les suffixes et préfixes
- les tableaux de conjugaison
- un récapitulatif sur l'accord du participe passé.

★
★ ★

Vérifiez votre orthographe est un compagnon qui se rendra vite indispensable tant pour l'expression écrite (rédaction de lettres, rapports, dissertations etc.) que pour tous les jeux de lettres (mots fléchés, mots croisés, Scrabble®, etc.).

ABRÉVIATIONS ET SYMBOLES

abrév.	abréviation	**inv.**	invariable
adj.	adjectif ; adjectival	**irrég.**	irrégulier
adv.	adverbe, adverbial	**m. ; masc.**	masculin
all.	allemand	**n.**	nom
ar.	arabe	**n. f.**	nom féminin
art.	article	**n. m.**	nom masculin
br.	breton	**numér.**	numéral
comp.	composé	**ord.**	ordinal
compar.	comparatif ; comparaison	**p. p.**	participe passé
condit.	conditionnel	**p. prés.**	participe présent
conj.	conjonction ; conjonctif	**partit.**	partitif
déf.	défini	**pers.**	personne ; personnel
dém.	démonstratif	**pl.**	pluriel
f. ; fém.	féminin	**poss.**	possessif
hébr.	hébreu	**prép.**	préposition ; prépositif
imp.	imparfait	**prés.**	présent
impér.	impératif	**pron.**	pronom ; pronominal
impers.	impersonnel	**rel.**	relatif
indéf.	indéfini	**sing.**	singulier
indic.	indicatif	**subj.**	subjonctif
indir.	indirect	**subst.**	substantif
inf.	infinitif	**superl.**	superlatif
interj.	interjection	**symb.**	symbole
interrog.	interrogatif	**tr.**	transitif
intr.	intransitif	**v.**	verbe
		vx	vieux

---

* graphie préconisée par la réforme de l'orthographe
● nom officiel d'habitant
® marque déposée

PRONONCIATION ET SIGNES PHONÉTIQUES

Dans cet ouvrage, la prononciation des mots présentant une difficulté est indiquée entre crochets. La transcription phonétique, dont les symboles sont présentés ci-dessous, est donnée soit intégralement, soit partiellement, selon les lettres ou syllabes qui posent problème.

VOYELLES

- [i] il, épi, lyre
- [e] blé, aller, chez, épée
- [ɛ] lait, merci, fête
- [a] ami, patte
- [ɑ] pas, pâte
- [ɔ] fort, donner, sol
- [o] mot, dôme, eau, saule, zone
- [u] genou, roue
- [y] rue, vêtu
- [ø] peu, deux
- [œ] peur, meuble
- [ə] premier
- [ɛ̃] brin, plein, bain
- [ɑ̃] sans, vent
- [ɔ̃] ton, ombre, bonté
- [œ̃] lundi, brun, parfum

SEMI-CONSONNES

- [j] yeux, paille, pied, panier
- [w] oui, fouet, joua (et joie)
- [ɥ] huile, lui

CONSONNES

- [p] père, soupe
- [t] terre, vite
- [k] cou, qui, sac, képi
- [b] bon, robe
- [d] dans, aide
- [g] gare, bague, gui
- [f] feu, neuf, photo
- [s] sale, celui, ça, dessous, tasse, nation
- [ʃ] chat, tache, schéma
- [v] vous, rêve
- [z] zéro, maison, rose
- [ʒ] je, gilet, geôle
- [l] lent, sol
- [ʀ] rue, venir
- [m] mot, flamme
- [n] nous, tonne, animal
- [ɲ] agneau, vigne
- [h] hop ! (exclamatif)
- ['] (pas de liaison) héros, onze, yaourt
- [ŋ] (mots empruntés à l'anglais) camping
- [χ] (mots empruntés à l'espagnol) jota ; (à l'arabe) khamsin, etc.

a

a n. m. inv. ; abrév. et symb.
A n. m. inv. ; abrév. et symb.
à prép.
abaca n. m.
abacule n. m.
abaissant, ante adj.
abaisse n. f.
abaisse-langue n. m.
PL. inv. ou *abaisse-langues*
abaissement n. m.
abaisser v. tr. (conjug. 1)
abaisseur, euse adj.
abajoue n. f.
abalone n. m.
abandon n. m.
abandonnant, ante adj.
abandonnataire n.
abandonné, ée adj. et n.
abandonner v. tr. (conjug. 1)
abandonnique adj. et n.
abaque n. m.
abasie n. f.
abasourdi, ie [-z-] adj.
abasourdir v. tr. (conjug. 2)
abasourdissant, ante adj.
abasourdissement n. m.
abat n. m.
abâtardir v. tr. (conjug. 2)
abâtardissement n. m.
abatée n. f.
abatis n. m.
abat-jour n. m.
PL. inv. ou *abat-jours**
abat-son n. m.
PL. *abat-sons*
abattage ou **abatage** (vx) n. m.
abattant n. m.
abattée ou **abatée** (vx) n. f.
abattement n. m.
abatteur n. m.
abattis n. m.
abattoir n. m.
abattre v. (conjug. 41)
abattu, ue adj. et n. m.
abat-vent n. m.
PL. inv. ou *abat-vents*
abat-voix n. m. inv.
abbasside adj. et n.
abbatial, iale, iaux adj.
abbaye [-ei-] n. f.
abbé n. m.
abbesse n. f.
abbevillien, ienne adj. et n. m.
a b c n. m. inv.
abcéder v. intr. (conjug. 6)
abcès n. m.
abdicataire adj. et n.
abdicateur, trice n.
abdication n. f.
abdiquer v. tr. (conjug. 1)
abdo-fessiers n. m. pl.
abdomen n. m.
abdominal, ale, aux adj.
abdos n. m. pl.
abducteur, trice adj. et n. m.
abduction n. f.
abécédaire adj. et n. m.
abée n. f.
abeille n. f.
abelia n. m.
abélien, ienne adj.
abénaquis, ise adj. et n.
aber [-ɛʀ-] n. m.
aberrance n. f.
aberrant, ante adj.
aberration n. f.
abêtir v. tr. (conjug. 2)
abêtissant, ante adj.
abêtissement n. m.
abhorrer v. tr. (conjug. 1)
abîme ou **abime*** n. m.
abîmé, ée ou **abimé, ée*** adj.
abîmer ou **abimer*** v. tr. (conjug. 1)
ab intestat loc. adv. et loc. adj.

abiogenèse n. f.
abiotique adj.
ab irato loc. adv. et loc. adj.
abject, e adj.
abjectement adv.
abjection n. f.
abjuration n. f.
abjurer v. tr. (conjug. 1)
ablastine n. f.
ablater v. tr. (conjug. 1)
ablatif n. m. et adj.
ablation n. f.
ablégat n. m.
ableret n. m.
ablette n. f.
ablier n. m.
ablution n. f.
abnégation n. f.
aboi n. m.
aboiement n. m.
aboiteau n. m.
abolir v. tr. (conjug. 2)
abolition n. f.
abolitionnisme n. m.
abolitionniste adj. et n.
abominable adj.
abominablement adv.
abomination n. f.
abominer v. tr. (conjug. 1)
abondamment adv.
abondance n. f.
abondanciste adj. et n.
abondant, ante adj.
abonde n. f.
abondement n. m.
abonder v. (conjug. 1)
abonné, ée adj. et n.
abonnement n. m.
abonner v. tr. (conjug. 1)
abonneur n. m.
abonnir v. tr. (conjug. 2)
abonnissement n. m.
abord n. m.
abordable adj.
abordage n. m.
aborder v. (conjug. 1)
aborigène n. et adj.
abortif, ive adj.
abouchement n. m.
aboucher v. tr. (conjug. 1)

abouler

abouler v. (conjug. 1)
aboulie n. f.
aboulique adj.
about n. m.
aboutage n. m.
aboutement n. m.
abouter v. tr. (conjug. 1)
abouti, ie adj.
aboutir v. (conjug. 2)
aboutissant n. m.
aboutissement n. m.
aboyer v. tr. (conjug. 8)
aboyeur, euse n.
abracadabra n. m.
abracadabrant, ante adj.
abracadabrantesque adj.
abraser v. tr. (conjug. 1)
abrasif, ive n. m. et adj.
abrasion n. f.
abréaction n. f.
abrégé n. m.
abrégement ou
　abrègement n. m.
abréger v. tr.
　(conjug. 3 et 6)
abrêtier n. m.
abrêt-noir n. m.
　PL. abrêts-noirs
abreuvement n. m.
abreuver v. tr. (conjug. 1)
abreuvoir n. m.
abréviatif, ive adj.
abréviation n. f.
abri n. m.
abribus® n. m.
abricot n. m.
abricoté, ée adj.
abricotier n. m.
abrier v. tr. (conjug. 7)
abri-sous-roche n. m.
　PL. abris-sous-roche
abrité, ée adj.
abriter v. tr. (conjug. 1)
abrivent n. m.
abrogatif, ive adj.
abrogation n. f.
abrogatoire adj.
abrogeable adj.
abroger v. tr. (conjug. 3)
abrupt, e adj. et n. m.

abruptement adv.
abruti, ie adj. et n.
abrutir v. tr. (conjug. 2)
abrutissant, ante adj.
abrutissement n. m.
A. B. S. n. m. (anti-lock brake
　ou braking system)
abscisse n. f.
abscons, onse adj.
absence n. f.
absent, ente adj. et n.
absentéisme n. m.
absentéiste adj. et n.
absenter (s') v. pron.
　(conjug. 1)
absidal, ale, aux adj.
abside n. f.
absidial, iale, iaux adj.
absidiole n. f.
absinthe n. f.
absinthisme n. m.
absolu, ue adj. et n. m.
absoluité n. f.
absolument adv.
absolution n. f.
absolutisme n. m.
absolutiste adj. et n.
absolutoire adj.
absorbable adj.
absorbance n. f.
absorbant, ante adj.
absorber v. tr. (conjug. 1)
absorbeur n. m.
absorptif, ive adj.
absorptiométrie n. f.
absorption n. f.
absorptivité n. f.
absoudre v. tr. (conjug. 51)
absoute n. f.
abstème adj. et n.
abstenir (s') v. pron.
　(conjug. 22)
abstention n. f.
abstentionnisme n. m.
abstentionniste adj. et n.
abstinence n. f.
abstinent, ente adj.
abstract n. m.
abstracteur n. m.
abstractif, ive adj.

abstraction n. f.
abstraire v. tr. (conjug. 50)
abstrait, aite adj. et n.
abstraitement adv.
abstrus, use adj.
absurde adj. et n. m.
absurdement adv.
absurdité n. f.
abus n. m.
abuser v. tr. (conjug. 1)
abuseur, euse n. et adj.
abusif, ive adj.
abusivement adv.
abyme n. f.
abyssal, ale, aux adj.
abysse n. m.
abyssin, ine adj. et n.
abzyme n. f.
acabit n. m.
acacia n. m.
académicien, ienne n.
académie n. f.
académique adj.
académiquement adv.
académisable adj.
académisme n. m.
acadianisme n. m.
acadien, ienne adj. et n.
açaï n. m.
acajou n. m.
acalèphes n. m. pl.
acalorique adj.
acanthe n. f.
acanthocéphales n. m. pl.
acanthoptérygiens n. m.
　pl.
a cappella ou a capella
　ou à capella* loc. adj. et
　loc. adv.
acariâtre adj.
acaricide adj. et n.
acarien n. m.
acarus [-ys-] n. m.
acathésie n. f.
acathisie ou akathisie
　n. f.
acathisique adj.
acaule adj.
accablant, ante adj.
accablement n. m.

accroître

accabler v. tr. (conjug. 1)
accalmie n. f.
accaparant, ante adj.
accaparement n. m.
accaparer v. tr. (conjug. 1)
accapareur, euse n.
accastillage n. m.
accastiller v. tr. (conjug. 1)
accédant, ante n.
accéder v. tr. ind. (conjug. 6)
¹accelerando ou accélérando n. m.
  PL. inv. ou *accelerandos* ou *accélérandos*
²accelerando ou accélérando adv.
accélérateur, trice adj. et n. m. (rec. off. pour booster)
accélération n. f.
accéléré, ée adj. et n. m.
accélérer v. tr. (conjug. 6)
accélérine n. f.
accélérographe n. m.
accéléromètre n. m.
accent n. m.
accenteur n. m.
accentuation n. f.
accentué, ée adj.
accentuel, elle adj.
accentuer v. tr. (conjug. 1)
acceptabilité n. f.
acceptable adj.
acceptant, ante adj. et n.
acceptation n. f.
accepter v. tr. (conjug. 1)
accepteur n. m. et adj. m.
acception n. f.
accès n. m.
accessibilité n. f.
accessible adj.
accession n. f.
accessit n. m.
accessoire adj. et n. m.
accessoirement adv.
accessoiriser v. tr. (conjug. 1)
accessoiriste n.
accident n. m.
accidenté, ée adj. et n.

accidentel, elle adj.
accidentellement adv.
accidentogène adj.
accidentologie n. f.
accidentologue n.
accise n. f.
acclamation n. f.
acclamer v. tr. (conjug. 1)
acclimatable adj.
acclimatation n. f.
acclimatement n. m.
acclimater v. tr. (conjug. 1)
accointance n. f.
accolade n. f.
accolage n. m.
accolement n. m.
accoler v. tr. (conjug. 1)
accommodant, ante adj.
accommodat n. m.
accommodateur, trice adj.
accommodation n. f.
accommodement n. m.
accommoder v. (conjug. 1)
accompagnant, ante n.
accompagnateur, trice n.
accompagnement n. m.
accompagner v. tr. (conjug. 1)
accompli, ie adj. et n. m.
accomplir v. tr. (conjug. 2)
accomplissement n. m.
accord n. m.
accordailles n. f. pl.
accord-cadre n. m.
  PL. *accords-cadres*
accordé, ée adj.
accordéon n. m.
accordéoniste n.
accorder v. tr. (conjug. 1)
accordeur, euse n.
accordoir n. m.
accore n. et adj.
accort, orte [akɔʀ, ɔʀt] adj.
accostable adj.
accostage n. m.
accoster v. tr. (conjug. 1)

accot n. m.
accotement n. m.
accoter v. tr. (conjug. 1)
accotoir n. m.
accouchée n. f.
accouchement n. m.
accoucher v. tr. (conjug. 1)
accoucheur, euse n.
accoudement n. m.
accouder (s') v. pron. (conjug. 1)
accoudoir n. m.
accouple n. f.
accouplé, ée adj.
accouplement n. m.
accoupler v. tr. (conjug. 1)
accourcir v. tr. (conjug. 2)
accourir v. intr. (conjug. 11)
accoutrement n. m.
accoutrer v. tr. (conjug. 1)
accoutumance n. f.
accoutumé, ée adj.
accoutumer v. tr. (conjug. 1)
accouvage n. m.
accréditation n. f.
accréditer v. tr. (conjug. 1)
accréditeur n. m.
accréditif, ive adj. et n. m.
accrescent, ente adj.
accrétion n. f.
accro adj. et n.
accrobranche® ou acrobranche n. f.
accroc n. m.
accrochage n. m.
accroche n. f.
accroche-cœur n. m.
  PL. *accroche-cœurs*
accroche-plat n. m.
  PL. *accroche-plats*
accrocher v. (conjug. 1)
accrocheur, euse adj. et n.
accroire v. tr. (seult inf.)
accroissement n. m.
accroître ou accroitre* v. tr. (conjug. 55, sauf p. p. *accru*)

accroupir

accroupir (s') v. pron. (conjug. 2)
accroupissement n. m.
accru n. m.
accrue n. f.
accueil n. m.
accueillant, ante adj. et n.
accueillir v. tr. (conjug. 12)
acculée n. f.
acculer v. tr. (conjug. 1)
acculturation n. f.
accumulateur n. m.
accumulation n. f.
accumuler v. tr. (conjug. 1)
accus n. m. pl.
accusateur, trice n. et adj.
accusatif n. m.
accusation n. f.
accusatoire adj.
accusé, ée n.
accuser v. tr. (conjug. 1)
ace n. m.
acellulaire adj.
acéphale adj. et n.
acerbe adj.
acerbité n. f.
acéré, ée adj.
acérer v. tr. (conjug. 6)
acéricole adj.
acériculteur, trice n.
acériculture n. f.
acériculture n. f.
acérola ou acerola n. m.
acescence n. f.
acescent, ente adj.
acétabulaire adj.
acétamide n. m.
acétate n. m.
acétification n. f.
acétifier v. tr. (conjug. 7)
acétimètre ou acétomètre n. m.
acétique adj.
acétobacter n. m.
acétocellulose n. f.
acétomètre n. m.
acétone n. f.
acétonémie n. f.
acétonémique adj.

acétonurie n. f.
acétylcholine [-k-] n. f.
acétylcoenzyme n. f.
acétyle n. m.
acétylène n. m.
acétylénique adj.
acétylsalicylique adj.
achaine n. m.
achalandage n. m.
achalandé, ée adj.
achalander v. tr. (conjug. 1)
achalant, ante adj. et n.
achalasie n. f.
achaler v. tr. (conjug. 1)
achards n. m. pl.
acharné, ée adj.
acharnement n. m.
acharner v. tr. (conjug. 1)
achat n. m.
achatine n. m. ou f.
ache n. f.
acheminement n. m.
acheminer v. tr. (conjug. 1)
achène [-k-] n. m.
achetable adj.
acheter v. tr. (conjug. 5)
acheteur, euse n.
acheuléen, enne adj. et n. m.
achevé, ée adj. et n. m.
achèvement n. m.
achever v. tr. (conjug. 5)
achigan n. m.
achillée [-k-] n. f.
acholie [-k-] n. f.
achondroplasie [-k-] n. f.
achoppement n. m.
achopper v. tr. ind. (conjug. 1)
achoura n. f.
achromat [-k-] n. m.
achromatique [-k-] adj.
achromatiser [-k-] v. tr. (conjug. 1)
achromatisme [-k-] n. m.
achromatopsie [-k-] n. f.
achromie [-k-] n. f.
achromique [-k-] adj.
achylie n. f.
aciculaire adj.

acidalie n. f.
acide adj. et n. m.
acidifiable adj.
acidifiant, iante adj. et n. m.
acidification n. f.
acidifier v. tr. (conjug. 7)
acidimètre n. m.
acidimétrie n. f.
acidité n. f.
acidocétose n. f.
acidophile adj.
acidose n. f.
acidulé, ée adj.
aciduler v. tr. (conjug. 1)
acier n. m.
aciérage n. m.
aciération n. f.
aciérer v. tr. (conjug. 6)
aciérie n. f.
aciériste n.
acinésie n. f.
acineux, euse adj.
acinus [-ys] n. m.
  PL. inv. ou acini
aclinique adj.
acmé n. m. ou f.
acné n. f.
acnéique adj.
acolytat n. m.
acolyte n. m.
acompte n. m.
acon ou accon n. m.
aconage ou acconage n. m.
aconier ou acconier n. m.
aconit n. m.
aconitine n. f.
a contrario ou à contrario* loc. adv. et loc. adj.
acoquinement n. m.
acoquiner (s') v. pron. (conjug. 1)
acore n. m.
à-côté n. m.
  PL. à-côtés
acotylédone adj.
à-coup n. m.
  PL. à-coups

adénite

acouphène n. m.
acousmatique adj.
acousticien, ienne n.
acoustique adj. et n. f.
acquéresse n. f.
acquéreur n. m.
acquérir v. tr. (conjug. 21)
acquêt n. m.
acquiescement n. m.
acquiescer v. tr. ind. (conjug. 3)
¹acquis, ise adj.
²acquis n. m.
acquisitif, ive adj.
acquisition n. f.
acquit n. m.
acquit-à-caution n. m.
  PL. acquits-à-caution
acquittement n. m.
acquitter v. tr. (conjug. 1)
acra n. m.
acre n. f.
âcre adj.
âcreté n. f.
acridien, ienne n. m. et adj.
acrimonie n. f.
acrimonieux, ieuse adj.
acrobate n.
acrobatie [-si] n. f.
acrobatique adj.
acrobatiquement adv.
acrobranche n. f.
acrocéphale adj.
acrocéphalie n. f.
acrocyanose n. f.
acroléine n. f.
acromégalie n. f.
acromégalique adj.
acromial, iale, iaux adj.
acromion n. m.
acronyme n. m.
acroparesthésie n. f.
acrophobie n. f.
acropole n. f.
acrosome n. m.
acrosport n. m.
acrostiche n. m.
acrotère n. m.
acrylique adj. et n. m.

actanciel, ielle adj.
actant n. m.
acte n. m.
actée n. f.
acter v. tr. (conjug. 1)
acteur, trice n.
A. C. T. H. n. f.
  (adrenocorticotrop(h)ic hormone)
actif, ive adj. et n. m.
actine n. f.
actinide n. m.
actinie n. f.
actinique adj.
actinisme n. m.
actinite n. f.
actinium n. m.
actinologie n. f.
actinomètre n. m.
actinomorphe adj.
actinomycète n. m.
actinomycose n. f.
actinoptérygiens n. m. pl.
actinote n. f.
actinothérapie n. f.
action n. f.
actionnaire n.
actionnariat n. m.
actionnement n. m.
actionner v. tr. (conjug. 1)
actionneur n. m.
actionnisme n. m.
activable adj.
activateur, trice n. m. et adj.
activation n. f.
activement adv.
activer v. tr. (conjug. 1)
activeur n. m.
activisme n. m.
activiste n.
activité n. f.
actuaire n.
actualisation n. f.
actualiser v. tr. (conjug. 1)
actualisme n. m.
actualité n. f.
actuariat n. m.
actuariel, ielle adj.
actuation n. f.

actuel, elle adj.
actuellement adv.
acuité n. f.
acul n. m.
aculéates n. m. pl.
aculminé, ée adj.
acupuncteur, trice ou
  acuponcteur, trice n.
acupuncture ou
  acuponcture n. f.
acutangle adj.
acyclique adj.
ada n. m.
adac n. m.
adage n. m.
¹adagio n. m.
  PL. inv. ou adagios
²adagio [ada(d)ʒjo] adv.
adamantin, ine adj.
adamiens n. m. pl.
adamique adj.
adamisme n. m.
adamites n. m. pl.
adaptabilité n. f.
adaptable adj.
adaptateur, trice n.
adaptatif, ive adj.
adaptation n. f.
adapter v. tr. (conjug. 1)
adav n. m.
addax n. m.
addenda [adɛ̃da] n. m.
  PL. inv. ou addendas
addict adj. et n.
addictif, ive adj.
addiction n. f.
addictologie n. f.
addictologue n.
additif, ive adj. et n. m.
addition n. f.
additionnable adj.
additionnel, elle adj.
additionner v. tr. (conjug. 1)
additivé, ée adj.
adducteur adj. m. et n. m.
adduction n. f.
adduit n. m.
adénine n. f.
adénite n. f.

adénocarcinome

adénocarcinome n. m.
adénoïde adj.
adénoïdectomie n. f.
adénomateux, euse adj.
adénome n. m.
adénopathie n. f.
adénosine n. f.
adénoviral, ale, aux adj.
adénovirus n. m.
adent n. m.
adepte n.
adéquat, ate [-kwa(t), at] adj.
adéquatement adv.
adéquation n. f.
adhérence n. f.
adhérent, ente adj. et n.
adhérer v. tr. ind. (conjug. 6)
adhésif, ive adj.
adhésion n. f.
ad hoc loc. adj.
ad hominem loc. adj.
adiabatique adj. et n. f.
adiabatisme n. m.
adiante n. m.
adiaphorèse n. f.
adieu interj. et n. m.
à-Dieu-va(t) [adjøvat] loc. interj.
adipeux, euse adj.
adipique adj.
adipocyte n. m.
adipolyse n. f.
adipopexie n. f.
adipose n. f.
adiposité n. f.
adipsie n. f.
adjacent, ente adj.
adjectif, ive n. m. et adj.
adjectival, ale, aux adj.
adjectivement adv.
adjectiver v. tr. (conjug. 1)
adjoindre v. tr. (conjug. 49)
adjoint, ointe n. et adj.
adjonction n. f.
adjudant, ante n.
adjudant-chef n.
PL. *adjudants-chefs*

adjudant-major n.
PL. *adjudants-majors*
adjudicataire n.
adjudicateur, trice n.
adjudicatif, ive adj.
adjudication n. f.
adjuger v. tr. (conjug. 3)
adjuration n. f.
adjurer v. tr. (conjug. 1)
adjuvant n. m.
adjuvat n. m.
ad libitum loc. adv.
ad litem loc. adj.
admettre v. tr. (conjug. 56)
adminicule n. m.
administrateur, trice n.
administratif, ive adj.
administration n. f.
administrativement adv.
administré, ée n.
administrer v. tr. (conjug. 1)
admirable adj.
admirablement adv.
admirateur, trice n.
admiratif, ive adj.
admiration n. f.
admirativement adv.
admirer v. tr. (conjug. 1)
admis, ise adj.
admissibilité n. f.
admissible adj.
admission n. f.
admittance n. f.
admonestation n. f.
admonester v. tr. (conjug. 1)
admonition n. f.
A. D. N. OU **ADN** n. m. (acide désoxyribonucléique)
A. D. N.ase n. f. (désoxyribo(se) et nucléase)
ado n.
adobe n. m.
adolescence n. f.
adolescent, ente n.
adologie n. f.
adologique adj.
adonide n. f.
adonis n. m.

adonner v. (conjug. 1)
adoptable adj.
adoptant, ante adj. et n.
adopter v. tr. (conjug. 1)
adoptif, ive adj.
adoption n. f.
adorable adj.
adorablement adv.
adorateur, trice n.
adoration n. f.
adorer v. tr. (conjug. 1)
ados n. m.
adossement n. m.
adosser v. tr. (conjug. 1)
adosseur n. m.
adoubement n. m.
adouber v. tr. (conjug. 1)
adoucir v. tr. (conjug. 2)
adoucissage n. m.
adoucissant, ante adj.
adoucissement n. m.
adoucisseur n. m.
ADP n. f. (adénosine diphosphate)
ad patres [-tres] loc. adv.
adragant n. m.
adragante n. f.
adrénaline n. f.
adrénergique adj.
adressage n. m.
adresse n. f.
adresser v. tr. (conjug. 1)
adret n. m.
adriatique adj.
adroit, oite adj.
adroitement adv.
ADSL® n. m. (asymmetric digital subscriber line)
adsorbant, ante adj. et n. m.
adsorber v. tr. (conjug. 1)
adsorption n. f.
adstrat n. m.
adufe n. m.
adulateur, trice n.
adulation n. f.
aduler v. tr. (conjug. 1)
adulte adj. et n.
adultération n. f.
adultère adj. et n. m.

adultérer v. tr. (conjug. 6)
adultérin, ine adj.
adultisme n. m.
adultocrate n. m.
adultocratie n. f.
ad usum delphini loc. adj.
ad valorem loc. adj.
advection n. f.
advenir v. intr. (conjug. 22 ; inf. et 3ᵉ pers. seult)
adventice adj. et n. f.
adventif, ive adj.
adventiste n.
adverbe n. m.
adverbial, iale, iaux adj.
adverbialement adv.
adversaire n.
adversatif, ive adj.
adverse adj.
adversité n. f.
ad vitam aeternam [-etɛʀnam] loc. adv.
adynamie n. f.
aède n. m.
aédès ou aedes n. m.
ægagropile ou égagropile n. m.
ægosome ou égosome n. m.
æpyornis ou épyornis n. m.
aérage n. m.
aérateur n. m.
aération n. f.
aéraulique n. f.
aéré, ée adj.
aérer v. tr. (conjug. 6)
aéricole adj.
aérien, ienne adj.
aérifère adj.
aérium n. m.
aérobic n. f.
aérobie adj. et n. m.
aérobiologie n. f.
aérobiologique adj.
aérobiose n. f.
aéroclub ou aéro-club n. m.
PL. aéro(-)clubs
aérocolie n. f.

aérodigestif, ive adj.
aérodrome n. m.
aérodynamicien, ienne n.
aérodynamique n. f. et adj.
aérodynamisme n. m.
aérodyne n. m.
aérofibre n. f.
aérofrein n. m.
aérofreinage n. m.
aérogare n. f.
aérogastrie n. f.
aérogel n. m.
aéroglisseur n. m.
aérogramme n. m.
aérographe n. m.
aérographié, ée adj.
aérolargage n. m.
aérolarguable adj.
aérolarguer v. tr. (conjug. 1)
aérolique adj.
aérolithe ou aérolite n. m.
aérologie n. f.
aérologique adj.
aéromagnétique adj.
aéromobile adj.
aéromodèle n. m.
aéromodélisme n. m.
aéromodéliste n. m.
aéromoteur n. m.
aéronaute n.
aéronautique adj. et n. f.
aéronaval, ale adj. et n. f.
aéronef n. m.
aéronomie n. f.
aéropathie n. f.
aérophagie n. f.
aérophone n. m.
aérophotographie n. f.
aéroplane n. m.
aéroponie n. f.
aéroport n. m.
aéroporté, ée adj.
aéroportuaire adj.
aéropostal, ale, aux adj.
aéroscope n. m.
aérosol [aeʀɔsɔl] n. m.

aérosolthérapie [-sɔl-] n. f.
aérosondage n. m.
aérospatial, iale, iaux adj.
aérostat n. m.
aérostation n. f.
aérostatique adj. et n. f.
aérostier n. m.
aérostructure n. f.
aérotechnique n. f. et adj.
aéroterrestre adj.
aérotherme n. m.
aérothermique adj.
aérotrain® n. m.
æschne [ɛskn] n. f.
æthuse ou éthuse [etyz] n. f.
aétite n. f.
afeité, ée adj.
affabilité n. f.
affable adj.
affablement adv.
affabulateur, trice adj. et n.
affabulation n. f.
affabuler v. (conjug. 1)
affacturage n. m. (rec. off. pour factoring)
affadir v. tr. (conjug. 2)
affadissant, ante adj.
affadissement n. m.
affaiblir v. tr. (conjug. 2)
affaiblissant, ante adj.
affaiblissement n. m.
affaiblisseur n. m.
affaire n. f.
affairé, ée adj.
affairement n. m.
affairer (s') v. pron. (conjug. 1)
affairisme n. m.
affairiste n.
affaissement n. m.
affaisser v. tr. (conjug. 1)
affaitage n. m.
affaitement n. m.
affalement n. m.
affaler v. tr. (conjug. 1)
affamé, ée adj.

affamer

affamer v. tr. (conjug. 1)
affameur, euse n.
affect n. m.
affectation n. f.
affecté, ée adj.
affecter v. tr. (conjug. 1)
affectif, ive adj.
affection n. f.
affectionné, ée adj.
affectionner v. tr. (conjug. 1)
affectivement adv.
affectivité n. f.
affectueusement adv.
affectueux, euse adj.
affectus n. m.
afférent, ente adj.
affermage n. m.
affermer v. tr. (conjug. 1)
affermir v. tr. (conjug. 2)
affermissement n. m.
afféré, ée adj.
afféterie ou afféterie n. f.
affichable adj.
affichage n. m.
affiche n. f.
afficher v. tr. (conjug. 1)
affichette n. f.
afficheur n. m.
affichiste n.
affidavit [-vit] n. m.
affidé, ée adj.
affilage n. m.
affilée (d') loc. adv.
affilement n. m.
affiler v. tr. (conjug. 1)
affiliation n. f.
affilier v. tr. (conjug. 7)
affiloir n. m.
affin, ine adj.
affinage n. m.
affine adj.
affinement n. m.
affiner v. tr. (conjug. 1)
affinerie n. f.
affineur, euse n.
affinitaire adj.
affinité n. f.
affins n. m. pl.
affiquet n. m.

affirmatif, ive adj. et adv.
affirmation n. f.
affirmativement adv.
affirmer v. tr. (conjug. 1)
affixal, ale, aux adj.
affixe n. m. ou f.
affleurement n. m.
affleurer v. (conjug. 1)
afflictif, ive adj.
affliction n. f.
affligeant, ante adj.
affliger v. tr. (conjug. 3)
afflouer v. tr. (conjug. 1)
affluence n. f.
affluent n. m.
affluer v. intr. (conjug. 1)
afflux n. m.
affolant, ante adj.
affolé, ée adj.
affolement n. m.
affoler v. tr. (conjug. 1)
affouage n. m.
affouagiste n. m.
affouillement n. m.
affouiller v. tr. (conjug. 1)
affourcher v. tr. (conjug. 1)
affourragement ou affouragement n. m.
affourrager ou affourager v. tr. (conjug. 3)
affranchi, ie adj. et n.
affranchir v. tr. (conjug. 2)
affranchissement n. m.
affres n. f. pl.
affrètement n. m.
affréter v. tr. (conjug. 6)
affréteur n. m.
affreusement adv.
affreux, euse adj.
affriander v. tr. (conjug. 1)
affriolant, ante adj.
affrioler v. tr. (conjug. 1)
affriquée adj. f.
affront n. m.
affrontement n. m.
affronter v. tr. (conjug. 1)
affublement n. m.
affubler v. tr. (conjug. 1)
affusion n. f.

affût ou afut* n. m.
affûtage ou affutage* n. m.
affûté ou affuté, ée* adj.
affûter ou affuter* v. tr. (conjug. 1)
affûteur, euse ou affuteur, euse* n.
affûtiaux ou affutiaux* n. m. pl.
afghan, ane adj. et n.
aficionado n. m.
afin de loc. prép.
afin que loc. conj.
aflatoxine n. f.
afocal, ale, aux adj.
a fortiori ou à fortiori* loc. adv.
africain, aine adj. et n.
africanisation n. f.
africaniser v. tr. (conjug. 1)
africanisme n. m.
africaniste n.
afrikaans ou afrikans [-käs] adj. et n. m.
afrikander ou afrikaner n.
afro adj.
afro-américain, aine adj.
PL. afro-américains, aines
afro-asiatique adj.
PL. afro-asiatiques
afro-beat ou afrobeat* n. m.
afro-brésilien, ienne adj.
PL. afro-brésiliens, iennes
afrocentrisme n. m.
afro-cubain, aine adj.
PL. afro-cubains, aines
afro-européen, enne adj. et n.
PL. afro-européens, ennes
after n. m. ou f.
after-shave n. m. inv. ou aftershave* n. m.
A. G. n. f. (assemblée générale)
aga n. m.
agaçant, ante adj.
agace ou agasse n. f.
agacement n. m.

agressivement

agacer v. tr. (conjug. 3)
agacerie n. f.
agalactie ou agalaxie n. f.
agame adj.
agami n. m.
agamie n. f.
agammaglobulinémie n. f.
agapanthe n. f.
agape n. f.
agar-agar n. m.
PL. agars-agars
agaric n. m.
agaricacées n. f. pl.
agaricale n. f.
agarose n. f.
agasse n. f.
agate n. f.
agatisé, ée adj.
agavacée n. f.
agave n. m.
age n. m.
âge n. m.
âgé, ée adj.
agence n. f.
agencement n. m.
agencer v. tr. (conjug. 3)
agencier n. m.
agenda n. m.
agender v. tr. (conjug. 1)
agénésie n. f.
agenouillement n. m.
agenouiller (s') v. pron. (conjug. 1)
agenouilloir n. m.
¹agent n. m.
²agent, e n.
ageratum ou agératum* n. m.
Agétac n. m. (accord général sur les tarifs douaniers et le commerce)
aggiornamento [a(d)ʒjɔʀnamɛnto] n. m.
agglo n. m. (aggloméré)
agglomérant, ante adj. et n. m.
agglomérat n. m.
agglomération n. f.
aggloméré n. m.

agglomérer v. tr. (conjug. 6)
agglutinant, ante adj.
agglutination n. f.
agglutiner v. tr. (conjug. 1)
agglutinine n. f.
agglutinogène n. m.
aggravant, ante adj.
aggravation n. f.
aggravée n. f. (inflammation du pied)
aggraver v. tr. (conjug. 1)
agha ou aga n. m.
agile adj.
agilement adv.
agilité n. f.
agio n. m.
à giorno ou a giorno loc. adv.
agiotage n. m.
agioter v. intr. (conjug. 1)
agioteur, euse n.
agir v. (conjug. 2)
âgisme n. m.
agissant, ante adj.
agissements n. m. pl.
agitateur, trice n.
agitation n. f.
agitato adv. adj. et n. m.
agité, ée adj.
agiter v. tr. (conjug. 1)
agit-prop n. f.
aglycone n. m. ou f.
aglyphe adj. et n. m.
agnat [agna] n. m.
agnathe [agnat] adj. et n. m.
agnation [agnasjɔ̃] n. f.
agnatique adj.
agneau n. m.
agnelage n. m.
agneler v. intr. (conjug. 5)
agnelet n. m.
agnelin n. m.
agneline n. f.
agnelle n. f.
agnosie n. f.
agnosticisme n. m.
agnostique adj.

agnus-castus [aɲyskastys; aɲyskastys] n. m. inv.
agnus dei [aɲys-; aɲys-] n. m. inv.
agogique adj.
agonie n. f.
agonir v. tr. (conjug. 2)
agonisant, ante adj.
agoniser v. intr. (conjug. 1)
agoniste adj. et n. m.
agora n. f.
agoraphobe adj. et n.
agoraphobie n. f.
agouti n. m.
agrafage n. m.
agrafe n. f.
agrafer v. tr. (conjug. 1)
agrafeuse n. f.
agraire adj.
agrammatical, ale, aux adj.
agrammatisme n. m.
agrandir v. tr. (conjug. 2)
agrandissement n. m.
agrandisseur n. m.
agranulocytose n. f.
agraphie n. f.
agrarien, ienne n. et adj.
agréable adj.
agréablement adv.
agréation n. f.
agréé n. m.
agréer v. (conjug. 1)
agrég n. f. (agrégation)
agrégat n. m.
agrégateur n. m.
agrégatif, ive n.
agrégation n. f.
agrégé, ée n.
agréger v. tr. (conjug. 3 et 6)
agrément n. m.
agrémenter v. tr. (conjug. 1)
agrès n. m. pl.
agresser v. tr. (conjug. 1)
agresseur, euse n.
agressif, ive adj.
agression n. f.
agressivement adv.

agressivité n. f.
agressologie n. f.
agreste adj.
agricole adj.
agriculteur, trice n.
agriculture n. f.
agrile n. m.
agrion n. m.
agriote n. m.
agripaume n. f.
agrippement n. m.
agripper v. tr. (conjug. 1)
agroalimentaire adj.
agrobiologie n. f.
agrobusiness n. m.
agrocarburant n. m.
agrochimie n. f.
agrochimique adj.
agrochimiste n.
agroenvironnemental, ale, aux adj.
agroforesterie n. f.
agroforestier, ière adj.
agro-industrie n. f.
 PL. *agro-industries*
agro-industriel, ielle adj.
 PL. *agro-industriels, ielles*
agrologie n. f.
agrologisticien, ienne n. m.
agronome n.
agronomie n. f.
agronomique adj.
agropastoral, ale, aux adj.
agrostide n. f.
agrostis n. f.
agrosystème n. m.
agrotis n. m.
agrotourisme n. m.
agrume n. m.
agrumiculteur, trice n.
agrumiculture n. f.
aguardiente n. m.
aguerrir v. tr. (conjug. 2)
aguets (aux) loc. adv.
agueusie n. f.
agui n. m.
aguichage n. m. (rec. off. pour *teasing*)
aguichant, ante adj.
aguiche n. f.
aguicher v. tr. (conjug. 1)
aguicheur, euse adj. et n.
ah interj.
Ah symb. (unité électrique)
ahan n. m.
ahaner v. intr. (conjug. 1)
ahuri, ie adj.
ahurir v. tr. (conjug. 2)
ahurissant, ante adj.
ahurissement n. m.
aï n. m.
aiche n. f.
aicher v. tr. (conjug. 1)
aïd n. m.
aidant, ante n. et adj.
aide n.
aide-chimiste n.
 PL. *aides-chimistes*
aide-comptable n.
 PL. *aides-comptables*
aide-cuisinier n. m.
 PL. *aides-cuisiniers*
aide-mémoire n. m.
 PL. inv. ou *aide-mémoires*
aide-ménagère n. f.
 PL. *aides-ménagères*
aider v. tr. (conjug. 1)
aide-soignant, ante n.
 PL. *aides-soignant(e)s*
aïe interj.
aïeul, aïeule n.
aïeux n. m. pl.
aigle n. m. et f.
aiglefin n. m.
aiglette n. f.
aiglon, onne n.
aigre adj.
aigre-doux, douce adj.
 PL. *aigres-doux, douces*
aigrefin n. m.
aigrelet, ette adj.
aigrement adv.
aigremoine n. f.
aigrette n. f.
aigretté, ée adj.
aigreur n. f.
aigri, ie adj.
aigrir v. (conjug. 2)
aigu, uë ou **üe*** adj.
aiguail n. m.
aigue-marine n. f.
 PL. *aigues-marines*
aiguière n. f.
aiguillage n. m.
aiguillat n. m.
aiguille n. f.
aiguillée n. f.
aiguiller v. tr. (conjug. 1)
aiguilleté, ée adj.
aiguilleter v. tr. (conjug. 4)
aiguillette n. f.
aiguilleur, euse n.
aiguillon n. m.
aiguillonner v. tr. (conjug. 1)
aiguillot n. m.
aiguisage n. m.
aiguisement n. m.
aiguiser v. tr. (conjug. 1)
aiguiseur, euse n.
aiguisoir n. m.
aïkibudo n. m.
aïkido n. m.
ail [aj] n. m.
ailante n. m.
aile n. f.
ailé, ée adj.
aileron n. m.
ailette n. f.
ailier, ière n.
aillade n. f.
ailler v. tr. (conjug. 1)
ailleurs adv.
ailloli n. m.
aimable adj.
aimablement adv.
¹aimant, ante adj.
²aimant n. m.
aimantation n. f.
aimanter v. tr. (conjug. 1)
aimantin n. m. (rec. off. pour *magnet*)
aimer v. tr. (conjug. 1)
aine n. f.
aîné, ée ou **ainé, ée*** adj. et n.
aînesse ou **ainesse*** n. f.
ainsi adv.

alentour

aïoli ou aïlloli n. m.
air n. m.
airain n. m.
air-air loc. adj.
airbag® n. m.
airbus n. m.
aire n. f.
airedale n. m.
airelle n. f.
airer v. intr. (conjug. 1)
air-mer loc. adj.
air-sol loc. adj.
ais n. m.
aisance n. f.
aise adj. et n. f.
aisé, ée adj.
aisément adv.
aisseau n. m.
aisselle n. f.
ajointer v. tr. (conjug. 1)
ajonc n. m.
ajour n. m.
ajouré, ée adj.
ajourer v. tr. (conjug. 1)
ajournement n. m.
ajourner v. tr. (conjug. 1)
ajout n. m.
ajouter v. tr. (conjug. 1)
ajustable adj.
ajustage n. m.
ajustement n. m.
ajuster v. tr. (conjug. 1)
ajusteur, euse n.
ajut [-yt] n. m.
ajutage n. m.
akathisie n. f.
akène ou achaine ou achène n. m.
akinésie n. f.
akinétique adj.
akkadien, ienne adj. et n. m.
alabandite n. f.
alabastrite n. f.
alacrité n. f.
alaire adj.
alaise n. f.
alambic n. m.
alambiqué, ée adj.
alandier n. m.

alangui, ie adj.
alanguir v. tr. (conjug. 2)
alanguissement n. m.
alanine n. f.
alarmant, ante adj.
alarme n. f.
alarmer v. tr. (conjug. 1)
alarmisme n. m.
alarmiste n.
alastrim n. m.
alaterne n. m.
albacore n. m.
albanais, aise adj. et n.
albâtre n. m.
albatros n. m.
albédo n. m.
albinisme n. m.
albinos n.
albite n. f.
albuginé, ée adj. et n. f.
albugo n. m.
album n. m.
albumen n. m.
albuménie n. f.
albumine n. f.
albuminé, ée adj.
albuminémie n. f.
albumineux, euse adj.
albuminoïde adj.
albuminurie n. f.
albuminurique adj.
albumose n. f.
alcade n. m.
alcalescence n. f.
alcalescent, ente adj.
alcali n. m.
alcalimètre n. m.
alcalimétrie n. f.
alcalin, ine adj.
alcaliniser v. tr. (conjug. 1)
alcalinité n. f.
alcalinoterreux, euse adj.
alcaloïde n. m.
alcalose n. f.
alcane n. m.
alcaptonurie n. f.
alcarazas n. m.
alcazar n. m.
alcène n. m.

alchémille n. f.
alchimie n. f.
alchimique adj.
alchimiste n.
alcool n. m.
alcoolat n. m.
alcoolature n. f.
alcoolé n. m.
alcoolémie n. f.
alcoolier, ière n. m. et adj.
alcoolification n. f.
alcoolique adj. et n.
alcoolisable adj.
alcoolisation n. f.
alcooliser v. tr. (conjug. 1)
alcoolisme n. m.
alcoolo adj. et n. (alcoolique)
alcoolodépendance n. f.
alcoolodépendant, ante adj. et n.
alcoologie n. f.
alcoologique adj.
alcoologue n.
alcoolotabagique adj.
alcoolotabagisme n. m.
alcoomètre n. m.
alcoométrie n. f.
alcootest® n. m.
alcopop n. m.
alcoran n. m.
alcôve n. f.
alcoyle n. m.
alcyne n. m.
alcyon n. m.
alcyonaires n. m. pl.
aldéhyde n. m.
aldéhydique adj.
al dente adv. et adj. inv.
aldin, ine adj.
aldol n. m.
aldose n. m.
aldostérone n. f.
ale n. f.
aléa n. m.
aléatoire adj.
aléatoirement adv.
alémanique adj. et n.
alêne ou alène n. f.
alénois adj. n.
alentour adv.

alentours

alentours n. m. pl.
aléoute ou aléoutien, ienne adj. et n.
aleph n. m. inv.
alépine n. f.
alérion n. m.
alertant, ante adj.
alerte adj. et n. f.
alerter v. tr. (conjug. 1)
alésage n. m.
alèse ou alaise n. f.
alésé, ée adj.
aléser v. tr. (conjug. 6)
aléseur n. m.
aléseuse n. f.
alésoir n. m.
aléthique adj.
aleurode n. m.
aleurone n. f.
alevin n. m.
alevinage n. m.
aleviner v. tr. (conjug. 1)
alevinier n. m.
alevinière n. f.
alexandra n. m.
alexandrin, ine adj. et n. m.
alexie n. f.
alexine n. f.
alexique n.
alexithymie n. f.
alezan, ane adj. et n.
alfa n. m.
alfalfa n. m.
alfatier, ière n. et adj.
algarade n. f.
algazelle n. f.
algèbre n. f.
algébrique adj.
algébriquement adv.
algébriste n.
algérien, ienne adj. et n.
algicide adj. et n. m.
algide adj.
algidité n. f.
algie n. f.
algine n. f.
algique adj.
algoculture n. f.
algodystrophie n. f.

algol n. m. (algorithmic language)
algologie n. f.
algologue n.
algonquin, ine ou algonkin, ine (vx) adj. et n.
algorithme n. m.
algorithmique adj. et n. f.
algothérapie n. f.
algue n. f.
alias [aljas] adv. et n. m.
alibi n. m.
aliboufier n. m.
alicament n. m.
alicyclique adj.
alidade n. f.
alien [aljɛn] n. m.
aliénabilité n. f.
aliénable adj.
aliénant, ante adj.
aliénataire n.
aliénateur, trice n.
aliénation n. f.
aliéné, ée adj. et n.
aliéner v. tr. (conjug. 6)
aliéniste n.
aligné, ée adj.
alignement n. m.
aligner v. tr. (conjug. 1)
aligot n. m.
aligoté n. m.
aliment n. m.
alimentaire adj.
alimentation n. f.
alimenter v. tr. (conjug. 1)
alinéa n. m.
alios n. m.
aliphatique adj.
aliquante adj. f.
aliquote adj. f.
alise ou alize n. f.
alisier ou alizier n. m.
alisma ou alisme n. m.
alitement n. m.
aliter v. tr. (conjug. 1)
alizari n. m.
alizarine n. f.
alize n. f.
alizé adj. et n. m.

alizéen, enne adj.
alizier n. m.
alkékenge n. m.
alkermès n. m.
alkyde n. m.
alkylation n. f.
alkyle n. m.
allaitant, ante adj.
allaitement n. m.
allaiter v. tr. (conjug. 1)
allant, ante n. m. et adj.
allantoïde n. f.
alléchant, ante adj.
allécher v. tr. (conjug. 6)
allée n. f.
allégation n. f.
allégé, ée adj.
allège n. f.
allégeance n. f.
allègement ou allégement n. m.
alléger v. tr. (conjug. 6)
allégorie n. f.
allégorique adj.
allégoriquement adv.
allègre adj.
allègrement ou allégrement adv.
allégresse n. f.
¹allégretto ou allegretto n. m.
    PL. *allégrettos* ou *allegrettos*
²allégretto ou allegretto adv.
¹allégro ou allegro n. m.
    PL. *allégros* ou *allegros*
²allégro ou allegro adv.
alléguer v. tr. (conjug. 6)
allèle n. m.
allélique adj.
allélomorphe adj.
alléluia n. m.
allemand, ande adj. et n.
allène n. m.
¹aller n. m.
²aller v. (conjug. 9)
allergène n. m. et adj.
allergénique adj.
allergie n. f.
allergique adj.

alterner

allergisant, ante adj. et n. m.
allergologie n. f.
allergologique adj.
allergologiste n.
allergologue n.
aller-retour n. m.
 PL. *allers-retours*
alleu n. m.
alleutier n. m.
alliacé, ée adj.
alliage n. m.
alliaire n. f.
alliance n. f.
allié, iée adj. et n.
allier v. tr. (conjug. 7)
alligator n. m.
allitératif, ive adj.
allitération n. f.
allo ou allô interj.
alloc n. f. (allocation)
allocataire n.
allocation n. f.
allocentrisme n. m.
allochtone adj.
allocutaire n.
allocution n. f.
allodial, iale, iaux adj.
allogame adj.
allogamie n. f.
allogène adj.
allogreffe n. f.
allogreffon n. m.
allonge n. f.
allongé, ée adj.
allongement n. m.
allonger v. (conjug. 3)
allopathe n. m.
allopathie n. f.
allopathique adj.
allophone n. et adj.
allopatrique adj.
allosaure n. m.
allostérie n. f.
allostérique adj.
allotissement n. m.
allotropie n. f.
allotropique adj.
allouer v. tr. (conjug. 1)
alluchon n. m.

allumage n. m.
allumé, ée adj.
allume-cigare n. m.
 PL. *allume-cigares*
allume-feu n. m.
 PL. *allume-feux*
allume-gaz n. m. inv.
allumer v. tr. (conjug. 1)
allumette n. f.
allumettier, ière n.
allumeur, euse n.
allure n. f.
alluré, ée adj.
allusif, ive adj.
allusion n. f.
allusivement adv.
alluvial, iale, iaux adj.
alluvion n. f.
alluvionnaire adj.
alluvionnement n. m.
alluvionner v. intr. (conjug. 1)
allyle n. m.
allylique adj.
alma mater n. f. inv.
almanach n. m.
almandin n. m.
almandine n. f.
almasilicium n. m.
almée n. f.
almicantarat n. m.
aloès n. m.
aloétique adj.
aloe vera ou aloé véra n. m. inv.
alogique adj.
aloi n. m.
alopécie n. f.
alors adv.
alose n. f.
alouate n. m.
alouette n. f.
alourdir v. tr. (conjug. 2)
alourdissement n. m.
aloyau n. m.
alpaga n. m.
alpage n. m.
alpagiste n.
alpaguer v. tr. (conjug. 1)
alpax n. m.

alpe n. f.
alpenstock n. m.
alpestre adj.
alpha n. m.
 PL. inv. ou *alphas** (lettre)
alphabet n. m.
alphabète n. m.
alphabétique adj.
alphabétiquement adv.
alphabétisation n. f.
alphabétiser v. tr. (conjug. 1)
alphabétiseur, euse n.
alphabétisme n. m.
alphanumérique adj.
alphapage® n. m.
alpin, ine adj.
alpinisme n. m.
alpiniste n.
alpiste n. m.
alquifoux n. m.
alsacien, ienne adj. et n.
altérabilité n. f.
altérable adj.
altéragène adj.
altérant, ante adj.
altération n. f.
altercation n. f.
alterconsommateur, trice n.
alterconsommation n. f.
alter ego n. m. inv.
altérer v. tr. (conjug. 6)
altereuropéen, enne adj. et n.
altérité n. f.
altermonde n. m.
altermondialisation n. f.
altermondialisme n. m.
altermondialiste adj. et n.
alternance n. f.
alternant, ante adj.
alternat n. m.
alternateur n. m.
alternatif, ive adj.
alternative n. f.
alternativement adv.
alterne adj.
alterné, ée adj.
alterner v. (conjug. 1)

altesse

altesse n. f.
althæa ou alt(h)éa n. f. et m.
altier, ière adj.
altimètre n. m.
altimétrie n. f.
altimétrique adj.
altiport n. m.
altise n. f.
altiste n.
altitude n. f.
alto n.
altocumulus n. m.
altostratus n. m.
altruisme n. m.
altruiste adj. et n.
altuglas® ou altuglass n. m.
alu n. m.
alucite n. f.
aluminage n. m.
aluminate n. m.
alumine n. f.
aluminer v. tr. (conjug. 1)
aluminerie n. f.
alumineux, euse adj.
aluminiage n. m.
aluminier n. m.
aluminium n. m.
aluminosilicate n. m.
aluminothermie n. f.
aluminure n. f.
alun n. m.
alunage n. m.
aluner v. tr. (conjug. 1)
alunir v. intr. (conjug. 2)
alunissage n. m.
alunite n. f.
alvéolaire adj.
alvéole n. m. (vx) ou f.
alvéolé, ée adj.
alvéolite n. f.
alvin, ine adj.
alysse n. f.
alyte n. m.
alzheimer [alzajmɛʀ] n. m.
alzheimérien, ienne adj. et n.
a. m. loc. adv. (avant midi)
amabilité n. f.

amadou n. m.
amadouer v. tr. (conjug. 1)
amadouvier n. m.
amagnétique adj.
amaigrir v. tr. (conjug. 2)
amaigrissant, ante adj. et n. m.
amaigrissement n. m.
amalgamation n. f.
amalgame n. m.
amalgamer v. tr. (conjug. 1)
aman n. m.
amandaie n. f.
amande n. f.
amanderaie n. f.
amandier n. m.
amandine n. f.
amandon n. m.
amanite n. f.
amant, ante n.
amarante n. f.
amaretto n. m.
amareyeur, euse n.
amaril, ile adj.
amarinage n. m.
amariner v. tr. (conjug. 1)
amarrage n. m.
amarre n. f.
amarrer v. tr. (conjug. 1)
amaryllis n. f.
amas n. m.
amasser v. tr. (conjug. 1)
amateur, trice n.
amateurisme n. m.
amathie n. f.
amatir v. tr. (conjug. 2)
amaurose n. f.
a maxima loc. adj.
amazone n. f.
ambages n. f. pl.
ambassade n. f.
ambassadeur, drice n.
ambiance n. f.
ambiancer v. intr. (conjug. 1)
ambianceur, euse n.
ambiant, iante adj.
ambidextre adj. et n.
ambigu, uë ou güe* adj.

ambigüité ou ambiguïté* n. f.
ambigument adv.
ambiophonie® n. f.
ambisexué, ée adj.
ambitieusement adv.
ambitieux, ieuse adj.
ambition n. f.
ambitionner v. tr. (conjug. 1)
ambitus n. m.
ambivalence n. f.
ambivalent, ente adj.
amble n. m.
ambler v. intr. (conjug. 1)
ambleur, euse n.
amblyope adj. et n.
amblyopie n. f.
amblyoscope n. m.
amblystome n. m.
ambon n. m.
ambre n. m.
ambré, ée adj.
ambrénie n. f.
ambroisie n. f.
ambrosien, ienne adj.
ambulacraire adj.
ambulacre n. m.
ambulance n. f.
ambulancier, ière n.
ambulant, ante adj.
ambulatoire adj.
âme n. f.
amélanchier n. m.
améliorable adj.
améliorant, ante adj. et n. m.
amélioration n. f.
améliorer v. tr. (conjug. 1)
amen interj. et n. m. inv.
aménageable adj.
aménagement n. m.
aménager v. tr. (conjug. 3)
aménageur, euse n.
aménagiste n.
amendable adj.
amende n. f.
amendement n. m.
amender v. tr. (conjug. 1)
amène adj.

amenée n. f.
amener v. tr. (conjug. 5)
aménité n. f.
aménorrhée n. f.
amentifère adj. et n. f.
amenuisement n. m.
amenuiser v. tr. (conjug. 2)
¹amer, ère adj.
²amer n. m.
amèrement adv.
américain, aine adj. et n.
américanisation n. f.
américaniser v. tr. (conjug.)
américanisme n. m.
américaniste adj. et n.
américanocentrique adj.
américanocentrisme n. m.
américanocentriste adj.
américanologie n. f.
américanophilie n. f.
américium n. m.
amérindien, ienne adj. et n.
amerrir v. intr. (conjug. 2)
amerrissage n. m.
amertume n. f.
amétallique adj.
améthyste n. f.
amétrope adj.
amétropie n. f.
ameublement n. m.
ameublir v. tr. (conjug. 2)
ameublissement n. m.
ameuter v. tr. (conjug. 1)
A. M. G. n. f. (assistance médicale gratuite)
amharique n. m.
ami, ie n. et adj.
amiable adj.
amiante n. m.
amiante-ciment n. m.
PL. amiantes-ciments
amibe n. f.
amibiase n. f.
amibien, ienne n. et adj.
amiboïde adj.
amical, ale, aux adj. et n. f.

amicalement adv.
amict n. m.
amide n. m.
amidon n. m.
amidonnage n. m.
amidonner v. tr. (conjug. 1)
amidonnerie n. f.
amidonnier, ière n.
amidopyrine n. f.
amimie n. f.
amincir v. tr. (conjug. 2)
amincissant, ante adj.
amincissement n. m.
amine n. f.
aminé, ée adj.
a minima ou à minima loc. adj.
aminoacide ou amino-acide n. m.
PL. amino(-)acides
aminoplaste n. m.
aminoside n. m.
amiral, ale, aux n.
amirauté n. f.
amish n. inv. et adj. inv.
amitié n. f.
amitose n. f.
ammi n. m.
ammocète n. f.
ammonal n. m.
ammoniac, iaque adj. et n. m.
ammoniacal, ale, aux adj.
ammoniaque n. f.
ammoniaqué, ée adj.
ammoniotélie n. f.
ammoniotélique adj.
ammonite n. f.
ammonitrate n. m.
ammonium n. m.
ammophile adj.
amnésie n. f.
amnésique adj. et n.
amniocentèse n. f.
amnios n. m.
amnioscopie n. f.
amniote adj. et n. m.
amniotique adj.
amnistiable adj.

amnistiant, iante adj.
amnistie n. f.
amnistier v. tr. (conjug. 7)
amocher v. tr. (conjug. 1)
amodiataire n.
amodiateur, trice n.
amodiation n. f.
amodier v. tr. (conjug. 7)
amoindrir v. tr. (conjug. 2)
amoindrissement n. m.
amok n. m.
amollir v. tr. (conjug. 2)
amollissant, ante adj.
amollissement n. m.
amonceler v. tr. (conjug. 4)
amoncellement ou amoncèlement* n. m.
amont n. m.
amoral, ale, aux adj.
amoralisme n. m.
amoralité n. f.
amorçage n. m.
amorce n. f.
amorcer v. tr. (conjug. 3)
amorçoir n. m.
amoroso adv.
amorphe adj.
amorti n. m.
amortir v. tr. (conjug. 2)
amortissable adj.
amortissant, ante adj.
amortissement n. m.
amortisseur, euse n. et adj.
amour n. m.
amouracher (s') v. pron. (conjug. 1)
amourette n. f. (tocade)
amourettes n. f. pl. (moelle épinière)
amoureusement adv.
amoureux, euse adj. et n.
amour-propre n. m.
PL. amours-propres
amovibilité n. f.
amovible adj.
AMP n. f. (adénosine monophosphate)
ampélographie n. f.
ampélographique adj.

ampélologie n. f.
ampélopsis n. m.
ampérage n. m.
ampère n. m.
ampère-heure ou ampèreheure* n. m.
PL. ampères-heure ou ampèreheures*
ampèremètre n. m.
amphétamine n. f.
amphétaminique adj. et n. m.
amphi n. m. (amphithéâtre)
amphiarthrose n. f.
amphibie adj. et n. m.
amphibiens n. m. pl.
amphibole adj. et n. f.
amphibolique adj.
amphibologie n. f.
amphibologique adj.
amphictyon n. m.
amphictyonie n. f.
amphigouri n. m.
amphigourique adj.
amphimixie n. f.
amphineures n. m. pl.
amphioxus n. m.
amphisbène n. m.
amphithéâtre n. m.
amphitryon, onne n.
ampholyte n. m.
amphore n. f.
amphotère adj.
ample adj.
amplectif, ive adj.
amplement adv.
ampleur n. f.
ampli n. m. (amplificateur)
ampliatif, ive adj.
ampliation n. f.
amplifiant, iante adj.
amplificateur, trice n. m. et adj.
amplification n. f.
amplifier v. tr. (conjug. 7)
amplitude n. f.
ampoule n. f.
ampoulé, ée adj.
amputation n. f.
amputé, ée adj. et n.

amputer v. tr. (conjug. 1)
amuïr (s') v. pron. (conjug. 2)
amuïssement n. m.
amulette n. f.
amure n. f.
amurer v. tr. (conjug. 1)
amusant, ante adj.
amuse-bouche n. m.
PL. amuse-bouches
amuse-gueule n. m.
PL. amuse-gueules
amusement n. m.
amuser v. tr. (conjug. 1)
amusette n. f.
amuseur, euse n.
amusie n. f.
amyélinique adj.
amygdale n. f.
amygdalectomie n. f.
amygdalien, ienne adj.
amygdaline n. f.
amygdalite n. f.
amylacé, ée adj.
amylase n. f.
amyle n. m.
amylène n. m.
amylique adj.
amylobacter n. m.
amyloïdose n. f.
amyloplaste n. m.
amylose n. f.
amyotrophie n. f.
amyotrophique adj.
an n. m.
ana n. m.
PL. inv. ou anas
anabaptisme n. m.
anabaptiste n. et adj.
anabiose n. f.
anabolique adj.
anabolisant, ante n. m. et adj.
anabolisé, ée adj.
anabolisme n. m.
anabolite n. m.
anacardier n. m.
anachorète [-k-] n. m.
anachorétique [-k-] adj.
anachorétisme [-k-] n. m.

anachronique [-k-] adj.
anachroniquement [-k-] adv.
anachronisme [-k-] n. m.
anaclitique adj.
anacoluthe n. f.
anaconda n. m.
anacrouse n. f.
anadrome adj.
anaérobie adj.
anaérobiose n. f.
anaglyphe n. m.
anaglyptique adj.
anagogie n. f.
anagogique adj.
anagrammatique adj.
anagrammatisme n. m.
anagramme n. f.
anal, ale, aux adj.
analepse n. f.
analeptique adj.
analgésie n. f.
analgésique adj. et n. m.
analité n. f.
anallergique adj.
analogie n. f.
analogique adj.
analogiquement adv.
analogon n. m.
analogue adj. et n. m.
analphabète adj.
analphabétisme n. m.
analycité n. f.
analysable adj.
analysant, ante n.
analyse n. f.
analyser v. tr. (conjug. 1)
analyseur n. m.
analyste n.
analyste-programmeur, euse n.
PL. analystes-programmeurs, euses
analytique n. f. et adj.
analytiquement adv.
anamnèse n. f.
anamnestique adj.
anamorphose n. f.
ananas [anana(s)] n. m.
anapeste n. m.

anaphase n. f.
anaphore n. f.
anaphorèse n. f.
anaphorique adj. et n. m.
anaphrodisiaque adj. et n. m.
anaphrodisie n. f.
anaphylactique adj.
anaphylaxie n. f.
anaplastie n. f.
anar n. et adj. (anarchiste)
anarchie n. f.
anarchique adj.
anarchiquement adv.
anarchisant, ante adj.
anarchisme n. m.
anarchiste n. et adj.
anarchosyndicalisme [-k-] n. m.
anarchosyndicaliste [-k-] adj. et n.
anarthrie n. f.
anasarque n. f.
anastatique adj.
anastigmat ou **anastigmatique** adj. m.
anastomose n. f.
anastomoser v. tr. (conjug. 1)
anatexie n. f.
anathématiser v. tr. (conjug. 1)
anathème n. m.
anathémiser v. tr. (conjug. 1)
anatife n. m.
anatifère adj.
anatomie n. f.
anatomique adj.
anatomiquement adv.
anatomiste n.
anatomopathologie n. f.
anatomopathologiste n.
anatoxine n. f.
anavenin n. m.
ANC n. m. pl. (apports nutritionnels conseillés)
ancestral, ale, aux adj.
ancêtre n.
anche n. f.

anchoïade n. f.
anchois n. m.
ancien, ienne adj.
anciennement adv.
ancienneté n. f.
ancillaire [ɑ̃silɛʀ] adj.
ancolie n. f.
ancrage n. m.
ancre n. f.
ancrer v. tr. (conjug. 1)
andain n. m.
andainage n. m.
andaineur n. m.
andalou, ouse adj. et n.
andante [ɑ̃dɑ̃t ; andante] adv. et n. m.
¹**andantino** n. m.
PL *andantinos*
²**andantino** adv.
andésite n. f.
andin, ine adj. et n.
andouille n. f.
andouiller n. m.
andouillette n. f.
andrène n. m.
androcée n. m.
androcentrique adj.
androcentrisme n. m.
androcéphale adj.
androgène adj. et n. m.
androgenèse n. f.
androgénie n. f.
androgénique adj.
androgyne adj. et n.
androgynie n. f.
androïde n. m. et adj.
andrologie n. f.
andrologue n.
andropause n. f.
androstérone n. f.
âne n. m.
anéantir v. tr. (conjug. 2)
anéantissement n. m.
anecdote n. f.
anecdotier, ière n.
anecdotique adj.
anémiant, iante adj.
anémie n. f.
anémier v. tr. (conjug. 7)
anémique adj.

anémographe n. m.
anémomètre n. m.
anémone n. f.
anémophile adj.
anémophilie n. f.
anencéphale adj.
anencéphalie n. f.
anergie n. f.
ânerie n. f.
aneroïde adj. n.
ânesse n. f.
anesthésiant, iante adj.
anesthésie n. f.
anesthésier v. tr. (conjug. 7)
anesthésiologie n. f.
anesthésiologiste n.
anesthésique adj. et n. m.
anesthésiste n.
anesthétique adj.
aneth n. m.
anévrismal, ale, aux ou **anévrysmal, ale, aux** adj.
anévrisme ou **anévrysme** n. m.
anfractuosité n. f.
angarie n. f.
ange n. m.
angéiologie n. f.
angéite n. f.
angélique adj. et n. f.
angéliquement adv.
angélisme n. m.
angelot n. m.
angélus [-lys] n. m.
angevin, ine adj.
angiectasie n. f.
angiite n. f.
angine n. f.
angineux, euse adj. et n.
angiocardiographie n. f.
angiocholite [-k-] n. f.
angiographie n. f.
angiologie n. f.
angiome n. m.
angioneurotique adj.
angioplastie n. f.
angioscopie n. f.
angiosperme adj. et n. f.

angiotensine

angiotensine n. f.
anglais, aise adj. et n.
anglaise n. f.
anglaiser v. tr. (conjug. 1)
angle n. m.
angledozer ou angledozeur*
[ãgladozœʀ] n. m. (rec. off. : bouter biais)
anglet n. m.
anglican, ane adj. et n.
anglicanisme n. m.
anglicisant, ante adj.
anglicisation n. f.
angliciser v. tr. (conjug. 1)
anglicisme n. m.
angliciste n.
anglo-américain, aine adj. et n.
PL. anglo-américains, aines
anglo-arabe adj.
PL. anglo-arabes
anglomane adj.
anglomanie n. f.
anglo-normand, ande adj. et n.
PL. anglo-normands, andes
anglophile adj. et n.
anglophilie n. f.
anglophobe adj. et n.
anglophobie n. f.
anglophone adj. et n.
anglo-saxon, onne adj. et n.
PL. anglo-saxons, onnes
angoissant, ante adj.
angoisse n. f.
angoissé, ée adj.
angoisser v. (conjug. 1)
angon n. m.
angor n. m.
angora adj. et n. m.
angström ou angstroem* n. m.
anguiforme adj.
anguille n. f.
anguillère ou anguillière n. f.
anguilliforme adj. et n. m.
anguillule n. f.
angulaire adj.

anguleux, euse adj.
angustura n. f.
anharmonique adj.
anhélation n. f.
anhéler v. intr. (conjug. 6)
anhidrose ou anidrose n. f.
anhidrotique adj. et n. m.
anhistorique adj.
anhydre adj.
anhydride n. m.
anhydrite n. f.
anhydrobiose n. f.
anhypothétique adj.
anicroche n. f.
anidrose n. f.
ânier, ière n.
anilide n. m.
aniline n. f.
anilisme n. m.
animadversion n. f.
animal, ale, aux adj.
²animal, aux n. m.
animalcule n. m.
animalerie n. f.
animalier, ière n. et adj.
animalité n. f.
animateur, trice adj. et n.
animathèque n. f.
animation n. f.
animatique n. f.
animato adv.
animé, ée adj.
animer v. tr. (conjug. 1)
animisme n. m.
animiste adj. et n.
animosité n. f.
anion n. m.
anis [ani(s)] n. m.
anisakiase n. f.
aniser v. tr. (conjug. 1)
anisette n. f.
anisocorie n. f.
anisogamie n. f.
anisole n. m.
anisotrope adj.
anisotropie n. f.
anite n. f.
ankylosaure n. m.
ankylose n. f.

ankyloser v. tr. (conjug. 1)
ankylostome n. m.
ankylostomiase n. f.
annal, ale, aux adj.
annales n. f. pl.
annaliste n.
annalité n. f.
annamite adj. et n.
anneau n. m.
année n. f.
année-lumière n. f.
PL. années-lumière
annelé, ée adj.
annélides n. m. pl.
annexe adj. et n. f.
annexer v. tr. (conjug. 1)
annexion n. f.
annexionnisme n. m.
annexionniste adj. et n.
annihilation n. f.
annihiler v. tr. (conjug. 1)
anniversaire adj. et n. m.
annonce n. f.
annoncer v. tr. (conjug. 3)
annonceur, euse n.
annonciateur, trice n.
annonciation n. f.
annoncier, ière n.
annone n. f.
annotateur, trice n.
annotation n. f.
annoter v. tr. (conjug. 1)
annuaire n. m.
annualisation n. f.
annualiser v. tr. (conjug. 1)
annualité n. f.
annuel, elle adj.
annuellement adv.
annuité n. f.
annulable adj.
annulaire adj. et n. m.
annulation n. f.
annuler v. tr. (conjug. 1)
annus horribilis loc.
anoblir v. tr. (conjug. 2)
anoblissement n. m.
anode n. f.
anodin, ine adj.
anodique adj.
anodisation n. f.

antiavalanche

anodiser v. tr. (conjug. 1)
anodonte adj. et n. m.
anomal, ale, aux adj.
anomale ou anomala n. m.
anomalie n. f.
anomalon n. m.
anomie n. f.
anomique adj.
ânon n. m.
anone n. f.
ânonnement n. m.
ânonner v. tr. (conjug. 1)
anonymat n. m.
anonyme adj.
anonymement adv.
anonymisation n. f.
anonymiser v. tr. (conjug. 1)
anonymographe n.
anophèle n. m.
anorak n. m.
anordir v. intr. (conjug. 2)
anorexie n. f.
anorexigène adj. et n. m.
anorexique adj. et n.
anorganique adj.
anorgasmie n. f.
anormal, ale, aux adj. et n.
anormalement adv.
anormalité n. f.
anosmie n. f.
anosognosie n. f.
anoure adj. et n. m.
anovulation n. f.
anovulatoire adj.
anoxémie n. f.
anoxie n. f.
anse n. f.
ansé, ée adj.
ansériforme adj. et n. m.
ansérine n. f.
antabuse n. f.
antagonique adj.
antagoniser v. tr. (conjug. 1)
antagonisme n. m.
antagoniste adj. et n.
antalgique adj.

antan (d') loc. adj.
antarctique adj.
ante n. f.
antébois ou anteboïs n. m.
antécambrien, ienne adj.
antécédence n. f.
antécédent, ente adj. et n. m.
antéchrist n. m.
antécime n. f.
antédiluvien, ienne adj.
antéfixe n. f.
antéhypophyse n. f.
antémémoire n. f.
antenais, aise adj.
anténatal, ale adj.
antenne n. f.
antenniste n.
antépénultième adj. et n. f.
antéposer v. tr. (conjug. 1)
antéposition n. f.
antépulsion n. f.
antérieur, ieure adj.
antérieurement adv.
antériorité n. f.
antérograde adj.
antéro(-)postérieur, ieure adj.
PL. antéro(-)postérieurs, ieures
antéversion n. f.
anthelminthique adj.
anthémis n. f.
anthère n. f.
anthéridie n. f.
anthérozoïde n. m.
anthèse n. f.
anthocyanine n. f.
anthologie n. f.
anthonome n. m.
anthozoaires n. m. pl.
anthracène n. m.
anthracite n. m.
anthraciteux, euse adj.
anthracnose n. f.
anthracose n. f.
anthraquinone n. f.

anthrax n. m.
anthrène n. m.
anthropique adj.
anthropisation n. f.
anthropisé, ée adj.
anthropocène n. m.
anthropocentrique adj.
anthropocentrisme n. m.
anthropogenèse n. f.
anthropogénie n. f.
anthropoïde adj. et n.
anthropologie n. f.
anthropologique adj.
anthropologue n.
anthropométrie n. f.
anthropométrique adj.
anthropomorphe adj.
anthropomorphique adj.
anthropomorphisme n. m.
anthroponyme n. m.
anthroponymie n. f.
anthropophage adj. et n.
anthropophagie n. f.
anthropophile adj.
anthropopithèque n. m.
anthume adj.
anthyllide n. f.
anthyllis n. f.
anti
antiacridien, ienne adj.
antiadhésif, ive adj.
antiaérien, ienne adj.
antiâge adj. inv.
antiagglomérant, ante adj. et n.
antiagression adj.
antialcoolique adj.
antiallergique adj. et n. m.
antiamaril, ile adj.
antiaméricanisme n. m.
antiandrogène adj. et n. m.
antiapartheid adj. inv.
antiasthénique adj. et n.
antiatome n. m.
antiatomique adj.
antiavalanche adj.

antiavortement

antiavortement adj.
  PL. inv. ou *antiavortements*
antibactérien, ienne adj.
antibactériologique adj.
antibiogramme n. m.
antibiorésistance n. f.
antibiorésistant, ante adj.
antibiothérapie n. f.
antibiotique adj. et n. m.
antiblanchiment adj.
antiblocage adj.
  PL. inv. ou *antiblocages*
antibois n. m.
antibott ou **antibotte** n. m.
antibouchon adj.
antibourgeois, oise adj.
antibrouillage n. m.
antibrouillard adj. et n. m.
antibruit adj.
  PL. inv. ou *antibruits*
antibuée adj. inv.
anticalcaire adj. inv.
anticancer adj.
anticancéreux, euse adj.
anticapitalisme n. m.
anticapitaliste adj. et n.
anticarie adj.
anticathode n. f.
anticatholique adj. et n.
anticellulite adj. inv.
anticerne(s) adj. et n. m.
  PL. *anticernes*
antichambre n. f.
antichar adj.
antichoc adj.
antichrèse [-k-] n. f.
antichrétien, ienne adj. et n.
anticipation n. f.
anticipé, ée adj.
anticiper v. (conjug. 1)
anticlérical, ale, aux adj. et n.
anticléricalisme n. m.
anticlinal, ale, aux adj. et n. m.
anticoagulant, ante adj. et n.
anticodon n. m.
anticollision n. f.
anticolonialisme n. m.
anticolonialiste adj. et n.
anticomitial, iale, iaux adj. et n. m.
anticommercial, ale, aux adj.
anticommunisme n. m.
anticommuniste adj. et n.
anticommutatif, ive adj.
anticonceptionnel, elle adj. et n. m.
anticonformisme n. m.
anticonformiste adj. et n.
anticonjoncturel, elle adj.
anticonstitutionnel, elle adj.
anticonstitutionnellement adv.
anticopie adj.
anticorps n. m.
anticorrosion adj.
  PL. inv. ou *anticorrosions*
anticrue adj.
anticryptogamique adj.
anticyclique adj.
anticyclone n. m.
anticyclonique adj.
antidate n. f.
antidater v. tr. (conjug. 1)
antidéflagrant, ante adj. et n.
antidéflagration n. f.
antidélocalisation adj.
antidémarrage adj.
  PL. inv. ou *antidémarrages*
antidémocratique adj.
antidéplacement n. m.
antidépresseur adj. m. et n. m.
antidépressif, ive adj.
antidérapage adj.
antidérapant, ante adj.
antidétonant, ante adj. et n. m.
antidiabétique adj. et n. m.
antidiarrhéique n. m.
antidiphtérique adj.
antidiscrimination adj. et n. f.
antidiscriminatoire adj.
antidiurétique adj. et n. m.
antidopage adj. inv.
antidoping adj. inv.
antidote n. m.
antidouleur adj. et n. m.
antidrogue adj.
  PL. inv. ou *antidrogues*
antidumping adj.
antiéconomique adj.
antiélectron n. m.
antiémétique adj. et n. m.
antiémeute(s) adj.
antienne [ɑ̃tjɛn] n. f.
antienzyme n. f. ou m.
antiépileptique n. m.
antiesclavagiste adj. et n.
antiétincelle adj.
antieuropéen, enne adj. et n.
antiexclusion adj.
antifading n. m.
antifasciste adj. et n.
antifatigue adj. et n. m.
antifédéral, ale, aux adj.
antiféminisme n. m.
antiféministe adj. et n.
antifeu adj.
  PL. *antifeux*
antifongique adj. et n. m.
antiforme adj. et n. f.
antifraude adj.
antifriction n. m. et adj. inv.
antifuite adj.
antifumée n. m. et adj. inv.
anti-g adj. inv.
antigang adj. inv.
antigaspi adj.
antigel n. m. et adj. inv.
antigène n. m.
antigénémie n. f.
antigénique adj.
antigivrant, ante adj. et n. m.
antigivre adj. inv.

antigivreur, euse adj. et n. m.
antiglisse adj. inv.
antigoutte adj.
antigouvernemental, ale, aux adj.
antigraffiti adj.
antigravifique adj.
antigravitation n. f.
antigravitationnel, elle adj.
antigravité n. f.
antigrève adj. inv.
antiguerre adj. et n.
   PL. inv. ou *antiguerres*
antihalo adj. et n. m.
antihausse adj. inv.
antihémophilique adj. et n. m.
antihépatite n. m.
antihéros n. m.
antiherpétique adj. et n. m.
antihistaminique adj. et n. m.
anti-HIV adj.
antihormone adj. et n. f.
antihydrogène n. m.
antihygiénique adj.
antihypertenseur n. m.
anti-impérialisme ou **antiimpérialisme*** n. m.
anti-impérialiste ou **antiimpérialiste*** adj. et n.
   PL. *anti-impérialistes* ou *antiimpérialistes**
anti-inflammatoire ou **antiinflammatoire*** adj. et n. m.
   PL. *anti-inflammatoires* ou *antiinflammatoires**
anti-inflationniste ou **antiinflationniste*** adj.
   PL. *anti-inflationnistes* ou *antiinflationnistes**

anti-institutionnel, elle ou **antiinstitutionnel, elle*** adj.
   PL. *anti-institutionnels, elles* ou *antiinstitutionnels, elles**
anti-IVG adj. et n. inv.
antijeu n. m.
antijeune ou **antijeunes** adj.
antijuif, juive adj.
antilaïc, ique adj.
antilibéral, ale, aux adj.
antilibéralisme n. m.
antilicenciement adj.
antilithique adj. et n. m.
antillanisme n. m.
antilogarithme n. m.
antilogie n. f.
antilope n. f.
antimaastrichtien, ienne n. et adj.
antimaffia ou **antimafia** adj.
antimaffieux, euse ou **antimafieux, euse** adj.
antimagnétique adj.
antimatière n. f.
antimicrobien, ienne adj. et n. m.
antimigraineux, euse adj. et n. m.
antimilitarisme n. m.
antimilitariste adj. et n.
antimine n. m.
antimissile adj.
antimite ou **antimites** adj. et n. m.
   PL. *antimites*
antimitotique adj. et n. m.
antimodernisme n. m.
antimoderniste adj. et n. m.
antimoine n. m.
antimonarchique adj.
antimonarchiste adj.
antimondialisation n. f. et adj. inv.
antimondialisme n. m.
antimondialiste adj. et n.
antimoniate n. m.
antimonié, ée adj.

antimoniure n. m.
antimonopole adj.
antimoustiques adj.
antimycosique adj. et n. m.
antinataliste adj.
antinational, ale, aux adj.
antinationaliste adj.
antinaupathique adj. et n. m.
antinazi, ie adj. et n.
antineutrino n. m.
antineutron n. m.
antinévralgique adj. et n. m.
antinomie n. f.
antinomique adj.
antinucléaire adj. et n.
antiobésité adj. et n. m.
antioccidental, ale, aux adj.
antioccidentalisme n. m.
antiodeur adj.
antioxydant, ante adj. et n. m.
antioxygène n. m.
antipaludéen, enne adj. et n. m.
antipaludique adj. et n. m.
antipape n. m.
antiparallèle adj.
antiparasitaire adj. et n. m.
antiparasite adj.
antiparkinsonien, ienne adj. et n. m.
antiparlementaire adj. et n.
antiparlementarisme n. m.
antiparticule n. f.
antipasti n. m.
   PL. *antipasti(s)*
antipathie n. f.
antipathique adj.
antipatinage n. m.
antipatriotique adj.
antipatriotisme n. m.
antipelliculaire adj.
antipéristaltique adj.

antipersonnel

antipersonnel, elle adj.
PL. inv. ou *antipersonnels, elles*
antiperspirant, ante adj. et n. m.
antiphlogistique adj. et n. m.
antiphonaire n. m.
antiphrase n. f.
antipiratage adj.
PL. inv. ou *antipiratages*
antipode n. m.
antipodisme n. m.
antipodiste n.
antipoétique adj.
antipoison adj. et n. m.
antipolio adj.
antipoliomyélitique adj.
antipolitique adj. et n. f.
antipollution adj.
antipopulaire adj.
antiprohibitionniste adj. et n.
antiprotéase n. f.
antiprotectionniste adj. et n.
antiproton n. m.
antiprurigineux, euse adj. et n. m.
antipsychiatre [-k-] n.
antipsychiatrie [-k-] n. f.
antipsychiatrique [-k-] adj.
antipsychotique [-k-] adj. et n. m.
antipub adj. et n.
antiputride adj. et n. m.
antipyrétique adj. et n. m.
antipyrine n. f.
antiquaille n. f.
antiquaire n.
antique adj. et n.
antiquité n. f.
antirabique adj.
antiracisme n. m.
antiraciste adj. et n.
antiradar n. m. et adj.
antiradiation adj.
antiradical, ale, aux n.
antiradicalaire adj.
antireflet adj.

antiréflexif, ive adj.
antireflux n. m.
antiréglementaire ou **antirèglementaire** adj.
antirejet adj.
antireligieux, ieuse adj.
antirépublicain, aine adj. et n.
antirépublicanisme n. m.
antiretour adj.
antirétroviral, ale, aux adj. et n. m.
antiride ou **antirides** adj.
PL. *antirides*
antiripage n. m. (rec. off. pour antiskating)
antirouille adj. et n. m. inv.
antiroulis adj.
antisalissure adj.
antisatellite adj.
antiscientifique adj.
antiscorbutique adj.
antisèche n. f.
antisecte adj.
antiségrégationniste adj. et n.
antisémite n. et adj.
antisémitisme n. m.
antisepsie n. f.
antiseptique adj. et n. m.
antisérum n. m.
antisida adj. inv.
antisionisme n. m.
antisismique adj.
antiskating n. m.
antislash n. m.
antisocial, iale, iaux adj.
anti-sous-marin, ine adj.
PL. *anti-sous-marins, ines*
antispam adj.
antispasmodique adj. et n. m.
antispécisme n. m.
antispéciste adj. et n.
antisportif, ive adj.
antistalinisme n. m.
antistar adj.
antistatique adj. et n. m.
antistress adj. inv.
antistrophe n. f.

antisudoral, ale, aux adj. et n. m.
antisymétrique adj.
antisyndical, ale, aux adj.
antisyndicalisme n. m.
antisyphilitique adj.
antitabac adj. inv.
antitabagisme n. m.
antitache adj. et n. m.
antiterrorisme n. m.
antiterroriste adj.
antitétanique adj.
antithèse n. f.
antithétique adj.
antithrombine n. f.
antithyroïdien, ienne adj. et n. m.
antitout adj. inv.
antitoxine n. f.
antitoxique adj.
antitranspirant, ante adj. et n. m.
antitranspiration adj.
antitrust adj.
antitrypsine n. f.
antituberculeux, euse adj.
antitumoral, ale, aux adj. et n. m.
antitussif, ive adj. et n. m.
antiulcère adj. et n. m.
antiulcéreux, euse adj. et n. m.
anti-UV adj.
antivariolique adj.
antivenimeux, euse adj.
antivibration adj.
antivieillissement adj. inv.
anti-VIH adj. inv.
antiviolence adj.
antiviral, ale, aux adj. et n. m.
antivirus n. m.
antivol n. m. et adj.
antonomase n. f.
antonyme n. m.
antonymie n. f.
antre n. m.

antrite n. f.
antrustion n. m.
anurie n. f.
anus n. m.
anxiété n. f.
anxieusement adv.
anxieux, ieuse adj. et n.
anxiodépressif, ive adj.
anxiogène adj.
anxiolytique adj. et n.
A. O. C. n. f. (appellation d'origine contrôlée)
aoriste n. m.
aorte n. f.
aortique adj.
aortite n. f.
août ou aout* n. m.
août ou aoutat* n. m.
aoûtement ou aoutement* n. m.
aoûter ou aouter* v. (conjug. 1)
aoûtien, ienne ou aoutien, ienne* [ausjɛ̃] n.
apache n. m.
apaisant, ante adj.
apaisement n. m.
apaiser v. tr. (conjug. 1)
apanage n. m.
a pari ou à pari* loc. adv. et loc. adj. inv.
aparté n. m.
apartheid [-tɛd] n. m.
apathie n. f.
apathique adj. et n.
apatite n. f.
apatosaure n. m.
apatride adj. et n.
apatridie n. f.
apax n. m.
apepsie n. f.
aperception n. f.
apercevoir v. (conjug. 28)
aperçu n. m.
apériodique adj.
apériteur, trice n. et adj.
apéritif, ive adj. et n. m.
apéro n. m.
aperture n. f.

apesanteur n. f.
apétale adj. et n. f.
à-peu-près ou à peu près (vx) n. m. inv.
apeuré, ée adj.
apeurer v. tr. (conjug. 1)
apex n. m.
aphasie n. f.
aphasique adj. et n.
aphélie n. f.
aphérèse n. f.
aphidés n. m. pl.
aphone adj.
aphonie n. f.
aphorisme n. m.
aphrodisiaque adj. et n. m.
aphte n. m.
aphteux, euse adj.
aphylle adj.
A. P. I. n. m. (alphabet de l'association phonétique internationale)
api (d') loc. adj.
à-pic n. m.
PL. à-pics
apical, ale, aux adj. et n. f.
apicole adj.
apiculteur, trice n.
apiculture n. f.
apiol n. m.
apion n. m.
apiquer v. tr. (conjug. 1)
apitoiement n. m.
apitoyer v. tr. (conjug. 8)
A. P. L. n. f. (aide personnalisée au logement)
aplanat n. m.
aplanétique adj.
aplanir v. tr. (conjug. 2)
aplanissement n. m.
aplasie n. f.
aplasique adj.
aplat ou à-plat n. m.
PL. aplats ou à-plats
aplati, ie adj.
aplatir v. tr. (conjug. 2)
aplatissage n. m.
aplatissement n. m.
aplatisseur n. m.

aplomb n. m.
apnée n. f.
apnéique adj.
apnéiste n.
apoastre n. m.
apocalypse n. f.
apocalyptique adj.
apocope n. f.
apocopé, ée adj.
apocryphe adj. et n. m.
apode adj. et n.
apodictique adj.
apoenzyme n. f. ou m.
apogamie n. f.
apogée n. m.
apolipoprotéine n. f.
apolitique adj. et n.
apolitisme n. m.
apollinien, ienne adj.
apollon n. m.
apologétique adj. et n.
apologie n. f.
apologiste n.
apologue n. m.
apomorphe adj.
apomorphie n. f.
apomorphine n. f.
aponévrose n. f.
aponévrotique adj.
apophonie n. f.
apophtegme n. m.
apophysaire adj.
apophyse n. f.
apoplectique adj. et n.
apoplexie n. f.
apoprotéine n. f.
apoptose n. f.
apoptotique adj.
aporétique adj.
aporie n. f.
aposiopèse n. f.
apostasie n. f.
apostasier v. intr. (conjug. 7)
apostat, ate adj. et n.
aposté, ée adj.
a posteriori ou à postériori* loc. adv. ; adj. inv. et n. m. inv.
apostille n. f.

apostiller

apostiller v. tr. (conjug. 1)
apostolat n. m.
apostolique adj.
apostoliquement adv.
apostrophe n. f.
apostropher v. tr. (conjug. 1)
apothécie n. f.
apothème n. m.
apothéose n. f.
apothicaire n. m.
apôtre n. m.
appalachien, ienne adj.
appaloosa n. m.
apparaître ou
  apparaitre* v. intr. (conjug. 57)
apparat n. m.
apparatchik n.
  PL. *apparatchiks*
apparaux n. m. pl.
appareil n. m.
appareillable adj.
appareillage n. m.
appareiller v. (conjug. 1)
appareilleur, euse n.
apparemment adv.
apparence n. f.
apparent, ente adj.
apparenté, ée adj.
apparentement n. m.
apparenter v. tr. (conjug. 1)
appariement n. m.
apparier v. tr. (conjug. 7)
appariteur, trice n.
apparition n. f.
apparoir v. intr.
  (conjug. usité seulement à l'inf. et à la 3ᵉ pers. du sing. de l'indic. prés.)
appartement n. m.
appartement-témoin n. m.
  PL. *appartements-témoins*
appartenance n. f.
appartenir v. tr. ind. (conjug. 22)
appas n. m. pl. (attraits)
appassionata adj. f. et n. f.

appassionato adv., adj. et n. m.
appât n. m.
appâter v. tr. (conjug. 1)
appauvrir v. tr. (conjug. 2)
appauvrissement n. m.
appeau n. m.
appel n. m.
appelant, ante n. et adj.
appelé, ée adj. et n.
appeler v. tr. (conjug. 4)
appellatif, ive adj.
appellation n. f.
appendice n. m.
appendicectomie n. f.
appendicite n. f.
appendiculaire adj. et n.
appendre v. tr. (conjug. 41)
appentis n. m.
appenzell [apɛnzɛl] n. m.
appert (il) v. (apparoir)
appertisation n. f.
appertiser v. tr. (conjug. 1)
appesantir v. tr. (conjug. 2)
appesantissement n. m.
appétence n. f.
appétissant, ante adj.
appétit n. m.
applaudimètre n. m.
applaudir v. (conjug. 2)
applaudissement n. m.
appli n. f.
applicabilité n. f.
applicable adj.
applicage n. m.
applicateur, trice n. et adj.
applicatif, ive adj. et n. m.
application n. f.
applique n. f.
appliqué, ée adj.
appliquer v. tr. (conjug. 1)
appliquette n. f.
appoggiature ou
  appogiature
  [apɔ(d)ʒjatyʁ] n. f.
appoint n. m.
appointage n. m.
appointements n. m. pl.
appointer v. tr. (conjug. 1)

appondre v. tr. (conjug. 41)
apponse n. f.
appontage n. m.
appontement n. m.
apponter v. intr. (conjug. 1)
apponteur n. m.
apport n. m.
apporter v. tr. (conjug. 1)
apporteur n. m.
apposer v. tr. (conjug. 1)
apposition n. f.
appréciabilité n. f.
appréciable adj.
appréciateur, trice n. et adj.
appréciatif, ive adj.
appréciation n. f.
apprécier v. tr. (conjug. 7)
appréhender v. tr. (conjug. 1)
appréhension n. f.
apprenant, ante n.
apprendre v. (conjug. 58)
apprenti, ie n.
apprentissage n. m.
apprêt n. m.
apprêtage n. m.
apprêté, ée adj.
apprêter v. tr. (conjug. 1)
apprêteur, euse n.
apprivoisable adj.
apprivoisement n. m.
apprivoiser v. tr. (conjug. 1)
approbateur, trice n. et adj.
approbatif, ive adj.
approbation n. f.
approbativement adv.
approbativité n. f.
approchable adj.
approchant, ante adj.
approche n. f.
approché, ée adj.
approcher v. tr. (conjug. 1)
approfondi, ie adj.
approfondir v. tr. (conjug. 2)
approfondissement n. m.

appropriation n. f.
approprié, iée adj.
approprier v. tr. (conjug. 7)
approuvé p. p. inv. ; n. m.
approuver v. tr. (conjug. 1)
approvisionnement n. m.
approvisionner v. tr. (conjug. 1)
approvisionneur, euse n. et adj.
approximatif, ive adj.
approximation n. f.
approximativement adv.
appui n. m.
appui-bras n. m. inv.
appuie-main n. m.
PL. *appuie-mains*
appuie-tête n. m.
PL. *appuie-têtes*
appuyé, ée adj.
appuyer v. (conjug. 8)
apragmatisme n. m.
apraxie n. f.
apraxique adj. et n.
âpre adj.
aprèm n. m. ou f. inv.
âprement adv.
après prép. ; adv. ; n. m.
après-demain adv.
après-dîner ou **après-diner*** n. m.
PL. *après-dîners* ou *après-diners**
après-guerre n. m.
PL. *après-guerres*
après-midi n. m.
PL. inv. ou *après-midis*
après-rasage n. m. et adj.
après-shampoing ou **après-shampooing** n. m. et adj.
PL. *après-shampoings*
après-ski n. m.
PL. inv. ou *après-skis*
après-soleil n. m.
PL. inv. ou *après-soleils**
après-vente adj.
PL. *après-ventes*
âpreté n. f.

¹**a priori** ou **à priori*** loc. adv. ; loc. adj.
PL. inv.
²**a priori** ou **apriori*** n. m.
PL. inv. ou *apriorís**
apriorique adj.
apriorisme n. m.
aprioriste adj.
à-propos n. m. inv.
apsara n. f.
apside n. f.
apte adj.
aptère adj.
aptéryx n. m.
aptitude n. f.
apurement n. m.
apurer v. tr. (conjug. 1)
apyre adj.
apyrétique adj.
apyrexie n. f.
aquabuilding n. m.
aquabulle [akwa-] n. f.
aquacole [akwa-] adj.
aquaculteur, trice [akwa-] n.
aquaculture [akwa-] n. f.
aquafitness [akwa-] n. f.
aquafortiste [akwa-] n.
aquagym [akwa-] n. f.
aquajogging [akwa-] n. m.
aquamanile [akwa-] n. m.
aquanaute [akwa-] n.
aquaparc [akwa-] n. m.
aquaplanage [akwa-] n. m.
(rec. off. pour aquaplaning)
aquaplane [akwa-] n. m.
aquaplaning [akwa-] n. m.
(rec. off. : aquaplanage)
aquarelle [akwa-] n. f.
aquarelliste [akwa-] n.
aquariologie [akwa-] n. f.
aquariologique [akwa-] adj.
aquariophile [akwa-] n.
aquariophilie [akwa-] n. f.
aquarium [akwa-] n. m.
aquascope [akwa-] n. m.
aquaspace [akwa-] n. m.
aquatinte [akwa-] n. f.
aquatintiste [akwa-] n.

aquatique [akwa-] adj.
aquavit ou **akvavit** [akwa-] n. m.
aquazole® [akwa-] n. m.
aqueduc n. m.
aqueux, euse adj.
à quia loc. adv.
aquicole [akyi-] adj.
aquiculteur, trice [akyi-] n.
aquiculture [akyi-] n. f.
aquifère [akyi-] adj.
aquilin adj. m.
aquilon n. m.
aquitanien n. m.
aquoibonisme n. m.
aquoiboniste ou **aquoibonniste** adj. et n.
aquosité n. f.
ara n. m.
arabe adj. et n.
arabesque n. f.
arabica n. m.
arabique adj.
arabisant, ante adj. et n.
arabisation n. f.
arabiser v. tr. (conjug. 1)
arabisme n. m.
arabité n. f.
arable adj.
arabo-islamique adj.
PL. *arabo-islamiques*
arabologue n.
arabophone adj.
arachide n. f.
arachnéen, enne [-k-] adj.
arachnides [-k-] n. m. pl.
arachnoïde [-k-] n. f.
arachnoïdien, ienne [-k-] adj.
arachnophobe [-k-] n.
arachnophobie [-k-] n. f.
aragonaise n. f.
aragonite n. f.
araignée n. f.
araire n. m.
arak ou **arac** ou **arack** n. m.
araméen, enne adj. et n.
aramide adj.

aramon n. m.
arase n. f.
arasement n. m.
araser v. tr. (conjug. **1**)
aratoire adj.
araucaria n. m.
arbalète n. f.
arbalétrier n. m.
arbalétrière n. f.
arbi n. m.
arbitrable adj.
arbitrage n. m.
arbitragiste n. m.
arbitraire adj. et n. m.
arbitrairement adv.
arbitral, ale, aux adj.
arbitralement adv.
arbitre n.
arbitrer v. tr. (conjug. **1**)
arboré, ée adj.
arborer v. tr. (conjug. **1**)
arborescence n. f.
arborescent, ente adj.
arboretum ou
 arborétum n. m.
arboricole adj.
arboriculteur, trice n.
arboriculture n. f.
arborisation n. f.
arborisé, ée adj.
arbouse n. f.
arbousier n. m.
arbovirose n. f.
arbovirus n. m.
arbre n. m.
arbrisseau n. m.
arbuste n. m.
arbustif, ive adj.
¹arc n. m.
²arc n. m. inv. (aids related complex)
arcade n. f.
arcane n. m.
arcanson n. m.
arcasse n. f.
arcature n. f.
arc-boutant ou
 arcboutant n. m.
 PL. *arcs-boutants* ou
 arcboutants

arc-bouter ou **arcbouter**
 v. tr. (conjug. **1**)
arc-doubleau ou
 arcdoubleau n. m.
 PL. *arcs-doubleaux* ou
 arcdoubleaux
arceau n. m.
arc-en-ciel n. m.
 PL. *arcs-en-ciel*
archaïque adj.
archaïsant, ante adj. et n.
archaïsme n. m.
archal n. m. sing.
archange n. m.
archangélique adj.
arche n. f.
archée n. f.
archéen, enne adj. et n. m.
archégone n. m.
archelle n. f.
archéobactérie [-k-] n. f.
archéologie [-k-] n. f.
archéologique [-k-] adj.
archéologue [-k-] n.
archéométrie n. f.
archéoptéryx [-k-] n. m.
archéozoïque [-k-] adj. et n. m.
archéozoologie [-k-] n. f.
archéozoologue [-k-] n.
archer, ère n.
archère ou **archière** n. f.
archerie n. f.
archet n. m.
archetier, ière n.
archétypal, ale, aux [-k-] adj.
archétype [-k-] n. m.
archevêché n. m.
archevêque n. m.
archiconfrérie n. f.
archicube n. m.
archidiaconat n. m.
archidiaconé n. m.
archidiacre n. m.
archidiocésain, aine adj.
archidiocèse n. m.
archiduc, archiduchesse n.

archiépiscopal, ale, aux adj.
archiépiscopat n. m.
archière n. f.
archimandrite ou
 archimandritat n. m.
archipel n. m.
archiphonème n. m.
archipresbytéral, ale,
 aux adj.
archiprêtre n. m.
archiptère n. m.
architecte n.
architectonie n. f.
architectonique adj. et n. f.
architectural, ale, aux adj.
architecturalement adv.
architecture n. f.
architecturer v. tr. (conjug. **1**)
architrave n. f.
architravé, ée adj.
archivage n. m.
archiver v. tr. (conjug. **1**)
archives n. f. pl.
archiviste n.
archiviste-paléographe n.
 PL. *archivistes-paléographes*
archivistique adj. et n. f.
archivolte n. f.
archontat [-k-] n. m.
archonte [-k-] n. m.
arçon n. m.
arc-rampant n. m.
 PL. *arcs-rampants*
arctique adj.
arcure n. f.
ardemment adv.
ardent, ente adj.
ardeur n. f.
ardillon n. m.
ardoise n. f.
ardoisé, ée adj.
ardoisier, ière adj. et n.
ardu, ue adj.
arduité n. f.
are n. m.

aréage n. m.
arec n. m.
aréflexie n. f.
areg n. m. pl.
aréique adj.
areligieux, ieuse adj.
aréna ou **arena** n. m. ou f.
arénacé, ée adj.
arénavirus n. m.
arène n. f.
arénicole adj. et n. f.
arénite n. f.
aréolaire adj.
aréole n. f.
aréomètre n. m.
aréométrie n. f.
aréopage n. m.
aréopagites n. m. pl.
aréostyle n. m.
aréquier n. m.
arête n. f.
arêtier n. m.
arêtière n. f.
areu areu interj.
argan n. m.
arganier n. m.
argas n. m.
argent n. m.
argentage n. m.
argentan ou **argenton** n. m.
argentation n. f.
argenté, ée adj.
argenter v. tr. (conjug. 1)
argenterie n. f.
argenteur, euse n.
argentier n. m.
argentifère adj.
argentin, ine adj. et n.
argentique adj.
argentite n. f.
argenton n. m.
argenture ou **argentation** n. f.
arghoul ou **arghul** n. m.
argile n. f.
argileux, euse adj.
arginine n. f.
argon n. m.
argonaute n. m.

argot n. m.
argotique adj.
argotisme n. m.
argotiste n.
argousier n. m.
argousin n. m.
arguer ou **argüer*** [aʁgɥe] v. tr. (conjug.)
argument n. m.
argumentaire adj. et n. m.
argumentant n. m.
argumentateur, trice n.
argumentatif, ive adj.
argumentation n. f.
argumenter v. intr. (conjug. 1)
argus® n. m.
argutie n. f.
argyrie n. f.
argyronète n. f.
argyrisme n. m.
argyrose n. f.
aria n. m. ; n. f.
arianisme n. m.
ariary n. m.
  PL *ariarys*
aride adj.
aridification n. f.
aridité n. f.
arien, ienne adj. et n.
ariette n. f.
arille n. m.
arioso n. m.
  PL *ariosos*
ariser v. tr. (conjug. 1)
aristo n. (aristocrate)
aristocrate n.
aristocratie n. f.
aristocratique adj.
aristocratiquement adv.
aristoloche n. f.
aristotélicien, ienne adj. et n.
aristotélique adj.
aristotélisme n. m.
arithméticien, ienne n.
arithmétique adj. et n. f.
arithmétiquement adv.
arithmographe n. m.
arithmologie n. f.

arithmomètre n. m.
arlequin, ine adj. n. m. et n.
arlequinade n. f.
arlésien, ienne adj. et n.
armada n. f.
armageddon n. m.
armagnac n. m.
armailli n. m.
armateur n. m.
armature n. f.
arme n. f.
¹**armé, ée** adj.
²**armé** n. m.
armée n. f.
armement n. m.
arménien, ienne adj. et n.
arménité n. f.
armer v. tr. (conjug. 1)
armet n. m.
armeuse n. f.
armillaire [-lɛʁ] adj.
armilles n. f. pl.
arminien n. m.
armistice n. m.
armoire n. f.
armoiries n. f. pl.
armoise n. f.
armon n. m.
armorial, iale, iaux adj.
armorier v. tr. (conjug. 7)
armure n. f.
armurerie n. f.
armurier n. m.
A. R. N. ou **ARN** n. m.
  (acide ribonucléique)
arnaque n. f.
arnaquer v. tr. (conjug. 1)
arnaqueur, euse n.
arnica n. f.
arobas [aʁɔbas] n. m.
arobase ou **arrobase** n. f.
arobe n. f.
arole ou **arolle** n. m. ou f.
aromate n. m.
aromathérapeute n.
aromathérapie n. f.
aromaticien, ienne n.
aromatique adj.
aromatisant n. m.
aromatisation n. f.

aromatiser

aromatiser v. tr. (conjug. 1)
arome n. m. (plante)
arôme n. m. (odeur)
aronde n. f.
arpège n. m.
arpéger v. tr. (conjug. 3 et 6)
arpent n. m.
arpentage n. m.
arpenter v. tr. (conjug. 1)
arpenteur, euse n.
arpète ou arpette n. f.
arpion n. m.
arqué, ée adj.
arquebusade n. f.
arquebuse n. f.
arquebusier n. m.
arquer v. (conjug. 1)
arrachage n. m.
arrache (à l') loc.
arraché n. m.
arrache-clou n. m.
   PL. arrache-clous
arrache-cœur n. m.
   PL. inv. ou arrache-cœurs
arrachement n. m.
arrache-moyeu n. m.
   PL. arrache-moyeux
arrache-pied (d') ou
   arrachepied (d')* loc.
   adv.
arracher v. tr. (conjug. 1)
arrache-racine n. m.
   PL. arrache-racines
arracheur, euse n.
arrachis n. m.
arraisonnement n. m.
arraisonner v. tr.
   (conjug. 1)
arrangeable adj.
arrangeant, ante adj.
arrangement n. m.
arranger v. tr. (conjug. 3)
arrangeur, euse n.
arrenter v. tr. (conjug. 1)
arrérager v. (conjug. 3)
arrérages n. m. pl.
arrestation n. f.
arrêt n. m.

arrête adj.
¹arrêté, ée adj.
²arrêté n. m.
arrête-bœuf n. m.
   PL. arrête-bœufs
arrêter v. (conjug. 1)
arrêtiste n.
arrêtoir n. m.
arrhes n. f. pl.
arriération n. f.
arrière adv. et adj. inv. et n. m.
arriéré, ée adj. et n.
arrière-ban n. m.
   PL. arrière-bans
arrière-bec n. m.
   PL. arrière-becs
arrière-bouche n. f.
   PL. arrière-bouches
arrière-boutique n. f.
   PL. arrière-boutiques
arrière-cerveau n. m.
   PL. arrière-cerveaux
arrière-chœur n. m.
   PL. arrière-chœurs
arrière-corps n. m. inv.
arrière-cour n. f.
   PL. arrière-cours
arrière-cuisine n. f.
   PL. arrière-cuisines
arrière-faix n. m. inv.
arrière-fleur n. f.
   PL. arrière-fleurs
arrière-fond n. m.
   PL. arrière-fonds
arrière-garde n. f.
   PL. arrière-gardes
arrière-gorge n. f.
   PL. arrière-gorges
arrière-goût ou
   arrière-gout* n. m.
   PL. arrière-goûts ou
   arrière-gouts*
arrière-grand-mère n. f.
   PL. arrière-grands-mères
arrière-grand-oncle n. m.
   PL. arrière-grands-oncles
arrière-grand-père n. m.
   PL. arrière-grands-pères

arrière-grands-parents n. m. pl.
arrière-grand-tante n. f.
   PL. arrière-grands-tantes
arrière-main n. f. et m.
   PL. arrière-mains
arrière-neveu n. m.
   PL. arrière-neveux
arrière-pays n. m. inv.
arrière-pensée n. f.
   PL. arrière-pensées
arrière-petite-fille n. f.
   PL. arrière-petites-filles
arrière-petite-nièce n. f.
   PL. arrière-petites-nièces
arrière-petit-fils n. m.
   PL. arrière-petits-fils
arrière-petit-neveu n. m.
   PL. arrière-petits-neveux
arrière-petits-enfants n. m. pl.
arrière-plan n. m.
   PL. arrière-plans (rec. off. pour background)
arrière-port n. m.
   PL. arrière-ports
arriérer v. tr. (conjug. 6)
arrière-saison n. f.
   PL. arrière-saisons
arrière-salle n. f.
   PL. arrière-salles
arrière-train n. m.
   PL. arrière-trains
arrière-vassal, aux n. m.
arrière-voussure n. f.
   PL. arrière-voussures
arrimage n. m.
arrimer v. tr. (conjug. 1)
arrimeur n. m.
ariser ou ariser v. tr. (conjug. 1)
arrivage n. m.
arrivant, ante n.
arrivé, ée adj.
arrivée n. f.
arriver v. intr. (conjug. 1)
arrivisme n. m.
arriviste n.
arrobas n. m.
arrobase n. f.
arrobe ou arobe n. f.

arroche n. f.
arrogamment adv.
arrogance n. f.
arrogant, ante adj.
arroger (s') v. pron. (conjug. 3)
arroi n. m.
arrondi, ie adj. et n. m.
arrondir v. tr. (conjug. 2)
arrondissage n. m.
arrondissement n. m.
arrondisseur n. m.
arrosable adj.
arrosage n. m.
arrosé, ée adj.
arrosement n. m.
arroser v. tr. (conjug. 1)
arroseur, euse n.
arrosoir n. m.
arrow-root [aroʀut] n. m. PL. *arrow-roots*
arroyo [aʀojo] n. m.
ars [aʀ] n. m.
arsenal, aux n. m.
arséniate n. m.
arsenic n. m.
arsenical, ale, aux adj.
arsénieux adj. m.
arsénique adj.
arsénite n. m.
arséniure n. m.
arsin adj. m.
arsine n. f.
arsouille n.
arsouiller (s') v. pron. (conjug. 1)
art n. m.
artéfact ou **artefact** n. m.
artel n. m.
artémise n. f.
artère n. f.
artériectomie n. f.
artériel, ielle adj.
artériographie n. f.
artériole n. f.
artériopathie n. f.
artérioscléreux, euse adj. et n.
artériosclérose n. f.
artériotomie n. f.

artérite n. f.
artéritique adj. et n.
artésien, ienne adj. et n.
arthralgie n. f.
arthrite n. f.
arthritique adj. et n.
arthritisme n. m.
arthrodèse n. f.
arthrodie n. f.
arthrographie n. f.
arthropathie n. f.
arthropodes n. m. pl.
arthroscopie n. f.
arthrose n. f.
arthrosique adj. et n.
arthurien, ienne adj.
artichaut n. m.
artichautière n. f.
article n. m.
articulaire adj.
articulation n. f.
articulatoire adj.
articulé, ée adj. et n. m.
articuler v. tr. (conjug. 1)
artifice n. m.
artificialiser v. tr. (conjug. 1)
artificialité n. f.
artificiel, ielle adj.
artificiellement adv.
artificier n. m.
artificieusement adv.
artificieux, ieuse adj.
artiflot n. m.
artillerie n. f.
artilleur n. m.
artimon n. m.
artiodactyles n. m. pl.
artiozoaire n. m.
artisan, ane n.
artisanal, ale, aux adj.
artisanalement adv.
artisanat n. m.
artiste n. et adj.
artistement adv.
artistique adj.
artistiquement adv.
artocarpe n. m.
artothécaire n. m.
artothèque n. f.

Arts déco n. m. pl.
art-thérapie n. f.
arum n. m.
aruspice ou **haruspice** (vx) n. m.
aryen, enne n. et adj.
aryle n. m.
aryténoïde adj. et n. m.
arythmie n. f.
arythmique adj.
as n. m.
ASA n. m. inv. (American Standards Association)
asbeste n. m.
asbestose n. f.
ascaride ou **ascaris** n. m.
ascaridiose ou **ascaridiase** n. f.
ascaris n. m.
ascendance n. f.
¹ascendant, ante adj.
²ascendant n. m.
ascenseur n. m.
ascension n. f.
ascensionnel, elle adj.
ascensionner v. tr. (conjug. 1)
ascensionniste n.
ascensoriste n.
ascèse n. f.
ascète n.
ascétique adj.
ascétisme n. m.
ascidie n. f.
ASCII [aski] n. m. (American Standard Code for Information Interchange)
ascite n. f.
ascitique adj. et n.
asclépiade n. m. ; n. f.
ascolaire n. f.
ascomycètes n. m. pl.
ascorbique adj.
ascospore n. f.
asdic n. m. (Allied Submarine Detection Investigation Committee)
aselle n. f.
asémanticité n. f.
asémantique adj.

asepsie

asepsie n. f.
aseptique adj.
aseptisation n. f.
aseptiser v. tr. (conjug. 1)
ases n. f. pl.
asexualité n. f.
asexué, ée adj.
asexuel, elle adj.
ashkénaze n. et adj.
ashram n. m.
asialie n. f.
asiate n. et adj.
asiatique adj. et n.
asien, ienne adj. et n.
asilage n. m.
asilaire adj.
asile n. m.
asiler v. tr. (conjug. 1)
asinien, ienne adj.
asismique adj.
asociabilité n. f.
asocial, iale, iaux adj. et n.
asomatognosie n. f.
asparagiculteur, trice n.
asparagine n. f.
asparagus n. m.
aspartam(e) n. m.
aspartique adj.
aspe ou asple n. m.
aspect n. m.
asperge n. f.
asperger v. tr. (conjug. 3)
aspergès n. m.
aspergille n. f.
aspergillose n. f.
aspérité n. f.
aspermatisme n. m.
asperme adj.
aspermie n. f.
asperseur n. m.
aspersion n. f.
aspersoir n. m.
asphaltage n. m.
asphalte n. m.
asphalter v. tr. (conjug. 1)
asphérique adj.
asphodèle n. m.
asphyxiant, iante adj.
asphyxie n. f.
asphyxié, iée adj. et n.
asphyxier v. tr. (conjug. 7)
aspi adj. et n. (aspirant)
aspic n. m.
aspidistra n. m.
aspirant, ante adj. et n.
aspirateur, trice adj. et n. m.
aspiration n. f.
aspiratoire adj.
aspirer v. tr. (conjug. 1)
aspirine n. f.
aspivenin® n. m.
asple n. m.
asque n. m.
assa fœtida ou assa-fœtida [-fetida] n. f.
assagir v. tr. (conjug. 2)
assagissement n. m.
assai adv.
assaillant, ante adj. et n. m.
assaillir v. tr. (conjug. 13)
assainir v. tr. (conjug. 2)
assainissement n. m.
assainisseur n. m.
assaisonnement n. m.
assaisonner v. tr. (conjug. 1)
assamais, aise adj. et n.
assassin, ine n. m. et adj.
assassinat n. m.
assassiner v. tr. (conjug. 1)
assaut n. m.
asseau n. m.
assèchement n. m.
assécher v. (conjug. 6)
assemblage n. m.
assemblé n. m.
assemblée n. f.
assembler v. tr. (conjug. 1)
assembleur, euse n.
assemblier n. m.
asséner ou assener v. tr. (conjug. 5, 6)
assentiment n. m.
asseoir ou assoir* v. tr. (conjug. 26)
assermentation n. f.
assermenté, ée adj.

assertif, ive adj.
assertion n. f.
assertivité n.
assertorique adj.
asservir v. tr. (conjug. 2)
asservissant, ante adj.
asservissement n. m.
asservisseur n. m.
assesseur, eure n.
assette n. f.
assez adv.
assibilation n. f.
assidu, ue adj.
assiduité n. f.
assidûment ou assidument* adv.
assiégé, ée adj. et n.
assiégeant, ante adj. et n.
assiéger v. tr. (conjug. 3 et 6)
assiette n. f.
assiettée n. f.
assignable adj.
assignat n. m.
assignation n. f.
assigner v. tr. (conjug. 1)
assimilabilité n. f.
assimilable adj.
assimilateur, trice adj. et n.
assimilation n. f.
assimilé, ée adj. et n. m.
assimiler v. tr. (conjug. 1)
assis, ise adj.
assise n. f.
assises n. f. pl.
assistanat n. m.
assistance n. f.
assistanciel, elle adj.
assistant, ante n.
assisté, ée adj.
assister v. (conjug. 1)
assoce n. f. (association)
associatif, ive adj.
association n. f.
associationnisme n. m.
associationniste adj.
associativité n. f.
associé, iée n.
associer v. tr. (conjug. 7)

assoiffé, ée adj. et n.
assoiffer v. tr. (conjug. 1)
assoir* v. tr. (= asseoir)
assolement n. m.
assombrir v. tr. (conjug. 2)
assombrissement n. m.
assommant, ante adj.
assommer v. tr. (conjug. 1)
assommoir n. m.
assomption n. f.
assonance n. f.
assonancé, ée adj.
assonant, ante adj.
assorti, ie adj.
assortiment n. m.
assortir v. tr. (conjug. 2)
assoupi, ie adj.
assoupir v. tr. (conjug. 2)
assoupissant, ante adj.
assoupissement n. m.
assouplir v. tr. (conjug. 2)
assouplissant n. m.
assouplissement n. m.
assouplisseur n. m.
assourdir v. tr. (conjug. 2)
assourdissant, ante adj.
assourdissement n. m.
assouvir v. tr. (conjug. 2)
assouvissement n. m.
assuétude n. f.
assujetti, ie adj. et n.
assujettir v. tr. (conjug. 2)
assujettissant, ante adj.
assujettissement n. m.
assumable adj.
assumer v. tr. (conjug. 1)
assurable adj.
assurage n. m.
assurance n. f.
assurance-chômage n. f.
assurantiel, elle adj. et n. m.
assuré, ée adj. et n.
assurément adv.
assurer v. tr. (conjug. 1)
assureur n. m.
assyrien, ienne adj. et n.
assyriologie n. f.
assyriologue n.
astable adj. et n. m.

astaciculteur, trice n.
astaciculture n. f.
astasie n. f.
astate n. m.
astatique adj.
aster [astɛʀ] n. m.
astéracée n. f.
astéréognosie n. f.
astérie n. f.
astérisque n. m.
astérixis ou asterixis n. m.
astéroïde n. m.
astérosismologie n. f.
asthénie n. f.
asthénique adj. et n.
asthénosphère n. f.
asthmatiforme adj.
asthmatique adj. et n.
asthme n. m.
asthmologie n. f.
asti n. m.
asticot n. m.
asticoter v. tr. (conjug. 1)
astigmate adj.
astigmatique adj.
astigmatisme n. m.
astiquage n. m.
astiquer v. tr. (conjug. 1)
astragale n. m.
astrakan n. m.
astral, ale, aux adj.
astre n. m.
astreignant, ante adj.
astreindre v. tr. (conjug. 52)
astreinte n. f.
astringence n. f.
astringent, ente adj. et n. m.
astrobiologie n. f.
astrolabe n. m.
astrologie n. f.
astrologique adj.
astrologue n.
astrométrie n. f.
astrométrique adj.
astronaute n.
astronauticien, ienne n.
astronautique n. f.

astronef n. m.
astronome n.
astronomie n. f.
astronomique adj.
astronomiquement adv.
astroparticule n. f.
astrophotographie n. f.
astrophysicien, ienne n.
astrophysique n. f.
astroport n. m.
astuce n. f.
astucieusement adv.
astucieux, ieuse adj.
asymbolie n. f.
asymétrie n. f.
asymétrique adj.
asymétriquement adv.
asymptomatique adj.
asymptote n. f. et adj.
asymptotique adj.
asynchrone [-k-] adj.
asyndète n. f.
asynergie n. f.
asystolie n. f.
ataca n. m.
ataman n. m.
ataraxie n. f.
ataraxique adj.
atavique adj.
atavisme n. m.
ataxie n. f.
ataxique adj. et n.
atchoum interj.
atèle n. m.
atélectasie n. f.
atelier n. m.
atellanes n. f. pl.
atémi ou atemi n. m.
   PL. atémis ou atemi
atemporalité n. f.
atemporel, elle adj.
ATER n. (attaché temporaire d'enseignement et de recherche)
atermoiement n. m.
atermoyer v. (conjug. 8)
athanor n. m.
athée n. et adj.
athéisme n. m.
athématique adj.

athénée

athénée n. m.
athermane adj.
athermique adj.
athéromateux, euse adj. et n.
athéromatose n. f.
athérome n. m.
athéroscléreux, euse adj.
athérosclérose n. f.
athétose n. f.
athlète n.
athlétique adj.
athlétiquement adv.
athlétisme n. m.
athrepsie n. f.
athymie n. f.
atlante n. m.
atlantique adj. et n.
atlantisme n. m.
atlantiste n. et adj.
atlas n. m.
atmosphère n. f.
atmosphérique adj.
atoca n. m.
atocatière n. f.
atoll n. m.
atome n. m.
atome-gramme n. m.
PL. atomes-grammes
atomicité n. f.
atomique adj.
atomiquement adv.
atomisation n. f.
atomiser v. tr. (conjug. 1)
atomiseur n. m.
atomisme n. m.
atomiste n. et adj.
atomistique adj. et n. f.
atonal, ale, aux ou als adj.
atonalité n. f.
atone adj.
atonie n. f.
atonique adj.
atopie n. f.
atopique adj.
atour n. m.
atout n. m.
atoxique adj.

A. T. P. n. f. (adénosine triphosphate)
atrabilaire adj.
atrabile n. f.
âtre n. m.
atrésie n. f.
atriau n. m.
atrier n. m.
atrium n. m.
atroce adj.
atrocement adv.
atrocité n. f.
atrophie n. f.
atrophié, iée adj.
atrophier v. tr. (conjug. 7)
atrophique adj.
atropine n. f.
atropisme n. m.
attabler v. tr. (conjug. 1)
attachant, ante adj.
attache n. f.
attaché, ée adj. et n.
attaché-case [-kɛz] n. m.
PL. attachés-cases
attachement n. m.
attacher v. tr. (conjug. 1)
attagène n. m.
attaquable adj.
attaquant, ante n.
attaque n. f.
attaquer v. tr. (conjug. 1)
attardé, ée adj.
attarder v. tr. (conjug. 1)
atteignable adj.
atteindre v. tr. (conjug. 52)
atteint, einte adj.
atteinte n. f.
attelage n. m.
atteler v. tr. (conjug. 4)
attelle n. f.
attenant, ante adj.
attendant, ante n.
attendre v. tr. (conjug. 41)
attendrir v. tr. (conjug. 2)
attendrissant, ante adj.
attendrissement n. m.
attendrisseur n. m.
¹attendu, ue adj.
²attendu prép. et n. m.
attentat n. m.

attentatoire adj.
attentat-suicide n. m.
attente n. f.
attenter v. (conjug. 1)
attentif, ive adj.
attention n. f.
attentionné, ée adj.
attentionnel, elle adj.
attentisme n. m.
attentiste adj. et n.
attentivement adv.
atténuant, ante adj.
atténuateur n. m.
atténuation n. f.
atténuer v. tr. (conjug. 1)
atterrage n. m.
atterrant, ante adj.
atterrer v. tr. (conjug. 1)
atterrir v. intr. (conjug. 2)
atterrissage n. m.
atterrissement n. m.
attestation n. f.
attesté, ée adj.
attester v. tr. (conjug. 1)
atticisme n. m.
attiédir v. tr. (conjug. 2)
attiédissement n. m.
attifement n. m.
attifer v. tr. (conjug. 1)
attiger v. (conjug. 3)
attique adj. et n. m.
attirail n. m.
attirance n. f.
attirant, ante adj.
attirer v. tr. (conjug. 1)
attisement n. m.
attiser v. tr. (conjug. 1)
attitré, ée adj.
attitude n. f.
attorney n. m.
PL. attorneys
attouchement n. m.
attracteur, trice adj.
attractif, ive adj.
attraction n. f.
attractivité n. f.
attrait n. m.
attrapade n. f.
attrape n. f.

32

attrape-couillon n. m.
PL. attrape-couillons
attrape-gogo n. m.
PL. inv. ou attrape-gogos
attrape-mouche n. m.
PL. attrape-mouches
attrape-nigaud n. m.
PL. inv. ou attrape-nigauds
attrape-poussière n. m.
PL. inv. ou attrape-poussières
attraper v. tr. (conjug. 1)
attrayant, ante adj.
attribuable adj.
attribuer v. tr. (conjug. 1)
attribut n. m.
attributaire n. et adj.
attributif, ive adj.
attribution n. f.
attristant, ante adj.
attrister v. tr. (conjug. 1)
attrition n. f.
attroupement n. m.
attrouper v. tr. (conjug. 1)
atypie n. f.
atypique adj.
atypiquement adv.
au art. déf. masc. sing.
aubade n. f.
aubaine n. f.
aube n. f.
aubépine n. f.
aubère adj. et n. m.
auberge n. f.
aubergine n. f. et adj. inv.
aubergiste n.
aubette n. f. (rec. off. pour abribus)
aubier n. m.
aubin n. m.
aubrac n. f.
auburn [obœRn] adj. inv.
auctorial, iale, iaux adj.
aucuba n. m.
aucun, une adj. et pron.
aucunement adv.
audace n. f.
audacieusement adv.
audacieux, ieuse adj. et n.
au-deçà de loc. prép.
au-dedans loc. adv.

au-dehors loc. adv.
au-delà n. m. et prép.
au-dessous loc. adv.
au-dessus loc. adv.
au-devant de loc. prép.
audibilité n. f.
audible adj.
audience n. f.
audiencement n. m.
audiencer v. tr. (conjug. 1)
audimat® [-mat] n. m.
PL. inv. ou audimats
audimateur, euse adj. et n.
audimatique adj.
audimètre n. m.
audimétrie n. f.
audimétrique adj.
audimutité n. f.
audio adj.
PL. inv. ou audios
audioconférence n. f.
audiodescription n. f.
audiofréquence n. f.
audiogramme n. m.
audioguidage n. m.
audioguide n. m.
audiolivre n. m
audiologie n. f.
audiologique adj.
audiologue n.
audiomètre n. m.
audiométrie n. f.
audionumérique adj.
audiophile n.
audiophone n. m.
audiophonie n. f.
audiophonique adj.
audioprothésiste n.
audiotéléphonique adj.
audiotexte n. m.
audiothèque n. f.
audio-vidéo adj. inv.
audiovisuel, elle adj. et n. m.
audit n. m.
auditer v. tr. (conjug. 1)
auditeur, trice n.
auditif, ive adj.
audition n. f. (rec. off. pour casting)

auditionner v. (conjug. 1)
auditivement adv.
auditoire n. m.
auditorat n. m.
auditorium n. m.
auge n. f.
auget n. m.
augment n. m.
augmentatif, ive adj.
augmentation n. f.
augmenter v. (conjug. 1)
augural, ale, aux adj.
augure n. m.
augurer v. tr. (conjug. 1)
auguste adj. et n. m.
augustinien, ienne adj.
aujourd'hui adv. et n. m.
aula n. f.
aulnaie [o(l)nɛ] n. f.
aulne [o(l)n] n. m.
aulofée ou aulloffée n. f.
aulx n. m. pl.
aumône n. f.
aumônerie n. f.
aumônier n. m.
aumônière n. f.
aumusse n. f.
aunaie n. f.
aune n. m. ; n. f.
aunée n. f.
auner v. tr. (conjug. 1)
auparavant adv.
auprès adv.
auquel pron. rel. et interrog.
aura n. f.
aurélie n. f.
auréole n. f.
auréoler v. tr. (conjug. 1)
auréomycine® n. f.
auriculaire adj. et n. m.
auricule n. f.
auriculothérapie n. f.
aurifère adj.
aurification n. f.
aurifier v. tr. (conjug. 7)
aurige n. m.
aurignacien, ienne adj. et n. m.
aurique adj.

aurochs

aurochs ou auroch*
[ɔrɔk] n. m.
PL. aurochs
auroral, ale, aux adj.
aurore n. f.
auscultation n. f.
auscultatoire adj.
ausculter v. tr. (conjug. 1)
auspices n. m. pl.
aussi adv. et conj.
aussière n. f.
aussitôt adv.
austénite n. f.
austère adj.
austèrement adv.
austérité n. f.
austral, ale adj.
australopithèque n. m.
autan n. m.
autant adv.
autarcie n. f.
autarcique adj.
autel n. m.
auteur n. m.
auteuriste adj.
authenticité n. f.
authentification n. f.
authentifier v. tr. (conjug. 7)
authentique adj.
authentiquement adv.
authentiquer v. tr. (conjug. 1)
autisme n. m.
autiste adj. et n.
autistique adj.
auto n. f.
autoaccusation n. f.
autoaccuser (s') v. pron. (conjug. 1)
autoadhésif, ive adj. et n. m.
autoadministration n. f.
autoadministrer (s') v. pron. (conjug. 1)
autoallumage n. m.
autoamorçage n. m.
autoanticorps n. m.
autobalayeuse n. f.
autoberge n. f.

autobiographe n.
autobiographie n. f.
autobiographique adj.
autobloquant, ante adj.
autobronzant, ante adj.
autobus n. m.
autocar n. m.
autocaravane n. f. (rec. off. pour camping-car, motor-home)
autocariste n.
autocassable adj.
autocastration n. f.
autocatalyse n. f.
autocatalytique adj.
autocélébration n. f.
autocensure n. f.
autocensurer (s') v. pron. (conjug. 1)
autocentré, ée adj.
autocéphale adj.
autochenille n. f.
autochrome [-k-] adj. et n. f.
autochromie [-k-] n. f.
autochtone [-k-] adj. et n.
autocinétique adj.
autoclave adj. et n. m.
autocollant, ante adj. et n. m.
autocommutateur n. m.
autoconcurrence n. f.
autoconduction n. f.
autocongratulation n. f.
autocongratuler (s') v. pron. (conjug. 1)
autoconsommation n. f.
autocontrôle n. m.
autocontrôler (s') v. pron. (conjug. 1)
autocopiant n. m.
autocopie n. f.
autocorrecteur, trice adj.
autocorrection n. f.
autocorriger (s') v. pron. (conjug. 2)
autocouchettes adj.
autocrate n. m.
autocratie n. f.

autocratique adj.
autocritique n. f.
autocuiseur n. m.
autodafé n. m.
autodateur n.
autodéclaratif, ive adj. et n. m.
autodéclaration n. f.
autodéfendre (s') v. pron. (conjug. 41)
autodéfense n. f.
autodéfinir (s') v. pron. (conjug. 2)
autodégrader (s') v. pron. (conjug. 1)
autodérision n. f.
autodestructeur, trice adj.
autodestruction n. f.
autodétermination n. f.
autodétruire (s') v. pron. (conjug. 38)
autodictée n. f.
autodidacte adj. et n.
autodidactisme n. m.
autodidaxie n. f.
autodirecteur n. m.
autodiscipline n. f.
autodiscipliner (s') v. pron. (conjug. 1)
autodissolution n. f.
autodistribution n. f.
autodocumentation n. f.
autodocumenté, ée adj.
autodrome n. m.
autoécole ou auto-école n. f.
PL. autoécoles ou auto-écoles
autoéditer v. tr. (conjug. 1)
autoédition n. f.
autoentrepreneur, euse n.
autoentrepreunariat n. m.
autoentreprise n. f.
autoérotique adj.
autoérotisme n.
autoévaluation n. f.
autoévaluer (s') v. pron. (conjug. 1)

34

autoexcitateur, trice adj.
autoextractible adj.
autofécondation n. f.
autoféconder (s') v. pron. (conjug. 1)
autofiction n. t.
autofinancement n. m.
autofinancer v. tr. (conjug. 3)
autoflagellation n. f.
autoflageller (s') v. pron. (conjug. 1)
autofocus adj.
autoformation n. f.
autoformer (s') v. pron. (conjug. 1)
autogame adj.
autogamie n. f.
autogène adj.
autogéré, ée adj.
autogérer (s') v. pron. (conjug. 6)
autogestion n. f.
autogestionnaire adj.
autogire n. m.
autogoal [-gol] n. m.
autogonflant, ante adj.
autographe adj. et n. m.
autographie n. f.
autographier v. tr. (conjug. 7)
autographique adj.
autogreffe n. f.
autogreffon n. m.
autoguidage n. m.
autoguidé, ée adj.
auto-immun, une adj.
  PL. *auto-immuns, unes*
auto-immunisation n. f.
  PL. *auto-immunisations*
auto-induction n. f.
  PL. *auto-inductions*
auto-infection n. f.
  PL. *auto-infections*
auto-injectable adj.
  PL. *auto-injectables*
auto-injection n. f.
  PL. *auto-injections*
auto-intoxication n. f.
  PL. *auto-intoxications*

autolaveuse n. f.
autolubrifiant, iante adj.
autolyse n. f.
automassant, ante adj.
automate n. m.
automaticien, ienne n.
automaticité n. f.
automation n. f.
automatique adj. et n.
automatiquement adv.
automatisation n. f.
automatiser v. tr. (conjug. 1)
automatisme n. m.
automédication n. f.
automitrailleuse n. f.
automnal, ale, aux [ɔtɔnal ; ɔtɔmnal] adj.
automne [ɔtɔn ; ɔtɔmn] n. m.
automobile adj. et n. f.
automobilisme n. m.
automobiliste n.
automorphisme n. m.
automoteur, trice adj. et n.
automutilation n. f.
automutiler (s') v. pron. (conjug. 1)
autoneige n. f.
autonettoyant, ante adj.
autonome adj.
autonomie n. f.
autonomisation n. f.
autonomiser (s') v. pron. (conjug. 1)
autonomisme n. m.
autonomiste n.
autonyme adj.
autonymie n. f.
autonymique adj.
autopalpation n. f.
autoparodie n. f.
autoparodier v. tr. (conjug. 7)
autopartage n. m.
autopersuasion n. f.
autoplastie n. f.
autopollinisation n. f.
autopompe n. f.

autopont n. m.
autoportant, ante adj.
autoporteur, euse adj.
autoportrait n. m.
autoprescription n. f.
autoproclamation n. f.
autoproclamer (s') v. pron. (conjug. 1)
autoproduction n. f.
autoproduire (s') v. tr. (conjug. 38)
autopromotion n. f.
autopropulsé, ée adj.
autopropulseur n. m.
autopropulsion n. f.
autoprotection n. f.
autoprotolyse n. f.
autopsie n. f.
autopsier v. tr. (conjug. 7)
autopunitif, ive adj.
autopunition n. f.
autoquestionnement n. m.
autoradio adj. inv. et n. m.
autoradiographie n. f.
autorail n. m.
autoréglage n. m.
autorégulateur, trice adj.
autorégulation n. f.
autoréguler v. tr. (conjug. 1)
autoréparer (s') v. pron. (conjug. 1)
autorépliquer (s') v. pron. (conjug. 1)
autoreverse adj.
  PL. inv. ou *autoreverses*
autorisation n. f.
autorisé, ée adj.
autoriser v. tr. (conjug. 1)
autoritaire adj.
autoritairement adv.
autoritarisme n. m.
autorité n. f.
autoroute n. f.
autoroutier, ière adj.
autosatisfaction n. f.
auto-scooter n. m.
  PL. *autos-scooters*

autoscopie

autoscopie n. f.
autos-couchettes ou **autocouchettes** adj.
autosome n. m.
autosomique adj.
autostop ou **auto-stop** n. m.
autostoppeur, euse ou **auto-stoppeur, euse** n.
PL. *autostoppeurs, euses* ou *auto-stoppeurs, euses*
autosuffisance n. f.
autosuffisant, ante adj.
autosuggestion n. f.
autosurveillance n. f.
autotensiomètre n. m.
autotomie n. f.
autotour n. m.
autotracté, ée adj.
autotransfusion n. f.
autotrophe adj.
autour adv. ; n. m.
autovaccin n. m.
autovaccination n. f.
autre adj. ; pron. et n.
autrefois adv.
autrement adv.
autrice n. f.
autrichien, ienne adj. et n.
autruche n. f.
autruchon n. m.
autrui pron.
autunite n. f.
auvent n. m.
auvergnat, ate adj. et n.
aux art. déf. pl.
auxiliaire adj. et n.
auxiliairement adv.
auxine n. f.
auxotrophe n. m.
auxquels, auxquelles pron. rel. et interrog.
avachi, ie adj.
avachir v. tr. (conjug. 2)
avachissement n. m.
aval n. m.
avalanche n. f.
avalancheux, euse adj.
avalant, ante adj.

avalé, ée adj.
avaler v. tr. (conjug. 1)
avaleur, euse n.
avaliser v. tr. (conjug. 1)
avaliseur, euse adj. et n.
avaliste adj. et n.
à-valoir n. m. inv.
avance n. f.
avancé, ée adj.
avancée n. f.
avancement n. m.
avancer v. (conjug. 3)
avançon n. m.
avanie n. f.
avant prép. et adv. ; n. m.
avantage n. m.
avantager v. tr. (conjug. 3)
avantageusement adv.
avantageux, euse adj.
avant-bassin n. m.
PL. *avant-bassins*
avant-bec n. m.
PL. *avant-becs*
avant-bras n. m. inv.
avant-centre n. m.
PL. *avants-centres*
avant-corps n. m. inv.
avant-coureur n. m. adj.
PL. *avant-coureurs*
avant-courrier, ière n.
PL. *avant-courriers, ières*
avant-dernier, ière n.
PL. *avant-derniers, ières*
avant-garde n. f.
PL. *avant-gardes*
avant-gardisme n. m.
PL. *avant-gardismes*
avant-gardiste adj. et n.
PL. *avant-gardistes*
avant-goût n. m.
PL. *avant-goûts* ou *avant-gouts**
avant-guerre n. m. ou f.
PL. *avant-guerres*
avant-hier adv.
avanti interj.
avant-main n. f.
PL. *avant-mains*

avant-midi n. m. ou f.
PL. inv. ou *avant-midis*
avant-mont n. m.
PL. *avant-monts*
avant-plan n. m.
PL. *avant-plans*
avant-port n. m.
PL. *avant-ports*
avant-poste n. m.
PL. *avant-postes*
avant-première n. f.
PL. *avant-premières*
avant-projet n. m.
PL. *avant-projets*
avant-propos n. m. inv.
avant-scène n. f.
PL. *avant-scènes*
avant-soirée n. f.
PL. *avant-soirées* (rec. off. pour prime time)
avant-toit n. m.
PL. *avant-toits*
avant-train n. m.
PL. *avant-trains*
avant-veille n. f.
PL. *avant-veilles*
avare adj. et n.
avarice n. f.
avaricieux, ieuse adj.
avarie n. f.
avarié, iée adj.
avarier v. tr. (conjug. 7)
avatar n. m.
à vau-l'eau loc. adv.
AVC n. m. (accident vasculaire cérébral)
Ave [ave] n. m. inv.
avec prép. et adv.
aveline n. f.
avelinier n. m.
Ave Maria n. m. inv.
aven n. m.
¹**avenant, ante** adj.
²**avenant** n. m.
avenant (à l') loc. adv.
avènement n. m.
avenir n. m.
avent n. m.
aventure n. f.
aventuré, ée adj.
aventurer v. tr. (conjug. 1)

aventureusement adv.
aventureux, euse adj.
aventurier, ière n.
aventurine n. f.
aventurisme n. m.
aventuriste adj. et n.
avenu, ue adj.
avenue n. f.
avéré, ée adj.
avérer v. tr. (conjug. 6)
avers n. m.
averse n. f.
aversion n. f.
averti, ie adj.
avertir v. tr. (conjug. 2)
avertissement n. m.
avertisseur, euse n. m. et adj.
aveu n. m.
aveuglant, ante adj.
aveugle adj. et n.
aveuglement n. m.
aveuglément adv.
aveugler v. tr. (conjug. 1)
aveuglette (à l') loc. adv.
aveulir v. tr. (conjug. 2)
aveulissement n. m.
aviaire adj.
aviateur, trice n.
aviation n. f.
avicole adj.
aviculteur, trice n.
aviculture n. f.
avide adj.
avidement adv.
avidité n. f.
avifaune n. f.
avili, ie adj.
avilir v. tr. (conjug. 2)
avilissant, ante adj.
avilissement n. m.
aviné, ée adj.
avion n. m.
avion-cargo n. m.
PL. *avions-cargos*
avion-citerne n. m.
PL. *avions-citernes*
avion-école n. m.
PL. *avions-écoles*
avionique n. f.

avionnerie n. f.
avionnette n. f.
avionneur n. m.
avion-taxi n. m.
PL. *avions-taxis*
aviron n. m.
avironner v. intr. (conjug. 1)
avis n. m.
avisé, ée adj.
aviser v. tr. (conjug. 1)
aviso n. m.
avitaillement n. m.
avitailler v. tr. (conjug. 1)
avitailleur n. m.
avitaminose n. f.
avivage n. m.
avivement n. m.
aviver v. tr. (conjug. 1)
avocaillon n. m.
avocasserie n. f.
avocassier, ière adj.
¹avocat n. m.
²avocat, ate n.
avocat-conseil n.
PL. *avocats-conseils*
avocatier n. m.
avocature n. f.
avocette n. f.
avoine n. f.
¹avoir n. m.
²avoir v. tr. (conjug. 34)
avoirdupoids n. m.
avoisinant, ante adj.
avoisiner v. tr. (conjug. 1)
avortement n. m.
avorter v. (conjug. 1)
avorteur, euse n.
avorton n. m.
avouable adj.
avoué n. m.
avouer v. tr. (conjug. 1)
avoyer v. tr. (conjug. 8)
avril n. m.
avulsion n. f.
avunculaire [avɔ̃-] adj.
awalé n. m.
award n. m.
axe n. m.
axel n. m.
axène adj.

axénique adj.
axénisation n. f.
axer v. tr. (conjug. 1)
axérophtol n. m.
axial, iale, iaux adj.
axile adj.
axillaire adj.
axiologie n. f.
axiologique adj.
axiomatique adj. et n. f.
axiomatisation n. f.
axiomatiser v. tr. (conjug. 1)
axiome n. m.
axis n. m.
axisymétrique adj.
axoa [aʃɔa] n. m.
axolotl n. m.
axone n. m.
axonge n. f.
axonométrie n. f.
axonométrique adj.
ayaï n. m.
ayant p. prés. (avoir)
ayant cause n. m.
PL. *ayants cause*
ayant droit n. m.
PL. *ayants droit*
ayatollah n. m.
aye-aye n. m.
PL. *ayes-ayes*
ayurvéda [ajyrveda ; ajyrveda] n. m.
ayurvédique [ajyr-] adj.
azalée n. f.
azéotrope adj.
azerole n. f.
azerolier n. m.
AZERTY adj. inv.
azidothymidine n. f.
azimut n. m.
azimutal, ale, aux adj.
azimuté, ée adj.
azoïque adj.
azoospermie n. f.
azoospermique adj.
azotate n. m.
azote n. m.
azoté, ée adj.
azotémie n. f.

azotémique adj.
azoteux adj. m.
azothydrique adj.
azotique adj.
azotite n. m.
azoture n. m.
azoturie n. f.
AZT® n. m. (azidothymidine)
aztèque adj.
azulejo ou **azuléjo*** [asulexo] n. m.
azulène n. m.
azur n. m.
azurage n. m.
azurant, ante adj. et n. m.
azuré, ée adj.
azuréen, enne adj.
azurer v. tr. (conjug. 1)
azurite n. f.
azygos adj. et n. f.
azyme adj.

b

b n. m. inv. ; abrév. et symb.
B n. m. inv. ; abrév. et symb.
B2B ou **B to B** adj. et n. m. (business to business)
B2C ou **B to C** adj. et n. m. (business to consumer)
B. A. n. f. (bonne action)
baba adj. et n. ; n. m.
b. a.-ba n. m. sing.
baba cool [-kul] n.
  PL. *babas cools*
babélisme n. m.
babelutte ou **babelute** n. f.
babeurre n. m.
babiche n. f.
babil n. m.
babillage n. m.
babillard, arde adj. et n.

babiller v. intr. (conjug. 1)
babines n. f. pl.
babiole n. f.
babiroussa n. m.
bâbord n. m.
bâbordais n. m.
babouche n. f.
babouchka n. f.
babouin n. m.
baboune n. f.
babouvisme n. m.
babouviste adj. et n.
baby [babi ; bebi] n. m.
  PL. *babies* ou *babys*
baby-blues [babibluz ; bebi-] n. m. inv.
baby-boom ou **babyboom*** [babibum ; bebi-] n. m.
  PL. *baby-booms* ou *babybooms**
baby-boomer ou **baby-boumer, euse** ou **babyboumeur, euse*** [babibumœʀ ; bebi-] n.
  PL. *baby-boomers* ou *baby-boomeurs, euses* ou *babyboumeurs, euses**
baby-foot® ou **babyfoot** [babifut] n. m.
  PL. inv. ou *babyfoots*
baby(-)sitter ou **babysitteur, euse** [babisitœʀ ; bebi-] n.
  PL. *baby(-)sitters* ou *babysitteurs, euses*
baby(-)sitting [babisitiŋ ; bebi-] n. m.
bac n. m.
bacante n. f.
baccalauréat n. m.
baccara n. m.
baccarat n. m.
bacchanale n. f.
¹**bacchante** n. f. (prêtresse)
²**bacchante** ou **bacante** n. f. (moustache)
bacchique adj.
baccifère adj.
bacciforme adj.

bâchage n. m.
bâche n. f.
bachelier, ière n.
bâcher v. tr. (conjug. 1)
bachi-bouzouk ou **bachibouzouk*** n. m.
  PL. *bachi-bouzouks* ou *bachibouzouks**
bachique ou **bacchique** adj.
bachot n. m.
bachotage n. m.
bachoter v. intr. (conjug. 1)
bacillaire adj. et n.
bacille n. m.
bacillifère n. et adj.
bacilliforme adj.
bacillose n. f.
bacillurie n. f.
bäckeofe n. m.
backgammon [bakgamɔn] n. m.
background n. m.
back office ou **back-office** n. m.
backup ou **back-up** n. m.
bâclage n. m.
bâcle n. f.
bâcler v. tr. (conjug. 1)
baclofène n. m.
bacon n. m.
bactéricide adj. et n. m.
bactérie n. f.
bactériel, ielle adj.
bactériémie n. f.
bactériémique adj.
bactérien, ienne adj.
bactério n. f.
bactériochlorophylle [-k.] n. f.
bactériocine n. f.
bactériologie n. f.
bactériologique adj.
bactériologiste n.
bactériolytique adj.
bactériophage n. m.
bactériostatique adj.
badaboum interj.
badant, ante adj.
badaud, aude n. et adj.

bale

badauderie n. f.
bader v. (conjug. 1)
baderne n. f.
badge n. m.
badgé, ée adj.
badgeage n. m.
badger v. intr. (conjug. 3)
badgeuse n. f.
badiane n. f.
badigeon n. m.
badigeonnage n. m.
badigeonner v. tr. (conjug. 1)
badigeonneur n. m.
badigoinces n. f. pl.
¹badin, ine adj.
²badin n. m.
badinage n. m.
badine n. f.
badiner v. intr. (conjug. 1)
badinerie n. f.
badlands n. f. pl.
badminton n. m.
baeckeofe ou bäkeofe n. m.
BAFA n. m. (brevet d'aptitude aux fonctions d'animateur)
baffe n. f.
baffer v. tr. (conjug. 1)
baffle n. m.
bafouer v. tr. (conjug. 1)
bafouillage n. m.
bafouille n. f.
bafouiller v. intr. (conjug. 1)
bafouilleur, euse n. et adj.
bâfrer v. tr. (conjug. 1)
bâfreur, euse n.
bagad n. m.
    PL. *bagadou* ou *bagads**
bagage n. m.
bagagerie® n. f.
bagagiste n.
bagarre n. f.
bagarrer v. (conjug. 1)
bagarreur, euse adj. et n.
bagasse n. f.
bagatelle n. f.
bagel n. m.
baggy [bagi] n. m.
    PL. *baggys* ou *baggies*

bagnard, arde n.
bagne n. m.
bagnole n. f.
bagou n. m.
bagouse n. f.
bagout ou bagou n. m.
baguage n. m.
bague n. f.
baguenaude n. f.
baguenauder v. intr. (conjug. 1)
baguenaudier n. m.
baguer v. tr. (conjug. 1)
baguette n. f.
baguier n. m.
bah interj.
bahut n. m.
bai, baie adj.
baie n. f.
baignade n. f.
baigner v. (conjug. 1)
baigneur, euse n.
baignoire n. f.
bail n. m.
    PL. *baux*
baille n. f.
bâillement n. m.
bailler v. tr. (conjug. 1)
bâiller v. intr. (conjug. 1)
bailleur, bailleresse n.
bailli n. m.
bailliage n. m.
bâillon n. m.
bâillonnement n. m.
bâillonner v. tr. (conjug. 1)
baïlothérapie n. f.
bain n. m.
baïne n. f.
bain-marie n. m.
    PL. *bains-marie*
baïonnette n. f.
baisable adj.
baise n. f.
baise-en-ville n. m. inv.
baisemain n. m.
baisement n. m.
¹baiser n. m.
²baiser v. tr. (conjug. 1)
baiseur, euse n.
baisodrome n. m.

baisse n. f.
baisser v. (conjug. 1)
baissier, ière n. m. et adj.
baissière n. f.
bajoue n. f.
bajoyer n. m.
bakchich n. m.
bakélite® n. f.
baklava n. m.
bal n. m.
balade n. f.
balader v. tr. (conjug. 1)
baladeur, euse adj. et n.
baladin, ine n.
baladodiffusion n. f.
balafon n. m.
balafoniste n.
balafre n. f.
balafrer v. tr. (conjug. 1)
balai n. m.
balai-brosse n. m.
    PL. *balais-brosses*
balais adj. m.
balalaïka n. f.
balan n. m.
balance n. f.
balancé, ée adj.
balancelle n. f.
balancement n. m.
balancer v. (conjug. 3)
balancier n. m.
balancine n. f.
balançoire n. f.
balane n. f.
balanite n. f.
balata n. m.
balayage n. m.
balayer v. tr. (conjug. 8)
balayette n. f.
balayeur, euse n.
balayures n. f. pl.
balbutiant, iante adj.
balbutiement n. m.
balbutier v. (conjug. 7)
balbuzard n. m.
balcon n. m.
balconnet n. m.
balconnière n. f.
baldaquin n. m.
bale n. f.

baleine

baleine n. f.
baleiné, ée adj.
baleineau n. m.
¹baleinier, ière adj.
²baleinier n. m.
baleinière n. f.
baleinoptère n. m.
balèse adj. et n.
balèvre n. f.
balèze ou balèse adj. et n.
balisage n. m.
balise n. f.
baliser v. (conjug. 1)
baliseur n. m.
balisier n. m.
baliste n. f. ; n. m.
balisticien, ienne n.
balistique adj. et n. f.
balivage n. m.
baliveau n. m.
baliverne n. f.
balkanique adj.
balkanisation n. f.
balkaniser v. tr. (conjug. 1)
ballade n. f.
ballant, ante adj. et n. m.
ballast n. m.
ballastage n. m.
ballaster v. tr. (conjug. 1)
ballastière n. f.
¹balle n. f. (ballon)
²balle ou bale n. f. (de céréale)
baller v. intr. (conjug. 1)
ballerine n. f.
ballet n. m.
ballettomane ou ballétomane* n.
ballon n. m.
ballonné n. m.
ballonnement n. m.
ballonner v. tr. (conjug. 1)
ballonnet n. m.
ballon-sonde n. m.
  PL. ballons-sondes
ballot n. m.
ballote n. f.
ballotin n. m.
ballottage ou ballotage* n. m.

ballottement ou ballotement* n. m.
ballotter ou balloter* v. (conjug. 1)
ballottine n. f.
ball(-)trap [baltʁap] n. m.
balluchon ou baluchon n. m.
bal-musette n. m.
  PL. bals-musettes
balnéaire adj.
balnéation n. f.
balnéothérapie n. f.
balourd, ourde n. et adj.
balourdise n. f.
balsa n. m.
balsamier n. m.
balsamine n. f.
balsamique adj.
balte adj. et n.
balthazar n. m.
baltringue n. m.
baluchon n. m.
balustrade n. f.
balustre n. m.
bambin, ine n.
bamboche n. f.
bambocher v. intr. (conjug. 1)
bambocheur, euse n.
bambou n. m.
bamboula n. m. ; n. f.
bambousaie ou bambouseraie n. f.
ban n. m.
banal, ale adj.
banalement adv.
banalisation n. f.
banalisé, ée adj.
banaliser v. tr. (conjug. 1)
banalité n. f.
banana split n. m.
  PL. banana(s) splits
banane n. f.
bananer v. tr. (conjug. 1)
bananeraie n. f.
bananette n. f.
¹bananier, ière adj.
²bananier n. m.
banc n. m.

bancable ou banquable adj.
bancaire adj.
bancal, ale adj.
bancarisation n. f.
bancarisé, ée adj.
bancassurance n. f.
bancassureur n. m.
banche n. f.
bancher v. tr. (conjug. 1)
banco adj., n. m. et interj.
bancoulier n. m.
bancroche adj.
banc-titre n. m.
  PL. bancs-titres
banda n. f.
bandage n. m.
bandagiste n.
bandana n.
bandant, ante adj.
bande n. f.
bandé, ée adj.
bande-amorce n. f.
  PL. bandes-amorces
bande-annonce n. f.
  PL. bandes-annonces
bandeau n. m.
bandelette n. f.
bander v. (conjug. 1)
banderille n. f.
banderillero ou bandérilléro n. m.
  PL. banderilleros ou bandérilléros
banderolage n. m.
banderole n. f.
banderoleuse n. f.
bande-son n. f.
  PL. bandes-sons
bandit n. m.
banditisme n. m.
bandonéiste n.
bandonéon n. m.
bandoulière n. f.
banette® n. f.
bang interj. et n. m. inv.
bangladeshi adj.
banian n. m.
banjo [bɑ̃dʒo] n. m.
banjoïste [bɑ̃(d)ʒɔist] n.

barométrique

banlieue n. f.
banlieue-dortoir n. f.
PL. *banlieues-dortoirs*
banlieusard, arde n.
banne n. f.
banneton n. m.
bannette n. f.
banni, ie adj.
bannière n. f.
bannir v. tr. (conjug. 2)
bannissement n. m.
banon n. m.
banquable adj.
banque n. f.
banquer v. intr. (conjug. 1)
banqueroute n. f.
banqueroutier, ière n.
banquet n. m.
banqueter v. intr. (conjug. 4)
banqueteur, euse n.
banquette n. f.
banquier, ière n.
banquise n. f.
banquiste n. m.
bantou, e n. et adj.
bantoustan n. m.
banyuls [banjyls ; banjuls] n. m.
banzaï interj.
baobab n. m.
baptême [batɛm] n. m.
baptiser [batize] v. tr. (conjug. 1)
baptismal, ale, aux [batismal, o] adj.
baptisme [batism] n. m.
baptistaire [batis-] adj.
baptiste [batist] adj. et n.
baptistère [batis-] n. m.
baquer (se) v. pr. (conjug. 1)
baquet n. m.
baquetures n. f. pl.
bar n. m.
baragouin n. m.
baragouinage n. m.
baragouiner v. (conjug. 1)
baragouineur, euse n.
baraka n. f.

baraque n. f.
baraqué, ée adj.
baraquement n. m.
baraquer v. intr. (conjug. 1)
baraterie n. f.
baratin n. m.
baratiner v. (conjug. 1)
baratineur, euse n. et adj.
barattage n. m.
baratte n. f.
baratter v. tr. (conjug. 1)
barbacane n. f.
barbant, ante adj.
barbaque n. f.
barbare adj. et n.
barbaresque adj. et n.
barbarie n. f.
barbarisme n. m.
barbe n. f. ; n. m.
barbeau n. m.
barbecue n. m.
barbe-de-capucin n. f.
PL. *barbes-de-capucin*
barbelé, ée adj. et n. m.
barbelure n. f.
barber v. tr. (conjug. 1)
barbet n. m.
barbiche n. f.
barbichette n. f.
barbichu, ue adj.
barbier n. m.
barbifiant, iante adj.
barbifier v. tr. (conjug. 7)
barbille n. f.
barbillon n. m.
barbital n. m.
barbiturique adj. et n. m.
barbiturisme n. m.
barbon n. m.
barbotage n. m.
barbote n. f.
barboter v. (conjug. 1)
barboteur, euse n.
barboteuse n. f.
barbotin n. m.
barbotine n. f.
barbouillage n. m.
barbouille n. f.
barbouiller v. tr. (conjug. 1)
barbouilleur, euse n.

barbouze n. f. ; n. m.
barbu, ue adj. et n. m.
barbue n. f.
barbule n. f.
barcarolle ou **barcarole*** n. f.
barcasse n. f.
bard n. m.
barda n. m.
bardaf interj.
bardage n. m.
bardane n. f.
barde n. m. ; n. f.
bardeau n. m.
barder v. (conjug. 1)
bardis n. m.
bardot ou **bardeau** n. m.
barefoot [bɛʀfut] n. m.
barème n. m.
barémique adj.
baresthésie n. f.
barge adj. ; n. f.
barguigner v. intr. (conjug. 1)
barigoule n. f.
baril n. m.
barillet [baʀijɛ ; baʀilɛ] n. m.
bariolage n. m.
bariolé, ée adj.
barioler v. tr. (conjug. 1)
barjaque n. f.
barjaquer v. intr. (conjug. 1)
barjo adj.
barlong, ongue adj.
barlotière n. f.
barmaid [-mɛd] n. f.
barman n. m.
PL. *barmans* ou *barmen*
bar-mitsva(h) [baʀmitsva] n. f. inv. ou **barmitsva*** n. f.
barn n. m.
barnabite n. m.
barnache n. f.
barnacle n. f.
barnum n. m.
barographe n. m.
baromètre n. m.
barométrique adj.

baron

¹**baron** n. m.
²**baron, onne** n.
baronnage n. m.
baronnet n. m.
baronnie n. f.
baroque adj. et n. m.
baroqueux, euse n. et adj.
baroquisme n. m.
baroscope n. m.
barostat n. m.
barotraumatique adj.
barotraumatisme n. m.
baroud n. m.
barouder v. intr. (conjug. 1)
baroudeur, euse n.
barouf n. m.
barque n. f.
barquette n. f.
barracuda n. m.
barrage n. m.
barragiste n.
barre n. f.
barré, ée adj. et n. m.
barreau n. m.
barrement n. m.
barrer v. tr. (conjug. 1)
barrette n. f.
barreur, euse n.
barricade n. f.
barricader v. tr. (conjug. 1)
barricot n. m.
barriérage n. m.
barrière n. f.
barrique n. f.
barrir v. intr. (conjug. 2)
barrissement n. m.
barrit [baʀi] n. m.
barrot n. m.
bar-tabac n. m.
bartavelle n. f.
bartering n. m.
bartériser v. tr. (conjug. 1)
bartholinite n. f.
bartonelle n. f.
bartonellose n. f.
barycentre n. m.
barye n. f.
barymétrie n. f.
baryon n. m.
baryonique adj.

barysphère n. f.
baryte n. f.
baryté, ée adj.
barytine n. f.
baryton n. m.
baryum n. m.
barzoï [baʀzɔj] n. m.
¹**bas, basse** adj.
²**bas** n. m. ; adv.
basal, ale, aux adj.
basalte n. m.
basaltique adj.
basane n. f.
basané, ée adj.
basaner v. tr. (conjug. 1)
bas-bleu n. m.
PL. *bas-bleus*
bascophone adj. et n. m.
bas-côté n. m.
PL. *bas-côtés*
basculant, ante adj.
bascule n. f.
basculement n. m.
basculer v. (conjug. 1)
basculeur n. m.
bas-culotte n. m.
PL. *bas-culottes*
bas de casse n. m. inv.
baseball ou **base-ball** n. m.
base jump n. m.
baselle n. f.
baser v. tr. (conjug. 1)
bas-fond ou **basfond*** n. m.
PL. *bas-fonds* ou *basfonds**
basic n. m.
basicité n. f.
baside n. f.
basidiomycètes n. m. pl.
basidiospores n. f. pl.
basilaire adj.
basilic n. m.
basilical, ale, aux adj.
basilique adj. ; n. f.
basin n. m.
basiphile adj.
basique adj.
basiquement adv.

bas-jointé, ée adj.
PL. *bas-jointés, ées*
basket n. m. ; n. f.
basketball ou **basket-ball** n. m.
basketteur, euse n.
bas-mât n. m.
PL. *bas-mâts*
basmati n. m.
bas-normand, ande n. et adj.
PL. inv. ou *bas-normands, andes*
basoche n. f.
basophile adj.
basquaise adj. f. et n. f.
basque adj. et n. ; n. f.
basquine n. f.
basquisant, ante adj. et adj.
basquitude n. f.
bas-relief n. m.
PL. *bas-reliefs*
bas-rouge n. m.
PL. *bas-rouges*
bassac n. m.
basse n. f.
basse-contre ou **bassecontre*** n. f.
PL. *basses-contre* ou *bassecontres**
bassecour ou **basse-cour** n. f.
PL. *bassescours* ou *basse-cours*
basse-fosse ou **bassefosse*** n. f.
PL. *basses-fosses* ou *bassefosses*
bassement adv.
bassesse n. f.
basset n. m.
basse-taille ou **bassetaille*** n. f.
PL. *basses-tailles* ou *bassetailles**
bassin n. m.
bassinant, ante adj.
bassine n. f.
bassiner v. tr. (conjug. 1)
bassinet n. m.
bassinoire n. f.

béance

bassiste n.
basson n. m.
bassoniste n.
basta interj.
bastague n. f.
bastaing n. m.
bastaque n. f.
baste interj.
baster v. intr. (conjug. 1)
bastide n. f.
bastidon n. m.
bastille n. f.
bastillé, ée adj.
basting ou bastaing n. m.
bastingage n. m.
bastion n. m.
baston n. m. ou f.
bastonnade n. f.
bastonner v. tr. (conjug. 1)
bastos n. f.
bastringue n. m.
bas-ventre n. m.
  PL. bas-ventres
b. à t. n. m. (bon à tirer)
bât n. m.
bataclan n. m.
bataille n. f.
batailler v. intr. (conjug. 1)
batailleur, euse adj.
bataillon n. m.
bâtard, arde adj. et n.
batardeau n. m.
bâtardise n. f.
batave adj. et n.
batavia n. f.
batavique adj.
batayole n. f.
bateau n. m.
bateau-bus ou batobus n. m.
bateau-citerne n. m.
  PL. bateaux-citernes
bateau-feu n. m.
  PL. bateaux-feux
bateau-lavoir n. m.
  PL. bateaux-lavoirs
bateau-mouche n. m.
  PL. bateaux-mouches
bateau-phare n. m.
  PL. bateaux-phares

bateau-pilote n. m.
  PL. bateaux-pilotes
batée n. f.
batelage n. m.
bateler v. intr. (conjug. 4)
bateleur, euse n.
batelier, ière n. et adj.
batellerie n. f.
bâter v. tr. (conjug. 1)
bat-flanc n. m.
  PL. bat-flancs
bath adj. inv.
bathyal, yale, yaux adj.
bathymétrie n. f.
bathymétrique adj.
bathyscaphe n. m.
bathysphère n. f.
¹bâti, ie adj.
²bâti n. m.
batifolage n. m.
batifoler v. intr. (conjug. 1)
batifoleur, euse n.
batik n. m.
bâtiment n. m.
bâtir v. tr. (conjug. 2)
bâtisse n. f.
bâtisseur, euse n.
batiste n. f.
bâton n. m.
bâtonnat n. m.
bâtonner v. tr. (conjug. 1)
bâtonnet n. m.
bâtonnier, ière n.
batoude n. f.
batracien n. m.
battage n. m.
¹battant, ante adj. et n.
²battant n. m.
batte n. f.
battée n. f.
battellement n. m.
battement n. m.
batterie n. f.
batteur n. m.
batteuse n. f.
battitures n. f. pl.
battle-dress [batœldʀɛs] n. m. inv.
battoir n. m.
battre v. (conjug. 41)

battu, ue adj.
battue n. f.
batture n. f.
bau n. m.
baud n. m.
baudet n. m.
baudrier n. m.
baudroie n. f.
baudruche n. f.
bauge n. f.
bauhinie n. f.
baume n. m.
baumier n. m.
bauquière n. f.
bauxite n. f.
bavard, arde adj. et n.
bavardage n. m.
bavarder v. intr. (conjug. 1)
bavarois n. m.
bavasser v. intr. (conjug. 1)
bave n. f.
baver v. intr. (conjug. 1)
bavette n. f.
baveux, euse adj.
bavoir n. m.
bavolet n. m.
bavure n. f.
bayadère n. f.
bayer v. intr. (conjug. 1)
bayou n. m.
bay-window ou baywindow* [bɛwindo] n. f.
  PL. bay-windows ou baywindows* (rec. off. : oriel)
bazar n. m.
bazarder v. tr. (conjug. 1)
bazooka n. m.
bazou n. m.
B. C. B. G. ou bécébège ou bèsbège adj. (bon chic bon genre)
B. C. G.® n. m. (bacille Bilié de Calmette et Guérin)
BD n. f. (bande dessinée)
BDthèque n. f.
bê ou bè interj.
beach-volley n. m.
beagle n. m.
béance n. f.

béant

béant, ante adj.
béarnais, aise adj. et n.
beat adj. inv.
béat, ate adj.
béatement adv.
béatification n. f.
béatifier v. tr. (conjug. 7)
béatifique adj.
béatitude n. f.
beatnik n.
beau ou **bel, belle** adj. et n.
beauceron, onne adj. et n.
beaucoup adv.
beauf n. m.
beauferie n. f.
beau-fils n. m.
  PL. *beaux-fils*
beaufort n. m.
beau-frère n. m.
  PL. *beaux-frères*
beaujolais n. m.
beau-parent n. m.
  PL. *beaux-parents*
beau-père n. m.
  PL. *beaux-pères*
beaupré n. m.
beauté n. f.
beaux-arts n. m. pl.
beaux-enfants n. m. pl.
bébé n. m.
bébé-bulle n. m.
  PL. *bébés-bulle*
bébé-éprouvette n. m.
  PL. *bébés-éprouvette*
bébelle ou **bebelle** n. f.
bébête adj. et n. f.
bébite ou **bebite** ou **bibit(e)** n. f.
be-bop n. m.
  PL. *be-bops*
bec n. m.
bécane n. f.
bécard n. m.
bécarre n. m.
bécasse n. f.
bécasseau n. m.
bécassine n. f.
because ou **bicause** [bikoz] conj. et prép.

bec-croisé n. m.
  PL. *becs-croisés*
bec-d'âne n. m.
  PL. *becs-d'âne*
bec-de-cane n. m.
  PL. *becs-de-cane*
bec-de-corbeau n. m.
  PL. *becs-de-corbeau*
bec-de-corbin n. m.
  PL. *becs-de-corbin*
bec-de-lièvre n. m.
  PL. *becs-de-lièvre*
bécebège adj.
becfigue n. m.
bec-fin ou **becfin*** n. m.
  PL. *becs-fins* ou *becfins**
bêchage n. m.
béchamel n. f.
bêche n. f.
bêche-de-mer n. m.
  PL. *bêches-de-mer*
bécher [-ʃɛʁ] n. m.
bêcher v. tr. (conjug. 1)
bêcheur, euse n.
bêcheveter v. tr. (conjug. 4)
béchique adj.
béchot n. m.
bec-jaune n. m.
  PL. *becs-jaunes*
bécot n. m.
bécoter v. tr. (conjug. 1)
bécquée ou **béquée** n. f.
becquerel n. m.
becquet n. m.
becqueter ou **béqueter** ou **bèqueter*** v. tr. (conjug. 4)
bec-scie n. m.
bectance ou **becquetance** n. f.
becter ou **becqueter** v. tr. (conjug. 1)
bedaine n. f.
bed and breakfast [bɛdɛndbʁɛkfœst] n. m. inv.
bédane n. m.
bédé n. f.
bédéaste n.
bedeau n. m.
bédéiste n.

44

bédéphile n. et adj.
bédéthèque n. f.
bedon n. m.
bedonnant, ante adj.
bedonner v. intr. (conjug. 1)
bédouin, ine n. et adj.
bée adj. f. et n. f.
beefsteak [biftɛk] n. m.
béer v. intr. (conjug. 1)
beffroi n. m.
bégaiement n. m.
bégayant, ante adj.
bégayer v. intr. (conjug. 8)
bégonia n. m.
bègue adj. et n.
béguètement n. m.
béguèter v. intr. (conjug. 5)
bégueule n. f.
bégueulerie n. f.
béguin n. m.
béguinage n. m.
béguine n. f.
bégum n. f.
béhaviorisme ou **behaviorisme** ou **behaviourisme** n. m.
béhavioriste ou **behavioriste** ou **behaviouriste** n.
beige adj.
beigeasse adj.
beigeâtre adj.
beigne n. f. et m.
beignet n. m.
béjaune n. m.
béké n.
bel adj. m.
bêlant, ante adj.
bel cantiste ou **belcantiste*** n.
bel canto ou **belcanto*** n. m.
  PL. inv. ou *belcantos**
bêlement n. m.
bélemnite n. f.
bêler v. intr. (conjug. 1)
belette n. f.
belge adj. et n.
belgicisme n. m.
belgitude n. f.

bélier n. m.
bélière n. f.
bélino n. m.
bélinogramme n. m.
bélinographe n. m.
bélître ou bélitre* n. m.
belladone n. f.
bellâtre n. m.
belle adj. f. ; n. f.
belle-dame n. f.
PL. belles-dames
belle-de-jour n. f.
PL. belles-de-jour
belle-de-nuit n. f.
PL. belles-de-nuit
belle-doche n. f.
PL. belles-doches
belle-d'un-jour n. f.
PL. belles-d'un-jour
belle-famille n. f.
PL. belles-familles
belle-fille n. f.
PL. belles-filles
belle-maman n. f.
PL. belles-mamans
bellement adv.
belle-mère n. f.
PL. belles-mères
belles-lettres n. f. pl.
belle-sœur n. f.
PL. belles-sœurs
bellicisme n. m.
belliciste adj.
belligérance n. f.
belligérant, ante adj. et n.
belliqueux, euse adj.
belluaire n. m.
belon n. f.
belote n. f.
bélouga ou béluga n. m.
belvédère n. m.
bémol n. m.
bémoliser v. tr. (conjug. 1)
ben adv. ; n. m.
bénard n. m.
bénarde n. f.
benchmark n. m.
benchmarking n. m.
bend n. m.
bending n. m.
bendir n. m.

bénédicité n. m.
bénédictin, ine n.
bénédiction n. f.
bénef n. m. (bénéfice)
bénéfice n. m.
bénéficiaire n. et adj.
¹bénéficier n. m.
²bénéficier v. tr. ind. (conjug. 7)
bénéfique adj.
benêt n. m. et adj. m.
bénévolat n. m.
bénévole adj.
bénévolement adv.
bengali, ie [bɛ̃-] n. et adj.
bénichon n. f.
bénignité n. f.
bénin, igne adj.
béni-oui-oui n. m. inv.
bénir v. tr. (conjug. 2 ; p. p. béni)
bénissant, ante adj.
bénisseur, euse adj.
bénit, ite adj.
bénitier n. m.
benjamin, ine n.
benji n. m.
benjoin n. m.
benne n. f.
benoît, oîte ou benoit, oite* adj.
benoîte ou benoite* n. f.
benoîtement ou benoitement* adv.
benthique [bɛ̃-] adj.
benthos [bɛ̃-] n. m.
bento n. m.
bentonite n. f.
benzédrine® [bɛ̃-] n. f.
benzène [bɛ̃-] n. m.
benzénique [bɛ̃-] adj.
benzine [bɛ̃-] n. f.
benzoate [bɛ̃-] n. m.
benzodiazépine [bɛ̃-] n. f.
benzoïque [bɛ̃-] adj.
benzol [bɛ̃-] n. m.
benzolisme [bɛ̃-] n. m.
benzophénone [-bɛ̃-] n. m.
benzopyrène [bɛ̃-] n. m.

béotien, ienne n. et adj.
béotisme n. m.
B. E. P. n. m. inv. (brevet d'études professionnelles)
B. E. P. C. n. m. inv. (brevet d'études du premier cycle)
béquée n. f.
béquet ou becquet n. m.
béquillard, arde adj.
béquille n. f.
béquiller v. (conjug. 1)
ber [bɛʀ] n. m.
berbère adj. et n.
berbéris n. m.
berbérophone adj. et n.
bercail n. m.
berçant, ante adj.
berce n. f.
berceau n. m.
bercelonnette n. f.
bercement n. m.
bercer v. tr. (conjug. 3)
berceur, euse adj.
berceuse n. f.
béret n. m.
bérézina n. f.
bergamasque n. f.
bergamote n. f.
bergamotier n. m.
berge n. f.
berger, ère n.
bergère n. f.
bergerie n. f.
bergeronnette n. f.
béribéri n. m.
berimbau ou bérimbau n. m.
berk ou beurk interj.
berkélium n. m.
berline n. f.
berlinette n. f.
berlingot n. m.
berlue n. f.
berme n. f.
bermuda n. m.
bernache ou bernacle n. f.
bernardin, ine n.

bernard-l'ermite

bernard-l'ermite ou bernard-l'hermite n. m. inv.
berne n. f.
berner v. tr. (conjug. 1)
bernicle ou bernique n. f.
bernique interj.
bersaglier [bɛʀsaglje ; bɛʀsaljeʀ] n. m.
berthe n. f.
bertillonnage n. m.
béryl n. m.
bérylliose n. f.
béryllium n. m.
béryx ou beryx n. m.
berzingue (à tout, à toute) loc. adv.
besace n. f.
besaiguë ou besaigüe* n. f.
besant n. m.
bèsbègue adj. et n.
bésef ou bézef adv.
bésicles ou besicles n. f. pl.
bésigue n. m.
besogne n. f.
besogner v. (conjug. 1)
besogneusement adv.
besogneux, euse adj.
besoin n. m.
bessemer n. m.
besson, onne n.
bestiaire n. m.
bestial, iale, iaux adj.
bestialement adv.
bestialité n. f.
bestiau n. m.
bestiaux n. m. pl.
bestiole n. f.
best of n. m. inv.
best-seller ou bestseller* n. m.
PL. best-sellers ou bestsellers*
¹bêta n. m. et adj.
PL. inv. ou bêtas*
²bêta, asse n. et adj.
bêtabloquant n. m.
bêtacarotène n. m.
bétail n. m.

bétaillère n. f.
bétalactamine n. f.
bétanine n. f.
bêta-stimulant n. m.
PL. bêta-stimulants
bêta-test n. m.
PL. inv. ou bêta-tests
bêta-testeur n. m.
PL. inv. ou bêta-testeurs
bêtathérapie n. f.
bêtatron n. m.
bête n. f. et adj.
bétel n. m.
bêtement adv.
bêtifiant, iante adj.
bêtification n. f.
bêtifier v. (conjug. 7)
bêtise n. f.
bêtisier n. m.
bétoine n. f.
bétoire n. f.
béton n. m.
bétonisation n. f.
bétonnage n. m.
bétonner v. (conjug. 1)
bétonneur n. m.
bétonneuse n. f.
bétonnière n. f.
bette ou blette n. f.
betterave n. f.
betteravier, ière adj. et n. m.
bétyle n. m.
beuglant n. m.
beuglante n. f.
beuglement n. m.
beugler v. intr. (conjug. 1)
beur n. m. et adj.
beure n. f. et adj. f.
beurette n. f. et adj. f.
beurk interj.
beurre n. m.
¹beurré, ée adj. et n. m.
²beurré n. m.
beurre-frais adj. inv.
beurrer v. tr. (conjug. 1)
beurrerie n. f.
beurrier, ière n. et adj.
beuverie n. f.
bévatron n. m.

bévue n. f.
bey n. m.
PL. beys
beylical, ale, aux adj.
beylicat n. m.
beylisme n. m.
bézef adv.
bézoard n. m.
bi adj.
biactif, ive adj.
biadmissible adj.
biais, biaise adj. et n. m.
biaiser v. (conjug. 1)
biathlète n.
biathlon n. m.
biaural, ale, aux adj.
biauriculaire adj.
biaxe adj.
bibande adj.
bibelot n. m.
bibendum [bibɛ̃dɔm] n. m.
biberon n. m.
biberonner v. intr. (conjug. 1)
bibi n. m. ; pron.
bibine n. f.
bibite ou bibitte n. f.
bible n. f.
biblio n. f. (bibliographie)
bibliobus n. m.
bibliographe n.
bibliographie n. f.
bibliographique adj.
bibliophage n. m.
bibliophile n.
bibliophilie n. f.
bibliotechnique adj.
bibliothécaire n.
bibliothéconomie n. f.
bibliothèque n. f.
biblique adj.
bibliquement adv.
Bic® n. m.
bicaméralisme n. m.
bicamérisme n. m.
bicarbonate n. m.
bicarbonaté, ée adj.
bicarburation n. f.
bicarré, ée adj.
bicaténaire adj.

bijoutier

bicause conj. et prép.
bicentenaire adj. et n. m.
bicéphale adj.
biceps n. m.
biche n. f.
bicher v. intr. (conjug. 1)
bichette n. f.
bichlamar n. m.
bichlorure [-k-] n. m.
bichon, onne n.
bichonner v. tr. (conjug. 1)
bichromate [-k-] n. m.
bicipital, ale, aux adj.
biclou n. m.
bicloune n. m.
bicolore adj.
bicombustible adj. et n. m.
bicomposant n. m.
biconcave adj.
biconvexe adj.
bicoque n. f.
bicorne adj. et n. m.
bicorps adj. ; n. m.
bicot n. m.
bicouche n. f.
bicross® n. m.
bicrossing n. m.
biculturalisme n. m.
biculturel, elle adj.
bicuspide adj.
bicycle n. m.
bicyclette n. f.
bicylindre n. m.
bidasse n. m.
bide n. m.
bident n. m.
bidet n. m.
bidimensionnel, elle adj.
bidoche n. f.
bidon n. m.
bidonnage n. m.
bidonnant, ante adj.
bidonner v. tr. (conjug. 1)
bidonville n. m.
bidouillage n. m.
bidouille n. f.
bidouiller v. tr. (conjug. 1)
bidouilleur, euse n.
bidule n. m.

bief n. m.
bielle n. f.
biellette n. f.
biélorusse adj. et n.
bien adv. ; adj. inv. ; n. m.
bien-aimé, ée adj. et n.
   PL. bien-aimés, ées
bien-dire n. m. inv.
biénergie n. f.
bien-être n. m. inv.
bienfacture n. f.
bienfaisance n. f.
bienfaisant, ante adj.
bienfait n. m.
bienfaiteur, trice n.
bien-fondé n. m.
   PL. bien-fondés
bien-fonds n. m.
   PL. biens-fonds
bienheureux, euse adj. et n.
bien-jugé n. m.
   PL. bien-jugés
biennal, ale, aux adj. et n. f.
biennalité n. f.
bien-pensance n. f.
bien-pensant, ante adj. et n.
   PL. bien-pensants, antes
bienséance n. f.
bienséant, ante adj.
bientôt adv.
bientraitance n. f.
bienveillamment adv.
bienveillance n. f.
bienveillant, ante adj.
bienvenir v. intr. (seult inf.)
bienvenu, ue adj. et n.
bienvenue n. f.
bière n. f.
biergol n. m.
bièvre n. m.
bif n. m.
biface n. m.
biffage n. m.
biffe n. f.
biffer v. tr. (conjug. 1)
biffeton n. m.
biffin n. m.

biffure n. f.
bifide adj.
bifidobactérie n. f.
bifidus n. m.
bifilaire adj.
bifocal, ale, aux adj.
bifteck ou biftèque n. m.
bifurcation n. f.
bifurquer v. intr. (conjug. 1)
bigame adj. et n.
bigamie n. f.
bigarade n. f.
bigaradier n. m.
bigarré, ée adj.
bigarreau n. m.
bigarrer v. tr. (conjug. 1)
bigarrure n. f.
big bang ou big-bang ou bigbang* n. m.
bigle adj. et n.
bigler v. (conjug. 1)
bigleux, euse adj. et n.
bigner (se) v. pron. (conjug. 1)
bignole ou bignolle n. f.
bignone n. f.
bignonia n. m.
bigo n. m.
bigophone n. m.
bigophoner v. intr. (conjug. 1)
bigorne n. f.
bigorneau n. m.
bigorner v. tr. (conjug. 1)
bigot, ote adj. et n.
bigoterie n. f.
bigotisme n. m.
bigouden, ène n. et adj.
bigoudi n. m.
bigre interj. et n. m.
bigrement adv.
bigue n. f.
biguine n. f.
bihebdomadaire adj.
bihoreau n. m.
bijectif, ive adj.
bijection n. f.
bijou n. m.
bijouterie n. f.
bijoutier, ière n.

biker [bajkœʀ] n. m.
bikeur, euse [bajkœʀ, øz] n.
bikini® n. m.
bilabial, iale, iaux adj. et n. f.
bilabié, iée adj.
bilame n. m.
bilan n. m.
bilatéral, ale, aux adj.
bilatéralisme n. m.
bilatérien, ienne adj.
bilboquet n. m.
bile n. f.
biler (se) v. pron. (conjug. 1)
bileux, euse adj.
bilharzie n. f.
bilharziose n. f.
biliaire adj.
bilieux, ieuse adj.
bilinéaire adj.
bilingue adj.
bilinguisme n. m.
bilirubine n. f.
biliverdine n. f.
bill n. m.
billard n. m.
bille n. f.
billet n. m.
billeté, ée adj.
billetique n. f.
billette n. f.
billetterie n. f.
billettiste n.
billevesée n. f.
billion n. m.
billon n. m.
billonnage n. m.
billot n. m.
bilobé, ée adj.
bimane adj. et n.
bimatière n. f.
bimbeloterie n. f.
bimbelotier, ière n.
bimbo n. f.
bimédia adj. et n. m.
bimembraphone adj.
bimensuel, elle adj. et n. m.

bimestre n. m.
bimestriel, ielle adj. et n. m.
bimétallique adj.
bimétallisme n. m.
bimétalliste adj. et n.
bimillénaire adj. et n. m.
bimodal, ale, aux adj. et n.
bimoteur adj.
binage n. m.
binaire adj.
binairement adv.
binational, ale, aux adj. et n.
binaural, ale, aux adj.
binauriculaire adj.
biner v. (conjug. 1)
binette n. f.
bineuse n. f.
bing interj.
bingo n. m.
biniou n. m.
binoclard, arde adj. et n.
binocle n. m.
binocleux, euse adj. et n.
binoculaire adj. et n. f.
binôme n. m.
binomial, iale, iaux adj. et n.
bintje n. f.
binz ou **bin's** [bins] n. m.
bio adj. et n. m.
bioaccumulation n. f.
bioassimilable adj.
bioastronomie n. f.
biobibliographie n. f.
biobibliographique adj.
biocapsule n. f.
biocapteur n. m.
biocarburant n. m.
biocatalyseur n. m.
biocénose ou **biocœnose** n. f.
biocéramique adj. et n. f.
biochimie n. f.
biochimique adj.
biochimiste n.
biocide n. m.
bioclimatique adj.
bioclimatologie n. f.

biocœnose [-se-] n. f.
biocombustible n. m.
biocompatibilité n. f.
biocompatible adj.
bioconversion n. f.
biocosmétique adj.
biodéchet n. m.
biodégradabilité n. f.
biodégradable adj.
biodégradation n. f.
biodesign [-dizajn ; -dezajn] n. m.
biodiesel ou **biodiésel** n. m.
biodiversité n. f.
biodynamie n. f.
bioélectrique adj.
bioélectronique n. f.
bioénergétique adj.
bioénergie n. f.
bioéthanol n. m.
bioéthicien, ienne n.
bioéthique n. f.
biofertilisant n. m.
biofibre® n. f.
biogaz n. m.
biogène adj.
biogenèse n. f.
biogénétique adj. et n. f.
biogéographie n. f.
biogéographique adj.
biographe n.
biographie n. f.
biographique adj.
bio-indicateur n. m.
 PL. *bio-indicateurs*
bio-industrie n. f.
 PL. *bio-industries*
bio-informaticien, ienne n.
 PL. *bio-informaticiens, iennes*
bio-informatique n. f.
bio-ingénierie n. f.
biolistique adj.
biologie n. f.
biologique adj.
biologiquement adv.
biologiser v. tr. (conjug. 1)
biologisme n. m.
biologiste n.

bioluminescence n. f.
bioluminescent, ente adj.
biomagnétisme n. m.
biomarqueur n. m.
biomasse n. f.
biomatériau n. m.
biome n. m.
biomécanique n. f.
biomédecine n. f.
biomédical, ale, aux adj.
biométéorologie n. f.
biométrie n. f.
biométrique adj.
biomimétique adj.
biomoléculaire adj.
bionicien, ienne n.
bionique n. f.
biopeptidique adj.
biopesticide n. m.
biopharmaceutique adj.
biopharmacie n. f.
biophysicien, ienne n.
biophysique n. f. et adj.
biopic n. m.
biopsie n. f.
biopsier v. tr. (conjug. **7**)
biopuce n. f.
bioréacteur n. m.
biorythme n. m.
bioscience n. f.
biosécurité n. f.
biosphère n. f.
biosphérique adj.
biostatisticien, ienne n.
biostatistique n. f.
biosynthèse n. f.
biosynthétique adj.
biote n. m.
biotechnicien, ienne n.
biotechnique n. f.
biotechnologie n. f.
biotechnologique adj.
biotechnologiste n.
bioterrorisme n. m.
bioterroriste n.
biothèque n. f.
biothérapie n. f.
biotine n. f.
biotique adj.

biotite n. f.
biotope n. m.
biotype n. m.
biotypologie n. f.
biovigilance n. f.
bioxyde n. m.
bip n. m.
bipale adj.
biparti, ie ou **bipartite** adj.
bipartisme n. m.
bipartite adj.
bipartition n. f.
bipasse n. m.
bip-bip n. m.
PL. *bips-bips*
bipède adj. et n. m.
bipédie n. f.
bipenne n. f.
bipenné, ée adj.
¹**biper** ou **bipeur** n. m.
²**biper** v. tr. (conjug. **1**)
biphasé, ée adj.
biphényle n. m.
bipied n. m.
biplace adj.
biplan n. m.
bipoint n. m.
bipolaire adj.
bipolarisation n. f.
bipolarité n. f.
bipoutre adj.
biprocesseur adj. et n. m.
biquadratique adj.
bique n. f.
biquet, ette n.
biquotidien, ienne adj.
birapport n. m.
birbe n. m.
birdie ou **birdy** n. m.
biréacteur n. m.
biréfringence n. f.
biréfringent, ente adj.
birème n. f.
birotor adj. et n. m.
biroute n. f.
birr n. m.
¹**bis, bise** adj.
²**bis** interj. et adv.

bisaïeul, eule n.
PL. *bisaïeuls, eules*
bisannuel, elle adj.
bisbille n. f.
biscornu, ue adj.
biscoteau n. m.
biscotte n. f.
biscotterie n. f.
biscuit n. m.
biscuiter v. tr. (conjug. **1**)
biscuiterie n. f.
bise n. f.
biseau n. m.
biseautage n. m.
biseauter v. tr. (conjug. **1**)
biser v. (conjug. **1**)
biset n. m.
bisexualité n. f.
bisexué, ée adj.
bisexuel, elle adj.
bismuth n. m.
bismuthé, ée adj.
bison, onne n.
bisou n. m.
bisphénol n. m.
bisque n. f.
bisquer v. intr. (conjug. **1**)
bis repetita loc.
bissac n. m.
bissap n. m.
bisse n. f.
bissecteur, trice adj. et n. f.
bissection n. f.
bisser v. tr. (conjug. **1**)
bissexte n. m.
bissextil, ile adj.
bistable adj.
bistorte n. f.
bistouille n. f.
bistouquette n. f.
bistouri n. m.
bistournage n. m.
bistourner v. tr. (conjug. **1**)
bistre n. m. et adj. inv.
bistré, ée adj.
bistrer v. tr. (conjug. **1**)
bistroquet n. m.
bistrot ou **bistro** n. m.
bistrote n. f.

bistrotier

bistrotier, ière n.
bisulfate n. m.
bit n. m. (binary digit)
bite ou bitte n. f. (pénis)
biter ou bitter v. tr. (conjug. 1) (comprendre)
bithérapie n. f.
bitmap adj. et n. m.
bitonal, ale, aux ou als adj.
bitoniau n. m.
bitord n. m.
bitos n. m.
bitte n. f. (pénis, bollard)
¹bitter n. m.
²bitter v. tr. (conjug. 1)
bitture n. f.
bitturer (se) v. pron. (conjug. 1)
bitumage n. m.
bitume n. m.
bitumer v. tr. (conjug. 1)
bitumeux, euse adj.
bitumineux, euse adj.
biturbine adj.
biture ou bitture n. f. (ivresse)
biturer (se) ou bitturer (se) v. pron. (conjug. 1) (s'enivrer)
biunivoque adj.
bivalence n. f.
bivalent, ente adj.
bivalve adj.
biveau n. m.
bivitellin, ine adj.
bivouac n. m.
bivouaquer v. intr. (conjug. 1)
biwa n. m.
bizarre adj.
bizarrement adv.
bizarrerie n. f.
bizarroïde adj.
bizness n. m.
biznessman n. m.
  PL. biznessmans ou biznessmen
biznesswoman n. f.
  PL. biznesswomans ou biznesswomen

bizut ou bizuth n. m.
bizutage n. m.
bizute n. f.
bizuter v. tr. (conjug. 1)
bizuth n. m.
blabla n. m.
blablabla interj.
blablater v. intr. (conjug. 1)
black n. et adj.
black-bass ou blackbass* n. m. invar.
blackboulage n. m.
blackbouler v. tr. (conjug. 1)
black-jack [blak(d)ʒak] n. m. ou blackjack*
  PL. black-jacks ou blackjacks*
black-out ou blackout* n. m.
  PL. inv. ou blackouts*
black-rot n. m. ou blackrot*
  PL. black-rots ou blackrots*
blafard, arde adj.
blaff n. m.
blague n. f.
blaguer v. intr. (conjug. 1)
blagueur, euse n. et adj.
blair n. m.
blaireau n. m.
blairer v. tr. (conjug. 1)
blâmable adj.
blâme n. m.
blâmer v. tr. (conjug. 1)
blanc, blanche adj. et n.
blanc-bec n. m.
  PL. blancs-becs
blanc-bleu adj.
  PL. blancs-bleus
blanc-cassis n. m.
  PL. blancs-cassis
blanc-étoc ou blanc-estoc n. m.
  PL. blancs-étocs ou blancs-estocs
blanchaille n. f.
blanchâtre adj.
blanche n. f.
blanchet n. m.
blancheur n. f.

blanchiment n. m.
blanchir v. (conjug. 2)
blanchissage n. m.
blanchissant, ante adj.
blanchissement n. m.
blanchisserie n. f.
blanchisseur, euse n.
blanc-manger n. m.
  PL. blancs-mangers
blanc-seing n. m.
  PL. blancs-seings
blandice n. f.
blanquette n. f.
blaps n. m.
blase ou blaze n. m.
blasé, ée adj.
blasement n. m.
blaser v. tr. (conjug. 1)
blason n. m.
blasonner v. tr. (conjug. 1)
blasphémateur, trice n. et adj.
blasphématoire adj.
blasphème n. m.
blasphémer v. (conjug. 6)
blast n. m.
blaster n. m.
blastocyste n. m.
blastoderme n. m.
blastogenèse n. f.
blastomère n. m.
blastomyces n. m. pl.
blastomycose n. f.
blastopore n. m.
blastula n. f.
blatérer v. intr. (conjug. 6)
blatte n. f.
blaze n. m.
blazer n. m.
blé n. m.
blèche adj.
bled n. m.
blédard n. m.
blem n. m.
blème n. m.
blême adj.
blêmir v. intr. (conjug. 2)
blêmissant, ante adj.
blêmissement n. m.

blend ou **blended** n. m.
blende n. f.
blender [blɛndɛʀ ; blɛndœʀ] n. m.
blennie n. f.
blennorragie n. f.
blennorragique adj.
blennorrhée n. f.
blépharite n. f.
blépharoplastie n. f.
blépharospasme n. m.
blèsement n. m.
bléser v. intr. (conjug. 6)
blésité n. f.
blessant, ante adj.
blessé, ée adj. et n.
blesser v. tr. (conjug. 1)
blessure n. f.
blet, blette adj.
blette ou **bette** n. f.
blettir v. intr. (conjug. 2)
blettissement n. m.
blettissure n. f.
bleu, bleue adj. et n. m.
bleuâtre adj.
bleuet n. m.
bleuetier n. m.
bleuetière n. f.
bleueterie n. f.
bleuir v. (conjug. 2)
bleuissant, ante adj.
bleuissement n. m.
bleusaille n. f.
bleuté, ée adj.
bliaud ou **bliaut** n. m.
blindage n. m.
blinde n. f.
blindé, ée adj.
blinder v. tr. (conjug. 1)
blind test n. m.
bling-bling adj. inv.
blini(s) n. m.
blinquer v. intr. (conjug. 1)
blister n. m.
blistériser v. tr. (conjug. 1)
blitz n. m.
blitzkrieg n. m.
blizzard n. m.
bloc n. m.
blocage n. m.

blocaille n. f.
bloc-cylindres n. m.
 PL. *blocs-cylindres*
bloc-diagramme n. m.
 PL. *blocs-diagrammes*
blockbuster n. m. (rec. off. : grosse machine)
blockhaus n. m.
bloc-moteur n. m.
 PL. *blocs-moteurs*
bloc-note n. m.
 PL. *blocs-notes*
bloc-système n. m.
 PL. *blocs-systèmes*
blocus n. m.
blog ou **blogue** n. m.
blogger n.
blogosphère n. f.
bloguer v. intr. (conjug. 1)
blogueur, euse ou **blogger** n.
blond, blonde adj. et n.
blondasse adj.
blonde n. f.
blondeur n. f.
¹**blondin** n. m.
²**blondin, ine** n.
blondinet, ette n.
blondir v. (conjug. 2)
bloody mary n. m. inv.
bloomer n. m.
bloquant, ante adj.
bloquer v. tr. (conjug. 1)
bloqueur n. m.
bloquiste adj. et n.
blottir (se) v. pron. (conjug. 2)
blousant, ante adj.
blouse n. f.
blouser v. (conjug. 1)
blouson n. m.
blue grass n. m.
blue-jean ou **blue-jeans** ou **bluejean*** n. m.
 PL. *blue-jeans* ou *bluejeans**
blues n. m.
bluesman n. m.
 PL. *bluesmen* ou *bluesmans*
bluesy adj.
bluet n. m.
bluette n. f.

bluff n. m.
bluffant, ante adj.
bluffer v. (conjug. 1)
bluffeur, euse n. et adj.
blush n. m.
 PL. *blushs*
blutage n. m.
bluter v. tr. (conjug. 1)
blutoir n. m.
B. M. X. n. m.
B. N. n. f. (Bibliothèque nationale)
B. O. n. m. (Bulletin officiel)
boa n. m.
boat people n. m. inv.
bob n. m.
bobard n. m.
bobby n. m.
 PL. *bobbies*
bobèche n. f.
bobettes n. f. pl.
bobeur, euse n.
bobinage n. m.
bobine n. f.
bobiner v. tr. (conjug. 1)
bobinette n. f.
bobineur, euse n.
bobinier, ière n.
bobino ou **bobinot** n. m.
bobinoir n. m.
¹**bobo** n. m.
²**bobo** n. (bourgeois bohème)
boboïsation n. f.
bobonne n. f.
bobraft n. m.
bobsleigh [bɔbslɛg] n. m.
bobtail [bɔbtɛl] n. m.
bo bun ou **bobun** [bɔbun] n. m.
bocage n. m.
bocager, ère adj.
bocal, aux n. m.
bocard n. m.
bocardage n. m.
bocarder v. tr. (conjug. 1)
boccia n. f.
boche n. et adj.
bock n. m.
bodega ou **bodéga** [bɔdega] n. f.

bodhisattva

bodhisattva [bɔdisatva] n. m.
   PL. *bodhisattvas*
body n. m.
   PL. *bodys* ou *bodies*
body art n. m.
bodyboard [bɔdibɔʀd] n. m.
bodybuildé, ée [bɔdibilde] adj.
bodybuildeur, euse n.
bodybuilding [bɔdibildiŋ] n. m.
boësse [bwɛs] n. f.
boëtte ou **bouette** n. f.
bœuf n. m.
   PL. *bœufs*
bœufer v. intr. (conjug. 1)
B. O. F. n. et adj. (beurre, œufs, fromages)
bof interj.
bogey n. m.
   PL. *bogeys*
boggie [bɔgi] n. m.
boghead n. m.
boghei ou **boguet** n. m.
bogie ou **boggie** n. m.
bogomile n. et adj.
¹**bogue** n. f. (enveloppe)
²**bogue** n. f. ou m. (rec. off. pour bug)
bogué, ée adj.
boguer v. intr. (conjug. 1)
boguet n. m.
bohème n.
bohémien, ienne n.
bohrium n. m.
boille n. f.
¹**boire** n. m.
²**boire** v. tr. (conjug. 53)
bois n. m.
boisage n. m.
bois-de-fer n. m. inv.
boisé, ée adj. et n. m.
boisement n. m.
boiser v. tr. (conjug. 1)
boiserie n. f.
boiseur n. m.
boisseau n. m.
boisselier n. m.
boissellerie n. f.

boisson n. f.
boîtage ou **boitage** n. m.
boîte ou **boite*** n. f.
boitement n. m.
boiter v. intr. (conjug. 1)
boiterie n. f.
boiteux, euse adj.
boîtier ou **boitier*** n. m.
boitillant, ante adj.
boitillement n. m.
boitiller v. intr. (conjug. 1)
boiton n. m.
boit-sans-soif n. inv.
bol n. m.
bolchevik ou **bolchévik*** [-ʃəvik ; -ʃevik] n.
bolchevique ou **bolchévique*** [-ʃəvik ; -ʃevik] adj.
bolchevisme ou **bolchévisme*** [-ʃəvism ; -ʃevism] n. m.
bolcheviste ou **bolchéviste*** [ʃəvist ; -ʃevist] n.
boldo n. m.
bolduc n. m.
bolée n. f.
boléro n. m.
bolet n. m.
bolide n. m.
bolier ou **boulier** n. m. (filet)
bolivar n. m.
boliviano n. m.
bollard n. m.
bolognaise ou **bolognese** adj. f.
bolomètre n. m.
bolong n. m.
bolus n. m.
bombage n. m.
bombance n. f.
bombarde n. f.
bombardement n. m.
bombarder v. tr. (conjug. 1)
bombardier n. m.
bombardon n. m.
bombaywalla adj. et n.
bombe n. f.

bombé, ée adj.
bombement n. m.
bomber v. (conjug. 1)
bombeur, euse n.
bombinette n. f.
bombonne n. f.
bombyx n. m.
bôme n. f.
bômé, ée adj.
¹**bon, bonne** adj. et n.
²**bon** n. m. ; adv.
bonace n. f.
bonapartisme n. m.
bonapartiste adj. et n.
bonard, arde ou **bonnard, arde** adj.
bonasse adj.
bonasserie n. f.
bonbec n. m.
bonbon n. m.
bonbonne ou **bombonne** n. f.
bonbonnière n. f.
bond n. m.
bondage n. m.
bonde n. f.
bondé, ée adj.
bondelle n. f.
bonder v. tr. (conjug. 1)
bondérisation® n. f.
bondieusard, arde adj. et n.
bondieuserie n. f.
bondir v. intr. (conjug. 2)
bondissant, ante adj.
bondissement n. m.
bondon n. m.
bondrée n. f.
bon enfant adj. inv.
bongo n. m.
bonheur n. m.
bonheur-du-jour n. m.
   PL. *bonheurs-du-jour*
bonhomie ou **bonhommie** n. f.
bonhomme n. m.
   PL. *bonshommes*
boni n. m.
boniche ou **bonniche** n. f.
bonifiant, ante adj.

bonification n. f.
bonifier v. tr. (conjug. 7)
boniment n. m.
bonimenter v. intr. (conjug. 1)
bonimenteur, euse n.
bonite n. f.
bonjour n. m.
bon marché loc. adj. inv.
bonnard, arde adj.
bonne n. f.
bonne femme n. f.
bonne-maman n. f.
PL. bonnes-mamans
bonnement adv.
bonnet n. m.
bonneteau n. m.
bonneterie ou bonnèterie* n. f.
bonneteur n. m.
bonnetier, ière n.
bonnette n. f.
bonniche n. f.
bonobo n. m.
bon-papa n. m.
PL. bons-papas
bonsaï n. m.
bon sens n. m.
bonshommes n. m. pl.
bonsoir n. m.
bonté n. f.
bonus n. m.
bonze n. m.
bonzerie n. f.
bonzesse n. f.
boogie-woogie n. m.
PL. boogie-woogies
book n. m.
booké, ée adj.
booker v. tr. (conjug. 1)
bookeur, euse n.
booking n. m.
bookmaker ou bookmakeur n. m.
booléen, enne ou booléien, ienne ou boolien, ienne adj.
boom ou boum* n. m.
boomer n. m.
boomerang n. m.

¹booster ou boosteur* [bustœʀ] n. m.
²booster [buste] v. tr. (conjug. 1)
boot n. m.
booter v. tr. (conjug. 1)
bootlegger ou bootleggeur* n. m.
boots n. f. pl.
bop n. m.
boqueteau n. m.
boquillon n. m.
bora n. f.
borane n. m.
borasse n. f.
borassus n. m.
borate n. m.
borax n. m.
borborygme n. m.
bord n. m.
bordages n. m. pl.
borde n. f.
bordé n. m.
bordeaux n. m.
bordée n. f.
bordel n. m.
bordelais, aise adj. et n.
bordélique adj.
bordéliser v.
border v. tr. (conjug. 1)
bordereau n. m.
borderie n. f.
borderline [bɔʀdœʀlajn] adj. et n.
PL. inv. ou borderlines*
bordier, ière n. ; adj.
bordigue ou bourdigue n. f.
bordure n. f.
bordurer v. tr. (conjug. 1)
bordurette n. f.
bordureuse n. f.
bore n. m.
boréal, ale, aux adj.
borgne adj. et n.
borie n. f.
borique adj.
boriqué, ée adj.
bornage n. m.
borne n. f.

borné, ée adj.
borne-fontaine n. f.
PL. bornes-fontaines
borner v. tr. (conjug. 1)
bornier n. m.
bornoyer v. (conjug. 8)
borréliose n. f.
borsalino® n. m.
bort n. m.
bortch ou bortsch n. m.
bosco n. m.
boscop n. m.
boscot, otte adj. et n.
boskoop ou boscop n. f.
bosniaque adj. et n.
boson n. m.
bosquet n. m.
boss n. m. inv.
bossage n. m.
bossanova ou bossa-nova n. f.
PL. bossanovas ou bossas-novas
bosse n. f.
bosselage n. m.
bosseler v. tr. (conjug. 4)
bossellement ou bossèlement* n. m.
bosselure n. f.
bosser v. (conjug. 1)
bossette n. f.
bosseur, euse n.
bossoir n. m.
bossu, ue adj. et n.
bossuer v. tr. (conjug. 1)
boston n. m.
bostonner v. intr. (conjug. 1)
bostryche n. m.
bot, bote adj.
botanique adj. et n. f.
botaniser v. intr. (conjug. 1)
botaniste n.
bothriocéphale n. m.
botox® n. m.
botoxé, ée adj.
botrytis n. m.
botrytisé, ée adj.
bottage n. m.
botte n. f.

bottelage n. m.
botteler v. tr. (conjug. 4)
botteleur, euse n.
botter v. tr. (conjug. 1)
botteur n. m.
bottier, ière n.
bottillon n. m.
bottin® n. m.
bottine n. f.
botulinique adj.
botulique adj.
botulisme n. m.
boubou n. m.
boubouler v. intr. (conjug. 1)
bouc n. m.
boucan n. m.
boucanage n. m.
boucane n. f.
boucaner v. (conjug. 1)
boucanier n. m.
boucau n. m.
boucaud ou **boucot** n. m.
bouchage n. m.
boucharde n. f.
boucharder v. tr. (conjug. 1)
bouche n. f.
bouché, ée adj.
bouche-à-bouche n. m. inv.
bouchée n. f.
¹**boucher, ère** n.
²**boucher** v. tr. (conjug. 1)
boucherie n. f.
bouche-trou n. m.
PL. *bouche-trous*
boucholeur n. m.
bouchon n. m.
bouchonnage n. m.
bouchonné, ée adj.
bouchonnement n. m.
bouchonner v. tr. (conjug. 1)
bouchonnier n. m.
bouchot n. m.
bouchoteur n. m.
bouclage n. m.
boucle n. f.
boucler v. (conjug. 1)

bouclette n. f.
bouclier n. m.
boucot n. m.
bouddha n. m.
bouddhique adj.
bouddhisme n. m.
bouddhiste n. et adj.
boude n. f.
bouder v. (conjug. 1)
bouderie n. f.
boudeur, euse adj. et n. f.
boudi interj.
boudin n. m.
boudinage n. m.
boudiné, ée adj.
boudiner v. tr. (conjug. 1)
boudineuse n. f.
boudiou interj.
boudoir n. m.
boudu interj.
boue n. f.
bouée n. f.
bouette n. f.
¹**boueux, boueuse** adj.
²**boueux** n. m.
bouffant, ante adj.
bouffarde n. f.
bouffe adj. ; n. f.
bouffée n. f.
bouffer v. (conjug. 1)
bouffetance n. f.
bouffette n. f.
bouffeur, euse n.
bouffi, ie adj.
bouffir v. (conjug. 2)
bouffissage n. m.
bouffissure n. f.
bouffon, onne n. m. et adj.
bouffonnement adv.
bouffonner v. intr. (conjug. 1)
bouffonnerie n. f.
bougainvillée ou **bougainvillier** n. f.
bouge n. m.
bougé n. m.
bougeoir n. m.
bougeotte n. f.
bouger v. (conjug. 3)
bougie n. f.

bougisme n. m.
bougnat n. m.
bougnoul(e) n. m.
bougon, onne adj.
bougonnement n. m.
bougonner v. intr. (conjug. 1)
bougonneux, euse adj.
bougre, bougresse n.
bougrement adv.
bouh interj.
bouiboui ou **boui-boui** n. m.
PL. *bouibouis* ou *bouis-bouis*
bouif n. m.
bouillabaisse n. f.
bouillant, ante adj.
bouillasse n. f.
bouille n. f.
bouillée n. f.
bouilleur, euse n.
bouilli, ie adj. et n. m.
bouillie n. f.
bouillir v. intr. (conjug. 15)
bouillissage n. m.
bouilloire n. f.
bouillon n. m.
bouillon-blanc n. m.
PL. *bouillons-blancs*
bouillonnant, ante adj.
bouillonné, ée adj.
bouillonnement n. m.
bouillonner v. (conjug. 1)
bouillotte n. f.
bouillotter ou **bouilloter*** v. intr. (conjug. 1)
boulaie n. f.
boulange n. f.
¹**boulanger, ère** n.
²**boulanger** v. tr. (conjug. 3)
boulangerie n. f.
boulangisme n. m.
boulangiste adj. et n.
boulard n. m.
boulbène n. f.
boulder n. m.
boule n. f.
bouleau n. m.

bousiller

boule-de-neige n. f.
PL. boules-de-neige
bouledogue n. m.
bouléguer v. tr. (conjug. 6)
bouler v. (conjug. 1)
boulet n. m.
boulette n. f.
boulevard n. m.
boulevardier, ière adj.
bouleversant, ante adj.
bouleversement n. m.
bouleverser v. tr. (conjug. 1)
boulgour ou boulghour n. m.
boulier n. m.
boulimie n. f.
boulimique adj. et n.
boulin n. m.
bouline n. f.
boulingrin n. m.
boulinier, ière adj. et n. m.
boulisme n. m.
bouliste n.
boulistique adj.
boulochage n. m.
bouloche n. f.
boulocher v. intr. (conjug. 1)
boulodrome n. m.
bouloir n. m.
boulomane n.
boulon n. m.
boulonnage n. m.
boulonner v. (conjug. 1)
boulonnerie n. f.
¹boulot, otte adj. et n.
²boulot n. m.
boulotter ou bouloter v. (conjug. 1)
boum interj. ; n. m. ; n. f.
boumer v. intr. (conjug. 1)
boumeur n. m.
bouquet n. m.
bouqueté, ée adj.
bouquetière n. f.
bouquetin n. m.
bouquin n. m.

bouquiner v. intr. (conjug. 1)
bouquinerie n. f.
bouquiniste n.
bourbe n. f.
bourbeux, euse adj.
bourbier n. m.
bourbillon n. m.
bourbon n. m.
bourbonien, ienne adj.
bourdaine n. f.
bourde n. f.
bourdigue n. f.
bourdon n. m.
bourdonnant, ante adj.
bourdonnement n. m.
bourdonner v. intr. (conjug. 1)
bourg n. m.
bourgade n. f.
bourge n. et adj. (bourgeois, oise)
bourgeois, oise n. et adj.
bourgeoisement adv.
bourgeoisial, iale, iaux adj.
bourgeoisie n. f.
bourgeon n. m.
bourgeonnement n. m.
bourgeonner v. intr. (conjug. 1)
bourgeron n. m.
bourgmestre n. m.
bourgogne n. m.
bourgueil n. m.
bourguignon, onne adj. et n.
bourguignotte n. f.
bourka n. f.
bourlingue n. f.
bourlinguer v. intr. (conjug. 1)
bourlingueur, euse adj. et n.
bourrache n. f.
bourrade n. f.
bourrage n. m.
bourrasque n. f.
bourratif, ive adj.
bourre n. f. ; n. m.

bourré, ée adj.
bourreau n. m.
bourrée n. f.
bourrèlement n. m.
bourreler v. tr. (conjug. 4)
bourrelet n. m.
bourrelier, ière n.
bourrellerie n. f.
bourre-pif ou bourrepif* n. m.
PL. bourre-pifs ou bourrepifs*
bourrer v. (conjug. 1)
bourrette n. f.
bourriche n. f.
bourrichon n. m.
bourricot n. m.
bourride n. f.
bourrin n. m. et adj.
bourrine n. f.
bourrique n. f.
bourriquet n. m.
bourroir n. m.
bourru, ue adj.
bourse n. f.
bourse-à-pasteur n. f.
PL. bourses-à-pasteur
boursicotage n. m.
boursicoter v. intr. (conjug. 1)
boursicoteur, euse n.
boursier, ière n. ; adj.
boursouflage ou boursoufflage n. m.
boursouflé, ée ou boursoufflé, ée adj.
boursouflement ou boursoufflement n. m.
boursoufler ou boursouffler v. tr. (conjug. 1)
boursouflure ou boursoufflure n. f.
bouscueil n. m.
bousculade n. f.
bousculer v. tr. (conjug. 1)
bouse n. f.
bouseux n. m.
bousier n. m.
bousillage n. m.
bousiller v. (conjug. 1)

bousin

bousin n. m.
boussole n. f.
boustifaille n. f.
boustrophédon n. m.
bout n. m.
boutade n. f.
boutargue n. f.
bout-dehors n. m.
   PL. bouts-dehors
boute-en-train ou
   boutentrain* n. m.
   PL. inv. ou boutentrains*
boutefas n. m.
boutefeu n. m.
bouteille n. f.
bouteiller n. m.
bouter v. tr. (conjug. 1)
bouterolle ou
   bouterole* n. f.
bouteroue n. f.
bouteur n. m. (rec. off. pour angledozer, bulldozer)
boutique n. f.
boutiquier, ière n.
boutis [buti(s)] n. m.
boutisse n. f.
boutoir n. m.
bouton n. m.
bouton-d'argent n. m.
   PL. boutons-d'argent
bouton-d'or n. m.
   PL. boutons-d'or
boutonnage n. m.
boutonné, ée adj.
boutonner v. (conjug. 1)
boutonneux, euse adj. et n.
boutonnier, ière n.
boutonnière n. f.
bouton-poussoir n. m.
   PL. boutons-poussoirs
bouton-pression n. m.
   PL. boutons-pressions
boutre n. m.
bout-rimé n. m.
   PL. bouts-rimés
bouturage n. m.
bouture n. f.
bouturer v. tr. (conjug. 1)
bouverie n. f.
bouvet n. m.

bouveteuse n. f.
bouvier, ière n.
bouvière n. f.
bouvillon n. m.
bouvreuil n. m.
bouvril n. m.
bouzouki n. m.
bovarysme n. m.
bovidés n. m. pl.
bovin, ine adj. et n. m.
bovinés n. m. pl.
bowling n. m.
bow-window n. m. ou
   bowwindow*
   PL. bow-windows ou bowwindows* (rec. off. : oriel)
¹box n. m. inv.
²box n. f. inv. (rec. off. : boîtier (multiservice))
boxe n. f.
¹boxer [bɔksɛʀ] n. m.
²boxer v. (conjug. 1)
boxershort [bɔksœʀʃɔʀt] n. m.
boxeur, euse n.
box-office n. m. ou
   boxoffice*
   PL. box-offices ou boxoffices*
boxon n. m.
boy n. m.
   PL. boys
boyard n. m.
boyau n. m.
boyauderie n. f.
boyauter (se) v. pron. (conjug. 1)
boycott n. m.
boycottage n. m.
boycotter v. tr. (conjug. 1)
boycotteur, euse n.
boy-scout ou boyscout* n. m.
   PL. boy-scouts ou boyscouts*
B. P. n. f. (boîte postale)
brabançon, onne adj. et n.
brabant n. m.
bracelet n. m.
brachial, iale, iaux [-k-] adj.

brachialgie [-k-] n. f.
brachiation [-k-] n. f.
brachiopodes [-k-] n. m. pl.
brachiosaure [-k-] n. m.
brachycéphale [-k-] adj. et n.
brachydactyle [-k-] adj. et n.
brachyoure [-k-] n. m.
brachythérapie [-k-] n. f.
braconnage n. m.
braconner v. intr. (conjug. 1)
braconnier, ière n.
bractéal, ale, aux adj.
bractée n. f.
bradage n. m.
bradel (à la) loc. adj.
brader v. tr. (conjug. 1)
braderie n. f.
bradeur, euse n.
bradycardie n. f.
bradykinine n. f.
bradype n. m.
bradypnée n. f.
brae(d)burn n. f.
braguette n. f.
brahmane n. m.
brahmanique adj.
brahmanisme n. m.
brahmine n.
brai n. m.
braies n. f. pl.
braillard, arde n. et adj.
braille n. m. et adj. inv.
braillement n. m.
brailler v. intr. (conjug. 1)
brailleur, euse adj. et n.
braiment n. m.
brain-drain ou
   braindrain* [bʀɛndʀɛn] n. m.
   PL. brain-drains ou braindrains*
brainstorming [bʀɛnstɔʀmiŋ] n. m. (rec. off. : remue-méninges)

brain-trust ou **braintrust*** n. m.
PL. *brain-trusts* ou *braintrusts**
braire v. intr. (conjug. 50)
braise n. f.
braiser v. tr. (conjug. 1)
braisière n. f.
brame n. m.
bramement n. m.
bramer v. intr. (conjug. 1)
bran n. m.
brancard n. m.
brancardage n. m.
brancarder v. tr. (conjug. 1)
brancardier, ière n.
branchage n. m.
branche n. f.
branché, ée adj. et n.
branchement n. m.
brancher v. (conjug. 1)
branchial, iale, iaux [-k-] adj.
branchie n. f.
branchiopodes [-k-] n. m. pl.
branchouille adj.
branchu, ue adj.
brandade n. f.
brande n. f.
brandebourg n. m.
brandir v. tr. (conjug. 2)
brandon n. m.
brandy n. m.
PL. *brandys*
branlant, ante adj.
branle n. m.
branle-bas ou **branlebas*** n. m. inv.
branlée n. f.
branlement n. m.
branler v. (conjug. 1)
branlette n. f.
branleur, euse n. et adj.
branque n. m. et adj.
branquignol n. m. et adj. m.
brante n. f.
braquage n. m.

braque n. m. et adj.
braquemart n. m.
braquer v. tr. (conjug. 1)
braquet n. m.
braqueur, euse n.
bras n. m.
brasage n. m.
braser v. tr. (conjug. 1)
brasérade ou **braserade** n. f.
braséro ou **brasero** n. m.
brasier n. m.
brasiller v. intr. (conjug. 1)
bras-le-corps (à) loc. adv.
brasque n. f.
brassage n. m.
brassard n. m.
brasse n. f.
brassée n. f.
brasse-camarade n. f.
PL. *brasse-camarades*
brassée n. f.
brasser v. tr. (conjug. 1)
brasserie n. f.
brasseur, euse n.
brasseyer v. tr. (conjug. 1)
brassicole adj.
brassière n. f.
brassin n. m.
brasure n. f.
bravache n. m. et adj.
bravade n. f.
brave adj. et n.
bravement adv.
braver v. tr. (conjug. 1)
bravissimo interj.
bravo interj. et n. m.
bravoure n. f.
brayer v. tr. (conjug. 1)
break [bʀɛk] n. m.
breakdance ou **break dance** [bʀɛkdɑ̃s] n. f.
¹**breaker** [bʀɛkœʀ] n. m.
²**breaker** v. (conjug. 1)
breakfast [bʀɛkfœst] n. m.
brebis n. f.
brèche n. f.
bréchet n. m.
bredouillage n. m.
bredouillant, ante adj.

bredouille adj.
bredouillement n. m.
bredouiller v. (conjug. 1)
bredouilleur, euse n. et adj.
bredouillis n. m.
bredzon n. m.
¹**bref, brève** adj. et adv.
²**bref** n. m. (rec. off. pour *briefing*)
bréhaigne adj. f.
breitschwanz [bʀɛtʃvɑ̃ts] n. m.
¹**brèle** ou **brêle** n. f. (personne nulle)
²**brèle** ou **brelle** n. f. (tronc, harnachement)
brêler v. tr. (conjug. 1)
breloque n. f.
brème n. f.
bren [bʀɑ̃ ; bʀɛ̃] n. m.
brent n. m.
brésil n. m.
brésilien, ienne adj. et n.
brésiller v. (conjug. 1)
bretèche n. f.
bretelle n. f.
breton, onne adj. et n.
bretonnant, ante adj.
brette n. f.
bretteler v. tr. (conjug. 4)
bretter v. tr. (conjug. 1)
bretteur, euse n.
bretzel n. m.
breuvage n. m.
brève n. f.
brevet n. m.
brevetabilité n. f.
brevetable adj.
brevetage n. m.
breveté, ée adj.
breveter v. tr. (conjug. 4)
bréviaire n. m.
bréviligne adj.
brévité n. f.
B. R. I. n. f. (brigade de répression et d'intervention)
briard, arde adj. et n. m.
bribe n. f.

bric-à-brac

bric-à-brac n. m. inv.
bricelet n. m.
bric et de broc (de) loc. adv.
brick n. m. ; n. f.
bricolage n. m.
bricole n. f.
bricoler v. (conjug. 1)
bricoleur, euse n.
bricolo n.
bride n. f.
bridé, ée adj.
brider v. tr. (conjug. 1)
bridge n. m.
bridger v. intr. (conjug. 3)
bridgeur, euse n.
bridon n. m.
brie n. m.
brief [bʀif] n. m.
briefer [bʀife] v. tr. (conjug. 1)
briefing [bʀifiŋ] n. m.
brièvement adv.
brièveté n. f.
briffer v. (conjug. 1)
brigade n. f.
brigadier, ière n.
brigadier-chef n. m.
  PL. brigadiers-chefs
brigand n. m.
brigandage n. m.
brigande n. f.
brigandine n. f.
brigantin n. m.
brigantine n. f.
brigue n. f.
briguer v. tr. (conjug. 1)
brillamment adv.
brillance n. f.
¹brillant, ante adj.
²brillant n. m.
brillantage n. m.
brillanter v. tr. (conjug. 1)
brillantine n. f.
brillantiner v. tr. (conjug. 1)
brillat-savarin n. m. inv.
briller v. intr. (conjug. 1)
brimade n. f.
brimant, ante adj.

brimbalement n. m.
brimbaler v. (conjug. 1)
brimbelle n. f.
brimborion n. m.
brimer v. tr. (conjug. 1)
brin n. m.
brindezingue adj.
brindille n. f.
bringé, ée adj.
bringue n. f.
bringuebalant, ante ou brinquebalant, ante adj.
bringuebalement ou brinquebalement n. m.
bringuebaler ou brinquebaler v. (conjug. 1)
brio n. m.
brioche n. f.
brioché, ée adj.
briocherie n. f.
brique n. f.
briquer v. tr. (conjug. 1)
briquet n. m.
briquetage n. m.
briqueter v. tr. (conjug. 4)
briqueterie ou briquèterie n. f.
briqueteur n. m.
briquette n. f.
bris n. m.
brisance n. f.
¹brisant, ante adj.
²brisant n. m.
briscard ou brisquard n. m.
brise n. f.
brisé, ée adj.
brise-bise n. m.
  PL. brise-bises
brisées n. f. pl.
brise-fer n.
  PL. inv. ou brise-fers
brise-glace n. m.
  PL. brise-glaces
brise-jet n. m.
  PL. brise-jets
brise-lame(s) n. m.
  PL. brise-lames
brisement n. m.

brise-motte(s) n. m.
  PL. brise-mottes
briser v. tr. (conjug. 1)
brise-soleil n. m.
  PL. inv. ou brise-soleils*
brise-tout ou brisetout* n.
  PL. inv. ou brisetouts*
briseur, euse n.
brise-vent n.
  PL. inv. ou brise-vents
brisis n. m.
bristol n. m.
brisure n. f.
britannique adj.
brittonique adj. et n. m.
brize n. f.
broc [bʀo] n. m.
brocantage n. m.
brocante n. f.
brocanter v. (conjug. 1)
brocanteur, euse n.
¹brocard n. m. (adage, raillerie)
²brocard ou brocart n. m. (chevreuil)
brocarder v. tr. (conjug. 1)
brocart n. m.
brocatelle n. f.
broccio ou brocciu ou bruccio [bʀɔtʃ(j)o, bʀɔtʃ(j)u] n. m.
brochage n. m.
broche n. f.
broché n. m.
brocher v. tr. (conjug. 1)
brochet n. m.
brochet-lance n. m.
  PL. brochets-lances
brochette n. f.
brocheur, euse n.
brochure n. f.
brocoli n. m.
brodequin n. m.
broder v. tr. (conjug. 1)
broderie n. f.
brodeur, euse n.
broie n. f.
broiement n. m.
broker ou brokeur* [bʀɔkœʀ] n. m.

brol n. m.
bromate n. m.
brome n. m.
broméliacée n. f.
bromhydrique adj.
bromique adj.
bromisme n. m.
bromothymol n. m.
bromure n. m.
bronca n. f.
bronche n. f.
bronchectasie ou **bronchiectasie** [-k-] n. f.
broncher v. intr. (conjug. 1)
bronchiectasie [-k-] n. f.
bronchiole [-fjɔl ; -kjɔl] n. f.
bronchiolite [-k-] n. f.
bronchique adj.
bronchite n. f.
bronchitique adj. et n.
bronchodilatateur, trice [-k-] adj. et n.
bronchopathie [-k-] n. f.
bronchopneumonie [-k-] n. f.
bronchopulmonaire [-k-] adj.
bronchorrhée [-k-] n. f.
bronchoscope [-k-] n. m.
bronchoscopie [-k-] n. f.
bronchospasme [-k-] n. m.
brontosaure n. m.
bronzage n. m.
bronzant, ante adj.
bronze n. m.
bronzé, ée adj.
bronzer v. tr. (conjug. 1)
bronzette n. f.
bronzeur n. m.
bronzier n. m.
brook n. m.
broquette n. f.
brossage n. m.
brosse n. f.
brosser v. (conjug. 1)
brosserie n. f.
brossier, ière n.
brou n. m.

broue n. f.
brouet n. m.
brouette n. f.
brouettée n. f.
brouetter v. tr. (conjug. 1)
brouhaha n. m.
brouillage n. m. (rec. off. : embrouillage)
brouillamini n. m.
brouillard n. m.
brouillasser v. intr. impers. (conjug. 1)
brouille n. f.
brouiller v. tr. (conjug. 1)
brouillerie n. f.
brouilleur n. m. et adj.
¹brouillon, onne adj.
²brouillon n. m.
brouilly n. m.
broum interj.
broussaille n. f.
broussailleux, euse adj.
broussard, arde n.
brousse n. f.
brout n. m.
broutage n. m.
broutard n. m.
broutement n. m.
brouter v. (conjug. 1)
brouteur, euse adj. et n.
broutille n. f.
brownie [bʀoni] n. m.
PL. *brownies*
brownien, ienne [bʀonjɛ̃] adj.
browning [bʀoniŋ] n. m.
broyage n. m.
broyat n. m.
broyer v. tr. (conjug. 8)
broyeur, euse n. et adj.
brrr interj.
bru n. f.
bruant n. m.
bruccio [bʀutʃ(j)o] n. m.
brucella n. f.
brucelles n. f. pl.
brucellose n. f.
bruche n. f.
brucine n. f.
brugnon n. m.

bruine n. f.
bruiner v. intr. impers. (conjug. 1)
bruineux, euse adj.
bruire v. intr. (conjug. 2 ; défectif à l'inf., 3ᵉ pers., p. prés.)
bruissement n. m.
bruisser v. intr. (conjug. 1)
bruit n. m.
bruitage n. m.
bruiter v. tr. (conjug. 1)
bruiteur, euse n.
brûlage ou **brulage*** n. m.
brûlant, ante ou **brulant, ante*** adj.
brûlé, ée ou **brulé, ée*** adj. et n.
brûle-gueule ou **brule-gueule*** n. m.
PL. *brûle-gueules* ou *brule-gueules**
brûle-parfum ou **brule-parfum*** n. m.
PL. *brûle-parfums* ou *brule-parfums**
brûle-pourpoint (à) ou **brule-pourpoint (à)*** loc. adv.
brûler ou **bruler*** v. (conjug. 1)
brûlerie ou **brulerie*** n. f.
brûleur, euse ou **bruleur, euse*** n.
brûlis ou **brulis*** n. m.
brûloir ou **bruloir*** n. m.
brûlot ou **brulot*** n. m.
brûlure ou **brulure*** n. f.
brumaire n. m.
brume n. f.
brumeux, euse adj.
brumisateur® n. m.
brumiser v. tr. (conjug. 1)
brun, brune adj. et n.
brunante n. f.
brunâtre adj.
brunch n. m.
PL. *brunches* ou *brunchs*
brune n. f.
brunéien, ienne adj.
brunet, ette n.

bruni

bruni n. m.
brunir v. (conjug. 2)
brunissage n. m.
brunisseur, euse n. et adj.
brunissoir n. m.
brunissure n. f.
brunoise n. f.
bruschetta n. m.
brushing n. m.
brusque adj.
brusquement adv.
brusquer v. tr. (conjug. 1)
brusquerie n. f.
brut, brute adj.
brutal, ale, aux adj.
brutalement adv.
brutaliser v. tr. (conjug. 1)
brutalité n. f.
brute n. f.
bruxisme n. m.
bruxomanie n. f.
bruyamment adv.
bruyant, ante adj.
bruyère n. f.
bryone n. f.
bryophytes n. f. pl.
bryozoaire n. m.
B. Sc. n. m. (baccalauréat ès sciences)
B. T. n. f. (basse tension)
B to B n. m. inv. (business to business)
B to C n. m. inv. (business to consumer)
B. T. P. n. m. pl. (bâtiments et travaux publics)
B. T. S. n. m. (brevet de technicien supérieur)
buanderie n. f.
buandier, ière n.
bubale n. m.
bubble-gum n. m.
bubon n. m.
bubonique adj.
buccal, ale, aux adj.
buccin n. m.
buccinateur n. m. et adj. m.
buccine n. f.
buccodentaire adj.

buccogénital, ale, aux adj.
bûche ou buche* n. f.
¹bûcher ou bucher* n. m.
²bûcher ou bucher* v. tr. (conjug. 1)
bûcheron, onne ou bucheron, onne* n.
bûchette ou buchette* n. f.
bûcheur, euse ou bucheur, euse* n.
bucolique n. f. et adj.
bucrane n. m.
buddleia ou buddléia n. m.
budget n. m.
budgétaire adj.
budgéter v. tr. (conjug. 6)
budgétisation n. f.
budgétiser v. tr. (conjug. 1)
budgétivore adj. et n.
buée n. f.
buffer n. m.
buffet n. m.
buffetier, ière n.
buffle n. m.
bufflesse n. f.
buffleterie ou bufflèterie* n. f.
buffletin n. m.
bufflon n. m.
bufflonne n. f.
bug n. m.
bugger [bœge] v. i. (conjug. 1)
buggy n. m.
PL. buggys ou buggies
bugle n. f.
bugne n. f.
bugrane n. f.
bugué, ée adj.
building n. m.
buire n. f.
buis n. m.
buisson n. m.
buisson-ardent n. m.
PL. buissons-ardents
buissonnant, ante adj.
buissonneux, euse adj.
buissonnier, ière adj.

bulbaire adj.
bulbe n. m.
bulbeux, euse adj.
bulbille n. f.
bulgare adj. et n.
bulgomme® n. m.
bull n. m.
bullaire n. m.
bulldozer ou bulldozeur* n. m. (rec. off. : bouteur)
bulle n. f. ; adj. m. inv. et n. m.
bullé, ée adj.
buller v. intr. (conjug. 1)
bulletin n. m.
bulletin-réponse n. m.
PL. bulletins-réponses
bulleur, euse n.
bulleux, euse adj.
bull-finch ou bullfinch* [bul-] n. m.
PL. bull-finch(e)s ou bullfinchs*
bull-terrier ou bullterrier* [bul-] n. m.
PL. bull-terriers ou bullterriers*
bulot n. m.
bun [bœn] n. m.
buna® n. m.
bundle n. m.
bungalow [bœgalo] n. m.
bunker n. m.
bunkeriser ou bunkériser v. tr. (conjug. 1)
bunraku n. m. [bunʀaku]
bupreste n. m.
buraliste n.
bure n. f.
bureau n. m.
bureaucrate n.
bureaucratie n. f.
bureaucratique adj.
bureaucratisation n. f.
bureaucratiser v. tr. (conjug. 1)
bureauticien, ienne n.
bureautique® n. f. et adj.
burelé, ée adj.

burelle ou **burèle** n. f.
burette n. f.
burgau n. m.
burgaudine n. f.
burger n. m.
burgrave n. m.
burin n. m.
burinage n. m.
buriné, ée adj.
buriner v. tr. (conjug. **1**)
burineur n. m.
buriniste n.
burka [buʀka] n. f.
burlat n. m.
burlesque adj. et n. m.
burlesquement adv.
burlingue n. m.
burné, ée adj.
burnes n. f. pl.
burnous n. m.
burn-out n. m. inv.
buron n. m.
burqa ou **burka** ou **bourka** [buʀka] n. f.
bursite n. f.
bus n. m.
busard n. m.
busc n. m.
buse n. f.
buser v. tr. (conjug. **1**)
bush n. m.
bushido n. m.
business ou **bizness** [biznɛs] n. m.
businessman [biznɛsman] n. m.
PL. *businessmans* ou *businessmen*
business modèle ou **business model** n. m.
businesswoman [biznɛswuman] n. f.
PL. *businesswomans* ou *businesswomen*
busqué, ée adj.
busserole n. f.
buste n. m.
bustier n. m.
but [by(t)] n. m.
butadiène n. m.

butane n. m.
butanier n. m.
buté, ée adj.
butée n. f.
butène n. m.
buter v. (conjug. **1**)
buteur, euse n.
butin n. m.
butiner v. (conjug. **1**)
butineur, euse adj.
butô ou **buto** [byto ; buto] n. m.
butoir n. m.
butome n. m.
butor n. m.
buttage n. m.
butte n. f.
butter v. tr. (conjug. **1**)
butte-témoin n. f.
PL. *buttes-témoins*
butteur, euse n.
buttoir n. m.
butyle n. m.
butylène n. m.
butylique adj.
butyreux, euse adj.
butyrine n. f.
butyrique adj.
butyromètre n. m.
buvable adj.
buvard n. m.
buvée n. f.
buvette n. f.
buveur, euse n.
buzuki [buzuki] n. m.
buzz n. m.
buzzer [bœzœʀ] n. m.
buzzer [bœze] v. intr. (conjug. **1**)
bye [baj] interj.
bye-bye [bajbaj] interj.
by-pass ou **bypass*** [bajpas] n. m. inv. (rec. off. : dérivation)
byssinose n. f.
byssus [bisys] n. m.
byte n. m. (rec. off. : octet)
byzantin, ine adj.
byzantinisme n. m.
byzantiniste n.

byzantinologie n. f.
byzantinologue n.
B. Z. D. n. f. (benzodiazépine)

C

c n. m. inv. ; abrév. et symb.
C n. m. inv. ; abrév. et symb.
C. A. abrév. (chiffre d'affaires)
ça pron. dém. ; n. m.
çà adv. et interj.
cab n. m.
cabale n. f.
cabaler v. intr. (conjug. **1**)
cabalistique adj.
caban n. m.
cabane n. f.
cabaner v. tr. (conjug. **1**)
cabanon n. m.
cabaret n. m.
cabaretier, ière n.
cabas n. m.
cabécou n. m.
cabernet n. m.
cabestan n. m.
cabiai n. m.
cabillaud n. m.
cabillot n. m.
cabin-cruiser n. m.
PL. *cabin-cruisers*
cabine n. f.
cabinet n. m.
câblage n. m.
câble n. m.
câblé, ée adj. et n. m.
câbleau n. m.
câbler v. tr. (conjug. **1**)
câblerie n. f.
câbleur, euse n.
câblier n. m.
câbliste n.
câblodistributeur n. m.
câblodistribution n. f.
câblogramme n. m.

câblo-opérateur n. m.
PL. *câblo-opérateurs*
câblot ou **câbleau** n. m.
cabochard, arde adj. et n.
caboche n. f.
cabochon n. m.
cabosse n. f.
cabosser v. tr. (conjug. 1)
cabot n. m. et adj.
cabotage n. m.
caboter v. intr. (conjug. 1)
caboteur n. m.
cabotin, ine n.
cabotinage n. m.
cabotiner v. intr. (conjug. 1)
cabouillat n. m.
caboulot n. m.
cabrage n. m.
cabré, ée adj.
cabrer v. tr. (conjug. 1)
cabri n. m.
cabriole n. f.
cabrioler v. intr. (conjug. 1)
cabriolet n. m.
cabrouet n. m.
cabus adj. m.
C. A. C. n. m. (cotation assistée en continu)
caca n. m.
cacaber v. intr. (conjug. 1)
cacahouète ou **cacahuète** n. f.
cacaille n. f.
cacao n. m.
cacaoté, ée adj.
cacaotier n. m.
cacaotière n. f.
cacaoui n. m.
cacaoyer n. m.
cacaoyère n. f.
cacarder v. intr. (conjug. 1)
cacatoès n. m.
cacatois n. m.
cachaça n. f.
cachalot n. m.
cache n. f. ; n. m.
caché, ée adj.
cache-cache ou **cachecache*** n. m. inv.

cache-cœur n. m.
PL. *cache-cœurs*
cache-col n. m.
PL. *cache-cols*
cachectique adj. et n.
cache-flamme n. m.
PL. *cache-flammes*
cachemire n. m.
cache-misère n. m.
PL. inv. ou *cache-misères*
cache-nez n. m. inv.
cache-pot n. m.
PL. *cache-pots*
cache-poussière n. m.
PL. inv. ou *cache-poussières*
cache-prise n. m.
PL. *cache-prises*
¹**cacher** ou **casher** [kaʃɛʀ] adj. inv.
²**cacher** v. tr. (conjug. 1)
cache-radiateur n. m.
PL. *cache-radiateurs*
cachériser v. tr. (conjug. 1)
cache-sexe n. m.
PL. *cache-sexes*
cachet n. m.
cachetage n. m.
cache-tampon n. m. sing.
cacheter v. tr. (conjug. 4)
cacheton n. m.
cachetonnage n. m.
cachetonner v. intr. (conjug. 1)
cachette n. f.
cachexie n. f.
cachot n. m.
cachotter v. tr. (conjug. 1)
cachotterie ou **cachoterie*** n. f.
cachottier, ière ou **cachotier, ière*** n.
cachou n. m.
cacique n. m.
cacochyme adj.
cacodylate n. m.
cacodyle n. m.
cacodylique adj.
cacographe n.
cacographie n. f.
cacolet n. m.
cacophonie n. f.

cacophonique adj.
cacou n. m.
cactacées n. f. pl.
cactées n. f. pl.
cactus n. m.
cadastral, ale, aux adj.
cadastre n. m.
cadastrer v. tr. (conjug. 1)
cadavéreux, euse adj.
cadavérique adj.
cadavre n. m.
¹**caddie**® n. m. (chariot)
²**caddie** ou **caddy** n. m. (de golf)
cade n. m.
cadeau n. m.
cadenas n. m.
cadenasser v. tr. (conjug. 1)
cadence n. f.
cadencé, ée adj.
cadencement n. m.
cadencer v. tr. (conjug. 3)
cadenette n. f.
cadet, ette n.
cadi n. m.
cadjin, ine n. et adj.
cadmiage n. m.
cadmie n. f.
cadmium n. m.
cador n. m.
cadrage n. m.
cadran n. m.
cadrat n. m.
cadratin n. m.
cadrature n. f.
cadre n. m.
cadrer v. (conjug. 1)
cadreur, euse n. (rec. off. pour caméraman)
caduc, uque adj.
caducée n. m.
caducité n. f.
cæcal, ale, aux [se-] adj.
cæcum [sekɔm] n. m.
cæsium [sezjɔm] n. m.
C. A. F. adj. et adv. (coût, assurance, fret)
cafard, arde n.
cafardage n. m.
cafarder v. (conjug. 1)

calcif

cafardeur, euse n.
cafardeux, euse adj. et n.
caf'conc' n. m.
café n. m.
café-concert n. m.
  PL. cafés-concerts
caféiculteur, trice n.
caféiculture n. f.
caféier n. m.
caféière n. f.
caféine n. f.
caféiné, ée adj.
caféino-dépendant, ante adj.
  PL. caféino-dépendants, antes
caféisme n. m.
café-restaurant n. m.
  PL. cafés-restaurants
café-tabac n. m.
  PL. cafés-tabacs
cafetan n. m.
cafétéria n. f.
café-théâtre n. m.
  PL. cafés-théâtres
cafetier, ière n.
cafetière n. f.
cafouillage n. m.
cafouiller v. intr. (conjug. 1)
cafouilleux, euse adj.
cafouillis n. m.
cafre adj. et n.
caftan ou cafetan n. m.
cafter v. tr. (conjug. 1)
cafteur, euse n.
C. A. G. n. m. (contrôle automatique de gain)
cagade n. f.
cage n. f.
cageot n. m.
cagerotte n. f.
caget n. m.
cagette n. f.
cagibi n. m.
cagna n. f.
cagnard n. m.
cagne n. f.
¹cagneux, euse adj.
²cagneux, euse ou khâgneux, euse n. (élève)

cagnotte n. f.
cagole n. f.
cagot, ote n.
cagoterie n. f.
cagouille n. f.
cagoulard, arde n.
cagoule n. f.
cagoulé, ée adj.
caguer v. intr. (conjug. 1)
cahier n. m.
cahin-caha ou cahincaha* adv.
cahors n. m.
cahot n. m.
cahotant, ante adj.
cahotement n. m.
cahoter v. (conjug. 1)
cahoteux, euse adj.
cahute ou cahutte n. f.
caïd n. m.
caïeu ou cayeu n. m.
caillage n. m.
caillant, ante adj.
caillassage n. m.
caillasse n. f.
caillasser v. tr. (conjug. 1)
caille n. f.
caillé n. m.
caillebotis ou caillebottis n. m.
caillebotte n. f.
caillebottis n. m.
cailler v. (conjug. 1)
caillera n. f.
cailletage n. m.
caillette n. f.
caillot n. m.
caillou n. m.
cailloutage n. m.
caillouter v. tr. (conjug. 1)
caillouteux, euse adj.
cailloutis n. m.
caïman n. m.
caïpirinha n. f.
caïque n. m.
cairn n. m.
caisse n. f.
caisse-outre n. f.
  PL. caisses-outres (rec. off. pour cubitainer)

caisserie n. f.
caissette n. f.
caissier, ière n.
caisson n. m.
cajeput [-pyt] n. m.
cajoler v. tr. (conjug. 1)
cajolerie n. f.
cajoleur, euse n.
cajou n. m.
cajun n. et adj. inv. en genre
cake [kɛk] n. m.
cake-walk ou cakewalk* [kɛkwɔk] n. m.
  PL. cake-walks ou cakewalks*
¹cal n. m.
²cal symb. (calorie)
calabrais, aise adj. et n.
calade n. f.
caladium n. m.
calage n. m.
calaison n. f.
calamar n. m.
calambac n. m.
calambour n. m.
calame n. m.
calamine n. f.
calaminer (se) v. pron. (conjug. 1)
calamistrer v. tr. (conjug. 1)
calamite n. f.
calamité n. f.
calamiteux, euse adj.
calamus n. m.
calancher v. intr. (conjug. 1)
calandrage n. m.
calandre n. f.
calandrer v. tr. (conjug. 1)
calandreur, euse n.
calanque n. f.
calao n. m.
calbute n. m
calcaire adj. et n.
calcanéum n. m.
calcédoine n. f.
calcémie n. f.
calcéolaire n. f.
calcicole adj.
calcif n. m.

calciférol

calciférol n. m.
calcification n. f.
calcifié, iée adj.
calcifuge adj.
calcin n. m.
calcination n. f.
calciner v. tr. (conjug. 1)
calcique adj.
calcite n. f.
calcitonine n. f.
calcium n. m.
calciurie n. f.
calcul n. m.
calculabilité n. f.
calculable adj.
calculateur, trice n. et adj.
calculatrice n. f.
calculer v. tr. (conjug. 1)
calculette n. f.
calculeux, euse adj.
caldarium n. m.
caldeira ou caldera n. f.
caldoche n.
cale n. f.
calé, ée adj.
calebasse n. f.
calebassier n. m.
calèche n. f.
caleçon n. m.
calédonien, ienne adj. et n.
caléfaction n. f.
caléidoscope n. m.
caléidoscopique adj.
calembour n. m.
calembredaine n. f.
calendaire adj.
calendes n. f. pl.
calendos n. m.
calendrier n. m.
calendula n. m.
cale-pied n. m.
PL. cale-pieds
calepin n. m.
caler v. (conjug. 1)
caleter v. intr. (conjug. défectif)
calf n. m.
calfat n. m.

calfatage n. m.
calfater v. tr. (conjug. 1)
calfeutrage n. m.
calfeutrer v. tr. (conjug. 1)
calibrage n. m.
calibrateur n. m.
calibration n. f.
calibre n. m.
calibrer v. tr. (conjug. 1)
calibreur n. m.
calibreuse n. f.
calice n. m.
caliche n. m.
calicot n. m.
calicule n. m.
calier n. m.
califat ou khalifat n. m.
calife ou khalife n. m.
californium n. m.
califourchon (à) loc. adv.
câlin, ine adj. et n. m.
câliner v. tr. (conjug. 1)
câlinerie n. f.
caliorne n. f.
calisson n. m.
call-back n. m.
calleux, euse adj.
callgirl [kolgœRl] n. f.
PL. callgirls
calligramme n. m.
calligraphe n.
calligraphie n. f.
calligraphier v. tr. (conjug. 7)
calligraphique adj.
callipyge adj.
callosité n. f.
calmant, ante adj. et n. m.
calmar ou calamar n. m.
calme adj. et n. m.
calmement adv.
calmer v. tr. (conjug. 1)
calmir v. intr. (conjug. 2)
calmoduline n. f.
calmos adv.
calo n. m.
calomel n. m.
calomniateur, trice n. m.
calomnie n. f.
calomnier v. tr. (conjug. 7)

calomnieusement adv.
calomnieux, ieuse adj.
caloporteur adj. m. et n. m.
calorie n. f.
calorifère n. m. et adj.
calorification n. f.
calorifique adj.
calorifuge adj. et n. m.
calorifugeage n. m.
calorifuger v. tr. (conjug. 3)
calorimètre n. m.
calorimétrie n. f.
calorimétrique adj.
calorique adj. ; n. m.
calorisation n. f.
caloriser v. (conjug. 1)
calot n. m.
calotin n. m.
calotte n. f.
caloyer, yère n.
calque n. m.
calquer v. tr. (conjug. 1)
calter v. intr. (conjug. 1)
calumet n. m.
calvados n. m.
calvaire n. m.
calvinisme n. m.
calviniste adj. et n.
calvitie n. f.
calypso n. m.
calzone n. f.
camaïeu n. m.
PL. camaïeux ou camaieus
camail n. m.
camarade n.
camaraderie n. f.
camard, arde adj. et n.
camarilla n. f.
cambiaire adj.
cambiste n.
cambium n. m.
cambouis n. m.
cambrage n. m.
cambré, ée adj.
cambrement n. m.
cambrer v. tr. (conjug. 1)
cambrien, ienne n. m. et adj.
cambriolage n. m.

canevas

cambrioler v. tr. (conjug. 1)
cambrioleur, euse n.
cambrousse n. f.
cambrure n. f.
cambuse n. f.
cambusier n. m.
came n. f.
camé, ée adj. et n.
camée n. m.
caméléon n. m.
camélia ou camellia n. m.
camelin, ine adj.
cameline ou caméline n. f.
camelle n. f.
camellia n. m.
camelot n. m.
camelote n. f.
camembert n. m.
caméo n. m.
camer (se) v. pron. (conjug. 1)
caméra n. f.
caméraman ou cameraman n. m.
PL. caméramans ou cameramen
caméraphone n. m.
camérier n. m.
camériste n. f.
camerlingue n. m.
caméscope® n. m.
camion n. m.
camion-citerne n. m.
PL. camions-citernes
camionnage n. m.
camionner v. tr. (conjug. 1)
camionnette n. f.
camionneur, euse n.
camisard n. m.
camisole n. f.
camomille n. f.
camouflage n. m.
camoufler v. tr. (conjug. 1)
camouflet n. m.
camp n. m.
campagnard, arde adj. et n.
campagne n. f.

campagnol n. m.
campanaire adj.
campane n. f.
campanile n. m.
campaniste n.
campanule n. f.
campé, ée adj.
campêche n. m.
campement n. m.
camper v. (conjug. 1)
campeur, euse n.
camphre n. m.
camphré, ée adj.
camphrier n. m.
camping n. m.
camping-car n. m.
PL. camping-cars
camping-gaz® n. m. inv.
¹campo n. m. (savane)
²campo ou campos n. m. (congé)
campus [-pys] n. m.
camus, use adj.
C. A. N. n. m. (convertisseur analogique-numérique)
canada n. f.
canadair® n. m.
canadianisme n. m.
canadienne n. f.
canaille n. f. et adj.
canaillerie n. f.
canaillou, oute n.
canal, aux n. m.
caniculaire adj.
canicule n. f.
canalisable adj.
canalisation n. f.
canaliser v. tr. (conjug. 1)
cananéen, enne adj. et n.
canapé n. m.
canapé-lit n. m.
PL. canapés-lits
canaque n. adj et n.
canard n. m.
canardeau n. m.
canarder v. (conjug. 1)
canardière n. f.
canari n. m.
canasson n. m.
canasta n. f.

cancan n. m.
cancaner v. intr. (conjug. 1)
cancanier, ière adj. et n.
cancel n. m.
cancer n. m.
cancéreux, euse adj. et n.
cancérigène adj.
cancérisation n. f.
cancériser v. tr. (conjug. 1)
cancérogène adj. (rec. off. pour cancérigène)
cancérogenèse n. f.
cancérologie n. f.
cancérologique adj.
cancérologue n.
cancérophobe adj. et n.
cancérophobie n. f.
cancéropôle n. m.
canche n. f.
cancoillotte [kãkwajɔt] n. f.
cancre n. m.
cancrelat n. m.
candela ou candéla n. f.
candélabre n. m.
candeur n. f.
candi adj. m.
candida n. m. inv.
candidat, ate n.
candidature n. f.
candide adj.
candidement adv.
candidose n. f.
candir (se) v. pron. (conjug. 2)
candisation n. f.
candomblé n. m.
cane n. f.
canebière n. f.
canepetière n. f.
canéphore n. f.
¹caner v. intr. (conjug. 1) (reculer)
²caner ou canner v. intr. (conjug. 1) (s'enfuir)
canetage n. m.
canetière n. f.
caneton n. m.
canette n. f. (oiseau)
canevas n. m.

canezou n. m.
cange n. f.
cangue n. f.
caniche n. m.
caniculaire adj.
canicule n. f.
canidés n. m. pl.
canidrome n. m.
canier n. m.
canif n. m.
canin, ine adj.
canine n. f.
caninette® n. f.
canisette n. f.
canisse n. f.
canissier n. m.
canitie [-si] n. f.
caniveau n. m.
canna n. m.
cannabique adj.
cannabis n. m.
cannabisme n. m.
cannage n. m.
cannaie n. f.
canne n. f.
canné, ée adj.
canneberge n. f.
cannebière n. f.
canne-épée n. f.
PL. cannes-épées
cannelé, ée® adj. et n. m.
canneler v. tr. (conjug. 4)
cannelier n. m.
cannelle n. f.
cannelloni n. m.
PL. cannellonis
cannelure n. f.
canner v. (conjug. 1)
canneur, euse n.
cannibale n.
cannibalesque adj.
cannibalisation n. f.
cannibaliser v. tr. (conjug. 1)
cannibalisme n. m.
cannier, ière n.
cannisse ou canisse n. f.
canoë n. m.
canoéisme n. m.

canoéiste n.
canoë-kayak n. m.
PL. canoës-kayaks
canon n. m. ; adj. inv.
cañon [kapɔn] n. m.
canonial, iale, iaux adj.
canonicat n. m.
canonicité n. f.
canonique adj.
canoniquement adv.
canonisable adj.
canonisation n. f.
canoniser v. tr. (conjug. 1)
canoniste n.
canonnade n. f.
canonnage n. m.
canonner v. tr. (conjug. 1)
canonnier n. m.
canonnière n. f.
canope n. m.
canopée n. f.
canot n. m.
canotage n. m.
canoter v. intr. (conjug. 1)
canoteur, euse n.
canotier, ière n.
cantabile [kɑ̃tabile] n. m.
cantal n. m.
cantaloup n. m.
cantate n. f.
cantatrice n. f.
canter [kɑ̃tɛr] n. m.
cantharide n. f.
cantharidine n. f.
cantilène n. f.
cantilever ou
 cantiléver* [-ləvɛr ;
 -levœr] adj. inv. et n. m.
cantine n. f.
cantiner v. intr. (conjug. 1)
cantinier, ière n.
cantique n. m.
cantoche n. f.
canton n. m.
cantonade n. f.
cantonal, ale, aux adj.
cantonalisation n. f.
cantonaliser v. tr.
 (conjug. 1)
cantonalisme n. m.

cantonaliste adj. et n.
cantonnement n. m.
cantonner v. tr. (conjug. 1)
cantonnier n. m.
cantonnière n. f.
cantor n. m.
cantre n. m.
canulant, ante adj.
canular n. m.
canularesque adj.
canule n. f.
canuler v. tr. (conjug. 1)
canut, use n.
canyon ou cañon [kanjɔ̃ ;
 kaɲɔn] n. m.
canyoning ou
 canyonisme n. m.
canzone [kɑ̃dzone] n. f.
C. A. O. n. f. (conception
 assistée par ordinateur)
caoua ou kawa n. m.
caouane n. f.
caoutchouc [kautʃu] n. m.
caoutchoutage n. m.
caoutchouter v. tr.
 (conjug. 1)
caoutchouteux, euse
 adj.
caoutchoutier, ière adj.
 et n.
cap n. m.
C. A. P. n. m. inv. (certificat
 d'aptitude professionnelle)
C. A. P. A. n. m. inv.
 (certificat d'aptitude à la
 profession d'avocat)
capable adj.
capacitaire n. et adj.
capacitance n. f.
capacitation n. f.
capacité n. f.
capacitif, ive adj.
caparaçon n. m.
caparaçonner v. tr.
 (conjug. 1)
cape n. f.
capé, ée adj.
capelage n. m.
capelan n. m.
capeler v. tr. (conjug. 4)
capeline n. f.

C. A. P. E. S. n. m.
(certificat d'aptitude au professorat de l'enseignement secondaire)
capésien, ienne n.
C. A. P. E. T. n. m.
(certificat d'aptitude au professorat de l'enseignement technique)
capétien, ienne adj.
capeyer v. intr. (conjug. 1)
capharnaüm [kafaʀnaɔm] n. m.
cap-hornier n. m.
PL. *cap-horniers*
capillaire adj. et n. m.
capillarité n. f.
capillarité n. f.
capillaroscopie n. f.
capilliculteur, trice n.
capilliculture n. f.
capillotracté, ée adj.
capilotade n. f.
capiston n. m.
capitaine n.
capitainerie n. f.
capital, ale, aux adj. ; n. m.
capitale n. f.
capitalisable adj.
capitalisation n. f.
capitaliser v. (conjug. 1)
capitalisme n. m.
capitaliste n. et adj.
capitalistique adj.
capitalistiquement adv.
capital-risque n. m.
PL. *capitaux-risques*
capital-risqueur n. m.
PL. *capitaux-risqueurs*
capitan n. m.
capitanat n. m.
capitation n. f.
capité, ée adj.
capiteux, euse adj.
capitole n. m.
capitolin, ine adj.
capiton n. m.
capitonnage n. m.
capitonner v. tr. (conjug. 1)
capitoul n. m.

capitulaire adj. et n. m.
capitulard, arde n. et adj.
capitulation n. f.
capitule n. m.
capitulé, ée adj.
capituler v. intr. (conjug. 1)
capo n. m.
capodastre n. m.
capoeira [kapwe(i)ʀa] n. f.
capon, onne adj. et n.
caponnière n. f.
caporal, ale, aux n.
caporal-chef n. m.
PL. *caporaux-chefs*
caporalisme n. m.
capot n. m. ; adj. inv.
capotage n. m.
capote n. f.
capoter v. (conjug. 1)
cappa n. f.
cappelletti n. m.
cappuccino n. m.
câpre n. f.
capricant, ante adj.
capriccio [kapʀitʃo ; kapʀisjo] n. m.
caprice n. m.
capricieusement adv.
capricieux, ieuse adj.
capricorne n. m.
câprier n. m.
caprification n. f.
caprifigue n. f.
caprin, ine adj.
caproïque adj.
caprylique adj.
capselle n. f.
capside n. f.
capsulage n. m.
capsulaire adj.
capsule n. f.
capsuler v. tr. (conjug. 1)
capsuleuse n. f.
captable adj.
captateur, trice n.
captatif, ive adj.
captation n. f.
captativité n. f.

captatoire adj.
capter v. tr. (conjug. 1)
capteur n. m.
captieusement adv.
captieux, ieuse adj.
captif, ive adj. et n.
captivant, ante adj.
captiver v. tr. (conjug. 1)
captivité n. f.
capture n. f.
capturer v. tr. (conjug. 1)
capuce n. m.
capuche n. f.
capuchon n. m.
capucin, ine n.
capucinade n. f.
capucine n. f.
capybara n. m.
caque n. f.
caquelon n. m.
caquet n. m.
caquetage n. m.
caquetant, ante adj.
caquètement n. m.
caqueter v. intr. (conjug. 5)
car conj. ; n. m.
carabe n. m.
carabin n. m.
carabine n. f.
carabiné, ée adj.
carabinier n. m.
carabistouille n. f.
caracal n. m.
caracin n. m.
caraco n. m.
caracoler v. intr. (conjug. 1)
caractère n. m.
caractériel, ielle adj. et n.
caractériellement adv.
caractérisation n. f.
caractérisé, ée adj.
caractériser v. tr. (conjug. 1)
caractéristique adj. et n. f.
caractérologie n. f.
caractérologique adj.
caracul ou **karakul** [-kyl] n. m.
carafe n. f.

carafon

carafon n. m.
caraïbe adj. et n.
carambar® n. m.
carambolage n. m.
carambole n. f.
caramboler v. (conjug. 1)
carambolier n. m.
carambouillage n. m.
carambouille n. f.
carambouilleur n. m.
caramel n. m.
caramélisation n. f.
caraméliser v. tr. (conjug. 1)
carapace n. f.
carapate n. f.
carapater (se) v. pron. (conjug. 1)
caraque n. f.
carassin ou caracin n. m.
carat n. m.
caravanage n. m. (rec. off. pour caravaning)
caravane n. f.
caravanier, ière n.
caravaning n. m.
caravansérail n. m.
caravelle n. f.
carbamate n. m.
carbamique adj.
carbet n. m.
carbhémoglobine n. f.
carbocation n. f.
carbochimie n. f.
carbochimique adj.
carbogène n. m.
carboglace® n. f.
carbohémoglobine n. f.
carbonade ou carbonnade n. f.
carbonado n. m.
carbonara n. f.
carbonarisme n. m.
carbonaro n. m.
 PL. carbonaros ou carbonari (it.)
carbonatation n. f.
carbonate n. m.
carbonater v. tr. (conjug. 1)

carbone n. m.
carboné, ée adj.
carbonifère adj. et n. m.
carbonique adj.
carbonisation n. f.
carboniser v. tr. (conjug. 1)
carbonnade n. f.
carbonyle n. m.
carbonylé, ée adj.
carborundum® [karbɔRdɔm]
carboxylase n. f.
carboxyle n. m.
carboxylique adj.
carburant adj. et n. m.
carburateur, trice adj. et n. m.
carburation n. f.
carbure n. m.
carburéacteur n. m. (rec. off. pour jet fuel)
carburer v. (conjug. 1)
carcailler v. intr. (conjug. 1)
carcajou n. m.
carcan n. m.
carcasse n. f.
carcel adj. inv. et n.
carcéral, ale, aux adj.
carcinogène adj.
carcinogenèse n. f.
carcinogénétique adj.
carcinologie n. f.
carcinologique adj.
carcinomateux, euse adj.
carcinome n. m.
cardage n. m.
cardamine n. f.
cardamome n. f.
cardan n. m.
carde n. f.
cardé, ée adj.
carder v. tr. (conjug. 1)
cardère n. f.
cardeur, euse n.
cardia n. m.
cardial, iale, iaux adj.
cardialgie n. f.
cardiaque adj. et n.
cardiatomie n. f.

cardigan n. m.
¹cardinal, ale, aux adj.
²cardinal, aux n. m.
cardinalat n. m.
cardinal-diacre n. m.
 PL. cardinaux-diacres
cardinalice adj.
cardiogramme n. m.
cardiographe n. m.
cardiographie n. f.
cardioïde n.
cardiologie n. f.
cardiologique adj.
cardiologue n.
cardiomégalie n. f.
cardiomyopathie n. f.
cardiomyoplastie n. f.
cardiopathie n. f.
cardiopathologie n. f.
cardiorespiratoire adj.
cardiotomie n. f.
cardiotonique adj. et n. m.
cardiotraining n. m.
cardiotrope adj.
cardiovasculaire adj.
cardite n. f.
cardon n. m.
carême n. m.
carême-prenant n. m.
 PL. carêmes-prenants
carénage n. m.
carence n. f.
carencer v. tr. (conjug. 3)
carène n. f.
caréner v. tr. (conjug. 6)
carentiel, ielle adj.
caressant, ante adj.
caresse n. f.
caresser v. tr. (conjug. 1)
caret n. m.
carex n. m.
car-ferry ou carferry* n. m.
 PL. car-ferrys ou car-ferries ou carferrys* (rec. off. pour ferry-boat)
cargaison n. f.
cargo n. m.
cargue n. f.
carguer v. tr. (conjug. 1)

cari n. m.
cariacou n. m.
cariant, iante adj.
carlatide ou caryatide n. f.
caribou n. m.
caricatural, ale, aux adj.
caricature n. f.
caricaturer v. tr. (conjug. 1)
caricaturiste n.
carie n. f.
carier v. tr. (conjug. 7)
carieux, ieuse adj.
carignan n. m.
carillon n. m.
carillonnement n. m.
carillonner v. intr. (conjug. 1)
carillonneur n. m.
carinates n. m. pl.
cariogène adj.
cariste n. m.
caritatif, ive adj.
carlin n. m.
carline n. f.
carlingue n. f.
carlinguier n. m.
carlisme n. m.
carliste adj. et n.
carmagnole n. f.
carme n. m.
carmeline n. f.
carmélite n. f.
carmin n. m.
carminatif, ive adj.
carmine n. f.
carminé, ée adj.
carnage n. m.
carnassier, ière adj. et n.
carnassière n. f.
carnation n. f.
carnatique adj.
carnaval n. m.
carnavalesque adj.
carne n. f.
carné, ée adj.
carneau n. m.
carnet n. m.
carnier n. m.

carnification n. f.
carnifier (se) v. pron. (conjug. 7)
carnivore adj. et n.
carnotset [kaʀnɔtsɛ] n. m.
carolingien, ienne adj. et n.
carolus n. m.
caronade n. f.
caroncule n. f.
carotène n. m.
caroténoïde n. m.
carotide n. f.
carotidien, ienne adj.
carottage n. m.
carotte n. f.
carotter v. tr. (conjug. 1)
carotteur, euse adj. et n.
carotteuse n. f.
carottier, ière adj. et n.
caroube n. f.
caroubier n. m.
carouge n. m.
carpaccio [kaʀpatʃ(j)o]
carpe n. f. ; n. m.
carpeau n. m.
carpelle n. m.
carpette n. f.
carpettier n. m.
carpiculteur, trice n.
carpiculture n. f.
carpien, ienne adj.
carpillon n. m.
carpocapse n. m. ou f.
carpophore n. m.
carquois n. m.
carragheen [kaʀagɛn] n. m.
carraghénane n. m.
carrare n. m.
carre n. f.
carré, ée adj. et n. m.
carreau n. m.
carreauté, ée adj.
carrée n. f.
carré-éponge n. m.
PL. carrés-éponges
carrefour n. m.
carrelage n. m.

carreler v. tr. (conjug. 4)
carrelet n. m.
carreleur, euse n.
carrément adv.
carrer v. tr. (conjug. 1)
carrick n. m.
carrier n. m.
carrière n. f.
carriérisme n. m.
carriériste n.
carriole n. f.
carrom n. m.
carrossable adj.
carrossage n. m.
carrosse n. m.
carrosser v. tr. (conjug. 1)
carrosserie n. f.
carrossier n. m.
carrousel n. m.
carroyage n. m.
carroyer v. tr. (conjug. 8)
carrure n. f.
cartable n. m.
carte n. f.
cartel n. m.
cartelette n. f.
carte-lettre n. f.
PL. cartes-lettres
cartellisation n. f.
¹carter n. m.
²carter [kaʀte] v. tr. (conjug. 1)
carte-réponse n. f.
PL. cartes-réponses
carterie n. f.
cartésianisme n. m.
cartésien, ienne adj.
carthame n. m.
cartier n. m.
cartilage n. m.
cartilagineux, euse adj.
cartisane n. f.
cartogramme n. m.
cartographe n.
cartographie n. f.
cartographier v. tr. (conjug. 7)
cartographique adj.
cartomancie n. f.
cartomancien, ienne n.

carton

carton n. m.
cartonnage n. m.
cartonné, ée adj.
cartonner v. tr. (conjug. 1)
cartonnerie n. f.
cartonneux, euse adj.
cartonnier n. m.
cartoon [kaʀtun] n. m.
cartooniste n.
cartophile adj.
cartothèque n. f.
cartouche n. m. ; n. f.
cartoucherie n. f.
cartouchière n. f.
cartulaire n. m.
carver v. intr. (conjug. 1)
carvi n. m.
caryatide n. f.
caryocinèse n. f.
caryogamie n. f.
caryophyllacées n. f. pl.
caryophyllé, ée adj. et n. f.
caryopse n. m.
caryotype n. m.
cas n. m.
casanier, ière adj.
casaque n. f.
casaquin n. m.
casbah n. f.
cascade n. f.
cascader v. intr. (conjug. 1)
cascadeur, euse adj. et n.
cascara n. f.
cascatelle n. f.
cascher [kaʃɛʀ] adj. inv.
case n. f.
caséation n. f.
caséeux, euse adj.
caséification n. f.
caséine n. f.
casemate n. f.
caser v. tr. (conjug. 1)
caseret n. m.
caserette n. f.
caserne n. f.
casernement n. m.
caserner v. tr. (conjug. 1)
caseyeur n. m.
cash [kaʃ] adv. et n. m.

casher ou kasher ou cascher [kaʃɛʀ] adj.
cash-flow ou cashflow* [kaʃflo] n. m.
PL. cash-flows ou cashflows*
cashmere [kaʃmiʀ] n. m.
casier n. m.
casimir n. m.
casino n. m.
casoar n. m.
casque n. m.
casqué, ée adj.
casquer v. intr. (conjug. 1)
casquette n. f.
casquettier n. m.
cassable adj.
cassage n. m.
Cassandre n. f. inv.
cassant, ante adj.
cassate n. f.
cassation n. f.
cassave n. f.
casse n. f. ; n. m.
cassé, ée adj.
¹casseau n. m. (cylindre, casse)
²casseau ou cassot n. m. (récipient)
casse-cou n.
PL. casse-cous
casse-couilles n. et adj. inv.
casse-croûte ou casse-croute* n. m.
PL. casse-croûte(s) ou casse-croutes*
casse-croûter ou cassecroûter ou cassecrouter* v. intr. (conjug. 1)
casse-cul n. et adj.
PL. inv. ou casse-culs
casse-dalle n.
PL. inv. ou casse-dalles
casse-graine n. m.
PL. inv. ou casse-graines
casse-gueule n. m. et adj.
PL. inv. ou casse-gueules
cassement n. m.
casse-noisette(s) n. m.
PL. casse-noisettes

casse-noix n. m. inv.
casse-patte(s) n. m.
PL. casse-pattes
casse-pied(s) n. et adj.
PL. casse-pieds
casse-pierre n. m.
PL. casse-pierres
casse-pipe n. m.
PL. casse-pipes
casser v. (conjug. 1)
casserole n. f.
casse-tête n. m.
PL. casse-têtes
cassetin n. m.
cassette n. f.
cassettothèque n. f.
casseur, euse n.
cassier n. m.
cassine n. f.
¹cassis [kasis] n. m. (fruit)
²cassis [kasi(s)] n. m. (dépression)
cassissier n. m.
cassitérite n. f.
cassolette n. f.
casson n. m.
cassonade n. f.
cassot n. m.
cassoulet n. m.
cassure n. f.
castagne n. f.
castagner v. (conjug. 1)
castagnettes n. f. pl.
castagneur n. m.
castard, arde ou castar adj. et n.
caste n. f.
castel n. m.
caster v. tr. (conjug. 1)
castillan, ane adj. et n.
castine n. f.
casting n. m.
castor n. m.
castorette n. f.
castoréum n. m.
castramétation n. f.
castrat n. m.
castrateur, trice adj.
castration n. f.
castrer v. tr. (conjug. 1)

castrisme n. m.
castriste adj. et n.
casuarina n. m.
casuel, elle adj. et n. m.
casuiste n.
casuistique n. f.
casus belli [kazysbɛlli ; -beli] n. m. inv.
C. A. T. n. m. (centre d'aide par le travail)
catabolique adj.
catabolisme n. m.
catabolite n. m.
catachrèse [-k-] n. f.
cataclysmal, ale, aux adj.
cataclysme n. m.
cataclysmique adj.
catacombe n. f.
catadioptre n. m.
catadioptrique adj. et n. f.
catafalque n. m.
cataire ou **chataire** n. f.
catalan, ane adj. et n.
catalase n. f.
catalectique adj.
catalepsie n. f.
cataleptique adj.
catalogage n. m.
catalogne n. f.
catalogue n. m.
cataloguer v. tr. (conjug. **1**)
catalogueur n. m.
cataloguiste n.
catalpa n. m.
catalyse n. f.
catalyser v. tr. (conjug. **1**)
catalyseur n. m.
catalytique adj.
catamaran n. m.
cataménial, iale, iaux adj.
cataphorèse n. f.
cataphote® n. m.
cataplasme n. m.
cataplectique adj.
cataplexie n. f.
catapultage n. m.
catapulte n. f.
catapulter v. tr. (conjug. **1**)

cataracte n. f.
catarhiniens n. m. pl.
catarrhal, ale, aux adj.
catarrhe n. m.
catarrheux, euse adj.
catastrophe n. f.
catastropher v. tr. (conjug. **1**)
catastrophique adj.
catastrophisme n. m.
catastrophiste adj.
catatonie n. f.
catatonique adj. et n.
catch n. m.
catcher v. intr. (conjug. **1**)
catcheur, euse n.
caté n. m.
catéchèse n. f.
catéchine n. f.
catéchisation n. f.
catéchiser v. tr. (conjug. **1**)
catéchisme n. m.
catéchiste n.
catéchistique adj.
catéchol [-ʃɔl ; -kɔl] n. m.
catécholamine [-k-] n. f.
catéchuménat [-k-] n. m.
catéchumène [-k-] n.
catégorème n. m.
catégorie n. f.
catégoriel, ielle adj.
catégorique adj.
catégoriquement adv.
catégorisation n. f.
catégoriser v. tr. (conjug. **1**)
catelle n. f.
caténaire n. f.
caténane n. f.
catergol n. m.
catgut [katgyt] n. m.
cathare n. et adj.
catharsis n. f.
cathartique adj.
cathédral, ale, aux adj.
cathédrale n. f.
cathèdre n. f.
cathepsine n. f.
catherinette n. f.
cathéter n. m.

cathétérisme n. m.
cathétomètre n. m.
cathode n. f.
cathodique adj.
cathodoluminescence n. f.
catholicisme n. m.
catholicité n. f.
catholique adj.
cati n. m.
catilinaire n. f.
catimini (en) loc. adv.
catin n. f.
cation [katjɔ̃] n. m.
catir v. tr. (conjug. **2**)
catissage n. m.
catleya n. m.
catoblépas n. m.
catogan n. m.
catoptrique adj. et n. f.
cattleya ou **catleya** n. m.
cauchemar n. m.
cauchemarder v. intr. (conjug. **1**)
cauchemardesque adj.
cauchemardeux, euse adj.
caucus [kokys] n. m.
caudal, ale, aux adj.
caudataire n. m.
caudé, ée adj.
caudillo [kaodijo] n. m.
caudrette n. f.
caulerpe n. f.
caulescent, ente adj.
caulinaire adj.
cauri ou **cauris** n. m.
causal, ale, als ou **aux** adj.
causalgie n. f.
causalisme n. m.
causalité n. f.
causant, ante adj.
causatif, ive adj.
cause n. f.
causer v. (conjug. **1**)
causerie n. f.
causette n. f. (rec. off. pour chat)
causeur, euse adj. et n.

causeuse

causeuse n. f.
causse n. m.
causticité n. f.
caustique adj. et n. m. ; n. f.
cautèle n. f.
cauteleux, euse adj.
cautère n. m.
cautérisation n. f.
cautériser v. tr. (conjug. 1)
caution n. f.
cautionnement n. m.
cautionner v. tr. (conjug. 1)
cavage n. m.
cavaillon n. m.
cavalcade n. f.
cavalcader v. intr. (conjug. 1)
cavalcadour adj. m.
cavale n. f.
cavaler v. (conjug. 1)
cavalerie n. f.
cavaleur, euse n. et adj.
cavalier, ière n. et adj.
cavalièrement adv.
cavatine n. f.
cave adj. ; n. f. ; n. m.
caveau n. m.
caveçon n. m.
cavée n. f.
caver v. (conjug. 1)
caverne n. f.
caverneux, euse adj.
cavernicole adj.
cavet n. m.
caviar n. m.
caviardage n. m.
caviarder v. tr. (conjug. 1)
cavicorne adj.
caviste n.
cavitaire adj.
cavitation n. f.
cavité n. f.
cayeu n. m.
cayon n. m.
C. B. [sibi] n. f. (citizens' band)
C. C. P. n. m. (compte chèques postal)
CD n. m. (compact disc)

C. D. D. n. m. (contrat à durée déterminée)
C. D. I. n. m. (compact disc interactive, contrat à durée indéterminée)
CD-R n. m. (compact disc enregistrable)
CD-ROM ou **cédérom** n. m. inv. (compact disc read-only memory)
CD-RW n. m. (compact disc réenregistrable)
ce adj. dém.
C. E. n. m. inv. (cours élémentaire, comité d'entreprise)
C. E. A. n. m. (compte d'épargne en actions)
céanothe n. m.
céans adv.
cébette n. f.
cébiste n. (rec. off. pour cibiste)
ceci pron. dém.
cécidie n. f.
cécité n. f.
cédant, ante n.
céder v. tr. (conjug. 6)
cédérom n. m.
cédéthèque ou **CDthèque** n. f.
cédétiste adj. et n.
cedex ou cédex n. m. (courrier d'entreprise à distribution exceptionnelle)
cédille n. f.
cédraie n. f.
cédrat n. m.
cédratier n. m.
cèdre n. m.
cédrière n. f.
cédulaire adj.
cédule n. f.
cégep n. m. (collège d'enseignement général et professionnel)
cégétiste adj. et n.
ceindre v. tr. (conjug. 52)
ceinturage n. m.
ceinture n. f.
ceinturer v. tr. (conjug. 1)

ceinturon n. m.
céiste n.
cela pron. dém.
céladon n. m. et adj. inv.
célébrant n. m.
célébration n. f.
célèbre adj.
célébrer v. tr. (conjug. 6)
celebret ou célébret* [selebʀɛt] n. m.
célébrité n. f.
celer [sale; sele] v. tr. (conjug. 5)
céleri ou cèleri* n. m.
célérifère n. m.
céleri-rave n. m.
 PL. céleris-raves
célérité n. f.
célesta n. m.
céleste adj.
célibat n. m.
célibataire adj. et n.
célibattant, ante n.
célioscopie n. f.
cella [sela ; sɛlla] n. f.
 PL. cellae ou cellas*
celle pron. dém.
cellérier, ière n.
cellier n. m.
cellophane® n. f.
cellulaire adj.
cellular n. m.
cellulase n. f.
cellule n. f.
cellulite n. f.
cellulitique adj.
celluloïd n. m.
cellulose n. f.
cellulosique adj.
celte n. m. et adj.
celtique adj. et n. m.
celtisant, ante adj.
celui, celle pron. dém.
 PL. ceux, celles
celui-ci, celle-ci pron. dém.
 PL. ceux-ci, celles-ci
celui-là, celle-là pron. dém.
 PL. ceux-là, celles-là

cément n. m.
cémentation n. f.
cémenter v. tr. (conjug. 1)
cénacle n. m.
cendre n. f.
cendré, ée adj.
cendrée n. f.
cendrer v. tr. (conjug. 1)
cendreux, euse adj.
cendrier n. m.
cendrillon n. f.
cène n. f.
cenelle n. f.
cenellier ou senellier n. m.
cénesthésie n. f.
cénesthésique adj.
cenne n. f.
cénobite n. m.
cénobitique adj.
cénobitisme n. m.
cénotaphe n. m.
cénozoïque adj.
cens n. m.
censé, ée adj.
censément adv.
censeur, eure n.
censier, ière adj. et n.
censitaire n. m. et adj.
censorat n. m.
censorial, iale, iaux adj.
censurable adj.
censure n. f.
censurer v. tr. (conjug. 1)
¹cent adj. numér. et n.
²cent [sɑ̃] n. m. (d'euro)
³cent [sɛnt] n. m. (de monnaie étrangère)
centaine n. f.
centaure n. m.
centaurée n. f.
centavo n. m.
centenaire adj. et n.
centenier n. m.
centennal, ale, aux adj.
centésimal, ale, aux adj.
centiare n. m.
centième adj. et n.
centigrade adj. et n. m.
centigramme n. m.

centilage n. m.
centile n. m.
centilitre n. m.
centime n. m.
centimètre n. m.
centimétrique adj.
centon n. m.
centrage n. m.
central, ale, aux adj. et n.
centrale n. f.
centralien, ienne n.
centralisateur, trice adj.
centralisation n. f.
centraliser v. tr. (conjug. 1)
centralisme n. m.
centraliste adj. et n.
centralité n. f.
centre n. m.
centre-américain, aine adj.
  PL. centre-américains, aines
centrer v. tr. (conjug. 1)
centreur n. m.
centre-ville n. m.
  PL. centres-villes
centrifugation n. f.
centrifuge adj.
centrifuger v. tr. (conjug. 3)
centrifugeuse n. f.
centriole n. m.
centripète adj.
centrisme n. m.
centriste adj. et n.
centromère n. m.
centrophylle n. f.
centrosome n. m.
centrosphère n. f.
centuple adj. et n. m.
centupler v. (conjug. 1)
centurie n. f.
centurion n. m.
cénure ou cœnure [senyʀ] n. m.
cep n. m.
cépage n. m.
cèpe n. m.
cépée n. f.
cependant adv.
céphalée n. f.

céphalique adj.
céphalocordés n. m. pl.
céphalopodes n. m. pl.
céphalorachidien, ienne adj.
céphalosporine n. f.
céphalothorax n. m.
céphéide n. f.
cérambyx n. m.
cérame n. m.
céramide n. m.
céramique adj. et n. f.
céramiste n.
céramographie n. f.
céramologie n. f.
céramologue n.
céraste n. m.
cérat n. m.
cerbère n. m.
cercaire n. f.
cerce n. f.
cerceau n. m.
cerclage n. m.
cercle n. m.
cercler v. tr. (conjug. 1)
cercopithèque n. m.
cercueil n. m.
céréale n. f.
céréaliculture n. f.
céréalier, ière adj.
cérébelleux, euse adj.
cérébral, ale, aux adj.
cérébralité n. f.
cérébroside n. m.
cérébrospinal, ale, aux adj.
cérémonial, iale adj. et n. m.
cérémonie n. f.
cérémoniel, ielle adj.
cérémonieusement adv.
cérémonieux, ieuse adj.
cerf [sɛʀ] n. m.
cerfeuil n. m.
cerf-volant n. m.
  PL. cerfs-volants
cerf-voling n. m.

cerf-voliste

cerf-voliste ou **cervoliste** n. et adj.
PL. *cerfs-volistes* ou *cervolistes*
cerisaie n. f.
cerise n. f.
cerisette n. f.
cerisier n. m.
cérithe ou **cérite** n. m.
cérium n. m.
cerne n. m.
cerné, ée adj.
cerneau n. m.
cerner v. tr. (conjug. 1)
certain, aine adj. et pron.
certainement adv.
certes adv.
certifiant, iante adj.
certificat n. m.
certificateur, trice n.
certification n. f.
certifié, iée adj. et n.
certifier v. tr. (conjug. 7)
certitude n. f.
céruléen, enne adj.
cérumen n. m.
cérumineux, euse adj.
céruse n. f.
cérusé, ée adj.
cerveau n. m.
cervelas n. m.
cervelet n. m.
cervelle n. f.
cervical, ale, aux adj.
cervicalgie n. f.
cervidés n. m. pl.
cervier adj. m.
cervoise n. f.
cervoliste n. et adj.
ces adj. dém. pl.
¹**C. E. S** n. m. (contrat emploi solidarité)
²**C. E. S.** n. m. (collège d'enseignement secondaire)
césalpinées n. f. pl.
césar n. m.
césarien, ienne adj.
césarienne n. f.
césariser v. tr. (conjug. 1)
césarisme n. m.

césium n. m.
cespiteux, euse adj.
cessant, ante adj.
cessation n. f.
cesse n. f.
cesser v. (conjug. 1)
cessez-le-feu n. m. inv.
cessibilité n. f.
cessible adj.
cession n. f.
cessionnaire n.
c'est-à-dire loc. conj.
cesta punta [-punta] n. f.
ceste n. m.
cestodes n. m. pl.
césure n. f.
cet adj. dém. m. sing.
PL. *ces*
C. E. T. n. m. (collège d'enseignement technique)
cétacé n. m.
cétane n. m.
céteau n. m.
cétène n. m.
cétérach ou **cétérac** n. m.
cétoine n. f.
cétologie n. f.
cétologiste n.
cétologue n.
cétone n. f.
cétonémie n. f.
cétonique adj.
cétonurie n. f.
cette adj. dém.
PL. *ces*
ceux pron. dém.
ceviche ou **cévìche** n. f.
cf. abrév. (confer)
C. F. A. n. f. et adj. (communauté financière africaine)
C. F. A. O. n. f. (conception et fabrication assistées par ordinateur)
C. F. C. n. m. inv. (chlorofluorocarbone)
C. G. S. adj. (centimètre, gramme, seconde)
chabbat n. m.
chabichou n. m.

châble n. m.
chablis n. m.
chablon n. m.
chabot n. m.
chabraque n. f.
chabrol ou **chabrot** n. m.
chacal n. m.
cha-cha-cha n. m. inv.
chachlik n. m.
chaconne ou **chacone** n. f.
chacun, une pron. indéf.
chadburn n. m.
PL. *chadburns*
chafouin, ine n. et adj.
¹**chagrin, ine** adj.
²**chagrin** n. m.
chagrinant, ante adj.
chagriner v. tr. (conjug. 1)
chah n. m.
chahut n. m.
chahuter v. (conjug. 1)
chahuteur, euse adj. et n.
chai n. m.
chaînage ou **chainage*** n. m.
chaîne ou **chaine*** n. f.
chaîné, ée ou **chainé, ée*** adj.
chaîner ou **chainer*** v. tr. (conjug. 1)
chaînette ou **chainette*** n. f.
chaîneur ou **chaineur*** n. m.
chaînier ou **chainier*** n. m.
chaîniste ou **chainiste*** n. m.
chaînon ou **chainon*** n. m.
chaintre n. f. ou m.
chair n. f.
chaire n. f.
chaise n. f.
chaisier, ière n.
chakra n. m.
¹**chaland** n. m. (bateau)
²**chaland, ande** n. (client)
chalandage n. m. (rec. off. pour shopping)

chalandise n. f.
chalaze [ʃalaz ; kalaz] n. f.
chalazion n. m.
chalcographie [k-] n. f.
chalcolithique [k-] adj.
chalcopyrite [k-] n. f.
chalcosine [k-] n. f.
chaldéen, enne [-k-] adj. et n.
châle n. m.
chalet n. m.
chaleur n. f.
chaleureusement adv.
chaleureux, euse adj.
châlit n. m.
challenge [ʃalɑ̃ʒ] n. m.
challenger ou **challengeur, euse** [ʃalɛndʒœʀ] n.
chaloir v. impers. (conjug. seult *chaut*)
chaloupe n. f.
chaloupé, ée adj.
chalouper v. intr. (conjug. 1)
chalumeau n. m.
chalut n. m.
chalutage n. m.
chalutier n. m.
chamade n. f.
chamærops [kameʀɔps] n. m.
chamaille n. f.
chamailler v. (conjug. 1)
chamaillerie n. f.
chamailleur, euse n. et adj.
chamallow® n. m.
chaman ou **shaman** [ʃaman] n. m.
chamanique ou **shamanique** adj.
chamanisme ou **shamanisme** n. m.
chamarrer v. tr. (conjug. 1)
chamarrure n. f.
chambard n. m.
chambardement n. m.
chambarder v. tr. (conjug. 1)
chambellan n. m.

chambertin n. m.
chamboulement n. m.
chambouler v. tr. (conjug. 1)
chamboule-tout n. m. inv.
chambranlant, ante adj.
chambranle n. m.
chambranler v. intr. (conjug. 1)
chambray n. m.
chambre n. f.
chambrée n. f.
chambrer v. tr. (conjug. 1)
chambrette n. f.
chambreur, euse n.
chambrière n.
chambriste n.
chameau n. m.
chamelier n. m.
chamelle n. f.
chamelon n. m.
chamérops ou **chamærops** [kameʀɔps] n. m.
chamito-sémitique [ka-] adj. et n. m.
chamois, oise adj. et n. m.
chamoisage n. m.
chamoiser v. tr. (conjug. 1)
chamoiserie n. f.
chamoisette n. f.
chamoisine n. f.
champ n. m.
champagne n. f. ; n. m.
champagnisation n. f.
champagniser v. tr. (conjug. 1)
champart n. m.
champêtre adj.
champi, isse ou **champis, isse** n. et adj.
champignon n. m.
champignonneur, euse n.
champignonnière n. f.
champignonniste n.
champion, ionne n.
championnat n. m.
champis, isse n. et adj.

champleure n. f.
champlever [ʃɑ̃l(ə)ve] v. tr. (conjug. 5)
champlure ou **champleure** n. f.
chamsin n. m.
chançard, arde adj. et n.
chance n. f.
chancel n. m.
chancelant, ante adj.
chanceler v. intr. (conjug. 4)
chancelier, ière n.
chancelière n. f.
chancellerie n. f.
chanceux, euse adj. et n.
chancir v. intr. (conjug. 2)
chancre n. m.
chancrelle n. f.
chandail n. m.
Chandeleur n. f.
chandelier n. m.
chandelle n. f.
chanfrein n. m.
chanfreinage n. m.
chanfreiner v. tr. (conjug. 1)
chanfreineuse n. f.
change n. m.
changeable adj.
changeant, ante adj.
changement n. m.
changer v. (conjug. 3)
changeur, euse n.
chanlatte n. f.
channe n. f.
chanoine n. m.
chanoinesse n. f.
chanson n. f.
chansonner v. tr. (conjug. 1)
chansonnette n. f.
chansonnier n. m.
chant n. m.
chantage n. m.
chantant, ante adj.
chanteau n. m.
chantefable n. f.
chantepleure n. f.
chanter v. (conjug. 1)
chanterelle n. f.

chanteur

chanteur, euse n.
chantier n. m.
chantignole n. f.
chantilly n. m. et f. inv.
chantoir n. m.
chantonnement n. m.
chantonner v. (conjug. 1)
chantoung n. m.
chantourner v. tr. (conjug. 1)
chantre n. m.
chanvre n. m.
chanvrier, ière n.
chaos n. m.
chaotique adj.
chaotiquement adv.
chaource n. m.
chapardage n. m.
chaparder v. tr. (conjug. 1)
chapardeur, euse adj. et n.
chapati n. m.
chape n. f.
chapeau n. m.
chapeautage n. m.
chapeauter v. tr. (conjug. 1)
chapelain n. m.
chapelet n. m.
chapelier, ière n. et adj.
chapelle n. f.
chapellenie n. f.
chapellerie n. f.
chapelure n. f.
chaperon n. m.
chaperonner v. tr. (conjug. 1)
chapiteau n. m.
chapitre n. m.
chapitrer v. tr. (conjug. 1)
chapka n. f.
chapon n. m.
chaponnage n. m.
chaponner v. tr. (conjug. 1)
chaponneur, euse n.
chapska ou schapska n. m. ou f.
chaptalisation n. f.
chaptaliser v. tr. (conjug. 1)
chaque adj. indéf.

¹char n. m. (chariot)
²char ou charre n. m. (bluff)
charabia n. m.
charade n. f.
charadriiformes [ka-] n. m. pl.
charançon n. m.
charançonné, ée adj.
charbon n. m.
charbonnage n. m.
charbonner v. (conjug. 1)
charbonnerie n. f.
charbonneux, euse adj.
charbonnier, ière n. et adj.
charbonnière n. f.
charcler v. intr. (conjug. 1)
charcutaille n. f.
charcuter v. tr. (conjug. 1)
charcuterie n. f.
charcutier, ière n.
chardon n. m.
chardonnay n. m.
chardonneret n. m.
charentaise n. f.
charge n. f.
chargé, ée adj. et n.
chargement n. m.
charger v. tr. (conjug. 3)
chargeur n. m.
chargeuse n. f. (rec. off. pour loader)
charia ou sharia n. f.
chariot ou charriot n. m.
chariotage ou charriotage n. m.
charismatique [ka-] adj.
charisme [ka-] n. m.
charitable adj.
charitablement adv.
charité n. f.
charivari n. m.
charlatan n. m.
charlatanerie n. f.
charlatanesque adj.
charlatanisme n. m.
charlemagne n. m.
charleston [ʃarlɛstɔn] n. m.
charlot n. m.

charlotte n. f.
charmant, ante adj.
charme n. m.
charmer v. tr. (conjug. 1)
charmeur, euse n.
charmille n. f.
charnel, elle adj.
charnellement adv.
charnier n. m.
charnière n. f.
charnu, ue adj.
charognage n. m.
charognard, arde n.
charogne n. f.
charolais, aise adj. et n.
charpentage n. m.
charpente n. f.
charpenté, ée adj.
charpenter v. tr. (conjug. 1)
charpenterie n. f.
charpentier n. m.
charpie n. f.
charre n. m.
charretée n. f.
charretier, ière n. et adj.
charreton n. m.
charrette n. f.
charriage n. m.
charrier v. tr. (conjug. 7)
charrière n. f.
charroi n. m.
charron n. m.
charronnage n. m.
charroyer v. tr. (conjug. 8)
charrue n. f.
charte n. f.
charte-partie n. f.
  PL. chartes-parties
charter [ʃartɛr] n. m.
chartériser v. tr. (conjug. 1)
chartisme n. m.
chartiste n. et adj.
chartre n. f.
chartreuse® n. f.
chartreux, euse n.
chartrier n. m.
chas n. m.
chasse n. f.
châsse n. f.

chassé n. m.
chasse-clou n. m.
  PL. *chasse-clous*
chassé-croisé n. m.
  PL. *chassés-croisés*
chasselas n. m.
chasse-marée n. m.
  PL. inv. ou *chasse-marées**
chasse-mouche n. m.
  PL. *chasse-mouches*
chasse-neige n. m.
  PL. inv. ou *chasse-neiges*
chasse-pierre(s) n. m.
  PL. *chasse-pierres*
chassepot n. m.
chasser v. (conjug. 1)
chasseresse adj. et n. f.
chasse-roue n. m.
  PL. *chasse-roues*
chasseur, euse n.
chassie n. f.
chassieux, ieuse adj.
châssis n. m.
châssis-presse n. m.
  PL. *châssis-presses*
chaste adj.
chastement adv.
chasteté n. f.
chasuble n. f.
¹chat [tʃat] n. m.
  (conversation)
²chat, chatte n. (animal)
châtaigne n. f.
châtaigner v. intr.
  (conjug. 1)
châtaigneraie n. f.
châtaignier n. m.
châtain adj. m.
châtaine adj. f.
chataire n. f.
château n. m.
chateaubriand ou **châteaubriant** n. m.
châtelain, aine n.
châtelaine n. f. (chaîne)
châtelet n. m.
châtellenie n. f.
chat-huant n. m.
  PL. *chats-huants*
châtier v. tr. (conjug. 7)
chatière n. f.

châtiment n. m.
chatoiement n. m.
¹chaton n. m. (de bague)
²chaton, onne n. (animal)
chatonner v. intr.
  (conjug. 1)
chatou n. m.
chatouille n. f.
chatouillement n. m.
chatouiller v. tr. (conjug. 1)
chatouilleux, euse adj.
chatouillis n. m.
chatoyant, ante adj.
chatoyer v. intr. (conjug. 8)
châtrer v. tr. (conjug. 1)
chatrou n. m.
chatte n. f.
chattemite n. f.
chatter ou **tchatter**
  [tʃate] v. intr. (conjug. 1)
chatterie n. f.
chatterton [ʃatɛʀtɔn] n. m.
chatteur, euse [tʃatœʀ, øz] n.
chat-tigre n. m.
  PL. *chats-tigres*
chaud, chaude adj. et n. m.
chaude n. f.
chaudeau n. m.
chaudement adv.
chaude-pisse n. f.
  PL. *chaudes-pisses*
chaud-froid n. m.
  PL. *chauds-froids*
chaudière n. f.
chaudrée n. f.
chaudron n. m.
chaudronnée n. f.
chaudronnerie n. f.
chaudronnier, ière n. et adj.
chauffage n. m.
chauffagiste n. m.
chauffant, ante adj.
chauffard n. m.
chauffe n. f.
chauffe-assiette(s) n. m.
  PL. *chauffe-assiettes*
chauffe-bain n. m.
  PL. *chauffe-bains*

chauffe-biberon n. m.
  PL. *chauffe-biberons*
chauffe-eau n. m.
  PL. inv. ou *chauffe-eaux**
chauffe-plat n. m.
  PL. *chauffe-plats*
chauffer v. (conjug. 1)
chaufferette n. f.
chaufferie n. f.
chauffeur, eure n.
chauffeuse n. f.
chaufour n. m.
chaufournier n. m.
chaulage n. m.
chauler v. tr. (conjug. 1)
chauleuse n. f.
chaumage n. m.
chaume n. m.
chaumer v. tr. (conjug. 1)
chaumière n. f.
chaumine n. f.
chaussage n. m.
chaussant, ante adj. et n. m.
chausse n. f.
chaussée n. f.
chausse-pied ou
  chaussepied* n. m.
  PL. *chausse-pieds* ou
  chaussepieds*
chausser v. tr. (conjug. 1)
chausse-trape ou
  chausse-trappe ou
  chaussetrappe* n. f.
  PL. *chausse-trapes* ou
  chaussetrappes*
chaussette n. f.
chausseur n. m.
chausson n. m.
chaussonnier n. m.
chaussure n. f.
chaut v. (3ème pers. du sing. de chaloir)
chauve adj.
chauve-souris ou
  chauvesouris* n. f.
  PL. *chauves-souris* ou
  chauvesouris*
chauvin, ine adj. et n.
chauvinisme n. m.

chauvir v. intr. (conjug. 16 ; sauf aux pers. du sing. du prés. de l'indic. et de l'impér. : 2)
chaux n. f.
chavirage n. m.
chavirement n. m.
chavirer v. (conjug. 1)
chayotte ou **chayote** n. f.
cheap adj. inv.
chébec n. m.
chèche n. m.
chéchia n. f.
checker v. tr. (conjug. 1)
checklist [(t)ʃeklist] n. f.
check-up ou **checkup** [(t)ʃekœp] n. m.
PL. inv. ou *checkups*
cheddar n. m.
cheddite n. f.
cheeseburger [(t)ʃizbœrgœr ; tʃizburgœr] n. m.
cheesecake [(t)ʃizkɛk] n. m.
chef n. m.
chefaillon n. m.
chef-d'œuvre n. m.
PL. *chefs-d'œuvre*
cheffe n. f.
chefferie n. f.
chef-lieu n. m.
PL. *chefs-lieux*
cheftaine n. f.
cheik ou **cheikh** n. m.
cheire n. f.
chéiroptères [kei-] n. m. pl.
chélate [ke-] n. m.
chélateur [ke-] adj. m. et n. m.
chélation [ke-] n. f.
chelem ou **schelem** [ʃlɛm] n. m.
chélicère [ke-] n. f.
chélidoine [ke-] n. f.
chelléen, enne adj. et n. m.
chéloïde [ke-] n. f.
chéloniens [ke-] n. m. pl.
chelou adj.

chemin n. m.
chemin de fer n. m.
chemineau n. m.
cheminée n. f.
cheminement n. m.
cheminer v. intr. (conjug. 1)
cheminot, ote n. et adj.
chemisage n. m.
chemise n. f.
chemiser v. tr. (conjug. 1)
chemiserie n. f.
chemisette n. f.
chemisier, ière n.
chémorécepteur [ke-] n. m.
chênaie n. f.
chenal, aux n. m.
chenapan n. m.
chêne n. m.
chéneau n. m.
chenêau n. m.
chêne-liège n. m.
PL. *chênes-lièges*
chenet n. m.
chènevière n. f.
chènevis n. m.
chènevotte n. f.
cheni n. m.
chenil n. m.
chenille n. f.
chenillé, ée adj.
chenillette n. f.
chénopode n. m.
chenu, ue adj.
cheptel n. m.
chéquard n. m.
chèque n. m.
chèque-restaurant n. m.
PL. *chèques-restaurants*
chéquier n. m.
cher, chère adj. et adv.
chercher v. tr. (conjug. 1)
chercheur, euse n. et adj.
chère n. f.
chèrement adv.
chergui n. m.
chéri, ie adj. et n.
chérif n. m.
chérifien, ienne adj.
chérir v. tr. (conjug. 2)

chérot adj. m.
cherry n. m.
PL. *cherrys* ou *cherries*
cherté n. f.
chérubin n. m.
chester n. m.
chétif, ive adj.
chétivement adv.
chétivité n. f.
chevaine n. m.
cheval, aux n. m.
chevalement n. m.
chevaler v. tr. (conjug. 1)
chevaleresque adj.
chevalerie n. f.
chevalet n. m.
chevalier, ière n.
chevalière n. f.
chevalin, ine adj.
cheval-vapeur n. m.
PL. *chevaux-vapeur*
chevauchant, ante adj.
chevauchée n. f.
chevauchement n. m.
chevaucher v. (conjug. 1)
chevau-léger n. m.
chevau-légers n. m. pl.
chevêche n. f.
chevelu, ue adj.
chevelure n. f.
chevesne ou **chevaine** ou **chevenne** n. m.
chevet n. m.
chevêtre n. m.
cheveu n. m.
cheveu-de-la-Vierge n. m.
PL. *cheveux-de-la-Vierge*
cheveu-de-Vénus n. m.
PL. *cheveux-de-Vénus*
chevillard n. m.
cheville n. f.
cheviller v. tr. (conjug. 1)
chevillère n. f.
chevillette n. f.
cheviotte n. f.
chèvre n. f. ; n. m.
chevreau n. m.
chèvrefeuille n. m.

chèvre-pied ou
  chèvrepied* adj. et n. m.
  PL. chèvre-pieds ou
  chèvrepieds*
chevrette n. f.
chevreuil n. m.
chevrier, ière n.
chevrillard n. m.
chevron n. m.
chevronné, ée adj.
chevrotain n. m.
chevrotant, ante adj.
chevrotement n. m.
chevroter v. intr.
  (conjug. 1)
chevrotin n. m.
chevrotine n. f.
chewing-gum n. m.
  PL. chewing-gums
chez prép.
chez-moi n. m. inv.
chez-soi n. m. inv.
chez-toi n. m. inv.
chiac n. m.
chiader v. tr. (conjug. 1)
chialer v. intr. (conjug. 1)
chaleur, euse n.
chiant, chiante adj.
chianti n. m.
  PL. chiantis
chiard n. m.
chiasma n. m.
chiasmatique adj.
chiasme n. m.
chiasse n. f.
chiatique adj.
chibouque ou chibouk
  n. f. ou m.
chic n. m. et adj. inv.
chicane n. f.
chicaner v. (conjug. 1)
chicanerie n. f.
chicaneur, euse n.
chicanier, ière n. et adj.
chicano n. m.
chicha n. f.
chiche adj. ; n. m. ; interj.

chiche-kébab ou
  chiche-kebab ou
  chichekébab* n. m.
  PL. chiches-kébabs ou
  chichekébabs*
chichement adv.
chichi n. m.
chichiteux, euse adj.
chichon n. m.
chiclé [(t)ʃikle] n. m.
chicon n. m.
chicorée n. f.
chicorer (se) v. pron.
  (conjug. 1)
chicos adj.
chicot n. m.
chicoter v. tr. (conjug. 1)
chicotin n. m.
chié, chiée adj.
chiée n. f.
chien, chienne n.
chien-assis n. m.
  PL. chiens-assis
chiendent n. m.
chienlit n. f.
chien-loup n. m.
  PL. chiens-loups
chiennerie n. f.
chier v. intr. (conjug. 7)
chierie n. f.
chieur, chieuse n.
chiffe n. f.
chiffon n. m.
chiffonnade n. f.
chiffonnage n. m.
chiffonné, ée adj.
chiffonnement n. m.
chiffonner v. (conjug. 1)
chiffonnette n. f.
chiffonnier, ière n.
chiffrable adj.
chiffrage n. m.
chiffre n. m.
chiffrement n. m.
chiffrer v. (conjug. 1)
chiffreur, euse n.
chigner v. intr. (conjug. 1)
chignole n. f.
chignon n. m.

chihuahua [ʃiwawa] n. m.
chiisme ou shiisme n. m.
chiite ou shiite adj. et n.
chikungunya n. m.
chili (con carne) ou
  chile (con carne)
  [(t)ʃile- ; (t)ʃile(kɔnkaʀne)]
  n. m.
chilom n. m.
chimère n. f.
chimérique adj.
chimérisme n. m.
chimie n. f.
chimio n. f.
chimioembolisation n. f.
chimioluminescence
  n. f.
chimionique adj.
chimioprophylaxie n. f.
chimiorécepteur n. m.
chimiorésistance n. f.
chimiosynthèse n. f.
chimiotactisme n. m.
chimiothèque n. f.
chimiothérapie n. f.
chimiothérapique adj.
chimique adj.
chimiquement adv.
chimiquier n. m.
chimisme n. m.
chimiste n.
chimiurgie n. f.
chimpanzé n. m.
chinage n. m.
chinchard n. m.
chinchilla n. m.
chine n. m. ; n. f.
chiné, ée adj.
chiner v. tr. (conjug. 1)
chinetoque n. et adj.
chineur, euse n.
chinois, oise adj. et n.
chinoiser v. intr. (conjug. 1)
chinoiserie n. f.
chinon n. m.
chinook [ʃinuk] n. m.
chintz [ʃints] n. m.
chinure n. f.
chiot n. m.
chiotte n. f. ; n. m.

chiourme

chiourme n. f.
chip n. m.
chiper v. tr. (conjug. 1)
chipie n. f.
chipiron n. m.
chipo n. f.
chipolata n. f.
chipotage n. m.
chipoter v. intr. (conjug. 1)
chipoteur, euse n.
chippendale [ʃipɛndal] adj. inv. et n. m.
chips [ʃips] n. f. pl.
chique n. f.
chiqué n. m.
chiquement adv.
chiquenaude n. f.
chiquer v. tr. (conjug. 1)
chiqueur, euse n.
chiral, ale, aux [ki-] adj.
chiralité [ki-] n. f.
chiridien, ienne [ki-] adj.
chirographaire [ki-] adj.
chirographie [ki-] n. f.
chirologie [ki-] n. f.
chiromancie [ki-] n. f.
chiromancien, ienne [ki-] n.
chiropracteur, trice [ki-] n.
chiropractie [kiRɔpRakti] n. f.
chiropraticien, ienne [ki-] n. (rec. off. pour chiropracteur, trice)
chiropratique [ki-] n. f.
chiropraxie ou chiropractie [ki-] n. f.
chiroptères [ki-] n. m. pl.
chirurgical, ale, aux adj.
chirurgicalement adv.
chirurgie n. f.
chirurgien, ienne n.
chirurgien-dentiste n.
PL. chirurgiens-dentistes
chisel n. m.
chistéra ou chistera [(t)ʃistera] n. f. ou m.
chitine [ki-] n. f.
chitineux, euse [ki-] adj.

chiton n. m.
chiure n. f.
chlamyde [kla-] n. f.
chlamydia [kla-] n. f.
PL. chlamydias ou chlamydiae ((lat.))
chlasse adj.
chlinguer ou schlinguer v. intr. (conjug. 1)
chloasma [klɔ-] n. m.
chloral [k-] n. m.
chloramphénicol® [k-] n. m.
chlorapatite [k-] n. f.
chlorate [k-] n. m.
chloration [k-] n. f.
chlore [k-] n. m.
chloré, ée [k-] adj.
chlorelle [k-] n. f.
chlorer [k-] v. tr. (conjug. 1)
chloreux, euse [k-] adj.
chlorhydrate [k-] n. m.
chlorhydrique [k-] adj.
chlorique [k-] adj.
chlorite [k-] n. m.
chlorochimie [k-] n. f.
chlorofibre [k-] n. f.
chlorofluoroalcane [k-] n. m.
chlorofluorocarbone [k-] n. m.
chlorofluorocarbure [k-] n. m.
chloroforme [k-] n. m.
chloroformer [k-] v. tr. (conjug. 1)
chloroformisation [k-] n. f.
chlorogénique [k-] adj.
chloroïdérémie [k-] n. f.
chloromètre [k-] n. m.
chlorométrie [k-] n. f.
chlorométrique [k-] adj.
chlorophylle [k-] n. f.
chlorophyllien, ienne [k-] adj.
chloropicrine [k-] n. f.
chloroplaste [k-] n. m.
chloroquine [k-] n. f.
chlorose [k-] n. f.
chlorotique [k-] adj.

chlorpromazine [k-] n. f.
chlorure [k-] n. m.
chloruré, ée [k-] adj.
chlorurer [k-] v. tr. (conjug. 1)
chnoque ou schnock adj. et n.
chnouf ou schnouf n. f.
choanes [kɔ-] n. f. pl.
choanichtyens [kɔ-] n. m. pl.
choc n. m.
chocard n. m.
chochotte adj. et n. f.
chocolat n. m.
chocolaté, ée adj.
chocolaterie n. f.
chocolatier, ière n. et adj.
chocolatine n. f.
chocottes n. f. pl.
choéphore n. m.
chœur [kœR] n. m.
choir v. intr. (conjug. je chois, tu chois, il choit, ils choient (les autres personnes manquent au présent) ; je chus, nous chûmes. Chu, chue au p. p.)
choisi, ie adj.
choisir v. tr. (conjug. 2)
choix n. m.
choke-bore [(t)ʃɔkbɔR] n. m.
PL. choke-bores
choker n. m.
cholagogue n. m.
cholécalciférol [k-] n. m.
cholécystectomie [k-] n. f.
cholécystite [k-] n. f.
cholécystotomie [k-] n. f.
cholédoque [k-] n. m.
cholémie [k-] n. f.
choléra [k-] n. m.
cholérétique [k-] adj.
cholériforme [k-] adj.
cholérine [k-] n. f.
cholérique [k-] adj. et n.
cholestase [k-] n. f.
cholestéatome [k-] n. m.
cholestérol [k-] n. m.

cholestérolémie [k-] n. f.
choliambe n. m.
choline [k-] n. f.
cholinergique [k-] adj.
cholinestérase [k-] n. f.
cholique [k-] adj.
cholostase [k-] n. f.
cholurie [k-] n. f.
chômable adj.
chômage n. m.
chômé, ée adj.
chômedu n. m.
chômer v. intr. (conjug. 1)
chômeur, euse n.
chondrichtyens [k-] n. m. pl.
chondriome [k-] n. m.
chondriosome [k-] n. m.
chondrite [k-] n. f.
chondroblaste [k-] n. m.
chondrocalcinose [k-] n. f.
chondroclaste n. m.
chondrostéens [k-] n. m. pl.
chope n. f.
choper v. tr. (conjug. 1)
chopine n. f.
chopper v. intr. (conjug. 1)
chop suey [ʃɔpswi ; ʃɔpsɥɛ] n. m. inv.
choquant, ante adj.
choquer v. tr. (conjug. 1)
choral, ale [kɔ-] adj. et n. m.
chorale [kɔ-] n. f.
chorée [kɔ-] n. f.
chorège [kɔ-] n. m.
chorégraphe [kɔ-] n.
chorégraphie [kɔ-] n. f.
chorégraphier [kɔ-] v. (conjug. 7)
chorégraphique [kɔ-] adj.
choréique [kɔ-] adj.
choreute [kɔ-] n. m.
choriambe [kɔ-] n. m.
chorion [kɔ-] n. m.
choriste [kɔ-] n.
chorizo [ʃɔRizo ; tʃɔRiso] n. m.

choroïde [k-] n. f. et adj.
choroïdien, ienne [kɔ-] adj.
choronyme n. m.
chorten [ʃɔRtɛn] n. m.
chorus [kɔ-] n. m.
chose n. f. et m.
chosification n. f.
chosifier v. tr. (conjug. 7)
chosisme n. m.
chott [ʃɔt] n. m.
¹**chou** n. m.
²**chou, choute** n. et adj.
chouan n. m.
chouannerie n. f.
choucard, arde adj.
choucas n. m.
chouchen [ʃuʃɛn] n. m.
¹**chouchou** n. m.
²**chouchou, oute** n.
chouchouter v. tr. (conjug. 1)
choucroute n. f.
chouette n. f. ; adj.
chou-fleur n. m.
PL. *choux-fleurs*
chougner ou **chouiner** v. intr. (conjug. 1)
chouïa n. m.
chouille n. f.
chouleur n. m.
chou-navet n. m.
PL. *choux-navets*
choupette n. f.
choupinet, ette n.
chouquette n. f.
chou-rave n. m.
PL. *choux-raves*
chouraver v. tr. (conjug. 1)
choure n. f.
chourer v. tr. (conjug. 1)
choute n. f.
chow-chow ou **chowchow*** [ʃoʃo] n. m.
PL. *chows-chows* ou *chowchows**
choyer v. tr. (conjug. 8)
chrême [k-] n. m.
chrestomathie [k-] n. f.
chrétien, ienne adj. et n.

chrétien-démocrate n. et adj.
PL. *chrétiens-démocrates*
chrétiennement adv.
chrétienté n. f.
chris-craft® ou **chriscraft** ou **criscraft*** [kRiskRaft] n. m.
PL. inv. ou *chriscrafts* ou *criscrafts**
chrisme [kRism] n. m.
christ n. m.
christe-marine [kRist(ə)maRin] n. f.
christiania n. m.
christianisation n. f.
christianiser v. tr. (conjug. 1)
christianisme n. m.
christique [k-] adj.
christologie [k-] n. f.
christologique [k-] adj.
christophine [k-] n. f.
chromage [k-] n. m.
chromate [k-] n. m.
chromatide [k-] n. f.
chromatine [k-] n. f.
chromatique [k-] adj.
chromatisme [k-] n. m.
chromatogramme [k-] n. m.
chromatographie [k-] n. f.
chromatopsie [k-] n. f.
chrome [k-] n. m.
chromé, ée [k-] adj.
chromer [k-] v. tr. (conjug. 1)
chromeux, euse [k-] adj.
chrominance [k-] n. f.
chromique [k-] adj.
chromiste [k-] n.
chromite [k-] n. f.
chromo [k-] n.
chromoblaste n. m.
chromodynamique [k-] n. f.
chromogène [k-] adj.
chromolithographie [k-] n. f.
chromoprotéine [k-] n. f.

chromopsychologie

chromopsychologie [k-] n. f.
chromosome [k-] n. m.
chromosomique [k-] adj.
chromosphère [k-] n. f.
chromothérapie [k-] n. f.
chromotypie [k-] n. f.
chromotypographie [k-] n. f.
chronaxie [k-] n. f.
chroniciser (se) [k-] v. pron. (conjug. **1**)
chronicité [k-] n. f.
chronique [k-] adj. ; n. f.
chroniquement [k-] adv.
chroniquer [k-] v. tr. (conjug. **1**)
chroniqueur, euse [k-] n.
chrono [k-] n. m.
chrono-alimentation [k-] n. f.
chronobiologie [k-] n. f.
chronobiologique [k-] adj.
chronobiologiste [k-] n.
chronographe [k-] n. m.
chronologie [k-] n. f.
chronologique [k-] adj.
chronologiquement [k-] adv.
chronométrage [k-] n. m.
chronomètre [k-] n. m.
chronométrer [k-] v. tr. (conjug. **6**)
chronométreur, euse [k-] n.
chronométrie [k-] n. f.
chronométrique [k-] adj.
chronophage [k-] adj.
chronopharmacologie [k-] n. f.
chronophotographie [k-] n. f.
chronoprogrammable [k-] adj.
chronoprogrammation [k-] n. f.
chronoprogrammer [k-] v. tr. (conjug. **1**)
chronoproportionnel, elle [k-] adj.

chronothérapie [k-] n. f.
chronotolérance [k-] n. f.
chrysalide [k-] n. f.
chrysanthème [k-] n. m.
chryséléphantin, ine [k-] adj.
chrysobéryl [k-] n. m.
chrysocale [k-] n. m.
chrysolithe ou **chrysolite** [k-] n. f.
chrysomèle [k-] n. f.
chrysope [k-] n. f.
chrysoprase [k-] n. f.
chtar n. m.
chtarbé, ée [ʃtaʁbe] adj.
chti ou **ch'ti** [ʃti] n. et adj.
chtimi ou **ch'timi** [ʃtimi] n. et adj.
chtonien, ienne [ktɔ-] adj.
chtouille n. f.
C. H. U. n. m. inv. (centre hospitalier universitaire)
chuchotement n. m.
chuchoter v. intr. (conjug. **1**)
chuchoterie n. f.
chuchotis n. m.
chuintant, ante adj. et n. f.
chuintement n. m.
chuinter v. intr. (conjug. **1**)
chum [tʃɔm] n.
churro n. m.
chut interj. et n. m.
chute n. f.
chuter v. intr. (conjug. **1**)
chutney [ʃœtnɛ] n. m.
PL. *chutneys*
chva [ʃva ; ʃwa] n. m.
chyle n. m.
chylifère adj. et n. m.
chyme n. m.
chymotrypsine n. f.
chypre n. m.
chypré, ée adj.
ci adv. ; pron. dém.
ci-annexé, ée adj.
PL. *ci-annexés, ées*
ciao ou **tchao** interj.
ci-après loc. adv.

cibiche n. f.
cibiste n. (rec. off. : *cébiste*)
ciblage n. m.
cible n. f.
cibler v. tr. (conjug. **1**)
ciboire n. m.
ciboule n. f.
ciboulette n. f.
ciboulot n. m.
cicatrice n. f.
cicatriciel, ielle adj.
cicatricule n. f.
cicatrisant, ante adj.
cicatrisation n. f.
cicatriser v. (conjug. **1**)
cicéro n. m.
cicérone n. m.
ciclidés n. m. pl.
cicindèle n. f.
ciclosporine ou **cyclosporine** n. f.
ci-contre loc. adv.
cicutine n. f.
ci-dessous loc. adv.
ci-dessus loc. adv.
ci-devant loc. adv.
cidre n. m.
cidrerie n. f.
cidrier n. m.
Cie n. f. (compagnie)
ciel n. m.
PL. *ciels* ou *cieux*
cierge n. m.
cieux n. m. pl.
C. I. F. adj. et adv. (cost, insurance and freight)
CIG n. f.
cigale n. f.
cigare n. m.
cigarette® n. f.
cigarettier n. m.
cigarière n. f.
cigarillo n. m.
ci-gît ou **ci-git*** loc. verb.
cigogne n. f.
cigogneau n. m.
ciguë ou **cigüe*** n. f.
ci-inclus, use adj.
ci-joint, ci-jointe adj.
cil [sil] n. m.

ciliaire adj.
cilice n. m.
cilié, iée adj.
cillement n. m.
ciller v. intr. (conjug. 1)
cimaise n. f.
cime n. f.
ciment n. m.
cimentation n. f.
ciment-colle n. m.
PL. ciments-colles
cimenter v. tr. (conjug. 1)
cimenterie n. f.
cimentier n. m.
cimeterre n. m.
cimetière n. m.
cimier n. m.
cinabre n. m.
cinchonine [sɛ̃kɔnin] n. f.
cincle n. m.
ciné n. m.
cinéaste n.
cinéclub ou ciné-club n. m.
PL. cinéclubs ou ciné-clubs
cinéma n. m.
cinémascope® n. m.
cinémathèque n. f.
cinématique n. f.
cinématographe n. m.
cinématographie n. f.
cinématographier v. tr. (conjug. 7)
cinématographique adj.
cinémomètre n. m.
cinéparc ou ciné-parc n. m.
PL. cinéparcs ou ciné-parcs
(rec. off. pour drive-in)
cinéphage adj. et n.
cinéphile adj. et n.
cinéphilie n. f.
cinéphilique adj.
cinéraire adj. et n. f.
cinérama® n. m.
cinérite n. f.
cinéshop ou ciné-shop n. m.
PL. cinéshops ou ciné-shops
cinéthéodolite n. m.

cinétique n. f. et adj.
cinétir n. m.
cinétose n. f.
cinglant, ante adj.
cinglé, ée adj. et n.
cingler v. (conjug. 1)
cinnamome n. m.
cinoche n. m.
cinoque adj.
cinq adj. numér. inv. et n. inv.
cinquantaine n. f.
cinquante adj. numér. inv. et n. inv.
cinquantenaire adj. et n.
cinquantième adj. et n.
cinquième adj. et n.
cinquièmement adv.
cinsault n. m.
cintrage n. m.
cintre n. m.
cintré, ée adj.
cintrer v. tr. (conjug. 1)
C. I. O. n. m. (centre d'information et d'orientation)
cipal, aux n. m.
cipaye [sipaj] n. m.
cipolin n. m.
cippe n. m.
cirage n. m.
circa prép.
circadien, ienne adj.
circaète n. m.
circamensuel, elle adj.
circannuel, elle adj.
circassien, ienne adj. et n.
circoncire v. tr. (conjug. 37 ; sauf p. p. circoncis, ise)
circoncis, ise adj. et n. m.
circoncision n. f.
circonférence n. f.
circonférentiel, ielle adj.
circonflexe adj.
circonlocution n. f.
circonscription n. f.
circonscrire v. tr. (conjug. 39)
circonspect, ecte [sirkɔ̃spɛ(kt), ɛkt] adj.

circonspection n. f.
circonstance n. f.
circonstancié, iée adj.
circonstanciel, ielle adj.
circonstanciellement adv.
circonvallation n. f.
circonvenir v. tr. (conjug. 22)
circonvoisin, ine adj.
circonvolution n. f.
circuit n. m.
circuiterie n. f.
circulable adj.
circulaire adj. et n. f.
circulairement adv.
circulant, ante adj.
circularité n. f.
circulation n. f.
circulatoire adj.
circuler v. intr. (conjug. 1)
circumduction [sirkɔm-] n. f.
circumlunaire [sirkɔm-] adj.
circumnavigateur, trice [sirkɔm-] n.
circumnavigation [sirkɔm-] n. f.
circumpolaire [sirkɔm-] adj.
circumsolaire [sirkɔm-] adj.
circumterrestre [sirkɔm-] adj.
cire n. f.
ciré, ée adj. et n. m.
cirer v. tr. (conjug. 1)
cireur, euse n.
cireux, euse adj.
cirier, ière n.
ciron n. m.
cirque n. m.
cirre ou cirrhe n. m.
cirrhose n. f.
cirrhotique adj. et n.
cirripèdes n. m. pl.
cirrocumulus n. m.
cirrostratus n. m.
cirrus n. m.

cis adj.
cisaillant, ante adj.
cisaille n. f.
cisaillement n. m.
cisailler v. tr. (conjug. 1)
cisalpin, ine adj.
ciseau n. m.
ciselage n. m.
cisèlement n. m.
ciseler v. tr. (conjug. 5)
ciselet n. m.
ciseleur, euse n.
ciselure n. f.
cisoires n. f. pl.
ciste n. m. ; n. f.
cistercien, ienne adj. et n.
cis-trans adj.
cistre n. m.
cistron n. m.
cistude n. f.
citadelle n. f.
citadin, ine adj. et n.
citateur, trice n.
citation n. f.
cité n. f.
cité-dortoir n. f.
  PL. *cités-dortoirs*
cité-jardin n. f.
  PL. *cités-jardins*
citer v. tr. (conjug. 1)
citerne n. f.
citernier n. m.
cithare n. f.
cithariste n.
citoyen, citoyenne adj. et n.
citoyenneté n. f.
citrate n. m.
citrin, ine adj.
citrique adj.
citron n. m.
citronnade n. f.
citronné, ée adj.
citronnelle n. f.
citronner v. tr. (conjug. 1)
citronnier n. m.
citrouille n. f.
citrus [sitrys] n. m.
cive n. f.
civelle n. f.

civet n. m.
civette n. f.
civière n. f.
civil, ile adj. et n.
civilement adv.
civilisateur, trice adj.
civilisation n. f.
civilisationnel, elle adj.
civilisé, ée adj. et n.
civiliser v. tr. (conjug. 1)
civiliste n.
civilité n. f.
civique adj.
civiquement adv.
civisme n. m.
clabaudage n. m.
clabauder v. intr.
  (conjug. 1)
clabauderie n. f.
clabot n. m.
clabotage n. m.
clac interj.
clade n. m.
cladisme n. m.
cladistique adj.
cladogramme n. m.
clafoutis n. m.
claie n. f.
clair, claire adj. ; n. m. et adv.
clairance n. f. (rec. off. pour *clearance*)
claire n. f.
clairement adv.
clairet, ette adj. et n. m.
clairette n. f.
claire-voie ou **clairevoie*** n. f.
  PL. *claires-voies* ou *clairevoies**
clairière n. f.
clair-obscur n. m.
  PL. *clairs-obscurs*
clairon n. m.
claironnant, ante adj.
claironner v. (conjug. 1)
clairsemé, ée adj.
clairvoyance n. f.
clairvoyant, ante adj. et n.

clam n. m.
clamecer v. intr.
  (conjug. défectif)
clamer v. tr. (conjug. 1)
clameur n. f.
clamp n. m.
clamper v. tr. (conjug. 1)
clampin n. m.
clamser v. intr. (conjug. 1)
clan n. m.
clandé n. m.
clandestin, ine adj. et n.
clandestinement adv.
clandestinité n. f.
clando n.
clanique adj.
clanisme n. m.
claniste adj.
clap n. m.
clapet n. m.
clapier n. m.
clapir v. intr. (conjug. 2)
clapir (se) v. pron.
  (conjug. 2)
clapman n. m.
  PL. *clapmans* ou *clapmen*
clapot n. m.
clapotage n. m.
clapotement n. m.
clapoter v. intr. (conjug. 1)
clapotis n. m.
clappement n. m.
clapper v. intr. (conjug. 1)
claquage n. m.
claquant, ante adj.
claque adj. ; n. m. ; n. f.
claquement n. m.
claquemurer v. tr.
  (conjug. 1)
claquer v. (conjug. 1)
claquet n. m.
claqueter v. intr. (conjug. 4)
claquette n. f.
claquoir n. m.
clarification n. f.
clarifier v. tr. (conjug. 7)
clarine n. f.
clarinette n. f.
clarinettiste n.
clarisse n. f.

clarté n. f.
clash n. m.
clasher v. intr. (conjug. 1)
classable adj.
classe n. f.
classement n. m.
classer v. tr. (conjug. 1)
classeur n. m.
classicisme n. m.
classieux, ieuse adj.
classificateur, trice n. et adj.
classification n. f.
classificatoire adj.
classifier v. tr. (conjug. 7)
classique adj. et n.
classiquement adv.
clastique adj.
claudicant, ante adj.
claudication n. f.
claudiquer v. intr. (conjug. 1)
clause n. f.
claustra n. m.
claustral, ale, aux adj.
claustration n. f.
claustrer v. tr. (conjug. 1)
claustrophobe adj. et n.
claustrophobie n. f.
claustrophobique adj.
clausule n. f.
clavaire n. f.
clavardage n. m.
clavarder v. intr. (conjug. 1)
clavardeur, euse n.
claveau n. m.
clavecin n. m.
claveciniste n.
clavelée n. f.
clavetage n. m.
claveter v. tr. (conjug. 4)
clavette n. f.
clavicorde n. m.
claviculaire adj.
clavicule n. f.
clavier n. m.
claviériste n.
claviste n.
clayère n. f.
clayette n. f.

claymore [klɛmɔʀ] n. f.
clayon n. m.
clayonnage n. m.
clayonner v. tr. (conjug. 1)
clé ou **clef** n. f.
clean [klin] adj. inv.
clearance [kliʀɑ̃s] n. f.
clearing [kliʀiŋ] n. m.
clébard n. m.
clebs n. m.
clédar n. m.
clef n. f.
clématite n. f.
clémence n. f.
clément, ente adj.
clémentine n. f.
clémentinier n. m.
clémenvilla n. f.
clenche n. f.
clepsydre n. f.
cleptomane ou **kleptomane** n. et adj.
cleptomanie ou **kleptomanie** n. f.
clerc [klɛʀ] n. m.
clergé n. m.
clergie n. f.
clergyman [klɛʀʒiman] n. m.
PL. *clergymans* ou *clergymen*
clérical, ale, aux adj. et n.
cléricalisme n. m.
léricature n. f.
clic interj.
clicable adj.
clic-clac interj. et n. m. inv.
clichage n. m.
cliché n. m.
clicher v. tr. (conjug. 1)
clicheur, euse n.
client, cliente n.
clientèle n. f.
clientélisme n. m.
clientéliste adj.
clignement n. m.
cligner v. (conjug. 1)
clignotant, ante adj. et n. m.
clignotement n. m.
clignoter v. intr. (conjug. 1)

clignoteur n. m.
clim n. f. (climatisation)
climat n. m.
climatère n. m.
climatérique adj. et n.
climaticien, ienne n.
climatique adj.
climatisation n. f.
climatiser v. tr. (conjug. 1)
climatiseur n. m.
climatisme n. m.
climatologie n. f.
climatologique adj.
climatologiste n.
climatologue n.
climatopathologie n. f.
climatothérapie n. f.
climax n. m.
clin n. m.
clinamen n. m.
clinche n. f.
clin d'œil n. m.
clinfoc n. m.
clinicat n. m.
clinicien, ienne n. et adj.
clinique adj. et n. f.
cliniquement adv.
clinomètre n. m.
clinorhombique adj.
clinquant, ante adj. et n. m.
clip n. m.
clipage n. m.
clipart n. m.
clipper ou **clipser** v. tr. (conjug. 1)
clipper ou **clippeur*** n. m.
clips n. m.
clipser v. tr. (conjug. 1)
cliquable adj.
clique n. f.
cliquer v. intr. (conjug. 1)
cliques n. f. pl.
cliquet n. m.
cliquetant, ante adj.
cliquètement ou **cliquettement** n. m.
cliqueter v. intr. (conjug. 4)
cliquetis n. m.
cliquette n. f.

cliquettement n. m.
clisse n. f.
clisser v. tr. (conjug. 1)
clitocybe n. m.
clitoridectomie n. f.
clitoridien, ienne adj.
clitoris n. m.
clivage n. m.
cliver v. tr. (conjug. 1)
cloaque n. m.
clochard, arde n.
clochardisation n. f.
clochardiser v. tr. (conjug. 1)
cloche n. f. ; n. m.
clochemerle n. m.
cloche-pied (à) ou **clochepied (à)*** loc. adv.
¹clocher n. m.
²clocher v. intr. (conjug. 1)
clocheton n. m.
clochette n. f.
clodo n. m.
cloison n. f.
cloisonnage n. m.
cloisonné, ée adj. et n. m.
cloisonnement n. m.
cloisonner v. tr. (conjug. 1)
cloisonnisme n. m.
cloître ou **cloitre*** n. m.
cloîtrer ou **cloitrer*** v. tr. (conjug. 1)
clonage n. m.
clonal, ale, aux adj.
clone n. m.
cloner v. tr. (conjug. 1)
cloneur n. m.
clonie n. f.
clonique adj.
clonus n. m.
clope n. m. et f.
cloper v. intr. (conjug. 1)
clopin-clopant loc. adv.
clopiner v. intr. (conjug. 1)
clopinettes n. f. pl.
cloporte n. m.
cloque n. f.
cloqué, ée adj.
cloquer v. (conjug. 1)

clore v. tr. (conjug. 45)
¹clos, close adj.
²clos n. m.
close-combat n. m.
PL. *close-combats*
closerie n. f.
clostridies n. f. pl.
clostridium n. m.
clôture n. f.
clôturer v. tr. (conjug. 1)
clou n. m.
clouage n. m.
clouer v. tr. (conjug. 1)
cloueuse n. f.
cloutage n. m.
clouté, ée adj.
clouter v. tr. (conjug. 1)
clouterie n. f.
cloutier, ière n.
clovisse n. f.
clown n. m.
clownerie n. f.
clownesque adj.
cloyère [klwa- ; klɔ-] n. f.
club n. m.
clubbeur, euse n.
club-house n. m.
PL. *club-houses* (rec. off. : pavillon)
clubiste n.
clunisien, ienne adj.
clupéiformes n. m. pl.
cluse n. f.
cluster [klœstœr] n. m.
clustériser v. tr. (conjug. 1)
clystère n. m.
cm n. m. inv. (centimètre)
CM n. m. inv. (cours moyen)
CMU n. f. (couverture maladie universelle)
C. N. A. n. m. (convertisseur numérique-analogique)
cnémide n. f.
cnidaires n. m. pl.
CNRS n. m. (Centre national de la recherche scientifique)
coaccusé, ée n.
coacervat n. m.
coach [kotʃ] n. m.
PL. *coaches* ou *coachs*

coacher [kotʃe] v. tr. (conjug. 1)
coaching [kotʃiŋ] n. m.
coacquéreur n. m.
coactionnaire adj. et n.
coadaptateur, trice n.
coadaptation n. f.
coadjuteur, trice n.
coadministrateur, trice n.
coagulabilité n. f.
coagulable adj.
coagulant, ante adj. et n. m.
coagulateur, trice adj.
coagulation n. f.
coaguler v. (conjug. 1)
coagulum n. m.
PL. *coagulums*
coalescence n. f.
coalescent, ente adj. et n.
coalisé, ée adj. et n.
coaliser v. tr. (conjug. 1)
coalition n. f.
coaltar [kol-, kɔl-] n. m.
coaptation n. f.
coarctation n. f.
coassement n. m.
coasser v. intr. (conjug. 1)
coassocié, iée n.
coassurance n. f.
coati n. m.
coauteur n. m.
coaxial, iale, iaux adj.
cob n. m.
cobalt n. m.
cobaltite n. f.
cobaye n. m.
cobée n. f.
cobelligérant, ante n. m. et adj.
cobol n. m. (common business oriented language)
cobra n. m.
cobranding n. m.
coca n. m. ; n. f.
coca-cola® n. m. inv.
cocagne n. f.
cocaïer n. m.

cocaïne n. f.
cocaïne-base n. f.
cocaïnique adj.
cocaïnisation n. f.
cocaïnomane n.
cocaïnomanie n. f.
cocarde n. f.
cocardier, ière adj.
cocasse adj.
cocasserie n. f.
coccidie n. f.
coccinelle n. f.
coccolithe n. f.
coccus n. m.
coccygien, ienne adj.
coccyx [kɔksis] n. m.
coche n. f. ; n. m.
cochenille n. f.
¹cocher n. m.
²cocher v. tr. (conjug. 1)
côcher v. tr. (conjug. 1)
cochère adj. f.
cochette n. f.
cochléaire [kɔk-] n. f. ; adj.
cochlée [kɔk-] n. f.
¹cochon n. m.
²cochon, onne n. et adj.
cochonceté n. f.
cochonglier n. m.
cochonnaille n. f.
cochonne n. f. et adj. f.
cochonner v. (conjug. 1)
cochonnerie n. f.
cochonnet n. m.
cochylis [k-] n. m.
cocker n. m.
cockney [kɔknɛ] n. et adj.
PL. cockneys
cockpit [kɔkpit] n. m.
cocktail [kɔktɛl] n. m.
coco n. f. ; n. m.
cocon n. m.
cocontractant, ante n.
cocooner [kɔkune] v. intr. (conjug. 1)
cocooning [kɔkuniŋ] n. m.
cocorico n. m.
cocoter v. intr. (conjug. 1)
cocoteraie n. f.
cocotier n. m.

cocotte n. f.
cocotte-minute® n. f.
PL. cocottes-minute
cocotter ou cocoter v. intr. (conjug. 1)
coction n. f.
cocu, ue n. et adj.
cocuage n. m.
cocufier v. tr. (conjug. 7)
cocyclique adj.
coda n. f.
codage n. m.
codant, ante n. m.
code n. m.
code-barres n. m.
PL. codes-barres
codébiteur, trice n.
codec n. m.
codécider v. tr. (conjug. 1)
codécision n. f.
codéine n. f.
codemandeur, deresse adj. et n.
coder v. (conjug. 1)
codet n. m.
codétenteur, trice n.
codétenu, ue n.
codeur n. m.
codéveloppement n. m.
codex n. m.
codicillaire adj.
codicille n. m.
codicologie n. f.
codicologique adj.
codicologue n.
codificateur, trice adj. et n.
codification n. f.
codifier v. tr. (conjug. 7)
codirecteur, trice n.
codiriger v. tr. (conjug. 3)
codominance n. f.
codon n. m.
coécrire v. tr. (conjug. 39)
coéditer v. tr. (conjug. 1)
coéditeur, trice n.
coédition n. f.
coefficient n. m.
cœlacanthe [se-] n. m.
cœlentérés [se-] n. m. pl.

cœliaque [se-] adj.
cœliochirurgie [se-] n. f.
cœlioscopie ou
célioscopie [se-] n. f.
cœlioscopique [se-] adj.
cœlostat [se-] n. m.
coentreprise n. f. (rec. off. pour joint venture)
cœnure [se-] n. m.
coenzyme n. m. ou f.
coépouse n. f.
coéquation n. f.
coéquipier, ière n.
coercitif, ive adj.
coercition n. f.
cœur n. m.
cœur-de-pigeon n. m.
PL. cœurs-de-pigeon
coévolution n. f.
coexistence n. f.
coexister v. intr. (conjug. 1)
coextensif, ive adj.
cofacteur n. m.
coffrage n. m.
coffre n. m.
coffre-fort n. m.
PL. coffres-forts
coffrer v. tr. (conjug. 1)
coffret n. m.
coffreur n. m.
cofinancement n. m.
cofinancer v. tr. (conjug. 3)
cofondateur, trice n.
cofonder v. tr. (conjug. 1)
cogénération n. f.
cogérance n. f.
cogérant, ante n.
cogérer v. tr. (conjug. 6)
cogestion n. f.
cogitation n. f.
cogiter v. intr. (conjug. 1)
cogito n. m.
cognac n. m.
cognassier n. m.
cognat [kɔgna] n. m.
cognation n. f.
cognatique adj.
cogne n. m.
cognée n. f.
cognement n. m.

cogner v. (conjug. 1)
cogneur, euse n.
cogniticien, ienne [kɔgni-] n.
cognitif, ive [kɔgni-] adj.
cognition [kɔgni-] n. f.
cognitivisme [kɔgni-] n. m.
cognitiviste [kɔgni-] adj. et n.
cohabitant, ante adj. et n.
cohabitation n. f.
cohabitationniste adj. et n.
cohabiter v. intr. (conjug. 1)
cohérence n. f.
cohérent, ente adj.
cohéreur n. m.
cohéritier, ière n.
cohésif, ive adj.
cohésion n. f.
cohorte n. f.
cohue n. f.
coi, coite adj.
coiffage n. m.
coiffant, ante adj.
coiffe n. f.
coiffé, ée adj.
coiffer v. tr. (conjug. 1)
coiffeur, euse n.
coiffeuse n. f.
coiffure n. f.
coin n. m.
coinçage n. m.
coincé, ée adj.
coincement n. m.
coincer v. tr. (conjug. 3)
coinceur n. m.
coinche n. f.
coinchée n. f.
coincher v. intr. (conjug. 1)
coïncidence n. f.
coïncident, ente adj.
coïncider v. intr. (conjug. 1)
coin-coin ou **coincoin*** n. m.
   PL. inv. ou *coincoins**
coïnculpé, ée n.
coin-de-feu n. m.
   PL. *coins-de-feu*

coing n. m.
coin-repas n. m.
   PL. *coins-repas*
coït n. m.
coïter v. intr. (conjug. 1)
¹**coke** [kɔk] n. f.
²**coke** [kɔk] n. m.
cokéfaction n. f.
cokéfiable adj.
cokéfier v. tr. (conjug. 7)
cokerie n. f.
col n. m.
cola ou **kola** n. m. et f.
colatier ou **kolatier** n. m.
colature n. f.
colback ou **colbac*** n. m.
colbertisme n. m.
colbertiste adj.
col-bleu n. m.
   PL. *cols-bleus*
colchicine n. f.
colchique n. m.
colcotar n. m.
cold-cream [kɔldkʀim] n. m.
   PL. *cold-creams*
col-de-cygne n. m.
   PL. *cols-de-cygne*
colectomie n. f.
colégataire n.
coléoptère n. m.
colère n. f. et adj.
coléreux, euse adj.
colérique adj.
coleslaw n. m.
colibacille n. m.
colibacillose n. f.
colibri n. m.
colicine n. f.
colicitant, ante n. m. et adj.
colifichet n. m.
coliforme adj.
colimaçon n. m.
colin n. m.
colinéaire adj.
colineau n. m.
colinguisme n. m.
colin-maillard n. m.
   PL. *colin-maillards*

colinot ou **colineau** n. m.
colin-tampon n. m.
colique adj. ; n. f.
colis n. m.
colisage n. m.
coliser v. tr. (conjug. 1)
colistier, ière n.
colite n. f.
colitigant, ante n.
collabo n.
collaborateur, trice n.
collaboratif, ive adj.
collaboration n. f.
collaborationniste adj. et n.
collaborer v. tr. ind. (conjug. 1)
collage n. m.
collagène n. m.
collant, ante adj. et n. m.
collante n. f.
collanterie n. f.
collapser v. intr. (conjug. 1)
collapsus n. m.
collargol® n. m.
collatéral, ale, aux adj.
collateur n. m.
collation n. f.
collationnement n. m.
collationner v. (conjug. 1)
colle n. f.
collectage n. m.
collecte n. f.
collecter v. tr. (conjug. 1)
collecteur, trice n. et adj.
collecticiel n. m.
collectif, ive adj. et n. m.
collection n. f.
collectionner v. tr. (conjug. 1)
collectionneur, euse n.
collectionnisme n. m.
collectivement adv.
collectivisation n. f.
collectiviser v. tr. (conjug. 1)
collectivisme n. m.
collectiviste n. et adj.
collectivité n. f.
collector n. m.

collège n. m.
collégial, iale, iaux adj.
collégialement adv.
collégialité n. f.
collégien, ienne n.
collègue n.
collenchyme n. m.
coller v. (conjug. 1)
collerette n. f.
collet n. m.
colletage n. m.
colleter v. tr. (conjug. 4)
colleteur n. m.
colleur, euse n.
colley n. m.
PL. *colleys*
collier n. m.
colliger v. tr. (conjug. 3)
collimateur n. m.
collimation n. f.
colline n. f.
collision n. f.
collisionneur n. m.
collocation n. f.
collodion n. m.
colloïdal, ale, aux adj.
colloïde n. m.
colloque n. m.
colloquer v. tr. (conjug. 1)
collusion n. f.
collusoire adj.
collutoire n. m.
colluvion n. f.
collyre n. m.
colmatage n. m.
colmater v. tr. (conjug. 1)
colo n. f. (colonie)
colobe n. m.
colocase n. f.
colocataire n.
colocation n. f.
cologarithme n. m.
colombage n. m.
colombe n. f.
colombier n. m.
colombin, ine adj. ; n. m.
colombite n. f.
colombo n. m.
colombophile adj. et n.
colombophilie n. f.

colon n. m.
côlon n. m.
colonage n. m.
colonat n. m.
colonel, elle n.
colonial, iale, iaux adj. et n.
colonialisme n. m.
colonialiste adj. et n.
colonie n. f.
colonisateur, trice adj. et n.
colonisation n. f.
colonisé, ée adj. et n.
coloniser v. tr. (conjug. 1)
colonnade n. f.
colonne n. f.
colonnette n. f.
colopathie n. f.
colophane n. f.
coloquinte n. f.
colorant, ante adj. et n. m.
coloration n. f.
coloration n. f.
coloré, ée adj.
colorectal, ale, aux adj.
colorer v. tr. (conjug. 1)
coloriage n. m.
colorier v. tr. (conjug. 7)
colorimètre n. m.
colorimétrie n. f.
colorimétrique adj.
coloris n. m.
colorisation n. f.
coloriser v. tr. (conjug. 1)
coloriste n.
coloristique adj.
coloscope n. m.
coloscopie n. f.
colossal, ale, aux adj.
colossalement adv.
colosse n. m.
colostomie n. f.
colostrum n. m.
colportage n. m.
colporter v. tr. (conjug. 1)
colporteur, euse n.
colposcope n. m.
colposcopie n. f.

colt® n. m.
coltan n. m.
coltin n. m.
coltinage n. m.
coltiner v. tr. (conjug. 1)
columbarium n. m.
PL. *columbariums*
columbidé n. m.
columelle n. f.
colvert n. m.
colza n. m.
colzatier n. m.
C.O.M. n. f. (collectivité d'outre-mer)
coma n. m.
comater v. intr. (conjug. 1)
comateux, euse adj.
combat n. m.
combatif, ive ou **combattif, ive** adj.
combativité ou **combattivité** n. f.
combattant, ante n. et adj.
combattre v. tr. (conjug. 41)
combava n. m.
combe n. f.
combien adv.
combientième adj.
combinaison n. f.
combinard, arde adj.
combinat n. m.
combinateur n. m.
combinatoire adj. et n. f.
combine n. f.
combiné, ée adj. et n. m.
combiner v. tr. (conjug. 1)
combinette n. f.
combishort n. m.
comblanchien n. m.
comble adj. ; n. m.
comblement n. m.
combler v. tr. (conjug. 1)
combo n. m.
comburant, ante adj.
combustibilité n. f.
combustible adj. et n. m.
combustion n. f.

come-back [kɔmbak] n. m. inv.
comédie n. f.
comédien, ienne n. et adj.
comédogène adj.
comédon n. m.
comestibilité n. f.
comestible adj. et n. m.
cométaire adj.
comète n. f.
comic (book) n. m.
comice n. m. et f.
coming out [kɔmiŋaut] n. m. inv.
comique adj. et n.
comiquement adv.
comité n. m.
comitial, iale, iaux adj.
comitialité n. f.
comitologie n. f.
comma n. m.
commandant, ante n. et adj.
commande n. f.
commandement n. m.
commander v. (conjug. 1)
commanderie n. f.
commandeur, euse n.
commanditaire n. (rec. off. pour sponsor)
commandite n. f.
commandité, ée n.
commanditer v. tr. (conjug. 1) (rec. off. pour sponsoriser)
commando n. m.
comme conj. et adv.
commedia dell'arte [kɔmedjadɛlart(e)] n. f.
commémoraison n. f.
commémoratif, ive adj.
commémoration n. f.
commémorer v. tr. (conjug. 1)
commençant, ante adj. et n.
commencement n. m.
commencer v. (conjug. 3)
commendataire adj. et n. m.

commende n. f.
commensal, ale, aux n.
commensalisme n. m.
commensurable adj.
comment adv. et n. m. inv.
commentaire n. m.
commentateur, trice n.
commenter v. tr. (conjug. 1)
commérage n. m.
commerçant, ante n. et adj.
commerce n. m.
commercer v. intr. (conjug. 3)
commercial, iale, iaux adj. et n.
commercialement adv.
commercialisable adj.
commercialisation n. f.
commercialiser v. tr. (conjug. 1)
commercialité n. f.
commère n. f.
commettage n. m.
commettant, ante n.
commettre v. tr. (conjug. 56)
comminatoire adj.
comminutif, ive adj.
commis n. m.
commisération n. f.
commis-greffier n. m.
PL. *commis-greffiers*
commissaire n.
commissaire-priseur, euse n.
PL. *commissaires-priseurs, euses*
commissariat n. m.
commission n. f.
commissionnaire n.
commissionner v. tr. (conjug. 1)
commissoire adj.
commissural, ale, aux adj.
commissure n. f.
commissurotomie n. f.
commodat n. m.
commode adj. ; n. f.

commodément adv.
commodité n. f.
commodore n. m.
commotion n. f.
commotionner v. tr. (conjug. 1)
commuable adj.
commuer v. tr. (conjug. 1)
commun, une adj. et n. m.
communal, ale, aux adj. et n.
communaliser v. tr. (conjug. 1)
communard, arde adj. et n.
communautaire adj.
communautarisation n. f.
communautariser v. tr. (conjug. 1)
communautarisme n. m.
communautariste adj. et n.
communauté n. f.
commune n. f.
communément adv.
communiant, iante n.
communicabilité n. f.
communicable adj.
communicant, ante adj. et n.
communicateur, trice adj. et n.
communicatif, ive adj.
communication n. f.
communicationnel, elle adj.
communier v. intr. (conjug. 7)
communion n. f.
communiqué n. m.
communiquer v. tr. (conjug. 1)
communisant, ante adj.
communisme n. m.
communiste adj. et n.
commutable adj.
commutateur n. m.
commutatif, ive adj.
commutation n. f.
commutativité n. f.

commutatrice n. f.
commuter v. (conjug. 1)
compacité n. f.
compact, e adj. et n. m.
compactable adj.
compactage n. m.
compact-disc n. m.
compacter v. tr. (conjug. 1)
compacteur n. m.
compactothèque n. f.
compagne n. f.
compagnie n. f.
compagnon n. m.
compagnonnage n. m.
compagnonnique adj.
comparabilité n. f.
comparable adj.
comparaison n. f.
comparaître ou comparaitre* v. intr. (conjug. 57)
comparant, ante adj. et n.
comparateur, trice n. m. et n.
comparatif, ive adj. et n. m.
comparatisme n. m.
comparatiste adj. et n.
comparativement adv.
comparé, ée adj.
comparer v. tr. (conjug. 1)
comparoir v. intr. (conjug. seult inf. et p. prés. *comparant*.)
comparse n.
compartiment n. m.
compartimentage n. m.
compartimentation n. f.
compartimenter v. tr. (conjug. 1)
comparution n. f.
compas n. m.
compassé, ée adj.
compasser v. tr. (conjug. 1)
compassion n. f.
compassionnel, elle adj.
compatibilité n. f.
compatible adj. et n. m.

compatir v. tr. ind. (conjug. 2)
compatissant, ante adj.
compatriote n.
compendieusement adv.
compendieux, ieuse adj.
compendium n. m.
compénétrer v. tr. (conjug. 6)
compensable adj.
compensateur, trice adj. et n.
compensation n. f.
compensatoire adj.
compensé, ée adj.
compenser v. tr. (conjug. 1)
compérage n. m.
compère n. m.
compère-loriot n. m.
  PL. *compères-loriots*
compète n. f.
compétence n. f.
compétent, ente adj.
compétiteur, trice n.
compétitif, ive adj.
compétition n. f.
compétitionner v. intr. (conjug. 1)
compétitivité n. f.
compilateur, trice n.
compilation n. f.
compiler v. tr. (conjug. 1)
compisser v. tr. (conjug. 1)
complainte n. f.
complaire v. tr. ind. (conjug. 54)
complaisamment adv.
complaisance n. f.
complaisant, ante adj.
complément n. m.
complémentaire adj.
complémentarité n. f.
complémentation n. f.
complémenter v. tr. (conjug. 1)
¹complet, ète adj.
²complet n. m.
complètement adv. ; n. m.

compléter v. tr. (conjug. 6)
complétif, ive adj.
complétude n. f.
complet-veston n. m.
  PL. *complets-vestons*
complexe adj. et n. m.
complexé, ée adj. et n.
complexer v. tr. (conjug. 1)
complexification n. f.
complexifier v. tr. (conjug. 7)
complexion n. f.
complexité n. f.
compliance n. f.
complication n. f.
complice adj. et n.
complicité n. f.
complies n. f. pl.
compliment n. m.
complimenter v. tr. (conjug. 1)
complimenteur, euse adj.
compliqué, ée adj.
compliquer v. tr. (conjug. 1)
complot n. m.
comploter v. (conjug. 1)
comploteur, euse n.
compograveur, euse n.
compogravure n. f.
componction n. f.
componé, ée adj.
comportement n. m.
comportemental, ale, aux adj.
comportementaliste n. et adj.
comporter v. tr. (conjug. 1)
composant n. m.
composante n. f.
composé, ée adj. et n. m.
composées n. f. pl.
composer v. (conjug. 1)
composeuse n. f.
composite adj. et n. m.
compositeur, trice n.
composition n. f.
compost n. m.
compostage n. m.

composter

composter v. tr. (conjug. 1)
composteur n. m.
compote n. f.
compotée n. f.
compoter v. tr. (conjug. 1)
compotier n. m.
compound [kɔ̃pund] adj. inv. et n.
comprador ou compradore adj.
compréhensibilité n. f.
compréhensible adj.
compréhensif, ive adj.
compréhension n. f.
comprendre v. tr. (conjug. 58)
comprenette n. f.
compresse n. f.
compressé, ée adj.
compresser v. tr. (conjug. 1)
compresseur n. m. et adj. m.
compressibilité n. f.
compressible adj.
compressif, ive adj.
compressiomètre n. m.
compression n. f.
comprimable adj.
comprimé, ée adj. et n. m.
comprimer v. tr. (conjug. 1)
compris, ise adj.
compromettant, ante adj.
compromettre v. (conjug. 56)
compromis n. m.
compromission n. f.
compromissoire adj.
compta n. f. (comptabilité)
comptabilisation n. f.
comptabiliser v. tr. (conjug. 1)
comptabilité n. f.
comptable adj. et n.
comptage n. m.
comptant adj. n. m. ; adv.
compte n. m.

compte-fil(s) n. m.
 PL. compte-fils
compte-goutte(s) n. m.
 PL. compte-gouttes
compte-pas n. m. inv.
compter v. (conjug. 1)
compte rendu n. m.
compte-tour n. m.
 PL. compte-tours
compteur n. m.
comptine n. f.
comptoir n. m.
compulser v. tr. (conjug. 1)
compulsif, ive adj.
compulsion n. f.
compulsionnel, elle adj.
compulsivement adv.
compuscrit n. m.
comput n. m.
computation n. f.
computationnel, elle n. f.
comtal, ale, aux adj.
comtat n. m.
comte n. m.
comté n. m.
comtesse n. f.
comtois, oise adj. et n.
con, conne n. et adj.
conard, arde ou connard, arde adj. et n.
conasse ou connasse n. f.
conatif, ive adj.
conation n. f.
concassage n. m.
concasser v. tr. (conjug. 1)
concasseur n. m.
concaténation n. f.
concave adj.
concavité n. f.
concédant, ante adj. et n.
concéder v. tr. (conjug. 6)
concélébrer v. tr. (conjug. 6)
concentrateur n. m. (rec. off. pour hub)
concentration n. f.
concentrationnaire adj.
concentré, ée adj. et n. m.
concentrer v. tr. (conjug. 1)

concentrique adj.
concentriquement adv.
concept n. m.
conceptacle n. m.
concepteur, trice n.
conception n. f.
conceptisme n. m.
conceptualisation n. f.
conceptualiser v. (conjug. 1)
conceptualisme n. m.
conceptualiste adj.
conceptuel, elle adj.
conceptuellement adv.
concernant prép.
concerner v. tr. (conjug. 1)
concert n. m.
concertant, ante adj.
concertation n. f.
concerter v. tr. (conjug. 1)
concertina n. f.
concertino n. m.
 PL. concertinos ou concertini (it.)
concertiste n.
concerto n. m.
 PL. concertos ou concerti (it.)
concessif, ive adj. et n. f.
concession n. f.
concessionnaire n.
concetti n. m.
 PL. inv. ou concettis
concevable adj.
concevoir v. tr. (conjug. 28)
conchier v. tr. (conjug. 7)
conchoïdal, ale, aux [-k-] adj.
conchoïde [-k-] adj. et n. f.
conchyliculteur, trice [-k-] n.
conchyliculture [-k-] n. f.
conchylien, ienne [-k-] adj.
conchyliologie [-k-] n. f.
conchylis [-k-] n. m.
concierge n.
conciergerie n. f.
concile n. m.
conciliable adj.
conciliabule n. m.

conciliaire adj.
conciliant, iante adj.
conciliateur, trice n.
conciliation n. f.
conciliatoire adj.
concilier v. tr. (conjug. 7)
concis, ise adj.
concision n. f.
concitoyen, concitoyenne n.
conclave n. m.
conclaviste n.
concluant, ante adj.
conclure v. (conjug. 35)
conclusif, ive adj.
conclusion n. f.
concocter v. tr. (conjug. 1)
concombre n. m.
concomitamment adv.
concomitance n. f.
concomitant, ante adj.
concordance n. f.
concordancier n. m.
concordant, ante adj.
concordat n. m.
concordataire adj.
concorde n. f.
concorder v. intr. (conjug. 1)
concourant, ante adj.
concourir v. (conjug. 11)
concouriste n.
concours n. m.
concrescence n. f.
concrescent, ente adj.
concret, ète adj. et n.
concrètement adv.
concrétion n. f.
concrétisation n. f.
concrétiser v. tr. (conjug. 1)
conçu, ue adj.
concubin, ine n.
concubinage n. m.
concubinat n. m.
concupiscence n. f.
concupiscent, ente adj. et n. m.
concurremment adv.
concurrence n. f.
concurrencer v. tr. (conjug. 3)
concurrent, ente adj. et n.
concurrentiel, ielle adj.
concussion n. f.
concussionnaire n. et adj.
condamnable adj.
condamnation n. f.
condamnatoire adj.
condamné, ée adj. et n.
condamner v. tr. (conjug. 1)
condé n. m.
condensable adj.
condensateur n. m.
condensation n. f.
condensé, ée adj. et n. m. (rec. off. pour digest)
condenser v. tr. (conjug. 1)
condenseur n. m.
condescendance n. f.
condescendant, ante adj.
condescendre v. tr. ind. (conjug. 41)
condiment n. m.
condisciple n.
condition n. f.
conditionnable adj.
conditionnalité n. f.
conditionné, ée adj.
conditionnel, elle adj. et n. m.
conditionnellement adv.
conditionnement n. m. (rec. off. pour packaging)
conditionner v. tr. (conjug. 1)
conditionneur, euse n.
condoléances n. f. pl.
condom n. m.
condominium n. m.
condor n. m.
condottiere ou condottière* [kɔ̃dɔ(t)tjɛʀ] n. m. PL. condottieres ou condottieri (it.) ou condottières*
conductance n. f.
conducteur, trice n. et adj.
conductibilité n. f.
conductimètre n. m.
conduction n. f.
conductivité n. f.
conduire v. tr. (conjug. 38)
conduit n. m.
conduite n. f.
condyle n. m.
condylien, ienne adj.
condylome n. m.
cône n. m.
confection n. f.
confectionner v. tr. (conjug. 1)
confectionneur, euse n.
confédéral, ale, aux adj.
confédération n. f.
confédéré, ée n. et adj.
confédérer v. tr. (conjug. 6)
confer [kɔ̃fɛʀ] adv.
conférence n. f.
conférencier, ière n.
conférer v. (conjug. 6)
confesse n. f.
confesser v. tr. (conjug. 1)
confesseur n. m.
confession n. f.
confessionnal, aux n. m.
confessionnalisme n. m.
confessionnel, elle adj.
confessionnellement adv.
confetti n. m. pl.
confiance n. f.
confiant, iante adj.
confidence n. f.
confident, ente n.
confidentialité n. f.
confidentiel, ielle adj.
confidentiellement adv.
confier v. tr. (conjug. 7)
configurabilité n. f.
configuration n. f.
configurer v. tr. (conjug. 1)
confiné, ée adj.
confinement n. m.
confiner v. tr. (conjug. 1)
confins n. m. pl.

confiote

confiote n. f.
confire v. tr. (conjug. 37)
confirmand n. m.
confirmatif, ive adj.
confirmation n. f.
confirmer v. tr. (conjug. 1)
confiscable adj.
confiscation n. f.
confiscatoire adj.
confiserie n. f.
confiseur, euse n.
confisquer v. tr. (conjug. 1)
confit, ite adj. et n. m.
confiteor [kɔ̃fiteɔʀ] n. m. inv.
confiture n. f.
confiturerie n. f.
confiturier, ière n.
conflagration n. f.
conflictualité n. f.
conflictuel, elle adj.
conflit n. m.
confluence n. f.
confluent n. m.
confluer v. intr. (conjug. 1)
confondant, ante adj.
confondre v. tr. (conjug. 41)
conformateur n. m.
conformation n. f.
conforme adj.
conformé, ée adj.
conformément adv.
conformer v. tr. (conjug. 1)
conformisme n. m.
conformiste n. et adj.
conformité n. f.
confort n. m.
confortable adj.
confortablement adv.
conforter v. tr. (conjug. 1)
confortique n. f.
confraternel, elle adj.
confraternité n. f.
confrère n. m.
confrérie n. f.
confrérique adj.
confrontation n. f.
confronter v. tr. (conjug. 1)
confucianisme n. m.
confucianiste adj. et n.

confus, use adj.
confusément adv.
confusion n. f.
confusionnel, elle adj.
confusionnisme n. m.
conga n. f.
congé n. m.
congédiement n. m.
congédier v. tr. (conjug. 7)
congelable adj.
congélateur n. m.
congélation n. f.
congelé, ée adj. et n. m.
congeler v. tr. (conjug. 5)
congélo n. m. (congélateur)
congénère adj. et n.
congénital, ale, aux adj.
congénitalement adv.
congère n. f.
congestif, ive adj.
congestion n. f.
congestionner v. tr. (conjug. 1)
conglomérat, ale, aux adj.
conglomérat n. m.
conglomération n. f.
conglomérer v. tr. (conjug. 6)
conglutination n. f.
conglutiner v. tr. (conjug. 1)
congolais, aise adj. et n.
congratulation n. f.
congratuler v. tr. (conjug. 1)
congre n. m.
congréer v. tr. (conjug. 1)
congréganiste adj. et n.
congrégation n. f.
congrégationalisme n. m.
congrès n. m.
congressiste n.
congru, ue adj.
congruence n. f.
congruent, ente adj.
congrûment ou
  congrument* adv.
conicité n. f.

conidie n. f.
conifère n. m.
conique adj. et n. f.
conirostre adj. et n.
conjectural, ale, aux adj.
conjecturalement adv.
conjecture n. f.
conjecturer v. tr. (conjug. 1)
conjoint, ointe adj. et n.
conjointement adv.
conjoncteur n. m.
conjonctif, ive adj.
conjonction n. f.
conjonctival, ale, aux adj.
conjonctive n. f.
conjonctiviste n.
conjonctivite n. f.
conjoncture n. f.
conjoncturel, elle adj.
conjoncturiste n.
conjugable adj.
conjugaison n. f.
conjugal, ale, aux adj.
conjugalement adv.
conjugateur n. m.
conjugué, ée adj. et n.
conjuguer v. tr. (conjug. 1)
conjungo [kɔ̃ʒɔ̃go] n. m.
conjurateur, trice n.
conjuration n. f.
conjuratoire adj.
conjuré, ée n.
conjurer v. tr. (conjug. 1)
connaissable adj.
connaissance n. f.
connaissement n. m.
connaisseur, euse n. et adj.
connaître ou connaitre*
  v. tr. (conjug. 57)
connard, arde adj. et n.
connasse n. f.
conne n. f. et adj. f.
conneau n. m.
connectable adj.
connecter v. (conjug. 1)
connecteur n. m.
connecticien, ienne n.

connectif, ive adj. et n. m.
connectique n. f.
connectivité n. f.
connement adv.
connerie n. f.
connétable n. m.
connexe adj.
connexion n. f.
connexionnisme n. m.
connexionniste adj. et n.
connexité n. f.
connivence n. f.
connivent, ente adj.
connotatif, ive adj.
connotation n. f.
connoter v. tr. (conjug. 1)
connu, ue adj.
conoïde adj. et n. m.
conopée n. m.
conque n. f.
conquérant, ante n. et adj.
conquérir v. tr. (conjug. 21)
conquête n. f.
conquis, ise adj.
conquistador n. m.
PL. *conquistadores* ou *conquistadors*
consacrant adj. m.
consacré, ée adj.
consacrer v. tr. (conjug. 1)
consanguin, ine adj.
consanguinité n. f.
consciemment adv.
conscience n. f.
consciencieusement adv.
consciencieux, ieuse adj.
conscient, iente adj. et n.
conscientisation n. f.
conscientiser v. tr. (conjug. 1)
conscription n. f.
conscrit, ite adj. et n.
consécration n. f.
consécutif, ive adj.
consécution n. f.
consécutivement adv.
conseil n. m.
¹**conseiller, ère** n.
²**conseiller** v. tr. (conjug. 1)

conseilleur, euse n.
consensuel, elle adj.
consensus n. m.
consentant, ante adj.
consentement n. m.
consentir v. tr. (conjug. 16)
conséquemment adv.
conséquence n. f.
conséquent, ente adj.
conservateur, trice n. et adj.
conservation n. f.
conservatisme n. m.
conservatoire adj. ; n. m.
conserve n. f.
conservé, ée adj.
conserver v. tr. (conjug. 1)
conserverie n. f.
conserveur, euse n.
considérable adj.
considérablement adv.
considérant n. m.
considération n. f.
considérer v. tr. (conjug. 6)
consignataire n.
consignation n. f.
consigne n. f.
consigner v. tr. (conjug. 1)
consistance n. f.
consistant, ante adj.
consister v. intr. (conjug. 1)
consistoire n. m.
consistorial, iale, iaux adj. et n.
conso n. f. (consommation)
consœur n. f.
consolable adj.
consolant, ante adj. et n.
consolateur, trice n.
consolation n. f.
console n. f.
consoler v. tr. (conjug. 1)
consolidation n. f.
consolidé, ée adj. et n. m.
consolider v. tr. (conjug. 1)
consommable adj.
consommateur, trice n.
consommation n. f.
consommatoire adj.

consommé, ée adj. et n. m.
consommer v. tr. (conjug. 1)
consomptible adj.
consomption n. f.
consonance n. f.
consonant, ante adj.
consonantique adj.
consonantisme n. m.
consonne n. f.
consort n. m. et adj. m.
consortial, iale, iaux adj.
consortium n. m.
consoude n. f.
conspirateur, trice n.
conspiration n. f.
conspirer v. (conjug. 1)
conspuer v. tr. (conjug. 1)
constable n. m.
constamment adv.
constance n. f.
constant, ante adj.
constantan n. m.
constante n. f.
constat n. m.
constatation n. f.
constater v. tr. (conjug. 1)
constellation n. f.
constellé, ée adj.
consteller v. tr. (conjug. 1)
consternant, ante adj.
consternation n. f.
consterner v. tr. (conjug. 1)
constipation n. f.
constiper v. tr. (conjug. 1)
constituant, ante adj. et n.
constitué, ée adj.
constituer v. tr. (conjug. 1)
constitutif, ive adj.
constitution n. f.
constitutionnalisation n. f.
constitutionnaliser v. tr. (conjug. 1)
constitutionnaliste n.
constitutionnalité n. f.
constitutionnel, elle adj.

constitutionnellement

constitutionnellement adv.
constricteur adj. m.
constrictif, ive adj.
constriction n. f.
constrictor adj. m.
constructeur, trice n. m. et adj.
constructible adj.
constructif, ive adj.
construction n. f.
constructique n. f.
constructivisme n. m.
constructiviste n. et adj.
construire v. tr. (conjug. 38)
consubstantialité n. f.
consubstantiation n. f.
consubstantiel, ielle adj.
consubstantiellement adv.
consul, e n.
consulaire adj.
consulat n. m.
consultable adj.
consultance n. f.
consultant, ante adj. et n.
consultatif, ive adj.
consultation n. f.
consulte n. f. (consultation)
consulter v. (conjug. 1)
consulteur n. m.
consulting n. m.
consumer v. tr. (conjug. 1)
consumérisme n. m.
consumériste adj. et n.
contact n. m.
contacter v. tr. (conjug. 1)
contacteur n. m.
contactologie n. f.
contactologue n.
contage n. m.
contagieux, ieuse adj.
contagion n. f.
contagionner v. tr. (conjug. 1)
contagiosité n. f.
container n. m.
contaminant, ante adj. et n. m.

contaminateur, trice adj. et n.
contamination n. f.
contaminer v. tr. (conjug. 1)
conte n. m.
contemplateur, trice n. m. et n.
contemplatif, ive adj.
contemplation n. f.
contempler v. tr. (conjug. 1)
contemporain, aine adj. et n.
contemporanéité n. f.
contempteur, trice n.
contenance n. f.
contenant n. m.
conteneur n. m.
conteneuriser v. tr. (conjug. 1)
contenir v. tr. (conjug. 22)
content, ente adj.
contentement n. m.
contenter v. tr. (conjug. 1)
contentieux, ieuse adj. et n. m.
contentif, ive adj.
contention n. f.
contenu, ue adj. et n. m.
conter v. tr. (conjug. 1)
contestable adj.
contestant, ante n. et adj.
contestataire adj. et n.
contestation n. f.
conteste (sans) loc. adv.
contester v. tr. (conjug. 1)
conteur, euse n.
contexte n. m.
contextualisation n. f.
contextualiser v. tr. (conjug. 1)
contextuel, elle adj.
contextuellement adv.
contexture n. f.
contigu, uë ou **üe*** adj.
contiguïté ou **contigüité*** n. f.
continence n. f.
¹**continent, ente** adj.
²**continent** n. m.

continental, ale, aux adj.
continentalité n. f.
contingence n. f.
contingent, ente adj. et n. m.
contingentement n. m.
contingenter v. tr. (conjug. 1)
continu, ue adj. et n. m.
continuateur, trice n.
continuation n. f.
continuel, elle adj.
continuellement adv.
continuer v. (conjug. 1)
continuité n. f.
continûment ou **continument*** adv.
continuo n. m.
continuum n. m.
contondant, ante adj.
contorsion n. f.
contorsionner (se) v. pron. (conjug. 1)
contorsionniste n.
contour n. m.
contourné, ée adj.
contournement n. m. (rec. off. pour by-pass)
contourner v. tr. (conjug. 1)
contraceptif, ive adj. et n. m.
contraception n. f.
contractant, ante adj.
contracte adj.
contracté, ée adj.
contracter v. tr. (conjug. 1)
contractibilité n. f.
contractile adj.
contractilité n. f.
contraction n. f.
contractualisation n. f.
contractualiser v. tr. (conjug. 1)
contractuel, elle adj. et n.
contractuellement adv.
contracture n. f.
contracyclique adj.
contradicteur n. m.
contradiction n. f.

contradictoire adj.
contradictoirement adv.
contragestif, ive adj. et n. m.
contragestion n. f.
contraignable adj.
contraignant, ante adj.
contraindre v. tr. (conjug. 52)
contraint, ainte adj.
contrainte n. f.
contraire adj. et n. m.
contrairement adv.
contralto n. m.
contrapuntique ou **contrapontique** ou **contraponctique** adj.
contrapuntiste ou **contrapontiste** n.
contrariant, iante adj.
contrarié, iée adj.
contrarier v. tr. (conjug. 7)
contrariété n. f.
contrarotatif, ive adj.
contrastant, ante adj.
contraste n. m.
contrasté, ée adj.
contraster v. (conjug. 1)
contrat n. m.
contravention n. f.
contravis n. m.
contre prép. ; adv. ; n. m.
contre-alizé ou **contralizé*** n. m. PL. contre-alizés ou contralizés*
contre-allée ou **contrallée*** n. f. PL. contre-allées ou contrallées*
contre-amiral, ale, aux ou **contramiral, ale, aux*** n. m.
contre-appel ou **contrappel*** n. m. PL. contre-appels ou contrappels*
contre-argument n. m. PL. contre-arguments

contre-argumentaire n. m. PL. contre-argumentaires
contre-argumentation n. f. PL. contre-argumentations
contre-assurance ou **contrassurance*** n. f. PL. contre-assurances ou contrassurances*
contre-attaque ou **contrattaque*** n. f. PL. contre-attaques ou contrattaques*
contre-attaquer ou **contrattaquer*** v. intr. (conjug. 1)
contrebalancer v. tr. (conjug. 3)
contrebalancer (s'en) v. pron. (conjug. 3)
contrebande n. f.
contrebandier, ière n.
contrebas (en) loc. adv.
contrebasse n. f.
contrebassiste n.
contrebasson n. m.
contrebatterie n. f.
contrebattre v. tr. (conjug. 41)
contrebraquer v. intr. (conjug. 1)
contrebuter v. tr. (conjug. 1)
contrecarrer v. tr. (conjug. 1)
contrechamp n. m.
contre-chant ou **contrechant** n. m. PL. contre(-)chants
contrechâssis n. m.
contrechoc ou **contre-choc** n. m. PL. contre(-)chocs
contreclef n. f.
contrecœur (à) loc. adv.
contrecoller v. tr. (conjug. 1)
contrecoup n. m.

contre-courant ou **contrecourant*** n. m. PL. contre-courants ou contrecourants*
contre-courbe ou **contrecourbe*** n. f. PL. contre-courbes ou contrecourbes*
contre-culture ou **contreculture*** n. f. PL. contre-cultures ou contrecultures*
contredanse n. f.
contre-dénonciation ou **contredénonciation*** n. f. PL. contre-dénonciations ou contredénonciations*
contre-digue ou **contredigue*** n. f. PL. contre-digues ou contredigues*
contredire v. tr. (conjug. 37, sauf contredisez)
contredit n. m.
contrée n. f.
contre-écrou ou **contrécrou*** n. m. PL. contre-écrous ou contrécrous*
contre-électromotrice ou **contrélectromotrice*** adj. f. PL. contre-électromotrices ou contrélectromotrices*
contre-emploi ou **contremploi*** n. m. PL. contre-emplois ou contremplois*
contre-empreinte ou **contrempreinte*** n. f. PL. contre-empreintes ou contrempreintes*
contre-enquête ou **contrenquête*** n. f. PL. contre-enquêtes ou contrenquêtes*
contre-épaulette ou **contrépaulette*** n. f. PL. contre-épaulettes ou contrépaulettes*

contre-épreuve

contre-épreuve ou
  contrépreuve* n. f.
  PL. *contre-épreuves* ou
  contrépreuves*
contre-espionnage ou
  contrespionnage*
  n. m.
  PL. *contre-espionnages* ou
  contrespionnages*
contre-essai ou
  contressai* n. m.
  PL. *contre-essais* ou
  contressais*
contre-exemple ou
  contrexemple* n. m.
  PL. *contre-exemples* ou
  contrexemples*
contre-expertise ou
  contrexpertise* n. f.
  PL. *contre-expertises* ou
  contrexpertises*
contre-extension ou
  contrextension* n. f.
  PL. *contre-extensions* ou
  contrextensions*
contrefaçon n. f.
contrefacteur, trice n.
contrefaction n. f.
contrefaire v. tr.
  (conjug. **60**)
contrefaisant, ante adj.
contrefait, aite adj.
contre-fer ou **contrefer***
  n. m.
  PL. *contre-fer(s)* ou
  contrefers*
contre-feu ou
  contrefeu* n. m.
  PL. *contre-feux* ou
  contrefeux*
contrefiche ou
  contre-fiche n. f.
  PL. inv. ou *contrefiches* ou
  contre-fiches
contrefiche (se) v. pron.
  (conjug. **1**)
contrefil ou **contre-fil**
  n. m.
contre-filet ou
  contrefilet* n. m.
  PL. *contre-filets* ou
  contrefilets*

contrefort n. m.
contrefoutre (se) v. pron.
  (conjug. *foutre*)
contre-haut (en) ou
  contrehaut (en)* loc.
  adv.
contre-hermine ou
  contrehermine* n. f.
  PL. *contre-hermines* ou
  contrehermines*
contre-heurtoir ou
  contreheurtoir* n. m.
  PL. *contre-heurtoirs* ou
  contreheurtoirs*
contre-indication ou
  contrindication* n. f.
  PL. *contre-indications* ou
  contrindications*
contre-indiquer ou
  contrindiquer* v. tr.
  (conjug. **1**)
contre-interrogatoire
  ou
  contrinterrogatoire*
  n. m.
  PL. *contre-interrogatoires* ou
  contrinterrogatoires*
contre-jour ou
  contrejour* n. m.
  PL. inv. ou *contrejours**
contre-lame ou
  contrelame* n. f.
  PL. *contre-lames* ou
  contrelames*
contre-la-montre n. m.
  inv.
contre-lettre ou
  contrelettre* n. f.
  PL. *contre-lettres* ou
  contrelettres*
**contremaître,
  contremaîtresse** ou
  contremaitre* ou
  contremaitresse* n.
**contre-manifestant,
  ante** ou
  **contremanifestant,
  ante*** n.
  PL. *contre-manifestants,
  antes* ou *contremanifestants,
  antes**

contre-manifestation ou
  contremanifestation*
  n. f.
  PL. *contre-manifestations* ou
  contremanifestations*
contre-manifester ou
  contremanifester*
  v. intr. (conjug. **1**)
contremarche n. f.
contremarque n. f.
contre-mesure ou
  contremesure* n. f.
  PL. *contre-mesures* ou
  contremesures*
contre-mi n. m. inv.
contre-mine ou
  contremine* n. f.
  PL. *contre-mines* ou
  contremines*
contre-mur ou
  contremur* n. m.
  PL. *contre-murs* ou
  contremurs*
contre-offensive ou
  controffensive* n. f.
  PL. *contre-offensives* ou
  controffensives*
contre-pal ou
  contrepal* n. m.
  PL. *contre-pals* ou
  contrepals*
contrepartie n. f.
contrepartiste n.
contre-pas ou
  contrepas* n. m. inv.
contre-passation ou
  contrepassation* n. f.
  PL. *contre-passations* ou
  contrepassations*
contre-passer ou
  contrepasser* v. tr.
  (conjug. **1**)
contrepente ou
  contre-pente n. f.
  PL. *contrepentes* ou
  contre-pentes
contre-performance ou
  contreperformance*
  n. f.
  PL. *contre-performances* ou
  contreperformances*
contrepet n. m.

contrepèterie n. f.

contrepied ou **contre-pied** n. m.
PL. *contre(-)pieds*

contreplacage n. m.

contreplaqué n. m.

contre-plongée ou **contreplongée*** n. f.
PL. *contre-plongées* ou *contreplongées**

contrepoids n. m.

contre-poil (à) ou **contrepoil (à)*** loc. adv.

contrepoint n. m.

contre-pointe ou **contrepointe*** n. f.
PL. *contre-pointes* ou *contrepointes**

contrepoison n. m.

contre-porte ou **contreporte*** n. f.
PL. *contre-portes* ou *contreportes**

contre-pouvoir ou **contrepouvoir*** n. m.
PL. *contre-pouvoirs* ou *contrepouvoirs**

contre-productif, ive ou **contreproductif, ive*** adj.
PL. *contre-productifs, ives* ou *contreproductifs, ives**

contre-projet ou **contreprojet** n. m.
PL. *contre(-)projets*

contre-propagande ou **contrepropagande*** n. f.
PL. *contre-propagandes* ou *contrepropagandes**

contreproposition ou **contre-proposition** n. f.
PL. *contre(-)propositions*

contre-publicité ou **contrepublicité*** n. f.
PL. *contre-publicités* ou *contrepublicités**

contrer v. (conjug. 1)

contre-rail ou **contrerail*** n. m.
PL. *contre-rails* ou *contrerails**

contre-ré n. m. inv.

contre-réaction ou **contreréaction*** n. f.
PL. *contre-réactions* ou *contreréactions**

contre-réforme ou **contreréforme*** n. f.
PL. *contre-réformes* ou *contreréformes**

contre-révolution ou **contrerévolution*** n. f.
PL. *contre-révolutions* ou *contrerévolutions**

contre-révolutionnaire ou **contrerévolutionnaire*** adj. et n.
PL. *contre-révolutionnaires* ou *contrerévolutionnaires**

contrescarpe n. f.

contreseing n. m.

contresens n. m.

contresignataire n. et adj.

contresigner v. tr. (conjug. 1)

contre-sommet ou **contresommet*** n. m.
PL. *contre-sommets* ou *contresommets**

contresujet ou **contre-sujet** n. m.
PL. *contresujets* ou *contre-sujets*

contre-taille ou **contretaille*** n. f.
PL. *contre-tailles* ou *contretailles**

contre-temps ou **contretemps*** n. m. inv.

contre-ténor ou **contreténor*** n. m.
PL. *contre-ténors* ou *contreténors**

contre-terrorisme ou **contreterrorisme*** n. m.

contre-terroriste ou **contreterroriste*** n.
PL. *contre-terroristes* ou *contreterroristes**

contre-timbre ou **contretimbre*** n. m.
PL. *contre-timbres* ou *contretimbres**

contre-tirer ou **contretirer*** v. tr. (conjug. 1)

contre-torpilleur ou **contretorpilleur*** n. m.
PL. *contre-torpilleurs* ou *contretorpilleurs**

contre-transfert ou **contretransfert*** n. m.
PL. *contre-transferts* ou *contretransferts**

contretype n. m.

contre-ut ou **contrut*** n. m.
PL. inv. ou *contruts**

contre-vair ou **contrevair*** n. m.
PL. *contre-vairs* ou *contrevairs**

contre-valeur ou **contrevaleur*** n. f.
PL. *contre-valeurs* ou *contrevaleurs**

contrevallation n. f.

contrevenant, ante adj. et n.

contrevenir v. tr. ind. (conjug. 22)

contrevent n. m.

contreventement n. m.

contreventer v. tr. (conjug. 1)

contrevérité ou **contre-vérité*** n. f.
PL. *contrevérités* ou *contre-vérités*

contre-visite ou **contrevisite*** n. f.
PL. *contre-visites* ou *contrevisites**

contre-voie (à) ou **contrevoie (à)*** loc. adv.

contribuable

contribuable n.
contribuer v. tr. ind. (conjug. 1)
contributeur, trice n.
contributif, ive adj.
contribution n. f.
contrister v. tr. (conjug. 1)
contrit, ite adj.
contrition n. f.
contrôlabilité n. f.
contrôlable adj.
controlatéral, ale, aux adj.
contrôle n. m.
contrôler v. tr. (conjug. 1)
contrôleur, euse n.
contrordre n. m.
controuvé, ée adj.
controversable adj.
controverse n. f.
controversé, ée adj.
controverser v. tr. (conjug. 1)
controversiste n.
contumace n. f.
contumax adj. et n.
contus, use adj.
contusion n. f.
contusionner v. tr. (conjug. 1)
conurbation n. f.
convaincant, ante adj.
convaincre v. tr. (conjug. 42)
convaincu, ue adj.
convalescence n. f.
convalescent, ente adj.
convecteur n. m.
convection n. f.
convenable adj.
convenablement adv.
convenance n. f.
convenir v. tr. ind. (conjug. 22)
convent n. m.
convention n. f.
conventionnalisme n. m.
conventionné, ée adj.
conventionnel, elle adj. et n. m.

conventionnellement adv.
conventionnement n. m.
conventuel, elle adj.
convenu, ue adj.
convergence n. f.
convergent, ente adj.
converger v. intr. (conjug. 3)
convers, erse adj.
conversation n. f.
conversationnel, elle adj.
converser v. intr. (conjug. 1)
conversion n. f.
converti, ie adj. et n.
convertibilité n. f.
convertible adj. et n. m.
convertir v. tr. (conjug. 2)
convertissage n. m.
convertisseur n. m.
convexe adj.
convexité n. f.
convict n. m.
conviction n. f.
convier v. tr. (conjug. 7)
convive n.
convivial, iale, iaux adj.
convivialement adv.
convivialiser v. tr. (conjug. 1)
convivialiste n.
convivialité n. f.
convocable adj.
convocation n. f.
convoi n. m.
convoiement n. m.
convoiter v. tr. (conjug. 1)
convoitise n. f.
convoler v. intr. (conjug. 1)
convoluté, ée adj.
convolution n. f.
convolvulacées n. f. pl.
convolvulus n. m.
convoquer v. tr. (conjug. 1)
convoyage n. m.
convoyer v. tr. (conjug. 8)
convoyeur, euse n. et adj.
convulsé, ée adj.
convulser v. tr. (conjug. 1)

convulsif, ive adj.
convulsion n. f.
convulsionnaire n.
convulsionner v. tr. (conjug. 1)
convulsivement adv.
convulsothérapie n. f.
coobligé, ée n.
cooccupant, ante adj. et n.
cooccurrence n. f.
cooccurrent, ente adj. et n.
cookie n. m. (rec. off. : mouchard électronique, témoin de connexion)
cool adj. inv.
coolie n. m.
coolos adj.
coopérant, ante adj. et n.
coopérateur, trice n.
coopératif, ive adj.
coopération n. f.
coopératisme n. m.
coopérative n. f.
coopérer v. tr. ind. (conjug. 6)
cooptation n. f.
coopter v. tr. (conjug. 1)
coordinateur, trice n. et adj.
coordination n. f.
coordinence n. f.
coordonnateur, trice adj. et n.
coordonné, ée adj.
coordonnée n. f.
coordonnées n. f. pl.
coordonner v. tr. (conjug. 1)
copahu n. m.
copain n. m. et adj. m.
copal n. m.
coparent n. m.
coparental, ale, aux adj.
coparentalité n. f.
copartage n. m.
copartageant, ante adj. et n.
coparticipant, ante adj. et n.

coparticipation n. f.
copayer n. m.
copeau n. m.
copépodes n. m. pl.
copermuter v. tr. (conjug. 1)
copernicien, ienne adj. et n.
copiage n. m.
copie n. f.
copié-collé n. m.
  PL. *copiés-collés*
copier v. tr. (conjug. 7)
copier-coller n. m. inv.
copieur, ieuse n.
copieusement adv.
copieux, ieuse adj.
copilote n.
copiloter v. tr. (conjug. 1)
copinage n. m.
copine n. f. et adj. f.
copiner v. intr. (conjug. 1)
copinerie n. f.
copion n. m.
copiste n.
coplanaire adj.
copocléphile n.
copolymère n. m.
coposséder v. tr. (conjug. 6)
coppa n. f.
copra ou **coprah** n. m.
coprésidence n. f.
coprésident, ente n.
coprésider v. (conjug. 1)
coprin n. m.
coprince n. m.
coprocesseur n. m.
coproculture n. f.
coproducteur, trice n.
coproduction n. f.
coproduire v. tr. (conjug. 38)
coprolalie n. f.
coprolithe n. m.
coprologie n. f.
coprologique adj.
coprophage adj.
coprophagie n. f.
coprophile adj.

copropriétaire n.
copropriété n. f.
coprostérol n. m.
copte adj. et n.
copulateur, trice adj.
copulatif, ive adj.
copulation n. f.
copule n. f.
copuler v. intr. (conjug. 1)
copyright n. m.
coq n. m.
coq-à-l'âne n. m. inv.
coquard ou **coquart** n. m.
coque n. f.
coqué, ée adj.
coquecigrue n. f.
coquelet n. m.
coqueleux n. m.
coquelicot n. m.
coquelle n. f.
coqueluche n. f.
coquelucheux, euse adj.
coquemar n. m.
coquerelle n. f.
coqueret n. m.
coquerico n. m.
coquerie n. f.
coqueron n. m.
coquet, ette adj.
coqueter v. intr. (conjug. 4)
coquetier n. m.
coquetière n. f.
coquettement adv.
coquetterie n. f.
coquillage n. m.
coquillard n. m.
coquillart n. m.
coquille n. f.
coquillette n. f.
coquillier, ière ou **coquiller, ère*** adj. et n. m.
coquin, ine n. et adj.
coquinerie n. f.
cor n. m.
cora n. f.
coracoïde adj.
corail, aux adj. inv. ; n. m.
corailleur, euse n.
coralliaire n.

corallien, ienne ou **coralien, ienne** adj.
corallifère adj.
coralline n. f.
Coran n. m.
coranique adj.
corbeau n. m.
corbeille n. f.
corbières n. m. inv.
corbillard n. m.
corbillat n. m.
corbillon n. m.
cordage n. m.
corde n. f.
cordé, ée adj.
cordeau n. m.
cordée n. f.
cordeler v. tr. (conjug. 4)
cordelette n. f.
cordelier, ière n.
cordelière n. f.
corder v. tr. (conjug. 1)
corderie n. f.
cordés n. m. pl.
cordeur n. m.
cordial, iale, iaux adj. et n. m.
cordialement adv.
cordialité n. f.
cordier n. m.
cordiforme adj.
cordillère n. f.
cordite n. f.
cordon n. m.
cordon-bleu n. m.
  PL. *cordons-bleus*
cordonner v. tr. (conjug. 1)
cordonnerie n. f.
cordonnet n. m.
cordonnier, ière n.
cordophone n. m.
cordura n. m.
corê n. f.
coréalisateur, trice n.
coréalisation n. f.
coréaliser v. tr. (conjug. 1)
coréen, enne adj. et n.
corégones n. m. pl.
coreligionnaire n.
coréopsis n. m.

corépresseur

corépresseur n. m.
coresponsabilité n. f.
coresponsable adj.
coriace adj.
coriandre n. f.
coricide n. m.
corindon n. m.
corinthien, ienne adj. et n.
corium n. m.
cormier n. m.
cormoran n. m.
cornac n. m.
cornage n. m.
cornaline n. f.
cornaquer v. tr. (conjug. 1)
cornard n. m.
corne n. f.
corné, ée adj.
corned-beef ou cornedbif* [kɔRnɛdbif ; kɔRnbif] n. m.
cornée n. f.
cornéen, enne adj.
corneille n. f.
cornélien, ienne adj.
cornement n. m.
cornemuse n. f.
cornemuseur, euse n.
¹corner [kɔRnɛR] n. m.
²corner v. (conjug. 1)
cornet n. m.
cornette n. f. ; n. m.
cornettiste n.
cornflakes ou corn-flakes [kɔRnflɛks] n. m. pl.
corniaud n. m.
corniche n. f.
cornichon n. m.
cornier, ière adj.
cornière n. f.
cornillon n. m.
cornique adj.
corniste n.
cornouille n. f.
cornouiller n. m.
cornu, ue adj.
cornue n. f.

corollaire ou corolaire* n. m.
corolle ou corole* n. f.
coron n. m.
coronaire adj.
coronal, ale, aux adj.
coronarien, ienne adj.
coronarite n. f.
coronarographie n. f.
coronavirus n. m.
coronelle n. f.
coroner [-nɛR] n. m.
coronille n. f.
coronographe n. m.
corossol n. m.
corossolier n. m.
corozo n. m.
corporal, aux n. m.
corporatif, ive adj.
corporation n. f.
corporatisme n. m.
corporatiste adj.
corporel, elle adj.
corporellement adv.
corps n. m.
corps-à-corps n. m. inv.
corpsard [kɔRsaR] n. m.
corps-mort n. m.
PL. corps-morts
corpulence n. f.
corpulent, ente adj.
corpus n. m.
corpusculaire adj.
corpuscule n. m.
corral n. m.
corrasion n. f.
correct, e adj.
correctement adv.
correcteur, trice n.
correctif, ive adj. et n. m.
correction n. f.
correctionnalisation n. f.
correctionnaliser v. tr. (conjug. 1)
correctionnel, elle adj. et n. f.
corregidor ou corrégidor* n. m.
corrélat n. m.
corrélatif, ive adj.

corrélation n. f.
corrélationnel, elle adj.
corrélativement adv.
corréler v. tr. (conjug. 6)
correspondance n. f.
correspondancier, ière n.
correspondant, ante adj. et n.
correspondre v. (conjug. 41)
corrida n. f.
corridor n. m.
corrigé n. m.
corrigeable adj.
corriger v. tr. (conjug. 3)
corroboration n. f.
corroborer v. tr. (conjug. 1)
corrodant, ante adj.
corroder v. tr. (conjug. 1)
corroi n. m.
corroierie n. f.
corrompre v. tr. (conjug. 41)
corrompu, ue adj.
corrosif, ive adj.
corrosion n. f.
corroyage n. m.
corroyer v. tr. (conjug. 8)
corroyeur n. m.
corrupteur, trice n. et adj.
corruptible adj.
corruption n. f.
corsage n. m.
corsaire n. m.
corse adj. et n.
corsé, ée adj.
corselet n. m.
corser v. tr. (conjug. 1)
corset n. m.
corseter v. tr. (conjug. 5)
corseterie n. f.
corsetier, ière n.
corso n. m.
cortège n. m.
cortès n. f. pl.
cortex n. m.
cortical, ale, aux adj.

corticoïdes n. m. pl.
corticostéroïdes n. m. pl.
corticosurrénal, ale,
 aux n. f. et adj.
corticothérapie n. f.
corticotrophine n. f.
cortinaire n. m.
cortisol n. m.
cortisone n. f.
corton n. m.
coruscant, ante adj.
corvéable adj.
corvée n. f.
corvette n. f.
corvidés n. m. pl.
corybante n. m.
corymbe n. m.
coryphée n. m.
coryza n. m.
C. O. S. n. m. (coefficient d'occupation des sols)
cosaque n. m.
coscénariste n.
cosécante n. f.
cosignataire n. et adj.
cosigner v. tr. (conjug. 1)
cosinus n. m.
cosmétique adj. et n.
cosmétiquer v. tr. (conjug. 1)
cosmétologie n. f.
cosmétologue n.
cosmique adj.
cosmodrome n. m.
cosmogonie n. f.
cosmogonique adj.
cosmographie n. f.
cosmographique adj.
cosmologie n. f.
cosmologique adj.
cosmologiste n.
cosmonaute n.
cosmopolite adj.
cosmopolitisme n. m.
cosmos n. m.
cossard, arde n. et adj.
cosse n. f.
cossette n. f.
cossu, ue adj.
cossus n. m.

costal, ale, aux adj.
costard n. m.
costaud, aude adj. et n.
costière n. f.
costume n. m.
costumé, ée adj.
costumer v. tr. (conjug. 1)
costumier, ière n.
cosy adj. inv. ; n. m.
 PL. cosys
cotangente n. f.
cotation n. f.
cot cot interj. et n. m. inv.
cote n. f.
côte n. f.
coté, ée adj.
côté n. m.
coteau n. m.
côtelé, ée adj.
côtelette n. f.
coter v. tr. (conjug. 1)
coterie n. f.
côtes-du-Rhône n. m. inv.
cothurne n. m.
cotice n. f.
cotidal, ale, aux adj.
côtier, ière adj.
cotignac n. m.
cotillon n. m.
cotinga n. m.
cotisant, ante adj.
cotisation n. f.
cotiser v. (conjug. 1)
coton n. m.
cotonéaster n. m.
cotonnade n. f.
cotonner (se) v. pron.
 (conjug. 1)
cotonneux, euse adj.
cotonnier, ière n. et adj.
coton-poudre n. m.
 PL. cotons-poudres
coton-tige® n. m.
 PL. cotons-tiges
côtoyer v. tr. (conjug. 8)
cotre n. m.
cotret n. m.
cotriade n. f.
cottage [kɔtɛdʒ ; kɔtaʒ] n. m.

cotte n. f.
cotuteur, trice n.
cotyle n. m. ou f.
cotylédon n. m.
cotyloïde adj.
cou n. m.
couac n. m.
couard, couarde adj.
couardise n. f.
couchage n. m.
couchailler v. intr.
 (conjug. 1)
couchant, ante adj. et
 n. m.
couche n. f.
couché, ée adj.
couche-culotte n. f.
 PL. couches-culottes
¹coucher n. m.
²coucher v. (conjug. 1)
coucherie n. f.
couche-tard n. inv.
couche-tôt n. inv.
couchette n. f.
coucheur, euse n.
couchis n. m.
couchoir n. m.
couci-couça ou
 couciçouça* loc. adv.
coucou n. m. et interj.
coucougnettes n. f. pl.
coucoumelle n. f.
coude n. m.
coude-à-coude n. m. inv.
coudée n. f.
cou-de-pied n. m.
 PL. cous-de-pied
couder v. tr. (conjug. 1)
coudière n. f.
coudoiement n. m.
coudoyer v. tr. (conjug. 8)
coudraie n. f.
coudre v. tr. (conjug. 48)
coudrier n. m.
couenne n. f.
couenneux, euse adj.
couette n. f.
couffin n. m.
coufique ou kufique adj.
coufle adj.

cougar

cougar ou couguar n. f. (femme)
couguar ou cougouar n. m. (puma)
couic interj.
couille n. f.
couillon, onne n.
couillonnade n. f.
couillonner v. tr. (conjug. 1)
couillu, ue adj.
couinement n. m.
couiner v. intr. (conjug. 1)
coulage n. m.
¹coulant, ante adj.
²coulant n. m.
coule n. f.
coule (à la) loc. adj.
coulé n. m.
coulée n. f.
coulemelle n. f.
couler v. (conjug. 1)
couleur n. f.
couleuvre n. f.
couleuvreau n. m.
couleuvrine n. f.
coulis adj. m. et n. m.
coulissant, ante adj.
coulisse n. f.
coulisseau n. m.
coulisser v. (conjug. 1)
coulissier n. m.
couloir n. m.
couloire n. f.
coulomb n. m.
coulommiers n. m.
coulpe n. f.
coulure n. f.
coumarine n. f.
country [kuntʀi] adj. et f. ou m. inv.
coup n. m.
coupable adj. et n.
coupage n. m.
coupailler v. tr. (conjug. 1)
coupant, ante adj.
coupasser v. tr. (conjug. 1)
coup-de-poing n. m.
PL. coups-de-poing
coupe n. f.

¹coupé, ée adj.
²coupé n. m.
coupe-chou(x) n. m.
PL. coupe-choux
coupe-cigare n. m.
PL. coupe-cigares
coupe-circuit n. m.
PL. coupe-circuits
coupé-collé n. m.
PL. coupés-collés
coupe-coupe ou coupecoupe* n. m.
PL. inv. ou coupecoupes*
coupée n. f.
coupe-faim n. m.
PL. inv. ou coupe-faims
coupe-feu n. m.
PL. inv. ou coupe-feux
coupe-file n. m.
PL. coupe-files
coupe-gorge n. m.
PL. inv. ou coupe-gorges
coupe-jarret n. m.
PL. coupe-jarrets
coupe-légume(s) n. m.
PL. coupe-légumes
coupellation n. f.
coupelle n. f.
coupement n. m.
coupe-ongle n. m.
PL. coupe-ongles
coupe-papier n. m.
PL. inv. ou coupe-papiers
couper v. (conjug. 1)
coupe-racine n. m.
PL. coupe-racines
couper-coller n. m. inv. ou coupé-collé n. m.
PL. coupés-collés
couperet n. m.
couperose n. f.
couperosé, ée adj.
coupeur, euse n.
coupe-vent n. m.
PL. inv. ou coupe-vents
couplage n. m.
couple n. m. et f.
couplé® n. m.
coupler v. tr. (conjug. 1)
couplet n. m.
coupleur n. m.

coupoir n. m.
coupole n. f.
coupon n. m.
couponing n. m.
couponnage n. m.
couponning n. m.
coupon-réponse n. m.
PL. coupons-réponse
coupure n. f.
couque n. f.
cour n. f.
courage n. m.
courageusement adv.
courageux, euse adj.
courailler v. intr. (conjug. 1)
couramment adv.
¹courant, ante adj.
²courant n. m. ; prép.
courante n. f.
courant-jet n. m.
PL. courants-jets (rec. off. pour jet-stream)
courantologie n. f.
courbaril n. m.
courbarine n. f.
courbatu, ue ou courbattu, ue adj.
courbature ou courbatture n. f.
courbaturer ou courbatturer v. tr. (conjug. 1)
courbe adj. et n.
courbé, ée adj.
courbement n. m.
courber v. tr. (conjug. 1)
courbette n. f.
courbure n. f.
courcaillet n. m.
courée n. f.
courette n. f.
coureur, euse n.
courge n. f.
courgette n. f.
courir v. (conjug. 11)
courlis n. m.
couronne n. f.
couronné, ée adj.
couronnement n. m.
couronner v. tr. (conjug. 1)

courre v. tr. (seult inf.)
courriel n. m. (rec. off. pour e-mail)
courrier n. m.
courriériste n.
courroie n. f.
courroucé, e adj.
courroucer v. tr. (conjug. 3)
courroux n. m.
cours n. m.
course n. f.
course-poursuite n. f.
PL. *courses-poursuites*
courser v. tr. (conjug. 1)
coursier, ière n.
coursive n. f.
courson n. m.
coursonne n. f.
¹**court, courte** adj.
²**court** n. m. ; adv.
courtage n. m.
courtaud, aude adj.
courtauder v. tr. (conjug. 1)
court-bouillon n. m.
PL. *courts-bouillons*
court-circuit n. m.
PL. *courts-circuits*
court-circuitage n. m.
court-circuiter v. tr. (conjug. 1)
court-courrier n. m.
PL. *court-courriers*
courtepointe n. f.
courtier, ière n. (rec. off. pour broker)
courtilière n. f.
courtine n. f.
courtisan, ane n. m. et adj.
courtisane n. f.
courtisanerie n. f.
courtiser v. tr. (conjug. 1)
court-jointé, ée adj.
PL. *court-jointés, ées*
court-jus n. m.
PL. *courts-jus*
court-noué n. m.
PL. *courts-noués*
courtois, oise adj.

courtoisement adv.
courtoisie n. f.
court-termisme n. m.
court-vêtu, ue adj.
PL. *court-vêtus, ues*
couru, ue adj.
couscous n. m.
couscoussier n. m.
cousette n. f.
couseur, euse n.
¹**cousin** n. m. (insecte)
²**cousin, ine** n.
cousinade n. f.
cousinage n. m.
cousiner v. intr. (conjug. 1)
coussin n. m.
coussinet n. m.
cousu, ue adj.
coût ou **cout*** n. m.
coûtant ou **coutant*** adj. m.
couteau n. m.
couteau-scie n. m.
PL. *couteaux-scies*
coutelas n. m.
coutelier, ière n. et adj.
coutellerie n. f.
coûter ou **couter*** v. (conjug. 1)
coûteusement ou **couteusement*** adv.
coûteux, euse ou **couteux, euse*** adj.
coutil [-ti] n. m.
coutre n. m.
coutume n. f.
coutumier, ière adj. et n.
couture n. f.
couturé, ée adj.
couturier n. m.
couturière n. f.
couvade n. f.
couvain n. m.
couvaison n. f.
couvée n. f.
couvent n. m.
couventine n. f.
couver v. (conjug. 1)
couvercle n. m.

¹**couvert, erte** adj.
²**couvert** n. m.
couverte n. f. (émail)
couverture n. f.
couveuse n. f.
couvoir n. m.
couvrant, ante adj.
couvre-chaussure n. m.
PL. *couvre-chaussures*
couvre-chef n. m.
PL. *couvre-chefs*
couvre-feu n. m.
PL. *couvre-feux*
couvre-joint n. m.
PL. *couvre-joints*
couvre-lit n. m.
PL. *couvre-lits*
couvre-livre n. m.
PL. *couvre-livres*
couvre-objet n. m.
PL. *couvre-objets*
couvre-pied ou **couvrepied*** n. m.
PL. *couvre-pieds* ou *couvrepieds**
couvre-plat n. m.
PL. *couvre-plats*
couvre-sol n. m. et n. m. inv.
couvreur, euse n.
couvrir v. (conjug. 18)
covalence n. f.
covalent, ente adj.
covariance n. f.
covariant, iante adj.
covedette n. f.
covelline n. f.
covenant n. m.
covendeur, euse n.
cover-girl ou **covergirl*** n. f.
PL. *cover-girls* ou *covergirls**
covoiturage n. m.
covolume n. m.
cow-boy ou **cowboy*** n. m.
PL. *cow-boys* ou *cowboys**
cow-pox ou **cowpox*** n. m. inv.
cox n. f. inv.
coxal, ale, aux adj.
coxalgie n. f.

coxalgique

coxalgique adj.
coxarthrose n. f.
coxofémoral, ale, aux adj.
coyau n. m.
coyote n. m.
C. P. n. m. inv. (cours préparatoire)
CPU n. f. (central processing unit)
C. Q. F. D. abrév. (ce qu'il fallait démontrer)
crabe n. m.
crabier n. m.
crabot n. m.
crabotage n. m.
crac interj.
crachat n. m.
craché adj. inv.
crachement n. m.
cracher v. (conjug. 1)
cracheur, euse adj. et n.
crachin n. m.
crachiner v. impers. (conjug. 1)
crachoir n. m.
crachotement n. m.
crachoter v. intr. (conjug. 1)
crachouiller v. (conjug. 1)
crachouillis n. m. pl.
crack n. m.
¹cracker n. m. (biscuit)
²cracker ou crackeur* n. m. (rec. off. : pirate)
cracking n. m. (rec. off. : craquage)
cracra adj. inv.
crade adj.
cradingue adj.
crado ou cradoque adj.
craie n. f.
craignos adj.
crailler v. intr. (conjug. 1)
craindre v. (conjug. 52)
crainte n. f.
craintif, ive adj.
craintivement adv.
crambe n. m.

cramé, ée adj.
cramer v. (conjug. 1)
cramique n. m.
cramoisi, ie adj.
crampe n. f.
crampillon n. m.
crampon n. m.
cramponnable adj.
cramponnage n. m.
cramponné, ée adj.
cramponnement n. m.
cramponner v. tr. (conjug. 1)
cramponnet n. m.
cran n. m.
cranberry n. f.
PL. cranberries
crâne n. m. ; adj.
crânement adv.
crâner v. intr. (conjug. 1)
crânerie n. f.
crâneur, euse n. et adj.
craniectomie n. f.
crânien, ienne adj.
craniologie n. f.
craniotomie n. f.
cranter v. tr. (conjug. 1)
cranteur, euse adj.
crapahuter v. intr. (conjug. 1)
crapaud n. m.
crapaud-buffle n. m.
PL. crapauds-buffles
crapaudine n. f.
crapauduc n. m.
crapette n. f.
crapoter v. intr. (conjug. 1)
crapoteux, euse adj.
crapouilleux, euse adj.
crapouillot n. m.
craps n. m.
crapule n. f.
crapulerie n. f.
crapuleusement adv.
crapuleux, euse adj.
craquage n. m. (rec. off. pour cracking)
craquant, ante adj.
craque n. f.
craquelage n. m.

craquèlement ou craquellement n. m.
craqueler v. tr. (conjug. 4)
craquelin n. m.
craquellement n. m.
craquelure n. f.
craquement n. m.
craquer v. (conjug. 1)
craquètement ou craquettement n. m.
craqueter v. intr. (conjug. 4)
craquettement n. m.
crase n. f.
crash n. m.
PL. crashs ou crashes
crasher (se) v. pron. (conjug. 1)
crash test n. m.
craspec adj. inv.
crassane n. f.
crasse adj. f. ; n. f.
crasseux, euse adj.
crassier n. m.
cratère n. m.
craterelle n. f.
cratériforme adj.
cratérisé, ée adj.
cravache n. f.
cravacher v. (conjug. 1)
cravate n. f.
cravater v. tr. (conjug. 1)
crave n. m.
crawl n. m.
crawler v. intr. (conjug. 1)
crawleur, euse n.
crayeux, euse adj.
crayon n. m.
crayonnage n. m.
crayonner v. tr. (conjug. 1)
CRDS n. f. (contribution pour le remboursement de la dette sociale)
cré adj. m.
créance n. f.
créancier, ière n.
créateur, trice n. et adj.
créatif, ive adj. et n. m.
créatine n. f.
créatinine n. f.

criminalistique

création n. f.
créationnisme n. m.
créationniste adj. et n.
créatique n. f.
créativité n. f.
créature n. f.
crécelle n. f.
crécerelle ou
 crècerelle* n. f.
crèche n. f.
crécher v. intr. (conjug. 6)
crédence n. f.
crédibilisation n. f.
crédibiliser v. tr.
 (conjug. 1)
crédibilité n. f.
crédible adj.
crédiblement adv.
crédirentier, ière n. et
 adj.
crédit n. m.
crédit-bail n. m.
 PL. *crédits-bails* (rec. off. pour
 leasing)
créditer v. tr. (conjug. 1)
créditeur, trice n.
crédit-temps n. m.
 PL. *crédits-temps*
credo ou crédo n. m.
 PL. inv. ou *crédos*
crédule adj.
crédulité n. f.
créer v. tr. (conjug. 1)
crémaillère n. f.
crémant n. m.
crémation n. f.
crématiste n.
crématoire adj.
crématorium ou
 crematorium n. m.
crème n. f. ; adj. n. m.
crémer v. intr. (conjug. 6)
crémerie ou crèmerie*
 n. f.
crémeux, euse adj.
crémier, ière n.
crémone n. f.
crénage n. m.
créneau n. m.
crénelage ou crènelage*
 n. m.

crénelé, ée ou crènelé*
 adj.
créneler ou crèneler*
 v. tr. (conjug. 4)
crénelure ou crènelure*
 n. f.
créner v. tr. (conjug. 6)
créole n. et adj.
créolisation n. f.
créoliser v. tr. (conjug. 1)
créosote n. f.
crêpage n. m.
crêpe n. f. ; n. m.
crêpelé, ée adj.
crêpelure n. f.
crêper v. tr. (conjug. 1)
crêperie n. f.
crépi n. m.
crépier, ière n.
crépine n. f.
crépinette n. f.
crépir v. tr. (conjug. 2)
crépissage n. m.
crépissure n. f.
crépitation n. f.
crépitement n. m.
crépiter v. intr. (conjug. 1)
crépon n. m.
crépu, ue adj.
crépusculaire adj.
crépuscule n. m.
crescendo [kreʃɛndo ;
 kreʃɛ̃do] adv. et n. m.
crésol n. m.
cresson [kresɔ̃ ; krasɔ̃]
 n. m.
cressonnette n. f.
cressonnière n. f.
crésyl® n. m.
crêt n. m.
crétacé, ée adj. et n. m.
crête n. f.
crêté, ée adj.
crête-de-coq n. f.
 PL. *crêtes-de-coq*
crételle n. f.
crétin, ine n.
crétinerie n. f.
crétinisant, ante adj.
crétinisation n. f.

crétiniser v. tr. (conjug. 1)
crétinisme n. m.
crétois, oise adj. et n.
cretonne n. f.
cretons n. m. pl.
creusement n. m.
creuser v. tr. (conjug. 1)
creuset n. m.
creux, creuse adj. et n. ;
 n. m.
crevaison n. f.
crevant, ante adj.
crevard, arde n. et adj.
crevasse n. f.
crevasser v. tr. (conjug. 1)
crève n. f.
crevé, ée adj. et n. m.
crève-cœur n. m.
 PL. *crève-cœurs*
crevée n. f.
crève-la-faim n. inv.
crève-misère n. inv.
crever v. (conjug. 5)
crevette n. f.
crevettier n. m.
cri n. m.
criaillement n. m.
criailler v. intr. (conjug. 1)
criaillerie n. f.
criant, criante adj.
criard, criarde adj.
criblage n. m.
crible n. m.
cribler v. tr. (conjug. 1)
cribleur, euse n.
cric n. m.
cric-crac ou criccrac*
 interj.
cricket [kʀikɛt] n. m.
cricoïde adj.
cricri n. m.
criée n. f.
crier v. (conjug. 7)
crieur, crieuse n.
crime n. m.
criminalisation n. f.
criminaliser v. tr.
 (conjug. 1)
criminaliste n.
criminalistique n. f.

criminalité

criminalité n. f.
criminel, elle adj. et n.
criminellement adv.
criminogène adj.
criminologie n. f.
criminologue n.
crin n. m.
crincrin n. m.
crinelle n. f.
crinière n. f.
crinoïdes n. m. pl.
crinoline n. f.
criocère n. m.
crique n. f.
criquer v. intr. (conjug. 1)
criquet n. m.
crise n. f.
criser v. intr. (conjug. 1)
crispant, ante adj.
crispation n. f.
crisper v. tr. (conjug. 1)
crispin n. m.
criss ou kriss n. m.
crissement n. m.
crisser v. intr. (conjug. 1)
cristal, aux n. m.
cristallerie n. f.
cristallier, ière n.
cristallin, ine adj. et n. m.
cristallinien, ienne adj.
cristallisable adj.
cristallisant, ante adj.
cristallisation n. f.
cristalliser v. tr. (conjug. 1)
cristallisoir n. m.
cristallite n. f.
cristallogenèse n. f.
cristallogénie n. f.
cristallographie n. f.
cristallographique adj.
cristalloïde adj. et n. m.
cristallophone n. m.
cristallophyllien, ienne adj.
criste-marine ou christe-marine n. f.
PL. cristes-marines ou christes-marines
critère n. m.

critériser v. tr. (conjug. 1)
critérium n. m.
crithme n. m.
criticailler v. intr. (conjug. 1)
criticisme n. m.
criticiste adj.
criticité n. f.
critiquable adj.
critique adj. ; n. ; n. f.
critiquer v. tr. (conjug. 1)
critiqueur, euse n.
croassement n. m.
croasser v. intr. (conjug. 1)
croate adj. et n.
crobard n. m.
croc n. m.
croc-en-jambe n. m.
PL. crocs-en-jambe
croche adj. ; n. f.
croche-patte n. m.
PL. croche-pattes
croche-pied ou crochepied* n. m.
PL. croche-pieds ou crochepieds*
crocher v. tr. (conjug. 1)
crochet n. m.
crochetable adj.
crochetage n. m.
crocheter v. tr. (conjug. 5)
crocheteur, euse n.
crochu, ue adj.
croco n. m. (crocodile)
crocodile n. m.
crocodiliens n. m. pl.
crocus n. m.
croire v. (conjug. 44)
croisade n. f.
croisé, ée adj. et n. m.
croisée n. f.
croisement n. m.
croiser v. (conjug. 1)
croisette n. f.
croiseur n. m.
croisière n. f.
croisiériste n.
croisillon n. m.
croissance n. f.
¹croissant, ante adj.

²croissant n. m.
croissanterie® n. f.
croît ou croit* n. m.
croître ou croitre* v. intr. (conjug. 55)
croix n. f.
crolle n. f.
crollé, ée adj. et n.
croller v. intr. (conjug. 1)
cromalin® n. m.
cromlech n. m.
cromorne n. m.
crooner ou crooneur* n. m.
croquant, ante adj. ; n. m.
croque n. m.
croque au sel (à la) loc. adv.
croque-madame ou croquemadame* n. m.
PL. inv. ou croquemadames*
croquembouche n. m.
croquemitaine ou croque-mitaine n. m.
PL. croque(-)mitaines
croque-monsieur ou croquemonsieur* n. m.
PL. inv. ou croquemonsieurs*
croque-mort ou croquemort n. m.
PL. croque(-)morts
croquenot n. m.
croquer v. (conjug. 1)
croquet n. m.
croquette n. f.
croqueur, euse adj. et n.
croquignole n. f.
croquignolesque adj.
croquignolet, ette adj.
croquis n. m.
croskill n. m.
crosne n. m.
cross n. m.
cross-country ou crosscountry* n. m.
PL. cross-countrys ou crosscountrys*
crosse n. f.
crossé adj. m.
crosser v. tr. (conjug. 1)
crossette n. f.

crossing-over [kʀɔsiŋɔvœʀ] n. m. inv.
crossoptérygiens n. m. pl.
crotale n. m.
croton n. m.
crotte n. f.
crotter v. (conjug. 1)
crottin n. m.
croulant, ante adj. et n.
croule n. f.
crouler v. intr. (conjug. 1)
croup [kʀup] n. m.
croupade n. f.
croupe n. f.
croupetons (à) loc. adv.
croupier, ière n.
croupière n. f.
croupion n. m.
croupir v. intr. (conjug. 2)
croupissant, ante adj.
croupissement n. m.
croupon n. m.
croustade n. f.
croustillance n. f.
croustillant, ante adj.
croustille n. f.
croustiller v. intr. (conjug. 1)
croustilles n. f. pl.
croustilleux, euse adj.
croustillon n. m.
croûte ou **croute*** n. f.
croûté, ée ou **crouté, ée*** adj.
croûter ou **crouter*** v. (conjug. 1)
croûteux, euse ou **crouteux, euse*** adj.
croûton ou **crouton*** n. m.
crouzet n. m.
crown-glass [kʀonglas] n. m. inv.
croyable adj.
croyance n. f.
croyant, ante adj. et n.
crozet n. m.
C. R. S. n. m. (compagnie républicaine de sécurité)

¹**cru, crue** adj.
²**cru** n. m.
cruauté n. f.
cruche n. f.
cruchon n. m.
crucial, iale, iaux adj.
crucifère adj.
crucifié, iée adj.
crucifiement n. m.
crucifier v. tr. (conjug. 7)
crucifix [-fi] n. m.
crucifixion n. f.
cruciforme adj.
cruciverbiste n.
crudité n. f.
crudivore adj.
crudivoriste n.
crue n. f.
cruel, cruelle adj.
cruellement adv.
cruenté, ée adj.
cruiser ou **cruiseur*** [kʀuzœʀ] n. m.
crumble [kʀœmbœl] n. m.
crûment ou **crument*** adv.
crural, ale, aux adj.
cruralgie n. f.
crustacé, ée adj. et n. m.
crustal, ale, aux adj.
cruzado [kʀuza-; kʀusa-] n. m.
cruzeiro [kʀuzɛʀo; kʀusejʀo] n. m.
cryobroyage n. m.
cryochimie n. f.
cryochirurgie n. f.
cryoconducteur, trice adj.
cryoconservation n. f.
cryogène adj.
cryogénie n. f.
cryogénique adj.
cryogénisation n. f.
cryogéniser v. tr. (conjug. 1)
cryolithe ou **cryolite** n. f.
cryométrie n. f.
cryophysique n. f.

cryoscopie n. f.
cryostat n. m.
cryotempérature n. f.
cryothérapie n. f.
cryothermie n. f.
cryothermique adj.
cryotron n. m.
cryoturbation n. f.
cryptage n. m.
cryptanalyse n. f.
crypte n. f.
crypté, ée adj.
crypter v. tr. (conjug. 1)
cryptique adj.
cryptoanalyse n. f.
cryptobiose n. f.
cryptobiotique adj.
cryptococcose n. f.
cryptocommuniste adj. et n.
cryptogame adj. et n. m.
cryptogamique adj.
cryptogénétique adj.
cryptogénique adj.
cryptogramme n. m.
cryptographe n.
cryptographie n. f.
cryptographier v. tr. (conjug. 7)
cryptographique adj.
cryptologie n. f.
cryptologique adj.
cryptologue n.
cryptophane n. m.
cryptorchidie [kʀiptɔʀkidi] n. f.
cryptosporidiose n. f.
C. S. G. n. f. (contribution sociale généralisée)
cténaires n. m. pl.
cténophores n. m. pl.
cuadrilla [kwadʀija] n. f.
cubage n. m.
cubature n. f.
cube n. m.
cubèbe n. m.
cuber v. (conjug. 1)
cuberdon n. m.
cubi n. m.
cubilot n. m.

cubique adj. et n. f.
cubisme n. m.
cubiste adj. et n.
cubitainer® n. m. (rec. off. : caisse-outre)
cubital, ale, aux adj.
cubitière n. f.
cubitus n. m.
cuboïde n. m.
cuboméduse n. f.
cucu ou **cucul** adj.
cuculle n. f.
cucurbitacées n. f. pl.
cucurbitain ou **cucurbitin** n. m.
cucurbite n. f.
cucurbitin n. m.
cucuterie n. f.
cueillaison n. f.
cueillette n. f.
cueilleur, euse n.
cueillir v. tr. (conjug. 12)
cueilloir n. m.
cuesta n. f.
cui-cui ou **cuicui** interj. et n. m.
PL. INV. ou *cuicuis*
cuillère ou **cuiller** n. f.
cuillerée ou **cuillerée** n. f.
cuilleron n. m.
cuir n. m.
cuirasse n. f.
cuirassé, ée adj. et n. m.
cuirassement n. m.
cuirasser v. tr. (conjug. 1)
cuirassier n. m.
cuire v. (conjug. 38)
cuisant, ante adj.
cuiseur n. m.
cuisinable adj.
cuisine n. f.
cuisiné, ée adj.
cuisiner v. (conjug. 1)
cuisinette n. f. (rec. off. pour kitchenette)
cuisinier, ière n.
cuisinière n. f.
cuisiniste n.
cuissage n. m.

cuissard n. m.
cuissarde n. f.
cuisse n. f.
¹**cuisseau** ou **cuissot** n. m. (cuisseau, cuisse de gibier)
²**cuisseau** n. m. (partie du veau)
cuissettes n. f. pl.
cuisson n. f.
cuissot n. m.
cuistance n. f.
cuistot n. m.
cuistre n. m.
cuistrerie n. f.
cuit, cuite adj.
cuite n. f.
cuiter (se) v. pron. (conjug. 1)
cuit-tout ou **cuitout*** n. m.
PL. INV. ou *cuit-touts*
cuit-vapeur n. m.
PL. INV. ou *cuit-vapeurs*
cuivrage n. m.
cuivre n. m.
cuivré, ée adj.
cuivrer v. tr. (conjug. 1)
cuivreux, euse adj.
cuivrique adj.
cul n. m.
culard, arde adj.
culasse n. f.
cul-bénit n. m.
PL. *culs-bénits*
cul-blanc n. m.
PL. *culs-blancs*
culbutage n. m.
culbute n. f.
culbuter v. (conjug. 1)
culbuteur n. m.
culbuto n. m.
cul-de-basse-fosse n. m.
PL. *culs-de-basse-fosse*
cul-de-bus n. m.
PL. *culs-de-bus*
cul-de-four n. m.
PL. *culs-de-four*
cul-de-jatte n. et adj.
PL. *culs-de-jatte*
cul-de-lampe n. m.
PL. *culs-de-lampe*

cul-de-poule n. m.
PL. *culs-de-poule*
cul-de-sac n. m.
PL. *culs-de-sac*
cul-doré n. m.
PL. *culs-dorés*
culée n. f.
culer v. intr. (conjug. 1)
culeron n. m.
culière n. f.
culinaire adj.
culminant, ante adj.
culmination n. f.
culminer v. intr. (conjug. 1)
culot n. m.
culottage n. m.
culotte n. f.
culotté, ée adj.
culotter v. tr. (conjug. 1)
culottier, ière n.
culpabilisant, ante adj.
culpabilisation n. f.
culpabiliser v. (conjug. 1)
culpabilité n. f.
cul-rouge n. m.
PL. *culs-rouges*
culte n. m.
cul-terreux n. m.
PL. *culs-terreux*
cultisme n. m.
cultivable adj.
cultivar n. m.
cultivateur, trice n.
cultivé, ée adj.
cultiver v. tr. (conjug. 1)
cultuel, elle adj.
cultural, ale, aux adj.
culturalisme n. m.
culturaliste adj. et n.
culture n. f.
culturel, elle adj.
culturellement adv.
cultureux, euse n. et adj.
culturisme n. m.
culturiste adj. et n.
cumin n. m.
cumul n. m.
cumulable adj.
cumulard, arde n.
cumulatif, ive adj.

cumulativement adv.
cumuler v. tr. (conjug. 1)
cumulet n. m.
cumulonimbus n. m.
cumulostratus n. m.
cumulovolcan n. m.
cumulus n. m.
cunéiforme adj.
cunicole adj.
cunnilingus n. m.
cupcake n. m.
cupide adj.
cupidement adv.
cupidité n. f.
cuprifère adj.
cuprique adj.
cuprite n. f.
cupro n. m.
cuproalliage n. m.
cuproammoniacal, ale, aux adj.
cupronickel n. m.
cupule n. f.
cupulifères n. f. pl.
curabilité n. f.
curable adj.
curaçao n. m.
curage n. m.
curaillon n. m.
curare n. m.
curarisant, ante adj. et n. m.
curarisation n. f.
curatelle n. f.
curateur, trice n.
curatif, ive adj.
curcuma n. m.
curcumine n. f.
cure n. f.
curé n. m.
cure-dent n. m.
PL. cure-dents
curée n. f.
cure-ongle(s) n. m.
PL. cure-ongles
cure-oreille n. m.
PL. cure-oreilles
cure-pipe n. m.
PL. cure-pipes
curer v. tr. (conjug. 1)

curetage n. m.
cureter v. tr. (conjug. 4)
cureton n. m.
curette n. f.
curial, iale, iaux adj.
curie n. f. ; n. m.
curiethérapie n. f.
curieusement adv.
curieux, ieuse adj. et n.
curiosa n. f. pl.
curiosité n. f.
curiste n.
curium n. m.
curling n. m.
curriculum n. m.
curriculum vitæ n. m.
PL. inv. ou curriculums vitæ
curry n. m.
PL. currys
curseur n. m.
cursif, ive adj.
cursus n. m.
curule adj.
curviligne adj.
curvimètre n. m.
cuscute n. f.
cuspide n. f.
custode n. f.
custom [kœstɔm] n. m.
customisation [kœstɔmizasjɔ̃] n. f.
customiser [kœstɔmize] v. tr. (conjug. 1)
cutané, ée adj.
cuti n. f.
cuticule n. f.
cutiréaction ou cuti-réaction n. f.
PL. cutiréactions ou cutis-réactions
cutter ou cutteur [kœtœʀ ; kytɛʀ] n. m.
cuvage n. m.
cuvaison n. f.
cuve n. f.
cuveau n. m.
cuvée n. f.
cuvelage n. m.
cuveler v. tr. (conjug. 4)
cuver v. (conjug. 1)

cuvette n. f.
cuvier n. m.
C. V. n. m. inv. (curriculum vitae)
cyan n. m.
cyanamide n. f.
cyanée n. f.
cyanhydrique adj.
cyanobactéries n. f. pl.
cyanogène n. m.
cyanose n. f.
cyanoser v. tr. (conjug. 1)
cyanuration n. f.
cyanure n. m.
cyberachat n. m.
cyberacheteur, euse n.
cyberbanque n. f.
cybercafé n. m.
cyberconsommateur, trice n.
cyberconsommation n. f.
cybercriminalité n. f.
cyberculture n. f.
cyberdélinquance n. f.
cyberdépendance n. f.
cyberdépendant, ante n. f.
cyberdrague n. f.
cyberespace n. m.
cyberguerre n. f.
cyberlangage n. m.
cybermarchand n. m.
cybermonde n. m.
cybernaute n.
cybernéticien, ienne n.
cybernétique n. f.
cyberpirate n. m.
cybersexe n. m.
cyberspace n. m.
cyberterrorisme n. m.
cyberterroriste n.
cyberthèque n. f.
cybertravailleur, euse n.
cyborg n. m.
cycas n. m.
cyclable adj.
cyclamen n. m.
cycle n. m.
cyclique adj.

cycliquement

cycliquement adv.
cycliser v. tr. (conjug. 1)
cyclisme n. m.
cycliste adj. et n.
cyclo n. m.
cyclocross ou
   cyclo-cross n. m. inv.
cycloïdal, ale, aux adj.
cycloïde n. f.
cyclomoteur n. m.
cyclomotoriste n.
cyclone n. m.
cyclonique adj.
cyclope n. m.
cyclopéen, enne adj.
cyclopousse ou
   cyclo-pousse n. m.
   PL. *cyclo(-)poussses*
cyclorama n. m.
cycloramuer n. m.
cyclosporine n. f.
cyclostome n. m.
cyclothymie n. f.
cyclothymique adj. et n.
cyclotourisme n. m.
cyclotouriste adj. et n.
cyclotron n. m.
cygne n. m.
cylindrage n. m.
cylindre n. m.
cylindrée n. f.
cylindrer v. tr. (conjug. 1)
cylindrique adj.
cylindro-ogival, ale, aux adj.
cylindrurie n. f.
cymbalaire n. f.
cymbale n. f.
cymbalier n. m.
cymbaliste n.
cymbalum n. m.
cyme n. f.
cymrique adj. et n.
cyndinicien, ienne n.
cyndinique n. f.
cynégétique adj. et n. f.
cynips n. m.
cynique adj.
cyniquement adv.
cynisme n. m.
cynocéphale adj. et n. m.
cynodrome n. m.
cynoglosse n. f.
cynophile adj. et n.
cynorhodon ou
   cynorrhodon n. m.
cyphoscoliose n. f.
cyphose n. f.
cyprès n. m.
cyprin n. m.
cyprine n. f.
cyprinidé n. m.
cyprinodontidé n. m.
cyrard n. m.
cyrillique adj.
cystectomie n. f.
cystéine n. f.
cysticerque n. m.
cystine n. f.
cystique adj.
cystite n. f.
cystographie n. f.
cystoscope n. m.
cystoscopie n. f.
cystotomie n. f.
cytise n. m.
cytobactériologique adj.
cytochrome n. m.
cytodiagnostic n. m.
cytodiérèse n. f.
cytogénéticien, ienne adj.
cytogénétique n. f.
cytokines n. f. pl.
cytokinine n. f.
cytologie n. f.
cytologique adj.
cytologiste n.
cytolyse n. f.
cytomégalovirus n. m.
cytoplasme n. m.
cytoplasmique adj.
cytosine n. f.
cytosol n. m.
cytosquelette n. m.
cytothèque n. f.
cytotoxicité n. f.
cytotoxique adj.
czar n. m.
czardas [gzaRdas ; tsaRdas] n. f.

d

d n. m. inv. ; abrév. et symb.
D n. m. inv. ; abrév. et symb.
da interj.
dab ou dabe n. m. (père)
DAB n. m. (distributeur automatique de billets)
dabe n. m. (père)
dabiste n.
d'abord loc. adv.
d'ac loc. adv.
da capo loc. adv.
d'accord loc. adv.
dacron® n. m.
dactyle n. m.
dactylique adj.
dactylo n. ; n. f.
dactylographe n.
dactylographie n. f.
dactylographier v. tr. (conjug. 7)
dactylographique adj.
dactylologie n. f.
dactylologique adj.
dactyloscopie n. f.
dada n. m.
dadais n. m.
dadaïsme n. m.
dadaïste n. et adj.
dague n. f.
daguerréotype n. m.
daguet n. m.
dahir n. m.
dahlia n. m.
dahu n. m.
daigner v. tr. (conjug. 1)
daïkon n. m.
daim n. m.
daïmio ou daimyo n. m.

daine n. f.
daïquiri n. m.
dais n. m.
dalaï-lama ou **dalaïlama** n. m.
PL. *dalaï-lamas* ou *dalaïlamas**
daleau n. m.
dallage n. m.
dalle n. f.
dalle (que) loc.
daller v. tr. (conjug. 1)
dalleur n. m.
dalmate adj. et n.
dalmatien, ienne n.
dalmatique n. f.
dalot ou **daleau** n. m.
dalton n. m.
daltonien, ienne adj. et n.
daltonisme n. m.
dam n. m.
damage n. m.
damalisque n. m.
daman n. m.
damas n. m.
damasquinage n. m.
damasquiner v. tr. (conjug. 1)
damasquineur n. m.
damasquinure n. f.
damassé, ée adj.
damasser v. tr. (conjug. 1)
damassine n. f.
damassure n. f.
dame n. f. ; interj.
dame-d'onze-heures n. f.
PL. *dames-d'onze-heures*
dame-jeanne n. f.
PL. *dames-jeannes*
damer v. tr. (conjug. 1)
dameuse n. f.
damier n. m.
damnable [danabl] adj.
damnation [danɑsjɔ̃] n. f.
damné, ée [dane] adj. et n.
damner [dane] v. tr. (conjug. 1)
damoiseau n. m.
damoiselle n. f.

dan [dan] n. m.
danaïde n. f.
dance [dɑ̃s] n. f. (music)
dancing [dɑ̃siŋ] n. m.
dandinement n. m.
dandiner v. tr. (conjug. 1)
dandinette n. f.
dandy n. m.
PL. *dandys* ou *dandies*
dandysme n. m.
danger n. m.
dangereusement adv.
dangereux, euse adj.
dangerosité n. f.
danien, ienne adj. et n. m.
danois, oise adj. et n.
dans prép.
dansable adj.
dansant, ante adj.
danse n. f.
danser v. (conjug. 1)
danseur, euse n.
dansoter ou **dansotter** v. intr. (conjug. 1)
dantesque adj.
D. A. O. n. m. (dessin assisté par ordinateur)
daphné n. m.
daphnie n. f.
daraise n. f.
darbouka ou **derbouka** n. f.
darce n. f.
dard n. m.
darder v. tr. (conjug. 1)
dare-dare ou **daredare*** adv.
dariole n. f.
darique n. f.
darjeeling [daʀ(d)ʒiliŋ] n. m.
darne n. f.
daron, onne n.
darse ou **darce** n. f.
dartre n. f.
dartreux, euse adj.
dartrose n. f.
darwinesque [daʀwi-] adj.
darwinien, ienne [daʀwi-] adj.

darwinisme [daʀwi-] n. m.
darwiniste [daʀwi-] adj. et n.
DASS n. f. (direction des affaires sanitaires et sociales)
dasyure n. m.
D. A. T. n. m. (digital audio tape)
datable adj.
datage n. m.
dataire n. m.
datation n. f.
datcha n. f.
date n. f.
dater v. (conjug. 1)
daterie n. f.
dateur, euse adj. et n. m.
datif, ive adj. ; n. m.
dation n. f.
datte n. f.
dattier n. m.
datura n. m.
D. A. U. n. m. (document administratif unique)
daube n. f.
dauber v. (conjug. 1)
daubeur, euse adj. et n.
daubière n. f.
dauphin n. m.
dauphinat n. m.
dauphine n. f.
dauphinelle n. f.
dauphinois, oise adj. et n.
daurade n. f.
davantage adv.
davier n. m.
dazibao [da(d)zibao] n. m.
D. B. n. f. inv. (division blindée)
dB symb. (décibel)
D. B. O. n. f. (demande biochimique en oxygène)
D. C. A. n. f. (défense contre avions)
D. C. I. n. f. (dénomination commune internationale)
D. C. O. n. f. (demande chimique en oxygène)
d. d. p. n. f. (différence de potentiel)

D. D. T. n. m.
(dichloro-diphényl-trichloréthane)
de prép. ; art. indéf. et partitif
dé n. m.
D. E. A. n. m. (diplôme d'études approfondies)
dead-heat ou **deadheat*** n. m.
PL. *dead-heats* ou *deadheats**
deal [dil] n. m.
¹**dealer** ou **dealeur** [dilœʀ]
²**dealer** [dile] v. tr. (conjug. 1)
dealeur, euse n.
déambulateur n. m.
déambulation n. f.
déambulatoire n. m.
déambuler v. intr. (conjug. 1)
débâcle n. f.
débâcler v. (conjug. 1)
débagouler v. (conjug. 1)
débâillonner v. tr. (conjug. 1)
déballage n. m.
déballastage n. m.
déballer v. tr. (conjug. 1)
déballonner (se) v. pron. (conjug. 1)
débanalisation n. f.
débanaliser v. tr. (conjug. 1)
débandade n. f.
débander v. (conjug. 1)
débaptiser v. tr. (conjug. 1)
débarbouillage n. m.
débarbouiller v. tr. (conjug. 1)
débarbouillette n. f.
débarcadère n. m.
débardage n. m.
débarder v. tr. (conjug. 1)
débardeur, euse n.
débarouler v. intr. (conjug. 1)
débarque n. f.
débarqué, ée adj. et n.
débarquement n. m.
débarquer v. (conjug. 1)

débarras n. m.
débarrasser v. tr. (conjug. 1)
débarrasseur, euse n.
débarrer v. tr. (conjug. 1)
débat n. m.
debater n. m.
débâter v. tr. (conjug. 1)
débâtir v. tr. (conjug. 2)
débattement n. m.
débatteur ou **debater** n. m.
débattre v. (conjug. 41)
débauchage n. m.
débauche n. f.
débauché, ée adj. et n.
débaucher v. tr. (conjug. 1)
débecter v. tr. (conjug. 1)
débenture n. f.
débenzolage [-bɛ̃-] n. m.
débenzoler [-bɛ̃-] v. tr. (conjug. 1)
débet n. m.
débile adj. et n.
débilement adv.
débilitant, ante adj.
débilité n. f.
débiliter v. tr. (conjug. 1)
débillarder v. tr. (conjug. 1)
débine n. f.
débiner v. tr. (conjug. 1)
débiner (se) v. pron. (conjug. 1)
débiper v. tr. (conjug. 1)
débirentier, ière n.
débit n. m.
débitable adj.
débitage n. m.
débitant, ante n.
débiter v. tr. (conjug. 1)
¹**débiteur, euse** n. (ouvrier)
²**débiteur, trice** n. (qui a des dettes)
débitmètre n. m.
déblai n. m.
déblaiement n. m.
déblatérer v. intr. (conjug. 6)
déblayage n. m.
déblayer v. tr. (conjug. 8)

déblocage n. m.
débloquant, ante adj.
débloquer v. (conjug. 1)
débobiner v. tr. (conjug. 1)
débogage n. m.
déboguer v. tr. (conjug. 1)
débogueur n. m.
déboire n. m.
déboisage n. m.
déboisement n. m.
déboiser v. tr. (conjug. 1)
déboîtement ou **déboitement*** n. m.
déboîter ou **déboiter*** v. (conjug. 1)
débonder v. tr. (conjug. 1)
débonnaire adj.
débonnairement adv.
débonnaireté n. f.
débord n. m.
débordant, ante adj.
débordé, ée adj.
débordement n. m.
déborder v. (conjug. 1)
débosselage n. m.
débosseler v. tr. (conjug. 4)
débosseleur, euse n.
débotté n. m.
¹**débotter** n. m.
²**débotter** v. tr. (conjug. 1)
débouchage n. m.
débouché n. m.
débouchement n. m.
déboucher v. (conjug. 1)
déboucheur n. m.
débouchoir n. m.
déboucler v. tr. (conjug. 1)
débouler v. intr. (conjug. 1)
déboulocheur n. m.
déboulonnage n. m.
déboulonnement n. m.
déboulonner v. tr. (conjug. 1)
débouquement n. m.
débouquer v. intr. (conjug. 1)
débourbage n. m.
débourber v. tr. (conjug. 1)
débourbeur n. m.

débourgeoisé, ée adj.
débourrage n. m.
débourrement n. m.
débourrer v. (conjug. 1)
débours n. m.
déboursement n. m.
débourser v. tr. (conjug. 1)
déboussolant, ante adj.
déboussolement n. m.
déboussoler v. tr. (conjug. 1)
debout adv.
débouté n. m.
déboutement n. m.
débouter v. tr. (conjug. 1)
déboutonnage n. m.
déboutonner v. tr. (conjug. 1)
débraguetter v. tr. (conjug. 1)
débraillé, ée adj. et n. m.
débrailler (se) v. pron. (conjug. 1)
débranché, ée adj.
débranchement n. m.
débrancher v. tr. (conjug. 1)
débrayable adj.
débrayage n. m.
débrayer v. (conjug. 8)
débridage n. m.
débridé, ée adj.
débridement n. m.
débrider v. tr. (conjug. 1)
débriefer v. tr. (conjug. 1)
débriefing n. m.
débris n. m.
débrochage n. m.
débrocher v. tr. (conjug. 1)
débronzage n. m.
débrouillage n. m.
débrouillard, arde adj. et n.
débrouillardise n. f.
débrouille n. f.
débrouillement n. m.
débrouiller v. tr. (conjug. 1)
débroussaillage n. m.
débroussaillant, ante n. m. et adj.

débroussaillement n. m.
débroussailler v. tr. (conjug. 1)
débroussailleuse n. f.
débrousser v. tr. (conjug. 1)
débuché ou débucher n. m.
débucher v. (conjug. 1)
débudgétisation n. f.
débudgétiser v. tr. (conjug. 1)
débureaucratisation n. f.
débureaucratiser v. tr. (conjug. 1)
débusquer v. tr. (conjug. 1)
début n. m.
débutant, ante adj. et n.
débuter v. intr. et tr. (conjug. 1)
déca n. m.
deçà adv.
décachetage n. m.
décacheter v. tr. (conjug. 4)
décadaire adj.
décade n. f.
décadence n. f.
décadent, ente adj. et n. m.
décadentisme n. m.
décadi n. m.
décadrer v. tr. (conjug. 1)
décaèdre adj. et n. m.
décaféination n. f.
décaféiné, ée adj. et n. m.
décagonal, ale, aux adj.
décagone n. m.
décaissement n. m.
décaisser v. tr. (conjug. 1)
décalage n. m.
décalaminage n. m.
décalaminer v. tr. (conjug. 1)
décalcifiant, iante adj.
décalcification n. f.
décalcifier v. tr. (conjug. 7)
décalcomanie n. f.
décalé, ée adj. et n.
décaler v. tr. (conjug. 1)
décalitre n. m.
décalogue n. m.

décalotter v. tr. (conjug. 1)
décalquage n. m.
décalque n. m.
décalquer v. tr. (conjug. 1)
décalvant, ante adj.
décamètre n. m.
décamétrique adj.
décamper v. intr. (conjug. 1)
décan n. m.
décanal, ale, aux adj.
décanat n. m.
décaniller v. intr. (conjug. 1)
décantage n. m.
décantation n. f.
décanter v. (conjug. 1)
décanteur, euse adj. et n. m.
décapage n. m.
décapant, ante adj. et n. m.
décapeler v. tr. (conjug. 4)
décapement n. m.
décaper v. tr. (conjug. 1)
décapeur n. m.
décapeuse n. f. (rec. off. pour scraper)
décapitalisation n. f.
décapitaliser v. tr. (conjug. 1)
décapitation n. f.
décapiter v. tr. (conjug. 1)
décapode adj. et n. m.
décapole n. m.
décapotable adj.
décapoter v. tr. (conjug. 1)
décapsulage n. m.
décapsulation n. f.
décapsuler v. tr. (conjug. 1)
décapsuleur n. m.
décapuchonner v. tr. (conjug. 1)
décarbonater v. tr. (conjug. 1)
décarboxylase n. f.
décarboxylation n. f.
décarburant, ante adj.
décarburation n. f.

décarburer

décarburer v. tr. (conjug. 1)
décarcasser (se) v. pron. (conjug. 1)
décarottage n. m.
décarreler v. tr. (conjug. 4)
décartellisation n. f.
décasyllabe adj. et n.
décasyllabique adj.
décathlon n. m.
décathlonien, ienne n.
décati, ie adj.
décatir v. tr. (conjug. 2)
décatissage n. m.
décatisseur, euse adj. et n.
decauville n. m.
décavaillonner v. tr. (conjug. 1)
décavaillonneuse n. f.
décavé, ée adj.
décaver v. tr. (conjug. 1)
decca n. f.
décéder v. intr. (conjug. 6)
décelable adj.
décèlement n. m.
déceler v. tr. (conjug. 5)
décélération n. f.
décélérer v. intr. (conjug. 6)
décembre n. m.
décembriste n. m.
décemment adv.
décemvir n. m.
décemviral, ale, aux adj.
décemvirat n. m.
décence n. f.
décennal, ale, aux adj.
décennie n. f.
décent, ente adj.
décentrage n. m.
décentralisateur, trice adj. et n.
décentralisation n. f.
décentraliser v. tr. (conjug. 1)
décentration n. f.
décentrement n. m.
décentrer v. tr. (conjug. 1)
déception n. f.
décercler v. tr. (conjug. 1)
décérébration n. f.
décérébrer v. tr. (conjug. 6)
décerner v. tr. (conjug. 1)
décervelage n. m.
décerveler v. tr. (conjug. 4)
décerveleur, euse n.
décès n. m.
décevant, ante adj.
décevoir v. tr. (conjug. 28)
déchaîné, ée ou déchainé, ée* adj.
déchaînement ou déchainement* n. m.
déchaîner ou déchainer* v. tr. (conjug. 1)
déchant n. m.
déchanter v. intr. (conjug. 1)
déchaperonner v. tr. (conjug. 1)
décharge n. f.
déchargement n. m.
décharger v. tr. (conjug. 3)
décharné, ée adj.
décharner v. tr. (conjug. 1)
déchaumage n. m.
déchaumer v. tr. (conjug. 1)
déchaumeuse n. f.
déchaussage n. m.
déchaussé, ée adj.
déchaussement n. m.
déchausser v. tr. (conjug. 1)
déchausseuse n. f.
déchaussoir n. m.
déchaux adj. m.
dèche n. f.
déchéance n. f.
déchet n. m.
déchetterie ou déchèterie* n. f.
déchettiste n.
déchiffonner v. tr. (conjug. 1)
déchiffrable adj.
déchiffrage n. m.
déchiffrement n. m.
déchiffrer v. tr. (conjug. 1)
déchiffreur, euse n.
déchiquetage n. m.
déchiqueté, ée adj.
déchiqueter v. tr. (conjug. 4)
déchiqueteur n. m.
déchiqueteuse n. f.
déchiqueture n. f.
déchirage n. m.
déchirant, ante adj.
déchiré, ée adj.
déchirement n. m.
déchirer v. tr. (conjug. 1)
déchirure n. f.
déchlorurer [-k-] v. tr. (conjug. 1)
déchoir v. (conjug. 25 ; futur je déchoirai ; pas d'impér. ni de p. prés.)
déchoquage n. m.
déchristianisation [-k-] n. f.
déchristianiser [-k-] v. tr. (conjug. 1)
déchronologie [-k-] n. f.
déchu, ue adj.
déci n.
décibel n. m.
décibélique adj.
décidabilité n. f.
décidable adj.
décidé, ée adj.
de-ci de-là loc. adv.
décidément adv.
décider v. tr. (conjug. 1)
décideur, euse n.
décidu, ue adj.
décidual, ale, aux adj. et n. f.
décigramme n. m.
décilage n. m.
décile n. m.
décilitre n. m.
décimal, ale, aux adj. et n. f.
décimalisation n. f.
décimaliser v. tr. (conjug. 1)
décimalité n. f.
décimation n. f.

décime n. f. et m.
décimer v. tr. (conjug. 1)
décimètre n. m.
décimétrique adj.
décintrage n. m.
décintrement n. m.
décintrer v. tr. (conjug. 1)
décisif, ive adj.
décision n. f.
décisionnaire n. et adj.
décisionnel, elle adj.
décisivement adv.
décisoire adj.
décitex n. m.
déclamateur, trice n.
déclamation n. f.
déclamatoire adj.
déclamer v. (conjug. 1)
déclarant, ante n.
déclaratif, ive adj.
déclaration n. f.
déclaratoire adj.
déclaré, ée adj.
déclarer v. tr. (conjug. 1)
déclassé, ée adj. et n.
déclassement n. m.
déclasser v. tr. (conjug. 1)
déclassification n. f.
déclassifier v. tr. (conjug. 7)
déclaveter v. tr. (conjug. 4)
déclenchant, ante adj.
déclenchement n. m.
déclencher v. tr. (conjug. 1)
déclencheur n. m.
décléricaliser v. tr. (conjug. 1)
déclic n. m.
déclin n. m.
déclinable adj.
déclinaison n. f.
déclinant, ante adj.
déclinatoire adj. et n. m.
décliner v. (conjug. 1)
décliquetage n. m.
décliqueter v. tr. (conjug. 4)
déclive adj.
déclivité n. f.
décloisonnement n. m.
décloisonner v. tr. (conjug. 1)
déclore v. tr. (conjug. 45)
déclouer v. tr. (conjug. 1)
déco n. f. (décoration)
décochage n. m.
décochement n. m.
décocher v. tr. (conjug. 1)
décocté n. m.
décoction n. f.
décodage n. m.
décoder v. tr. (conjug. 1)
décodeur n. m.
décoffrage n. m.
décoffrer v. tr. (conjug. 1)
décoiffage n. m.
décoiffant, ante adj.
décoiffement n. m.
décoiffer v. tr. (conjug. 1)
décoinçage n. m.
décoincer v. tr. (conjug. 3)
décolérer v. intr. (conjug. 6)
décollable adj.
décollage n. m.
décollation n. f.
décollecte n. f.
décollement n. m.
décoller v. (conjug. 1)
décolletage n. m.
décolleté, ée adj. et n. m.
décolleter v. tr. (conjug. 4)
décolleteur, euse n.
décolleuse n. f.
décolonisation n. f.
décoloniser v. tr. (conjug. 1)
décolorant, ante adj. et n. m.
décoloration n. f.
décolorer v. tr. (conjug. 1)
décombres n. m. pl.
décommander v. tr. (conjug. 1)
décommettre v. tr. (conjug. 56)
de commodo et incommodo loc. adj.
décommunisation n. f.
décommuniser v. tr. (conjug. 1)

décompactage n. m.
décompacter v. tr. (conjug. 1)
décompensation n. f.
décompensé, ée adj.
décompenser v. intr. (conjug. 1)
décompilation n. f.
décompiler v. tr. (conjug. 1)
décomplexé, ée adj.
décomplexer v. tr. (conjug. 1)
décomposable adj.
décomposer v. tr. (conjug. 1)
décomposeur n. m.
décomposition n. f.
décompresser v. (conjug. 1)
décompresseur n. m.
décompression n. f.
décomprimer v. tr. (conjug. 1)
décompte n. m.
décompter v. tr. (conjug. 1)
déconcentration n. f.
déconcentrer v. tr. (conjug. 1)
déconcertant, ante adj.
déconcerter v. tr. (conjug. 1)
décondenser v. tr. (conjug. 1)
déconditionnement n. m.
déconditionner v. tr. (conjug. 1)
déconfit, ite adj.
déconfiture n. f.
décongélation n. f.
décongeler v. tr. (conjug. 5)
décongestif, ive adj. et n. m.
décongestion n. f.
décongestionnant, ante adj.
décongestionnement n. m.

décongestionner

décongestionner v. tr. (conjug. 1)
déconnade n. f.
déconnage n. m.
déconnecter v. tr. (conjug. 1)
déconner v. intr. (conjug. 1)
déconneur, euse n.
déconnexion n. f.
déconseiller v. tr. (conjug. 1)
déconsidération n. f.
déconsidérer v. tr. (conjug. 6)
déconsigner v. tr. (conjug. 1)
déconsolider v. tr. (conjug. 1)
déconstruction n. f.
déconstructivisme n. m.
déconstructiviste adj. et n.
déconstruire v. tr. (conjug. 38)
décontaminateur, trice n.
décontamination n. f.
décontaminer v. tr. (conjug. 1)
décontenancer v. tr. (conjug. 3)
décontingentement n. m.
décontract(é) adj.
décontracté, ée adj.
décontracter v. tr. (conjug. 1)
décontraction n. f.
déconventionnement n. m.
déconventionner v. tr. (conjug. 1)
déconvenue n. f.
décoqueuse n. f.
décoquiller v. tr. (conjug. 1)
décor n. m.
décorateur, trice n.
décoratif, ive adj.
décoration n. f.
décorder v. tr. (conjug. 1)
décorer v. tr. (conjug. 1)

décorner v. tr. (conjug. 1)
décorrélation n. f.
décorréler v. tr. (conjug. 6)
décorticage n. m.
décortication n. f.
décortiquer v. tr. (conjug. 1)
décorum n. m.
décote n. f.
décoté, ée adj.
décoter v. tr. (conjug. 1)
découcher v. intr. (conjug. 1)
découdre v. tr. (conjug. 48)
découenné, ée adj.
découler v. intr. (conjug. 1)
découpage n. m.
découpe n. f.
découpé, ée adj.
découper v. tr. (conjug. 1)
découpeur, euse n.
découplage n. m.
découplé, ée adj.
découpler v. tr. (conjug. 1)
découpoir n. m.
découpure n. f.
décourageant, ante adj.
découragement n. m.
décourager v. tr. (conjug. 3)
découronnement n. m.
découronner v. tr. (conjug. 1)
décours n. m.
décousu, ue adj.
décousure n. f.
¹**découvert, erte** adj.
²**découvert** n. m.
découvert (à) loc. adv.
découverte n. f.
découvrable adj.
découvreur, euse n.
découvrir v. (conjug. 18)
décrassage n. m.
décrassement n. m.
décrasser v. tr. (conjug. 1)
décrédibilisation n. f.
décrédibiliser v. tr. (conjug. 1)
décréditer v. tr. (conjug. 1)

décrément n. m.
décrêpage n. m.
décrêper v. tr. (conjug. 1)
décrépir v. tr. (conjug. 2)
décrépissage n. m.
décrépit, ite adj.
décrépitation n. f.
décrépitude n. f.
¹**décrescendo** ou **decrescendo** [dekreʃɛndo] n. m.
PL. *décrescendos* ou *decrescendo*
²**décrescendo** ou **decrescendo** [dekreʃɛndo] adv.
décret n. m.
décrétale n. f.
décréter v. tr. (conjug. 6)
décret-loi n. m.
PL. *décrets-lois*
décreusage n. m.
décreusement n. m.
décreuser v. tr. (conjug. 1)
décri n. m.
décrier v. tr. (conjug. 7)
décriminaliser v. tr. (conjug. 1)
décrire v. tr. (conjug. 39)
décrispation n. f.
décrisper v. tr. (conjug. 1)
décrochage n. m.
décrochement n. m.
décrocher v. tr. (conjug. 1)
décrocheur, euse adj. et n.
décrochez-moi-ça n. m. inv.
décroisement n. m.
décroiser v. tr. (conjug. 1)
décroissance n. f.
décroissant, ante adj.
décroissement n. m.
décroît ou **décroit*** n. m.
décroître ou **décroitre*** v. intr. (conjug. 55)
décrottage n. m.
décrotter v. tr. (conjug. 1)
décrotteur n. m.
décrottoir n. m.
décruage n. m.

décrue n. f.
décruer v. tr. (conjug. 1)
décrusage n. m.
décruser v. tr. (conjug. 1)
décrutement n. m.
décruteur adj. n. m.
décryptage n. m.
décryptement n. m.
décrypter v. tr. (conjug. 1)
déçu, ue adj.
décubitus n. m.
décuivrage n. m.
décuivrer v. tr. (conjug. 1)
de cujus [dekyʒys ; dekujus] n. m. inv.
déculasser v. tr. (conjug. 1)
déculottage n. m.
déculottée n. f.
déculotter v. tr. (conjug. 1)
déculpabilisant, ante adj.
déculpabilisation n. f.
déculpabiliser v. tr. (conjug. 1)
déculturation n. f.
décuple adj. et n. m.
décuplement n. m.
décupler v. (conjug. 1)
décurie n. f.
décurion n. m.
décurrent, ente adj.
décussé, ée adj.
décuvage n. m.
décuvaison n. f.
décuver v. tr. (conjug. 1)
dédaignable adj.
dédaigner v. tr. (conjug. 1)
dédaigneusement adv.
dédaigneux, euse adj.
dédain n. m.
dédale n. m.
dédaléen, enne adj.
dedans prép. ; adv. ; n. m.
dédiaboliser v. tr. (conjug. 1)
dédicace n. f.
dédicacer v. tr. (conjug. 3)
dédicataire n.
dédicatoire adj.

dédié, iée adj.
dédier v. tr. (conjug. 7)
dédifférenciation n. f.
dédifférencier (se) v. pron. (conjug. 7)
dédire v. tr. (conjug. 37, sauf *dédisez*)
dédit n. m.
dédommagement n. m.
dédommager v. tr. (conjug. 3)
dédorage n. m.
dédoré, ée adj.
dédorer v. tr. (conjug. 1)
dédorure n. f.
dédouanage n. m.
dédouanement n. m.
dédouaner v. tr. (conjug. 1)
dédoublage n. m.
dédoublement n. m.
dédoubler v. tr. (conjug. 1)
dédoublonner v. tr. (conjug. 1)
dédramatisation n. f.
dédramatiser v. tr. (conjug. 1)
déductibilité n. f.
déductible adj.
déductif, ive adj.
déduction n. f.
déduire v. tr. (conjug. 38)
déduit n. m.
deejay n.
PL. *deejays*
déesse n. f.
de facto [defakto] loc. adv.
défaillance n. f.
défaillant, ante adj.
défaillir v. intr. (conjug. 13)
défaire v. tr. (conjug. 60)
défaisance n. f.
défaisé, ée adj.
défaiseur n. m.
défait, aite adj.
défaite n. f.
défaitisme n. m.
défaitiste adj. et n.
défalcation n. f.
défalquer v. tr. (conjug. 1)
défanage n. m.

défanant n. m.
défatigant, ante adj.
défatiguer v. tr. (conjug. 1)
défaufiler v. tr. (conjug. 1)
défausse n. f.
défausser v. tr. (conjug. 1)
défausser (se) v. pron. (conjug. 1)
défaut n. m.
défaveur n. f.
défavorable adj.
défavorablement adv.
défavorisé, ée adj. et n.
défavoriser v. tr. (conjug. 1)
défécation n. f.
défectif, ive adj.
défection n. f.
défectueusement adv.
défectueux, euse adj.
défectuosité n. f.
défendable adj.
défendeur, deresse n.
défendre v. tr. (conjug. 41)
défends n. m.
défendu, ue adj.
défenestration n. f.
défenestrer v. tr. (conjug. 1)
défens ou **défends** n. m.
défense n. f.
défenseur, euse ou **eure** n.
défensif, ive adj. et n. f.
défensivement adv.
déféquer v. (conjug. 6)
déférement n. m.
déférence n. f.
déférent, ente adj.
déférer v. tr. (conjug. 6)
déferlage n. m.
déferlant, ante adj. et n. f.
déferlement n. m.
déferler v. (conjug. 1)
déferrage n. m.
déferrer v. tr. (conjug. 1)
défervescence n. f.
défervescent, ente adj.
défet n. m.
défeuillaison n. f.

défeuiller

défeuiller v. tr. (conjug. 1)
défeutrage n. m.
défeutrer v. tr. (conjug. 1)
défi n. m.
défiance n. f.
défiant, iante adj.
débrage n. m.
débrer v. tr. (conjug. 1)
débreur, euse n.
défibrillateur n. m.
défibrillation n. f.
déficeler v. tr. (conjug. 4)
déficience n. f.
déficient, iente adj.
déficit n. m.
déficitaire adj.
défier v. tr. (conjug. 7)
défier (se) v. pron. (conjug. 7)
défiguration n. f.
défigurement n. m.
défigurer v. tr. (conjug. 1)
défilage n. m.
défilé n. m.
défilement n. m.
défiler v. (conjug. 1)
défileuse n. f.
défini, ie adj. et n. m.
définir v. tr. (conjug. 2)
définissable adj.
définissant n. m.
définiteur n. m.
définitif, ive adj.
définition n. f.
définitionnel, elle adj.
définitivement adv.
définitoire adj.
défiscalisation n. f.
défiscaliser v. tr. (conjug. 1)
déflagrant, ante adj.
déflagrateur n. m.
déflagration n. f.
déflagrer v. intr. (conjug. 1)
déflaté, ée adj.
déflateur, trice adj.
déflation n. f.
déflationniste n. et adj.
défléchir v. (conjug. 2)
déflecteur n. m.
défleuraison n. f.

défleurir v. (conjug. 2)
déflexion n. f.
déflocage n. m.
défloquer v. tr. (conjug. 1)
défloraison n. f.
défloration n. f.
déflorer v. tr. (conjug. 1)
défluent n. m.
défluviation n. f.
défoliant, iante adj. et n. m.
défoliation n. f.
défolier v. tr. (conjug. 7)
défonçage n. m.
défonce n. f.
défoncé, ée adj.
défoncement n. m.
défoncer v. tr. (conjug. 3)
défonceuse n. f. (rec. off. pour dragline)
déforcer v. tr. (conjug. 3)
déforestage n. m.
déforestation n. f.
déforester v. tr. (conjug. 1)
déformable adj.
déformant, ante adj.
déformateur, trice adj.
déformation n. f.
déformer v. tr. (conjug. 1)
défoulement n. m.
défouler v. tr. (conjug. 1)
défouloir n. m.
défourailler v. intr. (conjug. 1)
défournage n. m.
défournement n. m.
défourner v. tr. (conjug. 1)
défourneur, euse n.
défragmentation n. f.
défragmenter v. tr. (conjug. 1)
défraîchi, ie ou **défraichi, ie*** adj.
défraîchir ou **défraichir*** v. tr. (conjug. 2)
défraiement n. m.
défranchir v. tr. (conjug. 2)
défrayer v. tr. (conjug. 8)
défrichage n. m.
défrichement n. m.

défricher v. tr. (conjug. 1)
défricheur, euse n.
défriper v. tr. (conjug. 1)
défrisage n. m.
défrisement n. m.
défriser v. tr. (conjug. 1)
défroissable adj.
défroisser v. tr. (conjug. 1)
défroncer v. tr. (conjug. 3)
défroque n. f.
défroqué, ée adj.
défroquer v. tr. (conjug. 1)
défruiter v. tr. (conjug. 1)
défunt, unte adj. et n.
dégagé, ée adj.
dégagement n. m.
dégager v. tr. (conjug. 3)
dégaine n. f.
dégainer v. tr. (conjug. 1)
déganter v. tr. (conjug. 1)
dégarnir v. tr. (conjug. 2)
dégât n. m.
dégauchir v. tr. (conjug. 2)
dégauchissage n. m.
dégauchisseuse n. f.
dégazage n. m.
dégazer v. (conjug. 1)
dégazolinage n. m.
dégazoliner v. tr. (conjug. 1)
dégazonnage n. m.
dégazonnement n. m.
dégazonner v. tr. (conjug. 1)
dégel n. m.
dégelée n. f.
dégeler v. (conjug. 5)
dégêner v. tr. (conjug. 1)
dégénératif, ive adj.
dégénération n. f.
dégénéré, ée adj. et n.
dégénérer v. intr. (conjug. 6)
dégénérescence n. f.
dégermer v. tr. (conjug. 1)
dégingandé, ée [deʒɛ̃gɑ̃de] adj.
dégivrage n. m.
dégivrer v. tr. (conjug. 1)
dégivreur n. m.

déglaçage n. m.
déglacement n. m.
déglacer v. tr. (conjug. 3)
déglaciation n. f.
déglingue n. f.
déglinguer v. tr. (conjug. 1)
dégluer v. tr. (conjug. 1)
déglutination n. f.
déglutir v. tr. (conjug. 2)
déglutition n. f.
dégober v. tr. (conjug. 1)
dégobiller v. tr. (conjug. 1)
dégoiser v. (conjug. 1)
dégommage n. m.
dégommer v. tr. (conjug. 1)
dégonflage n. m.
dégonflard, arde n.
dégonfle n. f.
dégonflé, ée adj. et n.
dégonflement n. m.
dégonfler v. (conjug. 1)
dégorgeage n. m.
dégorgement n. m.
dégorgeoir n. m.
dégorger v. (conjug. 3)
dégoter ou **dégotter** v. (conjug. 1)
dégoulinade n. f.
dégoulinement n. m.
dégouliner v. intr. (conjug. 1)
dégoupiller v. tr. (conjug. 1)
dégourdi, ie adj.
dégourdir v. tr. (conjug. 2)
dégourdissage n. m.
dégourdissement n. m.
dégoût ou **dégout*** n. m.
dégoûtamment ou **dégoutamment*** adv.
dégoûtant, ante ou **dégoutant, ante*** adj.
dégoûtation ou **dégoutation*** n. f.
dégoûté, ée ou **dégouté, ée*** adj.
dégoûter ou **dégouter*** v. tr. (conjug. 1)
dégouttant, ante adj.

dégoutter v. intr. (conjug. 1)
dégradant, ante adj.
dégradateur n. m.
dégradation n. f.
dégradé n. m.
dégrader v. tr. (conjug. 1)
dégrafer v. tr. (conjug. 1)
dégrafeur n. m.
dégraffitage n. m.
dégraissage n. m.
dégraissant, ante adj. et n. m.
dégraisser v. tr. (conjug. 1)
dégras n. m.
dégravoiement n. m.
dégravoyer v. tr. (conjug. 8)
degré n. m.
dégréer v. tr. (conjug. 1)
dégressif, ive adj.
dégressivité n. f.
dégrèvement n. m.
dégrever v. tr. (conjug. 5)
dégriffé, ée adj.
dégringolade n. f.
dégringoler v. (conjug. 1)
dégrippant n. m.
dégripper v. tr. (conjug. 1)
dégrisement n. m.
dégriser v. tr. (conjug. 1)
dégrosser v. tr. (conjug. 1)
dégrossir v. tr. (conjug. 2)
dégrossissage n. m.
dégrossissement n. m.
dégrouiller (se) v. pron. (conjug. 1)
dégroupage n. m.
dégroupement n. m.
dégrouper v. tr. (conjug. 1)
dégroupeur n. m.
déguenillé, ée adj.
déguerpir v. intr. (conjug. 2)
déguerpissement n. m.
dégueulasse adj.
dégueulasser v. tr. (conjug. 1)
dégueulatoire adj.
dégueuler v. (conjug. 1)
dégueulis n. m.

déguisé, ée adj.
déguisement n. m.
déguiser v. tr. (conjug. 1)
dégurgitation n. f.
dégurgiter v. tr. (conjug. 1)
dégustateur, trice n.
dégustation n. f.
déguster v. tr. (conjug. 1)
déhalage n. m.
déhaler v. tr. (conjug. 1)
déhanché, ée adj.
déhanchement n. m.
déhancher (se) v. pron. (conjug. 1)
déharnacher v. tr. (conjug. 1)
déhiscence n. f.
déhiscent, ente adj.
dehors prép. ; adv. ; n. m.
déhotter v. intr. (conjug. 1)
déhouiller v. tr. (conjug. 1)
déhoussable adj.
déhydroépiandrostérone n. f.
déicide adj. et n. ; n. m.
déictique adj. et n. m.
déification n. f.
déifier v. tr. (conjug. 7)
déisme n. m.
déiste n.
déité n. f.
déjà adv.
déjanté, ée adj.
déjanter v. (conjug. 1)
déjauger v. intr. (conjug. 3)
déjà-vu n. m. inv.
déjection n. f.
déjeté, ée adj.
déjeter v. tr. (conjug. 4)
¹**déjeuner** n. m.
²**déjeuner** v. intr. (conjug. 1)
déjouer v. tr. (conjug. 1)
déjucher v. (conjug. 1)
déjuger (se) v. pron. (conjug. 3)
de jure [deʒyʀe] loc. adj. et loc. adv.
delà prép. et adv.
délabialisation n. f.

délabialiser

délabialiser v. tr. (conjug. 1)
délabré, ée adj.
délabrement n. m.
délabrer v. tr. (conjug. 1)
délabyrinther v. tr. (conjug. 1)
délacer v. tr. (conjug. 3)
délai n. m.
délai-congé n. m.
  PL. délais-congés
délainage n. m.
délainer v. tr. (conjug. 1)
délaissé, ée adj.
délaissement n. m.
délaisser v. tr. (conjug. 1)
délaitage n. m.
délaiter v. tr. (conjug. 1)
délaiteuse n. f.
délardement n. m.
délarder v. tr. (conjug. 1)
délassant, ante adj.
délassement n. m.
délasser v. tr. (conjug. 1)
délateur, trice n.
délation n. f.
délavage n. m.
délavé, ée adj.
délaver v. tr. (conjug. 1)
délayage n. m.
délayé, ée adj.
délayement n. m.
délayer v. tr. (conjug. 8)
delco® n. m.
deleatur ou déléatur [deleatyʀ] n. m.
  PL. inv. ou déléaturs
déléaturer v. tr. (conjug. 1)
délébile adj.
délectable adj.
délectation n. f.
délecter v. tr. (conjug. 1)
délégant, ante n.
délégataire n.
délégation n. f.
délégitimation n. f.
délégitimer v. tr. (conjug. 1)
délégué, ée n.
déléguer v. tr. (conjug. 6)

délestage n. m.
délester v. tr. (conjug. 1)
délétère adj.
délétion n. f.
déliaison n. f.
délibérant, ante adj.
délibératif, ive adj.
délibération n. f.
délibératoire adj.
délibéré, ée adj. et n. m.
délibérément adv.
délibérer v. (conjug. 6)
délicat, ate adj.
délicatement adv.
délicatesse n. f.
délice n. m.
délicieusement adv.
délicieux, ieuse adj.
délictuel, elle adj.
délictueux, euse adj.
délié, iée adj. et n. m.
déliement n. m.
délier v. tr. (conjug. 7)
délignification n. f.
délignifier v. tr. (conjug. 7)
délimitation n. f.
délimiter v. tr. (conjug. 1)
délimiteur n. m.
délinéament n. m.
délinéamenter v. tr. (conjug. 1)
délinéarisé, ée adj.
délinéariser v. tr. (conjug. 1)
délinquance n. f.
délinquant, ante n. et adj.
déliquescence n. f.
déliquescent, ente adj.
délirant, ante adj.
délire n. m.
délirer v. intr. (conjug. 1)
delirium (tremens) ou délirium (trémens) n. m.
  PL. deliriums ou déliriums (tremens)
délit n. m.
délitage n. m.
délitement n. m.
déliter v. tr. (conjug. 1)
délitescence n. f.

délitescent, ente adj.
délivrance n. f.
délivre n. m.
délivrer v. tr. (conjug. 1)
délivreur n. m.
délocalisable adj.
délocalisation n. f.
délocaliser v. tr. (conjug. 1)
délogement n. m.
déloger v. (conjug. 3)
déloguer (se) v. pron. (conjug. 1)
délot n. m.
déloyal, ale, aux adj.
déloyalement adv.
déloyauté n. f.
delphinarium n. m.
delphine n. f.
delphinidés n. m. pl.
delphinium n. m.
delphinologue n.
¹delta adj. et n. m.
  PL. inv. ou deltas* (lettre)
²delta n. m. (dépôt)
deltaïque adj.
deltaplane® n. m.
deltiste n.
deltoïde adj. et n. m.
deltoïdien, ienne adj.
déluge n. m.
déluré, ée adj.
délurer v. tr. (conjug. 1)
délustrage n. m.
délustrer v. tr. (conjug. 1)
délutage n. m.
déluter v. tr. (conjug. 1)
démagnétisation n. f.
démagnétiser v. tr. (conjug. 1)
démago adj. et n.
démagogie n. f.
démagogique adj.
démagogue n.
démaigrir v. (conjug. 2)
démaigrissement n. m.
démaillage n. m.
démailler v. tr. (conjug. 1)
démailloter v. tr. (conjug. 1)
demain adv. et n. m.

demi-journée

démanchement n. m.
démancher v. (conjug. 1)
demande n. f.
demandé, ée adj.
demander v. tr. (conjug. 1)
demanderesse n. f.
demandeur, euse n.
démangeaison n. f.
démanger v. intr. (conjug. 3)
démantèlement n. m.
démanteler v. tr. (conjug. 5)
démantibuler v. tr. (conjug. 1)
démaquillage n. m.
démaquillant, ante adj. et n. m.
démaquiller v. tr. (conjug. 1)
démarcage ou **démarquage** n. m.
démarcatif, ive adj.
démarcation n. f.
démarchage n. m.
démarche n. f.
démarcher v. tr. (conjug. 1)
démarcheur, euse n.
démarier v. tr. (conjug. 7)
démarquage n. m.
démarque n. f.
démarquer v. (conjug. 1)
démarqueur, euse n.
démarrage n. m.
démarrer v. (conjug. 1)
démarreur n. m.
démasclage n. m.
démascler v. tr. (conjug. 1)
démasquer v. tr. (conjug. 1)
démasticage n. m.
démastiquer v. tr. (conjug. 1)
démâtage n. m.
démâter v. (conjug. 1)
dématérialisation n. f.
dématérialiser v. tr. (conjug. 1)
démazoutage n. m.
démazouter v. tr. (conjug. 1)

d'emblée loc. adv.
dème n. m.
déméchage n. m.
démécologie n. f.
démédicalisation n. f.
démédicaliser v. tr. (conjug. 1)
démêlage n. m.
démêlant n. m.
démêlé n. m.
démêlement n. m.
démêler v. tr. (conjug. 1)
démêloir n. m.
démêlures n. f. pl.
démembrement n. m.
démembrer v. tr. (conjug. 1)
déménagement n. m.
déménager v. (conjug. 3)
déménageur, euse n.
démence n. f.
démener (se) v. pron. (conjug. 5)
dément, ente adj. et n.
démenti n. m.
démentiel, ielle adj.
démentir v. tr. (conjug. 16)
démerdard, arde n. et adj.
démerde n. f.
démerder (se) v. pron. (conjug. 1)
démérite n. m.
démériter v. intr. (conjug. 1)
démesure n. f.
démesuré, ée adj.
démesurément adv.
démettre v. tr. (conjug. 56)
démeubler v. tr. (conjug. 1)
demeurant (au) loc. adv.
demeure n. f.
demeuré, ée adj. et n.
demeurer v. intr. (conjug. 1)
¹**demi, ie** adj. et n.
²**demi** adv.
demiard n. m.
demi-bas n. m. inv.

demi-botte n. f.
PL. *demi-bottes*
demi-bouteille n. f.
PL. *demi-bouteilles*
demi-brigade n. f.
PL. *demi-brigades*
demi-centre n. m.
PL. *demi-centres*
demi-cercle n. m.
PL. *demi-cercles*
demi-circulaire adj.
PL. *demi-circulaires*
demi-clé ou **demi-clef** n. f.
PL. *demi-clés* ou *demi-clefs*
demi-colonne n. f.
PL. *demi-colonnes*
demi-deuil n. m.
PL. *demi-deuils*
demi-dieu n. m.
PL. *demi-dieux*
demi-douzaine n. f.
PL. *demi-douzaines*
demi-droite n. f.
PL. *demi-droites*
demie adj. f. et n. f.
demi-écrémé, ée adj.
PL. *demi-écrémés, ées*
démieller v. tr. (conjug. 1)
demi-entier, ière adj.
PL. *demi-entiers, ières*
demi-espace n. m.
PL. *demi-espaces*
demi-fin, fine adj.
PL. *demi-fins, fines*
demi-finale n. f.
PL. *demi-finales*
demi-finaliste n.
PL. *demi-finalistes*
demi-fond n. m.
demi-frère n. m.
PL. *demi-frères*
demi-gros n. m. inv.
demi-grossiste n.
PL. *demi-grossistes*
demi-heure n. f.
PL. *demi-heures*
demi-jour n. m.
PL. inv. ou *demi-jours*
demi-journée n. f.
PL. *demi-journées*

démilitarisation

démilitarisation n. f.
démilitariser v. tr. (conjug. 1)
demi-litre n. m.
PL. *demi-litres*
demi-longueur n. f.
PL. *demi-longueurs*
demi-lune n. f.
PL. *demi-lunes*
demi-mal, maux n. m.
demi-mesure n. f.
PL. *demi-mesures*
demi-mondain, aine adj. et n.
PL. *demi-mondains, aines*
demi-monde n. m.
PL. *demi-mondes*
demi-mort, morte adj.
PL. *demi-morts, mortes*
demi-mot n. m.
PL. *demi-mots*
déminage n. m.
déminer v. tr. (conjug. 1)
déminéralisation n. f.
déminéraliser v. tr. (conjug. 1)
démineur n. m.
demi-part n. f.
PL. *demi-parts*
demi-pause n. f.
PL. *demi-pauses*
demi-pension n. f.
PL. *demi-pensions*
demi-pensionnaire n.
PL. *demi-pensionnaires*
demi-périmètre n. m.
PL. *demi-périmètres*
demi-pièce n. f.
PL. *demi-pièces*
demi-place n. f.
PL. *demi-places*
demi-plan n. m.
PL. *demi-plans*
demi-pointe n. f.
PL. *demi-pointes*
demi-portion n. f.
PL. *demi-portions*
demi-produit n. m.
PL. *demi-produits*
demi-quart n. m.
PL. *demi-quarts*

demi-queue adj. et n. m.
PL. *demi-queues*
demi-reliure n. f.
PL. *demi-reliures*
demi-ronde adj. f. et n. f.
PL. *demi-rondes*
démis, ise adj.
demi-saison n. f.
PL. *demi-saisons*
demi-sang n. m.
PL. inv. ou *demi-sangs*
demi-sel adj. et n. m.
PL. inv. ou *demi-sels*
demi-sœur n. f.
PL. *demi-sœurs*
demi-solde n. f. et n. m.
PL. *demi-soldes*
demi-sommeil n. m.
PL. *demi-sommeils*
demi-soupir n. m.
PL. *demi-soupirs*
démission n. f.
démissionnaire n. et adj.
démissionner v. intr. (conjug. 1)
demi-tarif n. m. et adj.
PL. *demi-tarifs*
demi-teinte n. f.
PL. *demi-teintes*
demi-tige n. f.
PL. *demi-tiges*
demi-ton n. m.
PL. *demi-tons*
demi-tour n. m.
PL. *demi-tours*
démiurge n. m.
démiurgique adj.
demi-vie n. f.
PL. *demi-vies*
demi-vierge n. f.
PL. *demi-vierges*
demi-volée n. f.
PL. *demi-volées*
demi-volte n. f.
PL. *demi-voltes*
démixtion n. f.
démo n. f.
démobilisable adj.
démobilisateur, trice adj.
démobilisation n. f.

démobiliser v. tr. (conjug. 1)
démocrate n. et adj.
démocrate-chrétien, ienne n. et adj.
PL. *démocrates-chrétiens, iennes*
démocratie n. f.
démocratique adj.
démocratiquement adv.
démocratisation n. f.
démocratiser v. tr. (conjug. 1)
démodé, ée adj.
démoder v. tr. (conjug. 1)
démodex ou **demodex** n. m.
démodulateur n. m.
démodulation n. f.
démoduler v. tr. (conjug. 1)
démodulomètre n. m.
démographe n.
démographie n. f.
démographique adj.
demoiselle n. f.
démolir v. tr. (conjug. 2)
démolissage n. m.
démolisseur, euse n.
démolition n. f.
démon n. m.
démone n. f.
démonétisation n. f.
démonétiser v. tr. (conjug. 1)
démoniaque adj. et n.
démoniser v. tr. (conjug. 1)
démonisme n. m.
démonologie n. f.
démonomanie n. f.
démonstrateur, trice n.
démonstratif, ive adj.
démonstration n. f.
démonstrativement adv.
démontable adj.
démontage n. m.
démonté, ée adj.
démonte-pneu n. m.
PL. *démonte-pneus*
démonter v. tr. (conjug. 1)
démontrable adj.

démontrer v. tr. (conjug. 1)
démoralisant, ante adj.
démoralisateur, trice adj.
démoralisation n. f.
démoraliser v. tr. (conjug. 1)
démordre v. tr. ind. (conjug. 41)
démoscopie n. f.
démotique adj. et n.
démotivant, ante adj.
démotivateur, trice adj. et n. m.
démotivation n. f.
démotivé, ée adj.
démotiver v. tr. (conjug. 1)
démoucheter v. tr. (conjug. 1)
démoulage n. m.
démouler v. tr. (conjug. 1)
démouleur n. m.
démoustication n. f.
démoustiquer v. tr. (conjug. 1)
démultiplexage n. m.
démultiplicateur, trice adj. et n. m.
démultiplication n. f.
démultiplier v. tr. (conjug. 7)
démunir v. tr. (conjug. 2)
démuseler v. tr. (conjug. 4)
démutisation n. f.
démutiser v. tr. (conjug. 1)
démyélinisation n. f.
démyéliniser v. tr. (conjug. 1)
démystifiant, iante adj.
démystificateur, trice n.
démystification n. f.
démystifier v. tr. (conjug. 7)
démythification n. f.
démythifier v. tr. (conjug. 7)
dénasalisation n. f.
dénasaliser v. tr. (conjug. 1)
dénatalité n. f.
dénationalisation n. f.

dénationaliser v. tr. (conjug. 1)
dénatter v. tr. (conjug. 1)
dénaturalisation n. f.
dénaturaliser v. tr. (conjug. 1)
dénaturant, ante adj.
dénaturation n. f.
dénaturé, ée adj.
dénaturer v. tr. (conjug. 1)
dénazification n. f.
dénazifier v. tr. (conjug. 7)
dendrite [dã- ; dɛ̃-] n. f.
dendritique [dã- ; dɛ̃-] adj.
dendrochronologie [dã-] n. f.
dendrogramme n. m.
dendrologie [dã-] n. f.
dendrologiste [dã-] n.
dendrologue [dã-] n.
dénébulateur n. m.
dénébulation n. f.
dénébuler v. tr. (conjug. 1)
dénébulisation n. f.
dénébuliser v. tr. (conjug. 1)
dénégation n. f.
dénégatoire adj.
déneigement n. m.
déneiger v. tr. (conjug. 3)
déneigeuse n. f.
dénervation n. f.
dengue [dɛ̃g] n. f.
déni n. m.
déniaiser v. tr. (conjug. 1)
dénicher v. (conjug. 1)
dénicheur, euse n.
dénicotinisation n. f.
dénicotiniser v. tr. (conjug. 1)
dénicotiniseur n. m.
denier n. m.
dénier v. tr. (conjug. 7)
dénigrant, ante adj.
dénigrement n. m.
dénigrer v. tr. (conjug. 1)
dénigreur, euse n. et adj.
denim [dənim] n. m.
dénitratation n. f.
dénitrater v. tr. (conjug. 1)

dénitrification n. f.
dénitrifier v. tr. (conjug. 7)
dénivelé n. m.
dénivelée n. f.
déniveler v. tr. (conjug. 4)
dénivellation n. f.
dénivellement ou **dénivèlement*** n. m.
dénombrable adj.
dénombrement n. m.
dénombrer v. tr. (conjug. 1)
dénominateur n. m.
dénominatif, ive adj.
dénomination n. f.
dénommer v. tr. (conjug. 1)
dénoncer v. tr. (conjug. 3)
dénonciateur, trice n.
dénonciation n. f.
dénotatif, ive adj.
dénotation n. f.
dénoter v. tr. (conjug. 1)
dénouement n. m.
dénouer v. tr. (conjug. 1)
dénoûment n. m.
de novo [denovo] loc. adv.
dénoyage n. m.
dénoyautage n. m.
dénoyauter v. tr. (conjug. 1)
dénoyauteur n. m.
dénoyer v. tr. (conjug. 8)
denrée n. f.
dense adj.
densément adv.
densification n. f.
densifier v. tr. (conjug. 7)
densimètre n. m.
densimétrie n. f.
densimétrique adj.
densité n. f.
densitométrie n. f.
dent n. f.
dentaire adj. ; n. f.
dental, ale, aux adj.
dent-de-lion n. f.
PL. *dents-de-lion*
dent-de-loup n. f.
PL. *dents-de-loup*

denté

denté, ée adj.
dentée n. f.
dentelaire n. f.
dentelé, ée adj.
denteler v. tr. (conjug. 4)
dentelle n. f.
dentellerie n. f.
dentellier, ière ou dentelier, ière n. et adj.
dentelure n. f.
denticule n. m.
denticulé, ée adj.
dentier n. m.
dentifrice n. m.
dentine n. f.
dentirostre adj.
dentiste n.
dentisterie n. f.
dentition n. f.
dento-facial, iale, iaux adj.
denture n. f.
denturologie n. f.
denturologiste n.
dénucléarisation n. f.
dénucléariser v. tr. (conjug. 1)
dénudage n. m.
dénudation n. f.
dénudé, ée adj.
dénuder v. tr. (conjug. 1)
dénudeur n. m.
dénué, ée adj.
dénuement n. m.
dénuer (se) v. pron.
dénutri, ie adj.
dénutrition n. f.
déo
déodorant, ante n. m. et adj.
déontique adj.
déontologie n. f.
déontologique adj.
déontologue n.
dépaillage n. m.
dépailler v. tr. (conjug. 1)
dépalisser v. tr. (conjug. 1)
dépannage n. m.
dépanner v. tr. (conjug. 1)

dépanneur, euse n.
dépanneuse n. f.
dépaquetage n. m.
dépaqueter v. tr. (conjug. 4)
déparaffinage n. m.
déparaffiner v. tr. (conjug. 1)
déparasiter v. tr. (conjug. 1)
dépareillé, ée adj.
dépareiller v. tr. (conjug. 1)
déparer v. tr. (conjug. 1)
déparier v. tr. (conjug. 7)
déparler v. intr. (conjug. 1)
départ n. m.
départager v. tr. (conjug. 3)
département n. m.
départemental, ale, aux adj.
départementalisation n. f.
départementaliser v. tr. (conjug. 1)
départir v. tr. (conjug. 16)
départiteur n. m.
dépassant n. m.
dépassé, ée adj.
dépassement n. m.
dépasser v. tr. (conjug. 1)
dépassionner v. tr. (conjug. 1)
dépatouiller (se) v. pron. (conjug. 1)
dépatrier v. tr. (conjug. 7)
dépavage n. m.
dépaver v. tr. (conjug. 1)
dépaysant, ante adj.
dépaysé, ée adj.
dépaysement n. m.
dépayser v. tr. (conjug. 1)
dépeçage n. m.
dépècement n. m.
dépecer v. tr. (conjug. 3 et 5)
dépeceur, euse n.
dépêche n. f.
dépêcher v. tr. (conjug. 1)
dépeigner v. tr. (conjug. 1)
dépeindre v. tr. (conjug. 52)

dépenaillé, ée adj.
dépénalisation n. f.
dépénaliser v. tr. (conjug. 1)
dépendamment adv.
dépendance n. f.
dépendant, ante adj.
dépendeur, euse n.
dépendre v. (conjug. 41)
dépens n. m. pl.
dépense n. f.
dépenser v. tr. (conjug. 1)
dépensier, ière n. et adj.
déperdition n. f.
dépérir v. intr. (conjug. 2)
dépérissant, ante adj.
dépérissement n. m.
déperlance n. f.
déperlant, ante adj. et n. m.
dépersonnalisation n. f.
dépersonnaliser v. tr. (conjug. 1)
dépêtrer v. tr. (conjug. 1)
dépeuplé, ée adj.
dépeuplement n. m.
dépeupler v. tr. (conjug. 1)
déphasage n. m.
déphasé, ée adj.
déphaser v. tr. (conjug. 1)
déphosphatisation n. f.
déphosphoration n. f.
déphosphorer v. tr. (conjug. 1)
déphosphorylation n. f.
dépiauter v. tr. (conjug. 1)
dépigeonnage n. m.
dépigmentation n. f.
dépigmenter v. tr. (conjug. 1)
dépilage n. m.
dépilation n. f.
dépilatoire adj. et n. m.
dépilement n. m.
dépiler v. (conjug. 1)
dépiquage n. m.
dépiquer v. tr. (conjug. 1)
dépistage n. m.
dépister v. tr. (conjug. 1)
dépisteur n. m.

dépit n. m.
dépité, ée adj.
dépiter v. tr. (conjug. 1)
déplacé, ée adj.
déplacement n. m.
déplacer v. tr. (conjug. 3)
déplafonnement n. m.
déplafonner v. tr. (conjug. 1)
déplaire v. tr. (conjug. 54)
déplaisant, ante adj.
déplaisir n. m.
déplanification n. f.
déplantage n. m.
déplantation n. f.
déplanter v. tr. (conjug. 1)
déplantoir n. m.
déplâtrage n. m.
déplâtrer v. tr. (conjug. 1)
déplétion n. f.
dépliage n. m.
dépliant, iante n. m. et adj.
dépliement n. m.
déplier v. tr. (conjug. 7)
déplissage n. m.
déplisser v. tr. (conjug. 1)
déploiement n. m.
déplombage n. m.
déplomber v. tr. (conjug. 1)
déplorable adj.
déplorablement adv.
déploration n. f.
déplorer v. tr. (conjug. 1)
déployer v. tr. (conjug. 8)
déplumé, ée adj.
déplumer v. tr. (conjug. 1)
dépoétiser v. tr. (conjug. 1)
dépointer v. tr. (conjug. 1)
dépoitraillé, ée adj.
dépoitrailler (se) v. pron. (conjug. 1)
dépolarisant, ante adj. et n. m.
dépolarisation n. f.
dépolariser v. tr. (conjug. 1)
dépolir v. tr. (conjug. 2)
dépolissage n. m.
dépolissement n. m.

dépolitisation n. f.
dépolitiser v. tr. (conjug. 1)
dépolluant, ante adj. et n. m. (dernière)
dépolluer v. tr. (conjug. 1)
dépollution n. f.
dépolymérisation n. f.
dépolymériser v. tr. (conjug. 1)
déponent, ente adj. et n.
dépopulation n. f.
déport n. m.
déportance n. f.
déportation n. f.
déporté, ée adj. et n.
déportement n. m.
déporter v. tr. (conjug. 1)
déposant, ante n.
dépose n. f.
déposer v. tr. (conjug. 1)
dépositaire n.
déposition n. f.
dépositoire n. m.
déposséder v. tr. (conjug. 6)
dépossession n. f.
dépôt n. m.
dépotage n. m.
dépotement n. m.
dépoter v. tr. (conjug. 1)
dépotoir n. m.
dépôt-vente n. m.
PL. dépôts-vente(s)
dépouillage n. m.
dépouille n. f.
dépouillé, ée adj.
dépouillement n. m.
dépouiller v. tr. (conjug. 1)
dépourvu, ue adj.
dépoussiérage n. m.
dépoussiérer v. tr. (conjug. 6)
dépoussiéreur n. m.
dépravant, ante adj.
dépravation n. f.
dépravé, ée adj.
dépraver v. tr. (conjug. 1)
déprécation n. f.
dépréciateur, trice n.

dépréciatif, ive adj.
dépréciation n. f.
déprécier v. tr. (conjug. 7)
déprédateur, trice n. et adj.
déprédation n. f.
déprendre (se) v. pron. (conjug. 58)
dépressif, ive adj.
dépression n. f.
dépressionnaire adj.
dépressurisation n. f.
dépressuriser v. tr. (conjug. 1)
déprimant, ante adj.
déprime n. f.
déprimé, ée adj. et n.
déprimer v. tr. (conjug. 1)
déprise n. f.
dépriser v. tr. (conjug. 1)
De profundis [depʀɔfɔ̃dis] n. m. inv.
déprogrammation n. f.
déprogrammer v. tr. (conjug. 1)
déprolétarisation n. f.
déprolétariser v. tr. (conjug. 1)
déprotéger v. tr. (conjug. 6 et 3)
dépucelage n. m.
dépuceler v. tr. (conjug. 4)
depuis prép.
dépulper v. tr. (conjug. 1)
dépuratif, ive adj. et n. m.
dépuration n. f.
dépurer v. tr. (conjug. 1)
députation n. f.
député, ée n.
député-maire n.
PL. députés-maires
députer v. tr. (conjug. 1)
déqualification n. f.
déqualifié, iée adj.
déqualifier v. tr. (conjug. 7)
der n.
déracinement n. m.
déraciner v. tr. (conjug. 1)
dérader v. intr. (conjug. 1)
dérager v. intr. (conjug. 3)

déraidir

déraidir v. tr. (conjug. 2)
déraillement n. m.
dérailler v. intr. (conjug. 1)
dérailleur n. m.
déraison n. f.
déraisonnable adj.
déraisonnablement adv.
déraisonnement n. m.
déraisonner v. intr. (conjug. 1)
déramer v. (conjug. 1)
dérangeant, ante adj.
dérangement n. m.
déranger v. tr. (conjug. 3)
dérapage n. m.
déraper v. intr. (conjug. 1)
dérasement n. m.
déraser v. tr. (conjug. 1)
dératé, ée n.
dératisation n. f.
dératiser v. tr. (conjug. 1)
dérayer v. (conjug. 8)
dérayure n. f.
derbouka n. f.
derby n. m.
PL. derbys
derche n. m.
déréalisant, ante adj.
déréalisation n. f.
déréaliser v. tr. (conjug. 1)
derechef adv.
déréel, elle adj.
déréférencement n. m.
déréférencer v. tr. (conjug. 3)
déréglé, ée adj.
dérèglement n. m.
déréglementation ou dérèglementation* n. f.
déréglementer ou dérèglementer* v. tr. (conjug. 1)
dérégler v. tr. (conjug. 6)
dérégulation n. f.
déréguler v. tr. (conjug. 1)
déréistique adj.
déréliction n. f.
déremboursable adj.
déremboursement n. m.

dérembourser v. tr. (conjug. 1)
déresponsabilisation n. f.
déresponsabiliser v. tr. (conjug. 1)
derge ou dergeot n. m.
déridage n. m.
dérider v. tr. (conjug. 1)
dérision n. f.
dérisoire adj.
dérisoirement adv.
dérivable adj.
dérivant, ante adj.
dérivatif, ive adj. et n. m.
dérivation n. f. (rec. off. pour by-pass)
dérive n. f.
dérivé, ée adj. ; n. m.
dérivée n. f.
dériver v. (conjug. 1)
dériveur n. m.
dermabrasion n. f.
dermatite n. f.
dermatoglyphes n. m. pl.
dermatologie n. f.
dermatologique adj.
dermatologiste n.
dermatologue n.
dermatomycose n. f.
dermatophyte n. m.
dermatophytose n. f.
dermatose n. f.
derme n. m.
dermeste n. m.
dermique adj.
dermite n. f.
dermoactif, ive adj.
dermocorticoïde n. m.
dermocosmétique n. m. et n. f.
dermographisme n. m.
dermolipectomie n. f.
dermopharmacie n. f.
dermoprotecteur, trice adj.
dermotrope adj.
dernier, ière adj. et n.
dernièrement adv.

dernier-né, dernière-née n.
PL. derniers-nés, dernières-nées
derny n. m.
PL. dernys
dérobade n. f.
dérobé, ée adj.
dérobée (à la) loc. adv.
dérobement n. m.
dérober v. tr. (conjug. 1)
dérochage n. m.
dérochement n. m.
dérocher v. (conjug. 1)
déroctage n. m.
déroder v. tr. (conjug. 1)
dérogation n. f.
dérogatoire adj.
dérogeance n. f.
déroger v. tr. ind. (conjug. 3)
dérougir v. intr. (conjug. 2)
dérouillée n. f.
dérouiller v. tr. (conjug. 1)
déroulage n. m.
déroulant, ante adj.
déroulé n. m.
déroulement n. m.
dérouler v. tr. (conjug. 1)
dérouleur n. m.
dérouleuse n. f.
déroutage n. m.
déroutant, ante adj.
déroute n. f.
déroutement n. m.
dérouter v. tr. (conjug. 1)
derrick n. m. (rec. off. : tour de forage)
derrière prép. ; adv. ; n. m.
déruralisation n. f.
derviche n. m.
D. E. S. n. m. (diplôme d'études supérieures)
des art. déf. pl.
dès prép.
désabonnement n. m.
désabonner v. tr. (conjug. 1)
désabusé, ée adj.
désabusement n. m.

désabuser v. tr. (conjug. 1)
désaccentuation n. f.
désaccentuer v. tr. (conjug. 1)
désacclimater v. tr. (conjug. 1)
désaccord n. m.
désaccordé, ée adj.
désaccorder v. tr. (conjug. 1)
désaccouplement n. m.
désaccoupler v. tr. (conjug. 1)
désaccoutumance n. f.
désaccoutumer v. tr. (conjug. 1)
désacidification n. f.
désacidifier v. tr. (conjug. 7)
désaciérer v. tr. (conjug. 6)
désacralisation n. f.
désacraliser v. tr. (conjug. 1)
désactivation n. f.
désactiver v. tr. (conjug. 1)
désadaptation n. f.
désadapté, ée adj.
désadapter v. tr. (conjug. 1)
désaération n. f.
désaérer v. tr. (conjug. 6)
désaffectation n. f.
désaffecté, ée adj.
désaffecter v. tr. (conjug. 1)
désaffection n. f.
désaffectionner (se) v. pron. (conjug. 1)
désaffiliation n. f.
désaffilier v. tr. (conjug. 7)
désagrafer v. tr. (conjug. 1)
désagréable adj.
désagréablement adv.
désagrégation n. f.
désagréger v. tr. (conjug. 3 et 6)
désagrément n. m.
désaimantation n. f.
désaimanter v. tr. (conjug. 1)
désaisonnalisation n. f.

désaisonnaliser v. tr. (conjug. 1)
désajuster v. tr. (conjug. 1)
désaliénation n. f.
désaliéner v. tr. (conjug. 6)
désalignement n. m.
désaligner v. tr. (conjug. 1)
désalinisation n. f.
désaliniser v. tr. (conjug. 1)
désalpe n. f.
désalper v. intr. (conjug. 1)
désaltérant, ante adj.
désaltération n. f.
désaltérer v. tr. (conjug. 6)
désambiguïsation ou **désambigüisation*** n. f.
désambiguïser ou **désambigüiser*** v. tr. (conjug. 1)
désamiantage n. m.
désamianter v. tr. (conjug. 1)
désamidonnage n. m.
désamidonner v. tr. (conjug. 1)
désaminase n. f.
désamination n. f.
désaminer v. tr. (conjug. 1)
désamorçage n. m.
désamorcer v. tr. (conjug. 3)
désamour n. m.
désannoncer v. tr. (conjug. 3)
désaper v. tr. (conjug. 1)
désapparier v. tr. (conjug. 7)
désappointé, ée adj.
désappointement n. m.
désappointer v. tr. (conjug. 1)
désapprendre v. tr. (conjug. 58)
désapprobateur, trice adj.
désapprobation n. f.
désapprouver v. tr. (conjug. 1)
désapprovisionner v. tr. (conjug. 1)

désarçonner v. tr. (conjug. 1)
désargenté, ée adj.
désargenter v. tr. (conjug. 1)
désarmant, ante adj.
désarmé, ée adj.
désarmement n. m.
désarmer v. tr. (conjug. 1)
désarrimage n. m.
désarrimer v. tr. (conjug. 1)
désarroi n. m.
désarticulation n. f.
désarticuler v. tr. (conjug. 1)
désassemblage n. m.
désassembler v. tr. (conjug. 1)
désassembleur n. m.
désassimilation n. f.
désassimiler v. tr. (conjug. 1)
désassortiment n. m.
désassortir v. tr. (conjug. 2)
désastre n. m.
désastreusement adv.
désastreux, euse adj.
désatomisation n. f.
désatomiser v. tr. (conjug. 1)
désavantage n. m.
désavantager v. tr. (conjug. 3)
désavantageusement adv.
désavantageux, euse adj.
désaveu n. m.
désavouer v. tr. (conjug. 1)
désaxé, ée adj. et n.
désaxer v. tr. (conjug. 1)
descellement n. m.
desceller v. tr. (conjug. 1)
descendance n. f.
descendant, ante adj. et n.
descenderie n. f.
descendeur, euse n.
descendre v. (conjug. 41)
descenseur n. m.
descente n. f.

déscolarisation

déscolarisation n. f.
déscolarisé, ée adj.
déscolariser v. tr.
(conjug. 1)
descotcher v. tr. (conjug. 1)
descripteur n. m.
descriptible adj.
descriptif, ive adj. et n. m.
description n. f.
descriptivisme n. m.
desdits, ites adj.
déséchouage n. m.
déséchouer v. tr.
(conjug. 1)
désectorisation n. f.
désectoriser v. tr.
(conjug. 1)
déségrégation n. f.
désélectionner v. tr.
(conjug. 1)
désémantisation n. f.
désembobiner v. tr.
(conjug. 1)
désembourber v. tr.
(conjug. 1)
désembourgeoiser v. tr.
(conjug. 1)
désembouteiller v. tr.
(conjug. 1)
désembuage n. m.
désembuer v. tr.
(conjug. 1)
désemparé, ée adj.
désemparement n. m.
désemparer v. tr.
(conjug. 1)
désemplir v. (conjug. 2)
désencadrement n. m.
désencadrer v. tr.
(conjug. 1)
désenchaîner ou
 désenchainer* v. tr.
(conjug. 1)
désenchanté, e adj.
désenchantement n. m.
désenchanter v. tr.
(conjug. 1)
désenclavement n. m.
désenclaver v. tr.
(conjug. 1)
désencombrement n. m.

désencombrer v. tr.
(conjug. 1)
désencrage n. m.
désencrasser v. tr.
(conjug. 1)
désendettement n. m.
désendetter (se) v. pron.
(conjug. 1)
désénerver v. tr.
(conjug. 1)
désenfler v. (conjug. 1)
désenfumage n. m.
désenfumer v. tr.
(conjug. 1)
désengagement n. m.
désengager v. tr.
(conjug. 3)
désengluer v. tr. (conjug. 1)
désengorgement n. m.
désengorger v. tr.
(conjug. 3)
désengourdir v. tr.
(conjug. 2)
désengrener v. tr.
(conjug. 5)
désenivrer v. tr. (conjug. 1)
désennuyer v. tr.
(conjug. 8)
désenrayer v. tr.
(conjug. 8)
désensablement n. m.
désensabler v. tr.
(conjug. 1)
désensibilisant, ante adj.
 et n.
désensibilisateur n. m.
désensibilisation n. f.
désensibiliser v. tr.
(conjug. 1)
désensorceler v. tr.
(conjug. 4)
désentoilage n. m.
désentoiler v. tr.
(conjug. 1)
désentortiller v. tr.
(conjug. 1)
désentraver v. tr.
(conjug. 1)
désenvaser v. tr. (conjug. 1)
désenvenimer v. tr.
(conjug. 1)

désenverguer v. tr.
(conjug. 1)
désenvoûtement ou
 désenvoutement*
 n. m.
désenvoûter ou
 désenvouter* v. tr.
(conjug. 1)
désépaissir v. tr. (conjug. 2)
désépargnant, ante n.
désépargne n. f.
désépargner v. intr.
(conjug. 1)
déséquilibrant, ante adj.
déséquilibre n. m.
déséquilibré, ée adj.
déséquilibrer v. tr.
(conjug. 1)
déséquiper v. tr. (conjug. 1)
¹désert, erte adj.
²désert n. m.
déserter v. tr. (conjug. 1)
déserteur n. m.
désertification n. f.
désertifier (se) v. pron.
(conjug. 7)
désertion n. f.
désertique adj.
désescalade n. f.
désespérance n. f.
désespérant, ante adj.
désespéré, ée adj.
désespérément adv.
désespérer v. (conjug. 6)
désespoir n. m.
désétatisation n. f.
désétatiser v. tr. (conjug. 1)
désexcitation n. f.
désexciter v. tr. (conjug. 1)
désexualisation n. f.
désexualiser v. tr.
(conjug. 1)
déshabillage n. m.
déshabillé n. m.
déshabiller v. tr. (conjug. 1)
déshabituer v. tr.
(conjug. 1)
désherbage n. m.
désherbant, ante adj. et
 n. m.
désherber v. tr. (conjug. 1)

déshérence n. f.
déshérité, ée adj. et n.
déshériter v. tr. (conjug. 1)
déshonnête adj.
déshonneur n. m.
déshonorant, ante adj.
déshonorer v. tr. (conjug. 1)
déshuiler v. tr. (conjug. 1)
déshumanisant, ante adj.
déshumanisation n. f.
déshumanisé, e adj.
déshumaniser v. tr. (conjug. 1)
déshumidificateur n. m.
déshydratation n. f.
déshydraté, ée adj.
déshydrater v. tr. (conjug. 1)
déshydrogénase n. f.
déshydrogénation n. f.
déshydrogéner v. tr. (conjug. 6)
déshypothéquer v. tr. (conjug. 6)
désidérabilité n. f.
desiderata ou **désidérata** n. m.
PL. *desiderata* ou *désidératas*
desideratum n. m. sing.
design n. m.
désignatif, ive adj.
désignation n. f.
designer n.
désigner v. tr. (conjug. 1)
désileuse n. f.
désiliciage n. m.
désillusion n. f.
désillusionnement n. m.
désillusionner v. tr. (conjug. 1)
désincarcération n. f.
désincarcérer v. tr. (conjug. 6)
désincarné, ée adj.
désincarner v. tr. (conjug. 1)
désincrustant, ante adj. et n. m.
désincrustation n. f.

désincruster v. tr. (conjug. 1)
désindexation n. f.
désindexer v. tr. (conjug. 1)
désindustrialisation n. f.
désindustrialiser v. tr. (conjug. 1)
désinence n. f.
désinentiel, ielle adj.
désinfectant, ante adj. et n. m.
désinfecter v. tr. (conjug. 1)
désinfection n. f.
désinfiltrant, ante adj.
désinflation n. f.
désinformation n. f.
désinformer v. tr. (conjug. 1)
désinhibant, ante adj.
désinhiber v. tr. (conjug. 1)
désinhibiteur, trice adj.
désinhibition n. f.
désinscription n. f.
désinscrire (se) v. pron. (conjug. 39)
désinsectisation n. f.
désinsectiser v. tr. (conjug. 1)
désinsérer v. tr. (conjug. 6)
désinsertion n. f.
désinstallation n. f.
désinstaller v. tr. (conjug. 1)
désintégration n. f.
désintégrer v. tr. (conjug. 6)
désintéressé, ée adj.
désintéressement n. m.
désintéresser v. tr. (conjug. 1)
désintérêt n. m.
désintermédiation n. f.
désintoxication n. f.
désintoxiquer v. tr. (conjug. 1)
désinvestir v. tr. (conjug. 2)
désinvestissement n. m.
désinvolte adj.
désinvolture n. f.
désir n. m.

désirable adj.
désirant, ante adj.
désirer v. tr. (conjug. 1)
désireux, euse adj.
désistement n. m.
désister (se) v. pron. (conjug. 1)
desk n. m.
desktop n. m.
desman n. m.
désobéir v. tr. ind. (conjug. 2)
désobéissance n. f.
désobéissant, ante adj.
désobligeance n. f.
désobligeant, ante adj.
désobliger v. tr. (conjug. 3)
désoblitération n. f.
désobstruction n. f.
désobstruer v. tr. (conjug. 1)
désocialisation n. f.
désocialiser v. tr. (conjug. 1)
désodorisant, ante adj. et n. m.
désodoriser v. tr. (conjug. 1)
désœuvré, ée adj.
désœuvrement n. m.
désolant, ante adj.
désolation n. f.
désolé, ée adj.
désoler v. tr. (conjug. 1)
désolidariser v. tr. (conjug. 1)
désoperculateur n. m.
désoperculer v. tr. (conjug. 1)
désopilant, ante adj.
désopiler v. tr. (conjug. 1)
désorbiter v. tr. (conjug. 1)
désordonné, ée adj.
désordre n. m.
désorganisateur, trice adj. et n.
désorganisation n. f.
désorganiser v. tr. (conjug. 1)
désorientation n. f.
désorienté, ée adj.

désorienter

désorienter v. tr. (conjug. 1)
désormais adv.
désorption n. f.
désossage n. m.
désossé, ée adj.
désossement n. m.
désosser v. tr. (conjug. 1)
désoxygéner v. tr. (conjug. 6)
désoxyribonucléase n. f.
désoxyribonucléique adj.
désoxyribose n. m.
déspécialisation n. f.
despérado ou **desperado** n. m.
despote n. m.
despotique adj.
despotiquement adv.
despotisme n. m.
desquamation n. f.
desquamer v. (conjug. 1)
desquels, desquelles pron. rel. et interrog.
D. E. S. S. n. m. (diplôme d'études supérieures spécialisées)
dessablage n. m.
dessablement n. m.
dessabler v. tr. (conjug. 1)
dessaisir v. tr. (conjug. 2)
dessaisissement n. m.
dessaisonnement n. m.
dessaisonner v. tr. (conjug. 1)
dessalage n. m.
dessalement n. m.
dessaler v. (conjug. 1)
dessalinisateur n. m.
dessalinisation n. f.
dessangler v. tr. (conjug. 1)
dessaouler v. (conjug. 1)
desséchant, ante adj.
dessèchement n. m.
dessécher v. tr. (conjug. 6)
dessein n. m.
desseller v. tr. (conjug. 1)
desserrage n. m.
desserrement n. m.
desserrer v. tr. (conjug. 1)

dessert n. m.
desserte n. f.
dessertir v. tr. (conjug. 2)
dessertissage n. m.
desservant n. m.
desservir v. tr. (conjug. 14)
dessiccateur n. m.
dessiccatif, ive adj.
dessiccation n. f.
dessiller ou **déciller** v. tr. (conjug. 1)
dessin n. m.
dessin animé n. m.
dessinateur, trice n.
dessiné, ée adj.
dessiner v. tr. (conjug. 1)
dessolement n. m.
dessoler v. tr. (conjug. 1)
dessouchage n. m.
dessoucher v. tr. (conjug. 1)
dessouder v. tr. (conjug. 1)
dessoûler ou **dessaouler** ou **dessouler*** v. (conjug. 1)
dessous prép. ; adv. ; n. m.
dessous-de-bouteille n. m. inv.
dessous-de-bras n. m. inv.
dessous-de-plat n. m. inv.
dessous-de-table n. m. inv.
dessuintage n. m.
dessuinter v. tr. (conjug. 1)
dessus prép. et adv. ; n. m.
dessus-de-lit n. m. inv.
dessus-de-plat n. m. inv.
dessus-de-porte n. m. inv.
déstabilisant, ante adj.
déstabilisateur, trice adj.
déstabilisation n. f.
déstabiliser v. tr. (conjug. 1)
déstalinisation n. f.
déstaliniser v. tr. (conjug. 1)
destin n. m.
destinataire n.
destinateur n. m.

destination n. f.
destinée n. f.
destiner v. tr. (conjug. 1)
destituer v. tr. (conjug. 1)
destitution n. f.
déstockage n. m.
déstocker v. (conjug. 1)
déstockeur n. m.
déstressant, ante adj.
déstresser v. tr. (conjug. 1)
destrier n. m.
destroy [dɛstʀɔj] adj. inv.
destroyer [dɛstʀwaje ; dɛstʀɔjœʀ] n. m.
destructeur, trice n. et adj.
destructible adj.
destructif, ive adj.
destruction n. f.
destructivité n. f.
déstructuration n. f.
déstructurer v. tr. (conjug. 1)
désuet, ète adj.
désuétude n. f.
désulfitage n. m.
désulfiter v. tr. (conjug. 1)
désulfuration n. f.
désulfurer v. tr. (conjug. 1)
désuni, ie adj.
désunion n. f.
désunir v. tr. (conjug. 2)
désynchronisation [-k-] n. f.
désynchroniser [-k-] v. tr. (conjug. 1)
désyndicalisation n. f.
désyndicaliser v. tr. (conjug. 1)
détachable adj.
détachage n. m.
détachant, ante adj. et n. m.
détaché, ée adj.
détachement n. m.
détacher v. tr. (conjug. 1)
détacheur, euse n.
détail n. m.
détaillant, ante n.
détailler v. tr. (conjug. 1)

détaler v. intr. (conjug. 1)
détartrage n. m.
détartrant, ante adj. et n. m.
détartrer v. tr. (conjug. 1)
détartreur n. m.
détaxation n. f.
détaxe n. f.
détaxer v. tr. (conjug. 1)
détectable adj.
détecter v. tr. (conjug. 1)
détecteur, trice adj. et n. m.
détection n. f.
détective n.
détectivité n. f.
déteindre v. (conjug. 52)
dételage n. m.
dételer v. (conjug. 4)
détendeur n. m.
détendre v. tr. (conjug. 41)
détendu, ue adj.
détenir v. tr. (conjug. 22)
détente n. f.
détenteur, trice n.
détention n. f.
détenu, ue adj. et n.
détergence n. f.
détergent, ente adj. et n. m.
déterger v. tr. (conjug. 3)
détérioration n. f.
détériorer v. tr. (conjug. 1)
déterminable adj.
déterminant, ante adj. et n. m.
déterminatif, ive adj.
détermination n. f.
déterminé, ée adj. et n. m.
déterminer v. tr. (conjug. 1)
déterminisme n. m.
déterministe adj. et n.
déterrage n. m.
déterré, ée n.
déterrement n. m.
déterrer v. tr. (conjug. 1)
déterreur, euse n.
détersif, ive adj. et n. m.

détersion n. f.
détestable adj.
détestablement adv.
détestation n. f.
détester v. tr. (conjug. 1)
déthéiné, ée adj.
détirer v. tr. (conjug. 1)
détonant, ante adj.
détonateur n. m.
détonation n. f.
détoner v. intr. (conjug. 1)
détonique n. f.
détonnant, ante adj.
détonner v. intr. (conjug. 1)
détordre v. tr. (conjug. 41)
détors, orse adj.
détorsion n. f.
détortiller v. tr. (conjug. 1)
détour n. m.
détourage n. m.
détourer v. tr. (conjug. 1)
détourné, ée adj.
détournement n. m.
détourner v. tr. (conjug. 1)
détourneur, euse n.
détoxication n. f.
détoxifiant, iante adj. et n. m.
détoxifier v. tr. (conjug. 7)
détoxination n. f.
détoxiner v. tr. (conjug. 1)
détoxiquer v. tr. (conjug. 1)
détracter v. tr. (conjug. 1)
détracteur, trice n.
détraction n. f.
détramage n. m.
détramer v. tr. (conjug. 1)
détranspirant n. m.
détraqué, ée adj. et n.
détraquement n. m.
détraquer v. tr. (conjug. 1)
détrempe n. f.
détremper v. tr. (conjug. 1)
détresse n. f.
détricotage n. m.
détricoter v. tr. (conjug. 1)
détriment n. m.
détritique adj.
détritivore adj. et n. m.
détritus n. m.

détroit n. m.
détromper v. tr. (conjug. 1)
détrompeur n. m.
détrôner v. tr. (conjug. 1)
détroquage n. m.
détroquer v. tr. (conjug. 1)
détrousser v. tr. (conjug. 1)
détrousseur n. m.
détruire v. tr. (conjug. 38)
dette n. f.
détumescence n. f.
détumescent, ente adj.
deuche n. f.
deuches n. f. pl.
deudeuche n. f.
D. E. U. G. n. m. (diplôme d'études universitaires générales)
deuil n. m.
deus ex machina [deusksmakina ; deys-] n. m. inv.
deutérium n. m.
deutérocanonique adj.
deutéron n. m.
deuton n. m.
deux adj. numér. inv. et n. inv.
deux-chevaux n. f.
deuxième adj. numér. ord. et n.
deuxièmement adv.
deux-mâts n. m.
deux-pièces n. m.
deux-points n. m.
deux-ponts n. m.
deux-roues n. m.
deux-temps adj. et n. m.
deuzio adv.
dévaler v. (conjug. 1)
dévaliser v. tr. (conjug. 1)
dévaloir n. m.
dévalorisant, ante adj.
dévalorisation n. f.
dévaloriser v. tr. (conjug. 1)
dévaluation n. f.

dévaluationniste adj.
dévaluer v. tr. (conjug. 1)
devanagari ou
    dévanagari* n. f. ; (vx) n.
    m. ; adj. inv. en genre
devancement n. m.
devancer v. tr. (conjug. 3)
devancier, ière n.
devant prép. ; adv. ; n. m.
devanture n. f.
dévaser v. tr. (conjug. 1)
dévastateur, trice n. et adj.
dévastation n. f.
dévaster v. tr. (conjug. 1)
dévédéthèque n. f.
déveine n. f.
développable adj.
développante n. f.
développateur n. m.
développé n. m.
développée n. f.
développement n. m.
développer v. tr. (conjug. 1)
développeur, euse n.
¹**devenir** n. m.
²**devenir** v. intr. (conjug. 22)
déverbal, aux n. m.
déverbatif n. m.
dévergondage n. m.
dévergondé, ée adj.
dévergonder (se) v. pron. (conjug. 1)
déverguer v. tr. (conjug. 1)
dévernir v. tr. (conjug. 2)
dévernissage n. m.
déverrouillage n. m.
déverrouiller v. tr. (conjug. 1)
devers prép.
dévers n. m.
déversement n. m.
déverser v. tr. (conjug. 1)
déversoir n. m.
dévêtir v. tr. (conjug. 20)
déviance n. f.
déviant, iante adj. et n.
déviateur, trice adj. et n. m.

déviation n. f. (rec. off. pour by-pass)
déviationnisme n. m.
déviationniste adj.
dévidage n. m.
dévider v. tr. (conjug. 1)
dévideur, euse n.
dévidoir n. m.
dévier v. (conjug. 7)
devin, devineresse n.
devinable adj.
deviner v. tr. (conjug. 1)
devineresse n. f.
devinette n. f.
dévirer v. tr. (conjug. 1)
déviginiser v. tr. (conjug. 1)
dévirilisation n. f.
déviriliser v. tr. (conjug. 1)
devis n. m.
dévisager v. tr. (conjug. 3)
devise n. f.
devise-titre n. f.
    PL. devises-titres
deviser v. (conjug. 1)
deviseur n. m.
dévissable adj.
dévissage n. m.
dévissé n. m.
dévisser v. (conjug. 1)
dévisseuse n. f.
de visu [devizy] loc. adv.
dévitalisation n. f.
dévitaliser v. tr. (conjug. 1)
dévitaminé, ée adj.
dévitrification n. f.
dévitrifier v. tr. (conjug. 7)
dévoiement n. m.
dévoilement n. m.
dévoiler v. tr. (conjug. 1)
¹**devoir** n. m.
²**devoir** v. tr. (conjug. 28 ; au p. p. dû, due, dus, dues)
dévoisé, ée adj.
dévoltage n. m.
dévolter v. tr. (conjug. 1)
dévolu, ue adj. et n. m.
dévolutif, ive adj.
dévolution n. f.
dévon ou **devon** n. m.

dévonien, ienne adj. et n. m.
dévorant, ante adj.
dévorateur, trice adj.
dévorer v. tr. (conjug. 1)
dévoreur, euse n. et adj.
dévot, ote adj. et n.
dévotement adv.
dévotion n. f.
dévotionnel, elle adj.
dévoué, ée adj.
dévouement n. m.
dévouer v. tr. (conjug. 1)
dévoyé, ée adj. et n.
dévoyer v. tr. (conjug. 8)
déwatté, ée adj.
dextérité n. f.
dextralité n. f.
dextre n. f. et adj.
dextrine n. f.
dextrinisation n. f.
dextrocardie n. f.
dextrogyre adj.
dextrorsum adj.
    PL. inv. ou dextrorsums*
dextrose n. m.
dey n. m.
    PL. deys
dézingage n. m.
dézinguer v. tr. (conjug. 1)
dézipper v. tr. (conjug. 1)
dézonage n. m.
dézoner v. tr. (conjug. 1)
¹**D. G.** n. (directeur, trice général(e))
²**D. G.** n. f. (direction générale)
DGSE n. f. (direction générale de la sécurité extérieure)
dharma n. m.
DHEA n. f. (déhydroépiandrostérone)
dhole n. m.
dia n. f.
diabète n. m.
diabétique adj.
diabétologie n. f.
diabétologue n.
diable n. m.
diablement adv.
diablerie n. f.

diablesse n. f.
diablotin n. m.
diabolique adj.
diaboliquement adv.
diabolisation n. f.
diaboliser v. tr. (conjug. 1)
diabolo n. m.
diacétylmorphine n. f.
diachronie [-k-] n. f.
diachronique [-k-] adj.
diachroniquement [-k-] adv.
diachylon [-k-] n. m.
diacide n. m. et adj.
diaclase n. f.
diacode n. m.
diaconal, ale, aux adj.
diaconat n. m.
diaconesse n. f.
diacoustique n. f.
diacre n. m.
diacritique adj.
diadème n. m.
diadoque n. m.
diagénèse n. f.
diagnose n. f.
diagnostic n. m.
diagnosticien, ienne n.
diagnostique adj.
diagnostiquer v. tr. (conjug. 1)
diagnostiqueur, euse n.
diagonal, ale, aux adj.
diagonale n. f.
diagonalement adv.
diagramme n. m.
diagraphe n. m.
diagraphie n. f.
dialcool n. m.
dialectal, ale, aux adj.
dialectalisme n. m.
dialecte n. m.
dialecticien, ienne n.
dialectique n. f. et adj.
dialectiquement adv.
dialectiser v. tr. (conjug. 1)
dialectologie n. f.
dialectologique adj.
dialectologue n.
dialogique adj.

dialogue n. m.
dialoguer v. (conjug. 1)
dialoguiste n.
dialypétale adj. et n.
dialyse n. f.
dialyser v. tr. (conjug. 1)
dialyseur n. m.
diamagnétique adj.
diamagnétisme n. m.
diamant n. m.
diamantaire adj. et n.
diamanté, ée adj.
diamanter v. tr. (conjug. 1)
diamantifère adj.
diamantin, ine adj.
diamétral, ale, aux adj.
diamétralement adv.
diamètre n. m.
diamide n. f.
diamine n. f.
diaminophénol n. m.
diamorphine n. f.
diane n. f.
diantre interj.
diantrement adv.
diapason n. m.
diapédèse n. f.
diaphane adj.
diaphanéité n. f.
diaphanoscopie n. f.
diaphonie n. f.
diaphonique adj.
diaphorèse n. f.
diaphorétique adj.
diaphragmatique adj.
diaphragme n. m.
diaphragmer v. (conjug. 1)
diaphysaire adj.
diaphyse n. f.
diapo n. f. (diapositive)
diaporama n. m.
diapositive n. f.
diapothèque n. f.
diapré, ée adj.
diaprer v. tr. (conjug. 1)
diaprure n. f.
diariste n.
diarrhée n. f.
diarrhéique adj. et n.
diarthrose n. f.

diascope n. m.
diascopie n. f.
diaspora n. f.
diastase n. f.
diastasique adj.
diastole n. f.
diastolique adj.
diathèque n. f.
diathermane adj.
diatherme adj.
diathermie n. f.
diathermique adj.
diathèse n. f.
diathésique adj.
diatomée n. f.
diatomique adj.
diatomite n. f.
diatonique adj.
diatoniquement adv.
diatribe n. f.
diaule [djol ; djɔl] n. f.
diazoïque adj. et n. m.
diazote n. m.
dibasique adj.
dicastère n. m.
dichlore [-k-] n. m.
dichlorure [-k-] n. m.
dichogame [diko-] adj.
dichogamie [dikɔ-] n. f.
dichotome [dikɔ-] adj.
dichotomie [dikɔ-] n. f.
dichotomique [dikɔ-] adj.
dichroïque [-k-] adj.
dichroïsme [-k-] n. m.
dichromatique [-k-] adj.
dickensien, ienne adj.
dicline adj.
dico n. m. (dictionnaire)
dicotylédone adj. et n. f.
dicoumarine n. f.
dicoumarol n. m.
dicrote adj. m.
dictame n. m.
dictaphone® n. m.
dictateur, trice n.
dictatorial, iale, iaux adj.
dictatorialement adv.
dictature n. f.
dictée n. f.
dicter v. tr. (conjug. 1)

diction

diction n. f.
dictionnaire n. m.
dictionnairique adj. et n. f.
dictionnariste n.
dicton n. m.
didactique n. f.
didacticiel n. m.
didactique adj. et n. f.
didactiquement adv.
didactisme n. m.
didactyle adj.
didascalie n. f.
didjeridoo ou didgeridoo [didʒeʀidu] n. m.
diduction n. f.
didyme n. m.
dièdre adj. et n. m.
diégèse n. f.
diégétique adj.
diélectrique adj. et n. m.
diencéphale n. m.
diencéphalique adj.
diérèse n. f.
diergol n. m.
dièse n. m.
diéséliste n.
diéser v. tr. (conjug. 6)
Dies irae [djɛsiʀe] n. m. inv.
diester n. m.
diète n. f.
diététicien, ienne n.
diététique adj. et n. f.
diététiquement adv.
diététiste n.
dieu n. m.
DIF n. m. (droit individuel à la formation)
diffa n. f.
diffamant, ante adj.
diffamateur, trice n.
diffamation n. f.
diffamatoire adj.
diffamé, ée adj.
diffamer v. tr. (conjug. 1)
différé n. m.
différemment adv.

différence n. f.
différenciateur, trice adj. et n. m.
différenciation n. f.
différencier v. tr. (conjug. 7)
différend n. m.
différent, ente adj.
différentiation n. f.
¹différentiel, ielle adj.
²différentiel n. m.
différentielle n. f.
différentier v. tr. (conjug. 7)
différer v. (conjug. 6)
difficile adj.
difficilement adv.
difficulté n. f.
difficultueux, euse adj.
diffluence n. f.
diffluent, ente adj.
difforme adj.
difformité n. f.
diffracter v. tr. (conjug. 1)
diffraction n. f.
diffus, use adj.
diffusément adv.
diffuser v. (conjug. 1)
diffuseur, euse n.
diffusible adj.
diffusion n. f.
diffusionnisme n. m.
diffusionniste adj. et n.
diffusivité n. f.
digamma n. m.
digérer v. tr. (conjug. 6)
digest n. m. (rec. off. : condensé)
digeste adj. ; n. m.
digesteur n. m.
digestibilité n. f.
digestible adj.
digestif, ive adj. et n. m.
digestion n. f.
digicode® n. m.
digipack n. m.
digit n. m.
digital, ale, aux adj.
digitale n. f.
digitaline n. f.

digitalique adj.
digitalisation n. f.
digitaliser v. tr. (conjug. 1)
digitaliseur n. m.
digité, ée adj.
digitiforme adj.
digitigrade adj.
digitopuncture n. f.
diglossie n. f.
digne adj.
dignement adv.
dignitaire n. m.
dignité n. f.
digon n. m.
digramme n. m.
digraphie n. f.
digresser v. intr. (conjug. 1)
digression n. f.
digue n. f.
diholoside n. m.
dik-dik n.
  PL. *diks-diks*
diktat ou dictat* n. m.
dilacération n. f.
dilacérer v. tr. (conjug. 6)
dilapidateur, trice adj. et n.
dilapidation n. f.
dilapider v. tr. (conjug. 1)
dilatabilité n. f.
dilatable adj.
dilatant, ante adj. et n. m.
dilatateur, trice adj. et n. m.
dilatation n. f.
dilater v. tr. (conjug. 1)
dilatoire adj.
dilatomètre n. m.
dilection n. f.
dilemme n. m.
dilettante n.
dilettantisme n. m.
diligemment adv.
diligence n. f.
diligent, ente adj.
diligenter v. tr. (conjug. 1)
diluant n. m.
diluer v. tr. (conjug. 1)
dilutif, ive adj.
dilution n. f.

discipliner

diluvial, iale, iaux adj.
diluvien, ienne adj.
diluvium n. m.
dimanche n. m.
dîme ou dime* n. f.
dimension n. f.
dimensionnel, elle adj.
dimensionnement n. m.
dimensionner v. tr. (conjug. 1) (rec. off. : proportionner)
dimère n. m.
diminué, ée adj.
diminuendo [diminɥɛndo ; diminɥɛdo] adv.
diminuer v. (conjug. 1)
diminutif, ive adj. et n. m.
diminution n. f.
dimissoire n. m.
dimissorial, iale, iaux adj.
dimorphe adj.
dimorphisme n. m.
dim sum [dimsum] n. m. inv.
DIN [din] n. m. inv. (Deutsche Industrie Norm)
dinanderie n. f.
dinandier n. m.
dinar n. m.
dînatoire ou dinatoire* adj.
dinde n. f.
dindon n. m.
dindonneau n. m.
¹dîner ou diner* n. m.
²dîner ou diner* v. intr. (conjug. 1)
dînette ou dinette* n. f.
dîneur, euse ou dineur, euse* n.
ding interj.
dinghy ou dinghie [diŋgi] n. m.
PL. dinghys ou dinghies
dingo adj. et n. m. ;
dingue adj. et n.
dinguer v. intr. (conjug. 1)
dinguerie n. f.
dinoflagellés n. m. pl.
dinophysis n. m.

dinornis n. m.
dinosaure n. m.
dinosauriens n. m. pl.
dinothérium n. m.
diocésain, aine adj. et n.
diocèse n. m.
diode n. f.
diodon n. m.
dioïque adj.
diol n. m.
dionée n. f.
dionysiaque adj. et n. f.
dionysies n. f. pl.
dioptre n. m.
dioptrie n. f.
dioptrique n. f. et adj.
diorama n. m.
diorite n. f.
diot n. m.
dioxine® n. f.
dioxyde n. m.
dioxygène n. m.
dipétale adj.
diphasé, ée adj.
diphénol n. m.
diphényle n. m.
diphosphate n. m.
diphtérie n. f.
diphtérique adj.
diphtongaison n. f.
diphtongue n. f.
diphtonguer v. tr. (conjug. 1)
diplocoque n. m.
diplodocus n. m.
diploé n. m.
diploïde adj.
diplomate, ante adj.
diplomate n. m.
diplomatie n. f.
diplomatique adj. et n. f.
diplomatiquement adv.
diplôme n. m.
diplômé, ée adj. et n.
diplômer v. tr. (conjug. 1)
diplopie n. f.
diplopodes n. m. pl.
dipneumone adj.
dipneustes n. m. pl.
dipode adj. et n. m.

dipolaire adj.
dipôle n. m.
dipsomane adj. et n.
dipsomaniaque adj. et n.
dipsomanie n. f.
diptère adj. et n. m.
diptyque n. m.
dircom n. m.
¹dire n. m.
²dire v. tr. (conjug. 37)
direct, e adj. ; n. m.
directement adv.
directeur, trice n. et adj.
directif, ive adj.
direction n. f.
directionnel, elle adj.
directive n. f.
directivisme n. m.
directivité n. f.
directoire n. m.
directorat n. m.
directorial, iale, iaux adj.
directrice n. f.
dirham n. m.
dirigé, ée adj.
dirigeable adj. et n. m.
dirigeant, ante adj. et n.
diriger v. tr. (conjug. 3)
dirigisme n. m.
dirigiste adj. et n.
dirimant, ante adj.
dirlo n. (directeur, trice)
disaccharide ou disaccaride* [-k-] n. m.
discal, ale, aux adj.
discale n. f.
discarthrose n. f.
discectomie n. f.
discernable adj.
discernement n. m.
discerner v. tr. (conjug. 1)
disciple n. m.
disciplinable adj.
disciplinaire adj. et n.
disciplinairement adv.
discipline n. f.
discipliné, ée adj.
discipliner v. tr. (conjug. 1)

disc-jockey

disc-jockey n. m.
  PL. disc-jockeys
disco n. m. et adj.
discobole n.
discographie n. f.
discographique adj.
discoïdal, ale, aux adj.
discoïde adj.
discomobile n. f.
discompte n. m.
discompteur n. m. (rec. off. de discounter)
discomycètes n. m. pl.
discontacteur n. m.
discontinu, ue adj. et n. m.
discontinuation n. f.
discontinuer v. (conjug. 1)
discontinuité n. f.
disconvenance n. f.
disconvenir v. tr. ind. (conjug. 22)
discopathie n. f.
discophile n.
discophilie n. f.
discordance n. f.
discordant, ante adj.
discorde n. f.
discorder v. intr. (conjug. 1)
discothécaire n.
discothèque n. f.
discount [diskawnt] n. m. (rec. off. : ristourne)
¹discounter ou discounteur [diskawntœʀ] n. m.
²discounter [diskawnte] v. tr. (conjug. 1)
discoureur, euse n.
discourir v. intr. (conjug. 11)
discours n. m.
discourtois, oise adj.
discourtoisement adv.
discourtoisie n. f.
discrédit n. m.
discréditer v. tr. (conjug. 1)
discret, ète adj.
discrètement adv.
discrétion n. f.

discrétionnaire adj.
discrétionnairement adv.
discrétisation n. f.
discrétiser v. tr. (conjug. 1)
discriminant, ante adj. et n. m.
discriminateur n. m.
discriminatif, ive adj.
discrimination n. f.
discriminatoire adj.
discriminer v. tr. (conjug. 1)
disculpation n. f.
disculper v. (conjug. 1)
discursif, ive adj.
discussion n. f.
discutable adj.
discutailler v. intr. (conjug. 1)
discutaillerie n. f.
discuté, ée adj.
discuter v. (conjug. 1)
discuteur, euse adj. et n.
disert, erte adj.
disertement adv.
disette n. f.
disetteux, euse adj. et n.
diseur, euse n.
disfonctionnement n. m.
disgrâce n. f.
disgracié, iée adj. et n.
disgracier v. tr. (conjug. 7)
disgracieux, ieuse adj.
disharmonie [diza-; disa-] n. f.
disharmonieux, ieuse adj.
disjoindre v. tr. (conjug. 49)
disjoint, ointe adj.
disjoncté, ée adj.
disjoncter v. (conjug. 1)
disjoncteur n. m.
disjonctif, ive adj.
disjonction n. f.
dislocation n. f.
disloquer v. tr. (conjug. 1)
disparaître ou disparaitre* v. intr. (conjug. 57)

disparate adj. et n. f.
disparité n. f.
disparition n. f.
disparu, ue adj.
¹dispatcher n. m.
dispatcheur, euse n.
²dispatcher v. tr. (conjug. 1)
dispatching n. m.
dispendieusement adv.
dispendieux, ieuse adj.
dispensable adj.
dispensaire n. m.
dispensateur, trice n.
dispensation n. f.
dispense n. f.
dispenser v. tr. (conjug. 1)
dispersant, ante n. m. et adj.
dispersement n. m.
disperser v. tr. (conjug. 1)
disperseur n. m.
dispersif, ive adj.
dispersion n. f.
display n. m.
  PL. displays (rec. off. : visuel)
disponibilité n. f.
disponible adj.
dispos, ose adj.
disposant, ante n.
disposé, ée adj.
disposer v. (conjug. 1)
dispositif n. m.
disposition n. f.
disproportion n. f.
disproportionné, ée adj.
disputailler v. intr. (conjug. 1)
disputailleur, euse adj. et n.
dispute n. f.
disputer v. tr. (conjug. 1)
disquaire n.
disqualification n. f.
disqualifier v. tr. (conjug. 7)
disque n. m.
disque-jockey ou disc-jockey [disk(ə)ʒɔkɛ] n.
  PL. disques-jockeys ou disc-jockeys (rec. off. : animateur)

disquette n. f.
disqueuse n. f.
disruptif, ive adj.
disruption n. f.
dissecteur, euse n.
dissection n. f.
dissemblable adj.
dissemblance n. f.
dissémination n. f.
disséminer v. tr. (conjug. 1)
dissension n. f.
dissentiment n. m.
disséquer v. tr. (conjug. 6)
disséqueur, euse n.
dissertation n. f.
disserter v. intr. (conjug. 1)
dissidence n. f.
dissident, ente adj.
dissimilation n. f.
dissimilitude n. f.
dissimulateur, trice n. et adj.
dissimulation n. f.
dissimulé, ée adj.
dissimuler v. tr. (conjug. 1)
dissipateur, trice n.
dissipatif, ive adj.
dissipation n. f.
dissipé, ée adj.
dissiper v. tr. (conjug. 1)
dissociabilité n. f.
dissociable adj.
dissociation n. f.
dissocier v. tr. (conjug. 7)
dissolu, ue adj.
dissolubilité n. f.
dissoluble adj.
dissolution n. f.
dissolvant, ante adj. et n. m.
dissonance n. f.
dissonant, ante adj.
dissoner v. intr. (conjug. 1)
dissoudre v. tr. (conjug. 51)
dissuader v. tr. (conjug. 1)
dissuasif, ive adj.
dissuasion n. f.
dissyllabe adj. et n. m.
dissyllabique adj. et n. m.
dissymétrie n. f.
dissymétrique adj.
distal, ale, aux adj.
distance n. f.
distancer v. tr. (conjug. 3)
distanciation n. f.
distancier v. tr. (conjug. 7)
distanciomètre n. m.
distant, ante adj.
distendre v. tr. (conjug. 41)
distension n. f.
disthène n. m.
distillat n. m.
distillateur, trice n.
distillation n. f.
distiller v. (conjug. 1)
distillerie n. f.
distinct, incte adj.
distinctement adv.
distinctif, ive adj.
distinction n. f.
distinguable adj.
distingué, ée adj.
distinguer v. tr. (conjug. 1)
distinguo n. m.
distique n. m.
distomatose n. f.
distome n. m.
distordre v. tr. (conjug. 41)
distorsion n. f.
distractif, ive adj.
distraction n. f.
distractivité n. f.
distraire v. tr. (conjug. 50)
distrait, aite adj.
distraitement adv.
distrayant, ante adj.
distribuable adj.
distribuer v. tr. (conjug. 1)
distributaire adj. et n.
distributeur, trice n.
distributif, ive adj.
distribution n. f.
distributionnalisme n. m.
distributionnaliste adj. et n.
distributionnel, elle adj.
distributivement adv.
distributivité n. f.
districal, ale, aux adj.
district n. m.
distyle adj.
dit, dite adj. et n. m.
dithyrambe n. m.
dithyrambique adj.
dito adv.
diurèse n. f.
diurétique adj. et n. m.
diurnal, aux n. m.
diurne adj.
diva n. f.
divagateur, trice adj.
divagation n. f.
divaguer v. intr. (conjug. 1)
divalent, ente adj.
divan n. m.
dive adj. f.
divergence n. f.
divergent, ente adj.
diverger v. intr. (conjug. 3)
divers, erse adj.
diversement adv.
diversification n. f.
diversifier v. tr. (conjug. 7)
diversiforme adj.
diversion n. f.
diversité n. f.
diverticule n. m.
diverticulose n. f.
divertimento [-ménto ; -mēto] n. m.
divertir v. tr. (conjug. 2)
divertissant, ante adj.
divertissement n. m.
divette n. f.
dividende n. m.
divin, ine adj.
divinateur, trice n. et adj.
divination n. f.
divinatoire adj.
divinement adv.
divinisation n. f.
diviniser v. tr. (conjug. 1)
divinité n. f.
divis, ise adj. et n. m.
diviser v. tr. (conjug. 1)
diviseur, euse n.
divisibilité n. f.
divisible adj.
division n. f.

divisionnaire adj.
divisionnisme n. m.
divisionniste adj. et n.
divorce n. m.
divorcé, ée adj. et n.
divorcer v. intr. (conjug. 3)
divortialité n. f.
divulgateur, trice n.
divulgation n. f.
divulguer v. tr. (conjug. 1)
divulsion n. f.
dix adj. numér. inv. et n.
dix-cors n. m.
dix-heures n. m.
dix-huit adj. numér. et n. inv.
dix-huitième adj. et n.
 PL. *dix-huitièmes*
dix-huitièmement adv.
dixième adj. et n.
dixièmement adv.
dixit loc.
dix-neuf adj. numér. et n. inv.
dix-neuvième adj. et n.
 PL. *dix-neuvièmes*
dix-neuvièmement adv.
dix-sept adj. numér. et n. inv.
dix-septième adj. et n.
 PL. *dix-septièmes*
dix-septièmement adv.
dizain n. m.
dizaine n. f.
dizygote adj. et n. m.
D. J. ou **deejay** [didʒi ; didʒɛ] n. (disc jockey)
djaïn ou **djaïna** adj. et n.
djaïnisme n. m.
djebel ou **djébel** n. m.
djellaba n. f.
djembé n. m.
djeune ou **djeun** [dʒœn] n.
djihad ou **jihad** n. m.
djihadisme ou **jihadisme** n. m.
djihadiste ou **jihadiste** n.
djinn n. m.
D. N. A n. m. (acide désoxyribonucléique)

do n. m. inv.
doberman n. m.
doc n. m.
DOC n. m. (disque optique compact)
docile adj.
docilement adv.
docilité n. f.
docimasie n. f.
docimologie n. f.
docimologue n.
dock n. m.
docker n. m.
docte adj.
doctement adv.
docteur, eure n.
doctoral, ale, aux adj.
doctoralement adv.
doctorant, ante n.
doctorat n. m.
doctoresse n. f.
doctrinaire n. et adj.
doctrinal, ale, aux adj.
doctrine n. f.
docudrame n. m.
docufiction n. f.
document n. m.
documentaire adj. et n. m.
documentaliste n.
documentariste n.
documentation n. f.
documenter v. tr. (conjug. 1)
documentique n. f.
docu-soap ou **docusoap** n. m.
dodécaèdre n. m.
dodécagonal, ale, aux adj.
dodécagone n. m.
dodécaphonique adj.
dodécaphonisme n. m.
dodécaphoniste adj. et n.
dodécastyle adj.
dodécasyllabe adj. et n. m.
dodelinement n. m.
dodeliner v. intr. (conjug. 1)
dodine n. f.
dodo n. m.

dodu, ue adj.
dogaresse n. f.
dog-cart n. m.
 PL. *dog-carts*
doge n. m.
dogger n. m.
dogmatique adj.
dogmatiquement adv.
dogmatiser v. intr. (conjug. 1)
dogmatiseur n. m.
dogmatisme n. m.
dogmatiste n.
dogme n. m.
dogue n. m.
doigt n. m.
doigté n. m.
doigter v. (conjug. 1)
doigtier n. m.
doit n. m.
dojo n. m.
dol n. m.
dolby® n. m.
dolce adv.
dolce vita n. f.
dolcissimo adv.
doléance n. f.
doleau n. m.
dolent, ente adj.
doler v. tr. (conjug. 1)
dolic ou **dolique** n. m.
dolichocéphale adj.
dolichocôlon n. m.
doline n. f.
dolique n. m.
dollar n. m.
dollarisation n. f.
dolman n. m.
dolmen n. m.
doloire n. f.
dolomie n. f.
dolomite n. f.
dolomitique adj.
dolorisme n. m.
dolosif, ive adj.
dom [dɔm] n. m. (département d'outre-mer)
D. O. M. n. m. inv. (département d'outre-mer)
domaine n. m.

domanial, iale, iaux adj.
domanialité n. f.
dôme n. m.
domestication n. f.
domesticité n. f.
domestique adj. et n.
domestiquer v. tr. (conjug. 1)
domicile n. m.
domiciliaire adj.
domiciliataire n. m.
domiciliation n. f.
domicilier v. tr. (conjug. 7)
domien, ienne adj. et n.
dominance n. f.
dominant, ante adj.
dominante n. f.
dominateur, trice n. et adj.
domination n. f.
dominer v. (conjug. 1)
dominicain, aine n.
dominical, ale, aux adj.
dominion n. m.
domino n. m.
dominoterie n. f.
dominotier, ière n.
domisme n. m.
dommage n. m.
dommageable adj.
dommages-intérêts n. m. pl.
domoticien, ienne n.
domotique n. f.
domotiser v. tr. (conjug. 1)
domptable [dɔ̃(p)tabl] adj.
domptage [dɔ̃(p)taʒ] n. m.
dompter [dɔ̃(p)te] v. tr. (conjug. 1)
dompteur, euse [dɔ̃(p)tœʀ, øz] n.
D. O. M.-R. O. M. n. m. inv. (départements et régions d'outre-mer)
don n. m.
D. O. N. n. m. (disque optique numérique)
doña ou donia* n. f.
donacie n. f.
donataire n.

donateur, trice n.
donation n. f.
donation-partage n. f.
PL. donations-partages
donatisme n. m.
donatiste n. et adj.
donc conj.
dondon n. f.
donf (à) loc. adv.
dông n. m.
dongle n. m.
donjon n. m.
don juan ou don Juan ou donjuan* n. m.
PL. dons juans ou don Juan ou donjuans*
donjuanesque adj.
donjuanisme n. m.
donnant, ante adj.
donne n. f.
donné, ée adj.
donnée n. f.
donner v. (conjug. 1)
donneur, euse n. et adj.
don quichotte ou don Quichotte ou donquichotte* n. m.
PL. dons quichottes ou don Quichotte ou donquichottes*
donquichottisme n. m.
dont pron.
donut [dɔnœt] n. m.
donzelle n. f.
dopa n. f.
dopage n. m. (rec. off. pour doping)
dopamine n. f.
dopaminergique adj.
dopant, ante n. m. et adj.
dope n. f.
doper v. tr. (conjug. 1)
dopeur n. m.
doping n. m. (rec. off. : dopage)
doppler n. m.
dorade ou daurade n. f.
dorage n. m.
doré, ée adj.
dorénavant adv.
dorer v. tr. (conjug. 1)
d'ores et déjà loc. adv.

doreur, euse n.
dorien, ienne adj. et n.
dorique adj. et n. m.
doris n. f. ; n. m.
dorlotement n. m.
dorloter v. tr. (conjug. 1)
dormance n. f.
dormant, ante adj. et n. m.
dormeur, euse n.
dormir v. intr. (conjug. 16)
dormitif, ive adj.
dormition n. f.
dorsal, ale, aux adj. et n. f.
dorsalgie n. f.
dors-bien n. m. inv.
dorsolombaire adj.
dorsoventral, ale, aux adj.
dortoir n. m.
dorure n. f.
doryphore n. m.
dos n. m.
DOS n. m. (disc operating system)
dosable adj.
dosage n. m.
dos d'âne n. m. inv.
dose n. f.
doser v. tr. (conjug. 1)
dosette n. f.
doseur n. m.
dosimètre n. m.
dosimétrie n. f.
dos-nu n. m.
PL. dos-nus
dossard n. m.
dosse n. f.
dosseret n. m.
dossier n. m.
dossière n. f.
dot [dɔt] n. f.
dotal, ale, aux adj.
dotation n. f.
dotcom n. f. inv.
doter v. tr. (conjug. 1)
douaire n. m.
douairière n. f.
douane n. f.

douanier

douanier, ière n. et adj.
douar n. m.
doublage n. m.
double adj. et n.
doublé, ée adj. et n. m.
doubleau n. m.
double-clic n. m.
 PL. doubles-clics
double-cliquer v. intr. (conjug. 1)
double-crème n. m.
 PL. doubles-crèmes
doublement adv. ; n. m.
¹doubler n. m.
²doubler v. (conjug. 1)
doublet n. m.
doublette n. f.
¹doubleur n. m. (bague)
²doubleur, euse n. (redoublant)
double-vitrage n. m.
 PL. doubles-vitrages
doublon n. m.
doublonnage n. m.
doublonner v. intr. (conjug. 1)
doublure n. f.
douçain n. m.
douçâtre n. m.
douce adj. f. et n. f.
douce-amère n. f.
 PL. douces-amères
douceâtre ou douçâtre adj.
doucement adv.
doucereusement adv.
doucereux, euse adj.
doucet, ette adj. et n.
doucettement adv.
douceur n. f.
douche n. f.
doucher v. tr. (conjug. 1)
douchette n. f.
doucheur, euse n.
doucin ou douçain n. m.
doucine n. f.
doucir v. tr. (conjug. 2)
doucissage n. m.
doudou n. f. ; n. m.
doudoune n. f.

doudounes n. f. pl.
doué, douée adj.
douelle n. f.
douer v. tr. (conjug. 1)
douglas n. m.
douille n. f.
douiller v. intr. (conjug. 1)
douillet, ette adj.
douillette n. f.
douillettement adv.
douilletterie n. f.
doula n. f.
douleur n. f.
douloureusement adv.
douloureux, euse adj. et n. f.
doum n. m.
douma n. f.
doum-doum n. m.
 PL. doums-doums
dourine n. f.
douro n. m.
doute n. m.
douter v. tr. ind. (conjug. 1)
douteur, euse adj. et n.
douteusement adv.
douteux, euse adj.
douvain n. m.
douve n. f.
douvelle n. f.
¹doux, douce adj. et n.
²doux adv.
doux-amer,
  douce-amère adj.
 PL. doux-amers, douces-amères
douzain n. m.
douzaine n. f.
douze adj. numér. inv. et n. inv.
douze-huit (à) loc. adj.
douzième adj. et n.
douzièmement adv.
doxa n. f.
doxocratie n. f.
doxologie n. f.
doyen, doyenne n.
doyenné n. m.
D. P. L. G. adj. inv. (diplômé par le gouvernement)

dracéna n. m.
drache n. f.
dracher v. impers. et intr. (conjug. 1)
drachme [dʀakm] n. f.
draconien, ienne adj.
drag n. f.
dragage n. m.
dragée n. f.
dragéifier v. tr. (conjug. 7)
drageoir n. m.
drageon n. m.
drageonnage n. m.
drageonnement n. m.
drageonner v. intr. (conjug. 1)
dragline [dʀaglin ; dʀaglajn] n. f. (rec. off. : défonceuse)
dragon n. m.
dragonnade n. f.
dragonne n. f.
dragonnier n. m.
drag-queen [dʀagkwin] n. f.
 PL. drag-queens
dragster [dʀagstɛʀ] n. m.
drague n. f.
draguer v. tr. (conjug. 1)
dragueur, euse n.
draille n. f.
drain n. m.
drainage n. m.
draine n. f.
drainer v. tr. (conjug. 1)
draineur n. m.
draineuse n. f.
draisienne n. f.
draisine n. f.
drakkar n. m.
dramatique adj. et n. f.
dramatiquement adv.
dramatisant, ante adj.
dramatisation n. f.
dramatiser v. tr. (conjug. 1)
dramaturge n.
dramaturgie n. f.
dramaturgique adj.
drame n. m.
drap n. m.

drapé, ée adj. et n. m.
drapeau n. m.
drapement n. m.
draper v. tr. (conjug. 1)
draperie n. f.
drap-housse n. m.
PL. *draps-housses*
drapier, ière n. et adj.
drastique adj.
drave n. f.
draver v. tr. (conjug. 1)
draveur, euse n.
dravidien, ienne adj. et n. m.
drawback [drobak] n. m.
drayage n. m.
drayer v. tr. (conjug. 8)
drayoir n. m.
drayoire n. f.
dreadlocks n. f. pl.
drêche n. f.
drège n. f.
drelin interj.
drenne n. f.
drépanocytose n. f.
dressage n. m.
dresser v. tr. (conjug. 1)
dresseur, euse n.
dressing-room n. m.
PL. *dressing-rooms*
dressoir n. m.
drève n. f.
dreyfusard, arde adj. et n.
dreyfusisme n. m.
DRH n. (directeur, trice des ressources humaines)
drible ou **dribble** n. m.
dribler ou **dribbler** v. tr. (conjug. 1)
dribleur, euse ou **dribbleur, euse** n.
drift n. m.
drifter ou **drifteur*** n. m.
drill n. m.
drille n. m. ; n. f.
dring interj.
dringuelle n. f.
drink n. m.
drisse n. f.
drive [drajv] n. m.

drive-in [drajvin] n. m. inv. (rec. off. : ciné-parc)
¹**driver** ou **driveur** [drajvœr ; drivœr] n. m.
²**driver** [drajve ; drive] v. (conjug. 1)
drogman [drɔgmã] n. m.
PL. *drogmans*
drogue n. f.
drogué, ée n. et adj.
droguer v. (conjug. 1)
droguerie n. f.
droguet n. m.
droguiste n.
droïde n. m.
¹**droit, droite** adj. et adv.
²**droit, droite** adj. et n. m.
droit-de-l'hommisme n. m.
droit-de-l'hommiste n.
PL. *droit-de-l'hommistes*
droite n. f.
droitement adv.
droitier, ière adj. et n.
droitisation n. f.
droitiser v. tr. (conjug. 1)
droitisme n. m.
droitiste adj. et n.
droiture n. f.
drolatique adj.
drôle n. et adj.
drôlement adv.
drôlerie n. f.
drôlesse n. f.
drôlet, ette adj.
dromadaire n. m.
drome n. f.
drone n. m.
dronte n. m.
drop n. m.
¹**droper** v. intr. (conjug. 1) (filer)
²**droper** ou **dropper** v. tr. (conjug. 1) (abandonner)
drop-goal n. m.
PL. *drop-goals*
droppage n. m.
dropper v. tr. (conjug. 1)
droséra n. m.
drosophile n. f.

drosse n. f.
drosser v. tr. (conjug. 1)
dru, drue adj.
drugstore [drœgstɔr] n. m.
druide n. m.
druidesse n. f.
druidique adj.
druidisme n. m.
drumlin [drœmlin] n. m.
drummer ou **drummeur, euse** [drœmœr] n.
drums [drœms] n. m. pl.
drupe n. f.
druze adj. et n.
dry [draj] adj. et n. m.
PL. inv. ou *drys*
dryade n. f.
dry farming [drajfarmiŋ] n. m.
dryopithèque n. m.
D. T. S. n. m. (droit de tirage spécial)
D. U. n. m. (diplôme d'université)
du art. déf. et partitif
dû, due adj. et n. m.
dual, duale adj.
dualisation n. f.
dualisme n. m.
dualiste adj. et n.
dualité n. f.
dub [dœb] n. m.
dubitatif, ive adj.
dubitation n. f.
dubitativement adv.
dubnium [dubnjɔm] n. m.
duc n. m.
ducal, ale, aux adj.
ducasse n. f.
ducat n. m.
duc-d'albe n. m.
PL. *ducs-d'albe*
duché n. m.
duchesse n. f.
ducroire n. m.
ductile adj.
ductilité n. f.
dudit adj. m.

duègne n. f.
¹**duel, duelle** adj.
²**duel** n. m.
D. U. E. L. n. m. (diplôme universitaire d'études littéraires)
duelliste n.
D. U. E. S. n. m. (diplôme universitaire d'études scientifiques)
duettiste n.
duetto [dyeto ; dyɛtto] n. m.
PL. *duettos* ou *duetti* (it.).
duffel-coat ou **duffle-coat** ou **duffelcoat*** [dœfœlkot] n. m.
PL. *duffel-coats* ou *duffle-coats* ou *duffelcoats**
dugong [dygɔ̃g] n. m.
duit n. m.
duite n. f.
dulçaquicole adj.
dulcinée n. f.
dulcite n. f.
dulcitol n. m.
dulie n. f.
dum-dum ou **dumdum*** adj.
PL. inv. ou *dumdums**
dûment ou **dument*** adv.
dumper ou **dumpeur*** [dœmpœʀ] n. m. (rec. off. : tombereau)
dumping [dœmpiŋ] n. m.
dundee [dœndi] n. m.
dune n. f.
dunette n. f.
dunk n. m.
duo n. m.
duodécimal, ale, aux adj.
duodénal, ale, aux adj.
duodénite n. f.
duodénum n. m.
duodi n. m.
duopole n. m.
D. U. P. n. f. (déclaration d'utilité publique)
dupe n. f. et adj.

duper v. tr. (conjug. 1)
duperie n. f.
duplex n. m.
duplexer v. tr. (conjug. 1)
duplicata n. m.
PL. inv. ou *duplicatas*
duplicate (en) loc. adv.
duplicateur n. m.
duplication n. f.
duplicité n. f.
duplicopieur n. m.
dupliquer v. tr. (conjug. 1)
duquel pron. rel. et interrog.
¹**dur, dure** adj. et n.
²**dur** adv. ; n. m.
durabilité n. f.
durable adj.
durablement adv.
duraille adj.
dural, ale, aux adj.
duralumin® n. m.
duramen n. m.
durant prép.
duratif, ive adj.
durcir v. (conjug. 2)
durcissant, ante adj. et n. m.
durcissement n. m.
durcisseur n. m.
durée n. f.
durement adv.
dure-mère n. f.
PL. *dures-mères*
durer v. intr. (conjug. 1)
dureté n. f.
durham n. m. et adj.
durian [dyʀjɑ̃ ; dyʀjan] n. m.
durillon n. m.
durion n. m.
durit® ou **durite** n. f.
D. U. T. n. m. (diplôme universitaire de technologie)
duty-free n. m.
duumvir [dyɔmviʀ] n. m.
duumvirat [dyɔmviʀa] n. m.
duvet n. m.
duveté, ée adj.

duveter (se) v. pron. (conjug. 5)
duveteux, euse adj.
duxelles n. f.
DVD n. m. (digital video disc)
DVD-CAM n. m. ou f.
DVD-ROM n. m. inv. (digital versatile disc read only memory)
dyade n. f.
dyadique adj.
dyarchie n. f.
dyke [dik ; dajk] n. m.
dyn symb.
dynamicien, ienne n.
dynamique adj. et n. f.
dynamiquement adv.
dynamisant, ante adj.
dynamisation n. f.
dynamiser v. tr. (conjug. 1)
dynamisme n. m.
dynamiste n.
dynamitage n. m.
dynamite n. f.
dynamiter v. tr. (conjug. 1)
dynamiterie n. f.
dynamiteur, euse n.
dynamo n. f.
dynamoélectrique adj.
dynamogène adj.
dynamogénie n. f.
dynamogénique adj.
dynamographe n. m.
dynamomètre n. m.
dynamométrique adj.
dynastie n. f.
dynastique adj.
dyne n. f.
dysacousie n. f.
dysacromélie n. f.
dysacromélique adj.
dysarthrie n. f.
dysarthrique adj.
dysbarisme n. m.
dysbasie n. f.
dysbasique adj.
dysboulie n. f.
dysboulique adj.
dyscalculie n. f.

dyschromatopsie [-k-] n. f.
dyschromie [-k-] n. f.
dyscinétique adj.
dyscrasie n. f.
dyscrasique adj.
dysendocrinie n. f.
dysendocrinien, ienne adj.
dysenterie n. f.
dysentérique adj. et n.
dysesthésie n. f.
dysesthésique adj.
dysfonction n. f.
dysfonctionnement n. m.
dysgénique adj.
dysgraphie n. f.
dysgraphique adj. et n.
dysgueusie n. f.
dysharmonie n. f.
dysharmonieux, ieuse adj.
dysidrose ou **dyshidrose** n. f.
dyskinésie n. f.
dyskinétique adj.
dysleptique adj.
dyslexie n. f.
dyslexique adj. et n.
dyslogie n. f.
dysmélie n. f.
dysmélique adj. et n.
dysménorrhée n. f.
dysménorrhéique adj.
dysmnésie n. f.
dysmnésique adj.
dysmorphie n. f.
dysmorphique adj.
dysmorphose n. f.
dysorexie n. f.
dysorthographie n. f.
dysorthographique adj. et n.
dysosmie n. f.
dyspareunie n. f.
dyspepsie n. f.
dyspepsique adj.
dyspeptique adj. et n.
dysphagie n. f.
dysphagique adj.

dysphasie n. f.
dysphasique adj. et n.
dysphonie n. f.
dysphonique adj. et n.
dysphorie n. f.
dysphorique adj.
dysplasie n. f.
dysplasique adj.
dyspnée n. f.
dyspnéique adj. et n.
dyspraxie n. f.
dysprosium n. m.
dystasie n. f.
dystocie n. f.
dystocique adj.
dystomie n. f.
dystonie n. f.
dystonique adj.
dystopie n. f.
dystrophie n. f.
dystrophique adj.
dystrophisation n. f.
dysurie n. f.
dysurique adj.
dytique n. m.
dzaquillon n. m.

e

e n. m. inv. ; abrév. et symb.
E n. m. inv. ; abrév. et symb.
eagle [igœl] n. m.
E. A. O. n. m. (enseignement assisté par ordinateur)
earl grey [œrlgrɛ] n. m. inv.
eau n. f.
eau-de-vie n. f.
PL. *eaux-de-vie*
eau-forte n. f.
PL. *eaux-fortes*
eaux-vannes n. f. pl.
ébahi, e adj.
ébahir v. tr. (conjug. 2)

ébahissement n. m.
ébarbage n. m.
ébarber v. tr. (conjug. 1)
ébarbeur n. m.
ébarboir n. m.
ébarbure n. f.
ébats n. m. pl.
ébattre (s') v. pron. (conjug. 41)
ébaubi, ie adj.
ébauchage n. m.
ébauche n. f.
ébaucher v. tr. (conjug. 1)
ébaucheur n. m.
ébauchoir n. m.
ébaudir v. tr. (conjug. 2)
ébavurer v. tr. (conjug. 1)
ébavureuse n. f.
ébène n. f.
ébénier n. m.
ébéniste n.
ébénisterie n. f.
éberlué, ée adj.
ébiseler v. tr. (conjug. 4)
éblouir v. tr. (conjug. 2)
éblouissant, ante adj.
éblouissement n. m.
Ebola (virus) n. m.
ébonite n. f.
e-book n. m.
PL. *e-books*
éborgnage n. m.
éborgnement n. m.
éborgner v. tr. (conjug. 1)
éboueur, euse n.
ébouillantage n. m.
ébouillanter v. tr. (conjug. 1)
éboulement n. m.
ébouler v. (conjug. 1)
éboulis n. m.
ébourgeonnage n. m.
ébourgeonnement n. m.
ébourgeonner v. tr. (conjug. 1)
ébouriffage n. m.
ébouriffant, ante adj.
ébouriffé, ée adj.
ébouriffer v. tr. (conjug. 1)
ébourrer v. tr. (conjug. 1)

éboutage n. m.
ébouter v. tr. (conjug. 1)
ébranchage n. m.
ébranchement n. m.
ébrancher v. tr. (conjug. 1)
ébranchoir n. m.
ébranlement n. m.
ébranler v. tr. (conjug. 1)
ébrasement n. m.
ébraser v. tr. (conjug. 1)
ébrécher v. tr. (conjug. 6)
ébréchure n. f.
ébriété n. f.
ébrouement n. m.
ébrouer (s') v. pron. (conjug. 1)
ébruitement n. m.
ébruiter v. tr. (conjug. 1)
ébulliomètre n. m.
ébulliométrie n. f.
ébullioscope n. m.
ébullioscopie n. f.
ébullition n. f.
éburné, ée adj.
éburnéen, enne adj.
e-business n. m.
écacher v. tr. (conjug. 1)
écaillage n. m.
écaille n. f.
écaillé, ée adj.
¹**écailler, ère** n.
²**écailler** v. tr. (conjug. 1)
écailleur n. m.
écailleux, euse adj.
écaillure n. f.
écale n. f.
écaler v. tr. (conjug. 1)
écalure n. f.
écang n. m.
écanguer v. tr. (conjug. 1)
écarlate n. f. et adj.
écarquiller v. tr. (conjug. 1)
écart n. m.
¹**écarté, ée** adj.
²**écarté** n. m.
écartelé, ée adj.
écartèlement n. m.
écarteler v. tr. (conjug. 5)
écartement n. m.
écarter v. tr. (conjug. 1)

écarteur n. m.
ecballium n. m.
E. C. B. U. n. m. (examen cytobactériologique des urines)
ecce homo [ɛtʃeɔmo] n. m. inv.
eccéité n. f.
ecchymose [-k-] n. f.
ecchymotique [-k-] adj.
ecclésial, iale, iaux adj.
ecclésiastique adj. et n. m.
ecdysone n. f.
écervelé, ée adj. et n.
échafaud n. m.
échafaudage n. m.
échafauder v. (conjug. 1)
échalas n. m.
échalasser v. tr. (conjug. 1)
échalier n. m.
échalote n. f.
échancré, ée adj.
échancrer v. tr. (conjug. 1)
échancrure n. f.
échange n. m.
échangeable adj.
échanger v. tr. (conjug. 3)
échangeur n. m.
échangisme n. m.
échangiste n. et adj.
échanson n. m.
échantillon n. m.
échantillonnage n. m.
échantillonner v. tr. (conjug. 1)
échantillonneur, euse n.
échappatoire n. f.
échappé, ée n.
échappée n. f.
échappement n. m.
échappementier n. m.
échapper v. (conjug. 1)
écharde n. f.
échardonnage n. m.
échardonner v. tr. (conjug. 1)
écharnage n. m.
écharnement n. m.
écharner v. tr. (conjug. 1)
écharpe n. f.
écharper v. tr. (conjug. 1)

échasse n. f.
échassier n. m.
échaudage n. m.
échaudé, ée adj. et n. m.
échauder v. tr. (conjug. 1)
échaudoir n. m.
échauffant, ante adj.
échauffement n. m.
échauffer v. tr. (conjug. 1)
échauffourée n. f.
échauguette n. f.
èche n. f.
échéance n. f.
échéancier n. m.
échéant, ante adj.
échec n. m.
échelette n. f.
échelier n. m.
échelle n. f.
échelon n. m.
échelonnement n. m.
échelonner v. tr. (conjug. 1)
échenillage n. m.
écheniller v. tr. (conjug. 1)
échenilloir n. m.
écher v. tr. (conjug. 6)
écheveau n. m.
échevelé, ée adj.
écheveler v. tr. (conjug. 4)
échevin, ine n.
échevinage n. m.
échevinal, ale, aux adj.
échevinat n. m.
échidné n. m.
échiffre n. f. et m.
échine n. f.
échiner v. tr. (conjug. 1)
échinocactus n. m.
échinococcose n. f.
échinocoque n. m.
échinodermes n. m. pl.
échiquéen, enne adj.
échiqueté, ée adj.
échiquier n. m.
écho n. m. ; n. f.
échocardiogramme n. m.
échocardiographie n. f.

écho-doppler n. m.
PL. *échos-dopplers*
échoendoscopie n. f.
échographie n. f.
échographique adj.
échographiste n.
échoir v. intr. défectif (conjug. *il échoit, ils échoient ; il échut ; il échoira ; il échoirait ; échéant, échu*)
écholalie [-k-] n. f.
écholalique [-k-] adj.
écholocalisation [-k-] n. f.
écholocation [-k-] n. f.
échoppe n. f.
échopper v. tr. (conjug. 1)
échotier, ière n.
échouage n. m.
échouement n. m.
échouer v. (conjug. 1)
échu, ue adj.
écimage n. m.
écimer v. tr. (conjug. 1)
éclaboussement n. m.
éclabousser v. tr. (conjug. 1)
éclaboussure n. f.
éclair n. m.
éclairage n. m.
éclairagisme n. m.
éclairagiste n.
éclairant, ante adj.
éclaircie n. f.
éclaircir v. tr. (conjug. 2)
éclaircissage n. m.
éclaircissement n. m.
éclaire n. f.
éclairé, ée adj.
éclairement n. m.
éclairer v. (conjug. 1)
éclairette n. f.
éclaireur, euse n.
éclampsie n. f.
éclamptique adj.
éclat n. m.
éclatant, ante adj.
éclate n. f.
éclaté n. m.
éclatement n. m.
éclater v. (conjug. 1)

éclateur n. m.
éclectique adj.
éclectisme n. m.
éclimètre n. m.
éclipse n. f.
éclipser v. tr. (conjug. 1)
écliptique adj. et n. m.
éclisse n. f.
éclisser v. tr. (conjug. 1)
éclopé, ée adj.
éclore v. intr. (conjug. 45 ; rare sauf au présent, inf. et p. p.)
écloserie n. f.
éclosion n. f.
éclusage n. m.
écluse n. f.
éclusée n. f.
écluser v. tr. (conjug. 1)
éclusier, ière n.
écobilan n. m.
écobuage n. m.
écobuer v. tr. (conjug. 1)
écocide n. m.
écocitoyen, citoyenne adj. et n.
écocitoyenneté n. f.
écocompatible adj.
écodéveloppement n. m.
écoemballage n. m.
écœurant, ante adj.
écœurement n. m.
écœurer v. tr. (conjug. 1)
écogeste n. m.
écoguide n. m.
écohabitat n. m.
écoinçon n. m.
éco-industrie n. f.
PL. *éco-industries*
éco-industriel, ielle adj. et n.
PL. *éco-industriels, ielles*
éco-ingénierie n. f.
écolabel n. m.
écolage n. m.
écolâtre n. m.
école n. f.
écolier, ière n.
écolo n. et adj.
écologie n. f.

écologique adj.
écologisme n. m.
écologiste n. et adj.
écologue n.
écomobilité n. f.
écomusée n. m.
éconduire v. tr. (conjug. 38)
éconocroques n. f. pl.
économat n. m.
économe n. et adj.
économètre n. m.
économétricien, ienne n.
économétrie n. f.
économétrique adj.
économie n. f.
économique adj. et n. m.
économiquement adv.
économiser v. tr. (conjug. 1)
économiseur n. m.
économisme n. m.
économiste n.
écoparticipation n. f.
écopastille n. f.
écope n. f.
écoper v. tr. (conjug. 1)
écoperche n. f.
écophysiologiste n.
écoproduit n. m.
écoquartier n. m.
écorçage n. m.
écorce n. f.
écorcer v. tr. (conjug. 3)
écorceur, euse n.
écorché, ée n.
écorchement n. m.
écorcher v. tr. (conjug. 1)
écorcheur n. m.
écorchure n. f.
écorecharge n. f.
écorner v. tr. (conjug. 1)
écornifler v. tr. (conjug. 1)
écornifleur, euse n.
écornure n. f.
écossais, aise adj. et n.
écosser v. tr. (conjug. 1)
écosystème n. m.
écot n. m.
écotaxe n. f.

écoté, ée adj.
écotechnologie n. f.
écotourisme n. m.
écotoxicité n. f.
écotoxicologie n. f.
écotoxicologue n.
écotoxique adj.
écotype n. m.
écoulage n. m.
écoulement n. m.
écouler v. tr. (conjug. 1)
écoumène ou **œkoumène** n. m.
écourter v. tr. (conjug. 1)
écoutant, ante adj.
écoute n. f.
écouter v. tr. (conjug. 1)
écouteur, euse n.
écoutille n. f.
écouvillon n. m.
écouvillonnage n. m.
écouvillonner v. tr. (conjug. 1)
écrabouillage n. m.
écrabouillement n. m.
écrabouiller v. tr. (conjug. 1)
écran n. m.
écrasant, ante adj.
écrasé, ée adj.
écrasement n. m.
écrase-merde n. m.
PL. *écrase-merdes*
écraser v. tr. (conjug. 1)
écraseur, euse n.
écrémage n. m.
écrémer v. tr. (conjug. 6)
écrémeuse n. f.
écrêtage n. m.
écrêtement n. m.
écrêter v. tr. (conjug. 1)
écrevisse n. f.
écrier (s') v. pron. (conjug. 7)
écrin n. m.
écrire v. tr. (conjug. 39)
¹**écrit, ite** adj.
²**écrit** n. m.
écriteau n. m.
écritoire n. f.

écriture n. f.
écrivailler v. intr. (conjug. 1)
écrivailleur, euse n.
écrivaillon n. m.
écrivain n. m.
écrivaine n. f.
écrivasser v. intr. (conjug. 1)
écrivassier, ière n. et adj.
écrou n. m.
écrouelles n. f. pl.
écrouer v. tr. (conjug. 1)
écrouir v. tr. (conjug. 2)
écrouissage n. m.
écroulement n. m.
écrouler (s') v. pron. (conjug. 1)
écroûter ou **écrouter*** v. tr. (conjug. 1)
écroûteuse ou **écrouteuse*** n. f.
écru, ue adj.
ecsta n. f.
ecstasié, ée adj.
ecstasy n. m.
PL. *ectasys*
ectase n. f.
ectasie n. f.
ecthyma n. m.
ectoblaste n. m.
ectoderme n. m.
ectodermique adj.
ectoparasite n. m. et adj.
ectopie n. f.
ectopique adj.
ectoplasme n. m.
ectropion n. m.
écu n. m.
écubier n. m.
écueil n. m.
écuelle n. f.
écuisser v. tr. (conjug. 1)
éculé, ée adj.
écumage n. m.
écumant, ante adj.
écume n. f.
écumer v. (conjug. 1)
écumeur, euse n.
écumeux, euse adj.

écumoire n. f.
écurer v. tr. (conjug. 1)
écureuil n. m.
écurie n. f.
écusson n. m.
écussonnage n. m.
écussonner v. tr. (conjug. 1)
écuyer, ère n.
eczéma ou **exéma** n. m.
eczémateux, euse ou **exémateux, euse** adj. et n.
édam n. m.
edamer n. m.
édaphique adj.
edelweiss ou **édelweiss** n. m.
éden n. m.
édénique adj.
édenté, ée adj. et n. m.
édenter v. tr. (conjug. 1)
édicter v. tr. (conjug. 1)
édicule n. m.
édifiant, iante adj.
édificateur, trice adj. et n.
édification n. f.
édifice n. m.
édifier v. tr. (conjug. 7)
édile n. m.
édilitaire adj.
édilité n. f.
édit n. m.
éditer v. tr. (conjug. 1)
éditeur, trice n.
édition n. f.
éditionner v. tr. (conjug. 1)
éditique n. f.
édito n. m. (éditorial)
¹**éditorial, iale, iaux** adj.
²**éditorial, iaux** n. m.
éditorialement adv.
éditorialiste n.
édredon n. m.
éducable adj.
éducateur, trice n. et adj.
éducatif, ive adj.
éducation n. f.
éducationnel, elle adj.

édulcorant, ante adj. et n. m.
édulcoration n. f.
édulcorer v. tr. (conjug. 1)
éduquer v. tr. (conjug. 1)
éfaufiler v. tr. (conjug. 1)
éfendi [efɛ̃di] n. m.
effaçable adj.
effacé, ée adj.
effacement n. m.
effacer v. tr. (conjug. 3)
effaceur n. m.
effarant, ante adj.
effaré, ée adj.
effarement n. m.
effarer v. tr. (conjug. 1)
effarouchement n. m.
effaroucher v. tr. (conjug. 1)
effarvatte n. f.
effecteur, trice adj. et n. m.
¹effectif, ive adj.
²effectif n. m.
effectivement adv.
effectuer v. tr. (conjug. 1)
efféminé, ée adj.
efféminement n. m.
efféminer v. tr. (conjug. 1)
effendi ou éfendi n. m.
efférent, ente adj.
effervescence n. f.
effervescent, ente adj.
effet n. m.
effeuillage n. m.
effeuillaison n. f.
effeuillement n. m.
effeuiller v. tr. (conjug. 1)
effeuilleuse n. f.
efficace adj. ; n. f.
efficacement adv.
efficacité n. f.
efficience n. f.
efficient, iente adj.
effigie n. f.
effilage n. m.
¹effilé, ée adj.
²effilé n. m.
effiler v. tr. (conjug. 1)
effilochage n. m.

effiloche n. f.
effilochée n. f.
effilocher v. tr. (conjug. 1)
effilocheuse n. f.
effilochure n. f.
effiloquer v. tr. (conjug. 1)
efflanqué, ée adj.
effleurage n. m.
effleurement n. m.
effleurer v. tr. (conjug. 1)
effleurir v. intr. (conjug. 2)
efflorescence n. f.
efflorescent, ente adj.
effluence n. f.
effluent, ente adj. et n. m.
effluve n. m.
effondrement n. m.
effondrer v. tr. (conjug. 1)
efforcer (s') v. pron. (conjug. 3)
effort n. m.
effraction n. f.
effraie n. f.
effranger v. tr. (conjug. 3)
effrayant, ante adj.
effrayé, ée adj.
effrayer v. tr. (conjug. 8)
effréné, ée adj.
effritement n. m.
effriter v. tr. (conjug. 1)
effroi n. m.
effronté, ée adj. et n.
effrontément adv.
effronterie n. f.
effroyable adj.
effroyablement adv.
effusif, ive adj.
effusion n. f.
éfrit [efrit] n. m.
égaiement ou égayement n. m.
égailler (s') [egaje ; egeje] v. pron. (conjug. 1)
égal, ale, aux adj.
égalable adj.
également adv.
égaler v. tr. (conjug. 1)
égalisateur, trice adj.
égalisation n. f.
égaliser v. tr. (conjug. 1)

égaliseur n. m.
égalitaire adj.
égalitarisme n. m.
égalitariste adj. et n.
égalité n. f.
égard n. m.
égaré, ée adj.
égarement n. m.
égarer v. tr. (conjug. 1)
égayement n. m.
égayer v. tr. (conjug. 8)
égéen, enne adj.
égérie n. f.
égide n. f.
églantier n. m.
églantine n. f.
églefin ou aiglefin n. m.
église n. f.
églogue n. f.
ego ou égo* n. m.
  PL. INV. ou égos*
égocentrique adj.
égocentriquement adv.
égocentrisme n. m.
égocentriste adj.
égoïne n. f.
égoïsme n. m.
égoïste adj. et n.
égoïstement adv.
égorgement n. m.
égorger v. tr. (conjug. 3)
égorgeur, euse n.
égosiller (s') v. pron. (conjug. 1)
égosome n. m.
égotisme n. m.
égotiste adj. et n.
égout n. m.
égoutier, ière n.
égouttage n. m.
égouttement n. m.
égoutter v. tr. (conjug. 1)
égouttoir n. m.
égoutture n. f.
égrainage n. m.
égrainement n. m.
égrainer v. tr. (conjug. 1)
égrappage n. m.
égrapper v. tr. (conjug. 1)
égrappoir n. m.

égratigner v. tr. (conjug. 1)
égratignure n. f.
égravillonner v. tr. (conjug. 1)
égrenage n. m.
égrènement n. m.
égrener v. tr. (conjug. 5)
égreneuse n. f.
égrillard, arde n. et adj.
égrisage n. m.
égrisé n. m.
égrisée n. f.
égriser v. tr. (conjug. 1)
égrotant, ante adj.
égrugeage n. m.
égrugeoir n. m.
égruger v. tr. (conjug. 3)
égueulement n. m.
égueuler v. tr. (conjug. 1)
égyptien, ienne adj. et n.
égyptologie n. f.
égyptologue n.
eh interj.
éhonté, ée adj.
eider n. m.
eidétique adj.
einsteinium ou einsteinium* n. m.
éjaculateur adj. m.
éjaculation n. f.
éjaculer v. tr. (conjug. 1)
éjecta n. m.
éjectable adj.
éjecter v. tr. (conjug. 1)
éjecteur n. m.
éjection n. f.
éjointer v. tr. (conjug. 1)
ekta n. m.
ektachrome® [-k-] n. m.
élaboration n. f.
élaborer v. tr. (conjug. 1)
élæis n. m.
élagage n. m.
élaguer v. tr. (conjug. 1)
élagueur, euse n.
élaiomètre n. m.
élan n. m.
élancé, ée adj.
élancement n. m.
élancer v. tr. (conjug. 3)

éland n. m.
élargir v. tr. (conjug. 2)
élargissement n. m.
élargisseur n. m.
élasthanne n. m.
élasticimétrie n. f.
élasticité n. f.
élastine n. f.
élastique adj. et n. m.
élastiqué, ée adj.
élastomère n. m.
elbot n. m.
eldorado n. m.
éléate n.
éléatique adj.
électeur, trice n.
électif, ive adj.
élection n. f.
électivement adv.
électivité n. f.
électoral, ale, aux adj.
électoralisme n. m.
électoraliste adj. et n.
électorat n. m.
électret n. m.
électricien, ienne n.
électricité n. f.
électrification n. f.
électrifier v. tr. (conjug. 7)
électrique adj.
électriquement adv.
électrisable adj.
électrisant, ante adj.
électrisation n. f.
électriser v. tr. (conjug. 1)
électro adj. et n. f.
électroacousticien, ienne n.
électroacoustique n. f.
électroaimant n. m.
électrobiologie n. f.
électrocardiogramme n. m.
électrocardiographe n. m.
électrocardiographie n. f.
électrocardiographique adj.
électrocautère n. m.

électrochimie n. f.
électrochimique adj.
électrochoc n. m.
électrocinétique n. f. et adj.
électrocoagulation n. f.
électroconvulsothérapie n. f.
électrocuter v. tr. (conjug. 1)
électrocution n. f.
électrode n. f.
électrodéposition n. f.
électrodiagnostic n. m.
électrodialyse n. f.
électrodomestique adj. et n.
électrodynamique n. f. et adj.
électrodynamomètre n. m.
électroencéphalogramme ou électro-encéphalogramme n. m.
PL. électroencéphalogrammes ou électro-encéphalogrammes
électro-encéphalographie ou électro-encéphalographie n. f.
PL. électroencéphalographies ou électro-encéphalographies
électrofaible adj.
électrogène adj.
électro-jazz n. m.
électrologie n. f.
électroluminescence n. f.
électroluminescent, ente adj.
électrolyse n. f.
électrolyser v. tr. (conjug. 1)
électrolyseur n. m.
électrolyte n. m.
électrolytique adj.
électromagnétique adj.
électromagnétisme n. m.

électromécanicien, ienne n.
électromécanique adj. et n. f.
électroménager adj. n. m.
électroménagiste n. m.
électrométallurgie n. f.
électromètre n. m.
électrométrie n. f.
électromoteur, trice adj.
électromyogramme n. m.
électromyographie n. f.
électron n. m.
électronarcose n. f.
électronégatif, ive adj.
électronicien, ienne n.
électronique adj. et n. f.
électroniser v. tr. (conjug. 1)
électronucléaire adj.
électronvolt n. m.
électrophile adj.
électrophone n. m.
électrophorèse n. f.
électrophorétique adj.
électrophysiologie n. f.
électrophysiologique adj.
électroplaque n. f.
électropneumatique adj.
électroponcture n. f.
électropositif, ive adj.
électropuncture ou **électroponcture** n. f.
électroradiologie n. f.
électroradiologiste n.
électroscope n. m.
électrosensibilité n. f.
électrosensible adj.
électrostatique adj. et n. f.
électrostimulation n. f.
électrostriction n. f.
électrotechnique adj. et n. f.
électrothérapie n. f.
électrothermie n. f.
électrothermique adj.

électrovalence n. f.
électrovanne n. f.
électrum [elektrɔm] n. m.
éluctaire n. f.
élégamment adv.
élégance n. f.
élégant, ante adj.
élégiaque adj.
élégie n. f.
élégir v. tr. (conjug. 2)
éléis ou **elæis** n. m.
élément n. m.
élémentaire adj.
éléomètre n. m.
éléphant, ante n.
éléphanteau n. m.
éléphantesque adj.
éléphantiasique adj.
éléphantiasis n. m.
éléphantin, ine adj.
élevage n. m.
élévateur, trice adj. et n.
élévation n. f.
élévatoire adj.
élève n.
élevé, ée adj.
élever v. tr. (conjug. 5)
éleveur, euse n.
elfe n. m.
élider v. tr. (conjug. 1)
éligibilité n. f.
éligible adj.
élimer v. tr. (conjug. 1)
éliminable adj.
éliminateur, trice adj.
élimination n. f.
éliminatoire adj. et n. f.
éliminer v. tr. (conjug. 1)
élingue n. f.
élinguer v. tr. (conjug. 1)
élire v. tr. (conjug. 43)
élisabéthain, aine adj.
élision n. f.
élitaire adj.
élite n. f.
élitisme n. m.
élitiste adj.
élixir n. m.
elle pron. pers. f.

ellébore ou **hellébore** n. m.
ellipse n. f.
ellipsoïdal, ale, aux adj.
ellipsoïde n. m. et adj.
elliptique adj.
elliptiquement adv.
élocution n. f.
élodée ou **hélodée** n. f.
éloge n. m.
élogieusement adv.
élogieux, ieuse adj.
éloigné, ée adj.
éloignement n. m.
éloigner v. tr. (conjug. 1)
élongation n. f.
élonger v. tr. (conjug. 3)
éloquemment [elɔkamã] adv.
éloquence n. f.
éloquent, ente adj.
elstar n. f.
élu, ue adj. et n.
éluant, ante adj. ; n. m.
élucidation n. f.
élucider v. tr. (conjug. 1)
élucubration n. f.
élucubrer v. tr. (conjug. 1)
éluder v. tr. (conjug. 1)
éluer v. tr. (conjug. 1)
élusif, ive adj.
élution n. f.
éluvial, iale, iaux adj.
éluvion n. f.
élyme n. m.
élyséen, enne adj.
élytre n. m.
elzévir n. m.
elzévirien, ienne adj.
émaciation n. f.
émacié, iée adj.
émacier v. tr. (conjug. 7)
e-mail [imɛl] n. m.
 PL. *e-mails* (rec. off. : courriel)
émail, aux [emaj, o] n. m.
émaillage n. m.
émailler v. tr. (conjug. 1)
émaillerie n. f.
émailleur, euse n.
émaillure n. f.

émanation

émanation n. f.
émanche n. f.
émancipateur, trice n. et adj.
émancipation n. f.
émanciper v. tr. (conjug. 1)
émaner v. intr. (conjug. 1)
émargement n. m.
émarger v. tr. (conjug. 3)
émasculation n. f.
émasculer v. tr. (conjug. 1)
émaux n. m. pl.
embâcle n. m.
emballage n. m.
emballagiste n.
emballant, ante adj.
emballement n. m.
emballer v. tr. (conjug. 1)
emballeur, euse n.
embarbouiller v. tr. (conjug. 1)
embarcadère n. m.
embarcation n. f.
embardée n. f.
embargo n. m.
embarqué, ée adj.
embarquement n. m.
embarquer v. (conjug. 1)
embarras n. m.
embarrassant, ante adj.
embarrassé, ée adj.
embarrasser v. tr. (conjug. 1)
embarrer v. (conjug. 1)
embase n. f.
embasement n. m.
embastillement n. m.
embastiller v. tr. (conjug. 1)
embattage ou embatage (vx) n. m.
embattre ou embatre (vx) v. tr. (conjug. 41)
embauchage n. m.
embauche n. f.
embaucher v. tr. (conjug. 1)
embaucheur, euse n.
embauchoir n. m.
embaumement n. m.
embaumer v. tr. (conjug. 1)
embaumeur, euse n.
embellie n. f.
embellir v. (conjug. 2)
embellissement n. m.
embellisseur, euse adj. m. et n.
emberlificoter v. tr. (conjug. 1)
embêtant, ante adj.
embêtement n. m.
embêter v. tr. (conjug. 1)
embeurrée n. f.
embiellage n. m.
emblavage n. m.
emblaver v. tr. (conjug. 1)
emblavure n. f.
emblée (d') loc. adv.
emblématique adj.
emblème n. m.
embobeliner v. tr. (conjug. 1)
embobiner v. tr. (conjug. 1)
emboîtable ou emboitable* adj.
emboîtage ou emboitage* n. m.
emboîtant, ante ou emboitant, ante* adj.
emboîtement ou emboitement* n. m.
emboîter ou emboiter* v. tr. (conjug. 1)
emboîture ou emboiture* n. f.
embolie n. f.
embolisation n. f.
embonpoint n. m.
embossage n. m.
embosser v. tr. (conjug. 1)
embossure n. f.
embouche n. f.
emboucher v. tr. (conjug. 1)
emboucheur n. m.
embouchoir n. m.
embouchure n. f.
embouquement n. m.
embouquer v. intr. (conjug. 1)
embourber v. (conjug. 1)
embourgeoisement n. m.
embourgeoiser v. tr. (conjug. 1)
embourrure n. f.
embout n. m.
embouteillage n. m.
embouteiller v. tr. (conjug. 1)
embouteilleur n. m.
embouter v. tr. (conjug. 1)
emboutir v. tr. (conjug. 2)
emboutissage n. m.
emboutisseur, euse n.
emboutissoir n. m.
embranchement n. m.
embrancher v. tr. (conjug. 1)
embraquer v. tr. (conjug. 1)
embrasement n. m.
embraser v. tr. (conjug. 1)
embrassade n. f.
embrasse n. f.
embrassé, ée adj.
embrassement n. m.
embrasser v. tr. (conjug. 1)
embrasseur, euse n.
embrasure n. f.
embrayage n. m.
embrayer v. (conjug. 8)
embrèvement n. m.
embrever v. tr. (conjug. 5)
embrigadement n. m.
embrigader v. (conjug. 1)
embringuer v. tr. (conjug. 1)
embroc n. f.
embrocation n. f.
embrochement n. m.
embrocher v. tr. (conjug. 1)
embronchement n. m.
embroncher v. tr. (conjug. 1)
embrouillage n. m. (rec. off. pour brouillage)
embrouillamini n. m.

embrouille n. f.
embrouillé, ée adj.
embrouillement n. m.
embrouiller v. tr. (conjug. 1)
embrouilleur, euse n.
embroussailler v. tr. (conjug. 1)
embruiné, ée adj.
embrumer v. tr. (conjug. 1)
embrun n. m.
embryogenèse n. f.
embryogénie n. f.
embryogénique adj.
embryologie n. f.
embryologique adj.
embryologiste n.
embryon n. m.
embryonnaire adj.
embryopathie n. f.
embryotome n. m.
embryotomie n. f.
embu, ue adj. et n. m.
embûche ou **embuche*** n. f.
embuer v. tr. (conjug. 1)
embuscade n. f.
embusquer v. tr. (conjug. 1)
éméché, ée adj.
émécher v. tr. (conjug. 6)
émeraude n. f.
émergence n. f.
émergent, ente adj.
émerger v. intr. (conjug. 3)
émeri n. m.
émerillon n. m.
émerillonné, ée adj.
émeriser v. tr. (conjug. 1)
émérat n. m.
émérite adj.
émersion n. f.
émerveillement n. m.
émerveiller v. tr. (conjug. 1)
émétine n. f.
émétique adj. et n. m.
émetteur, trice n. et adj.
émettre v. tr. (conjug. 56)
émeu n. m.

émeute n. f.
émeutier, ière n.
émiettée n. f.
émiettement n. m.
émietter v. tr. (conjug. 1)
émietteuse n. f.
émigrant, ante n.
émigration n. f.
émigré, ée n.
émigrer v. intr. (conjug. 1)
émincé, ée adj. et n. m.
émincer v. tr. (conjug. 3)
éminemment adv.
éminence n. f.
éminent, ente adj.
éminentissime adj.
émir n. m.
émirat n. m.
émirati, ie adj.
émissaire adj. et n. m.
émissif, ive adj.
émission n. f.
émissole n. f.
emmagasinage n. m.
emmagasiner v. tr. (conjug. 1)
emmailloter v. tr. (conjug. 1)
emmanchement n. m.
emmancher v. tr. (conjug. 1)
emmanchure n. f.
emmarchement n. m.
emmêlement n. m.
emmêler v. tr. (conjug. 1)
emménagement n. m.
emménager v. intr. (conjug. 3)
emménagogue adj. et n. m.
emmener v. tr. (conjug. 5)
emmental ou **emmenthal** n. m.
emmerdant, ante adj.
emmerde n. f.
emmerdement n. m.
emmerder v. tr. (conjug. 1)
emmerdeur, euse n.
emmétrer v. tr. (conjug. 6)
emmétrope adj. et n.

emmétropie n. f.
emmieller v. tr. (conjug. 1)
emmitoufler v. tr. (conjug. 1)
emmotté, ée adj.
emmouscailler v. tr. (conjug. 1)
emmurer v. tr. (conjug. 1)
emoble n. m.
émoi n. m.
émollient, iente adj.
émolument n. m.
émonctoire n. m.
émondage n. m.
émonder v. tr. (conjug. 1)
émondes n. f. pl.
émondeur, euse n.
émondoir n. m.
émorfilage n. m.
émorfiler v. tr. (conjug. 1)
émoticone n. m.
émoticône n. f.
émotif, ive adj.
émotion n. f.
émotionnable adj.
émotionnel, elle adj.
émotionnellement adv.
émotionner v. tr. (conjug. 1)
émotivité n. f.
émottage n. m.
émotter v. tr. (conjug. 1)
émotteur, euse n. f. et adj.
émouchet n. m.
émouchette n. f.
émoulu, ue adj.
émoussage n. m.
émousser v. tr. (conjug. 1)
émoustillant, ante adj.
émoustiller v. tr. (conjug. 1)
émouvant, ante adj.
émouvoir v. tr. (conjug. 27, sauf p. p. *ému*)
empaffé, ée adj.
empaillage n. m.
empailler v. tr. (conjug. 1)
empailleur, euse n.
empalement n. m.

empaler

empaler v. tr. (conjug. 1)
empan n. m.
empanaché, ée adj.
empannage n. m.
empanner v. intr. (conjug. 1)
empapaoutage n. m.
empapaouter v. tr. (conjug. 1)
empaquetage n. m.
empaqueter v. tr. (conjug. 4)
empaqueteur, euse n.
emparer (s') v. pron. (conjug. 1)
empâtement n. m.
empâter v. tr. (conjug. 1)
empathie n. f.
empathique adj.
empattement n. m.
empatter v. tr. (conjug. 1)
empaumer v. tr. (conjug. 1)
empaumure n. f.
empêché, ée adj.
empêchement n. m.
empêcher v. tr. (conjug. 1)
empêcheur, euse n.
empéguer v. tr. (conjug. 6)
empeigne n. f.
empennage n. m.
empenne n. f.
empenner v. tr. (conjug. 1)
empereur n. m.
emperler v. tr. (conjug. 1)
emperruqué, ée adj.
empesage n. m.
empesé, ée adj.
empeser v. tr. (conjug. 5)
empester v. tr. (conjug. 1)
empêtrer v. tr. (conjug. 1)
emphase n. f.
emphatique adj.
emphatiquement adv.
emphysémateux, euse adj. et n.
emphysème n. m.
emphytéose n. f.
emphytéote n.
emphytéotique adj.
empiècement n. m.

empierrement n. m.
empierrer v. tr. (conjug. 1)
empiètement ou empiétement n. m.
empiéter v. tr. ind. (conjug. 6)
empiffrer (s') v. pron. (conjug. 1)
empilable adj.
empilage n. m.
empile n. f.
empilement n. m.
empiler v. tr. (conjug. 1)
empire n. m.
empirer v. (conjug. 1)
empiriocriticisme n. m.
empirique adj.
empiriquement adv.
empirisme n. m.
empiriste adj. et n.
emplacement n. m.
emplafonner v. tr. (conjug. 1)
emplanture n. f.
emplâtre n. m.
emplette n. f.
emplir v. tr. (conjug. 2)
emploi n. m.
employabilité n. f.
employable adj.
employé, ée n.
employer v. tr. (conjug. 8)
employeur, euse n.
emplumé, ée adj.
empocher v. tr. (conjug. 1)
empoignade n. f.
empoignant, ante adj.
empoigne n. f.
empoigner v. tr. (conjug. 1)
empointure n. f.
empois n. m.
empoisonnant, ante adj.
empoisonnement n. m.
empoisonner v. tr. (conjug. 1)
empoisonneur, euse n.
empoissonnement n. m.
empoissonner v. tr. (conjug. 1)

emporium n. m.
PL. emporiums ou emporia ((lat.))
emport n. m.
emporté, ée adj.
emportement n. m.
emporte-pièce n.
PL. emporte-pièces
emporter v. tr. (conjug. 1)
empoté, ée adj. et n.
empoter v. tr. (conjug. 1)
empourprer v. tr. (conjug. 1)
empoussièrement n. m.
empoussiérer v. tr. (conjug. 6)
empreindre v. tr. (conjug. 52)
empreinte n. f.
empressé, ée adj.
empressement n. m.
empresser (s') v. pron. (conjug. 1)
emprésurage n. m.
emprésurer v. tr. (conjug. 1)
emprise n. f.
emprisonnement n. m.
emprisonner v. tr. (conjug. 1)
emprunt n. m.
emprunté, ée adj.
emprunter v. tr. (conjug. 1)
emprunteur, euse n. et adj.
empuantir v. tr. (conjug. 2)
empuse n. f.
empyème n. m.
empyrée n. m.
empyreumatique adj.
empyreume n. m.
ému, ue adj.
émulateur n. m.
émulation n. f.
émule n.
émuler v. tr. (conjug. 1)
émulseur n. m.
émulsif, ive adj.
émulsifiable adj.
émulsifiant, iante adj.
émulsifier v. tr. (conjug. 7)

émulsine n. f.
émulsion n. f.
émulsionner v. tr. (conjug. 1)
émulsionneur n. m.
en pron. ; adv. ; prép.
enamourer (s') ou énamourer (s') v. pron. (conjug. 1)
énanthème n. m.
énantiomère n. m.
énantiomorphe adj.
énantiotrope adj.
énarchie n. f.
énarchique adj.
énarque n. m.
énarquien, ienne adj.
énarthrose n. f.
en-avant n. m. inv.
en-but n. m.
PL. en-buts
encabanage n. m.
encabaner v. tr. (conjug. 1)
encablure ou encâblure n. f.
encadré n. m.
encadrement n. m.
encadrer v. tr. (conjug. 1)
encadreur, euse n.
encagement n. m.
encager v. tr. (conjug. 3)
encagouler v. tr. (conjug. 1)
encaissable adj.
encaissage n. m.
encaisse n. f.
encaissement n. m.
encaisser v. tr. (conjug. 1)
encaisseur n. m.
encaisseuse n. f.
encalminé, ée adj.
encan n. m.
encanaillement n. m.
encanailler (s') v. pron. (conjug. 1)
encanter v. tr. (conjug. 1)
encanteur, euse n.
encapsuler v. tr. (conjug. 1)
encapuchonner v. tr. (conjug. 1)
encaquement n. m.

encaquer v. tr. (conjug. 1)
encart n. m.
encartage n. m.
encarté, ée adj.
encarter v. tr. (conjug. 1)
encarteuse n. f.
encartonner v. tr. (conjug. 1)
encas ou en-cas n. m. inv.
encaserner v. tr. (conjug. 1)
encastelure n. f.
encastrable adj.
encastrement n. m.
encastrer v. tr. (conjug. 1)
encaustiquage n. m.
encaustique n. f.
encaustiquer v. tr. (conjug. 1)
encavage n. m.
encavement n. m.
encaver v. tr. (conjug. 1)
enceindre v. tr. (conjug. 52)
enceinte adj. f. ; n. f.
enceinter v. tr. (conjug. 1)
encens n. m.
encensement n. m.
encenser v. tr. (conjug. 1)
encenseur, euse n.
encensoir n. m.
encépagement n. m.
encépager v. tr. (conjug. 3)
encéphale n. m.
encéphaline n. f.
encéphalique adj.
encéphalisé, ée adj.
encéphalite n. f.
encéphalitique adj.
encéphalogramme n. m.
encéphalographie n. f.
encéphalomyélite n. f.
encéphalopathie n. f.
encerclement n. m.
encercler v. tr. (conjug. 1)
enchaînement ou enchainement* n. m.
enchaîner ou enchainer* v. tr. (conjug. 1)
enchanté, ée adj.

enchantement n. m.
enchanter v. tr. (conjug. 1)
enchanteur, teresse n. et adj.
enchâssement n. m.
enchâsser v. tr. (conjug. 1)
enchâssure n. f.
enchatonnement n. m.
enchatonner v. tr. (conjug. 1)
enchausser v. tr. (conjug. 1)
enchemisage n. m.
enchemiser v. tr. (conjug. 1)
enchère n. f.
enchérir v. intr. (conjug. 2)
enchérissement n. m.
enchérisseur, euse n.
enchevalement n. m.
enchevaucher v. tr. (conjug. 1)
enchevauchure n. f.
enchevêtrement n. m.
enchevêtrer v. tr. (conjug. 1)
enchevêtrure n. f.
enchifrené, ée adj.
enchifrènement n. m.
enchilada n. f.
enclave n. f.
enclavement n. m.
enclaver v. tr. (conjug. 1)
enclenche n. f.
enclenchement n. m.
enclencher v. tr. (conjug. 1)
enclencheur n. m.
enclin, ine adj.
encliquetage n. m.
encliqueter v. tr. (conjug. 4)
enclise n. f.
enclitique n.
enclore v. tr. (conjug. 45 ; p. prés. *enclosant*)
enclos n. m.
enclosure n. f.
enclouage n. m.
enclouer v. tr. (conjug. 1)
enclouure n. f.

enclume n. f.
encoche n. f.
encochement n. m.
encocher v. tr. (conjug. 1)
encodage n. m.
encoder v. tr. (conjug. 1)
encodeur n. m.
encoignure [ɑ̃kɔɲyʀ ; ɑ̃kwaɲyʀ] n. f.
encollage n. m.
encoller v. tr. (conjug. 1)
encolleur, euse n.
encolure n. f.
encombrant, ante adj.
encombre (sans) loc. adv.
encombré, ée adj.
encombrement n. m.
encombrer v. tr. (conjug. 1)
encontre (à l') loc. adv.
encoprésie n. f.
encor adv.
encorbellement n. m.
encorder (s') v. pron. (conjug. 1)
encore adv.
encorné, ée adj.
encorner v. tr. (conjug. 1)
encornet n. m.
encoubler v. tr. (conjug. 1)
encourageant, ante adj.
encouragement n. m.
encourager v. tr. (conjug. 3)
encourir v. tr. (conjug. 11)
en-cours ou **encours** n. m. inv.
encrage n. m.
encrassement n. m.
encrasser v. tr.
encre n. f.
encrer v. tr. (conjug. 1)
encreur adj. m.
encrier n. m.
encrine n. m.
encroué, ée adj.
encroûtement ou **encroutement*** n. m.

encroûter ou **encrouter*** v. tr. (conjug. 1)
encryptage n. m.
encrypter v. tr. (conjug. 1)
enculage n. m.
enculé, ée n.
enculer v. tr. (conjug. 1)
enculeur, euse n.
encuvage n. m.
encuver v. tr. (conjug. 1)
encyclique n. f.
encyclopédie n. f.
encyclopédique adj.
encyclopédisme n. m.
encyclopédiste n. m.
endéans prép.
endémicité n. f.
endémie n. f.
endémique adj.
endémisme n. m.
endenté, ée adj.
endenter v. tr. (conjug. 1)
endermologie n. f.
endettement n. m.
endetter v. tr. (conjug. 1)
endeuiller v. tr. (conjug. 1)
endêver v. intr. (conjug. 1)
endiablé, ée adj.
endiabler v. (conjug. 1)
endiamanté, ée adj.
endiguement n. m.
endiguer v. tr. (conjug. 1)
endimancher (s') v. pron. (conjug. 1)
endive n. f.
endoblaste n. m.
endocarde n. m.
endocardite n. f.
endocarpe n. m.
endochirurgie n. f.
endocrânien, ienne adj.
endocrine adj.
endocrinien, ienne adj.
endocrinologie n. f.
endocrinologique adj.
endocrinologiste n.
endocrinologue n.
endoctrinement n. m.

endoctriner v. tr. (conjug. 1)
endocytose n. f.
endoderme n. m.
endodermique adj.
endogame adj. et n.
endogamie n. f.
endogamique adj.
endogé, ée adj.
endogène adj.
endolori, ie adj.
endolorissement n. m.
endoluminal, ale, aux adj.
endomètre n. m.
endométriose n. f.
endométrite n. f.
endommagement n. m.
endommager v. tr. (conjug. 3)
endomorphine n. f.
endomorphisme n. m.
endoparasite n. m.
endophasie n. f.
endoplasme n. m.
endoplasmique adj.
endorectal, ale, aux adj.
endoréique adj.
endoréisme n. m.
endormant, ante adj.
endormi, ie adj.
endormir v. tr. (conjug. 16)
endormissement n. m.
endorphine n. f.
endos n. m.
endoscope n. m.
endoscopie n. f.
endoscopique adj.
endoscopiste adj.
endosmose n. f.
endosonographie n. f.
endossable adj.
endossataire n.
endossement n. m.
endosser v. tr. (conjug. 1)
endosseur n.
endothélial, iale, iaux adj.
endothélium n. m.
endotherme adj.

endothermique adj.
endotoxine n. f.
endroit n. m.
enduction n. f.
enduire v. tr. (conjug. 38)
enduit n. m.
endurable adj.
endurance n. f.
endurant, ante adj.
endurci, ie adj.
endurcir v. tr. (conjug. 2)
endurcissement n. m.
endurer v. tr. (conjug. 1)
enduriste n.
enduro n. m. ; n. f.
endymion n. m.
énergéticien, ienne n.
énergétique adj. et n. f.
énergétiquement adv.
énergétisant, ante adj.
énergie n. f.
énergique adj.
énergiquement adv.
énergisant, ante adj. et n. m.
énergiseur n. m.
énergivore adj.
énergumène n.
énervant, ante adj.
énervation n. f.
énervé, ée adj.
énervement n. m.
énerver v. tr. (conjug. 1)
enfaîteau ou **enfaiteau*** n. m.
enfaîtement ou **enfaitement*** n. m.
enfaîter ou **enfaiter*** v. tr. (conjug. 1)
enfance n. f.
enfant n.
enfantement n. m.
enfanter v. tr. (conjug. 1)
enfantillage n. m.
enfantin, ine adj.
enfarger v. tr. (conjug. 3)
enfariner v. tr. (conjug. 1)
enfer n. m.
enfermement n. m.
enfermer v. tr. (conjug. 1)

enferrer v. tr. (conjug. 1)
enfeu n. m.
enfichable adj.
enfichage n. m.
enficher v. tr. (conjug. 1)
enfieller v. tr. (conjug. 1)
enfièvrement n. m.
enfiévrer v. tr. (conjug. 6)
enfilade n. f.
enfilage n. m.
enfiler v. tr. (conjug. 1)
enfileur, euse n.
enfin adv.
enflammé, ée adj.
enflammer v. tr. (conjug. 1)
enfle adj.
enflé, ée adj.
enfléchure n. f.
enfler v. (conjug. 1)
enfleurage n. m.
enfleurer v. tr. (conjug. 1)
enflure n. f.
enfoiré, ée adj. et n.
enfoncé, ée adj.
enfoncement n. m.
enfoncer v. (conjug. 3)
enfonceur, euse n.
enfonçure n. f.
enfouir v. tr. (conjug. 2)
enfouissement n. m.
enfouraillé, ée adj.
enfourchement n. m.
enfourcher v. tr. (conjug. 1)
enfourchure n. f.
enfournage n. m.
enfournement n. m.
enfourner v. tr. (conjug. 1)
enfreindre v. tr. (conjug. 52)
enfuir (s') v. pron. (conjug. 17)
enfumage n. m.
enfumer v. tr. (conjug. 1)
enfûtage ou **enfutage*** n. m.
enfutailler v. tr. (conjug. 1)
enfûter ou **enfuter*** v. tr. (conjug. 1)
engagé, ée adj.
engageant, ante adj.

engagement n. m.
engager v. tr. (conjug. 3)
engainant, ante adj.
engainer v. tr. (conjug. 1)
engamer v. tr. (conjug. 1)
engazonnement n. m.
engazonner v. tr. (conjug. 1)
engeance n. f.
engelure n. f.
engendrement n. m.
engendrer v. tr. (conjug. 1)
engin n. m.
engineering [ɛn(d)ʒiniʀiŋ ; in-] n. m. (rec. off. : ingénierie)
englober v. tr. (conjug. 1)
engloutir v. tr. (conjug. 2)
engloutissement n. m.
engluage n. m.
engluement n. m.
engluer v. tr. (conjug. 1)
engobage n. m.
engobe n. m.
engober v. tr. (conjug. 1)
engommage n. m.
engommer v. tr. (conjug. 1)
engoncer v. tr. (conjug. 3)
engorgement n. m.
engorger v. tr. (conjug. 3)
engouement n. m.
engouer (s') v. pron. (conjug. 1)
engouffrement n. m.
engouffrer v. tr. (conjug. 1)
engoulevent n. m.
engourdi, ie adj.
engourdir v. tr. (conjug. 2)
engourdissement n. m.
engrain n. m.
engrais n. m.
engraissement n. m.
engraisser v. (conjug. 1)
engraisseur n. m.
engramme n. m.
engrangement n. m.
engranger v. tr. (conjug. 3)
engravement n. m.
engraver v. tr. (conjug. 1)

engravure n. f.
engrêlé, ée adj.
engrêlure n. f.
engrenage n. m.
engrènement n. m.
engrener v. tr. (conjug. 5)
engreneur n. m.
engrenure n. f.
engrois n. m.
engrosser v. tr. (conjug. 1)
engueulade n. f.
engueuler v. tr. (conjug. 1)
enguirlander v. tr. (conjug. 1)
enhardir v. tr. (conjug. 2)
enharmonie n. f.
enharmonique adj.
enharnacher v. tr. (conjug. 1)
enherbement n. m.
enherber v. tr. (conjug. 1)
énième adj. et n.
énigmatique adj.
énigmatiquement adv.
énigme n. f.
enivrant, ante [ãnivrã ; enivrã, ãt] adj.
enivrement [ãnivrəmã ; enivrəmã] n. m.
enivrer [ãnivre ; enivre] v. tr. (conjug. 1)
enjambée n. f.
enjambement n. m.
enjamber v. (conjug. 1)
enjambeur, euse adj.
enjeu n. m.
enjoindre v. tr. (conjug. 49)
enjôler v. tr. (conjug. 1)
enjôleur, euse n.
enjolivement n. m.
enjoliver v. tr. (conjug. 1)
enjoliveur, euse n.
enjolivure n. f.
enjoué, ée adj.
enjouement n. m.
enképhaline n. f.
enkysté, ée adj.
enkystement n. m.
enkyster (s') v. pron. (conjug. 1)

enlacement n. m.
enlacer v. tr. (conjug. 3)
enlaçure n. f.
enlaidir v. (conjug. 2)
enlaidissement n. m.
enlevage n. m.
enlevé, ée adj.
enlèvement n. m.
enlever v. tr. (conjug. 5)
enlevure n. f.
enliasser v. tr. (conjug. 1)
enlier v. tr. (conjug. 7)
enlisement n. m.
enliser v. tr. (conjug. 1)
enluminer v. tr. (conjug. 1)
enlumineur, euse n.
enluminure n. f.
ennéade n. f.
ennéagonal, ale, aux adj.
ennéagone n. m.
enneigé, ée adj.
enneigement n. m.
ennemi, ie n. et adj.
ennoblir v. tr. (conjug. 2)
ennoblissement n. m.
ennuager v. tr. (conjug. 3)
ennui n. m.
ennuyant, ante adj.
ennuyé, ée adj.
ennuyer v. tr. (conjug. 8)
ennuyeux, euse adj.
énolate n. m.
énoncé n. m.
énoncer v. tr. (conjug. 3)
énonciatif, ive adj.
énonciation n. f.
énorgueillir v. tr. (conjug. 2)
énorme adj.
énormément adv.
énormité n. f.
énostose n. f.
énouer v. tr. (conjug. 1)
enquérir (s') v. pron. (conjug. 21)
enquerre (à) loc. adj.
enquête n. f.
enquêter v. (conjug. 1)
¹enquêteur, euse n. (policier)

²enquêteur, trice n. (sondeur)
enquillage n. m.
enquiller v. tr. (conjug. 1)
enquiquinant, ante adj.
enquiquinement n. m.
enquiquiner v. tr. (conjug. 1)
enquiquineur, euse n.
enracinement n. m.
enraciner v. tr. (conjug. 1)
enragé, ée adj.
enrageant, ante adj.
enrager v. intr. (conjug. 3)
enraiement ou **enrayement** n. m.
enrayage n. m.
enrayement n. m.
enrayer v. tr. (conjug. 8)
enrayeur n. m.
enrayoir n. m.
enrayure n. f.
enrégimenter v. tr. (conjug. 1)
enregistrable adj.
enregistrement n. m.
enregistrer v. tr. (conjug. 1)
enregistreur, euse adj. et n. m.
enrésinement n. m.
enrésiner v. tr. (conjug. 1)
enrhumé, ée adj.
enrhumer v. tr. (conjug. 1)
enrichi, ie adj.
enrichir v. tr. (conjug. 2)
enrichissant, ante adj.
enrichissement n. m.
enrobage n. m.
enrobé, ée adj.
enrobement n. m.
enrober v. tr. (conjug. 1)
enrobeuse n. f.
enrochement n. m.
enrocher v. tr. (conjug. 1)
enrôlement n. m.
enrôler v. tr. (conjug. 1)
enrôleur n. m.
enroué, e adj.
enrouement n. m.

enrouer v. tr. (conjug. 1)
enroulement n. m.
enrouler v. tr. (conjug. 1)
enrouleur, euse adj.
enrubannage n. m.
enrubanner v. tr. (conjug. 1)
ensablement n. m.
ensabler v. tr. (conjug. 1)
ensachage n. m.
ensacher v. tr. (conjug. 1)
ensacheur, euse n.
ensanglanter v. tr. (conjug. 1)
ensauvagement n. m.
ensauvager v. tr. (conjug. 3)
enseignant, ante adj. et n.
enseigne n. f. ; n. m.
enseignement n. m.
enseigner v. tr. (conjug. 1)
ensellé, ée adj.
ensellement n. m.
ensellure n. f.
ensemble adv. ; n. m.
ensemblier n. m.
ensembliste adj.
ensemencement n. m.
ensemencer v. tr. (conjug. 3)
enserrer v. tr. (conjug. 1)
enseuillement n. m.
ensevelir v. tr. (conjug. 2)
ensevelissement n. m.
ensiforme adj.
ensilage n. m.
ensiler v. tr. (conjug. 1)
ensileuse n. f.
en-soi ou ensoi* n. m.
PL. inv. ou ensois*
ensoleillement n. m.
ensoleiller v. tr. (conjug. 1)
ensommeillé, ée adj.
ensorcelant, ante adj.
ensorceler v. tr. (conjug. 4)
ensorceleur, euse n. et adj.
ensorcellement ou ensorcèlement* n. m.
ensouple n. f.

ensoutané, ée adj.
ensuite adv.
ensuivre (s') v. pron. (conjug. 40 ; inf. et 3ᵉ pers. seult)
ensuqué, ée adj.
entablement n. m.
entabler v. tr. (conjug. 1)
entablure n. f.
entacher v. tr. (conjug. 1)
entaillage n. m.
entaille n. f.
entailler v. tr. (conjug. 1)
entame n. f.
entamer v. tr. (conjug. 1)
entartage n. m.
entarter v. tr. (conjug. 1)
entarteur, euse n.
entartrage n. m.
entartrer v. tr. (conjug. 1)
entassement n. m.
entasser v. tr. (conjug. 1)
ente n. f.
enté, ée adj.
entéléchie n. f.
entendant, ante n.
entendement n. m.
entendeur n. m.
entendre v. tr. (conjug. 41)
entendu, ue adj.
enténébrer v. tr. (conjug. 6)
entente n. f.
enter v. tr. (conjug. 1)
entéral, ale, aux adj.
entéralgie n. f.
entérinement n. m.
entériner v. tr. (conjug. 1)
entérique adj.
entérite n. f.
entérocolite n. f.
entérocoque n. m.
entérokinase n. f.
entérorénal, ale, aux adj.
entéroscopie n. f.
entérotoxine n. f.
entérovaccin n. m.
entérovirus n. m.
enterrage n. m.

enterrement n. m.
enterrer v. tr. (conjug. 1)
entêtant, ante adj.
en-tête ou entête n. m.
PL. en-têtes ou entêtes
entêté, ée adj. et n.
entêtement n. m.
entêter v. tr. (conjug. 1)
enthalpie n. f.
enthèse n. f.
enthésiopathie n. f.
enthésopathie n. f.
enthousiasmant, ante adj.
enthousiasme n. m.
enthousiasmer v. tr. (conjug. 1)
enthousiaste adj. et n.
enthymème n. m.
entichement n. m.
enticher v. tr. (conjug. 1)
entier, ière adj. et n.
entièrement adv.
entièreté n. f.
entité n. f.
entoilage n. m.
entoiler v. tr. (conjug. 1)
entoileuse n. f.
entoir n. m.
entôlage n. m.
entôler v. tr. (conjug. 1)
entôleur, euse n.
entolome n. m.
entomologie n. f.
entomologique adj.
entomologiste n.
entomophage adj.
entomophile adj.
entomophobie n. f.
entonnage n. m.
entonnaison n. f.
entonnement n. m.
entonner v. tr. (conjug. 1)
entonnoir n. m.
entorse n. f.
entortillage n. m.
entortillement n. m.
entortiller v. tr. (conjug. 1)
entour n. m.
entourage n. m.

entouré, ée adj.
entourer v. tr. (conjug. 1)
entourloupe n. f.
entourloupette n. f.
entournure n. f.
entraccuser (s') v. pron. (conjug. 1)
entracte n. m.
entradmirer (s') v. pron. (conjug. 1)
entraide n. f.
entraider (s') v. pron. (conjug. 1)
entrailles n. f. pl.
entrain n. m.
entraînable ou **entrainable*** adj.
entraînant, ante ou **entrainant, ante*** adj.
entraînement ou **entrainement*** n. m.
entraîner ou **entrainer*** v. tr. (conjug. 1)
entraîneur, euse ou **entraineur, euse*** n.
entrait n. m.
entrant, ante adj. et n.
entrapercevoir (s') v. tr. (conjug. 28)
entrave n. f.
entravé, ée adj.
entraver v. tr. (conjug. 1)
entraxe n. m.
entre prép.
entrebâillement n. m.
entrebâiller v. tr. (conjug. 1)
entrebâilleur n. m.
entrechat n. m.
entrechoquement n. m.
entrechoquer v. tr. (conjug. 1)
entrecolonne n. m.
entrecolonnement n. m.
entrecôte n. f.
entrecoupé, ée adj.
entrecouper v. tr. (conjug. 1)
entrecroisement n. m.
entrecroiser v. tr. (conjug. 1)

entrecuisse n. m.
entredéchirer (s') ou **entre-déchirer (s')** v. pron. (conjug. 1)
entredétruire (s') ou **entre-détruire (s')** v. pron. (conjug. 38)
entre-deux ou **entredeux** n. m. inv.
entre-deux-guerres n. m. inv.
entredévorer (s') ou **entre-dévorer (s')** v. pron. (conjug. 1)
entrée n. f.
entrée-sortie n. f.
PL. *entrées-sorties*
entrefaite n. f.
entrefer n. m.
entrefilet n. m.
entregent n. m.
entrégorger (s') ou **entre-égorger (s')** ou **entr'égorger (s')** v. pron. (conjug. 3)
entrejambe n. m.
entrelaçable adj.
entrelacé, ée adj.
entrelacement n. m.
entrelacer v. tr. (conjug. 3)
entrelacs n. m.
entrelarder v. tr. (conjug. 1)
entremanger (s') ou **entre-manger (s')** v. pron. (conjug. 3)
entremêlement n. m.
entremêler v. tr. (conjug. 1)
entremets n. m.
entremetteur, euse n.
entremettre (s') v. pron. (conjug. 56)
entremise n. f.
entrenerf ou **entre-nerf** n. m.
PL. *entrenerfs* ou *entre-nerfs*
entrenœud ou **entre-nœud** n. m.
PL. *entrenœuds* ou *entre-nœuds*

entrenuire (s') ou **entre-nuire (s')** v. pron. (conjug. 38)
entrepont n. m.
entreposage n. m.
entreposer v. tr. (conjug. 1)
entreposeur n. m.
entrepositaire n.
entrepôt n. m.
entreprenant, ante adj.
entreprenaute n.
entreprendre v. tr. (conjug. 58)
entrepreneur, euse n.
entrepreneurial, iale, iaux adj.
entrepreneuriat n. m.
entreprise n. f.
entrer v. (conjug. 1)
entrerail ou **entre-rail** n. m.
PL. *entrerails* ou *entre-rails*
entreregarder (s') ou **entre-regarder (s')** v. pron. (conjug. 1)
entresol n. m.
entretaille n. f.
entretailler (s') v. pron. (conjug. 1)
entretemps ou **entre-temps** n. m. et adv.
entretenir v. tr. (conjug. 22)
entretenu, ue adj.
entretien n. m.
entretoise n. f.
entretoisement n. m.
entretoiser v. tr. (conjug. 1)
entretuer (s') ou **entre-tuer (s')** v. pron. (conjug. 1)
entrevoie n. f.
entrevoir v. tr. (conjug. 30)
entrevous n. m.
entrevoûter ou **entrevouter*** v. tr. (conjug. 1)
entrevue n. f.
entrisme n. m.

entropie n. f.
entropion n. m.
entroque n. m.
entrouvert, erte adj.
entrouvrir v. tr. (conjug. 18)
entuber v. tr. (conjug. 1)
enturbanné, ée adj.
enture n. f.
énucléation n. f.
énucléer v. tr. (conjug. 1)
énumératif, ive adj.
énumération n. f.
énumérer v. tr. (conjug. 6)
énurésie n. f.
énurétique adj.
envahir v. tr. (conjug. 2)
envahissant, ante adj.
envahissement n. m.
envahisseur, euse n. et adj.
envasement n. m.
envaser v. tr. (conjug. 1)
enveloppant, ante adj.
enveloppe n. f.
enveloppée n. f.
enveloppement n. m.
envelopper v. tr. (conjug. 1)
enveloppe-réponse n. f.
PL. enveloppes-réponses
envenimation n. f.
envenimé, ée adj.
envenimement n. m.
envenimer v. tr. (conjug. 1)
enverguer v. tr. (conjug. 1)
envergure n. f.
envers prép. ; n. m.
envi (à l') loc. adv.
enviable adj.
envidage n. m.
envider v. tr. (conjug. 1)
envie n. f.
envier v. tr. (conjug. 7)
envieusement adv.
envieux, ieuse adj. et n.
enviné, ée adj.
environ prép. ; adv. ; n. m.
environnant, ante adj.
environnement n. m.

environnemental, ale, aux adj.
environnementalisme n. m.
environnementaliste n.
environner v. tr. (conjug. 1)
envisageable adj.
envisager v. tr. (conjug. 3)
envoi n. m.
envoiler (s') v. pron. (conjug. 1)
envol n. m.
envolée n. f.
envoler (s') v. pron. (conjug. 1)
envoûtant, ante ou **envoutant, ante*** adj.
envoûtement ou **envoutement*** n. m.
envoûter ou **envouter*** v. tr. (conjug. 1)
envoûteur, euse ou **envouteur, euse*** n.
envoyé, ée adj. et n.
envoyer v. tr. (conjug. 8 ; futur *j'enverrai*)
envoyeur, euse n.
enzootie n. f.
enzymatique adj.
enzyme n. f. ou m.
enzymologie n. f.
E. O. A. n. (élève officier d'active)
éocène n. m.
éolien, ienne adj. et n. f.
éoliharpe n. f.
éolithe n. m.
éon n. m.
E. O. R. n. (élève officier de réserve)
éosine n. f.
éosinophile adj. et n. m.
éosinophilie n. f.
épacte n. f.
épagneul, eule n.
épair n. m.
épais, aisse adj.
épaisseur n. f.
épaissir v. (conjug. 2)
épaississant, ante adj.
épaississement n. m.

épaississeur n. m.
épalement n. m.
épamprage n. m.
épamprer v. tr. (conjug. 1)
épanchement n. m.
épancher v. tr. (conjug. 1)
épandage n. m.
épandeur n. m.
épandre v. tr. (conjug. 41)
épannelage n. m.
épanneler v. tr. (conjug. 4)
épanoui, ie adj.
épanouir v. tr. (conjug. 2)
épanouissant, ante adj.
épanouissement n. m.
épar ou **épart** n. m.
éparchie n. f.
épargnant, ante adj. et n.
épargne n. f.
épargner v. tr. (conjug. 1)
éparpillement n. m.
éparpiller v. tr. (conjug. 1)
éparque n. m.
épars, arse adj.
épart n. m.
éparvin ou **épervin** n. m.
épatamment adv.
épatant, ante adj.
épate n. f.
épaté, ée adj.
épatement n. m.
épater v. tr. (conjug. 1)
épateur, euse n.
épaufrer v. tr. (conjug. 1)
épaufrure n. f.
épaulard n. m.
épaule n. f.
épaulé-jeté n. m.
PL. épaulés-jetés
épaulement n. m.
épauler v. tr. (conjug. 1)
épaulette n. f.
épaulière n. f.
épave n. f.
épaviste n.
épeautre n. m.
épectase n. f.
épée n. f.
épeiche n. f.
épeichette n. f.

épeire n. f.
épeirogénique adj.
épéisme n. m.
épéiste n.
épeler v. tr. (conjug. 4)
épellation [epelasjɔ̃ ; epɛllasjɔ̃] n. f.
épendyme n. m.
épenthèse n. f.
épenthétique adj.
épépiner v. tr. (conjug. 1)
éperdu, ue adj.
éperdument adv.
éperlan n. m.
éperon n. m.
éperonner v. tr. (conjug. 1)
épervier n. m.
épervière n. f.
épervin n. m.
épeurant, ante adj.
épeurer v. tr. (conjug. 1)
éphèbe n. m.
éphédrine n. f.
éphélide n. f.
éphémère adj. et n.
éphéméride n. f.
éphod [efɔd] n. m.
éphore n. m.
épi n. m.
épiage n. m.
épiaire n. m.
épiaison n. f.
épicanthus n. m.
épicarpe n. m.
épice n. f.
épicé, ée adj.
épicéa n. m.
épicène adj.
épicentre n. m.
épicer v. tr. (conjug. 3)
épicerie n. f.
épicier, ière n.
épicondyle n. m.
épicondylite n. f.
épicrânien, ienne adj.
épicurien, ienne adj. et n.
épicurisme n. m.
épicycle n. m.
épicycloïdal, ale, aux adj.

épicycloïde n. f.
épidémicité n. f.
épidémie n. f.
épidémiologie n. f.
épidémiologique adj.
épidémiologiste n.
épidémiologue n.
épidémique adj.
épiderme n. m.
épidermé, ée adj.
épidermique adj.
épidiascope n. m.
épididyme n. m.
épier v. (conjug. 7)
épierrage n. m.
épierrement n. m.
épierrer v. tr. (conjug. 1)
épierreuse n. f.
épieu n. m.
épieur, ieuse n.
épigastre n. m.
épigastrique adj.
épigé, ée adj.
épigenèse ou épigénèse n. f.
épigénétique adj.
épigénie n. f.
épiglotte n. f.
épiglottique adj.
épigone n. m.
épigrammatique adj.
épigramme n. f. et m.
épigraphe n. f.
épigraphie n. f.
épigraphique adj.
épigraphiste n.
épigyne adj.
épilateur n. m.
épilation n. f.
épilatoire adj.
épilepsie n. f.
épileptiforme adj.
épileptique adj.
épileptisant, ante adj.
épileptogène adj.
épileptologue n.
épiler v. tr. (conjug. 1)
épileur, euse n.
épillet n. m.
épilobe n. m.

épilogue n. m.
épiloguer v. tr. (conjug. 1)
épinaie n. f.
épinard n. m.
épinçage n. m.
épincer v. tr. (conjug. 3)
épincetage n. m.
épinceter v. tr. (conjug. 4)
épinceteur, euse n.
épinceur, euse n.
épine n. f.
épinéphrine n. f.
épiner v. tr. (conjug. 1)
épinette n. f.
épineux, euse adj.
épine-vinette n. f.
   PL. épines-vinettes
épinglage n. m.
épingle n. f.
épingler v. tr. (conjug. 1)
épinglerie n. f.
épinglette n. f. (rec. off. pour pin's)
épinglier n. m.
épinier n. m.
épinière adj. f.
épinoche n. f.
épinochette n. f.
épiphane adj. m.
épiphanie n. f.
épiphénomène n. m.
épiphénoménisme n. m.
épiphénoméniste adj. et n.
épiphonème n. m.
épiphragme n. m.
épiphylle adj.
épiphyse n. f.
épiphyte adj.
épiphytie [-fiti] n. f.
épiploon [-plɔɔ̃] n. m.
épique adj.
épirogenèse n. f.
épirogénique adj.
épiscopal, ale, aux adj.
épiscopalien, ienne adj.
épiscopalisme n. m.
épiscopat n. m.
épiscope n. m.
épisio n. f.

épisiotomie n. f.
épisode n. m.
épisodique adj.
épisodiquement adv.
épisome n. m.
épispadias n. m.
épissage n. m.
épisser v. tr. (conjug. 1)
épissoir n. m.
épissure n. f.
épistasie n. f.
épistaxis n. f.
épistémè ou **épistémé**
[epistεme ; epistemé] n. f.
épistémologie n. f.
épistémologique adj.
épistémologiquement adv.
épistémologiste n.
épistémologue n.
épistolaire adj.
épistolier, ière n.
épistyle n. m.
épitaphe n. f.
épitaxie n. f.
épite n. f.
épitexte n. m.
épithalame n. m.
épithélial, iale, iaux adj.
épithélioma n. m.
épithélium n. m.
épithète n. f.
épitoge n. f.
épitomé n. m.
épître ou **épitre*** n. f.
épivarder (s') v. pron. (conjug. 1)
épizootie n. f.
épizootique adj.
éploré, ée adj.
éployé, ée adj.
éployer v. tr. (conjug. 8)
épluchage n. m.
épluche-légume(s) n. m.
PL. *épluche-légumes*
éplucher v. tr. (conjug. 1)
épluchette n. f.
éplucheur, euse n.
épluchure n. f.
EPO n. f. (erythropoietin)

épode n. f.
époi n. m.
épointement n. m.
épointer v. tr. (conjug. 1)
époisses n. m.
éponge n. f.
épongeage n. m.
éponger v. tr. (conjug. 3)
éponte n. f.
épontille n. f.
épontiller v. tr. (conjug. 1)
éponyme adj.
éponymie n. f.
épopée n. f.
époque n. f.
épouillage n. m.
épouiller v. tr. (conjug. 1)
époumoner (s') v. pron. (conjug. 1)
épousailles n. f. pl.
épouse n. f.
épousée n. f.
épouser v. tr. (conjug. 1)
épouseur n. m.
époussetage n. m.
épousseter v. tr. (conjug. 4)
époussette n. f.
époustouflant, ante adj.
époustoufler v. tr. (conjug. 1)
époutir v. tr. (conjug. 2)
épouvantable adj.
épouvantablement adv.
épouvantail n. m.
épouvante n. f.
épouvantement n. m.
épouvanter v. tr. (conjug. 1)
époux, ouse n.
époxy adj. inv.
époxyde n. m.
épreindre v. tr. (conjug. 52)
épreintes n. f. pl.
éprendre (s') v. pron. (conjug. 58)
épreuvage n. m.
épreuve n. f.
épris, ise adj.

EPROM n. f. (erasable programmable read only memory)
éprouvant, ante adj.
éprouvé, ée adj.
éprouver v. tr. (conjug. 1)
éprouvette n. f.
E. P. S. n. f. (éducation physique et sportive)
epsilon [εpsilɔn] n. m.
PL. inv. ou *epsilons**
epsomite n. f.
épucer v. tr. (conjug. 3)
épuisable adj.
épuisant, ante adj.
épuisé, ée adj.
épuisement n. m.
épuiser v. tr. (conjug. 1)
épuisette n. f.
épulide n. f.
épulie n. f.
épulis n. f.
épulon n. m.
épulpeur n. m.
épurateur n. m. et adj. m.
épuration n. f.
épure n. f.
épurement n. m.
épurer v. tr. (conjug. 1)
épurge n. f.
équanimité n. f.
équarrir v. tr. (conjug. 2)
équarrissage n. m.
équarrisseur n. m.
équarrissoir n. m.
équateur n. m.
équation n. f.
équatorial, iale, iaux adj. et n. m.
équerrage n. m.
équerre n. f.
équerrer v. tr. (conjug. 1)
équestre adj.
équeutage n. m.
équeuter v. tr. (conjug. 1)
équiangle adj.
équidé n. m.
équidistance [ekɥi-] n. f.
équidistant, ante [ekɥi-] adj.

équilatéral

équilatéral, ale, aux [ekɥi-] adj.
équilatère [ekɥi-] adj.
équilibrage n. m.
équilibrant, ante adj.
équilibration n. f.
équilibre n. m.
équilibré, ée adj.
équilibrer v. tr. (conjug. 1)
équilibreur, euse adj. et n. m.
équilibriste n.
équille n. f.
équimolaire [ekɥi-] adj.
équimoléculaire [ekɥi-] adj.
équimultiple [ekɥi-] adj.
équimuscle [ekɥi-] n. m.
équin, ine adj.
équinisme n. m.
équinoxe [eki-] n. m.
équinoxial, iale, iaux adj.
équipage n. m.
équipartition [ekɥi-] n. f.
équipe n. f.
équipée n. f.
équipement n. m.
équipementier n. m.
équiper v. tr. (conjug. 1)
équipier, ière n.
équipollence n. f.
équipollent, ente adj.
équipotent [ekɥi-] adj. m.
équipotentiel, ielle [ekɥi-] adj.
équiprobable adj.
équisétinées n. f. pl.
équitable adj.
équitablement adv.
équitant, ante adj.
équitation n. f.
équité n. f.
équivalence n. f.
¹**équivalent, ente** adj.
²**équivalent** n. m.
équivaloir v. tr. ind. (conjug. 29 ; rare à l'inf.)
équivoque adj. et n. f.
équivoquer v. intr. (conjug. 1)

érable n. m.
érablière n. f.
éradication n. f.
éradiquer v. tr. (conjug. 1)
éraflement n. m.
érafler v. tr. (conjug. 1)
éraflure n. f.
éraillé, ée adj.
éraillement n. m.
érailler v. tr. (conjug. 1)
éraillure n. f.
erbine n. f.
erbium n. m.
erbue n. f.
ère n. f.
érecteur, trice adj.
érectile adj.
érectilité n. f.
érection n. f.
éreintage n. m.
éreintant, ante adj.
éreinté, ée adj.
éreintement n. m.
éreinter v. tr. (conjug. 1)
éreinteur, euse n.
érémiste n.
érémitique adj.
érémologie n. f.
érepsine n. f.
érésipèle n. m.
éréthisme n. m.
éreuthophobie n. f.
erg n. m.
PL. *ergs* ou *areg* (ar.)
ergastoplasme n. m.
ergastule n. m.
ergographe n. m.
ergol n. m.
ergolier n. m.
ergologie n. f.
ergométrie n. f.
ergométrique adj.
ergonome n.
ergonomie n. f.
ergonomique adj.
ergonomiste n.
ergostérol n. m.
ergot n. m.
ergotage n. m.
ergotamine n. f.

ergoté, ée adj.
ergoter v. intr. (conjug. 1)
ergoterie n. f.
ergoteur, euse n. et adj.
ergothérapeute n.
ergothérapie n. f.
ergotisme n. m.
éricacées n. f. pl.
ériger v. tr. (conjug. 3)
érigéron n. m.
érigne n. f.
éristale n. m.
éristique adj. et n.
erlenmeyer [ɛʁlœnmejɛʁ] n. m.
erminette n. f.
ermitage n. m.
ermite n.
éroder v. tr. (conjug. 1)
érogène adj.
éros n. m.
érosif, ive adj.
érosion n. f.
érotique adj.
érotiquement adv.
érotisation n. f.
érotiser v. tr. (conjug. 1)
érotisme n. m.
érotologie n. f.
érotologique adj.
érotologue n.
érotomane adj. et n.
érotomaniaque adj.
érotomanie n. f.
erpétologie ou **herpétologie** n. f.
errance n. f.
errant, ante adj.
erratique adj.
erratum n. m.
PL. *errata* ou *erratums** ou *erratas**
erre n. f.
errements n. m. pl.
errer v. intr. (conjug. 1)
erreur n. f.
erroné, ée adj.
erronément adv.
ers [ɛʁs] n. m.
ersatz [ɛʁzats] n. m.

erse n. f. ; adj.
erseau n. m.
érubescence n. f.
érubescent, ente adj.
éruciforme adj.
érucique adj.
éructation n. f.
éructer v. (conjug. 1)
érudit, ite adj. et n.
érudition n. f.
érugineux, euse adj.
éruptif, ive adj.
éruption n. f.
érysipélateux, euse adj.
érysipèle n. m.
érythémateux, euse adj.
érythème n. m.
érythrine n. f.
érythroblaste n. m.
érythroblastose n. f.
érythrocytaire adj.
érythrocyte n. m.
érythrodermie n. f.
érythromycine n. f.
érythropoïèse n. f.
érythropoïétine n. f.
érythrosine n. f.
ès [ɛs] prép.
ESB n. f. (encéphalopathie spongiforme bovine)
esbigner (s') v. pron. (conjug. 1)
esbroufe n. f.
esbroufer v. tr. (conjug. 1)
esbroufeur, euse n.
escabeau n. m.
escabèche n. f.
escabelle n. f.
escadre n. f.
escadrille n. f.
escadron n. m.
escagasser v. tr. (conjug. 1)
escalade n. f.
escalader v. tr. (conjug. 1)
escalator® n. m. (rec. off. : escalier mécanique)
escale n. f.
escalier n. m.
escalope n. f.
escaloper v. tr. (conjug. 1)

escamotable adj.
escamotage n. m.
escamoter v. tr. (conjug. 1)
escamoteur, euse n.
escampette n. f.
escapade n. f.
escape n. f.
escarbille n. f.
escarbot n. m.
escarboucle n. f.
escarcelle n. f.
escargot n. m.
escargotière n. f.
escarmouche n. f.
escarole n. f.
escarpe n. f. ; n. m.
escarpé, ée adj.
escarpement n. m.
escarpin n. m.
escarpolette n. f.
¹escarre n. f. (nécrose)
²escarre ou esquarre n. f. (équerre)
escarrification n. f.
eschatologie [ɛska-] n. f.
eschatologique [ɛska-] adj.
esche ou aiche ou èche n. f.
escher ou aicher ou écher v. tr. (conjug. 1)
escient n. m.
esclaffer (s') v. pron. (conjug. 1)
esclandre n. m.
esclavage n. m.
esclavager v. tr. (conjug. 3)
esclavagisme n. m.
esclavagiste adj. et n.
esclave n. et adj.
esclavon, onne adj. et n.
escobar n. m.
escobarderie n. f.
escogriffe n. m.
escomptable adj.
escompte n. m.
escompter v. tr. (conjug. 1)
escompteur, euse n.
escopette n. f.

escort-boy n. m.
 PL. escort-boys
escorte n. f.
escorter v. tr. (conjug. 1)
escorteur n. m.
escort-girl n. f.
 PL. escort-girls
escot n. m.
escouade n. f.
escourgeon n. m.
escrime n. f.
escrimer (s') v. pron. (conjug. 1)
escrimeur, euse n.
escroc n. m.
escroquer v. tr. (conjug. 1)
escroquerie n. f.
escudo [ɛskydo ; ɛskudo] n. m.
esculine n. f.
ésérine n. f.
esgourde n. f.
eskimo n. et adj. inv.
ésotérique adj.
ésotérisme n. m.
espace n. m. ; n. f.
espacé, ée adj.
espacement n. m.
espacer v. tr. (conjug. 3)
espace-temps n. m.
espada n. f.
espadon n. m.
espadrille n. f.
espagnol, ole adj. et n.
espagnolette n. f.
espagnolisme n. m.
espalier n. m.
espar n. m.
espèce n. f.
espérance n. f.
espérantiste adj. et n.
espéranto n. m.
espérer v. (conjug. 6)
esperluette n. f.
espiègle adj.
espièglerie n. f.
espingole n. f.
espingouin, ine adj. et n.
espiogiciel n. m.
espion, ionne n.

espionite

espionite ou espionnite n. f.
espionnage n. m.
espionner v. tr. (conjug. 1)
espionnite n. f.
esplanade n. f.
espoir n. m.
espressione (con) loc. adv.
espressivo adj.
esprit n. m.
esprit-de-bois n. m.
esprit-de-sel n. m.
esprit-de-vin n. m.
esquarre n. f.
esquicher v. tr. (conjug. 1)
esquif n. m.
esquille n. f.
esquimau, aude ou eskimo n. et adj.
esquimautage n. m.
esquintant, ante adj.
esquinté, ée adj.
esquinter v. tr. (conjug. 1)
esquire n. m.
esquisse n. f.
esquisser v. tr. (conjug. 1)
esquive n. f.
esquiver v. tr. (conjug. 1)
essai n. m.
essaim n. m.
essaimage n. m.
essaimer v. (conjug. 1)
essangeage n. m.
essanger v. tr. (conjug. 3)
essart n. m.
essartage n. m.
essartement n. m.
essarter v. tr. (conjug. 1)
essayage n. m.
essayer v. tr. (conjug. 8)
essayeur, euse n.
essayiste n.
esse n. f.
essence n. f.
essencerie n. f.
essénien, ienne adj. et n.
essentialisme n. m.
essentialiste adj.

essentiel, ielle adj. et n. m.
essentiellement adv.
esseulé, ée adj.
essieu n. m.
essor n. m.
essorage n. m.
essorer v. tr. (conjug. 1)
essoreuse n. f.
essorillement n. m.
essoriller v. tr. (conjug. 1)
essouchement n. m.
essoucher v. tr. (conjug. 1)
essoufflement n. m.
essouffler v. tr. (conjug. 1)
essuie n. m.
essuie-glace n. m.
  PL. essuie-glaces
essuie-main(s) n. m.
  PL. essuie-mains
essuie-meuble n. m.
  PL. essuie-meubles
essuie-phare n. m.
  PL. essuie-phares
essuie-pied(s) n. m.
  PL. essuie-pieds
essuie-tout ou essuietout* n. m.
  PL. inv. ou essuietouts*
essuie-verre n. m.
  PL. essuie-verres
essuyage n. m.
essuyer v. tr. (conjug. 8)
essuyeur, euse n.
est n. m. inv.
establishment n. m.
estacade n. f.
estafette n. f.
estafier n. m.
estafilade n. f.
estagnon n. m.
est-allemand, ande adj. et n.
  PL. est-allemands, andes
estaminet n. m.
estampage n. m.
estampe n. f.
estamper v. tr. (conjug. 1)
estampeur, euse n.
estampillage n. m.
estampille n. f.

estampiller v. tr. (conjug. 1)
estampilleuse n. f.
estancia n. f.
estarie n. f.
este adj. et n.
¹ester [ɛstɛʀ] n. m.
²ester v. intr. (seult inf.)
estérase n. f.
estérification n. f.
estérifier v. tr. (conjug. 7)
esterlin n. m.
esthésie n. f.
esthésiogène adj.
esthésiologie n. f.
esthète n. et adj.
esthéticien, ienne n.
esthétique n. f. et adj.
esthétiquement adv.
esthétisant, ante adj.
esthétisation n. f.
esthétiser v. (conjug. 1)
esthétisme n. m.
estimable adj.
estimateur n. m.
estimatif, ive adj.
estimation n. f.
estime n. f.
estimer v. tr. (conjug. 1)
estivage n. m.
estival, ale, aux adj.
estivant, ante n.
estivation n. f.
estive n. f.
estiver v. (conjug. 1)
estoc n. m.
estocade n. f.
estomac n. m.
estomaqué, ée adj.
estomaquer v. tr. (conjug. 1)
estompage n. m.
estompe n. f.
estompé, ée adj.
estomper v. tr. (conjug. 1)
estonien, ienne adj. et n.
estoquer v. tr. (conjug. 1)
estouffade n. f.
estourbir v. tr. (conjug. 2)
estrade n. f.

estradiol n. m.
estradiot n. m.
estragon n. m.
estramaçon n. m.
estran n. m.
estrapade n. f.
estrapader v. tr. (conjug. 1)
estrapasser v. tr. (conjug. 1)
estrogène adj. et n. m.
estrone n. f.
estrope n. f.
estropié, iée adj. et n.
estropier v. tr. (conjug. 7)
estuaire n. m.
estuarien, ienne adj.
estudiantin, ine adj.
esturgeon n. m.
êta n. m.
et conj.
étable n. f.
¹établi, ie adj.
²établi n. m.
établir v. tr. (conjug. 2)
établissement n. m.
étage n. m.
étagement n. m.
étager v. tr. (conjug. 3)
étagère n. f.
étagiste n.
étai n. m.
étaiement n. m.
étain n. m.
étal n. m.
 PL. étals
étalage n. m.
étalager v. tr. (conjug. 3)
étalagiste n.
étale adj. et n.
étalement n. m.
étaler v. (conjug. 1)
étaleuse n. f.
étalier n. m.
étalinguer v. tr. (conjug. 1)
étalingure n. f.
étalon n. m.
étalonnage n. m.
étalonnement n. m.
étalonner v. tr. (conjug. 1)

étamage n. m.
étambot n. m.
étambrai n. m.
étamer v. tr. (conjug. 1)
étameur n. m.
étamine n. f.
étampage n. m.
étampe n. f.
étamper v. tr. (conjug. 1)
étamperche ou étemperche n. f.
étampeur, euse n.
étampure n. f.
étamure n. f.
étanche adj. et n. f.
étanchéité n. f.
étanchement n. m.
étancher v. tr. (conjug. 1)
étançon n. m.
étançonnement n. m.
étançonner v. tr. (conjug. 1)
étang n. m.
étant n. m.
étape n. f.
étarquer v. tr. (conjug. 1)
étarra ou etarra n. m.
étasunien, ienne adj. et n.
état n. m.
étatique adj.
étatisation n. f.
étatiser v. tr. (conjug. 1)
étatisme n. m.
étatiste adj. et n.
état-major n. m.
 PL. états-majors
états-unien, ienne ou étasunien, ienne adj. et n.
 PL. états-uniens, iennes ou étasuniens, iennes
étau n. m.
étayage n. m.
étayer v. tr. (conjug. 8)
etc. abrév. (et cetera)
et cætera ou et cetera ou etcétéra* [ɛtsetera] loc. et n. m. inv.
été n. m.
éteignoir n. m.

éteindre v. tr. (conjug. 52)
éteint, einte adj.
étemperche n. f.
étendage n. m.
étendard n. m.
étendoir n. m.
étendre v. tr. (conjug. 41)
étendu, ue adj.
étendue n. f.
éternel, elle adj. et n.
éternellement adv.
éterniser v. tr. (conjug. 1)
éternité n. f.
éternuement n. m.
éternuer v. intr. (conjug. 1)
étésien adj. m.
étêtage n. m.
étêtement n. m.
étêter v. tr. (conjug. 1)
éteuf n. m.
éteule n. f.
éthane n. m.
éthanoate n. m.
éthanol n. m.
éthène n. m.
éther n. m.
éthéré, ée adj.
éthérification n. f.
éthérifier v. tr. (conjug. 7)
éthérisation n. f.
éthériser v. tr. (conjug. 1)
éthérisme n. m.
Ethernet ou ethernet n. m.
éthéromane n.
éthéromanie n. f.
éther-sel n. m.
 PL. éthers-sels
éthicien, ienne n.
éthiopien, ienne adj. et n.
éthique n. f. et adj.
éthiquement adv.
ethmoïdal, ale, aux adj.
ethmoïde n. m.
ethnarchie n. f.
ethnarque n. m.
ethnicisation n. f.
ethniciser v. tr. (conjug. 1)
ethnicité n. f.
ethnie n. f.

ethnique

ethnique adj.
ethniquement adv.
ethnobiologie n. f.
ethnobiologiste n.
ethnobotanique n. f.
ethnocentrique adj.
ethnocentrisme n. m.
ethnocide n. m.
ethnographe n.
ethnographie n. f.
ethnographique adj.
ethnolinguistique n. f. et adj.
ethnologial, ale, aux adj.
ethnologie n. f.
ethnologique adj.
ethnologue n.
ethnométhodologie n. f.
ethnométhodologue n.
ethnomusicologie n. f.
ethnomusicologue n.
ethnopharmacologie n. f.
ethnopsychiatre [-k-] n.
ethnopsychiatrie [-k-] n. f.
ethnopsychologie [-k-] n. f.
ethnoracial, iale, iaux adj.
ethnozootechnicien, ienne n.
éthogramme n. m.
éthologie n. f.
éthologique adj.
éthologiste n.
éthologue n.
éthuse n. f.
éthyle n. m.
éthylène n. m.
éthylénique adj.
éthylique adj. et n.
éthylisme n. m.
éthylomètre n. m. (rec. off. pour alcootest)
éthylotest n. m.
étiage n. m.
étier n. m.
étincelage n. m.
étincelant, ante adj.

étinceler v. intr. (conjug. 4)
étincelle n. f.
étincellement ou étincèlement* n. m.
étiolé, ée adj.
étiolement n. m.
étioler v. tr. (conjug. 1)
étiologie n. f.
étiologique adj.
étiologiquement adv.
étiopathe n.
étiopathie n. f.
étiopathogénie n. f.
étique adj.
étiquetage n. m.
étiqueter v. tr. (conjug. 4)
étiqueteur, euse n.
étiquette n. f.
étirable adj.
étirage n. m.
étiré e n. m.
étirement n. m.
étirer v. tr. (conjug. 1)
étireur, euse n.
étisie n. f.
étoc n. m.
étoffe n. f.
étoffé, ée adj.
étoffer v. tr. (conjug. 1)
étoile n. f.
étoilé, ée adj.
étoilement n. m.
étoiler v. tr. (conjug. 1)
étole n. f.
étonnamment adv.
étonnant, ante adj.
étonné, ée adj.
étonnement n. m.
étonner v. tr. (conjug. 1)
étouffade n. f.
étouffage n. m.
étouffant, ante adj.
étouffé, ée adj.
étouffe-chrétien n. m. PL. *étouffe-chrétiens*
étouffée (à l') loc. adv.
étouffement n. m.
étouffer v. (conjug. 1)
étouffoir n. m.
étoupe n. f.

étouper v. tr. (conjug. 1)
étoupille n. f.
étourderie n. f.
étourdi, ie adj. et n.
étourdiment adv.
étourdir v. tr. (conjug. 2)
étourdissant, ante adj.
étourdissement n. m.
étourneau n. m.
étrange adj.
étrangement adv.
étranger, ère adj. et n.
étrangeté n. f.
étranglé, ée adj.
étranglement n. m.
étrangler v. tr. (conjug. 1)
étrangleur, euse n.
étrangloir n. m.
étrave n. f.
¹être n. m.
²être v. intr. (conjug. 61)
étrécir v. tr. (conjug. 2)
étreindre v. tr. (conjug. 52)
étreinte n. f.
étrenne n. f.
étrenner v. (conjug. 1)
êtres n. m. pl.
étrésillon n. m.
étrésillonner v. tr. (conjug. 1)
étrier n. m.
étrille n. f.
étriller v. tr. (conjug. 1)
étripage n. m.
étriper v. tr. (conjug. 1)
étriqué, ée adj.
étriquer v. tr. (conjug. 1)
étrive n. f.
étrivière n. f.
étroit, oite adj.
étroitement adv.
étroitesse n. f.
étron n. m.
étronçonner v. tr. (conjug. 1)
étrusque adj. et n.
étude n. f.
étudiant, iante n. et adj.
étudié, iée adj.
étudier v. (conjug. 7)

étui n. m.
étuvage n. m.
étuve n. f.
étuvée n. f.
étuvement n. m.
étuver v. tr. (conjug. 1)
étuveur n. m.
étymologie n. f.
étymologique adj.
étymologiquement adv.
étymologiste n.
étymon n. m.
eu, eue p. p. (avoir)
eubactérie n. f.
eubage n. m.
eucalyptol n. m.
eucalyptus n. m.
eucaryote adj. et n. m.
eucharistie [-k-] n. f.
eucharistique [-k-] adj.
euchologe [økɔ-] n. m.
euchromatine [-k-] n. f.
euclidien, ienne adj.
eucologe ou euchologe n. m.
eudémis n. m.
eudémonisme n. m.
eudiomètre n. m.
eudiométrie n. f.
eudiométrique adj.
eudiste n. m.
eugénate n. m.
eugénique n. f. et adj.
eugénisme n. m.
eugéniste n.
eugénol n. m.
euglène n. f.
euh interj.
eunecte n. m.
eunuque n. m.
eupatoire n. f.
eupeptique adj. et n. m.
euphémique adj.
euphémiquement adv.
euphémisme n. m.
euphonie n. f.
euphonique adj.
euphoniquement adv.
euphorbe n. f.
euphorie n. f.

euphorique adj.
euphorisant, ante adj. et n. m.
euphorisation n. f.
euphoriser v. tr. (conjug. 1)
euphuisme n. m.
eupnéique adj.
eurafricain, aine adj. et n.
eurasiatique adj.
eurasien, ienne adj. et n.
eurêka interj.
euristique adj. et n. f.
euro n. m.
eurocent n. m.
eurocentrisme n. m.
eurochèque n. m.
eurocommunisme n. m.
eurocommuniste n.
eurocrate n.
eurocratie n. f.
eurocrédit n. m.
eurodéputé, ée n.
eurodevise n. f.
eurodistrict n. m.
eurodollar n. m.
eurofonctionnaire n.
euromarché n. m.
euroméditerranéen, enne adj.
euromissile n. m.
euro-obligation n. f.
PL. euro-obligations
europarlement n. m.
europarlementaire n. et adj.
européanisation n. f.
européaniser v. tr. (conjug. 1)
européanisme n. m.
européen, enne adj. et n.
européisme n. m.
europhile n. et adj.
europhilie n. f.
europhobe n. et adj.
europhobie n. f.
europium n. m.
eurorégion n. f.
euroscepticisme n. m.
eurosceptique adj. et n.
eurosignal n. m.

eurostratégique adj.
eurovision n. f.
euryhalin, ine adj.
eurythmie n. f.
eurythmique adj.
euskarien, ienne ou euscarien, ienne adj. et n.
eustache n. m.
eustasie n. f.
eustatique adj.
eustatisme n. m.
eutectique adj.
eutexie n. f.
euthanasie n. f.
euthanasier v. tr. (conjug. 7)
euthanasique adj.
euthériens n. m. pl.
eutrophe adj.
eutrophisation n. f.
eux pron. pers.
évacuant, ante adj.
évacuateur, trice adj. et n. m.
évacuation n. f.
évacuer v. tr. (conjug. 1)
évadé, ée adj. et n.
évader (s') v. pron. (conjug. 1)
évagination n. f.
évaluable adj.
évaluateur, trice n.
évaluation n. f.
évaluer v. tr. (conjug. 1)
évanescence n. f.
évanescent, ente adj.
évangéliaire n. m.
évangélique adj.
évangélisateur, trice adj.
évangélisation n. f.
évangéliser v. tr. (conjug. 1)
évangélisme n. m.
évangéliste n. m.
évangile n. m.
évanoui, ie adj.
évanouir (s') v. pron. (conjug. 2)
évanouissement n. m.

évaporable adj.
évaporateur n. m.
évaporation n. f.
évaporatoire adj.
évaporé, ée adj.
évaporer v. tr. (conjug. 1)
évapotranspiration n. f.
évasé, ée adj.
évasement n. m.
évaser v. tr. (conjug. 1)
évasif, ive adj.
évasion n. f.
évasivement adv.
évasure n. f.
évêché n. m.
évection n. f.
éveil n. m.
éveillé, ée adj.
éveiller v. tr. (conjug. 1)
éveilleur, euse n.
évènement ou
  événement n. m.
évènementiel, ielle ou
  événementiel, ielle adj.
évent n. m.
éventail n. m.
éventailliste n.
éventaire n. m.
éventé, ée adj.
éventer v. tr. (conjug. 1)
éventration n. f.
éventrer v. tr. (conjug. 1)
éventreur n. m.
éventualité n. f.
éventuel, elle adj.
éventuellement adv.
évêque n. m.
évergète n. m.
évergétisme n. m.
éversion n. f.
évertuer (s') v. pron. (conjug. 1)
évhémérisme n. m.
éviction n. f.
évidage n. m.
évidé, ée adj.
évidement n. m.
évidemment adv.
évidence n. f.

évident, ente adj.
évider v. tr. (conjug. 1)
évidoir n. m.
évidure n. f.
évier n. m.
évincement n. m.
évincer v. tr. (conjug. 3)
éviscération n. f.
éviscérer v. tr. (conjug. 6)
évitable adj.
évitage n. m.
évitement n. m.
éviter v. tr. (conjug. 1)
évocable adj.
évocateur, trice adj.
évocation n. f.
évocatoire adj.
évolué, ée adj.
évoluer v. intr. (conjug. 1)
évolutif, ive adj.
évolution n. f.
évolutionnaire adj.
évolutionnisme n. m.
évolutionniste adj. et n.
évolutivité n. f.
évoquer v. tr. (conjug. 1)
évulsion n. f.
evzone n. m.
ex abrupto [ɛksabʀypto] loc. adv.
exacerbation n. f.
exacerbé, ée adj.
exacerber v. tr. (conjug. 1)
exact, exacte adj.
exactement adv.
exacteur n. m.
exaction n. f.
exactitude n. f.
ex æquo loc. adv.
exagérateur, trice adj. et n.
exagération n. f.
exagéré, ée adj.
exagérément adv.
exagérer v. tr. (conjug. 6)
exaltant, ante adj.
exaltation n. f.
exalté, ée adj. et n.
exalter v. tr. (conjug. 1)
examen n. m.

examinateur, trice n.
examiner v. tr. (conjug. 1)
exanthémateux, euse adj.
exanthématique adj.
exanthème n. m.
exarchat n. m.
exarque n. m.
exaspérant, ante adj.
exaspération n. f.
exaspéré, ée adj.
exaspérer v. tr. (conjug. 6)
exaucement n. m.
exaucer v. tr. (conjug. 3)
ex cathedra [ɛkskatedʀa] loc. adv.
excavateur, trice n.
excavation n. f.
excaver v. tr. (conjug. 1)
excédant, ante adj.
excédent n. m.
excédentaire adj.
excéder v. tr. (conjug. 6)
excellemment adv.
excellence n. f.
excellent, ente adj.
excellentissime adj.
exceller v. intr. (conjug. 1)
excentration n. f.
excentré, ée adj.
excentrer v. tr. (conjug. 1)
excentricité n. f.
excentrique adj. et n.
excentriquement adv.
¹excepté, ée adj.
²excepté prép.
excepter v. tr. (conjug. 1)
exception n. f.
exceptionnalisme n. m.
exceptionnalité n. f.
exceptionnel, elle adj.
exceptionnellement adv.
excès n. m.
excessif, ive adj.
excessivement adv.
exciper v. tr. ind. (conjug. 1)
excipient [ɛksipjɑ̃] n. m.
excise n. f.
exciser v. tr. (conjug. 1)
excision n. f.

exon

excitabilité n. f.
excitable adj.
excitant, ante adj. et n. m.
excitateur, trice n.
excitation n. f.
excitatrice n. f.
excité, ée adj. et n.
exciter v. tr. (conjug. 1)
excitomoteur, trice adj.
exciton n. m.
exclamatif, ive adj. et n. f.
exclamation n. f.
exclamer (s') v. pron. (conjug. 1)
exclu, ue adj.
excluant, ante adj.
exclure v. tr. (conjug. 35)
exclusif, ive adj.
exclusion n. f.
exclusive n. f.
exclusivement adv.
exclusivisme n. m.
exclusivité n. f.
excommunication n. f.
excommunier v. tr. (conjug. 7)
excoriation n. f.
excorier v. tr. (conjug. 7)
excrément n. m.
excrémentiel, ielle adj.
excreta n. m. pl.
excréter v. tr. (conjug. 6)
excréteur, trice adj.
excrétion n. f.
excrétoire adj.
excroissance n. f.
excursion n. f.
excursionner v. intr. (conjug. 1)
excursionniste n.
excusable adj.
excuse n. f.
excuser v. tr. (conjug. 1)
exeat ou exéat* [εgzeat] n. m.
  PL. exeat(s) ou exéats*
exécrable adj.
exécrablement adv.
exécration [εgze- ; εkse-] n. f.

exécrer [εgze- ; εkse-] v. tr. (conjug. 6)
exécutable adj.
exécutant, ante n.
exécuter v. tr. (conjug. 1)
exécuteur, trice n. et adj.
exécutif, ive adj. et n. m.
exécution n. f.
exécutoire adj.
exèdre n. f.
exégèse n. f.
exégète n. m.
exégétique adj.
exemplaire adj. ; n. m.
exemplairement adv.
exemplarité n. f.
exemplatif, ive adj.
exemple n. m.
exemplification n. f.
exemplifier v. tr. (conjug. 7)
exempt, empte [εgzã, ãt] adj. et n. m.
exempter [εgzãte] v. tr. (conjug. 1)
exemption [εgzãpsjɔ̃] n. f.
exequatur ou exéquatur* [εgzekwatyr] n. m.
  PL. inv. ou exéquaturs*
exerçable adj.
exercé, ée adj.
exercer v. tr. (conjug. 3)
exercice n. m.
exerciseur n. m.
exérèse n. f.
exergue n. m.
exfiltration n. f.
exfiltrer v. tr. (conjug. 1)
exfoliant, iante adj.
exfoliation n. f.
exfolier v. tr. (conjug. 7)
exhalaison n. f.
exhalation n. f.
exhaler v. tr. (conjug. 1)
exhaure n. f.
exhaussement n. m.
exhausser [εgzose] v. tr. (conjug. 1)
exhausteur n. m.

exhaustif, ive adj.
exhaustion n. f.
exhaustivement adv.
exhaustivité n. f.
exhérédation n. f.
exhéréder v. tr. (conjug. 6)
exhiber v. tr. (conjug. 1)
exhibi n. et adj.
exhibition n. f.
exhibitionnisme n. m.
exhibitionniste n.
exhortation n. f.
exhorter v. tr. (conjug. 1)
exhumation n. f.
exhumer v. tr. (conjug. 1)
exigeant, ante adj.
exigence n. f.
exiger v. tr. (conjug. 3)
exigibilité n. f.
exigible adj.
exigu, uë ou üe* adj.
exiguïté ou exigüité* n. f.
exil n. m.
exilé, ée adj. et n.
exiler v. tr. (conjug. 1)
exinscrit, ite adj.
existant, ante adj. et n. m.
existence n. f.
existentialisme n. m.
existentialiste n.
existentiel, ielle adj.
exister v. intr. (conjug. 1)
exit [εgzit] v. et n. m.
  PL. inv. ou exits
ex-libris ou exlibris* [εkslibris] n. m. inv.
ex nihilo adv. et adj. inv.
exobiologie n. f.
exobiologique adj.
exobiologiste n.
exocet® n. m.
exocrine adj.
exocytose n. f.
exode n. m.
exogame adj. et n.
exogamie n. f.
exogamique adj.
exogène adj.
exogénose n. f.
exon n. m.

exondation

exondation n. f.
exondement n. m.
exonder (s') v. pron. (conjug. 1)
exonérateur, trice adj.
exonération n. f.
exonérer v. tr. (conjug. 6)
exophilie n. f.
exophtalmie n. f.
exophtalmique adj.
exoplanète n. f.
exorbitant, ante adj.
exorbité, ée adj.
exorcisation n. f.
exorciser v. tr. (conjug. 1)
exorciseur, euse n.
exorcisme n. m.
exorcistat n. m.
exorciste n.
exorde n. m.
exoréique adj.
exoréisme n. m.
exosphère n. f.
exosquelette n. m.
exostose n. f.
exotérique adj.
exothermique adj.
exotique adj. et n.
exotisme n. m.
exotoxine n. f.
expandeur n. m.
expansé, ée adj.
expansibilité n. f.
expansible adj.
expansif, ive adj.
expansion n. f.
expansionnisme n. m.
expansionniste n. et adj.
expansivité n. f.
expatriation n. f.
expatrié, iée adj. et n.
expatrier v. tr. (conjug. 7)
expectant, ante adj.
expectation n. f.
expectative n. f.
expectorant, ante adj.
expectoration n. f.
expectorer v. tr. (conjug. 1)
¹expédient, iente adj.

²expédient n. m.
expédier v. tr. (conjug. 7)
expéditeur, trice n.
expéditif, ive adj.
expédition n. f.
expéditionnaire adj. et n.
expéditivement adv.
expérience n. f.
expérimental, ale, aux adj.
expérimentalement adv.
expérimentateur, trice n.
expérimentation n. f.
expérimenté, ée adj.
expérimenter v. tr. (conjug. 1)
expert, erte adj. et n.
expert-comptable, experte-comptable n.
PL. experts-comptables, expertes-comptables
expertement adv.
expertise n. f.
expertiser v. tr. (conjug. 1)
expiable adj.
expiateur, trice adj.
expiation n. f.
expiatoire adj.
expier v. tr. (conjug. 7)
expirant, ante adj.
expirateur, trice adj. et n. m.
expiration n. f.
expiratoire adj.
expirer v. (conjug. 1)
explant n. m.
explétif, ive adj.
explicable adj.
explicatif, ive adj.
explication n. f.
explicitation n. f.
explicite adj.
explicitement adv.
expliciter v. tr. (conjug. 1)
expliquer v. tr. (conjug. 1)
exploit n. m.
exploitable adj.
exploitant, ante adj. et n.
exploitation n. f.

exploité, ée adj. et n.
exploiter v. (conjug. 1)
exploiteur, euse n.
explorateur, trice n.
exploration n. f.
exploratoire adj.
explorer v. tr. (conjug. 1)
explosé, ée adj.
exploser v. intr. (conjug. 1)
exploseur n. m.
explosibilité n. f.
explosible adj.
¹explosif, ive adj.
²explosif n. m.
explosion n. f.
explosivement adv.
explosivité n. f.
exponentiel, ielle adj. et n. f.
export n. m.
exportable adj.
exportateur, trice n. et adj.
exportation n. f.
exporter v. tr. (conjug. 1)
exposant, ante n.
exposé n. m.
exposer v. tr. (conjug. 1)
exposition n. f.
expo-vente n. f.
PL. expo-ventes
¹exprès, esse [ɛksprɛs] adj.
²exprès adv.
express adj. et n. m.
expressément adv.
expressif, ive adj.
expression n. f.
expressionnisme n. m.
expressionniste adj. et n.
expressiste n. m.
expressivement adv.
expressivité n. f.
expresso n. m.
exprimable adj.
exprimer v. tr. (conjug. 1)
ex professo loc. adv.
expromission n. f.
expropriant, iante adj.
exproprieur, trice n.
expropriation n. f.

exproprier v. tr. (conjug. 7)
expulsable adj.
expulsé, ée adj.
expulser v. tr. (conjug. 1)
expulsif, ive adj.
expulsion n. f.
expurgation n. f.
expurger v. tr. (conjug. 3)
exquis, ise adj.
exquisement adv.
exquisité n. f.
exsangue [ɛksãg ; ɛgzãg] adj.
exsanguino-transfusion ou exsanguinotransfusion* n. f.
PL. exsanguino(-)transfusions
exstrophie n. f.
exsudat n. m.
exsudation n. f.
exsuder v. (conjug. 1)
extase n. f.
extasier (s') v. pron. (conjug. 7)
extatique adj.
extemporané, ée adj.
extenseur adj. m. et n. m.
extensibilité n. f.
extensible adj.
extensif, ive adj.
extension n. f.
extensionalité n. f.
extensionnel, elle adj.
extensivement adv.
extenso (in) [inɛkstɛ̃so] loc. adv. et loc. adj.
extensomètre n. m.
exténuant, ante adj.
exténuation n. f.
exténuer v. tr. (conjug. 1)
¹extérieur, ieure adj.
²extérieur n. m.
extérieurement adv.
extériorisation n. f.
extérioriser v. tr. (conjug. 1)
extériorité n. f.
exterminateur, trice adj. et n.

extermination n. f.
exterminer v. tr. (conjug. 1)
externalisation n. f.
externaliser v. tr. (conjug. 1)
externalité n. f.
externat n. m.
externe adj. et n.
extéroceptif, ive adj.
exterritorialité n. f.
extincteur, trice adj. et n.
extinctif, ive adj.
extinction n. f.
extinguible adj.
extirpable adj.
extirpateur n. m.
extirpation n. f.
extirper v. tr. (conjug. 1)
extorquer v. tr. (conjug. 1)
extorqueur, euse n.
extorsion n. f.
extra n. m. et adj.
PL. extras
extracommunautaire adj.
extraconjugal, ale, aux adj.
extracorporel, elle adj.
extracourant ou extra-courant n. m.
PL. extracourants ou extra-courants
extracteur n. m.
extractible adj.
extractif, ive adj.
extraction n. f.
extrader v. tr. (conjug. 1)
extradition n. f.
extrados n. m.
extra-dry ou extradry [ɛkstʀadʀaj] adj.
PL. extra-dry ou extradrys
extrafin, fine ou extra-fin, fine adj.
PL. extra(-)fins, fines
extrafort, forte ou extra-fort, forte adj. et n. m.

extragalactique adj.
extraire v. tr. (conjug. 50)
extrait n. m.
extrajudiciaire adj.
extralarge ou extra-large adj.
PL. extra(-)larges
extralégal, ale, aux adj.
extra-light ou extralight* adj. inv.
extralinguistique adj.
extralucide adj.
extramarital, ale, aux adj.
extra-muros ou extramuros* adv. et adj. inv.
extranéité n. f.
extranet n. m.
extraordinaire adj.
extraordinairement adv.
extraparlementaire adj.
extraplat, ate adj.
extrapolable adj.
extrapolation n. f.
extrapoler v. intr. (conjug. 1)
extrarénal, ale, aux adj.
extrascolaire adj.
extrasensible adj.
extrasensoriel, ielle adj.
extrasolaire adj.
extrasystole n. f.
extraterrestre adj. et n.
extraterritorial, iale, iaux adj.
extraterritorialité n. f.
extra-utérin, ine adj.
PL. extra-utérins, ines
extravagance n. f.
extravagant, ante adj.
extravaguer v. intr. (conjug. 1)
extravasation n. f.
extravaser (s') v. pron. (conjug. 1)
extraversion n. f.
extraverti, ie adj. et n.
extrême adj. et n. m.
extrêmement adv.

extrême-onction n. f.
PL. *extrêmes-onctions*
extrême-oriental, ale, aux adj. et n.
extremis (in) loc. adv. et loc. adj.
extrémisme n. m.
extrémiste n. et adj.
extrémité n. f.
extremum ou **extrémum*** n. m.
extrinsèque adj.
extrinsèquement adv.
extroversion n. f.
extrorse adj.
extroverti, ie adj. et n.
extrudé, ée adj.
extrudeuse n. f.
extrusion n. f.
exubérance n. f.
exubérant, ante adj.
exulcération n. f.
exulcérer v. tr. (conjug. 6)
exultation n. f.
exulter v. intr. (conjug. 1)
exutoire n. m.
exuvie n. f.
ex vivo loc. adv.
ex-voto ou **exvoto*** n. m.
PL. inv. ou *exvotos**
eyeliner [ajlajnœʀ] n. m.
eyra n. m.
ezine n. m.

f

f n. m. inv. ; abrév. et symb.
F n. m. inv. ; abrév. et symb.
fa n. m. inv.
F. A. B. adj. inv. (franco à bord ; rec. off. de F. O. B.)
fabacée n. f.
fabacées n. f. pl.
fable n. f.
fabliau n. m.
fablier n. m.
fabricant, ante n.
fabricateur, trice n.
fabrication n. f.
fabricien n. m.
fabrique n. f.
fabriquer v. tr. (conjug. 1)
fabulateur, trice adj. et n.
fabulation n. f.
fabuler v. intr. (conjug. 1)
fabuleusement adv.
fabuleux, euse adj.
fabuliste n. m.
fac n. f.
façade n. f.
façadier, ière n.
face n. f.
face-à-face ou **face à face** n. m. inv.
face-à-main n. m.
PL. *faces-à-main*
facétieusement adv.
facétieux, ieuse adj. et n.
facette n. f.
facetter v. tr. (conjug. 1)
fâché, ée adj.
fâcher v. tr. (conjug. 1)
fâcherie n. f.
fâcheusement adv.
fâcheux, euse adj. et n.
facho n. et adj.
facial, iale, iaux adj.
faciès ou **facies** (vx) n. m.
facile adj.
facilement adv.
facilitant, ante adj.
facilitateur, trice n.
facilitation n. f.
facilité n. f.
faciliter v. tr. (conjug. 1)
facing n. m.
façon n. f.
faconde n. f.
façonnable adj.
façonnage n. m.
façonné, ée adj.
façonnement n. m.
façonner v. tr. (conjug. 1)
façonnier, ière n. et adj.
fac-similé ou **facsimilé*** n. m.
PL. *fac-similés* ou *facsimilés**
factage n. m.
¹facteur n. m.
²facteur, trice n.
factice adj.
facticité n. f.
factieux, ieuse adj. et n.
faction n. f.
factionnaire n. m.
factitif, ive adj.
factorerie n. f.
factoriel, ielle adj. et n. f.
factoring n. m. (rec. off. : affacturage)
factorisation n. f.
factotum n. m.
factuel, elle adj.
factum n. m.
facturation n. f.
facture n. f.
facturer v. tr. (conjug. 1)
facturette n. f.
facturier, ière n.
faculaire adj.
facule n. f.
facultaire adj.
facultatif, ive adj.
facultativement adv.
faculté n. f.
fada adj. et n.
fadaise n. f.
fadasse adj.
fadasserie n. f.
fade adj.
fadé, ée adj.
fadement adv.
fader (se) v. pron. (conjug. 1)
fadeur n. f.
fading [fadiŋ; fediŋ] n. m. (rec. off. : évanouissement)
fado n. m.
faf n.
fafiot n. m.
fagne n. f.
fagot n. m.

fantastiquement

fagotage n. m.
fagoter v. tr. (conjug. 1)
fagotier n. m.
fagotin n. m.
FAI n. (fournisseur d'accès à Internet)
faiblard, arde adj.
faible adj. et n.
faiblement adv.
faiblesse n. f.
faiblir v. intr. (conjug. 2)
faiblissant, ante adj.
faïence n. f.
faïencé, ée adj.
faïencerie n. f.
faïencier, ière n.
faille n. f.
failler (se) v. pron. (conjug. 1)
failli, ie n. et adj.
faillibilité n. f.
faillible adj.
faillir v. intr. (conjug. 2 ; surtout inf., p. simple et temps comp.)
faillite n. f.
faim n. f.
faine ou faîne n. f.
fainéant, ante n. et adj.
fainéanter v. intr. (conjug. 1)
fainéantise n. f.
¹faire n. m.
²faire v. tr. (conjug. 60)
faire-part ou fairepart* n. m.
PL. inv. ou fareparts*
faire-valoir n. m. inv.
fair-play ou fairplay* n. m.
PL. inv. ou fairplays* (rec. off. : franc-jeu)
fairway n. m.
PL. fairways
faisabilité n. f.
faisable adj.
faisan, ane n. et adj.
faisandage n. m.
faisandé, ée adj.
faisandeau n. m.
faisander v. tr. (conjug. 1)

faisanderie n. f.
faisandier n. m.
faisanneau n. m.
faisceau n. m.
faiseur, euse n.
¹fait, faite adj.
²fait n. m.
faîtage ou faitage* n. m.
faîte ou faite* n. m.
faîteau ou faiteau* n. m.
faîtière ou faitière* adj. et n. f.
faitout ou fait-tout n. m.
PL. faitouts ou fait-tout
faix n. m.
fajita n. f.
fakir n. m.
fakirisme n. m.
falafel n. m.
falaise n. f.
falarique n. f.
falbala n. m.
falciforme adj.
falconiformes n. m. pl.
faldistoire n. m.
fallacieusement adv.
fallacieux, ieuse adj.
falloir v. impers. (conjug. 29)
¹falot, ote adj.
²falot n. m.
falourde n. f.
falsifiable adj.
falsificateur, trice n.
falsification n. f.
falsifier v. tr. (conjug. 7)
faluche n. f.
falun n. m.
faluner v. tr. (conjug. 1)
falunière n. f.
falzar n. m.
famé, ée adj.
famélique adj.
fameusement adv.
fameux, euse adj.
familial, iale, iaux adj. et n. m.
familiariser v. tr. (conjug. 1)
familiarité n. f.

familier, ière adj. et n.
familièrement adv.
famille n. f.
famine n. f.
fan n.
fana adj.
fanage n. m.
fanal, aux n. m.
fanatique adj. et n.
fanatiquement adv.
fanatiser v. tr. (conjug. 1)
fanatisme n. m.
fanchon n. f.
fan-club ou fanclub* n. m.
PL. fan-clubs ou fanclubs*
fancy-fair [fɑ̃sifɛʀ fɑ̃si-] n. f.
PL. fancy-fairs
fandango n. m.
fane n. f.
fané, ée adj.
faner v. tr. (conjug. 1)
faneur, euse n.
fanfare n. f.
fanfaron, onne adj. et n.
fanfaronnade n. f.
fanfaronner v. intr. (conjug. 1)
fanfreluche n. f.
fange n. f.
fangeux, euse adj.
fangothérapie n. f.
fanion n. m.
fanny adj. et n. f. inv.
fanon n. m.
fantaisie n. f.
fantaisiste adj. et n.
fantasia n. f.
fantasmagorie n. f.
fantasmagorique adj.
fantasmagoriquement adv.
fantasmatique adj.
fantasme ou phantasme ((vieilli))n. m.
fantasmer v. (conjug. 1)
fantasque adj.
fantassin n. m.
fantastique adj. et n. m.
fantastiquement adv.

fantoche

fantoche n. m.
fantomatique adj.
fantôme n. m.
fanton n. m.
fanzine n. m.
F. A. O. n. f. (fabrication assistée par ordinateur)
faon n. m.
FAQ n. f. inv. (frequently asked questions ; rec. off. : foire aux questions)
faquin n. m.
far n. m.
farad n. m.
faraday n. m.
PL *faradays*
faradique adj.
faramineux, euse adj.
farandole n. f.
faraud, aude n. et adj.
farce n. f.
farcement n. m.
farceur, euse n. et adj.
farci, ie adj. et n. m.
farcin n. m.
farcir v. tr. (conjug. 2)
fard n. m.
fardage n. m.
farde n. f.
fardé, ée adj.
fardeau n. m.
fardeleuse n. f.
farder v. (conjug. 1)
fardier n. m.
fardoches n. f. pl.
faré n. m.
farfadet n. m.
farfalle n. f.
farfelu, ue adj.
farfouiller v. intr. (conjug. 1)
fargues n. f. pl.
faribole n. f.
farigoule n. f.
farinacé, ée adj.
farine n. f.
fariner v. tr. (conjug. 1)
farineux, euse adj. et n. m.
fario adj. et n. f.

farlouche n. f.
farlouse n. f.
farniente [-njɛnte ; -njãt] n. m.
farnienter v. intr. (conjug. 1)
faro n. m.
farouche ou farouch n. m.
farouchement adv.
farrago n. m.
farsi n. m.
fart n. m.
fartage n. m.
farter v. tr. (conjug. 1)
far west [farwɛst] n. m. inv.
fasce n. f.
fascé, ée adj.
fascia n. m.
fasciathérapeute n.
fasciathérapie n. f.
fasciation n. f.
fascicule n. m.
fasciculé, ée adj.
fascié, iée adj.
fascinant, ante adj.
fascinateur, trice n. et adj.
fascination n. f.
fascine n. f.
fasciner v. tr. (conjug. 1)
fascisant, ante adj.
fascisation n. f.
fasciser v. tr. (conjug. 1)
fascisme n. m.
fasciste n. et adj.
faseyer ou faséyer* v. intr. (conjug. 1)
faste adj. ; n. m.
fastes n. m. pl.
fast-food ou fastfood* [fastfud] n. m.
PL *fast-foods* ou *fastfoods**
(rec. off. : prêt-à-manger, restauration rapide)
fastidieusement adv.
fastidieux, ieuse adj.
fastigié, iée adj.
fastoche adj.
fastueusement adv.

fastueux, euse adj.
fat, fate adj. et n. m.
fatal, ale adj.
fatalement adv.
fatalisme n. m.
fataliste n. et adj.
fatalité n. f.
fatidique adj.
fatigabilité n. f.
fatigable adj.
fatigant, ante adj.
fatigue n. f.
fatigué, ée adj.
fatiguer v. (conjug. 1)
fatma n. f.
fatras n. m.
fatrasie n. f.
fatuité n. f.
fatum n. m.
fatwa ou fatwah [fatwa] n. f.
fau n. m.
faubert n. m.
faubourg n. m.
faubourien, ienne n. et adj.
faucard n. m.
faucarder v. tr. (conjug. 1)
faucardeur, euse n.
fauchage n. m.
fauchaison n. f.
fauchard n. m.
fauche n. f.
fauché, ée adj.
faucher v. (conjug. 1)
fauchet n. m.
fauchette n. f.
faucheur, euse n.
faucheux n. m.
fauchon n. m.
faucille n. f.
faucon n. m.
fauconneau n. m.
fauconnerie n. f.
fauconnier n. m.
faucre n. m.
faufil n. m.
faufilage n. m.
faufiler v. tr. (conjug. 1)
faune n. m. ; n. f.

faunesque adj.
faunesse n. f.
faunique adj.
faunistique adj.
faussaire n.
fausse couche n. f.
faussement adv.
fausser v. tr. (conjug. 1)
fausset n. m.
fausseté n. f.
faute n. f.
fauter v. intr. (conjug. 1)
fauteuil n. m.
fauteur, trice n.
fautif, ive adj.
fautivement adv.
fauve adj. et n. m.
fauverie n. f.
fauvette n. f.
fauvisme n. m.
¹faux, fausse adj. et n. m.
²faux n. f.
faux-bourdon n. m.
  PL. faux-bourdons
faux-filet n. m.
  PL. faux-filets
faux-fuyant n. m.
  PL. faux-fuyants
faux-monnayeur n. m.
  PL. faux-monnayeurs
faux-semblant n. m.
  PL. faux-semblants
faux-titre n. m.
  PL. faux-titres
favela ou faféla n. f.
faverole n. f.
faveur n. f.
favisme n. m.
favorable adj.
favorablement adv.
favori, ite adj. et n.
favorisant, ante adj.
favoriser v. tr. (conjug. 1)
favorite n. f.
favoritisme n. m.
favouille n. f.
favus n. m.
fax n. m. inv.
faxer v. tr. (conjug. 1)
fayard ou foyard n. m.

fayot n. m.
fayotage n. m.
fayoter v. intr. (conjug. 1)
fazenda n. f.
f. c. é. m. n. f. (force contre-électromotrice)
féal, ale, aux adj. et n. m.
fébricule n. f.
fébrifuge adj.
fébrile adj.
fébrilement adv.
fébrilité n. f.
fécal, ale, aux adj.
fécalome n. m.
fèces ou féces [fɛs ; fesɛs] n. f. pl.
fécial, iaux n. m.
fécond, onde adj.
fécondabilité n. f.
fécondable adj.
fécondant, ante adj.
fécondateur, trice adj. et n. m.
fécondation n. f.
féconder v. tr. (conjug. 1)
fécondité n. f.
fécule n. f.
féculence n. f.
féculent, ente adj.
féculer v. tr. (conjug. 1)
féculerie n. f.
fedayin ou fédayin n. m.
  PL. fedayin(s) ou fédayins
fédéral, ale, aux adj.
fédéraliser v. tr. (conjug. 1)
fédéralisme n. m.
fédéraliste adj. et n.
fédérateur, trice adj. et n.
fédératif, ive adj.
fédération n. f.
fédéré, ée adj.
fédérer v. tr. (conjug. 6)
fée n. f.
feedback [fidbak] n. m.
feeder ou feedeur* [fidœʀ] n. m. (rec. off. : coaxial)
feeling [filiŋ] n. m.
féerie ou féérie n. f.

féerique ou féérique adj.
feignant, ante n. et adj.
feignasse adj. et n. f.
feijoada n. f.
feindre v. tr. (conjug. 52)
feint, feinte adj.
feinte n. f.
feinter v. (conjug. 1)
feinteur, euse n.
feintise n. f.
feld-maréchal, aux n. m.
feldspath [fɛldspat] n. m.
feldspathique [fɛldspatik] adj.
fêlé, ée adj.
fêler v. tr. (conjug. 1)
félibre n. m.
félibrige n. m.
félicitation n. f.
félicité n. f.
féliciter v. tr. (conjug. 1)
félidés n. m. pl.
félin, ine adj. et n. m.
félinité n. f.
fellaga ou fellagha n. m.
fellah n. m.
fellation n. f.
félon, onne adj.
félonie n. f.
felouque n. f.
fêlure n. f.
f. é. m. n. f. (force électromotrice)
femelle n. f. et adj.
fémidom® ou fémidon n. m.
féminin, ine adj.
féminisant, ante adj.
féminisation n. f.
féminiser v. tr. (conjug. 1)
féminisme n. m.
féministe adj.
féminité n. f.
féminitude n. f.
femme n. f.
femmelette n. f.
fémoral, ale, aux adj.
fémur n. m.
fenaison n. f.
fendage n. m.

fendant

fendant n. m.
fendard ou fendart n. m.
fendeur, euse n.
fendillement n. m.
fendiller v. tr. (conjug. 1)
fendoir n. m.
fendre v. tr. (conjug. 41)
fendu, ue adj.
fenestrage n. m.
fenestration n. f.
fenestron® n. m.
fenêtrage n. m.
fenêtre n. f.
fenêtrer v. tr. (conjug. 1)
feng shui [fɛŋʃwi ; fɛŋʃɥi] n. m. inv.
fenil [fani(l)] n. m.
fennec [fenɛk] n. m.
fenouil n. m.
fente n. f.
fenton ou fanton n. m.
fenugrec n. m.
féodal, ale, aux adj. et n. m.
féodalisme n. m.
féodalité n. f.
fer n. m.
féra n. f.
féralies n. f. pl.
fer-blanc n. m.
  PL. fers-blancs
ferblanterie n. f.
ferblantier n. m.
féria n. f.
férial, iale, iaux adj.
férie n. f.
férié, iée adj.
féringien, ienne adj. et n.
férir v. tr. (seult inf.)
ferler v. tr. (conjug. 1)
ferlouche ou farlouche n. f.
fermage n. m.
fermail, aux n. m.
fermant, ante adj.
ferme adj. et adv. ; n. f.
fermé, ée adj.
fermement adv.
ferment n. m.
fermentable adj.

fermentation n. f.
fermenter v. intr. (conjug. 1)
fermentescibilité n. f.
fermentescible adj.
fermenteur n. m.
fermer v. (conjug. 1)
fermeté n. f.
fermette n. f.
fermeture® n. f.
fermi n. m.
fermier, ière n.
fermion n. m.
fermium n. m.
fermoir n. m.
féroce adj.
férocement adv.
férocité n. f.
ferrade n. f.
ferrage n. m.
ferraillage n. m.
ferraille n. f.
ferraillement n. m.
ferrailler v. intr. (conjug. 1)
ferrailleur, euse n.
ferrate n. m.
ferratier n. m.
ferré, ée adj.
ferrement n. m.
ferrer v. tr. (conjug. 1)
ferret n. m.
ferretier n. m.
ferreur n. m.
ferreux, euse adj.
ferricyanure n. m.
ferriprive adj.
ferrique adj.
ferrite n. f.
ferritine n. f.
ferrociment n. m.
ferrocyanure n. m.
ferroélectricité n. f.
ferromagnétique adj.
ferromagnétisme n. m.
ferronickel n. m.
ferronnerie n. f.
ferronnier, ière n.
ferronnière n. f.
ferroprotéine n. f.
ferrosilicium n. m.

ferrotypie n. f.
ferroutage n. m.
ferrouter v. tr. (conjug. 1)
ferroutier, ière adj.
ferrovanadium n. m.
ferroviaire adj.
ferrugineux, euse adj.
ferrure n. f.
ferry n. m.
  PL. ferries ou ferrys
ferry-boat ou ferryboat* [fɛribot] n. m.
  PL. ferry-boats ou ferryboats* (rec. off. : bac, car-ferry, transbordeur)
ferté n. f.
fertile adj.
fertilement adv.
fertilisable adj.
fertilisant, ante adj.
fertilisation n. f.
fertiliser v. tr. (conjug. 1)
fertilité n. f.
féru, ue adj.
férule n. f.
ferventmentt adv.
fervent, ente adj.
ferveur n. f.
fesse n. f.
fessée n. f.
fesse-mathieu n. m.
  PL. fesse-mathieux
fesser v. tr. (conjug. 1)
fessier, ière adj. et n. m.
fessu, ue adj.
festif, ive adj.
festin n. m.
festival n. m.
festivalier, ière n.
festivité n. f.
fest-noz ou festnoz* [fɛstnoz] n. m.
  PL. inv. ou festou-noz (br.)
feston n. m.
festonner v. tr. (conjug. 1)
festoyer v. (conjug. 8)
feta ou féta n. f.
fêtard, arde n.
fête n. f.

Fête-Dieu n. f.
PL. *Fêtes-Dieu*
fêter v. tr. (conjug. 1)
fétiche n. m.
féticheur n. m.
fétichiser v. tr. (conjug. 1)
fétichisme n. m.
fétichiste adj. et n.
fétide adj.
fétidité n. f.
fettucine [fetutʃin(e)] n. f.
fétu n. m.
fétuque n. f. ou m.
¹**feu**, **feue** adj.
²**feu** n. m.
feudataire n.
feudiste n.
feuil n. m.
feuillage n. m.
feuillagiste n.
feuillaison n. f.
feuillant, **antine** n.
feuillard n. m.
feuille n. f.
feuillé, **ée** adj.
feuillée n. f.
feuille-morte adj. inv.
feuiller v. (conjug. 1)
feuilleret n. m.
feuillet n. m.
feuilletage n. m.
feuilleté, **ée** adj. et n. m.
feuilleter v. tr. (conjug. 4)
feuilletine n. f.
feuilletis n. m.
feuilleton n. m.
feuilletonesque adj.
feuilletoniste n.
feuillette n. f.
feuillu, **ue** adj.
feuillure n. f.
feulement n. m.
feuler v. intr. (conjug. 1)
feutrage n. m.
feutre n. m.
feutré, **ée** adj.
feutrer v. tr. (conjug. 1)
feutrine n. f.
fève n. f.

féverole ou **fèverole*** n. f.
févier n. m.
février n. m.
fez [fɛz] n. m.
F. F. I. n. m. inv. (Forces Françaises de l'Intérieur)
fi interj.
fiabiliser v. tr. (conjug. 1)
fiabiliste adj. et n.
fiabilité n. f.
fiable adj.
fiacre n. m.
fiançailles n. f. pl.
fiancé, **ée** n.
fiancer v. tr. (conjug. 3)
fiasco n. m.
fiasque n. f.
fiat [fjat] n. m.
PL. inv. ou *fiats**
fibranne n. f.
fibre n. f.
fibreux, **euse** adj.
fibrillaire [-jɛʀ ; -(l)lɛʀ] adj.
fibrillation [-jasjɔ̃ ; -(l)lasjɔ̃] n. f.
fibrille [fibʀij ; fibʀil] n. f.
fibrine n. f.
fibrineux, **euse** adj.
fibrinogène n. m.
fibrinolyse n. f.
fibrinolytique adj.
fibroblaste n. m.
fibrociment® n. m.
fibrocyte n. m.
fibroïne n. f.
fibromateux, **euse** adj.
fibromatose n. f.
fibrome n. m.
fibromyalgie n. f.
fibromyome n. m.
fibrosarcome n. m.
fibroscope n. m.
fibroscopie n. f.
fibrose n. f.
fibule n. f.
fic n. m.
ficaire n. f.
ficelage n. m.
ficelé, **ée** adj.

ficeler v. tr. (conjug. 4)
ficelle n. f.
ficellerie n. f.
fichage n. m.
fichant, **ante** adj.
¹**ficher** ou **fiche** v. tr. (conjug. 1 ; p. p. *fichu*) (faire)
²**ficher** v. tr. (conjug. 1) (mettre sur fiche)
fichet n. m.
fichier n. m.
fichiste n. m.
fichtre interj.
fichtrement adv.
¹**fichu**, **ue** adj.
²**fichu** n. m.
fictif, **ive** adj.
fiction n. f.
fictionalisation n. f.
fictionaliser v. tr. (conjug. 1)
fictionnel, **elle** adj.
fictivement adv.
ficus n. m.
fidéicommis n. m.
fidéicommissaire n. m.
fidéisme n. m.
fidéiste adj. et n.
fidéjusseur n. m.
fidéjussion n. f.
fidéjussoire adj.
fidèle adj. et n.
fidèlement adv.
fidélisation n. f.
fidéliser v. tr. (conjug. 1)
fidélité n. f.
fiduciaire adj. et n.
fiduciairement adv.
fiducie n. f.
fief n. m.
fieffé, **ée** adj.
fiel n. m.
field [fjɛld] n. m.
fielleux, **euse** adj.
fiénothérapie n. f.
fiente n. f.
fienter v. intr. (conjug. 1)
fier (se) v. pron. (conjug. 7)
fier, **fière** adj.

fier-à-bras

fier-à-bras n. m.
PL. *fiers-à-bras*
fièrement adv.
fiérot, ote adj. et n.
fierté n. f.
fiesta n. f.
fièvre n. f.
fiévreusement adv.
fiévreux, euse adj.
fifille n. f.
fifre n. m.
fifrelin n. m.
fifty-fifty ou fifti-fifti* loc.
adv. et n.
PL. *fifty-fiftys* ou *fifty-fifties* ou *fifti-fiftis**
figaro n. m.
figement n. m.
figer v. tr. (conjug. 3)
fignolage n. m.
fignoler v. tr. (conjug. 1)
fignoleur, euse n.
figue n. f.
figueraie n. f.
figuerie n. f.
figuier n. m.
figuline n. f.
figurant, ante n.
figuratif, ive adj.
figuration n. f.
figurativement adv.
figure n. f.
figuré, ée adj.
figurément adv.
figurer v. (conjug. 1)
figurine n. f.
figuriniste n.
figuriste n.
fil n. m.
filable adj.
fil-à-fil n. m. inv.
filage n. m.
filaire adj. ; n. f.
filament n. m.
filamenteux, euse adj.
filandière n. f.
filandre n. f.
filandreux, euse adj.
filant, ante adj.
filanzane n. m.

filao n. m.
filariose n. f.
filasse n. f.
filateur n. m.
filature n. f.
fil de fer n. m.
fildefériste ou
 fil-de-fériste n.
PL. *fildeféristes* ou
 fil(s)-de-féristes
file n. f.
filé n. m.
filer v. (conjug. 1)
filet n. m.
filetage n. m.
fileté n. m.
fileter v. tr. (conjug. 5)
fileur, euse n.
fileyeur n. m.
filial, iale, iaux adj.
filiale n. f.
filialement adv.
filialisation n. f.
filialiser v. tr. (conjug. 1)
filiation n. f.
filière n. f.
filiforme adj.
filigrane n. m.
filigraner v. tr. (conjug. 1)
filin n. m.
filipendule adj. et n. f.
fillasse n. f.
fille n. f.
fille-mère n. f.
PL. *filles-mères*
fillér n. m.
fillette n. f.
filleul, eule n.
film n. m.
filmage n. m.
filmer v. tr. (conjug. 1)
filmique adj.
filmogène adj.
filmographie n. f.
filmologie n. f.
filmothèque n. f.
filo n. m.
filoche n. f.
filocher v. (conjug. 1)
filoguidé, ée adj.

filon n. m.
filonien, ienne adj.
filoselle n. f.
filou n. m.
filoute n. f.
filouter v. tr. (conjug. 1)
filouterie n. f.
filovirus n. m.
fils n. m.
filtrable adj.
filtrage n. m.
filtrant, ante adj.
filtrat n. m.
filtration n. f.
filtre n. m.
filtre-presse n. m.
PL. *filtres-presses*
filtrer v. (conjug. 1)
¹fin, fine n.
²fin n. f.
finage n. m.
final, ale, als ou aux adj.
finale n. f. ; n. m.
finalement adv.
finalisation n. f.
finaliser v. tr. (conjug. 1)
finalisme n. m.
finaliste adj. et n.
finalitaire adj.
finalité n. f.
finance n. f.
financement n. m.
financer v. (conjug. 3)
financeur, euse n.
financiarisation n. f.
financiariser v. tr.
 (conjug. 1)
financier, ière n. et adj.
financièrement adv.
finasser v. intr. (conjug. 1)
finasserie n. f.
finasseur, euse n.
finassier, ière n.
finaud, aude adj.
finauderie n. f.
fine n. f.
finement adv.
fines n. f. pl.
finesse n. f.
finette n. f.

fini, ie adj.
finir v. (conjug. 2)
finish [finiʃ] n. m.
PL. finishs
finissage n. m.
finissant, ante adj.
finisseur, euse n.
finition n. f.
finitude n. f.
finn n. m.
finnois, oise adj. et n.
finno-ougrien, ienne adj. et n.
PL. finno-ougriens, iennes
fiole n. f.
fion n. m.
fiord n. m.
fioriture n. f.
fiotte ou fiote n. f.
fioul n. m. (rec. off. pour fuel)
firmament n. m.
firman n. m.
firme n. f.
fisc n. m.
fiscal, ale, aux adj.
fiscalement adv.
fiscalisation n. f.
fiscaliser v. tr. (conjug. 1)
fiscaliste n. et adj.
fiscalité n. f.
fish-eye [fiʃaj] n. m.
PL. fish-eyes
fisiste n. m.
fissa adv.
fissible adj.
fissile adj.
fission n. f.
fissionner v. tr. (conjug. 1)
fissuration n. f.
fissure n. f.
fissurer v. tr. (conjug. 1)
fiston n. m.
fistulaire adj.
fistule n. f.
fistuleux, euse adj.
fistuline n. f.
fitness n. m.
F. I. V. [fiv ; ɛfive] n. f. (fécondation in vitro)

fivète n. f. (fécondation in vitro et transfert d'embryon)
fiviste n.
fix n. m.
fixage n. m.
fixant, ante adj.
fixateur, trice adj. et n. m.
fixatif n. m.
fixation n. f.
fixe adj. et n. m.
fixe-chaussette n. m.
PL. fixe-chaussettes
fixement adv.
fixer v. tr. (conjug. 1)
fixette n. f.
fixeur n. m.
fixisme n. m.
fixiste adj.
fixité n. f.
fjeld ou field n. m.
fjord ou fiord n. m.
flac interj.
flaccidité n. f.
flache n. f.
flacherie n. f.
flacon n. m.
flaconnage n. m.
flaconnier n. m.
flafla ou fla-fla n. m.
PL. flaflas ou fla-fla
flag n. m.
flagada adj.
flagellaire adj.
flagellant n. m.
flagellateur, trice n. et adj.
flagellation n. f.
flagelle n. m.
flagellé, ée adj. et n. m.
flageller v. tr. (conjug. 1)
flageolant, ante adj.
flageolement n. m.
flageoler v. intr. (conjug. 1)
flageolet n. m.
flagorner v. tr. (conjug. 1)
flagornerie n. f.
flagorneur, euse n. et adj.
flagrance n. f.
flagrant, ante adj.
flair n. m.

flairer v. tr. (conjug. 1)
flaireur, euse n. et adj.
flamand, ande adj. et n.
flamant n. m.
flambage n. m.
flambant, ante adj.
flambard n. m.
flambe n. f.
flambé, ée adj.
flambeau n. m.
flambée n. f.
flambement n. m.
flamber v. (conjug. 1)
flamberge n. f.
flambeur, euse n.
flamboiement n. m.
flamboyant, ante adj. et n. m.
flamboyer v. intr. (conjug. 8)
flamenco [flamɛnko] n. m.
flamenque adj.
flamiche n. f.
flamine n. m.
flamingant, ante adj. et n.
flamingantisme n. m.
flamme n. f.
flammé, ée adj.
flammèche n. f.
flammekueche [flam(ə)kyʃ(ə)] n. f. ou m.
flammerole n. f.
flan n. m.
flânage n. m.
flanc n. m.
flanc-garde n. f.
PL. flancs-gardes
flancher v. intr. (conjug. 1)
flanchet n. m.
flandricisme n. m.
flandrin n. m.
flanelle n. f.
flâner v. intr. (conjug. 1)
flânerie n. f.
flâneur, euse n. et adj.
flanquement n. m.
flanquer v. tr. (conjug. 1)
flapi, ie adj.
flaque n. f.

flash n. m.
PL. *flashs* ou *flashes*
flashage n. m.
flashant, ante adj.
flash-back ou **flashback***
[flaʃbak] n. m.
PL. *flash(s)-back* ou
flashes-back ou *flashbacks**
(rec. off. : retour en arrière)
flash-ball® [flaʃbol] n. m.
PL. *flash-balls* (rec. off. : arme
de défense à balles souples)
flashcode n. m.
flasher v. (conjug. **1**)
flasheur, euse n.
flasheuse n. f.
flashy adj. inv.
flasque adj. ; n. m. ; n. f.
flatter v. tr. (conjug. **1**)
flatterie n. f.
flatteur, euse n. et adj.
flatulence n. f.
flatulent, ente adj.
flatuosité n. f.
flavescent, ente adj.
flaveur n. f.
flavine n. f.
flavonoïde n. m.
fléau n. m.
fléchage n. m.
flèche n. f.
fléché, ée adj.
flécher v. tr. (conjug. **6**)
fléchette n. f.
fléchi, ie adj.
fléchir v. (conjug. **2**)
fléchissement n. m.
fléchisseur n. m. et adj.
fléchiverbiste n.
flegmatique adj.
flegmatiquement adv.
flegme n. m.
flegmon n. m.
flein n. m.
flémingite n. f.
flemmard, arde adj. et n.
flemmarder v. intr.
(conjug. **1**)
flemmardise n. f.
flemme n. f.

fléole ou **phléole** n. f.
flessum n. m.
flet n. m.
fétan n. m.
flétri, ie adj.
flétrir v. tr. (conjug. **2**)
flétrissement n. m.
flétrissure n. f.
fleur n. f.
fleurage n. m.
fleuraison n. f.
fleurdelisé, ée adj.
fleurer v. tr. (conjug. **1**)
fleuret n. m.
fleurette n. f.
fleurettiste n.
fleuri, ie adj.
fleurine n. f.
fleurir v. (conjug. **2**)
fleurissement n. m.
fleuriste n.
fleuristerie n. f.
fleuron n. m.
fleuronné, ée adj.
fleuve n. m.
flexibilisation n. f.
flexibiliser v. tr. (conjug. **1**)
flexibilité n. f.
flexible adj.
flexion n. f.
flexionnel, elle adj.
flexographie n. f.
flexueux, euse adj.
flexum ou **flessum** n. m.
flexuosité n. f.
flexure n. f.
flibuste n. f.
flibustier n. m.
flic n. m.
flicage n. m.
flicaille n. f.
flicard, arde n. m. et adj.
flic flac ou **flicflac** interj.
et n. m.
PL. inv. ou *flicflacs**
flingue n. m.
flinguer v. (conjug. **1**)
flingueur, euse n. et adj.
flint(-glass) ou
flint(glass)* n. m. inv.

flip n. m.
flipot n. m.
flippant, ante adj.
flippé, ée adj.
¹**flipper** ou **flippeur*** n. m.
²**flipper** v. intr. (conjug. **1**)
fliquer v. tr. (conjug. **1**)
fliquesse n. f.
fliquette n. f.
flirt n. m.
flirter v. intr. (conjug. **1**)
flirteur, euse adj. et n.
floc interj.
flocage n. m.
floche adj. ; n. f.
flock-book ou
flockbook* n. m.
PL. *flock-books* ou
flockbooks*
flocon n. m.
floconner v. intr. (conjug. **1**)
floconneux, euse adj.
floculant n. m.
floculation n. f.
floculer v. intr. (conjug. **1**)
flonflon n. m.
flop interj. et n. m.
flopée n. f.
floqué, ée adj.
floraison n. f.
floral, ale, aux adj.
floralies n. f. pl.
flore n. f.
floréal n. m.
florès n. m.
floribondité n. f.
floricole adj.
floriculteur, trice n.
floriculture n. f.
florifère adj.
florilège n. m.
florin n. m.
florissant, ante adj.
floristique adj.
flosculeux, euse adj.
flot n. m.
flottabilité n. f.
flottable adj.
flottage n. m.
flottaison n. f.

fonctionnaliste

flottant, ante adj.
flottation n. f.
flotte n. f.
flottement n. m.
flotter v. (conjug. 1)
flotteur n. m.
flottille n. f.
flou, floue adj. et n. m.
flouer v. tr. (conjug. 1)
flouse n. f.
floutage n. m.
flouter v. tr. (conjug. 1)
flouve n. f.
flouze ou flouse n. m.
fluage n. m.
fluate n. m.
fluctuant, ante adj.
fluctuation n. f.
fluctuer v. intr. (conjug. 1)
fluer v. intr. (conjug. 1)
fluet, ette adj.
fluide adj. et n. m.
fluidifiant, iante adj.
fluidification n. f.
fluidifier v. tr. (conjug. 7)
fluidique adj. et n. f.
fluidisation n. f.
fluidité n. f.
fluo adj.
fluor adj. et n. m.
fluoration n. f.
fluoré, ée adj.
fluorescéine n. f.
fluorescence n. f.
fluorescent, ente adj.
fluorhydrique adj.
fluorine n. f.
fluorite n. f.
fluoroquinolone n. m.
fluoroscopie n. f.
fluorose n. f.
fluorure n. m.
fluotournage n. m.
flush [flœʃ ; flɔʃ] n. m.
 PL. flushs ou flushes
flûte ou flute* n. f.
flûté, ée ou fluté, ée* adj.
flûter ou fluter* v. (conjug. 1)
flûtiau ou flutiau* n. m.

flûtiste ou flutiste* n.
flutter n. m.
fluvial, iale, iaux adj.
fluviatile adj.
fluvioglaciaire adj.
fluviographe n. m.
fluviomètre n. m.
fluviométrique adj.
flux n. m.
fluxion n. f.
fluxmètre n. m.
flyer [flajœʁ] n. m.
flysch n. m.
F. M. n. f. inv. (modulation de fréquence)
FMI n. m. (Fonds monétaire international)
F. O. B. adj. inv. (free on board)
foc n. m.
focal, ale, aux adj. et n. f.
focalisation n. f.
focaliser v. tr. (conjug. 1)
focus n. m.
foehn n. m.
foène ou foëne [fwɛn] n. f.
fœtal, ale, aux adj.
fœticide n. m.
fœtoscopie n. f.
fœtoscopique adj.
fœtus n. m.
fofolle adj. f.
foi n. f.
foie n. m.
foie-de-bœuf n. m.
 PL. foies-de-bœuf
foil n. m.
foiler n. m.
foin n. m.
foirade n. f.
foirail n. m.
foire n. f.
foirer v. intr. (conjug. 1)
foireux, euse adj. et n.
fois n. f.
foison n. f.
foisonnant, ante adj.
foisonnement n. m.
foisonner v. intr. (conjug. 1)
fol n. m. et adj. m.

folâtre adj.
folâtrer v. intr. (conjug. 1)
folâtrerie n. f.
foldingue n. et adj.
foliacé, ée adj.
foliaire adj.
foliation n. f.
folichon, onne adj.
folie n. f.
folié, iée adj.
folingue adj.
folio n. m.
foliole n. f.
folioscope n. m.
foliotage n. m.
folioter v. tr. (conjug. 1)
folioteur n. m.
folioteuse n. f.
folique adj.
folk n. m. et adj.
folkeux, euse n. et adj.
folklo adj.
folklore n. m.
folklorique adj.
folklorisation n. f.
folkloriser v. tr. (conjug. 1)
folkloriste n.
folle n. f. et adj. f.
folledingue n. f. et adj. f.
follement adv.
follet, ette adj. et n. m.
folliculaire n. m. et adj.
follicule n. m.
folliculine n. f.
folliculite n. f.
fomentateur, trice n.
fomentation n. f.
fomenter v. tr. (conjug. 1)
fomenteur, euse n.
fonçage n. m.
foncé, ée adj.
foncement n. m.
foncer v. (conjug. 3)
fonceur, euse adj. et n.
foncier, ière adj.
foncièrement adv.
fonction n. f.
fonctionnaire n.
fonctionnalisme n. m.
fonctionnaliste n. et adj.

fonctionnalité

fonctionnalité n. f.
fonctionnariat n. m.
fonctionnarisation n. f.
fonctionnariser v. tr. (conjug. 1)
fonctionnarisme n. m.
fonctionnel, elle adj.
fonctionnellement adv.
fonctionnement n. m.
fonctionner v. intr. (conjug. 1)
fond n. m.
fondamental, ale, aux adj.
fondamentalement adv.
fondamentalisme n. m.
fondamentaliste adj. et n.
fondant, ante adj. et n. m.
fondateur, trice n. et adj.
fondation n. f.
fondé, ée adj.
fondé, ée de pouvoir(s) n.
fondement n. m.
fonder v. tr. (conjug. 1)
fonderie n. f.
fondeur, euse n.
fondeuse n. f.
fondoir n. m.
fondouk n. m.
fondre v. (conjug. 41)
fondrière n. f.
fonds n. m.
fondu, ue adj. et n. m.
fondue n. f.
fongibilité n. f.
fongible adj.
fongicide adj.
fongiforme adj.
fongique adj.
fongistatique adj.
fongosité n. f.
fongueux, euse adj.
fongus n. m.
fontaine n. f.
fontainebleau n. m.
fontainier n. m.
fontanelle n. f.
fontange n. f.
fontanili(s) n. m. pl.

fonte n. f.
fontine n. f.
fontis n. m.
fonts n. m. pl.
foot n. m.
football n. m.
footballeur, euse n.
footballistique adj.
footeux, euse n. et adj.
footing n. m.
for n. m.
forage n. m.
forain, aine adj. et n.
foraminé, ée adj.
foraminifère n. m.
forban n. m.
forçage n. m.
forçat n. m.
force n. f.
forcé, ée adj.
forcement n. m.
forcément adv.
forcené, ée adj. et n.
forceps n. m.
forcer v. (conjug. 3)
forcerie n. f.
forces n. f. pl.
forcing n. m.
forcipressure n. f.
forcir v. intr. (conjug. 2)
forclore v. tr. (conjug. 45 ; surtout inf. et p. p.)
forclusion n. f.
fordisme n. m.
forer v. tr. (conjug. 1)
forestage n. m.
foresterie n. f.
forestier, ière n. et adj.
foret n. m.
forêt n. f.
forêt-noire n. f.
PL. *forêts-noires*
foreur n. m.
foreuse n. f.
forfaire v. (conjug. 60 ; seult inf., indic. prés. (au sing.) et temps comp.)
forfait n. m.
forfaitaire adj.
forfaitairement adv.

forfaitisation n. f.
forfaitisé, ée adj.
forfaitiser v. tr. (conjug. 1)
forfaitiste n.
forfaiture n. f.
forfanterie n. f.
forficule n. m.
forge n. f.
forgeable adj.
forgeage n. m.
forger v. tr. (conjug. 3)
forgeron n. m.
forgeur, euse n.
forint n. m.
forjeter v. (conjug. 4)
forlancer v. tr. (conjug. 3)
forlane n. f.
forligner v. intr. (conjug. 1)
forlonger v. tr. (conjug. 3)
formage n. m.
formaldéhyde n. m.
formalisable adj.
formalisation n. f.
formaliser v. tr. (conjug. 1)
formaliser (se) v. pron. (conjug. 1)
formalisme n. m.
formaliste adj.
formalité n. f.
formant n. m.
format n. m.
formatage n. m.
formater v. tr. (conjug. 1)
formateur, trice n. et adj.
formatif, ive adj.
formation n. f.
forme n. f.
formé, ée adj.
formel, elle adj.
formellement adv.
former v. tr. (conjug. 1)
formeret n. m.
formiate n. m.
formica® n. m.
formicant, ante adj.
formication n. f.
formidable adj.
formidablement adv.
formide adj.
formier n. m.

fournissement

formique adj.
formol n. m.
formoler v. tr. (conjug. 1)
formulable adj.
formulaire n. m.
formulation n. f.
formule n. f.
formuler v. tr. (conjug. 1)
formyle n. m.
fornicateur, trice n.
fornication n. f.
forniquer v. intr. (conjug. 1)
fors prép.
forsythia n. m.
¹fort, forte adj.
²fort adv. et n. m.
forte ou forté* adv.
fortement adv.
forté-piano ou fortépiano* n. m. et adv.
PL. forté-pianos ou fortépianos*
forteresse n. f.
fortiche adj.
fortifiant, iante adj. et n. m.
fortification n. f.
fortifier v. tr. (conjug. 7)
fortin n. m.
¹fortissimo n. m.
PL. fortissimos
²fortissimo adv.
fortrait, aite adj.
fortraiture n. f.
fortran n. m. (formula translation)
fortuit, ite adj.
fortuitement adv.
fortune n. f.
fortuné, ée adj.
forum n. m.
forumeur, euse n.
forure n. f.
fosse n. f.
fossé n. m.
fossette n. f.
fossile adj. et n. m.
fossilifère adj.
fossilisation n. f.
fossiliser v. tr. (conjug. 1)

fossoir n. m.
fossoyeur n. m.
fou ou fol, folle n. et adj.
fouace n. f.
fouage n. m.
fouaille n. f.
fouailler v. tr. (conjug. 1)
foucade n. f.
fouchtra interj.
foudre n. f. ; n. m.
foudroiement n. m.
foudroyage n. m.
foudroyant, ante adj.
foudroyer v. tr. (conjug. 8)
fouet n. m.
fouettard, arde adj.
fouetté, ée adj. et n. m.
fouettement n. m.
fouetter v. (conjug. 1)
foufou, fofolle adj.
foufoune n. f.
foufounette n. f.
fougasse n. f.
fouger v. intr. (conjug. 3)
fougeraie n. f.
fougère n. f.
fougue n. f.
fougueusement adv.
fougueux, euse adj.
fouille n. f.
fouillé, ée adj.
fouille-merde n.
PL. fouille-merdes
fouiller v. (conjug. 1)
fouilleur, euse n.
fouillis n. m.
fouine n. f.
fouiner v. intr. (conjug. 1)
fouineur, euse adj. et n.
fouir v. tr. (conjug. 2)
fouisseur, euse n. m. et adj.
foulage n. m.
foulant, ante adj.
foulard n. m.
foule n. f.
foulée n. f.
fouler v. tr. (conjug. 1)
foulerie n. f.
fouleur, euse n.

fouloir n. m.
foulon n. m.
foulque n. f.
foultitude n. f.
foulure n. f.
four n. m.
fourbe adj. et n.
fourberie n. f.
fourbi n. m.
fourbir v. tr. (conjug. 2)
fourbissage n. m.
fourbisseur n. m.
fourbu, ue adj.
fourbure n. f.
fourche n. f.
fourchée n. f.
fourcher v. (conjug. 1)
fourchet n. m.
fourchette n. f.
fourchon n. m.
fourchu, ue adj.
fourgon n. m.
fourgonner v. intr. (conjug. 1)
fourgonnette n. f.
fourgue n. m. et f.
fourguer v. tr. (conjug. 1)
fouriérisme n. m.
fouriériste adj. et n.
fourme n. f.
fourmi n. f.
fourmilier n. m.
fourmilière n. f.
fourmilion ou fourmi-lion n. m.
PL. fourmilions ou fourmis-lions
fourmillant, ante adj.
fourmillement n. m.
fourmiller v. intr. (conjug. 1)
fournaise n. f.
fourneau n. m.
fournée n. f.
fourni, ie adj.
fournier, ière n.
fournil n. m.
fourniment n. m.
fournir v. tr. (conjug. 2)
fournissement n. m.

fournisseur

fournisseur, euse n. (rec. off. pour provider)
fourniture n. f.
fournituriste adj. et n. m.
fourrage n. m.
¹fourrager, ère adj.
²fourrager v. (conjug. 3)
fourragère n. f.
fourre n. f.
¹fourré, ée adj.
²fourré n. m.
fourreau n. m.
fourrer v. tr. (conjug. 1)
fourre-tout ou fourretout* n. m.
  PL. inv. ou fourretouts*
fourreur n. m.
fourrier n. m.
fourrière n. f.
fourrure n. f.
fourvoiement n. m.
fourvoyer v. tr. (conjug. 8)
foutage n. m.
foutaise n. f.
fouteur, euse n.
foutoir n. m.
foutraque adj.
¹foutre v. tr. (conjug. je fous, nous foutons ; je foutais ; je foutrai ; que je foute, que nous foutions ; foutant ; foutu ; inusité aux p. simple et antérieur de l'indic.)
²foutre interj. ; n. m.
foutrement adv.
foutriquet n. m.
foutu, ue adj.
fovéa n. f.
fovéal, ale, aux adj.
fox n. m.
foxé, ée adj.
fox-hound n. m.
  PL. fox-hounds
fox-terrier n. m.
  PL. fox-terriers
fox-trot ou foxtrot* n. m.
  PL. inv. ou foxtrots*
foyard n. m.
foyer n. m.
frac n. m.
fracas n. m.

fracassant, ante adj.
fracasser v. tr. (conjug. 1)
fractal, ale adj. et n. f.
fraction n. f.
fractionnaire adj.
fractionnel, elle adj.
fractionnement n. m.
fractionner v. tr. (conjug. 1)
fractionnisme n. m.
fractionniste n. et adj.
fracture n. f.
fracturer v. tr. (conjug. 1)
fragile adj.
fragilement adv.
fragilisation n. f.
fragiliser v. tr. (conjug. 1)
fragilité n. f.
fragment n. m.
fragmentaire adj.
fragmentairement adv.
fragmentation n. f.
fragmenter v. tr. (conjug. 1)
fragon n. m.
fragrance n. f.
fragrant, ante adj.
frai n. m.
fraîche (à la) ou fraiche (à la)* loc. adv.
fraîchement ou fraichement* adv.
fraîcheur ou fraicheur* n. f.
fraîchin ou fraichin* n. m.
fraîchir ou fraichir* v. intr. (conjug. 2)
frairie n. f.
¹frais, fraîche ou frais, fraiche* adj.
²frais n. m. pl.
fraisage n. m.
fraise n. f.
fraiser v. tr. (conjug. 1)
fraiseraie n. f.
fraiseur, euse n.
fraiseuse n. f.
fraisiculteur, trice n.
fraisier n. m.
fraisière n. f.

fraisiériste n.
fraisil n. m.
fraisure n. f.
framboise n. f.
framboiser v. tr. (conjug. 1)
framboisier n. m.
framée n. f.
¹franc, franche adj.
²franc n. m.
³franc, franque n. et adj.
français, aise adj. et n.
franc-alleu n. m.
  PL. francs-alleux
franc-bord n. m.
  PL. francs-bords
franc-bourgeois n. m.
  PL. francs-bourgeois
franc-fief n. m.
  PL. francs-fiefs
francfort n. f.
franchement adv.
franchir v. tr. (conjug. 2)
franchisage n. m.
franchise n. f.
franchisé, ée adj. et n.
franchiser v. tr. (conjug. 1)
franchiseur n. m.
franchissable adj.
franchissement n. m.
franchouillard, arde adj. et n.
franchouillardise n. f.
francien n. m.
francine n. f.
francique n. m.
francisable adj.
francisant, ante adj.
francisation n. f.
franciscain, aine n.
franciser v. tr. (conjug. 1)
francisme n. m.
francisque n. f.
francité n. f.
francitude n. f.
francium n. m.
franc-jeu n. m.
  PL. francs-jeux (rec. off. pour fair-play)

fricatif

franc-maçon, onne n. et adj.
  PL. francs-maçons, onnes
franc-maçonnerie n. f.
  PL. franc-maçonneries
franc-maçonnique adj.
  PL. franc-maçonniques
franco adv.
franco-canadien, ienne n. et adj.
  PL. franco-canadiens, iennes
francocentrisme n. m.
franco-français, aise adj.
  PL. franco-français, aises
francolin n. m.
francophile adj.
francophilie n. f.
francophobe adj.
francophobie n. f.
francophone adj. et n.
francophonie n. f.
franco-provençal, ale, aux n. m. et adj.
franc-parler n. m.
  PL. francs-parlers
franc-quartier n. m.
  PL. francs-quartiers
franc-tireur, euse n.
  PL. francs-tireurs, francs-tireuses
frange n. f.
frangeant adj. m.
franger v. tr. (conjug. 3)
frangin, ine n.
frangipane n. f.
frangipanier n. m.
franglais, aise adj. et n.
franquette (à la bonne) loc. adv.
franquisme n. m.
franquiste n. et adj.
fransquillon, onne n.
fransquillonner v. intr. (conjug. 1)
frape n. f.
frappadingue adj. et n.
frappant, ante adj.
frappe n. f.
frappé, ée adj.
frappement n. m.
frapper v. tr. (conjug. 1)

frappeur, euse n. et adj.
frasil n. m.
frasque n. f.
fraternel, elle adj.
fraternellement adv.
fraternisation n. f.
fraterniser v. intr. (conjug. 1)
fraternité n. f.
fratricide adj. et n. ; n. m.
fratrie n. f.
fraude n. f.
frauder v. (conjug. 1)
fraudeur, euse n.
frauduleusement adv.
frauduleux, euse adj.
fraxinelle n. f.
frayage n. m.
frayement n. m.
frayer v. (conjug. 8)
frayère n. f.
frayeur n. f.
freak n.
fredaine n. f.
fredonnement n. m.
fredonner v. tr. (conjug. 1)
free-jazz ou freejazz* [fridʒaz] n. m. inv.
freelance [frilɑ̃s] adj. et n.
free-martin ou freemartin* [frimartɛ̃] n. m.
  PL. free-martins ou freemartins*
freesia ou frésia [frezja] n. m.
freestyle n. m.
freezer ou freezeur [frizœr] n. m.
frégate n. f.
frégater v. tr. (conjug. 1)
frein n. m.
freinage n. m.
freiner v. (conjug. 1)
freinte n. f.
frelater v. tr. (conjug. 1)
frêle adj.
frelon n. m.
freluquet n. m.
frémir v. intr. (conjug. 2)

frémissant, ante adj.
frémissement n. m.
frênaie n. f.
french cancan [frɛnʃkɑ̃kɑ̃] n. m.
frêne n. m.
frénésie n. f.
frénétique adj.
frénétiquement adv.
fréon® n. m.
fréquemment adv.
fréquence n. f.
fréquencemètre n. m.
fréquent, ente adj.
fréquentable adj.
fréquentatif, ive adj.
fréquentation n. f.
fréquenté, ée adj.
fréquenter v. tr. (conjug. 1)
fréquentiel, ielle adj.
frère n. m.
frérot n. m.
frésia n. m.
fresque n. f.
fresquiste n.
fressure n. f.
fret n. m.
fréter v. tr. (conjug. 6)
fréteur n. m.
frétillant, ante adj.
frétillement n. m.
frétiller v. intr. (conjug. 1)
fretin n. m.
frettage n. m.
frette n. f.
fretter v. tr. (conjug. 1)
freudien, ienne adj.
freudisme n. m.
freux n. m.
friabilité n. f.
friable adj.
¹friand, friande adj.
²friand n. m.
friandise n. f.
fric n. m.
fricadelle n. f.
fricandeau n. m.
fricassée n. f.
fricasser v. tr. (conjug. 1)
fricatif, ive adj.

fric-frac ou **fricfrac** n. m.
PL. inv. ou *fricfracs**
friche n. f.
frichti n. m.
fricot n. m.
fricotage n. m.
fricoter v. (conjug. 1)
fricoteur, euse n.
friction n. f.
frictionnel, elle adj.
frictionner v. tr. (conjug. 1)
fridolin n. m.
frigidaire® n. m.
frigidarium n. m.
frigide adj.
frigidité n. f.
frigo n. m.
frigolite n. f.
frigorie n. f.
frigorifère adj. et n. m.
frigorifier v. tr. (conjug. 7)
frigorifique adj.
frigorigène adj.
frigoriste n.
frileusement adv.
frileux, euse adj.
frilosité n. f.
frimaire n. m.
frimas n. m.
frime n. f.
frimer v. intr. (conjug. 1)
frimeur, euse n.
frimousse n. f.
fringale n. f.
fringant, ante adj.
fringillidés n. m. pl.
fringuer v. (conjug. 1)
fringues n. f. pl.
fripe n. f.
friper v. tr. (conjug. 1)
friperie n. f.
fripier, ière n.
fripon, onne n.
friponnerie n. f.
fripouille n. f.
fripouillerie n. f.
friqué, ée adj.
friquet n. m.

frire v. (conjug. seult *je fris, tu fris, il frit ; je frirai, tu friras, ils friront ; je frirais, tu frirais, ils friraient ; fris ; frit, frite*)
frisage n. m.
frisant, ante adj.
frisbee® n. m.
frise n. f.
frise (cheval de) n. m.
frisé, ée adj.
frisée n. f.
friselis n. m.
friser v. (conjug. 1)
frisette n. f.
frisko n. m.
frisolée n. f.
¹**frison, onne** adj. et n.
²**frison** n. m.
frisottant, ante adj.
frisotter ou **frisoter** v. (conjug. 1)
frisottis ou **frisotis** n. m.
frisquet, ette n. m. et adj.
frisson n. m.
frissonnant, ante adj.
frissonnement n. m.
frissonner v. intr. (conjug. 1)
frisure n. f.
frit, frite adj.
frite n. f.
friter (se) ou **fritter (se)** v. pron. (conjug. 1)
friterie n. f.
friteuse n. f.
fritillaire n. f.
fritons n. m. pl.
frittage n. m.
fritte n. f.
fritter v. tr. (conjug. 1)
fritter (se) v. pron. (conjug. 1)
friture n. f.
fritz n. m.
frivole adj.
frivolement adv.
frivolité n. f.
froc n. m.
¹**froid, froide** adj.

²**froid** n. m.
froidement adv.
froideur n. f.
froidure n. f.
froissable adj.
froissage n. m.
froissant, ante adj.
froissement n. m.
froisser v. tr. (conjug. 1)
froissure n. f.
frôlement n. m.
frôler v. tr. (conjug. 1)
frôleur, euse n.
fromage n. m.
fromager, ère n. et adj.
fromagerie n. f.
fromegi n. m.
froment n. m.
fromental, aux n. m.
frometon n. m.
fronce n. f.
froncement n. m.
froncer v. tr. (conjug. 3)
fronceur, euse adj.
froncis n. m.
frondaison n. f.
fronde n. f.
fronder v. (conjug. 1)
frondeur, euse n.
front n. m.
frontail n. m.
frontal, ale, aux n. m. et adj.
frontalement adv.
frontalier, ière n. et adj.
frontalité n. f.
fronteau n. m.
frontière n. f.
frontignan n. m.
frontisme n. m.
frontispice n. m.
frontiste adj. et n.
fronton n. m.
frottage n. m.
frottée n. f.
frotte-manche n. m.
PL. *frotte-manches*
frottement n. m.
frotter v. (conjug. 1)
frotteur, euse n.

frotti-frotta n. m. inv.
frottis n. m.
frottoir n. m.
frouer v. intr. (conjug. 1)
froufrou n. m.
froufroutant, ante adj.
froufroutement n. m.
froufrouter v. intr. (conjug. 1)
froussard, arde adj. et n.
frousse n. f.
fructiculteur, trice n.
fructiculture n. f.
fructidor n. m.
fructifère adj.
fructification n. f.
fructifier v. intr. (conjug. 7)
fructose n. m.
fructueusement adv.
fructueux, euse adj.
frugal, ale, aux adj.
frugalement adv.
frugalité n. f.
frugivore adj.
fruit n. m.
fruité, ée adj.
fruiterie n. f.
fruiticulteur, trice n.
fruiticulture n. f.
fruitier, ière adj. et n.
frumentaire adj.
frusques n. f. pl.
fruste adj.
frustrant, ante adj.
frustration n. f.
frustratoire adj.
frustrer v. tr. (conjug. 1)
frutescent, ente adj.
FS symb.
fucacées n. f. pl.
fuchsia [fyʃja ; fyksja] n. m.
fuchsine [fyk-] n. f.
fucoxanthine n. f.
fucus n. m.
fudge [fɔdʒ] n. m.
fuel [fjul] n. m. (rec. off. : fioul)
fugace adj.
fugacement adv.
fugacité n. f.

fugitif, ive adj. et n.
fugitivement adv.
fugu [fugu] n. m.
fugue n. f.
fugué, ée adj.
fuguer v. intr. (conjug. 1)
fugueur, euse adj. et n.
führer [fyʁœʁ] n. m.
fuie n. f.
fuir v. (conjug. 17)
fuite n. f.
fuiter v. intr. (conjug. 1)
fuji n. m.
fulgurance n. f.
fulgurant, ante adj.
fulguration n. f.
fulgurer v. intr. (conjug. 1)
fuligineux, euse adj.
fuligule n. m.
full [ful] n. m.
full-contact [fulkɔ̃takt] n. m.
   PL. *full-contacts*
fullerène n. m. ou f.
fulmicoton n. m.
fulminant, ante adj.
fulminate n. m.
fulmination n. f.
fulminatoire adj.
fulminer v. (conjug. 1)
fulminique adj.
fumable adj.
fumage n. m.
fumagine n. f.
fumaison n. f.
fumant, ante adj.
fumasse adj.
fumé, ée adj. ; n. m.
fume-cigare n. m.
   PL. *fume-cigares*
fume-cigarette n. m.
   PL. *fume-cigarettes*
fumée n. f.
fumer v. (conjug. 1)
fumerie n. f.
fumerolle ou **fumerole*** n. f.
fumeron n. m.
fumet n. m.
fumeterre n. f.

fumette n. f.
fumeur, euse n.
fumeux, euse adj.
fumier n. m.
fumigateur n. m.
fumigation n. f.
fumigatoire adj.
fumigène adj.
fumiger v. tr. (conjug. 3)
fumiste n.
fumisterie n. f.
fumivore adj.
fumoir n. m.
fumure n. f.
fun [fœn] n. m.
funambule n.
funambulesque adj.
funboard n. m.
fundus n. m.
funèbre adj.
funérailles n. f. pl.
funéraire adj.
funérarium n. m.
funeste adj.
funestement adv.
funiculaire adj.
funicule n. m.
funin n. m.
funk n. m. et adj.
funky adj. inv., n. m.
   PL. *funkys*
fur n. m.
furane ou **furanne** n. m.
furax adj.
furet n. m.
furetage n. m.
fureter v. intr. (conjug. 5)
fureteur, euse n. et adj.
fureur n. f.
furfuracé, ée adj.
furfural n. m.
furfurol n. m.
furia n. f.
furibard, arde adj.
furibond, onde adj.
furie n. f.
furieusement adv.
furieux, ieuse adj.
furioso adj.
furole n. f.

furoncle

furoncle n. m.
furonculeux, euse adj.
furonculose n. f.
furtif, ive adj.
furtivement adv.
furtivité n. f.
fusain n. m.
fusainiste n.
fusant, ante adj.
fuscine n. f.
fuseau n. m.
fusée n. f.
fusel n. m.
fuselage n. m.
fuselé, ée adj.
fuseler v. tr. (conjug. 4)
fuséologie n. f.
fuser v. intr. (conjug. 1)
fusette n. f.
fusibilité n. f.
fusible adj. et n. m.
fusiforme adj.
fusil n. m.
fusilier n. m.
fusillade n. f.
fusiller v. tr. (conjug. 1)
fusilleur n. m.
fusilli n. m.
fusil-mitrailleur n. m.
  PL. fusils-mitrailleurs
fusiniste n.
fusion n. f.
fusionnel, elle adj.
fusionnement n. m.
fusionner v. (conjug. 1)
fustanelle n. f.
fustet n. m.
fustigation n. f.
fustiger v. tr. (conjug. 3)
fustine n. f.
fût ou fut* n. m.
futaie n. f.
futaille n. f.
futaine n. f.
futal n. m.
fute n. f.
futé, ée adj.
futée n. f.
fute-fute adj.
  PL. futes-futes

futile adj.
futilement adv.
futilité n. f.
futon n. m.
futsal n. m.
futur, ure adj. et n. m.
futurible adj. et n.
futurisme n. m.
futuriste adj.
futurologie n. f.
futurologue n.
fuyant, ante adj. et n. m.
fuyard, arde adj. et n.

g

g n. m. inv. ; abrév. et symb.
G n. m. inv. ; abrév. et symb.
GABA n. m. inv.
  (gamma-aminobutyric acid)
gabardine n. f.
gabare ou gabarre n. f.
gabariage n. m.
¹gabarier ou gabarrier n. m.
²gabarier v. tr. (conjug. 7)
gabarit n. m.
gabarre n. f.
gabarrier n. m.
gabbro n. m.
gabegie n. f.
gabelle n. f.
gabelou n. m.
gabier n. m.
gabion n. m.
gable ou gâble n. m.
gâchage n. m.
gâche n. f.
gâcher v. tr. (conjug. 1)
gâchette n. f.
gâcheur, euse n.
gâchis n. m.
gadelier ou gadellier n. m.

gadelle n. f.
gadellier n. m.
gades n. m. pl.
gadgé n. m.
gadget n. m.
gadgeterie n. f.
gadgétisation n. f.
gadgétiser v. tr. (conjug. 1)
gadgi(e) n. f.
gadidés n. m. pl.
gadin n. m.
gadjo n. m.
  PL. gadjos ou gadgé
gadolinium n. m.
gadoue n. f.
gadouille n. f.
gaélique adj. et n.
gaffe n. f.
gaffer v. (conjug. 1)
gaffeur, euse n.
gag n. m.
gaga n. et adj.
gage n. m.
gager v. tr. (conjug. 3)
gageure ou gageüre* n. f.
gagiste n. m.
gagman n. m.
  PL. gagmen ou gagmans
gagnable adj.
gagnage n. m.
gagnant, ante adj. et n.
gagne n. f.
gagne-pain n. m.
  PL. inv. ou gagne-pains*
gagne-petit ou gagnepetit* n. m.
  PL. inv. ou gagnepetits*
gagner v. tr. (conjug. 1)
gagneur, euse n. et adj.
gaguesque adj.
gai, gaie adj.
gaïac n. m.
gaïacol n. m.
gaiement ou gaîment ou gaiment* adv.
gaieté ou gaîté ou gaité* n. f.
¹gaillard, arde adj. et n.
²gaillard n. m.

ganaderia

gaillarde n. f.
gaillardement adv.
gaillardie n. f.
gaillardise n. f.
gaillet n. m.
gaîment ou gaiment* adv.
gain n. m.
gainage n. m.
gainant, ante adj.
gaine n. f.
gainer v. tr. (conjug. 1)
gainerie n. f.
gainette n. f.
gainier, ière n.
gaîté ou gaité* n. f.
gal n. m.
gala n. m. ; n. f.
galactique adj.
galactogène adj. et n. m.
galactomètre n. m.
galactophore adj.
galactose n. m.
galactosidase n. f.
galalithe® n. f.
galamment adv.
galandage n. m.
galant, ante adj.
galanterie n. f.
galantine n. f.
galapiat n. m.
galaxie n. f.
galbe n. m.
galbé, ée adj.
galber v. tr. (conjug. 1)
gale n. f.
galéasse ou galéace n. f.
galéjade n. f.
galéjer v. intr. (conjug. 6)
galène n. f.
galénique adj.
galénisme n. m.
galéniste n.
galéopithèque n. m.
galère n. f.
galérer v. intr. (conjug. 6)
galerie n. f.
galérien n. m.
galeriste n.
galerne n. f.

galet n. m.
galetas n. m.
galette n. f.
galetteux, euse adj.
galeux, euse adj.
galgal n. m.
galhauban n. m.
galibot n. m.
galicien, ienne adj. et n.
galiléen, enne adj. et n.
galimafrée n. f.
galimatias [galimatja] n. m.
galion n. m.
galiote n. f.
galipette n. f.
galipot n. m.
galipoter v. tr. (conjug. 1)
galle n. f.
gallec n. et adj.
gallérie n. f.
gallican, ane adj.
gallicanisme n. m.
gallicisme n. m.
gallicole adj.
gallinacé, ée adj. et n. m.
gallinule n. f.
gallique adj.
gallium n. m.
gallo ou gallot n. et adj.
gallois, oise adj. et n.
gallon n. m.
gallo-romain, aine adj. et n.
  PL. gallo-romains, aines
gallo-roman, ane n. m. et adj.
  PL. gallo-romans, anes
gallot n. et adj.
galoche n. f.
galon n. m.
galonner v. tr. (conjug. 1)
galop n. m.
galopade n. f.
galopant, ante adj.
galope n. f.
galoper v. (conjug. 1)
galopeur, euse n.
galopin n. m.
galopine n. f.
galoubet n. m.

galuchat n. m.
galure n. m.
galurin n. m.
galvanique adj.
galvanisation n. f.
galvaniser v. tr. (conjug. 1)
galvanisme n. m.
galvanomètre n. m.
galvanoplastie n. f.
galvanoplastique adj.
galvanotype n. m.
galvanotypie n. f.
galvaudage n. m.
galvauder v. (conjug. 1)
galvaudeux, euse n.
gamay n. m. inv.
gambade n. f.
gambader v. intr. (conjug. 1)
gambas n. f. pl.
gambe n. f.
gamberge n. f.
gamberger v. (conjug. 3)
gambette n. f. et m.
gambiller v. intr. (conjug. 1)
gambiste n.
gambit n. m.
gambusie n. f.
gamelan n. m.
gamelle n. f.
gameller (se) v. tr. (conjug. 1)
gamète n. m.
gamétogenèse n. f.
gamin, ine n.
gaminerie n. f.
gamma n. m.
  PL. INV. ou gammas*
gammaglobulines n. f. pl.
gammagraphie n. f.
gammare n. m.
gammathérapie n. f.
gamme n. f.
gammée adj. f.
gamopétale adj.
gamosépale adj.
ganache n. f.
ganacherie n. f.
ganaderia ou ganadería n. f.

gandin

gandin n. m.
gandoura n. f.
gang n. m.
ganga n. m.
gangétique adj.
ganglion n. m.
ganglionnaire adj.
gangrène n. f.
gangrener ou **gangréner** [gɑ̃gʀəne ; gɑ̃gʀene] v. tr. (conjug. **5**)
gangreneux, euse ou **gangréneux, euse** [gɑ̃gʀənø ; gɑ̃gʀenø] adj.
gangster n. m.
gangstérisme n. m.
gangue n. f.
gangué, ée adj.
ganja n. f.
ganoïde adj. et n. m.
ganse n. f.
ganser v. tr. (conjug. 1)
gant n. m.
gantelet n. m.
ganter v. tr. (conjug. 1)
ganterie n. f.
gantier, ière n.
gap n. m. (rec. off. : écart)
garage n. m.
garagiste n.
garance n. f.
garancer v. tr. (conjug. 3)
garancière n. f.
garant, ante n.
garantie n. f.
garantir v. tr. (conjug. 2)
garbure n. f.
garce n. f.
garcette n. f.
garçon n. m.
garçonne n. f.
garçonnet n. m.
garçonnier, ière adj.
garçonnière n. f.
garde n. f. ; n.
gardé, ée adj.
garde-à-vous loc. et n. m. inv.
garde-barrière n.
PL. *gardes-barrières* ou *garde-barrières**
garde-bœuf n. m.
PL. *garde-bœufs*
garde-boue n. m.
PL. inv. ou *garde-boues*
garde-chasse n. m.
PL. *gardes-chasses* ou *garde-chasses**
garde-chiourme n. m.
PL. *gardes-chiourmes* ou *garde-chiourmes**
garde-corps n. m. inv.
garde-côte n. m.
PL. *garde-côtes*
garde-feu n. m.
PL. *garde-feux*
garde-fou n. m.
PL. *garde-fous*
garde-frontière n. m.
PL. *gardes-frontières*
garde-magasin n. m.
PL. *gardes-magasins* ou *garde-magasins**
garde-malade n.
PL. *gardes-malades* ou *garde-malades**
garde-manger n. m.
PL. inv. ou *garde-mangers**
garde-meuble n. m.
PL. *garde-meubles*
garde-mite(s) n. m.
PL. *gardes-mites* ou *garde-mites**
gardénal® n. m.
garden-center n. m.
PL. *garden-centers* (rec. off. : jardinerie)
gardénia n. m.
garden-party ou **garden-partie*** n. f.
PL. *garden-partys* ou *garden-parties**
garde-pêche n. m.
PL. *gardes-pêches* ou *garde-pêches**
garde-port n. m.
PL. *gardes-ports* ou *garde-ports**
garder v. tr. (conjug. 1)

garderie n. f.
garde-robe n. f.
PL. *garde-robes*
gardeur, euse n.
garde-vin n. m.
PL. *garde-vins*
garde-voie n. m.
PL. *gardes-voies* ou *garde-voies**
garde-vue n. m.
PL. inv. ou *garde-vues**
gardian n. m.
gardien, ienne n.
gardiennage n. m.
gardienné, ée adj.
gardon n. m.
gare n. f. ; interj.
garenne n. f.
garer v. tr. (conjug. 1)
gargamelle n. f.
gargantua n. m.
gargantuesque adj.
gargariser (se) v. pron. (conjug. 1)
gargarisme n. m.
gargote n. f.
gargotier, ière n.
gargouille n. f.
gargouillement n. m.
gargouiller v. intr. (conjug. 1)
gargouillis n. m.
gargoulette n. f.
gargousse n. f.
garibaldien, ienne adj. et n.
gariguette ou **garriguette** n. f.
garnement n. m.
garni n. m.
garniérite n. f.
garnir v. tr. (conjug. **2**)
garnison n. f.
garnissage n. m.
garnisseur, euse n.
garniture n. f.
garnotte n. f.
garou n. m.
garrigue n. f.
garriguette n. f.

192

geek

garrocher v. tr. (conjug. 1)
garrot n. m.
garrottage ou garrotage n. m.
garrotter ou garroter v. tr. (conjug. 1)
gars n. m.
garum n. m.
gascon, onne adj. et n.
gasconnade n. f.
gasconnisme n. m.
gasoil ou gas-oil ou gazole [gazjl ; gazwal] n. m.
gaspacho n. m.
gaspi n. m.
gaspillage n. m.
gaspiller v. tr. (conjug. 1)
gaspilleur, euse n. m. pl.
gastéropodes n. m. pl.
gastralgie n. f.
gastralgique adj.
gastrectomie n. f.
gastrine n. f.
gastrique adj.
gastrite n. f.
gastro n.
gastroduodénal, ale, aux adj.
gastroentérite n. f.
gastroentérologie n. f.
gastroentérologue n.
gastro-intestinal, ale, aux adj.
gastrologie n. f.
gastrologue n.
gastronome n.
gastronomie n. f.
gastronomique adj.
gastroplastie n. f.
gastropode n. m.
gastroscope n.
gastroscopie n. f.
gastrotomie n. f.
gastrula n. f.
gastrulation n. f.
gâté, ée adj.
gâteau n. m.
gâte-bois n. m. inv.

gâte-papier n. m.
  PL. inv. ou gâte-papiers
gâter v. tr. (conjug. 1)
gâterie n. f.
gâte-sauce n. m.
  PL. gâte-sauces
gâteux, euse adj. et n.
gâtifier v. intr. (conjug. 7)
gâtine n. f.
gâtisme n. m.
gatte n. f.
gattilier n. m.
gauche adj. et n.
gauchement adv.
gaucher, ère adj. et n.
gaucherie n. f.
gauchir v. (conjug. 2)
gauchisant, ante adj. et n.
gauchiser v. tr. (conjug. 1)
gauchisme n. m.
gauchissement n. m.
gauchiste n. et adj.
¹gaucho n. et adj.
²gaucho [go(t)ʃo] n. m.
gaude n. f.
gaudriole n. f.
gaufrage n. m.
gaufre n. f.
gaufrer v. tr. (conjug. 1)
gaufrette n. f.
gaufreur, euse n.
gaufrier n. m.
gaufroir n. m.
gaufrure n. f.
gaulage n. m.
gaule n. f.
gaulé, ée adj.
gauleiter n. m.
gauler v. tr. (conjug. 1)
gaulis n. m.
gaullien, ienne adj.
gaullisme n. m.
gaulliste adj. et n.
gaulois, oise adj. et n.
gauloisement adv.
gauloiserie n. f.
gaulthérie n. f.
gaupe n. f.
gaur n. m.
gauss n. m.

gausser (se) v. pron. (conjug. 1)
gavage n. m.
gave n. m.
gaver v. tr. (conjug. 1)
gaveur, euse n.
gavial n. m.
gavot, ote n. et adj.
gavotte n. f.
gavroche n. m. et adj.
gay ou gai adj. ; n. m.
gayal n. m.
gaz n. m.
gazage n. m.
gaze n. f.
gazé, ée adj. et n.
gazéification n. f.
¹gazéifier, ière adj.
²gazéifier v. tr. (conjug. 7)
gazelle n. f.
gazer v. (conjug. 1)
gazetier, ière n.
gazette n. f.
gazeux, euse adj.
gazier, ière adj. et n.
gazinière n. f.
gazoduc n. m.
gazogène n. m.
gazole n. m. (rec. off. pour gasoil)
gazoline n. f.
gazomètre n. m.
gazon n. m.
gazonnage n. m.
gazonnant, ante adj.
gazonné, ée adj.
gazonnement n. m.
gazonner v. (conjug. 1)
gazonneux, euse adj.
gazouillant, ante adj.
gazouillement n. m.
gazouiller v. intr. (conjug. 1)
gazouilleur, euse adj.
gazouillis n. m.
geai n. m.
géant, ante n. et adj.
géantiste n.
gecko n. m.
geek [gik] n.

gégène

gégène n. f.
géhenne n. f.
geignard, arde adj.
geignement n. m.
¹geindre n. m.
²geindre v. intr. (conjug. 52)
geisha [gɛʃa] n. f.
gel n. m.
gélatine n. f.
gélatiné, ée adj.
gélatineux, euse adj.
gélatiniforme adj.
gélatinobromure n. m.
gélatinochlorure [-k-] n. m.
gelé, ée adj.
gelée n. f.
geler v. (conjug. 5)
gélif, ive adj.
gélifiant, iante adj. et n. m.
gélification n. f.
gélifier v. tr. (conjug. 7)
gélinotte n. f.
gélisol n. m.
gélivure n. f.
gélose n. f.
gélule n. f.
gelure n. f.
gémeau, elle adj. et n.
gémellaire adj.
gémellipare adj.
gémelliparité n. f.
gémellité n. f.
gémination n. f.
géminé, ée adj.
géminer v. tr. (conjug. 1)
gémir v. intr. (conjug. 2)
gémissant, ante adj.
gémissement n. m.
gemmage n. m.
gemmail, aux n. m.
gemmation n. f.
gemme [ʒɛm] n. f.
gemmé, ée adj.
gemmer v. tr. (conjug. 1)
gemmeur, euse adj. et n.
gemmifère adj.
gemmologie n. f.
gemmologiste n.

gemmologue n.
gemmothérapie n. f.
gemmule n. f.
gémonies n. f. pl.
gênant, ante adj.
gencive n. f.
gendarme n.
gendarmer (se) v. pron. (conjug. 1)
gendarmerie n. f.
gendarmesque adj.
gendelettre n. m.
gendre n. m.
gène n. m.
gêne n. f.
généalogie n. f.
généalogique adj.
généalogiquement adv.
généalogiste n.
génépi n. m.
gêner v. tr. (conjug. 1)
général, ale, aux adj. ; n.
généralat n. m.
générale n. f.
généralement adv.
généralisable adj.
généralisateur, trice adj.
généralisation n. f.
généraliser v. tr. (conjug. 1)
généralissime n. m.
généraliste adj.
généralité n. f.
générateur, trice adj. et n.
génératif, ive adj.
génération n. f.
générationnel, elle adj.
générer v. tr. (conjug. 6)
généreusement adv.
généreux, euse adj.
généricable adj.
générique adj. ; n. m.
génériquer v. tr. (conjug. 1)
générosité n. f.
genèse n. f.
génésiaque adj.
génésique adj.
genet n. m.

genêt n. m.
généthliaque adj.
généticien, ienne n.
gênetière n. f.
génétique adj. et n. f.
génétiquement adv.
génétiser v. tr. (conjug. 1)
génétisme n. m.
génétiste adj. et n.
genette n. f.
gêneur, euse n.
genévrier n. m.
génial, iale, iaux adj.
génialement adv.
génialité n. f.
géniculé, ée adj.
génie n. m.
génien, ienne adj.
genièvre n. m.
genièvrerie n. f.
génique adj.
génisse n. f.
génital, ale, aux adj.
génitalité n. f.
géniteur, trice n.
génitif n. m.
génitoires n. m. pl.
génito-urinaire adj.
  PL. génito-urinaires
génocidaire adj. et n.
génocide adj. et n. m.
génois, oise adj. et n.
génome n. m.
génomicien, ienne n.
génomique adj. et n. f.
génopathie n. f.
génothèque n. f.
génothérapie n. f.
génotypage n. m.
génotype n. m.
génotyper v. tr. (conjug. 1)
génotypique adj.
genou n. m.
genouillère n. f.
genre n. m.
¹gens n. m. et f. pl.
  (personnes)
²gens [ʒɛ̃s ; gɛns] n. f.
  (groupe de familles)
¹gent, gente [ʒɑ̃, ʒɑ̃t] adj.

²**gent** [ʒã] n. f.
gentamycine n. f.
gentiane n. f.
¹**gentil, ille** adj.
²**gentil** n. m.
gentilé n. m.
gentilhomme [ʒãtijɔm] n. m.
   PL. gentilshommes
gentilhommière [ʒãtijɔmjɛʀ] n. f.
gentilité n. f.
gentillesse n. f.
gentillet, ette adj.
gentiment adv.
gentleman [ʒãtləman ; dʒɛntləman] n. m.
   PL. gentlemen ou gentlemans
gentleman-farmer n. m.
   PL. gentlemen-farmers ou gentlemans-farmers
gentlemen's agreement ou **gentleman's agreement** [-agʀimɛnt] n. m.
gentrification ou **gentryfication** n. f.
gentry [dʒɛntʀi] n. f.
   PL. gentrys ou gentries
génuflecteur, trice adj. et n.
génuflexion n. f.
géobiologie n. f.
géobiologique adj.
géocentrique adj.
géocentrisme n. m.
géochimie n. f.
géochimique adj.
géochimiste n.
géochronologie [-k-] n. f.
géochronologique [-k-] adj.
géoculturel, elle adj.
géode n. f.
géodésie n. f.
géodésien, ienne n.
géodésique adj.
géodynamique n. f.
géoglyphe n. m.
géographe n.

géographie n. f.
géographique adj.
géographiquement adv.
géoïde n. m.
géo-ingénierie n. f.
geôle n. f.
geôlier, ière n.
géolocalisation n. f.
géolocaliser v. tr. (conjug. 1)
géologie n. f.
géologique adj.
géologiquement adv.
géologue n.
géomagnétique adj.
géomagnétisme n. m.
géomancie n. f.
géomancien, ienne n.
géomarketing n. m. (rec. off. : géomercatique)
géomatique n. f.
géomécanicien, ienne n.
géomembrane n. f.
géomercatique n. f. (rec. off. pour géomarketing)
géomesure n. f.
géométral, ale, aux adj.
géomètre n.
géométrie n. f.
géométrique adj.
géométriquement adv.
géométrisation n. f.
géométriser v. tr. (conjug. 1)
géomorphologie n. f.
géomorphologue n.
géophagie n. f.
géophile n. m.
géophilien, ienne n.
géophone n. m.
géophysicien, ienne n.
géophysiologie n. f.
géophysique n. f.
géopoliticien, ienne n.
géopolitique n. f. et adj.
géopolitologue n.
georgette n. f.
géorgien, ienne adj. et n.
géorgique adj.
géosciences n. f. pl.

géosphère n. f.
géostation n. f.
géostationnaire adj.
géostatisticien, ienne n.
géostratégie n. f.
géostratégique adj.
géosynchrone [-k-] adj.
géosynclinal, aux n. m.
géosynthétique adj. et n. m.
géotechnicien, ienne n.
géotechnique adj.
géotectonique n. f.
géotextile adj. et n. m.
géothermie n. f.
géothermique adj.
géotropisme n. m.
géotrupe n. m.
géphyrien n. m.
ger n. f. inv.
gérable adj.
gérance n. f.
géraniol n. m.
géranium n. m.
géranium-lierre n. m.
   PL. géraniums-lierres
gérant, ante n.
gerbable adj.
gerbage n. m.
gerbant, ante adj.
gerbe n. f.
gerbée n. f.
gerber v. (conjug. 1)
gerbera ou **gerbéra** n. m.
gerbeur, euse adj. et n. f.
gerbier n. m.
gerbille n. f.
gerboise n. f.
gerce n. f.
gercer v. (conjug. 3)
gerçure n. f.
gérer v. tr. (conjug. 6)
géreur n. m.
gerfaut n. m.
gériatre n.
gériatrie n. f.
gériatrique adj.
germain, aine adj. et n.
germandrée n. f.
germanique adj. et n.

germanisant

germanisant, ante adj.
germanisation n. f.
germaniser v. tr. (conjug. 1)
germanisme n. m.
germaniste n.
germanium n. m.
germanophile adj. et n.
germanophilie n. f.
germanophobe adj. et n.
germanophobie n. f.
germanophone adj. et n.
germanopratin, ine adj.
germe n. m.
germen n. m.
germer v. intr. (conjug. 1)
germicide adj. et n. m.
¹germinal, ale, aux adj.
²germinal n. m.
germinateur, trice adj.
germinatif, ive adj.
germination n. f.
germiner v. tr. (conjug. 1)
germoir n. m.
germon n. m.
gernotte n. f.
géromé n. m.
gérondif n. m.
géronte n. m.
gérontisme n. m.
gérontocrate n. m.
gérontocratie n. f.
gérontologie n. f.
gérontologique adj.
gérontologiste n.
gérontologue n.
gérontophile adj. et n.
gérontophilie n. f.
gerseau n. m.
gerzeau n. m.
gésier n. m.
gésine n. f.
gésir v. intr. défectif (conjug. seult je gis, tu gis, il gît, nous gisons, vous gisez, ils gisent ; je gisais, etc. ; gisant)
gesse n. f.
gestaltisme [gɛʃtaltism] n. m.

gestaltiste [gɛʃtaltist] adj. et n.
gestalt-thérapie [gɛʃtalt-] n. f.
gestant, ante adj.
gestapiste n. m. et adj.
gestation n. f.
gestationnel, elle adj.
gestatoire adj.
geste n. m. ; n. f.
gesticulant, ante adj.
gesticulation n. f.
gesticuler v. intr. (conjug. 1)
gestion n. f.
gestionnaire adj. et n.
gestique n. f.
gestualité n. f.
gestuel, elle adj. et n. f.
getter [gɛtɛʀ] n. m.
gewurztraminer [gevyʀtstʀamineʀ] n. m.
geyser [ʒezɛʀ] n. m.
ghât n. m.
ghesha [geʃa] n. f.
ghetto n. m.
ghettoïsation n. f.
ghilde n. f.
G. I. n. m.
giaour n. m.
gibbérelline n. f.
gibbeux, euse adj.
gibbon n. m.
gibbosité n. f.
gibecière n. f.
gibelin n. m.
gibelotte n. f.
giberne n. f.
giberner v. intr. (conjug. 1)
gibet n. m.
gibier n. m.
giboulée n. f.
giboyeux, euse adj.
gibus n. m.
giclée n. f.
giclement n. m.
gicler v. intr. (conjug. 1)
gicleur n. m.
G. I. E. n. m. (groupement d'intérêt économique)

gifle n. f.
gifler v. tr. (conjug. 1)
gift n. m. (gametes intra-fallopian transfer)
giga n. m.
gigahertz n. m.
gigantesque adj.
gigantesquement adv.
gigantisme n. m.
gigantomachie n. f.
gigaoctet n. m.
gigawatt n. m.
gigogne adj. n. f. et adj.
gigolette n. f.
gigolo n. m.
gigot n. m.
gigoter v. intr. (conjug. 1)
gigoteuse n. f.
gigue n. f.
gilde n. f.
gilet n. m.
giletier, ière n.
gille n. f.
gimmick n. m.
gin n. m.
gindre ou geindre n. m. (boulanger)
gin-fizz [dʒinfiz] n. m. inv.
gingembre n. m.
ginger-ale [dʒinʒœʀɛl] n. m.
PL. ginger-ales
gingival, ale, aux adj.
gingivectomie n. f.
gingivite n. f.
gingivoplastie n. f.
ginglard adj.
ginglet adj.
ginguet, ette adj.
ginkgo ou ginko (biloba) [ʒinko] n. m.
gin-rummy ou gin-rami n. m.
PL. gin-rummys ou gin-ramis
ginseng n. m.
giorno (à ou a) loc. adv.
girafe n. f.
girafeau n. m.
girafon n. m.
girandole n. f.

girasol n. m.
giration n. f.
giratoire adj. et n. m.
giraumont n. m.
giravion n. m.
girelle n. f.
girie n. f.
girl n. f.
girodyne n. m.
girofle n. m.
giroflée n. f.
giroflier n. m.
girolle ou **girole*** n. f.
giron n. m.
girond, onde adj.
girondin, ine adj. et n.
gironné, ée adj.
girouette n. f.
gisant, ante adj. et n. m.
gisement n. m.
gitan, ane n.
gîte ou **gite*** n. m. et f.
gîte-gîte ou **gite-gite***
n. m.
PL. *gîtes-gîtes* ou *gites-gites**
gîter ou **giter*** v.
(conjug. **1**)
gîtologie ou **gitologie***
n. f.
gîtologue ou **gitologue***
n.
giton n. m.
givrage n. m.
givrant, ante adj.
givre n. m.
givré, ée adj.
givrer v. tr. (conjug. **1**)
givreux, euse adj.
givrure n. f.
glabelle n. f.
glabre adj.
glaçage n. m.
glaçant, ante adj.
glace n. f.
glacé, ée adj.
glacer v. tr. (conjug. **3**)
glacerie n. f.
glaceur n. m.
glaceuse n. f.
glaceux, euse adj.

glaciaire adj.
glacial, iale adj.
glacialement adv.
glaciation n. f.
glacier n. m.
glacière n. f.
glaciérisme n. m.
glaciériste n.
glaciologie n. f.
glaciologique adj.
glaciologue n.
glacis n. m.
glaçon n. m.
glaçure n. f.
gladiateur n. m.
glagla interj.
glagolitique adj.
glaïeul n. m.
glaire n. f.
glairer v. tr. (conjug. **1**)
glaireux, euse adj.
glairure n. f.
glaise n. f.
glaiser v. tr. (conjug. **1**)
glaiseux, euse adj.
glaisière n. f.
glaive n. m.
glamour n. m.
glamoureux, euse adj.
glanage n. m.
gland n. m.
glande n. f.
glandée n. f.
glander v. intr. (conjug. **1**)
glandeur, euse n.
glandouiller v. intr.
(conjug. **1**)
glandu, ue adj. et n.
glandulaire adj.
glanduleux, euse adj.
glane n. f.
glaner v. tr. (conjug. **1**)
glaneur, euse n.
glanure n. f.
glapir v. intr. (conjug. **2**)
glapissant, ante adj.
glapissement n. m.
glaréole n. f.
glas n. m.
glasnost [glasnɔst] n. f.

glass [glas] n. m.
glatir v. intr. (conjug. **2**)
glaucomateux, euse adj.
glaucome n. m.
glauque adj.
glaviot n. m.
glavioter v. intr. (conjug. **1**)
glèbe n. f.
glécome ou **gléchome**
[-kɔm] n. m.
glène n. f.
gléner v. tr. (conjug. **6**)
glénoïdal, ale, aux adj.
glénoïde adj.
glial, gliale, gliaux adj.
glioblastome n. m.
gliome n. m.
glissade n. f.
glissage n. m.
glissando n. m.
PL. *glissandos* ou *glissandi*
(it.)
glissant, ante adj.
glisse n. f.
glissé, ée adj.
glissement n. m.
glisser v. (conjug. **1**)
glisseur, euse n.
glissière n. f.
glissoir n. m.
glissoire n. f.
global, ale, aux adj.
globalement adv.
globalisation n. f.
globaliser v. tr. (conjug. **1**)
globalisme n. m.
globaliste adj.
globalitaire adj.
globalité n. f.
globe n. m.
globe-trotteur, euse ou
globe-trotter n.
PL. *globe-trotteurs, euses* ou
globe-trotters
globigérine n. f.
globine n. f.
globish n. m.
globulaire adj. et n. f.
globule n. m.
globuleux, euse adj.

globuline

globuline n. f.
glocal, ale, aux adj.
glocalisation n. f.
glockenspiel [glɔkɛnʃpil] n. m.
gloire n. f.
glome n. m.
gloméris n. m.
glomérulaire adj.
glomérule n. m.
gloria n. m.
gloriette n. f.
glorieusement adv.
glorieux, ieuse adj.
glorificateur, trice adj. et n.
glorification n. f.
glorifier v. tr. (conjug. 7)
gloriole n. f.
glose n. f.
gloser v. tr. (conjug. 1)
gloss [glɔs] n. m.
glossaire n. m.
glossateur n. m.
glossine n. f.
glossite n. f.
glossolalie n. f.
glossopharyngien, ienne adj.
glossotomie n. f.
glottal, ale, aux adj.
glotte n. f.
glottique adj.
glouglou n. m.
glouglouter v. intr. (conjug. 1)
gloup ou gloups interj.
gloussant, ante adj.
gloussement n. m.
glousser v. intr. (conjug. 1)
glouteron n. m.
glouton, onne adj. et n. m.
gloutonnement adv.
gloutonnerie n. f.
gloxinia n. m.
glu n. f.
gluant, ante adj.
gluau n. m.
glucagon n. m.
glucide n. m.

glucidique adj.
glucinium n. m.
glucogène n. m.
glucomètre n. m.
gluconéogenèse n. f.
glucose n. m.
glucosé, ée adj.
glucoserie n. f.
glucoside n. m.
glui n. m.
glume n. f.
glumelle n. f.
gluon n. m.
glutamate n. m.
glutamine n. f.
glutamique adj.
gluten [glytɛn] n. m.
glutineux, euse adj.
glycémie n. f.
glycémique adj.
glyceraie n. f.
glycéride n. m.
glycérie n. f.
glycérine n. f.
glycériner v. tr. (conjug. 1)
glycérique adj.
glycérol n. m.
glycérophtalique adj.
glycine n. f.
glycocolle n. m.
glycogène adj.
glycogenèse n. f.
glycogénique adj.
glycogénogenèse n. f.
glycogénolyse n. f.
glycol n. m.
glycolipide n. m.
glycolyse n. f.
glycolytique adj.
glycoprotéine n. f.
glycoprotéique adj.
glycoside n. m.
glycosurie n. f.
glycosurique adj.
glycosylation n. f.
glycosyler v. tr. (conjug. 1)
glyphe n. m.
glyptique n. f.
glyptodon ou glyptodonte n. m.

glyptographie n. f.
glyptothèque n. f.
glyqué, ée adj.
G. M. T. loc. nominale
(Greenwich mean time)
gnac ou gnaque [njak] n. f.
gnangnan [ɲɑ̃ɲɑ̃] adj.
PL. inv. ou gnangnans
gnaque [njak] n. f.
gnaule [nol] n. f.
gneiss [gnɛs] n. m.
gneisseux, euse [gnɛ-] adj.
gneissique [gne-] adj.
gnète n. f.
gniôle n. f.
gniouf n. m.
gnocchi [gnɔki] n. m.
gnognote ou gnognotte n. f.
gnole ou gnôle, gnaule ou gniole [nol] n. f.
gnome [gnom] n. m.
gnomique [gnɔmik] adj.
gnomon [gnɔmɔ̃] n. m.
gnomonique [gnɔ-] adj. et n. f.
gnon n. m.
gnose n. f.
gnoséologie n. f.
gnoséologique adj.
gnosie n. f.
gnosique adj.
gnosticisme n. m.
gnostique n.
gnou [gnu] n. m.
gnouf ou gniouf n. m.
go (tout de) loc. adv.
Go symb. (gigaoctet)
goal n. m.
goal-average n. m.
PL. goal-averages
gobelet n. m.
gobeleterie ou gobelèterie n. f.
gobeletier, ière n.
gobe-mouche ou gobemouche* n. m.
PL. gobe-mouches ou gobemouches*

gober v. tr. (conjug. 1)
goberge n. f.
goberger (se) v. pron. (conjug. 3)
gobeur, euse n.
gobie n. m.
godailler v. intr. (conjug. 1)
godasse n. f.
gode n. m.
godelureau n. m.
godemiché n. m.
goder v. intr. (conjug. 1)
godet n. m.
godiche adj. et n. f.
godille n. f.
godiller v. intr. (conjug. 1)
godilleur, euse n.
godillot n. m.
godiveau n. m.
godron n. m.
godronnage n. m.
godronner v. tr. (conjug. 1)
goéland n. m.
goélette n. f.
goémon n. m.
goémonier n. m.
goétie [gɔesi] n. f.
goglu n. m.
gogo n. m.
gogo (à) loc. adv.
gogol, e adj. et n.
gogoliser (se) v. pron. (conjug. 1)
gogs n. m. pl.
goguenard, arde adj.
goguenardise n. f.
goguenots n. m. pl.
gogues n. m. pl.
goguette n. f.
goinfre n. m. et adj.
goinfrer (se) v. pron. (conjug. 1)
goinfrerie n. f.
goitre n. m.
goitreux, euse adj. et n.
goji [gɔdʒi] n. m.
golden [gɔldɛn] n. f.
golden boy n. m.
PL. *golden boys*

golden retriever ou **retrieveur*** n. m.
PL. *golden retrievers* ou *retrieveurs**
goldo n. f.
golem n. m.
golf n. m.
golfe n. m.
golfer v. intr. (conjug. 1)
golfeur, euse n.
golfique adj.
golmotte n. f.
gombo n. m.
goménol® n. m.
goménolé, ée adj.
gomina® n. f.
gominer (se) v. pron. (conjug. 1)
gommage n. m.
gommant, ante adj.
gomme n. f.
gommé, ée adj.
gomme-gutte n. f.
PL. *gommes-guttes*
gomme-laque n. f.
PL. *gommes-laques*
gommer v. tr. (conjug. 1)
gomme-résine n. f.
PL. *gommes-résines*
gommette n. f.
gommeux, euse adj. et n. m.
gommier n. m.
gommose n. f.
gomorrhéen, enne adj. et n. f.
gon n. m.
gonade n. f.
gonadique adj.
gonadostimuline n. f.
gonadotrope adj.
gonadotrophine ou **gonadotropine** n. f.
gonalgie n. f.
gonarthrose n. f.
gond n. m.
gondolage n. m.
gondolant, ante adj.
gondole n. f.
gondolement n. m.
gondoler v. intr. (conjug. 1)

gondolier, ière n.
gone n. m.
gonelle ou **gonnelle** n. f.
gonfalon n. m.
gonfalonier n. m.
gonflable adj.
gonflage n. m.
gonflant, ante adj.
gonfle adj. ; n. f.
gonflement n. m.
gonfler v. tr. (conjug. 1)
gonflette n. f.
gonfleur n. m.
gong n. m.
gongorisme n. m.
goniomètre n. m.
goniométrie n. f.
goniométrique adj.
gonnelle n. f.
gonochorique [-kɔ-] adj.
gonochorisme [-kɔ-] n. m.
gonococcie [-kɔksi] n. f.
gonococcique [-kɔksik] adj.
gonocoque n. m.
gonorrhée n. f.
gonosome n. m.
gonozoïde n. m.
gonze n. m.
gonzesse n. f.
googliser v. tr. (conjug. 1)
gord n. m.
gordien adj. m.
gore adj.
PL. inv. ou *gores*
goret n. m.
goretex® n. m.
gorfou n. m.
gorge n. f.
gorge-de-pigeon adj. inv.
gorgée n. f.
gorger v. tr. (conjug. 3)
gorgerette n. f.
gorgerin n. m.
gorget n. m.
gorgone n. f.
gorgonie n. f.
gorgonzola n. m.
gorille n. m.
gosette n. f.

gosier

gosier n. m.
gospel n. m.
gosplan n. m.
gosse n.
gosser v. (conjug. 1)
gotha n. m.
gothique adj. et n.
gotique n.
gouache n. f.
gouacher v. tr. (conjug. 1)
gouaille n. f.
gouailler v. (conjug. 1)
gouaillerie n. f.
gouailleur, euse adj.
goualante n. f.
goualeuse n. f.
gouape n. f.
gouda n. m.
goudron n. m.
goudronnage n. m.
goudronner v. tr. (conjug. 1)
goudronneur n. m.
goudronneuse n. f.
goudronneux, euse adj.
gouet n. m.
gouffre n. m.
gouge n. f.
gouger v. tr. (conjug. 3)
gougère n. f.
gougnafier n. m.
gouille n. f.
gouine n. f.
goujat, ate adj. et n.
goujaterie n. f.
goujon n. m.
goujonnage n. m.
goujonner v. tr. (conjug. 1)
goujonnette n. f.
goujonnière adj. f.
goulache ou goulasch ou goulash [gulaʃ] n. m. ou f.
goulafre ou goulafe adj. et n.
goulag n. m.
goule n. f.
goulée n. f.
goulet n. m.
gouleyant, ante adj.
goulot n. m.

goulotte n. f.
goulu, ue adj.
goulûment ou goulument* adv.
goum n. m.
goumier n. m.
goupil n. m.
goupille n. f.
goupiller v. tr. (conjug. 1)
goupillon n. m.
gour n. m.
gourance n. f.
gourante n. f.
gourbi n. m.
gourd, gourde adj.
gourde n. f.
gourdiflot, ote n.
gourdin n. m.
gourer (se) v. pron. (conjug. 1)
gourgandine n. f.
gourgane n. f.
gourmand, ande adj.
gourmander v. tr. (conjug. 1)
gourmandise n. f.
gourme n. f.
gourmé, ée adj.
gourmet n. m.
gourmette n. f.
gournable n. f.
gournabler v. tr. (conjug. 1)
gourou n. m.
gousse n. f.
gousset n. m.
goût ou gout* n. m.
¹goûter ou gouter* n. m.
²goûter ou gouter* v. (conjug. 1)
goûteur, euse ou gouteur, euse* n.
goûteux, euse ou gouteux, euse* adj.
goutte n. f.
goutte-à-goutte n. m. inv.
gouttelette n. f.
goutter v. intr. (conjug. 1)
gouttereau adj. m.
goutteur n. m.
goutteux, euse adj.

gouttière n. f.
goûtu, ue ou goutu, ue* adj.
gouvernail n. m.
gouvernance n. f.
gouvernant, ante adj. et n.
gouvernante n. f.
gouverne n. f.
gouverné, ée adj.
gouvernement n. m.
gouvernemental, ale, aux adj.
gouvernementalisme n. m.
gouverner v. tr. (conjug. 1)
gouverneur, gouverneuse ou gouverneure n.
gouzi-gouzi ou gouzigouzi* n. m. PL. inv. ou gouzigouzis*
goy ou goï* n. m. PL. goys ou goyim (hébr.) ou goïs*
goyave n. f.
goyavier n. m.
G. P. L. n. m. (gaz de pétrole liquéfié)
GPS n. m. (global positioning system)
G. Q. G. n. m. (grand quartier général)
G. R.® n. m. (grande randonnée)
graal n. m.
grabat n. m.
grabataire adj. et n.
graben n. m.
grabons n. m. pl.
grabuge n. m.
grâce n. f.
gracier v. tr. (conjug. 7)
gracieusement adv.
gracieuseté n. f.
gracieux, ieuse adj.
gracile adj.
gracilité n. f.
gracioso adv.
gradateur n. m.
gradation n. f.

grade n. m.
gradé, ée adj.
grader n. m. (rec. off. : profileuse)
gradient n. m.
gradin n. m.
gradine n. f.
gradualisme n. m.
gradualiste adj.
gradualité n. f.
graduat n. m.
graduateur n. m.
graduation n. f.
gradué, ée adj.
¹graduel, elle adj.
²graduel n. m.
graduellement adv.
graduer v. tr. (conjug. 1)
gradus n. m.
graffiter v. tr. (conjug. 1)
graffiteur, euse n.
graffiti n. m.
  PL. inv. ou graffitis
graffitiste n.
grafigne n. f.
grafigner v. tr. (conjug. 1)
graille n. f.
grailler v. (conjug. 1)
graillon n. m.
graillonner v. intr. (conjug. 1)
grain n. m.
grainage n. m.
graine n. f.
grainer v. (conjug. 1)
graineterie [-ntʀi ; -nɛtʀi] n. f.
grainetier, ière n.
grainier, ière n.
graissage n. m.
graisse n. f.
graisser v. tr. (conjug. 1)
graisseur n. m.
graisseux, euse adj.
gram [gʀam] n. m. inv.
gramen n. m.
graminacées n. f. pl.
graminée n. f.
grammage n. m.
grammaire n. f.

grammairien, ienne n.
grammatical, ale, aux adj.
grammaticalement adv.
grammaticalisation n. f.
grammaticaliser v. tr. (conjug. 1)
grammaticalité n. f.
grammatiste n. m.
gramme n. m.
gramophone® n. m.
grand, grande adj.
grand-angle n. m.
  PL. grands-angles
grand-angulaire n. m.
  PL. grands-angulaires
grand-chose n. m. inv.
grand-croix n.
  PL. grands-croix
grand-dab n. m.
  PL. grands-dabs
grand-duc n. m.
  PL. grands-ducs
grand-ducal, ale, aux adj.
grand-duché n. m.
  PL. grands-duchés
grande-duchesse n. f.
  PL. grandes-duchesses
grandelet, ette adj.
grandement adv.
grand ensemble n. m.
grandesse n. f.
grandet, ette adj.
grandeur n. f.
grand-guignolesque adj.
  PL. grand-guignolesques
grandiloquence n. f.
grandiloquent, ente adj.
grandiose adj.
grandir v. (conjug. 2)
grandissant, ante adj.
grandissement n. m.
grandissime adj.
grand-maman n. f.
  PL. grands-mamans
grand-mère n. f.
  PL. grands-mères
grand-messe n. f.
  PL. grands-messes

grand-oncle n. m.
  PL. grands-oncles
grand-papa n. m.
  PL. grands-papas
grand-peine (à) loc. adv.
grand-père n. m.
  PL. grands-pères
grands-parents n. m. pl.
grand-tante n. f.
  PL. grands-tantes
grand-voile n. f.
  PL. grands-voiles
grange n. f.
grangée n. f.
granit ou granite n. m.
granité, ée adj. et n. m.
graniter v. tr. (conjug. 1)
graniteux, euse adj.
granitier n. m.
granitique adj.
granito® n. m.
granitoïde adj.
granivore adj.
granny n. f.
  PL. grannys
granny smith n. f.
  PL. inv. ou grannys smith*
granulaire adj.
granulat n. m.
granulation n. f.
granule n. m.
granulé, ée adj. et n. m.
granuler v. tr. (conjug. 1)
granuleux, euse adj.
granulie n. f.
granulite n. f.
granulocyte n. m.
granulomatose n. f.
granulome n. m.
granulométrie n. f.
granulométrique adj.
grapefruit ou grape-fruit n. m.
  PL. grape(-)fruits
graphe n. m.
graphème n. m.
graphène n. m.
grapheur n. m.
graphie n. f.
graphiose n. f.

graphique

graphique adj. ; n. m. et n. f.
graphiquement adv.
graphisme n. m.
graphiste n.
graphitage n. m.
graphite n. m.
graphiter v. tr. (conjug. 1)
graphiteux, euse adj.
graphitique adj.
graphologie n. f.
graphologique adj.
graphologue n.
graphomane n.
graphomanie n. f.
graphomètre n. m.
graphorrhée n. f.
grappa n. f.
grappe n. f.
grappillage n. m.
grappiller v. (conjug. 1)
grappilleur, euse n.
grappillon n. m.
grappin n. m.
gras, grasse adj.
gras-double n. m.
  PL. *gras-doubles*
grasping-reflex n. m. inv.
grassement adv.
grasserie n. f.
grasset n. m.
grasseyant, ante adj.
grasseyement n. m.
grasseyer v. intr. (conjug. 1)
grassouillet, ette adj.
grateron ou **gratteron** n. m.
graticulation n. f.
graticuler v. tr. (conjug. 1)
gratifiant, iante adj.
gratification n. f.
gratifier v. tr. (conjug. 7)
gratin n. m.
gratiné, ée adj.
gratiner v. (conjug. 1)
gratiole n. f.
gratis adv.
gratitude n. f.
gratos adv.
gratouiller v. tr. (conjug. 1)

gratounette n. f.
grattage n. m.
grattant, ante adj.
gratte n. f.
gratte-ciel n. m.
  PL. inv. ou *gratte-ciels*
gratte-cul n. m.
  PL. *gratte-culs*
gratte-dos n. m. inv.
grattelle n. f.
grattement n. m.
gratte-papier n. m.
  PL. inv. ou *gratte-papiers*
gratte-pied(s) n. m.
  PL. *gratte-pieds*
gratter v. (conjug. 1)
gratteron n. m.
gratteur, euse n.
grattoir n. m.
grattons n. m. pl.
grattouiller ou **gratouiller** v. tr. (conjug. 1)
gratture n. f.
gratuiciel n. m.
gratuit, uite adj.
gratuité n. f.
gratuitement adv.
grau n. m.
gravage n. m.
gravatier n. m.
gravats n. m. pl.
grave adj.
graveleux, euse adj.
gravelle n. f.
gravement adv.
graver v. tr. (conjug. 1)
graves n. f. pl. et n. m.
graveur, euse n.
gravide adj.
gravidique adj.
gravidité n. f.
gravier n. m.
gravifique adj.
gravillon n. m.
gravillonnage n. m.
gravillonner v. tr. (conjug. 1)
gravillonneuse n. f.
gravimétrie n. f.

gravimétrique adj.
gravir v. (conjug. 2)
gravissime adj.
gravitation n. f.
gravitationnel, elle adj.
gravitationnellement adv.
gravité n. f.
graviter v. intr. (conjug. 1)
graviton n. m.
gravlax ou **gravlaks** n. m.
gravois n. m.
gravure n. f.
gray n. m.
gré n. m.
gréage n. m.
grèbe n. m.
¹**grébiche** adj. ; n. f. (harpie)
²**grébiche** ou **grébige** n. f. (imprimerie)
grébige n. f.
grec, grecque adj. et n.
gréciser v. tr. (conjug. 1)
grécité n. f.
gréco-bouddhique adj.
  PL. *gréco-bouddhiques*
gréco-latin, ine adj.
  PL. *gréco-latins, ines*
gréco-romain, aine adj.
  PL. *gréco-romains, aines*
grecque n. f.
grecquer v. tr. (conjug. 1)
gredin, ine n.
gredinerie n. f.
gréement n. m.
green n. m.
gréer v. tr. (conjug. 1)
greffable adj.
greffage n. m.
greffe n. f. ; n. m.
greffer v. tr. (conjug. 1)
greffeur, euse n.
greffier, ière n.
greffoir n. m.
greffon n. m.
grégaire adj.
grégarine n. f.
grégarisme n. m.
grège adj.
grégeois adj. m.

grégorien, ienne adj.
grègues n. f. pl.
grêle adj. ; n. f.
grêlé, ée adj.
grêler v. impers. (conjug. **1**)
grelin n. m.
grêlon n. m.
grelot n. m.
grelottant, ante ou **grelotant, ante** adj.
grelottement ou **grelotement** n. m.
grelotter ou **greloter** v. intr. (conjug. **1**)
greluche n. f.
greluchon n. m.
grémil n. m.
grémille n. f.
grenache n. m.
grenadage n. m.
grenade n. f.
grenadeur n. m.
grenadier n. m.
grenadière n. f.
grenadille n. f.
grenadin n. m.
grenadine n. f.
grenage n. m.
grenaillage n. m.
grenaille n. f.
grenailler v. tr. (conjug. **1**)
grenaison n. f.
grenat n. m.
grené, ée adj.
greneler v. tr. (conjug. **4**)
grener v. (conjug. **5**)
grènetis n. m.
greneur, euse n.
grenier n. m.
grenouillage n. m.
grenouille n. f.
grenouiller v. intr. (conjug. **1**)
grenouillère n. f.
grenouille-taureau n. f.
PL. *grenouilles-taureaux*
grenouillette n. f.
grenu, ue adj.
grenure n. f.
grès n. m.

grésage n. m.
gréser v. tr. (conjug. **6**)
gréseux, euse adj.
grésière n. f.
grésil n. m.
grésillement n. m.
grésiller v. (conjug. **1**)
grésoir n. m.
gressin n. m.
greubons ou **grabons** n. m. pl.
grève n. f.
grever v. tr. (conjug. **5**)
gréviste n.
gribiche adj.
gribouillage n. m.
gribouille n. m.
gribouiller v. (conjug. **1**)
gribouilleur, euse n.
gribouillis n. m.
grief n. m.
grièvement adv.
griffade n. f.
griffe n. f.
griffé, ée adj.
griffer v. tr. (conjug. **1**)
griffeur, euse adj. et n.
griffon n. m.
griffonnage n. m.
griffonnement n. m.
griffonner v. tr. (conjug. **1**)
griffonneur, euse n.
griffu, ue adj.
griffure n. f.
grifton n. m.
grigne n. f.
grigner v. intr. (conjug. **1**)
grignotage n. m.
grignotement n. m.
grignoter v. tr. (conjug. **1**)
grignoteur, euse adj. et n. f.
grignotine n. f.
grignotis n. m.
grigou n. m.
grigri ou **gris-gris** n. m.
PL. *grigris* ou *gris-gris*
gril n. m.
grill n. m.
grillade n. f.

grillage n. m.
grillager v. tr. (conjug. **3**)
grillageur n. m.
grille n. f.
grillé, ée adj.
grille-pain n. m.
PL. inv. ou *grille-pains**
griller v. (conjug. **1**)
grilloir n. m.
grillon n. m.
grill-room n. m.
PL. *grill-rooms*
grimaçant, ante adj.
grimace n. f.
grimacer v. intr. (conjug. **3**)
grimacier, ière adj.
grimage n. m.
grimaud n. m.
grime n. m.
grimer v. tr. (conjug. **1**)
grimoire n. m.
grimpant, ante adj. et n. m.
grimpe n. f.
grimpée n. f.
¹**grimper** n. m.
²**grimper** v. (conjug. **1**)
grimpereau n. m.
grimpette n. f.
grimpeur, euse adj. et n.
grimpion, ionne n.
grinçant, ante adj.
grincement n. m.
grincer v. intr. (conjug. **3**)
grinche adj.
grincheux, euse adj.
gringalet n. m.
gringe ou **grinche** adj.
gringo n. et adj.
gringue n. m.
griot, griotte n.
griotte n. f.
griottine n. f.
grip n. m.
grippage n. m.
grippal, ale, aux adj.
grippe n. f.
grippé, ée adj. et n.
gripper v. (conjug. **1**)

grippe-sou n.
PL. *grippe-sous*
gris, grise adj. et n.
grisaille n. f.
grisailler v. intr. (conjug. 1)
grisant, ante adj.
grisard n. m.
grisâtre adj.
grisbi n. m.
grisé n. m.
griser v. tr. (conjug. 1)
griserie n. f.
griset n. m.
grisette n. f.
grisoller v. intr. (conjug. 1)
grison, onne adj. et n.
grisonnant, ante adj.
grisonnement n. m.
grisonner v. intr. (conjug. 1)
grisou n. m.
grisoumètre n. m.
grisouteux, euse adj.
grive n. f.
grivelé, ée adj.
griveler v. intr. (conjug. 4)
grivèlerie n. f.
grivelure n. f.
griveton ou **grifton** n. m.
grivna n. f.
grivois, oise adj.
grivoiserie n. f.
grizzli ou **grizzly** n. m.
PL. *grizzlis* ou *grizzlys*
grœnendael [gRɔ(n)ɛndal] n. m.
grog n. m.
groggy [gRɔgi] adj.
grognard, arde adj. et n. m.
grognasse n. f.
grognasser v. intr. (conjug. 1)
grogne n. f.
grognement n. m.
grogner v. intr. (conjug. 1)
grognon, onne adj. et n.
grognonner v. intr. (conjug. 1)
groin n. m.
groisil n. m.

grole ou **grolle** n. f. (corneille)
grolle ou **grole** n. f. (chaussure)
grommeler v. (conjug. 4)
grommellement ou **grommèlement*** n. m.
grondant, ante adj.
grondement n. m.
gronder v. (conjug. 1)
gronderie n. f.
grondeur, euse adj.
grondin n. m.
groom n. m.
groove [gRuv] n. m.
groover [gRuve] v. intr. (conjug. 1)
¹**gros, grosse** adj. et n.
²**gros** adv.
gros-bec n. m.
PL. *gros-becs*
groschen [gRɔʃɛn] n. m.
gros-cul n. m.
PL. *gros-culs*
groseille n. f.
groseillier n. m.
gros-grain n. m.
PL. *gros-grains*
gros-plant n. m.
PL. *gros-plants*
gros-porteur n. m.
PL. *gros-porteurs* (rec. off. pour jumbo-jet)
grosse n. f.
grosserie n. f.
grossesse n. f.
grosseur n. f.
grossier, ière adj.
grossièrement adv.
grossièreté n. f.
grossir v. (conjug. 2)
grossissant, ante adj.
grossissement n. m.
grossiste n.
grosso modo loc. adv.
grossoyer v. tr. (conjug. 8)
grotesque n. et adj.
grotesquement adv.
grotte n. f.
grouillant, ante adj.
grouillement n. m.

grouiller v. intr. (conjug. 1)
grouillot n. m.
group n. m.
groupage n. m.
groupe n. m.
groupement n. m.
grouper v. tr. (conjug. 1)
groupie n.
groupusculaire adj.
groupuscule n. m.
grouse n. f.
grrr interj.
gruau n. m.
grue n. f.
gruge n. f.
gruger v. tr. (conjug. 3)
grume n. f.
grumeau n. m.
grumeler (se) v. pron. (conjug. 4)
grumeleux, euse adj.
grumelure n. f.
grumier n. m.
grunge [gRœnʒ] adj. et n. m.
PL. inv. ou *grunges*
gruon n. m.
gruppetto [gRupeto ; gRupɛtto] n. m.
PL. *gruppettos* ou *gruppetti* (it.)
grutage n. m.
gruter v. tr. (conjug. 1)
grutier, ière n.
gruyère n. m.
gryphée n. f.
GSM n. m. (global system for mobile communication)
guacamole [gwakamɔl] n. m.
guai ou **guais** adj. m.
guanaco n. m.
guanine n. f.
guano n. m.
guar n. m.
guarana n. m.
guarani adj. et n.
gué n. m. ; interj.
guéable adj.
guèbre adj.

guède n. f.
guédille n. f.
guéer v. tr. (conjug. **1**)
guéguerre n. f.
guelfe n. m.
guelte n. f.
guenille [gənij] n. f.
guenon n. f.
guépard n. m.
guêpe n. f.
guêpier n. m.
guêpière n. f.
guère adv.
guéret n. m.
guéri, ie adj.
guéridon n. m.
guérilla n. f.
guérillero ou **guériléro** n. m.
guérir v. (conjug. **2**)
guérison n. f.
guérissable adj.
guérisseur, euse n.
guérite n. f.
guernotte n. f.
guerre n. f.
guerrier, ière n. et adj.
guerroyer v. (conjug. **8**)
guet n. m.
guet-apens [gɛtapɑ̃] n. m.
  PL. *guets-apens*
guète n. f.
guêtre n. f.
guêtrer v. tr. (conjug. **1**)
guette ou **guète** n. f.
guetter v. tr. (conjug. **1**)
guetteur, euse n.
gueulante n. f.
¹**gueulard, arde** adj. et n.
²**gueulard** n. m. (ouverture)
gueule n. f.
gueule-de-loup n. f.
  PL. *gueules-de-loup*
gueulement n. m.
gueuler v. (conjug. **1**)
gueules n. m.
gueuleton n. m.
gueuletonner v. intr. (conjug. **1**)
gueuse n. f.

gueuserie n. f.
gueux, gueuse n.
gueuze ou **gueuse** n. f. (bière)
guévariste adj. et n.
gugusse n. m.
gui n. m.
guibolle ou **guibole** n. f.
guibre n. f.
guiche n. f.
guichet n. m.
guichetier, ière n.
guidage n. m.
guidance n. f.
guide n. m. et f.
guide-âne n. m.
  PL. *guide-ânes*
guideau n. m.
guide-chant n. m.
  PL. *guide-chants*
guide-fil n. m.
  PL. *guide-fils*
guider v. tr. (conjug. **1**)
guiderope n. m.
guides n. f. pl.
guidoline n. f.
guidon n. m.
guilde ou **gilde** n. f.
guili-guili ou **guiliguili*** n. m.
  PL. inv. ou *guilis-guilis* ou *guiliguilis**
guillaume n. m.
guilledou n. m.
guillemet n. m.
guillemeter ou **guilleméter** v. tr. (conjug. **4**)
guillemot n. m.
guilleret, ette adj.

guillochage n. m.
guilloche n. f.
guilloché, ée adj.
guillocher v. tr. (conjug. **1**)
guillocheur, euse n.
guillochis n. m.
guillochure n. f.
guillotine n. f.
guillotiner v. tr. (conjug. **1**)
guillotineur n. m.
guimauve n. f.
guimbarde n. f.
guimpe n. f.
guinche n. m.
guincher v. intr. (conjug. **1**)
guindage n. m.
guindaille n. f.
guindailler v. intr. (conjug. **1**)
guindailleur, euse n.
guindant n. m.
guindé, ée adj.
guindeau n. m.
guinder v. tr. (conjug. **1**)
guinderesse n. f.
guinée n. f.
guingois (de) loc. adv.
guinguette n. f.
guipage n. m.
guiper v. tr. (conjug. **1**)
guipoir n. m.
guipon n. m.
guipure n. f.
guirlande n. f.
guisarme n. f.
guise n. f.
guitare n. f.
guitariste n.
guitaristique adj.
guitoune n. f.
guivre n. f.
guivré, ée adj.
gunitage n. m.
gunite n. f.
günz [gynz] n. m.
guppy n. m.
  PL. *guppys* ou *guppies*
gus n. m.
gustatif, ive adj.
gustation n. f.

gustométrie

gustométrie n. f.
gutta-percha ou guttapercha* n. f.
PL. guttas-perchas ou guttaperchas*
guttural, ale, aux adj.
guyot n. m. ; n. f.
guzla n. f.
gym n. f.
gymkhana n. m.
gymnase n. m.
gymnasial, iale, iaux adj.
gymnasiarque n. m.
gymnasien, ienne n.
gymnaste n.
gymnastique adj. et n. f.
gymnique adj. et n. f.
gymnocarpe adj.
gymnosophiste n. m.
gymnosperme adj. et n. f.
gymnote n. m.
gynandromorphisme n. m.
gynécée n. m.
gynécologie n. f.
gynécologique adj.
gynécologue n.
gynécomastie n. f.
gynogenèse n. f.
gynogénétique adj.
gynoïde adj.
gypaète n. m.
gypse n. m.
gypserie n. f.
gypseux, euse adj.
gypsier, ière n.
gypsomètre n. m.
gypsophile n. f.
gyre n. m. ou f.
gyrin n. m.
gyrocompas n. m.
gyromètre n. m.
gyrophare n. m.
gyropilote n. m.
gyropode n. m.
gyroscope n. m.
gyroscopique adj.
gyrostat n. m.
gyrus n. m.

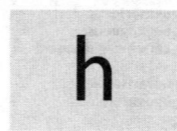

h

h n. m. inv. ; abrév. et symb.
H n. m. inv. ; abrév. et symb.
¹ha symb. (hectare)
²ha interj.
habanera ou habanéra* n. f.
habeas ou habéas* ou corpus [abeaskɔʀpys] n. m.
habile adj.
habilement adv.
habileté n. f.
habilitation n. f.
habilité n. f.
habiliter v. tr. (conjug. 1)
habillable adj.
habillage n. m.
habillé, ée adj.
habillement n. m.
habiller v. tr. (conjug. 1)
habilleur, euse n.
habit n. m.
habitabilité n. f.
habitable adj.
habitacle n. m.
habitant, ante n.
habitat n. m.
habitation n. f.
habité, ée adj.
habiter v. (conjug. 1)
habituation n. f.
habitude n. f.
habitué, ée n.
habituel, elle adj.
habituellement adv.
habituer v. tr. (conjug. 1)
habitus n. m.
hâblerie n. f.
hâbleur, euse n. et adj.
hach [ˈaʃ] n. m.
hachage n. m.
hache n. f.

haché, ée adj.
hache-légume(s) n. m.
PL. hache-légumes
hachement n. m.
hachémite adj. et n.
hache-paille n. m.
PL. hache-pailles
hacher v. tr. (conjug. 1)
hachereau n. m.
hachette n. f.
hacheur n. m.
hache-viande n. m.
PL. hache-viandes
hachich n. m.
hachis n. m.
hachoir n. m.
hachure n. f.
hachurer v. tr. (conjug. 1)
hacienda [asjɛnda] n. f.
hack n. m.
hacker [ˈakœʀ ou hackeur, euse* n. (rec. off. : fouineur, euse)
H. A. D. n. f. (hospitalisation à domicile)
hadal, ale, aux adj.
haddock ou haddok* n. m.
hadith [ˈadit] n. m.
hadji n. m.
hadji n. m.
hadron n. m.
hafnium n. m.
hagard, arde adj.
haggis [ˈagis] n. m.
hagiographe adj. et n.
hagiographie n. f.
hagiographique adj.
haïdouc n. m.
haïdouk n. m.
haie n. f.
haïk n. m.
haïku n. m.
haillon n. m.
haillonneux, euse adj.
haine n. f.
haineusement adv.
haineux, euse adj.
haïr v. tr. (conjug. 10)
haire n. f.

haïssable adj.
haka n. m.
halage n. m.
halal ou hallal adj. inv.
halbi n. m.
halbran n. m.
hâle n. m.
hâlé, ée adj.
halecret n. m.
haleine n. f.
halener [aləne ; alene] v. tr. (conjug. **5**)
haler v. tr. (conjug. **1**)
hâler v. tr. (conjug. **1**)
haletant, ante adj.
halètement n. m.
haleter v. intr. (conjug. **5**)
haleur, euse n.
half(-)pipe ['alfpajp] n. m.
  PL. half(-)pipes
half-track ou halftrack* ['alftrak] n. m.
  PL. half-tracks ou halftracks*
halieutique adj. et n. f.
haliotide n. f.
haliple n. m.
hall n. m.
hallage n. m.
hallal adj. inv.
hallali interj. et n. m.
halle n. f.
hallebarde n. f.
hallebardier n. m.
hallier n. m.
halloween n. f.
hallstattien, ienne adj.
hallucinant, ante adj.
hallucination n. f.
hallucinatoire adj.
halluciné, ée adj. et n.
halluciner v. tr. (conjug. **1**)
hallucinogène adj. et n. m.
hallucinose n. f.
hallux valgus [alyksvalgys] n. m.
halo n. m.
halocarbure n. m.
halochimie n. f.
halogénation n. f.
halogène n. m.

halogéner v. tr. (conjug. **6**)
halogénure n. m.
halographie n. f.
hâloir n. m.
halon® n. m.
halophile adj.
halophyte n. m.
halte n. f.
halte-garderie n. f.
  PL. haltes-garderies
haltère n. m.
haltérophile n.
haltérophilie n. f.
halva n. m.
hamac n. m.
hamada n. f.
hamadryade n. f.
hamadryas n. m.
hamamélis n. m.
hamburger ['ãbuʀɡɛʀ ; 'ãbœʀɡœʀ] n. m.
hameau n. m.
hameçon n. m.
hameçonnage n. m.
hameçonner v. tr. (conjug. **1**)
hammam n. m.
hammerless n. m.
hampe n. f.
hamster n. m.
han interj.
hanap n. m.
hanche n. f.
hanchement n. m.
hancher v. (conjug. **1**)
hand n. m.
handball ou hand-ball ['ãdbal] n. m.
handballeur, euse n.
handicap n. m.
handicapant, ante adj.
handicapé, ée adj. et n.
handicaper v. tr. (conjug. **1**)
handicapeur n. m.
handisport adj.
hangar n. m.
hanneton n. m.
hannetonnage n. m.
hannetonner v. intr. (conjug. **1**)

hansart n. m.
hanse n. f.
hanséatique adj.
hantavirus n. m.
hanté, ée adj.
hanter v. tr. (conjug. **1**)
hantise n. f.
hapax ou apax n. m.
haplobionte n. m.
haploïde adj.
haplologie n. f.
haplonte n. m.
happe n. f.
happement n. m.
happening ['ap(ə)niŋ] n. m.
happer v. (conjug. **1**)
happy end ['apiɛnd] n. m. ou f.
  PL. happy ends
happy few ['apifju] n. m. pl.
haptique adj.
haptonomie n. f.
haptonomique adj.
haptothérapeute n.
haquebute n. f.
haquenée n. f.
haquet n. m.
harakiri ou hara-kiri n. m.
  PL. harakiris ou hara-kiris
harangue n. f.
haranguer v. tr. (conjug. **1**)
harangueur, euse n.
haras n. m.
harassant, ante adj.
harasse n. f.
harassé, ée adj.
harassement n. m.
harasser v. tr. (conjug. **1**)
harcelant, ante adj.
harcèlement n. m.
harceler v. tr. (conjug. **5**)
harceleur, euse n. et adj.
hard adj. et n. m.
hardcore adj. et n. m.
harde n. f.
harder v. tr. (conjug. **1**)
hardes n. f. pl.
hardeur, euse n.
hardi, ie adj.

hardiesse n. f.
hardiment adv.
hard rock ou **hard-rock** n. m.
hardtop n. m.
hardware ['ardwɛr] n. m.
(rec. off. : matériel)
harem n. m.
hareng n. m.
harengaison n. f.
harengère n. f.
harenguet n. m.
harenguier n. m.
haret adj. et n. m.
harfang n. m.
hargne n. f.
hargneusement adv.
hargneux, euse adj.
haricot n. m.
haridelle n. f.
harira n. f.
harissa n. f. ou m.
harki n. m.
harle n. m.
harmattan ou **harmatan** n. m.
harmonica n. m.
harmoniciste n.
harmonie n. f.
harmonieusement adv.
harmonieux, ieuse adj.
harmonique adj. et n. m. ou f.
harmoniquement adv.
harmonisation n. f.
harmoniser v. tr. (conjug. 1)
harmoniste n.
harmonium n. m.
harnachement n. m.
harnacher v. tr. (conjug. 1)
harnacheur n. m.
harnais ou **harnois** n. m.
haro interj. et n. m. inv.
harpagon n. m.
harpail n. m.
harpaille n. f.
harpe n. f.
harpie n. f.
harpiste n.

harpon n. m.
harponnage n. m.
harponnement n. m.
harponner v. tr. (conjug. 1)
harponneur n. m.
hart n. f.
haruspice n. m.
hasard n. m.
hasarder v. tr. (conjug. 1)
hasardeux, euse adj.
hasardisation n. f.
has been ['azbin] n. m. inv.
hasch ou **hach** ['aʃ] n. m.
haschisch ou **haschich** ou **hachich** ['aʃiʃ] n. m.
hase n. f.
hassidim n. m. pl.
hassidique adj.
hassidisme n. m.
hassium n. m.
hast n. m.
hastaire n. m.
hasté, ée adj.
¹**hâte** n. f. (précipitation)
²**hâte** ou **haste** n. f.
hâtelet n. m.
hâter v. tr. (conjug. 1)
hatha-yoga n. m.
hâtier n. m.
hâtif, ive adj.
hâtiveau n. m.
hâtivement adv.
hauban n. m.
haubanage n. m.
haubaner v. tr. (conjug. 1)
haubert n. m.
hausse n. f.
hausse-col n. m.
PL. *hausse-cols*
haussement n. m.
hausser v. tr. (conjug. 1)
haussier, ière n. m. et adj.
haussière ou **aussière** n. f.
haussmannien, ienne adj.
haut, haute adj. ; n. m. et adv.
hautain, aine adj. et n. m.
hautbois n. m.

hautboïste n.
haut-commissaire n.
PL. *hauts-commissaires*
haut-commissariat n. m.
PL. *hauts-commissariats*
haut-de-chausse(s) n. m.
PL. *hauts-de-chausses*
haut-de-forme n. m.
PL. *hauts-de-forme*
haute n. f.
haute-contre ou **hautecontre*** n. f. ; n. m.
PL. *hautes-contre* ou *hautecontres**
haute-fidélité ou **hautefidélité*** n. f.
PL. *hautes-fidélités* ou *hautefidélités**
haute-forme ou **hauteforme*** n. m.
PL. *hautes-formes* ou *hauteformes**
hautement adv.
hautesse n. f.
hauteur n. f.
haut-fond n. m.
PL. *hauts-fonds*
haut(-)fourneau n. m.
PL. *hauts(-)fourneaux*
hautin ou **hautain** n. m.
haut-le-cœur n. m. inv.
haut-le-corps n. m. inv.
haut-parleur ou **hautparleur*** n. m.
PL. *haut-parleurs* ou *hautparleurs**
haut-relief n. m.
PL. *hauts-reliefs*
hauturier, ière adj.
havage n. m.
havanais, aise adj. et n.
havane n. m.
hâve adj.
haveneau n. m.
havenet n. m.
haver v. tr. (conjug. 1)
haveur n. m.
haveuse n. f.
havre n. m.
havresac n. m.

hémicrânie

hawaïen, ïenne adj. et n.
hayon n. m.
HD n. f. et adj. (haute définition)
hé interj.
heaume n. m.
heaumier, ière n.
heavy metal n. m.
hebdo n. m.
hebdomadaire adj. et n. m.
hebdomadairement adv.
hebdomadier, ière n.
hébéphrénie n. f.
hébéphrénique adj. et n.
héberge n. f.
hébergement n. m.
héberger v. tr. (conjug. 3)
hébergeur n. m.
hébertisme n. m.
hébété, ée adj.
hébètement ou hébétement n. m.
hébéter v. tr. (conjug. 6)
hébétude n. f.
hébraïque adj.
hébraïsant, ante n. et adj.
hébraïser v. (conjug. 1)
hébraïsme n. m.
hébraïste n. et adj.
hébreu n. m. et adj. m.
hécatombe n. f.
hectare n. m.
hectique adj.
hectisie n. f.
hecto n. m.
hectolitre n. m.
hectomètre n. m.
hectométrique adj.
hectopascal n. m.
hédonisme n. m.
hédoniste n. et adj.
hédonistique adj.
hégélianisme n. m.
hégémonie n. f.
hégémonique adj.
hégémonisme n. m.
hégire n. f.
heideggérien, ienne adj.
heiduque n. m.

heimatlos ['ajmatlos ; ɛmatlos] n.
heimatlosat n. m.
hein interj.
hélas interj.
hélépole n. f.
héler v. tr. (conjug. 6)
hélianthe n. m.
hélianthème n. m.
hélianthine n. f.
héliaque adj.
héliaste n. m.
hélice n. f.
héliciculteur, trice n.
héliciculture n. f.
hélico n. m.
hélicoïdal, ale, aux adj.
hélicoïde adj. et n. m.
hélicon n. m.
hélicoptère n. m.
hélicoptériste n. m.
héliée n. f.
héligare n. f.
hélio n. f. (héliogravure)
héliocentrique adj.
héliocentrisme n. m.
héliochromie [-k-] n. f.
héliographe n. m.
héliographie n. f.
héliograveur, euse n.
héliogravure n. f.
héliomarin, ine adj.
héliomètre n. m.
hélion n. m.
héliopause n. f.
héliosphère n. f.
héliostat n. m.
héliosynchrone [-k-] adj.
héliothérapie n. f.
héliotrope n. m.
héliotropine n. f.
héliotropisme n. m.
héliport n. m.
héliportage n. m.
héliporté, ée adj.
héliski n. m.
hélistation n. f.
hélitreuillage n. m.
hélitreuiller v. tr. (conjug. 1)

hélium n. m.
hélix n. m.
hellébore n. m.
hellène adj. et n.
hellénique adj.
hellénisant, ante n. et adj.
hellénisation n. f.
helléniser v. tr. (conjug. 1)
hellénisme n. m.
helléniste n.
hellénistique adj.
hellénophone adj. et n.
hello interj.
helminthe n. m.
helminthiase n. f.
helminthique n. et adj.
helminthologie n. f.
hélodée n. f.
helvelle n. f.
helvète adj.
helvétique adj.
helvétisme n. m.
hem interj.
hémangiome n. m.
hémarthrose n. f.
hématémèse n. f.
hématidrose ou hémathidrose n. f.
hématie n. f.
hématine n. f.
hématique adj.
hématite n. f.
hématocrite n. m.
hématologie n. f.
hématologique adj.
hématologiste n.
hématologue n.
hématome n. m.
hématophage adj.
hématopoïèse n. f.
hématopoïétique adj.
hématose n. f.
hématozoaire n. m.
hématurie n. f.
hème n. m.
héméralope adj. et n.
héméralopie n. f.
hémérocalle n. f.
hémicellulose n. f.
hémicrânie n. f.

hémicristallin, ine adj.
hémicycle n. m.
hémicylindrique adj.
hémièdre adj.
hémiédrie n. f.
hémiédrique adj.
hémine n. f.
hémiole n. f.
hémione n. m.
hémiplégie n. f.
hémiplégique adj. et n.
hémiptères n. m. pl.
hémisphère n. m.
hémisphérique adj.
hémistiche n. m.
hémitropie n. f.
hémobiologie n. f.
hémochromatose [-k-] n. f.
hémocompatible adj.
hémoculture n. f.
hémocyanine n. f.
hémodialyse n. f.
hémodialysé, ée adj.
hémodynamique adj.
hémoglobine n. f.
hémoglobinopathie n. f.
hémogramme n. m.
hémolymphe n. f.
hémolyse n. f.
hémolysine n. f.
hémolytique adj.
hémopathie n. f.
hémophile adj. et n.
hémophilie n. f.
hémoprotéine n. f.
hémoptysie n. f.
hémoptysique adj. et n.
hémorragie n. f.
hémorragique adj.
hémorroïdaire adj. et n.
hémorroïdal, ale, aux adj.
hémorroïde n. f.
hémostase n. f.
hémostatique adj. ; n. m. ; n. f.
hémotransfusion n. f.
hémovigilance n. f.
hendécagone n. m.

hendécasyllabe n. m.
hendiadyin n. m.
hendiadys n. m.
henné n. m.
hennin n. m.
hennir v. intr. (conjug. 2)
hennissant, ante adj.
hennissement n. m.
henry n. m.
   PL. *henrys*
hep interj.
héparine n. f.
hépatalgie n. f.
hépatectomie n. f.
hépatique n. et adj.
hépatisation n. f.
hépatite n. f.
hépatocèle n. f.
hépatocyte n. m.
hépatologie n. f.
hépatologue n.
hépatomégalie n. f.
hépatopathie n. f.
hépatotoxique adj.
hépatotoxicité n. f.
heptacorde adj.
heptaèdre n. m.
heptaédrique adj.
heptagonal, ale, aux adj.
heptagone n. m.
heptamètre adj.
heptane n. m.
heptarchie n. f.
heptasyllabe adj.
heptathlon n. m.
heptathlonien, ienne n. m.
héraldique adj. et n. f.
héraldiste n.
héraut n. m.
herbacé, ée adj.
herbage n. m.
herbagement n. m.
herbager, ère n. et adj.
herbager v. tr. (conjug. 3)
herbe n. f.
herbe-à-chats n. f.
herbe-aux-juifs n. f.
herberie n. f.
herbette n. f.
herbeux, euse adj.

herbicide adj. et n. m.
herbier n. m.
herbivore adj. et n.
herborisateur, trice n.
herborisation n. f.
herborisé, ée adj.
herboriser v. intr. (conjug. 1)
herboriste n.
herboristerie n. f.
herbu, ue adj.
herbue ou **erbue** n. f.
herchage ou **herschage** n. m.
hercher ou **herscher** v. intr. (conjug. 1)
hercheur, euse ou **herscheur, euse** n.
hercule n. m.
herculéen, enne adj.
hercynien, ienne adj.
herd-book ['œrdbuk] n. m.
   PL. *herd-books*
hère n. m.
héréditaire adj.
héréditairement adv.
hérédité n. f.
hérédosyphilis n. f.
hérédosyphilitique adj. et n.
hérésiarque n. m.
hérésie n. f.
hérétique adj. et n.
hérissé, ée adj.
hérissement n. m.
hérisser v. tr. (conjug. 1)
hérisson n. m.
hérissonne n. f.
hérissonner v. tr. (conjug. 1)
héritabilité n. f.
héritage n. m.
hériter v. tr. (conjug. 1)
héritier, ière n.
hermandad n. f.
hermaphrodisme n. m.
hermaphrodite n. m. et adj.
herméneutique adj. et n. f.

hermès n. m.
herméticité n. f.
hermétique adj. et n. f.
hermétiquement adv.
hermétisme n. m.
hermétiste n.
hermine n. f.
herminette n. f.
hermitien, ienne adj.
hermitique adj.
herniaire n. f. et adj.
hernie n. f.
hernié, iée adj.
héro n. f.
héroïcité n. f.
héroï-comique adj.
héroïne n. f.
héroïnomane n. et adj.
héroïnomanie n. f.
héroïque adj.
héroïquement adv.
héroïsme n. m.
héron n. m.
héronneau n. m.
héronnière n. f.
héros n. m.
herpe n. f.
herpès n. m.
herpétique adj.
herpétisme n. m.
herpétologie n. f.
hersage n. m.
herschage n. m.
herscher v. intr. (conjug. 1)
herscheur, euse n.
herse n. f.
herser v. tr. (conjug. 1)
herseur, euse n.
hertz n. m.
hertzien, ienne adj.
hésitant, ante adj.
hésitation n. f.
hésiter v. intr. (conjug. 1)
hétaïre n. f.
hétairie n. f.
hétéro n. et adj.
hétérocerque adj.
hétérochromatine n. f.
hétérochromie [-k-] n. f.

hétérochromosome [-k-] n. m.
hétéroclite adj.
hétérocycle n. m.
hétérocyclique adj.
hétérodoxe adj.
hétérodoxie n. f.
hétérodyne adj. et n. f.
hétérogamie n. f.
hétérogène adj.
hétérogénéité n. f.
hétérogenèse n. f.
hétérogénie n. f.
hétérogreffe n. f.
hétérologue adj.
hétéromorphe adj.
hétéromorphisme n. m.
hétéronome adj.
hétéronomie n. f.
hétéronyme adj.
hétérophobe adj.
hétérophobie n. f.
hétéroplastie n. f.
hétéroplastique adj.
hétéroprotéine n. f.
hétéroptères n. m. pl.
hétérosexisme n. m.
hétérosexualité n. f.
hétérosexuel, elle adj.
hétéroside n. m.
hétérosphère n. f.
hétérotherme adj. et n. m.
hétérotrophe adj.
hétérotrophie n. f.
hétérozygote adj. et n.
hetman n. m.
hêtraie n. f.
hêtre n. m.
heu interj.
heur n. m.
heure n. f.
heureusement adv.
heureux, euse adj.
heuristique ou
euristique adj. et n. f.
heurt n. m.
heurté, ée adj.
heurter v. (conjug. 1)
heurtoir n. m.

hévéa n. m.
hexacoralliaires n. m. pl.
hexacorde n. m.
hexadécane n. m.
hexadécimal, ale, aux adj.
hexaèdre adj.
hexaédrique adj.
hexafluorure n. m.
hexagonal, ale, aux adj.
hexagone n. m.
hexamètre adj. et n. m.
hexapode adj. et n. m.
hexose n. m.
hi interj.
hiatal, ale, aux adj.
hiatus n. m.
hibernal, ale, aux adj.
hibernant, ante adj.
hibernation n. f.
hiberner v. intr. (conjug. 1)
hibiscus n. m.
hibou n. m.
hic n. m.
hic et nunc loc. adv.
hickory n. m.
PL. hickorys ou hickories
hidalgo n. m.
hideur n. f.
hideusement adv.
hideux, euse adj.
hidjab ou hijad n. m.
hidrosadénite n. f.
hie n. f.
hièble ou yèble n. f.
hiémal, ale, aux adj.
hier adv.
hiérarchie n. f.
hiérarchique adj.
hiérarchiquement adv.
hiérarchisation n. f.
hiérarchiser v. tr.
(conjug. 1)
hiérarque n. m.
hiératique adj.
hiératiquement adv.
hiératisme n. m.
hiérodule n. m.
hiéroglyphe n. m.
hiéroglyphique adj.

hiérogrammate n. m.
hiéronymite n. m.
hiérophante n. m.
hi-fi ou **hifi** n. f. et adj. inv.
highlander [ajlɑ̃dœr] n. m.
high-tech adj. et n. m. inv.
hi-han ou **hihan** interj. et n. m.
  PL. inv. ou ou *hihans*
hijab ou **hidjab** ['idʒab] n. m.
hilaire adj.
hilarant, ante adj.
hilare adj.
hilarité n. f.
hile n. m.
hilote n.
himalaya n. m.
himalayen, yenne adj.
himalayisme n. m.
himation n. f.
hindi n. m. et adj.
hindou, e ou **indou, e** adj. et n.
hindouisme ou **indouisme*** n. m.
hindouiste ou **indouiste*** adj. et n.
hindoustani n. m.
hinterland [intɛrlɑ̃d] n. m.
hip interj.
hip-hop n. m. ; adj.
hip-hopeur, euse n.
  PL. *hip-hopeurs, euses*
hipparchie n. f.
hipparion n. m.
hipparque n. m.
hippiatre n.
hippiatrie n. f.
hippiatrique adj.
hippie ou **hippy** n. et adj.
  PL. *hippies* ou *hippys*
hippique adj.
hippisme n. m.
hippocampe n. m.
hippocratique adj.
hippocratisme n. m.
hippodrome n. m.
hippogriffe n. m.
hippologie n. f.

hippologique adj.
hippomobile adj.
hippophagie n. f.
hippophagique adj.
hippopotame n. m.
hippopotamesque adj.
hippotechnie n. f.
hippotrague n. m.
hippurique adj.
hippy n. et adj.
  PL. *hippies* ou *hippys*
hiragana n. m.
hircin, ine adj.
hirondeau n. m.
hirondelle n. f.
hirsute adj.
hirsutisme n. m.
hirudine n. f.
hirudinées n. f. pl.
hispanique adj. et n.
hispanisant, ante n.
hispanisation n. f.
hispaniser v. tr. (conjug. 1)
hispanisme n. m.
hispaniste n.
hispanité n. f.
hispano-américain, aine adj.
  PL. *hispano-américains, aines*
hispano-arabe adj.
  PL. *hispano-arabes*
hispano-mauresque ou **hispano-moresque** adj.
  PL. *hispano-mauresques* ou *hispano-moresques*
hispanophone adj. et n.
hispanophonie n. f.
hispide adj.
hisser v. tr. (conjug. 1)
histamine n. f.
histaminique adj.
histidine n. f.
histiocyte n. m.
histochimie n. f.
histocompatibilité n. f.
histocompatible adj.
histogenèse n. f.
histogramme n. m.
histoire n. f.
histologie n. f.

histologique adj.
histologiquement adv.
histolyse n. f.
histone n. f.
histoplasmose n. f.
historiciser v. tr. (conjug. 1)
historicisme n. m.
historicité n. f.
historié, iée adj.
historien, ienne n.
historier v. tr. (conjug. 7)
historiette n. f.
historiographe n.
historiographie n. f.
historiographique adj.
historique adj. et n. m.
historiquement adv.
historisant, ante adj.
historisme n. m.
histrion n. m.
hit n. m. (rec. off. : tube)
hitlérien, ienne adj.
hitlérisme n. m.
hit-parade n. m.
  PL. *hit-parades* (rec. off. : palmarès)
hittite adj.
HIV n. m. (human immunodeficiency virus)
hiver n. m.
hivernage n. m.
hivernal, ale, aux adj.
hivernale n. f.
hivernant, ante adj. et n.
hiverner v. (conjug. 1)
H. L. A. adj. (human leucocyte antigen)
H. L. M. n. m. ou f. (habitation à loyer modéré)
ho interj.
hobby n. m.
  PL. *hobbies* ou *hobbys*
hobereau n. m.
hocco n. m.
hochement n. m.
hochequeue n. m.
hocher v. tr. (conjug. 1)
hochet n. m.
hockey n. m.

hockeyeur, euse n.
hoffmannien, ienne adj.
hoir n. m.
hoirie n. f.
hoki n. m.
holà interj.
holding n. m. ou f.
hold-up ou holdup* n. m.
  PL. inv. ou holdups*
holisme n. m.
holistique adj.
hollandais, aise adj. et n.
hollande n. f. et m.
hollywoodien, ienne adj.
holmium n. m.
holocauste n. m.
holocène n. m.
hologamie n. f.
hologrammatique adj.
hologramme n. m.
holographe adj.
holographie n. f.
holographier v. tr.
  (conjug. 7)
holographique adj.
holophrastique adj.
holoprotéine n. f.
holorime adj.
holoside n. m.
holothurie n. f.
holotype n. m.
holstein adj.
holster n. m.
homard n. m.
homarderie n. f.
home n. m.
home cinéma n. m.
homeland n. m.
homélie n. f.
homéodomaine n. m.
homéomorphe adj.
homéomorphisme n. m.
homéopathe n.
homéopathie n. f.
homéopathique adj.
homéostasie n. f.
homéostat n. m.
homéostatique adj.
homéotherme n. et adj.
homéotique adj.

homérique adj.
homespun ['ɔmspœn]
  n. m.
home-trainer
  ['ɔmtʀɛnœʀ] n. m.
  PL. home-trainers
homicide adj. et n. ; n. m.
homilétique n. f.
hominidés n. m. pl.
hominiens n. m. pl.
homininés n. m. pl.
hominisation n. f.
hominisé, ée adj.
hominoïdes n. m. pl.
hommage n. m.
hommasse adj.
homme n. m.
homme-grenouille n. m.
  PL. hommes-grenouilles
homme-orchestre n. m.
  PL. hommes-orchestres
homme-sandwich n. m.
  PL. hommes-sandwichs
homme-tronc n. m.
  PL. hommes-troncs
homo adj. et n.
homocentrique adj.
homocerque adj.
homochromie [-k-] n. f.
homocinétique adj.
homogamie n. f.
homogène adj.
homogénéifier v. tr.
  (conjug. 7)
homogénéisateur, trice
  adj.
homogénéisation n. f.
homogénéiser v. tr.
  (conjug. 1)
homogénéité n. f.
homographe adj. et n.
homographie n. f.
homographique adj.
homogreffe n. f.
homologation n. f.
homologie n. f.
homologue adj.
homologuer v. tr.
  (conjug. 1)
homomorphisme n. m.

homoncule ou
  homuncule n. m.
homonyme adj. et n. m.
homonymie n. f.
homonymique adj.
homoparental, ale, aux
  adj.
homoparentalité n. f.
homophile n. m. et adj.
homophilie n. f.
homophobe adj. et n.
homophobie n. f.
homophone adj. et n. m.
homophonie n. f.
homos n. m.
homosexualité n. f.
homosexuel, elle n. et
  adj.
homosphère n. f.
homothermie n. f.
homothétie n. f.
homothétique adj.
homozygote adj. et n.
homuncule n. m.
hongkongais, aise n. et
  adj.
hongre adj.
hongrer v. tr. (conjug. 1)
hongrois, oise adj. et n.
hongroyage n. m.
hongroyer v. tr. (conjug. 8)
hongroyeur n. m.
honnête adj.
honnêtement adv.
honnêteté n. f.
honneur n. m.
honnir v. tr. (conjug. 2)
honorabilité n. f.
honorable adj.
honorablement adv.
honoraire adj.
honoraires n. m. pl.
honorariat n. m.
honoré, ée adj. et n. f.
honorer v. tr. (conjug. 1)
honorifique adj.
honoris causa
  [ɔnɔʀiskoza] loc. adj.
honte n. f.
honteusement adv.

honteux

honteux, euse adj.
hooligan ou **houligan** ['uligan ; 'uligɑ̃] n. m.
hooliganisme ou **houliganisme** ['uliganism] n. m.
hop interj.
hôpital, aux n. m.
hoplite n. m.
hoquet n. m.
hoqueter v. intr. (conjug. 4)
hoqueton n. m.
horaire adj. et n.
horde n. f.
hordéine n. f.
hordique adj.
horion n. m.
horizon n. m.
horizontal, ale, aux adj. et n. f.
horizontalement adv.
horizontalité n. f.
horloge n. f.
horloger, ère n. et adj.
horlogerie n. f.
hormis prép.
hormonal, ale, aux adj.
hormone n. f.
hormoné, ée adj.
hormoner v. tr. (conjug. 1)
hormonologie n. f.
hormonothérapie n. f.
hornblende ['ɔʀnblɛd] n. f.
horodatage n. m.
horodaté, ée adj.
horodateur, trice n. m. et adj.
horokilométrique adj.
horoscope n. m.
horreur n. f.
horrible adj.
horriblement adv.
horrifiant, iante adj.
horrifier v. tr. (conjug. 7)
horrifique adj.
horripilant, ante adj.
horripilation n. f.
horripiler v. tr. (conjug. 1)
hors adv. et prép.
horsain n. m.

hors-bord n. m.
 PL. inv. ou *hors-bords*
hors-champ n. m.
 PL. inv. ou *hors-champs**
hors-concours n. m. inv.
hors-cote n. m.
 PL. *hors-cotes*
hors-d'œuvre n. m. inv.
horse-ball ou **horseball** n. m.
horse-power n. m. inv.
hors-jeu n. m.
 PL. inv. ou *hors-jeux*
hors-la-loi n. inv.
hors-ligne n.
 PL. inv. ou *hors-lignes*
hors-piste n. m.
 PL. inv. ou *hors-pistes*
hors-série adj. et n.
 PL. inv. ou *hors-séries*
hors service adj. inv.
hors-sol adj.
 PL. inv. ou *hors-sols**
horst n. m.
hors-texte n. m.
 PL. inv. ou *hors-textes*
hors tout adj. inv.
hortensia n. m.
horticole adj.
horticulteur, trice n.
horticulture n. f.
hortillonnage n. m.
hosanna n. m.
hospice n. m.
hospitalier, ière adj. et n.
hospitalisation n. f.
hospitaliser v. tr. (conjug. 1)
hospitalisme n. m.
hospitalité n. f.
hospitalo-universitaire adj.
 PL. *hospitalo-universitaires*
hospodar n. m.
hostellerie n. f.
hostie n. f.
hostile adj.
hostilement adv.
hostilité n. f.
hosto n. m.
hot adj. inv.

hot-dog ou **hotdog** n. m.
 PL. *hot-dogs* ou *hotdogs*
hôte, hôtesse n.
hôtel n. m.
hôtel-Dieu n. m.
 PL. *hôtels-Dieu*
hôtelier, ière n. et adj.
hôtellerie n. f.
hôtel-restaurant n. m.
 PL. *hôtels-restaurants*
hôtesse n. f.
hot-line ou **hotline** n. f.
 PL. *hot-lines* ou *hotlines* (rec. off. : aide en ligne)
hotte n. f.
hottentot, ote adj. et n.
hou interj.
houache n. f.
houaiche n. f.
houblon n. m.
houblonnage n. m.
houblonner v. tr. (conjug. 1)
houblonnier, ière n. et adj.
houblonnière n. f.
houdan n. m.
houe n. f.
houille n. f.
houiller, ère adj.
houillère n. f.
houillification n. f.
houka n. m.
houla interj.
houle n. f.
houlette n. f.
houleux, euse adj.
houligan n. m.
houliganisme n. m.
houlomoteur, trice adj.
houlque n. f.
houmous ou **hommous** ou **houmos** n. m.
houp interj.
houppe n. f.
houppelande n. f.
houpper v. tr. (conjug. 1)
houppette n. f.
houppier n. m.
houque n. f.

hourd n. m.
hourdage n. m.
hourder v. tr. (conjug. 1)
hourdis n. m.
houri n. f.
hourque n. f.
hourra ou **hurrah** n. m.
hourvari n. m.
houseau n. m.
house-boat ['ausbot] n. m.
  PL. *house-boats* (rec. off. : coche)
house (music) ['aus(mjuzik)] n. f.
houspiller v. tr. (conjug. 1)
houssaie n. f.
housse n. f.
housser v. tr. (conjug. 1)
houssière n. f.
houssoir n. m.
houx n. m.
hovercraft n. m.
hoyau n. m.
H. S. adj. inv. (hors service)
¹**H. T.** abrév. (hors taxe)
²**H. T.** abrév. (hors tension)
HTML n. m. (hypertext markup language)
huard ou **huart** n. m.
hub ['œb] n. m. (rec. off. : concentrateur [en informatique] ; pôle d'échanges, plateforme de correspondance, plaque tournante [aéroport])
hublot n. m.
hubris ou **hybris** n. f.
huche n. f.
hucher v. tr. (conjug. 1)
huchet n. m.
hue interj.
huée n. f.
huer v. (conjug. 1)
huerta ['wɛʀta ; 'ɥɛʀta] n. f.
huguenot, ote n. et adj.
huhau interj.
hui adv.
huilage n. m.
huile n. f.
huiler v. tr. (conjug. 1)

huilerie n. f.
huileux, euse adj.
¹**huilier, ière** adj.
²**huilier** n. m.
huis n. m.
huisserie n. f.
huissier n. m.
huissière n. f.
huit adj. numér. inv. et n. inv.
huitain n. m.
huitaine n. f.
huitante adj. numér. inv. et n. inv.
huitantième adj. numér. ord. et n.
huitième adj. et n.
huitièmement adv.
huître ou **huitre*** n. f.
huit-reflets n. m. inv.
huîtrier, ière ou **huitrier, ière*** adj. ; n. m. ; n. f.
hulotte n. f.
hululement ou **ululement** n. m.
hululer ou **ululer** v. intr. (conjug. 1)
hum interj.
humain, aine adj. et n.
humainement adv.
humanisation n. f.
humaniser v. tr. (conjug. 1)
humanisme n. m.
humaniste n. m. et adj.
humanistique adj.
humanitaire adj. et n.
humanitarisme n. m.
humanitariste adj. et n.
humanité n. f.
humanoïde adj. et n.
humble adj.
humblement adv.
humectage n. m.
humectant, ante adj.
humecter v. tr. (conjug. 1)
humecteur n. m.
humer v. tr. (conjug. 1)
huméral, ale, aux adj.
humérus n. m.
humeur n. f.

humide adj.
humidificateur n. m.
humidification n. f.
humidifier v. tr. (conjug. 7)
humidifuge adj.
humidimètre n. m.
humidité n. f.
humidologie n. f.
humiliant, iante adj.
humiliation n. f.
humilier v. tr. (conjug. 7)
humilité n. f.
humoral, ale, aux adj.
humorisme n. m.
humoriste n. et adj.
humoristique adj.
humour n. m.
humus n. m.
hune n. f.
hunier n. m.
huppe n. f.
huppé, ée adj.
hurdler ou **hurdleur, euse** n.
hure n. f.
hurlant, ante adj.
hurlement n. m.
hurler v. (conjug. 1)
hurleur, euse adj. et n.
hurling n. m.
hurluberlu, ue n.
huron, onne n. et adj.
hurrah n. m.
hurricane n. m.
husky n. m.
  PL. *huskys* ou *huskies*
hussard n. m.
hussarde n. f.
hussite n. m.
hutte n. f.
hyacinthe n. f.
hyades n. f. pl.
hyalin, ine adj.
hyalite n. f.
hyaloïde adj.
hyaloplasme n. m.
hyaluronique adj.
hybridation n. f.
hybride adj. et n. m.
hybrider v. tr. (conjug. 1)

hybridisme n. m.
hybridité n. f.
hybridome n. m.
hybris [y-] n. f.
hydarthrose n. f.
hydatide n. f.
hydatique adj.
hydne n. m.
hydracide n. m.
hydraire n. m.
hydrangée n. f.
hydrant n. m.
hydrante n. f.
hydrargyre n. m.
hydrargyrisme n. m.
hydratable adj.
hydratant, ante adj. et n. m.
hydratation n. f.
hydrate n. m.
hydrater v. tr. (conjug. 1)
hydraulicien, ienne n.
hydraulique adj. et n. f.
hydravion n. m.
hydrazine n. f.
hydre n. f.
hydrémie n. f.
hydrique adj.
hydroalcoolique adj.
hydrocarbonate n. m.
hydrocarboné, ée adj.
hydrocarbure n. m.
hydrocèle n. f.
hydrocéphale adj. et n.
hydrocéphalie n. f.
hydrochimiste n.
hydrochlorofluorocarbure [-k-] n. m.
hydrocoralliaire n. m.
hydrocortisone n. f.
hydrocotyle n. f.
hydrocraquage n. m.
hydrocution n. f.
hydrodynamique adj. et n. f.
hydroélectricité n. f.
hydroélectrique adj.
hydrofoil [idʀɔfɔjl] n. m. (rec. off. : hydroptère)
hydrofuge adj.

hydrofuger v. tr. (conjug. 3)
hydrogénation n. f.
hydrogène n. m.
hydrogéné, ée adj.
hydrogéner v. tr. (conjug. 6)
hydrogéologie n. f.
hydrogéologue n.
hydroglisse n. f.
hydroglisseur n. m.
hydrographe n.
hydrographie n. f.
hydrographique adj.
hydrohémie n. f.
hydrojet n. m.
hydrolase n. f.
hydrolat n. m.
hydrolien, ienne adj. et n. f.
hydrolipidique adj.
hydrolithe n. f.
hydrologie n. f.
hydrologique adj.
hydrologue n.
hydrolysable adj.
hydrolyse n. f.
hydrolyser v. tr. (conjug. 1)
hydromassage n. m.
hydromassant, ante adj.
hydromécanique adj.
hydromel n. m.
hydrométéore n. m.
hydromètre n. m. et f.
hydrométrie n. f.
hydrométrique adj.
hydrominéral, ale, aux adj.
hydronéphrose n. f.
hydronymie n. f.
hydronymique adj.
hydropéricarde n. m.
hydrophile adj. et n. m.
hydrophobe adj. et n.
hydrophobie n. f.
hydrophone n. m.
hydropique adj.
hydropisie n. f.
hydropneumatique adj.
hydroponique adj.

hydroptère n. m. (rec. off. pour hydrofoil)
hydropulseur n. m.
hydroquinone n. f.
hydrosilicate n. m.
hydrosoluble adj.
hydrospeed adj. et n. m.
hydrosphère n. f.
hydrostatique n. f. et adj.
hydrosystème n. m.
hydrotechnique n. f. et adj.
hydrothérapeute n.
hydrothérapie n. f.
hydrothérapique adj.
hydrothermal, ale, aux adj.
hydrothorax n. m.
hydrotimètre n. m.
hydrotimétrie n. f.
hydroxyde n. m.
hydroxylamine n. f.
hydroxyle n. m.
hydrozoaires n. m. pl.
hydrure n. m.
hyène n. f.
hygiaphone® n. m.
hygiène n. f.
hygiénique adj.
hygiéniquement adv.
hygiénisme n. m.
hygiéniste n.
hygroma n. m.
hygromètre n. m.
hygrométricité n. f.
hygrométrie n. f.
hygrométrique adj.
hygrophile adj.
hygrophobe adj.
hygroscope n. m.
hygroscopie n. f.
hygroscopique adj.
hylozoïsme n. m.
hymen n. m.
hyménée n. m.
hyménium n. m.
hyménomycètes n. m. pl.
hyménoptères n. m. pl.
hymne n.
hyoïde adj.

hyoïdien, ienne adj.
hypallage n. f.
hype adj. inv.
hyper adv.
hyperacidité n. f.
hyperacousie n. f.
hyperactif, ive adj. et n.
hyperactivité n. f.
hyperalgésie n. f.
hyperalgésique adj.
hyperalgie n. f.
hyperalgique adj.
hyperappel n. m.
hyperbande n. f.
hyperbare adj.
hyperbate n. f.
hyperbole n. f.
hyperbolique adj.
hyperboliquement adv.
hyperboloïde adj. et n. m.
hyperboréen, enne adj.
hypercalorique adj.
hyperchlorhydrie [-k-] n. f.
hypercholestérolémie [-k-] n. f.
hypercholestérolémique [-k-] adj. et n.
hyperchrome [-k-] adj.
hyperchromie [-k-] n. f.
hypercorrect, e adj.
hypercorrection n. f.
hyperdistribution n. f.
hyperdulie n. f.
hyperémie n. f.
hyperémotif, ive adj. et n.
hyperémotivité n. f.
hyperespace n. m.
hyperesthésie n. f.
hyperfocal, ale, aux adj. et n.
hyperfréquence n. f.
hypergenèse n. f.
hyperglycémiant, iante adj.
hyperglycémie n. f.
hypergol n. m.
hyperinflation n. f.
hyperlaxe adj.
hyperlien n. m.

hyperlipémie n. f.
hyperlipidémie n. f.
hyperlipidique adj.
hypermarché n. m.
hypermédia n. m. et adj.
hypermédiatisé, ée adj.
hypermédicalisation n. f.
hyperménorrhée n. f.
hypermètre adj.
hypermétrope adj. et n.
hypermétropie n. f.
hypermnésie n. f.
hypernerveux, euse adj.
hyperon n. m.
hyperonyme n. m.
hyperparathyroïdie n. f.
hyperphagie n. f.
hyperphagique adj. et n.
hyperplasie n. f.
hyperplasique adj.
hyperprotéiné, ée adj.
hyperpuissance n. f.
hyperréactivité n. f.
hyperréalisme n. m.
hyperréaliste adj. et n.
hyperréalité n. f.
hypersécréteur, trice adj.
hypersécrétion n. f.
hypersensibilité n. f.
hypersensible adj. et n.
hypersexualisation n. f.
hypersomniaque adj. et n.
hypersomnie n. f.
hypersonique adj.
hypersthénie n. f.
hypersustentateur, trice adj. et n. m.
hypersustentation n. f.
hypertélie n. f.
hypertendu, ue adj. et n.
hypertenseur n. m.
hypertensif, ive adj.
hypertension n. f.
hyperterrorisme n. m.
hyperterroriste adj.
hypertexte n. m.
hypertextualité n. f.
hypertextuel, elle adj.

hyperthermie n. f.
hyperthyroïdie n. f.
hypertonie n. f.
hypertonique adj.
hypertrophie n. f.
hypertrophié, iée adj.
hypertrophier v. tr. (conjug. 7)
hypertrophique adj.
hypervariable adj.
hyperventilation n. f.
hypervitaminose n. f.
hyphe n. m.
hypholome n. m.
hypnagogique adj.
hypne n. f.
hypnoïde adj.
hypnologue n. m.
hypnose n. f.
hypnotique adj.
hypnotiser v. tr. (conjug. 1)
hypnotiseur, euse n.
hypnotisme n. m.
hypoacousie n. f.
hypoalgésie n. f.
hypoallergénique adj.
hypoallergique adj.
hypocagne n. f.
hypocalorique adj.
hypocauste n. m.
hypocentre n. m.
hypochloreux [-k-] adj.
hypochlorhydrie [-k-] n. f.
hypochlorite [-k-] n. m.
hypocholestérolémiant, iante [-k-] adj. et n.
hypochrome [-k-] adj.
hypochromie [-k-] n. f.
hypocondre n. m.
hypocondriaque adj. et n.
hypocondrie n. f.
hypocoristique adj. et n. m.
hypocras n. m.
hypocrisie n. f.
hypocrite n. et adj.
hypocritement adv.
hypocycloïde n. f.
hypoderme n. m.
hypodermique adj.

hypodermose n. f.
hypofécondité n. f.
hypofertile adj.
hypofertilité n. f.
hypogastre n. m.
hypogastrique adj.
hypogé, ée adj.
hypogée n. m.
hypoglosse adj.
hypoglycémiant, iante adj.
hypoglycémie n. f.
hypoglycémique adj. et n.
hypogyne adj.
hypokhâgne ou **hypocagne** n. f.
hypolipémie n. f.
hyponomeute ou **yponomeute** n. m.
hyponyme n. m.
hypoparathyroïdie n. f.
hypophosphatémie n. f.
hypophosphite n. m.
hypophosphoreux, euse adj.
hypophosphorique adj.
hypophysaire adj.
hypophyse n. f.
hypoplasie n. f.
hypoplasique adj.
hyposcenium ou **hyposcénium*** n. m.
hyposécrétion n. f.
hyposodé, ée adj.
hypospadias n. m.
hypostase n. f.
hypostasier v. tr. (conjug. 7)
hypostatique adj.
hypostyle adj.
hyposulfite n. m.
hyposulfureux, euse adj.
hypotaupe n. f.
hypotendu, ue adj. et n.
hypotenseur adj. m. et n. m.
hypotensif, ive adj.
hypotension n. f.
hypoténuse n. f.
hypothalamique adj.

hypothalamus n. m.
hypothécable adj.
hypothécaire adj.
hypothécairement adv.
hypothénar n. m.
hypothèque n. f.
hypothéquer v. tr. (conjug. 6)
hypothermie n. f.
hypothèse n. f.
hypothéticodéductif, ive adj.
hypothétique adj.
hypothétiquement adv.
hypothyroïdie n. f.
hypotonie n. f.
hypotonique adj.
hypotrophie n. f.
hypotrophique adj. et n.
hypotypose n. f.
hypoventilation n. f.
hypovitaminose n. f.
hypoxémie n. f.
hypoxie n. f.
hypsomètre n. m.
hypsométrie n. f.
hypsométrique adj.
hysope n. f.
hystérectomie n. f.
hystérésis n. f.
hystérie n. f.
hystériforme adj.
hystérique adj. et n.
hystériser v. tr. (conjug. 1)
hystéro n. (hystérique)
hystérographie n. f.
hystérosalpingographie n. f.
hystéroscopie n. f.
hystérotomie n. f.
Hz symb.

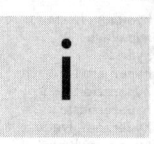

i

I n. m. inv. ; abrév. et symb.
I. A. n. f. (intelligence artificielle)
IAC n. f. (insémination artificielle entre conjoints)
IAD n. f. (insémination artificielle avec donneur)
iambe ou **ïambe** n. m.
iambique adj.
I. A. O. n. f. (ingénierie assistée par ordinateur)
iatrogène adj.
iatrogénique adj.
ib. abrév. (ibidem)
ibère n. et n.
ibérien, ienne adj. et n.
ibérique adj. et n.
ibéris n. m.
ibid. abrév. (ibidem)
ibidem adv.
ibis n. m.
ibuprofène n. m.
icaque n. f.
icaquier n. m.
icarien, ienne adj.
iceberg [isbɛʀg ; ajsbɛʀg] n. m.
icelui, icelle pron. et adj. dém.
PL. *iceux, icelles*
ichneumon n. m.
ichnologie n. f.
ichor n. m.
ichoreux, euse adj.
ichtophagique adj.
ichtyoïde [iktjɔid] adj.
ichtyol® [iktjɔl] n. m.
ichtyologie [ik-] n. f.
ichtyologique [ik-] adj.
ichtyologiste [ik-] n.
ichtyophage [ik-] adj. et n.
ichtyornis [ik-] n. m.

illuminé

ichtyosaure [ik-] n. m.
ichtyose n. f.
ici adv.
ici-bas loc. adv.
icone n. f.
icône n. f.
iconicité n. f.
iconique adj.
iconiser v. tr. (conjug. 1)
iconoclasme n. m.
iconoclaste n. et adj.
iconographe n.
iconographie n. f.
iconographique adj.
iconolâtre n.
iconolâtrie n. f.
iconologie n. f.
iconologiste n.
iconologue n.
iconoscope n. m.
iconostase n. f.
iconothèque n. f.
icosaédral, ale, aux adj.
icosaèdre n. m.
ictère n. m.
ictérique adj.
ictus n. m.
id. abrév. (idem)
ide n. m.
¹idéal, ale, als ou aux adj.
²idéal, als ou aux n. m.
idéalement adv.
idéalisateur, trice adj. et n.
idéalisation n. f.
idéaliser v. tr. (conjug. 1)
idéalisme n. m.
idéaliste adj. et n.
idéalité n. f.
idéation n. f.
idée n. f.
idéel, elle adj.
idem [idɛm] adv.
identifiable adj.
identifiant, iante adj. et n. m.
identificateur, trice adj. et n. m.
identification n. f.
identificatoire adj.

identifier v. tr. (conjug. 7)
identique adj.
identiquement adv.
identitaire adj.
identité n. f.
idéogramme n. m.
idéographie n. f.
idéographique adj.
idéologie n. f.
idéologique adj.
idéologue n.
idéomoteur, trice adj.
ides n. f. pl.
id est [idɛst] loc. conj.
idiolecte n. m.
idiomatique adj.
idiome n. m.
idiopathique adj.
idiophone n. m.
idiosyncrasie n. f.
idiot, idiote adj. et n.
idiotie n. f.
idiotisme n. m.
idoine adj.
idolâtre adj. et n.
idolâtrer v. tr. (conjug. 1)
idolâtrie n. f.
idolâtrique adj.
idole n. f.
idylle n. f.
idyllique adj.
i. e. loc. conj. (id est)
if n. m.
igloo ou iglou [iglu] n. m.
IGN n. m. (Institut géographique national)
igname [iɲam ; iɡnam] n. f.
ignare adj.
igné, ée adj.
ignifugation n. f.
ignifuge adj.
ignifugeant, ante adj. et n. m.
ignifuger v. tr. (conjug. 3)
ignipuncture ou igniponcture n. f.
ignition n. f.
ignoble adj.
ignoblement adv.
ignominie n. f.

ignominieusement adv.
ignominieux, ieuse adj.
ignorance n. f.
ignorant, ante adj.
ignorantin adj. m. et n. m.
ignoré, ée adj.
ignorer v. tr. (conjug. 1)
iguane n. m.
iguanodon n. m.
igue n. f.
I. H. P. n. (interne des hôpitaux de Paris)
ikebana ou ikébana n. m.
il pron. pers. m.
ilang-ilang ou ylang-ylang n. m.
île ou ile* n. f.
iléal, ale, aux adj.
iléite n. f.
iléocæcal, ale, aux adj.
iléocolique adj.
iléon n. m.
îlet ou ilet* n. m.
iléus n. m.
iliaque adj.
îlien, îlienne ou ilien, ienne* adj.
ilion n. m.
illégal, ale, aux adj.
illégalement adv.
illégalité n. f.
illégitime adj.
illégitimement adv.
illégitimité n. f.
illettré, ée adj. et n.
illettrisme n. m.
illicéité n. f.
illicite adj.
illicitement adv.
illico adv.
illimité, ée adj. et n. m.
illisibilité n. f.
illisible adj.
illisiblement adv.
illogique adj.
illogiquement adv.
illogisme n. m.
illuminateur n. m.
illumination n. f.
illuminé, ée adj. et n.

illuminer

illuminer v. tr. (conjug. 1)
illuminisme n. m.
illusion n. f.
illusionner v. tr. (conjug. 1)
illusionnisme n. m.
illusionniste n.
illusoire adj.
illusoirement adv.
illustrateur, trice n.
illustratif, ive adj.
illustration n. f.
illustre adj.
illustré, ée adj. et n. m.
illustrer v. tr. (conjug. 1)
illustrissime adj.
illuvial, iale, iaux adj.
illuviation n. f.
illuvium n. m.
I. L. M. n. m. (immeuble à loyer modéré)
îlot ou ilot* n. m.
îlotage ou ilotage* n. m.
ilote n.
îlotier, ière ou ilotier, ière* n.
ilotisme n. m.
I. L. S. n. m. (instrument landing system)
image n. f.
imagé, ée adj.
imagerie n. f.
imageur n. m.
imagiciel n. m.
imagicien, ienne n.
imagier, ière n. et adj.
imaginable adj.
imaginaire adj. et n. m.
imaginairement adv.
imaginal, ale, aux adj.
imaginatif, ive adj. et n.
imagination n. f.
imaginé, ée adj.
imaginer v. tr. (conjug. 1)
imago n. m. et f.
imagoïque adj.
imam n. m.
imamat n. m.
I. M. A. O. n. m. inv. (inhibiteur de la monoamine oxydase)

imbattable adj.
imbécile adj. et n.
imbécilement adv.
imbécillité ou imbécilité n. f.
imberbe adj.
imbiber v. tr. (conjug. 1)
imbibition n. f.
imbitable ou imbittable adj.
imbrication n. f.
imbriqué, ée adj.
imbriquer v. tr. (conjug. 1)
imbroglio [ɛ̃brɔljo ; ɛ̃brɔglijo] n. m.
imbrûlé, ée ou imbrulé, ée* adj. et n. m.
imbu, ue adj.
imbuvable adj.
I. M. C. adj. inv. (infirme moteur cérébral)
imidazole n. m.
imitable adj.
imitateur, trice n.
imitatif, ive adj.
imitation n. f.
imiter v. tr. (conjug. 1)
immaculé, ée adj.
immanence n. f.
immanent, ente adj.
immanentisme n. m.
immangeable adj.
immanquable adj.
immanquablement adv.
immarcescible adj.
immatérialisme n. m.
immatérialiste n.
immatérialité n. f.
immatériel, ielle adj.
immatriculation n. f.
immatriculer v. tr. (conjug. 1)
immature adj.
immaturité n. f.
immédiat, iate adj. et n. m.
immédiatement adv.
immédiateté n. f.
immelmann n. m.

immémorial, iale, iaux adj.
immense adj.
immensément adv.
immensité n. f.
immensurable adj.
immergé, ée adj.
immerger v. tr. (conjug. 3)
immérité, ée adj.
immersif, ive adj.
immersion n. f.
immettable adj.
immeuble adj. et n. m.
immigrant, ante adj. et n.
immigration n. f.
immigré, ée adj. et n.
immigrer v. intr. (conjug. 1)
imminence n. f.
imminent, ente adj.
immiscer (s') v. pron. (conjug. 3)
immixtion n. f.
immobile adj.
immobilier, ière adj. et n. m.
immobilisation n. f.
immobiliser v. tr. (conjug. 1)
immobilisme n. m.
immobiliste adj. et n.
immobilité n. f.
immodération n. f.
immodéré, ée adj.
immodérément adv.
immodeste adj.
immodestement adv.
immodestie n. f.
immolateur, trice n.
immolation n. f.
immoler v. tr. (conjug. 1)
immonde adj.
immondice n. f.
immoral, ale, aux adj.
immoralement adv.
immoralisme n. m.
immoraliste adj. et n.
immoralité n. f.
immortalisation n. f.
immortaliser v. tr. (conjug. 1)

immortalité n. f.
immortel, elle adj. et n.
immortelle n. f.
immoticien, ienne n.
immotique n. f.
immotivé, ée adj.
immuabilité n. f.
immuable adj.
immuablement adv.
immun, une adj.
immunisant, ante adj.
immunisation n. f.
immuniser v. tr. (conjug. 1)
immunitaire adj.
immunité n. f.
immunoanalyse n. f.
immunochimie n. f.
immunocompétence n. f.
immunocompétent, ente adj.
immunodéficience n. f.
immunodéficit n. m.
immunodéficitaire n. et adj.
immunodépresseur n. m.
immunodépressif, ive adj.
immunodépression n. f.
immunodéprimé, ée adj. et n.
immunofluorescence n. f.
immunogène adj.
immunoglobuline n. f.
immunohistochimie n. f.
immunologie n. f.
immunologique adj.
immunologiste n.
immunostimulant, ante adj. et n. m.
immunosuppresseur n. m.
immunosuppressif, ive adj.
immunosuppression n. f.
immunothérapie n. f.
immunotolérance n. f.
immunotolérant, ante adj.

immunotransfusion n. f.
immutabilité n. f.
impact n. m.
impacté, ée adj.
impacter v. tr. (conjug. 1)
impacteur n. m.
impair, aire adj. et n. m.
impala n. m.
impalpable adj.
impaludation n. f.
impaludé, ée adj.
impanation n. f.
imparable adj.
impardonnable adj.
imparfait, aite adj. et n. m.
imparfaitement adv.
imparidigité, ée adj.
imparipenné, ée adj.
imparisyllabique adj.
imparité n. f.
impartageable adj.
impartial, iale, iaux adj.
impartialement adv.
impartialité n. f.
impartir v. tr. (conjug. 2 ; usité seult inf., ind. prés. et p. p.)
impasse n. f.
impassibilité n. f.
impassible adj.
impassiblement adv.
impatiemment adv.
impatience n. f.
impatiens n. f.
impatient, iente adj.
impatienter v. tr. (conjug. 1)
impatrié, iée adj. et n.
impatronisation n. f.
impatroniser v. tr. (conjug. 1)
impavide adj.
impayable adj.
impayé, ée adj.
impeachment [impitʃmɛnt] n. m.
impec adj. inv. ; adv.
impeccable adj.
impeccablement adv.

impécunieux, ieuse adj.
impécuniosité n. f.
impédance n. f.
impédancemètre n. m.
impedimenta ou **impédimentas*** [ɛ̃pedimɛ̃ta] n. m. pl.
impénétrabilité n. f.
impénétrable adj.
impénitence n. f.
impénitent, ente adj.
impensable adj.
impense n. f.
imper n. m.
impératif, ive n. m. et adj.
impérativement adv.
impératrice n. f.
imperceptibilité n. f.
imperceptible adj.
imperceptiblement adv.
imperdable adj. et n. f.
imperfectible adj.
imperfectif, ive adj.
imperfection n. f.
imperforation n. f.
impérial, iale, iaux adj. et n.
impérialement adv.
impérialisme n. m.
impérialiste n. et adj.
impérieusement adv.
impérieux, ieuse adj.
impérissable adj.
impéritie n. f.
impermanence n. f.
impermanent, ente adj.
imperméabilisation n. f.
imperméabiliser v. tr. (conjug. 1)
imperméabilité n. f.
imperméable adj. et n. m.
impersonnalité n. f.
impersonnel, elle adj.
impersonnellement adv.
impertinemment adv.
impertinence n. f.
impertinent, ente adj.
imperturbabilité n. f.
imperturbable adj.
imperturbablement adv.

impesanteur n. f.
impétigineux, euse adj.
impétigo n. m.
impétrant, ante n.
impétration n. f.
impétrer v. tr. (conjug. 6)
impétueusement adv.
impétueux, euse adj.
impétuosité n. f.
impie adj. et n.
impiété n. f.
impitoyable adj.
impitoyablement adv.
implacabilité n. f.
implacable adj.
implacablement adv.
implaidable adj.
implant n. m.
implantation n. f.
implanter v. tr. (conjug. 1)
implantologie n. f.
implantologiste n.
implémentation n. f.
implémenter v. tr. (conjug. 1)
implexe adj.
implication n. f.
implicite adj.
implicitement adv.
impliquer v. tr. (conjug. 1)
implorant, ante adj.
imploration n. f.
implorer v. tr. (conjug. 1)
imploser v. intr. (conjug. 1)
implosif, ive adj.
implosion n. f.
impluvium [ɛ̃plyvjɔm] n. m.
impoli, ie adj.
impoliment adv.
impolitesse n. f.
impolitique adj.
impondérabilité n. f.
impondérable adj.
impopulaire adj.
impopularité n. f.
import n. m.
importable adj.
importance n. f.
important, ante adj.

importateur, trice n. et adj.
importation n. f.
¹**importer** v. tr. (conjug. 1)
²**importer** v. intr. et tr. ind. (conjug. 1 ; seult inf., p. prés. et 3ᵉ pers.)
import-export n. m.
PL. *imports-exports*
importun, une adj. et n.
importunément adv.
importuner v. tr. (conjug. 1)
importunité n. f.
imposable adj.
imposant, ante adj.
imposé, ée adj. et n.
imposer v. tr. (conjug. 1)
imposeur n. m.
imposition n. f.
impossibilité n. f.
impossible adj. et n. m.
imposte n. f.
imposteur n. m.
imposture n. f.
impôt n. m.
impotable adj.
impotence n. f.
impotent, ente adj. et n.
impraticable adj.
impratique adj.
imprécation n. f.
imprécatoire adj.
imprécis, ise adj.
imprécision n. f.
imprédictible adj.
imprégnation n. f.
imprégner v. tr. (conjug. 6)
imprenable adj.
impréparation n. f.
imprésario ou **impresario** n. m.
PL. *imprésarios* ou *impresarios* ou *impresarii* (it.)
imprescriptibilité n. f.
imprescriptible adj.
impression n. f.
impressionnabilité n. f.
impressionnable adj.

impressionnant, ante adj.
impressionner v. tr. (conjug. 1)
impressionnisme n. m.
impressionniste n. et adj.
imprévisibilité n. f.
imprévisible adj.
imprévision n. f.
imprévoyance n. f.
imprévoyant, ante adj. et n.
imprévu, ue adj. et n. m.
imprimable adj.
imprimant, ante adj. et n. f.
imprimatur n. m.
PL. inv. ou *imprimaturs*
imprimé, ée adj. et n. m.
imprimer v. tr. (conjug. 1)
imprimerie n. f.
imprimeur n. m.
imprimeuse n. f.
improbabilité n. f.
improbable adj.
improbateur, trice n. et adj.
improbatif, ive adj.
improbation n. f.
improbité n. f.
improductif, ive adj.
improductivité n. f.
impromptu, ue n. m. ; adj. et adv.
imprononçable adj.
impropre adj.
improprement adv.
impropriété n. f.
improuvable adj.
improvisateur, trice n.
improvisation n. f.
improviser v. tr. (conjug. 1)
improviste (à l') loc. adv.
imprudemment adv.
imprudence n. f.
imprudent, ente adj. et n.
impubère n.
impuberté n. f.
impubliable adj.
impudemment adv.

impudence n. f.
impudent, ente adj.
impudeur n. f.
impudicité n. f.
impudique adj.
impudiquement adv.
impuissance n. f.
impuissant, ante adj.
impulser v. tr. (conjug. 1)
impulsif, ive adj. et n.
impulsion n. f.
impulsionnel, elle adj.
impulsivement adv.
impulsivité n. f.
impunément adv.
impuni, ie adj.
impunité n. f.
impur, ure adj.
impureté n. f.
imputabilité n. f.
imputable adj.
imputation n. f.
imputer v. tr. (conjug. 1)
imputrescibilité n. f.
imputrescible adj.
in adj. inv.
inabordable adj.
inabouti, ie adj.
inabrogeable adj.
in absentia loc. adv.
in abstracto loc. adv.
inaccentué, ée adj.
inacceptable adj.
inaccessibilité n. f.
inaccessible adj.
inaccompli, ie adj.
inaccomplissement n. m.
inaccordable adj.
inaccoutumé, ée adj.
inachevé, ée adj.
inachèvement n. m.
inactif, ive adj.
inactinique adj.
inaction n. f.
inactivation n. f.
inactiver v. tr. (conjug. 1)
inactivité n. f.
inactuel, elle adj.
inadaptabilité n. f.
inadaptable adj.

inadaptation n. f.
inadapté, ée adj.
inadéquat, quate [-kwa(t), kwat] adj.
inadéquation n. f.
inadmissibilité n. f.
inadmissible adj.
inadvertance n. f.
inaliénabilité n. f.
inaliénable adj.
inaliénation n. f.
inalpe n. f.
inaltérabilité n. f.
inaltérable adj.
inaltéré, ée adj.
inamical, ale, aux adj.
inamissible adj.
inamovibilité n. f.
inamovible adj.
inanalysable adj.
inanimé, ée adj.
inanité n. f.
inanition n. f.
inapaisable adj.
inapaisé, ée adj.
inaperçu, ue adj.
inappétence n. f.
inapplicable adj.
inapplication n. f.
inappliqué, ée adj.
inappréciable adj.
inapprivoisable adj.
inapproprié, iée adj.
inapte adj. et n.
inaptitude n. f.
inarticulé, ée adj.
inassimilable adj.
inassouvi, ie adj.
inassouvissable adj.
inassouvissement n. m.
inattaquable adj.
inatteignable adj.
inattendu, ue adj.
inattentif, ive adj.
inattention n. f.
inaudible adj.
inaugural, ale, aux adj.
inauguration n. f.
inaugurer v. tr. (conjug. 1)
inauthenticité n. f.

inauthentique adj.
inavouable adj.
inavoué, ée adj.
in-bord adj. inv.
inca adj. et n.
incalculable adj.
incandescence n. f.
incandescent, ente adj.
incantation n. f.
incantatoire adj.
incapable adj.
incapacitant, ante adj. et n. m.
incapacité n. f.
incarcération n. f.
incarcérer v. tr. (conjug. 6)
incarnadin, ine adj.
incarnat, ate adj.
incarnation n. f.
incarné, ée adj.
incarner v. tr. (conjug. 1)
incartade n. f.
incasique adj.
incassable adj.
incendiaire n. et adj.
incendie n. m.
incendier v. tr. (conjug. 7)
incération n. f.
incertain, aine adj.
incertitude n. f.
incessamment adv.
incessant, ante adj.
incessibilité n. f.
incessible adj.
inceste n. m.
incestueux, euse adj.
inchangé, ée adj.
inchauffable adj.
inchavirable adj.
inchoatif, ive [-koa-] adj.
incidemment adv.
incidence n. f.
¹incident, ente adj.
²incident n. m.
incidenter v. intr. (conjug. 1)
incinérateur n. m.
incinération n. f.
incinérer v. tr. (conjug. 6)

incipit n. m.
PL. inv. ou *incipits*
incirconcis, ise adj. et n. m.
incise n. f. et adj. f.
inciser v. tr. (conjug. 1)
inciseur n. m.
incisif, ive adj.
incision n. f.
incisive n. f.
incisure n. f.
incitant, ante adj. et n. m.
incitateur, trice n.
incitatif, ive adj.
incitation n. f.
inciter v. tr. (conjug. 1)
incivil, ile adj.
incivilement adv.
incivilité n. f.
incivique adj.
incivisme n. m.
inclassable adj.
inclémence n. f.
inclément, ente adj.
inclinable adj.
inclinaison n. f.
inclination n. f.
incliné, ée adj.
incliner v. (conjug. 1)
inclinomètre n. m.
incluant n. m.
inclure v. tr. (conjug. 35 ; sauf p. p. *inclus*)
inclus, use adj.
inclusif, ive adj.
inclusion n. f.
inclusivement adv.
incoagulable adj.
incoercibilité n. f.
incoercible adj.
incognito [ɛkɔɲito] adv. et n. m.
incohérence n. f.
incohérent, ente adj.
incollable adj.
incolore adj.
incomber v. tr. ind. (conjug. 1)
incombustibilité n. f.
incombustible adj.

incommensurabilité n. f.
incommensurable adj.
incommensurablement adv.
incommodant, ante adj.
incommode adj.
incommodément adv.
incommoder v. tr. (conjug. 1)
incommodité n. f.
incommunicabilité n. f.
incommunicable adj.
incommutabilité n. f.
incommutable adj.
incomparable adj.
incomparablement adv.
incompatibilité n. f.
incompatible adj.
incompétence n. f.
incompétent, ente adj.
incomplet, ète adj.
incomplètement adv.
incomplétude n. f.
incompréhensibilité n. f.
incompréhensible adj.
incompréhensif, ive adj.
incompréhension n. f.
incompressibilité n. f.
incompressible adj.
incompris, ise adj.
inconcevable adj.
inconcevablement adv.
inconciliable adj.
inconditionnalité n. f.
inconditionné, ée adj.
inconditionnel, elle adj.
inconditionnellement adv.
inconduite n. f.
inconfort n. m.
inconfortable adj.
inconfortablement adv.
incongelable adj.
incongru, ue adj.
incongruité n. f.
incongrûment ou **incongrument*** adv.
inconjugable adj.
inconnaissable adj. et n. m.

inconnu, ue adj. et n.
inconsciemment adv.
inconscience n. f.
inconscient, iente adj. et n.
inconséquence n. f.
inconséquent, ente adj.
inconsidéré, ée adj.
inconsidérément adv.
inconsistance n. f.
inconsistant, ante adj.
inconsolable adj.
inconsolé, ée adj.
inconsommable adj.
inconstance n. f.
inconstant, ante adj.
inconstitutionnalité n. f.
inconstitutionnel, elle adj.
inconstitutionnellement adv.
inconstructible adj.
incontestabilité n. f.
incontestable adj.
incontestablement adv.
incontesté, ée adj.
incontinence n. f.
¹**incontinent, ente** adj.
²**incontinent** adv.
incontournable adj.
incontrôlable adj.
incontrôlé, ée adj.
inconvenance n. f.
inconvenant, ante adj.
inconvénient n. m.
inconvertibilité n. f.
inconvertible adj.
incoordination n. f.
incorporabilité n. f.
incorporable adj.
incorporalité n. f.
incorporation n. f.
incorporéité n. f.
incorporel, elle adj.
incorporer v. tr. (conjug. 1)
incorrect, e adj.
incorrectement adv.
incorrection n. f.
incorrigible adj.
incorrigiblement adv.

incorruptibilité n. f.
incorruptible adj.
incorruptiblement adv.
incotable adj.
incrédibilité n. f.
incrédule adj. et n.
incrédulité n. f.
incréé, ée adj.
incrément n. m.
incrémentation n. f.
incrémenter v. tr. (conjug. **1**)
incrémentiel, ielle adj.
increvable adj.
incrimination n. f.
incriminé, ée adj.
incriminer v. tr. (conjug. **1**)
incristallisable adj.
incrochetable adj.
incroyable adj. et n.
incroyablement adv.
incroyance n. f.
incroyant, ante adj. et n.
incrustant, ante adj.
incrustation n. f.
incruste adj.
incruster v. tr. (conjug. **1**)
incubateur, trice adj. et n.
incubation n. f.
incube n. m.
incuber v. tr. (conjug. **1**)
inculcation n. f.
inculpable adj.
inculpation n. f.
inculpé, ée adj. et n.
inculper v. tr. (conjug. **1**)
inculquer v. tr. (conjug. **1**)
inculte adj.
incultivable adj.
inculture n. f.
incunable adj. et n. m.
incurabilité n. f.
incurable adj.
incurablement adv.
incurie n. f.
incurieux, ieuse adj.
incuriosité n. f.
incursion n. f.
incurvation n. f.

incurvé, ée adj.
incurver v. tr. (conjug. **1**)
incuse adj. f. et n. f.
indatable adj.
inde n. m.
indéboulonnable adj.
indébrouillable adj.
indécelable adj.
indécemment adv.
indécence n. f.
indécent, ente adj.
indéchiffrable adj.
indéchirable adj.
indécidabilité n. f.
indécidable adj.
indécis, ise adj.
indécision n. f.
indéclinable adj.
indécomposable adj.
indécrochable adj.
indécrottable adj.
indéfectibilité n. f.
indéfectible adj.
indéfectiblement adv.
indéfendable adj.
indéfini, ie adj.
indéfiniment adv.
indéfinissable adj.
indéformable adj.
indéfrisable adj. et n. f.
indéhiscence n. f.
indéhiscent, ente adj.
indélébile adj.
indélébilité n. f.
indélicat, ate adj.
indélicatement adv.
indélicatesse n. f.
indémaillable adj.
indemne adj.
indemnisable adj.
indemnisation n. f.
indemniser v. tr. (conjug. **1**)
indemnitaire n. et adj.
indemnité n. f.
indémodable adj.
indémontable adj.
indémontrable adj.
indéniable adj.
indéniablement adv.

indentation n. f.
indépassable adj.
indépendamment adv.
indépendance n. f.
indépendant, ante adj.
indépendantisme n. m.
indépendantiste adj. et n.
indéracinable adj.
indéréglable adj.
indescriptible adj.
indésirable adj. et n.
indestructibilité n. f.
indestructible adj.
indestructiblement adv.
indétectable adj.
indéterminable adj.
indétermination n. f.
indéterminé, ée adj.
indéterminisme n. m.
indéterministe adj. et n.
indétrônable adj.
index n. m.
indexation n. f.
indexer v. tr. (conjug. **1**)
indianiser v. (conjug. **1**)
indianisme n. m.
indianiste n.
indianité n. f.
indican n. m.
indicateur, trice n. et adj.
indicatif, ive adj. et n. m.
indication n. f.
indice n. m.
indiciaire adj.
indicible adj.
indiciblement adv.
indiciel, ielle adj.
indiction n. f.
indien, ienne adj. et n.
indienne n. f.
indifféremment adv.
indifférence n. f.
indifférenciation n. f.
indifférencié, iée adj.
indifférent, ente adj.
indifférentisme n. m.
indifférer v. tr. (conjug. **6**)
indigénat n. m.
indigence n. f.
indigène adj. et n.

indigénisme n. m.
indigéniste adj.
indigent, ente adj.
indigeste adj.
indigestible adj.
indigestion n. f.
indigète adj.
indignation n. f.
indigne adj.
indigné, ée adj.
indignement adv.
indigner v. tr. (conjug. 1)
indignité n. f.
indigo n. m.
indigotier n. m.
indiqué, ée adj.
indiquer v. tr. (conjug. 1)
indirect, e adj.
indirectement adv.
indiscernable adj. et n. m.
indiscipline n. f.
indiscipliné, ée adj.
indiscret, ète adj.
indiscrètement adv.
indiscrétion n. f.
indiscriminé, ée adj.
indiscutable adj.
indiscutablement adv.
indiscuté, ée adj.
indispensable adj.
indisponibilité n. f.
indisponible adj.
indisposé, ée adj.
indisposer v. tr. (conjug. 1)
indisposition n. f.
indissociabilité n. f.
indissociable adj.
indissociablement adv.
indissolubilité n. f.
indissoluble adj.
indissolublement adv.
indistinct, incte
   [Edist̃(kt), ɛ̃kt] adj.
indistinctement adv.
indium n. m.
individu n. m.
individualisation n. f.
individualiser v. tr.
   (conjug. 1)
individualisme n. m.

individualiste adj.
individualité n. f.
individuation n. f.
individuel, elle adj.
individuellement adv.
indivis, ise adj.
indivisaire n.
indivisément adv.
indivisibilité n. f.
indivisible adj.
indivision n. f.
in-dix-huit adj. inv.
indocile adj.
indocilité n. f.
indo-européen, enne
   adj.
   PL. *indo-européens, ennes*
indole n. m.
indolemment adv.
indolence n. f.
indolent, ente adj.
indolore adj.
indomptable [ɛ̃dɔ̃tabl] adj.
indompté, ée [ɛ̃dɔ̃te] adj.
indonésien, ienne adj. et
   n.
indophénol n. m.
indou, oue adj. et n.
in-douze adj. inv.
indri n. m.
indu, ue adj.
indubitable adj.
indubitablement adv.
inductance n. f.
inducteur, trice adj. et
   n. m.
inductible adj.
inductif, ive adj.
induction n. f.
induire v. tr. (conjug. 38)
induit, ite adj. et n. m.
indulgence n. f.
indulgent, ente adj.
induline® n. f.
indult n. m.
indûment ou **indument***
   adv.
induration n. f.
indurer v. tr. (conjug. 1)
indusie n. f.

industrialisable adj.
industrialisation n. f.
industrialiser v. tr.
   (conjug. 1)
industrialisme n. m.
industrie n. f.
industriel, ielle adj. et n.
industriellement adv.
industrieux, ieuse adj.
induvie n. f.
inébranlable adj.
inébranlablement adv.
inécoutable adj.
inécouté, ée adj.
inédit, ite adj. et n. m.
inéducable adj.
ineffable adj.
ineffablement adv.
ineffaçable adj.
ineffaçablement adv.
inefficace adj.
inefficacement adv.
inefficacité n. f.
inégal, ale, aux adj.
inégalable adj.
inégal, ée adj.
inégalement adv.
inégalitaire adj.
inégalité n. f.
inélastique adj.
inélégamment adv.
inélégance n. f.
inélégant, ante adj.
inéligibilité n. f.
inéligible adj.
inéluctabilité n. f.
inéluctable adj.
inéluctablement adv.
inémotivité n. f.
inemployable adj.
inemployé, ée adj.
inénarrable adj.
inentamé, ée adj.
inenvisageable adj.
inéprouvé, ée adj.
inepte adj.
ineptie n. f.
inépuisable adj.
inépuisablement adv.
inépuisé, ée adj.

inflexiblement

inéquation n. f.
inéquitable adj.
inerme adj.
inerte adj.
inertie n. f.
inertiel, ielle adj.
inescomptable adj.
inespéré, ée adj.
inesthétique adj.
inestimable adj.
inétendu, ue adj.
inévitabilité n. f.
inévitable adj.
inévitablement adv.
inexact, acte adj.
inexactement adv.
inexactitude n. f.
inexaucé, ée adj.
inexcitabilité n. f.
inexcitable adj.
inexcusable adj.
inexcusablement adv.
inexécutable adj.
inexécution n. f.
inexercé, ée adj.
inexhaustible adj.
inexigibilité n. f.
inexigible adj.
inexistant, ante adj.
inexistence n. f.
inexorabilité n. f.
inexorable adj.
inexorablement adv.
inexpérience n. f.
inexpérimenté, ée adj.
inexpert, erte adj.
inexpiable adj.
inexplicable adj.
inexplicablement adv.
inexpliqué, ée adj.
inexploitable adj.
inexploité, ée adj.
inexploré, ée adj.
inexpressif, ive adj.
inexprimable adj.
inexprimablement adv.
inexprimé, ée adj.
inexpugnable adj.
inexpulsable adj.
inextensibilité n. f.

inextensible adj.
in extenso [inɛkstɛ̃so] loc. adv. et loc. adj.
inextinguible adj.
inextirpable adj.
in extremis ou in extrémis* loc. adv. et loc. adj.
inextricable adj.
inextricablement adv.
infaillibilité n. f.
infaillible adj.
infailliblement adv.
infaisabilité n. f.
infaisable adj.
infalsifiabilité n. f.
infalsifiable adj.
infamant, ante adj.
infâme adj.
infamie n. f.
infant, ante n.
infanterie n. f.
infanticide adj. et n. ; n. m.
infantile adj.
infantilisation n. f.
infantiliser v. tr. (conjug. 1)
infantilisme n. m.
infarctus n. m.
infatigable adj.
infatigablement adv.
infatuation n. f.
infatué, ée adj.
infatuer v. tr. (conjug. 1)
infécond, onde adj.
infécondité n. f.
infect, e adj.
infectant, ante adj.
infecter v. tr. (conjug. 1)
infectieux, ieuse adj.
infectiologie n. f.
infectiologue n.
infection n. f.
infélicité n. f.
inféodation n. f.
inféodé, ée adj.
inféoder v. tr. (conjug. 1)
infère adj.
inférence n. f.
inférentiel, ielle adj.
inférer v. tr. (conjug. 6)

inférieur, ieure adj. et n.
inférieurement adv.
infériorisation n. f.
inférioriser v. tr. (conjug. 1)
infériorité n. f.
infermentescible adj.
infernal, ale, aux adj.
inférovarié, iée adj.
infertile adj.
infertilité n. f.
infestation n. f.
infester v. tr. (conjug. 1)
infeutrable adj.
infibulation n. f.
infichu, ue adj.
infidèle adj.
infidèlement adv.
infidélité n. f.
infiltrat n. m.
infiltration n. f.
infiltrer v. tr. (conjug. 1)
infime adj.
in fine [infine] loc. adv.
infini, ie adj. et n. m.
infiniment adv.
infinité n. f.
infinitésimal, ale, aux adj.
infinitif, ive n. et adj.
infinitude n. f.
infirmatif, ive adj.
infirmation n. f.
infirme adj. et n.
infirmer v. tr. (conjug. 1)
infirmerie n. f.
infirmier, ière n.
infirmité n. f.
infixe n. m.
inflammabilité n. f.
inflammable adj.
inflammation n. f.
inflammatoire adj.
inflation n. f.
inflationniste adj.
infléchi, ie adj.
infléchir v. tr. (conjug. 2)
infléchissement n. m.
inflexibilité n. f.
inflexible adj.
inflexiblement adv.

inflexion

inflexion n. f.
infliger v. tr. (conjug. **3**)
inflorescence n. f.
influençable adj.
influence n. f.
influencer v. tr. (conjug. **3**)
influent, ente adj.
influenza n. f.
influer v. (conjug. **1**)
influx n. m.
info n. f. (information)
infobulle n. f.
infogérance n. f.
infographe n.
infographie® n. f.
infographique adj.
infographiste n.
in-folio adj. et n.
   PL. inv. ou *in-folios*
infomercial, iaux n. m.
infondé, ée adj.
informant, ante n.
informateur, trice n.
informaticien, ienne n.
informatif, ive adj.
information n. f.
informationnel, elle adj.
informatique n. f.
informatiquement adv.
informatisation n. f.
informatiser v. tr.
   (conjug. **1**)
informe adj.
informé, ée adj. et n. m.
informel, elle adj. et n. m.
informer v. tr. (conjug. **1**)
informulé, ée adj.
inforoute n. f.
infortune n. f.
infortuné, ée adj. et n.
infospectacle n. m.
infothèque n. f.
infoutu, ue adj.
infra adv.
infrabasse n. f.
infracteur n. m.
infraction n. f.
infradien, ienne adj.
infrahumain, aine adj.
infraliminaire adj.

infraliminal, ale, aux adj.
infralinguistique adj.
infranchissable adj.
infrangible adj.
infrarouge adj.
infrason n. m.
infrasonore adj.
infrastructure n. f.
infréquentable adj.
infroissabilité n. f.
infroissable adj.
infructueux, euse adj.
infule n. f.
infumable adj.
infundibuliforme adj.
infundibulum n. m.
infus, use adj.
infuser v. tr. (conjug. **1**)
infusibilité n. f.
infusible adj.
infusion n. f.
infusoire n. m.
ingagnable adj.
ingambe adj.
ingénier (s') v. pron.
   (conjug. **7**)
ingénierie n. f. (rec. off.
   pour *engineering*)
ingénieriste n.
ingénieur, ieure n.
ingénieusement adv.
ingénieux, ieuse adj.
ingéniorat n. m.
ingéniosité n. f.
ingénu, ue adj.
ingénuité n. f.
ingénument adv.
ingérable adj.
ingérence n. f.
ingérer v. tr. (conjug. **6**)
ingestion n. f.
ingouvernabilité n. f.
ingouvernable adj.
ingrat, ate adj. et n.
ingratement adv.
ingratitude n. f.
ingrédient n. m.
ingression n. f.
inguérissable adj.
inguinal, ale, aux adj.

ingurgitation n. f.
ingurgiter v. tr. (conjug. **1**)
inhabile adj.
inhabileté n. f.
inhabilité n. f.
inhabitable adj.
inhabité, ée adj.
inhabituel, elle adj.
inhabituellement adv.
inhalateur, trice adj. et
   n. m.
inhalation n. f.
inhaler v. tr. (conjug. **1**)
inharmonie n. f.
inharmonieux, ieuse adj.
inharmonique adj.
inhérence n. f.
inhérent, ente adj.
inhibé, ée adj.
inhiber v. tr. (conjug. **1**)
inhibiteur, trice adj. et
   n. m.
inhibitif, ive adj.
inhibition n. f.
inhospitalier, ière adj.
inhumain, aine adj.
inhumainement adv.
inhumanité n. f.
inhumation n. f.
inhumer v. tr. (conjug. **1**)
inimaginable adj.
inimitable adj.
inimitié n. f.
ininflammabilité n. f.
ininflammable adj.
inintelligemment adv.
inintelligence n. f.
inintelligent, ente adj.
inintelligibilité n. f.
inintelligible adj.
inintelligiblement adv.
inintéressant, ante adj.
ininterrompu, ue adj.
inique adj.
iniquement adv.
iniquité n. f.
initial, iale, iaux adj. et
   n. f.
initialement adv.
initialisation n. f.

initialiser v. tr. (conjug. 1)
initiateur, trice n.
initiation n. f.
initiatique adj.
initiative n. f.
initié, iée n.
initier v. tr. (conjug. 7)
injectable adj.
injecté, ée adj.
injecter v. tr. (conjug. 1)
injecteur, trice n. m. et adj.
injectif, ive adj.
injection n. f.
injoignable adj.
injonctif, ive adj.
injonction n. f.
injouable adj.
injure n. f.
injurier v. tr. (conjug. 7)
injurieusement adv.
injurieux, ieuse adj.
injuste adj.
injustement adv.
injustice n. f.
injustifiable adj.
injustifié, iée adj.
inlandsis n. m.
inlassable adj.
inlassablement adv.
inlay n. m.
  PL. *inlays*
inné, ée adj.
innéisme n. m.
innéiste adj. et n.
innéité n. f.
innervant, ante adj.
innervation n. f.
innerver v. tr. (conjug. 1)
innocemment adv.
innocence n. f.
innocent, ente adj. et n.
innocenter v. tr. (conjug. 1)
innocuité n. f.
innombrable adj.
innomé, ée adj.
innominé, ée adj.
innommable adj.
innommé, ée ou
  innomé, ée adj.

innovant, ante adj.
innovateur, trice n.
innovation n. f.
innover v. (conjug. 1)
inobservable adj.
inobservance n. f.
inobservation n. f.
inobservé, ée adj.
inoccupation n. f.
inoccupé, ée adj.
in-octavo adj. et n. m.
  PL. inv. ou *in-octavos*
inoculable adj.
inoculation n. f.
inoculer v. tr. (conjug. 1)
inoculum n. m.
inodore adj.
inoffensif, ive adj.
inondable adj.
inondation n. f.
inondé, ée adj. et n.
inonder v. tr. (conjug. 1)
inopérable adj.
inopérant, ante adj.
inopiné, ée adj.
inopinément adv.
inopportun, une adj.
inopportunément adv.
inopportunité n. f.
inopposabilité n. f.
inopposable adj.
inorganique adj.
inorganisable adj.
inorganisation n. f.
inorganisé, ée adj.
inotrope adj.
inoubliable adj.
inouï, ïe adj.
inox n. m.
inoxydabilité n. f.
inoxydable adj.
in pace ou **in-pace**
  [inpase ; inpatʃe] n. m. inv.
in partibus [inpartibys]
  loc. adj.
in petto [inpeto] loc. adv.
in-plano adj. et n. m. inv.
  PL. inv. ou *in-planos*
input [input] n. m.
inqualifiable adj.

inquart n. m.
inquartation n. f.
in-quarto [inkwarto] adj. et n. m.
  PL. inv. ou *in-quartos*
inquiet, inquiète adj.
inquiétant, ante adj.
inquiéter v. tr. (conjug. 6)
inquiétude n. f.
inquisiteur, trice n. m. et adj.
inquisition n. f.
inquisitoire adj.
inquisitorial, iale, iaux adj.
inracontable adj.
inratable adj.
insaisissabilité n. f.
insaisissable adj.
insalissable adj.
insalivation n. f.
insalubre adj.
insalubrité n. f.
insane adj.
insanité n. f.
insaponifiable adj.
insatiabilité n. f.
insatiable adj.
insatiablement adv.
insatisfaction n. f.
insatisfaisant, ante adj.
insatisfait, aite adj. et n.
insaturé, ée adj.
inscriptible adj.
inscription n. f.
inscrire v. tr. (conjug. 39)
inscrit, ite adj. et n.
inscrivant, ante n.
insculper v. tr. (conjug. 1)
insécabilité n. f.
insécable adj.
insectarium n. m.
insecte n. m.
insecticide adj. et n. m.
insectifuge adj. et n. m.
insectilège n. m.
insectivore adj. et n. m.
insécuriser v. tr. (conjug. 1)
insécuritaire adj.
insécurité n. f.

in-seize adj. et n. m. inv.
inselberg [inselbɛʀg] n. m.
inséminateur, trice adj. et n.
insémination n. f.
inséminer v. tr. (conjug. 1)
insensé, ée adj.
insensibilisation n. f.
insensibiliser v. tr. (conjug. 1)
insensibilité n. f.
insensible adj.
insensiblement adv.
inséparable adj.
inséparablement adv.
insérable adj.
insérer v. tr. (conjug. 6)
insermenté adj. m.
insert n. m.
insertion n. f.
insidieusement adv.
insidieux, ieuse adj.
insigne adj. ; n. m.
insignifiance n. f.
insignifiant, iante adj.
insincère adj.
insincérité n. f.
insinuant, ante adj.
insinuation n. f.
insinuer v. tr. (conjug. 1)
insipide adj.
insipidité n. f.
insistance n. f.
insistant, ante adj.
insister v. intr. (conjug. 1)
in situ loc. adv.
insituable adj.
insociabilité n. f.
insociable adj.
insoignable adj.
insolation n. f.
insolemment adv.
insolence n. f.
insolent, ente adj. et n.
insoler v. tr. (conjug. 1)
insolite adj.
insolubiliser v. tr. (conjug. 1)
insolubilité n. f.
insoluble adj.

insolvabilité n. f.
insolvable adj.
insomniaque adj. et n.
insomnie n. f.
insondable adj.
insonore adj.
insonorisation n. f.
insonoriser v. tr. (conjug. 1)
insonorité n. f.
insortable adj.
insouciance n. f.
insouciant, iante adj.
insoucieux, ieuse adj.
insoumis, ise adj. et n.
insoumission n. f.
insoupçonnable adj.
insoupçonné, ée adj.
insoutenable adj.
inspecter v. tr. (conjug. 1)
inspecteur, trice n.
inspection n. f.
inspectorat n. m.
inspirant, ante adj.
inspirateur, trice adj. et n.
inspiration n. f.
inspiratoire adj.
inspiré, ée adj. et n.
inspirer v. (conjug. 1)
instabilité n. f.
instable adj.
installateur, trice n.
installation n. f.
installer v. tr. (conjug. 1)
instamment adv.
instance n. f.
¹instant, ante adj.
²instant n. m.
instantané, ée adj.
instantanéité n. f.
instantanément adv.
instar de (à l') loc. prép.
instaurateur, trice n.
instauration n. f.
instaurer v. tr. (conjug. 1)
instigateur, trice n.
instigation n. f.
instiguer v. tr. (conjug. 1)
instillation n. f.

instiller v. tr. (conjug. 1)
instinct n. m.
instinctif, ive adj.
instinctivement adv.
instinctuel, elle adj.
instituer v. tr. (conjug. 1)
institut n. m.
institutes n. f. pl.
instituteur, trice n.
institution n. f.
institutionnalisation n. f.
institutionnaliser v. tr. (conjug. 1)
institutionnel, elle adj.
institutionnellement adv.
instructeur, trice n.
instructif, ive adj.
instruction n. f.
instruire v. tr. (conjug. 38)
instruit, ite adj.
instrument n. m.
instrumentaire adj.
instrumental, ale, aux adj.
instrumentalement adv.
instrumentalisation n. f.
instrumentaliser v. tr. (conjug. 1)
instrumentalisme n. m.
instrumentaliste adj. et n.
instrumentation n. f.
instrumenter v. (conjug. 1)
instrumentiste n.
insubmersibilité n. f.
insubmersible adj.
insubordination n. f.
insubordonné, ée adj.
insuccès n. m.
insu de (à l') loc. prép.
insuffisamment adv.
insuffisance n. f.
insuffisant, ante adj.
insufflateur n. m.
insufflation n. f.
insuffler v. tr. (conjug. 1)
insulaire adj.
insularisation n. f.
insularité n. f.

insulinase n. f.
insuline n. f.
insulinémie n. f.
insulinodépendant, ante adj. et n.
insulinothérapie n. f.
insultant, ante adj.
insulte n. f.
insulté, ée adj. et n.
insulter v. tr. (conjug. 1)
insulteur n. m.
insupportable adj.
insupportablement adv.
insupporter v. tr. (conjug. 1)
insurgé, ée adj. et n.
insurger (s') v. pron. (conjug. 3)
insurmontable adj.
insurpassable adj.
insurrection n. f.
insurrectionnel, elle adj.
intachable adj.
intact, e adj.
intactile adj.
intaille n. f.
intailler v. tr. (conjug. 1)
intangibilité n. f.
intangible adj.
intarissable adj.
intarissablement adv.
intégra® adj. et n. m.
intégrable adj.
intégral, ale, aux adj. et n. f.
intégralement adv.
intégralité n. f.
intégrant, ante adj.
intégrase n. f.
intégrateur n. m.
intégratif, ive adj.
intégration n. f.
intégrationniste adj. et n.
intègre adj.
intégré, ée adj.
intégrer v. (conjug. 6)
intégrisme n. m.
intégriste n. et adj.
intégrité n. f.
intellect n. m.

intellection n. f.
intellectualisation n. f.
intellectualiser v. tr. (conjug. 1)
intellectualisme n. m.
intellectualiste adj.
intellectualité n. f.
intellectuel, elle adj. et n.
intellectuellement adv.
intelligemment adv.
intelligence n. f.
intelligent, ente adj.
intelligentsia ou **intelligentzia** n. f.
intelligibilité n. f.
intelligible adj.
intelligiblement adv.
intello adj. et n.
intellocrate n.
intempérance n. f.
intempérant, ante adj.
intempérie n. f.
intempestif, ive adj.
intempestivement adv.
intemporalité n. f.
intemporel, elle adj.
intenable adj.
intendance n. f.
intendant, ante n.
intense adj.
intensément adv.
intensif, ive adj.
intensification n. f.
intensifier v. tr. (conjug. 7)
intension n. f.
intensité n. f.
intensivement adv.
intenter v. tr. (conjug. 1)
intention n. f.
intentionnalité n. f.
intentionné, ée adj.
intentionnel, elle adj.
intentionnellement adv.
inter n. m.
interactif, ive adj.
interaction n. f.
interactivement adv.
interactivité n. f.
interagir v. intr. (conjug. 2)
interallié, iée adj.

interarmées adj.
interarmes adj.
interbancaire adj.
interbancarité n. f.
interbranches adj.
intercalaire adj.
intercalation n. f.
intercaler v. tr. (conjug. 1)
intercantonal, ale, aux adj.
intercéder v. intr. (conjug. 6)
intercellulaire adj.
intercepter v. tr. (conjug. 1)
intercepteur n. m.
interception n. f.
intercesseur n. m.
intercession n. f.
interchangeabilité n. f.
interchangeable adj.
interchanger v. tr. (conjug. 3)
interchromosomique adj.
intercirculation n. f.
interclasse n. m.
interclassement n. m.
interclasser v. tr. (conjug. 1)
interclasseuse n. f.
interclubs adj.
intercommunal, ale, aux adj.
intercommunalité n. f.
intercommunautaire adj.
intercommunication n. f.
intercompréhension n. f.
interconfessionnel, elle adj.
interconnectable adj.
interconnecter v. tr. (conjug. 1)
interconnectivité n. f.
interconnexion n. f.
intercontinental, ale, aux adj.
intercostal, ale, aux adj.

intercotidal, ale, aux adj.
intercours n. m.
intercourse n. f.
interculturalité n. f.
interculturel, elle adj.
intercurrent, ente adj.
interdépartemental, ale, aux adj.
interdépendance n. f.
interdépendant, ante adj.
interdiction n. f.
interdigital, ale, aux adj.
interdire v. tr. (conjug. 37 sauf *interdisez*)
interdisciplinaire adj.
interdisciplinarité n. f.
¹**interdit, ite** adj.
²**interdit** n. m.
interentreprises adj.
intéressant, ante adj.
intéressé, ée adj.
intéressement n. m.
intéresser v. tr. (conjug. 1)
intérêt n. m.
interétatique adj.
interethnique adj.
interfaçable adj.
interfaçage n. m.
interface n. f.
interfacer v. tr. (conjug. 3)
interfaceur n. m.
interfécond, onde adj.
interfécondité n. f.
interférence n. f.
interférent, ente adj.
interférentiel, ielle adj.
interférer v. intr. (conjug. 6)
interféromètre n. m.
interférométrie n. f.
interférométrique adj.
interféron n. m.
interfluve n. m.
interfoliage n. m.
interfolier v. tr. (conjug. 7)
intergalactique adj.
intergénérationnel, elle adj.

interglaciaire adj.
intergouvernemental, ale, aux adj.
intergroupe adj. et n.
interhumain, aine adj.
intérieur, ieure adj. et n. m.
intérieurement adv.
intérim n. m.
intérimaire adj.
interindividuel, elle adj.
intériorisation n. f.
intérioriser v. tr. (conjug. 1)
intériorité n. f.
interjectif, ive adj.
interjection n. f.
interjeter v. tr. (conjug. 4)
interleukine n. f.
interlignage n. m.
interligne n. m. et f.
interligner v. tr. (conjug. 1)
interlinéaire adj.
interlingual, ale, aux adj.
interlock n. m.
interlocuteur, trice n.
interlocutoire adj.
interlope n. m. et adj.
interloqué, ée adj.
interloquer v. tr. (conjug. 1)
interlude n. m.
intermariage n. m.
intermaxillaire adj.
intermède n. m.
intermédiaire adj. et n.
intermédiation n. f.
intermétallique adj.
intermezzo n. m.
  PL. *intermezzos* ou *intermezzi* (it.)
interminable adj.
interminablement adv.
interministériel, ielle adj.
intermission n. f.
intermittence n. f.
intermittent, ente adj.
intermodal, al, aux adj.
intermodalité n. f.

intermoléculaire adj.
intermusculaire adj.
internalisation n. f.
internaliser v. tr. (conjug. 1)
internat n. m.
international, ale, aux adj.
internationalement adv.
internationalisation n. f.
internationaliser v. tr. (conjug. 1)
internationalisme n. m.
internationaliste adj. et n.
internationalité n. f.
internaute n.
interne adj. et n.
interné, ée adj.
internement n. m.
interner v. tr. (conjug. 1)
Internet ou **internet** n. m.
interniste n.
internonce n. m.
interocéanique adj.
interoceptif, ive adj.
interoculaire adj.
interopérabilité n. f.
interopérable adj.
interopérer v. intr. (conjug. 6)
interosseux, euse adj.
interpariétal, ale, aux adj.
interparlementaire adj.
interpeler ou **interpeller** v. tr. (conjug. 4 ou 1)
interpellateur, trice n.
interpellation n. f.
interpeller v. tr. (conjug. 1)
interpénétration n. f.
interpénétrer (s') v. pron. (conjug. 6)
interpersonnel, elle adj.
interphase n. f.
interphone n. m.
interplanétaire adj.
interpolation n. f.
interpoler v. tr. (conjug. 1)
interposé, ée adj.

interposer v. tr. (conjug. 1)
interposition n. f.
interprétable adj.
interprétant, ante n.
interprétariat n. m.
interprétatif, ive adj.
interprétation n. f.
interprète n.
interpréter v. tr. (conjug. 6)
interpréteur n. m.
interprofession n. f.
interprofessionnel, elle adj.
interracial, iale, iaux adj.
interrégional, ale, aux adj.
interrègne n. m.
interrelation n. f.
interreligieux, ieuse adj.
interrogateur, trice n. et adj.
interrogatif, ive adj. et n.
interrogation n. f.
interrogativement adv.
interrogatoire n. m.
interrogeable adj.
interroger v. tr. (conjug. 3)
interrompre v. tr. (conjug. 41)
interronégatif, ive adj.
interrupteur, trice n.
interruptif, ive adj.
interruption n. f.
intersaison n. f.
intersecté, ée adj.
intersection n. f.
intersession n. f.
intersexualité n. f.
intersexué, ée n. m. et adj.
intersexuel, elle adj.
intersidéral, ale, aux adj.
intersigne n. m.
interspécifique adj.
interstellaire adj.
interstice n. m.
interstitiel, ielle adj.
intersubjectif, ive adj.
intersubjectivité n. f.

intersyndical, ale, aux adj. et n. f.
intertextualité n. f.
intertextuel, elle adj.
intertidal, ale, aux adj.
intertitre n. m.
intertrigo n. m.
intertropical, ale, aux adj.
interurbain, aine adj. et n. m.
intervalle n. m.
intervalliste n.
intervenant, ante adj. et n.
intervenir v. intr. (conjug. 22)
intervention n. f.
interventionnel, elle adj.
interventionnisme n. m.
interventionniste adj. et n.
interversion n. f.
intervertébral, ale, aux adj.
intervertir v. tr. (conjug. 2)
interview n. f.
interviewer v. tr. (conjug. 1)
interviewer, euse ou **interviewer** n.
intervocalique adj.
interzone ou **interzones** adj.
intestat adj.
¹**intestin, ine** adj.
²**intestin** n. m.
intestinal, ale, aux adj.
inti n. m.
intifada n. f.
intimation n. f.
intime adj.
intimé, ée adj. et n.
intimement adv.
intimer v. tr. (conjug. 1)
intimidable adj.
intimidant, ante adj.
intimidateur, trice adj.
intimidation n. f.
intimider v. tr. (conjug. 1)
intimisme n. m.

intimiste n. et adj.
intimité n. f.
intitulé n. m.
intituler v. tr. (conjug. 1)
intolérable adj.
intolérablement adv.
intolérance n. f.
intolérant, ante adj.
intonation n. f.
intouchabilité n. f.
intouchable adj. et n.
intouché, ée adj.
intox(e) n. f. (intoxication)
intoxicant, ante adj.
intoxication n. f.
intoxiquer v. tr. (conjug. 1)
intra-atomique ou **intraatomique*** adj.
PL. *intra-atomiques* ou *intraatomiques**
intracardiaque adj.
intracellulaire adj.
intracérébral, ale, aux adj.
intrachromosomique [-k-] adj.
intracommunautaire adj.
intracrânien, ienne adj.
intradermique adj.
intradermo n. m.
intradermo(-)réaction n. f.
PL. *intradermo(-)réactions*
intrados n. m.
intraduisible adj.
intragénérationnel, elle adj.
intraitable adj.
intramoléculaire adj.
intra-muros ou **intramuros*** adv. et adj. inv.
intramusculaire adj.
intranet n. m.
intransférable adj.
intransigeance n. f.
intransigeant, ante adj.
intransitif, ive adj. et n. m.
intransitivement adv.
intransitivité n. f.

intransmissibilité

intransmissibilité n. f.
intransmissible adj.
intransportable adj.
intrant n. m.
intranucléaire adj.
intrarachidien, ienne adj.
intra-utérin, ine adj.
PL. *intra-utérins, ines*
intraveineux, euse adj.
intraversable adj.
in-trente-deux adj. et n. m. inv.
intrépide adj.
intrépidement adv.
intrépidité n. f.
intrication n. f.
intrigant, ante adj. et n.
intrigue n. f.
intriguer v. (conjug. 1)
intrinsèque adj.
intrinsèquement adv.
intriquer v. tr. (conjug. 1)
introducteur, trice n.
introductif, ive adj.
introduction n. f.
introduire v. tr. (conjug. 38)
introït [ɛtʀɔit] n. m.
introjection n. f.
intromission n. f.
intron n. m.
intronisation n. f.
introniser v. tr. (conjug. 1)
introrse adj.
introspecter (s') v. pron. (conjug. 1)
introspectif, ive adj.
introspection n. f.
introuvable adj.
introversion n. f.
introverti, ie adj. et n.
intrus, use adj. et n.
intrusif, ive adj.
intrusion n. f.
intubation n. f.
intuber v. tr. (conjug. 1)
intuitif, ive adj.
intuition n. f.
intuitionnisme n. m.
intuitionniste n. et adj.

intuitivement adv.
intuitu personæ [ɛtɥitypɛʀsɔne] loc. adv.
intumescence n. f.
intumescent, ente adj.
intussusception [ɛtysysysɛpsjɔ̃] n. f.
inuit [inɥit] n. et adj. inv. en genre
inuktitut [inuktitut] n. m.
inule n. f.
inuline n. f.
inusable adj.
inusité, ée adj.
inusuel, elle adj.
in utero ou utéro* [inyteʀo] loc. adv.
inutile adj.
inutilement adv.
inutilisable adj.
inutilisé, ée adj.
inutilité n. f.
invagination n. f.
invaginer (s') v. pron. (conjug. 1)
invaincu, ue adj.
invalidant, ante adj.
invalidation n. f.
invalide adj. et n.
invalider v. tr. (conjug. 1)
invalidité n. f.
invar® n. m.
invariabilité n. f.
invariable adj.
invariablement adv.
invariance n. f.
invariant, iante adj. et n. m.
invasif, ive adj.
invasion n. f.
invective n. f.
invectiver v. (conjug. 1)
invendable adj.
invendu, ue adj.
inventaire n. m.
inventer v. tr. (conjug. 1)
inventeur, trice n.
inventif, ive adj.
invention n. f.
inventivité n. f.

inventorier v. tr. (conjug. 7)
invérifiable adj.
inversable adj.
inverse adj. et n. m.
inversement adv.
inverser v. tr. (conjug. 1)
inverseur n. m.
inversible adj.
inversion n. f.
invertase n. f.
invertébré, ée adj.
inverti, ie adj. et n.
invertir v. tr. (conjug. 2)
investigateur, trice n.
investigation n. f.
investiguer v. intr. (conjug. 1)
investir v. tr. (conjug. 2)
investissement n. m.
investisseur, euse n.
investiture n. f.
invétéré, ée adj.
invincibilité n. f.
invincible adj.
invinciblement adv.
in-vingt-quatre adj. et n. m. inv.
inviolabilité n. f.
inviolable adj.
inviolablement adv.
inviolé, ée adj.
invisibilité n. f.
invisible adj. et n. m.
invisiblement adv.
invitant, ante adj.
invitation n. f.
invite n. f.
invité, ée n.
inviter v. tr. (conjug. 1)
in vitro loc. adv.
invivable adj.
in vivo loc. adv.
invocation n. f.
invocatoire adj.
involontaire adj.
involontairement adv.
involucre n. m.
involucré, ée adj.
involuté, ée adj.

234

irrévocable

involutif, ive adj.
involution n. f.
invoquer v. tr. (conjug. 1)
invraisemblable adj.
invraisemblablement adv.
invraisemblance n. f.
invulnérabilité n. f.
invulnérable adj.
iodate n. m.
iode n. m.
iodé, ée adj.
ioder v. tr. (conjug. 1)
iodhydrique adj. m.
iodique adj.
iodisme n. m.
iodler ou jodler [jɔdle] v. intr. (conjug. 1)
iodoforme n. m.
iodure n. m.
ioduré, ée adj.
ion n. m.
ionien, ienne adj.
ionique adj.
ionisant, ante adj.
ionisation n. f.
ioniser v. tr. (conjug. 1)
ioniseur ou ionisateur n. m.
ionogramme n. m.
ionone n. f.
ionosphère n. f.
ionosphérique adj.
iota n. m.
　PL. inv. ou iotas*
iotacisme n. m.
iourte n. f.
ipé n. m.
ipéca n. m.
ipomée n. f.
ipso facto loc. adv.
iranien, ienne adj. et n.
irascibilité n. f.
irascible adj.
ire n. f.
irénique adj.
irénisme n. m.
iridacées n. f. pl.
iridectomie n. f.
iridescent, ente adj.
iridié, iée adj.
iridien, ienne adj.
iridium n. m.
iridologie n. f.
iridologique adj.
iridologue n.
irien, ienne adj.
iris n. m.
irisation n. f.
irisé, ée adj.
iriser v. tr. (conjug. 1)
irish coffee n. m.
irish stew n. m.
iritis n. f.
irlandais, aise adj. et n.
IRM n. f. (imagerie par résonance magnétique)
iroko n. m.
irone n. f.
ironie n. f.
ironique adj.
ironiquement adv.
ironiser v. intr. (conjug. 1)
ironiste n.
iroquois, oise adj. et n.
I. R. P. P. n. m. (impôt sur le revenu des personnes physiques)
irradiant, iante adj.
irradiateur n. m.
irradiation n. f.
irradier v. (conjug. 7)
irraisonné, ée adj.
irrationalisme n. m.
irrationalité n. f.
irrationnel, elle adj.
irrattrapable adj.
irréalisable adj.
irréalisé, ée adj.
irréalisme n. m.
irréaliste adj.
irréalité n. f.
irrecevabilité n. f.
irrecevable adj.
irréconciliable adj.
irrécouvrable adj.
irrécupérable adj.
irrécusable adj.
irrédentisme n. m.
irrédentiste adj. et n.
irréductibilité n. f.
irréductible adj.
irréductiblement adv.
irréel, elle adj.
irréfléchi, ie adj.
irréflexion n. f.
irréformable adj.
irréfragable adj.
irréfutabilité n. f.
irréfutable adj.
irréfutablement adv.
irrégularité n. f.
irrégulier, ière adj.
irrégulièrement adv.
irréligieux, ieuse adj.
irréligion n. f.
irréligiosité n. f.
irrémédiable adj.
irrémédiablement adv.
irrémissible adj.
irrémissiblement adv.
irremplaçable adj.
irréparable adj.
irréparablement adv.
irrépétible adj.
irrépréhensible adj.
irrépressible adj.
irréprochable adj.
irréprochablement adv.
irrésistible adj.
irrésistiblement adv.
irrésolu, ue adj.
irrésolution n. f.
irrespect n. m.
irrespectueusement adv.
irrespectueux, euse adj.
irrespirable adj.
irresponsabilité n. f.
irresponsable adj.
irrétrécissable adj.
irrévérence n. f.
irrévérencieusement adv.
irrévérencieux, ieuse adj.
irréversibilité n. f.
irréversible adj.
irréversiblement adv.
irrévocabilité n. f.
irrévocable adj.

irrévocablement

irrévocablement adv.
irrigable adj.
irrigateur, trice n. m. et adj.
irrigation n. f.
irriguer v. tr. (conjug. 1)
irritabilité n. f.
irritable adj.
irritant, ante adj.
irritatif, ive adj.
irritation n. f.
irrité, ée adj.
irriter v. tr. (conjug. 1)
irruption n. f.
I. S. n. m. (impôt sur le bénéfice des sociétés)
isabelle adj. inv.
isallobare n. f.
isard n. m.
isatis n. m.
isba n. f.
ISBN n. m. (international standard book number)
ischémie n. f.
ischémique adj. et n.
ischiatique adj.
ischion n. m.
isentropique adj.
I. S. F. n. m. (impôt de solidarité sur la fortune)
isiaque adj.
islam n. m.
islamique adj.
islamisation n. f.
islamiser v. tr. (conjug. 1)
islamisme n. m.
islamiste adj. et n.
islamité n. f.
islamologue n.
islamophobe adj.
islamophobie n. f.
islandais, aise adj. et n.
ismaélien, ienne n.
ismaélisme ou
  ismaïlisme n. m.
ISO n. m. inv. (international standardization organization)
isoagglutination n. f.
isobare adj. et n. f.
isobathe adj. et n. f.

isocarde n. m.
isocèle adj.
isochore [-kɔʀ] adj.
isochromatique [-k-] adj.
isochrone [-k-] adj.
isochronique [-k-] adj.
isochronisme [-k-] n. m.
isoclinal, ale, aux adj.
isocline adj.
isocyanate n. m.
isodyname n. f.
isodynamie n. f.
isodynamique adj.
isoédrique adj.
isoélectrique adj.
isoète n. m.
isogame adj.
isogamie n. f.
isoglosse n. f. et adj.
isoglucose n. m.
isogone adj.
isogreffe n. f.
isohyète adj.
isohypse adj.
iso-ionique ou
  isoïonique adj.
  PL. iso-ioniques ou isoïoniques
isolable adj.
isolant, ante adj. et n. m.
isolat n. m.
isolateur n. m.
isolation n. f.
isolationnisme n. m.
isolationniste n. et adj.
isolé, ée adj. et n.
isolement n. m.
isolément adv.
isoler v. tr. (conjug. 1)
isoleucine n. f.
isologue adj.
isoloir n. m.
isomère adj. et n. m.
isomérie n. f.
isomérique adj.
isomérisation n. f.
isométrie n. f.
isométrique adj.
isomorphe adj.
isomorphisme n. m.

isoniazide n. f.
isooctane n. m.
isopaque adj.
isopet n. m.
isophase adj.
isopode adj. et n. m.
isoprène n. m.
isoprénique adj.
isoptères n. m. pl.
isorel® n. m.
isoséiste adj.
isosiste adj. et n. f.
isospin n. m.
isostasie n. f.
isostatique adj.
isotherme adj. et n. f.
isotonie n. f.
isotonique adj.
isotope n. m.
isotopie n. f.
isotopique adj.
isotron n. m.
isotrope adj.
isotropie n. f.
israélien, ienne adj. et n.
israélite n. et adj.
issant, ante adj.
issu, ue p. p.
issue n. f.
IST n. f. (infection sexuellement transmissible)
isthme n. m.
isthmique adj.
italianisant, ante n. et adj.
italianiser v. (conjug. 1)
italianisme n. m.
italien, ienne adj. et n.
italique adj. et n.
italophone adj. et n.
item adv. ; n. m.
itératif, ive adj.
itération n. f.
itérativement adv.
itérer v. tr. (conjug. 6)
ithyphallique adj.
itinéraire n. m. et adj.
itinérance n. f.
itinérant, ante adj.
itou adv.

IUFM n. m. (institut universitaire de formation des maîtres)
iule n. m.
I. U. T. n. m. (institut universitaire de technologie)
iutien, ienne n.
ive n. f.
ivette n. f.
I. V. G. n. f. (interruption volontaire de grossesse)
ivoire n. m.
ivoirerie n. f.
ivoirier n. m.
ivoirin, ine adj.
ivoiriste n. m.
ivraie n. f.
ivre adj.
ivresse n. f.
ivrogne adj. et n.
ivrognerie n. f.
ivrognesse n. f.
ixage n. m.
ixer v. tr. (conjug. 1)
ixia n. f.
ixième ou **xième** adj. numér.
ixode n. m.

j

j n. m. inv. ; abrév. et symb.
J n. m. inv. ; abrév. et symb.
jabiru n. m.
jable n. m.
jabler v. tr. (conjug. 1)
jablière n. f.
jabloir n. m.
jaborandi n. m.
jabot n. m.
jaboter v. intr. (conjug. 1)
jaboteur, euse n.
jacaranda n. m.
jacassement n. m.
jacasser v. intr. (conjug. 1)
jacasserie n. f.
jacasseur, euse adj. et n.
jacassier, ière adj. et n.
jacée n. f.
jachère n. f.
jacinthe n. f.
jack n. m.
jackpot n. m.
jaco n. m.
jacobée n. f.
jacobin, ine n.
jacobinisme n. m.
jacobus n. m.
jaconas n. m.
jacot n. m.
jacquard n. m. et adj. inv.
jacqueline n. f.
jacquemart n. m.
jacquerie n. f.
Jacques n. m.
¹**jacquet** n. m. (jeu)
²**jacquet** ou **jaquet** n. m. (écureuil)
jacquier n. m.
jacquot ou **jacot** ou **jaco** n. m.
jactance n. f.
jacter v. intr. (conjug. 1)
jaculatoire adj.
jacuzzi® n. m.
jade n. m.
jadéite n. f.
jadis adv.
jaguar n. m.
jaillir v. intr. (conjug. 2)
jaillissant, ante adj.
jaillissement n. m.
jaïn ou **jaïna** ou **djaïn** adj. et n.
jaïnisme ou **djaïnisme** n. m.
jais n. m.
jaja n. m.
jalap n. m.
jale n. f.
jalon n. m.
jalon-mire n. m.
   PL. jalons-mires
jalonnement n. m.
jalonner v. (conjug. 1)
jalonneur n. m.
jalousement adv.
jalouser v. tr. (conjug. 1)
jalousie n. f.
jaloux, ouse adj. et n.
jam n. f.
jamais adv. de temps
jambage n. m.
jambart n. m.
jambe n. f.
jambé, ée adj.
jambette n. f.
jambier, ière adj. et n. m.
jambière n. f.
jambon n. m.
jambonneau n. m.
jambonnette n. f.
jamboree ou **jamborée*** [ʒãbɔʀi] n. m.
   PL. jamborees ou jamborées*
jambose ou **jamerose** n. f.
jambosier ou **jamerosier** n. m.
jamerose n. f.
jamerosier n. m.
jammer v. intr. (conjug. 1)
jam-session [dʒamsesjɔ̃] n. f.
   PL. jam-sessions
jan [ʒɑ̃] n. m.
jangada n. f.
janissaire n. m.
janotisme ou **jeannotisme** n. m.
jansénisme n. m.
janséniste n. et adj.
jante n. f.
janvier n. m.
japon n. m.
japonais, aise adj. et n.
japonaiserie ou **japonerie** n. f.
japonisant, ante n. et adj.
japoniser v. tr. (conjug. 1)
japonisme n. m.
japoniste n.
jappement n. m.
japper v. intr. (conjug. 1)
jappeur, euse adj. et n.

jaque

¹**jaque** n. m. ou f. (justaucorps)
²**jaque** n. m. (fruit)
jaquelin n. m.
jaquemart ou **jacquemart** n. m.
jaquet n. m.
jaquette n. f.
jaquier ou **jacquier** n. m.
jar n. m. (argot)
jard ou **jar** n. m. (sable)
jardin n. m.
jardinage n. m.
jardiner v. intr. (conjug. 1)
jardinerie n. f. (rec. off. pour garden-center)
jardinet n. m.
jardineux, euse adj.
jardinier, ière n. et adj.
jargon n. m.
jargonaphasie n. f.
jargonnant, ante adj.
jargonner v. intr. (conjug. 1)
jargonneux, euse adj.
jarnicoton interj.
jarosse ou **jarousse** n. f.
¹**jarre** n. f. (récipient)
²**jarre** ou **jars** n. m. (poil)
jarret n. m.
jarreté, ée adj.
jarretelle n. f.
jarreter v. (conjug. 4)
jarretière n. f.
jars n. m.
jarter ou **jarreter** v. (conjug. 1 ; 4)
jas n. m.
jasant, ante adj. et n.
jaser v. intr. (conjug. 1)
jaseran ou **jaseron** n. m.
jasette n. f.
jaseur, euse adj. et n.
jasmin n. m.
jaspe n. m.
jaspé, ée adj. et n. m.
jasper v. tr. (conjug. 1)
jaspiner v. intr. (conjug. 1)
jaspure n. f.
jass n. m.

jatropha n. m.
jatte n. f.
jattée n. f.
jauge n. f.
jaugeage n. m.
jauger v. (conjug. 3)
jaugeur n. m.
jaumière n. f.
jaunasse adj.
jaunâtre adj.
jaune adj. ; n. et adv.
jaunet, ette adj. et n. m.
jaunir v. (conjug. 2)
jaunissage n. m.
jaunissant, ante adj.
jaunisse n. f.
jaunissement n. m.
jaunotte n. f.
java n. f.
javanais, aise adj. et n. ; n. m.
javart n. m.
javeau n. m.
Javel (eau de) n. f.
javelage n. m.
javelé, ée adj.
javeler v. (conjug. 4)
javeleur, euse n.
javeline n. f.
javelle n. f.
javellisation n. f.
javelliser v. tr. (conjug. 1)
javelot n. m.
jazz n. m.
jazzistique adj.
jazzman n. m.
PL. *jazzmen* ou *jazzmans*
jazzothèque n. f.
jazz-rock n. m.
jazzy adj. inv.
je pron. pers.
jean n. m.
PL. *jeans*
jean-foutre ou **jeanfoutre*** n. m.
PL. inv. ou *jeanfoutres**
jean-le-blanc n. m. inv.
jeannette n. f.
jeannotisme n. m.
jeans [dʒins] n. m.

jectisse adj. f.
jeep® [(d)ʒip] n. f.
jéjunal, ale, aux adj.
jéjuno-iléon n. m.
PL. *jéjuno-iléons*
jéjunum n. m.
jello [dʒɛlo] n. m.
je-m'en-fichisme n. m.
je-m'en-fichiste adj. et n.
PL. *je-m'en-fichistes*
je-m'en-foutisme n. m.
je-m'en-foutiste adj. et n.
PL. *je-m'en-foutistes*
je ne sais quoi ou **je-ne-sais-quoi** n. m. inv.
jenny n. f.
PL. *jennys*
jérémiade n. f.
jerez n. m.
jerk [(d)ʒɛʁk] n. m.
jerker [(d)ʒɛʁke] v. intr. (conjug. 1)
jéroboam n. m.
jerricane ou **jerrican** ou **jerrycan** n. m.
jersey n. m.
PL. *jerseys*
jersiais, iaise adj.
jèse n.
jésuite n. m. et adj.
jésuitique adj.
jésuitiquement adv.
jésuitisme n. m.
jésus interj. et n. m.
¹**jet** [ʒɛ] n. m. (lancer)
²**jet** [dʒɛt] n. m. (avion)
jetable adj.
jetage n. m.
¹**jeté, ée** adj.
²**jeté** n. m.
jetée n. f.
jeter v. tr. (conjug. 4)
jeteur, euse n.
jetisse adj. f.
jet-lag n. m.
jeton n. m.
jet-set ou **jet set** [dʒɛtsɛt] n. f.
PL. *jet(-)sets*

jet-setter ou **jet-setteur, euse** n.
PL. *jet-setters* ou *jet-setteurs, euses*
jet-ski [dʒɛtski] n. m.
PL. *jet-skis*
jet-society [dʒɛtsɔsajti] n. f.
jet-stream [dʒɛtstʀim] n. m.
PL. *jet-streams* (rec. off. : *courant-jet*)
jettatore [dʒetatɔʀe] n. m.
jettatura n. f.
jeu n. m.
jeu-concours n. m.
PL. *jeux-concours*
jeudi n. m.
jeun (à) loc. adv.
jeune adj. et n.
jeûne n. m.
jeunement adv.
jeûner ou **jeuner*** v. intr. (conjug. 1)
jeunesse n. f.
jeunet, ette adj. et n.
jeûneur, euse ou **jeuneur, euse*** n.
jeunisme n. m.
jeuniste adj.
jeunot, otte adj. et n. m.
jèze n. m.
jigger ou **jiggeur*** [(d)ʒiɡɛʀ ; dʒiɡœʀ] n. m.
jihad [dʒi(j)ad] n. m.
jihadiste [dʒi(j)adist] n. m.
jingle [dʒinɡœl] n. m. (rec. off. : *indicatif*)
jiu-jitsu ou **jiujitsu*** [ʒjyʒitsy] n. m.
joaillerie n. f.
joaillier, ière ou **joailler, ère** n.
job n. m.
jobard, arde adj. et n.
jobarder v. tr. (conjug. 1)
jobardise ou **jobarderie** n. f.
jobastre adj. et n.
jobelin n. m.
jocasse n. f.

jockey n. m.
PL. *jockeys*
jocrisse n. m.
jodhpur n. m.
jodler ou **iodler** [jɔdle] v. intr. (conjug. 1)
¹jogger n. m.
²jogger v. intr. (conjug. 1)
joggeur, euse n.
jogging n. m.
johannique adj.
johannite n. et adj.
joie n. f.
joignabilité n. f.
joignable adj.
joindre v. (conjug. 49)
¹joint, jointe adj.
²joint n. m.
jointé, ée adj.
jointif, ive adj.
jointoiement n. m.
jointoyer v. tr. (conjug. 8)
jointoyeur n. m.
jointure n. f.
joint venture ou **joint-venture** [dʒɔjntvɛntʃœʀ] n. f.
PL. *joint(-)ventures* (rec. off. : *coentreprise*)
jojo adj. ; n. m.
jojoba n. m.
jokari n. m.
joker n. m.
joli, ie adj.
joliesse n. f.
joliment adv.
jonagold n. f.
jonc n. m.
joncer v. tr. (conjug. 3)
jonchaie n. f.
jonchée n. f.
joncher v. tr. (conjug. 1)
joncheraie n. f.
jonchère n. f.
jonchet n. m.
jonciforme adj.
jonction n. f.
jongler v. intr. (conjug. 1)
jonglerie n. f.
jongleur, euse n.

jonkheer [jɔŋkɛʀ ; ʒɔ̃kɛʀ] n. m.
jonque n. f.
jonquille n. et adj. inv.
Jorkyball® n. m.
jota n. f.
jottereau n. m.
jouabilité n. f.
jouable adj.
joual, jouala adj. et n. m.
joubarbe n. f.
joue n. f.
jouée n. f.
jouer v. (conjug. 1)
jouet n. m.
jouette adj.
joueur, joueuse n.
joufflu, ue adj.
joug n. m.
jouguet n. m.
jouir v. tr. ind. (conjug. 2)
jouissance n. f.
jouissant, ante adj.
jouisseur, euse n.
jouissif, ive adj.
joujou n. m.
joule n. m.
jour n. m.
journal, aux adj. et n. m.
journaleux, euse n.
journalier, ière adj. et n.
journalisation n. f.
journalisme n. m.
journaliste n.
journalistique adj.
journée n. f.
journellement adv.
joute n. f.
jouter v. intr. (conjug. 1)
jouteur, euse n.
jouvence n. f.
jouvenceau, elle n.
jouxte prép.
jouxter v. tr. (conjug. 1)
jovial, iale, iaux adj.
jovialement adv.
jovialité n. f.
jovien, ienne adj.
joyau n. m.
joyeusement adv.

joyeuseté n. f.
joyeux, euse adj.
joystick [(d)ʒɔjstik] n. m. (rec. off. : manche (à balai))
JT n. m. (journal télévisé)
jubarte n. f.
jubé n. m.
jubilaire adj.
jubilant, ante adj.
jubilation n. f.
jubilatoire adj.
jubilé n. m.
jubiler v. intr. (conjug. **1**)
juchée n. f.
jucher v. (conjug. **1**)
juchoir n. m.
judaïcité n. f.
judaïque adj.
judaïser v. (conjug. **1**)
judaïsme n. m.
judaïté n. f.
judas n. m.
judéité n. f.
judelle n. f.
judéo-allemand, ande adj. et n.
PL. *judéo-allemands, andes*
judéo-arabe adj. et n.
PL. *judéo-arabes*
judéo-chrétien, ienne adj.
PL. *judéo-chrétiens, iennes*
judéo-christianisme n. m.
judéo-espagnol, ole adj. et n.
PL. *judéo-espagnols, oles*
judéophobe adj. et n.
judéophobie n. f.
judicature n. f.
judiciaire adj.
judiciairement adv.
judiciarisation n. f.
judiciariser v. tr. (conjug. **1**)
judicieusement adv.
judicieux, ieuse adj.
judo n. m.
judoka n.
jugal, ale, aux adj.
juge n.

jugé ou **juger** n. m.
jugeable adj.
juge-arbitre n.
PL. *juges-arbitres*
juge-commissaire n.
PL. *juges-commissaires*
jugement n. m.
jugeote n. f.
¹**juger** n. m.
²**juger** v. tr. (conjug. **3**)
jugulaire adj. et n. f.
juguler v. tr. (conjug. **1**)
juif, juive n. et adj.
juillet n. m.
juillettiste n.
juin n. m.
jujitsu ou **ju-jitsu** n. m.
jujube n. m.
jujubier n. m.
juke-box ou **jukebox** n. m. inv.
julep n. m.
jules n. m.
julien, ienne adj.
juliénas n. m.
julienne n. f.
julot n. m.
jumbo-jet n. m.
PL. *jumbo-jets* (rec. off. : gros-porteur)
jumeau, elle adj. et n.
jumel adj. m.
jumelage n. m.
jumelé, ée adj.
jumeler v. tr. (conjug. **4**)
jumelle adj. f. et n. f.
jument n. f.
jumping n. m.
jungle n. f.
junior adj. et n.
junk n. et adj.
junker n. m.
junkie n. et adj.
junonien, ienne adj.
junte n. f.
jupe n. f.
jupe-culotte n. f.
PL. *jupes-culottes*
jupette n. f.

jupitérien, ienne adj.
jupon n. m.
juponné, ée adj.
juponner v. tr. (conjug. **1**)
jurançon n. m.
jurande n. f.
jurassien, ienne adj. et n.
jurassique adj. et n. m.
juratoire adj.
juré, ée adj. et n.
jurement n. m.
jurer v. tr. (conjug. **1**)
jureur n. m.
juridiction n. f.
juridictionnel, elle adj.
juridique adj.
juridiquement adv.
juridisme n. m.
jurisconsulte n. m.
jurisprudence n. f.
jurisprudentiel, ielle adj.
juriste n.
juron n. m.
jury n. m.
PL. *jurys*
jus n. m.
jusant n. m.
jusée n. f.
jusqu'au-boutisme n. m.
jusqu'au-boutiste n.
PL. *jusqu'au-boutistes*
jusque ou **jusques** prép. et conj.
jusquiame n. f.
jussie n. f.
jussiée n. f.
jussion n. f.
justaucorps n. m.
juste adj. ; n. m. et adv.
justement adv.
juste-milieu n. m. et adj.
justesse n. f.
justice n. f.
justiciable adj. et n.
justicier, ière n.
justif n. m.
justifiable adj.
justifiant, iante adj.
justificateur, trice adj. et n. m.

justificatif, ive adj.
justification n. f.
justifier v. tr. (conjug. 7)
jute n. m.
juter v. intr. (conjug. 1)
juteux, euse adj. et n. m.
jutosité n. f.
juvénat n. m.
juvénile adj.
juvénilité n. f.
juxtalinéaire adj.
juxtaposable adj.
juxtaposé, ée adj.
juxtaposer v. tr. (conjug. 1)
juxtaposition n. f.

k

k n. m. inv. ; abrév. et symb.
K n. m. inv. ; abrév. et symb.
kabbale n. f.
kabbaliste n.
kabbalistique adj.
kabig [kabik] n. m.
kabuki [kabuki] n. m.
kabyle adj. et n.
kacha n. f.
kaddish n. m.
kafkaïen, ïenne adj.
kaïnite n. f.
kaiser [kezɛʀ ; kajzɛʀ] n. m.
kakémono n. m.
¹kaki adj. inv. et n. m. inv.
²kaki n. m.
kala-azar n. m.
  PL. kala-azars
kalachnikov n. f.
kalanchoé [-k-] n. m.
kaléidoscope n. m.
kaléidoscopique adj.
kali n. m.
kaliémie n. f.
kalium n. m.

kalmouk, e adj.
kamala n. m.
kami n. m.
kamichi n. m.
kamikaze n. m.
kan n. m.
kanak, e ou canaque n. et adj.
kanat n. m.
kandjar n. m.
kangourou n. m.
kangourou-rat n. m.
  PL. kangourous-rats
kanji n. m. inv.
kantien, ienne [kɑ̃tjɛ̃] adj. et n.
kantisme n. m.
kaoliang n. m.
kaolin n. m.
kaolinisation n. f.
kaolinite n. f.
kaon n. m.
kapo n. m.
kapok n. m.
kapokier n. m.
kappa n. m.
  PL. inv. ou kappas*
karakul [karakyl] n. m.
karaoké n. m.
karaté n. m.
karatéka n.
karbau n. m.
karbovanets n. m.
karcher [karʃɛr] n. m.
karchériser v. intr. (conjug. 1)
karité n. m.
karma n. m.
karman n. m.
karmique adj.
karst n. m.
karstique adj.
kart n. m.
karting n. m.
kasher adj.
kat n. m.
kata n. m.
katakana n. m.
kathak n. m.
kathakali n. m.

katier n. m.
kava n. m.
kawa n. m.
kayak n. m.
kayakiste n.
kazoo [-zu] n. m.
kcal symb.
kébab ou kebab [kebab] n. m.
keepsake [kipsɛk] n. m.
keffieh ou kéfié [kefjɛ ; kefje] n. m.
kéfir ou képhir n. m.
kefta n. f.
keirin n. m.
kelvin n. m.
kémia n. f.
kendo n. m.
kendoka n.
kénotron n. m.
kentia n. m.
kentrophylle n. m.
képhir n. m.
képi n. m.
kérabau n. m.
kératine n. f.
kératinisation n. f.
kératiniser v. tr. (conjug. 1)
kératite n. f.
kératocône n. m.
kératome n. m.
kératoplastie n. f.
kératose n. f.
kératotomie n. f.
kerma n. m.
kermès n. m.
kermesse n. f.
kérogène n. m.
kérosène n. m.
kerrie n. f.
késaco ou kezako pron. interrog.
kétamine n. f.
ketch n. m.
ketchup n. m.
ketmie n. f.
keuf n. m.
keum n. m.
keuss n. m.
kevlar® n. m.

keynésianisme n. m.
keynésien, ienne adj.
kg abrév. (kilogramme)
khâgne ou **cagne** n. f.
khâgneux, euse ou **cagneux, euse** n.
khalifat n. m.
khalife n. m.
khamsin ou **chamsin** [xamsin] n. m.
khan ou **kan** [kã] n. m.
khanat ou **kanat** n. m.
kharidjisme n. m.
kharidjite n.
khat n. m.
khédival, ale, aux ou **khédivial, iale, iaux** adj.
khédivat n. m.
khédive n. m.
khi n. m.
PL. inv. ou **khis***
khmer, khmère adj. et n.
khol ou **khôl** n. m.
kHz symb.
kibboutz [kibuts] n. m.
PL. inv. ou **kibboutzim** (hébr.)
kibboutznik [kibutsnik] n.
kichenotte ou **quichenotte** n. f.
kick n. m.
kickboxer n. m.
kickboxing [kikbɔksiŋ] n. m.
kicker n. m.
kid n. m.
kidnappage n. m.
kidnapper v. tr. (conjug. 1)
kidnappeur, euse n.
kidnapping n. m.
kief n. m.
kieselguhr ou **kieselgur** [kizɛlgyʀ] n. m.
kiésérite ou **kieserite** n. f.
kif n. m.
kifer v. (conjug. 1)
kiffant, ante adj.
kiffeur, euse n.
kif-kif ou **kifkif** adj. inv.
kiki n. m.

kil n. m.
kilim n. m.
killy n. m.
PL. **killies**
kilo n. m.
kilobit n. m.
kilocalorie n. f.
kiloeuro n. m.
kilofranc n. m.
kilogramme n. m.
kilogrammètre n. m.
kilohertz n. m.
kilojoule n. m.
kilométrage n. m.
kilomètre n. m.
kilométrer v. tr. (conjug. 6)
kilométrique adj.
kilo-octet n. m.
PL. **kilo-octets**
kilotonne n. f.
kilovoltampère n. m.
kilowatt n. m.
kilowattheure n. m.
kilt n. m.
kimberlite n. f.
kimono n. m.
kinase n. f.
kinescope n. m.
kinésiste n.
kinésithérapeute n.
kinésithérapie n. f.
kinesthésie n. f.
kinesthésique adj.
kinétoscope n. m.
king-charles n. m. inv.
kinkajou ou **kincajou*** n. m.
kiosque® n. m.
kiosquier, ière n.
kippa n. f.
kipper n. m.
kir® n. m.
kirsch ou **kirch*** n. m.
kit n. m. (rec. offf. : prêt-à-monter)
kitch adj. inv. od inv. n. m. inv.
kitchenette n. f. (rec. off. : cuisinette)
kite n. m.
kitesurf n. m.

kitesurfer ou **kitesurfeur, euse** n.
kitsch ou **kitch** adj. inv. et n. m. inv.
kiwi n. m.
kiwiculteur, trice n.
klaxon® n. m.
klaxonner v. (conjug. 1)
kleenex® n. m.
kleptomane ou **cleptomane** n. et adj.
kleptomanie ou **cleptomanie** n. f.
klezmer n. m. et adj. inv.
klystron n. m.
km n. m. (kilomètre)
knack n. f.
knickerbockers n. m. pl.
knickers n. m. pl.
knock-down n. m. inv.
knock-out ou **knockout*** n. m. et adj. inv.
PL. inv. ou **knockouts***
knout n. m.
K.-O. n. m. inv. et adj. inv.
koala n. m.
kobold n. m.
kodiak adj. n. m. et n.
koheul n. m.
kohol n. m.
koinè [kɔine ; kɔinɛ] n. f.
kola ou **cola** n. m. et f.
kolatier ou **colatier** n. m.
kolinski n. m.
kolkhoze n. m.
kolkhozien, ienne adj. et n.
kommandantur n. f.
komsomol [kɔmsɔmɔl] n.
kop n. m.
kopeck n. m.
kora n. f.
korê ou **corê** n. f.
korrigan, ane n.
kot n. m.
koter v. intr. (conjug. 1)
koteur, euse n.
koto n. m.
koubba ou **kouba** n. f.
kouglof n. m.

kouign-amann ou **kouignamann** n. m. inv.
koulak n. m.
koulibiac n. m.
koumis ou **koumys** [kumi(s)] n. m.
kouros n. m.
kraal n. m.
krach n. m.
kraft n. m.
krak ou **crac** n. m.
kraken n. m.
krav-maga ou **krav maga** n. m.
kremlinologie n. f.
kremlinologique adj.
kremlinologue n.
kreutzer n. m.
kriek n. f.
krill n. m.
kriss n. m.
kronprinz n. m.
kroumir n. m.
krump n. m.
krypton n. m.
ksar n. m.
  PL. *ksars* ou *ksour(s)*
ksi n. m.
  PL. inv. ou *ksis**
ksour n. m. pl.
kss kss interj.
kufique adj.
kummel n. m.
kumquat ou **qumquat*** [kɔmkwat ; kumkwat] n. m.
kung-fu [kuɲfu] n. m. inv.
kurde adj. et n.
kuru [kuʀu] n. m.
kvas ou **kwas** n. m.
kW symb. (kilowatt)
kwas ou **kvas** n. m.
kwashiorkor n. m.
kWh abrév. (kilowattheure)
kymographe n. m.
kymographie n. f.
kymrique adj. et n.
kyôgen n. m.
kyrie ou **Kyrie (eleison)** [kiʀje(eleisɔn)] n. m. inv.
kyrielle n. f.

kyste n. m.
kystique adj.
kyu [kju] n. m.
kyudo n. m.

l n. m. inv. ; abrév. et symb.
L n. m. inv. ; abrév. et symb.
la art. déf. fém. ; n. m. inv.
là adv. et interj.
labarum n. m.
là-bas adv.
labbe n. m.
labdanum n. m.
label n. m.
labelle n. m.
labellisation n. f.
labelliser v. tr. (conjug. 1)
labeur n. m.
labiacées n. f. pl.
labial, iale, iaux adj.
labialisation n. f.
labialiser v. tr. (conjug. 1)
labié, iée adj. et n. f.
labiodental, ale, aux adj.
labium n. m.
laborantin, ine n.
laboratoire n. m.
laborieusement adv.
laborieux, ieuse adj.
labour n. m.
labourable adj.
labourage n. m.
labouré n. m.
labourer v. tr. (conjug. 1)
laboureur n. m.
labrador n. m.
labre n. m.
labret n. m.
labrit ou **labri** n. m.
labyrinthe n. m.

labyrinthien, ienne adj.
labyrinthique adj.
labyrinthodonte n. m.
lac n. m.
laçage n. m.
laccase n. f.
laccolithe n. f.
lacement n. m.
lacer v. tr. (conjug. 3)
lacération n. f.
lacérer v. tr. (conjug. 6)
lacerie n. f.
lacertiens n. m. pl.
lacet n. m.
laceur, euse n.
lâchage n. m.
lâche adj.
lâché, ée adj.
lâchement adv.
¹**lâcher** n. m.
²**lâcher** v. (conjug. 1)
lâcher-prise n.
  PL. *lâcher-prises*
lâcheté n. f.
lâcheur, euse n.
lacinié, iée adj.
lacis n. m.
laconique adj.
laconiquement adv.
laconisme n. m.
lacryma-christi ou **lacrima-christi** [-k-] n. m. inv.
lacrymal, ale, aux adj.
lacrymogène adj.
lacs n. m.
lactacidémie n. f.
lactaire adj. et n. m.
lactalbumine n. f.
lactarium n. m.
lactase n. f.
lactate n. m.
lactation n. f.
lacté, ée adj.
lactescence n. f.
lactescent, ente adj.
lactifère adj.
lactique adj.
lactobacille n. m.
lactodensimètre n. m.

lactoflavine

lactoflavine n. f.
lactogène adj. et n. m.
lactomètre n. m.
lactose n. m.
lactosérum n. m.
lactucarium n. m.
lacunaire adj.
lacune n. f.
lacuneux, euse adj.
lacustre adj.
lad n. m.
ladanum n. m.
là-dedans loc. adv.
là-dessous loc. adv.
là-dessus loc. adv.
ladin n. m.
ladino n. m.
ladite adj. f.
ladre n. et adj.
ladrerie n. f.
lady n. f.
  PL. ladies ou ladys
lager [lagœʀ] n. f.
lagomorphes n. m. pl.
lagon n. m.
lagopède n. m.
lagotriche n. m.
laguiole n. m.
laguis n. m.
lagunage n. m.
lagunaire adj.
lagune n. f.
lahar n. m.
là-haut adv.
¹lai, laie adj.
²lai n. m.
laïc, laïque n.
laïcard, arde n. et adj.
laïcat n. m.
laîche ou laiche* n. f.
laïcisation n. f.
laïciser v. tr. (conjug. 1)
laïcisme n. m.
laïcité n. f.
laid, laide adj.
laidement adv.
laideron n. m. et adj.
laideronne n. f.
laideur n. f.
laie n. f.

lainage n. m.
laine n. f.
lainer v. tr. (conjug. 1)
laineur, euse n.
laineux, euse adj.
lainier, ière n. et adj.
laïque ou laïc, laïque adj.
laird [lɛʀd] n. m.
lais n. m.
laisse n. f.
laissé,
  laissée-pour-compte
  ou laissé, ée pour
  compte adj. et n.
  PL. laissés,
  ées(-)pour(-)compte
laissées n. f. pl.
laisser v. tr. (conjug. 1)
laisser-aller n. m. inv.
laisser-faire n. m. inv.
laissez-passer n. m. inv.
lait n. m.
laitage n. m.
laitance n. f.
laite n. f.
laité, ée adj.
laiterie n. f.
laiteron n. m.
laiteux, euse adj.
¹laitier n. m. (matières vitreuses)
²laitier, ière n. et adj.
laiton n. m.
laitonner v. tr. (conjug. 1)
laitue n. f.
laïus n. m.
laïusser v. intr. (conjug. 1)
laïusseur, euse adj. et n.
laize n. f.
lalala interj.
lallation n. f.
lama n. m.
lamage n. m.
lamaïque adj.
lamaïsme n. m.
lamaïste adj. et n.
lamanage n. m.
lamaneur n. m.
lamantin n. m.

lamarckien, ienne adj. et n.
lamarckisme n. m.
lamaserie n. f.
lambada n. f.
lambda n. m. et adj.
  PL. inv. ou lambdas*
lambdacisme n. m.
lambdoïde adj.
lambeau n. m.
lambic n. m.
lambin, ine n. et adj.
lambiner v. intr. (conjug. 1)
lambliase n. f.
lambourde n. f.
lambrequin n. m.
lambris n. m.
lambrissage n. m.
lambrisser v. tr. (conjug. 1)
lambruche n. f.
lambrusco n. m.
lambrusque n. f.
lambswool [lãbswul] n. m.
lame n. f.
lamé, ée adj. et n. m.
lamellaire adj.
lamelle n. f.
lamellé, ée adj. et n. m.
lamellé-collé n. m.
  PL. lamellés-collés
lamelleux, euse adj.
lamellibranches n. m. pl.
lamelliforme adj.
lamellirostres n. m. pl.
lamellophone n. m.
lamentable adj.
lamentablement adv.
lamentation n. f.
lamenter v. (conjug. 1)
lamento [lamɛnto] n. m.
lamer v. tr. (conjug. 1)
lamiacées n. f. pl.
lamie n. f.
lamier n. m.
lamifié® n. m.
laminage n. m.
laminaire adj. ; n. f.
laminé n. m.
laminectomie n. f.
laminer v. tr. (conjug. 1)

lamineur, euse n. et adj.
lamineux, euse adj.
laminoir n. m.
lampadaire n. m.
lampadophore adj. et n.
lampant, ante adj.
lamparo n. m.
lampas [lɑ̃pɑ(s)] n. m.
lampe n. f.
lampée n. f.
lampemètre n. m.
lamper v. tr. (conjug. 1)
lampe-tempête n. f.
    PL. *lampes-tempête*
lampion n. m.
lampiste n.
lampisterie n. f.
lampourde n. f.
lamprillon n. m.
lamproie n. f.
lampyre n. m.
lance n. f.
lance-bombe(s) n. m.
    PL. *lance-bombes*
lancée n. f.
lance-engin(s) n. m.
    PL. *lance-engins*
lance-flamme(s) n. m.
    PL. *lance-flammes*
lance-fusée(s) n. m.
    PL. *lance-fusées*
lance-grenade(s) n. m.
    PL. *lance-grenades*
lance-harpon n. m.
    PL. *lance-harpons*
lancement n. m.
lance-missile(s) n. m.
    PL. *lance-missiles*
lancéolé, ée adj.
lance-pierre(s) n. m.
    PL. *lance-pierres*
¹**lancer** n. m.
²**lancer** v. tr. (conjug. 3)
lance-roquette(s) n. m.
    PL. *lance-roquettes*
lance-torpille(s) n. m.
    PL. *lance-torpilles*
lancette n. f.
lanceur, euse n.
lancier n. m.
lancinant, ante adj.

lanciner v. tr. (conjug. 1)
lançon n. m.
land [lɑ̃d] n. m.
    PL. *länder* (all.) ou *lands*
landais, aise adj.
land art n. m.
landau n. m.
lande n. f.
länder [lɛndœʀ] n. m. pl.
landernau ou **landerneau** n. m.
landgrave [lɑ̃dgʀav] n. m.
landgraviat [lɑ̃dgʀavja] n. m.
landier n. m.
landolphia n. f.
landtag [lɑ̃dtag] n. m.
laneret n. m.
langage n. m.
langagier, ière adj. et n.
lange n. m.
langer v. tr. (conjug. 3)
langoureusement adv.
langoureux, euse adj.
langouste n. f.
langoustier n. m.
langoustine n. f.
langue n. f.
langué, ée adj.
langue-de-bœuf n. f.
    PL. *langues-de-bœuf*
languette n. f.
langueur n. f.
langueyage n. m.
langueyer v. tr. (conjug. 1)
languide adj.
languir v. intr. (conjug. 2)
languissamment adv.
languissant, ante adj.
lanice adj.
lanier n. m.
lanière n. f.
laniste n. m.
lanoline n. f.
lansquenet n. m.
lantanier n. m.
lanterne n. f.
lanterneau n. m.
lanterner v. (conjug. 1)

lanternon ou **lanterneau** n. m.
lanthane n. m.
lanthanides n. m. pl.
lanugineux, euse adj.
laotien, ienne [laɔsjɛ̃] adj. et n.
lapalissade n. f.
laparoscopie n. f.
laparoscopique adj.
laparotomie n. f.
lapement n. m.
laper v. tr. (conjug. 1)
lapereau n. m.
lapiaz ou **lapié** n. m.
lapicide n. m.
lapidaire n. et adj.
lapidation n. f.
lapider v. tr. (conjug. 1)
lapideur n. m.
lapidification n. f.
lapidifier v. tr. (conjug. 7)
lapié n. m.
lapilli(s) n. m. pl.
lapin, ine n.
lapiner v. intr. (conjug. 1)
lapinière n. f.
lapinisme n. m.
lapis(-lazuli) [lapis(lazyli)] n. m.
    PL. *lapis(-lazulis)*
lapon, one adj. et n.
¹**laps, lapse** adj.
²**laps** n. m.
lapsus n. m.
laptot n. m.
laquage n. m.
laquais n. m.
laque n. f. et m.
laqué, ée adj.
laquer v. tr. (conjug. 1)
laqueur, euse n.
laquier n. m.
laraire n. m.
larbin n. m.
larcin n. m.
lard n. m.
larder v. tr. (conjug. 1)
lardoire n. f.
lardon n. m.

lardure n. f.
lare n. m.
larfeuille n. f.
largable adj.
largage n. m.
large adj. ; n. m. ; adv.
largement adv.
largesse n. f.
largeur n. f.
¹larghetto n. m.
 PL. *larghettos*
²larghetto [laʀgeto] adv.
¹largo n. m.
 PL. *largos*
²largo adv.
largue adj.
larguer v. tr. (conjug. **1**)
larigot n. m.
larme n. f.
larme-de-Job n. f.
 PL. *larmes-de-Job*
larme-du-Christ n. f.
 PL. *larmes-du-Christ*
larmier n. m.
larmoiement n. m.
larmoyant, ante adj.
larmoyer v. intr. (conjug. **8**)
larron n. m.
larsen n. m.
larvaire adj.
larve n. f.
larvé, ée adj.
larvicide adj. et n. m.
larvivore adj.
laryngé, ée adj.
laryngectomie n. f.
laryngectomiser v. tr. (conjug. **1**)
laryngien, ienne adj.
laryngite n. f.
laryngologie n. f.
laryngologiste n.
laryngologue n.
laryngoscope n. m.
laryngoscopie n. f.
laryngotomie n. f.
larynx n. m.
¹las, lasse [lɑ, lɑs] adj.
²las [lɑs] interj.
lasagne n. f.

lascar n. m.
lascif, ive adj.
lascivement adv.
lascivité ou **lasciveté** n. f.
laser [lazɛʀ] n. m.
laserdisc n. m.
lassant, ante adj.
lasser v. tr. (conjug. **1**)
lassi n. m.
lassis n. m.
lassitude n. f.
lasso n. m.
lastex® n. m.
lasting [lastiŋ] n. m.
lasure n. f.
lasurer v. tr. (conjug. **1**)
latanier n. m.
latence n. f.
latent, ente adj.
latéral, ale, aux adj. et n. f.
latéralement adv.
latéralisation n. f.
latéralisé, ée adj.
latéralité n. f.
latérite n. f.
latéritique adj.
latéritisation n. f.
latex n. m.
laticifère adj.
latifundia n. m. pl.
latifundiaire [-fɔ̃djɛʀ] adj.
latifundium n. m.
 PL. *latifundia* ou *latifundiums*
latin, ine adj. et n.
latinisant, ante adj. et n.
latinisation n. f.
latiniser v. (conjug. **1**)
latinisme n. m.
latiniste n.
latinité n. f.
latino-américain, aine adj. et n.
 PL. *latino-américains, aines*
latinophone adj.
latitude n. f.
latitudinaire adj. et n.
latomies n. f. pl.
lato sensu [latosɛ̃sy] loc. adv.

latrie n. f.
latrines n. f. pl.
lats n. m.
lattage n. m.
latte n. f.
latté, ée adj. et n. m.
latter v. tr. (conjug. **1**)
lattis n. m.
laudanum n. m.
laudateur, trice n.
laudatif, ive adj.
laudes n. f. pl.
laure n. f.
lauré, ée adj.
lauréat, ate adj. et n.
laurier n. m.
laurier-cerise n. m.
 PL. *lauriers-cerises*
laurier(-)rose n. m.
 PL. *lauriers(-)roses*
laurier-sauce n. m.
 PL. *lauriers-sauce*
laurier-tin n. m.
 PL. *lauriers-tins*
lauze ou **lause** n. f.
LAV n. m.
 (lymphadenopathy associated virus)
lavable adj.
lavabo n. m.
lavage n. m.
lavallière adj. et n. f.
lavande n. f.
lavandière n. f.
lavandin n. m.
lavant, ante adj.
lavaret n. m.
lavasse n. f.
lave n. f.
lavé, ée adj.
lave-auto n. m.
 PL. *lave-autos*
lave-glace n. m.
 PL. *lave-glaces*
lave-linge n. m.
 PL. ou inv. *lave-linges*
lave-main(s) n. m.
 PL. *lave-mains*
lavement n. m.
laver v. tr. (conjug. **1**)
laverie n. f.

lavette n. f.
laveur, euse n.
lave-vaisselle n. m.
PL. inv. ou *lave-vaisselles*
lave-vitre(s) n. m.
PL. *lave-vitres*
lavis n. m.
lavogne n. f.
lavoir n. m.
lavomatic n. m.
lavure n. f.
lawrencium [lɔRãsjɔm] n. m.
laxatif, ive adj. et n. m.
laxisme n. m.
laxiste adj. et n.
laxité n. f.
laye ou **laie** n. f.
layer v. tr. (conjug. **8**)
layetier n. m.
layette n. f.
layon n. m.
lazaret n. m.
lazariste n. m.
lazulite n. f.
lazurite n. f.
lazzarone n. m.
lazzi n. m.
PL. inv. ou *lazzis*
LCD n. m. (liquid crystal display)
le art. déf. masc. ; pron. pers.
lé n. m.
leader ou **leadeur, euse** [lidœʀ] n.
leadership ou **leadeurship*** [lidœʀʃip] n. m. (rec. off. : primauté)
leasing [lizing] n. m. (rec. off. : crédit-bail)
lebel n. m.
lécanore n. f.
léchage n. m.
lèche n. f.
lèche-botte adj. et n.
PL. *lèche-bottes*
lèche-cul n. et adj.
PL. *lèche-culs*
léchefrite n. f.
lèchement n. m.
lécher v. tr. (conjug. **6**)

lécheur, euse n.
lèche-vitrine n. m.
lécithine n. f.
leçon n. f.
lecteur, trice n.
lecteur-enregistreur n. m.
PL. *lecteurs-enregistreurs*
lectorat n. m.
lecture n. f.
lécythe n. m.
Led n. f. (diode électroluminescente)
ledit, ladite adj.
légal, ale, aux adj.
légalement adv.
légalisation n. f.
légaliser v. tr. (conjug. **1**)
légalisme n. m.
légaliste adj. et n.
légalité n. f.
légat n. m.
légataire n.
légation n. f.
¹**légato** ou **legato** n. m.
PL. *légatos*
²**légato** ou **legato** adv.
lège adj.
légendaire adj.
légende n. f.
légender v. tr. (conjug. **1**)
léger, ère adj.
légèrement adv.
légèreté n. f.
leggings ou **leggins** [legins] n. m. pl.
leghorn [legɔRn] n. f.
légiférer v. intr. (conjug. **6**)
légion n. f.
légionelle n. f.
légionellose n. f.
légionnaire n. m.
législateur, trice n. et adj.
législatif, ive adj. et n. m.
législation n. f.
législature n. f.
légiste n.
légitimation n. f.
légitime adj. et n. f.
légitimement adv.

légitimer v. tr. (conjug. **1**)
légitimiste n. et adj.
légitimité n. f.
legs [lɛg ; lɛ] n. m.
léguer v. tr. (conjug. **6**)
légume n. m. et f.
légumier, ière n. et adj.
légumine n. f.
légumineux, euse adj. et n. f.
lei n. m. pl.
léiomyome n. m.
leishmania ou **leishmanie** n. f.
leishmanide n. f.
leishmanie n. f.
leishmaniose n. f.
leitmotiv [letmɔtiv ; lajtmɔtif] n. m.
PL. inv. ou *leitmotivs* ou *leitmotive* (all.)
lemmatisation n. f.
lemmatiser v. tr. (conjug. **1**)
lemme n. m.
lemming n. m.
lemniscate n. f.
lemon-grass [lemɔngRas] n. m. inv.
lémur n. m.
lémurien n. m.
lémuriens n. m.
lendemain n. m.
lénifiant, iante adj.
lénifier v. tr. (conjug. **7**)
léninisme n. m.
léniniste adj. et n.
lénitif, ive adj.
lent, lente adj.
lente n. f.
lentement adv.
lenteur n. f.
lenticelle n. f.
lenticulaire adj.
lenticule n. f.
lenticulé, ée adj.
lentiforme adj.
lentigo n. m.
lentille n. f.
lentin n. m.

lentisque

lentisque n. m.
¹lento n. m.
  PL. *lentos*
²lento [lɛnto] adv.
léonin, ine adj.
léonure n. m.
léopard n. m.
L. E. P. ou **LEP** n. m.
  (lycée d'enseignement
  professionnel)
lépidodendron [-dɛ̃-] n. m.
lépidolite ou **lépidolithe** n. f.
lépidoptères n. m. pl.
lépidosirène n. m.
lépidostée n. m.
lépiote n. f.
lépisme n. m.
lépisostée n. m.
lèpre n. f.
lépreux, euse adj.
léprologie n. f.
léprologue n.
léprome n. m.
léproserie n. f.
lepte n. m.
leptine n. f.
leptocéphale n. m.
leptolithique n. m. et adj.
leptoméninges n. f. pl.
lepton n. m.
leptonique adj.
leptospire n. m.
leptospirose n. f.
lepture n. f.
lequel, laquelle pron. rel. et interrog.
lerche adv.
lérot n. m.
les art. déf. pl. et pron. pers. pl.
lès ou **les** [lɛ ; le] prép.
lesbianisme n. m.
lesbien, ienne adj. et n. f.
lesbisme n. m.
lesdites adj. f. pl.
lesdits adj. m. pl.
lèse-majesté n. f.
  PL. inv. ou *lèse-majestés*

léser v. tr. (conjug. 6)
lésine n. f.
lésiner v. intr. (conjug. 1)
lésinerie n. f.
lésion n. f.
lésionnel, elle adj.
lesquels, lesquelles pron. rel. et interrog.
lessivable adj.
lessivage n. m.
lessive n. f.
lessiver v. tr. (conjug. 1)
lessiveuse n. f.
lessiviel, ielle adj.
lessivier n. m.
lest n. m.
lestable adj.
lestage n. m.
leste adj.
lestement adv.
lester v. tr. (conjug. 1)
létal, ale, aux adj.
létalité n. f.
letchi n. m.
léthargie n. f.
léthargique adj.
lette n.
lettique n. m.
letton, one adj. et n.
lettrage n. m.
lettre n. f.
lettré, ée adj.
lettre-transfert n. f.
  PL. *lettres-transferts*
lettrine n. f.
lettrisme n. m.
lettriste n. et adj.
leu n. m.
leucanie n. f.
leucémie n. f.
leucémique adj. et n.
leucine n. f.
leucite n. f. et n. m.
leucocytaire adj.
leucocyte n. m.
leucocytose n. f.
leucoderme n. m.
leucodermie n. f.
leucodystrophie n. f.

leucoencéphalite n. f.
leucome n. m.
leucopénie n. f.
leucoplasie n. f.
leucopoïèse n. f.
leucopoïétique adj.
leucorrhée n. f.
leucose n. f.
leucotomie n. f.
leude n. m.
leur adj. poss. ; pron. pers. inv.
leurre n. m.
leurrer v. tr. (conjug. 1)
lev n. m.
  PL. *leva*
levage n. m.
levain n. m.
levalloisien, ienne adj. et n. m.
levant, ante adj. et n. m.
levantin, ine adj. et n.
lève n. f.
levé, ée adj. et n. m.
levée n. f.
lève-glace n. m.
  PL. *lève-glaces*
lève-malade n. m.
  PL. *lève-malades*
¹lever n. m.
²lever v. (conjug. 5)
lève-tard n. inv.
lève-tôt n. inv.
lève-vitre n. m.
  PL. *lève-vitres*
levier n. m.
lévigation n. f.
léviger v. tr. (conjug. 3)
lévirat n. m.
lévitation n. f.
lévite n. m. et f.
léviter v. intr. (conjug. 1)
lévogyre adj.
levraut ou **levreau** n. m.
lèvre n. f.
levreau n. m.
levrette n. f.
levretté, ée adj.
levretter v. intr. (conjug. 1)
lévrier n. m.

lièvre

levron, onne n.
lévulose n. m.
levurage n. m.
levure n. f.
lexème n. m.
lexical, ale, aux adj.
lexicalisation n. f.
lexicaliser (se) v. pron. (conjug. 1)
lexicographe n.
lexicographie n. f.
lexicographique adj.
lexicologie n. f.
lexicologique adj.
lexicologue n.
lexicométrie n. f.
lexicométrique adj.
lexie n. f.
lexique n. m.
lexis n. f.
lez ou les ou lès prép.
lézard n. m.
lézarde n. f.
lézarder v. (conjug. 1)
LFAC n. m. (lance-fusées antichars)
LGBT n. m. pl. (lesbiennes, gays, bisexuels et transgenres)
li n. m.
  PL. inv. ou lis
liage n. m.
liais n. m.
liaison n. f.
liaisonner v. tr. (conjug. 1)
liane n. f.
lianescent, ente adj.
liant, liante adj. et n. m.
liard n. m.
lias n. m.
liasique adj.
liasse n. f.
libage n. m.
libanisation n. f.
libation n. f.
libelle n. m.
libellé n. m.
libeller v. tr. (conjug. 1)
libelliste n.
libellule n. f.
liber n. m.

libérable adj. et n. m.
libéral, ale, aux adj. et n.
libéralement adv.
libéralisation n. f.
libéraliser v. tr. (conjug. 1)
libéralisme n. m.
libéralité n. f.
libérateur, trice n. et adj.
libération n. f.
libératoire adj.
libéré, ée adj.
libérer v. tr. (conjug. 6)
libérien, ienne adj.
libériste n.
libéro n. m.
libéroligneux, euse adj.
libertaire adj. et n.
liberté n. f.
liberticide adj.
libertin, ine adj. et n.
libertinage n. m.
liberty® n. m.
  PL. inv. ou libertys*
libidinal, ale, aux adj.
libidineux, euse adj.
libido n. f.
libouret n. m.
libraire n.
librairie n. f.
libration n. f.
libre adj.
libre arbitre n. m.
libre-échange n. m.
  PL. libres-échanges
libre-échangisme n. m.
libre-échangiste n.
  PL. libres-échangistes
librement adv.
libre pensée ou libre-pensée n. f.
libre penseur, euse ou libre-penseur, euse adj. et n.
libre-service n. m.
  PL. libres-services
librettiste n.
¹lice n. f. (palissade, chienne)
²lice ou lisse n. f. (métier à tisser)
licéité n. f.

licence n. f.
licenciable adj. et n.
licencié, iée n.
licenciement n. m.
licencier v. tr. (conjug. 7)
licencieusement adv.
licencieux, ieuse adj.
lichen n. m.
licher v. tr. (conjug. 1)
lichette n. f.
licier ou lissier n. m.
licitation n. f.
licite adj.
licitement adv.
liciter v. tr. (conjug. 1)
licol ou licou n. m.
licorne n. f.
licou n. m.
licteur n. m.
lidar n. m. (light detecting and ranging)
lido n. m.
lidocaïne n. f.
lie n. f.
lié, liée adj.
lied [lid] n. m.
  PL. lieds ou lieder (all.)
liège n. m.
liégé, ée adj.
liégeois, oise adj. et n.
lien n. m.
lier v. tr. (conjug. 7)
lierne n. f.
lierre n. m.
liesse n. f.
¹lieu n. m.
  PL. lieux (endroit)
²lieu n. m.
  PL. lieus (poisson)
lieudit ou lieu-dit n. m.
  PL. lieudits ou lieux-dits
lieue n. f.
lieur, lieuse n.
lieuse n. f. et adj. f.
lieutenance n. f.
lieutenant n. m.
lieutenant-colonel n. m.
  PL. lieutenants-colonels
lieutenante n. f.
lièvre n. m.

lift

lift n. m.
lifter v. tr. (conjug. 1)
liftier, ière n.
lifting n. m. (rec. off. : lissage, remodelage)
ligament n. m.
ligamentaire adj.
ligamenteux, euse adj.
ligand n. m.
ligase n. f.
ligature n. f.
ligaturer v. tr. (conjug. 1)
lige adj.
light adj. inv.
ligie n. f.
lignage n. m.
lignager, ère adj.
lignard n. m.
ligne n. f.
ligne-bloc n. f.
PL. lignes-blocs
lignée n. f.
ligner v. tr. (conjug. 1)
lignerolle ou lignerole* n. f.
ligneul n. m.
ligneur n. m.
ligneux, euse adj.
lignicole adj.
lignification n. f.
lignifier (se) v. pron. (conjug. 7)
lignine n. f.
lignite n. m.
lignocellulose n. f.
lignomètre n. m.
ligot n. m.
ligotage n. m.
ligoter v. tr. (conjug. 1)
ligue n. f.
liguer v. tr. (conjug. 1)
ligueur, euse n.
ligule n. f.
ligulé, ée adj.
liguliflores n. f. pl.
ligure adj. et n.
lilas n. m.
liliacées n. f. pl.
lilial, iale, iaux adj.
lilliputien, ienne adj. et n.

limace n. f.
limaçon n. m.
image n. f.
limaille n. f.
liman n. m.
limande n. f.
limande-sole n. f.
PL. limandes-soles
limbaire adj.
limbe n. m.
limbes n. m. pl.
limbique adj.
¹lime n. f. (outil)
²lime n. f. ou m. (fruit)
limer v. tr. (conjug. 1)
limerick n. m.
limes ou limès* [-ɛ-] n. m.
limette n. f.
limettier n. m.
limeur, euse n. et adj.
limicole adj.
limier n. m.
liminaire adj.
liminal, ale, aux adj.
limitable adj.
limitant, ante adj.
limitatif, ive adj.
limitation n. f.
limitativement adv.
limite n. f.
limité, ée adj.
limiter v. tr. (conjug. 1)
limiteur n. m.
limitrophe adj.
limnée n. f.
limnologie n. f.
limogeage n. m.
limoger v. tr. (conjug. 3)
limon n. m.
limonade n. f.
limonadier, ière n.
limonage n. m.
limonaire n. m.
limonène n. m.
limoneux, euse adj.
limonier n. m.
limonière n. f.
limonite n. f.
limoselle n. f.
limousin, ine adj. et n.

limousinage n. m.
limousine n. f.
limousiner v. tr. (conjug. 1)
limpide adj.
limpidité n. f.
limule n. m. ou f.
lin n. m.
linaigrette n. f.
linaire n. f.
linceul n. m.
linçoir ou linsoir n. m.
lindane n. m.
linéaire adj. et n. m.
linéairement adv.
linéal, ale, aux adj.
linéament n. m.
linéarisation n. f.
linéarité n. f.
linéature n. f.
linéique adj.
liner [lajnœʀ] n. m.
linette n. f.
lingam ou linga n. m.
linge n. m.
lingère n. f.
lingerie n. f.
lingette n. f.
lingot n. m.
lingotière n. f.
lingua franca n. f.
lingual, ale, aux adj.
linguatule n. f.
lingue n. f.
linguet n. m.
linguette n. f.
linguiforme adj.
linguine [lingwine] n. f. pl.
linguiste n.
linguistique n. f. et adj.
linguistiquement adv.
linier, ière adj.
linière n. f.
liniment n. m.
linkage [linkaʒ] n. m.
links [links] n. m. pl.
linnéen, enne adj.
lino n. m. ; n. f.
linogravure n. f.
linoléique adj.
linoléum n. m.

litre

linon n. m.
linotte n. f.
linotype n. f.
linotypie n. f.
linotypiste n.
linsang [lɛ̃sɑ̃g ; linsɑ̃ŋ] n. m.
linsoir n. m.
linteau n. m.
linter [lintɛʀ] n. m.
lion n. m.
lionceau n. m.
lionne n. f.
liparis n. m.
lipase n. f.
lipide n. m.
lipidémie n. f.
lipidique adj.
lipidité n. f.
lipoaspiration n. f.
lipochrome [-k-] n. m.
lipodystrophie n. f.
lipogenèse n. f.
lipogrammatique adj.
lipogramme n. m.
lipoïde adj.
lipojet n. m.
lipolyse n. f.
lipolytique adj.
lipomatose n. f.
lipome n. m.
lipophile adj.
lipophorèse n. f.
lipoprotéine n. f.
lipoprotéique adj.
liposarcome n. m.
liposoluble adj.
liposome n. m.
lipostructure n. f.
liposuccion n. f.
liposucer v. tr. (conjug. 3)
lipothymie n. f.
lipotrope adj.
lipovaccin n. m.
lippe n. f.
lippée n. f.
lippu, ue adj.
liquation n. f.
liquéfacteur n. m.
liquéfaction n. f.
liquéfiable adj.

liquéfiant, iante adj.
liquéfier v. tr. (conjug. 7)
liquette n. f.
liqueur n. f.
liquidable adj.
liquidambar n. m.
liquidateur, trice n.
liquidatif, ive adj.
liquidation n. f.
liquide adj. et n. m.
liquider v. tr. (conjug. 1)
liquidien, ienne adj.
liquidité n. f.
liquoreux, euse adj.
liquoriste n.
¹lire n. f.
²lire v. tr. (conjug. 43)
lirette n. f.
lis ou lys n. m.
lisage n. m.
lisant, ante n.
lise n. f.
liserage ou lisérage n. m.
liseré ou liséré [liz(ə)ʀe ; lizeʀe] n. m.
liserer ou lisérer v. tr. (conjug. 5)
liseron n. m.
lisette n. f.
liseur, euse n.
liseuse n. f.
lisibilité n. f.
lisible adj.
lisiblement adv.
lisier n. m.
lisière n. f.
lisp n. m. (list processing)
lissage n. m.
lissant, ante adj.
lisse adj. ; n. f.
lissé, ée adj. et n. m.
lisser v. tr. (conjug. 1)
lisseur, euse n.
lissier n. m.
lissoir n. m.
listage n. m. (rec. off. pour listing)
liste n. f.
listel n. m.
lister v. tr. (conjug. 1)

listéria ou listeria n. f.
listériose n. f.
listing [listiŋ] n. m. (rec. off. : listage)
liston n. m.
lit n. m.
litanie n. f.
litanique adj.
litchi n. m.
lité, ée adj.
liteau n. m.
litée n. f.
liter v. tr. (conjug. 1)
literie n. f.
litham n. m.
litharge n. f.
lithiase n. f.
lithiasique adj. et n.
lithine n. f.
lithiné, ée adj.
lithinifère adj.
lithique adj.
lithium n. m.
litho n. f.
lithodome n. m.
lithographe n.
lithographie n. f.
lithographier v. tr. (conjug. 7)
lithographique adj.
lithophage adj. et n. m.
lithophanie n. f.
lithosphère n. f.
lithosphérique adj.
lithothamnium n. m.
lithothérapie n. f.
lithotripteur n. m.
lithotriteur n. m.
lithotritie [-tʀisi] n. f.
lithuanien, ienne adj. et n.
liticonsorts n. m. pl.
litière n. f.
litige n. m.
litigieux, ieuse adj.
litispendance n. f.
litorne n. f.
litote n. f.
litrage n. m.
litre n. f. ; n. m.

litron n. m.
litsam n. m.
littéraire adj. et n.
littérairement adv.
littéral, ale, aux adj.
littéralement adv.
littéralité n. f.
littérarité n. f.
littérateur, trice n.
littératie [-si] n. f. (rec. off. : littératie)
littérature n. f.
littérisme n. m.
littoral, ale, aux adj. et n. m.
littorine n. f.
lituanien, ienne ou **lithuanien, ienne** adj. et n.
liturgie n. f.
liturgique adj.
liturgiste n.
liure n. f.
livarde n. f.
livarot n. m.
live [lajv] adj. inv.
livèche n. f.
livédo ou **livedo** n. m. ou f.
livet n. m.
livide adj.
lividité n. f.
living [liviŋ] n. m.
living-room [liviŋʀum] n. m.
PL. *living-rooms* (rec. off. : salle de séjour)
livrable adj.
livraison n. f.
livre n. m. ; n. f.
livre-cassette n. m.
PL. *livres-cassettes*
livrée n. f.
livrer v. (conjug. 1)
livresque adj.
livret n. m.
livreur, euse n.
lixiviation n. f.
llanos ou **lianos*** [ljanos] n. m. pl.
lloyd n. m.

loader ou **loadeur*** n. m. (rec. off. : chargeuse)
loase n. f.
lob n. m.
lobaire adj.
lobby n. m.
PL. *lobbys* ou *lobbies*
lobbying n. m.
lobbyiste n.
lobe n. m.
lobé, ée adj.
lobectomie n. f.
lobélie n. f.
lobéline n. f.
lober v. (conjug. 1)
lobotomie n. f.
lobotomiser v. tr. (conjug. 1)
lobulaire adj.
lobule n. m.
lobulé, ée adj.
lobuleux, euse adj.
local, ale, aux adj. et n. m.
localement adv.
localier n. m.
localisable adj.
localisateur, trice adj. et n. m.
localisation n. f.
localisé, ée adj.
localiser v. tr. (conjug. 1)
localité n. f.
locataire n.
locateur, trice n.
locatif, ive adj. et n. m.
location n. f.
location-gérance n. f.
PL. *locations-gérances*
location-vente n. f.
PL. *locations-ventes*
locavore adj. et n.
¹**loch** [lɔk] n. m. (appareil de mesure)
²**loch** [lɔk ; lɔx] n. m. (lac)
loche n. f.
locher v. tr. (conjug. 1)
lochies n. f. pl.
lock-out ou **lockout** [lɔkaut] n. m.
PL. inv. ou *lockouts*

lock-outer ou **lockouter** [lɔkaute] v. tr. (conjug. 1)
locomobile adj. et n. f.
locomoteur, trice adj. et n. m.
locomotif, ive adj.
locomotion n. f.
locomotive n. f.
locomotrice n. f.
locorégional, ale, aux adj.
locotracteur n. m.
locrien, ienne adj. et n. m.
loculaire adj.
loculé, ée adj.
loculeux, euse adj.
locus n. m.
PL. *locus* ou *loci* (lat.)
locuste n. f.
locustelle n. f.
locuteur, trice n.
locution n. f.
loden n. m.
lodge n. m.
lods n. m. pl.
lœss n. m.
lof n. m.
lofer v. intr. (conjug. 1)
loft n. m.
log n. m.
logarithme n. m.
logarithmique adj.
loge n. f.
logeable adj.
logement n. m.
loger v. (conjug. 3)
logette n. f.
logeur, euse n.
loggia n. f.
logiciel, ielle n. m. et adj. (rec. off. pour *software*)
logicien, ienne n.
logicisme n. m.
logicomathématique adj.
logicopositivisme n. m.
login n. m.
logique adj. ; n. f.
logiquement adv.
logis n. m.

loucher

logiste n.
logisticien, ienne n.
logistique n. f. et adj.
logithèque n. f.
logo n. m.
logogramme n. m.
logographe n. m.
logographie n. f.
logogriphe n. m.
logomachie n. f.
logomachique adj.
logopathie n. f.
logopède n.
logopédie n. f.
logopédique adj.
logopédiste n.
logorrhée n. f.
logorrhéique adj. et n.
logos n. m.
logotype n. m.
loguer (se) v. pron. (conjug. 1)
loi n. f.
loi-cadre n. f.
   PL. lois-cadres
loin adv. et n. m.
lointain, aine adj. et n. m.
lointainement adv.
loi-programme n. f.
   PL. lois-programmes
loir n. m.
loisible adj.
loisir n. m.
lol interj.
lolita n. f.
lolo n. m.
lombago [lɔ̃bago ; lœ̃bago] n. m.
lombaire adj.
lombalgie n. f.
lombard, arde adj. et n.
lombarthrose n. f.
lombes n. m. pl.
lombosacré, ée adj.
lombosciatique n. f.
lombostat n. m.
lombric n. m.
lombricoïde adj.
lombriculture n. f.
lompe n. m.

londrès n. m.
¹long, longue adj. ; n. m.
²long adv.
longane n. m.
longanier n. m.
longanimité n. f.
long-courrier adj.
   PL. long(s)-courriers
long drink [lɔ̃gdʀiŋk] n. m.
   PL. long drinks
longe n. f.
longer v. tr. (conjug. 3)
longère n. f.
longeron n. m.
longévité n. f.
longicorne adj. et n. m.
longiligne adj.
longitude n. f.
longitudinal, ale, aux adj.
longitudinalement adv.
long-jointé, ée adj.
   PL. long-jointés, ées
longrine n. f.
longtemps n. m. et adv.
longue n. f.
longuement adv.
longuet, ette adj. et n. m.
longueur n. f.
longue-vue n. f.
   PL. longues-vues
looch n. m.
loofa n. m.
look n. m.
looké, ée adj.
looker v. tr. (conjug. 1)
lookeuse n.
looping n. m.
looser n. m.
lope n. f.
lopette n. f.
lophobranche n. m.
lophophore n. m.
lopin n. m.
loquace adj.
loquacité n. f.
loque n. f.
loquet n. m.
loqueteau n. m.
loqueteux, euse adj.

loran n. m. (long range aid to navigation)
lord n. m.
lord-maire n. m.
   PL. lords-maires
lordose n. f.
lorette n. f.
lorgner v. tr. (conjug. 1)
lorgnette n. f.
lorgnon n. m.
lori n. m.
loricaire n. m.
loriot n. m.
loris n. m.
lorrain, aine adj. et n.
lorry n. m.
   PL. lorrys ou lorries
lors adv.
lorsque conj.
losange n. f.
losangé, ée adj.
losangique adj.
loser ou looser ou loseur* n. m.
lot n. m.
lote n. f.
loterie n. f.
loti, ie adj.
lotier n. m.
lotion n. f.
lotionner v. tr. (conjug. 1)
lotir v. tr. (conjug. 2)
lotissement n. m.
lotisseur, euse n.
loto n. m.
lotte ou lote n. f.
lotus n. m.
louable adj.
louage n. m.
louange n. f.
louanger v. tr. (conjug. 3)
louangeur, euse n. et adj.
loub n. m.
loubard, e n.
loubavitch adj. et n.
loubine n. f.
louche adj. ; n. f.
louchébème n. m.
loucher v. intr. (conjug. 1)

loucherbem

loucherbem ou
  louchébème n. m.
loucherie n. f.
louchet n. m.
loucheur, euse n.
louchon n. m.
louée n. f.
louer v. tr. (conjug. 1)
loueur, euse n.
louf adj.
loufiat n. m.
loufoque adj.
loufoquerie n. f.
louftingue adj.
lougre n. m.
louis n. m.
louise-bonne n. f.
  PL. louises-bonnes
louis-philippard, arde adj.
  PL. louis-philippards, ardes
loukoum n. m.
¹loulou n. m. (chien)
²loulou, oute n.
lounge [laundʒ] n. m.
loup n. m.
loupage n. m.
loup-cervier n. m.
  PL. loups-cerviers
loup de mer n. m.
loupe n. f.
loupé, ée adj. et n. m.
louper v. tr. (conjug. 1)
loup-garou n. m.
  PL. loups-garous
loupiot, iotte ou iote n.
loupiote n. f.
lourd, lourde adj.
lourdaud, aude n. et adj.
lourde n. f.
lourdement adv.
lourder v. tr. (conjug. 1)
lourdeur n. f.
lourdingue adj.
loure n. f.
louré n. m.
lourer v. tr. (conjug. 1)
loustic n. m.
loutre n. f.
louve n. f.

louvet, ette adj.
louveteau n. m.
louveter v. intr. (conjug. 4)
louveterie ou louvèterie n. f.
louvetier n. m.
louvette n. f.
louvoiement n. m.
louvoyer v. intr. (conjug. 8)
lovelace n. m.
lover v. tr. (conjug. 1)
low cost adj. et n. m. inv.
loxodromie n. f.
loxodromique adj.
loyal, ale, aux adj.
loyalement adv.
loyalisme n. m.
loyaliste adj. et n.
loyauté n. f.
loyer n. m.
L. S. D. n. m. (acide lysergique diéthylamide)
lu, lue adj.
lubie n. f.
lubricité n. f.
lubrifiant, iante adj. et n. m.
lubrification n. f.
lubrifier v. tr. (conjug. 7)
lubrique adj.
lubriquement adv.
lucane n. m.
lucaniste n.
lucanophile n.
lucarne n. f.
lucernaire n. m. ; n. f.
lucide adj.
lucidement adv.
lucidité n. f.
luciférien, ienne adj. et n.
lucifuge adj. et n. m.
lucilie n. f.
lucimètre n. m.
luciole n. f.
lucite n. f.
lucratif, ive adj.
lucrativement adv.
lucre n. m.
luddisme n. m.
ludiciel n. m.

ludion n. m.
ludique adj.
ludisme n. m.
ludobus n. m.
ludoéducatif, ive adj.
ludologue n.
ludospace n. m.
ludothèque n. f.
ludovirtuel, elle adj.
luette n. f.
lueur n. f.
luffa ou loofa [lufa] n. m.
luge n. f.
luger v. intr. (conjug. 3)
lugeur, euse n.
lugubre adj.
lugubrement adv.
lui pron. pers.
lui-même pron. pers.
luire v. intr. (conjug. 38, sauf au p. p. lui, pas de p. p. fém. ; p. simple et imp. du subj. inusités)
luisance n. f.
luisant, ante adj. et n. m.
lulu n. m.
lumachelle n. f.
lumachellique adj.
lumbago ou lombago [lɔ̃bago ; lœ̃bago] n. m.
lumen [lymɛn] n. m.
lumière n. f.
lumignon n. m.
luminaire n. m.
luminance n. f.
luminescence n. f.
luminescent, ente adj.
lumineusement adv.
lumineux, euse adj.
luministe n.
luminophore n. m.
luminosité n. f.
luminothérapie n. f.
lumitype® n. f.
lump ou lompe n. m.
lunaire adj. ; n. f.
lunaison n. f.
lunatique adj. et n.
lunch n. m.
  PL. lunchs ou lunches

lundi n. m.
lune n. f.
luné, ée adj.
lunetier, ière ou lunettier, ière n.
lunette n. f.
lunetterie n. f.
lunettier, ière n.
lunisolaire adj.
lunule n. f.
lunure n. f.
lupanar n. m.
lupercales n. f. pl.
lupin n. m.
lupuline n. f.
lupus n. m.
lurette n. f. sing.
lurex® n. m.
luron, onne n.
lusin n. m.
lusitain, aine adj. et n.
lusitanien, ienne adj. et n.
lusophone adj. et n.
lusophonie n. f.
lustrage n. m.
lustral, ale, aux adj.
lustration n. f.
lustre n. m.
lustré, ée adj.
lustrer v. tr. (conjug. 1)
lustrerie n. f.
lustreur n. m.
lustrine n. f.
lut n. m.
lutéal, ale, aux adj.
lutécium n. m.
lutéine n. f.
lutéinique adj.
luter v. tr. (conjug. 1)
luth n. m.
luthéranisme n. m.
lutherie n. f.
luthérien, ienne adj.
luthier, ière n.
luthiste n.
lutin, ine n. m. et adj.
lutiner v. tr. (conjug. 1)
lutrin n. m.
lutte n. f.

lutter v. intr. (conjug. 1)
lutteur, euse n.
lutz n. m.
lux n. m.
luxation n. f.
luxe n. m.
luxembourgeois, oise adj. et n.
luxembourgisme n. m.
luxer v. tr. (conjug. 1)
luxmètre n. m.
luxueusement adv.
luxueux, euse adj.
luxure n. f.
luxuriance n. f.
luxuriant, iante adj.
luxurieux, ieuse adj.
luzerne n. f.
luzernière n. f.
luzule n. f.
lycanthrope n.
lycanthropie n. f.
lycaon [likaɔ̃] n. m.
lycée n. m.
lycéen, enne n.
lycène n. f.
lychnide [lik-] n. f.
lychnis [lik-] n. m.
lycope n. m.
lycopène n. m.
lycoperdon n. m.
lycopode n. m.
lycose n. f.
lycra® n. m.
lyddite n. f.
lydien, ienne adj.
lymphangite n. f.
lymphatique adj.
lymphatisme n. m.
lymphe n. f.
lymphocytaire adj.
lymphocyte n. m.
lymphocytopénie n. f.
lymphocytose n. f.
lymphogranulomatose n. f.
lymphographie n. f.
lymphoïde adj.
lymphokine n. f.
lymphome n. m.

lymphopénie n. f.
lymphosarcome n. m.
lynchage n. m.
lyncher v. tr. (conjug. 1)
lyncheur, euse n.
lynx n. m.
lyonnais, aise n. f.
lyophile adj.
lyophilisation n. f.
lyophiliser v. tr. (conjug. 1)
lyre n. f.
lyric n. m.
lyricomane n.
lyrique adj. et n.
lyriquement adv.
lyrisme n. m.
lys n. m.
lysat n. m.
lyse n. f.
lyser v. tr. (conjug. 1)
lysergamide n. m.
lysergide n. m.
lysergique adj.
lysimaque n. f.
lysine n. f.
lysogène adj.
lysosome n. m.
lysosomial, iale, iaux adj.
lysozyme n. m.
lytique adj.

m

m n. m. inv. ; abrév. et symb.
M n. m. inv. ; abrév. et symb.
ma adj. poss.
maastrichtien, ienne adj.
maboul, e n. et adj.
mac n. m.
macabre adj.
macache adv.
macadam n. m.

macadamia n. m.
macadamiser v. tr. (conjug. 1)
macaque n. m.
macareux n. m.
macaron n. m.
macaroni n. m.
PL. *macaronis*
macaronique adj.
macassar n. m.
maccarthysme n. m.
maccarthyste adj. et n.
macchabée n. m.
macédoine n. f.
macédonien, ienne adj. et n.
macérateur, trice adj. et n. m.
macération n. f.
macérer v. (conjug. 6)
maceron n. m.
macfarlane n. m.
machaon n. m.
mâche n. f.
mâche-bouchon n. m.
PL. *mâche-bouchons*
mâcher v. tr.
mâchement n. m.
macher ou **mâcher** v. tr. (conjug. 1) (meurtrir)
mâcher v. tr. (conjug. 1) (broyer)
machette n. f.
mâcheur, euse n.
machiavel [-kja-] n. m.
machiavélique [-kja-] adj.
machiavélisme [-kja-] n. m.
machicoulis ou **mâchicoulis** n. m.
machin n. m.
machinal, ale, aux adj.
machinalement adv.
machination n. f.
machine n. f.
machine-outil n. f.
PL. *machines-outils*
machiner v. tr. (conjug. 1)
machinerie n. f.
machine-transfert n. f.
PL. *machines-transferts*

machinisme n. m.
machiniste n.
machino n.
machisme [ma(t)ʃism] n. m.
machiste [ma(t)ʃist] n. et adj.
machmètre n. m.
macho [matʃo] n. m.
mâchoire n. f.
mâchon n. m.
mâchonnement n. m.
mâchonner v. tr. (conjug. 1)
mâchouiller v. tr. (conjug. 1)
machure ou **mâchure** n. f.
machurer ou **mâchurer** v. tr. (conjug. 1)
macis n. m.
mackintosh [makintɔʃ] n. m.
maclage n. m.
macle n. f.
maclé, ée adj.
macler v. tr. (conjug. 1)
mâcon n. m.
maçon, onne n.
maçonnage n. m.
maçonner v. tr. (conjug. 1)
maçonnerie n. f.
maçonnique adj.
macoute adj. m. et n.
macque n. f.
macramé n. m.
macre n. f.
macreuse n. f.
macro n. f.
macrobiote adj. et n.
macrobiotique n. f.
macrocéphale adj.
macrocéphalie n. f.
macrocommande n. f.
macrocosme n. m.
macrocosmique adj.
macrocyte n. m.
macrocytose n. f.
macrodécision n. f.
macroéconomie n. f.

macroéconomique adj.
macroévolution n. f.
macrographie n. f.
macrographique adj.
macro-instruction n. f.
PL. *macro-instructions*
macrolisposculpture n. f.
macromoléculaire adj.
macromolécule n. f.
macronutriment n. m.
macroordinateur n. m.
macrophage n. m. et adj.
macrophotographie n. f.
macrophotographique adj.
macropode adj. et n. m.
macroscélide n. m.
macroscopique adj.
macroséisme n. m.
macrosismique ou **macroséismique** adj.
macrosporange n. m.
macrospore n. f.
macrostructure n. f.
macroure n. m.
macula n. f.
maculage n. m.
maculaire adj.
maculature n. f.
macule n. f.
maculer v. tr. (conjug. 1)
madame n. f.
PL. *mesdames*
madapolam n. m.
made in loc. adj.
madeleine n. f.
madeleinette n. f.
mademoiselle n. f.
PL. *mesdemoiselles*
madère n. m.
madérisé adj. m.
madiran n. m.
madison [-sɔn] n. m.
madone n. f.
madrague n. f.
madras n. m.
madrasa n. f.
madré, ée adj.
madréporaires n. m. pl.
madrépore n. m.

madréporique adj.
madrier n. m.
madrigal, aux n. m.
madrigaliste n.
maelstrom ou **malstrom** ou **malström** ou **maelström** n. m.
maerl ou **merl** n. m.
maestoso adv.
maestria n. f.
maestro n. m.
mafé ou **maffé** n. m.
maffia n. f.
maffieux, ieuse adj. et n.
mafflu, ue adj.
mafia ou **maffia** n. f.
mafieux, euse ou **maffieux, ieuse** adj. et n.
mafioso ou **maffioso** n. m.
PL. *mafi(f)iosi* (it.) ou *mafiosos*
maganer v. tr. (conjug. **1**)
magasin n. m.
magasinage n. m.
magasiner v. intr. (conjug. **1**)
magasinier, ière n.
magazine n. m.
magazinique adj.
magdalénien, ienne adj.
mage n. m.
magenta [maʒɛta] n. m.
maghrébin, ine ou **magrébin, ine** adj. et n.
magicien, ienne n.
magie n. f.
magique adj.
magiquement adv.
magister [maʒistɛʀ] n. m.
magistère n. m.
magistral, ale, aux adj.
magistralement adv.
magistrat, ate n.
magistrature n. f.
magma n. m.
magmatique adj.
magmatisme n. m.
magnanarelle n. f.
magnanerie n. f.
magnanier, ière n.
magnanime adj.
magnanimement adv.
magnanimité n. f.
magnat n. m.
magner (se) v. pron. (conjug. **1**)
magnésie n. f.
magnésien, ienne adj.
magnésifère adj.
magnésite n. f.
magnésium n. m.
magnet n. m. (rec. off. : aimantin)
magnétique adj.
magnétiquement adv.
magnétisable adj.
magnétisant, ante adj.
magnétisation n. f.
magnétiser v. tr. (conjug. **1**)
magnétiseur, euse n.
magnétisme n. m.
magnétite n. f.
magnéto n. m.
magnétocassette n. m.
magnétodynamique adj.
magnétoélectrique adj.
magnétoencéphalographie n. f.
magnétohydrodynamique n. f.
magnétomètre n. m.
magnétométrie n. f.
magnétomoteur, trice adj.
magnéton n. m.
magnétophone n. m.
magnétophotographique adj.
magnétoscope n. m.
magnétoscoper v. tr. (conjug. **1**)
magnétosphère n. f.
magnétostriction n. f.
magnétothérapie n. f.
magnétron n. m.
magnificat n. m. inv.
magnificence n. f.
magnifier v. tr. (conjug. **7**)
magnifique adj.
magnifiquement adv.
magnitude n. f.
magnolia n. m.
magnum n. m.
magot n. m.
magouillage n. m.
magouille n. f.
magouiller v. (conjug. **1**)
magouilleur, euse adj. et n.
magrébin, ine adj. et n.
magret n. m.
magyar, e adj. et n.
maharadja(h) [ma(a)ʀadʒa] n. m.
maharané n. f.
maharani ou **maharané** n. f.
mahatma n. m.
mahdi n. m.
mahdisme n. m.
mahdiste adj. et n.
mah-jong ou **majong** [maʒɔ̃g] n. m.
PL. *mah-jongs* ou *majongs*
mahométan, ane n. et adj.
mahométisme n. m.
mahonia n. m.
mahonne n. f.
mahous, ousse adj.
mahratte ou **marathe** adj. et n.
mai n. m.
maïa n. m.
maie n. f.
maïeur, eure ou **mayeur, eure** n.
maïeuticien n. m.
maïeutique n. f.
maigre adj. et n. ; n. m.
maigrelet, ette adj.
maigrement adv.
maigreur n. f.
maigrichon, onne adj.
maigriot, iotte adj.
maigrir v. (conjug. **2**)
¹**mail** [maj] n. m. (marteau)

²mail [mɛl] n. m. (courrier)
mail-coach ou
  mailcoach* [mɛlkotʃ]
  n. m.
  PL. mail-coach(e)s ou
  mailcoachs*
mailing [melin] n. m. (rec.
  off. : publipostage)
maillage n. m.
maillant, ante adj.
maille n. f.
maillechort n. m.
mailler v. (conjug. 1)
maillet n. m.
mailleton n. m.
mailloche n. f.
maillon n. m.
maillot n. m.
maillotin n. m.
maillure n. f.
main n. f.
mainate n. m.
main-d'œuvre n. f.
  PL. mains-d'œuvre
main-forte ou
  mainforte* n. f. sing.
mainlevée n. f.
mainmise n. f.
mainmortable adj.
mainmorte n. f.
maint, mainte adj. indéf.
  et pron. indéf.
maintenabilité n. f.
maintenance n. f.
maintenant adv.
mainteneur n. m.
maintenir v. tr. (conjug. 22)
maintien n. m.
maïolique n. f.
maire n.
mairesse n. f.
mairie n. f.
mais adv. et conj.
maïs n. m.
maïserie n. f.
maïsiculture n. f.
maison n. f.
maisonnée n. f.
maisonnerie n. f.
maisonnette n. f.

maistrance ou
  mestrance n. f.
maître, maîtresse ou
  maitre, maitresse* n.
maître-à-danser ou
  maitre-à-danser* n. m.
  PL. maîtres-à-danser ou
  maitres-à-danser*
maître-autel ou
  maitre-autel* n. m.
  PL. maîtres-autels ou
  maitres-autels*
maître chanteur, euse
  ou maitre chanteur,
  euse* n.
maître-chien ou
  maitre-chien* n. m.
  PL. maîtres-chiens ou
  maitres-chiens*
maître-coq ou
  maitre-coq* n. m.
  PL. maîtres-coqs ou
  maitres-coqs*
maître-couple ou
  maitre-couple* n. m.
  PL. maîtres-couples ou
  maitre-couples*
maître-cylindre ou
  maitre-cylindre* n. m.
  PL. maîtres-cylindres ou
  maitres-cylindres*
maître-esclave ou
  maitre-esclave* adj.
  PL. maîtres-esclaves ou
  maitres-esclaves*
maître-mot ou maître
  mot ou maitre-mot ou
  maitre mot* n. m.
  PL. maîtres(-)mots ou
  maitres-mots*
maître-queux ou
  maitre-queux* n. m.
  PL. maîtres-queux ou
  maitres-queux*
maîtresse ou maitresse*
  n. f.
maîtrisable ou
  maitrisable* adj.
maîtrise ou maitrise*
  n. f.
maîtriser ou maitriser*
  v. tr. (conjug. 1)

maïzena® ou maïzéna*
  n. f.
maje adj. m.
majesté n. f.
majestueusement adv.
majestueux, euse adj.
majeur, eure adj. et n.
majolique n. f.
major adj. et n.
majoral, aux n. m.
majorant n. m.
majorat n. m.
majoration n. f.
majordome n. m.
majorer v. tr. (conjug. 1)
majorette n. f.
majoritaire adj.
majoritairement adv.
majorité n. f.
majuscule adj. et n. f.
makélisme ou
  makilisme n. m.
makélite ou makilite ad.
  et n.
makémono n. m.
maki n. m.
makimono n. m.
making of [mekinɔf] n. m.
  inv.
makrout ou makroud
  n. m.
¹mal n. m.
  PL. maux
²mal adv. ; adj. inv.
malabar n. m.
malabsorption n. f.
malachite [-ʃit ; -kit] n. f.
malacologie n. f.
malacostracés n. m. pl.
malade adj. et n.
maladie n. f.
maladif, ive adj.
maladivement adv.
maladrerie n. f.
maladresse n. f.
maladroit, oite adj. et n.
maladroitement adv.
malaga n. m.
malaguette n. f.

mamelle

mal-aimé, ée ou mal aimé, ée ou malaimé, ée* adj. et n.
PL. mal(-)aimés, ées
malaire adj.
malais, aise adj. et n.
malaise n. m.
malaisé, ée adj.
malaisément adv.
malandre n. f.
malandrin n. m.
malappris, ise n.
malard ou malart n. m.
malaria n. f.
malariologie n. f.
malart n. m.
malavisé, ée adj.
malaxage n. m.
malaxer v. tr. (conjug. 1)
malaxeur n. m.
malayalam [malajalam] n. m.
malayo-polynésien, ienne adj.
PL. malayo-polynésiens, iennes
mal-baisé, ée n.
PL. mal-baisés, ées
malbec n. m.
malbouffe n. f.
malchance n. f.
malchanceux, euse adj.
malcommode adj.
maldonne n. f.
mâle n. et adj.
malédiction n. f.
maléfice n. m.
maléfique adj.
malencontreusement adv.
malencontreux, euse adj.
malentendant, ante n.
malentendu n. m.
mal-être ou malêtre* n. m.
malfaçon n. f.
malfaisance n. f.
malfaisant, ante adj.
malfaiteur n. m.

malfamé, ée ou mal famé, ée adj.
malformation n. f.
malfrat n. m.
malgache adj. et n.
malgracieux, ieuse adj.
malgré prép.
malgré-nous n. m. pl.
malhabile adj.
malhabilement adv.
malheur n. m.
malheureusement adv.
malheureux, euse adj. et n.
malhonnête adj.
malhonnêtement adv.
malhonnêteté n. f.
mali n. m.
malice n. f.
malicieusement adv.
malicieux, ieuse adj.
malignité n. f.
malin, maligne adj. et n.
maline adj. f.
malines n. f.
malingre adj.
malinois n. m.
malintentionné, ée adj.
malique adj.
mal-jugé n. m.
PL. mal-jugés
malle n. f.
malléabilisation n. f.
malléabiliser v. tr. (conjug. 1)
malléabilité n. f.
malléable adj.
malléolaire adj.
malléole n. f.
malle-poste n. f.
PL. malles-poste
malletier n. m.
mallette n. f.
PL. mal-logés, ées
mal-logement n. m.
malmener v. tr. (conjug. 5)
mal-nourri, ie n.
PL. mal-nourris, ies
malnutri, ie adj. et n.

malnutrition n. f.
malocclusion n. f.
malodorant, ante adj.
malossol n. m.
malotru, ue n.
maloya n. m.
malpèque n. f.
malpighie n. f.
malpighien, ienne adj.
malpoli, ie adj. et n.
malposition n. f.
malpropre adj.
malproprement adv.
malpropreté n. f.
malsain, aine adj.
malséant, ante adj.
malsonnant, ante adj.
malstrom n. m.
malt n. m.
maltage n. m.
maltais, aise adj. et n.
maltase n. f.
malté, ée adj.
malter v. tr. (conjug. 1)
malterie n. f.
malteur n. m.
malthusianisme n. m.
malthusien, ienne adj. et n.
maltose n. m.
maltôte n. f.
maltôtiers n. m.
maltraitance n. f.
maltraitant, ante adj.
maltraiter v. tr. (conjug. 1)
malus n. m.
malveillance n. f.
malveillant, ante adj.
malvenu, ue adj.
malversation n. f.
mal-vivre n. m.
malvoisie n. m. ou f.
malvoyance n. f.
malvoyant, ante n.
mama ou mamma n. f.
maman n. f.
mamavirus n. m.
mambo n. m.
mamé(e) ou mamet n. f.
mamelle n. f.

mamelon

mamelon n. m.
mamelonné, ée adj.
mamelouk n. m.
mamelu, ue adj.
mamet n. f.
¹m'amie ou mamie n. f.
(amie)
²mamie ou mammy n. f.
(grand-mère)
mamillaire adj. et n. f.
mammaire adj.
mammalien, ienne adj.
mammalogie n. f.
mammalogiste n.
mammectomie n. f.
mammifère adj. et n. m.
mammite n. f.
mammographie n. f.
mammouth n. m.
mammy n. f.
PL. mammys ou mammies
mamours n. m. pl.
mam'selle ou
  mam'zelle n. f.
man n. m.
mana n. m.
manade n. f.
manageable adj.
management n. m.
¹manager ou manageur,
  euse [manadʒɛʁ ;
  manadʒœʁ] n.
²manager [mana(d)ʒe]
  v. tr. (conjug. 3)
managérial, iale, iaux
  [manadʒeʁjal] adj.
manageur, euse n.
manant n. m.
mancelle n. f.
mancenille n. f.
mancenillier n. m.
manche n. f. ; n. m. ; adj.
mancheron n. m.
manchette n. f.
manchon n. m.
manchonner v. tr.
manchot, ote adj. et n.
mancipation n. f.
mandala n. m.
mandale n. f.

mandant, ante n.
mandarin n. m.
mandarinal, ale, aux adj.
mandarinat n. m.
mandarine n. f.
mandarinier n. m.
mandat n. m.
mandataire n.
mandataire-liquidateur
  n. m.
  PL. mandataires-liquidateurs
mandat-carte n. m.
  PL. mandats-cartes
mandatement n. m.
mandater v. tr. (conjug. 1)
mandat-lettre n. m.
  PL. mandats-lettres
mandat-poste n. m.
  PL. mandats-poste
mandature n. f.
mandchou, e adj. et n.
mandement n. m.
mander v. tr. (conjug. 1)
mandibulaire adj.
mandibule n. f.
mandoline n. f.
mandoliniste n.
mandore n. f.
mandorle n. f.
mandragore n. f.
mandrill [mɑ̃dʁil] n. m.
mandrin n. m.
manducation n. f.
manécanterie n. f.
manège n. m.
mânes n. m. pl.
maneton n. m.
manette n. f.
manga n. m.
mangaka n.
manganate n. m.
manganèse n. m.
manganeux adj. m.
manganin n. m.
manganique adj.
manganite n. m. ; n. f.
mangeable adj.
mangeaille n. f.
mange-disque n. m.
  PL. mange-disques

mangeoire n. f.
¹manger n. m.
²manger v. tr. (conjug. 3)
mange-tout ou
  mangetout* n. m.
  PL. inv. ou mangetouts*
mangeur, euse n.
mangle n. f.
manglier n. m.
mangoustan n. m.
mangoustanier n. m.
mangouste n. f.
mangoustier n. m.
mangrove n. f.
mangue n. f.
manguier n. m.
maniabilité n. f.
maniable adj.
maniacodépressif, ive
  adj.
maniaque adj.
maniaquerie n. f.
manichéen, enne [-k-]
  et adj.
manichéisme [-k-] n. m.
manichéiste [-k-] n. et adj.
manicle n. f.
manicorde n. m.
manicordion ou
  manichordion n. m.
manie n. f.
maniement n. m.
manier v. tr. (conjug. 7)
manière n. f.
maniéré, ée adj.
maniérisme n. m.
maniériste n. et adj.
manieur, ieuse n.
manifestant, ante n.
manifestation n. f.
manifeste adj. ; n. m.
manifestement adv.
manifester v. (conjug. 1)
manifold n. m.
manigance n. f.
manigancer v. tr.
  (conjug. 3)
maniguette n. f.
manille n. f.
manilleur, euse n.

manillon n. m.
manioc n. m.
manipulable adj.
manipulateur, trice n. et adj.
manipulation n. f.
manipule n. m.
manipuler v. tr. (conjug. 1)
manique n. f.
manitou n. m.
manivelle n. f.
manne n. f.
mannequin n. m.
mannequinat n. m.
mannette n. f.
mannite n. f.
mannitol n. m.
mannose n. m.
manocontact n. m.
manodétendeur n. m.
manœuvrabilité n. f.
manœuvrable adj.
manœuvrant, ante adj.
manœuvre n. f. ; n. m.
manœuvrer v. (conjug. 1)
manœuvrier, ière n.
manographe n. m.
manoir n. m.
manomètre n. m.
manométrie n. f.
manométrique adj.
manoque n. f.
manostat n. m.
manouche n.
manouvrier, ière n.
manquant, ante n.
manque adj. ; n. m.
manqué, ée adj. et n. m.
manquement n. m.
manquer v. (conjug. 1)
mansarde n. f.
mansardé, ée adj.
manse n. f. ou m.
mansion n. f.
mansuétude n. f.
manta n. f.
mante n. f.
manteau n. m.
mantelé, ée adj.
mantelet n. m.

mantellique adj.
mantelure n. f.
mantille n. f.
mantique n. f.
mantisse n. f.
mantra n. m.
manubrium n. m.
manucure n. ; n. f. ou m.
manucurer v. tr. (conjug. 1)
manucurie n. f.
¹manuel, elle adj.
²manuel n. m.
manuélin, ine adj.
manuellement adv.
manufacturable adj.
manufacture n. f.
manufacturer v. tr. (conjug. 1)
manufacturier, ière n. et adj.
manu militari loc. adv.
manumission n. f.
manuscriptologie n. f.
manuscrit, ite adj. et n. m.
manutention n. f.
manutentionnaire n.
manutentionner v. tr. (conjug. 1)
manuterge n. m.
manzanilla n. m. ou f.
mao adj. et n.
M. A. O. n. f. (maintenance assistée par ordinateur)
maoïsme n. m.
maoïste adj. et n.
maori, ie adj. et n.
maous, ousse ou mahous, ousse adj.
mappage n. m.
mappe n. f.
mappemonde n. f.
mapper v. tr. (conjug. 1)
mapping n. m.
maque ou macque n. f.
maquée n. f.
maquer v. tr. (conjug. 1)
maquereau n. m.

maquereauter v. (conjug. 1)
maquerelle n. f.
maquettage n. m.
maquette n. f.
maquetter v. tr. (conjug. 1)
maquettisme n. m.
maquettiste n.
maquignon n. m.
maquignonnage n. m.
maquignonner v. tr. (conjug. 1)
maquillage n. m.
maquiller v. tr. (conjug. 1)
maquilleur, euse n.
maquis n. m.
maquisard n. m.
marabout n. m. et adj.
maraboutage n. m.
marabouter v. tr. (conjug. 1)
maracas n. f. pl.
maracuja ou maracudja [-ku(d)ʒa] n. m.
maraîchage ou maraichage* n. m.
maraîcher, ère ou maraicher, ère* n. et adj.
maraîchin, ine ou maraichin, ine* adj. et n.
marais n. m.
maranta n. m.
marasme n. m.
marasque n. f.
marasquin n. m.
marathe ou mahratte adj. et n.
marathon n. m.
marathonien, ienne n.
marâtre n. f.
maraud, aude n.
maraudage n. m.
maraude n. f.
marauder v. (conjug. 1)
maraudeur, euse n. et adj.
marbrage n. m.
marbre n. m.
marbré, ée adj.

marbrer

marbrer v. tr. (conjug. 1)
marbrerie n. f.
marbreur, euse n.
¹marbrier, ière adj.
²marbrier n. m.
marbrière n. f.
marbrure n. f.
marc n. m.
marcassin n. m.
marcassite n. f.
marcel n. m.
marcescence n. f.
marcescent, ente adj.
marcescible adj.
marchand, ande n. et adj.
marchandage n. m.
marchander v. tr. (conjug. 1)
marchandeur, euse n.
marchandisage n. m. (rec. off. pour merchandising)
marchandisation n. f.
marchandise n. f.
marchandiseur, euse n.
marchant, ante adj.
marchantia ou marchantie n. f.
marche n. f.
marché n. m.
marchéage n. m.
marché-gare n. m.
PL. marchés-gares
marchepied n. m.
marcher v. intr. (conjug. 1)
marchette n. f.
marcheur, euse n. et adj.
marconi adj. inv.
marcottage n. m.
marcotte n. f.
marcotter v. tr. (conjug. 1)
mardi n. m.
mare n. f.
marécage n. m.
marécageux, euse adj.
maréchal, aux n. m.
maréchalat n. m.
maréchale n. f.
maréchalerie n. f.
maréchal-ferrant n. m.
PL. maréchaux-ferrants

maréchaliste adj. et n.
maréchaussée n. f.
marée n. f.
marégramme n. m.
marégraphe n. m.
marelle n. f.
marémoteur, trice adj.
marengo n. m.
PL. inv. ou marengos*
marennes n. f.
mareyage n. m.
mareyeur, euse n.
margaille n. f.
margarine n. f.
margarita n. f. ou m.
margauder v. intr. (conjug. 1)
margaux n. m.
margay [margɛ] n. m.
PL. margays
marge n. f.
margelle n. f.
marger v. (conjug. 3)
margeur, euse n.
marginal, ale, aux adj. et n.
marginalement adv.
marginalisation n. f.
marginaliser v. tr. (conjug. 1)
marginalisme n. m.
marginalité n. f.
marginer v. tr. (conjug. 1)
margis n. m.
margoter ou margotter v. intr. (conjug. 1)
margouillat n. m.
margouillis n. m.
margoulette n. f.
margoulin, ine n.
margousier n. m.
margrave n. m.
margraviat n. m.
margravine n. f.
marguerite n. f.
marguillier, ière ou marguiller, ère n.
mari n. m.
mariable adj.
mariachi [marjatʃi] n. m.

mariage n. m.
marial, iale adj.
marié, iée adj. et n.
marie-jeanne n. f.
PL. maries-jeannes
marie-louise n. f.
PL. maries-louises
marier v. tr. (conjug. 7)
marie-salope n. f.
PL. maries-salopes
marieur, ieuse n.
marigot n. m.
marijuana ou marihuana n. f.
marimba n. m.
¹marin, ine adj.
²marin n. m.
marina n. f.
marinade n. f.
marine n. f. ; n. m.
mariné, ée adj.
mariner v. (conjug. 1)
maringouin n. m.
marinier, ière n. et adj.
marinière n. f.
marinisme n. m.
mariolle ou mariole* n. et n.
marionnette n. f.
marionnettiste n.
marisque n. f.
mariste n.
marital, ale, aux adj.
maritalement adv.
maritime adj.
maritorne n. f.
marivaudage n. m.
marivauder v. intr. (conjug. 1)
marjolaine n. f.
mark n. m.
marketer v. tr. (conjug. 4)
marketing ou markéting* n. m. (rec. off. : mercatique)
marle adj.
marli n. m.
marlin n. m.
marlou n. m.
marmaille n. f.

marmelade n. f.
marmenteau adj. m.
marmitage n. m.
marmite n. f.
marmitée n. f.
marmiter v. tr. (conjug. 1)
marmiton n. m.
marmonnement n. m.
marmonner v. tr. (conjug. 1)
marmoréen, enne adj.
marmoriser v. tr. (conjug. 1)
marmot n. m.
marmotte n. f.
marmottement n. m.
marmotter v. tr. (conjug. 1)
marmotton n. m.
marmouset n. m.
marnage n. m.
marne n. f.
marner v. (conjug. 1)
marneux, euse adj.
marnière n. f.
marocain, aine adj. et n.
maroilles n. m.
maronite n. et adj.
maronner v. intr. (conjug. 1)
maroquin n. m.
maroquinerie n. f.
maroquinier n. m.
marotique adj.
marotte n. f.
marouette n. f.
marouflage n. m.
maroufler v. tr. (conjug. 1)
maroute n. f.
marquage n. m.
marquant, ante adj.
marque n. f.
marqué, ée adj.
marque-page n. m.
PL. *marque-pages*
marquer v. (conjug. 1)
marqueté, ée adj.
marqueterie ou **marquèterie** n. f.
marqueteur, euse n.

marqueur, euse n.
marquis n. m.
marquisat n. m.
marquise n. f.
marquoir n. m.
marrade n. f.
marraine n. f.
marrane n. m.
marrant, ante adj.
marre adv.
marrer (se) v. pron. (conjug. 1)
marri, ie adj.
¹**marron** adj. inv. et n. m.
²**marron, onne** adj.
marronnasse adj.
marronner v. intr. (conjug. 1)
marronnier n. m.
marrube n. m.
mars n. m.
marsala n. m.
marsault n. m.
marseillais, aise adj. et n.
marshal n. m.
marshmallow [maʃmalo] n. m.
marsouin n. m.
marsouinage n. m.
marsouiner v. intr. (conjug. 1)
marsupial, iale, iaux adj. et n.
marsupium n. m.
martagon n. m.
marte n. f.
marteau n. m.
marteau-pilon n. m.
PL. *marteaux-pilons*
marteau-piolet n. m.
PL. *marteaux-piolets*
marteau-piqueur n. m.
PL. *marteaux-piqueurs*
martel n. m.
martelage n. m.
martelé, ée adj.
martèlement n. m.
marteler v. tr. (conjug. 5)
marteleur n. m.
martensite n. f.

martensitique adj.
martial, iale, iaux adj.
martien, ienne adj. et n.
martin-chasseur n. m.
PL. *martins-chasseurs*
martinet n. m.
martingale n. f.
martini® n. m.
PL. *martinis*
martin-pêcheur n. m.
PL. *martins-pêcheurs*
martre n. f.
martyr, yre n. et adj.
martyre n. m.
martyriser v. tr. (conjug. 1)
martyrium n. m.
martyrologe n. m.
marxisme n. m.
marxisme-léninisme n. m.
marxiste adj. et n.
marxiste-léniniste adj. et n.
PL. *marxistes-léninistes*
marxologie n. f.
marxologue n.
maryland n. m.
mas n. m.
mascara n. m.
mascarade n. f.
mascaret n. m.
mascaron n. m.
mascarpone n. m.
mascotte n. f.
masculin, ine adj.
masculinisation n. f.
masculiniser v. tr. (conjug. 1)
masculinité n. f.
maser n. m.
maskinongé n. m.
maso adj. et n.
masochisme n. m.
masochiste adj. et n.
masquage n. m.
masquant, ante adj.
masque n. m.
masqué, ée adj.
masquer v. tr. (conjug. 1)
massacrant, ante adj.

massacre

massacre n. m.
massacrer v. tr. (conjug. 1)
massacreur, euse n.
massage n. m.
massaliote adj.
masse n. f.
massé n. m.
masselotte n. f.
massepain n. m.
masser v. tr. (conjug. 1)
masséter n. m.
massette n. f.
masseur, euse n.
massicot n. m.
massicotage n. m.
massicoter v. tr. (conjug. 1)
¹massier n. m. (bâton)
²massier, ière n. (élève des Beaux-Arts)
massif, ive adj. et n. m.
massification n. f.
massifier v. tr. (conjug. 7)
massique adj.
massivement adv.
mass media ou mass médias* n. m. pl.
massorah n. f.
massore n. f.
massorète n. f.
massorétique adj.
massothérapie n. f.
massue n. f.
mastaba n. m.
mastard, arde n.
mastectomie n. f.
¹master [mastœʀ ; master] n. m. (enregistrement)
²master [mastɛʀ] n. m. (grade)
master class ou classe n. f.
PL. master class ou classes
mastère® n. m.
mastérien, ienne adj.
mastering n. m.
mastérisation n. f.
mastic n. m.
masticage n. m.
masticateur, trice adj.
mastication n. f.
masticatoire n. m. et adj.
mastiff n. m.
mastiquer v. tr. (conjug. 1)
mastite n. f.
mastoc n. m. et adj.
mastocyte n. m.
mastocytose n. f.
mastodonte n. m.
mastoïde n. f.
mastoïdien, ienne adj.
mastoïdite n. f.
mastologie n. f.
mastologue n.
mastopathie n. f.
mastroquet n. m.
masturbateur, trice n.
masturbation n. f.
masturber v. tr. (conjug. 1)
m'as-tu-vu n. inv.
masure n. f.
¹mat adj. inv. et n. m. (aux échecs)
²mat, mate adj. (terne, brun, sourd)
mât n. m.
matabiche n. m.
matador n. m.
mataf n. m.
matage n. m.
matamore n. m.
match n. m.
PL. matches ou matchs
matcha n. m.
matchiche n. f.
match-play n. m.
PL. match-plays
maté n. m.
matefaim n. m.
matelas n. m.
matelassage n. m.
matelassé, ée adj. et n. m.
matelasser v. tr. (conjug. 1)
matelassier, ière n.
matelassure n. f.
matelot n. m.
matelotage n. m.
matelote n. f.
¹mater [mateʀ] n. f.
²mater v. tr. (conjug. 1)
mâter v. tr. (conjug. 1)

mater dolorosa [matɛʀdɔlɔʀoza] n. f. inv.
mâtereau n. m.
matérialisation n. f.
matérialiser v. tr. (conjug. 1)
matérialisme n. m.
matérialiste n. et adj.
matérialité n. f.
matériau n. m.
matériaux n. m. pl.
matériel, ielle adj. et n.
matériellement adv.
maternage n. m.
maternant, ante adj.
maternel, elle adj. et n. f.
maternellement adv.
materner v. tr. (conjug. 1)
maternisé, ée adj.
maternité n. f.
maternologie n. f.
mateur, euse n.
math n. f. pl. (mathématiques)
mathématicien, ienne n.
mathématique adj. et n. f.
mathématiquement adv.
mathématisation n. f.
mathématiser v. tr. (conjug. 1)
matheux, euse n.
maths ou math n. f. pl. (mathématiques)
mathusalem n. m.
mati, ie adj.
matière n. f.
MATIF n. m. (marché à terme international de France)
matifiant, ante adj.
matifier v. tr. (conjug. 7)
matin n. m.
mâtin n. m.
matinal, ale, aux adj.
matinalement adv.
mâtine n. f.
mâtiné, ée adj.
matinée n. f.
mâtiner v. tr. (conjug. 1)
matines n. f. pl.

matineux, euse adj.
matir v. tr. (conjug. 2)
matité n. f.
matoir n. m.
matois, oise adj.
matoiserie n. f.
maton, onne n.
matos n. m.
matou n. m.
matoutou n. f. et n. m.
matraquage n. m.
matraque n. f.
matraquer v. tr. (conjug. 1)
matraqueur, euse n. m. et adj.
matras n. m.
matriarcal, ale, aux adj.
matriarcat n. m.
matriarche n. f.
matriçage n. m.
matricaire n. f.
matrice n. f.
matricer v. tr. (conjug. 3)
matricide adj. et n. ; n. m.
matriciel, ielle adj.
matriclan n. m.
matricule n. f. et m.
matrilinéaire adj.
matrilocal, ale, aux adj.
matrimonial, iale, iaux adj.
matriochka n. f.
matrone n. f.
matronyme n. m.
matronymique adj.
matte n. f.
matthiole n. f.
matu n. f.
maturase n. f.
maturation n. f.
mature adj.
mâture n. f.
maturité n. f.
matutinal, ale, aux adj.
maubèche n. f.
maudire v. tr. (conjug. 2 ; sauf inf. et p. p. *maudit, maudite*)
maudit, ite adj.

maugréer v. intr. (conjug. 1)
maul [mol] n. m.
maurandie n. f.
maure ou **more** n. et adj.
maurelle n. f.
mauresque ou **moresque** n. f. et adj.
maurrasisme n. m.
mauser n. m.
mausolée n. m.
maussade adj.
maussadement adv.
maussaderie n. f.
¹**mauvais, aise** adj. et n.
²**mauvais** adv.
mauve n. f. ; n. m. ; adj.
mauvéine n. f.
mauviette n. f.
mauvis n. m.
maux n. m. pl.
max n. m.
maxi n. m.
maxidiscompte n. m.
maxidiscompteur n. m.
maxillaire adj. et n. m.
maxille n. f.
maxillofacial, iale, iaux adj.
maxima (a) loc. adj.
maximal, ale, aux adj.
maximalisation n. f.
maximaliser v. tr. (conjug. 1)
maximalisme n. m.
maximaliste n. et adj.
maxime n. f.
maximisation n. f.
maximiser v. tr. (conjug. 1)
maximum n. m. ; adj.
PL. *maxima* ou *maximums*
maxwell n. m.
maya adj. et n.
maye [mɛ] n. f.
mayen n. m.
mayeur, eure n.
mayonnaise adj. et n. f.
mazagran n. m.
mazarinade n. f.
mazdéen, enne adj.

mazdéisme n. m.
mazette n. f.
mazot n. m.
mazout n. m.
mazoutage n. m.
mazouter v. (conjug. 1)
mazurka n. f.
M. B. A. n. f. (marge brute d'autofinancement)
mbar symb. (millibar)
McIntosh [makintɔʃ] n. f. inv. (pomme)
M. C. M. n. m. pl. (montants compensatoires monétaires)
me pron. pers.
mea(-)culpa n. m. inv.
méandre n. m.
méandrine n. f.
méat n. m.
méatoscopie n. f.
mec n. m.
mécanicien, ienne n. et adj.
mécanique adj. et n. f.
mécaniquement adv.
mécanisation n. f.
mécaniser v. tr. (conjug. 1)
mécanisme n. m.
mécaniste adj.
mécano n. m.
mécanographe n.
mécanographie n. f.
mécanographique adj.
mécanothérapie n. f.
mécatronicien, ienne n.
mécatronique n. f.
meccano® n. m.
mécénat n. m.
mécène n. m.
méchage n. m.
méchamment adv.
méchanceté n. f.
méchant, ante adj. et n.
mèche n. f.
méché, ée adj.
mécher v. tr. (conjug. 6)
mécheux, euse adj.
méchoui n. m.
mechta n. f.
mécompte n. m.

méconduire (se) v. pron. (conjug. 38)
méconduite n. f.
méconium n. m.
méconnaissable adj.
méconnaissance n. f.
méconnaître ou **méconnaitre*** v. tr. (conjug. 57)
méconnu, ue adj.
mécontent, ente adj. et n.
mécontentement n. m.
mécontenter v. tr. (conjug. 1)
mécréant, ante adj. et n.
mecton n. m.
médaillable adj. et n.
médaille n. f.
médaillé, ée adj. et n.
médailler v. tr. (conjug. 1)
médaillier ou **médailler** n. m.
médailliste n.
médaillon n. m.
mède adj. et n.
médecin n. m.
médecin-conseil n. m.
  PL. *médecins-conseils*
médecine n. f.
médecine-ball n. m.
  PL. *médecine-balls*
média n. m.
médiagraphie n. f.
médiale n. f.
médiamat® n. m.
médian, iane adj. et n. f.
médianoche n. m.
médiante n. f.
médiascope n. m.
médiascopie n. f.
médiastin n. m.
médiat, iate adj.
médiateur, trice n.
médiathécaire n.
médiathéquaire n.
médiathèque n. f.
médiation n. f.
médiatique adj.
médiatiquement adv.
médiatisation n. f.
médiatiser v. tr. (conjug. 1)
médiator n. m.
médiatrice n. f.
médical, ale, aux adj.
médicalement adv.
médicalisation n. f.
médicaliser v. tr. (conjug. 1)
médicament n. m.
médicamenteux, euse adj.
médicastre n. m.
médication n. f.
médicinal, ale, aux adj.
médicinier n. m.
médicochirurgical, ale, aux adj.
médicolégal, ale, aux adj.
médicopsychologique [-k-] adj.
médicosocial, iale, iaux adj.
médiéval, ale, aux adj.
médiévisme n. m.
médiéviste n.
médina n. f.
médiocratie n. f.
médiocre adj. et n.
médiocrement adv.
médiocrité n. f.
médiologie n. f.
médiologue n.
médique adj.
médire v. tr. ind. (conjug. 37 ; sauf *médisez*)
médisance n. f.
médisant, ante adj. et n.
méditatif, ive adj. et n.
méditation n. f.
méditer v. (conjug. 1)
méditerrané, ée adj. et n. f.
méditerranéen, enne adj. et n.
médium n. m. ; n. m.
médiumnique [medjɔmnik] adj.
médiumnité [medjɔmnite] n. f.
médius n. m.
medley [mɛdlɛ] n. m.
médoc n. m.
médullaire adj.
médulleux, euse adj.
médullosurrénale n. f.
méduse n. f.
méduser v. tr. (conjug. 1)
meeting [mitiŋ] n. m.
méfait n. m.
méfiance n. f.
méfiant, iante adj.
méfier (se) v. pron. (conjug. 7)
méforme n. f.
méga n. m.
mégabit n. m.
mégacéphalie n. f.
mégacéros n. m.
mégacôlon n. m.
mégacycle n. m.
mégaflop n. m.
mégahertz n. m.
mégalithe n. m.
mégalithique adj.
mégalo adj. et n.
mégalocéphalie n. f.
mégalomane adj. et n.
mégalomaniaque adj.
mégalomanie n. f.
mégalopole n. f.
mégamix n. m.
mégaoctet n. m.
mégaphone n. m.
mégapole n. f.
mégaptère n. m.
mégarde n. f.
mégastore n. m.
mégathérium n. m.
mégatonne n. f.
mégawatt n. m.
mégère n. f.
mégir ou **mégisser** v. tr. (conjug. 2 ; 1)
mégis n. m.
mégisser v. tr. (conjug. 1)
mégisserie n. f.
mégissier n. m.
mégohm n. m.
mégohmmètre n. m.

mégot n. m.
mégotage n. m.
mégoter v. intr. (conjug. 1)
méharée n. f.
méhari n. m.
PL. *mehara* (ar.) ou *méharis*
méhariste n.
meilleur, e adj.
méiose n. f.
méiotique adj.
meistre n. m.
meitnerium [majtnɛrjɔm] n. m.
méjanage n. m.
méjuger v. tr. (conjug. 3)
mél n. m. (messagerie électronique)
mélæna ou méléna n. m.
mélamine n. f.
mélaminé, ée adj.
mélampyre n. m.
mélancolie n. f.
mélancolique adj.
mélancoliquement adv.
mélanésien, ienne adj. et n.
mélange n. m.
mélangé, ée adj.
mélanger v. tr. (conjug. 3)
mélangeur n. m.
mélanine n. f.
mélanique adj.
mélanisme n. m.
mélanoblastome n. m.
mélanocyte n. m.
mélanoderme adj. et n.
mélanodermie n. f.
mélanogenèse n. f.
mélanome n. m.
mélanosarcome n. m.
mélanose n. f.
mélanostimuline n. f.
mélant, ante adj.
mélasse n. f.
mélatonine n. f.
melba adj.
PL. inv. ou *melbas**
melchior [-kjɔr] n. m.

melchite ou melkite [-kit] n.
mêlé, ée adj.
méléagrine n. f.
mêlé-casse ou mêlécasse n. m.
PL. *mêlés-casses* ou *mêlécasses*
mêlée n. f.
méléna ou mélæna n. m.
mêler v. tr. (conjug. 1)
mêle-tout ou mêletout* n.
PL. inv. ou *mêletouts**
mélèze n. m.
mélia n. m.
mélilot n. m.
méli-mélo ou mélimélo n. m.
PL. inv. ou *mélimélos*
mélinite n. f.
mélioratif, ive adj.
mélique adj. ; n. f.
mélisse n. f.
mélitococcie n. f.
mélitte n. f.
melkite n.
mellifère adj.
mellification n. f.
melliflu, ue ou mellifue adj.
mellite n. m.
mélo n. m.
mélodie n. f.
mélodieusement adv.
mélodieux, ieuse adj.
mélodique adj.
mélodiste n.
mélodramatique adj.
mélodrame n. m.
méloé n. m.
mélomane n.
melon n. m.
melonnière n. f.
mélopée n. f.
mélophage n. m.
melting-pot [mɛltiŋpɔt] n. m.
PL. *melting-pots*
mélusine n. f.
membranaire adj.

membrane n. f.
membraneux, euse adj.
membranophone n. m.
membre n. m.
membré, ée adj.
membron n. m.
membru, ue adj.
membrure n. f.
même adj. ; pron. et adv.
mémé n. f.
mêmement adv.
mémento [memɛ̃to] n. m.
mémérage n. m.
mémère n. f.
mémérer v. intr. (conjug. 6)
mémo n. m.
mémoire n. f. ; n. m.
mémorable adj.
mémorandum n. m.
PL. *mémorandums*
mémorial, iaux n. m.
mémorialiste n.
mémoriel, ielle adj.
mémorisable adj.
mémorisation n. f.
mémoriser v. tr. (conjug. 1)
menaçant, ante adj.
menace n. f.
menacé, ée adj.
menacer v. tr. (conjug. 3)
ménade n. f.
ménage n. m.
ménagement n. m.
¹ménager, ère n. et adj.
²ménager v. tr. (conjug. 3)
ménagerie n. f.
ménagiste n.
ménarche n. f.
menchevik ou menchévique* [mɛnʃevik] n. m.
mendélévium n. m.
mendélien, ienne [mɛ̃-] adj.
mendélisme [mɛ̃-] n. m.
mendésiste n.
mendiant, iante n.
mendicité n. f.
mendier v. (conjug. 7)

mendigot, ote n.
mendigoter v. (conjug. 1)
mendole n. f.
meneau n. m.
menée n. f.
mener v. tr. (conjug. 5)
ménestrel n. m.
ménétrier n. m.
meneur, euse n.
menhir n. m.
ménin, ine ou **menin, ine** n.
méninge n. f.
méningé, ée adj.
méningiome n. m.
méningite n. f.
méningitique adj.
méningocoque n. m.
méniscal, ale, aux adj.
méniscite n. f.
ménisque n. m.
mennonite n. et adj.
ménopause n. f.
ménopausée adj. f.
ménopausique adj.
ménorah n. f.
ménorragie n. f.
menottage n. m.
menotte n. f.
menotter v. tr. (conjug. 1)
mense n. f.
mensonge n. m.
mensonger, ère adj.
mensongèrement adv.
menstruation n. f.
menstruel, elle adj.
menstrues n. f. pl.
mensualisation n. f.
mensualiser v. tr. (conjug. 1)
mensualité n. f.
mensuel, elle adj. et n.
mensuellement adv.
mensuration n. f.
mental, ale, aux adj.
mentalement adv.
mentaliser v. tr. (conjug. 1)
mentaliste n.
mentalité n. f.
menterie n. f.

menteur, euse n. et adj.
menthe n. f.
menthol n. m.
mentholé, ée adj.
mention n. f.
mentionner v. tr. (conjug. 1)
mentir v. intr. (conjug. 16)
mentisme n. m.
menton n. m.
mentonnet n. m.
mentonnier, ière adj.
mentonnière n. f.
mentor n. m. (rec. off. pour coach)
mentorat n. m.
¹**menu, ue** adj. et adv.
²**menu** n. m.
menuet n. m.
menuise n. f.
menuiser v. tr. (conjug. 1)
menuiserie n. f.
menuisier, ière n.
ménure n. m.
ményanthe n. m.
méphistophélique adj.
méphitique adj.
méplat, ate adj. et n. m.
méprendre (se) v. pron. (conjug. 58)
mépris n. m.
méprisable adj.
méprisant, ante adj.
méprise n. f.
mépriser v. tr. (conjug. 1)
mer n. f.
méranti n. m.
merbau n. m.
mercanti n. m.
mercantile adj.
mercantilisation n. f.
mercantiliser v. tr. (conjug. 1)
mercantilisme n. m.
mercantiliste adj. et n.
mercaptan n. m.
mercaticien, ienne n.
mercatique n. f. (rec. off. pour marketing)
mercato n. m.

mercenaire adj. et n.
mercerie n. f.
mercerisage n. m.
merceriser v. tr. (conjug. 1)
merchandising [mɛʁʃɑ̃dajziŋ ; mɛʁʃɑ̃dizin] n. m. (rec. off. : marchandisage)
merci n. f. et interj.
mercier, ière n.
mercredi n. m.
mercure n. m.
mercureux adj. m.
mercuriale n. f.
mercuriel, ielle adj.
mercurique adj.
mercurochrome® [-k-] n. m.
merde n. f. et interj.
merder v. intr. (conjug. 1)
merdeux, euse adj. et n.
merdier n. m.
merdique adj.
merdouille n. f.
merdouiller v. intr. (conjug. 1)
merdoyer v. intr. (conjug. 8)
merdum interj.
mère n. f. ; adj. f.
mère-grand n. f.
    PL. *mères-grand*
merengué ou **merengue** n. m.
merguez n. f.
mergule n. m.
méricarpe n. m.
méridien, ienne adj. et n.
méridienne n. f.
méridional, ale, aux adj.
meringue n. f.
meringuer v. tr. (conjug. 1)
mérinos n. m.
merise n. f.
merisier n. m.
mérisme n. m.
méristématique adj.
méristème n. m.
méritant, ante adj.
mérite n. m.

métamérique

mériter v. tr. (conjug. 1)
méritocratie n. f.
méritocratique adj.
méritoire adj.
merl n. m.
merlan n. m.
merle n. m.
merleau n. m.
merlette n. f.
merlin n. m.
merlon n. m.
merlot n. m.
merlu n. m.
merluche n. f.
merluchon n. m.
méronyme n. m.
mérostomes n. m. pl.
mérou n. m.
mérovingien, ienne adj. et n.
merrain n. m.
merrine n. f.
merroutage n. m.
mérule n. f.
merveille n. f.
merveilleusement adv.
merveilleux, euse adj. et n.
mérycisme n. m.
merzlota n. f.
mes adj. poss.
mesa ou mésa n. f.
mésalliance n. f.
mésallier (se) v. pron. (conjug. 7)
mésange n. f.
mésangette n. f.
mésaventure n. f.
mescal n. m.
mescaline n. f.
mesclun [mɛsklœ̃] n. m.
mesdames n. f. pl.
mesdemoiselles n. f. pl.
mésencéphale n. m.
mésenchymateux, euse adj.
mésenchyme n. m.
mésentente n. f.
mésentère n. m.
mésentérique adj.

mésestimation n. f.
mésestime n. f.
mésestimer v. tr. (conjug. 1)
mésintelligence n. f.
mesmérisme n. m.
mésoblaste n. m.
mésoblastique adj.
mésocarpe n. m.
mésocôlon n. m.
mésoderme n. m.
mésodermique adj.
mésolithique n. m. et adj.
mésomorphe adj.
méson n. m.
mésopause n. f.
mésophile adj.
mésopotamien, ienne adj. et n.
mésoscaphe n. m.
mésosphère n. f.
mésothéliome n. m.
mésothélium n. m.
mésothérapeute n.
mésothérapie n. f.
mésothorax n. m.
mésozoïque n. m. et adj.
mesquin, ine adj.
mesquinement adv.
mesquinerie n. f.
mess [mɛs] n. m.
message n. m.
messager, ère n.
messagerie n. f.
messe n. f.
messeigneurs n. m. pl.
messeoir ou messoir* v. intr. (conjug. 26 ; inusité, sauf il messied, messéant)
messianique adj.
messianisme n. m.
messicole adj.
messidor n. m.
messie n. m.
messieurs n. m. pl.
messire n. m.
messoir* v. intr.
mestrance n. f.
mestre n. m.
mesurable adj.

mesurage n. m.
mesure n. f.
mesuré, ée adj.
mesurer v. (conjug. 1)
mesurette n. f.
mesureur n. m.
mésusage n. m.
mésuser v. tr. ind. (conjug. 1)
méta® n. m.
métabole n. f.
métabolique adj.
métaboliser v. tr. (conjug. 1)
métabolisme n. m.
métabolite n. m.
métacarpe n. m.
métacarpien, ienne adj.
métacentre n. m.
métacentrique adj.
métaconnaissance n. f.
métadonnée n. f.
métairie n. f.
métal, aux n. m.
métalangage n. m.
métalangue n. f.
métaldéhyde n. m. ou f.
métalinguistique adj.
métallier, ière n.
métallifère adj.
métallique adj.
métallisation n. f.
métallisé, ée adj.
métalliser v. tr. (conjug. 1)
métallo n. m.
métallochromie [-k-] n. f.
métallographie n. f.
métallographique adj.
métalloïde n. m.
métallophone n. m.
métalloplastique adj.
métalloprotéine n. f.
métallurgie n. f.
métallurgique adj.
métallurgiste adj. et n. m.
métalogique adj. et n. f.
métamathématique n. f.
métamère adj. et n. m.
métamérie n. f.
métamérique adj.

métamérisation

métamérisation n. f.
métamorphique adj.
métamorphiser v. tr. (conjug. 1)
métamorphisme n. m.
métamorphosable adj.
métamorphose n. f.
métamorphoser v. tr. (conjug. 1)
métamoteur n. m.
métaphase n. f.
métaphore n. f.
métaphorique adj.
métaphoriquement adv.
métaphosphorique adj.
métaphysaire adj.
métaphyse n. f.
métaphysicien, ienne n.
métaphysique adj. ; n. f.
métaphysiquement adv.
métaplasie n. f.
métapsychique adj. et n. f.
métapsychologie [-k-] n. f.
métastable adj.
métastase n. f.
métastasé, ée adj.
métastaser v. intr. (conjug. 1)
métastatique adj.
métatarse n. m.
métatarsien, ienne adj.
métathèse n. f.
métathorax n. m.
métayage n. m.
métayer, ère n.
métazoaire n. m.
méteil n. m.
métempsychose ou métempsycose [metɑ̃psikoz] n. f.
météncéphale n. m.
météo n. f. et adj. inv.
météore n. m.
météorique adj.
météorisation n. f.
météoriser v. tr. (conjug. 1)
météorisme n. m.

météorite n. m. ou f.
météoritique adj.
météorologie n. f.
météorologique adj.
météorologiste n.
météorologue n.
métèque n. m.
méthacrylique adj.
méthadone n. f.
méthane n. m.
méthanier n. m.
méthanisation n. f.
méthanogène n. m. et adj.
méthanol n. m.
méthémoglobine n. f.
méthionine n. f.
méthode n. f.
méthodique adj.
méthodiquement adv.
méthodisme n. m.
méthodiste adj. et n.
méthodologie n. f.
méthodologique adj.
méthylation n. f.
méthyle n. m.
méthylène n. m.
méthylique adj.
méticilline n. f.
méticuleusement adv.
méticuleux, euse adj.
méticulosité n. f.
métier n. m.
métis, isse adj.
métissage n. m.
métisser v. tr. (conjug. 1)
métonymie n. f.
métonymique adj.
métope n. f.
métrage n. m.
mètre n. m.
métré n. m.
métrer v. tr. (conjug. 6)
métreur, euse n.
métricien, ienne n.
métrique adj. et n. f.
métrite n. f.
métro n. m. ; adj. ; n. f.
métrologie n. f.
métrologique adj.
métrologiste n.

métronome n. m.
métronomique adj.
métropole n. f.
¹métropolitain adj. m. et n. m. (chemin de fer)
²métropolitain, aine adj. et n. (de métropole)
métropolite n. m.
métrorragie n. f.
métrosexuel, elle adj. et n. m.
mets n. m.
mettable adj.
metteur, euse n.
mettre v. tr. (conjug. 56)
meublant, ante adj.
meuble adj. et n. m.
meublé, ée adj. et n. m.
meubler v. tr. (conjug. 1)
meublier n. m.
meuf n. f.
meuglement n. m.
meugler v. intr. (conjug. 1)
meuh interj. et n. m.
meulage n. m.
meule n. f.
meuler v. tr. (conjug. 1)
meuleuse n. f.
meulière adj. f. et n. f.
meulon n. m.
meunerie n. f.
meunier, ière n. et adj.
meurette n. f.
meursault n. m.
meurt-de-faim n. inv.
meurtre n. m.
meurtrier, ière n. et adj.
meurtrière n. f.
meurtrir v. tr. (conjug. 2)
meurtrissure n. f.
meute n. f.
mévente n. f.
mézail n. m.
mezcal n. m.
mézigue pron. pers.
mezzanine [mɛdzanin] n. f.
mezza-voce [mɛdzavɔtʃe] loc. adv.

mezze ou **mezzé** [meze] n. m.
PL. inv. mezzés
mezzo [mɛdzo] n.
mezzo-soprano [mɛdzo-] n.
PL. mezzos-sopranos
mezzotinto [mɛdzotinto] n. m.
PL. inv. ou mezzotintos
mi n. m. inv.
mia n. m.
miam-miam interj. ; n. m.
PL. inv. miams-miams
miaou interj. et n. m.
miasme n. m.
miaulement n. m.
miauler v. intr. (conjug. 1)
miauleur, euse adj. et n.
mi-bas n. m. inv.
mica n. m.
micacé, ée adj.
mi-carême n. f.
PL. mi-carêmes
micaschiste n. m.
micellaire adj.
micelle n. f.
miche n. f.
mi-chemin (à) loc. adv.
micheton n. m.
michetonner v. intr. (conjug. 1)
mi-clos, close adj.
micmac n. m.
micocoulier n. m.
mi-corps (à) loc. adv.
mi-côte (à) loc. adv.
micro n. m.
microaiguille n. f.
microampère n. m.
microampèremètre n. m.
microanalyse n. f.
microbalance n. f.
microbe n. m.
microbicide adj. et n. m.
microbien, ienne adj.
microbiologie n. f.
microbiologique adj.
microbiologiste n.
microbiote n. m.

microblog n. m.
microbus n. m.
microcalorimètre n. m.
microcalorimétrie n. f.
microcaméra n. f.
microcapsulé, ée adj.
microcéphale adj. et n.
microcéphalie n. f.
microchaîne ou **microchaine*** n. f.
microchimie n. f.
microchirurgie n. f.
microcinéma n. m.
microcinématographie n. f.
microcircuit n. m.
microclimat n. m.
microclimatique adj.
microcontact n. m.
microcopie n. f.
microcopier v. tr. (conjug. 7)
microcoque n. m.
microcosme n. m.
microcosmique adj.
microcoupure n. f.
micro-cravate ou **microcravate*** n. m.
PL. micros-cravates ou microcravates*
microcrédit n. m.
microcurie n. f.
microdissection n. f.
microéconométrie n. f.
microéconomie n. f.
microéconomique adj.
microédition n. f.
microélectrode n. f.
microélectronique n. f. et adj.
microencapsulation n. f.
microentrepreneur, euse n.
microentreprise n. f.
microévolution n. f.
microfibre n. f.
microfiche n. f.
microfilm n. m.
microfilmer v. tr. (conjug. 1)

microfiltration n. f.
microfiltrer v. tr. (conjug. 1)
microflore n. f.
microforme n. f.
microgramme n. m.
micrographie n. f.
micrographique adj.
microgravité n. f.
microgrenu, ue adj.
microhm n. m.
micro-informatique n. f.
micro-injecter v. tr. (conjug. 1)
micro-injection n. f.
PL. micro-injections
micro-instruction n. f.
PL. micro-instructions
micro-instrument n. m.
PL. micro-instruments
microlithe ou **microlite** n. m.
microlithique ou **microlitique** adj.
micromanipulateur n. m.
micromanipulation n. f.
micromètre n. m.
micrométrie n. f.
micrométrique adj.
microminiaturisation n. f.
micromonde n. m.
micromoteur n. m.
micron n. m.
micronisation n. f.
microniser v. tr. (conjug. 1)
micronoyau n. m.
micronucléus n. m.
micro-ondable ou **microondable** adj.
PL. micro(-)ondables
micro-onde ou **microonde** n. f.
PL. micro(-)ondes
micro-onde(s) ou **microonde(s)** n. m.
PL. micro(-)ondes
micro-ordinateur ou **microordinateur** n. m.
PL. micro(-)ordinateurs

micro-organisme ou
microorganisme n. m.
PL. *micro(-)organismes*
microphage adj. et n. m.
microphone n. m.
microphonique adj.
microphotographie n. f.
microphysique n. f.
micropilule n. f.
microporeux, euse adj.
microprocesseur n. m.
microprogrammation n. f.
microprogramme n. m.
micropyle n. m.
microrupteur n. m.
microscope n. m.
microscopie n. f.
microscopique adj.
microscopiste n.
microsillon n. m.
microsociologie n. f.
microsonde n. f.
microspectroscopie n. f.
microsphère n. f.
microsporange n. m.
microspore n. f.
microstructure n. f.
microtome n. m.
microtracteur n. m.
micro-trottoir n. m.
PL. *micros-trottoirs*
microtubule n. m.
miction n. f.
midi n. m.
midichaîne ou
midichaine* n. f.
midifié, ée adj.
midinette n. f.
midship n. m.
mie adv. ; n. f.
miel n. m.
miellat n. m.
miellé, ée adj.
miellée n. f.
mielleusement adv.
mielleux, euse adj.
mien, mienne adj. poss. et pron. poss.
miette n. f.

mieux adv.
mieux-disant, ante adj.
PL. *mieux-disants, antes*
mieux-être n. m.
mièvre adj.
mièvrement adv.
mièvrerie n. f.
mi-fin adj. m.
PL. *mi-fins*
migmatite n. f.
mignard, arde adj.
mignardise n. f.
mignon, onne adj. et n.
mignonnet, ette adj. et n.
mignonnette n. f.
mignoter v. tr. (conjug. **1**)
migraine n. f.
migraineux, euse adj.
migrant, ante adj. et n.
migrateur, trice adj.
migration n. f.
migratoire adj.
migrer v. intr. (conjug. **1**)
mihrab n. m.
mi-jambe ou **mi-jambes (à)** loc. adv.
mijaurée n. f.
mijotée n. f.
mijoter v. (conjug. **1**)
mijoteuse n. f.
mikado n. m.
¹**mil** adj. inv.
²**mil** [mil ; mij] n. m.
milan n. m.
milanais, aise adj. et n.
mildiou n. m.
mildiousé, ée adj.
mile [majl] n. m.
miliaire adj. et n. f.
milice n. f.
milicien, ienne n.
milieu n. m.
militaire adj. et n.
militairement adv.
militance n. f.
militant, ante adj. et n.
militantisme n. m.
militaria n. m. inv.
militarisation n. f.
militariser v. tr. (conjug. **1**)

militarisme n. m.
militariste adj. et n.
militaro(-)économique adj.
PL. *militaro(-)économiques*
militaro-industriel, elle adj.
PL. *militaro-industriels, elles*
militaro(-)politique adj.
PL. *militaro(-)politiques*
militer v. intr. (conjug. **1**)
milium n. m.
milkbar ou **milk-bar** n. m.
PL. *milkbars* ou *milk-bars*
milkshake ou
milk-shake n. m.
PL. *milkshakes* ou *milk-shakes*
millage n. m.
millas n. m. ou **millasse** ou **milliasse** n. f.
mille adj. numér. inv. ; n. m. inv. ; n. m.
millefeuille n. m. (gâteau)
²**millefeuille** ou **mille-feuille** n. f.
PL. *mille(-)feuilles* (plante)
millénaire adj. et n. m.
millénarisme n. m.
millénariste adj.
millénium n. m.
millepatte ou
mille-pattes n. m.
PL. *mille(-)pattes*
millepertuis ou
mille-pertuis n. m.
millépore n. m.
milleraie ou **mille-raies** n. m.
PL. *milleraies* ou *mille-raies*
millerandage n. m.
millerandé, ée adj.
millésime n. m.
millésimé, ée adj.
millet n. m.
milliaire n. m.
milliampère n. m.
milliampèremètre n. m.
milliard n. m.
milliardaire adj. et n.

milliardième adj. et n. m.
milliasse n. f.
millibar n. m.
millième adj. et n.
millier n. m.
milligramme n. m.
millilitre n. m.
millimètre n. m.
millimétré, ée adj.
millimétrique adj.
million n. m.
millionième adj. et n.
millionnaire adj. et n.
millivolt n. m.
millivoltmètre n. m.
milord n. m.
milouin n. m.
mi-lourd adj. m. et n. m.
PL. *mi-lourds*
mime n. m.
mimer v. tr. (conjug. **1**)
mimesis n. f.
mimétique adj.
mimétisme n. m.
mimi n. m.
mimine n. f.
mimique adj. et n. f.
mimivirus n. m.
mimodrame n. m.
mimologie n. f.
mimolette n. f.
mimosa n. m.
mi-moyen adj. m. et n. m.
PL. *mi-moyens*
M. I. N. n. m. (marché d'intérêt national)
minable adj. et n.
minablement adv.
minage n. m.
minahouet n. m.
minaret n. m.
minauder v. intr. (conjug. **1**)
minauderie n. f.
minaudier, ière adj.
minaudière n. f.
minbar n. m.
mince adj. et interj.
minceur n. f.
mincir v. intr. (conjug. **2**)
mine n. f.
miner v. tr. (conjug. **1**)
minerai n. m.
minéral, ale, aux adj. et n. m.
minéralier n. m.
minéralisateur, trice adj. et n. m.
minéralisation n. f.
minéraliser v. tr. (conjug. **1**)
minéralogie n. f.
minéralogique adj.
minéralogiste n.
minerval n. m.
minerve® n. f.
minerviste n.
minervois, oise adj.
minestrone n. m.
minet, ette n.
minette n. f.
¹**mineur, eure** adj. et n.
²**mineur** n. m.
mini adj. inv.
miniature n. f.
miniaturé, ée adj.
miniaturisation n. f.
miniaturiser v. tr. (conjug. **1**)
miniaturiste n.
minibar® n. m.
minibus n. m.
minicassette n. f.
minichaîne ou **minichaine*** n. f.
minidisc n. m.
minidose n. f.
minidosé, ée adj.
minier, ière adj.
minière n. f.
minigolf n. m.
minijupe n. f.
minima n. m. pl.
minima (a) loc. adj.
minimal, ale, aux adj.
minimalisme n. m.
minimaliste adj.
minimarge n. f.
minime adj. et n.
minimex n. m.
minimexé, ée adj.
minimiser v. tr. (conjug. **1**)
minimum n. m. et adj.
PL. *minima* ou *minimums*
mini-ordinateur n. m.
PL. *mini-ordinateurs*
minipilule n. f.
minispace n. m.
ministère n. m.
ministériat n. m.
ministériel, ielle adj.
ministrable adj.
ministre n.
minitel® n. m.
minitéliste n.
minium n. m.
minivague® n. f.
minnesinger ou **minnésinger*** n. m.
minoen, enne adj.
minois n. m.
minorant n. m.
minoratif, ive adj.
minorer v. tr. (conjug. **1**)
minoritaire adj. et n.
minorité n. f.
minot n. m.
minoterie n. f.
minotier n. m.
minou n. m.
minuit n. m.
minuscule adj. et n. f.
minus (habens) n.
minutage n. m.
minutaire adj.
minute n. f.
minuter v. tr. (conjug. **1**)
minuterie n. f.
minuteur n. m.
minutie [-si] n. f.
minutier n. m.
minutieusement adv.
minutieux, ieuse adj.
miocène adj. et n. m.
mioche n.
mi-parti, ie adj.
PL. *mi-partis, ies*
miquettes (avoir les) loc.
mir n. m.
mirabelle n. f.

mirabellier n. m.
mirabilis n. m.
miracle n. m.
miraculé, ée adj.
miraculeusement adv.
miraculeux, euse adj.
mirador n. m.
mirage n. m.
miraud, aude adj. et n.
mirbane n. f.
mire n. f.
mire-œuf n. m.
PL. *mire-œufs*
mirepoix n. m. ou f.
mirer v. tr. (conjug. 1)
mirette n. f.
mireur, euse n.
mirifique adj.
mirifiquement adv.
mirliflore n. m.
mirliton n. m.
mirmidon n. m.
mirmillon n. m.
miro ou **miraud, aude** adj. et n.
mirobolant, ante adj.
mirodrome n. m.
miroir n. m.
miroitant, ante adj.
miroité, ée adj.
miroitement n. m.
miroiter v. intr. (conjug. 1)
miroiterie n. f.
miroitier, ière n.
mironton n. m.
mirotonn n. m.
mis, mise adj.
misaine n. f.
misandre adj. et n.
misandrie n. f.
misanthrope n. et adj.
misanthropie n. f.
misanthropique adj.
miscellanées n. f. pl.
miscible adj.
mise n. f.
miser v. tr. (conjug. 1)
misérabilisme n. m.
misérabiliste adj. et n.
misérable adj. et n.

misérablement adv.
misère n. f.
miserere n. m. inv. ou **miséréré** n. m.
miséreux, euse adj. et n.
miséricorde n. f.
miséricordieusement adv.
miséricordieux, ieuse adj.
miso n. m.
misogyne adj. et n.
misogynie n. f.
mispickel n. m.
miss n. f. inv.
missel n. m.
missi dominici [misidɔminisi] n. m. pl.
missile n. m.
missilier n. m.
mission n. f.
missionnaire n. et adj.
missionner v. tr. (conjug. 1)
missive adj. f. et n. f.
mistelle n. f.
mistigri n. m.
miston, onne n.
mistoufle n. f.
mistral n. m.
mitage n. m.
mitaine n. f.
mitan n. m.
mitard n. m.
mite n. f.
mi-temps n. f. et m. inv.
miter (se) v. pron. (conjug. 1)
miteusement adv.
miteux, euse adj. et n.
mithracisme n. m.
mithriacisme n. m.
mithriaque adj.
mithridatisation n. f.
mithridatiser v. tr. (conjug. 1)
mithridatisme n. m.
mitigation n. f.
mitigé, ée adj.
mitiger v. tr. (conjug. 3)
mitigeur n. m.

mitochondrial, iale, iaux adj.
mitochondrie n. f.
mitogène adj. et n. m.
miton n. m.
mitonner v. (conjug. 1)
mitose n. f.
mitotique adj.
mitoyen, mitoyenne adj.
mitoyenneté n. f.
mitraillade n. f.
mitraillage n. m.
mitraille n. f.
mitrailler v. tr. (conjug. 1)
mitraillette n. f.
mitrailleur n. m.
mitrailleuse n. f.
mitral, ale, aux adj.
mitre n. f.
mitré, ée adj.
mitron n. m.
mi-voix (à) loc. adv.
mix n. m.
mixage n. m.
mixer v. tr. (conjug. 1)
mixeur, euse n.
mixité n. f.
mixte adj.
mixtion n. f.
mixtionner v. tr. (conjug. 1)
mixture n. f.
M. J. C. n. f. (maison des jeunes et de la culture)
M. K. S. A. adj. (mètre, kilogramme, seconde, ampère)
ml symb. (millilitre)
Mlle abrév. (mademoiselle)
mm symb. (millimètre)
Mme abrév. (madame)
mmm interj.
MMS n. m. (rec. off. : message multimédia)
M. N. n. f. (marine nationale)
mn symb. (minute)
mnémonique adj.
mnémotechnique adj.
mnésique adj.
Mo symb. (mégaoctet)
mobile adj. et n. m.

mobile home [mɔbilom] n. m.
PL. *mobile homes* (rec. off. : maison mobile)
mobilier, ière adj. et n. m.
mobilisable adj.
mobilisateur, trice adj.
mobilisation n. f.
mobiliser v. tr. (conjug. 1)
mobilisme n. m.
mobiliste adj. et n.
mobilité n. f.
mobinaute n.
mobylette® n. f.
mocassin n. m.
mochard, arde adj.
moche adj.
mocheté n. f.
moco ou **moko** n. m.
modal, ale, aux adj. et n. f.
modalisateur n. m.
modalisation n. f.
modaliser v. tr. (conjug. 1)
modalité n. f.
mode n. f. ; n. m.
modelable adj.
modelage n. m.
modèle n. m.
modelé n. m.
modeler v. tr. (conjug. 5)
modeleur, euse n.
modélisation n. f.
modéliser v. tr. (conjug. 1)
modélisme n. m.
modéliste n.
modem n. m.
modénature n. f.
modérantisme n. m.
modérantiste adj. et n.
modérateur, trice n. et adj.
modération n. f.
¹**moderato** ou **moderato** n. m.
PL. *moderatos* ou *moderatos*
²**moderato** ou **moderato** adv.
modéré, ée adj. et n. m.
modérément adv.

modérer v. tr. (conjug. 6)
moderne adj.
modernisateur, trice n. et adj.
modernisation n. f.
moderniser v. tr. (conjug. 1)
modernisme n. m.
moderniste adj. et n.
modernité n. f.
modern style [mɔdɛʀnstil] n. m. inv.
modeste adj.
modestement adv.
modestie n. f.
modeux, euse n.
modicité n. f.
modifiable adj.
modificateur, trice adj. et n.
modificatif, ive adj.
modification n. f.
modifier v. tr. (conjug. 7)
modillon n. m.
modique adj.
modiquement adv.
modiste n.
modulable adj.
modulaire adj.
modulant, ante adj.
modularité n. f.
modulateur, trice n. m. et adj.
modulation n. f.
module n. m.
moduler v. tr. (conjug. 1)
modulo prép.
modulor n. m.
modus operandi n. m. inv.
modus vivendi [mɔdysvivɛ̃di] n. m. inv.
moelle [mwal] n. f.
moelleusement [mwa-] adv.
moelleux, euse [mwa-] adj.
moellon [mwa-] n. m.
moellonnage [mwa-] n. m.
moere ou **moère** [mwɛʀ] n. f.

mœurs n. f. pl.
mofette n. f.
mofler v. tr. (conjug. 1)
mogette ou **mojette** n. f.
mohair n. m.
moi pron. pers. et n. m. inv.
moie n. f.
moignon n. m.
moi-même pron. pers.
moindre adj. compar.
moindrement adv.
moine n. m.
moineau n. m.
moinerie n. f.
moinillon n. m.
moins adv.
moins-disant, ante adj. et n.
PL. *moins-disants, antes*
moins-perçu n. m.
PL. *moins-perçus*
moins-value n. f.
PL. *moins-values*
moirage n. m.
moire n. f.
moiré, ée adj. et n. m.
moirer v. tr. (conjug. 1)
moireur n. m.
moirure n. f.
mois n. m.
moise n. f.
moïse n. m.
moiser v. tr. (conjug. 1)
moisi, ie adj. et n. m.
moisir v. intr. (conjug. 2)
moisissure n. f.
moissine n. f.
moisson n. f.
moissonnage n. m.
moissonner v. tr. (conjug. 1)
moissonneur, euse n.
moissonneuse-batteuse n. f.
PL. *moissonneuses-batteuses*
moissonneuse-lieuse n. f.
PL. *moissonneuses-lieuses*
moite adj.
moiteur n. f.

moitié n. f.
moitir v. tr. (conjug. 2)
mojette n. f.
mojito n. m.
moka n. m.
moko n. m.
mol adj. m.
molaire adj. ; n. f.
molalité n. f.
molarité n. f.
molasse ou **mollasse** n. f.
mole n. f.
môle n. f. ; n. m.
moléculaire adj.
molécularité n. f.
molécule n. f.
molécule-gramme n. f.
  PL. *molécules-grammes*
molène n. f.
moleskine n. f.
molester v. tr. (conjug. 1)
moletage n. m.
moleter v. tr. (conjug. 4)
molette n. f.
molière n. f.
moliéresque adj.
moliérisé, ée adj.
molinisme n. m.
moliniste n. et adj.
molinosisme n. m.
molinosiste n. et adj.
mollah n. m.
mollarchie n. f.
mollard n. m.
mollarder v. intr.
  (conjug. 1)
mollasse adj. ; n. f.
mollasserie n. f.
mollasson, onne n. et adj.
mollement adv.
mollesse n. f.
¹**mollet, ette** adj.
²**mollet** n. m.
molletière n. f.
molleton n. m.
molletonné, ée adj.
molletonneux, euse adj.
mollir v. (conjug. 2)
mollisol n. m.
mollo adv.

molluscum n. m.
mollusque n. m.
moloch [-lɔk] n. m.
molosse n. m.
molossoïde adj.
molybdates n. m.
molybdène n. m.
molybdénite n. f.
molybdique adj.
molysmologie n. f.
môme n.
moment n. m.
momentané, ée adj.
momentanément adv.
momerie n. f.
momie n. f.
momification n. f.
momifier v. tr. (conjug. 7)
momordique n. f.
mon adj. poss.
monacal, ale, aux adj.
monachisme [-ʃism ; -kism] n. m.
monaco n. m.
monade n. f.
monadelphe adj.
monadisme n. m.
monadologie n. f.
monandre adj.
monarchie n. f.
monarchique adj.
monarchisme n. m.
monarchiste n. et adj.
monarque n. m.
monastère n. m.
monastique adj.
monaural, ale, aux adj.
monazite n. f.
monbazillac n. m.
monceau n. m.
mondain, aine adj. et n.
mondaniser v. intr.
mondanité n. f.
monde n. m.
monder v. tr. (conjug. 1)
mondial, iale, iaux adj. et n. m.
mondialement adv.
mondialisation n. f.

mondialiser v. tr.
  (conjug. 1)
mondialisme n. m.
mondialiste adj.
mondialité n. f.
mondovision ou
  mondiovision n. f.
monel® n. m.
monème n. m.
monère n. f.
monergol n. m.
monétaire adj.
monétarisme n. m.
monétariste n. m.
monéticien, ienne n.
monétique n. f.
monétisation n. f.
monétiser v. tr. (conjug. 1)
mongol, e adj. et n.
mongolien, ienne adj. et n.
mongolique adj.
mongolisme n. m.
mongoloïde adj. et n.
monial, iale, iaux adj.
moniale n. f.
monisme n. m.
moniste adj. et n.
moniteur, trice n.
monition n. f.
monitoire n. m.
monitor n. m.
monitorage n. m. (rec. off. pour *monitoring*)
monitorat n. m.
monitoring n. m. (rec. off. : *monitorage*)
monnaie n. f.
monnaie-du-pape n. f.
  PL. *monnaies-du-pape*
monnayable adj.
monnayage n. m.
monnayer v. tr. (conjug. 8)
monnayeur n. m.
mono n., adj.
monoamine n. f.
monoatomique adj.
monobasique adj.
monobloc adj. et n. m.
monocâble n. m. et adj.

montage

monocaméral, ale, aux adj.
monocaméralisme n. m.
monocamérisme n. m.
monocellulaire adj.
monochromateur [-k-] n. m.
monochromatique [-k-] adj.
monochrome [-k-] adj.
monochromie [-k-] n. f.
monocinétique [-k-] adj.
monocle n. m.
monoclinal, ale, aux adj. et n. m.
monoclinique adj.
monoclonal, ale, aux adj.
monocoque n. m. et adj.
monocorde n. m. et adj.
monocordiste n.
monocorps n. m.
monocotylédone adj. et n. f.
monocouche adj. et n. f.
monocratie n. f.
monocristal, aux n. m.
monocristallin, ine adj.
monoculaire adj.
monoculture n. f.
monocycle n. m.
monocyclique adj.
monocylindre n. m.
monocylindrique adj.
monocyte n. m.
monodie n. f.
monodique adj.
monœcie n. f.
monofonction adj. inv.
monogame adj.
monogamie n. f.
monogamique adj.
monogénique adj.
monogénisme n. m.
monogéniste n.
monoglotte n. et adj.
monograde adj.
monogramme n. m.
monogrammiste n.
monographie n. f.

monographique adj.
monoï n. m. inv.
monoïdéique adj.
monoïdéisme n. m.
monoïque adj.
monolingue adj. et n.
monolinguisme n. m.
monolithe adj. et n. m.
monolithique adj.
monolithisme n. m.
monologue n. m.
monologuer v. intr. (conjug. 1)
monomane ou monomaniaque adj. et n.
monomanie n. f.
monôme n. m.
monomère adj. et n. m.
monométallisme n. m.
monométalliste adj. et n.
monomoteur, trice adj.
mononucléaire adj. et n. m.
mononucléose n. f.
monopalme n. f.
monoparental, ale, aux adj.
monoparentalité n. f.
monophasé, ée adj.
monophonie n. f.
monophonique adj.
monophosphate n. m.
monophylétique adj.
monophysisme n. m.
monophysite adj. et n.
monoplace adj.
monoplan n. m.
monoplégie n. f.
monopode n. m.
monopole n. m.
monopoleur, euse n.
monopolisateur, trice n.
monopolisation n. f.
monopoliser v. tr. (conjug. 1)
monopoliste n.
monopolistique adj.
monoposte adj.
monoptère adj. et n. m.

monorail adj. et n. m.
monorime adj.
monosaccharide ou monosaccaride* [-k-] n. m.
monosémie n. f.
monosémique adj.
monosépale adj.
monoski n. m.
monoskieur, ieuse n.
monospace n. m.
monospécifique adj.
monosperme adj.
monostable adj. et n. m.
monostyle adj.
monosyllabe adj. et n. m.
monosyllabique adj.
monosyllabisme n. m.
monothéique adj.
monothéisme n. m.
monothéiste n. et adj.
monothélisme n. m.
monothérapie n. f.
monotone adj.
monotonie n. f.
monotrace adj.
monotrème adj. et n. m.
monotype® n. m. et f.
monovalent, ente adj.
monoxyde n. m.
monoxyle adj.
monozygote adj.
monseigneur n. m.
 PL. messeigneurs
monsieur n. m.
 PL. messieurs
monsignor ou monsignore (it.)n. m.
 PL. monsignors ou monsignori (it.)
monstrance n. f.
monstration n. f.
monstre n. m. et adj.
monstresse n. f.
monstrueusement adv.
monstrueux, euse adj.
monstruosité n. f.
mont n. m.
montage n. m.

montagnard

montagnard, arde adj. et n.
montagne n. f.
montagnette n. f.
montagneux, euse adj.
montaison n. f.
montanisme n. m.
montaniste n. et adj.
montant, ante adj. et n. m.
mont-blanc n. m.
PL. monts-blancs
mont-de-piété n. m.
PL. monts-de-piété
monte n. f.
monte-charge n. m.
PL. monte-charges
montée n. f.
monte-en-l'air n. m. inv.
monte-meuble n. m.
PL. monte-meubles
monte-plat n. m.
PL. monte-plats
monter v. (conjug. 1)
monte-sac n. m.
PL. monte-sacs
monteur, euse n.
montgolfière n. f.
monticole adj.
monticule n. m.
montmorency n. f.
PL. montmorencys
montoir n. m.
montrable adj.
montre n. f.
montre-bracelet n. f.
PL. montres-bracelets
montrer v. tr. (conjug. 1)
montreur, euse n.
montueux, euse adj.
monture n. f.
monument n. m.
monumental, ale, aux adj.
monumentalité n. f.
mooniste n.
moque n. f.
moquer v. (conjug. 1)
moquerie n. f.
moquette n. f.
moquetter v. tr. (conjug. 1)

moquettiste n.
moqueur, euse adj. et n.
moraille n. f.
moraillon n. m.
moraine n. f.
morainique adj.
moral, ale, aux adj. et n. m.
morale n. f.
moralement adv.
moralisant, ante adj.
moralisateur, trice adj. et n.
moralisation n. f.
moraliser v. (conjug. 1)
moralisme n. m.
moraliste n.
moralité n. f.
morasse n. f.
moratoire adj. et n. m.
moratorium n. m.
morbide adj.
morbidesse n. f.
morbidité n. f.
morbier n. m.
morbilleux, euse adj.
morbleu interj.
morceau n. m.
morcelable adj.
morceler v. tr. (conjug. 4)
morcellement ou morcèlement* n. m.
mordache n. f.
mordacité n. f.
mordançage n. m.
mordancer v. tr. (conjug. 3)
mordant, ante adj. et n. m.
mordicus adv.
mordillage n. m.
mordillement n. m.
mordiller v. tr. (conjug. 1)
mordiou interj.
mordoré, ée adj. et n. m.
mordorure n. f.
mordre v. (conjug. 41)
mordu, ue adj. et n.
more n. et adj.
moreau, elle adj.

morelle n. f.
moresque n. f. et adj.
moret n. m.
morfal, ale n. et adj.
morfil n. m.
morfler v. tr. (conjug. 1)
morfondre (se) v. pron. (conjug. 41)
morfondu, ue adj.
morganatique adj.
morganatiquement adv.
morgeline n. f.
morgue n. f.
morguier n.
moribond, onde adj. et n.
moricaud, aude adj. et n.
morigéner v. tr. (conjug. 6)
morille n. f.
morillon n. m.
moringa n. m.
morio n. m.
morion n. m.
mormon, one n.
mormonisme n. m.
morne adj. ; n. m. ; n. f.
morné, ée adj.
mornifle n. f.
morose adj.
morosité n. f.
morphème n. m.
morphine n. f.
morphine-base n. f.
morphing n. m. (rec. off. : morphose)
morphinique adj.
morphinisme n. m.
morphinomane adj. et n.
morphinomanie n. f.
morphisme n. m.
morphogène adj.
morphogenèse n. f.
morphologie n. f.
morphologique adj.
morphologiquement adv.
morphopsychologie [-k-] n. f.
morphosyntaxe n. f.
morphosyntaxique adj.
morphotype n. m.

morpion n. m.
mors n. m.
morse n. m.
morsure n. f.
¹**mort, morte** adj. ; n.
²**mort** n. f.
mortadelle n. f.
mortaisage n. m.
mortaise n. f.
mortaiser v. tr. (conjug. **1**)
mortaiseuse n. f.
mortalité n. f.
mort-aux-rats n. f. inv.
mort-bois n. m.
  PL. *morts-bois*
morte-eau n. f.
  PL. *mortes-eaux*
mortel, elle adj. et n.
mortellement adv.
morte-saison n. f.
  PL. *mortes-saisons*
mortier n. m.
mortifère adj.
mortifiant, iante adj.
mortification n. f.
mortifier v. tr. (conjug. **7**)
mortinatalité n. f.
mort-né, mort-née adj. et n.
  PL. *mort-nés, mort-nées*
mort-vivant, morte-vivante n.
  PL. *mort(e)s-vivant(e)s*
morts-terrains n. m. pl.
mortuaire adj.
morue n. f.
morula n. f.
morutier, ière n. m. et adj.
morve n. f.
morveux, euse adj. et n.
mosaïque n. f. ; adj.
mosaïqué, ée adj.
mosaïsme n. m.
mosaïste n.
mosan, ane adj.
moscoutaire n.
mosette ou **mozette** n. f.
mosquée n. f.
mot n. m.

motard, arde n.
mot-clé n. m.
  PL. *mots-clés*
motel n. m.
motet n. m.
moteur, trice n. m. et adj.
moteur-fusée n. m.
  PL. *moteurs-fusées*
motif n. m.
motilité n. f.
motion n. f.
motivant, ante adj.
motivateur, trice adj. et n. m.
motivation n. f.
motivé, ée adj.
motiver v. tr. (conjug. **1**)
moto n. f.
motobineuse n. f.
motocross ou **moto-cross** n. m.
  PL. inv. ou *motos-cross*
motocrotte n. f.
motoculteur n. m.
motoculture n. f.
motocycle n. m.
motocyclette n. f.
motocyclisme n. m.
motocycliste n.
motofaucheuse n. f.
motomarine n. f.
motonautique adj.
motonautisme n. m.
motoneige n. f.
motoneigiste n.
motoneurone n. m.
motopaver ou **motopaveur** n. m.
motopompe n. f.
motopropulseur adj. m.
motor-home n.
  PL. *motor-homes* (rec. off. : autocaravane)
motorisation n. f.
motoriser v. tr. (conjug. **1**)
motoriste n.
motorship n. m.
motoski n. f.
mototracteur n. m.

mot-outil n. m.
  PL. *mots-outils*
mot-phrase n. m.
  PL. *mots-phrases*
mot-rébus n. m.
  PL. *mots-rébus*
motrice n. f.
motricité n. f.
mots croisés n. m. pl.
mots-croisiste n.
  PL. *mots-croisistes*
motte n. f.
motter (se) v. pron. (conjug. **1**)
motteux n. m.
motton n. m.
motu proprio loc. adv. et n. m. inv.
motus interj.
mot-valise n. m.
  PL. *mots-valises*
¹**mou** ou **mol, molle** adj. et n.
²**mou** adv.
mouais interj.
mouchage n. m.
moucharabieh ou **moucharabié** n. m.
mouchard, arde n.
mouchardage n. m.
moucharder v. tr. (conjug. **1**)
mouche n. f.
mouche-bébé n. m.
  PL. *mouche-bébés*
moucher v. tr. (conjug. **1**)
moucheron n. m.
moucheronner v. intr. (conjug. **1**)
moucheté, ée adj.
moucheter v. tr. (conjug. **4**)
mouchetis n. m.
mouchette n. f.
moucheture n. f.
moucheur, euse n.
mouchoir n. m.
mouclade n. f.
moudjahid n. m.
  PL. *moudjahidin* ou *moudjahidines*

moudre

moudre v. tr. (conjug. **47**; rare, sauf *moudre*, *moudrai(s)*, et *moulu, ue*)
moue n. f.
mouette n. f.
moufeter v. intr. (conjug. **5**)
mouffette n. f.
mouflage n. m.
moufle n. f. et m.
mouflet, ette n.
mouflon n. m.
moufter ou **moufeter** v. intr. (conjug. **1**)
mouillage n. m.
mouillant, ante n. m. et adj.
mouillasser v. impers. (conjug. **1**)
mouille n. f.
mouillé, ée adj.
mouillement n. m.
mouiller v. (conjug. **1**)
mouillère n. f.
mouillette n. f.
mouilleur, euse n.
mouillure n. f.
mouise n. f.
moujik n. m.
moujingue n. m.
moukère n. f.
moulage n. m.
moulant, ante adj.
moule n. f. ; n. m.
moulé, ée adj.
moulée n. f.
mouler v. tr. (conjug. **1**)
mouleur, euse n.
moulière n. f.
moulin n. m.
moulinage n. m.
moulin-à-vent n. m. inv. (vin)
mouliner v. tr. (conjug. **1**)
moulinet n. m.
moulinette® n. f.
moulineur, euse n.
moulinier, ière n.
mouliste n. m.
¹**moult, moulte** adj.
²**moult** adv.
moulu, ue adj.
moulure n. f.
moulurer v. tr. (conjug. **1**)
moumoute n. f.
mound n. m.
mouquère ou **moukère** n. f.
mourant, ante adj. et n.
mourir v. intr. (conjug. **19**)
mouroir n. m.
mouron n. m.
mourre n. f.
mouscaille n. f.
mousmée ou **mousmé** n. f.
mousquet n. m.
mousquetade n. f.
mousquetaire n. m.
mousqueterie ou **mousquèterie** n. f.
mousqueton n. m.
mousquetonnage n. m.
mousquetonner v. intr. (conjug. **1**)
moussaillon n. m.
moussaka n. f.
moussant, ante adj.
mousse adj. ; n. f. ; n. m.
mousseline n. f.
mousser v. intr. (conjug. **1**)
mousseron n. m.
mousseux, euse adj. et n. m.
moussoir n. m.
mousson n. f.
moussu, ue adj.
moustache n. f.
moustachu, ue adj.
moustérien, ienne adj.
moustiquaire n. f.
moustique n. m.
moût ou **mout*** [mu] n. m.
moutard n. m.
moutarde n. f.
moutardier n. m.
moutier n. m.
¹**mouton, onne** n.
²**mouton** n. m.
moutonnant, ante adj.
moutonné, ée adj.
moutonnement n. m.
moutonner v. intr. (conjug. **1**)
moutonnerie n. f.
moutonneux, euse adj.
moutonnier, ière adj.
mouture n. f.
mouvance n. f.
mouvant, ante adj.
mouvement n. m.
mouvementé, ée adj.
mouvementer v. tr. (conjug. **1**)
mouvementiste adj. et n.
mouvoir v. tr. (conjug. **27**; rare sauf inf., prés. indic. et participes)
movida n. f.
moviola® n. f.
mox ou **MOX** n. m.
moxa n. m.
moxibustion n. f.
moye ou **moie** n. f.
moyé, ée adj.
¹**moyen, moyenne** adj.
²**moyen** n. m.
Moyen Âge ou **Moyen-Âge** n. m.
moyenâgeux, euse adj.
moyen-courrier n. m. et adj. m.
PL. *moyen(s)-courriers*
moyennant prép.
moyenne n. f.
moyennement adv.
moyenner v. tr. (conjug. **1**)
moyen-oriental, ale, aux adj.
moyeu n. m.
mozabite adj. et n.
mozarabe n. et adj.
mozette n. f.
mozzarella n. f.
MP3 n. m.
MST ou **M. S. T.** n. f. (maladie sexuellement transmissible)
M. T. S. adj. (mètre, tonne, seconde)

mu n. m.
PL. inv. ou mus*
mû, mue p. p. (mouvoir)
muance n. f.
mucher v. tr. (conjug. 1)
mucilage n. m.
mucilagineux, euse adj.
mucite n. f.
mucolytique adj.
mucor n. m.
mucosité n. f.
mucoviscidose n. f.
mucoviscidosique adj.
mucron n. m.
mucroné, ée adj.
mucus n. m.
mudéjar n. m. et adj.
mue n. f.
muer v. (conjug. 1)
muesli ou musli [myzli] n. m.
muet, muette adj. et n.
muette n. f.
muezzin ou muezzine* [myɛdzin] n. m.
muffin [mœfin] n. m.
mufle n. m.
muflerie n. f.
muflier n. m.
mufti ou muphti n. m.
mug n. m.
muge n. m.
mugir v. intr. (conjug. 2)
mugissant, ante adj.
mugissement n. m.
muguet n. m.
muid n. m.
mulard, arde n. m. et adj.
mulassier, ière adj.
mulâtre, mulâtresse n. et adj.
mule n. f.
mule-jenny n. f.
PL. mule-jennys
mulet n. m.
muleta ou muléta n. f.
muletier, ière n. m. et adj.
mulette n. f.
mulon n. m.
mulot n. m.

mulsion n. f.
multibrin adj.
multibroche adj.
multicâble adj. et n. m.
multicanal, ale, aux adj.
multicarte adj.
multicast adj.
multicaule adj.
multicellulaire adj.
multicolore adj.
multicombustible adj. et n. m.
multiconducteur, trice adj.
multiconfessionnel, elle adj.
multicoque n. m.
multicorps n. m.
multicouche adj.
multicritère adj.
multiculturalisme n. m.
multiculturel, elle adj.
multidiffusion n. f.
multidimensionnel, elle adj.
multidirectionnel, elle adj.
multidisciplinaire adj.
multiethnique adj.
multifactoriel, ielle adj.
multifenêtrage n. m.
multifilaire adj.
multiflore adj.
multifonction adj.
multifonctionnalité n. f.
multifonctionnel, elle adj.
multiforme adj.
multifréquence n. f.
multigénique adj.
multigeste adj. et n. f.
multigestion n. f.
multigrade adj.
multijoueur adj.
multilatéral, ale, aux adj.
multilatéralisme n. m.
multilinéaire adj.
multilinéarité n. f.
multilingue adj.

multilinguisme n. m.
multilobé, ée adj.
multiloculaire adj.
multimarque adj.
multimarquisme n. m.
multimédia adj.
multimédiathèque n. f.
multimédiatique adj.
multimètre n. m.
multimilliardaire adj. et n.
multimillionnaire adj. et n.
multimodal, ale, aux adj.
multinational, ale, aux adj.
multinomial, iale, iaux adj.
multinorme adj. m. et n. m.
multipare adj. et n. f.
multiparité n. f.
multipartenariat n. m.
multipartisme n. m.
multipartite adj.
multipiste adj.
multiplace adj.
multiplateforme adj.
multiple adj. et n. m.
multiplet n. m.
multiplex adj. et n. m.
multiplexage n. m.
multiplexe n. m.
multiplexé, ée adj.
multiplexeur n. m.
multipliable adj.
multiplicande n. m.
multiplicateur, trice adj. et n. m.
multiplicatif, ive adj.
multiplication n. f.
multiplicité n. f.
multiplier v. (conjug. 7)
multipoint adj.
multipolaire adj.
multiposte adj.
multiprise n. f.
multiprocesseur n. m. et adj. m.

multiprocessing

multiprocessing adj. et n. m. (rec. off. : multitraitement)
multiprogrammation n. f.
multipropriétaire n. et adj.
multipropriété n. f.
multipuncture n. f.
multiracial, iale, iaux adj.
multirangement adj.
multirécidive n. f.
multirécidiviste adj. et n.
multirésistant, ante adj.
multirisque adj.
multisalle adj.
multisensoriel, ielle adj.
multistandard adj. m. inv. et n. m.
multisupport adj.
multitâche adj.
multithérapie n. f.
multitimbral, ale, aux adj.
multitraitement n. m. (rec. off. pour multiprocessing)
multitube adj.
multitubulaire adj.
multitude n. f.
multi-usage adj.
PL. multi-usages
multivarié, ée adj.
munichois, oise adj. et n.
municipal, ale, aux adj.
municipalisation n. f.
municipaliser v. tr. (conjug. 1)
municipalité n. f.
municipe n. m.
munificence n. f.
munificent, ente adj.
munir v. tr. (conjug. 2)
munition n. f.
munitionnaire n. m.
munster n. m.
muntjac n. m.
muon n. m.
muonique adj.
muphti n. m.
muqueuse n. f.

muqueux, euse adj.
mur n. m.
mûr, mûre ou mure* adj.
murage n. m.
muraille n. f.
mural, ale, aux adj.
mûre ou mure* n. f.
mûrement ou murement* adv.
murène n. f.
murénidés n. m. pl.
murer v. tr. (conjug. 1)
muret n. m. ou murette n. f.
muretin n. m.
murette n. f.
murex n. m.
murge n. f.
murger (se) v. pron. (conjug. 3)
muridés n. m. pl.
mûrier ou murier* n. m.
murin, ine adj.
mûrir ou murir* v. (conjug. 2)
mûrissage ou murissage* n. m.
mûrissant, ante ou murissant, ante* adj.
mûrissement ou murissement* n. m.
mûrisserie ou murisserie* n. f.
murmel n. m.
murmurant, ante adj.
murmure n. m.
murmurer v. (conjug. 1)
mûron ou muron* n. m.
murrhe n. f.
murrhin, ine adj.
musagète adj. m.
musaraigne n. f.
musard, arde adj. et n.
musarder v. intr. (conjug. 1)
musardise n. f.
musc n. m.
muscade adj. et n. f.
muscadet n. m.
muscadier n. m.
muscadin n. m.

muscadine n. f.
muscardin n. m.
muscardine n. f.
muscari n. m.
muscarine n. f.
muscarinique adj.
muscat n. m.
muscate adj. f.
muscidés n. m. pl.
muscinal, ale, aux adj.
muscinées n. f. pl.
muscle n. m.
musclé, ée adj.
muscler v. tr. (conjug. 1)
muscu n. m.
musculaire adj.
musculation n. f.
musculature n. f.
musculeux, euse adj. et n. f.
musculosquelettique adj.
muse n. f.
muséal, ale, aux adj.
museau n. m.
musée n. m.
muséification n. f.
museler v. tr. (conjug. 4)
muselet n. m.
muselière n. f.
musellement ou musèlement* n. m.
muséographe n.
muséographie n. f.
muséographique adj.
muséologie n. f.
muséologique adj.
muséologue n.
muser v. intr. (conjug. 1)
musette n. f. ; n. m.
muséum n. m.
musical, ale, aux adj.
musicalement adv.
musicalité n. f.
music-hall n. m.
PL. music-halls
musicien, ienne n. et adj.
musicographe n.
musicographie n. f.
musicologie n. f.

musicologique adj.
musicologue n.
musicothérapeute n.
musicothérapie n. f.
musique n. f.
musiquer v. (conjug. 1)
musiquette n. f.
musli n. m.
musoir n. m.
musqué, ée adj.
musser ou mucher v. tr. (conjug. 1)
mussif adj. m.
mussitation n. f.
must [mœst] n. m.
mustang [mystãg] n. m.
mustélidés n. m. pl.
musulman, ane adj. et n.
mutabilité n. f.
mutable adj.
mutage n. m.
mutagène adj.
mutagenèse n. f.
mutant, ante adj. et n.
mutation n. f.
mutationnisme n. m.
mutationniste adj. et n.
mutatis mutandis [mytatismytãdis] loc. adv.
muter v. (conjug. 1)
mutilant, ante adj.
mutilateur, trice n.
mutilation n. f.
mutilé, ée n.
mutiler v. tr. (conjug. 1)
mutin, ine adj. et n.
mutiné, ée adj. et n.
mutiner (se) v. pron. (conjug. 1)
mutinerie n. f.
mutique adj.
mutisme n. m.
mutité n. f.
mutualisation n. f.
mutualiser v. tr. (conjug. 1)
mutualisme n. m.
mutualiste adj. et n.
mutualité n. f.
mutuel, elle adj. et n. f.
mutuellement adv.

mutule n. f.
myalgie n. f.
myalgique adj.
myasthénie n. f.
myasthénique adj.
mycélien, ienne adj.
mycélium n. m.
mycénien, ienne adj.
mycobactérie n. f.
mycoderme n. m.
mycodermique adj.
mycologie n. f.
mycologique adj.
mycologue n.
mycoplasme n. m.
mycorhizal, ale, aux adj.
mycorhize n. f.
mycose n. f.
mycosique adj.
mydriase n. f.
mydriatique adj.
mye n. f.
myélencéphale n. m.
myéline n. f.
myélite n. f.
myéloblaste n. m.
myélocyte n. m.
myélogramme n. m.
myélographie n. f.
myélome n. m.
myélopathie n. f.
mygale n. f.
myiase n. f.
myocarde n. m.
myocardiopathie n. f.
myocardite n. f.
myocastor n. m.
myofibrille n. f.
myofilament n. m.
myoglobine n. f.
myogramme n. m.
myographe n. m.
myologie n. f.
myologique adj.
myome n. m.
myomètre n. m.
myopathe adj. et n.
myopathie n. f.
myope n. et adj.
myopie n. f.

myopotame n. m.
myorelaxant, ante adj.
myosine n. f.
myosis n. m.
myosite n. f.
myosotis n. m.
myotatique adj.
myotique adj.
myotubulaire adj.
myriade n. f.
myriapodes n. m. pl.
myriophylle n. m.
myrmécophile adj. et n.
myrmidon ou mirmidon n. m.
myrmidone ou mirmidone* n. f.
myrobolan n. m.
myrosine n. f.
myroxyle n. m.
myroxylon n. m.
myrrhe n. f.
myrte n. m.
myrtiforme adj.
myrtille n. f.
mystagogie n. f.
mystagogue n.
mystère® n. m.
mystérieusement adv.
mystérieux, ieuse adj.
mysticètes n. m. pl.
mysticisme n. m.
mystifiant, iante adj.
mystificateur, trice n.
mystification n. f.
mystifier v. tr. (conjug. 7)
mystique adj. et n.
mystiquement adv.
mythe n. m.
mythification n. f.
mythifier v. (conjug. 7)
mythique adj.
mytho adj. n. t. ; n. m.
mythographe n.
mythologie n. f.
mythologique adj.
mythologue n.
mythomane adj. et n.
mythomanie n. f.
mythos n. m.

mytiliculteur, trice n.
mytiliculture n. f.
mytilotoxine n. f.
myxœdémateux, euse adj. et n.
myxœdème n. m.
myxomatose n. f.
myxomycètes n. m. pl.
mzabite adj. et n.

n

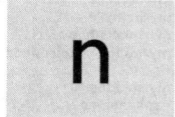

n n. m. inv. ; abrév. et symb.
N n. m. inv. ; abrév. et symb.
na interj.
naan [nan] n. m.
nabab n. m.
nabi n. m.
nabisme n. m.
nabla n. m.
nable n. m.
nabot, ote n. et adj.
nabuchodonosor n. m.
nacarat n. m.
nacelle n. f.
nacho [natʃo] n. m.
nacre n. f.
nacré, ée adj.
nacrer v. tr. (conjug. 1)
nadir n. m.
nævus [nevys] n. m.
  PL. inv. ou nævi (lat.)
nafé n. m.
naga n. m.
nagari n. f. ; n. m. et adj.
nage n. f.
nageoire n. f.
nager v. intr. (conjug. 3)
nageur, euse n.
naguère adv.
nahuatl [nawatl] n. m.
naïade n. f.
naïf, naïve adj. et n.
nain, naine n. et adj.

naissain n. m.
naissance n. f.
naissant, ante adj.
naisseur, euse n.
naître ou naitre* v. intr. (conjug. 59)
naïvement adv.
naïveté n. f.
naja n. m.
nana n. f.
nanan n. m.
nanar n. m.
nandou n. m.
nandrolone n. f.
nanifier v. tr. (conjug. 7)
nanisme n. m.
nanobiologie n. f.
nanocapsule n. f.
nanocapteur n. m.
nanocristal, aux n. m.
nanoélectronique n. f.
nanofibre n. f.
nanofiltration n. f.
nanomatériau n. m.
nanomédicament n. m.
nanomètre n. m.
nanoparticule n. f.
nanophysique n. f.
nanoréseau® n. m.
nanosciences n. f. pl.
nanoseconde n. f.
nanostructuré, ée adj.
nanotechnologie n. f.
nanotechnologique adj.
nanotube n. m.
nansouk ou nanzouk n. m.
nanti, ie adj. et n.
nantir v. tr. (conjug. 2)
nantissement n. m.
nanzouk n. m.
naos n. m.
NAP adj. inv. (Neuilly, Auteuil, Passy)
napalm n. m.
napalmiser v. tr. (conjug. 1)
napée n. f.
napel n. m.
naphtalène n. m.
naphtaline n. f.

naphte n. m.
naphtol n. m.
napoléon n. m. et f.
napoléonien, ienne adj.
napolitain, aine® adj. et n.
nappage n. m.
nappe n. f.
napper v. tr. (conjug. 1)
napperon n. m.
narcéine n. f.
narcisse n. m.
narcissique adj. et n.
narcissisme n. m.
narcoanalyse n. f.
narcochimiste n. m.
narcodollars n. m. pl.
narcolepsie n. f.
narcoleptique adj.
narcose n. f.
narcoterrorisme n. m.
narcoterroriste n.
narcothérapie n. f.
narcotine n. f.
narcotique adj. et n. m.
narcotrafic n. m.
narcotrafiquant n. m.
nard n. m.
narghilé ou narghilé n. m.
narguer v. tr. (conjug. 1)
narguilé ou narghilé n. m.
narine n. f.
naringine n. f.
narquois, oise adj.
narquoisement adv.
narrataire n.
narrateur, trice n.
narratif, ive adj.
narration n. f.
narrativité n. f.
narrer v. tr. (conjug. 1)
narthex n. m.
narval n. m.
nasal, ale, aux adj.
nasalisation n. f.
nasaliser v. tr. (conjug. 1)
nasalité n. f.
nasard n. m.
nasarde n. f.

nase ou **naze** adj. ; n. m.
naseau n. m.
nashi [naʃi] n. m.
nasillard, arde adj.
nasillement n. m.
nasiller v. intr. (conjug. 1)
nasilleur, euse adj.
nasique n. f. et m.
nasitort n. m.
nasonnement n. m.
nasse n. f.
natal, ale adj.
nataliste adj.
natalité n. f.
natation n. f.
natatoire adj.
natif, ive adj. et n.
nation n. f.
national, ale, aux adj. et n.
nationalisable adj.
nationalisation n. f.
nationaliser v. tr. (conjug. 1)
nationalisme n. m.
nationaliste adj. et n.
nationalité n. f.
national-populisme n. m.
national-socialisme n. m.
national-socialiste adj.
PL. *nationaux-socialistes*
nativisme n. m.
nativiste adj. et n.
nativité n. f.
natron ou **natrum** n. m.
nattage n. m.
natte n. f.
natté n. m.
natter v. tr. (conjug. 1)
nattier, ière n.
naturalisation n. f.
naturaliser v. tr. (conjug. 1)
naturalisme n. m.
naturaliste n. et adj.
naturalité n. f.
nature n. f.
naturel, elle adj. et n.
naturellement adv.
naturisme n. m.
naturiste n. et adj.

naturopathe adj. et n.
naturopathie n. f.
naucore n. f.
naufrage n. m.
naufragé, ée adj. et n.
naufrager v. intr. (conjug. 3)
naufrageur n. m.
naumachie n. f.
naupathie n. f.
naupathique adj. et n.
nauplius n. m.
nauséabond, onde adj.
nausée n. f.
nauséeux, euse adj.
nautile n. m.
nautique adj.
nautisme n. m.
nautonier, ière n.
naval, ale adj.
navalisation n. f.
navarin n. m.
navarque n. m.
navel n. f.
navet n. m.
navette n. f.
navetteur, euse n.
navicert n. m.
naviculaire adj.
navicule n. f.
navigabilité n. f.
navigable adj.
navigant, ante adj. et n.
navigateur, trice n.
navigation n. f.
naviguer v. intr. (conjug. 1)
naviplane n. m.
navire n. m.
navire-citerne n. m.
PL. *navires-citernes* (rec. off. pour tanker)
navire-école n. m.
PL. *navires-écoles*
navire-hôpital n. m.
PL. *navires-hôpitaux*
navire-usine n. m.
PL. *navires-usines*
navisphère n. f.
navrant, ante adj.
navré, ée adj.
navrement n. m.

navrer v. tr. (conjug. 1)
nazaréen, enne adj.
naze adj. ; n. m.
nazi, ie n. et adj.
nazillon, onne n.
nazisme n. m.
N. B. abrév. (nota bene)
N. B. C. adj. inv. (nucléaire-biologique-chimique)
NBIC n. f. pl. (nanotechnologies, biotechnologies, informatique et sciences cognitives)
ne adv. de négation
né, née adj.
néandertalien, ienne ou **néanderthalien, ienne** adj. et n.
néanmoins adv. et conj.
néant n. m.
néantisation n. f.
néantiser v. tr. (conjug. 1)
nebka n. f.
nébuleuse n. f.
nébuleusement adv.
nébuleux, euse adj.
nébulisation n. f.
nébuliseur n. m.
nébulosité n. f.
nécessaire adj. et n. m.
nécessairement adv.
nécessité n. f.
nécessiter v. tr. (conjug. 1)
nécessiteux, euse adj. et n.
neck n. m.
nec plus ultra n. m. inv.
nécrobie n. f.
nécrologe n. m.
nécrologie n. f.
nécrologique adj.
nécrologue n. m.
nécromancie n. f.
nécromancien, ienne n.
nécromant n. m.
nécrophage adj.
nécrophile adj. et n.
nécrophilie n. f.
nécrophore n. m.
nécropole n. f.

nécrose n. f.
nécroser v. tr. (conjug. 1)
nécrosique adj.
nécrotique adj.
nectaire n. m.
nectar n. m.
nectarine n. f.
necton n. m.
neem n. m.
néerlandais, aise adj. et n.
néerlandophone adj. et n.
nef n. f.
néfaste adj.
nèfle n. f.
néflier n. m.
négateur, trice n. et adj.
négatif, ive adj. et n.
négation n. f.
négationnisme n. m.
négationniste n. et adj.
négativement adv.
négativisme n. m.
négativité n. f.
négaton n. m.
négatoscope n. m.
¹**négligé, ée** adj.
²**négligé** n. m.
négligeable adj.
négligemment adv.
négligence n. f.
négligent, ente adj.
négliger v. tr. (conjug. 3)
négoce n. m.
négociabilité n. f.
négociable adj.
négociant, iante n.
négociateur, trice n.
négociation n. f.
négocier v. (conjug. 7)
négondo n. m.
nègre, négresse n. et adj.
nègre-blanc loc. adj. inv.
négrette n. f.
négrier, ière adj. et n.
négrillon, onne n.
négritude n. f.
négro-africain, aine adj. et n.
PL. *négro-africains, aines*

négro-américain, aine adj. et n.
PL. *négro-américains, aines*
négroïde adj.
negro-spiritual, als ou **négrospiritual, als*** n. m.
néguentropie n. f.
négus n. m.
neige n. f.
neiger v. impers. (conjug. 3)
neigeux, euse adj.
nélombo n. m.
nem n. m.
némale n. m.
némathelminthes n. m. pl.
nématocyste n. m.
nématodes n. m. pl.
nématologie n. f.
néné n. m.
nénette n. f.
nenni adv.
nénuphar ou **nénufar** n. m.
néoblaste n. m.
néocapitalisme n. m.
néocapitaliste adj.
néoceltique adj.
néoclassicisme n. m.
néoclassique adj.
néocolonialisme n. m.
néocolonialiste adj.
néocomien, ienne n. et adj.
néoconservateur, trice n. et adj.
néocortex n. m.
néocortical, ale, aux adj.
néocréationnisme n. m.
néocréationniste adj. et n.
néocriticisme n. m.
néodarwinien, ienne adj.
néodarwinisme n. m.
néodyme n. m.
néofascisme n. m.
néofasciste adj. et n.
néoformation n. f.
néoformé, ée adj.

néogène n. m.
néoglucogenèse n. f.
néoglycogenèse n. f.
néogothique adj.
néogrec, néogrecque adj.
néo-impressionnisme n. m.
néo-impressionniste adj. et n.
PL. *néo-impressionnistes*
néokantisme n. m.
néolatin, ine adj.
néolibéral, ale, aux adj. et n.
néolibéralisme n. m.
néolithique adj. et n. m.
néologie n. f.
néologique adj.
néologisme n. m.
néomalthusianisme n. m.
néomycine n. f.
néon n. m.
néonatal, ale adj.
néonatalogie n. f.
néonatalogiste n.
néonatologie n. f.
néonazi, ie adj. et n.
néonazisme n. m.
néophyte n. et adj.
néoplasie n. f.
néoplasique adj.
néoplasme n. m.
néoplatonicien, ienne n. et adj.
néoplatonisme n. m.
néopositivisme n. m.
néopositiviste adj. et n.
néoprène® n. m.
néoprotectionnisme n. m.
néoréalisme n. m.
néoréaliste adj.
néorural, ale, aux n. et adj.
néoténie n. f.
néothomisme n. m.
néottie n. f.
nèpe n. f.

népenthès n. m.
népérien, ienne adj.
népète n. f.
néphélémétrie n. f.
néphélion n. m.
néphélométrie n. f.
néphrectomie n. f.
néphrétique adj.
néphridie n. f.
néphrite n. f.
néphritique adj.
néphrogénique adj.
néphrographie n. f.
néphrologie n. f.
néphrologue n.
néphron n. m.
néphropathie n. f.
néphrose n. f.
néphrotique adj.
néphrotoxique adj.
népotisme n. m.
neptunium n. m.
nerd [nœrd] n.
néréide n. f.
néréis n. f.
nerf n. m.
néritique adj.
néroli n. m.
néronien, ienne adj.
nerprun n. m.
nervation n. f.
nerveusement adv.
nerveux, euse adj. et n.
nervi n. m.
nervosité n. f.
nervure n. f.
nervuré, ée adj.
nervurer v. tr. (conjug. 1)
nescafé® n. m.
nestorianisme n. m.
nestorien, ienne n. et adj.
¹**net, nette** adj.
²**net** n. m. ; adv.
Net n. m. (Internet)
netbook n. m.
nétiquette n. f.
netsuke n. m. inv.
nettement adv.
netteté n. f.
nettoiement n. m.
nettoyabilité n. f.
nettoyage n. m.
nettoyant, ante adj. et n. m.
nettoyer v. tr. (conjug. 8)
nettoyeur, euse n.
¹**neuf** adj. numér. inv. et n. inv.
²**neuf, neuve** adj. et n. m.
neufchâtel n. m.
neumatique adj.
neume n. m. et f.
neunœud adj.
neural, ale, aux adj.
neurasthénie n. f.
neurasthénique adj.
neurinome n. m.
neuroanatomiste n.
neurobiochimie n. f.
neurobiologie n. f.
neurobiologiste n.
neuroblaste n. m.
neurocardiologue n.
neurochimie n. f.
neurochirurgical, ale, aux adj.
neurochirurgie n. f.
neurochirurgien, ienne n.
neurocognitiviste n.
neurodégénératif, ive adj.
neurodépresseur n. m.
neuroendocrine adj.
neuroendocrinien, ienne adj.
neuroendocrinologie n. f.
neuroendocrinologiste n.
neurofibrillaire adj.
neurofibromatose n. f.
neurogenèse n. f.
neurogénéticien, ienne n.
neurohormonal, ale, aux adj.
neuro-immunologie n. f.
neuroleptanalgésie n. f.
neuroleptique adj. et n. m.
neurolinguistique n. f.
neurologie n. f.
neurologique adj.
neurologue n.
neuromédiateur n. m.
neuromimétique adj.
neuromoteur, trice adj.
neuromusculaire adj.
neuronal, ale, aux adj.
neurone n. m.
neuronique adj.
neuropathie n. f.
neuropathologie n. f.
neuropédiatre n.
neuropeptide n. m.
neuropharmacologue n.
neurophysiologie n. f.
neurophysiologique adj.
neurophysiologiste n.
neuroplégique adj. et n. m.
neuroprotecteur, trice adj.
neuropsychiatre [-k-] n.
neuropsychiatrie [-k-] n. f.
neuropsychologie [-k-] n. f.
neuropsychologique [-k-] adj.
neurorécepteur n. m.
neurosciences n. f. pl.
neurotensine n. f.
neurotonie n. f.
neurotonique adj.
neurotoxine n. f.
neurotoxique adj.
neurotransmetteur n. m.
neurotrope adj.
neurotrophique adj.
neurotropisme n. m.
neurovasculaire adj.
neurovégétatif, ive adj.
neurula n. f.
neurulation n. f.
neutralisant, ante adj. et n. m.
neutralisation n. f.
neutraliser v. tr. (conjug. 1)

neutralisme n. m.
neutraliste adj. et n.
neutralité n. f.
neutre adj. et n.
neutrino n. m.
neutrographie n. f. (rec. off. : neutronographie)
neutron n. m.
neutronique adj.
neutronographie n. f. (rec. off. pour neutrographie)
neutrophile adj. et n.
neuvain n. m.
neuvaine n. f.
neuvième adj. et n.
neuvièmement adv.
ne varietur [nevarjetyr] loc. adv. et loc. adj.
névé n. m.
neveu n. m.
névralgie n. f.
névralgique adj.
névraxe n. m.
névrite n. f.
névritique adj.
névrodermite n. f.
névroglie n. f.
névropathe adj. et n.
névropathie n. f.
névroptère n. m.
névrose n. f.
névrosé, ée adj. et n.
névrotique adj.
new-look ou **newlook*** [njuluk] n. m. et adj.
PL. inv. ou *newlooks**
newsgroup [njuz-] n. m. (rec. off. : forum)
newsletter [njuzlɛtœr] n. f.
newsmagazine [njuz-] n. m.
newton [njutɔn] n. m.
newtonien, ienne [njutɔnjɛ̃] adj. et n.
nez n. m.
ni conj.
niable adj.
niagara n. m.
niais, niaise adj.
niaisement adv.

niaiser v. (conjug. 1)
niaiserie n. f.
niaiseux, euse adj. et n.
niaouli n. m.
niaque n. f.
nib adv. , n. m.
nibar ou **nibard** n. m.
niche n. f.
nichée n. f.
nicher v. (conjug. 1)
nichet n. m.
nicheur adj. m. et n.
nichoir n. m.
nichon n. m.
nichrome® [-k-] n. m.
nickel n. m.
nickelage n. m.
nickelé, ée adj.
nickeler v. tr. (conjug. 4)
nickélifère adj.
nic-nac ou **nicnac** n. m.
PL. inv. ou *nicnacs*
nicodème n. m.
nicol n. m.
nicotinamide n. f.
nicotine n. f.
nicotinique adj.
nicotinisme n. m.
nictation ou **nictitation** n. f.
nictitant, ante adj.
nictitation n. f.
nid n. m.
nidation n. f.
nid-d'abeilles n. m.
PL. *nids-d'abeilles*
nid-de-pie n. m.
PL. *nids-de-pie*
nid-de-poule n. m.
PL. *nids-de-poule*
nider (se) v. pron. (conjug. 1)
nidicole adj.
nidification n. f.
nidifier v. intr. (conjug. 7)
nidifuge adj.
nièce n. f.
niellage n. m.
nielle n. f. ; n. m.
nieller v. tr. (conjug. 1)

nielleur n. m.
niellure n. f.
nième ou **énième** adj. et n.
nier v. tr. (conjug. 7)
nietzschéen, enne adj. et n.
nifé n. m.
nigaud, aude adj. et n.
nigauderie n. f.
nigelle n. f.
night-club n. m.
PL. *night-clubs*
nihilisme n. m.
nihiliste adj. et n.
nihil obstat n. m. inv.
nilgaut ou **nilgau** n. m.
nille n. f.
nilotique adj.
nimbe n. m.
nimber v. tr. (conjug. 1)
nimbostratus n. m.
nimbus n. m.
n'importe pron. indéf.
ninas n. m.
niobium n. m.
niôle n. f.
niolo n. m.
nippe n. f.
nipper v. tr. (conjug. 1)
nippon, one ou **onne** adj. et n.
niqab n. m.
nique n. f.
niquedouille n. et adj.
niquer v. tr. (conjug. 1)
nirvana n. m.
nitescence n. f.
nitouche n. f.
nitratation n. f.
nitrate n. m.
nitrater v. tr. (conjug. 1)
nitration n. f.
nitre n. m.
nitré, ée adj.
nitrer v. tr. (conjug. 1)
nitreux, euse adj.
nitrifiant, ante adj.
nitrification n. f.
nitrifier v. tr. (conjug. 7)

nitrile n. m.
nitrique adj.
nitrite n. m.
nitrobactérie n. f.
nitrobenzène n. m.
nitrocellulose n. f.
nitrogénase n. f.
nitroglycérine n. f.
nitrophile adj.
nitrosation n. f.
nitrotoluène n. m.
nitruration n. f.
nitrure n. m.
nitrurer v. tr. (conjug. **1**)
nival, ale, aux adj.
nivéal, ale, aux adj.
niveau n. m.
nivelage n. m.
niveler v. tr. (conjug. **4**)
nivelette n. f.
niveleur, euse n.
niveleuse n. f.
nivelle n. f.
nivellement ou **nivèlement*** n. m.
nivéole n. f.
nivicole adj.
nivoglaciaire adj.
nivologie n. f.
nivologue n.
nivopluvial, iale, iaux adj.
nivôse n. m.
nixe n. f.
nizeré n. m.
n-linéaire adj.
nô n. m.
nobélisable adj.
nobélisation n. f.
nobélisé, ée adj. et n.
nobéliser v. tr. (conjug. **1**)
nobélium n. m.
nobiliaire n. m. et adj.
noblaillon, onne n.
noble adj. et n.
noblement adv.
noblesse n. f.
nobliau n. m.
noce n. f.
noceur, euse n. et adj.

nocher n. m.
nocicepteur n. m.
nociceptif, ive adj.
nociception n. f.
nocif, ive adj.
nocivité n. f.
noctambule n. et adj.
noctambulisme n. m.
noctiluque adj. et n.
noctuelle n. f.
noctule n. f.
nocturne adj. ; n. m. ; n. f.
nocuité n. f.
nodal, ale, aux adj.
nodosité n. f.
nodulaire adj.
nodule n. m.
noduleux, euse adj.
noël n. m.
Noël n. f.
noématique adj.
noème n. m.
noèse n. f.
noétique n. f. et adj.
nœud n. m.
noir, noire adj. et n.
noirâtre adj.
noiraud, aude adj. et n.
noirceur n. f.
noircir v. (conjug. **2**)
noircissement n. m.
noircisseur n. m.
noircissure n. f.
noire n. f.
noise n. f.
noiseraie n. f.
noisetier n. m.
noisette n. f.
noix n. f.
nolens volens [nɔlɛ̃svɔlɛ̃s] adv.
noli me tangere [nɔlimetɑ̃ʒeʀe] n. m. inv.
nolis n. m.
nolisement n. m.
noliser v. tr. (conjug. **1**)
nom n. m.
nomade adj. et n.
nomadiser v. intr. (conjug. **1**)

nomadisme n. m.
no man's land [nomanslɑ̃d] n. m. inv.
nombrable adj.
nombre n. m.
nombrer v. tr. (conjug. **1**)
nombreux, euse adj.
nombril [nɔ̃bʀi(l)] n. m.
nombrilisme n. m.
nombriliste adj. et n.
nome n. m.
nomenclateur, trice n.
nomenclature n. f.
nomenklatura [nɔmɛnklatuʀa] n. f.
nomenklaturiste n.
nominal, ale, aux adj. et n. m.
nominalement adv.
nominalisation n. f.
nominaliser v. tr. (conjug. **1**)
nominalisme n. m.
nominaliste adj.
¹nominatif, ive adj.
²nominatif n. m.
nomination n. f.
nominativement adv.
nominé, ée adj. (rec. off. : sélectionné, ée)
nommable adj.
nommage n. m.
nommé, ée adj.
nommément adv.
nommer v. tr. (conjug. **1**)
nomogramme n. m.
nomographe n. m.
nomographie n. f.
nomologie n. f.
nomologique adj.
nomophobe adj. et n.
nomophobie n. f.
nomothète n. m.
¹non adv. de négation
²non- inv. dans les composés à trait de union
non-activité n. f.
nonagénaire adj. et n.
nonagésime adj. et n. m.
non-agression n. f.

non-aligné, ée adj.
non-alignement n. m.
nonantaine n. f.
nonante adj. numér. inv.
nonantième adj. numér. ord. et n.
non-appartenance n. f.
non-assistance n. f.
non-belligérance n. f.
non-belligérant, ante adj. et n.
nonce n. m.
nonchalamment adv.
nonchalance n. f.
nonchalant, ante adj.
nonchaloir n. m.
nonciature n. f.
non-combattant, ante adj.
non-comparant, ante adj. et n.
non-comparution n. f.
non-conciliation n. f.
non-concurrence n. f.
non-conformisme n. m.
non-conformiste n. et adj.
non-conformité n. f.
non-contradiction n. f.
non-croyant, ante n. et adj.
non-cumul n. m.
non-directif, ive adj.
non-directivité n. f.
non-discrimination n. f.
non-dit n. m.
non-droit n. m.
none n. f.
non-engagé, ée adj. et n.
non-engagement n. m.
non-être n. m.
non-euclidien, ienne adj.
non-évènement ou **non-événement** n. m.
non-exécution n. f.
non-existence n. f.
non-figuratif, ive adj.
non-fumeur, euse n.
non-gage n. m.
nonidi n. m.
non-imposition n. f.

non-ingérence n. f.
non-initié, iée n.
non-inscrit, ite n. et adj.
non-intervention n. f.
non-interventionniste adj. et n.
PL. *non-interventionnistes*
noniste n.
non-jouissance n. f.
non-lieu n. m.
non-linéaire adj.
non-métaux n. m. pl.
non-moi n. m.
nonne n. f.
nonnette n. f.
nono, ote adj. et n.
nonobstant prép. et adv.
nonos n. m.
non-paiement n. m.
nonpareil, eille adj. et n.
non-prolifération n. f.
non-recevoir n. m. inv.
non-résident, ente n.
non-respect n. m. inv.
non-retour n. m.
non-rétroactivité n. f.
non-satisfaction n. f.
non-sens n. m. et adj.
non-soi n. m.
non-spécialiste n.
non-stop adj. et n. inv.
non-tissé n. m.
non-usage n. m.
non-valeur n. f.
non-viable adj.
non-violence n. f.
non-violent, ente adj. et n.
non-voyant, ante n.
noologique adj.
nopal n. m.
noradrénaline n. f.
noradrénergique adj.
nord n. m. inv. et adj. inv.
nord-africain, aine adj. et n.
PL. *nord-africains, aines*
nord-américain, aine adj. et n.
PL. *nord-américains, aines*

nord-est n. m. et adj.
nordestin, ine adj. et n.
nordet n. m.
nordicité n. f.
nordique adj. et n.
nordir v. intr. (conjug. 2)
nordiste n.
nord-ouest n. m. et adj.
noria n. f.
normal, ale, aux adj. et n. f.
normalement adv.
normalien, ienne n.
normalisation n. f.
normaliser v. tr. (conjug. 1)
normalité n. f.
normand, ande n. et adj.
normatif, ive adj.
norme n. f.
normé, ée adj.
normer v. tr. (conjug. 1)
normographe n. m.
norois, oise n. f.
noroît ou **noroit*** n. m.
norrois, oise ou **norois, oise** n. m. et adj.
norvégien, ienne adj. et n.
nos adj. poss.
nosocomial, iale, iaux adj.
nosographie n. f.
nosologie n. f.
nosophobe n.
nosophobie n. f.
nostalgie n. f.
nostalgique adj.
nostoc n. m.
nota bene loc. et n. m. inv.
notabilité n. f.
notable adj. et n. m.
notablement adv.
notaire n.
notairesse n. f.
notamment adv.
notarial, iale, iaux adj.
notariat n. m.
notarié, iée adj.
notation n. f.
note n. f.

notebook [-buk] n. m.
noter v. tr. (conjug. 1)
notice n. f.
notificatif, ive adj.
notification n. f.
notifier v. tr. (conjug. 7)
notion n. f.
notionnel, elle adj.
notocorde n. m.
notoire adj.
notoirement adv.
notonecte n. m. ou f.
notoriété n. f.
notre adj. poss.
nôtre adj. poss. ; pron. poss. et n.
Notre-Dame n. f.
notule n. f.
nouage n. m.
nouaison n. f.
nouba n. f.
noue n. f.
noué, nouée adj.
nouement n. m.
nouer v. (conjug. 1)
nouette n. f.
noueur n. m.
noueux, noueuse adj.
nougat n. m.
nougatine n. f.
nouille n. f.
nouillerie n. f.
noulet n. m.
nouménal, ale, aux adj.
noumène n. m.
nounou n. f.
nounours n. m.
nourrain n. m.
nourri, ie adj.
nourrice n. f.
nourricerie n. f.
nourricier, ière n. et adj.
nourrir v. tr. (conjug. 2)
nourrissage n. m.
nourrissant, ante adj.
nourrisseur n. m.
nourrisson n. m.
nourriture n. f.
nous pron. pers.
nous-même(s) pron. pers.

nouure n. f.
nouveau ou **nouvel, nouvelle** adj. et n.
nouveau-né, nouveau-née adj. et n.
 PL. *nouveau-nés, nouveau-nées*
nouveauté n. f.
nouvelle n. f.
nouvellement adv.
nouvelliste n.
nova n. f.
 PL. *novæ* ou *novas*
novateur, trice n.
novation n. f.
novatoire adj.
novelette n. f.
novélisation ou **novellisation** n. f.
novéliser ou **novelliser** v. tr. (conjug. 1)
novembre n. m.
nover v. tr. (conjug. 1)
novice n. et adj.
noviciat n. m.
novillada n. f.
novilléro ou **novillero** [nɔvijeʁo] n. m.
novillo n. m.
novlangue n. f.
novo (de) loc. adv.
novocaïne n. f.
novotique n. f.
noyade n. f.
noyau n. m.
noyautage n. m.
noyauter v. tr. (conjug. 1)
noyé, ée adj. et n.
¹noyer n. m.
²noyer v. tr. (conjug. 8)
N. P. I. n. m. pl. (nouveaux pays industrialisés)
NTSC n. m. (National Television System Committee)
¹nu, nue adj. et n. m.
²nu n. m.
 PL. inv. ou *nus** (lettre)
nuage n. m.
nuageux, euse adj.
nuagisme n. m.
nuance n. f.

nuancé, ée adj.
nuancer v. tr. (conjug. 3)
nuancier n. m.
nubile adj.
nubilité n. f.
nubuck n. m.
nucal, ale, aux adj.
nucelle n. f.
nuciculteur, trice n.
nuciculture n. f.
nucléaire adj.
nucléarisation n. f.
nucléariser v. tr. (conjug. 1)
nucléariste adj. et n.
nucléase n. f.
nucléé, ée adj.
nucléide n. m.
nucléique adj.
nucléocapside n. f.
nucléocrate n.
nucléole n. m.
nucléolyse n. f.
nucléon n. m.
nucléonique adj. et n. f.
nucléophile n. m. et adj.
nucléoprotéine n. f.
nucléoside n. m.
nucléosome n. m.
nucléosynthèse n. f.
nucléotide n. m.
nucléus [nykleys] n. m. inv.
nuclide n. m.
nudisme n. m.
nudiste adj. et n.
nudité n. f.
nue n. f.
nuée n. f.
nuement adv.
nue-propriété n. f.
 PL. *nues-propriétés*
nugget n. m.
nuire v. tr. ind. (conjug. 38)
nuisance n. f.
nuisette n. f.
nuisible adj.
nuit n. f.
nuitamment adv.
nuitard, arde n.
nuitée n. f.
nuiteux, euse n.

nul, nulle adj. et pron.
nullard, arde adj.
nullement adv.
nullipare adj. et n. f.
nullité n. f.
nûment ou **nuement** ou **nument*** adv.
numéraire adj. et n. m.
numéral, ale, aux adj.
numérateur n. m.
numération n. f.
numéricien, ienne n.
numérique adj. (rec. off. pour digital)
numériquement adv.
numérisation n. f.
numériser v. tr. (conjug. 1) (rec. off. pour digitaliser)
numériseur n. m. (rec. off. pour scanner)
numéro n. m.
numérologie n. f.
numérologue n.
numérotage n. m.
numérotation n. f.
numéroter v. tr. (conjug. 1)
numéroteur n. m.
numerus clausus ou **numérus clausus*** [nymeʀysklozys] n. m.
numide adj. et n.
numismate n.
numismatique adj. et n. f.
nummulaire n. f. et adj.
nummulite n. f.
nummulitique adj. et
nunatak n. m.
nunchaku [nunʃaku] n. m.
nuncupatif adj. m.
nuncupation n. f.
nunuche adj. et n. f.
nuoc-mam ou **nuoc-mâm** ou **nuocmam*** n. m.
nu-pied n. m.
PL. *nu-pieds*
nu-pieds adj. inv.

nu-propriétaire, nue-propriétaire n.
PL. *nus-propriétaires, nues-propriétaires*
nuptial, iale, iaux adj.
nuptialité n. f.
nuque n. f.
nuraghe ou **nuraghé*** n. m.
PL. *nuraghi* ou *nuraghés**
nursage n. m.
nurse n. f.
nursery ou **nurserie** n. f.
PL. *nurserys* ou *nurseries*
nursing n. m.
nutation n. f.
nu-tête adj. inv.
nutriment n. m.
nutrithérapeute n.
nutrithérapie n. f.
nutritif, ive adj.
nutrition n. f.
nutritionnel, elle adj.
nutritionnellement adv.
nutritionniste n.
nyctalope adj. et n.
nyctalopie n. f.
nycthéméral, ale, aux adj.
nycthémère n. m.
nycturie n. f.
nylon® n. m.
nymphal, ale, aux adj.
nymphe n. f.
nymphéa n. m.
nymphéacées n. f. pl.
nymphée n. m. ou f.
nymphette n. f.
nympho n. f. et adj. f.
nymphomane n. f. et adj. f.
nymphomanie n. f.
nymphose n. f.
nystagmus n. m.

O

o n. m. inv. ; abrév. et symb.
O n. m. inv. ; abrév. et symb.
ô interj.
oaristys n. f.
oasien, ienne adj. et n.
oasis n. f. ou m.
obédience n. f.
obédiencier n. m.
obédientiel, ielle adj.
obéir v. tr. ind. (conjug. 2)
obéissance n. f.
obéissant, ante adj.
obel ou **obèle** n. m.
obélisque n. m.
obérer v. tr. (conjug. 6)
obèse adj. et n.
obésité n. f.
obi n. f.
obier n. m.
obit [ɔbit] n. m.
obituaire adj. et n. m.
objectal, ale, aux adj.
objecter v. tr. (conjug. 1)
objecteur n. m.
¹**objectif, ive** adj.
²**objectif** n. m.
objection n. f.
objectivant, ante adj.
objectivation n. f.
objectivement adv.
objectiver v. tr. (conjug. 1)
objectivisme n. m.
objectiviste n.
objectivité n. f.
objet n. m.
objurgation n. f.
oblat, ate n.
oblatif, ive adj.
oblation n. f.
oblativité n. f.
obligataire n. et adj.
obligation n. f.

obligatoire adj.
obligatoirement adv.
obligé, ée adj.
obligeamment adv.
obligeance n. f.
obligeant, ante adj.
obliger v. tr. (conjug. 3)
oblique adj.
obliquement adv.
obliquer v. intr. (conjug. 1)
obliquité n. f.
oblitérateur, trice adj. et n. m.
oblitération n. f.
oblitérer v. tr. (conjug. 6)
oblong, ongue adj.
obnubilation n. f.
obnubiler v. tr. (conjug. 1)
obole n. f.
obombrer v. tr. (conjug. 1)
obscène adj.
obscènement adv.
obscénité n. f.
obscur, ure adj.
obscurantisme n. m.
obscurantiste adj. et n.
obscurcir v. tr. (conjug. 2)
obscurcissement n. m.
obscurément adv.
obscurité n. f.
obsécration n. f.
obsédant, ante adj.
obsédé, ée n.
obséder v. tr. (conjug. 6)
obsèques n. f. pl.
obséquieusement adv.
obséquieux, ieuse adj.
obséquiosité n. f.
observable adj.
observance n. f.
observateur, trice n.
observation n. f.
observationnel, elle adj.
observatoire n. m.
observer v. tr. (conjug. 1)
obsessif, ive adj.
obsession n. f.
obsessionnel, elle adj.
obsidienne n. f.
obsidional, ale, aux adj.

obsolescence n. f.
obsolescent, ente adj.
obsolète adj.
obstacle n. m.
obstétrical, ale, aux adj.
obstétricien, ienne n.
obstétrique n. f.
obstination n. f.
obstiné, ée adj.
obstinément adv.
obstiner (s') v. pron.
obstructif, ive adj.
obstruction n. f.
obstructionnisme n. m.
obstructionniste n. et adj.
obstrué, ée adj.
obstruer v. tr. (conjug. 1)
obtempérer v. tr. ind. (conjug. 6)
obtenir v. tr. (conjug. 22)
obtention n. f.
obturateur, trice adj. et n. m.
obturation n. f.
obturer v. tr. (conjug. 1)
obtus, use adj.
obtusangle adj.
obus n. m.
obusier n. m.
obvenir v. intr. (conjug. 22)
obvie adj.
obvier v. tr. ind. (conjug. 7)
oc adv. d'affirmation
ocarina n. m.
occase n. f.
occasion n. f.
occasionnalisme n. m.
occasionnel, elle adj.
occasionnellement adv.
occasionner v. tr. (conjug. 1)
occident n. m.
occidental, ale, aux adj. et n.
occidentalisation n. f.
occidentaliser v. tr. (conjug. 1)
occidentaliste adj.
occipital, ale, aux adj.

occiput [ɔksipyt] n. m.
occire v. tr. (conjug. inusité sauf inf. et p. p. (temps comp.) : *occis, ise*
occitan, ane n. et adj.
occitanisme n. m.
occlure v. tr. (conjug. 35 sauf p. p. *occlus*)
occlusal, ale, aux adj.
occlusif, ive adj.
occlusion n. f.
occultation n. f.
occulte adj.
occulter v. tr. (conjug. 1)
occulteur n. m.
occultisme n. m.
occultiste n. et adj.
occupant, ante adj. et n.
occupation n. f.
occupationnel, elle adj.
occupé, ée adj.
occuper v. tr. (conjug. 1)
occurrence n. f.
occurrent, ente adj.
océan n. m.
océanaute n.
océane adj. f.
océanide n. f.
océanien, ienne adj. et n.
océanique adj.
océanographe n.
océanographie n. f.
océanographique adj.
océanologie n. f.
océanologique adj.
océanologue n.
océanorium ou **océanarium** n. m.
ocelle n. m.
ocellé, ée adj.
ocelot n. m.
océriser v. tr. (conjug. 1)
OCR n. m. (reconnaissance optique de caractères)
ocre n. f. et m.
ocré, ée adj.
ocreux, euse adj.
octaèdre n. m.
octaédrique adj.
octal, ale, aux adj.

octane n. m.
octant n. m.
octave n. f.
octavier v. (conjug. 7)
octavin n. m.
octet n. m. (rec. off. pour byte)
octette n. m.
octidi n. m.
octobre n. m.
octocoralliaire n. m.
octodon n. m.
octogénaire adj. et n.
octogonal, ale, aux adj.
octogone adj. et n. m.
octopode adj. et n. m.
octostyle adj.
octosyllabe adj. et n. m.
octosyllabique adj.
octroi n. m.
octroyer v. tr. (conjug. 8)
octuor n. m.
octuple adj. et n. m.
octupler v. tr. (conjug. 1)
oculaire adj. et n. m.
oculariste n.
oculiste n.
oculométrie n. f.
oculomoteur, trice adj.
oculus n. m.
  PL. inv. ou *oculi* (lat.)
ocytocine n. f.
odalisque n. f.
ode n. f.
odelette n. f.
odéon n. m.
odeur n. f.
odieusement adv.
odieux, ieuse adj.
odomètre n. m.
odométrie n. f.
odonates n. m. pl.
odontalgie n. f.
odontocètes n. m. pl.
odontoïde adj.
odontologie n. f.
odontologiste ou **odontologue** n.
odontomètre n. m.
odontostomatologie n. f.
odonyme n. m.
odorant, ante adj.
odorat n. m.
odorer v. intr. (conjug. 1)
odoriférant, ante adj.
odorisation n. f.
odoriser v. tr. (conjug. 1)
odyssée n. f.
œcuménicité n. f.
œcuménique adj.
œcuménisme n. m.
œdémateux, euse adj.
œdème n. m.
œdicnème n. m.
œdipe n. m.
œdipien, ienne adj.
œil n. m.
  PL. **yeux**
œil-de-bœuf n. m.
  PL. *œils-de-bœuf*
œil-de-chat n. m.
  PL. *œils-de-chat*
œil-de-faisan n. m.
  PL. *œils-de-faisan*
œil-de-paon n. m.
  PL. *œils-de-paon*
œil-de-perdrix n. m.
  PL. *œils-de-perdrix*
œil-de-pie n. m.
  PL. *œils-de-pie*
œillade n. f.
œillard n. m.
œillère n. f.
œillet n. m.
œilleton n. m.
œilletonnage n. m.
œilletonner v. tr. (conjug. 1)
œillette n. f.
œkoumène n. m.
œnanthe [e-] n. f.
œnanthique [e-] adj.
œnochoé [enɔkɔe] n. f.
œnolique [e-] adj.
œnolisme [e-] n. m.
œnologie [e-] n. f.
œnologique [e-] adj.
œnologue [e-] n.
œnométrie [e-] n. f.
œnométrique [e-] adj.
œnothère [e-] n. f.
œrsted [œrstɛd] n. m.
œrstite [œrstit] n. f.
œsophage [e-] n. m.
œsophagien, ienne [e-] adj.
œsophagite [e-] n. f.
œsophagoscope [e-] n. m.
œsophagoscopie [e-] n. f.
œstradiol ou **estradiol** [ɛs-] n. m.
œstral, ale, aux [ɛs-] adj.
œstre [ɛs-] n. m.
œstrogène ou **estrogène** [øs- ; ɛs-] adj. et n.
œstrogénique ou **estrogénique** [øs- ; ɛs-] adj.
œstrone ou **estrone** [ɛs-] n. m.
œstrus n. m.
œuf n. m.
  PL. **œufs**
œufrier n. m.
œuvé, ée adj.
œuvre n. f. et m.
œuvrer v. intr. (conjug. 1)
œuvrette n. f.
off adj. inv. et adv.
offensant, ante adj.
offense n. f.
offensé, ée adj. et n.
offenser v. tr. (conjug. 1)
offenseur n. m.
offensif, ive adj.
offensive n. f.
offensivement adv.
offert, erte adj.
offertoire n. m.
office n.
officialisation n. f.
officialiser v. tr. (conjug. 1)
officialité n. f.
officiant, iante n. m. et f.
officiel, ielle adj. et n.
officiellement adv.
'officier, ière n.

²**officier** v. intr. (conjug. 7)
officieusement adv.
officieux, ieuse adj.
officinal, ale, aux adj.
officine n. f.
offrande n. f.
offrant n. m.
offre n. f.
offreur, euse n.
offrir v. tr. (conjug. 18)
offset n. m.
offshore adj. et n. m. (rec. off. : en mer)
offusquer v. tr. (conjug. 1)
oflag n. m.
oghamique ou **ogamique*** adj.
ogival, ale, aux adj.
ogive n. f.
OGM n. m. (organisme génétiquement modifié)
ognette n. f.
ognon* n. m.
ognonière* n. f.
ogre, ogresse n.
oh interj.
ohé interj.
ohm n. m.
ohmique adj.
ohmmètre n. m.
ohnisme n. m.
O. H. Q. n. (ouvrier hautement qualifié)
oïdium n. m.
oie n. f.
oignon ou **ognon*** n. m.
oignonière ou **ognonière*** n. f.
oïl adv. d'affirmation
oindre v. tr. (conjug. 49)
oing n. m.
¹**oint, ointe** adj. et n. m.
²**oint** ou **oing** n. m.
oiseau n. m.
oiseau-lyre n. m.
PL. oiseaux-lyres
oiseau-mouche n. m.
PL. oiseaux-mouches
oiseau-trompette n. m.
PL. oiseaux-trompettes

oiseler v. (conjug. 4)
oiselet n. m.
oiseleur n. m.
oiselier, ière n.
oiselle n. f.
oisellerie n. f.
oiseux, euse adj.
oisif, ive adj. et n.
oisillon n. m.
oisivement adv.
oisiveté n. f.
oison n. m.
O. K. adv. et adj. inv.
okapi n. m.
okay adv. et adj. inv.
okimono n. m.
okoumé n. m.
ola n. f.
olé ou **ollé** interj.
oléacées n. f. pl.
oléagineux, euse adj. et n. m.
oléate n. m.
olécrane n. m.
olécranien, ienne adj.
oléfiant, iante adj.
oléfine n. f.
oléiculteur, trice n.
oléiculture n. f.
oléifère adj.
oléiforme adj.
oléine n. f.
oléique adj.
oléoduc n. m.
oléohydraulique adj.
oléomètre n. m.
oléophobique adj.
oléopneumatique adj.
oléoprotéagineux, euse adj.
oléorésine n. f.
oléum n. m.
olfactif, ive adj.
olfaction n. f.
olibrius n. m.
olifant ou **oliphant** n. m.
oligarchie n. f.
oligarchique adj.
oligarque n.
oligiste adj. et n. m.

oligocène n. m.
oligochètes n. m. pl.
oligoélément n. m.
oligomère n. m.
oligomérique adj.
oligopeptide n. m.
oligophrénie n. f.
oligopole n. m.
oligopolistique adj.
oligosaccharide [-k-] n. m.
oligospermie n. f.
oligurie n. f.
oliphant n. m.
olivaie n. f.
olivaison n. f.
olivâtre adj.
olive n. f.
oliveraie n. f.
olivétain n. m.
olivette n. f.
olivier n. m.
olivine n. f.
ollaire adj.
olla-podrida ou **ollapodrida*** [ɔja- ; ɔ(l)la-] n. f.
PL. olla-podridas ou ollapodridas*
ollé interj.
olographe ou **holographe** adj.
olympiade n. f.
olympien, ienne adj. et n.
olympique adj.
olympisme n. m.
ombelle n. f.
ombellé, ée adj.
ombellifère adj. et n. f.
ombelliforme adj.
ombellule n. f.
ombilic n. m.
ombilical, ale, aux adj.
ombiliqué, ée adj.
omble n. m.
ombrage n. m.
ombragé, ée adj.
ombrager v. tr. (conjug. 3)
ombrageux, euse adj.
ombre n. f. ; n. m.

ombrelle

ombrelle n. f.
ombrer v. tr. (conjug. 1)
ombrette n. f.
ombreux, euse adj.
ombrien, ienne adj. et n.
ombrine n. f.
ombudsman
 [ɔmbydsman] n. m.
 PL. *ombudsmans* ou
 ombudsmen
oméga n. m.
 PL. inv. ou *omégas**
omelette n. f.
omerta n. f.
omettre v. tr. (conjug. 56)
omicron n. m.
 PL. inv. ou *omicrons**
omis, ise adj. et n. m.
omission n. f.
ommatidie n. f.
omnibus n. m. et adj.
omnidirectionnel, elle adj.
omnipotence n. f.
omnipotent, ente adj.
omnipraticien, ienne n.
omniprésence n. f.
omniprésent, ente adj.
omniscience n. f.
omniscient, iente adj.
omnisports adj.
omnium n. m.
omnivore adj.
omoplate n. f.
on pron. indéf.
onagre n. m.
onanisme n. m.
onc ou oncques ou onques adv.
once n. f.
onchocercose [-k-] n. f.
oncial, iale, iaux adj. et n. f.
oncle n. m.
oncogène adj.
oncogénétique n. f.
oncologie n. f.
oncologue n. m.
oncoprotéine n. f.
oncotique adj.

oncques adv.
onction n. f.
onctueusement adv.
onctueux, euse adj.
onctuosité n. f.
ondatra n. m.
onde n. f.
ondé, ée adj.
ondée n. f.
ondemètre n. m.
ondin, ine n.
ondinisme n. m.
on-dit n. m. inv.
ondoiement n. m.
ondoyant, ante adj.
ondoyer v. (conjug. 8)
ondulant, ante adj.
ondulation n. f.
ondulatoire adj.
ondulé, ée adj.
onduler v. (conjug. 1)
onduleur n. m.
onduleux, euse adj.
one man show
 [wanmanʃo] loc. subst. m.
 (rec. off. : spectacle solo)
onéreusement adv.
onéreux, euse adj.
one-step [wanstɛp] n. m.
 PL. *one-steps*
one woman show n. m.
 PL. *one woman shows*
O. N. G. n. f. inv.
 (organisation non gouvernementale)
ongle n. m.
onglé, ée adj.
onglée n. f.
onglet n. m.
onglette n. f.
onglier n. m.
onglon n. m.
onguent n. m.
onguiculé, ée adj.
onguiforme adj.
ongulé, ée adj. et n. m.
onguligrade adj.
onirique adj.
onirisme n. m.
onirologie n. f.

onirologue n. m.
oniromancie n. f.
oniromancien, ienne n.
onlay [ɔnlɛ] n. m.
 PL. *onlays*
onomasiologie n. f.
onomasiologique adj.
onomastique n. f. et adj.
onomatopée n. f.
onomatopéique adj.
onques adv.
onshore adj. inv.
ontogenèse n. f.
ontogénétique adj.
ontogénie n. f.
ontogénique adj.
ontologie n. f.
ontologique adj.
ontologiquement adv.
ontothéologie n. f.
onusien, ienne adj.
onychologie [-k-] n. f.
onychomycose n. f.
onychophage n.
onychophagie n. f.
onyx n. m.
onyxis n. m.
onzain n. m.
onze adj. numér. inv. et n. inv.
onzième adj. et n.
onzièmement adv.
oocyte n. m.
oogenèse n. f.
oogone n. f.
oolithe ou oolite n. f. ou m.
oolithique adj.
oosphère n. f.
oospore n. f.
oothèque n. f.
O. P. A. n. f. inv. (offre publique d'achat)
opacifiant, iante adj.
opacification n. f.
opacifier v. tr. (conjug. 7)
opacimètre n. m.
opacimétrie n. f.
opacité n. f.
opale n. f.

opalescence n. f.
opalescent, ente adj.
opalin, ine adj.
opaline n. f.
opalisation n. f.
opaliser v. tr. (conjug. 1)
opaque adj.
ope n. f. ou m.
O. P. E. n. f. inv. (offre publique d'échange)
opéable adj.
open adj. inv. et n. m. inv.
opéra n. m.
opérable adj.
opéra-comique n. m.
PL. opéras-comiques
opérande n. f.
opérant, ante adj.
opérateur, trice n.
opération n. f.
opérationnalité n. f.
opérationnel, elle adj.
opératique adj.
opératoire adj.
operculaire adj. et n. f.
opercule n. m.
operculé, ée adj.
opéré, ée adj. et n.
opérer v. tr. (conjug. 6)
opérette n. f.
opéron n. m.
ophicléide n. m.
ophidien, ienne adj. et n. m.
ophioglosse n. m.
ophiolâtrie n. f.
ophite n. m.
ophiure n. f.
ophrys n. m. ou f.
ophtalmique adj.
ophtalmologie n. f.
ophtalmologique adj.
ophtalmologiste n.
ophtalmologue n.
ophtalmomètre n. m.
ophtalmoscope n. m.
ophtalmoscopie n. f.
opiacé, ée adj. et n.
opimes adj. f. pl.
opinel® n. m.

opiner v. intr. (conjug. 1)
opiniâtre adj.
opiniâtrement adv.
opiniâtrer (s') v. pron. (conjug. 1)
opiniâtreté n. f.
opinion n. f.
opioïde adj.
opiomane n.
opiomanie n. f.
opisthobranches n. m. pl.
opisthodome n. m.
opisthographe adj.
opium n. m.
opodeldoch n. m.
oponce n. m.
opopanax n. m.
opossum n. m.
opothérapie n. f.
oppidum n. m.
opportun, une adj.
opportunément adv.
opportunisme n. m.
opportuniste n. et adj.
opportunité n. f.
opposabilité n. f.
opposable adj.
opposant, ante adj. et n.
opposé, ée adj. et n. m.
opposer v. tr. (conjug. 1)
opposite n. m.
opposition n. f.
oppositionnel, elle n. et adj.
oppressant, ante adj.
oppressé, ée adj.
oppresser v. tr. (conjug. 1)
oppresseur n. m. et adj. m.
oppressif, ive adj.
oppression n. f.
opprimant, ante adj.
opprimé, ée adj. et n.
opprimer v. tr. (conjug. 1)
opprobre n. m.
O. P. R. n. f. (offre publique de retrait)
opsine n. f.
opsonine n. f.
opsonique adj.
opsonisation n. f.
optatif, ive adj.

opter v. intr. (conjug. 1)
opticien, ienne n.
optimal, ale, aux adj.
optimalisation n. f.
optimaliser v. tr. (conjug. 1)
optimisation n. f.
optimiser v. tr. (conjug. 1)
optimisme n. m.
optimiste adj. et n.
optimum n. m.
PL. optima ou optimums
option n. f.
optionnel, elle adj.
optique adj. et n. f.
optiquement adv.
optocoupleur n. m.
optoélectronique n. f. et adj.
optomètre n. m.
optométrie n. f.
optométriste n.
optronique n. f. et adj.
opulence n. f.
opulent, ente adj.
opuntia [ɔpɔ̃sja] n. m.
opus [ɔpys] n. m.
opuscule n. m.
opus incertum [ɔpysɛ̃sɛrtɔm] n. m. inv.
O. P. V. n. f. (offre publique de vente)
O. Q. n. (ouvrier qualifié)
or adv. et conj. ; n. m.
oracle n. m.
orage n. m.
orageux, euse adj.
oraison n. f.
oral, ale, aux adj.
oralement adv.
oraliser v. tr. (conjug. 1)
oraliste adj. et n.
oralité n. f.
orange n. f.
orangé, ée adj. et n. m.
orangeade n. f.
oranger n. m.
orangeraie n. f.
orangerie n. f.
orangette n. f.

orangiste

orangiste n. m.
orang-outan ou orang-outang n. m.
PL. *orangs-outan(g)s*
orant, ante n.
orateur, trice n.
oratoire adj. ; n. m.
oratorien n. m.
oratorio n. m.
orbe n. m.
orbicole adj.
orbiculaire adj.
orbitaire adj.
orbital, ale, aux adj. et n. f.
orbite n. f.
orbitèle n. f.
orbiter v. intr. (conjug. 1)
orbiteur n. m.
orcanète ou orcanette n. f.
orchestique adj.
orchestral, ale, aux adj.
orchestrateur, trice n.
orchestration n. f.
orchestre n. m.
orchestrer v. tr. (conjug. 1)
orchidée n. f.
orchis n. m.
orchite n. f.
ordalie n. f.
ordalique adj.
ordinaire adj. et n. m.
ordinairement adv.
¹ordinal, ale, aux adj. et n. m.
²ordinal, aux n. m. (livre de prières)
ordinand n. m.
ordinant n. m.
ordinariat n. m.
¹ordinateur, trice adj. et n. m. (religieux)
²ordinateur, aux n. m.
ordination n. f.
ordinogramme n. m.
ordo n. m.
PL. inv. ou *ordos*
ordonnance n. f.
ordonnancement n. m.
ordonnancer v. tr. (conjug. 3)
ordonnancier n. m.
ordonnateur, trice n.
ordonné, ée adj.
ordonnée n. f.
ordonner v. tr. (conjug. 1)
ordre n. m.
ordure n. f.
ordurier, ière adj.
oréade n. f.
orée n. f.
oreillard, arde adj. et n. m.
oreille n. f.
oreiller n. m.
oreillette n. f.
oreillon n. m.
orémus n. m.
ores adv. et conj.
orfèvre n. m.
orfévré, ée adj.
orfèvrerie n. f.
orfraie n. f.
orfroi n. m.
organdi n. m.
organe n. m.
organeau n. m.
organelle n. f.
organicien, ienne adj. et n.
organicisme n. m.
organigramme n. m.
organique adj.
organiquement adv.
organisable adj.
organisateur, trice n.
organisation n. f.
organisationnel, elle adj.
organisé, ée adj.
organiser v. tr. (conjug. 1)
organiseur n. m. (rec. off. : agenda électronique)
organisme n. m.
organiste n.
organite n. m.
organochloré, ée [-k-] adj. et n. m.
organogenèse n. f.
organoleptique adj.

organologie n. f.
organomagnésien n. m.
organométallique adj.
organophosphoré, ée adj. et n. m.
organothérapie n. f.
organsin n. m.
organsinage n. m.
organsiner v. tr. (conjug. 1)
organza n. m.
orgasme n. m.
orgasmique adj.
orgastique adj.
orge n. f. et m.
orgeat n. m.
orgelet n. m.
orgiaque adj.
orgie n. f.
orgue n. m.
orgueil n. m.
orgueilleusement adv.
orgueilleux, euse adj.
oribus n. m.
orichalque n. m.
oriel n. m. (rec. off. pour bay-window)
orient n. m.
orientable adj.
oriental, ale, aux adj. et n.
orientalisant, ante adj.
orientaliser v. (conjug. 1)
orientalisme n. m.
orientaliste n. et adj.
orientation n. f.
orienté, ée adj.
orientement n. m.
orienter v. tr. (conjug. 1)
orienteur, euse n.
orifice n. m.
oriflamme n. f.
origami n. m.
origan n. m.
originaire adj.
originairement adv.
¹original, ale, aux adj.
²original, aux n. m.
originalement adv.
originalité n. f.
origine n. f.

originel, elle adj.
originellement adv.
originer (s') v. pron. (conjug. 1)
orignal, aux n. m.
orillon n. m.
orin n. m.
oriole n. m.
oripeau n. m.
O. R. L. n. et adj. (oto-rhino-laryngologie)
orle n. m.
orléaniste n. et adj.
orlon® n. m.
ormaie n. f.
orme n. m.
ormeau n. m.
ormet n. m.
ormier n. m.
ormoie n. f.
orne n. m.
ornemaniste n.
ornement n. m.
ornemental, ale, aux adj.
ornementation n. f.
ornementer v. tr. (conjug. 1)
orner v. tr. (conjug. 1)
ornière n. f.
ornithogale n. m.
ornithologie n. f.
ornithologique adj.
ornithologue n.
ornithomancie n. f.
ornithorynque n. m.
ornithose n. f.
orobanche n. f.
orobe n. m.
orogenèse n. f.
orogénie n. f.
orogénique adj.
orographie n. f.
orographique adj.
oronge n. f.
oronyme n. m.
oronymie n. f.
oronymique adj.
oropharynx n. m.
orpailleur, euse n.

orphelin, ine n. et adj.
orphelinat n. m.
orphéon n. m.
orphéoniste n.
orphie n. f.
orphique adj.
orphisme n. m.
orpiment n. m.
orpin n. m.
orque n. f.
orseille n. f.
orteil n. m.
orthèse n. f.
orthocentre n. m.
orthocentrique adj.
orthochromatique [-k-] adj.
orthodontie n. f.
orthodontique adj.
orthodontiste n.
orthodoxe adj. et n.
orthodoxie n. f.
orthodromie n. f.
orthodromique adj.
orthoépie n. f.
orthogenèse n. f.
orthogénie n. f.
orthogénisme n. m.
orthogonal, ale, aux adj.
orthogonalement adv.
orthographe n. m.
orthographie n. f.
orthographier v. tr. (conjug. 7)
orthographique adj.
orthonormal, ale, aux adj.
orthonormé, ée adj.
orthopédie n. f.
orthopédique adj.
orthopédiste n.
orthophonie n. f.
orthophonique adj.
orthophoniste n.
orthophotographie n. f.
orthopnée n. f.
orthoprothésiste n.
orthoptère n. m. et adj.
orthoptie n. f.
orthoptique adj. et n. f.

orthoptiste n.
orthorhombique adj.
orthoscopique adj.
orthose n. f.
orthostatique adj.
orthosympathique adj.
orthotrope adj.
ortie n. f.
ortolan n. m.
orvale n. f.
orvet n. m.
orviétan n. m.
orwellien, ienne adj.
oryctérope n. m.
orylag n. m.
oryx n. m.
os n. m.
O. S. n. (ouvrier spécialisé)
oscabrion n. m.
oscar n. m.
oscarisé, ée adj.
oscariser v. tr. (conjug. 1)
osciètre n. m.
oscillant, ante adj.
oscillateur n. m.
oscillation n. f.
oscillatoire adj.
osciller v. intr. (conjug. 1)
oscillogramme n. m.
oscillographe n. m.
oscillomètre n. m.
oscilloscope n. m.
osculateur, trice adj.
osculation n. f.
oscule n. m.
ose n. m.
osé, ée adj.
oseille n. f.
oser v. tr. (conjug. 1)
oseraie n. f.
oside n. m.
osier n. m.
osiériculteur, trice n.
osiériculture n. f.
osmique adj.
osmium n. m.
osmomètre n. m.
osmonde n. f.
osmose n. f.
osmothèque n. f.

osmotique adj.
osque adj. et n.
ossature n. f.
osséine n. f.
osselet n. m.
ossements n. m. pl.
osseux, euse adj.
ossianique adj.
ossification n. f.
ossifier v. tr. (conjug. 7)
osso buco ou **ossobuco*** n. m.
 PL. inv. ou *ossobucos**
ossu, ue adj.
ossuaire n. m.
ost n. m.
ostéalgie n. f.
ostéichtyens n. m. pl.
ostéite n. f.
ostensible adj.
ostensiblement adv.
ostensoir n. m.
ostentation n. f.
ostentatoire adj.
ostéoblaste n. m.
ostéoclasie n. f.
ostéocyte n. m.
ostéodensitométrie n. f.
ostéogenèse n. f.
ostéogénie n. f.
ostéologie n. f.
ostéologique adj.
ostéomalacie n. f.
ostéomyélite n. f.
ostéonécrose n. f.
ostéopathe n.
ostéopathie n. f.
ostéopathique adj.
ostéophyte n. m.
ostéoplastie n. f.
ostéoporose n. f.
ostéoporotique adj. et n.
ostéosarcome n. m.
ostéosynthèse n. f.
ostéotomie n. f.
ostiak ou **ostyak** n. m.
ostiole n. m.
ostraciser v. tr. (conjug. 1)
ostracisme n. m.
ostréicole adj.

ostréiculteur, trice n.
ostréiculture n. f.
ostréidés n. m. pl.
ostrogoth, gothe ou **ostrogot, gote*** n. et adj.
ostyak n. m.
otage n. m.
otalgie n. f.
otarie n. f.
ôte-agrafe(s) n. m.
 PL. *ôte-agrafes*
ôter v. tr. (conjug. 1)
otique adj.
otite n. f.
otocyon n. m.
otocyste n. m.
otolithe n. f.
otologie n. f.
otorhino ou **oto-rhino** n.
 PL. *otorhinos* ou *oto-rhinos*
otorhinolaryngologie ou **oto-rhino-laryngologie** n. f.
 PL. *otorhinolaryngologies* ou *oto-rhino-laryngologies*
otorhinolaryngologique ou **oto-rhino-laryngologique** adj.
 PL. *otorhinolaryngologiques* ou *oto-rhino-laryngologiques*
otorhinolaryngologiste ou **oto-rhino-laryngologiste** n.
 PL. *otorhinolaryngologistes* ou *oto-rhino-laryngologistes*
otorragie n. f.
otorrhée ou **otorée** n. f.
otoscope n. m.
otoscopie n. f.
ottoman, ane adj. et n.
ou conj. et n. m.
où pron. adv. rel. et interrog.
ouabaïne n. f.
ouache n. f.
ouah interj.
ouaille n. f.
ouais interj.
ouananiche n. f.
ouaouaron n. m.
ouas-ouas n. m. pl.

ouate n. f.
ouaté, ée adj.
ouater v. tr. (conjug. 1)
ouatine n. f.
ouatiner v. tr. (conjug. 1)
oubli n. m.
oubliable adj.
oublie n. f.
oublié, ée n.
oublier v. tr. (conjug. 7)
oubliette n. f.
oublieux, ieuse adj.
ouch interj.
ouche n. f.
oud [ud] n. m.
oudiste n.
oued [wɛd] n. m.
ouest n. m. inv. et adj. inv.
ouest-allemand, ande adj. et n.
 PL. *ouest-allemands, andes*
¹ouf adj. et n.
²ouf interj.
ougrien, ienne adj.
oui adv. d'affirmation
oui-da interj.
ouï-dire n. m. inv.
ouïe n. f.
ouïgour ou **ouïghour** n. m.
ouille interj.
ouiller v. tr. (conjug. 1)
ouillère ou **ouillière** ou **oullière** n. f.
ouin interj.
ouïr v. tr. (conjug. *j'ois, nous oyons ; j'oyais ; j'ouïs ; j'ouïrai ; que j'oie, que nous oyions ; que j'ouïsse ; oyant ouï*; surtout inf. et p. p.)
ouistiti n. m.
oukase ou **ukase** n. m.
ouléma n. m.
oulipien, ienne adj. ; n.
oullière n. f.
ouolof adj. et n.
oups interj.
ouragan n. m.
ouralien, ienne adj.
ouralique n. m.

ouralo-altaïque adj.
PL. *ouralo-altaïques*
ourdir v. tr. (conjug. 2)
ourdissage n. m.
ourdisseur, euse n.
ourdissoir n. m.
ourdou, oue ou **urdu** adj. ; n. m.
ourlé, ée adj.
ourler v. tr. (conjug. 1)
ourlet n. m.
ourlien, ienne adj.
ours n. m.
ourse n. f.
oursin n. m.
oursinade n. f.
oursinier, ière n.
ourson n. m.
ouste ou **oust** interj.
out adv. et adj. inv.
outarde n. f.
outardeau n. m.
outil n. m.
outillage n. m.
outiller v. tr. (conjug. 1)
outilleur, euse n.
outing n. m.
outlaw n. m.
outplacement n. m.
output n. m. (rec. off. : produit de sortie)
outrage n. m.
outragé, ée adj.
outrageant, ante adj.
outrager v. tr. (conjug. 3)
outrageusement adv.
outrance n. f.
outrancier, ière adj.
outrancièrement adv.
outre prép. et adv. ; n. f.
outré, ée adj.
outre-Atlantique loc. adv.
outrecuidance n. f.
outrecuidant, ante adj.
outre-Manche loc. adv.
¹**outremer** n. m.
²**outre-mer** adv.
outrepassé, ée adj.

outrepasser v. tr. (conjug. 1)
outrer v. tr. (conjug. 1)
outre-Rhin loc. adv.
outre-tombe loc. adv.
outrigger ou **outrigueur*** n. m.
outsider n. m.
ouvert, erte adj.
ouvertement adv.
ouverture n. f.
ouvrable adj. m.
ouvrage n. m. ; n. f.
ouvragé, ée adj.
ouvraison n. f.
ouvrant, ante n. m. et adj.
ouvré, ée adj.
ouvreau n. m.
ouvre-boîte ou **ouvre-boite*** n. m.
PL. *ouvre-boîtes* ou *ouvre-boites**
ouvre-bouteille n. m.
PL. *ouvre-bouteilles*
ouvrer v. (conjug. 1)
ouvreur, euse n.
ouvrier, ière n. et adj.
ouvriérisme n. m.
ouvriériste adj. et n.
ouvrir v. (conjug. 18)
ouvroir n. m.
ouzbek adj. et n.
ouzo [uzo] n. m.
ovaire n. m.
ovalbumine n. f.
ovale adj. et n. m.
ovalie n. f.
ovalisation n. f.
ovalisé, ée adj.
ovariectomie n. f.
ovarien, ienne adj.
ovate n. m.
ovation n. f.
ovationner v. tr. (conjug. 1)
ove n. m.
ové, ée adj.
over arm stroke [ɔvɛraʀmstʀok] n. m.
overbooké, ée [ɔvœʀbuke] adj.

overdose [ɔvœʀdoz] n. f. (rec. off. : surdose)
overdrive [ɔvœʀdʀajv] n. m.
ovibos [ɔvibɔs] n. m.
oviducte n. m.
ovin, ine adj.
ovinés n. m. pl.
ovipare adj.
oviparité n. f.
ovipositeur n. m.
ovni n. m. (objet volant non identifié)
ovocyte n. m.
ovogenèse n. f.
ovoïde adj.
ovoproduit n. m.
ovotestis n. m.
ovovivipare adj.
ovoviviparité n. f.
ovulaire adj.
ovulation n. f.
ovulatoire adj.
ovule n. m.
ovuler v. intr. (conjug. 1)
oxacide n. m.
oxalate n. m.
oxalide ou **oxalis** n. f.
oxalique adj.
oxalis n. m.
oxer n. m.
oxford n. m.
oxhydrique adj.
oxime n. f.
oxyacétylénique adj.
oxycarboné, ée adj.
oxychlorure [-k-] n. m.
oxycoupage n. m.
oxycrat n. m.
oxydable adj.
oxydant, ante adj.
oxydase n. f.
oxydation n. f.
oxyde n. m.
oxyder v. tr. (conjug. 1)
oxydimétrie n. f.
oxydoréducteur, trice adj.
oxydoréduction n. f.
oxygénase n. f.

oxygénateur n. m.
oxygénation n. f.
oxygène n. m.
oxygéner v. tr. (conjug. 6)
oxygénothérapie n. f.
oxyhémoglobine n. f.
oxymel n. m.
oxymètre n. m.
oxymore n. m.
oxymoron n. m.
oxysulfure n. m.
oxyton n. m.
oxyure n. m.
oxyurose n. f.
oyat n. m.
oz symb.
ozalid® n. m.
ozène n. m.
ozocérite ou **ozokérite** n. f.
ozone n. m.
ozonisation n. f.
ozoniser v. tr. (conjug. 1)
ozoniseur n. m.
ozonosphère n. f.

P

p n. m. inv. ; abrév. et symb.
P n. m. inv. ; abrév. et symb.
Pa symb. (pascal)
PAC n. f. (politique agricole commune)
pacage n. m.
pacager v. (conjug. 3)
pacane n. f.
pacanier n. m.
pacemaker ou **pacemakeur*** [pɛsmɛkœʀ] n. m.
pacfung [pakfɔ̃] n. m.
pacha n. m.
pachtoun(e) adj. et n.
pachyderme [-ʃi- ; -ki-] adj. et n.

pachydermie [-ʃi- ; -ki-] n. f.
pachydermique [-ʃi- ; -ki-] adj.
pacificateur, trice n. et adj.
pacification n. f.
pacifier v. tr. (conjug. 7)
pacifique adj.
pacifiquement adv.
pacifisme n. m.
pacifiste n. et adj.
pack n. m. (rec. off. : paquet)
package n. m.
packagé, ée adj.
packager ou **packageur** n. m.
packaging n. m. (rec. off. : conditionnement)
pacotille n. f.
pacquage n. m.
pacquer v. tr. (conjug. 1)
pacs n. m. (pacte civil de solidarité)
pacser v. (conjug. 1)
pacson n. m.
pacte n. m.
pactiser v. intr. (conjug. 1)
pactole n. m.
pad n. m.
paddé, ée adj.
padding n. m.
paddock n. m.
paddy n. m.
PL. inv. ou *paddys**
padichah n. m.
padine n. f.
padischah ou **padichah** n. m.
paella ou **paëlla** ou **paélia*** n. f.
paf interj. ; adj.
¹**PAF** n. f. (police aux frontières)
²**PAF** n. m. (paysage audiovisuel français)
pagaie n. f.
pagaille ou **pagaïe** n. f.
pagailleux, euse adj.
paganiser v. tr. (conjug. 1)
paganisme n. m.

pagayer v. intr. (conjug. 8)
pagayeur, euse n.
page n. f. ; n. m.
pageau n. m.
page-écran n. f.
PL. *pages-écrans*
pagel n. m.
pagelle n. f.
¹**pageot** n. m. (poisson)
²**pageot** ou **pajot** n. m. (lit)
pager ou **pageur** [paʒœʀ] n. m.
pagi n. m. pl.
pagination n. f.
paginé, ée adj.
paginer v. tr. (conjug. 1)
pagne n. m.
pagnoter (se) v. pron. (conjug. 1)
pagode n. f.
pagre n. m.
pagure n. m.
pagus n. m.
PL. inv. ou *pagi*
pahlavi n. m.
paidologie n. f.
paie n. f.
paiement ou **payement** n. m.
païen, païenne adj. et n.
paierie n. f.
paillage n. m.
paillard, arde adj. et n.
paillardise n. f.
paillasse n. f. ; n. m.
paillasson n. m.
paillassonnage n. m.
paillassonner v. tr. (conjug. 1)
paille n. f.
¹**paillé, ée** adj.
²**paillé** n. m.
paille-en-cul n. m.
PL. *pailles-en-cul*
paille-en-queue n. m.
PL. *pailles-en-queue*
¹**pailler** n. m.
²**pailler** v. tr. (conjug. 1)
paillet n. m.
pailletage n. m.

palmitate

pailleté, ée adj.
pailleter v. tr. (conjug. 4)
pailleteur n. m.
paillette n. f.
pailleux, euse adj.
paillis n. m.
paillon n. m.
paillote n. f.
pain n. m.
¹pair, paire adj.
²pair n. m.
paire n. f.
pairesse n. f.
pairie n. f.
pairle n. m.
paisible adj.
paisiblement adv.
paissance n. f.
paisseau n. m.
paître ou paitre* v. (conjug. 57 ; défectif ; pas de p. simple, de subj. imp. ni de p. p.)
paix n. f.
pajot n. m.
pak-choï n. m.
pakol n. m.
pal n. m.
pala n. f.
palabre n. f. ou m.
palabrer v. intr. (conjug. 1)
palace n. m.
paladin n. m.
palafitte n. m.
palais n. m.
palan n. m.
palanche n. f.
palançon n. m.
palangre n. f.
palangrotte n. f.
palanquée n. f.
palanquer v. (conjug. 1)
palanquin n. m.
palastre n. m.
palatal, ale, aux adj.
palatalisation n. f.
palataliser v. tr. (conjug. 1)
palatin, ine adj. et n.
palatinat n. m.

palâtre n. m.
pale n. f.
pâle adj.
palé, ée adj.
pale-ale [pelɛl] n. f.
  PL. pale-ales
palée n. f.
palefrenier, ière n.
palefroi n. m.
palémon n. m.
paléoanthropologie n. f.
paléoanthropologiste n.
paléoanthropologue n.
paléobiologie n. f.
paléobotanique n. f.
paléobotaniste n.
paléochrétien, ienne adj.
paléoclimat n. m.
paléoclimatologie n. f.
paléoclimatologue n.
paléoécologie n. f.
paléogène n. m.
paléogéographie n. f.
paléogéographique adj.
paléographe n.
paléographie n. f.
paléographique adj.
paléohistologie n. f.
paléolithique adj. et n. m.
paléomagnétisme n. m.
paléontologie n. f.
paléontologique adj.
paléontologiste n.
paléontologue n.
paléopalynologie n. f.
paléosol n. m.
paléothérium n. m.
paléozoïque adj. et n. m.
paléozoologie n. f.
paleron n. m.
palestre n. f.
palet n. m.
paletot n. m.
palette n. f.
palettisable adj.
palettisation n. f.
palettiser v. tr. (conjug. 1)
palétuvier n. m.
pâleur n. f.
pali, ie n. m. et adj.

pâlichon, onne adj.
palier n. m.
palière adj. f.
palilalie n. f.
palimpseste n. m.
palindrome n. m.
palindromique adj.
palingénésie n. f.
palingénésique adj.
palinodie n. f.
pâlir v. (conjug. 2)
palis n. m.
palissade n. f.
palissader v. tr. (conjug. 1)
palissadique adj.
palissage n. m.
palissandre n. m.
pâlissant, ante adj.
palisser v. tr. (conjug. 1)
palisson n. m.
palissonner v. tr. (conjug. 1)
paliure n. m.
palladien, ienne adj.
palladium n. m.
palle n. f.
palléal, ale, aux adj.
palliatif, ive adj. et n. m.
pallidectomie n. f.
pallidum n. m.
pallier v. tr. (conjug. 7)
pallium n. m.
palmaire adj.
palmarès n. m. (rec. off. pour hit-parade)
palmatifide adj.
palmature n. f.
palme n. f. ; n. m.
palmé, ée adj.
palmer n. m.
palmeraie n. f.
palmette n. f.
palmier n. m.
palmifide adj.
palmilobé, ée adj.
palmiparti, ie adj.
palmipartite adj.
palmipède adj. et n. m.
palmiste n. m.
palmitate n. m.

palmite

palmite n. m.
palmitine n. f.
palmitique adj. m.
palmure n. f.
palombe n. f.
palonnier n. m.
palot n. m.
pâlot, otte adj.
palourde n. f.
palpable adj.
palpation n. f.
palpe n. m.
palpébral, ale, aux adj.
'palper n. m.
²palper v. tr. (conjug. 1)
palper-rouler n. m. inv.
palpeur n. m.
palpitant, ante adj.
palpitation n. f.
palpiter v. intr. (conjug. 1)
palplanche n. f.
palsambleu interj.
paltoquet n. m.
palu n. m.
paluche n. f.
palucher (se) v. pron. (conjug. 1)
palud ou palude n. m.
paludéen, enne adj.
paludier, ière n.
paludine n. f.
paludique adj. et n.
paludisme n. m.
paludologie n. f.
paludologue n.
palus n. m.
palustre adj.
palynologie n. f.
pâmer (se) v. pron. (conjug. 1)
pâmoison n. f.
pampa n. f.
pampéro n. m.
pamphlet n. m.
pamphlétaire n.
pampille n. f.
pamplemousse n. m.
pamplemoussier n. m.
pampre n. m.
pan n. m. ; interj.

panacée n. f.
panachage n. m.
panache n. m.
panaché, ée adj.
panacher v. tr. (conjug. 1)
panachure n. f.
panade n. f.
panafricain, aine adj.
panafricanisme n. m.
panais n. m.
panama n. m.
panaméricain, aine adj.
panaméricanisme n. m.
panarabe adj.
panarabisme n. m.
'panard, arde adj.
²panard n. m.
panaris [panaʀi] n. m.
panasiatique adj.
panasiatisme n. m.
panathénées n. f. pl.
panax n. m.
pan-bagnat n. m.
PL. pans-bagnats
panca ou panka n. m.
pancake n. m.
pancalisme n. m.
pancarte n. f.
pancetta n. f.
panchen-lama n. m.
PL. panchen-lamas
panchro [-k-] adj. inv.
panchromatique [-k-] adj.
panclastite n. f.
pancosmisme n. m.
pancrace n. m.
pancréas [pɑ̃kʀeas] n. m.
pancréatectomie n. f.
pancréatine n. f.
pancréatique adj.
pancréatite n. f.
panda n. m.
pandanus n. m.
pandémie n. f.
pandémique adj.
pandémonium n. m.
pandiculation n. f.
pandit n. m.
pandore n. f. ; n. m.
panégyrique n. m.

panégyriste n.
panel n. m.
panélisé, ée n.
panéliste n.
paner v. tr. (conjug. 1)
panerée n. f.
paneterie ou panèterie n. f.
panetier n. m.
panetière n. f.
paneton n. m.
panettone [panetɔn] n. m.
paneuropéen, enne adj.
panga n. m.
pangermanisme n. m.
pangermaniste adj. et n.
pangolin n. m.
panhellénique adj.
panic n. m.
panicaut n. m.
panicule n. f.
paniculé, ée adj.
panier n. m.
panière n. f.
panier-repas n. m.
PL. paniers-repas
panifiable adj.
panification n. f.
panifier v. tr. (conjug. 7)
panini n. m.
paniquant, ante adj.
paniquard, arde n.
panique adj. et n. f.
paniquer v. (conjug. 1)
panislamique adj.
panislamisme n. m.
panisse n. f.
panka n. m.
panlogisme n. m.
panmixie n. f.
panna cotta ou pannacotta n. f.
panne n. f.
panneau n. m.
panneautage n. m.
panneauter v. intr. (conjug. 1)
pannequet n. m.
panneton n. m.
pannicule n. m.

panonceau n. m.
panophtalmie n. f.
panoplie n. f.
panoptique adj.
panorama n. m.
panoramique adj. et n. m.
panoramiquer v. intr. (conjug. 1)
panorpe n. f.
panosse n. f.
panosser v. tr. (conjug. 1)
panouille n. f.
panpan interj.
panpsychisme n. m.
pansage n. m.
panse n. f.
pansement n. m.
panser v. tr. (conjug. 1)
panseur, euse n.
panslavisme n. m.
panspermie n. f.
pansu, ue adj.
pantacourt n. m.
pantagruélique adj.
pantalon n. m.
pantalonnade n. f.
pantalonnier, ière adj.
pante n. m.
pantelant, ante adj.
panteler v. intr. (conjug. 4)
pantenne ou **pantène** n. f.
panthéisme n. m.
panthéiste adj. et n.
panthéon n. m.
panthère n. f.
pantière n. f.
pantin n. m.
pantographe n. m.
pantoire n. f.
pantois, oise adj.
pantomètre n. m.
pantomime n. m. et f.
pantothénique adj.
pantouflage n. m.
pantouflard, arde adj.
pantoufle n. f.
pantoufler v. intr. (conjug. 1)
pantouflier, ière n.

pantoum n. m.
pantoute adv.
panty n. m.
PL. *pantys* ou *panties*
panure n. f.
panurgisme n. m.
panzer n. m.
P. A. O. n. f. (publication assistée par ordinateur)
paon, paonne n.
paon-de-jour n. m.
PL. *paons-de-jour*
paon-de-nuit n. m.
PL. *paons-de-nuit*
paonneau n. m.
P. A. P. n. m. (prêt aidé pour l'accession à la propriété)
papa n. m.
papable adj.
papaïne n. f.
papal, ale, aux adj.
papaline n. f.
papamobile n. f.
paparazzi n. m.
PL. *paparazzis* ou *paparazzi* (it.)
papas n. m.
papatte n. f.
papauté n. f.
papaver n. m.
papavéracées n. f. pl.
papavérine n. f.
papaye n. f.
papayer n. m.
pape n. m.
papé ou **papet** n. m.
papegai n. m.
¹**papelard** n. m.
²**papelard, arde** n. et adj.
papelardise n. f.
paperasse n. f.
paperasserie n. f.
paperassier, ière n. et adj.
papesse n. f.
papet n. m.
papeterie ou **papèterie** n. f.
papetier, ière n.
papi ou **papy** n. m.

papier n. m.
papier-filtre n. m.
PL. *papiers-filtres*
papier-monnaie n. m.
PL. *papiers-monnaies*
papier-toile n. m.
PL. *papiers-toiles*
papier-toilette n. m.
papilionacé, ée n. f. et adj.
papillaire adj.
papille n. f.
papillifère adj.
papillomavirus n. m.
papillome n. m.
papillon n. m.
papillonnage n. m.
papillonnant, ante adj.
papillonnement n. m.
papillonner v. intr. (conjug. 1)
papillotage n. m.
papillotant, ante adj.
papillote n. f.
papillotement n. m.
papilloter v. (conjug. 1)
papion n. m.
papisme n. m.
papiste n.
papotage n. m.
papoter v. intr. (conjug. 1)
papou, e adj. et n. ; n. m.
papouille n. f.
papouiller v. tr.
papounet n. m.
paprika n. m.
papule n. f.
papuleux, euse adj.
papy n. m.
PL. *papys*
papy-boom ou **papyboom*** n. m.
PL. *papy-booms* ou *papybooms**
papyrologie n. f.
papyrologue n.
papyrus n. m.
paqson n. m.
pâque n. f.
paquebot n. m.

pâquerette

pâquerette n. f.
pâques n. f. pl. et n. m.
paquet n. m.
paquetage n. m.
paquet-cadeau n. m.
PL. *paquets-cadeaux*
paqueté, ée adj.
paqueter v. tr. (conjug. 4)
paqueteur, euse n.
paquet-poste n. m.
PL. *paquets-poste*
par n. m. ; prép.
P. A. R. n. m. (plan d'aménagement rural)
para n.
parabase n. f.
parabellum n. m.
paraben [paraben] n. m. (parahydroxybenzoate)
parabiose n. f.
parabole n. f.
parabolique adj.
paraboliquement adv.
paraboloïde n. m.
paracentèse n. f.
paracétamol n. m. (para-acetylaminophenol)
parachèvement n. m.
parachever v. tr. (conjug. 5)
parachronique [-k-] adj.
parachronisme [-k-] n. m.
parachutage n. m.
parachute n. m.
parachuter v. tr. (conjug. 1)
parachutisme n. m.
parachutiste n. et adj.
paraclet n. m.
parade n. f.
parader v. intr. (conjug. 1)
paradigmatique n. f. et adj.
paradigme n. m.
paradis n. m.
paradisiaque adj.
paradisier n. m.
paradios n. m.
paradoxal, ale, aux adj.
paradoxalement adv.
paradoxe n. m.

parafe n. m.
parafer v. tr. (conjug. 1)
parafeur n. m.
paraffinage n. m.
paraffine n. f.
paraffiner v. tr. (conjug. 1)
parafiscal, ale, aux adj.
parafiscalité n. f.
parafoudre n. m.
parage n. m.
parages n. m. pl.
paragouvernemental, ale, aux adj.
paragramme n. m.
paragraphe n. m.
paragrêle n. m. et adj.
paraison n. f.
paraître ou **paraitre*** v. intr. (conjug. 57)
paralangage n. m.
paralittéraire adj.
paralittérature n. f.
parallactique adj.
parallaxe n. f.
parallèle adj. et n.
parallèlement adv.
parallélépipède n. m.
parallélépipédique adj.
parallélisme n. m.
parallélogramme n. m.
paralogisme n. m.
paralympique adj.
paralysant, ante adj.
paralysé, ée adj. et n.
paralyser v. tr. (conjug. 1)
paralysie n. f.
paralytique adj. et n.
paramagnétique adj.
paramagnétisme n. m.
paramécie n. f.
paramédical, ale, aux adj.
paramétrage n. m.
paramètre n. m.
paramétrer v. tr. (conjug. 6)
paramétrique adj.
paramidophénol n. m.
paramilitaire adj.
paramnésie n. f.

paramnésique adj.
paramorphine n. f.
paramoteur n. m.
paramotoriste n.
parangon n. m.
parangonnage n. m.
parangonner v. tr. (conjug. 1)
paranoïa n. f.
paranoïaque adj. et n.
paranoïde adj.
paranormal, ale, aux adj.
parapente n. m.
parapentiste n.
parapet n. m.
parapharmaceutique adj.
parapharmacie n. f.
paraphasie n. f.
paraphe ou **parafe** n. m.
parapher ou **parafer** v. tr. (conjug. 1)
paraphernal, ale, aux adj.
parapheur ou **parafeur** n. m.
paraphilie n. f.
paraphimosis n. m.
paraphrase n. f.
paraphraser v. tr. (conjug. 1)
paraphraseur, euse n.
paraphrastique adj.
paraphrénie n. f.
paraphylétique adj.
paraphyse n. f.
paraplégie n. f.
paraplégique adj.
parapluie n. m.
parapsychique adj.
parapsychologie [-k-] n. f.
parapsychologique [-k-] adj.
parascève n. f.
parascience n. f.
parascolaire adj.
parasexualité n. f.
parasismique adj.
parasitaire adj.

parasite n. m. et adj.
parasiter v. tr. (conjug. 1)
parasiticide adj. et n. m.
parasitique adj.
parasitisme n. m.
parasitologie n. f.
parasitose n. f.
parasol n. m.
parastatal, ale, aux adj.
parasympathique adj. et n. m.
parasynthétique adj. et n. m.
parataxe n. f.
paratexte n. m.
parathormone n. f.
parathyroïde n. f.
paratonnerre n. m.
parâtre n. m.
paratyphique adj. et n.
paratyphoïde adj. et n. f.
paravalanche ou pare-avalanches n. m.
paravent n. m.
paraverbal, ale, aux adj.
parbleu interj.
parc n. m.
parcage n. m.
parcellaire adj.
parcelle n. f.
parcellisation n. f.
parcelliser v. tr. (conjug. 1)
parce que loc. conj.
parchemin n. m.
parcheminer v. tr. (conjug. 1)
parcheminier, ière n.
par-ci, par-là loc. adv.
parcimonie n. f.
parcimonieusement adv.
parcimonieux, ieuse adj.
parcmètre n. m.
parcomètre n. m.
parcourir v. tr. (conjug. 11)
parcours n. m.
par-dehors loc. prép.
par-delà loc. prép. et adv.
par-derrière loc. prép. et adv.

par-dessous loc. prép. et adv.
¹pardessus n. m.
²par-dessus loc. prép. et adv.
par-devant loc. prép.
par-devers loc. prép.
pardi interj.
pardieu interj.
pardon n. m.
pardonnable adj.
pardonner v. tr. (conjug. 1)
paré, ée adj.
paréage n. m.
pare-balle(s) n. m.
  PL. pare-balles
pare-boue n. m.
  PL. inv. ou pare-boues
parebrise ou pare-brise n. m.
  PL. parebrises ou pare-brise ou pare-brises*
pare-buffle n. m.
  PL. pare-buffles
parechoc ou pare-chocs n. m.
  PL. pare(-)chocs
pare-douche n. m.
  PL. pare-douches
pare-éclat(s) n. m.
  PL. pare-éclats
pare-étincelle(s) n. m.
  PL. pare-étincelles
pare-feu n. m.
  PL. pare-feux
pare-fumée n. m.
  PL. inv. ou pare-fumées
parégorique adj. et n. m.
pareil, eille adj. et n.
pareillement adv.
parélie n. m.
parement n. m.
parementer v. tr. (conjug. 1)
parementure n. f.
parémiologie n. f.
parenchymateux, euse adj.
parenchyme n. m.
parent, ente n. et adj.
parental, ale, aux adj.

parentales n. f. pl.
parentalies n. f. pl.
parentalisation n. f.
parentalité n. f.
parenté n. f.
parentèle n. f.
parentéral, ale, aux adj.
parenthèse n. f.
paréo n. m.
parer v. (conjug. 1)
parère n. m.
parésie n. f.
pare-soleil n. m.
  PL. inv. ou pare-soleils*
paresse n. f.
paresser v. intr. (conjug. 1)
paresseusement adv.
paresseux, euse adj. et n.
paresthésie n. f.
pareur, euse n.
pare-vapeur adj. et n. m.
  PL. pare-vapeurs
parfaire v. tr. (conjug. 60 ; inf. et temps comp. seult)
parfait, aite adj.
parfaitement adv.
parfilage n. m.
parfiler v. tr. (conjug. 1)
parfois adv.
parfondre v. tr. (conjug. 41)
parfum n. m.
parfumé, ée adj.
parfumer v. tr. (conjug. 1)
parfumerie n. f.
parfumeur, euse n.
parhélie ou parélie n. m.
pari n. m.
paria n. m.
pariade n. f.
pariage ou paréage n. m.
parian n. m.
paridés n. m. pl.
paridigitidé, ée adj. et n.
parier v. tr. (conjug. 7)
pariétaire n. f.
pariétal, ale, aux adj. et n.
parieur, ieuse n.
parigot, ote adj. et n.
paripenné, ée adj.

paris-brest
paris-brest n. m.
  PL. *paris-brests*
parisette n. f.
parisianisme n. m.
parisien, ienne n. et adj.
parisis adj.
parisyllabique adj.
paritaire adj.
paritarisme n. m.
parité n. f.
parjure n. f.
parjurer (se) v. pron. (conjug. 1)
parka n. f. ou m.
parkérisation® n. f.
parking n. m. (rec. off. : parc de stationnement)
parkinson n. m.
parkinsonien, ienne adj. et n.
parkinsonisme n. m.
parlable adj.
parlant, ante adj.
parlé, ée adj.
parlement n. m.
parlementaire adj. et n.
parlementairement adv.
parlementarisme n. m.
parlementer v. intr. (conjug. 1)
¹parler n. m.
²parler v. (conjug. 1)
parleur, euse n.
parloir n. m.
parlophone n. m.
parlote ou parlotte n. f.
parlure n. f.
parme adj. inv. et n. m.
parmélie n. f.
parmentier n. m.
parmenture n. f.
parmesan n. m.
parmi prép.
parnasse n. m.
parnassien, ienne adj. et n. m.
parodie n. f.
parodier v. tr. (conjug. 7)
parodique adj.
parodiste n.

parodontal, ale, aux adj.
parodonte n. m.
parodontie n. f.
parodontiste n.
parodontite n. f.
parodontologie n. f.
parodontologiste n.
parodontologue n.
parodontopathie n. f.
parodontose n. f.
paroi n. f.
paroir n. m.
paroisse n. f.
paroissial, iale, iaux adj.
paroissien, ienne n.
parole n. f.
parolier, ière n.
paronomase n. f.
paronyme adj. et n. m.
paronymie n. f.
paronymique adj.
paronyque n. f.
paros [paʀos ; paʀɔs] n. m.
parotide n. f.
parotidien, ienne adj.
parotidite n. f.
parousie n. f.
paroxysmal, ale, aux adj.
paroxysme n. m.
paroxysmique adj.
paroxystique adj.
paroxyton adj. m.
parpaillot, ote n.
parpaing [paʀpɛ̃] n. m.
parque n. f.
parquer v. (conjug. 1)
parquet n. m.
parquetage n. m.
parqueter v. tr. (conjug. 4)
parqueterie ou parquèterie n. f.
parqueteur n. m.
parquetier n. m.
parqueur, euse n.
parrain n. m.
parrainage n. m.
parrainer v. tr. (conjug. 1)
parraineur, euse n.
parricide adj. et n. ; n. m.

parsec n. m.
parsemer v. tr. (conjug. 5)
parseur n. m.
parsi, e n. et adj.
parsisme n. m.
part n. f. ; n. m.
partage n. m.
partagé, ée adj.
partageable adj.
partageant, ante n.
partager v. tr. (conjug. 3)
partageur, euse n. et adj.
partageux, euse n.
partance n. f.
¹partant, ante n. et adj.
²partant conj.
partenaire n.
partenarial, ale, aux adj.
partenariat n. m.
parterre n. m.
parthénogenèse n. f.
parthénogénétique adj.
¹parti, ie n.
²parti n. m.
partiaire adj.
partial, iale, iaux adj.
partialement adv.
partialité n. f.
participant, ante adj. et n.
participatif, ive adj.
participation n. f.
participe n. m.
participer v. tr. ind. (conjug. 1)
participial, iale, iaux adj.
particularisation n. f.
particulariser v. tr. (conjug. 1)
particularisme n. m.
particulariste n.
particularité n. f.
particule n. f.
particulier, ière adj. et n.
particulièrement adv.
partie n. f.
partiel, ielle adj.
partiellement adv.
partir v. intr. (conjug. 16)
partisan, ane n. et adj.

partisante n. f. et adj. f.
partita n. f.
  PL. *partitas* ou *partite* (it.)
partite adj.
partiteur n. m.
partitif, ive adj.
partition n. f.
partitionnement n. m.
partitionner v. tr. (conjug. 1)
parton n. m.
partousard, arde adj. et n.
partouse n. f.
partouser v. intr. (conjug. 1)
partout adv.
partouzard, arde ou **partousard, arde** adj. et n.
partouze ou **partouse** n. f.
partouzer ou **partouser** v. intr. (conjug. 1)
parturiente adj. f. et n. f.
parturition n. f.
parulie n. f.
parure n. f.
parurerie n. f.
parurier, ière n.
parution n. f.
parvenir v. tr. ind. (conjug. 22)
parvenu, ue adj. et n.
parvis n. m.
P. A. S. n. m.
  (para-amino-salicylique)
pas adv. de négation ; n. m.
¹**pascal, ale, als** ou **aux** adj.
²**pascal** n. m.
  PL. *pascals* (unité)
pascal-seconde n. m.
pas-d'âne n. m. inv.
pas-de-géant n. m. inv.
pas-de-porte n. m. inv.
pas-grand-chose n. m. inv.
pashmina n. m.
pasionaria n. f.

paso doble ou **pasodoble*** [pasodɔbl] n. m.
  PL. inv. ou *pasodobles**
pasquin n. m.
pasquinade n. f.
passable adj.
passablement adv.
passacaille n. f.
passade n. f.
passage n. m.
passager, ère n. et adj.
passagèrement adv.
passant, ante adj. et n.
passation n. f.
passavant n. m.
passe n. f. ; n. m.
¹**passé, ée** adj.
²**passé** n. m. ; prép.
passe-bande adj. inv.
passe-bas adj. inv.
passe-boule n. m.
  PL. *passe-boules*
passe-crassane n. f.
  PL. *passe-crassanes*
passe-debout n. m. inv.
passe-droit n. m.
  PL. *passe-droits*
passée n. f.
passe-haut adj. inv.
passéisme n. m.
passéiste adj. et n.
passe-lacet n. m.
  PL. *passe-lacets*
passement n. m.
passementer v. tr. (conjug. 1)
passementerie n. f.
passementier, ière n. et adj.
passe-montagne n. m.
  PL. *passe-montagnes*
passe-partout ou **passepartout*** n. m.
  PL. inv. ou *passepartouts**
passe-passe ou **passepasse*** n. m. inv.
passe-pied n. m.
  PL. *passe-pieds*
passe-pierre n. f.
  PL. *passe-pierres*

passe-plat n. m.
  PL. *passe-plats*
passepoil n. m.
passepoiler v. tr. (conjug. 1)
passeport n. m.
passer v. (conjug. 1)
passerage n. f.
passereau n. m.
passerelle n. f.
passériformes n. m. pl.
passerine n. f.
passerinette n. f.
passerose n. f.
passe-temps ou **passetemps*** n. m. inv.
passe-thé n. m.
  PL. *passe-thés*
passe-tout-grain n. m. inv.
passette n. f.
passeur, euse n.
passe-velours n. m. inv.
passe-vue n. m.
  PL. *passe-vues*
passible adj.
¹**passif, ive** adj. et n. m.
²**passif** n. m.
passiflore n. f.
passiflorine n. f.
passim adv.
passing-shot [pasiŋ(ʃ)ɔt] n. m.
  PL. *passing-shots*
passion n. f.
passionaria ou **pasionaria** n. f.
pasioniste n. m.
passionnant, ante adj.
passionné, ée adj.
passionnel, elle adj.
passionnellement adv.
passionnément adv.
passionner v. tr. (conjug. 1)
passionniste ou **pasioniste** n. m.
passivation n. f.
passivement adv.
passiver v. tr. (conjug. 1)
passivité n. f.
passoire n. f.

pastaga n. m.
pastel n. m.
pastelliste n.
pastenague n. f.
pastèque n. f.
pasteur n.
pasteurien, ienne adj. et n.
pasteurisation n. f.
pasteurisé, ée adj.
pasteuriser v. tr. (conjug. 1)
pastiche n. m.
pasticher v. tr. (conjug. 1)
pasticheur, euse n.
pastilla [pastija] n. f.
pastillage n. m.
pastille n. f.
pastilleur, euse n.
pastis n. m.
pastoral, ale, aux adj. et n. f.
pastoralisme n. m.
pastorat n. m.
pastorien, ienne adj. et n.
pastoureau, elle n.
pastourelle n. f.
pastrami n. m.
pat adj. inv. et n. m.
patache n. f.
patachon n. m.
pataouète n. m.
pataphysique n. f. et adj.
patapouf interj. et n. m.
pataquès [patakɛs] n. m.
pataras n. m.
patarasse n. f.
patate n. f.
patati, patata interj.
patatoïde adj.
patatras interj.
pataud, aude n. et adj.
patauges® [patogas] n. m.
pataugeoire n. f.
patauger v. intr. (conjug. 3)
patch n. m. (rec. offi. : retouche, correctif)
patchouli n. m.
patchwork n. m.
pâte n. f.

pâté n. m.
pâtée n. f.
¹**patelin** n. m.
²**patelin, ine** n. m. et adj.
patellaire adj.
patelle n. f.
patène n. f.
patenôtre n. f.
patent, ente adj.
patentable adj.
patentage n. m.
patente n. f.
patenté, ée adj.
patenter v. tr. (conjug. 1)
patenteux, euse adj.
pater [patɛʀ] n. m. (père)
Pater [patɛʀ] n. m. inv. (prière)
patère n. f.
pater familias [patɛʀ-] n. m. inv.
paternalisme n. m.
paternaliste adj.
paterne adj.
paternel, elle adj. et n. m.
paternellement adv.
paternité n. f.
pâteusement adv.
pâteux, euse adj.
pathétique adj. et n. m.
pathétiquement adv.
pathétisme n. m.
pathogène adj.
pathogenèse n. f.
pathogénie n. f.
pathogénique adj.
pathognomonique adj.
pathologie n. f.
pathologique adj.
pathologiquement adv.
pathologiste n. et adj.
pathomimie n. f.
pathos n. m.
patibulaire adj.
patiemment adv.
patience n. f.
patient, iente adj. et n.
patientèle n. f.
patienter v. intr. (conjug. 1)
patin n. m.

patinage n. m.
patine n. f.
patiner v. (conjug. 1)
patinette n. f.
patineur, euse n.
patinoire n. f.
patio [pasjo ; patjo] n. m.
pâtir v. intr. (conjug. 2)
pâtis n. m.
pâtisser v. intr. (conjug. 1)
pâtisserie n. f.
pâtissier, ière n. et adj.
pâtissoire n. f.
pâtisson n. m.
patoche n. f.
patois n. m.
patoisant, ante adj.
patoiser v. intr. (conjug. 1)
pâton n. m.
patouillard n. m.
patouiller v. (conjug. 1)
patraque n. f. et adj.
pâtre n. m.
patriarcal, ale, aux adj.
patriarcalement adv.
patriarcat n. m.
patriarche n. m.
patrice n. m.
patricial, iale, iaux adj.
patriciat n. m.
patricien, ienne n. et adj.
patriclan n. m.
patrie n. f.
patrilinéaire adj.
patrilocal, ale, aux adj.
patrimoine n. m.
patrimonial, iale, iaux adj.
patrimonialement adv.
patriotard, arde n. et adj.
patriote n.
patriotique adj.
patriotiquement adv.
patriotisme n. m.
patristique n. f. et adj.
patrologie n. f.
¹**patron** n. m.
²**patron, onne** n.
patronage n. m.
patronal, ale, aux adj.

patronat n. m.
patronner v. tr. (conjug. 1)
patronnesse adj. f. et n. f.
patronnier, ière n.
patronyme n. m.
patronymique adj.
patrouille n. f.
patrouiller v. intr. (conjug. 1)
patrouilleur, euse n.
patte n. f.
patté, ée adj.
patte-d'oie n. f.
PL. *pattes-d'oie*
pattemouille n. f.
pattern n. m.
pattes d'ef n. f. pl.
pattinsonage n. m.
pattu, ue adj.
pâturable adj.
pâturage n. m.
pâture n. f.
pâturer v. (conjug. 1)
pâturin n. m.
paturon ou **pâturon** n. m.
pauchouse n. f.
pauciflore adj.
paulette n. f.
paulien, ienne adj.
paulinien, ienne adj.
paulinisme n. m.
pauliste adj. et n.
paulownia [polɔnja] n. m.
paumatoire adj.
paume n. f.
paumé, ée adj.
paumelle n. f.
paumer v. tr. (conjug. 1)
paumier, ière n. m. et adj.
paumoyer v. tr. (conjug. 8)
paumure n. f.
paupérisation n. f.
paupériser v. tr. (conjug. 1)
paupérisme n. m.
paupière n. f.
paupiette n. f.
pause n. f.
pause(-)café n. f.
PL. *pauses(-)café*
pauser v. intr. (conjug. 1)

pauvre adj. et n.
pauvrement adv.
pauvresse n. f.
pauvret, ette n. et adj.
pauvreté n. f.
pavage n. m.
pavane n. f.
pavaner (se) v. pron. (conjug. 1)
¹**pavé, ée** adj.
²**pavé** n. m.
pavée n. f.
pavement n. m.
paver v. tr. (conjug. 1)
paveur n. m.
pavie n. f.
pavillon n. m.
pavillonnaire adj.
pavillonnerie n. f.
pavillonneur n. m.
pavimenteux, euse adj.
pavois n. m.
pavoisement n. m.
pavoiser v. tr. (conjug. 1)
pavot n. m.
paxon n. m.
payable adj.
payant, ante adj. et n.
paye ou **paie** n. f.
payement n. m.
payer v. tr. (conjug. 8)
payeur, euse n.
¹**pays** n. m.
²**pays, payse** n.
paysage n. m.
paysagé, ée adj.
paysager, ère adj.
paysagiste n.
paysan, anne n. m. et adj.
paysannat n. m.
paysannerie n. f.
P. C. n. m. (personal computer)
PCB n. m. pl. (polychlorobiphényles)
PCR n. f. (polymerase chain reaction)
P. C. V. n. m. (à percevoir)
PDA n. m. (personal digital assistant)

PDF n. m. inv. (portable document format)
P. D. G. ou **P. d. g.** (président-directeur général)
péage n. m.
péagiste n.
peau n. f.
peaucier adj. m. et n. m.
peaufinage n. m.
peaufiner v. tr. (conjug. 1)
peau-rouge n.
PL. *peaux-rouges*
peausserie n. f.
peaussier n. m.
pébrine n. f.
pébroque ou **pébroc** n. m.
pécaïre interj.
pécan ou **pecan** n. m.
pécari n. m.
peccable adj.
peccadille n. f.
peccant, ante adj.
pechblende n. f.
pêche n. f.
péché n. m.
pécher v. intr. (conjug. 6)
¹**pêcher** n. m.
²**pêcher** v. tr. (conjug. 1)
pechère interj.
pécheresse n. f.
pêcherie n. f.
pêchette n. f.
pécheur, pécheresse ou **pècheresse*** n.
pêcheur, euse n.
pêchu, e adj.
pécile* n. m.
pécilotherme* adj.
pécoptéris n. m.
pécore n. f.
pecorino ou **pecorino** n. m.
pecten n. m.
pectine n. f.
pectiné, ée adj. n. m. et adj.
pectique adj.
pectoral, ale, aux adj. et n. m.
péculat n. m.

pécule n. m.
pécuniaire adj.
pécuniairement adv.
pédagogie n. f.
pédagogique adj.
pédagogiquement adv.
pédagogue n. et adj.
pédalage n. m.
pédale n. f.
pédalée n. f.
pédaler v. intr. (conjug. 1)
pédaleur, euse n.
pédalier n. m.
pédalo® n. m.
pédant, ante n. et adj.
pédanterie n. f.
pédantesque adj.
pédantisme n. m.
pède n. m.
pédégère n. f.
pédégérial, iale, iaux adj.
pédéraste n. m.
pédérastie n. f.
pédérastique adj.
pédestre adj.
pédestrement adv.
pédiatre n.
pédiatrie n. f.
pédiatrique adj.
pedibus [pedibys] adv.
pédicellaire n. m.
pédicelle n. m.
pédicellé, ée adj.
pédiculaire n. f. et adj.
pédicule n. m.
pédiculé, ée adj.
pédiculose n. f.
pédicure n.
pédicurie n. f.
pédieux, ieuse adj.
pedigree ou **pédigrée*** n. m.
pédiluve n. m.
pédiment n. m.
pédipalpe n. m.
pédiplaine n. f.
pédocriminalité n. f.
pédodontie n. f.
pédogenèse n. f.

pédologie n. f.
pédologique adj.
pédologue n.
pédonculaire adj.
pédoncule n. m.
pédonculé, ée adj.
pédophile adj. et n.
pédophilie n. f.
pédophilique adj.
pédopornographie n. f.
pédopsychiatre [-k-] n.
pédopsychiatrie [-k-] n. f.
pédopsychiatrique [-k-] adj.
pédum n. m.
pedzouille n.
peeling n. m.
peep-show [pipʃo] n. m.
 PL. *peep-shows*
pégase n. m.
P. E. G. C. n. m. (professeur d'enseignement général de collège)
pegmatite n. f.
pègre n. f.
péguer v. (conjug. 6)
pégueux, euse adj.
pehlvi n. m.
peignage n. m.
peigne n. m.
peigné, ée adj. et n. m.
peigne-cul n. m.
 PL. *peigne-culs*
peignée n. f.
peigner v. tr. (conjug. 1)
peigneur, euse n.
peigne-zizi n. m.
 PL. *peigne-zizis*
peignier n. m.
peignoir n. m.
peignures n. f. pl.
peille n. f.
peinard, arde ou **pénard, arde** adj.
peinardement adv.
peindre v. tr. (conjug. 52)
peine n. f.
peiner v. (conjug. 1)
peint, peinte adj.
peintre n.

peinture n. f.
peinturer v. tr. (conjug. 1)
peinturlurer v. tr. (conjug. 1)
péjoratif, ive adj.
péjoration n. f.
péjorativement adv.
pékan n. m.
péket n. m.
¹**pékin** n. m. (étoffe)
²**pékin** ou **péquin** n. m. (personne)
pékiné, ée adj. et n. m.
pékinois, oise adj. et n.
pékinologue n.
pekoe ou **pékoe** n. m.
PEL ou **P.E.L.** n. m. (plan d'épargne logement)
pela ou **pèla** n. m.
pelade n. f.
pelage n. m.
pélagianisme n. m.
pélagien, ienne adj. et n.
pélagique adj.
pélagos ou **pelagos** n. m.
pélamide ou **pélamyde** n. f.
pelard adj. et n. m.
pélardon n. m.
pélargonium n. m.
pelé, ée adj. et n.
péléen, enne adj.
pêle-mêle ou **pélemêle** adv. et n. m.
 PL. INV. ou *pélemêles*
peler v. (conjug. 5)
pèlerin, ine n.
pèlerinage n. m.
pèlerine n. f.
péliade n. f.
pélican n. m.
pelisse n. f.
pellagre n. f.
pellagreux, euse adj. et n.
pelle n. f.
pelle-pioche n. f.
 PL. *pelles-pioches*
peller v. (conjug. 1)
pellet n. m.
pelletage n. m.

pelletée n. f.
pelleter v. tr. (conjug. 4)
pelleterie [pɛltʀi ; pelɛtʀi] n. f.
pelleteur n. m.
pelleteuse n. f.
pelletier, ière n.
pelletisation n. f.
pelliculage n. m.
pelliculaire adj.
pellicule n. f.
pelliculé, ée adj.
pelloche ou péloche n. f.
pellucide adj.
pélobate n. m.
péloche n. f.
pélodyte n. m.
pelotage n. m.
pelotari n. m.
pelote n. f.
peloter v. (conjug. 1)
peloteur, euse n. et adj.
peloton n. m.
pelotonnement n. m.
pelotonner v. tr. (conjug. 1)
pelouse n. f.
pelta ou pelte n. f.
peltaste n. m.
pelte n. f.
pelté, ée adj.
peluche n. f.
peluché, ée ou pluché, ée adj.
pelucher ou plucher v. intr. (conjug. 1)
pelucheux, euse ou plucheux, euse adj.
pelure n. f.
pelvectomie n. f.
pelvien, ienne adj.
pelvigraphie n. f.
pelvimétrie n. f.
pelvipéritonite n. f.
pelvis n. m.
pembina n. m.
pemmican [pemikã ; pɛmmikã] n. m.
pemphigoïde n. f.
pemphigus [pɛ̃figys] n. m.
pénal, ale, aux adj.

pénalement adv.
pénalisant, ante adj.
pénalisation n. f.
pénaliser v. tr. (conjug. 1)
pénaliste n.
pénalité n. f.
pénaltouche n. f.
penalty ou pénalty n. m.
PL penaltys ou pénaltys ou penalties
pénard, arde adj.
pénates n. m. pl.
penaud, aude adj.
pence n. m. pl.
penchant n. m.
penché, ée adj.
pencher v. (conjug. 1)
pendable adj.
pendage n. m.
pendaison n. f.
¹pendant, ante adj.
²pendant n. m. ; prép.
pendard, arde n.
pendeloque n. f.
pendentif n. m.
penderie n. f.
pendiller v. intr. (conjug. 1)
pendillon n. m.
pendoir n. m.
pendouiller v. intr. (conjug. 1)
pendre v. (conjug. 41)
pendu, ue adj. et n.
pendulaire adj.
pendulation n. f.
pendule n. f. ; n. m.
penduler v. intr. (conjug. 1)
pendulette n. f.
pêne n. m.
pénéplaine n. f.
pénétrabilité n. f.
pénétrable adj.
pénétrance n. f.
pénétrant, ante adj.
pénétrante n. f.
pénétration n. f.
pénétré, ée adj.
pénétrer v. (conjug. 6)
pénétromètre n. m.
pénibilité n. f.

pénible adj.
péniblement adv.
péniche n. f.
pénichette® n. f.
pénicillé, ée adj.
pénicilline n. f.
pénicillium ou penicillium n. m.
pénicillorésistant, ante adj.
pénien, ienne adj.
pénil n. m.
péninsulaire adj.
péninsule n. f.
pénis n. m.
pénitence n. f.
pénitencerie n. f.
pénitencier n. m.
pénitent, ente n.
pénitentiaire adj.
pénitential, iale, iaux adj.
pénitentiel, ielle adj. et n. m.
pennage n. m.
¹penne [pɛn] n. f. (plume)
²penne [pene] n. f. (pâte)
penné, ée adj.
penniforme adj.
pennon n. m.
penny n. m.
PL. pence ou pennies
pénombre n. f.
penon n. m.
pensable adj.
pensant, ante adj.
pense-bête n. m.
PL. pense-bêtes
pensée n. f.
¹penser n. m.
²penser v. (conjug. 1)
penseur, euse n.
pensif, ive adj.
pension n. f.
pensionnaire n.
pensionnat n. m.
pensionné, ée adj. et n.
pensionner v. tr. (conjug. 1)
pensivement adv.

pensum [pɛ̃sɔm] n. m.
pentacle n. m.
pentacrine n. f.
pentadactyle adj.
pentaèdre n. m. et adj.
pentagonal, ale, aux adj.
pentagone n. m.
pentamère adj. et n. m.
pentamètre adj. et n. m.
pentane n. m.
pentanol n. m.
pentarchie n. f.
pentathlon n. m.
pentathlonien, ienne n.
pentatome n. m. ou f.
pentatonique adj.
pentavalent, ente adj.
pente n. f.
Pentecôte n. f.
pentecôtisme n. m.
pentecôtiste n. et adj.
penthiobarbital n. m.
penthode n. f.
penthotal® n. m.
penthouse n. m.
penthrite ou **pentrite** n. f.
pentode ou **penthode** n. f.
pentose n. m.
pentrite n. f.
pentu, ue adj.
penture n. f.
pénultième adj. et n. f.
pénurie n. f.
péon n. m.
people ou **pipeule** ou **pipole** adj. inv. et n. m. inv.
péotte n. f.
pep ou **peps** n. m.
PEP ou **P.E.P.** n. m. (plan d'épargne populaire)
pépé n. m.
pépée n. f.
pépère n. m. et adj.
péperin ou **pèperin*** n. m.
pépètes n. f. pl.
pépette n. f.

pépie n. f.
pépiement n. m.
pépier v. intr. (conjug. 7)
pépin n. m.
pépinière n. f.
pépiniériste n.
pépite n. f.
péplum [peplɔm] n. m.
péponide n. f.
peppermint [pɛpɛrmɛ̃t ; pepœrmint] n. m.
pepperoni [pepe-] n. m.
peps n. m.
pepsine n. f.
peptidase n. f.
peptide n. m.
peptidique adj.
peptique adj.
peptone n. f.
peptonisation n. f.
péquenaud, aude ou **pèquenaud, aude*** n.
péquenot ou **pèquenot*** n. m.
péquet ou **péket** n. m.
péquin n. m.
péquiste n. et adj.
peracide n. m.
pérail n. m.
péramèle n. m.
perborate n. m.
perçage n. m.
percale n. f.
percaline n. f.
perçant, ante adj.
per capita loc.
perce n. f.
percée n. f.
percement n. m.
perce-muraille n. f.
PL. perce-murailles
perce-neige n. m. ou f.
PL. inv. ou perce-neiges
perce-oreille n. m.
PL. perce-oreilles
perce-pierre n. f.
PL. perce-pierres
percept n. m.
percepteur, trice n. et adj.

perceptibilité n. f.
perceptible adj.
perceptiblement adv.
perceptif, ive adj.
perception n. f.
perceptionnisme n. m.
percer v. (conjug. 3)
percerette n. f.
percette n. f.
perceur, euse n.
percevable adj.
percevoir v. tr. (conjug. 28)
perchaude n. f.
perche n. f.
perché, ée adj. et n. m.
perchée n. f.
percher v. (conjug. 1)
percheron, onne adj. et n.
percheur, euse adj.
perchis n. m.
perchiste n. (rec. off. pour perchman)
perchlorate [-k-] n. m.
perchlorique [-k-] adj.
perchman [pɛrʃman] n.
PL. perchmans ou perchmen (rec. off. : perchistes)
perchoir n. m.
perclus, use adj.
percnoptère n. m.
perçoir n. m.
percolateur n. m.
percolation n. f.
perçu, ue adj. et n. m.
percussion n. f.
percussionniste n.
percutané, ée adj.
percutant, ante adj.
percuter v. (conjug. 1)
percuteur n. m.
percutiréaction n. f.
perdant, ante n. et adj.
perdition n. f.
perdre v. tr. (conjug. 41)
perdreau n. m.
perdrix n. f.
perdu, ue adj.
perdurable adj.
perdurer v. intr. (conjug. 1)

père n. m.
pérégrin, ine adj. et n.
pérégrination n. f.
péremption n. f.
péremptoire adj.
péremptoirement adv.
pérennant, ante adj.
pérenne adj.
pérennisation n. f.
pérenniser v. tr. (conjug. 1)
pérennité n. f.
péréquation n. f.
perestroïka ou perestroïka [pɛʁɛstʁɔjka] n. f.
perfectibilité n. f.
perfectible adj.
perfectif, ive n. m. et adj.
perfection n. f.
perfectionné, ée adj.
perfectionnement n. m.
perfectionner v. tr. (conjug. 1)
perfectionnisme n. m.
perfectionniste n. et adj.
perfide adj. et n.
perfidement adv.
perfidie n. f.
perfolié, iée adj.
perforage n. m.
perforant, ante adj.
perforateur, trice adj. et n.
perforation n. f.
perforé, ée adj.
perforer v. tr. (conjug. 1)
perforeuse n. f.
performance n. f.
performant, ante adj.
performatif n. m.
performer v. intr. (conjug. 1)
performeur, euse n.
perfuser v. tr. (conjug. 1)
perfusion n. f.
pergélisol n. m.
pergola n. f.
¹péri, ie adj.
²péri n. f.
périanthe n. m.

périarthrite n. f.
périarticulaire adj.
périastre n. m.
péribole n. f.
péricarde n. m.
péricardique adj.
péricardite n. f.
péricarpe n. m.
périchondre [-kɔ̃-] n. m.
péricliter v. intr. (conjug. 1)
péri-culturel, elle adj. et n.
  PL. péri-culturels, elles
péricycle n. m.
péridot n. m.
péridotite n. f.
péridural, ale, aux adj. et n. f.
périf n. m.
périgée n. m.
périglaciaire adj.
périgueux n. m.
périhélie n. m.
péri-informatique n. f. et adj.
  PL. péri-informatiques
péril [peril] n. m.
périlleusement adv.
périlleux, euse adj.
périmé, ée adj.
périmer (se) v. pron. (conjug. 1)
périmétral, ale, aux adj.
périmètre n. m.
périmétrique adj.
périnatal, ale adj.
périnatalité n. f.
périnatalogie n. f.
périnéal, ale, aux adj.
périnée n. m.
période n. f. et m.
périodicité n. f.
périodique adj.
périodiquement adv.
périodisation n. f.
périoste n. m.
périostite n. f.
péripatéticien, ienne n. et adj.
péripatétique adj.

péripétie [-si] n. f.
périphérie n. f.
périphérique adj. et n. m.
périphlébite n. f.
périphrase n. f.
périphraser v. intr. (conjug. 1)
périphrastique adj.
périple n. m.
périptère adj. et n. m.
périr v. intr. (conjug. 2)
périscolaire adj.
périscope n. m.
périscopique adj.
périsperme n. m.
périsplénite n. f.
périssable adj.
périssodactyles n. m. pl.
périssoire n. f.
périssologie n. f.
péristaltique adj.
péristaltisme n. m.
péristome n. m.
péristyle n. m.
péritel® adj. inv.
péritéléphonie n. f.
péritexte n. m.
périthèce n. m.
péritoine n. m.
péritonéal, ale, aux adj.
péritonite n. f.
pérityphlite n. f.
périurbain, aine adj.
périurbanisation n. f.
perlant adj. m. et n. m.
perle n. f.
perlé, ée adj.
perlèche n. f.
perler v. (conjug. 1)
perlier, ière adj.
perlimpinpin n. m.
perlingual, ale, aux adj.
perlite n. f.
¹perlon n. m. (requin)
²perlon® n. m. (fibre)
perlot n. m.
perlouse ou perlouze n. f.
permaculture n. f.
permafrost n. m.

permalien n. m.
permalloy n. m.
permanence n. f.
permanencier, ière n.
permanent, ente adj. et n.
permanenter v. tr. (conjug. 1)
permanentiste n.
permanganate n. m.
permanganique adj.
perméabilité n. f.
perméable adj.
perméase n. f.
permettre v. tr. (conjug. 56)
permien, ienne adj. et n. m.
permis n. m.
permissif, ive adj.
permission n. f.
permissionnaire n.
permissivité n. f.
permittivité n. f.
permutabilité n. f.
permutable adj.
permutant, ante n.
permutation n. f.
permuter v. (conjug. 1)
pernicieusement adv.
pernicieux, ieuse adj.
perniciosité n. f.
péroné n. m.
péronier, ière n. m. et adj.
péronnelle n. f.
péronosporacées n. f. pl.
péroraison n. f.
pérorer v. intr. (conjug. 1)
péroreur, euse n. et adj.
pérot n. m.
peroxydase n. f.
peroxydation n. f.
peroxyde n. m.
peroxydé, ée adj.
peroxyder v. tr. (conjug. 1)
perpendiculaire adj. et n. f.
perpendiculairement adv.
perpendicularité n. f.

perpète (à) ou perpette (à) loc. adv.
perpétration n. f.
perpétrer v. tr. (conjug. 6)
perpette (à) loc. adv.
perpétuation n. f.
perpétuel, elle adj.
perpétuellement adv.
perpétuer v. tr. (conjug. 1)
perpétuité n. f.
perplexe adj.
perplexité n. f.
perquisiteur n. m.
perquisition n. f.
perquisitionner v. intr. (conjug. 1)
perré n. m.
perrière n. f.
perron n. m.
perroquet n. m.
perruche n. f.
perruque n. f.
perruquier, ière n.
pers adj. m.
persan, ane adj. et n.
perse adj. et n. ; n. f.
persécuté, ée adj. et n.
persécuter v. tr. (conjug. 1)
persécuteur, trice n. et adj.
persécution n. f.
perséides n. f. pl.
persel n. m.
persévérance n. f.
persévérant, ante adj.
persévération n. f.
persévérer v. intr. (conjug. 6)
persicaire n. f.
persienne n. f.
persiflage ou persifflage n. m.
persifler ou persiffler v. tr. (conjug. 1)
persifleur, euse ou persiffleur, euse n. et adj.
persil n. m.
persillade n. f.
persillé, ée adj.

persillère n. f.
persique adj.
persistance n. f.
persistant, ante adj.
persister v. intr. (conjug. 1)
persona grata n. f. inv.
persona non grata [pɛʀsɔnanɔngʀata] n. f. inv.
personnage n. m.
personnalisable adj.
personnalisation n. f.
personnaliser v. tr. (conjug. 1)
personnalisme n. m.
personnaliste adj. et n.
personnalité n. f.
personne n. f. ; pron. indéf.
personnel, elle adj. et n. m.
personnellement adv.
personnification n. f.
personnifié, iée adj.
personnifier v. tr. (conjug. 7)
perspectif, ive adj.
perspective n. f.
perspectivisme n. m.
perspicace adj.
perspicacité n. f.
perspiration n. f.
persuader v. tr. (conjug. 1)
persuasif, ive adj.
persuasion n. f.
persuasivement adv.
persulfate n. m.
persulfure n. m.
persulfuré, ée adj.
perte n. f.
pertinemment adv.
pertinence n. f.
pertinent, ente adj.
pertuis n. m.
pertuisane n. f.
pertuisanier n. m.
perturbant, ante adj.
perturbateur, trice n. et adj.
perturbation n. f.
perturbé, ée adj.
perturber v. tr. (conjug. 1)

pervenche n. f.
pervers, erse adj. et n.
perversement adv.
perversion n. f.
perversité n. f.
pervertir v. tr. (conjug. 2)
pervertissement n. m.
pervertisseur, euse n. et adj.
pervibrage n. m.
pervibrer v. tr. (conjug. 1)
pesade n. f.
pesage n. m.
pesamment adv.
pesant, ante adj.
pesanteur n. f.
pèse-acide n. m.
PL. pèse-acides
pèse-alcool n. m.
PL. pèse-alcools
pèse-bébé n. m.
PL. pèse-bébés
pesée n. f.
pèse-esprit n. m.
PL. pèse-esprits
pèse-lait n. m.
PL. pèse-laits
pèse-lettre n. m.
PL. pèse-lettres
pèse-moût ou pèse-mout* n. m.
PL. pèse-moûts ou pèse-mouts*
pèse-personne n. m.
PL. pèse-personnes
peser v. (conjug. 5)
pèse-sel n. m.
PL. pèse-sels
pèse-sirop n. m.
PL. pèse-sirops
peseta ou péséta* n. f.
pesette n. f.
peseur, euse n.
peseuse n. f.
pèse-vin n. m.
PL. pèse-vins
peso ou péso* [pezo ; peso] n. m.
peson n. m.
pessaire n. m.
pesse n. f.

pessereau n. m.
pessière n. f.
pessimisme n. m.
pessimiste adj. et n.
peste n. f.
pester v. intr. (conjug. 1)
pesteux, euse adj.
pesticide n. m. et adj.
pestiféré, ée adj. et n.
pestilence n. f.
pestilentiel, ielle adj.
pesto n. m.
pet n. m.
pétage (de plombs) n. m.
pétainisme n. m.
pétainiste adj. et n.
pétale n. m.
pétaloïde adj.
pétanque n. f.
pétant, ante adj.
pétaradant, ante adj.
pétarade n. f.
pétarader v. intr. (conjug. 1)
pétard n. m.
pétase n. m.
pétasse n. f.
pétaudière n. f.
pétauriste n. m.
pet-de-nonne n. m.
PL. pets-de-nonne
pété, ée adj.
pétéchial, iale, iaux adj.
pétéchie n. f.
pet-en-l'air n. m. inv.
péter v. (conjug. 6)
pète-sec ou pètesec* n. et adj.
PL. inv. ou pètesecs*
péteur, euse n.
péteux, euse n. et adj.
pétillant, ante adj.
pétillement n. m.
pétiller v. intr. (conjug. 1)
pétiole n. m.
pétiolé, ée adj.
pétiot, iote adj. et n.
petit, ite adj. ; n. et adv.

petit-beurre ou petit beurre n. m.
PL. petits-beurre(s) ou petits beurres
petit-bois n. m.
PL. petits-bois
petit-bourgeois, petite-bourgeoise n. et adj.
PL. petits-bourgeois, petites-bourgeoises
¹petit-déjeuner n. m.
PL. petits-déjeuners
²petit-déjeuner v. intr. (conjug. 1)
petite-fille n. f.
PL. petites-filles
petitement adv.
petite-nièce n. f.
PL. petites-nièces
petitesse n. f.
petit-fils n. m.
PL. petits-fils
petit-four ou petit four n. m.
PL. petits-fours ou petits fours
petit-gris n. m.
PL. petits-gris
pétition n. f.
pétitionnaire n.
pétitionner v. intr. (conjug. 1)
pétitionneur, euse n.
petit-lait n. m.
PL. petits-laits
petit-maître, petite-maîtresse ou petit-maitre, petite-maitresse* n.
PL. petits-maîtres, petites-maîtresses ou petits-maitres, petites-maitresses*
petit-nègre n. m. sing.
petit-neveu n. m.
PL. petits-neveux
pétitoire n. m.
petit-pois ou petit pois n. m.
PL. petits(-)pois

petit-porteur

petit-porteur n. m.
PL. *petits-porteurs*
petits-enfants n. m. pl.
petit-suisse n. m.
PL. *petits-suisses*
pétochard, arde n.
pétoche n. f.
pétoire n. f.
pétole n. f.
peton n. m.
pétoncle n. m.
pétrarquisant, ante adj.
pétrarquiser v. intr. (conjug. 1)
pétrarquisme n. m.
pétrarquiste n. et adj.
pétré, ée adj.
pétrel n. m.
pétreux, euse adj.
pétrifiant, iante adj.
pétrification n. f.
pétrifier v. tr. (conjug. 7)
pétrin n. m.
pétrir v. tr. (conjug. 2)
pétrissage n. m.
pétrisseur, euse n.
pétrochimie n. f.
pétrochimique adj.
pétrochimiste n.
pétrodollars n. m. pl.
pétrogale n. f.
pétroglyphe n. m.
pétrographe n.
pétrographie n. f.
pétrographique adj.
pétrole n. m.
pétrolette n. f.
pétroleuse n. f.
pétrolier, ière n. m. et adj.
pétrolifère adj.
pétrologie n. f.
pétulance n. f.
pétulant, ante adj.
pétun n. m.
pétuner v. intr. (conjug. 1)
pétunia n. m.
peu adv.
peucédan n. m.
peuchère interj.

peuh interj.
peul, peule ou peuhl, peuhle adj. et n.
peulven n. m.
peuplade n. f.
peuple n. m.
peuplé, ée adj.
peuplement n. m.
peupler v. tr. (conjug. 1)
peupleraie n. f.
peuplier n. m.
peur n. f.
peureusement adv.
peureux, euse adj.
peut-être adv.
peyotl n. m.
pèze n. m.
pézize n. f.
pfennig n. m.
pff(t) ou pfut... interj.
P. G. C. D. n. m. (plus grand commun diviseur)
pH n. m. inv. (potentiel d'hydrogène)
phacochère n. m.
phacomètre n. m.
phaéton n. m.
phage n. m.
phagédénique adj.
phagédénisme n. m.
phagocytaire adj.
phagocyte n. m.
phagocyter v. tr. (conjug. 1)
phagocytose n. f.
phalange n. f.
phalanger n. m.
phalangette n. f.
phalangien, ienne adj.
phalangine n. f.
phalangiste n.
phalanstère n. m.
phalanstérien, ienne n. et adj.
phalène n. f. ou m.
phallique adj.
phallocentrique adj.
phallocentrisme n. m.
phallocrate n. et adj.
phallocratie n. f.

phallocratique adj.
phalloïde adj.
phallus n. m.
phanère n. m.
phanérogame adj. et n. f.
phanie n. f.
phantasme n. m.
pharaon n. m.
pharaonien, ienne adj.
pharaonique adj.
pharaonne n. f.
phare n. m.
pharillon n. m.
pharisaïque adj.
pharisaïsme n. m.
pharisien, ienne n.
pharmaceutique n. f. et adj.
pharmacie n. f.
pharmacien, ienne n.
pharmacocinétique n. f. et adj.
pharmacodépendance n. f.
pharmacodépendant, ante adj.
pharmacodynamie n. f.
pharmacodynamique adj.
pharmacogénétique n. f.
pharmacogénomique n. f.
pharmacognosie n. f.
pharmacologie n. f.
pharmacologique adj.
pharmacologue n.
pharmacomanie n. f.
pharmacopée n. f.
pharmacothérapie n. f.
pharmacovigilance n. f.
pharyngal, ale, aux adj. et n. f.
pharyngé, ée adj.
pharyngien, ienne adj.
pharyngite n. f.
pharyngolaryngite n. f.
pharynx n. m.
phascolome n. m.
phase n. f.
phasemètre n. m.

phasianidés n. m. pl.
phasme n. m.
phasmidés n. m. pl.
phatique adj.
phelloderme n. m.
phellogène adj.
phénacétine n. f.
phénakisticope n. m.
phénakistiscope n. m.
phénanthrène n. m.
phénicien, ienne adj. et n.
phénicoptères n. m. pl.
phéniqué, ée adj.
phénix n. m.
phénobarbital n. m.
phénocopie n. f.
phénol n. m.
phénolate n. m.
phénolique adj.
phénologie n. f.
phénolphtaléine n. f.
phénoménal, ale, aux adj.
phénoménalement adv.
phénoménalisme n. m.
phénoménalité n. f.
phénomène n. m.
phénoménisme n. m.
phénoménologie n. f.
phénoménologique adj.
phénoménologue n.
phénoplaste n. m.
phénotype n. m.
phénotypique adj.
phénylalanine n. f.
phénylcétonurie n. f.
phényle n. m.
phénylpyruvique adj.
phéophycées n. f. pl.
phéromone n. f.
phi n. m.
PL. inv. ou phis*
philanthe n. m.
philanthrope n.
philanthropie n. f.
philanthropique adj.
philatélie n. f.
philatélique adj.
philatéliste n.
philharmonie n. f.

philharmonique adj.
philhellène n. et adj.
philhellénique adj.
philhellénisme n. m.
philippine n. f.
philippique n. f.
philistin n. m. et adj. m.
philistinisme n. m.
philodendron [dɛ̃] n. m.
philologie n. f.
philologique adj.
philologiquement adv.
philologue n.
philosophale adj. f.
philosophe n. et adj.
philosopher v. intr.
(conjug. 1)
philosophie n. f.
philosophique adj.
philosophiquement adv.
philosophisme n. m.
philtre n. m.
phimosis n. m.
phishing n. m.
phlébite n. f.
phlébographie n. f.
phlébolithe n. m.
phlébologie n. f.
phlébologue n.
phléborragie n. f.
phlébothrombose n. f.
phlébotome n. m.
phlébotomie n. f.
phlegmon ou flegmon n. m.
phlegmoneux, euse ou flegmoneux, euse adj.
phléole n. f.
phloème n. m.
phlogistique n. m.
phlox n. m.
phlyctène n. f.
pH-mètre n. m.
phô [fø] n. m.
phobie n. f.
phobique adj. et n.
phocéen, enne adj. et n.
phocidien, ienne adj. et n.
phocomèle adj. et n.
phœnix ou phénix n. m.

pholade n. f.
pholiote n. f.
phonateur, trice adj.
phonation n. f.
phonatoire adj.
phone n. m.
phonématique adj. et n. f.
phonème n. m.
phonémique adj.
phonéticien, ienne n.
phonétique adj. et n. f.
phonétiquement adv.
phoniatre n.
phoniatrie n. f.
phonie n. f.
phonique adj.
phoniste n.
phono n. m.
phonocapteur, trice adj. et n. m.
phonogénie n. f.
phonogénique adj.
phonogramme n. m.
phonographe n. m.
phonographique adj.
phonolithe ou phonolite n. m. ou f.
phonolithique ou phonolitique adj.
phonologie n. f.
phonologique adj.
phonologue n.
phonométrie n. f.
phonon n. m.
phonothèque n. f.
phoque n. m.
phormion n. m.
phormium n. m.
phosgène n. m.
phosphatage n. m.
phosphatase n. f.
phosphatation n. f.
phosphate n. m.
phosphaté, ée adj.
phosphater v. tr.
(conjug. 1)
phosphaturie n. f.
phosphène n. m.
phosphine n. f.
phosphite n. m.

phospholipide

phospholipide n. m.
phospholipidique adj.
phosphoprotéine n. f.
phosphore n. m.
phosphoré, ée adj.
phosphorémie n. f.
phosphorer v. intr. (conjug. **1**)
phosphorescence n. f.
phosphorescent, ente adj.
phosphoreux, euse adj.
phosphorique adj.
phosphorisation n. f.
phosphorisme n. m.
phosphorite n. f.
phosphorylase n. f.
phosphorylation n. f.
phosphoryle n. m.
phosphure n. m.
phot n. m.
photo n. f. et adj. inv.
photobiologie n. f.
photobiologiste n.
photocathode n. f.
photocellule n. f.
photochimie n. f.
photochimiothérapie n. f.
photochimique adj.
photochimiquement adv.
photochromique [-k-] adj.
photocomposer v. tr. (conjug. **1**)
photocomposeur n. m.
photocomposeuse n. f.
photocompositeur n. m.
photocomposition n. f.
photoconducteur, trice adj.
photoconductivité n. f.
photocopie n. f.
photocopier v. tr. (conjug. **7**)
photocopieur n. m.
photocopieuse n. f.
photocopillage n. m.
photocopilleur, euse n.

photodégradable adj.
photodiode n. f.
photodissociation n. f.
photoélasticimétrie n. f.
photoélectricité n. f.
photoélectrique adj.
photoémetteur, trice adj.
photo-finish ou **photofinish*** n. f.
  PL. *photos-finish* ou *photofinishs** (rec. off. : photo d'arrivée)
photogène adj.
photogénie n. f.
photogénique adj.
photogramme n. m.
photogrammétrie n. f.
photographe n.
photographie n. f.
photographier v. tr. (conjug. **7**)
photographique adj.
photographiquement adv.
photograver v. tr. (conjug. **1**)
photograveur, euse n.
photogravure n. f.
photo-interprétation n. f.
photojournalisme n. m.
photojournaliste n.
photolecture n. f.
photolithographie n. f.
photolithogravure n. f.
photoluminescence n. f.
photolyse n. f.
photomacrographie n. f.
photomagnétique adj.
photomaton® n. m.
photomécanique adj.
photomédecine n. f.
photomètre n. m.
photométrie n. f.
photométrique adj.
photométriste n.
photomicrographie n. f.
photomontage n. m.
photomosaïque n. f.

320

photomultiplicateur n. m.
photon n. m.
photonique adj.
photopériode n. f.
photopériodique adj.
photopériodisme n. m.
photophobie n. f.
photophone n. m.
photophore n. m.
photophosphorylation n. f.
photopile n. f.
photoréalisme n. m.
photoréaliste adj.
photorécepteur n. m.
photoreportage n. m.
photoreporter n. m.
photorésistance n. f.
photo-robot ou **photorobot** n. m.
  PL. *photos-robots* ou *photorobots*
photoroman n. m.
photosatellite n. m.
photosensibilisation n. f.
photosensibilité n. f.
photosensible adj.
photosphère n. f.
photostyle n. m.
photosynthèse n. f.
photosynthétique adj.
photosystème n. m.
phototaxie n. f.
photothèque n. f.
photothérapie n. f.
phototransistor n. m.
phototrophe adj.
phototropisme n. m.
phototype n. m.
phototypie n. f.
photovoltaïque adj.
PHP n. f. inv. (personne humaine potentielle)
phragmite n. m.
phrase n. f.
phrasé n. m.
phraséologie n. f.
phraséologique adj.
phraser v. tr. (conjug. **1**)

phraseur, euse n.
phrastique adj.
phratrie n. f.
phreaker n. m.
phréatique adj.
phrénique adj.
phrénologie n. f.
phrénologique adj.
phrygane n. f.
phrygien, ienne adj. et n.
phtalate n. m.
phtaléine n. f.
phtalique adj.
phtiriase n. f.
phtisie n. f.
phtisiologie n. f.
phtisiologue n.
phtisique adj. et n.
phycocyanine n. f.
phycoérythrine n. f.
phycologie n. f.
phycomycètes n. m. pl.
phylactère n. m.
phylarque n. m.
phylétique adj.
phyllade n. m.
phyllie n. f.
phyllopodes n. m. pl.
phylloxéra n. m.
phylloxéré, ée adj.
phylloxérien, ienne adj.
phylloxérique adj.
phylogenèse n. f.
phylogénétique adj. et n. f.
phylogénie n. f.
phylogénique adj.
phylum n. m.
 PL. *phylums* ou *phyla* (lat.)
physalie n. f.
physalis n. m.
physiatre n.
physiatrie n. f.
physicalisme n. m.
physicien, ienne n.
physicochimie n. f.
physicochimique adj.
physicochimiste n.
physicomathématique n. f.

physicothéologique adj.
physiocrate n. m.
physiocratie n. f.
physiocratique adj.
physiognomonie n. f.
physiognomonique adj.
physiognomoniste n.
physiologie n. f.
physiologique adj.
physiologiquement adv.
physiologiste n.
physionomie n. f.
physionomique adj.
physionomiste n. et adj.
physiopathologie n. f.
physiopathologique adj.
physiothérapeute n.
physiothérapie n. f.
physique adj. et n. m. ; n. f.
physiquement adv.
physisorption n. f.
physostigma n. m.
physostigmine n. f.
physostome n. m.
phytéléphas n. m.
phythormone n. f.
phytobiologie n. f.
phytoécologie n. f.
phytogéographie n. f.
phytohormone ou **phythormone** n. f.
phytopathologie n. f.
phytophage adj. et n. m.
phytopharmacie n. f.
phytophthora n. m.
phytoplancton n. m.
phytoplanctonique adj.
phytosanitaire adj.
phytosociologie n. f.
phytosociologue n.
phytothérapeute n.
phytothérapie n. f.
phytotron n. m.
phytozoaire n. m.
pi n. m.
 PL. inv. ou *pis**
piaculaire adj.
piaf n. m.
piaffant, ante adj.
piaffement n. m.

piaffer v. intr. (conjug. 1)
piaffeur, euse adj.
piaillard, arde adj.
piaillement n. m.
piailler v. intr. (conjug. 1)
piaillerie n. f.
piailleur, euse n. et adj.
pian n. m.
piane-piane adv.
¹**pianissimo** n. m.
 PL. *pianissimos* ou *pianissimi* (it.)
²**pianissimo** adv.
pianiste n.
pianistique adj.
piano adv. ; n. m.
piano-bar n. m.
 PL. *pianos-bars*
piano-forte ou **pianoforte** n. m.
 PL. *pianos-forte* ou *pianoforte*
pianofortiste n.
pianola® n. m.
pianotage n. m.
pianoter v. intr. (conjug. 1)
piassava n. m.
piastre n. f.
piaule n. f.
piaulement n. m.
piauler v. intr. (conjug. 1)
piazza n. f.
P. I. B. n. m. (produit intérieur brut)
pibale n. f.
pible (à) loc. adj.
pic n. m.
pic (à) loc. adv.
pica n. m.
picador n. m.
picage n. m.
picaillon n. m.
picard, arde adj. et n.
picardan ou **picardant** n. m.
picarel n. m.
picaresque adj.
picaro n. m.
pic-bois n. m.
 PL. *pics-bois*

piccalilli

piccalilli n. m.
piccolo ou picolo n. m.
pichenette n. f.
pichenotte n. f.
pichet n. m.
picholine [-k-] n. f.
pickles [pikœls] n. m. pl.
pickpocket n. m.
pick-up ou pickup* [pikœp] n. m.
 PL. inv. ou pickups*
picodon n. m.
picoler v. intr. (conjug. 1)
picoleur, euse n.
picolo, euse n.
picorer v. (conjug. 1)
picosser v. tr. (conjug. 1)
picot n. m.
picotement n. m.
picoter v. tr. (conjug. 1)
picotin n. m.
picpoul ou piquepoul n. m.
picrate n. m.
picrique adj.
picris n. m.
picrocholin, ine [-k-] adj.
picte n. m.
pictogramme n. m.
pictographie n. f.
pictographique adj.
pictural, ale, aux adj.
pic-vert n. m.
 PL. pics-verts
pidgin [pidʒin] n. m.
pidgin-english [pidʒiningliʃ] n. m.
pie n. f. et adj. inv. ; adj. f.
pièce n. f.
piécé n.
piécette n. f.
pied n. m.
pied-à-terre n. m. inv.
pied-bot ou pied bot n. m.
 PL. pieds(-)bots
pied-d'alouette n. m.
 PL. pieds-d'alouette
pied-de-biche n. m.
 PL. pieds-de-biche

pied-de-cheval n. m.
 PL. pieds-de-cheval
pied-de-chèvre n. m.
 PL. pieds-de-chèvre
pied-de-coq n. m. et adj.
 PL. pieds-de-coq
pied-de-loup n. m.
 PL. pieds-de-loup
pied-de-mouton n. m.
 PL. pieds-de-mouton
pied-de-poule n. m. et adj.
 PL. pieds-de-poule
pied-de-roi n. m.
 PL. pieds-de-roi
pied-de-veau n. m.
 PL. pieds-de-veau
pied-d'oiseau n. m.
 PL. pieds-d'oiseau
pied-droit n. m.
 PL. pieds-droits
piédestal, aux n. m.
pied-fort n. m.
 PL. pieds-forts
piedmont n. m.
pied-noir n.
 PL. pieds-noirs
piédouche n. m.
pied-plat n. m.
 PL. pieds-plats
piédroit ou pied-droit n. m.
 PL. piédroits ou pieds-droits
piéfort ou pied-fort n. m.
 PL. piéforts ou pieds-forts
piège n. m.
piégeage n. m.
piéger v. tr. (conjug. 3 et 6)
piégeur, euse n.
piégeux, euse adj.
pie-grièche n. f.
 PL. pies-grièches
pie-mère n. f.
 PL. pies-mères
piémont n. m.
piémontais, aise adj. et n.
piercer v. tr.
piercing n. m.
pie-rouge adj. inv.
pierrade® n. f.
pierraille n. f.

pierre n. f.
pierrée n. f.
pierreries n. f. pl.
pierrette n. f.
pierreux, euse adj. et n. f.
pierrier n. m.
pierrot n. m.
pietà ou piéta* n. f.
 PL. inv. ou piétas*
piétaille n. f.
piété n. f.
piètement n. m.
piéter v. intr. (conjug. 6)
piétin n. m.
piétinant, ante adj.
piétinement n. m.
piétiner v. (conjug. 1)
piétisme n. m.
piétiste n.
piéton, onne n. et adj.
piétonnier, ière adj.
piètre adj.
piètrement adv.
pieu n. m.
pieusement adv.
pieuter (se) v. pron. (conjug. 1)
pieuvre n. f.
pieux, pieuse adj.
pièze n. f.
piézoélectricité n. f.
piézoélectrique adj.
piézographe n. m.
piézographie n. f.
piézomètre n. m.
piézométrique adj.
pif interj. ;
pifer ou piffer v. tr. (conjug. 1) ; surtout à l'inf.)
piffrer v. tr. (conjug. 1)
pifomètre n. m.
pifométrique adj.
pige n. f.
pigeon n. m.
pigeonnant, ante adj.
pigeonne n. f.
pigeonneau n. m.
pigeonner v. tr. (conjug. 1)
pigeonnier n. m.
piger v. tr. (conjug. 3)

pigiste n.
pigment n. m.
pigmentaire adj.
pigmentation n. f.
pigmenter v. tr. (conjug. 1)
pignada n. f.
pigne n. f.
pignocher v. intr. (conjug. 1)
pignon n. m.
pignoratif, ive adj.
pignouf, e n.
pilaf n. m.
pilage n. m.
pilaire adj.
pilastre n. m.
pilchard n. m.
pile n. f. ; adv.
piler v. (conjug. 1)
pilet n. m.
pileux, euse adj.
pilier n. m.
pilifère adj.
piliforme adj.
pili-pili n. m. inv.
pillage n. m.
pillard, arde n. et adj.
piller v. tr. (conjug. 1)
pilleur, euse n.
pilocarpe n. m.
pilocarpine n. f.
pilon n. m.
pilonnage n. m.
pilonner v. tr. (conjug. 1)
pilori n. m.
pilosébacé, ée adj.
piloselle n. f.
pilosisme n. m.
pilosité n. f.
pilot n. m.
pilotable adj.
pilotage n. m.
pilote n.
piloter v. tr. (conjug. 1)
pilotin n. m.
pilotis n. m.
pilou n. m.
pilpil n. m.
pils n. f.
pilulaire adj. et n. m.

pilule n. f.
pilulier n. m.
pilum n. m.
pimbêche n. f.
pimbina ou pembina n. m.
piment n. m.
pimenter v. tr. (conjug. 1)
pimpant, ante adj.
pimprenelle n. f.
pin n. m.
pinacle n. m.
piña colada n. f.
pinacothèque n. f.
pinaillage n. m.
pinailler v. intr. (conjug. 1)
pinailleur, euse n.
pinard n. m.
pinardier n. m.
pinasse n. f.
pinastre n. m.
pinata ou piñata n. f.
pinçage n. m.
pinçard, arde adj.
pince n. f.
pincé, ée adj.
pinceau n. m.
pincée n. f.
pince-fesse(s) n. m.
  PL. pince-fesses
pince-jupe n. f.
  PL. pince-jupes
pincelier n. m.
pincement n. m.
pince-monseigneur n. f.
  PL. pinces-monseigneur
pince-nez n. m. inv.
pince-oreille n. m.
  PL. pince-oreilles
pincer v. tr. (conjug. 3)
pince-sans-rire n. inv.
pincette n. f.
pinchard, arde adj.
pinçon n. m.
pinçure n. f.
pindarique adj.
pindariser v. intr. (conjug. 1)
pindarisme n. m.
pine n. f.

pinéal, ale, aux adj.
pineau n. m.
pinède n. f.
pineraie n. f.
pingouin n. m.
ping-pong ou pingpong* n. m.
  PL. INV. ou pingpongs*
pingre n. et adj.
pingrerie n. f.
pinière n. f.
pinne n. f.
pinnipèdes n. m. pl.
pinnothère n. m.
pinnule n. f.
pinocytose n. f.
pinot n. m.
pin-pon interj. et n. m. inv.
pin's n. m. (rec. off. : épinglette)
pinson n. m.
pintade n. f.
pintadeau n. m.
pintadine n. f.
pinte n. f.
pinter v. (conjug. 1)
pin up ou pinup* n. f.
  PL. INV. ou pinups*
pinyin n. m. et adj.
piochage n. m.
pioche n. f.
piocher v. tr. (conjug. 1)
piocheur, euse n.
piolet n. m.
¹pion n. m.
²pion, pionne n. (surveillant)
pioncer v. intr. (conjug. 3)
pionnicat n. m.
pionnier, ière n. et adj.
pioupiou n. m.
pipa n. m.
pipe n. f.
pipeau n. m.
pipeauter ou pipoter v. (conjug. 1)
pipée n. f.
pipelet, ette n.
pipeline n. m.
piper v. (conjug. 1)

pipérade ou **piperade** n. f.
piper-cub n. m.
PL. *piper-cubs*
piperie n. f.
pipérin n. m.
pipérine n. f.
pipéronal n. m.
pipette n. f.
pipeule adj. inv. et n. m. inv.
pipi n. m.
pipier, ière n. et adj.
pipi-room n. m.
pipistrelle n. f.
pipit n. m.
pipo n. m.
pipole adj. inv. et n. m. inv.
pipolisation n. f.
pipoter v. (conjug. 1)
pippermint® n. m.
piquage n. m.
¹**piquant, ante** adj.
²**piquant** n. m.
pique n. f. ; n. m.
piqué, ée adj.
pique-assiette n.
PL. *pique-assiettes*
pique-bœuf n. m.
PL. *pique-bœufs*
pique-bois n. m. inv.
pique-feu n. m.
PL. *pique-feux*
pique-fleur n. m.
PL. *pique-fleurs*
piquenique ou
pique-nique n. m.
PL. *pique(-)niques*
piqueniquer ou
pique-niquer v. intr.
(conjug. 1)
piqueniqueur, euse ou
pique-niqueur, euse n.
PL. *pique(-)niqueurs, euses*
pique-note n.
PL. *pique-notes*
piquepoul n. m.
piquer v. (conjug. 1)
piquerie n. f.
piquet n. m.
piquetage n. m.
piqueter v. tr. (conjug. 4)

piqueteur, euse n.
piquette n. f.
piqueur, euse n.
piqueux n. m.
piquier n. m.
piquoir n. m.
piquouse n. f.
piqûre ou **piqure*** n. f.
piranha n. m.
piratable adj.
piratage n. m.
pirate n. m.
pirater v. (conjug. 1)
piraterie n. f.
pire adj.
piriforme adj.
pirogue n. f.
piroguier n. m.
pirojki n. m.
pirole n. f.
pirouette n. f.
pirouettement n. m.
pirouetter v. intr.
(conjug. 1)
pis adv. ; n. m.
pis-aller n. m. inv.
piscicole adj.
pisciculteur, trice n.
pisciculture n. f.
pisciforme adj.
piscine n. f.
piscinier ou **pisciniste**
n. m.
piscivore adj.
pisé n. m.
pisiforme adj. m.
pisolit(h)e n. f.
pisolit(h)ique adj.
pissaladière n. f.
pissat n. m.
pisse n. f.
pisse-copie n.
PL. *pisse-copies*
pisse-froid ou
pissefroid* n. m.
PL. inv. ou *pissefroids**
pissement n. m.
pissenlit n. m.
pisser v. (conjug. 1)
pissette n. f.

pisseur, euse n.
pisseux, euse adj.
pisse-vinaigre n.
PL. *pisse-vinaigres*
pissoir n. m.
pissotière n. f.
pissou n. m.
pistache n. f.
pistachier n. m.
pistage n. m.
pistard, arde n.
piste n. f.
pister v. tr. (conjug. 1)
pisteur, euse n.
pistil n. m.
pistole n. f.
pistoléro ou **pistolero**
n. m.
pistolet n. m.
pistolet-mitrailleur n. m.
PL. *pistolets-mitrailleurs*
pistoleur n. m.
piston n. m.
pistonner v. tr. (conjug. 1)
pistou n. m.
pita n. f.
pitahaya n. f.
pitance n. f.
pitbull ou **pit-bull** n. m.
PL. *pit(-)bulls*
pitch n. m.
pitcher v.
pitchoun, oune n.
pitchounet, ette n.
pitchpin n. m.
pite n. f.
piteusement adv.
piteux, euse adj.
pithécanthrope n. m.
pithiatique adj.
pithiatisme n. m.
pithiviers n. m.
pitié n. f.
piton n. m.
pitonnage n. m.
pitonner v. intr. (conjug. 1)
pitoune n. f.
pitoyable adj.
pitoyablement adv.
pitre n. m.

pitrerie n. f.
pittoresque adj. et n. m.
pittoresquement adv.
pittosporum n. m.
pituitaire adj.
pituite n. f.
pityriasis n. m.
pive n. f.
pivert n. m.
pivoine n. f.
pivot n. m.
pivotant, ante adj.
pivoter v. intr. (conjug. 1)
pixel n. m.
pixéliser v. tr. (conjug. 1)
pizza [pidza] n. f.
pizzaïolo [pidzajɔlo] n. m.
pizzéria ou pizzeria [pidzɛrja] n. f.
pizzicato [pidzikato] n. m. PL. pizzicatos ou pizzicati (it.)
P. J. n. f. (police judiciaire)
Pl symb.
placage n. m.
placard n. m.
placarder v. tr. (conjug. 1)
placardisation n. f.
placardiser v. tr. (conjug. 1)
place n. f.
placé, ée adj.
placeau n. m.
placébo ou placebo n. m.
placement n. m.
placenta [-sɛ̃-] n. m.
placentaire [-sɛ̃-] adj. et n. m.
placentation n. f.
²placer [plasɛʀ] n. m.
²placer v. tr. (conjug. 3)
placet n. m.
placette n. f.
placeur, euse n.
placide adj.
placidement adv.
placidité n. f.
placier, ière n.
placo n. m.
placoplâtre® n. m.
placotage n. m.

placoter v. intr. (conjug. 1)
placoteur, euse ou placoteux, euse n. et adj.
plafond n. m.
plafonnage n. m.
plafonnement n. m.
plafonner v. (conjug. 1)
plafonneur n. m.
plafonnier n. m.
plagal, ale, aux adj.
plage n. f.
plagiaire n.
plagiat n. m.
plagier v. tr. (conjug. 7)
plagioclase n.
plagiste n.
¹plaid [plɛ] n. m. (tribunal, procès)
²plaid [plɛd] n. m. (couverture)
plaidable adj.
plaidant, ante adj.
plaider v. (conjug. 1)
plaider-coupable n. m.
plaideur, euse n.
plaidoirie n. f.
plaidoyer n. m.
plaie n. f.
plaignant, ante adj. et n.
plaignard, arde adj.
¹plain, plaine adj.
²plain n. m.
plain-chant n. m. PL. plains-chants
plaindre v. tr. (conjug. 52)
plaine n. f.
plain-pied (de) loc. adv.
plainte n. f.
plaintif, ive adj.
plaintivement adv.
plaire v. tr. (conjug. 54 ; p. p. inv.)
plaisamment adv.
plaisance n. f.
plaisancier, ière n.
plaisant, ante adj. et n. m.
plaisanter v. (conjug. 1)
plaisanterie n. f.
plaisantin n. m. et adj. m.

plaisir n. m.
¹plan, plane adj.
²plan n. m.
planage n. m.
planaire n. f.
planant, ante adj.
planarisation n. f.
plancha n. f.
planche n. f.
planche-contact n. f. PL. planches-contact
planchéiage n. m.
planchéier v. tr. (conjug. 7)
¹plancher n. m.
²plancher v. intr. (conjug. 1)
planchette n. f.
planchiste n.
plançon n. m.
plan-concave adj. PL. plan-concaves
plan-convexe adj. PL. plan-convexes
plancton n. m.
planctonique adj.
plane n. f.
plané, ée adj.
planéité n. f.
planer v. (conjug. 1)
planétaire adj.
planétairement adv.
planétarisation n. f.
planétarium n. m.
planète n. f.
planétoïde n. m.
planétologie n. f.
planétologue n.
planeur n. m.
planeuse n. f.
planèze n. f.
planificateur, trice n.
planification n. f.
planifier v. tr. (conjug. 7)
planimètre n. m.
planimétrie n. f.
planimétrique adj.
planisme n. m.
planisphère n. m.
planiste n.
planning n. m.
planoir n. m.

planorbe n. f.
plan-plan adv.
planque n. f.
planqué, ée adj. et n.
planquer v. (conjug. 1)
plan-séquence n. m.
PL. *plans-séquences*
plansichter [plɑ̃siʃtɛʀ] n. m.
plant n. m.
plantade n. f.
plantage n. m.
plantain n. m.
plantaire adj.
plantard n. m.
plantation n. f.
plante n. f.
planté, ée adj.
planter v. tr. (conjug. 1)
planteur, euse n.
planteuse n. f.
plantigrade adj. et n. m.
plantoir n. m.
planton n. m.
plantule n. f.
plantureusement adv.
plantureux, euse adj.
plaquage n. m.
plaque n. f.
plaqué, ée n. m.
plaquemine n. f.
plaqueminier n. m.
plaquer v. tr. (conjug. 1)
plaquettaire adj.
plaquette n. f.
plaqueur, euse n.
plaquiste n.
plasma n. m.
plasmagène n. m. et adj.
plasmaphérèse n. f.
plasmatique adj.
plasmide n. m.
plasmifier v. tr. (conjug. 7)
plasmine n. f.
plasmique adj.
plasmocyte n. m.
plasmode n. m.
plasmodium n. m.
plasmolyse n. f.
plaste n. m.

plastic n. m.
plasticage n. m.
plasticien, ienne n.
plasticine n. f.
plasticité n. f.
plastie n. f.
plastifiant, iante n. m. et adj.
plastifier v. tr. (conjug. 7)
plastiquage n. m.
plastique adj. et n.
plastiquement adv.
plastiquer v. tr. (conjug. 1)
plastiqueur, euse n.
plastisol n. m.
plastoc n. m.
plastron n. m.
plastronner v. (conjug. 1)
plasturgie n. f.
plasturgiste n.
¹**plat, plate** adj. et n. m.
²**plat** n. m. (récipient)
platane n. m.
plat-bord n. m.
PL. *plats-bords*
plate n. f.
plateau n. m.
plateau-repas n. m.
PL. *plateaux-repas*
platebande ou
plate-bande n. f.
PL. *platebandes* ou
plates-bandes
platée n. f.
plateforme ou
plate-forme n. f.
PL. *plateformes* ou
plates-formes
platelonge ou
plate-longe n. f.
PL. *platelonges* ou
plates-longes
platement adv.
plateresque adj.
plathelminthes n. m. pl.
platier n. m.
platinage n. m.
platine n. f. ; n. m.
platiné, ée adj.
platiner v. tr. (conjug. 1)
platinifère adj.

platinite n. f.
platinotypie n. f.
platitude n. f.
platonicien, ienne adj.
platonique adj.
platoniquement adv.
platonisme n. m.
plâtrage n. m.
plâtras n. m.
plâtre n. m.
plâtrer v. tr. (conjug. 1)
plâtrerie n. f.
plâtreux, euse adj.
plâtrier n. m.
plâtrière n. f.
platyrhiniens n. m. pl.
plausibilité n. f.
plausible adj.
plausiblement adv.
play-back ou **playback***
[plɛbak] n. m.
PL. inv. ou *playbacks** (rec.
off. : présonorisation)
play-boy ou **playboy***
[plɛbɔj] n. m.
PL. *play-boys* ou *playboys**
playlist n. f.
playmate n. f.
play-off n. m. inv.
plèbe n. f.
plébéien, ienne n. et adj.
plébiscitaire adj.
plébiscite n. m.
plébisciter v. tr. (conjug. 1)
plectre n. m.
pléiade n. f.
plein, pleine adj. et n. m.
pleinement adv.
plein-emploi ou **plein emploi** n. m.
pléiotrope adj.
pléiotropie n. f.
pléistocène adj. et n. m.
plénier, ière adj.
plénipotentiaire n.
plénitude n. f.
plénum ou **plenum** n. m.
pléonasme n. m.
pléonastique adj.
plésiomorphe adj.

plésiosaure n. m.
pléthore n. f.
pléthorique adj.
pleur n. m.
pleurage n. m.
pleural, ale, aux adj.
pleurant, ante adj. et n. m.
pleurard, arde adj. et n.
pleure-misère n.
  PL. inv. ou *pleure-misères*
pleurer v. (conjug. 1)
pleurésie n. f.
pleurétique adj.
pleureur, euse n. et adj.
pleureuse n. f.
pleurite n. f. et m.
pleurnichard, arde adj.
pleurnichement n. m.
pleurnicher v. intr. (conjug. 1)
pleurnicherie n. f.
pleurnicheur, euse n. et adj.
pleurobranche n. m.
pleurodynie n. f.
pleuronectes n. m. pl.
pleuropneumonie n. f.
pleurote n. m.
pleurotomie n. f.
pleutre n. m. et adj.
pleutrerie n. f.
pleuvasser v. impers. (conjug. 1)
pleuviner v. impers. (conjug. 1)
pleuvioter v. impers. (conjug. 1)
pleuvoir v. impers. et intr. (conjug. 23)
pleuvoter ou pleuvioter v. impers. (conjug. 1)
plèvre n. f.
plexiglas® n. m.
plexus n. m.
pli n. m.
pliable adj.
pliage n. m.
pliant, pliante adj. et n. m.
plie n. f.

plié n. m.
pliement n. m.
plier v. (conjug. 7)
plieur, plieuse n.
plinthe n. f.
pliocène adj. et n. m.
plioir n. m.
pliosaure n. m.
plique n. f.
plissage n. m.
plissé, ée adj. et n. m.
plissement n. m.
plisser v. (conjug. 1)
plisseur, euse n.
plissure n. f.
pliure n. f.
ploc interj.
ploiement n. m.
plomb n. m.
plombage n. m.
plombe n. f.
plombé, ée adj.
plombée n. f.
plombémie n. f.
plomber v. tr. (conjug. 1)
plomberie n. f.
plombeur n. m.
plombier n. m.
plombière n. f.
plombières n. f.
plombifère adj.
plomboir n. m.
plombure n. f.
plommée n. f.
plonge n. f.
plongeant, ante adj.
plongée n. f.
plongement n. m.
plongeoir n. m.
plongeon n. m.
plonger v. (conjug. 3)
plongeur, euse n.
plot n. m.
plouc n. et adj.
plouf interj.
ploutocrate n. m.
ploutocratie n. f.
ploutocratique adj.
ployable adj.

ployer v. (conjug. 8)
pluché, ée adj.
plucher v. intr. (conjug. 1)
pluches n. f. pl.
plucheux, euse adj.
plugin [plœgin] n. m.
pluie n. f.
plum n. m.
plumage n. m.
plumaison n. f.
plumard n. m.
plumasserie n. f.
plumassier, ière n. et adj.
plum-cake n. m.
  PL. *plum-cakes*
plume n. f. ; n. m.
plumeau n. m.
plumée n. f.
plumer v. (conjug. 1)
plumer (se) v. pron. (conjug. 1)
plumet n. m.
plumeté, ée adj.
plumetis n. m.
plumette n. f.
plumeur, euse n.
plumeux, euse adj.
plumier n. m.
plumitif n. m.
plum-pudding ou plumpouding n. m.
  PL. *plum-puddings* ou *plumpoudings*
plumule n. f.
plupart (la) n. f.
plural, ale, aux adj.
pluralisme n. m.
pluraliste adj.
pluralité n. f.
pluriannuel, elle adj.
pluricellulaire adj.
pluriculturel, elle adj.
pluridisciplinaire adj.
pluridisciplinarité n. f.
pluriel, ielle n. m. et adj.
pluriethnique adj.
plurilatéral, ale, aux adj.
plurilingue adj. et n.
plurilinguisme n. m.

plurinational, ale, aux adj.
pluripartisme n. m.
pluripartite adj.
pluripensionné, ée n.
plurivalent, ente adj.
plurivocité n. f.
plurivoque adj.
plus adv.
plusieurs adj. et nominal indéf. pl.
plus-que-parfait n. m.
plus-value n. f.
PL. *plus-values*
pluton n. m.
plutonien, ienne adj.
plutonigène adj.
plutonique adj.
plutonisme n. m.
plutonium [plytɔnjɔm] n. m.
plutôt adv.
pluvial, iale, iaux adj.
pluvian n. m.
pluvier n. m.
pluvieux, ieuse adj.
pluviner v. impers. (conjug. **1**)
pluviomètre n. m.
pluviométrie n. f.
pluviométrique adj.
pluvionival, ale, aux adj.
pluviôse n. m.
pluviosité n. f.
P. L. V. n. f. inv. (publicité sur le lieu de vente)
P. M. n. f. (police militaire)
p. m. loc. adv. (post meridiem)
¹P. M. A. n. m. pl. (pays les moins avancés)
²P. M. A. n. f. inv. (procréation médicalement assistée)
P. M. E. n. f. inv. (petites et moyennes entreprises)
P. M. I. n. f. (protection maternelle et infantile)
P. M. U. n. m. (pari mutuel urbain)

P. N. B. n. m. (produit national brut)
pneu n. m.
pneumallergène n. m.
pneumatique adj. et n.
pneumatologie n. f.
pneumatophore n. m.
pneumo n. m.
pneumococcie n. f.
pneumoconiose n. f.
pneumocoque n. m.
pneumocystose n. f.
pneumogastrique adj. et n. m.
pneumographie n. f.
pneumologie n. f.
pneumologue n.
pneumomédiastin n. m.
pneumonectomie n. f.
pneumonie n. f.
pneumonique adj. et n.
pneumopathie n. f.
pneumopédiatre n.
pneumopéritoine n. m.
pneumothorax n. m.
pochade n. f.
pochard, arde n. et adj.
pocharder (se) v. pron. (conjug. **1**)
poche n. f.
poché, ée adj.
pocher v. (conjug. **1**)
poche-revolver ou **poche-revolver** n. f.
PL. *poches-revolvers* ou *poches-revolvers*
pochetée n. f.
pochetron, onne n.
pochetronner (se) v. pron. (conjug. **1**)
pochette n. f.
pochette-surprise n. f.
PL. *pochettes-surprises*
pochoir n. m.
pochon n. m.
pochothèque n. f.
pochouse ou **pauchouse** n. f.
pochtron, onne n. m.
podagre n. et adj.

podaire n. f.
podcast n. m.
podcaster v. tr. (conjug. **1**)
podcasting n. m. (rec. off. : diffusion pour baladeur)
podestat n. m.
podiatre n.
podiatrie n. f.
podium n. m.
podologie n. f.
podologique adj.
podologue n.
podomètre n. m.
podotactile adj.
podzol n. m.
podzolique adj.
podzolisation n. f.
podzoliser v. tr. (conjug. **1**)
pœcile ou **pécile*** n. m.
pœcilotherme ou **pécilotherme*** adj.
poêle n. f. ; n. m.
poêlée n. f.
poêler v. tr. (conjug. **1**)
poêlier n. m.
poêlon n. m.
poème n. m.
poésie n. f.
poète n.
poétereau ou **poëtereau*** n. m.
poétesse n. f.
poétique adj. ; n. f.
poétiquement adv.
poétisation n. f.
poétiser v. tr. (conjug. **1**)
pogne n. f.
pogné, ée adj. et n.
pogner v. (conjug. **1**)
pognon n. m.
pogo n. m.
pogonophores n. m. pl.
pogoter v. intr. (conjug. **1**)
pogoteur, euse n.
pogrom ou **pogrome** n. m.
poids n. m.
poignant, ante adj.
poignard n. m.
poignarder v. tr. (conjug. **1**)

poigne n. f.
poignée n. f.
poignet n. m.
poïkilotherme ou pœkilotherme ou pécilotherme* [pɔiki ; pesi-] adj.
poil n. m.
poilade n. f.
poilant, ante adj.
poiler (se) v. pron. (conjug. 1)
¹poilu, ue adj.
²poilu n. m. (soldat)
poinçon n. m.
poinçonnage n. m.
poinçonnement n. m.
poinçonner v. tr. (conjug. 1)
poinçonneur, euse n.
poinçonneuse n. f.
poindre v. (conjug. 49 ; surtout à l'inf., aux 3ᵉ pers. du prés. et de l'imp. et au p. prés.)
poing n. m.
poinsettia n. m.
point adv. ; n. m.
pointage n. m.
pointal, aux n. m.
point de vue n. m.
pointe n. f.
pointé, ée adj.
pointeau n. m.
¹pointer ou pointeur n. m.
²pointer v. (conjug. 1)
pointeur, euse n.
pointillage n. m.
pointillé n. m.
pointiller v. (conjug. 1)
pointilleusement adv.
pointilleux, euse adj.
pointillisme n. m.
pointilliste n. et adj.
pointu, ue adj.
pointure n. f.
point-virgule n. m.
PL. points-virgules
poire n. f.
poiré n. m.

poireau n. m.
poireauter v. intr. (conjug. 1)
poirée n. f.
poirier n. m.
pois n. m.
poiscaille n. f. ou m.
poise n. f.
poiseuille n. m.
poison n. m.
poissard, arde n. et adj.
poisse n. f.
poisser v. tr. (conjug. 1)
poisseux, euse adj.
poisson n. m.
poisson-chat n. m.
PL. poissons-chats
poisson-clown n. m.
PL. poissons-clowns
poisson-épée n. m.
PL. poissons-épées
poisson-lune n. m.
PL. poissons-lunes
poissonnerie n. f.
poissonneux, euse adj.
poissonnier, ière n.
poisson-perroquet n. m.
PL. poissons-perroquets
poisson-pilote n. m.
PL. poissons-pilotes
poisson-scie n. m.
PL. poissons-scies
poitevin, ine n. et adj.
poitrail n. m.
poitrinaire adj. et n.
poitrine n. f.
poitrinière n. f.
poivrade n. f.
poivre n. m.
poivré, ée adj.
poivrer v. tr. (conjug. 1)
poivrier n. m.
poivrière n. f.
poivron n. m.
poivrot, ote n.
poix n. f.
poker n. m.
polack n. m.
polacre n. f.
polaire adj. et n. f.

polaque n. m.
¹polar n. m.
²polar ou polard, arde n. (étudiant)
polarimètre n. m.
polarimétrie n. f.
polarisable adj.
polarisant, ante adj.
polarisation n. f.
polariscope n. m.
polariser v. tr. (conjug. 1)
polariseur adj. et n. m.
polarité n. f.
polaroïd® n. m.
polatouche n. m.
polder n. m.
pôle n. m.
polémarque n. m.
polémique adj. et n. f.
polémiquer v. intr. (conjug. 1)
polémiste n.
polémologie n. f.
polémologique adj.
polémologue n.
polenta [-lɛn-] n. f.
pole position n. f.
¹poli, ie adj.
²poli n. m.
police n. f.
policé, ée adj.
policeman [pɔlisman] n. m.
PL. policemen ou policemans
policer v. tr. (conjug. 3)
polichinelle n. m.
policier, ière adj. et n.
policlinique n. f.
poliment adv.
polio n. f.
polioencéphalite n. f.
poliomyélite n. f.
poliomyélitique adj. et n.
poliorcétique adj. et n. f.
poliovirus n. m.
polir v. tr. (conjug. 2)
polissable adj.
polissage n. m.
polisseur, euse n.
polissoir n. m.
polissoire n. f.

polisson

polisson, onne n. et adj.
polissonner v. intr. (conjug. 1)
polissonnerie n. f.
poliste n. f. ou m.
politburo n. m.
politesse n. f.
politicaillerie n. f.
politicard, arde n. et adj.
politicien, ienne n. et adj.
politico-judiciaire adj.
 PL. politico-judiciaires
politique adj. et n. m. ; n. f.
politique-fiction n. f.
politiquement adv.
politiquer v. intr. (conjug. 1)
politisation n. f.
politiser v. tr. (conjug. 1)
politiste n.
politologie n. f.
politologue n.
poljé n. m.
polka n. f.
pollakiurie n. f.
pollen [pɔlɛn] n. m.
pollicitation n. f.
pollinie n. f.
pollinique adj.
pollinisateur, trice adj.
pollinisation n. f.
polliniser v. tr. (conjug. 1)
pollinose n. f.
polluant, ante adj. et n. m.
polluer v. tr. (conjug. 1)
pollueur, euse adj. et n.
pollution n. f.
polo n. m.
polochon n. m.
polonais, aise adj. et n.
polonaise n. f.
polonium n. m.
poltron, onne adj. et n.
poltronnerie n. f.
polyacide n. m.
polyacrylique adj.
polyakène n. m.
polyalcool n. m.
polyamide n. m.
polyamine n. f.

polyandre adj.
polyandrie n. f.
polyarthrite n. f.
polycarbonate n. m.
polycentrique adj.
polycentrisme n. m.
polycéphale adj.
polychètes [-kɛt] n. m. pl.
polychlorure [-k-] n. f.
polychrome [-k-] adj.
polychromie [-k-] n. f.
polyclinique n. f.
polycondensat n. m.
polycondensation n. f.
polycopie n. f.
polycopié, iée adj. et n. m.
polycopier v. tr. (conjug. 7)
polycoton n. m.
polyculture n. f.
polycyclique adj.
polydactyle adj.
polydactylie n. f.
polyèdre n. m. et adj.
polyédrique adj.
polyélectrolyte n. m.
polyembryonie n. f.
polyester n. m.
polyéther n. m.
polyéthylène n. m.
polygala n. m.
polygale n. m.
polygame n. et adj.
polygamie n. f.
polygénie n. f.
polygénique adj.
polygénisme n. m.
polygéniste adj. et n.
polyglobulie n. f.
polyglossie n. f.
polyglotte adj. et n.
polygonacées n. f. pl.
polygonal, ale, aux adj.
polygonation n. f.
polygone n. m.
polygraphe n.
polyhandicap n. m.
polyhandicapé, ée adj. et n.
polyinsaturé, ée adj.
polymérase n. f.

polymère n. m.
polymérie n. f.
polymérique adj.
polymérisable adj.
polymérisation n. f.
polymériser v. tr. (conjug. 1)
polyméthacrylate n. m.
polymorphe adj.
polymorphie n. f.
polymorphisme n. m.
polynévrite n. f.
polynôme n. m.
polynucléaire adj.
polyol n. m.
polyoside n. m.
polypathologie n. f.
polype n. m.
polypensionné, ée adj.
polypeptide n. m.
polypeptidique adj.
polypétale adj.
polypeux, euse adj.
polyphasé, ée adj.
polyphénol n. m.
polyphonie n. f.
polyphonique adj.
polyphosphate n. m.
polypier n. m.
polyploïde adj.
polyploïdie n. f.
polypnée n. f.
polypode n. m.
polypore n. m.
polyporopylène n. m.
polypose n. f.
polypropylène n. m.
polyptère n. m.
polyptyque n. m.
polyribosome n. m.
polysaccharide ou polysaccaride* [-k-] n. m.
polysémie n. f.
polysémique adj.
polysoc n. m.
polysome n. m.
polystyle adj.
polystyrène n. m.
polysulfure n. m.

polysyllabe adj.
polysyllabique adj.
polysynodie n. f.
polysynthétique adj.
polytechnicien, ienne n. et adj.
polytechnique adj. et n. f.
polythéisme n. m.
polythéiste n. et adj.
polythène® n. m.
polytonal, ale, aux ou **als** adj.
polytonalité n. f.
polytoxicomane n. et adj.
polytoxicomanie n. f.
polytransfusé, ée adj. et n.
polytraumatisé, ée adj. et n.
polytraumatisme n. m.
polytric n. m.
polyuréthane ou **polyuréthanne** n. m.
polyurie n. f.
polyurique adj.
polyvalence n. f.
polyvalent, ente adj.
polyvinyle n. m.
polyvinylique adj.
POM n. m. (pays d'outre-mer)
pomélo n. m.
pomerium ou **pomérium*** n. m.
pomerol n. m.
pomiculteur, trice n.
pomiculture n. f.
pommade n. f.
pommader v. tr. (conjug. 1)
pommard n. m.
pomme n. f.
pommé, ée adj.
pommeau n. m.
pomme de terre n. f.
pommelé, ée adj.
pommeler (se) v. pron. (conjug. 4)
pommelle n. f.
pommer v. intr. (conjug. 1)
pommeraie n. f.
pommeté, ée adj.
pommette n. f.
pommier n. m.
pomoculteur, trice n.
pomoculture n. f.
pomœrium ou **pomerium** ou **pomérium*** n. m.
pomologie n. f.
pomologique adj.
pomologiste n.
pomologue n.
pompadour n. f.
pompage n. m.
pompant, ante adj.
pompe n. f.
pomper v. tr. (conjug. 1)
pompette adj.
pompeusement adv.
pompeux, euse adj.
¹pompier, ière adj. et n. (prétentieux)
²pompier n. m.
pompiérisme n. m.
pompile n. m.
pompiste n.
pom-pom girl n. f.
PL. *pom-pom girls*
pompon n. m.
pomponne n. f.
pomponner v. tr. (conjug. 1)
ponant n. m.
ponçage n. m.
ponceau n. m. et adj.
poncer v. tr. (conjug. 3)
ponceur n. m.
ponceuse n. f.
ponceux, euse adj.
poncho n. m.
poncif n. m.
ponction n. f.
ponctionner v. tr. (conjug. 1)
ponctualité n. f.
ponctuation n. f.
ponctuel, elle adj.
ponctuellement adv.
ponctuer v. tr. (conjug. 1)

pondaison n. f.
pondérable adj.
pondéral, ale, aux adj.
pondérateur, trice adj.
pondération n. f.
pondéré, ée adj.
pondérer v. tr. (conjug. 6)
pondéreux, euse adj. et n. m.
pondeur, euse adj.
pondoir n. m.
pondre v. tr. (conjug. 41)
ponette n. f.
poney n. m.
PL. *poneys*
poney-club n. m.
PL. *poneys-clubs*
pongé ou **pongée** n. m.
pongidés n. m. pl.
pongiste n.
pont n. m.
pontage n. m.
pont-bascule n. m.
PL. *ponts-bascules*
pont-canal n. m.
PL. *ponts-canaux*
ponte n. f. ; n. m.
ponté, ée adj.
pontée n. f.
ponter v. (conjug. 1)
pontet n. m.
pontier n. m.
pontife n. m.
pontifiant, iante adj. et n.
pontifical, ale, aux adj.
pontificat n. m.
pontifier v. intr. (conjug. 7)
pontil n. m.
pont-l'évêque n. m. inv.
pont-levis n. m.
PL. *ponts-levis*
ponton n. m.
ponton-grue n. m.
PL. *pontons-grues*
pontonnier n. m.
pontuseau n. m.
pool n. m.
pop adj. inv.
pop art n. m.

popcorn ou **pop-corn** n. m.
PL. *pop(-)corns*
pope n. m.
popeline n. f.
poplité, ée adj.
pop music n. f.
popote n. f.
popotin n. m.
popov n. inv.
populace n. f.
populacier, ière adj.
populage n. m.
populaire adj.
populairement adv.
popularisation n. f.
populariser v. tr. (conjug. **1**)
popularité n. f.
population n. f.
populationniste adj. et n.
populéum n. m.
populeux, euse adj.
populisme n. m.
populiste n. et adj.
populo n. m.
pop-up n. m. inv.
poquer v. intr. (conjug. **1**)
poquet n. m.
porc n. m.
porcelaine n. f.
porcelainier, ière n. et adj.
porcelet n. m.
porc-épic n. m.
PL. *porcs-épics*
porchaison n. f.
porche n. m.
porcher, ère n.
porcherie n. f.
porcin, ine adj. et n. m.
pore n. m.
poreux, euse adj.
porion n. m.
porno n. m.
pornographe n. m.
pornographie n. f.
pornographique adj.
porosité n. f.
porphyre n. m.

porphyrie n. f.
porphyrine n. f.
porphyrique adj.
porphyrogénète adj.
porphyroïde adj.
porque n. f.
porrection n. f.
porridge n. m.
port n. m.
portabilité n. f.
portable adj.
portage n. m.
portager v. tr. (conjug. **3**)
portail n. m.
portance n. f.
portant, ante adj. et n.
portatif, ive adj.
porte adj. f. ; n. f.
porté n. m.
porte-aéronef(s) n. m.
PL. *porte-aéronefs*
porte-à-faux n. m. inv.
porte-affiche n. m.
PL. *porte-affiches*
porte-aiguille(s) n. m.
PL. *porte-aiguilles*
porte-allumette(s) n. m.
PL. *porte-allumettes*
porte-amarre n. m.
PL. *porte-amarres*
porte-à-porte n. m. inv.
porte-avion(s) n. m.
PL. *porte-avions*
porte-bagage(s) n. m.
PL. *porte-bagages*
porte-balai(s) n. m.
PL. *porte-balais*
porte-bannière n. f.
PL. *porte-bannières*
porte-bébé n. m.
PL. *porte-bébés*
porte-billet(s) n. m.
PL. *porte-billets*
porte-bonheur n. m.
PL. *porte-bonheur(s)*
porte-bouquet n. m.
PL. *porte-bouquets*
porte-bouteille(s) n. m.
PL. *porte-bouteilles*
porte-brancard n. m.
PL. *porte-brancards*

porte-carte(s) n. m.
PL. *porte-cartes*
porte-ceinture(s) n. m.
PL. *porte-ceintures*
porte-chandelle(s) n. m.
PL. *porte-chandelles*
porte-chapeau(x) n. m.
PL. *porte-chapeaux*
porte-chéquier n. m.
PL. *porte-chéquiers*
porte-cigare(s) n. m.
PL. *porte-cigares*
porte-cigarette(s) n. m.
PL. *porte-cigarettes*
porte-clé(s) ou **porteclé*** n. m.
PL. *porte-clés* ou *porteclés**
porte-conteneur(s) n. m.
PL. *porte-conteneurs*
porte-copie n. m.
PL. *porte-copies*
porte-coton n. m.
PL. *porte-cotons*
porte-couteau n. m.
PL. *porte-couteaux*
porte-cravate n. m.
PL. *porte-cravates*
porte-crayon ou **portecrayon*** n. m.
PL. *porte-crayons* ou *portecrayons**
porte-croix n. m. inv.
porte-crosse n. m.
PL. *porte-crosses*
porte-document(s) n. m.
PL. *porte-documents*
porte-drapeau n. m.
PL. *porte-drapeaux*
portée n. f.
porte-enseigne n. m.
PL. *porte-enseignes*
porte-épée n. m.
PL. *porte-épées*
porte-étendard n. m.
PL. *porte-étendards*
porte-étrier n. m.
PL. *porte-étriers*
porte-étrivière n. m.
PL. *porte-étrivières*
portefaix n. m.

porte-fanion n. m.
PL. *porte-fanions*
porte-fenêtre n. f.
PL. *portes-fenêtres*
portefeuille n. m.
porte-flingue n. m.
PL. *porte-flingues*
porte-folio n. m.
PL. *porte-folios*
porte-fort n. m. inv.
porte-glaive n. m.
PL. *porte-glaives*
porte-greffe n. m.
PL. *porte-greffes*
porte-hauban(s) n. m.
PL. *porte-haubans*
porte-hélicoptère(s) n. m.
PL. *porte-hélicoptères*
porte-jarretelle(s) n. m.
PL. *porte-jarretelles*
porte-jupe n. m.
PL. *porte-jupes*
porte-lame n. m.
PL. *porte-lames*
porte-malheur n. m.
PL. *porte-malheur(s)*
portemanteau ou **porte-manteau** n. m.
PL. *porte(-)manteaux*
portement n. m.
porte-menu n. m.
PL. *porte-menus*
porte-mine ou **portemine*** n. m.
PL. *porte-mines* ou *portemines**
portemonnaie ou **porte-monnaie** n. m.
PL. *porte(-)monnaies*
porte-montre n. m.
PL. *porte-montres*
porte-mors n. m. inv.
porte-musique n. m.
PL. *porte-musique(s)*
porte-objet n. m.
PL. *porte-objets*
porte-outil n. m.
PL. *porte-outils*
porte-panier n. m.
PL. *porte-paniers*

porte-parapluie n. m.
PL. *porte-parapluies*
porte-parole n. m.
PL. *porte-parole(s)*
porteplume ou **porte-plume** n. m.
PL. *porte(-)plumes*
porte-poussière n. m.
PL. *porte-poussière(s)*
porte-queue n. m.
PL. *porte-queues*
¹**porter** n. m.
²**porter** v. tr. (conjug. 1)
porte-revue(s) n. m.
PL. *porte-revues*
porterie n. f.
porte-savon n. m.
PL. *porte-savons*
porte-serviette n. m.
PL. *porte-serviettes*
porteur, euse n. et adj.
porte-vent n. m.
PL. *porte-vent(s)*
porte-voix ou **portevoix*** n. m. inv.
portfolio n. m.
portier, ière n.
portière adj. f. ; n. f.
portillon n. m.
portion n. f.
portionnable adj.
portionnaire n.
portionné, ée adj.
portionneur n. m.
portionneuse n. f.
portique n. m.
portland n. m.
portlandien n. m.
porto n. m.
portor n. m.
portrait n. m.
portraitiste n.
portrait-robot n. m.
PL. *portraits-robots*
portraiturer v. tr. (conjug. 1)
port-salut® n. m. inv.
portuaire adj.
portugais, aise adj. et n.
portulan n. m.
portune n. m.

P. O. S. n. m. (plan d'occupation des sols)
posada n. f.
pose n. f.
posé, ée adj.
posément adv.
posemètre n. m.
poser v. (conjug. 1)
poseur, euse n.
posidonie n. f.
¹**positif, ive** adj. et n. m.
²**positif** n. m. (clavier)
position n. f.
positionnel, elle adj.
positionnement n. m.
positionner v. tr. (conjug. 1)
positivement adv.
positiver v. (conjug. 1)
positivisme n.
positiviste adj. et n.
positivité n. f.
positon ou **positron** n. m.
positonium ou **positronium** n. m.
positron n. m.
positronium n. m.
posologie n. f.
possédant, ante adj. et n.
possédé, ée adj. et n.
posséder v. tr. (conjug. 6)
possesseur n. m.
possessif, ive adj. et n. m.
possession n. f.
possessionnel, elle adj.
possessivité n. f.
possessoire adj.
possibilité n. f.
possible adj. et n. m.
possiblement adv.
post n. m.
postage n. m.
postal, ale, aux adj.
postcombustion n. f.
postcommunisme n. m.
postcommuniste adj. et n.
postcure n. f.
postdate n. f.
postdater v. tr. (conjug. 1)

postdoc adj. inv.
postdoctoral, ale, aux adj.
poste n. f. ; n. m.
posté, ée adj.
poste-frontière n. m.
  PL. postes-frontières
¹**poster** [pɔstɛʀ] n. m.
²**poster** v. tr. (conjug. 1)
postérieur, ieure adj. et n. m.
postérieurement adv.
posteriori (a) loc. a posteriori
postériorité n. f.
postériser v. tr. (conjug. 1)
postérité n. f.
postface n. f.
postfacer v. tr. (conjug. 3)
postglaciaire adj. et n. m.
posthite n. f.
posthume adj.
posthypophyse n. f.
postiche adj. et n. m.
postier, ière n.
postillon n. m.
postillonner v. intr. (conjug. 1)
postindustriel, elle adj.
post-it® n. m. inv. (rec. off. : papillon)
postlude n. m.
postmoderne adj.
postmodernisme n. m.
postmoderniste n.
post mortem loc. adv. et loc. adj.
postnatal, ale adj.
postopératoire adj.
post-partum ou **postpartum*** n. m. inv.
postposer v. tr. (conjug. 1)
postposition n. f.
postprandial, iale, iaux adj.
postproduction n. f.
postscolaire adj.
post-scriptum ou **postscriptum*** n. m.
  PL. inv. ou postscriptums*

postsoixante-huitard, arde adj. et n.
  PL. postsoixante-huitards, ardes
postsonorisation n. f.
postsynaptique adj.
postsynchronisation [-k-] n. f.
postsynchroniser [-k-] v. tr. (conjug. 1)
post-traumatique adj.
  PL. post-traumatiques
postulant, ante n.
postulat n. m.
postulation n. f.
postuler v. (conjug. 1)
postural, ale, aux adj.
posture n. f.
pot n. m.
potabilisation n. f.
potabilité n. f.
potable adj.
potache n. m.
potage n. m.
potager, ère adj. et n. m.
potamochère n. m.
potamogéton n. m.
potamologie n. f.
potamot n. m.
potard n. m.
potasse n. f.
potasser v. tr. (conjug. 1)
potassique adj.
potassium n. m.
pot-au-feu n. m.
  PL. pot(s)-au-feu
pot-bouille n. f.
pot-de-vin n. m.
  PL. pots-de-vin
pote n.
poteau n. m.
potée n. f.
potelé, ée adj.
potelet n. m.
potence n. f.
potencé, ée adj.
potentat n. m.
potentialisateur, trice adj.
potentialisation n. f.

potentialiser v. tr. (conjug. 1)
potentialité n. f.
potentiel, ielle adj. et n. m.
potentiellement adv.
potentille n. f.
potentiomètre n. m.
poterie n. f.
poterne n. f.
potestatif, ive adj.
poteur n. m.
potiche n. f.
potier, ière n.
potimarron n. m.
potin n. m.
potiner v. intr. (conjug. 1)
potinière n. f.
potion n. f.
potiquet n. m.
potiron n. m.
potlatch n. m.
potomanie n. f.
potomètre n. m.
potorou n. m.
pot-pourri ou **potpourri*** n. m.
  PL. pots-pourris ou potpourris*
potron-minet n. m.
potto n. m.
pou n. m.
pouah interj.
poubelle n. f.
pouce n. m.
pouce-pied ou **pousse-pied** ou **poucepied*** n. m.
  PL. pouces-pieds ou pousse-pieds ou poucepieds*
poucer v. intr. (conjug. 3)
poucettes n. f. pl.
poucier n. m.
pou-de-soie ou **poult-de-soie** n. m.
  PL. pous-de-soie ou poults-de-soie
pouding [pudiŋ] n. m.
poudingue n. m.
poudrage n. m.

poudre n. f.
poudrer v. (conjug. 1)
poudrerie n. f.
poudrette n. f.
poudreuse n. f.
poudreux, euse adj.
poudrier n. m.
poudrière n. f.
poudrin n. m.
poudroiement n. m.
poudroyer v. intr. (conjug. 8)
pouet interj.
pouf n. m. ; interj.
pouffe n. f.
pouffer v. intr. (conjug. 1)
pouffiasse ou **poufiasse** n. f.
pouillard n. m.
pouillé n. m.
pouillerie n. f.
pouilles n. f. pl.
pouilleux, euse adj. et n.
pouillot n. m.
pouilly n. m.
poujadisme n. m.
poujadiste adj. et n.
poulailler n. m.
poulain n. m.
poulaine n. f.
poulamon n. m.
poularde n. f.
poulbot n. m.
poule n. f.
poulet n. m.
poulette n. f.
pouliche n. f.
poulie n. f.
poulinage n. m.
pouliner v. intr. (conjug. 1)
poulinière adj. f.
pouliot n. m.
poulpe n. m.
pouls n. m.
poult-de-soie n. m.
PL. *poults-de-soie*
poumon n. m.
poupard n. m. et adj.
poupart n. m.
poupe n. f.

poupée n. f.
poupin, ine adj.
poupon n. m.
pouponner v. intr. (conjug. 1)
pouponnière n. f.
poupoule n. f.
poupouner v. tr. (conjug. 1)
pour prép. et n. m. inv.
pourav(e) adj.
pourboire n. m.
pourceau n. m.
pourcentage n. m.
pourchasser v. tr. (conjug. 1)
pourfendeur, euse n.
pourfendre v. tr. (conjug. 41)
pourlèche n. f.
pourlécher v. tr. (conjug. 6)
pourliche n. f.
pourparler n. m.
pourpier n. m.
pourpoint n. m.
pourpre n. et adj.
pourpré, ée adj.
pourquoi adv. ; conj. ; n. m. inv.
pourri, ie adj. et n.
pourridié n. m.
pourriel n. m.
pourrir v. (conjug. 2)
pourrissage n. m.
pourrissant, ante adj.
pourrissement n. m.
pourrissoir n. m.
pourriture n. f.
pour-soi ou **poursoi*** n. m. inv.
poursuite n. f.
poursuiteur, euse n.
poursuivant, ante n.
poursuivre v. tr. (conjug. 40)
pourtant adv.
pourtour n. m.
pourvoi n. m.
pourvoir v. tr. (conjug. 25)
pourvoirie n. f.
pourvoyeur, euse n.

pourvu, ue adj. et n.
pourvu que loc. conj.
pousada n. f.
poussage n. m.
poussah ou **poussa*** n. m.
pousse n. f. ; n. m.
pousse-au-crime n. m. inv.
pousse-café n. m.
PL. inv. ou *pousse-cafés**
poussée n. f.
pousse-pied n. m.
PL. *pousse-pieds*
pousse-pousse ou **poussepousse*** n. m.
PL. inv. ou *poussepousses**
pousser v. (conjug. 1)
poussette n. f.
poussette-canne n. f.
PL. *poussettes-cannes*
pousseur n. m.
poussier n. m.
poussière n. f.
poussiéreux, euse adj.
poussif, ive adj.
poussin n. m.
poussinière n. f.
poussivement adv.
poussoir n. m.
poutargue ou **boutargue** n. f.
poutine n. f.
poutou n. m.
poutrage n. m.
poutraison n. f.
poutre n. f.
poutrelle n. f.
poutser ou **poutzer** v. tr. (conjug. 1)
pouture n. f.
poutzer v. tr. (conjug. 1)
¹**pouvoir** n. m.
²**pouvoir** v. tr. (conjug. 33) ; p. p. inv. *pu*)
pouzzolane n. f.
pow-wow n. m. inv.
P. P. C. M. n. m. (plus petit commun multiple)
P. Q. n. m. (papier hygiénique)
practice n. m.

præsidium ou **présidium** [prezidjɔm] n. m.
pragmatique adj. et n. f.
pragmatisme n. m.
pragmatiste adj. et n.
praire n. f.
prairial n. m.
prairie n. f.
prakrit ou **prâkrit** ou **pracrit*** n. m.
pralin n. m.
pralinage n. m.
praline n. f.
praliné, ée adj.
praliner v. tr. (conjug. 1)
prame n. f.
prao n. m.
praséodyme n. m.
praticabilité n. f.
praticable adj. et n. m.
praticien, ienne n.
praticité n. f.
pratiquant, ante adj. et n.
pratique adj. ; n. f.
pratiquement adv.
pratiquer v. tr. (conjug. 1)
praxie n. f.
praxinoscope n. m.
praxis n. f.
pré n. m.
préaccentuation n. f.
préachat n. m.
préacheminement n. m.
préacheter v. tr. (conjug. 5)
préadamisme n. m.
préadamite n. et adj.
préado n.
préadolescence ou **pré-adolescence** n. f.
préadolescent, ente ou **pré-adolescent, ente** n.
préalable adj. et n. m.
préalablement adv.
préalpin, ine adj.
préambule n. m.
préampli n. m.
préamplificateur n. m.
préamplification n. f.

préannoncer v. tr. (conjug. 3)
préau n. m.
préavis n. m.
préaviser v. tr. (conjug. 1)
prébende n. f.
prébendé, ée adj.
prébendier n. m.
prébiotique adj. et n. m.
précâblé, ée adj.
précaire adj.
précairement adv.
précambrien, ienne adj. et n.
précancéreux, euse adj.
précariat n. m.
précarisation n. f.
précariser v. tr. (conjug. 1)
précarité n. f.
précaution n. f.
précautionner v. tr. (conjug. 1)
précautionneusement adv.
précautionneux, euse adj.
précédemment adv.
précédent, ente adj. et n. m.
précéder v. tr. (conjug. 6)
préceinte n. f.
précellence n. f.
précepte n. m.
précepteur, trice n.
préceptorat n. m.
précession n. f.
préchambre n. f.
précharger v. tr. (conjug. 3)
préchauffage n. m.
préchauffe n. f.
préchauffer v. tr. (conjug. 1)
prêche n. m.
prêcher v. (conjug. 1)
prêcheur, euse n. et adj.
prêchi-prêcha ou **prêchiprêcha*** n. m. PL. INV. ou **prêchiprêchas***
précieusement adv.

précieux, ieuse adj. et n. f.
préciosité n. f.
précipice n. m.
précipitamment adv.
précipitation n. f.
¹**précipité, ée** adj.
²**précipité** n. m.
précipiter v. tr. (conjug. 1)
préciput n. m.
préciputaire adj.
¹**précis, ise** adj.
²**précis** n. m.
précisément adv.
préciser v. tr. (conjug. 1)
précision n. f.
précité, ée adj.
préclassique adj.
précoce adj.
précocement adv.
précocité n. f.
précognition n. f.
précolombien, ienne adj.
précombustion n. f.
précompte n. m.
précompter v. tr. (conjug. 1)
préconception n. f.
préconçu, ue adj.
préconisateur, trice n.
préconisation n. f.
préconiser v. tr. (conjug. 1)
précontraint, ainte adj. et n. m.
précontrainte n. f.
précordial, iale, iaux adj.
précordialgie n. f.
précuire v. tr. (conjug. 38)
précuisson n. f.
précuit, ite adj.
précurseur, eure n. et adj.
prédateur, trice n. m. et adj.
prédation n. f.
prédécesseur n.
prédécoupé, ée adj.
prédéfinir v. tr. (conjug. 2)
prédelle n. f.

prédestination n. f.
prédestiné, ée adj.
prédestiner v. tr. (conjug. 1)
prédétermination n. f.
prédéterminer v. tr. (conjug. 1)
prédéterminisme n. m.
prédicable adj. et n.
prédicant n. m.
prédicat n. m.
prédicateur, trice n.
prédicatif, ive adj.
prédication n. f.
prédictif, ive adj.
prédiction n. f.
prédigéré, ée adj.
prédilection n. f.
prédiquer v. tr. (conjug. 1)
prédire v. tr. (conjug. 37 ; sauf *prédisez*)
prédisposer v. tr. (conjug. 1)
prédisposition n. f.
prédominance n. f.
prédominant, ante adj.
prédominer v. intr. (conjug. 1)
préélectoral, ale, aux adj.
préemballé, ée adj.
préembauche n. f.
prééminence n. f.
prééminent, ente adj.
préempter v. tr. (conjug. 1)
préemptif, ive adj.
préemption n. f.
préencollé, ée adj.
préenregistrement n. m.
préenregistrer v. tr. (conjug. 1)
préétablir v. tr. (conjug. 2)
préexcellence n. f.
préexistant, ante adj.
préexistence n. f.
préexister v. intr. (conjug. 1)
préfabrication n. f.
préfabriqué, ée adj.
préface n. f.

préfacer v. tr. (conjug. 3)
préfacier, ière n.
préfectoral, ale, aux adj.
préfecture n. f.
préférable adj.
préférablement adv.
préféré, ée adj. et n.
préférence n. f.
préférentiel, ielle adj.
préférentiellement adv.
préférer v. tr. (conjug. 6)
préfet n. m.
préfète n. f.
préfiguration n. f.
préfigurer v. tr. (conjug. 1)
préfinancement n. m.
préfix, ixe adj.
préfixal, ale, aux adj.
préfixation n. f.
préfixe n. m.
préfixer v. tr. (conjug. 1)
préfixion n. f.
préfloraison n. f.
préfoliation n. f.
préformage n. m.
préformaté, ée adj.
préformation n. f.
préformationnisme n. m.
préformer v. tr. (conjug. 1)
préformisme n. m.
préfourrière n. f.
préfrit, ite adj.
préfrontal, ale, aux adj.
préglaciaire adj.
prégnance n. f.
prégnant, ante adj.
préhellénique adj.
préhenseur adj. m.
préhensile adj.
préhension n. f.
préhistoire n. f.
préhistorien, ienne n.
préhistorique adj.
préhominiens n. m. pl.
préhospitalier, ère adj.
préimplantatoire adj.
préinscription n. f.
préinscrire v. tr. (conjug. 39)

préinstallé, ée adj.
préjudice n. m.
préjudiciable adj.
préjudiciaux adj. m. pl.
préjudiciel, ielle adj.
préjudicier v. intr. (conjug. 7)
préjugé n. m.
préjuger v. tr. (conjug. 3)
prélart n. m.
prélasser (se) v. pron. (conjug. 1)
prélat n. m.
prélatin, ine adj.
prélature n. f.
prélavage n. m.
prêle ou **prêle** n. f.
prélegs [pʀɛlɛ(ɡ)] n. m.
prélèvement n. m.
prélever v. tr. (conjug. 5)
préliminaire n. m. et adj.
préliminairement adv.
prélogique adj.
prélude n. m.
préluder v. (conjug. 1)
prémâcher v. tr. (conjug. 1)
prématuré, ée adj.
prématurément adv.
prématurité n. f.
prémédication n. f.
préméditation n. f.
préméditer v. tr. (conjug. 1)
prémenstruel, elle adj.
prémices n. f. pl.
premier, ière adj. et n.
première n. f.
premièrement adv.
premier-maître ou **premier-maitre*** n. m.
PL. *premiers-maîtres* ou *premiers-maitres**
premier-ministrable adj. et n.
PL. *premiers-ministrables*
premier-né, première-née adj. et n.
PL. *premiers-nés, premières-nées*
prémilitaire adj.
prémisse n. f.

premium

premium ou **prémium** adj. et n. m.
PL. *premiums* ou *prémiums*
premix n. m.
prémolaire n. f.
prémonition n. f.
prémonitoire adj.
prémontré, ée adj.
prémunir v. tr. (conjug. 2)
prémunition n. f.
prenable adj.
prenant, ante adj.
prénatal, ale adj.
prendre v. (conjug. 58)
preneur, euse n.
prénom n. m.
prénommé, ée adj.
prénommer v. tr. (conjug. 1)
prénotion n. f.
prénuptial, iale, iaux adj.
préoccupant, ante adj.
préoccupation n. f.
préoccupé, ée adj.
préoccuper v. tr. (conjug. 1)
préœdipien, ienne adj.
préolympique adj.
préopératoire adj.
préoral, ale, aux adj.
prépa adj. et n. f.
prépaiement n. m.
préparateur, trice n.
préparatif n. m.
préparation n. f.
préparatoire adj.
préparer v. tr. (conjug. 1)
prépayer v. tr. (conjug. 8)
prépension n. f.
prépensionné, ée adj. et n.
prépensionner v. tr. (conjug. 1)
prépondérance n. f.
prépondérant, ante adj.
préposé, ée n.
préposer v. tr. (conjug. 1)
prépositif, ive adj.
préposition n. f.
prépositionnel, elle adj.
prépositivement adv.
prépotence n. f.
prépresse n. f.
préproduction n. f.
préprogrammé, ée adj.
préprogrammer v. tr. (conjug. 1)
prépubère adj. et n.
prépubertaire adj.
prépublication n. f.
prépublier v. tr. (conjug. 7)
prépuce n. m.
préqualificatif, ive adj.
préquel n. m. ou préquelle [-kwɛl] n. f.
préraphaélisme n. m.
préraphaélite n. m. et adj.
préréglable adj.
préréglage n. m.
prérégler v. tr. (conjug. 6)
prérequis n. m.
préretraite n. f.
préretraité, ée adj. et n.
prérogative n. f.
préromantique adj.
préromantisme n. m.
près adv.
présage n. m.
présager v. tr. (conjug. 3)
présalaire n. m.
pré-salé n. m.
PL. *prés-salés*
presbyte n. et adj.
presbytéral, ale, aux adj.
presbytère n. m.
presbytérianisme n. m.
presbytérien, ienne n.
presbytie n. f.
prescience n. f.
préscientifique adj.
préscolaire adj.
prescripteur, trice n.
prescriptible adj.
prescriptif, ive adj.
prescription n. f.
prescrire v. tr. (conjug. 39)
prescrit, ite adj.
préséance n. f.
présélecteur n. m.
présélection n. f.
présélectionner v. tr. (conjug. 1)
présence n. f.
¹présent, ente adj. et n.
²présent n. m.
présentable adj.
présentateur, trice n.
présentatif n. m.
présentation n. f.
présente n. f.
présentéisme n. m.
présentement adv.
présenter v. (conjug. 1)
présentiel, ielle adj. et n. m.
présentoir n. m.
présérie n. f.
préservateur, trice adj.
préservatif, ive adj. et n. m.
préservation n. f.
préserver v. tr. (conjug. 1)
préside n. m.
présidence n. f.
président, ente n.
présidentiabilité n. f.
présidentiable adj. et n.
présidentialisation n. f.
présidentialiser v. tr. (conjug. 1)
présidentialisme n. m.
présidentiel, ielle adj.
présider v. tr. (conjug. 1)
présidial, iale, iaux n. m. et adj.
présidium ou præsidium n. m.
présignalisation n. f.
présomptif, ive adj.
présomption n. f.
présomptueusement adv.
présomptueux, euse adj.
présonorisation n. f. (rec. off. pour *play-back*)
presque adv.
presqu'île ou presqu'ile* n. f.
pressage n. m.
pressant, ante adj.

press-book n. m.
  PL. press-books
presse n. f.
pressé, ée adj.
presse-agrume(s) n. m.
  PL. presse-agrumes
presse-bouton adj.
  PL. inv. ou presse-boutons*
presse-citron n. m.
  PL. presse-citrons
pressée n. f.
presse-étoupe n. m.
  PL. presse-étoupe(s)
presse-fruit n. m.
  PL. presse-fruits
pressentiment n. m.
pressentir v. tr. (conjug. 16)
presse-papier(s) n. m.
  PL. presse-papiers
presse-purée n. m.
  PL. presse-purées
presser v. (conjug. 1)
presse-raquette n. m.
  PL. presse-raquettes
presseur, euse n. et adj.
pressier n. m.
pressing n. m.
pression n. f.
pressionné, ée adj.
pressoir n. m.
pressostat n. m.
pressothérapie n. f.
pressurage n. m.
pressurer v. tr. (conjug. 1)
pressureur, euse n.
pressurisation n. f.
pressuriser v. tr. (conjug. 1)
prestance n. f.
prestant n. m.
prestataire n. m.
prestation n. f.
preste adj.
presté, ée adj.
prestement adv.
prester v. tr. (conjug. 1)
prestesse n. f.
prestidigitateur, trice n.
prestidigitation n. f.
prestige n. m.
prestigieusement adv.

prestigieux, ieuse adj.
¹prestissimo n. m.
  PL. inv. ou prestissimos
²prestissimo adv.
¹presto n. m.
  PL. prestos
²presto adv.
préstratégique adj.
présumable adj.
présumé, ée adj.
présumer v. tr. (conjug. 1)
présupposé, ée adj. et n. m.
présupposer v. tr. (conjug. 1)
présupposition n. f.
présure n. f.
présurer v. tr. (conjug. 1)
présynaptique adj.
¹prêt, prête adj.
²prêt n. m.
prêt-à-l'emploi n. m.
  PL. prêts-à-l'emploi
prêt-à-manger n. m.
  PL. prêts-à-manger
prêt-à-monter n. m.
  PL. prêts-à-monter (rec. off. pour kit)
prétantaine n. f.
prêt-à-porter n. m.
  PL. prêts-à-porter
prêt-à-poster n. m.
  PL. prêts-à-poster
prêté, ée adj. et n. m.
prétendant, ante n.
prétendre v. tr. (conjug. 41)
prétendu, ue adj. et n.
prétendument adv.
prête-nom n. m.
  PL. prête-noms
prétension n. f.
prétensionneur n. m.
prétentaine ou prétantaine n. f.
prétentiard, iarde adj. et n.
prétentieusement adv.
prétentieux, ieuse adj.
prétention n. f.
prêter v. (conjug. 1)
prétérit n. m.

prétériter v. tr. (conjug. 1)
prétérition n. f.
préteur n. m.
prêteur, euse n. et adj.
prétexte n. f. et adj. ; n. m.
prétexter v. tr. (conjug. 1)
ptéridophytes n. f. pl.
prétimbré, ée adj.
pretintaille n. f.
pretium doloris n. m. inv.
prétoire n. m.
prétorial, iale, iaux adj.
prétorien, ienne adj. et n. m.
prétraité, ée adj.
prétranché, ée adj.
prêtre n. m.
prêt-relais n. m.
  PL. prêts-relais
prêtre-ouvrier n. m.
  PL. prêtres-ouvriers
prêtresse n. f.
prêtrise n. f.
préture n. f.
preuve n. f.
preux adj. m. et n.
prévalence n. f.
prévalent, ente adj.
prévaloir v. intr. (conjug. 29 ; sauf subj. prés. que je prévale, que tu prévales, qu'ils prévalent)
prévaricateur, trice adj.
prévarication n. f.
prévariquer v. intr. (conjug. 1)
prévariqueux, euse adj.
prévenance n. f.
prévenant, ante adj.
prévendre v. tr. (conjug. 41)
prévenir v. tr. (conjug. 22 ; auxil. avoir)
prévente n. f.
préventif, ive adj.
prévention n. f.
préventivement adv.
préventorium n. m.
prévenu, ue adj. et n.
préverbe n. m.

prévisibilité n. f.
prévisible adj.
prévision n. f.
prévisionnel, elle adj.
prévisionnellement adv.
prévisionniste n.
prévisualisation n. f.
prévisualiser v. tr. (conjug. 1)
prévoir v. tr. (conjug. 24)
prévôt n. m.
prévôtal, ale, aux adj.
prévôté n. f.
prévoyance n. f.
prévoyant, ante adj.
prévu, ue adj.
priapée n. f.
priapisme n. m.
prie-Dieu n. m. inv.
prier v. (conjug. 7)
prière n. f.
prieur, eure n.
prieuré n. m.
prima donna ou **primadonna*** n.
PL. inv. ou **prime donne** (it.) **primadonnas***
primage n. m.
primaire adj.
primal, ale, aux adj.
primant, ante adj.
primarité n. f.
primat n. m.
primate n. m.
primatial, iale, iaux adj. et n. f.
primatie n. f.
primatologie n. f.
primatologue n.
primature n. f.
primauté n. f. (rec. off. pour leadership)
prime adj. et n. f.
primer v. (conjug. 1)
primerose n. f.
primesautier, ière adj.
prime time n. m. (rec. off. : heure de grande écoute)
primeur n. f.
primeuriste n.

primevère n. f.
primidi n. m.
primigeste adj. et n. f.
primipare adj. et n. f.
primitif, ive adj. et n.
primitivement adv.
primitivisme n. m.
primitiviste n.
primo adv.
primoaccédant, ante n. et adj.
primoaccession n. f.
primoarrivant, ante adj. et n.
primo-délinquant, ante n.
PL. *primo-délinquants, antes*
primogéniture n. f.
primo-infection n. f.
PL. *primo-infections*
primordial, iale, iaux adj.
primo-vaccination n. f.
PL. *primo-vaccinations*
prince n. m.
prince de galles n. m. inv.
princeps [pʀɛ̃sɛps] adj.
princesse n. f.
princier, ière adj.
princièrement adv.
principal, ale, aux adj. et n.
principalat n. m.
principalement adv.
principat n. m.
principauté n. f.
principe n. m.
printanier, ière adj.
printemps n. m.
priodonte n. m.
prion n. m.
prionique adj.
priorat n. m.
priori (a) loc. a priori
priorisation n. f.
prioriser v. tr. (conjug. 1)
prioritaire adj.
prioritairement adv.
priorité n. f.
pris, prise adj.

prise n. f.
prisée n. f.
priser v. tr. (conjug. 1)
priseur, euse n.
prismatique adj.
prisme n. m.
prison n. f.
prisonnier, ière n. et adj.
privat-docent ou **privat-dozent** [pʀivadɔsã] n. m.
PL. *privat-docents* ou *privat-dozents*
privatif, ive adj.
privation n. f.
privatique n. f.
privatisable adj.
privatisation n. f.
privatiser v. tr. (conjug. 1)
privativement adv.
privauté n. f.
privé, ée adj.
priver v. tr. (conjug. 1)
privilège n. m.
privilégié, iée adj. et n.
privilégier v. tr. (conjug. 7)
prix n. m.
proactif, ive adj.
proactivement adv.
probabilisme n. m.
probabiliste n. et adj.
probabilité n. f.
probable adj.
probablement adv.
probant, ante adj.
probation n. f.
probatique adj. f.
probatoire adj.
probe adj.
probiotique n. m. et adj.
probité n. f.
problématique adj. et n. f.
problématiquement adv.
problématisation n. f.
problématiser v. tr. (conjug. 1)
problème n. m.
proboscidiens n. m. pl.
procaïne n. f.

procaryote adj. et n. m.
procédé n. m.
procéder v. (conjug. 6)
procédural, ale, aux adj.
procédure n. f.
procédurier, ière adj. et n.
procès n. m.
process n. m.
processeur n. m.
processif, ive adj.
procession n. f.
processionnaire adj. et n. f.
processionnel, elle adj.
processionnellement adv.
processus n. m.
procès-verbal n. m.
PL. *procès-verbaux*
prochain, aine adj. et n.
prochainement adv.
proche adv. ; prép. ; adj.
procidence n. f.
proclamateur, trice n.
proclamation n. f.
proclamer v. tr. (conjug. 1)
proclitique adj.
proconsul n. m.
proconsulaire adj.
proconsulat n. m.
procordés n. m. pl.
procrastination n. f.
procrastineur, euse n.
procréateur, trice adj. et n. m.
procréatif, ive adj.
procréation n. f.
procréatique n. f.
procréer v. tr. (conjug. 1)
proctalgie n. f.
proctite n. f.
proctologie n. f.
proctologique adj.
proctologue n.
proctorrhée n. f.
procurateur n. m.
procuratie n. f.
procuration n. f.
procuratrice n. f.
procure n. f.
procurer v. tr. (conjug. 1)
procureur n. m.
procyonidé n. m.
prodigalité n. f.
prodige n. m.
prodigieusement adv.
prodigieux, ieuse adj.
prodigue adj. et n.
prodiguer v. tr. (conjug. 1)
pro domo loc. adv. et adj. inv.
prodrome n. m.
prodromique adj.
producteur, trice adj. et n.
productible adj.
producticien, ienne n.
productif, ive adj.
production n. f.
productique n. f.
productiviste adj. et n.
productivisme n. m.
productivité n. f.
produire v. tr. (conjug. 38)
produit n. m.
proéminence n. f.
proéminent, ente adj.
proeuropéen, enne adj. et n.
prof n.
profanateur, trice n. et adj.
profanation n. f.
profane adj. et n.
profaner v. tr. (conjug. 1)
profectif, ive adj.
proférer v. tr. (conjug. 6)
profès, esse adj.
professer v. tr. (conjug. 1)
professeur, eure n.
profession n. f.
professionnalisant, ante adj.
professionnalisation n. f.
professionnaliser v. tr. (conjug. 1)
professionnalisme n. m.
professionnel, elle adj. et n.
professionnellement adv.
professoral, ale, aux adj.
professorat n. m.
profil n. m.
profilage n. m.
profilé, ée adj. et n. m.
profiler v. tr. (conjug. 1)
profileur, euse n.
profilographe n. m.
profit n. m.
profitabilité n. f.
profitable adj.
profitablement adv.
profitant, ante adj.
profiter v. tr. ind. (conjug. 1)
profiterole n. f.
profiteur, euse n.
profond, onde adj. et n.
profondément adv.
profondeur n. f.
pro forma loc. adj. inv.
profus, use adj.
profusément adv.
profusion n. f.
progéniture n. f.
progénote n. m.
progeria n. f.
progérique adj. et n.
progestatif, ive adj.
progestérone n. f.
progiciel n. m.
proglottis n. m.
prognathe adj.
prognathie n. f.
prognathisme n. m.
programmable adj.
programmateur, trice n. et adj.
programmathèque n. f.
programmation n. f.
programmatique adj.
programme n. m.
programmer v. tr. (conjug. 1)
programmeur, euse n.
progrès n. m.
progresser v. intr. (conjug. 1)

progressif

progressif, ive adj.
progression n. f.
progressisme n. m.
progressiste adj. et n.
progressivement adv.
progressivité n. f.
prohibé, ée adj.
prohiber v. tr. (conjug. 1)
prohibitif, ive adj.
prohibition n. f.
prohibitionnisme n. m.
prohibitionniste adj. et n.
proie n. f.
projecteur n. m.
projectif, ive adj.
projectile n. m.
projection n. f.
projectionniste n.
projecture n. f.
projet n. m.
projeter v. tr. (conjug. 4)
projeteur, euse n.
projo n. m. (projecteur)
prolactine n. f.
prolamine n. f.
prolapsus n. m.
prolégomènes n. m. pl.
prolepse n. f.
prolétaire n.
prolétariat n. m.
prolétarien, ienne adj.
prolétarisation n. f.
prolétariser v. tr. (conjug. 1)
proliférant, ante adj.
prolifération n. f.
prolifère adj.
proliférer v. intr. (conjug. 6)
prolificité n. f.
prolifique adj.
proligère adj.
prolixe adj.
prolixement adv.
prolixité n. f.
prolo n. (prolétaire)
prolog n. m. (programmation en logique)
prologue n. m.
prolongateur n. m.
prolongation n. f.

prolonge n. f.
prolongé, ée adj.
prolongement n. m.
prolonger v. tr. (conjug. 3)
promenade n. f.
promener v. (conjug. 5)
promeneur, euse n.
promenoir n. m.
promesse n. f.
prométhéen, enne adj.
prométhium n. m.
prometteur, euse n. et adj.
promettre v. tr. (conjug. 56)
promis, ise adj. et n.
promiscuité n. f.
promo n. f. (promotion)
promontoire n. m.
promoteur, trice n.
promotion n. f.
promotionnel, elle adj.
promotionner v. tr. (conjug. 1)
promouvoir v. tr. (conjug. 27 ; rare sauf inf. et p. p.)
prompt, prompte adj.
promptement adv.
prompteur n. m.
promptitude n. f.
promu, ue adj. et n.
promulgation n. f.
promulguer v. tr. (conjug. 1)
pronaos n. m.
pronateur, trice adj. et n.
pronation n. f.
prône n. m.
prôner v. tr. (conjug. 1)
pronom n. m.
pronominal, ale, aux adj.
pronominalement adv.
prononçable adj.
prononcé, ée adj. et n.
prononcer v. (conjug. 3)
prononciation n. f.
pronostic n. m.
pronostique adj.

pronostiquer v. tr. (conjug. 1)
pronostiqueur, euse n.
pronucléus n. m.
pronunciamiento ou pronunciamento [prɔnunsjam(j)ɛnto] n. m. PL. *pronunciamientos* ou *pronunciamentos*
propagande n. f.
propagandiste n. et adj.
propagateur, trice n.
propagation n. f.
propager v. tr. (conjug. 3)
propagule n. f.
propane n. m.
propanier n. m.
proparoxyton adj. m. et n. m.
propé n. f.
propédeutique n. f.
propène n. m.
propension n. f.
propergol n. m.
propfan n. m.
propharmacien, ienne n.
prophase n. f.
prophète, prophétesse n.
prophétie n. f.
prophétique adj.
prophétiquement adv.
prophétiser v. tr. (conjug. 1)
prophylactique adj.
prophylaxie n. f.
propice adj.
propitiation n. f.
propitiatoire n. m. et adj.
propolis n. f.
proportion n. f.
proportionnaliste n.
proportionnalité n. f.
proportionné, ée adj.
proportionnel, elle adj.
proportionnellement adv.
proportionner v. tr. (conjug. 1)
propos n. m.

proposable adj.
proposer v. (conjug. 1)
proposition n. f.
propositionnel, elle adj.
propre adj. et n. m.
propre à rien n.
proprement adv.
propret, ette adj.
propreté n. f.
propréteur n. m.
propréture n. f.
propriétaire n.
propriété n. f.
proprio n.
proprioceptif, ive adj.
propulser v. tr. (conjug. 1)
propulseur adj. et n. m.
propulsif, ive adj.
propulsion n. f.
propylée n. f.
propylène n. m.
prorata n. m.
PL. inv. ou *proratas*.
prorogatif, ive adj.
prorogation n. f.
proroger v. tr. (conjug. 3)
prosaïque adj.
prosaïquement adv.
prosaïsme n. m.
prosateur, trice n.
proscenium ou
 proscénium* n. m.
proscripteur n. m.
proscription n. f.
proscrire v. tr. (conjug. 39)
proscrit, ite adj. et n.
prose n. f.
prosecteur n. m.
prosélyte n.
prosélytisme n. m.
prosencéphale n. m.
prosimiens n. m. pl.
prosobranches n. m. pl.
prosodie n. f.
prosodique adj.
prosopopée n. f.
prospect n. m.
prospecter v. tr. (conjug. 1)
prospecteur, trice n.

prospecteur-placier n.
 PL. prospecteurs-placiers
prospectif, ive adj.
prospection n. f.
prospective n. f.
prospectiviste n.
prospectus n. m.
prospère adj.
prospérer v. intr.
 (conjug. 6)
prospérité n. f.
prostaglandine n. f.
prostate n. f.
prostatectomie n. f.
prostatique adj. et n. m.
prostatisme n. m.
prostatite n. f.
prosternation n. f.
prosternement n. m.
prosterner v. tr. (conjug. 1)
prosthèse n. f.
prosthétique adj.
prostituée, ée n.
prostituer v. tr. (conjug. 1)
prostitution n. f.
prostraglandine n. f.
prostration n. f.
prostré, ée adj.
prostrer (se) v. pron.
 (conjug. 1)
prostyle adj. et n. m.
protactinium n. m.
protagoniste n.
protamine n. f.
protandre adj.
protandrie n. f.
protase n. m.
prote n. m.
protéagineux, euse n. m.
 et adj.
protéase n. f.
protecteur, trice n. et
 adj.
protection n. f.
protectionnisme n. m.
protectionniste adj. et n.
protectorat n. m.
protée n. m.
protégé, ée adj. et n.

protège-cahier n. m.
 PL. protège-cahiers
protège-coude n. m.
 PL. protège-coudes
protège-dents ou
 protège-dent* n. m.
 PL. protège-dents
protège-genou n. m.
 PL. protège-genoux
protège-matelas n. m.
 inv.
protège-nez n. m. inv.
protège-parapluie n. m.
 PL. protège-parapluies
protège-poignet n. m.
 PL. protège-poignets
protéger v. tr.
 (conjug. 6 et 3)
protège-slip n. m.
 PL. protège-slips
protège-tibia n. m.
 PL. protège-tibias
protéide n. m.
protéiforme adj.
protéinase n. f.
protéine n. f.
protéiné, ée adj.
protéinique adj.
protéinogramme n. m.
protéinurie n. f.
protéique adj.
protèle n. m.
protéolyse n. f.
protéolytique adj.
protéome n. m.
protéomique n. f. et adj.
protérandrie n. f.
protérogyne adj.
protérogynie n. f.
protestable adj.
protestant, ante n. et adj.
protestantisme n. m.
protestataire adj.
protestation n. f.
protester v. (conjug. 1)
protêt n. m.
prothalle n. m.
prothèse n. f.
prothésiste n.
prothétique adj.
prothorax n. m.

prothrombine

prothrombine n. f.
protide n. m.
protidique adj.
protiste n. m.
proto n. m.
protocellule n. f.
protococcus n. m.
protocolaire adj.
protocolairement adv.
protocole n. m.
protoétoile n. f.
protogine n. m. ou f.
protogyne adj.
protogynie n. f.
protohistoire n. f.
protohistorique adj.
protomère n. m.
proton n. m.
protonéma n. m.
protonique adj.
protonotaire n. m.
protophyte n. m. ou f.
protoplanétaire adj.
protoplanète n. f.
protoplasme n. m.
protoplasmique adj.
protoplaste n. m.
protoptère n. m.
protosinaïtique adj.
protosolaire adj.
prototypage n. m.
prototype n. m.
prototypeur n. m.
protoxyde n. m.
protozoaire n. m.
protractile adj.
protubérance n. f.
protubérant, ante adj.
protuteur, trice n.
prou (peu ou) loc. adv.
proudhonien, ienne adj. et n.
proue n. f.
prouesse n. f.
prout interj. et n. m.
prouvable adj.
prouver v. tr. (conjug. 1)
provéditeur n. m.
provenance n. f.

provençal, ale, aux adj. et n.
provende n. f.
provenir v. intr. (conjug. 22)
proverbe n. m.
proverbial, iale, iaux adj.
proverbialement adv.
providence n. f.
providentialisme n. m.
providentiel, ielle adj.
providentiellement adv.
provider n. m.
provignage n. m.
provignement n. m.
provigner v. (conjug. 1)
provin n. m.
province n. f.
provincial, iale, iaux adj. et n.
provincialat n. m.
provincialisme n. m.
proviral, ale, aux adj.
provirus n. m.
proviseur n.
provision n. f.
provisionnel, elle adj.
provisionnement n. m.
provisionner v. tr. (conjug. 1)
provisoire adj.
provisoirement adv.
provisorat n. m.
provitamine n. f.
provocant, ante adj.
provocateur, trice n. et adj.
provocation n. f.
provolone n. m.
provoquer v. tr. (conjug. 1)
proxémique n. f.
proxène n. m.
proxénète n.
proxénétisme n. m.
proximal, ale, aux adj.
proximité n. f.
proxy n. m.
PL. *proxys* (rec. off. : *mandataire*)
proyer n. m.
pruche n. f.

prude adj. et n.
prudemment adv.
prudence n. f.
prudent, ente adj.
prudentiel, ielle adj.
pruderie n. f.
prud'femme n. f.
prud'homal, ale, aux ou prudhommal, ale, aux adj.
prud'homie ou prudhommie n. f.
prud'homme ou prudhomme n. m.
prudhommerie n. f.
prudhommesque adj.
pruine n. f.
prune n. f. et adj. inv.
pruneau n. m.
prunelaie n. f.
prunelle n. f.
prunellier ou prunelier n. m.
pruniculteur, trice n.
prunier n. m.
prunus n. m.
prurigineux, euse adj.
prurigo n. m.
prurit n. m.
prussiate n. m.
prussien, ienne adj. et n.
prussique adj.
prytane n. m.
prytanée n. m.
P.-S. n. m. inv.
(post-scriptum)
psallette n. f.
psalliote n. f.
psalmiste n. m.
psalmodie n. f.
psalmodier v. (conjug. 7)
psaltérion n. m.
psammite n. m.
psaume n. m.
psautier n. m.
pschent n. m.
pschitt ou pschit interj. et n. m.
pscht ou pcht interj. et n. m.

pseudarthrose n. f.
pseudo n. m.
pseudobulbaire adj.
pseudohermaphrodisme n. m.
pseudomembrane n. f.
pseudomembraneux, euse adj.
pseudomonas n. m.
pseudonyme adj. et n. m.
pseudopériodique adj.
pseudopode n. m.
psi n. m.
PL. inv. ou *psis**
psitt ou **pst** interj.
psittacidés n. m. pl.
psittacisme n. m.
psittacose n. f.
psoas n. m.
psoque n. m.
psoralène n. m.
psoriasique adj.
psoriasis n. m.*
psst interj.
pst interj.
P. S. V. n. m. (pilotage sans visibilité)
psychanalyse n. f.
psychanalyser [-k-] v. tr. (conjug. 1)
psychanalyste n.
psychanalytique [-k-] adj.
psychasthénie [-k-] n. f.
psychasthénique [-k-] adj. et n.
psyché [psife] n. f.
psychédélique [-k-] adj.
psychédélisme [-k-] n. m.
psychiatre [-k-] n.
psychiatrie [-k-] n. f.
psychiatrique [-k-] adj.
psychiatrisation [-k-] n. f.
psychiatriser [-k-] v. tr. (conjug. 1)
psychique adj.
psychiquement adv.
psychisme n. m.
psychoactif, ive [-k-] adj.
psychoaffectif, ive [-k-] adj.

psychoanaleptique [-k-] adj. et n. m.
psychobiologie [-k-] n. f.
psychobiologique [-k-] adj.
psychochirurgie [-k-] n. f.
psychochirurgien, ienne [-k-] n.
psychocritique [-k-] n. et adj.
psychodramatique [-k-] adj.
psychodrame [-k-] n. m.
psychodysleptique [-k-] adj. et n. m.
psychogène [-k-] adj.
psychogenèse [-k-] n. f.
psychogénétique [-k-] adj.
psychographique [-k-] n. m.
psychokinésie [-k-] n. f.
psychokinétique [-k-] adj.
psycholeptique [-k-] adj. et n.
psycholinguiste [-k-] n.
psycholinguistique [-k-] n. f. et adj.
psychologie [-k-] n. f.
psychologique [-k-] adj.
psychologiquement [-k-] adv.
psychologisme [-k-] n. m.
psychologue [-k-] n.
psychométricien, ienne [-k-] n.
psychométrie [-k-] n. f.
psychométrique [-k-] adj.
psychomoteur, trice [-k-] adj.
psychomotricien, ienne [-k-] n.
psychomotricité [-k-] n. f.
psychonévrose [-k-] n. f.
psychonévrotique [-k-] adj.
psychopathe [-k-] n.
psychopathie [-k-] n. f.
psychopathique [-k-] adj.
psychopathologie [-k-] n. f.

psychopathologique [-k-] adj.
psychopédagogie [-k-] n. f.
psychopédagogique [-k-] adj.
psychopédagogue [-k-] n.
psychopharmacologie [-k-] n. f.
psychopharmacologique [-k-] adj.
psychopharmacologue [-k-] n.
psychophysiologie [-k-] n. f.
psychophysiologique [-k-] adj.
psychophysiologiste [-k-] n.
psychophysique [-k-] n. f. et adj.
psychopolémologie [-k-] n. f.
psychopompe [-k-] adj.
psychorigide [-k-] adj.
psychorigidité [-k-] n. f.
psychose [-k-] n. f.
psychosensoriel, ielle adj.
psychosocial, iale, iaux [-k-] adj.
psychosociologie [-k-] n. f.
psychosociologique [-k-] adj.
psychosociologue [-k-] n.
psychosomaticien, ienne [-k-] n.
psychosomatique [-k-] adj.
psychosomatiser v. intr. (conjug. 1)
psychostimulant, ante [-k-] adj. et n. m.
psychotechnicien, ienne [-k-] n.
psychotechnique [-k-] n. f.
psychoter [-k-] v. intr. (conjug. 1)

psychothérapeute [-k-] n.
psychothérapie [-k-] n. f.
psychothérapique [-k-] adj.
psychotique [-k-] adj. et n.
psychotonique [-k-] adj. et n. m.
psychotraumatisme [-k-] n. m.
psychotrope [-k-] adj. et n. m.
psychromètre [-k-] n. m.
psychrométrie [-k-] n. f.
psychrophile [-k-] adj. et n. m.
¹**psylle** n. m. ou f. (insecte)
²**psylle** n. m. (charmeur de serpents)
psyllium n. m.
P. T. A. C. n. m. (poids total autorisé en charge)
ptéranodon n. m.
ptéridophytes n. m. pl.
ptérodactyle adj. et n. m.
ptéropode n. m.
ptérosaure n. m.
ptérosauriens n. m. pl.
ptérygoïde adj.
ptérygoïdien, ienne adj. et n. m.
ptérygote n. m.
ptolémaïque adj.
ptomaïne n. f.
ptose ou **ptôse** n. f.
ptosis n. f.
P. T. T. n. f. pl. (postes, télégraphes et téléphones)
ptyaline n. f.
ptyalisme n. m.
puant, puante adj.
puanteur n. f.
¹**pub** [pœb] n. m.
²**pub** [pyb] n. f.
pubalgie n. f.
pubère adj.
pubertaire adj.
puberté n. f.
pubescence n. f.
pubescent, ente adj.
pubien, ienne adj.

pubis n. m.
publiable adj.
public, ique adj. et n. m.
publicain n. m.
publication n. f.
publiciser v. tr. (conjug. 1)
publiciste n.
publicitaire adj. et n.
publicité n. f.
public-relations n. f. pl.
publier v. tr. (conjug. 7)
publi-information n. f.
PL. *publi-informations*
publiphile n.
publiphobe adj. et n.
publiphone® n. m.
publipostage n. m. (rec. off. pour mailing)
publipromotionnel, elle adj.
publiquement adv.
publirédactionnel n. m.
publivore adj. et n.
puccinie n. f. ou **puccinia** n. m.
puce n. f.
puceau n. m.
pucelage n. m.
pucelle n. f.
pucer v. tr. (conjug. 3)
puceron n. m.
pucier n. m.
pudding ou **pouding** n. m.
puddlage n. m.
puddler v. tr. (conjug. 1)
pudeur n. f.
pudibond, onde adj.
pudibonderie n. f.
pudicité n. f.
pudique adj.
pudiquement adv.
puer v. (conjug. 1)
puériculteur, trice n.
puériculture n. f.
puéril, ile adj.
puérilement adv.
puérilisme n. m.
puérilité n. f.
puerpéral, ale, aux adj.
puffin n. m.

pugilat n. m.
pugiliste n. m.
pugilistique adj.
pugnace adj.
pugnacité n. f.
puîné, ée ou **puiné, ée*** adj. et n.
puis adv.
puisage n. m.
puisard n. m.
puisatier n. m.
puiser v. tr. (conjug. 1)
puisque conj.
puissamment adv.
puissance n. f.
puissant, ante adj. et n. m.
puits n. m.
pulicaire n. f.
pulka n. f.
pull n. m.
pullman n. m.
PL. *pullmans*
pullorose n. f.
pull-over ou **pullover*** n. m.
PL. *pull-overs* ou *pullovers**
pullulement n. m.
pulluler v. intr. (conjug. 1)
pulmonaire adj. ; n. f.
pulmonés n. m. pl.
pulpaire adj.
pulpe n. f.
pulpeux, euse adj.
pulque ou **pulqué*** n. m.
pulsar n. m.
pulsateur n. m.
pulsatif, ive adj.
pulsation n. f.
pulsé adj. m.
pulser v. intr. (conjug. 1)
pulsion n. f.
pulsionnel, elle adj.
pulsoréacteur n. m.
pultacé, ée adj.
pulvérin n. m.
pulvérisable adj.
pulvérisateur n. m.
pulvérisation n. f.
pulvériser v. tr. (conjug. 1)
pulvériseur n. m.

pulvérulence n. f.
pulvérulent, ente adj.
puma n. m.
puna n. f.
punaise n. f.
punaiser v. tr. (conjug. 1)
¹punch ou ponch* [pɔʃ] n. m. (boisson)
²punch [pœnʃ] n. m. (dynamisme)
puncheur, euse n.
punching-ball [pœnʃiŋ] n. m.
PL. punching-balls
punchy adj. inv.
punique adj.
punir v. tr. (conjug. 2)
punissable adj.
punitif, ive adj.
punition n. f.
punk n. et adj.
punkette n. f.
puntillero ou puntilléro* [puntijero] n. m.
pupazzo n. m.
PL. pupazzi (it.) ou pupazzos
pupe n. f.
pupillaire adj.
pupillarité n. f.
pupille n. ; n. f.
pupinisation n. f.
pupipare adj.
pupitre n. m.
pupitreur, euse n.
pur, pure adj.
pureau n. m.
purée n. f.
purement adv.
pureté n. f.
purgatif, ive adj. et n. m.
purgation n. f.
purgatoire n. m.
purge n. f.
purgeoir n. m.
purger v. tr. (conjug. 3)
purgeur n. m.
purifiant, iante adj.
purificateur, trice n. et adj.
purification n. f.

purificatoire n. m. et adj.
purifier v. tr. (conjug. 7)
purin n. m.
purine n. f.
purique adj.
purisme n. m.
puriste n. et adj.
puritain, aine n. et adj.
puritanisme n. m.
purot n. m.
purotin n. m.
purpura n. m.
purpurin, ine adj.
purpurine n. f.
purpurique adj.
pur-sang n. m.
PL. inv. ou purs-sangs
purulence n. f.
purulent, ente adj.
pus [py] n. m.
puseyisme n. m.
push-pull [puʃpul] n. m. inv.
pusillanime [pyzi(l)la-] adj.
pusillanimité [pyzi(l)la-] n. f.
pustule n. f.
pustuleux, euse adj.
putain n. f.
putassier, ière adj.
putatif, ive adj.
pute n. f. et adj.
putier ou putiet n. m.
putois n. m.
putréfaction n. f.
putréfiable adj.
putréfier v. tr. (conjug. 7)
putrescence n. f.
putrescent, ente adj.
putrescibilité n. f.
putrescible adj.
putrescine n. f.
putride adj.
putridité n. f.
putsch [putʃ] n. m.
PL. putschs
putschiste [putʃist] n.
putt [pœt] n. m.
putter [pœtœr] n. m.

putto [puto] n. m.
PL. putti (it.) ou puttos
puvathérapie n. f.
puy n. m.
puzzle n. m.
p.-v. n. m. inv. (procès-verbal)
P. V. C. n. m. inv. (polyvinylchloride)
P. V. D. n. m. pl. (pays en voie de développement)
pycnomètre n. m.
pycnose n. f.
pycnotique adj.
pyélite n. f.
pyélonéphrite n. f.
pygargue n. m.
pygmalion n. m.
pygmée n. m.
pyjama n. m.
pylône n. m.
pylore n. m.
pylorique adj.
pyodermite n. f.
pyogène adj.
pyorrhée n. f.
pyrale n. f.
pyralène® n. m.
pyramidal, ale, aux adj.
pyramide n. f.
pyramider v. intr. (conjug. 1)
pyramidion n. m.
pyrène n. m.
pyrénéite n. f.
pyrénomycètes n. m. pl.
pyrèthre n. m.
pyrétothérapie n. f.
pyrex® n. m.
pyrexie n. f.
pyridine n. f.
pyridoxal n. m.
pyridoxine n. f.
pyrimidine n. f.
pyrimidique adj.
pyrite n. f.
pyroclastique adj.
pyrocorise n. f.
pyroélectricité n. f.
pyrogallol n. m.

pyrogénation n. f.
pyrogène adj.
pyrograver v. tr. (conjug. 1)
pyrograveur, euse n.
pyrogravure n. f.
pyrole n. f.
pyroligneux, euse adj. et n. m.
pyrolyse n. f.
pyromane n.
pyromanie n. f.
pyromètre n. m.
pyrométrie n. f.
pyrométrique adj.
pyromusical, ale, aux adj.
pyrophore n. m.
pyrophosphate n. m.
pyrophosphorique adj.
pyrosis n. m.
pyrosphère n. f.
pyrosulfurique adj.
pyrotechnicien, ienne n.
pyrotechnie n. f.
pyrotechnique adj.
pyroxène n. m.
pyroxyle n. m.
pyroxylé, ée adj.
pyrrhique n. f.
pyrrhocoris n. m.
pyrrhonien, ienne adj. et n.
pyrrhonisme n. m.
pyrrol ou **pyrrole** n. m.
pyruvate n. m.
pyruvique adj.
pythagoricien, ienne adj. et n.
pythagorique adj.
pythagorisme n. m.
pythie n. f.
pythien, ienne adj.
pythique adj. et n. f.
python n. m.
pythonisse n. f.
pyurie n. f.
pyxide n. f.
Pz symb. (pièze)

q

q n. m. inv. ; abrév. et symb.
Q n. m. inv. ; abrév. et symb.
qat ou **khat** n. m.
Q. C. M. n. m. inv. (questionnaire à choix multiple)
Q. G. n. m. inv. (quartier général)
Q. H. S. n. m. (quartier de haute sécurité)
Q. I. n. m. inv. (quotient intellectuel)
qi gong n. m. inv.
Q. S. R. n. m. (quartier de sécurité renforcée)
quad [kwad] n. m.
quadra [k(w)a-] n.
quadragénaire [k(w)a-] adj. et n.
quadragésimal, ale, aux [k(w)adra-] adj.
quadragésime [k(w)a-] n. f.
quadrangle [k(w)a-] n. m.
quadrangulaire [k(w)a-] adj.
quadrant n. m.
quadratique [k(w)a-] adj.
quadrature [k(w)a-] n. f.
quadrette n. f.
quadri [k(w)a-] n. f.
quadriceps [k(w)a-] n. m.
quadrichromie [k(w)adRikRɔ-] n. f.
quadrichromique [k(w)adRi-] adj.
quadriennal, ale, aux [k(w)a-] adj.
quadrifide [k(w)a-] adj.
quadrifolié, iée [k(w)a-] adj.
quadrige [k(w)a-] n. m.

quadrijumeaux [k(w)a-] adj. et n. m. pl.
quadrilatère [k(w)a-] n. m.
quadrillage n. m.
quadrille n. f. ; n. m.
quadrillé, ée adj.
quadriller v. tr. (conjug. 1)
quadrillion n. m.
quadrilobe [k(w)a-] n. m.
quadrilogie n. f.
quadrimestre [k(w)a-] n. m.
quadrimoteur adj. m. et n. m.
quadriparti, ie [k(w)a-] adj.
quadripartite [k(w)a-] adj.
quadriphonie [k(w)a-] n. f.
quadripôle [k(w)a-] n. m.
quadrique [k(w)a-] adj. et n. f.
quadriréacteur [k(w)a-] n. m.
quadrirème [k(w)a-] n. f.
quadrisyllabe [k(w)a-] n. m.
quadrisyllabique [k(w)a-] adj.
quadrivalent, ente [k(w)a-] adj.
quadrivium [kwa-] n. m.
quadrumane [k(w)a-] adj. et n.
quadrupède [k(w)a-] adj. et n.
quadrupédie n. f.
quadruple [k(w)a-] adj.
quadrupler [k(w)a-] v. (conjug. 1)
quadruplés, ées [k(w)a-] n. pl.
quadruplex [k(w)a-] n. m.
quai n. m.
quaker, quakeresse [kwɛkœR, kwɛkRɛs] n.
qualif n. f. (qualification)
qualifiable adj.
qualifiant, iante adj.
qualificateur n. m.
qualificatif, ive n. m. et adj.

qualification n. f.
qualifié, iée adj.
qualifier v. tr. (conjug. 7)
qualitatif, ive adj.
qualitativement adv.
qualité n. f.
qualiticien, ienne n.
quand conj. et adv.
quant conj.
quanta n. m. pl.
quant-à-soi n. m.
quantième adj. et n.
quantifiable adj.
quantificateur n. m.
quantification n. f.
quantifié, iée adj.
quantifier v. tr. (conjug. 7)
quantile n. m.
quantique adj.
quantitatif, ive adj.
quantitativement adv.
quantité n. f.
quanton n. m.
quantum ou quanta n. m.
  PL. quanta ou quantas*
quarantaine n. f.
quarante adj. numér. inv. et n. inv.
quarante-huitard, arde n. et adj.
  PL. quarante-huitards, ardes
quarantenaire adj. et n.
quarantième adj. et n.
quarderonner v. tr. (conjug. 1)
quark n. m.
¹quart, quarte adj.
²quart n. m.
quartager v. tr. (conjug. 3)
quartanier n. m.
quartation n. f.
quartaut n. m.
quart-de-rond n. m.
  PL. quarts-de-rond
quarte adj. f. ; n. f.
quarté® n. m.
quartefeuille n. f.
quartelette ou cartelette n. f.
quartenier n. m.

quarterback n. m.
¹quarteron n. m.
²quarteron, onne n.
quartette ou quartet n. m.
quartidi n. m.
quartier n. m.
quartier-maître ou quartier-maître* n. m.
  PL. quartiers-maîtres ou quartiers-maîtres*
quartilage n. m.
quartile [kwa-] n. m.
quart-monde n. m.
  PL. quarts-mondes
quart-mondisation n. f.
quart-mondiste n.
  PL. quarts-mondistes
quarto [kwa-] adv.
quartz [kwarts] n. m.
quartzeux, euse [kwartsø] adj.
quartzifère [kwa-] adj.
quartzite [kwa-] n. m.
quasar n. m.
quasi adv. ; n. m.
quasi-contrat n. m.
  PL. quasi-contrats
quasicristaux n. m. pl.
quasi-délit n. m.
  PL. quasi-délits
quasiment adv.
Quasimodo n. f.
quasi-monnaie n. f.
  PL. quasi-monnaies
quasi-usufruit n. m.
  PL. quasi-usufruits
quassia [kwasja] n. m.
quassier [kwasje] n. m.
quassine [kwasin] n. f.
quater adv.
quaternaire adj. et n. m.
quaterne n. m.
quaternion n. m.
quatorze adj. numér. inv. et n. inv.
quatorzième adj. et n.
quatorzièmement adv.
quatrain n. m.
quatre adj. numér. inv. et n. inv.

quatre-cent-vingt-et-un n. m. inv.
quatre-chemins n. m. inv.
quatre-de-chiffre n. m. inv.
quatre-épices n. m. ou f. inv.
quatre-étoiles adj. et n. inv.
quatre-feuilles n. m. inv.
quatre-heures n. m. inv.
quatre-huit n. m. inv.
quatre-mâts n. m. inv.
quatre-quarts n. m. inv.
quatre-quatre n. f. ou m. inv.
quatre-temps n. m. pl.
quatre-vingt adj. numér. et n.
quatre-vingt-dixième adj. et n.
  PL. quatre-vingt-dixièmes
quatre-vingt-dixièmement adv.
quatre-vingt-et-un n. m. inv.
quatre-vingtième adj. et n.
  PL. quatre-vingtièmes
quatrième adj. et n.
quatrièmement adv.
quatrillion [k(w)a-] n. m.
quattrocentiste [kwatrɔtʃentist] n.
quattrocento [kwatrɔtʃento] n. m.
quatuor [kwatyɔr] n. m.
que conj. ; adv. ; pron.
québéciser v. tr. (conjug. 1)
québécisme n. m.
québécois, oise adj. et n.
québracho ou quebracho [kebratʃo] n. m.
quéchua ou quechua ou quichua n. m.
quel, quelle adj.
quelconque adj.
quelque adj.
quelque chose loc. indéf. masc.
quelquefois adv.

quelqu'un

quelqu'un, une pron. indéf.
PL. *quelques-uns, -unes*
quémander v. (conjug. **1**)
quémandeur, euse n.
qu'en-dira-t-on n. m. inv.
quenelle n. f.
quenotte n. f.
quenouille n. f.
quéquette n. f.
quérable adj.
quercitrin n.m. ou
  quercitrine n. f.
quercitron n. m.
querelle n. f.
quereller v. tr. (conjug. **1**)
querelleur, euse adj. et n.
quérir v. tr. (seult inf.)
quérulence n. f.
quesadilla n. f.
questeur n. m.
question n. f.
questionnaire n. m.
questionnement n. m.
questionner v. tr. (conjug. **1**)
questionneur, euse n.
questure n. f.
quétaine adj.
quête n. f.
quêter v. tr. (conjug. **1**)
quêteur, euse n.
quetsche [kwɛtʃ] n. f.
quetzal n. m.
queue n. f.
queue-de-cheval n. f.
  PL. *queues-de-cheval*
queue-de-cochon n. f.
  PL. *queues-de-cochon*
queue-de-lion n. f.
  PL. *queues-de-lion*
queue-de-morue n. f.
  PL. *queues-de-morue*
queue-de-pie n. f.
  PL. *queues-de-pie*
queue-de-rat n. f.
  PL. *queues-de-rat*
queue-de-renard n. f.
  PL. *queues-de-renard*
queusot n. m.
queuter v. intr. (conjug. **1**)

queux n. m.
qui pron.
quia (à) loc. adv.
quiche n. f.
quichenotte ou
  kichenotte n. f.
quichua n. m.
quick® n. m.
quickstep n. m.
quiconque pron. rel. et indéf.
quid pron. interrog.
quidam n. m.
quiddité n. f.
quiescent, ente adj.
quiet, quiète adj.
quiétisme n. m.
quiétiste n.
quiétude n. f.
quignon n. m.
quillard n. m.
quille n. f.
quilleur, euse n.
quillier ou **quiller** n. m.
quillon n. m.
quinaire adj. et n. m.
quinaud, aude adj.
quincaillerie n. f.
quincaillier, ière ou
  quincailler, ère n.
quinconce n. m.
quindécemvir ou
  quindécimvir n. m.
quine n. m.
quiné, ée adj.
quinine n. f.
quinoa n. m.
quinoléine n. f.
quinolone n. f.
quinone n. f.
quinqua n.
quinquagénaire adj. et n.
quinquagésime n. f.
quinquennal, ale, aux adj.
quinquennat n. m.
quinquet n. m.
quinquina n. m.
quintal, aux n. m.
quinte n. f.

quinté® n. m.
quintefeuille n. f. et m.
quintessence n. f.
quintessencié, iée adj.
quintessencier v. tr. (conjug. **7**)
quintet [k(ɥ)ɛ̃tɛt] n. m.
quintette [k(ɥ)ɛ̃tɛt] n. m.
quinteux, euse adj.
quintidi n. m.
quintile n. m.
quintillion n. m.
quinto adv.
quintuple adj.
quintupler v. (conjug. **1**)
quintuplés, ées n. pl.
quinzaine n. f.
quinze adj. numér. inv. et n. inv.
quinzième adj.
quinzièmement adv.
quinziste n.
quinzomadaire adj. et n. m.
quipou ou **quipu** n. m.
quiproquo n. m.
quipu n. m.
quirat n. m.
quiscale [kɥi-] n. m.
quittance n. f.
quittancer v. tr. (conjug. **3**)
quitte adj.
quitter v. tr. (conjug. **1**)
quitus n. m.
qui-vive interj. et n. m. inv.
quiz ou **quizz** n. m.
quoi pron. rel. et interrog.
quoique conj.
quolibet n. m.
quorum n. m.
quota n. m.
quote-part ou
  quotepart* n. f.
  PL. *quotes-parts* ou
  *quoteparts**
quotidien, ienne adj. et n. m.
quotidiennement adv.
quotidienneté n. f.
quotient n. m.

quotité n. f.
QWERTY [kwɛʀti] adj. inv.

r

r n. m. inv. ; abrév. et symb.
R n. m. inv. ; abrév. et symb.
rab n. m.
rabâchage n. m.
rabâcher v. (conjug. 1)
rabâcheur, euse n.
rabais n. m.
rabaissement n. m.
rabaisser v. tr. (conjug. 1)
raban n. m.
rabane n. f.
rabat n. m.
rabat-joie n. m.
  PL. inv. ou *rabat-joies*
rabattable adj.
rabattage n. m.
rabattement n. m.
rabatteur, euse n.
rabattre v. tr. (conjug. 41)
rabattu, ue adj.
rabbi n. m.
rabbin n. m.
rabbinat n. m.
rabbinique adj.
rabbinisme n. m.
rabelaisien, ienne adj.
rabibochage n. m.
rabibocher v. tr. (conjug. 1)
rabiole n. f.
rabiot n. m.
rabioter v. (conjug. 1)
rabique adj.
râble n. m.
râblé, ée adj.
râblure n. f.
rabot n. m.
rabotage n. m.
raboter v. tr. (conjug. 1)
raboteur n. m.
raboteuse n. f.
raboteux, euse adj.
raboudinage n. m.
raboudiner v. tr. (conjug. 1)
rabougri, ie adj.
rabougrir (se) v. pron. (conjug. 2)
rabougrissement n. m.
rabouillère n. f.
rabouilleur, euse n.
rabouter v. tr. (conjug. 1)
rabrouement n. m.
rabrouer v. tr. (conjug. 1)
racage n. m.
racahout n. m.
racaille n. f.
raccard n. m.
raccommodable adj.
raccommodage n. m.
raccommodement n. m.
raccommoder v. tr. (conjug. 1)
raccommodeur, euse n.
raccompagner v. tr. (conjug. 1)
raccord n. m.
raccordement n. m.
raccorder v. tr. (conjug. 1)
raccourci n. m.
raccourcir v. (conjug. 2)
raccourcissement n. m.
raccroc n. m.
raccrochage n. m.
raccrochement n. m.
raccrocher v. tr. (conjug. 1)
raccrocheur, euse adj.
race n. f.
racé, ée adj.
racémique adj.
racer n. m.
raceur, euse n.
rachat n. m.
rachetable adj.
racheter v. tr. (conjug. 5)
rachi n. f.
rachialgie n. f.
rachianesthésie n. f.
rachidien, ienne adj.
rachimétrie n. f.
rachimétrique adj.
rachis [ʀaʃis] n. m.
rachitique adj.
rachitisme n. m.
racho adj. (rachitique)
racial, iale, iaux adj.
racinage n. m.
racinaire adj.
racinal, aux n. m.
racine n. f.
raciner v. tr. (conjug. 1)
racing-club n. m.
racinien, ienne adj.
raciologie n. f.
racisme n. m.
raciste n. et adj.
rack n. m.
rackable adj.
racket n. m.
racketter v. tr. (conjug. 1)
racketteur, euse n.
raclage n. m.
racle n. f.
raclée n. f.
raclement n. m.
racler v. tr. (conjug. 1)
raclette n. f.
racleur, euse n.
racloir n. m.
raclure n. f.
racolage n. m.
racoler v. tr. (conjug. 1)
racoleur, euse n. et adj.
racontable adj.
racontar n. m.
raconter v. tr. (conjug. 1)
raconteur, euse n.
racorni, ie adj.
racornir v. tr. (conjug. 2)
racornissement n. m.
rad n. m.
radar n. m.
radariste n.
radasse n. f.
rade n. f. ; n. m.
radeau n. m.
rader v. tr. (conjug. 1)
radiaire adj.
radial, iale, iaux adj. et n. f.

radian n. m.
radiant, iante adj.
radiateur n. m.
radiatif, ive adj.
radiation n. f.
radical, ale, aux adj. et n.
radicalaire adj.
radicalement adv.
radicalisation n. f.
radicaliser v. tr. (conjug. 1)
radicalisme n. m.
radicalité n. f.
radical-socialisme n. m.
radical-socialiste adj. et n.
  PL. radicaux-socialistes
radicant, ante adj.
radicelle n. f.
radiculaire adj.
radicule n. f.
radiculite n. f.
radié, iée adj. et n. f.
¹radier n. m.
²radier v. tr. (conjug. 7)
radiesthésie n. f.
radiesthésiste n.
radieux, ieuse adj.
radin, ine adj. et n.
radiner v. (conjug. 1)
radinerie n. f.
radio n. f.
radioactif, ive adj. ; n. f.
radioactivité n. f.
radioalignement n. m.
radioaltimètre n. m.
radioaltimétrique adj.
radioamateur n. m.
radioastronomie n. f.
radiobalisage n. m.
radiobaliser v. tr. (conjug. 1)
radiobiologie n. f.
radiocarbone n. m.
radiocassette n. f.
radiochimie n. f.
radiochirurgie n. f.
radiocobalt n. m.
radiocommande n. f.
radiocommunication n. f.
radiocompas n. m.

radiodermite n. f.
radiodiagnostic n. m.
radiodiffuser v. tr. (conjug. 1)
radiodiffuseur n. m.
radiodiffusion n. f.
radioélectricien, ienne n.
radioélectricité n. f.
radioélectrique adj.
radioélément n. m.
radiofréquence n. f.
radiogalaxie n. f.
radiogénique adj.
radiogoniomètre n. m.
radiogoniométrie n. f.
radiogoniométrique adj.
radiogramme n. m.
radiographie n. f.
radiographier v. tr. (conjug. 7)
radiographique adj.
radioguidage n. m.
radioguider v. tr. (conjug. 1)
radiohéliographe n. m.
radio-immunologie n. f.
  PL. radio-immunologies
radio-immunologique adj.
  PL. radio-immunologiques
radio-isotope n. m.
  PL. radio-isotopes
radiolaires n. m. pl.
radiolarite n. f.
radiolésion n. f.
radiolocalisation n. f.
radiologie n. f.
radiologique adj.
radiologiquement adv.
radiologue n.
radiolyse n. f.
radiomessager n. m.
radiomessagerie n. f.
radiomètre n. m.
radionavigant, ante n.
radionavigation n. f.
radionécrose n. f.
radionucléide n. m.
radiophare n. m.

radiophonie n. f.
radiophonique adj.
radiophoniquement adv.
radiophotographie n. f.
radiopiloté, ée adj.
radioprotection n. f.
radioreportage n. m.
radioreporteur, trice ou radioreporter n.
radio-réveil n. m.
  PL. radios-réveils
radioscopie n. f.
radioscopique adj.
radiosensible adj.
radiosondage n. m.
radiosonde n. f.
radiosource n. f.
radio-taxi ou radiotaxi* n. m.
  PL. radios-taxis ou radiotaxis*
radiotechnique n. f. et adj.
radiotélégraphie n. f.
radiotélégraphiste n.
radiotélémétrie n. f.
radiotéléphone n. m.
radiotéléphonie n. f.
radiotélescope n. m.
radiotélévisé, ée adj.
radioteur n.
radiothérapeute n.
radiothérapie n. f.
radiotoxicité n. f.
radiotoxique adj.
radio-trottoir ou radiotrottoir* n. f.
  PL. radios-trottoirs ou radiotrottoirs*
radique adj.
radis n. m.
radium n. m.
radiumthérapie n. f.
radius n. m.
radja n. m.
radôme n. m.
radon n. m.
radotage n. m.
radoter v. intr. (conjug. 1)
radoteur, euse n.

radoub [Radu] n. m.
radouber v. tr. (conjug. 1)
radoucir v. tr. (conjug. 2)
radoucissement n. m.
radula n. f.
rafale n. f.
rafaler v. intr. (conjug. 1)
raffermir v. tr. (conjug. 2)
raffermissant, ante adj.
raffermissement n. m.
raffinage n. m.
raffiné, ée adj.
raffinement n. m.
raffiner v. (conjug. 1)
raffinerie n. f.
raffineur, euse n.
raffinose n. f.
rafflésia ou **rafflesia** ou **rafflésie** n. f.
raffoler v. tr. ind. (conjug. 1)
raffut n. m.
rafiot n. m.
rafistolage n. m.
rafistoler v. tr. (conjug. 1)
rafle n. f.
rafler v. tr. (conjug. 1)
rafraîchi, ie ou **rafraichi, ie*** adj.
rafraîchir ou **rafraichir*** v. (conjug. 2)
rafraîchissant, ante ou **rafraichissant, ante*** adj.
rafraîchissement ou **rafraichissement*** n. m.
rafraîchisseur ou **rafraichisseur*** n. m.
rafraîchissoir ou **rafraichissoir*** n. m.
raft n. m.
rafter v. tr. (conjug. 1)
rafting n. m.
raga n. m.
ragaillardir v. tr. (conjug. 2)
rage n. f.
rageant, ante adj.
rager v. intr. (conjug. 3)
rageur, euse adj.
rageusement adv.

ragga n. m.
raggamuffer ou **raggamuffeur** n. m.
raggamuffin ou **ragamuffin** n. m.
raglan n. m. et adj. inv.
ragnagnas n. m. pl.
ragondin n. m.
ragot n. m.
ragotier, ière adj.
ragougnasse n. f.
ragoût ou **ragout*** n. m.
ragoûtant, ante ou **ragoutant*** adj.
ragréage n. m.
ragréer v. tr. (conjug. 1)
ragtime n. m.
raguer v. intr. (conjug. 1)
rai n. m.
raï n. m.
raïa ou **raya** n. f.
raid n. m.
raide adj.
rai-de-cœur n. m.
PL. *rais-de-cœur*
raider n. m. (rec. off. : attaquant)
raideur n. f.
raidillon n. m.
raidir v. tr. (conjug. 2)
raidissement n. m.
raidisseur n. m.
raie n. f.
raifort n. m.
rail n. m.
railler v. tr. (conjug. 1)
raillerie n. f.
railleur, euse n. et adj.
railroute ou **rail-route** n. m.
PL. *railroutes* ou *rails-routes*
rainer v. tr. (conjug. 1)
rainette n. f.
rainurage n. m.
rainure n. f.
rainurer v. tr. (conjug. 1)
raiponce n. f.
raire v. intr. (conjug. 50)
raïs [Rais] n. m.
raisin n. m.

raisiné n. m.
raisinet n. m.
raison n. f.
raisonnable adj.
raisonnablement adv.
raisonnant, ante adj.
raisonné, ée adj.
raisonnement n. m.
raisonner v. (conjug. 1)
raisonneur, euse n. et adj.
rajah ou **radja** n. m.
rajeunir v. (conjug. 2)
rajeunissant, ante adj.
rajeunissement n. m.
rajout n. m.
rajouter v. tr. (conjug. 1)
rajustement n. m.
rajuster v. tr. (conjug. 1)
raki n. m.
râlant, ante adj.
râle n. m.
râlement n. m.
ralenti n. m.
ralentir v. (conjug. 2)
ralentissement n. m.
ralentisseur n. m.
râler v. intr. (conjug. 1)
râleur, euse n. et adj.
ralingue n. f.
ralinguer v. (conjug. 1)
raller v. intr. (conjug. 1)
rallidés n. m. pl.
ralliement n. m.
rallier v. tr. (conjug. 7)
rallonge n. f.
rallongement n. m.
rallonger v. (conjug. 3)
rallumer v. tr. (conjug. 1)
rallye n. m.
RAM n. f. inv. (random access memory)
ramadan n. m.
ramadanesque adj.
ramage n. m.
ramager v. (conjug. 3)
ramancher v. tr. (conjug. 1)
ramancheur, euse ou **ramancheux, euse** n.
ramapithèque n. m.

ramas n. m.
ramassage n. m.
ramasse n. f.
ramassé, ée adj.
ramassement n. m.
ramasse-miette(s) n. m.
PL. *ramasse-miettes*
ramasse-poussière n. m.
PL. INV. ou
ramasse-poussières
ramasser v. tr. (conjug. 1)
ramassette n. f.
ramasseur, euse n. et adj.
ramasseuse-presse n. f.
PL. *ramasseuses-presses*
ramassis n. m.
rambarde n. f.
rambour n. m.
ramboutan n. m.
ramdam n. m.
rame n. f.
ramé, ée adj.
rameau n. m.
ramée n. f.
ramenard, arde adj. et n.
ramender v. tr. (conjug. 1)
ramendeur, euse n.
ramener v. tr. (conjug. 5)
ramequin n. m.
ramer v. (conjug. 1)
ramereau ou **ramerot** n. m.
ramescence n. f.
ramette n. f.
¹**rameur** n. m. (appareil)
²**rameur, euse** n.
rameuter v. tr. (conjug. 1)
rameux, euse adj.
rami n. m.
ramie n. f.
ramier n. m. et adj.
ramification n. f.
ramifié, iée adj.
ramifier (se) v. pron. (conjug. 7)
ramille n. f.
ramingue adj.
ramolli, ie adj. et n.
ramollir v. tr. (conjug. 2)
ramollissant, ante adj.

ramollissement n. m.
ramollo adj. et n.
ramonage n. m.
ramoner v. (conjug. 1)
ramoneur n. m.
rampant, ante adj.
rampe n. f.
rampeau n. m.
rampement n. m.
ramper v. intr. (conjug. 1)
rampon n. m.
ramponneau n. m.
ramure n. f.
ranatre n. f.
rancard ou **rencard** n. m.
rancarder ou **rencarder** v. tr. (conjug. 1)
rancart n. m.
rance adj.
ranch [rɑ̃tʃ] n. m.
PL. *ranchs* ou *ranches*
ranche n. f.
rancher n. m.
ranci, ie adj.
rancio n. m.
rancir v. (conjug. 2)
rancissement n. m.
rancœur n. f.
rançon n. f.
rançonnement n. m.
rançonner v. tr. (conjug. 1)
rançonneur, euse n.
rancune n. f.
rancunier, ière adj. et n.
rand n. m.
rando n. f.
randomisation n. f.
randomiser v. tr. (conjug. 1)
randonnée n. f.
randonner v. intr. (conjug. 1)
randonneur, euse n.
randori n. m.
rang n. m.
rangé, ée adj.
range-CD n. m. inv.
rangée n. f.
rangement n. m.

¹**ranger** [ʁɑ̃dʒɛʁ ; ʁɑ̃dʒœʁ] n. m.
²**ranger** v. tr. (conjug. 3)
rangeur, euse adj. et n.
rani n. f.
ranidés n. m. pl.
ranimation n. f.
ranimer v. tr. (conjug. 1)
rantanplan interj.
ranz n. m.
raout n. m.
rap n. m.
rapace adj. et n. m.
rapacité n. f.
râpage n. m.
rapailler v. tr. (conjug. 1)
rapatrié, iée adj. et n.
rapatriement n. m.
rapatrier v. tr. (conjug. 7)
rapatronnage n. m.
rapatronner v. tr. (conjug. 1)
râpe n. f.
¹**râpé, ée** adj.
²**râpé** n. m.
raper ou **rapper** v. intr. (conjug. 1)
râper v. tr. (conjug. 1)
râperie n. f.
rapetassage n. m.
rapetasser v. tr. (conjug. 1)
rapetissement n. m.
rapetisser v. (conjug. 1)
rapeur, euse ou **rappeur, euse** n.
râpeux, euse adj.
raphe n. m.
raphia n. m.
raphide n. f.
rapia adj. et n.
rapiat, iate adj. et n.
rapide adj. et n.
rapidement adv.
rapidité n. f.
rapidos adv.
rapiéçage n. m.
rapiécer v. tr. (conjug. 3 et 6)
rapière n. f.
rapin n. m.

rationnement

rapine n. f.
rapiner v. intr. (conjug. 1)
rapinerie n. f.
raplapla adj. inv.
raplatir v. tr. (conjug. 2)
raplomber v. tr. (conjug. 1)
rapointir v. tr. (conjug. 2)
rappareiller v. tr. (conjug. 1)
rappariement n. m.
rapparier v. tr. (conjug. 7)
rappel n. m.
rappelé, ée adj.
rappeler v. (conjug. 4)
rapper v. intr. (conjug. 1)
rappeur, euse n.
rappliquer v. (conjug. 1)
rappointir ou rapointir v. tr. (conjug. 2)
rappointis n. m.
rappondre v. tr. (conjug. 41)
rapponse n. f.
rapport n. m.
rapportage n. m.
rapporté, ée adj.
rapporter v. tr. (conjug. 1)
rapporteur, euse n. et adj.
rapprendre v. tr. (conjug. 58)
rapproché, ée adj.
rapprochement n. m.
rapprocher v. tr. (conjug. 1)
rapproprier v. tr. (conjug. 7)
rapsode n. m.
rapsodie n. f.
rapsodique adj.
rapt n. m.
rapter v. tr. (conjug. 1)
raptus n. m.
râpure n. f.
raquer v. intr. (conjug. 1)
raquette n. f.
raquetteur, euse n.
rare adj.
raréfaction n. f.
raréfier v. tr. (conjug. 7)

rarement adv.
rareté n. f.
rarissime adj.
¹ras, rase adj.
²ras n. m.
R. A. S. interj. (rien à signaler)
rasade n. f.
rasage n. m.
rasance n. f.
rasant, ante adj.
rascasse n. f.
ras-du-cou n. m. inv.
rasé, ée adj.
rase-motte(s) n. m.
  PL. rase-mottes
rase-pet n. m.
  PL. rase-pets
raser v. tr. (conjug. 1)
raseur, euse n.
rash [ʀaʃ] n. m.
  PL. rashs ou rashes
rasibus [ʀazibys] adv.
ras-le-bol interj. et n. m. inv.
rasoir n. m.
raspoutitsa n. f.
rassasiant, iante adj.
rassasié, iée adj.
rassasiement n. m.
rassasier v. tr. (conjug. 7)
rassemblé, ée adj.
rassemblement n. m.
rassembler v. tr. (conjug. 1)
rassembleur, euse n.
rasseoir ou rassoir* v. tr. (conjug. 26)
rasséréné, ée adj.
rasséréner v. tr. (conjug. 6)
rassie adj. f.
rassir v. tr. (conjug. 2)
rassis, ise adj.
rassoir* v. tr. rasseoir
rassurance n. f.
rassurant, ante adj.
rassuré, ée adj.
rassurer v. tr. (conjug. 1)
rasta n. et adj.
rastafari n. et adj.

rastaquouère n. m. et adj.
rastel n. m.
rat n. m.
rata n. m.
ratafia n. m.
ratage n. m.
rataplan interj.
ratatiné, ée adj.
ratatiner v. tr. (conjug. 1)
ratatouille n. f.
rate n. f.
raté, ée n.
râteau n. m.
ratel n. m.
râtelage n. m.
râtelée n. f.
râteler v. tr. (conjug. 4)
râteleur, euse n.
râtelier n. m.
rater v. (conjug. 1)
ratiboiser v. tr. (conjug. 1)
ratiche n. f.
ratichon n. m.
raticide n. m.
ratier n. m. et adj. m.
ratière n. f.
ratification n. f.
ratifier v. tr. (conjug. 7)
ratinage n. m.
ratine n. f.
ratiner v. tr. (conjug. 1)
ratineuse n. f.
rating [ʀatiŋ ; ʀetiŋ] n. m.
ratio [ʀasjo] n. m.
ratiocinateur, trice n.
ratiocination n. f.
ratiociner v. intr. (conjug. 1)
ratiocineur, euse n.
ration n. f.
rational, aux n. m.
rationalisation n. f.
rationaliser v. tr. (conjug. 1)
rationalisme n. m.
rationaliste adj. et n.
rationalité n. f.
rationnel, elle adj. et n.
rationnellement adv.
rationnement n. m.

rationner v. tr. (conjug. 1)
ratissage n. m.
ratisser v. tr. (conjug. 1)
ratissette n. f.
ratisseur n. m.
ratissoire n. f.
ratites n. m. pl.
raton n. m.
ratonnade n. f.
ratonner v. (conjug. 1)
ratonneur n. m.
ratoureux, euse ou **ratoureur, euse** adj. et n.
rattachement n. m.
rattacher v. tr. (conjug. 1)
rat-taupe n. m.
PL. *rats-taupes*
ratte n. f.
rattrapable adj.
rattrapage n. m.
rattraper v. tr. (conjug. 1)
raturage n. m.
rature n. f.
raturer v. tr. (conjug. 1)
raucheur n. m.
raucité n. f.
rauque adj.
rauquement n. m.
rauquer v. intr. (conjug. 1)
rauwolfia n. m.
ravage n. m.
ravagé, ée adj.
ravager v. tr. (conjug. 3)
ravageur, euse adj. et n.
ravalement n. m.
ravaler v. tr. (conjug. 1)
ravaleur n. m.
ravaudage n. m.
ravauder v. tr. (conjug. 1)
ravaudeur, euse n.
rave (party ou **partie)**
[REV] n. f.
ravenala n. m.
ravenelle n. f.
raveur, euse n.
ravi, ie adj.
ravier n. m.
ravière n. f.
ravigotant, ante adj.

ravigote n. f.
ravigoter v. tr. (conjug. 1)
ravin n. m.
ravine n. f.
ravinement n. m.
raviner v. tr. (conjug. 1)
raviole n. f.
ravioli n. m.
PL. *raviolis*
ravir v. tr. (conjug. 2)
raviser (se) v. pron. (conjug. 1)
ravissant, ante adj.
ravissement n. m.
ravisseur, euse n.
ravitaillement n. m.
ravitailler v. tr. (conjug. 1)
ravitailleur n. m. et adj. m.
ravivage n. m.
raviver v. tr. (conjug. 1)
ravoir v. tr. (seult inf.)
raya n. m.
rayage n. m.
rayé, rayée adj.
rayer v. tr. (conjug. 8)
rayère n. f.
raygrass ou **ray-grass**
[REgRas] n. m. inv.
rayon n. m.
rayonnage n. m.
rayonnant, ante adj.
rayonne n. f.
rayonné, ée adj. et n. m.
rayonnement n. m.
rayonner v. (conjug. 1)
rayure n. f.
raz n. m.
raz-de-marée ou **raz de marée** n. m. inv.
razzia [Ra(d)zja] n. f.
razzier [Ra(d)zje] v. tr. (conjug. 7)
R-D ou **R & D** n. f. (recherche et développement)
ré n. m. inv.
réa n. m.
réabonnement n. m.
réabonner v. tr. (conjug. 1)
réabsorber v. tr. (conjug. 1)
réabsorption n. f.

réac adj. et n. (réactionnaire)
réaccélération n. f.
réaccélérer v. tr. (conjug. 6)
réaccoutumance n. f.
réaccoutumer v. tr. (conjug. 1)
réachat n. m.
réacheminement n. m.
réacheminer v. tr. (conjug. 1)
réacquérir v. tr. (conjug. 21)
réacquisition n. f.
réactance n. f.
réactant n. m.
réacteur n. m.
réactif, ive adj. et n. m.
réaction n. f.
réactionnaire adj. et n.
réactionnel, elle adj.
réactivation n. f.
réactiver v. tr. (conjug. 1)
réactivité n. f.
réactogène adj. et n.
réactualisable adj.
réactualisation n. f.
réactualiser v. tr. (conjug. 1)
réadaptation n. f.
réadapter v. tr. (conjug. 1)
réadmettre v. tr. (conjug. 56)
réadmission n. f.
ready-made n. m. inv.
réafficher v. tr. (conjug. 1)
réaffirmer v. tr. (conjug. 1)
réagine n. f.
réagir v. intr. (conjug. 2)
réajustement n. m.
réajuster v. tr. (conjug. 1)
¹**réal, ale, aux** adj. et n. f.
²**réal, aux** n.
reales n. m. pl.
réalésage n. m.
réaléser v. tr. (conjug. 6)
réalgar n. m.
réalignement n. m.
réalisable adj.
réalisateur, trice n.

réalisation n. f.
réaliser v. tr. (conjug. 1)
réalisme n. m.
réaliste n. et adj.
réalistement adv.
réalité n. f.
reality show n. m.
  PL. *reality shows*
réalphabétisation n. f.
réalphabétiser v. tr. (conjug. 1)
réalpolitique ou **realpolitik** n. f.
réaménagement n. m.
réaménager v. tr. (conjug. 3)
réamorcer v. tr. (conjug. 3)
réanimateur, trice n.
réanimation n. f.
réanimer v. tr. (conjug. 1)
réapparaître ou **réapparaitre*** v. intr. (conjug. 57)
réapparition n. f.
réappliquer v. tr. (conjug. 1)
réappréciation n. f.
réapprécier (se) v. pron. (conjug. 7)
réapprendre v. tr. (conjug. 58)
réappropriation n. f.
réapproprier (se) v. pron. (conjug. 7)
réapprovisionnement n. m.
réapprovisionner v. tr. (conjug. 1)
réargenter v. tr. (conjug. 1)
réarmement n. m.
réarmer v. (conjug. 1)
réarrangement n. m.
réarranger v. tr. (conjug. 3)
réassignation n. f.
réassigner v. tr. (conjug. 1)
réassort n. m.
réassortiment n. m.
réassortir v. tr. (conjug. 2)
réassurance n. f.
réassurer v. tr. (conjug. 1)
réassureur n. m.

rebab [ʀabab] n. m.
rebaisser v. intr. (conjug. 1)
rebaptiser v. tr. (conjug. 1)
rébarbatif, ive adj.
rebâtir v. tr. (conjug. 2)
rebattement n. m.
rebattre v. tr. (conjug. 41)
rebattu, ue adj.
rebec n. m.
rebelle adj. et n.
rebeller (se) v. pron. (conjug. 1)
rébellion n. f.
rebelote interj.
rebeu ou **reubeu** n. et adj.
rebiffer (se) v. pron. (conjug. 1)
rebiquer v. intr. (conjug. 1)
reblochon n. m.
reboisement n. m.
reboiser v. tr. (conjug. 1)
rebond n. m.
rebondi, ie adj.
rebondir v. intr. (conjug. 2)
rebondissant, ante adj.
rebondissement n. m.
rebord n. m.
reborder v. tr. (conjug. 1)
rebot n. m.
reboucher v. tr. (conjug. 1)
rebours n. m.
reboutement n. m.
rebouter v. tr. (conjug. 1)
rebouteux, euse n.
reboutonner v. tr. (conjug. 1)
rebraguetter v. tr. (conjug. 1)
rebras n. m.
rebroder v. tr. (conjug. 1)
rebroussement n. m.
rebrousse-poil (à) loc. adv.
rebrousser v. tr. (conjug. 1)
rebuffade n. f.
rébus n. m.
rebut n. m.
rebutant, ante adj.
rebuter v. tr. (conjug. 1)
recacheter v. tr. (conjug. 4)

recadrage n. m.
recadrer v. tr. (conjug. 1)
recalage n. m.
recalcification n. f.
recalcifier v. tr. (conjug. 7)
récalcitrant, ante adj. et n.
recalculer v. tr. (conjug. 1)
recaler v. tr. (conjug. 1)
recalibrer v. tr. (conjug. 1)
recapitalisation n. f.
recapitaliser v. tr. (conjug. 1)
récapitulatif, ive adj.
récapitulation n. f.
récapituler v. tr. (conjug. 1)
recarder v. tr. (conjug. 1)
recarreler v. tr. (conjug. 4)
recaser v. tr. (conjug. 1)
recauser v. intr. (conjug. 1)
recéder v. tr. (conjug. 6)
recel n. m.
receler ou **recéler** v. (conjug. 5)
receleur, euse ou **recéleur, euse** n.
récemment adv.
récence n. f.
recensement n. m.
recenser v. tr. (conjug. 1)
recenseur, euse n.
recension n. f.
récent, ente adj.
recentrage n. m.
recentraliser v. tr. (conjug. 1)
recentrer v. tr. (conjug. 1)
recépage n. m.
recépée n. f.
recéper v. tr. (conjug. 6)
récépissé n. m.
réceptacle n. m.
¹récepteur, trice adj. et n.
²récepteur n. m.
réceptif, ive adj.
réception n. f.
réceptionnaire n.
réceptionner v. tr. (conjug. 1)
réceptionneur, euse n.

réceptionniste n.
réceptivité n. f.
recercelé, ée adj.
recerclage n. m.
recercler v. tr. (conjug. 1)
recès ou **recez** n. m.
récessif, ive adj.
récession n. f.
récessivité n. f.
recette n. f.
recevabilité n. f.
recevable adj.
recevant, ante adj.
receveur, euse n.
recevoir v. tr. (conjug. 28)
recez n. m.
réchampi ou **rechampi** n. m.
réchampir ou **rechampir** v. tr. (conjug. 2)
réchampissage ou **rechampissage** n. m.
rechange n. m.
rechanger v. tr. (conjug. 3)
rechanter v. tr. (conjug. 1)
rechapage n. m.
rechaper v. tr. (conjug. 1)
réchappé, ée n.
réchapper v. intr. (conjug. 1)
recharge n. f.
rechargeable adj.
rechargement n. m.
recharger v. tr. (conjug. 3)
rechasser v. (conjug. 1)
réchaud n. m.
réchauffage n. m.
réchauffé, ée adj. et n. m.
réchauffement n. m.
réchauffer v. tr. (conjug. 1)
réchauffeur n. m.
rechaussement n. m.
rechausser v. tr. (conjug. 1)
rêche adj.
recherche n. f.
recherché, ée adj.
rechercher v. tr. (conjug. 1)
recherchiste n.
rechigner v. intr. (conjug. 1)

rechristianiser v. tr. (conjug. 1)
rechute n. f.
rechuter v. intr. (conjug. 1)
récidivant, ante adj.
récidive n. f.
récidiver v. intr. (conjug. 1)
récidiviste n.
récidivité n. f.
récif n. m.
récifal, ale, aux adj.
récipiendaire n.
récipient n. m.
réciprocité n. f.
réciproque adj. et n.
réciproquement adv.
réciproquer v. tr. (conjug. 1)
recirculation n. f.
récit n. m.
récital n. m.
récitant, ante adj. et n.
récitatif n. m.
récitation n. f.
réciter v. tr. (conjug. 1)
réclamant, ante n.
réclamation n. f.
réclame n. f. ; n. m.
réclamer v. tr. (conjug. 1)
reclassement n. m.
reclasser v. tr. (conjug. 1)
reclouer v. tr. (conjug. 1)
reclus, use adj. et n.
réclusion n. f.
réclusionnaire n.
récognitif adj. m.
récognition n. f.
recoiffer v. tr. (conjug. 1)
recoin n. m.
récolement n. m.
récoler v. tr. (conjug. 1)
recollage n. m.
récollection n. f.
recoller v. tr. (conjug. 1)
récollet n. m.
recolorisation n. f.
recoloriser v. tr. (conjug. 1)
récoltable adj.
récoltant, ante adj. et n.
récolte n. f.

récolter v. tr. (conjug. 1)
récolteur, euse n.
recombinaison n. f.
recombinant, ante adj.
recombiner v. tr. (conjug. 1)
recommandable adj.
recommandation n. f.
recommandé, ée adj. et n. m.
recommander v. tr. (conjug. 1)
recommencement n. m.
recommencer v. (conjug. 3)
récompense n. f.
récompenser v. tr. (conjug. 1)
recompiler v. tr. (conjug. 1)
recomposé, ée adj.
recomposer v. tr. (conjug. 1)
recomposition n. f.
recompter v. tr. (conjug. 1)
reconcentrer v. tr. (conjug. 1)
réconciliateur, trice n.
réconciliation n. f.
réconcilier v. tr. (conjug. 7)
reconditionnement n. m.
reconditionner v. tr. (conjug. 1)
reconductible adj.
reconduction n. f.
reconduire v. tr. (conjug. 38)
reconduite n. f.
reconfiguration n. f.
reconfigurer v. tr. (conjug. 1)
réconfort n. m.
réconfortant, ante adj.
réconforter v. tr. (conjug. 1)
reconnaissable adj.
reconnaissance n. f.
reconnaissant, ante adj.

reconnaître ou **reconnaitre*** v. tr. (conjug. 57)
reconnecter v. tr. (conjug. 1)
reconnexion n. f.
reconnu, ue adj.
reconquérir v. tr. (conjug. 21)
reconquête n. f.
reconsidérer v. tr. (conjug. 6)
reconsolider v. tr. (conjug. 1)
reconstituant, ante adj. et n. m.
reconstituer v. tr. (conjug. 1)
reconstitution n. f.
reconstructeur, trice n. et adj.
reconstruction n. f.
reconstruire v. tr. (conjug. 38)
recontacter v. tr. (conjug. 1)
recontracter v. tr. (conjug. 1)
reconventionnel, elle adj.
reconventionnellement adv.
reconversion n. f.
reconvertibilité n. f.
reconvertir v. tr. (conjug. 2)
recopiage n. m.
recopier v. tr. (conjug. 7)
record n. m. et adj. inv.
recordage n. m.
recorder v. tr. (conjug. 1)
recordman n. m.
  PL. *recordmans* ou *recordmen*
recordwoman n. f.
  PL. *recordwomans* ou *recordwomen*
recorriger v. tr. (conjug. 3)
recors n. m.
recoucher v. tr. (conjug. 1)
recoudre v. tr. (conjug. 48)

recoupe n. f.
recoupement n. m.
recouper v. tr. (conjug. 1)
recoupette n. f.
recouponner v. tr. (conjug. 1)
recourbé, ée adj.
recourbement n. m.
recourber v. tr. (conjug. 1)
recourbure n. f.
recourir v. (conjug. 11)
recours n. m.
recouvrable adj.
recouvrage n. m.
recouvrement n. m.
recouvrer v. tr. (conjug. 1)
recouvrir v. tr. (conjug. 18)
recracher v. tr. (conjug. 1)
récréance n. f.
récréatif, ive adj.
récréation n. f.
récréation n. f.
recréditer v. tr. (conjug. 1)
recréer v. tr. (conjug. 1)
récréer v. tr. (conjug. 1)
récrément n. m.
recrépir v. tr. (conjug. 2)
recrépissage n. m.
recreuser v. tr. (conjug. 1)
récrier (se) v. pron. (conjug. 7)
récriminateur, trice adj. et n.
récrimination n. f.
récriminer v. intr. (conjug. 1)
récrire v. tr. (conjug. 39)
recristallisation n. f.
recristalliser v. intr. (conjug. 1)
recroquevillé, ée adj.
recroqueviller v. tr. (conjug. 1)
recru, ue adj.
recrû ou **recru*** n. m.
recrudescence n. f.
recrudescent, ente adj.
recrue n. f.
recrutement n. m.
recruter v. tr. (conjug. 1)

recruteur, euse n.
recta adv.
rectal, ale, aux adj.
rectangle adj. et n. m.
rectangulaire adj.
recteur, trice adj. et n. f. ; n.
rectifiable adj.
rectificateur, trice n.
rectificatif, ive adj. et n. m.
rectification n. f.
rectifier v. tr. (conjug. 7)
rectifieur, ieuse n.
rectiligne adj.
rectilinéaire adj.
rection n. f.
rectite n. f.
rectitude n. f.
recto n. m.
rectocolite n. f.
rectoral, ale, aux adj.
rectorat n. m.
rectorragie n. f.
rectoscope n. m.
rectoscopie n. f.
rectosigmoïde n. m.
rectosigmoïdien, ienne adj.
rectosigmoïdoscopie n. f.
rectrice adj. f. et n. f.
rectum n. m.
¹**reçu, ue** adj.
²**reçu** n. m.
recueil n. m.
recueillement n. m.
recueillir v. tr. (conjug. 12)
recuire v. (conjug. 38)
recuit n. m.
recul n. m.
reculade n. f.
reculé, ée adj.
reculée n. f.
reculer v. (conjug. 1)
reculons (à) loc. adv.
reculotter v. tr. (conjug. 1)
récupérable adj.
récupérateur, trice n.
récupération n. f.

récupérer v. tr. (conjug. 6)
récurage n. m.
récurer v. tr. (conjug. 1)
récurrence n. f.
récurrent, ente adj.
récursif, ive adj.
récursivité n. f.
récursoire adj.
récusable adj.
récusation n. f.
récuser v. tr. (conjug. 1)
recyclabilité n. f.
recyclable adj.
recyclage n. m.
recycler v. tr. (conjug. 1)
recycleur, euse n.
rédacteur, trice n.
rédaction n. f.
rédactionnel, elle adj.
redan n. m.
reddition n. f.
redécorer v. tr. (conjug. 1)
redécouper v. tr. (conjug. 1)
redécouvrir v. tr. (conjug. 18)
redéfaire v. tr. (conjug. 60)
redéfinir v. tr. (conjug. 2)
redéfinition n. f.
redemander v. tr. (conjug. 1)
redémarrage n. m.
redémarrer v. intr. (conjug. 1)
rédempteur, trice n. et adj.
rédemption n. f.
redent n. m.
redenté, ée adj.
redéploiement n. m.
redéployer v. tr. (conjug. 8)
redescendre v. (conjug. 41)
redescente n. f.
redessiner v. tr. (conjug. 1)
redevable adj.
redevance n. f. (rec. off. pour royalties)
redéveloppement n. m.
redévelopper v. tr. (conjug. 1)

redevenir v. intr. (conjug. 22)
redevoir v. tr. (conjug. 28)
rédhibition n. f.
rédhibitoire adj.
rédie n. f.
redif n. f.
rediffuser v. tr. (conjug. 1)
rediffusion n. f.
rédiger v. tr. (conjug. 3)
redimensionnable adj.
redimensionnement n. m.
redimensionner v. tr. (conjug. 1)
rédimer v. tr. (conjug. 1)
redingote n. f.
redire v. (conjug. 37)
redirection n. f.
rediriger v. tr. (conjug. 3)
rediscuter v. tr. (conjug. 1)
redistribuable adj.
redistribuer v. tr. (conjug. 1)
redistributif, ive adj.
redistribution n. f.
redite n. f.
redondance n. f.
redondant, ante adj.
redonner v. (conjug. 1)
redorer v. tr. (conjug. 1)
redormir v. (conjug. 16)
redoublant, ante n.
redoublé, ée adj.
redoublement n. m.
redoubler v. (conjug. 1)
redoutable adj.
redoute n. f.
redouter v. tr. (conjug. 1)
redoux n. m.
redresse (à la) loc. adj.
redressement n. m.
redresser v. tr. (conjug. 1)
redresseur n. m. et adj. m.
réductase n. f.
réducteur, trice adj. et n. m.
réductibilité n. f.
réductible adj.
réduction n. f.

réductionnisme n. m.
réductionniste adj. et n.
réduire v. tr. (conjug. 38)
¹**réduit, ite** adj.
²**réduit** n. m.
réduplicatif, ive adj.
réduplication n. f.
réduve n. m.
redynamiser v. tr. (conjug. 1)
rééchantillonnage n. m.
rééchantillonner v. tr. (conjug. 1)
rééchelonnable adj.
rééchelonnement n. m.
rééchelonner v. tr. (conjug. 1)
réécrire v. tr. (conjug. 39)
réécriture n. f.
réédifier v. tr. (conjug. 7)
rééditer v. tr. (conjug. 1)
réédition n. f.
rééducateur, trice adj. et n.
rééducation n. f.
rééduquer v. tr. (conjug. 1)
réel, elle adj. et n. m.
réélection n. f.
rééligibilité n. f.
rééligible adj.
réélire v. tr. (conjug. 43)
réellement adv.
réemballer v. tr. (conjug. 1)
réembaucher ou **rembaucher** v. tr. (conjug. 1)
réémergence n. f.
réémergent, ente adj.
réémetteur, ente adj.
réemploi n. m.
réemployer v. tr. (conjug. 8)
réemprunter v. tr. (conjug. 1)
réenregistrable adj.
réenregistrement n. m.
réenregistrer v. tr. (conjug. 1)
réensemencement n. m.
réensemencer v. tr. (conjug. 3)

réentendre v. tr. (conjug. 41)
rééquilibrage n. m.
rééquilibre n. m.
rééquilibrer v. tr. (conjug. 1)
réer v. intr. (conjug. 1)
réescompte n. m.
réescompter v. tr. (conjug. 1)
réessayage n. m.
réessayer v. tr. (conjug. 8)
réétiquetage n. m.
réétiqueter v. tr. (conjug. 4)
réétudier v. tr. (conjug. 7)
réévaluation n. f.
réévaluer v. tr. (conjug. 1)
réexamen n. m.
réexaminer v. tr. (conjug. 1)
réexpédier v. tr. (conjug. 7)
réexpédition n. f.
réexploitable adj.
réexploitation n. f.
réexploiter v. tr. (conjug. 1)
réexportation n. f.
réexporter v. tr. (conjug. 1)
réfaction n. f.
refacturation n. f.
refacturer v. tr. (conjug. 1)
refaire v. tr. (conjug. 60)
réfection n. f.
réfectoire n. m.
refend (de) loc. adj.
refendre v. tr. (conjug. 41)
refente n. f.
référé n. m.
référence n. f.
référencement n. m.
référencer v. tr. (conjug. 3)
référendaire n.
référendum ou **referendum** [ʀefeʀɛ̃dɔm ; ʀefeʀɑ̃dɔm] n. m.
référent n. m.
¹**référentiel, ielle** adj.
²**référentiel** n. m.

référer v. tr. (conjug. 6)
refermable adj.
refermer v. tr. (conjug. 1)
refiler v. tr. (conjug. 1)
refinancement n. m.
refinancer v. tr. (conjug. 3)
réfléchi, ie adj.
réfléchir v. (conjug. 2)
réfléchissant, ante adj.
réflecteur n. m. et adj.
réflectif, ive adj.
réflectivité n. f.
réflectographie n. f.
reflet n. m.
refléter v. tr. (conjug. 6)
refleurir v. (conjug. 2)
refleurissement n. m.
reflex ou **réflex** adj. et n. m.
réflexe adj. et n. m.
réflexibilité n. f.
réflexible adj.
réflexif, ive adj.
réflexion n. f.
réflexivement adv.
réflexivité n. f.
réflexogène adj.
réflexogramme n. m.
réflexologie n. f.
réflexothérapie n. f.
refluer v. intr. (conjug. 1)
reflux n. m.
refondateur, trice adj. et n.
refondation n. f.
refonder v. tr. (conjug. 1)
refondre v. tr. (conjug. 41)
refonte n. f.
reforestation n. f.
reforester v. tr. (conjug. 1)
réformable adj.
reformage n. m.
reformatage n. m.
reformater v. tr. (conjug. 1)
réformateur, trice n. et adj.
réformation n. f.
réforme n. f.
réformé, ée adj. et n.

reformer v. tr. (conjug. 1)
réformer v. tr. (conjug. 1)
réformette n. f.
réformisme n. m.
réformiste n. et adj.
reformulation n. f.
reformuler v. tr. (conjug. 1)
refouillement n. m.
refouiller v. tr. (conjug. 1)
refoulé, ée adj. et n.
refoulement n. m.
refouler v. tr. (conjug. 1)
refouloir n. m.
refourguer v. tr. (conjug. 1)
réfractaire adj.
réfracter v. tr. (conjug. 1)
réfracteur, trice adj.
réfraction n. f.
réfractionniste n.
réfractomètre n. m.
refrain n. m.
réfrangibilité n. f.
réfrangible adj.
réfréner ou **refréner** v. tr. (conjug. 6)
réfrigérant, ante adj.
réfrigérateur n. m.
réfrigération n. f.
réfrigérer v. tr. (conjug. 6)
réfringence n. f.
réfringent, ente adj.
refroidir v. (conjug. 2)
refroidissement n. m.
refroidisseur n. m. et adj. m.
refuge n. m.
réfugié, iée adj. et n.
réfugier (se) v. pron. (conjug. 7)
refumer v. tr. (conjug. 1)
refus n. m.
refuser v. (conjug. 1)
réfutabilité n. f.
réfutable adj.
réfutation n. f.
réfuter v. tr. (conjug. 1)
refuznik [ʀəfyznik] n.
reg [ʀɛg] n. m.
regagner v. tr. (conjug. 1)
regain n. m.

régal n. m.
régalade n. f.
régalage n. m.
régale adj. f. ; n. f. ; n. m.
régaler v. tr. (conjug. 1)
régalien, ienne adj.
regard n. m.
regardable adj.
regardant, ante adj.
regarder v. tr. (conjug. 1)
regardeur, euse n.
regarnir v. tr. (conjug. 2)
régate n. f.
régater v. intr. (conjug. 1)
régatier, ière n.
regel n. m.
regeler v. (conjug. 5)
régence n. f.
regency [ʀeʒɛnsi] adj.
régendat n. m.
régénérateur, trice adj. et n. m.
régénération n. f.
régénéré, ée adj.
régénérer v. tr. (conjug. 6)
régent, ente n.
régenter v. tr. (conjug. 1)
reggae n. m. et adj. inv.
régicide adj. et n. ; n. m.
régie n. f.
regimbement n. m.
regimber v. intr. (conjug. 1)
regimbeur, euse n. et adj.
régime n. m.
régiment n. m.
régimentaire adj.
regingard n. m.
région n. f.
régional, ale, aux adj.
régionalement adv.
régionalisation n. f.
régionaliser v. tr. (conjug. 1)
régionalisme n. m.
régionaliste adj. et n.
régionnement n. m.
régir v. tr. (conjug. 2)
régisseur, euse n.
registre n. m.
réglable adj.

réglage n. m.
règle n. f.
réglé, ée adj.
règlement n. m.
réglementaire ou **règlementaire*** adj.
réglementairement ou **règlementairement*** adv.
réglementation ou **règlementation*** n. f.
réglementer ou **règlementer*** v. tr. (conjug. 1)
régler v. tr. (conjug. 6)
réglet n. m.
réglette n. f.
régleur, euse n.
réglisse n. f. et m.
réglo adj.
régloir n. m.
réglure n. f.
régnant, ante adj.
règne n. m.
régner v. intr. (conjug. 6)
regonflage n. m.
regonflement n. m.
regonfler v. (conjug. 1)
regorgement n. m.
regorger v. intr. (conjug. 3)
regrat n. m.
regrattage n. m.
regratter v. (conjug. 1)
regrattier, ière n. et adj.
regréer v. tr. (conjug. 1)
regreffer v. tr. (conjug. 1)
régresser v. intr. (conjug. 1)
régressif, ive adj.
régression n. f.
regret n. m.
regrettable adj.
regrettablement adv.
regretter v. tr. (conjug. 1)
regrèvement n. m.
regrimper v. intr. (conjug. 1)
regros n. m.
regrossir v. intr. (conjug. 2)
regroupement n. m.
regrouper v. tr. (conjug. 1)

régularisable adj.
régularisation n. f.
régulariser v. tr. (conjug. 1)
régularité n. f.
régulateur, trice adj. et n. m.
régulation n. f.
régule n. m.
réguler v. tr. (conjug. 1)
régulier, ière adj. et n. m.
régulière n. f.
régulièrement adv.
régurgitation n. f.
régurgiter v. tr. (conjug. 1)
réhabilitable adj.
réhabilitation n. f.
réhabiliter v. tr. (conjug. 1)
réhabituer v. tr. (conjug. 1)
rehaussable adj.
rehausse n. f.
rehaussement n. m.
rehausser v. tr. (conjug. 1)
rehausseur n. m.
rehaut n. m.
réhoboam n. m.
réhydratation n. f.
réhydrater v. tr. (conjug. 1)
réification n. f.
réifier v. tr. (conjug. 7)
reiki n. m.
réimperméabilisation n. f.
réimperméabiliser v. tr. (conjug. 1)
réimplantation n. f.
réimplanter v. tr. (conjug. 1)
réimportation n. f.
réimporter v. tr. (conjug. 1)
réimposer v. tr. (conjug. 1)
réimposition n. f.
réimpression n. f.
réimprimer v. tr. (conjug. 1)
rein n. m.
réincarcération n. f.
réincarcérer v. tr. (conjug. 6)
réincarnation n. f.

réincarner (se) v. pron. (conjug. 1)
réincorporer v. tr. (conjug. 1)
réindexation n. f.
réindexer v. tr. (conjug. 1)
reine n. f.
reine-claude n. f.
PL. *reines-claudes*
reine-des-prés n. f.
PL. *reines-des-prés*
reine-marguerite n. f.
PL. *reines-marguerites*
reinette n. f.
réinfecter v. tr. (conjug. 1)
réinfection n. f.
réinformatisation n. f.
réinformatiser v. tr. (conjug. 1)
réingénierie n. f.
réinitialisation n. f.
réinitialiser v. tr. (conjug. 1)
réinjecter v. tr. (conjug. 1)
réinscriptible adj.
réinscription n. f.
réinscrire v. tr. (conjug. 39)
réinsérer v. tr. (conjug. 6)
réinsertion n. f.
réinstallation n. f.
réinstaller v. tr. (conjug. 1)
réinstaurer v. tr. (conjug. 1)
réintégrable adj.
réintégration n. f.
réintégrer v. tr. (conjug. 6)
réinterprétation n. f.
réinterpréter v. tr. (conjug. 6)
réintroduction n. f.
réintroduire v. tr. (conjug. 38)
réinventer v. tr. (conjug. 1)
réinvention n. f.
réinvestir v. tr. (conjug. 2)
réinvestissement n. m.
réinviter v. tr. (conjug. 1)
réitérant, ante adj.
réitératif, ive adj.
réitération n. f.
réitérer v. tr. (conjug. 6)

reitre ou **reître** n. m.
rejaillir v. intr. (conjug. 2)
rejaillissement n. m.
rejet n. m.
rejeter v. tr. (conjug. 4)
rejeton n. m.
rejetonne n. f.
rejoindre v. tr. (conjug. 49)
rejointoiement n. m.
rejointoyer v. tr. (conjug. 8)
rejouer v. (conjug. 1)
réjouir v. tr. (conjug. 2)
réjouissance n. f.
réjouissant, ante adj.
rejuger v. tr. (conjug. 3)
relâche n. m. et f.
relâché, ée adj.
relâchement n. m.
relâcher v. (conjug. 1)
relais ou **relai** n. m.
relaisser (se) v. pron. (conjug. 1)
relance n. f.
relancer v. (conjug. 3)
relanceur, euse n.
relaps, apse adj. et n.
relater v. tr. (conjug. 1)
relatif, ive adj. et n.
relation n. f.
relationnel, elle adj.
relativement adv.
relativisation n. f.
relativiser v. tr. (conjug. 1)
relativisme n. m.
relativiste adj. et n.
relativité n. f.
relaver v. tr. (conjug. 1)
relax, axe adj. et n. m.
relaxation n. f.
relaxe adj. ; n. f.
relaxer v. tr. (conjug. 1)
relayer v. (conjug. 8)
relayeur, euse n.
relecture n. f.
relégable adj.
relégalisation n. f.
relégation n. f.

reléguer v. tr. (conjug. 6)
relent n. m.
relevable adj.
relevage n. m.
relevailles n. f. pl.
relève n. f.
¹**relevé, ée** adj.
²**relevé** n. m.
relèvement n. m.
relever v. (conjug. 5)
releveur, euse adj. et n.
reliage n. m.
relief n. m.
relier v. tr. (conjug. 7)
relieur, ieuse n.
religieusement adv.
religieux, ieuse adj. et n.
religion n. f.
religionnaire n.
religiosité n. f.
reliquaire n. m.
reliquat [-ka] n. m.
relique n. f.
relire v. tr. (conjug. 43)
relish [ʀəliʃ] n. f.
reliure n. f.
relocalisation n. f.
relocaliser v. tr. (conjug. 1)
relocation n. f.
relogement n. m.
reloger v. tr. (conjug. 3)
relookage [ʀ(ə)lukaʒ] n. m.
relooker [ʀ(ə)luke] v. tr. (conjug. 1)
relookeur, euse [ʀəlukœʀ] n.
relooking [ʀəlukiŋ] n. m.
relou, oue adj.
relouer v. tr. (conjug. 1)
réluctance n. f.
reluire v. intr. (conjug. 38)
reluisant, ante adj.
reluquer v. tr. (conjug. 1)
rélutif, ive adj.
relution n. f.
rem n. m.
remâcher v. tr. (conjug. 1)
remaillage n. m.
remailler v. tr. (conjug. 1)
remake n. m.

rémanence n. f.
rémanent, ente adj.
remanger v. tr. (conjug. 3)
remaniable adj.
remaniement n. m.
remanier v. tr. (conjug. 7)
remaquillage n. m.
remaquiller v. tr. (conjug. 1)
remarcher v. intr. (conjug. 1)
remariage n. m.
remarier v. tr. (conjug. 7)
remarquable adj.
remarquablement adv.
remarque n. f.
remarqué, ée adj.
remarquer v. tr. (conjug. 1)
remastérisation n. f.
remastériser v. tr. (conjug. 1)
remasticage n. m.
remastiquer v. tr. (conjug. 1)
remballage n. m.
remballer v. tr. (conjug. 1)
rembarquement n. m.
rembarquer v. tr. (conjug. 1)
rembarrer v. tr. (conjug. 1)
rembaucher v. tr. (conjug. 1)
remblai n. m.
remblaiement n. m.
remblayage n. m.
remblayer v. tr. (conjug. 8)
remblayeuse n. f.
rembobinage n. m.
rembobiner v. tr. (conjug. 1)
rembobineuse n. f.
remboîtage ou **remboitage*** n. m.
remboîtement ou **remboitement*** n. m.
remboîter ou **remboiter*** v. tr. (conjug. 1)
rembourrage n. m.
rembourrer v. tr. (conjug. 1)
rembourreur, euse n.

remboursable adj.
remboursement n. m.
rembourser v. tr. (conjug. 1)
rembrunir v. tr. (conjug. 2)
rembrunissement n. m.
rembuchement n. m.
rembucher v. tr. (conjug. 1)
remède n. m.
remédiable adj.
remédiation n. f.
remédier v. tr. ind. (conjug. 7)
remembrement n. m.
remembrer v. tr. (conjug. 1)
remémoration n. f.
remémorer v. tr. (conjug. 1)
remerciement n. m.
remercier v. tr. (conjug. 7)
réméré n. m.
remettant n. m.
remettre v. tr. (conjug. 56)
remeubler v. tr. (conjug. 1)
rémige n. f.
remilitarisation n. f.
remilitariser v. tr. (conjug. 1)
reminéralisant, ante adj.
reminéralisation n. f.
réminiscence n. f.
remis, ise adj.
remise n. f.
remiser v. tr. (conjug. 1)
remisier n. m.
rémissible adj.
rémission n. f.
rémittence n. f.
rémittent, ente adj.
remix n. m.
remixage n. m.
remixer v. tr. (conjug. 1)
remixeur n. m.
rémiz n. m.
remmaillage n. m.
remmailler v. tr. (conjug. 1)
remmailleuse n. f.

remmener v. tr. (conjug. 5)
remnographie n. f.
remobilisation n. f.
remobiliser v. tr. (conjug. 1)
remodelage n. m.
remodeler v. tr. (conjug. 5)
remontage n. m.
remontant, ante adj. et n. m.
remonte n. f.
remonté, ée adj.
remontée n. f.
remonte-pente n. m.
  PL. *remonte-pentes*
remonter v. (conjug. 1)
remontoir n. m.
remontrance n. f.
remontrer v. tr. (conjug. 1)
rémora n. m.
remordre v. tr. (conjug. 41)
remords n. m.
remorquage n. m.
remorque n. f.
remorquer v. tr. (conjug. 1)
remorqueur n. m.
remotivation n. f.
remotiver v. tr. (conjug. 1)
remouiller v. tr. (conjug. 1)
rémoulade n. f.
remoulage n. m.
rémouleur n. m.
remous n. m.
rempaillage n. m.
rempailler v. tr. (conjug. 1)
rempailleur, euse n.
rempaqueter v. tr. (conjug. 4)
rempart n. m.
rempiètement ou **rempiétement** n. m.
rempiéter v. tr. (conjug. 6)
rempiler v. (conjug. 1)
remplaçable adj.
remplaçant, ante n.
remplacement n. m.
remplacer v. tr. (conjug. 3)
remplage n. m.
¹**rempli, ie** adj.
²**rempli** n. m.

remplier v. tr. (conjug. 7)
remplir v. tr. (conjug. 2)
remplissage n. m.
remplisseur, euse n.
remploi n. m.
remployer v. tr. (conjug. 8)
remplumer v. tr. (conjug. 1)
rempocher v. tr. (conjug. 1)
rempoissonnement n. m.
rempoissonner v. tr. (conjug. 1)
remporter v. tr. (conjug. 1)
rempotage n. m.
rempoter v. tr. (conjug. 1)
remprunter v. tr. (conjug. 1)
remuage n. m.
remuant, ante adj.
remue n. f.
remue-ménage n. m.
PL. *remue-ménage(s)*
remue-méninges n. m. inv. ou
remue-méninge* n. m. inv.
PL. *remue-méninges** (rec. off. pour brainstorming)
remuement n. m.
remuer v. (conjug. 1)
remueur, euse n.
remugle n. m.
rémunérateur, trice n. et adj.
rémunération n. f.
rémunératoire adj.
rémunérer v. tr. (conjug. 6)
renâcler v. intr. (conjug. 1)
renaissance n. f.
renaissant, ante adj.
renaître ou **renaitre*** v. intr. (conjug. 59 ; rare aux temps comp. et p. p. *rené, ée*)
rénal, ale, aux adj.
renard n. m.
renarde n. f.
renardeau n. m.
renardière n. f.

renationalisation n. f.
renationaliser v. tr. (conjug. 1)
renaturation n. f.
renaturer v. tr. (conjug. 1)
renauder v. intr. (conjug. 1)
rencaissage n. m.
rencaissement n. m.
rencaisser v. tr. (conjug. 1)
rencard n. m.
rencarder v. tr. (conjug. 1)
renchéri, ie adj.
renchérir v. (conjug. 2)
renchérissement n. m.
rencogner v. tr. (conjug. 1)
rencontre n. f. ; n. m.
rencontrer v. tr. (conjug. 1)
rendement n. m.
rendez-vous n. m. inv.
rendormir v. tr. (conjug. 16)
rendosser v. tr. (conjug. 1)
rendre v. tr. (conjug. 41)
rendu, ue adj. et n. m.
rêne n. f.
renégat, ate n.
renégociable adj.
renégociation n. f.
renégocier v. tr. (conjug. 7)
reneiger v. impers. (conjug. 3)
rénette n. f.
rénetter v. tr. (conjug. 1)
renfermé, ée adj. et n. m.
renfermement n. m.
renfermer v. tr. (conjug. 1)
renfiler v. tr. (conjug. 1)
renflammer v. tr. (conjug. 1)
renflé, ée adj.
renflement n. m.
renfler v. (conjug. 1)
renflouage n. m.
renflouement n. m.
renflouer v. tr. (conjug. 1)
renfoncement n. m.
renfoncer v. tr. (conjug. 3)
renforçage n. m.
renforçateur n. m. et adj. m.

renforcement n. m.
renforcer v. tr. (conjug. 3)
renforcir v. tr. (conjug. 3)
renformir v. tr. (conjug. 2)
renformis n. m.
renfort n. m.
renfrogné, ée adj.
renfrognement n. m.
renfrogner (se) v. pron. (conjug. 1)
rengagement n. m.
rengager v. tr. (conjug. 3)
rengaine n. f.
rengainer v. tr. (conjug. 1)
rengorger (se) v. pron. (conjug. 3)
rengrènement n. m.
rengrèner ou **rengrener** v. tr. (conjug. 6)
reniement n. m.
renier v. tr. (conjug. 7)
reniflard n. m.
reniflement n. m.
renifler v. (conjug. 1)
reniflette n. f.
renifleur, euse n.
réniforme adj.
rénine n. f.
rénitence n. f.
rénitent, ente adj.
renne n. m.
renom n. m.
renommé, ée adj.
renommée n. f.
renommer v. tr. (conjug. 1)
renon n. m.
renoncement n. m.
renoncer v. tr. (conjug. 3)
renonciataire n.
renonciateur, trice n.
renonciation n. f.
renoncule n. f.
renouée n. f.
renouer v. tr. (conjug. 1)
renouveau n. m.
renouvelable adj.
renouvelant, ante n.
renouveler v. tr. (conjug. 4)
renouvellement ou **renouvèlement*** n. m.

rénovateur, trice n. et adj.
rénovation n. f.
rénover v. tr. (conjug. 1)
renquiller v. tr. (conjug. 1)
renseignement n. m.
renseigner v. tr. (conjug. 1)
rentabilisation n. f.
rentabiliser v. tr. (conjug. 1)
rentabilité n. f.
rentable adj.
rentablement adv.
rente n. f.
renter v. tr. (conjug. 1)
rentier, ière n.
rentoilage n. m.
rentoiler v. tr. (conjug. 1)
rentoileur, euse n.
rentrage n. m.
rentraire v. tr. (conjug. 50)
rentraiture n. f.
rentrant, ante adj. et n. m.
rentrayer v. tr. (conjug. 8)
rentré, ée adj. et n. m.
rentre-dedans n. m. inv.
rentrée n. f.
rentrer v. (conjug. 1)
renutrition n. f.
renversant, ante adj.
renverse n. f.
renversé, ée adj.
renversement n. m.
renverser v. tr. (conjug. 1)
renvidage n. m.
renvider v. tr. (conjug. 1)
renvideur n. m.
renvoi n. m.
renvoyer v. tr. (conjug. 8)
réoccupation n. f.
réoccuper v. tr. (conjug. 1)
réopérer v. tr. (conjug. 6)
réorchestration n. f.
réorchestrer v. tr. (conjug. 1)
réorganisateur, trice n. et adj.
réorganisation n. f.
réorganiser v. tr. (conjug. 1)
réorientation n. f.
réorienter v. tr. (conjug. 1)
réouverture n. f.
rouvrir v. tr. (conjug. 18)
repaire n. m.
repairer v. intr. (conjug. 1)
repaître ou **repaitre*** v. tr. (conjug. 57)
répandre v. tr. (conjug. 41)
répandu, ue adj.
réparable adj.
reparaître ou **reparaitre*** v. intr. (conjug. 57)
réparateur, trice n. et adj.
réparation n. f.
réparer v. tr. (conjug. 1)
reparler v. intr. (conjug. 1)
répartement n. m.
répartie ou **repartie** n. f.
¹**repartir** v. intr. (conjug. 16 ; auxil. *être*)
²**repartir** v. tr. (conjug. 16 ; auxil. *avoir*)
répartir v. tr. (conjug. 2)
répartiteur, trice n.
répartition n. f.
reparution n. f.
repas n. m.
repassage n. m.
repasse n. f.
repasser v. tr. (conjug. 1)
repasseur n. m.
repasseuse n. f.
repavage n. m.
repaver v. tr. (conjug. 1)
repayer v. tr. (conjug. 8)
repêchage n. m.
repêcher v. tr. (conjug. 1)
repeindre v. tr. (conjug. 52)
repeint n. m.
repenser v. (conjug. 1)
repentance n. f.
repentant, ante adj.
repenti, ie adj.
repentir n. m.

repentir (se) v. pron. (conjug. 16)
repérable adj.
repérage n. m.
reperçage n. m.
repercer v. tr. (conjug. 3)
répercussion n. f.
répercuter v. tr. (conjug. 1)
reperdre v. tr. (conjug. 41)
repère n. m.
repérer v. tr. (conjug. 6)
répertoire n. m.
répertorier v. tr. (conjug. 7)
répétabilité n. f.
répète n. f. (répétition)
répéter v. tr. (conjug. 6)
répéteur n. m.
répétiteur, trice n.
répétitif, ive adj.
répétition n. f.
répétitivité n. f.
répétitorat n. m.
repeuplement n. m.
repeupler v. tr. (conjug. 1)
repiquage n. m.
repiquer v. tr. (conjug. 1)
repiqueuse n. f.
répit n. m.
replacement n. m.
replacer v. tr. (conjug. 3)
replanification n. f.
replanifier v. tr. (conjug. 7)
replantation n. f.
replanter v. tr. (conjug. 1)
replat n. m.
replâtrage n. m.
replâtrer v. tr. (conjug. 1)
replet, ète adj.
réplétif, ive adj.
réplétion n. f.
repleuvoir v. impers. (conjug. 23)
repli n. m.
repliable adj.
repliage n. m.
réplicatif, ive adj.
réplication n. f.
repliement n. m.
replier v. tr. (conjug. 7)

réplique n. f.
répliquer v. tr. (conjug. 1)
reploiement n. m.
replonger v. (conjug. 3)
reployer v. tr. (conjug. 8)
repolir v. tr. (conjug. 2)
repolissage n. m.
répondant, ante n.
répondeur, euse adj. et n. m.
répondre v. (conjug. 41)
répons n. m.
réponse n. f.
repopulation n. f.
report n. m.
reportage n. m.
¹**reporter** ou **reporteur, trice** n.
²**reporter** v. tr. (conjug. 1)
reporting n. m.
repos n. m.
reposant, ante adj.
repose n. f.
reposé, ée adj.
repose-bras n. m. inv.
reposée n. f.
repose-pied(s) n. m.
PL. *repose-pieds*
reposer v. (conjug. 1)
repose-tête n. m.
PL. *repose-tête(s)*
repositionnable adj.
repositionnement n. m.
repositionner v. tr. (conjug. 1)
reposoir n. m.
repoudrer v. tr. (conjug. 1)
repoussage n. m.
repoussant, ante adj.
repousse n. f.
repoussé, ée adj. et n. m.
repousse-peaux n. m. inv.
repousser v. (conjug. 1)
repoussoir n. m.
repréciser v. tr. (conjug. 1)
répréhensible adj.
répréhension n. f.
reprendre v. (conjug. 58)
repreneur, euse n.
représailles n. f. pl.

représentable adj.
représentant, ante n.
représentatif, ive adj.
représentation n. f.
représentativité n. f.
représenter v. tr. (conjug. 1)
répresseur n. m.
répressif, ive adj.
répression n. f.
réprimande n. f.
réprimander v. tr. (conjug. 1)
réprimer v. tr. (conjug. 1)
reprint n. m.
reprisage n. m.
repris de justice n. m. inv.
reprise n. f.
repriser v. tr. (conjug. 1)
repro n. f.
réprobateur, trice adj.
réprobation n. f.
reprochable adj.
reproche n. m.
reprocher v. tr. (conjug. 1)
reproducteur, trice adj. et n.
reproductibilité n. f.
reproductible adj.
reproductif, ive adj.
reproduction n. f.
reproduire v. tr. (conjug. 38)
reprofilage n. m.
reprogrammation n. f.
reprogrammer v. tr. (conjug. 1)
reprographe n. m.
reprographie n. f.
reprographier v. tr. (conjug. 7)
reprographique adj.
reprotoxique adj.
réprouvé, ée n.
réprouver v. tr. (conjug. 1)
reps n. m.
reptation n. f.
reptile adj. et n. m.
reptilien, ienne adj.

repu, ue adj.
républicain, aine adj. et n.
républicanisme n. m.
republication n. f.
republier v. tr. (conjug. 7)
république n. f.
répudiation n. f.
répudier v. tr. (conjug. 7)
répugnance n. f.
répugnant, ante adj.
répugner v. tr. ind. (conjug. 1)
repulpant, ante adj.
repulper v. tr. (conjug. 1)
répulsif, ive adj. et n. m.
répulsion n. f.
répulsivité n. f.
réputation n. f.
réputé, ée adj.
réputer v. tr. (conjug. 1)
requalification n. f.
requalifier v. tr. (conjug. 7)
requérant, ante adj.
requérir v. tr. (conjug. 21)
requête n. f.
requiem [ʀekɥijɛm] n. m. inv.
requin n. m.
requinquer v. tr. (conjug. 1)
requis, ise adj.
réquisit n. m.
réquisition n. f.
réquisitionner v. tr. (conjug. 1)
réquisitoire n. m.
réquisitorial, iale, iaux adj.
R. E. R. n. m. (réseau express régional)
reroutage n. m.
rerouter v. tr. (conjug. 1)
R. E. S. n. m. (rachat d'entreprise par les salariés)
resaler v. tr. (conjug. 1)
resalir v. tr. (conjug. 2)
resarcelé, ée adj.
rescapé, ée adj. et n.
rescaper v. tr. (conjug. 1)
rescindant, ante adj. et n. m.

rescinder

rescinder v. tr. (conjug. 1)
rescision n. f.
rescisoire adj. et n.
rescolarisation n. f.
rescousse n. f.
rescrit n. m.
réseau n. m.
réseautage n. m.
réseauter v. intr. (conjug. 1)
réseautique n. f.
résécabilité n. f.
résection n. f.
réséda n. m.
resemer v. tr. (conjug. 5)
réséquer v. tr. (conjug. 6)
réserpine n. f.
réservataire adj. et n. m.
réservation n. f.
réserve n. f.
réservé, ée adj.
réserver v. tr. (conjug. 1)
réserviste n.
réservoir n. m.
résidant, ante adj. et n.
résidence n. f.
résident, ente n. et adj.
résidentiel, ielle adj.
résider v. intr. (conjug. 1)
résidu n. m.
résiduaire adj.
résiduel, elle adj.
résignataire n.
résignation n. f.
résigné, ée adj. et n.
résigner v. tr. (conjug. 1)
résiliable adj.
résiliation n. f.
résilience n. f.
résilient, iente adj.
résilier v. tr. (conjug. 7)
résille n. f.
résine n. f.
résiné, ée adj. et n. m.
résiner v. tr. (conjug. 1)
résineux, euse adj. et n. m.
résingle n. f.
résinier, ière n. et adj.
résinifère adj.
résipiscence n. f.

résistance n. f.
résistant, ante adj. et n.
résister v. tr. ind. (conjug. 1)
résistible adj.
résistif, ive adj.
résistivité n. f.
resituer v. tr. (conjug. 1)
resocialisation n. f.
résolu, ue adj.
résoluble adj.
résolument adv.
résolutif, ive adj.
résolution n. f.
résolutoire adj.
résolvance n. f.
résolvant, ante adj.
résolvante n. f.
résonance n. f.
résonateur n. m.
résonnant, ante ou résonant, ante adj.
résonner v. intr. (conjug. 1)
résorbable adj.
résorber v. tr. (conjug. 1)
résorcine n. f.
résorcinol n. m.
résorption n. f.
résoudre v. tr. (conjug. 51 ; p. p. résolu et résous, oute)
respect n. m.
respectabiliser v. tr. (conjug. 1)
respectabilité n. f.
respectable adj.
respectablement adv.
respecter v. tr. (conjug. 1)
respectif, ive adj.
respectivement adv.
respectueusement adv.
respectueux, euse adj. et n. f.
respirabilité n. f.
respirable adj.
respirant, ante adj.
respirateur n. m.
respiration n. f.
respiratoire adj.
respirer v. (conjug. 1)
resplendir v. intr. (conjug. 2)

resplendissant, ante adj.
resplendissement n. m.
responsabilisant, ante adj.
responsabilisation n. f.
responsabiliser v. tr. (conjug. 1)
responsabilité n. f.
responsable adj. et n.
resquillage n. m.
resquille n. f.
resquiller v. (conjug. 1)
resquilleur, euse n. et adj.
ressac n. m.
ressaigner v. (conjug. 1)
ressaisir v. tr. (conjug. 2)
ressaisissement n. m.
ressasser v. tr. (conjug. 1)
ressasseur, euse n.
ressaut n. m.
ressauter v. (conjug. 1)
ressemblance n. f.
ressemblant, ante adj.
ressembler v. tr. ind. (conjug. 1)
ressemelable adj.
ressemelage n. m.
ressemeler v. tr. (conjug. 4)
ressemer ou resemer v. tr. (conjug. 5)
ressenti n. m.
ressentiment n. m.
ressentir v. tr. (conjug. 16)
resserrage n. m.
resserre n. f.
resserré, ée adj.
resserrement n. m.
resserrer v. tr. (conjug. 1)
resservir v. (conjug. 14)
ressort n. m.
ressortie n. f.
¹ressortir (conjug. 16)
²ressortir v. tr. ind. (conjug. 2)
ressortissant, ante adj. et n.
ressouder v. tr. (conjug. 1)
ressource n. f.
ressourcement n. m.

ressourcer v. tr. (conjug. 3)
ressourcerie n. f.
ressouvenir (se) v. pron. (conjug. 22)
ressuage n. m.
ressuer v. (conjug. 1)
ressui n. m.
ressurgir v. intr. (conjug. 2)
ressusciter v. (conjug. 1)
ressuyage n. m.
ressuyer v. tr. (conjug. 8)
restanque n. f.
¹restant, ante adj.
²restant n. m.
restau n. m.
restaurateur, trice n. et adj.
restauration n. f.
restaurer v. tr. (conjug. 1)
restauroute n. m.
reste n. m.
rester v. intr. (conjug. 1)
restituable adj.
restituer v. tr. (conjug. 1)
restitution n. f.
resto ou restau n. m.
restockage n. m.
restoroute® ou restauroute n. m.
restreindre v. tr. (conjug. 52)
restreint, einte adj.
restrictif, ive adj.
restriction n. f.
restructuration n. f.
restructurer v. tr. (conjug. 1)
restylage n. m.
restyler v. tr. (conjug. 1)
restyling n. m.
resucée n. f.
resuffisation n. f.
résultant, ante adj.
résultante n. f.
résultat n. m.
résulter v. intr. (conjug. 1 ; seult inf., p. prés. et 3ᵉ pers.)
résumable adj.
résumé n. m.
résumer v. tr. (conjug. 1)

resurchauffe n. f.
resurfaçage n. m.
resurfacer v. tr. (conjug. 3)
résurgence n. f.
résurgent, ente adj.
resurgir ou ressurgir v. intr. (conjug. 2)
résurrection n. f.
resynchroniser [-k-] v. tr. (conjug. 1)
retable n. m.
rétabli, ie adj.
rétablir v. tr. (conjug. 2)
rétablissement n. m.
retaille n. f.
retailler v. tr. (conjug. 1)
rétamage n. m.
rétamer v. tr. (conjug. 1)
rétameur n. m.
retapage n. m.
retape n. f.
retaper v. tr. (conjug. 1)
retapisser v. tr. (conjug. 1)
retard n. m.
retardant, ante adj.
retardataire adj. et n.
retardateur, trice adj. et n. m.
retardé, ée adj.
retardement n. m.
retarder v. tr. (conjug. 1)
retassure n. f.
retâter v. tr. (conjug. 1)
retéléphoner v. tr. ind. (conjug. 1)
retendoir n. m.
retendre v. tr. (conjug. 41)
retenir v. tr. (conjug. 22)
retenter v. tr. (conjug. 1)
rétenteur, trice adj.
rétention n. f.
retentir v. intr. (conjug. 2)
retentissant, ante adj.
retentissement n. m.
retenu, ue adj.
retenue n. f.
reterçage n. m.
retercer v. tr. (conjug. 3)
rétiaire n. m.
réticence n. f.

réticent, ente adj.
réticulaire adj.
réticularité n. f.
réticulation n. f.
réticule n. m.
réticulé, ée adj.
réticuler v. tr. (conjug. 1)
réticulocyte n. m.
réticuloendothélial, iale, iaux adj.
réticulum n. m.
rétif, ive adj.
rétinal n. m.
rétine n. f.
rétinien, ienne adj.
rétinite n. f.
rétinoïde n. m.
rétinoïque adj.
rétinol n. m.
rétinopathie n. f.
rétique adj. et n. m.
retirage n. m.
retiraison n. f.
retiration n. f.
retiré, ée adj.
retirer v. tr. (conjug. 1)
retisser v. tr. (conjug. 1)
rétiveté n. f.
rétivité n. f.
retombant, ante adj.
retombe n. f.
retombé n. m.
retombée n. f.
retomber v. intr. (conjug. 1)
retoquage n. m.
retoquer v. tr. (conjug. 1)
retordage n. m.
retordeur, euse n.
retordre v. tr. (conjug. 41)
rétorquer v. tr. (conjug. 1)
retors, orse adj. et n. m.
rétorsion n. f.
retouche n. f.
retoucher v. tr. (conjug. 1)
retoucherie n. f.
retoucheur, euse n.
retour n. m.
retournage n. m.
retourne n. f.

retourné n. m.
retournement n. m.
retourner v. (conjug. 1)
retourneur, euse n.
retracer v. tr. (conjug. 3)
rétractable adj.
rétractation n. f.
rétracter v. tr. (conjug. 1)
rétracteur adj. et m. et n. m.
rétractibilité n. f.
rétractif, ive adj.
rétractile adj.
rétractilité n. f.
rétraction n. f.
retraduction n. f.
retraduire v. tr. (conjug. 38)
¹**retrait, aite** adj.
²**retrait** n. m.
retraitant, ante n.
retraite n. f.
retraité, ée adj. et n.
retraitement n. m.
retraiter v. tr. (conjug. 1)
retranchement n. m.
retrancher v. tr. (conjug. 1)
retranscription n. f.
retranscrire v. tr. (conjug. 39)
retransmetteur n. m.
retransmettre v. tr. (conjug. 56)
retransmission n. f.
retravailler v. (conjug. 1)
retraverser v. tr. (conjug. 1)
rétréci, ie adj.
rétrécir v. (conjug. 2)
rétrécissement n. m.
retreindre ou **retreindre** v. tr. (conjug. 52)
retreint n. m.
retreinte n. f.
retrempe n. f.
retremper v. tr. (conjug. 1)
rétribuer v. tr. (conjug. 1)
rétribution n. f.
retriever ou **rétriéveur*** n. m.

rétro adj. inv. ; n. m.
rétroactes n. m. pl.
rétroactif, ive adj.
rétroaction n. f.
rétroactivation n. f.
rétroactivement adv.
rétroactivité n. f.
rétroagir v. intr. (conjug. 2)
rétrocéder v. (conjug. 6)
rétrocession n. f.
rétrochargeuse n. f.
rétrocommission n. f.
rétrocontrôle n. m.
rétroconversion n. f.
rétroconvertir v. tr. (conjug. 2)
rétroéclairage n. m.
rétroéclairé, ée adj.
rétrofléchi, ie adj.
rétroflexe adj.
rétroflexion n. f.
rétrofusée n. f.
rétrogradation n. f.
rétrograde adj.
rétrograder v. (conjug. 1)
rétrogression n. f.
rétro-ingénierie n. f.
rétro-inhibition n. f.
rétropédalage n. m.
rétroplanning n. m.
rétroposition n. f.
rétroprojecteur n. m.
rétroprojection n. f.
rétropropulsion n. f.
rétrospectif, ive adj. et n. m.
rétrospective n. f.
rétrospectivement adv.
rétrotranscription n. f.
retroussage n. m.
retroussé, ée adj.
retroussement n. m.
retrousser v. tr. (conjug. 1)
retroussis n. m.
retrouvable adj.
retrouvaille n. f.
retrouver v. tr. (conjug. 1)
rétroversion n. f.
rétroviral, ale, aux adj.

rétrovirologie n. f.
rétrovirologue n.
rétrovirus n. m.
rétroviseur n. m.
rets n. m.
retuber v. tr. (conjug. 1)
reubeu n. et adj.
réuni, ie adj.
réunification n. f.
réunifier v. tr. (conjug. 7)
réunion n. f.
réunionite n. f.
réunir v. tr. (conjug. 2)
réussi, ie adj.
réussir v. (conjug. 2)
réussite n. f.
réutilisable adj.
réutilisation n. f.
réutiliser v. tr. (conjug. 1)
revaccination n. f.
revacciner v. tr. (conjug. 1)
revaloir v. tr. (conjug. 29 ; rare sauf inf. et futur, condit.)
revalorisation n. f.
revaloriser v. tr. (conjug. 1)
revanchard, arde adj. et n.
revanche n. f.
revancher (se) v. pron. (conjug. 1)
revanchisme n. m.
revascularisation n. f.
rêvasser v. intr. (conjug. 1)
rêvasserie n. f.
rêvasseur, euse n. et adj.
rêve n. m.
rêvé, ée adj.
revêche adj.
réveil n. m.
réveille-matin n. m.
PL. inv. ou réveille-matins*
réveiller v. tr. (conjug. 1)
réveillon n. m.
réveillonner v. intr. (conjug. 1)
révélateur, trice n. et adj.
révélation n. f.
révéler v. tr. (conjug. 6)
revenant, ante adj. et n.
revendeur, euse n.

rhéostatique

revendicateur, trice n. et adj.
revendicatif, ive adj.
revendication n. f.
revendiquer v. tr. (conjug. 1)
revendre v. tr. (conjug. 41)
revenez-y n. m. inv.
revenir v. intr. (conjug. 22)
revente n. f.
revenu n. m.
revenue n. f.
rêver v. (conjug. 1)
réverbération n. f.
réverbère n. m.
réverbérer v. tr. (conjug. 6)
reverdir v. (conjug. 2)
reverdissage n. m.
reverdissement n. m.
révérence n. f.
révérenciel, ielle adj.
révérencieusement adv.
révérencieux, ieuse adj.
révérend, ende adj. et n.
révérendissime adj.
révérer v. tr. (conjug. 6)
rêverie n. f.
reverlanisation n. f.
revernir v. tr. (conjug. 2)
revernissage n. m.
revers n. m.
réversal, ale, aux adj.
reverse adj. inv.
reversement n. m.
reverser v. tr. (conjug. 1)
réversibilité n. f.
réversible adj.
réversiblement adv.
réversion n. f.
reversoir n. m.
révertant, ante adj.
revêtement n. m.
revêtir v. tr. (conjug. 20)
rêveur, euse adj. et n.
rêveusement adv.
revient n. m.
revif n. m.
revigorant, ante adj.
revigorer v. tr. (conjug. 1)
revirement n. m.

revirer v. tr. (conjug. 1)
révisable adj.
réviser v. tr. (conjug. 1)
réviseur, euse n.
révision n. f.
révisionnel, elle adj.
revisionner v. tr. (conjug. 1)
révisionnisme n. m.
révisionniste n. et adj.
revisiter v. tr. (conjug. 1)
réviso n.
revisser v. tr. (conjug. 1)
revitalisant, ante adj.
revitalisation n. f.
revitaliser v. tr. (conjug. 1)
revival n. m.
revivification n. f.
revivifier v. tr. (conjug. 7)
reviviscence n. f.
reviviscent, ente adj.
revivre v. (conjug. 46)
révocabilité n. f.
révocable adj.
révocation n. f.
révocatoire adj.
revoici prép.
revoilà prép.
revoir v. tr. (conjug. 30)
revoler v. (conjug. 1)
révoltant, ante adj.
révolte n. f.
révolté, ée adj. et n.
révolter v. tr. (conjug. 1)
révolu, ue adj.
révolution n. f.
révolutionnaire adj. et n.
révolutionnairement adv.
révolutionnarisme ou **révolutionarisme** n. m.
révolutionnariste ou **révolutionariste** adj. et n.
révolutionner v. tr. (conjug. 1)
révolver ou **revolver** n. m.
révolvérisation n. f.

révolvériser v. tr. (conjug. 1)
révolving ou **revolving** adj. inv.
révoquer v. tr. (conjug. 1)
revoter v. (conjug. 1)
revouloir v. tr. (conjug. 31)
revoyure n. f. sing.
revue n. f.
revuiste n.
révulser v. tr. (conjug. 1)
révulsif, ive adj. et n. m.
révulsion n. f.
¹**rewriter** ou **rewriteur, trice** n.
²**rewriter** v. tr. (conjug. 1)
rewriting n. m.
rez-de-chaussée n. m. inv.
rez-de-jardin n. m. inv.
rezzou n. m.
RFID n. f. (radio frequency identification)
R. G. n. m. pl. (renseignements généraux)
rH n. m. (réduction de l'hydrogène)
¹**Rh** n. m. inv. (rhésus)
²**RH** n. f. pl. (ressources humaines)
rhabdomancie n. f.
rhabdomancien, ienne n.
rhabillage n. m.
rhabiller v. tr. (conjug. 1)
rhabilleur, euse n.
rhapsode ou **rapsode** n. m.
rhapsodie ou **rapsodie** n. f.
rhapsodique ou **rapsodique** adj.
rhème n. m.
rhénium n. m.
rhéobase n. f.
rhéologie n. f.
rhéologique adj.
rhéomètre n. m.
rhéophile adj.
rhéostat n. m.
rhéostatique adj.

rhéotaxie n. f.
rhéotropisme n. m.
rhésus n. m.
rhéteur n. m.
rhétien, ienne ou **rétien, ienne*** adj.
rhétique ou **rétique*** adj. et n.
rhétoricien, ienne n.
rhétorique n. f. et adj.
rhétoriqueur n. m.
rhéto-roman, ane adj.
  PL. *rhéto-romans, anes*
rhinanthe n. m.
rhinencéphale n. m.
rhingrave n. m. et f.
rhinite n. f.
rhinocéros n. m.
rhinolaryngite n. f.
rhinologie n. f.
rhinolophe n. m.
rhinopharyngé, ée adj.
rhinopharyngite n. f.
rhinopharynx n. m.
rhinoplastie n. f.
rhinoscope n. m.
rhinoscopie n. f.
rhinovirus n. m.
rhizobium n. m.
rhizocarpé, ée adj.
rhizoctone n. m.
rhizoctonie n. f.
rhizoïde n. m.
rhizomateux, euse adj.
rhizome n. m.
rhizophage adj.
rhizophore n. m.
rhizopodes n. m. pl.
rhizosphère n. f.
rhizostome n. m.
rhizotome n. m.
rhizotomie n. f.
rho ou **rhô** n. m.
  PL. inv. ou *rhos***
rhodamine n. f.
rhodanien, ienne adj.
rhodia® n. m.
rhodiage n. m.
rhodié, iée adj.
rhodinol n. m.

rhodite n. f.
rhodium n. m.
rhodo n. m.
rhododendron [dɛ̃] n. m.
rhodoïd® n. m.
rhodophycées n. f. pl.
rhodopsine n. f.
rhombe n. m.
rhombencéphale n. m.
rhombiforme adj.
rhombique adj.
rhomboèdre n. m.
rhomboédrique adj.
rhomboïdal, ale, aux adj.
rhomboïde n. m. et adj.
rhônealpin, ine adj. et n.
rhotacisme n. m.
rhovyl® n. m.
rhubarbe n. f.
rhum n. m.
rhumatisant, ante adj. et n.
rhumatismal, ale, aux adj.
rhumatisme n. m.
rhumatoïde adj.
rhumatologie n. f.
rhumatologique adj.
rhumatologue n.
rhumb ou **rumb** n. m.
rhume n. m.
rhumer v. tr. (conjug. 1)
rhumerie n. f.
rhynchite n. m.
rhynchonelle n. f.
rhynchotes n. m. pl.
rhyolithe ou **rhyolite** n. f.
rhythm and blues ou **rhythm'n blues** n. m. inv.
rhytidome n. m.
rhyton n. m.
ria n. f.
riad n. m.
rial n. m.
riant, riante adj.
RIB n. m. inv. (relevé d'identité bancaire)
ribambelle n. f.

ribaud, aude adj. et n.
ribaudequin n. m.
riblon n. m.
riboflavine n. f.
ribonucléase n. f.
ribonucléique adj.
ribose n. m.
ribosomal, ale, aux adj.
ribosome n. m.
ribosomique adj.
ribote n. f.
ribouldingue n. f.
ribouler v. intr. (conjug. 1)
ribozyme n. m.
ricain, aine adj.
ricanement n. m.
ricaner v. intr. (conjug. 1)
ricaneur, euse adj. et n.
ricercare [ritʃɛrkare] n. m.
  PL. *ricercari* (it.) ou *ricercares***
richard, arde n.
riche adj. et n.
richelieu n. m.
  PL. *richelieux* ou *richelieus*
richement adv.
richesse n. f.
richissime adj.
ricin n. m.
ricine n. f.
riciné, ée adj.
rickettsie [rikɛtsi] n. f.
rickettsiose n. f.
rickshaw [rikʃo] n. m.
ricocher v. intr. (conjug. 1)
ricochet n. m.
ricotta n. f.
ric-rac loc. adv.
rictus n. m.
ridage n. m.
ride n. f.
ridé, ée adj.
rideau n. m.
ridée n. f.
ridelle n. f.
rider v. tr. (conjug. 1)
ridicule adj. et n. m.
ridiculement adv.
ridiculisation n. f.
ridiculiser v. tr. (conjug. 1)

ridoir n. m.
ridule n. f.
riel n. m.
riemannien, ienne adj.
rien pron. indéf. ; n. m. ; adv.
riesling [rislin] n. m.
rieur, rieuse n. et adj.
rif ou **riffe** n. m. (feu, arme)
riff n. m.
riffe n. m.
rififi n. m.
riflard n. m.
rifle n. m.
rifler v. tr. (conjug. 1)
riflette n. f.
rifloir n. m.
rift n. m.
rigatoni n. m.
rigaudon ou **rigodon** n. m.
rigide adj.
rigidement adv.
rigidifier v. tr. (conjug. 7)
rigidité n. f.
rigodon n. m.
rigolade n. f.
rigolage n. m.
rigolard, arde adj. et n.
rigole n. f.
rigoler v. intr. (conjug. 1)
rigoleur, euse adj. et n.
rigolo, ote adj. et n.
rigorisme n. m.
rigoriste n. et adj.
rigotte n. f.
rigoureusement adv.
rigoureux, euse adj.
rigueur n. f.
rikiki adj. inv.
rillettes n. f. pl.
rillons n. m. pl.
rimaye n. f.
rimailler v. intr. (conjug. 1)
rimailleur, euse n.
rime n. f.
rimer v. (conjug. 1)
rimeur, euse n.
rimmel® n. m.
rinçage n. m.
rinceau n. m.

rince-bouche n. m.
PL. *rince-bouches*
rince-bouteille n. m.
PL. *rince-bouteilles*
rince-doigts ou **rince-doigt*** n. m.
PL. *rince-doigts*
rincée n. f.
rincer v. tr. (conjug. 3)
rincette n. f.
rinceur, euse n.
rinçure n. f.
rinforzando adv., adj. et n. m.
ring n. m.
¹**ringard** n. m. (tisonnier)
²**ringard, arde** n. et adj.
ringarder v. tr. (conjug. 1)
ringardisation n. f.
ringardise n. f.
ringardiser v. tr. (conjug. 1)
RIP n. m. (relevé d'identité postale)
ripage n. m.
ripaille n. f.
ripailler v. intr. (conjug. 1)
ripailleur, euse n. et adj.
ripaton n. m.
ripe n. f.
riper v. (conjug. 1)
ripeur n. m.
ripiéno ou **ripieno** n. m.
ripolin® n. m.
ripoliner v. tr. (conjug. 1)
riposte n. f.
riposter v. intr. (conjug. 1)
ripou adj. et n. m.
ripple-mark n. f.
PL. *ripple-marks*
ripuaire adj. et n.
riquette n. f.
riquiqui ou **rikiki** adj.
¹**rire** n. m.
²**rire** v. (conjug. 36)
ris n. m.
risberme n. f.
risée n. f.
risette n. f.
risible adj.

risiblement adv.
risorius n. m.
risotto n. m.
risque n. m.
risqué, ée adj.
risquer v. tr. (conjug. 1)
risque-tout ou **risquetout*** n. et adj.
PL. inv. ou *risquetouts**
rissole n. f.
rissoler v. tr. (conjug. 1)
ristourne n. f. (rec. off. pour *discount*)
ristourner v. tr. (conjug. 1)
rit n. m.
rital, ale n.
rite n. m.
ritournelle n. f.
ritualisation n. f.
ritualiser v. tr. (conjug. 1)
ritualisme n. m.
ritualiste n. et adj.
rituel, elle adj. et n. m.
rituellement adv.
rivage n. m.
rival, ale, aux n. et adj.
rivaliser v. intr. (conjug. 1)
rivalité n. f.
rive n. f.
rivelaine n. f.
river v. tr. (conjug. 1)
riverain, aine n. et adj.
riveraineté n. f.
rivet n. m.
rivetage n. m.
riveter v. tr. (conjug. 4)
riveteuse n. f.
riviera n. f.
rivière n. f.
rivoir n. m.
rivulaire adj. et n. f.
rivure n. f.
rixdale n. f.
rixe n. f.
riz n. m.
rizerie n. f.
riziculteur, trice n.
riziculture n. f.
rizière n. f.
riz-pain-sel n. m. inv.

R. M. A. n. m. (revenu minimum d'activité)
R. M. I. n. m. (revenu minimum d'insertion)
RMiste, RMIste n.
R. M. N. n. f. (résonance magnétique nucléaire)
R. N. n. f. inv. (route nationale)
R. N. I. S. n. m. (réseau numérique à intégration de services)
road movie ou **road-movie** [ʀodmuvi] n. m.
PL. *road(-)movies*
roadster [ʀɔdstɛʀ] n. m.
roast-beef [ʀɔsbif] n. m.
rob n. m.
robe n. f.
rober v. tr. (conjug. **1**)
roberie n. f.
robert n. m.
robe-tablier n. f.
PL. *robes-tabliers*
robette n. f.
robin n. m.
robinet n. m.
robinetier ou **robinétier*** n. m.
robinetterie n. f.
robineux, euse n.
robinier n. m.
robinsonnade n. f.
roboratif, ive adj.
robot n. m.
roboticien, ienne n.
robotique n. f.
robotisation n. f.
robotiser v. tr. (conjug. **1**)
robre n. m.
robusta n. m.
robuste adj.
robustement adv.
robustesse n. f.
roc n. m.
rocade n. f.
rocaillage n. m.
rocaille n. f. ; adj. inv. ; n. m.
rocailler v. intr. (conjug. **1**)

rocailleur n. m.
rocailleux, euse adj.
rocambolesque adj.
rocelle n. f.
rochage n. m.
rochassier, ière n.
roche n. f.
roche-magasin n. f.
PL. *roches-magasins*
roche-mère n. f.
PL. *roches-mères*
¹**rocher** n. m.
²**rocher** v. intr. (conjug. **1**)
roche-réservoir n. f.
PL. *roches-réservoirs*
rochet n. m.
rocheux, euse adj.
rochier n. m.
¹**rock** ou **roc*** n. m. (oiseau)
²**rock** n. m. et adj. (musique)
rockabilly n.
rock-and-roll n. m. et adj. inv.
rocker n.
rocket n. f.
rockeur, euse ou **rocker** n.
rocking-chair [ʀɔkiŋ(t)ʃɛʀ] n. m.
PL. *rocking-chairs*
rock'n'roll [ʀɔkɛnʀɔl] n. m. et adj. inv.
rock-star ou **rockstar** n. f.
PL. *rock(-)stars*
rococo n. m. et adj. inv.
rocou n. m.
rocouer v. tr. (conjug. **1**)
rocouyer n. m.
rodage n. m.
rôdailler v. intr. (conjug. **1**)
rodéo n. m.
roder v. tr. (conjug. **1**)
rôder v. intr. (conjug. **1**)
rôdeur, euse n. et adj.
rodoir n. m.
rodomont n. m. et adj.
rodomontade n. f.
rœntgen [ʀœntgɛn ; ʀœntgɛn] n. m.
roentgenium n. m.

rœsti [ʀøʃti ; ʀøsti] n. m.
rogations n. f. pl.
rogatoire adj.
rogaton n. m.
rognage n. m.
rogne n. f.
rogner v. (conjug. **1**)
rogneur, euse n.
rognon n. m.
rognonnade n. f.
rognonner v. intr. (conjug. **1**)
rognure n. f.
rogomme n. m.
rogue adj. ; n. f.
rogué, ée adj.
rohart n. m.
roi n. m.
roide adj.
roideur n. f.
roidir v. tr. (conjug. **2**)
roitelet n. m.
rôle n. m.
rôle-titre n. m.
PL. *rôles-titres*
roller [ʀɔlœʀ] n. m.
rolleur, euse n.
rollier n. m.
rollmops [ʀɔlmɔps] n. m.
rom n. et adj.
ROM n. f. inv. (read only memory)
romain, aine adj. et n.
romaine n. f.
romaïque adj. et n. m.
¹**roman, ane** adj.
²**roman** n. m.
romance n. f.
romancer v. tr. (conjug. **3**)
romancero ou **romancéro*** n. m.
romanche n. m.
romancier, ière n.
romand, ande adj.
romanesco n. m.
romanesque adj. et n. m.
roman-feuilleton n. m.
PL. *romans-feuilletons*
roman-fleuve n. m.
PL. *romans-fleuves*

romani n. m.
romanichel, elle n.
romanisant, ante adj.
romanisation n. f.
romaniser v. (conjug. 1)
romanisme n. m.
romaniste n.
romanité n. f.
romano n. f.
roman-photo n. m.
  PL. *romans-photos*
romantique adj.
romantisme n. m.
romarin n. m.
rombière n. f.
roméique adj. et n. m.
rompre v. (conjug. 41)
rompu, ue adj.
romsteck ou **romsteak**
  ou **rumsteck** n. m.
ronce n. f.
ronceraie n. f.
ronceux, euse adj.
ronchon, onne n. et adj.
ronchonnement n. m.
ronchonner v. intr.
  (conjug. 1)
ronchonneur, euse adj.
  et n.
roncier n. m.
rond, ronde adj. et n. m.
rondache n. f.
rond-de-cuir n. m.
  PL. *ronds-de-cuir*
ronde n. f.
rondeau n. m.
ronde-bosse n. f.
  PL. *rondes-bosses*
rondelet, ette adj.
rondelle n. f.
rondement adv.
rondeur n. f.
rondier n. m.
rondin n. m.
rondo n. m.
rondouillard, arde adj.
rond-point ou
  rondpoint* n. m.
  PL. *ronds-points* ou
  *rondpoints**

ronéo® n. f.
  PL. *ronéos*
ronéoter v. tr. (conjug. 1)
ronéotyper v. tr.
  (conjug. 1)
ronflant, ante adj.
ronflement n. m.
ronfler v. intr. (conjug. 1)
ronfleur, euse n.
rongement n. m.
ronger v. tr. (conjug. 3)
rongeur, euse adj. et n.
rongorongo adj. et n. m.
rônier n. m.
ronron n. m.
ronronnement n. m.
ronronner v. intr.
  (conjug. 1)
röntgen ou **rœntgen**
  [ʀɶntɡɛn ; ʀɶntɡɛn] n. m.
röntgenthérapie ou
  rœntgenthérapie n. f.
rookerie [ʀukʀi] n. f.
roque n. m.
roquefort n. m.
roquelaure n. f.
roquentin n. m.
roquer v. intr. (conjug. 1)
roquerie n. f.
roquet n. m.
roquetin n. m.
roquette n. f.
rorqual n. m.
rosace n. f.
rosacé, ée adj. et n. f.
rosage n. m.
rosaire n. m.
rosalbin n. m.
rosalie n. f.
rosaniline n. f.
rosat adj. inv.
rosâtre adj.
rosbif n. m.
rose adj. et n. m. ; n. f.
rosé, ée adj.
roseau n. m.
rose-croix n. inv.
rosée n. f.
roselet n. m.
roselier, ière adj. et n. f.

roséole n. f.
roser v. tr. (conjug. 1)
roseraie n. f.
rosette n. f.
roseur n. f.
roseval n. f.
rosicrucien, ienne adj. et
  n.
rosier n. m.
rosière n. f.
rosiériste n.
rosine n. f.
rosir v. (conjug. 2)
rosissement n. m.
rosquille n. f.
rossard, arde n. et adj.
rosse n. f. et adj.
rossée n. f.
rosser v. tr. (conjug. 1)
rosserie n. f.
rossignol n. m.
rossinante n. f.
rossolis n. m.
rostello adj. m. et n. m.
rösti ou **rœsti** n. m.
rostral, ale, aux adj.
rostre n. m.
¹**rot** [ʀo] n. m. (renvoi)
²**rot** [ʀɔt] n. m. (maladie)
rôt n. m.
rotacé, ée adj.
rotacteur n. m.
rotang n. m.
rotary n. m.
  PL. *rotarys*
rotateur, trice adj.
rotatif, ive adj. et n.
rotation n. f.
rotativiste n.
rotatoire adj.
rotavirus n. m.
rote n. f.
rotengle n. m.
roténone n. f.
roter v. intr. (conjug. 1)
roteuse n. f.
¹**rôti, ie** adj.
²**rôti** n. m.
rôtie n. f.
rotifères n. m. pl.

rotin

rotin n. m.
rôtir v. (conjug. 2)
rôtissage n. m.
rôtisserie n. f.
rôtisseur, euse n.
rôtissoire n. f.
roto n. f.
rotogravure n. f.
rotonde n. f.
rotondité n. f.
rotoplots n. m. pl.
rotor n. m.
rototo n. m.
rotring® n. m.
rotrouenge n. f.
rotruenge n. f.
rottweiler ou
  rottweiler [ʀɔtvajlœʀ]
  n. m.
rotule n. f.
rotulien, ienne adj.
roture n. f.
roturier, ière adj. et n.
rouable n. m.
rouage n. m.
rouan, rouanne adj.
rouanne n. f.
rouannette n. f.
roubignoles n. f. pl.
roublard, arde adj.
roublardise n. f.
rouble n. m.
rouchi n. m.
roucoulade n. f.
roucoulant, ante adj.
roucoulement n. m.
roucouler v. intr.
  (conjug. 1)
roudoudou n. m.
roue n. f.
roué, rouée adj. et n.
rouelle n. f.
roue-pelle n. f.
  PL. roues-pelles
rouer v. tr. (conjug. 1)
rouerie n. f.
rouet n. m.
rouette n. f.
rouf n. m.
rouflaquette n. f.

rougail ou rougaille n. m.
rouge adj. et n.
rougeâtre adj.
rougeaud, aude adj.
rouge-gorge n. m.
  PL. rouges-gorges
rougeoiement n. m.
rougeole n. f.
rougeoleux, euse adj. et
  n.
rougeoyant, ante adj.
rougeoyer v. intr.
  (conjug. 8)
rouge-pie adj. inv.
rouge-queue n. m.
  PL. rouges-queues
rouget n. m.
rougette n. f.
rougeur n. f.
rough [ʀœf] n. m.
rougi, ie adj.
rougir v. (conjug. 2)
rougissant, ante adj.
rougissement n. m.
rouille n. f.
rouillé, ée adj.
rouiller v. (conjug. 1)
rouillure n. f.
rouir v. (conjug. 2)
rouissage n. m.
rouissoir n. m.
roulade n. f.
roulage n. m.
roulant, ante adj.
roulante n. f.
roule n. m.
roulé, ée adj. et n. m.
rouleau n. m.
rouleauté, ée adj. et n. m.
roulé-boulé n. m.
  PL. roulés-boulés
roulée n. f.
roulement n. m.
rouler v. (conjug. 1)
roulette n. f.
rouleur, euse n. m. et f.
roulier n. m.
roulis n. m.
rouloir n. m.
roulotte n. f.

roulotté, ée adj. et n. m.
roulottier, ière n.
roulure n. f.
roumain, aine adj. et n.
roumi n.
roumie n. f.
round n. m.
roupettes n. f. pl.
roupie n. f.
roupiller v. intr. (conjug. 1)
roupillon n. m.
rouquin, ine adj. et n.
rouscailler v. intr.
  (conjug. 1)
rouspétance n. f.
rouspéter v. intr.
  (conjug. 6)
rouspéteur, euse n.
rousquille n. f.
roussâtre adj.
rousse n. f.
rousseau n. m.
rousselé, ée adj.
rousselet n. m.
rousserolle ou
  rousserole n. f.
roussette n. f.
rousseur n. f.
roussi n. m.
roussin n. m.
roussir v. (conjug. 2)
roussissement n. m.
rouste n. f.
roustir v. tr. (conjug. 2)
roustons n. m. pl.
routage n. m.
routard, arde n.
route n. f.
router v. tr. (conjug. 1)
routeur, euse n.
routier, ière adj. et n.
routine n. f.
routinier, ière adj.
rouverain ou rouverin
  adj. m.
rouvraie n. f.
rouvre n. m.
rouvrir v. (conjug. 18)
roux, rousse adj. et n.
royal, ale, aux adj.

royale n. f.
royalement adv.
royalisme n. m.
royaliste n. et adj.
royalties n. f. pl. (rec. off. : redevance)
royaume n. m.
royauté n. f.
R. S. A. n. m. (revenu de solidarité active)
RTT n. f. (réduction du temps de travail)
ru n. m.
ruade n. f.
ruban n. m.
rubané, ée adj.
rubaner v. tr. (conjug. 1)
rubanerie n. f.
rubanier, ière n. et adj.
rubato adj. ; adv. et n. m.
rubéfaction n. f.
rubéfiant, iante adj. et n. m.
rubellite n. f.
rubéole n. f.
rubéoleux, euse adj.
rubescent, ente adj.
rubican adj. m.
rubicond, onde adj.
rubidium n. m.
rubiette n. f.
rubigineux, euse adj.
rubis n. m.
rubriquage ou rubricage n. m.
rubriquard, arde ou rubricard, arde n.
rubrique n. f.
ruche n. f.
ruché n. m.
ruchée n. f.
¹rucher n. m.
²rucher v. tr. (conjug. 1)
rudbeckia n. m.
rude adj.
rudement adv.
rudenté, ée adj.
rudenture n. f.
rudéral, ale, aux adj.
rudération n. f.
rudesse n. f.
rudiment n. m.
rudimentaire adj.
rudoiement n. m.
rudologie n. f.
rudoyer v. tr. (conjug. 8)
rue n. f.
ruée n. f.
ruelle n. f.
ruer v. (conjug. 1)
ruffian ou rufian n. m.
ruflette® n. f.
rugby n. m.
rugbyman n. m.
  PL. rugbymen ou rugbymans
rugination n. f.
rugine n. f.
rugir v. (conjug. 2)
rugissant, ante adj.
rugissement n. m.
rugosimètre n. m.
rugosité n. f.
rugueux, euse adj. et n. m.
ruiler v. tr. (conjug. 1)
ruine n. f.
ruiné, ée adj.
ruiner v. tr. (conjug. 1)
ruineusement adv.
ruineux, euse adj.
ruiniforme adj.
ruiniste n.
ruinure n. f.
ruisseau n. m.
ruisselant, ante adj.
ruisseler v. intr. (conjug. 4)
ruisselet n. m.
ruissellement ou ruissèlement* n. m.
rumb n. m.
rumba n. f.
rumen n. m.
rumeur n. f.
ruminant, ante adj. et n. m.
rumination n. f.
ruminer v. tr. (conjug. 1)
rumsteak ou rumsteck [ʀɔmstɛk] n. m.
runabout n. m.
rune n. f.
runique adj.
ruolz n. m.
rupestre adj.
rupicole n. f.
rupin, ine adj. et n.
rupteur n. m.
rupture n. f.
rural, ale, aux adj.
ruralité n. f.
rurbain, aine adj. et n.
rurbanisation n. f.
ruse n. f.
rusé, ée adj.
ruser v. intr. (conjug. 1)
rush n. m.
  PL. rushes ou rushs
russe adj. et n.
russification n. f.
russifier v. tr. (conjug. 7)
russophile adj. et n.
russophobe adj. et n.
russophone adj. et n.
russule n. f.
rustaud, aude adj. et n.
rusticage n. m.
rusticité n. f.
rustine® n. f.
rustique adj. et n. m.
rustiquer v. tr. (conjug. 1)
rustre n. m. et adj.
rut n. m.
rutabaga n. m.
ruthénium n. m.
rutherfordium n. m.
rutilance n. f.
rutilant, ante adj.
rutile n. m.
rutilement n. m.
rutiler v. intr. (conjug. 1)
rutoside n. m.
R.-V. abrév. (rendez-vous)
ryad ou riad n. m.
rye n. m.
rythme n. m.
rythmé, ée adj.
rythmer v. tr. (conjug. 1)
rythmicien, ienne n.
rythmicité n. f.
rythmique adj. et n. f.

rythmiquement

rythmiquement adv.

S

s n. m. inv. ; abrév. et symb.
S n. m. inv. ; abrév. et symb.
sa adj. poss.
S. A. n. f. (société anonyme)
sabayon n. m.
sabbat n. m.
sabbathien, ienne n.
sabbatique adj.
sabéen, enne adj. et n.
sabéisme n. m.
sabelle n. f.
sabellianisme n. m.
sabine n. f.
sabir n. m.
sablage n. m.
sable n. m.
sablé, ée n. m. et adj.
sabler v. tr. (conjug. 1)
sablerie n. f.
sableur n. m.
sableuse n. f.
sableux, euse adj.
sablier n. m.
sablière n. f.
sablon n. m.
sablonner v. tr. (conjug. 1)
sablonneux, euse adj.
sablonnière n. f.
sabodet n. m.
sabord n. m.
sabordage n. m.
sabordement n. m.
saborder v. tr. (conjug. 1)
sabot n. m.
sabotage n. m.
saboter v. tr. (conjug. 1)
saboterie n. f.
saboteur, euse n.
sabotier, ière n. f.
sabouler v. tr. (conjug. 1)

sabra n.
sabrage n. m.
sabre n. m.
sabre-baïonnette n. m.
   PL. sabres-baïonnettes
sabrer v. tr. (conjug. 1)
sabretache n. f.
sabreur, euse n.
sabreuse n. f.
saburral, ale, aux adj.
saburre n. f.
sac n. m.
saccade n. f.
saccadé, ée adj.
saccader v. tr. (conjug. 1)
saccage n. m.
saccagement n. m.
saccager v. tr. (conjug. 3)
saccageur, euse n. et adj.
saccharase ou
   saccharase* [-k-] n. f.
saccharate ou
   saccarate* [-k-] n. m.
secchareux, euse ou
   saccareux, euse* [-k-] adj.
saccharides ou
   saccarides* [-k-] n. m. pl.
saccharifère ou
   saccarifère* [-k-] adj.
saccharifiable ou
   saccarifiable* [-k-] adj.
saccharification ou
   saccarification* [-k-] n. f.
saccharifier ou
   saccarifier* [-k-] v. tr. (conjug. 7)
saccharimètre ou
   saccarimètre* [-k-] n. m.
saccharimétrie ou
   saccarimétrie* [-k-] n. f.
saccharimétrique ou
   saccarimétrique* [-k-] adj.
saccharine ou
   saccarine* [-k-] n. f.

sacchariné, ée® ou
   sacchariné, ée* [-k-] adj.
saccharique ou
   saccarique* [-k-] adj.
saccharoïde ou
   saccaroïde* [-k-] adj.
saccharolé ou*
   saccarolé* [-k-] n. m.
saccharomyces ou
   saccaromyces* [-k-] n. m.
saccharose ou
   saccarose* [-k-] n. m.
sacciforme adj.
saccule n. m.
sacculiforme adj.
sacculine n. f.
sacerdoce n. m.
sacerdotal, ale, aux adj.
sachem n. m.
sachet n. m.
sacoche n. f.
sacoléva n. f.
sacolève n. f.
sacome n. m.
sac-poubelle n. m.
   PL. sacs-poubelles
sacqueboute ou
   saqueboute n. f.
sacquebute ou
   saquebute n. f.
sacquer ou saquer v. tr. (conjug. 1)
sacral, ale, aux adj.
sacralisation n. f.
sacraliser v. tr. (conjug. 1)
sacralité n. f.
sacramentaire n. et adj.
sacramental, aux n. m.
sacramentel, elle adj.
sacrant adj. m.
sacre n. m.
sacré, ée adj.
sacrebleu interj.
Sacré-Cœur n. m.
sacrédié interj.
sacredieu interj.
sacrement n. m.
sacrément adv.
sacrer v. (conjug. 1)
sacret n. m.

sacrificateur, trice n.
sacrificatoire adj.
sacrifice n. m.
sacrificiel, ielle adj.
sacrifié, iée adj. et n.
sacrifier v. tr. (conjug. 7)
sacrilège n. et adj.
sacripant n. m.
sacristain n. m.
sacristaine ou **sacristine** n. f.
sacristi interj.
sacristie n. f.
sacristine n. f.
sacro-iliaque adj.
PL. *sacro-iliaques*
sacro-saint, -sainte ou **sacrosaint, ainte*** adj.
PL. *sacro-saints, -saintes* ou *sacrosaints, aintes**
sacrum n. m.
sadducéen, enne ou **saducéen, enne** n. et adj.
sadique adj. et n.
sadiquement adv.
sadisme n. m.
sado adj. et n.
sadomaso adj. et n.
sadomasochisme n. m.
sadomasochiste adj. et n.
saducéen, enne n. et adj.
safari n. m.
safari-photo n. m.
PL. *safaris-photos*
safran n. m.
safrané, ée adj.
safranée n. f.
safraner v. tr. (conjug. 1)
safre n. m.
saga n. f.
sagace adj.
sagacité n. f.
sagaie n. f.
sagard n. m.
sage adj. et n.
sage-femme ou **sagefemme*** n. f.
PL. *sages-femmes* ou *sagefemmes**
sagement adv.

sagesse n. f.
sagette n. f.
sagine n. f.
sagittaire n. m. et f.
sagittal, ale, aux adj.
sagitté, ée adj.
sagne n. f.
sagneur n. m.
sagou n. m.
sagouin, ine n.
sagoutier n. m.
sagum n. m.
saharien, ienne adj. et n.
saharienne n. f.
sahel n. m.
sahélien, ienne n. et adj.
sahib n. m.
sahraoui, ie adj. et n.
saï n. m.
saie n. f.
saietter v. tr. (conjug. 1)
saïga n. m.
saignant, ante adj.
saignée n. f.
saignement n. m.
saigner v. (conjug. 1)
saigneur, euse n. et adj.
saigneux, euse adj.
saignoir n. m.
saillant, ante adj.
saillie n. f.
saillir v. (conjug. 2 ou 13)
saïmiri n. m.
¹**sain, saine** adj.
²**sain** n. m. (graisse)
sainbois n. m.
saindoux n. m.
sainement adv.
sainfoin n. m.
saint, sainte n. et adj.
saint-bernard n. m.
PL. *saint-bernards*
saint-crépin n. m. sing.
saint-cyrien n. m.
PL. *saint-cyriens*
sainte-maure n. m.
PL. *sainte-maures*
saintement adv.
saint-émilion n. m.
PL. *saint-émilions*

saint-estèphe n. m.
PL. *saint-estèphes*
sainte nitouche n. f.
Saint-Esprit n. m. sing.
sainteté n. f.
saint-frusquin n. m.
saint-glinglin (à la) loc. adv.
saint-honoré n. m.
PL. *saint-honorés*
Saint-Jacques n. f. inv.
saint-marcellin n. m.
PL. *saint-marcellins*
saint-nectaire n. m.
PL. *saint-nectaires*
Saint(-)Office n. m.
saint-paulin n. m.
PL. *saint-paulins*
Saint(-)Père n. m.
PL. inv. ou *saint-pierres*
Saint(-)Sacrement n. m. sing.
Saint(-)Sépulcre n. m. sing.
Saint-Siège n. m. sing.
saint-simonien, ienne adj. et n.
PL. *saint-simoniens*
saint(-)simonisme n. m.
saint-sulpicien, ienne adj.
PL. *saint-sulpiciens, iennes*
saint-synode n. m.
PL. *saints-synodes*
saisi, ie adj. et n.
saisie n. f.
saisie-arrêt n. f.
PL. *saisies-arrêts*
saisie-brandon n. f.
PL. *saisies-brandons*
saisie-exécution n. f.
PL. *saisies-exécutions*
saisie-gagerie n. f.
PL. *saisies-gageries*
saisine n. f.
saisir v. tr. (conjug. 2)
saisissable adj.
saisissant, ante adj.
saisissement n. m.
saison n. f.
saisonnalité n. f.

saisonnier

saisonnier, ière adj.
saïte adj.
sajou n. m.
saké n. m.
saki n. m.
sakièh ou sakieh n. f.
salace adj.
salacité n. f.
salade n. f.
saladerie n. f.
saladier n. m.
salafisme n. m.
salafiste ou salafite adj. et n.
salage n. m.
salaire n. m.
salaison n. f.
salaisonnerie n. f.
salamalec n. m.
salamandre n. f.
salami n. m.
salangane n. f.
salant adj. m. et n. m.
salarial, iale, iaux adj.
salariat n. m.
salarié, iée adj. et n.
salarier v. tr. (conjug. 7)
salaud n. m. et adj. m.
salchow n. m.
sale adj.
¹salé, ée adj.
²salé n. m.
salement adv.
salep n. m.
saler v. tr. (conjug. 1)
saleron n. m.
salers n. f. et n. m.
salésien, ienne adj. et n.
saleté n. f.
saleur, euse n.
salicaire n. f.
salicine n. f.
salicional, aux n. m.
salicole adj.
salicoque n. f.
salicorne n. f.
salicoside n. m.
salicylate n. m.
salicylique adj.
salien, ienne adj.

salière n. f.
salifère adj.
salifiable adj.
salification n. f.
salifier v. tr. (conjug. 7)
saligaud n. m.
salignon n. m.
salin, ine adj. et n. m.
salinage n. m.
saline n. f.
salinier, ière adj. et n.
salinisation n. f.
salinité n. f.
salique adj.
salir v. tr. (conjug. 2)
salissant, ante adj.
salissure n. f.
salivaire adj.
salivation n. f.
salive n. f.
saliver v. intr. (conjug. 1)
salle n. f.
salmanazar n. m.
salmigondis n. m.
salmis n. m.
salmonella n. f. inv.
salmonelle n. f.
salmonellose n. f.
salmoniculteur, trice n.
salmoniculture n. f.
salmonidés n. m. pl.
salmoniformes n. m. pl.
saloir n. m.
salol n. m.
salomé n. f.
salon n. m.
salonnard, arde n.
salonnier, ière n. et adj.
saloon [salun] n. m.
salop n. m.
salopard n. m.
salope n. f.
saloper v. tr. (conjug. 1)
saloperie n. f.
salopette n. f.
salopiot ou salopiaud n. m.
salorge n. f.
salpe n. f.
salpêtre n. m.

salpêtré, ée adj.
salpêtrière n. f.
salpicon n. m.
salpingite n. f.
salpingographie n. f.
salsa n. f.
salse n. f.
salsepareille n. f.
salsifis n. m.
saltarelle n. f.
saltation n. f.
saltationnisme n. m.
saltatoire adj.
saltimbanque n. m.
salto n. m.
salubre adj.
salubrité n. f.
saluer v. tr. (conjug. 1)
salure n. f.
salut n. m.
salutaire adj.
salutation n. f.
salutiste n. et adj.
salvateur, trice adj.
¹salve n. f.
²salve ou salvé [salve] n. m. inv.
salve regina n. m. inv.
salzbourgeois, oise adj. et n.
samare n. f.
samaritain, aine n. et adj.
samarium n. m.
samba n. f. ; n. m.
sambuque n. f.
samedi n. m.
samit n. m.
samizdat n. m.
sammy n. m.
PL. sammies ou sammys*
samoan, ane adj. et n.
samole n. m.
samosa n. m.
samouraï ou samurai n. m.
samoussa ou samossa n. m.
samovar n. m.
samoyède adj. et n.

sampan ou **sampang** n. m.
sampi n. m.
sample n. m.
sampleur ou **sampler** n. m.
sampot n. m.
samsara n. m.
SAMU n. m. inv. (service d'aide médicale d'urgence)
samurai n. m.
sana n. m.
sanatorium n. m.
   PL. *sanatoriums*
san-benito ou **sanbénito*** [sãbenito]
   PL. inv. ou *sanbénitos**
sancerre n. m.
sancir v. intr.
sanctifiant, iante adj.
sanctificateur, trice n. et adj.
sanctification n. f.
sanctifier v. tr. (conjug. 7)
sanction n. f.
sanctionner v. tr. (conjug. 1)
sanctuaire n. m.
sanctuarisation n. f.
sanctuariser v. tr. (conjug. 1)
sanctus n. m.
sandale n. f.
sandalette n. f.
sandaraque n. f.
sanderling n. m.
sandix ou **sandyx** n. m.
sandjak n. m.
sandow® n. m.
sandragon n. m.
sandre n. m.
sandwich n. m.
   PL. *sandwiches* ou *sandwichs*
sandwicher v. tr. (conjug. 1)
sandwicherie n. f.
sandyx n. m.
sanforiser v. tr. (conjug. 1)
san franciscain, aine adj. et n.

sang n. m.
sang-de-dragon ou **sang-dragon** n. m.
   PL. *sangs-de-dragons* ou *sang-dragons*
sang-froid n. m. inv.
sanglant, ante adj.
sangle n. f.
sangler v. tr. (conjug. 1)
sanglier n. m.
sanglot n. m.
sanglotement n. m.
sangloter v. intr. (conjug. 1)
sang-mêlé n.
   PL. inv. ou *sangs-mêlés*
sangria n. f.
sangsue n. f.
sanguin, ine adj. et n.
sanguinaire adj. ; n. f.
sanguine n. f.
sanguinolent, ente adj.
sanguisorbe n. f.
sanhédrin n. m.
sanicle n. f.
sanie n. f.
sanieux, ieuse adj.
sanisette® n. f.
sanitaire adj. et n. m.
sanitation n. f.
sans prép.
sans-abri n.
   PL. *sans-abri(s)*
sans-allure adj. inv. et n. inv.
sans-cœur n.
   PL. *sans-cœur(s)*
sanscrit, ite n. m. et adj.
sanscritisme n. m.
sanscritiste n.
sans-culotte n. m.
   PL. *sans-culottes*
sans-dessein adj. et n.
   PL. *sans-dessein(s)*
sans-emploi n.
   PL. *sans-emploi(s)*
sansevière n. f.
sans-façon n. m.
   PL. *sans-façons*
sans-faute n. m.
   PL. *sans-faute(s)*

sans-fil n. f. et m.
   PL. *sans-fil(s)*
sans-filiste n.
   PL. *sans-filistes*
sans-gêne adj. et n. m.
   PL. *sans-gêne(s)*
sans-grade n.
   PL. *sans-grades*
sanskrit, ite ou **sanscrit, ite** n. m. et adj.
sanskritisme ou **sanscritisme** n. m.
sanskritiste ou **sanscritiste** n.
sans-le-sou n. inv.
sans-logis n. inv.
sansonnet n. m.
sans-papier(s) n.
   PL. *sans-papiers*
sans-parti n. m.
   PL. *sans-partis*
sans-patrie n.
   PL. inv. ou *sans-patries**
sans-souci n. et adj.
   PL. *sans-souci(s)*
sans-terre adj. et n. inv.
sans-travail adj. et n. inv.
santal n. m.
santaline n. f.
santé n. f.
santiag n. f.
santoline n. f.
santon n. m.
santonine n. f.
santonnier, ière n.
santour ou **santur** n. m.
sanve n. f.
sanza n. f.
saoul, saoule adj.
saoulard, arde n. et adj.
saouler v. tr. (conjug. 1)
saoulerie n. f.
sapajou n. m.
sape n. f.
sapement n. m.
sapèque n. f.
saper v. (conjug. 1)
saperde n. f.
saperlipopette interj.
sapeur n. m.

sapeur-pompier

sapeur-pompier n. m.
PL. sapeurs-pompiers
saphène n. f. et adj.
saphique adj.
saphir n. m.
saphisme n. m.
sapide adj.
sapidité n. f.
sapience n. f.
sapiential, iale, iaux
[-pjɛsjal] adj.
sapin n. m.
sapinage n. m.
sapine n. f.
sapinette n. f.
sapineux, euse adj.
sapinière n. f.
sapiteur n. m.
saponacé, ée adj.
saponaire n. f.
saponase n. f.
saponé, ée adj.
saponifiable adj.
saponification n. f.
saponifier v. tr. (conjug. 7)
saponine n. f.
sapotier n. m.
sapotille n. f.
sapotillier ou sapotier
n. m.
sapristi interj.
sapropèle n. m.
sapropélique adj.
saprophage adj.
saprophile adj.
saprophyte n. et adj.
saprophytique adj.
saquebute n. f.
saquer v. tr. (conjug. 1)
saquinavir n. m.
sarabande n. f.
sarajévien, ienne n.
sarbacane n. f.
sarcasme n. m.
sarcastique adj.
sarcastiquement adv.
sarcelle n. f.
sarcine n. f.
sarclage n. m.
sarcler v. tr. (conjug. 1)

sarclette n. f.
sarcleur, euse n.
sarcloir n. m.
sarcoïde n. f.
sarcoïdose n. f.
sarcomateux, euse adj.
sarcome n. m.
sarcomère n. m.
sarcophage n. m. et f.
sarcoplasme n. m.
sarcoplasmique adj.
sarcopte n. m.
sardanapalesque adj.
sardane n. f.
sarde adj. et n.
sardine n. f.
sardinerie n. f.
sardinier, ière adj. et n.
sardoine n. f.
sardonique adj.
sardoniquement adv.
sardonyx n. f.
sargasse n. f.
sari n. m.
sarigue n. f.
sarin n. m.
sarisse n. f.
S. A. R. L. n. f. inv. (société
à responsabilité limitée)
sarment n. m.
sarmenter v. intr.
(conjug. 1)
sarmenteux, euse adj.
sarod n. m.
sarong n. m.
saros n. m.
saroual ou sarouel n. m.
sarracénie n. f.
sarracénique adj.
sarrancolin n. m.
sarrasin, ine n. et adj.
sarrau n. m.
sarrette ou serrette n. f.
sarriette n. f.
sarrussophone n. m.
sas n. m.
sashimi n. m.
sassafras n. m.
sassage n. m.
sassanide adj. et n.

sassement n. m.
sassenage n. m.
sasser v. tr. (conjug. 1)
sasseur, euse n.
satané, ée adj.
satanique adj.
sataniquement adv.
sataniser v. tr. (conjug. 1)
satanisme n. m.
sataniste adj. et n.
satay ou saté adj. inv.
satellisable adj.
satellisation n. f.
satelliser v. tr. (conjug. 1)
satellitaire adj.
satellite n. m.
sati n. f. et m. inv.
satiété n. f.
satin n. m.
satinage n. m.
satiné, ée adj.
satiner v. tr. (conjug. 1)
satinette n. f.
satineur, euse n.
satire n. f.
satirique adj.
satiriquement adv.
satiriser v. tr. (conjug. 1)
satiriste n.
satisfaction n. f.
satisfaire v. tr. (conjug. 60)
satisfaisant, ante adj.
satisfait, aite adj.
satisfecit ou satisfécit
[-fesit] n. m.
PL. inv. ou satisfécits
satrape n. m.
satrapie n. f.
satrapique adj.
saturabilité n. f.
saturable adj.
saturant, ante adj.
saturateur n. m.
saturation n. f.
saturé, ée adj.
saturer v. tr. (conjug. 1)
saturnale n. f.
saturne n. m.
saturnie n. f.
saturnien, ienne adj.

saturnin, ine adj.
saturnisme n. m.
saturomètre n. m.
satyre n. m.
satyriasique n. m. et adj.
satyriasis n. m.
satyrique adj.
satyrisme n. m.
sauce n. f.
saucé, ée adj.
saucée n. f.
saucer v. tr. (conjug. 3)
saucette n. f.
saucier n. m.
saucière n. f.
sauciflard n. m.
saucisse n. f.
saucisserie n. f.
saucisson n. m.
saucissonnage n. m.
saucissonné, ée adj.
saucissonner v. (conjug. 1)
saucissonneur, euse n.
saucissonnier n. m.
saudade n. f.
sauf, sauve adj. et prép.
sauf-conduit ou
   saufconduit* n. m.
   PL. sauf-conduits ou
   saufconduits*
sauge n. f.
saugrenu, ue adj.
saulaie n. f.
saule n. m.
saulée n. f.
saumâtre adj.
saumoduc n. m.
saumon n. m.
saumoné, ée adj.
saumoneau n. m.
saumonette n. f.
saumurage n. m.
saumure n. f.
saumurer v. tr. (conjug. 1)
sauna n. m.
saunage n. m.
saunaison n. f.
sauner v. intr. (conjug. 1)
saunier n. m.
saunière n. f.

saupiquet n. m.
saupoudrage n. m.
saupoudrer v. tr.
   (conjug. 1)
saupoudreur, euse adj. et
   n. f.
saupoudroir n. m.
saur adj. m.
saurage n. m.
saurer v. tr. (conjug. 1)
sauret n. m.
sauriens n. m. pl.
saurin n. m.
sauris n. m.
saurissage n. m.
saurisserie n. f.
saurisseur, euse n.
saussaie n. f.
saut n. m.
saut-de-lit n. m.
   PL. sauts-de-lit
saut-de-loup n. m.
   PL. sauts-de-loup
saut-de-mouton n. m.
   PL. sauts-de-mouton
saute n. f.
sauté, ée adj. et n. m.
sautelle n. f.
saute-mouton n. m.
   PL. saute-moutons
sauter v. (conjug. 1)
sautereau n. m.
sauterelle n. f.
sauterie n. f.
sauternes n. m.
saute-ruisseau n. m.
   PL. saute-ruisseaux
sauteur, euse n. et adj.
sauteuse n. f.
sautillant, ante adj.
sautillement n. m.
sautiller v. intr. (conjug. 1)
sautoir n. m.
sauvable adj.
sauvage adj.
sauvagement adv.
sauvageon, onne n.
sauvagerie n. f.
sauvagesse n. f.
sauvagin, ine adj.

sauvagine n. f.
sauvaginier n. m.
sauvegarde n. f.
sauvegarder v. tr.
   (conjug. 1)
sauve-qui-peut n. m. inv.
sauver v. tr. (conjug. 1)
sauvetage n. m.
sauveté n. f.
sauveteur, euse n.
sauvette (à la) loc. adv.
sauveur, euse n. et adj.
sauvignon n. m.
S. A. V. n. m. (service
   après-vente)
savamment adv.
savane n. f.
savant, ante adj. et n.
savarin n. m.
savart n. m.
savate n. f.
savetier n. m.
saveur n. f.
¹savoir n. m.
²savoir v. tr. (conjug. 32)
savoir-être n. m. inv.
savoir-faire n. m. inv.
savoir-vivre n. m. inv.
savon n. m.
savonnage n. m.
savonner v. tr. (conjug. 1)
savonnerie n. f.
savonnette n. f.
savonneux, euse adj.
savonnier, ière n. m. et
   adj.
savourer v. tr. (conjug. 1)
savoureusement adv.
savoureux, euse adj.
savoyard, arde adj.
sax n. m.
saxatile adj.
saxe n. m.
saxhorn n. m.
saxicole adj. et n.
saxifrage n. f. et adj.
saxon, onne n. et adj.
saxophone n. m.
saxophoniste n.
saynète n. f.

sayon

sbire n. m.
scabieuse n. f.
scabieux, ieuse adj.
scabreux, euse adj.
scaferlati n. m.
scalaire adj. ; n. m.
scala santa n. f.
scalde n. m.
scalène adj.
scalogramme n. m.
scalp n. m.
scalpel n. m.
scalper v. tr. (conjug. 1)
scampi n. m.
scan n. m.
scandale n. m.
scandaleusement adv.
scandaleux, euse adj.
scandaliser v. tr. (conjug. 1)
scander v. tr. (conjug. 1)
scandinave adj.
scandinavisme n. m.
scandium n. m.
scannage n. m.
¹scanner [skanɛʀ] n. m. (rec. off. : numériseur, scanneur)
²scanner [skane] v. tr. (conjug. 1)
scannérisation n. f.
scannériser v. tr. (conjug. 1)
scanneur n. m. (rec. off. pour scanner)
scanning n. m.
scanographe n. m.
scanographie n. f.
scansion n. f.
scaphandre n. m.
scaphandrier n. m.
scaphite n. m.
scaphoïde adj.
scapulaire adj. ; n. m.
scapulalgie n. f.
scapulohuméral, ale, aux adj.
scarabée n. m.
scarabéidés n. m. pl.
scare n. m.

scarieux, ieuse adj.
scarifiage n. m.
scarificateur n. m.
scarification n. f.
scarifier v. tr. (conjug. 7)
scarlatin, ine adj.
scarlatine n. f. et adj.
scarole n. f.
scatologie n. f.
scatologique adj.
scatophage adj.
scatophile adj.
sceau n. m.
sceau-de-Salomon n. m.
PL. sceaux-de-Salomon
scélérat, ate adj. et n.
scélératesse n. f.
scellage n. m.
scellé n. m.
scellement n. m.
sceller v. tr. (conjug. 1)
scénarimage n. m. (rec. off. pour storyboard)
scénario ou scenario n. m.
PL. scénarios ou scenarii (it.)
scénarisation n. f.
scénariser v. tr. (conjug. 1)
scénariste n.
scénaristique adj.
scène n. f.
scenic railway [senikʀɛlwe] n. m.
PL. scenic railways
scénique adj.
scéniquement adv.
scénographe n. m.
scénographie n. f.
scénographique adj.
scénologie n. f.
scénopégies n. f. pl.
scepticisme n. m.
sceptique n. et adj.
sceptiquement adv.
sceptre n. m.
schah ou chah n. m.
schako n. m.
schappe n. m. ou f.
schelem [ʃlɛm] n. m.
schelling [ʃ(ə)liŋ] n. m.

schéma n. m.
schémathèque n. f.
schématique adj.
schématiquement adv.
schématisation n. f.
schématiser v. tr. (conjug. 1)
schématisme n. m.
schème n. m.
schéol n. m.
scherzando [skɛʀtsando ; skɛʀdzãdo] adv.
scherzo [skɛʀdzo] n. m.
schibboleth [ʃibɔlɛt] n. m.
schiedam [skidam] n. m.
schilling [ʃiliŋ] n. m.
schipperke [ʃipɛʀk] adj. et n. m.
schismatique adj.
schisme n. m.
schiste n. m.
schisteux, euse adj.
schistoïde adj.
schistosome n. m.
schistosomiase n. f.
schizogamie [ski-] n. f.
schizogenèse [ski-] n. f.
schizogonie [ski-] n. f.
schizoïde [ski-] adj. et n.
schizoïdie [ski-] n. f.
schizométamérie [ski-] n. f.
schizonévrose [ski-] n. f.
schizoparaphasie [ski-] n. f.
schizophrène [ski-] adj. et n.
schizophrénie [ski-] n. f.
schizophrénique [ski-] adj.
schizose [ski-] n. f.
schizothymie [ski-] n. f.
schlague n. f.
schlamm n. m.
¹schlass ou châsse* adj. (ivre)
²schlass [ʃlas] n. m. (couteau)
schlich n. m.
schlinguer ou chlinguer v. intr. (conjug. 1)

schlittage n. m.
schlitte n. f.
schlitter v. tr. (conjug. 1)
schlitteur n. m.
schmilblick n. m.
schnaps n. m.
schnauzer n. m.
schnock ou **chnoque** adj. et n.
schnorkel ou **schnorchel** [ʃnɔrkɛl] n. m.
schnouf ou **chnouf** n. f.
schofar n. m.
scholiaste [sk-] n. m.
scholie [sk-] n. f. et m.
schooner ou **schooneur*** n. m.
schorre n. m.
schproum n. m.
schupo n. m.
schuss n. m. et adv.
schwa n. m.
S. C. I. n. f. (société civile immobilière)
sciage n. m.
scialytique® n. m.
sciant, sciante adj.
sciatalgie n. f.
sciatique adj. et n. f.
scie n. f.
sciemment adv.
science n. f.
science-fiction n. f.
science-fictionnel, elle adj.
PL. science-fictionnels, elles
Sciences-po n. f. pl.
scièene n. f.
scientificité n. f.
scientifique adj. et n.
scientifiquement adv.
scientisme n. m.
scientiste adj. et n.
scientologie n. f.
scientologiste n. f.
scientologue n.
scier v. tr. (conjug. 7)
scierie n. f.
scieur n. m.
scieuse n. f.

scille n. f.
scincidés n. m. pl.
scinder v. tr. (conjug. 1)
scinque n. m.
scintigramme n. m.
scintigraphie n. f.
scintillant, ante adj. et n. m.
scintillateur n. m.
scintillation n. f.
scintillement n. m.
scintiller v. intr. (conjug. 1)
scintillogramme n. m.
scintillographie n. f.
scintillomètre n. m.
scion n. m.
sciotte n. f.
scirpaie n. f.
scirpe n. m.
scissile adj.
scission n. f.
scissionnisme n. m.
scissionniste n. et adj.
scissipare adj.
scissiparité n. f.
scissure n. f.
sciure n. f.
sciuridés n. m. pl.
scléral, ale, aux adj.
scléranthe n. m.
sclérenchyme n. m.
scléreux, euse adj.
sclérodermie n. f.
sclérogène adj.
scléroprotéine n. f.
sclérosant, ante adj.
sclérose n. f.
sclérosé, ée adj.
scléroser v. tr. (conjug. 1)
sclérothérapie n. f.
sclérotique n. f.
scolaire adj. et n.
scolairement adv.
scolarisable adj.
scolarisation n. f.
scolariser v. tr. (conjug. 1)
scolarité n. f.
scolasticat n. m.
scolastique adj. et n.
scolex n. m.

scoliaste ou **scholiaste** [skɔ-] n. m.
scolie ou **scholie** [skɔ-] n. f. et m.
scoliose n. f.
scolopendre n. f.
scolyte n. m.
scombridés n. m. pl.
scone n. m.
sconse ou **skunks** n. m.
scoop [skup] n. m. (rec. off. : exclusivité)
scoot [skut] n. m.
scooter ou **scooteur*** [skutɛʀ ; skutœʀ] n. m.
scootériste [sku-] n.
scope n. m.
scopie n. f.
scopolamine n. f.
scorbut n. m.
scorbutique adj.
score n. m.
scorer v. intr. (conjug. 1)
scoriacé, ée adj.
scorie n. f.
scorifier v. tr. (conjug. 7)
scorpène n. f.
scorpion n. m.
scorsonère n. f.
¹scotch n. m.
PL. scotches ou scotchs (whisky)
²scotch® n. m. (adhésif ou scotchs)
scotchant, ante adj.
scotcher v. tr. (conjug. 1)
scotch-terrier n. m.
PL. scotch-terriers
scotie n. f.
scotisme n.
scotiste adj. et n.
scotome n. m.
scotomisation n. f.
scotomiser v. tr. (conjug. 1)
scotopie n. f.
scotopique adj.
scottish n. f.
scottish-terrier n. m.
PL. scottish-terriers
scoubidou n. m.

scoumoune

scoumoune n. f.
scoured n. m.
scout, scoute n. m. et adj.
scoutisme n. m.
S. C. P. n. f. (société civile professionnelle)
scrabble® n. m.
scrabbleur, euse n.
scramasaxe n. m.
scrapbooking [-bukiŋ] n. m.
scrapeur ou scraper n. m. (rec. off. : décapeuse)
scratch adj. inv. ; n. m.
scratcher v. (conjug. 1)
scriban n. m.
scribanne n. f.
scribe n. m.
scribouillard, arde n.
script n. m.
scripte n.
scripteur, trice n.
script-girl n. f.
PL. script-girls
scripturaire adj.
scriptural, ale, aux adj.
scrofulaire n. f.
scrofule n. f.
scrofuleux, euse adj. et n.
scrogneugneu interj.
scrotal, ale, aux adj.
scrotum n. m.
scrub n. m.
scrupule n. m.
scrupuleusement adv.
scrupuleux, euse adj.
scrutateur, trice adj. et n.
scrutation n. f.
scruter v. tr. (conjug. 1)
scrutin n. m.
scull n. m.
sculpter v. tr. (conjug. 1)
sculpteur, trice n.
sculptural, ale, aux adj.
sculpture n. f.
scutellaire n. f.
scutiforme adj.
scutum n. m.
PL. scutums ou scuta (lat.)
scyphoméduses n. f. pl.

scyphozoaires n. m. pl.
scythe adj. et n.
scythique adj.
S. D. F. n. (sans domicile fixe)
se pron. pers.
seaborgium n. m.
sea-line n. m.
PL. sea-lines
séance n. f.
¹séant, ante adj.
²séant n. m.
seau n. m.
sébacé, ée adj.
sébaste n. m.
sébile n. f.
sebka ou sebkha n. f.
séborrhée n. f.
séborrhéique adj.
sébum n. m.
sec, sèche adj. et n. m.
sécable adj.
secam ou sécam* n. m.
sécant, ante adj. et n. f.
sécateur n. m.
sécession n. f.
sécessionniste adj.
séchage n. m.
séchant, ante adj.
sèche n. f.
sèche-cheveu(x) n. m.
PL. sèche-cheveux
sèche-linge n. m.
PL. sèche-linge(s)
sèche-main(s) n. m.
PL. sèche-mains
sèchement adv.
sécher v. (conjug. 6)
sécheresse ou sècheresse n. f.
sécherie ou sècherie n. f.
sèche-serviette n. m.
PL. sèche-serviettes
sécheur n. m.
sécheuse n. f.
séchoir n. m.
second, onde adj. et n.
secondaire adj.
secondairement adv.
secondarité n. f.
seconde n. f.

secondement adv.
seconder v. tr. (conjug. 1)
secouant, ante adj.
secoué, ée adj.
secouement n. m.
secouer v. tr. (conjug. 1)
secoueur n. m.
secourable adj.
secoureur, euse n.
secourir v. tr. (conjug. 11)
secourisme n. m.
secouriste n.
secours n. m.
secousse n. f.
¹secret, ète adj.
²secret n. m.
secrétage n. m.
secrétaire n.
secrétairerie n. f.
secrétariat n. m.
secrètement adv.
secréter v. tr. (conjug. 6) (frotter)
sécréter v. tr. (conjug. 6) (produire)
secréteur n. m.
sécréteur, euse ou trice adj.
sécrétine n. f.
sécrétion n. f.
sécrétoire adj.
sectaire n. et adj.
sectarisme n. m.
sectateur, trice n.
secte n. f.
secteur n. m.
section n. f.
sectionnement n. m.
sectionner v. tr. (conjug. 1)
sectionneur n. m.
sectoriel, ielle adj.
sectorisation n. f.
sectoriser v. tr. (conjug. 1)
sécu n. f. sing.
séculaire adj.
séculairement adv.
sécularisation n. f.
séculariser v. tr. (conjug. 1)
séculier, ière adj.
séculièrement adv.

secundo [sagɔ̃do] adv.
sécurisant, ante adj.
sécurisation n. f.
sécurisé, ée adj.
sécuriser v. tr. (conjug. 1)
sécurit® n. m.
sécuritaire adj.
sécurité n. f.
sedan n. m.
sédatif, ive adj. et n. m.
sédation n. f.
sédentaire adj. et n.
sédentarisation n. f.
sédentariser v. tr. (conjug. 1)
sédentarité n. f.
sédiment n. m.
sédimentaire adj.
sédimentation n. f.
sédimenter v. tr. (conjug. 1)
sédimentologie n. f.
séditieusement adv.
séditieux, ieuse adj. et n.
sédition n. f.
sédon n. m.
séducteur, trice n. et adj.
séduction n. f.
séduire v. tr. (conjug. 38)
séduisant, ante adj.
sedum ou **sédum** ou **sédon** n. m.
seersucker n. m.
séfarade n. et adj.
séfaradité n. f.
séga n. m.
ségala n. m.
seghia n. f.
segment n. m.
segmentaire adj.
segmental, ale, aux adj.
segmentation n. f.
segmenter v. tr. (conjug. 1)
ségrairie n. f.
ségrais n. m.
ségrégatif, ive adj.
ségrégation n. f.
ségrégationnisme n. m.
ségrégationniste adj. et n.
ségrégé, ée adj.

ségréger v. tr. (conjug. 3 et 6)
ségrégué, ée adj.
ségréguer v. tr. (conjug. 6)
séguedille n. f.
séguia ou **seghia** n. f.
seiche n. f.
séide n. m.
seigle n. m.
seigneur n. m.
seigneuriage n. m.
seigneurial, iale, iaux adj.
seigneurie n. f.
seille n. f.
seillon n. m.
seime n. f.
sein n. m.
seine ou **senne** n. f.
seing n. m.
séisme n. m.
séismicité n. f.
séismique adj.
séismographe n. m.
seitan n. m.
seizain n. m.
seize adj. numér. inv. et n. m. inv.
seizième adj. et n.
seizièmement adv.
seizièmiste n.
séjour n. m.
séjourner v. intr. (conjug. 1)
sel n. m.
sélacien, ienne adj. et n.
sélaginelle n. f.
sélect, ecte ou **select, ecte** adj.
sélecter v. tr. (conjug. 1)
sélecteur, trice n. m. et adj.
sélectif, ive adj.
sélection n. f.
sélectionné, ée adj. (rec. off. pour nominé, ée)
sélectionner v. tr. (conjug. 1)
sélectionneur, euse n.
sélectionnisme n. m.

sélectivement adv.
sélectivité n. f.
sélène adj.
séléniate n. m.
sélénien, ienne n.
sélénieux adj. m.
sélénique adj. m.
sélénite n. et adj. ; n. m.
séléniteux, euse adj.
sélénium n. m.
séléniure n. m.
sélénographie n. f.
sélénographique adj.
sélénologie n. f.
sélénologue n.
self n. m.
self-control n. m.
  PL. self-controls
self-inductance n. f.
  PL. self-inductances
self-induction n. f.
  PL. self-inductions
self-made-man n. m.
  PL. self-made-mans ou self-made-men
self-service n. m.
  PL. self-services
selle n. f.
seller v. tr. (conjug. 1)
sellerie n. f.
sellette n. f.
sellier n. m.
selon prép.
selve n. f.
semailles n. f. pl.
semaine n. f.
semainier, ière n.
semantème n. m.
sémanticien, ienne n.
sémantique n. f. et adj.
sémantiquement adv.
sémantisme n. m.
sémaphore n. m.
sémaphorique adj.
sémasiologie n. f.
semblable adj. et n.
semblablement adv.
semblant n. m.
sembler v. intr. (conjug. 1)
sème n. m.

séméiologie n. f.
semelle n. f.
sémème n. m.
semence n. f.
semencier, ière n. et adj.
semen-contra n. m. inv.
semer v. tr. (conjug. 5)
semestre n. m.
semestriel, ielle adj.
semestriellement adv.
semeur, euse n.
semi-argenté, ée adj.
 PL. semi-argentés, ées
semi-aride adj.
 PL. semi-arides
semi-automatique adj.
 PL. semi-automatiques
semi-autopropulsé, ée adj.
 PL. semi-autopropulsés, ées
semi-auxiliaire adj. et n. m.
 PL. semi-auxiliaires
semi-balistique adj.
 PL. semi-balistiques
semi-chenillé, ée adj.
 PL. semi-chenillés, ées
semi-circulaire adj.
 PL. semi-circulaires
semi-coke n. m.
 PL. semi-cokes
semi-conducteur, trice n. m. et adj.
 PL. semi-conducteurs, trices
semi-conservatif, ive adj.
 PL. semi-conservatif, ives
semi-conserve n. f.
 PL. semi-conserves
semi-consonne n. f.
 PL. semi-consonnes
semi-cylindrique adj.
 PL. semi-cylindriques
semi-distillation n. f.
 PL. semi-distillations
semi-dominance n. f.
 PL. semi-dominances
semi-durable adj.
 PL. semi-durables
semi-fini, ie adj.
 PL. semi-finis, ies

semi-glisseur n. m.
 PL. semi-glisseurs
semi-gothique adj.
 PL. semi-gothiques
semi-liberté n. f.
sémillant, ante adj.
sémillon n. m.
semi-lunaire adj.
 PL. semi-lunaires
semi-marathon n. m.
 PL. semi-marathons
séminaire n. m.
séminal, ale, aux adj.
séminariste n. m.
semi-nasal, ale adj. et n. f.
 PL. semi-nasals, ales
séminifère adj.
semi-nomade adj. et n.
 PL. semi-nomades
semi-nomadisme n. m.
sémiologie n. f.
sémiologique adj.
sémiologue n.
sémiométrie n. f.
sémiométrique adj.
sémioticien, ienne n.
sémiotique n. f. et adj.
semi-ouvert, erte adj.
 PL. semi-ouverts, ertes
semi-ouvré, ée adj.
 PL. semi-ouvrés, ées
semi-perméable adj.
 PL. semi-perméables
semi-portique n. m.
 PL. semi-portiques
semi-précieux, euse adj.
 PL. semi-précieux, euses
semi-produit n. m.
 PL. semi-produits
semi-public, ique adj.
 PL. semi-publics, iques
sémique adj.
semi-remorque n. m. et f.
 PL. semi-remorques
semi-rigide adj.
 PL. semi-rigides
semis n. m.
semi-submersible adj.
 PL. semi-submersibles
sémite n. et adj.
sémitique adj. et n. m.

sémitisant, ante adj. et n.
sémitisme n. m.
semi-tubulaire adj.
 PL. semi-tubulaires
semi-voyelle n. f.
 PL. semi-voyelles
semnopithèque n. m.
semoir n. m.
semonce n. f.
semoncer v. tr. (conjug. 3)
semoule n. f.
semoulerie n. f.
semoulier, ière n.
semper virens [sɛpɛʁvirɛs] adj.
sempervirent, ente adj.
 [sɛpɛʁvirɑ̃]
sempervivum [sɛpɛʁvivɔm] n. m.
 PL. sempervivum(s)
sempiternel, elle adj.
sempiternellement adv.
semple n. m.
semtex n. m.
sen [sɛn] n. m.
sénat n. m.
sénateur, trice n.
sénatorerie n. f.
sénatorial, iale, iaux adj.
sénatus-consulte n. m.
 PL. sénatus-consultes
senau n. m.
séné n. m.
sénéchal, aux n. m.
sénéchaussée n. f.
séneçon ou **sèneçon*** n. m.
sénégalisme n. m.
senellier n. m.
sénescence n. f.
sénescent, ente adj.
sénestre ou **senestre** adj.
sénestrochère ou **senestrochère** n. m.
senestrorsum ou **sénestrorsum** adj. inv. et adv.
sénevé ou **sènevé*** n. m.
sénile adj.
sénilisme n. m.
sénilité n. f.

sénior ou **senior** n. et adj.
séniorité n. f.
senne n. f.
sénologie n. f.
sénologue n.
sens n. m.
sensass adj.
sensation n. f.
sensationnalisme n. m.
sensationnaliste adj.
sensationnel, elle adj.
sensationnisme n. m.
sensationniste adj. et n.
sensé, ée adj.
sensément adv.
senseur n. m.
sensibilisateur, trice adj. et n. m.
sensibilisation n. f.
sensibiliser v. tr. (conjug. 1)
sensibilité n. f.
sensible adj.
sensiblement adv.
sensiblerie n. f.
sensitif, ive adj.
sensitive n. f.
sensitométrie n. f.
sensitométrique adj.
sensoriel, ielle adj.
sensorimétrie n. f.
sensorimétrique adj.
sensorimoteur, trice adj.
sensualisme n. m.
sensualiste adj. et n.
sensualité n. f.
sensuel, elle adj.
sensuellement adv.
sent-bon n. m. inv.
sente n. f.
sentence n. f.
sentencieusement adv.
sentencieux, ieuse adj.
senteur n. f.
senti, ie adj. et n. m.
sentier n. m.
sentiment n. m.
sentimental, ale, aux adj.
sentimentalement adv.
sentimentalisme n. m.
sentimentalité n. f.
sentine n. f.
sentinelle n. f.
sentir v. tr. (conjug. 16)
¹**seoir** v. intr. (conjug. 26 ; part. *séant, sis*) (être assis)
²**seoir** ou **soir*** v. intr. (conjug. 26 ; seult 3ᵉ pers. prés., imp., futur, condit. et p. prés.) (convenir)
sep n. m.
sépale n. m.
sépaloïde adj.
séparable adj.
séparateur, trice adj. et n. m.
séparatif, ive adj. et n. f.
séparation n. f.
séparatisme n. m.
séparatiste n.
séparé, ée adj.
séparément adv.
séparer v. tr. (conjug. 1)
sépharade n. et adj.
sépia n. f.
sépiolite n. f.
seppuku n. m.
seps n. m.
sepsis n. m.
sept adj. numér. inv. et n. inv.
septain n. m.
septal, ale, aux adj.
septantaine n. f.
septante adj. numér. inv. et n. inv.
septantième adj. numér. ord. et n.
septembre n. m.
septembrisades n. f. pl.
septemvir n. m.
septénaire n. m.
septennal, ale, aux adj.
septennat n. m.
septentrion n. m.
septentrional, ale, aux adj.
septicémie n. f.
septicémique adj.
septidi n. m.
septième adj. et n.
septièmement adv.
septime n. f.
septique adj.
septmoncel n. m.
septuagénaire adj. et n.
septum n. m.
septuor n. m.
septuple adj.
septupler v. (conjug. 1)
sépulcral, ale, aux adj.
sépulcre n. m.
sépulture n. f.
séquelle n. f.
séquençage n. m.
séquence n. f.
séquencer v. tr. (conjug. 3)
séquenceur n. m.
séquentiel, ielle adj.
séquestrant, ante adj.
séquestration n. f.
séquestre n. m.
séquestrer v. tr. (conjug. 1)
sequin n. m.
séquoia n. m.
sérac n. m.
sérail n. m.
sérancer v. tr. (conjug. 3)
séranceur n. m.
sérancolin n. m.
serapeum ou **sérapéum*** n. m.
¹**séraphin** n. m. (ange)
²**séraphin, ine** n. (avare)
séraphique adj.
serbe adj. et n.
serbo-croate adj. et n. m.
PL. *serbo-croates*
serdab n. m.
serdeau n. m.
¹**serein, eine** adj.
²**serein** n. m.
sereinement adv.
sérénade n. f.
sérendipité n. f.
sérénissime adj.
sérénité n. f.
séreux, euse adj.
serf, serve n.

serfouette n. f.
serfouir v. tr. (conjug. 2)
serfouissage n. m.
serge n. f.
sergé n. m.
sergent, ente n.
sergent-chef n. m.
  PL. sergents-chefs
sergent-fourrier n. m.
  PL. sergents-fourriers
sergent-major n. m.
  PL. sergents-majors
sérialisation n. f.
sérialiser v. tr. (conjug. 1)
sérialisme n. m.
sériation n. f.
séricicole adj.
sériciculteur, trice n.
sériciculture n. f.
séricigène adj.
séricigraphie n. f.
séricine n. f.
série n. f.
sériel, ielle adj.
sérier v. tr. (conjug. 1)
sérieusement adv.
sérieux, ieuse adj. et n. m.
sérigraphie n. f.
sérigraphier v. tr.
  (conjug. 7)
serin n. m.
serine n. f.
seriné n. f.
seriner v. tr. (conjug. 1)
serinette n. f.
seringa ou **seringat** n. m.
seringue n. f.
seringuero ou
  séringuéro n. m.
sérique adj.
serlienne n. f.
serment n. m.
sermon n. m.
sermonnaire n. m.
sermonner v. tr. (conjug. 1)
séroconversion n. f.
sérodiagnostic n. m.
sérodiscordant, ante
  adj.
sérologie n. f.

sérologique adj.
sérologiste n.
séronégatif, ive adj.
séronégativation n. f.
séronégativité n. f.
séropositif, ive adj.
séropositivité n. f.
séroprévalence n. f.
sérosité n. f.
sérothèque n. f.
sérothérapie n. f.
sérothérapique adj.
sérotonine n. f.
sérotype n. m.
sérovaccination n. f.
serpe n. f.
serpent n. m.
serpentaire n. f. et m.
serpente n. f.
serpenteau n. m.
serpentement n. m.
serpenter v. intr.
  (conjug. 1)
serpentiforme adj.
serpentin, ine adj. et n. m.
serpentine n. f.
serpette n. f.
serpigineux, euse adj.
serpillière ou **serpillère***
  n. f.
serpolet n. m.
serpule n. f.
serrage n. m.
serran n. m.
serratule n. f.
serre n. f.
serré, ée adj.
serre-file n. m.
  PL. serre-files
serre-fil(s) n. m.
  PL. serre-fils
serre-frein n. m.
  PL. serre-freins
serre-joint n. m.
  PL. serre-joints
serre-livre(s) n. m.
  PL. serre-livres
serrement n. m.
serrer v. (conjug. 1)

serre-tête n. m.
  PL. serre-têtes
serrette n. f.
serriste n.
serrure n. f.
serrurerie n. f.
serrurier, ière n.
sertão n. m.
serte n. f.
sertir v. tr. (conjug. 2)
sertissage n. m.
sertisseur, euse n.
sertissure n. f.
sérum n. m.
sérumalbumine n. f.
servage n. m.
serval n. m.
servant adj. m. et n. m.
servante n. f.
serve n. f.
serveur, euse n.
serviabilité n. f.
serviable adj.
service n. m.
serviette n. f.
servile adj.
servilement adv.
servilité n. f.
servir v. tr. (conjug. 14)
serviteur n. m.
servitude n. f.
servocommande n. f.
servodirection n. f.
servofrein n. m.
servomécanisme n. m.
servomoteur n. m.
servovalve n. f.
ses adj. poss.
sésame n. m.
sésamoïde adj.
sesbania n. m.
sesbanie n. f.
sesquiterpène n. m.
sessile adj.
session n. f.
sesterce n. m.
set n. m.
sétacé, ée adj.
sétérée n. f.
setier n. m.

séton n. m.
setter n. m.
seuil n. m.
seuillage n. m.
seul, seule adj.
seulement adv.
seulet, ette adj.
sève n. f.
sévère adj.
sévèrement adv.
sévérité n. f.
sévices n. m. pl.
sévir v. intr. (conjug. 2)
sevrage n. m.
sevrer v. tr. (conjug. 5)
sèvres n. m.
sévrienne n. f.
sévruga n. m.
sexage n. m.
sexagénaire adj. et n.
sexagésimal, ale, aux adj.
sexe n. m.
sexe-appeal ou **sex-appeal** n. m.
PL. *sex(e)-appeals*
sexennat n. m.
sexe-ratio ou **sex-ratio** n. m.
PL. *sex(e)-ratios*
sexe-shop ou **sex-shop** n. m. ou f.
PL. *sex(e)-shops*
sexe-symbole ou **sex-symbol** n. m.
PL. *sex(e)-symbol(e)s*
sexiatre n.
sexiatrie n. f.
sexisme n. m.
sexiste n. et adj.
sexologie n. f.
sexologique adj.
sexologue n.
sexonomie n. f.
sexothérapeute n.
sexothérapie n. f.
sex-ratio n. f.
PL. *sex-ratios*
sex-shop n. m. ou f.
PL. *sex-shops*
sextant n. m.

sexte n. f.
sextette ou **sextet** n. m.
sextidi n. m.
sextillion n. m.
sextolet n. m.
sex-toy n. m.
PL. *sex-toys*
sextuor n. m.
sextuple adj. et n. m.
sextupler v. (conjug. 1)
sexualisation n. f.
sexualiser v. tr. (conjug. 1)
sexualité n. f.
sexué, ée adj.
sexuel, elle adj.
sexuellement adv.
sexy adj. inv.
seyant, ante adj.
S. F. n. f. inv. (science-fiction)
sfumato n. m.
S.G.B.D n. m. (système de gestion de base de données)
sgraffite n. m.
shabbat [ʃabat] n. m.
shah n. m.
shaker ou **shakeur** n. m.
shakespearien, ienne adj.
shako ou **schako** n. m.
shaman n. m.
shamisen n. m.
shampoing ou **shampooing** n. m.
shampouiner ou **shampooiner** v. tr. (conjug. 1)
shampouineur, euse ou **shampooineur, euse** n.
shanghaïen, ïenne n.
shantung ou **chantoung** n. m.
shareware adj. et n. m.
sharia n. f.
sharpeï n. m.
shekel n. m.
shérif n. m.
sherpa n. m.
sherry n. m.
PL. *sherrys* ou *sherries*
shetland n. m.

shiatsu [ʃiatsy] n. m.
shiite [ʃiit] adj. et n.
shilling n. m.
shilom n. m.
shimmy n. m.
shinto n. m.
shintoïsme n. m.
shintoïste adj. et n.
shipchandler ou **shipchandleur*** [ʃipʃɑ̃dlœʁ] n. m.
shit [ʃit] n. m.
shocking ou **chocking*** adj. inv.
shogun ou **shogoun** [ʃɔgun] n. m.
shogunat ou **shogounat** n. m.
shoot [ʃut] n. m.
shooter [ʃute] v. (conjug. 1)
shopping ou **shoping** n. m.
short n. m.
show [ʃo] n. m.
PL. *shows*
showbiz n. m. inv.
show-business ou **showbizness*** [ʃobiznɛs] n. m. inv.
show-room n. m.
PL. *show-rooms*
shrapnel ou **shrapnell** n. m.
shunt n. m. (rec. off. : fondu)
shuntage n. m.
shunter v. tr. (conjug. 1)
si conj. ; adv. ; n. m. inv.
sial n. m.
sialagogue adj. et n. m.
sialique adj.
sialis n. m.
sialorrhée n. f.
siamois, oise adj. et n.
sibérien, ienne adj.
sibilance n. f.
sibilant, ante adj.
sibylle n. f.
sibyllin, ine adj.
sic adv.
sicaire n. m.

sicav n. f. inv. (société d'investissement à capital variable)
siccatif, ive adj.
siccité n. f.
sicilien, ienne adj. et n.
sicle n. m.
sida n. m. (syndrome d'immunodéficience acquise)
sidaïque adj. et n.
sidatique adj. et n.
side-car ou **sidecar*** n. m.
PL. *side-cars* ou *sidecars**
sidéen, enne adj. et n.
sidénologie n. f.
sidéral, ale, aux adj.
sidérant, ante adj.
sidération n. f.
sidérer v. tr. (conjug. 6)
sidérite n. f.
sidérographie n. f.
sidérolithique adj.
sidérophiline n. f.
sidérose n. f.
sidérostat n. m.
sidéroxylon n. m.
sidérurgie n. f.
sidérurgique adj.
sidérurgiste n.
sidi n. m.
sidologie n. f.
sidologue n.
siècle n. m.
siège n. m.
siège-auto n. m.
PL. *sièges-autos*
siéger v. intr. (conjug. 3 et 6)
siemens ou **siémens*** n. m.
sien, sienne adj. poss. et pron. poss.
sierra n. f.
sieste n. f.
siester v. intr. (conjug. 1)
sieur n. m.
sievert n. m.
sifflage n. m.
sifflant, ante adj.
sifflement n. m.
siffler v. (conjug. 1)

sifflet n. m.
siffleur, euse adj. et n.
siffleux n. m.
sifflotement n. m.
siffloter v. (conjug. 1)
sifilet n. m.
sigillaire adj. et n. f.
sigillé, ée adj.
sigillographie n. f.
sigillographique adj.
sigisbée n. m.
siglaison n. f.
sigle n. m.
siglé, ée adj.
sigma n. m.
PL. inv. ou *sigmas**
sigmoïde n. f.
signal, aux n. m.
signalé, ée adj.
signalement n. m.
signaler v. tr. (conjug. 1)
signalétique adj. et n. f.
signaleur n. m.
signalisation n. f.
signaliser v. tr. (conjug. 1)
signataire n.
signature n. f.
signe n. m.
signer v. tr. (conjug. 1)
signet n. m.
signifiance n. f.
signifiant, iante adj. et n. m.
significatif, ive adj.
signification n. f.
significativement adv.
signifié n. m.
signifier v. tr. (conjug. 7)
sikh, sikhe n. et adj.
sikhisme n. m.
sil n. m.
silane n. m.
silence n. m.
silencieusement adv.
silencieux, ieuse adj. et n. m.
silène n. m.
silentbloc® n. m.
silex n. m.
silhouette n. f.

silhouetter v. tr. (conjug. 1)
silicagel n. m.
silicate n. m.
silicaté, ée adj.
silice n. f.
siliceux, euse adj.
silicicole adj.
silicium n. m.
siliciure n. m.
silicone n. f.
siliconer v. tr. (conjug. 1)
silicose n. f.
silicosé, ée adj.
silicotique adj.
silionne® n. f.
silique n. f.
sillage n. m.
sillet n. m.
sillimanite n. f.
sillon n. m.
sillonner v. tr. (conjug. 1)
silo n. m.
silotage n. m.
silphe n. m.
silure n. m.
silurien, ienne adj.
silvaner n. m.
sima n. m.
simagrée n. f.
simarre n. f.
simaruba n. m.
simbleau n. m.
simien, ienne adj. et n. m.
simiesque adj.
similaire adj.
similarité n. f.
simili n. m. et f.
similicuir n. m.
similigravure n. f.
similisage n. m.
similiser v. tr. (conjug. 1)
similiste n.
similitude n. f.
similor n. m.
simoniaque adj.
simonie n. f.
simoun n. m.
simple adj. et n.
simplement adv.
simplet, ette adj.

simplex adj.
simplexe n. m.
simplicité n. f.
simplifiable adj.
simplificateur, trice adj.
simplification n. f.
simplifié, iée adj.
simplifier v. tr. (conjug. 7)
simplisme n. m.
simplissime adj.
simpliste adj.
simulacre n. m.
simulateur, trice n.
simulation n. f.
simulé, ée adj.
simuler v. tr. (conjug. 1)
simulie n. f.
simultané, ée adj. et n. f.
simultanéisme n. m.
simultanéité n. f.
simultanément adv.
sinanthrope n. m.
sinapisé, ée adj.
sinapisme n. m.
sincère adj.
sincèrement adv.
sincérité n. f.
sinciput, ale, aux adj.
sinciput n. m.
sinécure n. f.
sine die [sinedje] loc. adv.
sine qua non [sinekwanɔn] loc. adj.
singalette n. f.
singe n. m.
singer v. tr. (conjug. 3)
singerie n. f.
single [siŋgœl] n. m. (rec. off. : simple)
singlet n. m.
singleton n. m.
singulariser v. tr. (conjug. 1)
singularité n. f.
singulier, ière adj. et n. m.
singulièrement adv.
sinisation n. f.
siniser v. tr. (conjug. 1)
sinistralité n. f.
sinistre adj. ; n. m.

sinistré, ée adj. et n.
sinistrement adv.
sinistrose n. f.
sinité n. f.
sinogramme n. m.
sinologie n. f.
sinologue n.
sinon conj.
sinople n. m.
sinoque ou **cinoque** adj.
sinto n. m.
sinuer v. intr. (conjug. 1)
sinueux, euse adj.
sinuosité n. f.
sinus n. m.
sinusite n. f.
sinusoïdal, ale, aux adj.
sinusoïde n. f.
sionisme n. m.
sioniste adj. et n.
sioux n. et adj.
siphoïde adj.
siphomycètes n. m. pl.
siphon n. m.
siphonnage n. m.
siphonné, ée adj.
siphonner v. tr. (conjug. 1)
siphonophore n. m.
sipo n. m.
sire n. m.
sirène n. f.
siréniens n. m. pl.
sirex n. m.
sirli n. m.
sirocco ou **siroco** n. m.
sirop n. m.
siroter v. tr. (conjug. 1)
sirtaki n. m.
sirupeux, euse adj.
sirvente ou **sirventès** n. m.
sis, sise adj.
sisal n. m.
sismicité n. f.
sismique adj.
sismogramme n. m.
sismographe n. m.
sismologie n. f.
sismologique adj.
sismologue n.

sismotectonique n. f.
sismothérapie n. f.
sistership n. m.
sistre n. m.
sisymbre n. m.
sitar n. m.
sitariste n.
sitcom n. f. (rec. off. : comédie de situation)
site n. m.
sit-in n. m. inv.
sitogoniomètre n. m.
sitologie n. f.
sitologue n.
sitostérol n. m.
sitôt adv.
sittelle n. f.
situation n. f.
situationnel, elle adj.
situationnisme n. m.
situationniste adj. et n.
situé, ée adj.
situer v. tr. (conjug. 1)
six adj. numér. et n. m.
sixain n. m.
six-huit n. m. inv.
sixième adj. et n.
sixièmement adv.
six-quatre-deux (à la) loc. adv.
sixte n. f.
sixties n. f. pl.
sizain ou **sixain** n. m.
sizerin n. m.
ska n. m.
skaï® n. m.
skate n. m.
skate-board n. m.
PL. *skate-boards*
skating n. m.
skeleton n. m.
sketch n. m.
PL. *sketches* ou *sketchs*
ski n. m.
skiable adj.
skiascopie n. f.
ski-bob ou **skibob*** n. m.
PL. *ski-bobs* ou *skibobs**
skier v. intr. (conjug. 7)
skieur, skieuse n.

skif

skif ou skiff n. m.
skifeur, euse n.
skiffeur, euse n.
skin n.
skinhead n.
¹skipper ou skippeur, euse n.
²skipper v. tr. (conjug. 1)
skunks [skɔ̃ks] n. m.
skwal n. m.
skydôme® n. m.
skye-terrier n. m.
PL. *skye-terriers*
sky surf ou sky-surf n. m.
skysurfing n. m.
slalom n. m.
slalomer v. intr. (conjug. 1)
slalomeur, euse n.
slam n. m.
slamer v. intr. (conjug. 1)
slameur, euse n.
slash n. m.
PL. *slashs* ou *slashes*
slave adj. et n.
slavisant, ante n. et adj.
slaviser v. tr. (conjug. 1)
slaviste n. et adj.
slavistique n. f.
slavon, onne adj. et n.
slavophile adj. et n.
sleeping n. m.
slice n. m.
slicer v. tr. (conjug. 3)
slip n. m.
sloche n. f.
slogan n. m.
sloop n. m.
sloughi n. m.
slovaque adj. et n.
slovène adj. et n.
slow n. m.
slum n. m.
slurp interj.
smack interj.
smala n. f.
smalt n. m.
smaltite n. f.
smaragdin, ine adj.
smaragdite n. f.
smart adj. inv.

smartphone n. m. (rec. off. : terminal de poche)
smash n. m.
PL. *smashes* ou *smashs*
smasher v. intr. (conjug. 1)
S. M. E. n. m. (système monétaire européen)
smectique adj.
smectite n. f.
S. M. I. n. m. (système monétaire international)
S. M. I. C. n. m. (salaire minimum interprofessionnel de croissance)
smicard, arde n.
S. M. I. G. n. m. (salaire minimum interprofessionnel garanti)
smiley n. m. (rec. off. : frimousse)
smillage n. m.
smille n. f.
smithsonite n. f.
smocké, ée adj.
smocks n. m. pl.
smog n. m.
smok n. m.
smoking n. m.
smolt n. m.
smoothie [smuzi] n. m.
smorrebrod [smɔrbrɔd] n. m.
SMS n. m. (short message service)
smurf n. m.
smurfer v. intr. (conjug. 1)
smurfeur, euse n.
snack n. m.
snack-bar ou snackbar* n. m.
PL. *snack-bars* ou *snackbars**
snif ou sniff interj.
snifer ou sniffer v. tr. (conjug. 1)
snifeur, euse ou sniffeur, euse n.
sniff interj.
sniffer v. tr. (conjug. 1)
sniffeur, euse n.
sniper n. m.
snob n. et adj.

snober v. tr. (conjug. 1)
snobinard, arde adj. et n.
snobisme n. m.
snoreau n. m.
snowboard n. m.
snowboardeur, euse ou snowboarder n.
snow-boot ou snowboot* n. m.
PL. *snow-boots* ou *snowboots**
snowpark n. m.
soap n. m.
soap-opéra n. m.
PL. *soap-opéras*
sobre adj.
sobrement adv.
sobriété n. f.
sobriquet n. m.
soc n. m.
soca n. f.
soccer n. m.
sociabilité n. f.
sociable adj.
social, iale, iaux adj.
social-démocrate adj. et n.
PL. *sociaux-démocrates*
social-démocratie n. f.
PL. *social-démocraties*
socialement adv.
socialisation n. f.
socialiser v. tr. (conjug. 1)
socialisme n. m.
socialiste adj. et n.
socialité n. f.
social-libéral, ale, aux adj. et n.
social-libéralisme n. m.
socialo adj. et n.
socialo-libéral, ale, aux adj. et n.
sociatrie n. f.
sociétaire adj. et n.
sociétal, ale, aux adj.
sociétariat n. m.
société n. f.
socinianisme n. m.
socinien n. m.
socioanalyse n. f.
sociobiologie n. f.

sociobiologique adj.
sociobiologiste n.
socioculturel, elle adj.
sociodémographique adj.
sociodrame n. m.
socioéconomie n. f.
socioéconomique adj.
socioéducatif, ive adj.
sociogenèse n. f.
sociogramme n. m.
sociolecte n. m.
sociolibéral, ale, aux adj.
sociolinguiste n.
sociolinguistique n. f. et adj.
sociologie n. f.
sociologique adj.
sociologiquement adv.
sociologisant, ante adj.
sociologiser v. tr. (conjug. 1)
sociologisme n. m.
sociologue n.
sociométrie n. f.
sociométrique adj.
sociopathe n.
sociopharmacologue n.
sociopolitique adj.
socioprofessionnel, elle adj.
sociothérapie n. f.
socket ou **socquet** n. m.
socle n. m.
socque n. m.
socquet n. m.
socquette n. f.
socratique adj.
soda n. m.
sodé, ée adj.
sodique adj.
sodium n. m.
sodoku n. m.
sodomie n. f.
sodomiser v. tr. (conjug. 1)
sodomite n. m.
sœur n. f.
sœurette n. f.
sofa n. m.
soffite n. m.

soft adj. inv. ; n. m.
softball n. m.
soft drink n. m.
software n. m. (rec. off. : logiciel)
soi pron. pers.
soi-disant adj. inv. et adv.
soie n. f.
soierie n. f.
soif n. f.
soiffard, arde adj. et n.
soignable adj.
soignant, ante adj.
soigné, ée adj.
soigner v. (conjug. 1)
soigneur n. m.
soigneusement adv.
soigneux, euse adj.
soin n. m.
¹**soir** n. m.
²**soir** v. intr. seoir
soirée n. f.
soit conj. et adv.
soit-communiqué n. m. inv.
soixantaine n. f.
soixante adj. numér. inv. et n. m. inv.
soixante-dix adj. numér. inv. et n. m. inv.
soixante-huitard, arde adj. et n.
PL. soixante-huitards, ardes
soixantième adj. et n.
soja n. m.
sokol n. m.
sol n. m. ; n. m. inv.
solage n. m.
sol-air loc. adj. inv.
solaire adj.
solanacées n. f. pl.
solarisation n. f.
solarium n. m.
soldanelle n. f.
soldat n. m.
soldate n. f.
soldatesque adj. et n. f.
solde n. f. ; n. m.
solder v. tr. (conjug. 1)
solderie® n. f.

soldeur, euse n.
sole n. f.
soléaire adj.
solécisme n. m.
soleil n. m.
solen [sɔlɛn] n. m.
solennel, elle adj.
solennellement adv.
solenniser v. tr. (conjug. 1)
solennité n. f.
solénoïde n. m.
soleret n. m.
solex® n. m.
solfatare n. f.
solfatarien, ienne adj.
solfège n. m.
solfier v. tr. (conjug. 7)
solidage n. m.
solidaire adj.
solidairement adv.
solidariser v. tr. (conjug. 1)
solidarité n. f.
solide adj. et n. m.
solidement adv.
solidification n. f.
solidifier v. tr. (conjug. 7)
solidité n. f.
solier, ière n.
soliflore n. m.
solifluxion n. f.
soliloque n. m.
soliloquer v. intr. (conjug. 1)
solin n. m.
solipède adj.
solipsisme n. m.
soliste n.
solitaire adj. et n.
solitairement adv.
solitude n. f.
solive n. f.
soliveau n. m.
sollicitation n. f.
solliciter v. tr. (conjug. 1)
solliciteur, euse n.
sollicitude n. f.
solmisation n. f.
solo n. m.
PL. solos ou soli (it.)
sol-sol loc. adj. inv.

solstice

solstice n. m.
solubilisation n. f.
solubiliser v. tr. (conjug. 1)
solubilité n. f.
soluble adj.
soluté n. m.
solution n. f.
solutionner v. tr. (conjug. 1)
solutréen, enne adj. et n. m.
solvabilité n. f.
solvable adj.
solvant n. m.
solvatation n. f.
soma n. m.
somation n. f.
somatique adj.
somatisation n. f.
somatiser v. tr. (conjug. 1)
somatostatine n. f.
somatotrope adj.
somatotrophine ou somatotropine n. f.
sombre adj.
sombrer v. intr. (conjug. 1)
sombréro ou sombrero n. m.
somite n. m.
sommable adj.
sommaire adj. et n. m.
sommairement adv.
sommation n. f.
somme n. f. ; n. m.
sommeil n. m.
sommeiller v. intr. (conjug. 1)
sommeilleux, euse adj. et n.
sommelier, ière n.
sommellerie n. f.
sommer v. tr. (conjug. 1)
sommet n. m.
sommier n. m.
sommital, ale, aux adj.
sommité n. f.
somnambule n. et adj.
somnambulique adj.
somnambulisme n. m.
somnifère adj. et n. m.

somnolence n. f.
somnolent, ente adj.
somnoler v. intr. (conjug. 1)
somnologue n. m.
somptuaire adj.
somptueusement adv.
somptueux, euse adj.
somptuosité n. f.
¹son adj. poss.
²son n. m.
sonagramme n. m.
sonagraphe n. m.
sonal n. m.
sonar n. m.
sonate n. f.
sonatine n. f.
sondage n. m.
sondagier, ière n.
sonde n. f.
sonder v. tr. (conjug. 1)
sondeur, euse n.
sondeuse n. f.
songe n. m.
songe-creux n. m. inv.
songer v. tr. ind. (conjug. 3)
songerie n. f.
songeur, euse n. et adj.
sonique adj.
sonnaille n. f.
¹sonnailler n. m.
²sonnailler v. intr. (conjug. 1)
sonnant, ante adj.
sonné, ée adj.
sonner v. (conjug. 1)
sonnerie n. f.
sonnet n. m.
sonnette n. f.
sonneur, euse n.
sono n. f.
sonographie n. f.
sonomètre n. m.
sonore adj.
sonorisation n. f.
sonoriser v. tr. (conjug. 1)
sonorité n. f.
sonothèque n. f.
sonotone® n. m.
sopalin n. m.
sophisme n. m.

sophiste n. m.
sophistication n. f.
sophistique adj. et n. f.
sophistiqué, ée adj.
sophistiquer v. tr. (conjug. 1)
sophora n. m.
sophrologie n. f.
sophrologue n.
sophrothérapie n. f.
soporifique adj. et n. m.
soprane n. m.
sopraniste n. m.
soprano n.
  PL. sopranos ou soprani (it.)
soquet n. m.
sorbe n. f.
sorbet n. m.
sorbetière n. f.
sorbier n. m.
sorbitol n. m.
sorbonnard, arde n. et adj.
sorcellerie n. f.
sorcier, ière n.
sordide adj.
sordidement adv.
sordidité n. f.
sorgo ou sorgho n. m.
sorite n. m.
sornette n. f.
sororal, ale, aux adj.
sororité n. f.
sorption n. f.
sort n. m.
sortable adj.
sortant, ante adj.
sorte n. f.
sorteur, euse adj. et n.
sorteux, euse adj. et n.
sortie n. f.
sortilège n. m.
¹sortir n.
²sortir v. (conjug. 16) (partir, expulser)
³sortir v. tr. (conjug. 2) (obtenir)
S. O. S. n. m.
sosie n. m.

sosténuto ou sostenuto adv. et adj.
sot, sotte adj. et n.
sotch n. m.
sotériologie n. f.
sotie ou sottie n. f.
sot-l'y-laisse n. m. inv.
sottement adv.
sottie ou sotie n. f.
sottise n. f.
sottisier n. m.
sou n. m.
souahéli, ie n. m. et adj.
soubassement n. m.
soubresaut n. m.
soubressade n. f.
soubrette n. f.
soubreveste n. f.
souche n. f.
souchet n. m.
souchette n. f.
souchong [suʃɔ̃g] n. m.
souci n. m.
soucier v. tr. (conjug. 7)
soucieusement adv.
soucieux, ieuse adj.
soucoupe n. f.
soudable adj.
soudage n. m.
soudain, aine adj. et adv.
soudainement adv.
soudaineté n. f.
soudan n. m.
soudanais, aise adj. et n.
soudanien, ienne adj. et n.
soudant, ante adj.
soudard n. m.
soude n. f.
soudé, ée adj.
souder v. tr. (conjug. 1)
soudeur, euse n.
soudier, ière adj. et n.
soudoyer v. tr. (conjug. 8)
soudure n. f.
soue n. f.
soufflage n. m.
soufflant, ante adj.
soufflante n. f.
souffard n. m.

souffle n. m.
soufflé, ée adj. et n. m.
soufflement n. m.
souffler v. (conjug. 1)
soufflerie n. f.
soufflet n. m.
souffleter v. tr. (conjug. 4)
souffleur, euse n.
soufflure n. f.
souffrance n. f.
souffrant, ante adj.
souffre-douleur n. m.
PL. INV. ou souffre-douleurs
souffreteux, euse adj.
souffrir v. (conjug. 18)
soufi, ie adj. et n.
soufisme n. m.
soufrage n. m.
soufre n. m.
soufré, ée adj.
soufrer v. tr. (conjug. 1)
soufreur, euse n.
soufrière n. f.
souhait n. m.
souhaitable adj.
souhaiter v. tr. (conjug. 1)
souillard n. m.
souillarde n. f.
souille n. f.
souiller v. tr. (conjug. 1)
souillon n. m. et f.
souillure n. f.
souimanga ou soui-manga ou swi-manga n. m.
PL. soui(-)mangas ou swi-mangas
souk n. m.
soul [sul] adj. inv. et n. f.
soûl, soûle ou soul, soule* ou saoul, saoule adj.
soulagement n. m.
soulager v. tr. (conjug. 3)
soulane n. f.
soûlant, ante ou soulant, ante* adj.
soûlard, arde ou soulard, arde* ou saoulard, arde n. et adj.

soûlaud, aude ou soulaud, aude* ou saoulaud, aude* n.
soûler ou souler* ou saouler v. tr. (conjug. 1)
soûlerie ou soulerie* ou saoulerie n. f.
soulevé n. m.
soulèvement n. m.
soulever v. tr. (conjug. 5)
soulier n. m.
soulignage n. m.
souligner v. tr. (conjug. 1)
soûlographe ou soulographe* ou
soûlographie ou soulographie* n. f.
soûlon, onne ou soulon, onne* n.
soûlot, ote ou soulot, ote* n.
soulte n. f.
soumettre v. tr. (conjug. 56)
soumis, ise adj.
soumission n. f.
soumissionnaire n.
soumissionner v. tr. (conjug. 1)
soupape n. f.
soupçon n. m.
soupçonnable adj.
soupçonner v. tr. (conjug. 1)
soupçonneusement adv.
soupçonneux, euse adj.
soupe n. f.
soupente n. f.
¹souper n. m.
²souper v. intr. (conjug. 1)
soupeser v. tr. (conjug. 5)
soupeur, euse n.
soupière n. f.
soupir n. m.
soupirail, aux n. m.
soupirant, ante adj. et n. m.
soupirer v. (conjug. 1)
souple adj.
souplesse n. f.
souquenille n. f.
souquer v. (conjug. 1)

sourate n. f.
source n. f.
sourceur, euse n.
sourcier, ière n.
sourcil n. m.
sourcilier, ière adj.
sourciller v. intr. (conjug. 1)
sourcilleux, euse adj.
sourd, sourde adj. et n.
sourdement adv.
sourdine n. f.
sourdingue adj. et n.
sourd-muet, sourde-muette n. et adj.
  PL. sourds-muets, sourdes-muettes
sourdre v. intr. (conjug. seult inf. et 3ᵉ pers. indic. : il sourd, ils sourdent ; il sourdait, ils sourdaient)
souriant, iante adj.
souriceau n. m.
souricette n. f.
souricière n. f.
¹sourire n. m.
²sourire v. intr. (conjug. 36)
souris n. f. inv.
sournois, oise adj.
sournoisement adv.
sournoiserie n. f.
sous prép.
sous-admissible adj. et n.
  PL. sous-admissibles
sous-alimentation n. f.
sous-alimenté, ée adj.
  PL. sous-alimentés, ées
sous-amendement n. m.
  PL. sous-amendements
sous-arbrisseau n. m.
  PL. sous-arbrisseaux
sous-barbe n. f.
  PL. sous-barbes
sous-bibliothécaire n.
  PL. sous-bibliothécaires
sous-bois n. m. inv.
sous-brigadier n. m.
  PL. sous-brigadiers
sous-calibré, ée adj.
  PL. sous-calibrés, ées

sous-chef n.
  PL. sous-chefs
sous-classe n. f.
  PL. sous-classes
sous-clavier, ière adj.
  PL. sous-claviers, ières
sous-commission n. f.
  PL. sous-commissions
sous-consommation n. f.
sous-continent n. m.
  PL. sous-continents
sous-couche n. f.
  PL. sous-couches
souscripteur, trice n.
souscription n. f.
souscrire v. tr. (conjug. 39)
sous-culture n. f.
  PL. sous-cultures
sous-cutané, ée adj.
  PL. sous-cutanés, ées
sous-développé, ée adj.
  PL. sous-développés, ées
sous-développement n. m.
sous-diaconat n. m.
  PL. sous-diaconats
sous-diacre n. m.
  PL. sous-diacres
sous-directeur, trice n.
  PL. sous-directeurs, trices
sous-direction n. f.
  PL. sous-directions
sous-dominante n. f.
  PL. sous-dominantes
sous-doué, ée adj.
  PL. sous-doués, ées
sous-effectif n. m.
  PL. sous-effectifs
sous-embranchement n. m.
  PL. sous-embranchements
sous-emploi n. m.
  PL. sous-emplois
sous-employer v. tr. (conjug. 8)
sous-ensemble n. m.
  PL. sous-ensembles
sous-entendre v. tr. (conjug. 41)
sous-entendu n. m.
  PL. sous-entendus

sous-entrepreneur n. m.
  PL. sous-entrepreneurs
sous-équipé, ée adj.
  PL. sous-équipés, ées
sous-équipement n. m.
  PL. sous-équipements
sous-espace n. m.
  PL. sous-espaces
sous-espèce n. f.
  PL. sous-espèces
sous-estimation n. f.
  PL. sous-estimations
sous-estimer v. tr. (conjug. 1)
sous-étage n. m.
  PL. sous-étages
sous-évaluation n. f.
  PL. sous-évaluations
sous-évaluer v. tr. (conjug. 1)
sous-exposer v. tr. (conjug. 1)
sous-exposition n. f.
  PL. sous-expositions
sous-faîte ou **sous-faîte*** n. m.
  PL. sous-faîtes ou sous-faîtes*
sous-famille n. f.
  PL. sous-familles
sous-fifre n. m.
  PL. sous-fifres
sous-garde n. f.
  PL. sous-gardes
sous-genre n. m.
  PL. sous-genres
sous-gorge n. f.
  PL. sous-gorges
sous-gouverneur n. m.
  PL. sous-gouverneurs
sous-groupe n. m.
  PL. sous-groupes
sous-homme n. m.
  PL. sous-hommes
sous-humanité n. f.
sous-information n. f.
sous-informé, ée adj.
  PL. sous-informés, ées
sous-jacent, ente adj.
  PL. sous-jacents, entes

sous-lieutenant, ante n.
PL. sous-lieutenants, antes
sous-locataire n.
PL. sous-locataires
sous-location n. f.
PL. sous-locations
sous-louer v. tr. (conjug. 1)
sous-main n. m.
PL. sous-mains
sous-maître ou **sous-maitre*** n. m.
PL. sous-maîtres ou sous-maitres*
sous-maîtresse ou **sous-maitresse*** n. f.
PL. sous-maîtresses ou sous-maitresses*
sous-marin, ine adj. et n. m.
PL. sous-marins, ines
sous-marinier n. m.
PL. sous-mariniers
sous-marque n. f.
PL. sous-marques
sous-maxillaire adj.
PL. sous-maxillaires
sous-ministre n. m.
PL. sous-ministres
sous-multiple n. m. et adj.
PL. sous-multiples
sous-munition n. f.
PL. sous-munitions
sous-nappe n. f.
PL. sous-nappes
sous-normale n. f.
PL. sous-normales
sous-occipital, ale, aux adj.
sous-œuvre (en) loc. adv.
sous-officier, ière n.
PL. sous-officiers, ières
sous-orbitaire adj.
PL. sous-orbitaires
sous-ordre n. m.
PL. sous-ordres
sous-palan adj. inv. et adv.
sous-payer v. tr. (conjug. 8)
sous-performer v. intr. (conjug. 1)
sous-peuplé, ée adj.
PL. sous-peuplés, ées

sous-peuplement n. m.
sous-pied n. m.
PL. sous-pieds
sous-plat n. m.
PL. sous-plats
sous-pondérer v. tr. (conjug. 6)
sous-préfectoral, ale, aux adj.
sous-préfecture n. f.
PL. sous-préfectures
sous-préfet, -préfète n.
PL. sous-préfets, -préfètes
sous-production n. f.
sous-produit n. m.
PL. sous-produits
sous-programme n. m.
PL. sous-programmes
sous-prolétaire n. et adj.
PL. sous-prolétaires
sous-prolétariat n. m.
sous-pubien, ienne adj.
PL. sous-pubiens, iennes
sous-pull n. m.
PL. sous-pulls
sous-qualifié, iée adj.
PL. sous-qualifiés, iées
sous-régime n. m.
sous-répertoire n. m.
PL. sous-répertoires
sous-représentation n. f.
sous-scapulaire adj.
PL. sous-scapulaires
sous-secrétaire n.
PL. sous-secrétaires
sous-secrétariat n. m.
PL. sous-secrétariats
sous-seing n. m.
PL. sous-seings
soussigné, ée adj.
sous-sol n. m.
PL. sous-sols
sous-soleuse n. f.
PL. sous-soleuses
sous-station n. f.
PL. sous-stations
sous-tangente n. f.
PL. sous-tangentes
sous-tasse ou **soutasse*** n. f.
PL. sous-tasses ou soutasses*

sous-tendre v. tr. (conjug. 41)
sous-tension n. f.
PL. sous-tensions
sous-titrage n. m.
PL. sous-titrages
sous-titre n. m.
PL. sous-titres
sous-titrer v. tr. (conjug. 1)
sous-toilé, ée adj.
PL. sous-toilés, ées
soustractif, ive adj.
soustraction n. f.
soustraire v. tr. (conjug. 50)
sous-traitance n. f.
sous-traitant n. m.
PL. sous-traitants
sous-traiter v. tr. (conjug. 1)
sous-utiliser v. tr. (conjug. 1)
sous-ventrière n. f.
PL. sous-ventrières
sous-verge n. m.
PL. sous-verges
sous-verre n. m.
PL. sous-verres
sous-vêtement n. m.
PL. sous-vêtements
sous-vide n. m. inv. et adj.
sous-virer v. intr. (conjug. 1)
sous-vireur, euse adj.
PL. sous-vireurs, euses
soutache n. f.
soutacher v. tr. (conjug. 1)
soutane n. f.
soutanelle n. f.
soute n. f.
soutenable adj.
soutenance n. f.
soutènement n. m.
souteneur n. m.
soutenir v. tr. (conjug. 22)
soutenu, ue adj.
souterrain, aine adj. et n. m.
souterrainement adv.
soutien n. m.
soutien-gorge n. m.
PL. soutiens-gorges
soutier n. m.

soutif n. m.
soutirage n. m.
soutirer v. tr. (conjug. 1)
soutireuse n. f.
soutra n. m.
souvenance n. f.
¹souvenir n. m.
²souvenir v. (conjug. 22)
souvent adv.
souverain, aine adj. et n.
souverainement adv.
souveraineté n. f.
souverainisme n. m.
souverainiste adj. et n.
soviet n. m.
soviétique adj. et n.
soviétisation n. f.
soviétiser v. tr. (conjug. 1)
soviétisme n. m.
soviétologue n.
sovkhoze n. m.
soya n. m.
soyer n. m.
soyeux, euse adj. et n. m.
spa n. m.
space [spes] adj.
spacieusement adv.
spacieux, ieuse adj.
spadassin n. m.
spadice n. m.
spaetzle [ʃpɛtzœl(ə), ʃpɛtzlə] n. m.
  PL. spaetzle(s)
spaghetti n. m.
  PL. inv. ou spaghettis
spahi n. m.
spalax n. m.
spallation n. f.
spalter [spaltɛʀ] n. m.
spam n. m. (rec. off. : arrosage)
spammer v. tr. (conjug. 1)
spanglish n. m.
sparadrap n. m.
spardeck n. m.
sparganier n. m.
sparring-partner n. m.
  PL. sparring-partners
spartakisme n. m.
spartakiste n.

sparte ou spart n. m.
spartéine n. f.
sparterie n. f.
spartiate n. et adj.
spasme n. m.
spasmodique adj.
spasmolytique adj.
spasmophile adj. et n.
spasmophilie n. f.
spasticité n. f.
spastique adj.
spatangue n. m.
spath n. m.
  PL. spaths
spathe n. f.
spathique adj.
spatial, iale, iaux adj.
spatialisation n. f.
spatialiser v. tr. (conjug. 1)
spatialité n. f.
spatiologie n. f.
spationaute n.
spationef n. m.
spatiotemporel, elle adj.
spatule n. f.
spatulé, ée adj.
speakeasy n. m.
  PL. speakeasys ou speakeasies
speaker ou speakeur* n. m.
speakerine n. f.
spécial, iale, iaux adj.
spécialement adv.
spécialisation n. f.
spécialisé, ée adj.
spécialiser v. tr. (conjug. 1)
spécialiste n.
spécialité n. f.
spéciation n. f.
spécieusement adv.
spécieux, ieuse adj.
spécification n. f.
spécificité n. f.
spécifier v. tr. (conjug. 7)
spécifique adj.
spécifiquement adv.
spécimen n. m.
spéciosité n. f.
spécisme n. m.

spéciste n.
spectacle n. m.
spectaculaire adj.
spectaculairement adv.
spectateur, trice n.
spectral, ale, aux adj.
spectre n. m.
spectrocolorimètre n. m.
spectrogramme n. m.
spectrographe n. m.
spectrohéliographe n. m.
spectromètre n. m.
spectrométrie n. f.
spectrophotomètre n. m.
spectrophotométrie n. f.
spectroscope n. m.
spectroscopie n. f.
spectroscopique adj.
spéculaire adj. et n.
spéculateur, trice n.
spéculatif, ive adj.
spéculation n. f.
spéculaus n. m.
spéculer v. intr. (conjug. 1)
spéculos ou spéculoos ou spéculaus n. m.
spéculum ou speculum n. m.
speech [spitʃ] n. m.
  PL. speeches ou speechs
speed [spid] n. m. et adj. inv.
speedé, ée [spide] adj.
speeder [spide] v. intr. (conjug. 1)
speed-sail® [spidsɛl] n. m.
  PL. speed-sails
speiss [spɛs] n. m.
spéléologie n. f.
spéléologique adj.
spéléologue n.
spéléonaute n.
spencer n. m.
spéos n. m.
spergule n. f.
spermaceti ou spermacéti n. m.

spermaphytes n. m. pl.
spermathèque n. f.
spermatide n. f.
spermatie n. f.
spermatique adj.
spermatocyte n. m.
spermatogenèse n. f.
spermatogonie n. f.
spermatophytes n. m. pl.
spermatozoïde n. m.
sperme n. m.
spermicide n. m. et adj.
spermiducte n. m.
spermine n. f.
spermogonie n. f.
spermogramme n. m.
spermophile n. m.
sphacèle n. m.
sphagnales n. f. pl.
sphaigne n. f.
sphénisque n. m.
sphénoïdal, ale, aux adj.
sphénoïde n. m.
sphère n. f.
sphéricité n. f.
sphérique adj.
sphériquement adv.
sphéroïdal, ale, aux adj.
sphéroïde n. m.
sphéromètre n. m.
sphex n. m.
sphincter n. m.
sphinctérien, ienne adj.
sphinge n. f.
sphinx n. m.
sphygmogramme n. m.
sphygmographe n. m.
sphygmomanomètre n. m.
sphygmotensiomètre n. m.
sphynx n. m.
sphyrène n. f.
spi n. m.
spic n. m.
spica n. m.
spiccato n. m.
spiciforme adj.
spicilège n. m.
spicule n. m.

spider n. m.
spiegel n. m.
spin n. m.
spina-bifida ou **spinabifida*** n. m.
  PL. inv. ou *spinabifidas**
spinal, ale, aux adj.
spina-ventosa ou **spinaventosa*** n. m.
  PL. inv. ou *spinaventosas**
spinelle n. m.
spinnaker n. m.
spinosaure n. m.
spinozisme ou **spinosisme** n. m.
spiracle n. m.
spiral, ale, aux adj.
spirale n. f.
spiralé, ée adj.
spirant, ante adj. et n. f.
spire n. f.
spirée n. f.
spirifer n. m.
spirille n. m.
spirillose n. f.
spiritain n. m.
spirite adj. et n.
spiritisme n. m.
spiritual, als n. m.
spiritualisation n. f.
spiritualiser v. tr.
  (conjug. **1**)
spiritualisme n. m.
spiritualiste adj. et n.
spiritualité n. f.
spirituel, elle adj.
spirituellement adv.
spiritueux, euse adj. et n. m.
spirochète [-k-] n. m.
spirochétose [-k-] n. f.
spirographe n. m.
spiroïdal, ale, aux adj.
spiromètre n. m.
spirométrie n. f.
spirorbe n. m.
spiruline n. f.
spitant, ante adj.
splanchnique adj.
splanchnologie n. f.

spleen n. m.
spleenétique ou **splénétique** adj.
splendeur n. f.
splendide adj.
splendidement adv.
splénectomie n. f.
splénique adj.
splénite n. f.
splénomégalie n. f.
spoiler n. m.
spoliateur, trice n. et adj.
spoliation n. f.
spolier v. tr. (conjug. 7)
spondaïque adj.
spondée n. m.
spondias n. m.
spondylarthrite n. f.
spondylarthrose n. f.
spondylite n. f.
spondylolisthésis n. m.
spondylose n. f.
spongiaires n. m. pl.
spongieux, ieuse adj.
spongiforme adj.
spongille n. f.
spongiosité n. f.
sponsor n. m. (rec. off. : mécène, parraineur)
sponsoring n. m. (rec. off. : mécénat, parrainage)
sponsorisation n. f.
sponsoriser v. tr. (conjug. **1**)
spontané, ée adj.
spontanéisme n. m.
spontanéiste n. et adj.
spontanéité n. f.
spontanément adv.
spontanisme n. m.
sporadicité n. f.
sporadique adj.
sporadiquement adv.
sporange n. m.
spore n. f.
sporogone n. m.
sporophyte n. m.
sporotriche n. m.
sporotrichose n. f.
sporozoaires n. m. pl.

sport

sport n. m.
sportif, ive adj.
sportivement adv.
sportivité n. f.
sportswear n. m.
sportule n. f.
sportwear ou sportswear n. m.
sporulation n. f.
sporuler v. intr. (conjug. 1)
spot n. m. et adj. inv. (rec. off. : message publicitaire)
spoule n. f.
spoutnik n. m.
sprat n. m.
spray n. m.
PL. sprays
sprechgesang ou sprechgésang*
[ʃpʀeʃgesaŋ] n. m.
springbok n. m.
springer n. m.
sprint n. m.
sprinter v. intr. (conjug. 1)
sprinteuse, euse ou sprinter n.
sprue n. f.
spumescent, ente adj.
spumeux, euse adj.
spumosité n. f.
squale n. m.
squame n. f.
squamé, ée adj. et n.
squameux, euse adj.
squamifère adj.
squamule n. f.
square n. m.
squash n. m.
squat n. m.
squatine n. m. ou f.
¹squatter n.
²squatter v. tr. (conjug. 1)
squattériser v. tr. (conjug. 1)
squatteur, euse ou squatter n.
squaw n. f.
squeeze n. m.
squeezer v. tr. (conjug. 1)
squelette n. m.

squelettique adj.
squille n. f.
squirre ou squirrhe n. m.
squirreux, euse ou squirrheux, euse adj.
SRAS [sʀas] n. m. (syndrome respiratoire aigu sévère)
SRPJ n. m. (service régional de police judiciaire)
S. S. n. m. (Schutz-Staffel)
stabat mater [stabatmatɛʀ] n. m. inv.
stabile n. m.
stabilisant n. m.
stabilisateur, trice adj. et n. m.
stabilisation n. f.
stabiliser v. tr. (conjug. 1)
stabilité n. f.
Stabilo-Boss® ou stabilo n. m.
stable adj.
stabulation n. f.
¹staccato n. m.
PL. staccatos ou staccati (it.)
²staccato adv.
stade n. m.
stadia n. f.
stadiaire n.
stadier, ière n.
staff n. m.
staffer v. tr. (conjug. 1)
staffeur, euse n.
stage n. m.
stagiaire adj. et n.
stagnant, ante adj.
stagnation n. f.
stagner v. intr. (conjug. 1)
stakhanovisme n. m.
stakhanoviste n. et adj.
stakning n. m.
stal adj.
stalactite n. f.
stalag n. m.
stalagmite n. f.
stalagmitique adj.
stalagmomètre n. m.
stalagmométrie n. f.
stalinien, ienne adj.

stalinisme n. m.
stalle n. f.
staminal, ale, aux adj.
staminé, ée adj.
staminifère adj.
stance n. f.
stand n. m.
standard n. m.
standardisation n. f.
standardiser v. tr. (conjug. 1)
standardiste n.
stand-by n. m. et adj. inv.
standing n. m.
standiste n.
stanneux, euse adj.
stannifère adj.
stannique adj.
staphisaigre n. f.
staphylier n. m.
¹staphylin, ine adj.
²staphylin n. m. (coléoptère)
staphylococcie n. f.
staphylococcique adj.
staphylocoque n. m.
staphylome n. m.
star n. f.
starets n. m.
starie n. f.
stariets n. m.
starification n. f.
starifier v. tr. (conjug. 7)
starisation n. f.
stariser v. tr. (conjug. 1)
starking n. f.
starlette n. f.
staroste n. m.
star-système ou star-system n. m.
starter n. m.
starting-block n. m.
PL. starting-blocks (rec. off. : bloc de départ)
starting-gate n. f.
PL. starting-gates
start-up n. f. inv. (rec. off. : jeune pousse)
stase n. f.
stat n. f.
statère n. m.

stathouder n. m.
stathoudérat n. m.
statice n. m.
statif n. m.
statine n. f.
station n. f.
stationnaire adj. et n. m.
stationnarité n. f.
stationnement n. m.
stationner v. intr. (conjug. 1)
station-service n. f.
PL. *stations-services*
statique n. f. et adj.
statiquement adv.
statisme n. m.
statisticien, ienne n.
statistique n. f. et adj.
statistiquement adv.
stator n. m.
statoréacteur n. m.
statthalter n. m.
statuaire n. et adj.
statue n. f.
statuer v. tr. (conjug. 1)
statuette n. f.
statufier v. tr. (conjug. 7)
statu quo ou **statuquo*** n. m.
PL. inv. ou *statuquos**
stature n. f.
statut n. m.
statutaire adj.
statutairement adv.
stawug n. m.
stayer ou **stayeur*** n. m.
steak n. m.
steamer ou **steameur*** n. m.
stéarate n. m.
stéarine n. f.
stéarique adj.
stéatite n. f.
stéatopyge adj.
stéatose n. f.
steelband n. m.
steeple n. m.
steeple-chase n. m.
PL. *steeple-chases*
stégocéphales n. m. pl.

stégomyie n. f.
stégosaure n. m.
steinbock n. m.
stèle n. f.
stellage n. m.
stellaire adj. et n. f.
stellionat n. m.
stellionataire n. et adj.
stellite® n. m.
stem ou **stemm** n. m.
stemmate n. m.
stencil n. m.
sténo n.
sténodactylographie n. f.
sténogramme n. m.
sténographe n.
sténographie n. f.
sténographier v. tr. (conjug. 7)
sténographique adj.
sténopé n. m.
sténosage n. m.
sténose n. f.
sténotype n. f.
sténotypie n. f.
sténotypiste n.
stent n. m.
stentor n. m.
step n. m.
steppage n. m.
steppe n. f.
steppeur ou **stepper** n. m.
steppique adj.
stéradian n. m.
stercoraire n. m. et adj.
stercoral, ale, aux adj.
stercorite n. f.
stère n. m.
stéréo adj. et n.
stéréobate n. m.
stéréochimie n. f.
stéréochimique adj.
stéréocomparateur n. m.
stéréoduc n. m.
stéréognosie n. f.
stéréogramme n. m.
stéréographie n. f.

stéréographique adj.
stéréo-isomère n. m.
PL. *stéréo-isomères*
stéréométrie n. f.
stéréométrique adj.
stéréophonie n. f.
stéréophonique adj.
stéréophotographie n. f.
stéréoradiographie n. f.
stéréorégularité n. f.
stéréoscope n. m.
stéréoscopie n. f.
stéréoscopique adj.
stéréospécificité n. f.
stéréospondyles n. m. pl.
stéréotaxie n. f.
stéréotomie n. f.
stéréotomique adj.
stéréotype n. m.
stéréotypé, ée adj.
stéréotypie n. f.
stérer v. tr. (conjug. 6)
stéride n.
stérile adj.
stérilement adv.
stérilet n. m.
stérilisant, ante adj.
stérilisateur n. m.
stérilisation n. f.
stériliser v. tr. (conjug. 1)
stérilité n. f.
stérique adj.
sterlet n. m.
sterling adj. inv.
sternal, ale, aux adj.
sterne n. f.
sterno-cléido-mastoïdien ou **sternocléido-mastoïdien*** adj. m. et n. m.
PL. *sterno-cléido-mastoïdiens* ou *sternocléidomastoïdiens**
sternum n. m.
sternutation n. f.
sternutatoire adj.
stéroïde n. m.
stéroïdien, ienne adj.
stéroïdique adj.
stérol n. m.

stérolique

stérolique adj.
stertor n. m.
stertoreux, euse adj.
stéthoscope n. m.
stetson n. m.
stévia n. m. ou f.
stew n. m.
steward n. m.
sthène n. m.
stibié, iée adj.
stibine n. f.
stichomythie n. f.
stick n. m.
sticker n. m.
stigmate n. m.
stigmatique adj.
stigmatisant, ante adj.
stigmatisation n. f.
stigmatisé, ée adj.
stigmatiser v. tr. (conjug. 1)
stigmatisme n. m.
stil-de-grain n. m.
　PL. stils-de-grain
stillation n. f.
stillatoire adj.
stilligoutte n. m.
stilton n. m.
stimugène n. m. et adj.
stimulant, ante adj. et n. m.
stimulateur, trice adj. et n. m.
stimulation n. f.
stimulatoire adj.
stimuler v. tr. (conjug. 1)
stimuline n. f.
stimulus n. m.
　PL. inv. ou stimuli
stipe n. m.
stipendié, iée adj.
stipendier v. tr. (conjug. 7)
stipité, ée adj.
stipulaire adj.
stipulation n. f.
stipule n. f.
stipulé, ée adj.
stipuler v. tr. (conjug. 1)
stochastique adj. et n. f.
stock n. m.

stockage n. m.
stock-car n. m.
stocker v. tr. (conjug. 1)
stockfisch n. m. inv.
stockiste n. m.
stock-option n. f. (rec. off. : option sur titres)
stœchiométrie n. f.
stœchiométrique adj.
stoïcien, ienne adj. et n.
stoïcisme n. m.
stoïque adj. et n.
stoïquement adv.
stokes n. m.
STOL n. m. (short taking-off and landing, rec. off. : ADAC)
stolon n. m.
stolonial, iale, iaux adj.
stolonifère adj.
stomacal, ale, aux adj.
stomachique adj.
stomate n. m.
stomatite n. f.
stomato n.
stomatologie n. f.
stomatologue n. m.
stomatoplastie n. f.
stomatorragie n. f.
stomatorragique adj.
stomatoscope n. m.
stomie n. f.
stomiser v. tr. (conjug. 1)
stomoxe n. m.
stop interj. et n. m.
stop-over n. m. inv.
stoppage n. m.
stopper v. (conjug. 1)
stoppeur, euse n.
storax n. m.
store n. m.
storiste n.
story-board n. m.
　PL. story-boards
stoupa ou stupa n. m.
stout n. m. ou f.
S. T. P. abrév. (s'il te plaît)
strabique n. et adj.
strabisme n. m.
stradiot n. m.
stradiote n. m.

stradivarius n. m.
stramoine n. f.
strangulation n. f.
stranguler v. tr. (conjug. 1)
strapontin n. m.
strapping n. m.
strass n. m.
strasse n. f.
stratagème n. m.
strate n. f.
stratège n. m.
stratégie n. f.
stratégique adj.
stratégiquement adv.
stratégiste n. m.
stratification n. f.
stratifié, iée adj.
stratifier v. tr. (conjug. 7)
stratigraphie n. f.
stratigraphique adj.
stratiome n. m.
stratocumulus n. m.
stratopause n. f.
stratosphère n. f.
stratosphérique adj.
stratum n. m.
stratus n. m.
streaming [stʁimiŋ] n. m.
strelitzia n. m. inv.
strepto n. m.
streptobacille n. m.
streptococcie n. f.
streptococcique adj.
streptocoque n. m.
streptomycète n. m.
streptomycine n. f.
stress n. m.
stressant, ante adj.
stresser v. tr. (conjug. 1)
stretch® n. m., adj. inv.
　PL. stretchs
stretching n. m.
strette n. f.
striation n. f.
strict, stricte adj.
strictement adv.
striction n. f.
stricto sensu loc. adv.
stridence n. f.
strident, ente adj.

stridor n. m.
stridulant, ante adj.
stridulation n. f.
striduler v. intr. (conjug. 1)
striduleux, euse adj.
strie n. f.
strié, striée adj.
strier v. tr. (conjug. 7)
strige ou **stryge** n. f.
strigiformes n. m. pl.
strigile n. m.
strike n. m.
string n. m.
strioscopie n. f.
strioscopique adj.
stripage n. m.
¹**stripper** ou **strippeur*** n. m. (rec. off. : tire-veine)
²**stripper** v. tr. (conjug. 1)
stripping n. m. (rec. off. : éveinage ; extraction au gaz)
strip(-)tease n. m.
PL. *strip(-)teases*
strip(-)teaseur, euse n.
PL. *strip(-)teaseurs, euses*
striure n. f.
strobile n. m.
strobophotographie n. f.
stroboscope n. m.
stroboscopie n. f.
stroboscopique adj.
stroma n. m.
stromatolite n. f. ou m.
strombe n. m.
strombolien, ienne adj.
strongle n. m.
strongyle n. m.
strongylose n. f.
strontiane n. f.
strontium n. m.
strophante n. m.
strophe n. f.
structural, ale, aux adj.
structuralisme n. m.
structuraliste adj. et n.
structurant, ante adj.
structuration n. f.
structure n. f.
structuré, ée adj.
structurel, elle adj.

structurellement adv.
structurer v. tr. (conjug. 1)
structurologie n. f.
strudel n. m.
strume n. f.
struthioniformes n. m. pl.
strychnine n. f.
strychnos n. m.
stryge n. f.
stuc n. m.
stucage n. m.
stucateur n. m.
stud-book n. m.
PL. *stud-books*
studette n. f.
studieusement adv.
studieux, ieuse adj.
studio n. m.
stup n. m.
stupa n. m.
stupéfaction n. f.
stupéfaire v. tr. (conjug. 60 ; rare sauf 3ᵉ pers. sing. prés. et temps comp.)
stupéfait, aite adj.
stupéfiant, iante adj. et n. m.
stupéfier v. tr. (conjug. 7)
stupeur n. f.
stupide adj.
stupidement adv.
stupidité n. f.
stupre n. m.
stuquer v. tr. (conjug. 1)
style n. m.
stylé, ée adj.
stylet n. m.
stylisation n. f.
styliser v. tr. (conjug. 1)
stylisme n. m.
styliste n.
stylisticien, ienne n.
stylistique n. f. et adj.
stylite n. m.
stylo n. m.
stylobate n. m.
stylo-bille n. m.
PL. *stylos-billes*

stylo-feutre n. m.
PL. *stylos-feutres*
stylographe n. m.
styloïde adj.
stylomine® n. m.
styptique adj.
styrax n. m.
styrène ou **styrolène** n. m.
su, sue adj. et n. m.
suage n. m.
suaire n. m.
suant, suante adj.
suave adj.
suavement adv.
suavité n. f.
subaérien, ienne adj.
subaigu, uë ou **subaigu, üe*** adj.
subalpin, ine adj.
subalterne adj. et n.
subantarctique adj.
subaquatique adj.
subarctique adj.
subatomique adj.
subcarpatique adj.
subcellulaire adj.
subclaquant, ante adj.
subconscience n. f.
subconscient, iente adj. et n.
subdélégation n. f.
subdéléguer v. tr. (conjug. 6)
subdésertique adj.
subdiviser v. tr. (conjug. 1)
subdivision n. f.
subdivisionnaire adj.
subduction n. f.
subéquatorial, iale, iaux adj.
suber n. m.
suberaie n. f.
subéreux, euse adj.
subérine n. f.
subfébrile adj.
subintrant, ante adj.
subir v. tr. (conjug. 2)
subit, ite adj.
subitement adv.

subito adv.
subjacent, ente adj.
subjectif, ive adj.
subjectile n. m.
subjectivement adv.
subjectivisme n. m.
subjectiviste adj. et n.
subjectivité n. f.
subjonctif, ive adj. et n. m.
subjuguer v. tr. (conjug. 1)
sublimation n. f.
sublime adj. et n. m.
sublimé, ée adj. et n. m.
sublimement adv.
sublimer v. tr. (conjug. 1)
subliminaire adj.
subliminal, ale, aux adj.
sublimité n. f.
sublingual, ale, aux adj.
sublunaire adj.
submerger v. tr. (conjug. 3)
submersible adj. et n. m.
submersion n. f.
submillimétrique adj.
subnarcose n. f.
subodorer v. tr. (conjug. 1)
suborbital, ales, aux adj.
subordination n. f.
subordonnant, ante adj. et n. m.
subordonné, ée adj. et n.
subordonner v. tr. (conjug. 1)
subornation n. f.
suborner v. tr. (conjug. 1)
suborneur, euse adj. et n.
subprime [sœbpʀajm] n. f.
subrécargue n. m.
subreptice adj.
subrepticement adv.
subreption n. f.
subrogatif, ive adj.
subrogation n. f.
subrogatoire adj.
subrogé, ée adj.
subroger v. tr. (conjug. 3)
subsaharien, ienne adj.
subséquemment adv.
subséquent, ente adj.
subside n. m.

subsidence n. f.
subsidiaire adj.
subsidiairement adv.
subsidiarité n. f.
subsidiation n. f.
subsidier v. tr. (conjug. 7)
subsistance n. f.
subsistant, ante adj. et n.
subsister v. intr. (conjug. 1)
subsonique adj.
substance n. f.
substantialisme n. m.
substantialiste adj. et n.
substantialité n. f.
substantiel, ielle adj.
substantiellement adv.
substantif, ive n. m. et adj.
substantification n. f.
substantifique adj.
substantivation n. f.
substantivement adv.
substantiver v. tr. (conjug. 1)
substituable adj.
substituer v. tr. (conjug. 1)
substitut n. m.
substitutif, ive adj.
substitution n. f.
substrat n. m.
subsumer v. tr. (conjug. 1)
subterfuge n. m.
subtil, ile adj.
subtilement adv.
subtilisation n. f.
subtiliser v. (conjug. 1)
subtilité n. f.
subtropical, ale, aux adj.
subulé, ée adj.
suburbain, aine adj.
suburbicaire adj.
subvenir v. tr. ind.
(conjug. 22 ; auxil. *avoir*)
subvention n. f.
subventionnel, elle adj.
subventionner v. tr.
(conjug. 1)
subversif, ive adj.
subversion n. f.
subversivement adv.
subvertir v. tr. (conjug. 2)
suc n. m.

succédané n. m.
succéder v. tr. ind.
(conjug. 6)
succenturié adj. m.
succès n. m.
successeur n.
successibilité n. f.
successible adj.
successif, ive adj.
succession n. f.
successivement adv.
successoral, ale, aux adj.
succin n. m.
succinct, incte adj.
succinctement adv.
succinique adj.
succion n. f.
succomber v. intr.
(conjug. 1)
succube n. m.
succulence n. f.
succulent, ente adj. et
succursale adj. et n. f.
succursalisme n. m.
succursaliste n.
suce n. f.
sucer v. tr. (conjug. 3)
sucette n. f.
suceur, euse n.
suçoir n. m.
suçon n. m.
suçotement n. m.
suçoter v. tr. (conjug. 1)
sucrage n. m.
sucrant, ante adj.
sucrase n. f.
sucrate n. m.
sucre n. m.
sucré, ée adj.
sucrer v. tr. (conjug. 1)
sucrerie n. f.
sucrette® n. f.
sucrier, ière adj. et n. m.
sucrine n. f.
sud n. m. inv.
sud-africain, aine adj.
PL. *sud-africains, aines*
sud-américain, aine adj.
PL. *sud-américains, aines*

sudamina n. m.
sudation n. f.
sudatoire adj.
sud-est n. m.
sudiste n. et adj.
sudoku n. m.
sudoral, ale, aux adj.
sudo-régulateur, trice adj.
PL. *sudo-régulateurs, trices*
sudorifère adj.
sudorifique adj.
sudoripare adj.
sud-ouest n. m.
suède n. m.
suédé, ée adj. et n. m.
suédine n. f.
suédois, oise adj. et n.
suée n. f.
suer v. (conjug. 1)
suet n. m.
suette n. f.
sueur n. f.
suffète n. m.
suffire v. tr. ind. (conjug. 37)
suffisamment adv.
suffisance n. f.
suffisant, ante adj.
suffixal, ale, aux adj.
suffixation n. f.
suffixe n. m.
suffixer v. tr. (conjug. 1)
suffocant, ante adj.
suffocation n. f.
suffoquer v. (conjug. 1)
suffragant, ante adj. et n.
suffrage n. m.
suffragette n. f.
suffusion n. f.
suggérer v. tr. (conjug. 6)
suggestibilité n. f.
suggestible adj.
suggestif, ive adj.
suggestion n. f.
suggestionner v. tr. (conjug. 1)
suggestivité n. f.
suicidaire adj. et n.
suicidant, ante n.
suicide n. m.

suicidé, ée adj. et n.
suicider (se) v. pron. (conjug. 1)
suicidologie n. f.
suidés n. m. pl.
suie n. f.
suif n. m.
suiffer v. tr. (conjug. 1)
suiffeux, euse adj.
sui generis loc. adj.
suint n. m.
suintant, ante adj.
suintement n. m.
suinter v. intr. (conjug. 1)
suisse adj. et n.
Suissesse n. f.
suite n. f.
suitée adj. f.
¹**suivant, ante** adj. et n.
²**suivant** prép.
suivante n. f.
suiveur, euse n. et adj.
suivez-moi-jeune-homme n. m. inv.
suivi, ie adj. et n. m.
suivisme n. m.
suiviste adj. et n.
suivre v. tr. (conjug. 40)
¹**sujet, ette** adj. ; n.
²**sujet** n. m.
sujétion n. f.
sulcature n. f.
sulciforme adj.
sulfamide n. m.
sulfatage n. m.
sulfate n. m.
sulfaté, ée adj.
sulfater v. tr. (conjug. 1)
sulfateur, euse n.
sulfateuse n. f.
sulfhémoglobine n. f.
sulfhydrique adj.
sulfhydrisme n. m.
sulfinisation n. f.
sulfitage n. m.
sulfite n. m.
sulfocarbonate n. m.
sulfocarbonique adj.
sulfone n. m.
sulfoné, ée adj.

sulfosel n. m.
sulfurage n. m.
sulfuration n. f.
sulfure n. m.
sulfuré, ée adj.
sulfurer v. tr. (conjug. 1)
sulfureux, euse adj.
sulfurique adj.
sulfurisé, ée adj.
sulky n. m.
PL. *sulkies* ou *sulkys*
sulpicien, ienne adj. et n.
sultan n. m.
sultanat n. m.
sultane n. f.
sumac n. m.
sumérien, ienne adj. et n.
summum n. m.
sumo n. m.
sumotori n. m.
sundae n. m.
sunlight n. m.
sunna n. f.
sunnisme n. m.
sunnite adj. et n.
sup adj.
super adj. ; n. m.
super-8 n. m. inv. et adj. inv.
superalliage n. m.
superamas n. m.
superbe adj. ; n. f.
superbement adv.
superbénéfice n. m.
supercalcul n. m.
supercalculateur n. m.
supercarburant n. m.
supercentenaire adj. et n.
superchampion, ionne n.
supercherie n. f.
superciment n. m.
superclasse n. f.
supercritique adj.
supère adj.
superéthanol n. m.
superette n. f.
superfamille n. f.
superfécondation n. f.
superfétation n. f.

superfétatoire adj.
superficialité n. f.
superficie n. f.
superficiel, ielle adj.
superficiellement adv.
superfin, ine adj.
superfinition n. f.
superflu, ue adj.
superfluide adj. et n. m.
superfluidité n. f.
superfluité n. f.
supergéant n. m.
supergénérateur n. m.
supergrand n. m.
super-héros n. m. inv.
superhétérodyne adj. et n. m.
super-huit n. m. et adj. inv.
supérieur, ieure adj. et n.
supérieurement adv.
superinflation n. f.
supériorité n. f.
superjumbo n. m.
superlatif, ive adj. et n. m.
superlativement adv.
superléger ou
  super-léger n. m.
  PL. super(-)légers
superluminique adj.
supermalloy® n. m.
superman n. m.
  PL. supermans ou supermen
supermarché n. m.
supernova n. f.
  PL. supernovæ ou supernovas
superordinateur n. m.
superordre n. m.
superovarié, iée adj.
superphosphate n. m.
superposable adj.
superposer v. tr. (conjug. 1)
superposition n. f.
superprédateur n. m.
super-préfet n. m.
  PL. super-préfets
superproduction n. f.
superprofit n. m.
superpuissance n. f.
superréaction n. f.

supersonique adj.
superstar n. f.
superstitieusement adv.
superstitieux, ieuse adj. et n.
superstition n. f.
superstrat n. m.
superstructure n. f.
supertanker n. m.
superviser v. tr. (conjug. 1)
superviseur, euse n.
supervision n. f.
superwelter adj. et n. m.
superwoman n. f.
  PL. superwomans ou superwomen
supin n. m.
supinateur, trice adj. et n. m.
supination n. f.
supion n. m.
supplanter v. tr. (conjug. 1)
suppléance n. f.
suppléant, ante adj. et n.
suppléer v. tr. (conjug. 1)
supplément n. m.
supplémentaire adj.
supplémentairement adv.
supplémentation n. f.
supplémenter v. tr. (conjug. 1)
supplétif, ive adj. et n. m.
supplétoire adj.
suppliant, iante adj. et n.
supplication n. f.
supplice n. m.
supplicier v. tr. (conjug. 7)
supplier v. tr. (conjug. 7)
supplique n. f.
suppo n. m.
support n. m.
supportable adj.
support-chaussette n. m.
  PL. supports-chaussettes
¹**supporter** n. m.
²**supporter** v. tr. (conjug. 1)
supporteur, trice n.
supposable adj.
supposé, ée adj.
supposément adv.

supposer v. tr. (conjug. 1)
supposition n. f.
suppositoire n. m.
suppôt n. m.
suppresseur n. m. et adj. m.
suppression n. f.
supprimer v. tr. (conjug. 1)
suppurant, ante adj.
suppuratif, ive adj.
suppuration n. f.
suppurer v. intr. (conjug. 1)
supputation n. f.
supputer v. tr. (conjug. 1)
supra adv.
supraconducteur, trice adj. et n. m.
supraconductivité n. f.
supralégal, ale, aux adj.
supraliminaire adj.
supramoléculaire adj.
supranational, ale, aux adj.
supranationalisme n. m.
supranationaliste adj. et n.
supranationalité n. f.
suprasegmental, ale, aux adj.
suprasensible adj.
supraterrestre adj.
suprématie [-si] n. f.
suprême adj. et n. m.
suprêmement adv.
¹**sur, sure** adj. (acide)
²**sur** prép.
sûr, sûre ou **sure*** adj.
surabondamment adv.
surabondance n. f.
surabondant, ante adj.
surabonder v. intr. (conjug. 1)
suractif, ive adj.
suractivé, ée adj.
suractivité n. f.
surah n. m.
suraigu, uë ou **suraigüe*** adj.
surajouter v. tr. (conjug. 1)
sural, ale, aux adj.

suralimentation n. f.
suralimenter v. tr. (conjug. **1**)
suramplificateur n. m. (rec. off. pour booster)
suramplification n. f.
suramplifier v. tr. (conjug. **7**)
suranné, ée adj.
surarbitre n. m.
surarmement n. m.
surarmer v. tr. (conjug. **1**)
surate n. f.
surbaissé, ée adj.
surbaissement n. m.
surbaisser v. tr. (conjug. **1**)
surbooké, ée adj.
surbooker v. tr. (conjug. **1**)
surbooking n. m. (rec. off. : surréservation)
surboum n. f.
surbrillance n. f.
surcapacitaire adj.
surcapacité n. f.
surcapitalisation n. f.
surcharge n. f.
surchargé, ée adj.
surcharger v. tr. (conjug. **3**)
surchauffe n. f.
surchauffé, ée adj.
surchauffer v. tr. (conjug. **1**)
surchauffeur n. m.
surchemise n. f.
surchoix n. m. et adj.
surclassement n. m.
surclasser v. tr. (conjug. **1**)
surcompensation n. f.
surcompenser v. intr. (conjug. **1**)
surcomposé, ée adj.
surcompressé, ée adj.
surcompression n. f.
surcomprimer v. tr. (conjug. **1**)
surconsommation n. f.
surcontre n. m.
surcontrer v. tr. (conjug. **1**)
surcostal, ale, aux adj.
surcot n. m.

surcote n. f.
surcouper v. intr. (conjug. **1**)
surcoût ou **surcout*** n. m.
surcreusement n. m.
surcroît ou **surcroit*** n. m.
surdent n. f.
surdéterminant, ante adj.
surdétermination n. f.
surdéterminé, ée adj.
surdimensionné, ée adj.
surdimutité n. f.
surdiplômé, ée adj.
surdité n. f.
surdos n. m.
surdosage n. m.
surdose n. f. (rec. off. pour overdose)
surdoué, ée adj. et n.
sureau n. m.
sureffectif n. m.
surélévation n. f.
surélever v. tr. (conjug. **5**)
surelle n. f.
suremballage n. m.
sûrement ou **surement*** adv.
suréminent, ente adj.
surémission n. f.
suremploi n. m.
surenchère n. f.
surenchérir v. intr. (conjug. **2**)
surenchérissement n. m.
surenchérisseur, euse n.
surencombré, ée adj.
surencombrement n. m.
surendetté, ée adj.
surendettement n. m.
surentraînement ou **surentrainement*** n. m.
surentraîner ou **surentrainer*** v. tr. (conjug. **1**)
suréquipement n. m.
suréquiper v. tr. (conjug. **1**)
surérogation n. f.

surérogatoire adj.
surestarie n. f.
surestimation n. f.
surestimer v. tr. (conjug. **1**)
suret, ette adj.
sûreté ou **sureté*** n. f.
surévaluation n. f.
surévaluer v. tr. (conjug. **1**)
surex adj.
surexcitable adj.
surexcitant, ante adj.
surexcitation n. f.
surexcité, ée adj.
surexciter v. tr. (conjug. **1**)
surexploitation n. f.
surexploiter v. tr. (conjug. **1**)
surexposer v. tr. (conjug. **1**)
surexposition n. f.
surexprimer v. tr. (conjug. **1**)
surf n. m.
surfaçage n. m.
surface n. f.
surfacer v. tr. (conjug. **3**)
surfaceuse n. f.
surfactant n. m.
surfacturation n. f.
surfacturer v. tr. (conjug. **1**)
surfaire v. tr. (conjug. **60** ; rare sauf inf. et prés. indic.)
surfait, aite adj.
surfaix n. m.
surfer v. intr. (conjug. **1**)
surfeur, euse n.
surfil n. m.
surfilage n. m.
surfiler v. tr. (conjug. **1**)
surfin, ine adj.
surfiscalisation n. f.
surfondu, ue adj.
surfusion n. f.
surgant n. m.
surgélateur n. m.
surgélation n. f.
surgelé, ée adj. et n. m.
surgeler v. tr. (conjug. **5**)
surgénérateur, trice adj. et n. m.

surgeon n. m.
surgeonner v. intr. (conjug. 1)
surgir v. intr. (conjug. 2)
surgissement n. m.
surhaussé, ée adj.
surhaussement n. m.
surhausser v. tr. (conjug. 1)
surhomme n. m.
surhumain, aine adj.
surhumainement adv.
surhumanité n. f.
suri, ie adj.
suricate n. m.
surimi n. m.
surimposer v. tr. (conjug. 1)
surimposition n. f.
surimpression n. f.
surin n. m.
suriner v. tr. (conjug. 1)
surinfecter (se) v. pron. (conjug. 1)
surinfection n. f.
surinformé, ée adj.
surintendance n. f.
surintendant n. m.
surintendante n. f.
surintensité n. f.
surinvestir v. tr. (conjug. 2)
surinvestissement n. m.
surir v. intr. (conjug. 2)
surirradiation n. f.
surjaler v. intr. (conjug. 1)
surjectif, ive adj.
surjection n. f.
surjet n. m.
surjeter v. tr. (conjug. 4)
surjeteuse n. f.
surjouer v. tr. (conjug. 1)
sur-le-champ loc. adv.
surlendemain n. m.
surligner v. tr. (conjug. 1)
surligneur n. m.
surlonge n. f.
surloyer n. m.
surmatelas n. m.
surmédiatisation n. f.
surmédiatiser v. tr. (conjug. 1)

surmédicalisation n. f.
surmédicaliser v. tr. (conjug. 1)
surmenage n. m.
surmenant, ante adj.
surmené, ée adj.
surmener v. tr. (conjug. 5)
sur-mesure n. m.
surmoi n. m. inv.
surmoïque adj.
surmontable adj.
surmonter v. tr. (conjug. 1)
surmortalité n. f.
surmoulage n. m.
surmoule n. m.
surmouler v. tr. (conjug. 1)
surmulet n. m.
surmulot n. m.
surmultiplication n. f.
surmultiplié, iée adj.
surnager v. intr. (conjug. 3)
surnatalité n. f.
surnaturel, elle adj. et n. m.
surnaturellement adv.
surnom n. m.
surnombre n. m.
surnommer v. tr. (conjug. 1)
surnuméraire adj. et n.
suroccupation n. f.
suroffre n. f.
suroît ou **suroit*** n. m.
suros n. m.
suroxydation n. f.
suroxyder v. tr. (conjug. 1)
surpassement n. m.
surpasser v. tr. (conjug. 1)
surpatte n. f.
surpâturage n. m.
surpaye n. f.
surpayer v. tr. (conjug. 8)
surpêche n. f.
surpeuplé, ée adj.
surpeuplement n. m.
surpiquer v. tr. (conjug. 1)
surpiqûre ou **surpiqure*** n. f.
surplace ou **sur-place** n. m. inv.

surplis n. m.
surplomb n. m.
surplombant, ante adj.
surplombement n. m.
surplomber v. (conjug. 1)
surplus n. m.
surpoids n. m.
surpondérer v. tr. (conjug. 6)
surpopulation n. f.
surprenant, ante adj.
surprendre v. tr. (conjug. 58)
surpression n. f.
surprime n. f.
surpris, ise adj.
surprise n. f.
surprise-partie ou **surprise-party** n. f.
PL. *surprises-parties* ou *surprise-partys*
surproducteur, trice adj.
surproduction n. f.
surproduire v. tr. (conjug. 38)
surprotecteur, trice adj.
surprotection n. f.
surprotéger v. tr. (conjug. 6 et 3)
surpuissance n. f.
surpuissant, ante adj.
surqualification n. f.
surqualifié, ée adj.
surréagir v. intr. (conjug. 2)
surréalisme n. m.
surréaliste adj. et n.
surréalité n. f.
surrection n. f.
surréel, elle adj.
surrégénérateur n. m.
surrégime n. m.
surrénal, ale, aux adj.
surrénalien, ienne adj.
surrénalite n. f.
surreprésentation n. f.
surreprésenté, ée adj.
surréservation n. f. (rec. off. pour *surbooking*)
surround adj. et n. m.
sursalaire n. m.

sursaturant, ante adj.
sursaturation n. f.
sursauté, ée adj.
sursaut n. m.
sursauter v. intr. (conjug. 1)
surséance n. f.
sursemer v. tr. (conjug. 5)
surseoir ou **sursoir*** v. tr. (conjug. 26 ; futur je surseoirai)
sursis n. m.
sursitaire adj. et n.
sursoir* v. tr. surseoir
sursoufflage n. m.
surstock n. m.
surstockage n. m.
surstocker v. tr. (conjug. 1)
surtaux n. m.
surtaxe n. f.
surtaxer v. tr. (conjug. 1)
surtension n. f.
surtirage n. m.
surtitrer v. tr. (conjug. 1)
surtoilé, ée adj.
surtondre v. tr. (conjug. 41)
surtonte n. f.
surtout adv. ; n. m.
survaleur n. f.
survalorisation n. f.
survaloriser v. tr. (conjug. 1)
surveillance n. f.
surveillant, ante n.
surveillé, ée adj.
surveiller v. tr. (conjug. 1)
survenance n. f.
survenant, ante n.
survendre v. tr. (conjug. 41)
survenir v. intr. (conjug. 22)
survente n. f.
survenue n. f.
surveste n. f.
survêtement n. m.
survie n. f.
survirage n. m.
survirer v. intr. (conjug. 1)
survireur, euse adj.
survitaminé, ée adj.
survitrage n. m.
survivance n. f.

survivant, ante adj. et n.
survivre v. (conjug. 46)
survol n. m.
survoler v. tr. (conjug. 1)
survoltage n. m.
survolté, ée adj.
survolter v. tr. (conjug. 1)
survolteur n. m.
survolteur-dévolteur n. m.
PL. *survolteurs-dévolteurs*
sus [sy(s)] adv.
susceptibilité n. f.
susceptible adj.
susciter v. tr. (conjug. 1)
suscription n. f.
susdit, dite adj. et n.
sus-dominante n. f.
PL. *sus-dominantes*
sus-hépatique adj.
PL. *sus-hépatiques*
sushi n. m.
sus-maxillaire adj.
PL. *sus-maxillaires*
susmentionné, ée adj.
susnommé, ée adj.
suspect, ecte adj. et n.
suspecter v. tr. (conjug. 1)
suspendre v. tr. (conjug. 41)
suspendu, ue adj.
suspens [syspã] adj. m. et n. m.
¹suspense [syspãs] n. f. (censure)
²suspense [syspɛns] n. m. (attente)
suspenseur adj. m. et n. m.
suspensif, ive adj.
suspension n. f.
suspensoïde adj.
suspensoir n. m.
suspente n. f.
suspicieusement adv.
suspicieux, ieuse adj.
suspicion n. f.
sustain n. m.
sustentateur, trice adj.
sustentation n. f.
sustenter v. tr. (conjug. 1)

sus-tonique n. f.
PL. *sus-toniques*
susurrant, ante adj.
susurration n. f.
susurrement n. m.
susurrer v. (conjug. 1)
susvisé, ée adj.
sutra ou **soutra** n. m.
sutural, ale, aux adj.
suture n. f.
suturer v. tr. (conjug. 1)
suzerain, aine n.
suzeraineté n. f.
svastika ou **swastika** n. m.
svelte adj.
sveltesse n. f.
S. V. P. abrév. (s'il vous plaît)
swahili, ie ou **souahéli, ie** [swa-] n. m. et adj.
swap [swap] n. m. (rec. off. : crédit croisé, échange financier)
swastika n. m.
sweat n. m.
sweater ou **sweateur*** [switœr ; switœr] n. m.
sweat-shirt [switʃœrt ; swɛtʃœrt] n. m.
PL. *sweat-shirts*
sweepstake [swipstɛk] n. m.
swi-manga n. m.
PL. *swi-mangas*
swing n. m.
swinguer v. intr. (conjug. 1)
sybarite n. et adj.
sybaritique adj.
sybaritisme n. m.
sycomore n. m.
sycophante n. m.
sycosis n. m.
syénite n. f.
syllabaire n. m.
syllabation n. f.
syllabe n. f.
syllabique adj.
syllabus n. m.
syllepse n. f.
sylleptique adj.
syllogisme n. m.

syllogistique

syllogistique adj. et n. f.
sylphe n. m.
sylphide n. f.
sylvain n. m.
sylvaner ou silvaner n. m.
sylve n. f.
sylvestre adj.
sylvicole adj.
sylviculteur, trice n.
sylviculture n. f.
sylvinite n. f.
symbionte n. m.
symbiose n. f.
symbiote n. m.
symbiotique adj.
symbole n. m.
symbolique adj. et n.
symboliquement adv.
symbolisation n. f.
symboliser v. tr. (conjug. 1)
symbolisme n. m.
symboliste adj. et n.
symbologie n. f.
symétrie n. f.
symétrique adj.
symétriquement adv.
sympa adj.
sympathectomie n. f.
sympathicectomie n. f.
sympathicotonie n. f.
sympathie n. f.
sympathique adj. et n. m.
sympathiquement adv.
sympathisant, ante adj. et n.
sympathiser v. intr. (conjug. 1)
sympatrique adj.
symphonie n. f.
symphonique adj.
symphoniste n.
symphorine n. f.
symphysaire adj.
symphyse n. f.
symplectique adj.
symposium n. m.
  PL. *symposiums*
symptomatique adj.
symptomatiquement adv.
symptomatologie n. f.
symptomatologique adj.
symptôme n. m.
synagogue n. f.
synalèphe n. f.
synallagmatique adj.
synanthéré, ée adj.
synapse n. f.
synaptique adj.
synarchie n. f.
synarthrose n. f.
synchondrose [-k5-] n. f.
synchro [-k-] n. f.
synchrocyclotron [-k-] n. m.
synchrone [-k-] adj.
synchronie [-k-] n. f.
synchronique [-k-] adj.
synchroniquement [-k-] adv.
synchronisation [-k-] n. f.
synchronisé, ée [-k-] adj.
synchroniser [-k-] v. tr. (conjug. 1)
synchroniseur [-k-] n. m.
synchronisme [-k-] n. m.
synchrotron [-k-] n. m.
synchrotronique [-k-] adj.
synclinal, ale, aux n. m. et adj.
syncopal, ale, aux adj.
syncopant, ante n. et adj.
syncope n. f.
syncopé, ée adj.
syncoper v. (conjug. 1)
syncrétique adj.
syncrétisme n. m.
syncrétiste n. et adj.
syncristallisation n. f.
syncristalliser v. intr. (conjug. 1)
syncytial, iale, iaux adj.
syncytium n. m.
syndactyle adj.
syndactylie n. f.
synderme n. m.
syndic n. m.
syndical, ale, aux adj.
syndicalisation n. f.
syndicaliser v. tr. (conjug. 1)
syndicalisme n. m.
syndicaliste n. et adj.
syndicat n. m.
syndicataire n. et adj.
syndication n. f.
syndique n. f.
syndiqué, ée adj.
syndiquer v. tr. (conjug. 1)
syndrome n. m.
synecdoque n. f.
synéchie n. f.
synérèse n. f.
synergiciel n. m.
synergie n. f.
synergique adj.
synesthésie n. f.
syngnathe n. m.
synodal, ale, aux adj.
synode n. m.
synodique adj. et n. m.
synonyme adj. et n. m.
synonymie n. f.
synonymique adj.
synopse n. f.
synopsie n. f.
synopsis n. f. et m.
synoptique adj.
synostose n. f.
synovial, iale, iaux adj.
synovie n. f.
synovite n. f.
syntacticien, ienne n.
syntactique adj. ; n. f.
syntagmatique adj. et n. f.
syntagme n. m.
syntaxe n. f.
syntaxique adj.
syntaxiquement adv.
synthé n. m.
synthèse n. f.
synthétase n. f.
synthétique adj.
synthétiquement adv.
synthétiser v. tr. (conjug. 1)
synthétiseur n. m.
syntone adj.
syntonie n. f.
syntonisation n. f.

syntoniser v. tr. (conjug. 1)
syntoniseur n. m. (rec. off. pour : tuner)
syphiligraphe n.
syphiligraphie n. f.
syphilis n. f.
syphilitique adj. et n.
syrah n. m.
syriaque n. m.
syringe n. f.
syringomyélie n. f.
syrinx n. f. ou m.
syrphe n. m.
syrte n. f.
systématicien, ienne n.
systématique adj. et n. f.
systématiquement adv.
systématisation n. f.
systématisé, ée adj.
systématiser v. tr. (conjug. 1)
système n. m.
systémicien, ienne n.
systémier n. m.
systémique adj. et n. f.
systole n. f.
systolique adj.
systyle n. m. et adj.
syzygie n. f.

t

t n. m. inv. ; abrév. et symb.
T n. m. inv. ; abrév. et symb.
ta adj. poss.
ta, ta, ta interj.
tabac n. m.
tabaco-dépendant, ante adj.
PL. tabaco-dépendants, antes
tabacologie n. f.
tabacologue n.
tabacomanie n. f.
tabaculteur, trice n.
tabagie n. f.
tabagique adj. et n.
tabagisme n. m.
tabard n. m.
tabasco n. m.
tabassage n. m.
tabassée n. f.
tabasser v. tr. (conjug. 1)
tabatière n. f.
tabellaire adj.
tabellion n. m.
tabernacle n. m.
tabès ou tabes n. m.
tabétique adj.
tabla n. m.
tablar ou tablard n. m.
tablature n. f.
table n. f.
tableau n. m.
tableautier n. m.
tableautin n. m.
tablée n. f.
tabler v. tr. ind. (conjug. 1)
tabletier, ière n.
tablettage n. m.
tablette n. f.
tabletter v. tr. (conjug. 1)
tabletterie n. f.
tableur n. m.
tablier n. m.
tabloïd ou tabloïde n. m.
tabou, e n. m. et adj.
tabouiser v. tr. (conjug. 1)
taboulé n. m.
tabouret n. m.
tabulaire adj.
tabulateur n. m.
tabulation n. f.
tabulatrice n. f.
tabun [tabun] n. m.
tac interj. et n. m.
tacatac interj.
tacaud n. m.
tacca n. m.
tacet n. m.
tache n. f.
tâche n. f.
taché, ée adj.
tachéographe n. m.
tachéomètre n. m.
tachéométrie n. f.
tacher v. tr. (conjug. 1)
tâcher v. (conjug. 1)
tâcheron, onne n.
tacheté, ée adj.
tacheter v. tr. (conjug. 4)
tacheture n. f.
tachine n. m. ou f.
tachiscopique adj.
tachisme n. m.
tachiste adj. et n.
tachistoscope n. m.
tachistoscopique adj.
tachyarythmie [-k-] n. f.
tachycardie [-k-] n. f.
tachygenèse [-k-] n. f.
tachygénétique [-k-] adj.
tachygraphe [-k-] n. m.
tachymètre [-k-] n. m.
tachymétrie [-k-] n. f.
tachyon [-k-] n. m.
tachyphagie [-k-] n. f.
tachyphémie [-k-] n. f.
tachyphylaxie [-k-] n. f.
tacite adj.
tacitement adv.
taciturne adj.
taciturnité n. f.
tacle n. m.
tacler v. intr. (conjug. 1)
taco n. m.
tacon n. m.
taconeos ou tacóneos n. m. pl.
tacot n. m.
tact n. m.
tactel® n. m.
tacticien, ienne n.
tacticité n. f.
tactile adj.
tactique n. f. et adj.
tactiquement adv.
tactisme n. m.
TAD n.
tadelakt n. m.
tadorne n. m.
tædium vitæ [tedjɔmvite] n. m.

taekwondo [tekwɔ̃do] n. m.
tael n. m.
tænia [tenja] n. m.
taf ou **taffe** n. m. (travail)
taffe n. f. (bouffée)
taffer v. intr. (conjug. 1)
taffetas n. m.
tafia n. m.
tag n. m.
tagage n. m.
tagal n. m.
tagalog n. m.
tagète n. m.
tagger n. m.
tagine n. m.
tagliatelle ou **taliatelle*** n. f.
  PL. *tagliatelles* ou *taliatelles**
taguer v. tr. (conjug. 1)
tagueur, euse ou **tagger** n.
taïaut ou **tayaut** interj.
taï-chi(-chuan) n. m.
taie n. f.
taïga n. f.
taïkonaute n.
taillable adj.
taillade n. f.
taillader v. tr. (conjug. 1)
taillage n. m.
taillanderie n. f.
taillandier n. m.
taille n. f.
taillé, ée adj.
taille-crayon n. m.
  PL. *taille-crayons*
taille-douce n. f.
  PL. *tailles-douces*
taille-haie n. m.
  PL. *taille-haies*
tailler v. (conjug. 1)
taillerie n. f.
tailleur n. m.
tailleur-pantalon n. m.
  PL. *tailleurs-pantalons*
taillis n. m.
tailloir n. m.
taillole n. f.
tain n. m.

taire v. tr. (conjug. 54)
taiseux, euse n.
tajine ou **tagine** n. m.
tala adj. et n.
talanquère n. f.
talc n. m.
talé, ée adj.
talent n. m.
talentueusement adv.
talentueux, euse adj.
taler v. tr. (conjug. 1)
taleth n. m.
taliban n. m.
  PL. *taliban(s)*
talion n. m.
talisman n. m.
talismanique adj.
talitre n. m.
talkie-walkie n. m.
  PL. *talkies-walkies*
talk-show n. m.
  PL. *talk-shows* (rec. off. :
  débat-spectacle,
  émission-débat)
tallage n. m.
talle n. f.
taller v. intr. (conjug. 1)
tallipot n. m.
talmouse n. f.
talmud n. m.
talmudique adj.
talmudiste n. m.
talochage n. m.
taloche n. f.
talocher v. (conjug. 1)
talon n. m.
talonnade n. f.
talonnage n. m.
talonnement n. m.
talonner v. (conjug. 1)
talonnette n. f.
talonneur n. m.
talonnière n. f.
talpack n. m.
talquer v. tr. (conjug. 1)
talqueux, euse adj.
talure n. f.
¹**talus** [talys] adj. m. (bot)
²**talus** n. m. (pente)
talweg ou **thalweg** n. m.

tamandua n. m.
tamanoir n. m.
tamar n. m.
tamarin n. m.
tamarinier n. m.
tamaris ou **tamarix** n. m.
tambouille n. f.
tambour n. m.
tambourin n. m.
tambourinage n. m.
tambourinaire n. m.
tambourinement n. m.
tambouriner v. (conjug. 1)
tambourineur, euse n.
tambour-major n. m.
  PL. *tambours-majors*
tamia n. m.
tamier n. m.
tamil adj. et n.
tamis n. m.
tamisage n. m.
tamiser v. (conjug. 1)
tamiserie n. f.
tamiseur, euse n.
tamisier, ière n.
tamoul, e adj. et n.
tamouré n. m.
tampico n. m.
tampon n. m.
tamponnade n. f.
tamponnage n. m.
tamponnement n. m.
tamponner v. tr.
  (conjug. 1)
tamponneur, euse adj. et n.
tamponnoir n. m.
tam-tam ou **tamtam*** n. m.
  PL. inv. ou *tamtams**
tan n. m.
tanagra n. m. ou f.
tanaisie n. f.
tancer v. tr. (conjug. 3)
tanche n. f.
tandem n. m.
tandis que loc. conj.
tandouri ou **tandoori** adj. et n. m.
tanga adj. m. et n. m.

tangage n. m.
tangara n. m.
tangélo ou tangelo n. m.
tangence n. f.
tangent, ente adj.
tangente n. f.
tangentiel, ielle adj. et n. f.
tangentiellement adv.
tangerine n. f.
tangibilité n. f.
tangible adj.
tangiblement adv.
tango n. m.
tangon n. m.
tangue n. f.
tanguer v. intr. (conjug. 1)
tangueur n. m.
tanguière n. f.
tanière n. f.
tanin ou tannin n. m.
tanisage ou tannisage n. m.
taniser ou tanniser v. tr. (conjug. 1)
tank n. m.
tanka n. m. inv.
tanker [tãkœr] n. m. (rec. off. : navire-citerne)
tankiste n. m.
tannage n. m.
tannant, ante adj.
tanne n. f.
tanné, ée adj.
tannée n. f.
tanner v. tr. (conjug. 1)
tannerie n. f.
tanneur, euse n.
tannin n. m.
tannique adj.
tannisage n. m.
tanniser v. tr. (conjug. 1)
tanrec n. m.
tansad [tãsad] n. m.
tant adv. et nominal
tantale n. m.
tante n. f.
tantième adj. et n. m.
tantine n. f.
tantinet n. m.

tant mieux loc. adv.
tantôt adv. et n. m.
tantouze ou tantouse n. f.
tant pis loc. adv.
tantra n. m.
tantrique adj.
tantrisme n. m.
T. A. O. n. f. (traduction assistée par ordinateur)
taoïsme n. m.
taoïste n.
taon n. m.
tapage n. m.
tapager v. intr. (conjug. 3)
tapageur, euse adj.
tapageusement adv.
tapant, ante adj.
tapas n. f. pl.
tape n. f.
tapé, ée adj.
tape-à-l'œil adj. et n. m. inv.
tapecul ou tape-cul n. m. PL. tape(-)culs
tapée n. f.
tapement n. m.
tapenade n. f.
taper v. (conjug. 1)
tapette n. f.
tapeur, euse n.
taphophilie n. f.
tapi, ie adj.
tapin n. m.
tapiner v. intr. (conjug. 1)
tapineuse n. f.
tapinois (en) loc. adv.
tapioca n. m.
tapir n. m.
tapir (se) v. pron. (conjug. 2)
tapis n. m.
tapis-brosse n. m. PL. tapis-brosses
tapisser v. tr. (conjug. 1)
tapisserie n. f.
tapissier, ière n.
tapon n. m.
taponnage n. m.
taponner v. (conjug. 1)

tapotement n. m.
tapoter v. tr. (conjug. 1)
tapuscrit n. m.
taquage n. m.
taque n. f.
taquer v. tr. (conjug. 1)
taquet n. m.
taquin, ine adj.
taquiner v. tr. (conjug. 1)
taquinerie n. f.
taquoir n. m.
tara n. f.
tarabiscot n. m.
tarabiscotage n. m.
tarabiscoté, ée adj.
tarabiscoter v. tr. (conjug. 1)
tarabuster v. tr. (conjug. 1)
tarage n. m.
taragot n. m.
tarama n. m.
tarare n. m.
tarasque n. f.
taratata interj.
taraud n. m.
taraudage n. m.
taraudant, ante adj.
tarauder v. tr. (conjug. 1)
taraudeur, euse n. et adj.
taravelle n. f.
tarbais n. m. (haricot)
tarbouche ou tarbouch n. m.
tard adv.
tarder v. intr. (conjug. 1)
tardif, ive adj.
tardigrade n. m. et adj.
tardivement adv.
tare n. f.
¹taré adj. m. (Blason : tourné)
²taré, ée adj.
tarente n. f.
tarentelle n. f.
tarentule n. f.
tarer v. tr. (conjug. 1)
taret n. m.
targe n. f.
targette n. f.
targuer (se) v. pron. (conjug. 1)

targui, ie adj. sing. et n. sing.
tari, ie adj.
taricheute n. m.
tarière n. f.
tarif n. m.
tarifaire adj.
tarifer v. tr. (conjug. 1)
tarification n. f.
tarin n. m.
tarir v. (conjug. 2)
tarissable adj.
tarissement n. m.
tarlatane n. f.
tarlouze ou tarlouse n. f.
tarmac n. m.
taro n. m.
tarot n. m.
taroté, ée adj.
tarpan n. m.
tarpon n. m.
tarse n. m.
tarsectomie n. f.
tarsien, ienne adj.
tarsier n. m.
tartan® n. m.
tartane n. f.
tartare adj. et n.
tartarin n. m.
tartarinade n. f.
tarte n. f. et adj.
tartelette n. f.
tartempion n. pr. et n. m.
tartiflette n. f.
tartignolle ou tartignole adj.
tartinade n. f.
tartine n. f.
tartiner v. (conjug. 1)
tartir v. intr. (conjug. 2)
tartrate n. m.
tartre n. m.
tartré, ée adj.
tartreux, euse adj.
tartrique adj.
tartufe ou tartuffe n. m. et adj.
tartuferie ou tartufferie n. f.
tarzan n. m.

tas n. m.
Taser [tazɛʀ] n. m.
tassage n. m.
tasse n. f.
tassé, ée adj.
tasseau n. m.
tassement n. m.
tasser v. (conjug. 1)
tassette n. f.
tassili n. m.
taste-vin n. m.
 PL. inv. ou taste-vins*
T. A. T. n. m. (thematic apperception test)
tata n. f. ; n. m.
tatami n. m.
tatane n. f.
tatouinage n. m.
tatouiner v. intr. (conjug. 1)
tatar, are adj. et n.
tâter v. tr. (conjug. 1)
tâteur n. m.
tâte-vin n. m.
 PL. inv. ou tâte-vins*
tati(e) n.
tatillon, onne adj.
tatin n. f.
tâtonnant, ante adj.
tâtonnement n. m.
tâtonner v. intr. (conjug. 1)
tâtons (à) loc. adv.
tatou n. m.
tatouage n. m.
tatouer v. tr. (conjug. 1)
tatoueur, euse n.
tatouille n. f.
¹tau ou lettre n. m.
 PL. inv. ou taus*
²tau n. m. (bâton)
taud n. m.
tauder v. tr. (conjug. 1)
taudis n. m.
taulard, arde ou tôlard, arde n.
taule ou tôle n. f.
taulier, ière ou tôlier, ière n.
taupe n. f.
taupé, ée adj.

taupe-grillon n. m.
 PL. taupes-grillons
taupier n. m.
taupière n. f.
taupin n. m.
taupinière n. f.
taure n. f.
taureau n. m.
taurides n. f. pl.
taurillon n. m.
taurin, ine adj. ; n. f.
taurobole n. m.
tauromachie n. f.
tauromachique adj.
tautochrone [-k-] adj.
tautologie n. f.
tautologique adj.
tautomère adj. et n. m.
tautomérie n. f.
taux n. m.
tauzin n. m.
tavaïolle ou tavaïole* n. f.
tavel n. m.
tavelé, ée adj.
tavelure n. f.
taverne n. f.
tavernier, ière n.
tavillon n. m.
taxable adj.
taxage n. m.
taxateur, trice n. et adj.
taxation n. f.
taxe n. f.
taxer v. tr. (conjug. 1)
taxi n. m.
taxi-brousse n. m.
 PL. taxis-brousse
taxidermie n. f.
taxidermiste n.
taxie n. f.
taxi-girl n. f.
 PL. taxi-girls
taximan n. m.
 PL. taximans ou taximen
taximètre n. m.
taxinomie n. f.
taxinomique adj.
taxinomiste n.
taxiphone® n. m.

télédéclaration

taxiway n. m.
PL. taxiways
taxodium n. m.
taxol n. m.
taxon n. m.
taxonomie n. f.
taxonomique adj.
taxonomiste n.
tayaut interj.
taylorisation n. f.
tayloriser v. tr. (conjug. 1)
taylorisme n. m.
T. B. I. n. m. (tableau blanc interactif)
tchadanthrope n. m.
tchador n. m.
tchao ou ciao interj.
tchapalo n. m.
tcharchaf n. m.
tchatche n. f.
tchatcher v. intr. (conjug. 1)
tchatcheur, euse n.
tchatter ou chatter v. intr. (conjug. 1)
tchèque adj. et n.
tchérémisse n.
tcherноziom n. m.
tchervonets n. m.
PL. tchervontsy ou tchervonets
tchin-tchin interj.
tchitola n. m.
te pron. pers.
té n. m. ; interj.
teasing n. m. (rec. off. : aguichage)
tec n. f. inv. (tonne équivalent charbon)
technème n. m.
technétium n. m.
technétronique adj.
technicien, ienne n. et adj.
technicisation n. f.
techniciser v. tr. (conjug. 1)
technicisme n. m.
techniciste adj.
technicité n. f.

technico(-)commercial, iale adj.
PL. technico(-)commerciaux, iales
technicolor® n. m.
technique adj. et n.
techniquement adv.
techno adj. et n. f.
technobureaucratique adj.
technocrate n.
technocratie n. f.
technocratique adj.
technocratisation n. f.
technocratiser v. tr. (conjug. 1)
technocratisme n. m.
technologie n. f.
technologique adj.
technologiquement adv.
technologiste n.
technologue n.
technoparc n. m.
technophile adj. et n.
technopole n. f.
technopôle n. m.
technostructure n. f.
teck ou tek n. m.
teckel n. m.
tectonique n. f. et adj.
tectrice adj. f. et n. f.
teddy n. m.
teddy-bear [tedibɛʁ] n. m.
PL. teddy-bears
Te Deum [tedeɔm] n. m. inv.
tee [ti] n. m.
teenager n.
teeshirt ou tee-shirt ou t-shirt [tiʃœʁt] n. m.
PL. teeshirts ou tee-shirts ou t-shirts
téflon n. m.
tégénaire n. f.
tégéviste n.
tégument n. m.
tégumentaire adj.
teigne n. f.
teigneux, euse adj.
teillage n. m.
teille n. f.

teiller v. tr. (conjug. 1)
teilleur, euse n.
teindre v. tr. (conjug. 52)
¹teint, teinte adj.
²teint n. m.
teintant, ante adj.
teinte n. f.
teinté, ée adj.
teinter v. tr. (conjug. 1)
teinture n. f.
teinturerie n. f.
teinturier, ière n.
tek n. m.
tel, telle adj. ; pron. et nominal
télamon n. m.
télé n. f.
téléachat ou télé-achat n. m.
PL. téléachats ou télé-achats
téléacheteur, euse n.
téléacteur, trice n.
téléaffichage n. m.
téléalarme n. f.
téléaste n.
téléavertisseur n. m.
télébenne n. f.
téléboutique n. f.
télécabine n. f.
télécarte n. f.
télécentre n. m.
téléchargeable adj.
téléchargement n. m.
télécharger v. tr. (conjug. 3)
téléchargeur n. m.
téléchirurgie n. f.
télécinéma n. m.
télécommande n. f.
télécommander v. tr. (conjug. 1)
télécommunication n. f.
téléconférence n. f.
téléconseiller, ère n.
téléconsultant, ante n.
télécopie n. f.
télécopier v. tr. (conjug. 7)
télécopieur n. m.
télédéclarant, ante n.
télédéclaration n. f.

télédéclarer

télédéclarer v. tr. (conjug. 1)
télédétection n. f.
télédiffuser v. tr. (conjug. 1)
télédiffusion n. f.
télédistribution n. f.
téléécriture n. f.
téléenseignement n. m.
téléévangéliste n. m.
téléfax® n. m.
téléférage ou téléphérage n. m.
téléférique ou téléphérique adj. et n. m.
téléfilm n. m.
téléga ou télègue n. f.
télégénie n. f.
télégénique adj.
télégestion n. f.
télégramme n. m.
télégraphe n. m.
télégraphie n. f.
télégraphier v. tr. (conjug. 7)
télégraphique adj.
télégraphiquement adv.
télégraphiste n.
télègue n. f.
téléguidage n. m.
téléguider v. tr. (conjug. 1)
téléimprimeur n. m.
téléinformatique n. f. et adj.
téléjournal, aux n. m.
télékinésie n. f.
télémaintenance n. f.
télémanipulateur n. m.
télémanipulation n. f.
télémark n. m.
télémarker v. tr. (conjug. 1)
télémarketeur, euse ou télémarqueteur, euse n.
télémarketing n. m.
télémarkeur, euse n.
télématique n. f. et adj.
télémédecine n. f.
télémesure n. f.

télémètre n. m.
télémétreur, euse n.
télémétrie n. f.
télémétrique adj.
télencéphale n. m.
téléobjectif n. m.
téléologie n. f.
téléologique adj.
téléonomie n. f.
téléonomique adj.
téléopérateur, trice n.
téléosaure n. m.
téléostéens n. m. pl.
télépaiement n. m.
télépathe n. et adj.
télépathie n. f.
télépathique adj.
télépayer v. tr. (conjug. 8)
télépéage n. m.
téléphérage n. m.
téléphérique adj. et n. m.
téléphonage n. m.
téléphone n. m.
téléphoner v. (conjug. 1)
téléphonie n. f.
téléphonique adj.
téléphoniquement adv.
téléphoniste n.
téléphotographie n. f.
télépointage n. m.
téléport n. m.
téléportation n. f.
téléporter v. tr. (conjug. 1)
téléradar n. m.
téléradio n. f.
téléradiographie n. f.
téléréalité n. f.
téléreportage n. m.
téléroman n. m.
téléscaphe n. m.
télescopage n. m.
télescope n. m.
télescoper v. tr. (conjug. 1)
télescopique adj.
télescripteur n. m.
télésecrétariat n. m.
téléservice n. m.
télésiège n. m.
télésignalisation n. f.
téléski n. m.

télésouffleur n. m.
téléspectateur, trice n.
télesthésie n. f.
télésurveillance n. f.
télétex® n. m.
télétexte n. m.
téléthèque n. f.
téléthon n. m.
télétoxique adj.
télétraitement n. m.
télétransmettre v. tr. (conjug. 56)
télétransmission n. f.
télétravail n. m.
télétravailler v. tr. (conjug. 1)
télétravailleur, euse n.
télétype® n. m.
téléuniversité n. f.
télévangéliste n. m.
télévendeur, euse n.
télévente n. f.
télévérité n. f.
télévisé, ée adj.
téléviser v. tr. (conjug. 1)
téléviseur n. m.
télévision n. f.
télévision-réalité n. f.
télévisuel, elle adj.
télex n. m.
télexer v. tr. (conjug. 1)
télexiste n.
tell n. m.
tellement adv.
tellière n. m. et adj.
tellurate n. m.
tellure n. m.
tellureux, euse adj.
tellurhydrique adj.
tellurique adj.
tellurisme n. m.
tellurure n. m.
téloche n. f.
télolécithe adj.
télomérase n. f.
télomère n. m.
télophase n. f.
telson n. m.
téméraire adj.
témérairement adv.

térébellum

témérité n. f.
témoignage n. m.
témoigner v. tr. (conjug. 1)
témoin n. m.
tempe n. f.
tempera (a ou **à la)** loc. adj.
tempérament n. m.
tempéramental, ale, aux adj.
tempérance n. f.
tempérant, ante adj.
température n. f.
tempéré, ée adj.
tempérer v. tr. (conjug. 6)
tempête n. f.
tempêter v. intr. (conjug. 1)
tempétueux, euse adj.
temple n. m.
templier n. m.
tempo n. m.
   PL. *tempi* (it.) ou *tempos*
temporaire adj.
temporairement adv.
temporal, ale, aux adj.
temporalité n. f.
temporel, elle adj.
temporellement adv.
temporisateur, trice n. et adj.
temporisation n. f.
temporiser v. (conjug. 1)
temps n. m.
tempura n. f.
tenable adj.
tenace adj.
tenacement adv.
ténacité n. f.
tenaillant, ante adj.
tenaille n. f.
tenaillement n. m.
tenailler v. tr. (conjug. 1)
tenancier, ière n.
tenant, ante adj. et n.
tendance n. f.
tendanciel, ielle adj.
tendanciellement adv.
tendancieusement adv.
tendancieux, ieuse adj.

tende n. f.
tendelle n. f.
tender n. m.
tenderie n. f.
tendeur, euse n.
tendineux, euse adj.
tendinite n. f.
tendinopathie n. f.
tendon n. m.
¹**tendre** adj. et n.
²**tendre** v. tr. (conjug. 41)
tendrement adv.
tendresse n. f.
tendreté n. f.
tendron n. m.
tendu, ue adj.
ténèbres n. f. pl.
ténébreux, euse adj.
ténébrion n. m.
tènement n. m.
ténesme n. m.
¹**teneur** n. f.
²**teneur, euse** n.
ténia ou **tænia** n. m.
ténifuge adj. et n.
tenir v. (conjug. 22)
tennis n. m. et f.
tennis-elbow [tenisɛlbo] n. m.
   PL. *tennis-elbows*
tennisman n. m.
   PL. *tennismen* ou *tennismans*
tennistique adj.
tennistiquement adv.
tenon n. m.
tenonner v. tr. (conjug. 1)
ténor n. m.
ténorino ou **tenorino** n. m.
   PL. *ténorinos* ou *tenorini* (it.)
ténoriser v. intr. (conjug. 1)
ténorite n. f.
ténotomie n. f.
tenrec ou **tanrec** n. m.
tenseur n. m. et adj.
tensioactif, ive adj. et n. m.
tensiomètre n. m.
tension n. f.
tensionneur n. m.

tenson n. f.
tensoriel, ielle adj.
tentaculaire adj.
tentacule n. m.
tentant, ante adj.
tentateur, trice n. et adj.
tentation n. f.
tentative n. f.
tente n. f.
tenter v. tr. (conjug. 1)
tenthrède n. f.
tenture n. f.
tenu, ue adj.
ténu, ue adj.
tenue n. f.
ténuirostre adj.
ténuité n. f.
tenure n. f.
ténuto ou **tenuto** adv.
téocalli n. m.
téorbe n. m.
tep n. f. inv. (tonne équivalent pétrole)
téphillin ou **tephillin** n. m.
   PL. *téphillins* ou *tephillin*
téphrochronologie [-k-] n. f.
téphrosie n. f.
tepidarium ou **tépidarium** n. m.
téquila ou **tequila** n. f.
TER n. m. inv. (train express régional)
ter adv.
téragone n. m.
téraoctet n. m.
tératogène adj.
tératogenèse n. f.
tératogénie n. f.
tératologie n. f.
tératologique adj.
tératologue n.
tératome n. m.
terbium n. m.
tercer v. tr. (conjug. 3)
tercet n. m.
térébelle n. f.
térébellum ou **terebellum** n. m.

térébenthine

térébenthine n. f.
térébinthacées n. f. pl.
térébinthe n. m.
térébrant, ante adj.
térébration n. f.
térébratule n. f.
téréphtalique adj.
tergal n. m.
tergiversation n. f.
tergiverser v. intr. (conjug. 1)
termaillage n. m.
terme n. m.
terminaison n. f.
¹terminal, ale, aux adj. et n.
²terminal, aux n. m.
terminateur n. m.
terminer v. tr. (conjug. 1)
terminologie n. f.
terminologique adj.
terminologue n. m.
terminus n. m.
termite n. m.
termitière n. f.
ternaire adj.
terne adj. ; n. m.
ternir v. tr. (conjug. 2)
ternissement n. m.
ternissure n. f.
terpène n. m.
terpénique adj.
terpinol n. m.
terrage n. m.
terrain n. m.
terra incognita n. f.
terramare n. f.
terraqué, ée adj.
terrarium n. m.
terra rossa n. f.
terrasse n. f.
terrassement n. m.
terrasser v. tr. (conjug. 1)
terrassier n. m.
terre n. f.
terre à terre loc. adj.
terreau n. m.
terreauter v. tr. (conjug. 1)

terre-neuvas ou terre-neuvier n. m. et adj.
PL. terre-neuvas ou terre-neuviers
terre-neuve n. m. inv.
terre-plein ou terreplein* n. m.
PL. terre-pleins ou terrepleins*
terrer v. tr. (conjug. 1)
terrestre adj.
terreur n. f.
terreux, euse adj.
terrible adj.
terriblement adv.
terricole adj.
terrien, ienne adj. et n.
terrier n. m.
terrifiant, iante adj.
terrifier v. tr. (conjug. 7)
terrigène adj.
terril n. m.
terrine n. f.
territoire n. m.
territorial, iale, iaux adj.
territorialement adv.
territorialisation n. f.
territorialiser v. tr. (conjug. 1)
territorialité n. f.
terroir n. m.
terrorisant, ante adj.
terroriser v. tr. (conjug. 1)
terrorisme n. m.
terroriste n. et adj.
terser v. tr. (conjug. 1)
terson n. m.
tertiaire adj. et n.
tertiairisation n. f.
tertiarisation n. f.
tertiarisme n. m.
tertio adv.
tertre n. m.
terza rima n. f.
tes adj. poss.
tesla n. m.
tesselle n. f.
tessère n. f.
tessiture n. f.

tesson n. m.
test n. m.
testabilité n. f.
testable adj.
testacé, ée adj.
testacelle n. f.
testage n. m.
testament n. m.
testamentaire adj.
testateur, trice n.
tester v. (conjug. 1)
testeur, euse n.
testiculaire adj.
testicule n. m.
testimonial, iale, iaux adj.
testing n. m.
test-match n. m.
PL. test-matchs
testologie n. f.
testostérone n. f.
¹têt [tɛt] n. m. (jour)
²têt ou test [tɛ(t)] n. m. (pot, terre)
tétanie n. f.
tétanique adj.
tétanisation n. f.
tétaniser v. tr. (conjug. 1)
tétanos n. m.
têtard n. m.
tête n. f.
tête-à-queue n. m. inv.
tête-à-tête n. m. inv.
tête à tête (en) loc. adv.
têteau n. m.
tête-bêche ou têtebêche* adv.
tête-chèvre n. m.
PL. têtes-chèvres
tête-de-clou n. m.
PL. têtes-de-clou
tête-de-loup n. m.
PL. têtes-de-loup
tête-de-Maure n. f.
PL. têtes-de-Maure
tête-de-moineau n. f.
PL. têtes-de-moineau
tête-de-mort n. f.
PL. têtes-de-mort
tête-de-nègre adj. et n.
PL. têtes-de-nègre

théoriquement

tétée n. f.
téter v. tr. (conjug. 6)
téterelle ou tèterelle* n. f.
tétière n. f.
tétin n. m.
tétine n. f.
téton n. m.
tétonnière n. f.
tétra n. m.
tétrachlorure [-k-] n. m.
tétracorde n. m.
tétracycline n. f.
tétradactyle adj.
tétrade n. f.
tétraèdre n. m.
tétraédrique adj.
tétragone n. f.
tetrahydrogestrinone n. f.
tétrahydronaphtalène n. m.
tétraline n. f.
tétralogie n. f.
tétramère adj. et n. m.
tétramètre n. m.
tétraplégie n. f.
tétraplégique adj. et n.
tétraploïde adj.
tétraploïdie n. f.
tétrapode n. m. et adj.
tétraptère adj. et n. m.
tétrarchat n. m.
tétrarchie n. f.
tétrarque n. m.
tétras n. m.
tétras-lyre n. m.
  PL. *tétras-lyres*
tétrastyle adj.
tétrasyllabe n. m.
tétrasyllabique adj.
tétratomicité n. f.
tétratomique adj.
tétravalence n. f.
tétravalent, ente adj.
tétrode n. f.
tétrodon n. m.
tette n. f.
têtu, ue adj.
teuf n. f.

teufeur, euse n.
teuf-teuf ou teufteuf* n. m.
  PL. INV. ou *teufteufs*
teurgoule n. f.
teuton, onne adj. et n.
teutonique adj.
tévé n. f.
tex n. m.
tex-mex adj. inv.
texte n. m.
texteur n. m.
textile adj. et n. m.
¹texto® n. m.
²texto adv.
textuel, elle adj.
textuellement adv.
texturant n. m.
texturation n. f.
texture n. f.
texturer v. tr. (conjug. 1)
tézigue pron. pers. 2ᵉ pers.
T. G. V. n. m. (train à grande vitesse)
th symb.
thaï, thaïe adj. et n.
thaïlandais, aise adj. et n.
thalamique adj.
thalamus n. m.
thalassémie n. f.
thalassémique adj.
thalasso n. f.
thalassothérapie n. f.
thalassotoque adj.
thaler n. m.
thalidomide n. f.
thalle n. m.
thallium n. m.
thallophytes n. f. pl.
thalweg n. m. talweg
thanatologie n. f.
thanatologue n.
thanatopracteur, trice n.
thanatopraxie n. f.
thanatos n. m.
thane n. m.
thaumaturge adj. et n. m.
thaumaturgie n. f.
thaumaturgique adj.

thé n. m.
théatin n. m.
théâtral, ale, aux adj.
théâtralement adv.
théâtralisation n. f.
théâtraliser v. tr. (conjug. 1)
théâtralisme n. m.
théâtralité n. f.
théâtre n. m.
théâtreux, euse n. et adj.
théâtrothérapie n. f.
thébaïde n. f.
thébaine n. f.
thébaïque adj.
thébaïsme n. m.
¹théier, ière adj.
²théier n. m.
théière n. f.
théine n. f.
théisme n. m.
théiste n. et adj.
thématique adj. et n. f.
thématisme n. m.
thème n. m.
thénar n. m.
théobromine n. f.
théocratie n. f.
théocratique adj.
théodicée n. f.
théodolite n. m.
théogonie n. f.
théogonique adj.
théologal, ale, aux adj. et n. m.
théologie n. f.
théologien, ienne n.
théologique adj.
théophilanthrope n.
théophilanthropie n. f.
théophylline n. f.
théorbe ou téorbe n. m.
théorbiste n. m.
théorématique adj.
théorème n. m.
théorétique adj. et n. f.
théoricien, ienne n.
théorie n. f.
théorique adj.
théoriquement adv.

théorisation

théorisation n. f.
théoriser v. (conjug. 1)
théosophe n.
théosophie n. f.
thèque n. f.
thérapeute n.
thérapeutique adj. et n. f.
thérapie n. f.
thériaque n. f.
théridion ou theridium n. m.
thériens n. m. pl.
thermal, ale, aux adj.
thermalisme n. m.
thermaliste adj.
thermalité n. f.
thermes n. m. pl.
thermicien, ienne n.
thermicité n. f.
thermidor n. m.
thermidorien, ienne adj. et n.
thermie n. f.
thermique adj.
thermiquement adv.
thermisation n. f.
thermistance n. f.
thermite n. f.
thermoacidophile adj. et n. m.
thermobrossage n. m. (rec. off. pour brushing)
thermocautère n. m.
thermochimie n. f.
thermochimique adj.
thermocline n. f.
thermocollant, ante adj.
thermocouple n. m.
thermodurcissable adj.
thermodynamicien, ienne n.
thermodynamique n. f. et adj.
thermoélectricité n. f.
thermoélectrique adj.
thermoélectronique adj.
thermoformage n. m.
thermoformé, ée adj.
thermogène adj.

thermogenèse ou thermogénèse n. f.
thermogénie n. f.
thermogénique adj.
thermographe n. m.
thermographie n. f.
thermogravimétrie n. f.
thermogravimétrique adj.
thermohalin, ine adj.
thermoïonique adj.
thermolabile adj.
thermoluminescence n. f.
thermolyse n. f.
thermomagnétique adj.
thermomagnétisme n. m.
thermomécanique adj.
thermomètre n. m.
thermométrie n. f.
thermométrique adj.
thermonucléaire adj.
thermophile adj. et n. m.
thermopile n. f.
thermoplaste adj.
thermoplastique adj.
thermoplongeur n. m.
thermopompe n. f.
thermopropulsé, ée adj.
thermopropulsif, ive adj.
thermopropulsion n. f.
thermorécepteur n. m.
thermorégulateur, trice n. m. et adj.
thermorégulation n. f.
thermorésistant, ante adj.
thermos n. m. ou f.
thermosensible adj.
thermosiphon n. m.
thermosphère n. f.
thermostable adj.
thermostat n. m.
thermostater v. tr. (conjug. 1)
thermostatique adj.
théropode n. m.
thésard, arde n.
thésaurisation n. f.

thésauriser v. (conjug. 1)
thésauriseur, euse n.
thésaurus ou thesaurus n. m.
thèse n. f.
thesmophories n. f. pl.
thêta n. m.
   PL. inv. ou *thêtas**
thétique adj.
théurgie n. f.
T. H. G. n. f. (tétrahydrogestrinone)
thiamine n. f.
thibaude n. f.
thioalcool n. m.
thiol n. m.
thionine n. f.
thionique adj.
thiosulfate n. m.
thiosulfurique adj.
thio-urée n. f.
   PL. *thio-urées*
thixotrope adj.
thixotropique adj.
thlaspi n. m.
tholos n. f. inv.
thomise n. f.
thomisme n. m.
thomiste n. et adj.
thon n. m.
thonaire n. m.
thonier n. m.
thonine n. f.
thora n. f.
thoracentèse n. f.
thoracique adj.
thoraco-
thoracoplastie n. f.
thorax n. m.
thorite n. f.
thorium n. m.
thoron n. m.
thréonine n. f.
thridace n. f.
thriller ou thrilleur* n. m.
thrips n. m.
thrombine n. f.
thrombocyte n. m.
thrombokinase n. f.

thrombolytique n. m.
thrombopénie n. f.
thrombopénique adj.
thrombophlébite n. f.
thromboplastine n. f.
thrombose n. f.
thrombotique adj.
thrombus n. m.
T. H. T. n. f. (très haute tension)
thulium n. m.
thune ou **tune** n. f.
thuriféraire n. m.
thurne n. f.
thuya n. m.
thyade n. f.
thylacine n. f.
thylacoïde ou **thylakoïde** n. m.
thym n. m.
thymie n. f.
thymine n. f.
thymique adj.
thymoanaleptique adj. et n. m.
thymocyte n. m.
thymol n. m.
thymus n. m.
thyratron n. m.
thyréoglobuline n. f.
thyréostimuline n. f.
thyréotrope adj.
thyristor n. m.
thyristorisé, ée adj.
thyroglobuline n. f.
thyroïde adj. et n. f.
thyroïdectomie n. f.
thyroïdien, ienne adj.
thyroïdite n. f.
thyroxine n. f.
thyrse n. m.
thysanoures n. m. pl.
tiag n. f.
tian n. m.
tiare n. f.
tiaré n. m.
tibétain, aine adj. et n.
tibia n. m.
tibial, iale, iaux adj.
tic n. m.

T. I. C. E. n. f. pl. (technologies de l'information et de la communication dans l'enseignement)
ticket n. m.
ticket-repas n. m.
PL. *tickets-repas*
ticket-restaurant n. m.
PL. *tickets-restaurants*
tickson n. m.
tic-tac ou **tictac*** interj. et n. m.
PL. inv. ou *tictacs**
tie-break [tajbʀɛk] n. m.
PL. *tie-breaks* (rec. off. : jeu décisif)
tiédasse adj.
tiède adj.
tièdement adv.
tiédeur n. f.
tiédir v. (conjug. 2)
tiédissement n. m.
tien, tienne adj. et pron. poss. de la 2ᵉ pers. du sing.
tierce n. f.
tiercé, ée adj. et n. m.
tiercéiste n.
tiercelet n. m.
tiercer v. tr. (conjug. 3)
tierceron n. m.
tiers, tierce adj. et n.
tiers-monde n. m.
PL. *tiers-mondes*
tiers-mondisation n. f.
tiers-mondisme n. m.
tiers-mondiste adj. et n.
PL. *tiers-mondistes*
tiers-point n. m.
PL. *tiers-points*
tif n. m.
tifosi n. m.
PL. *tifosi(s)*
tige n. f.
tigelle n. f.
tigette n. f.
tiglon n. m.
tignasse n. f.
tigre, tigresse n.
tigré, ée adj.
tigridia n. m.
tigridie n. f.

tigron n. m.
tiguidou adj.
tilapia n. m.
tilbury [tilbyʀi] n. m.
PL. *tilburys*
tilde [tild(e)] n. m.
tillac n. m.
tillage n. m.
tillandsia n. m.
tillandsie n. f.
tille n. f.
tiller v. tr. (conjug. 1)
tilleul n. m.
tilleur, euse n.
tilt n. m.
tilter v. intr. (conjug. 1)
timbale n. f.
timbalier n. m.
timbrage n. m.
timbre n. m.
timbré, ée adj.
timbre-amende n. m.
PL. *timbres-amendes*
timbre-poste n. m.
PL. *timbres-poste*
timbre-quittance n. m.
PL. *timbres-quittances*
timbrer v. tr. (conjug. 1)
timbre-taxe n. m.
PL. *timbres-taxes*
timide adj.
timidement adv.
timidité n. f.
timing [tajmiŋ] n. m.
timon n. m.
timonerie n. f.
timonier, ière n.
timoré, ée adj.
tin n. m.
tinamou n. m.
tincal n. m.
tinctorial, iale, iaux adj.
tinette n. f.
tintamarre n. m.
tintement n. m.
tinter v. (conjug. 1)
tintin n. m.
tintinnabuler v. intr. (conjug. 1)
tintouin n. m.

T. I. P.

T. I. P. n. m. (titre interbancaire de paiement)
tipi n. m.
tip-top ou **tip top** adj. inv.
tipule n. f.
ti-punch n. m.
PL. *ti-punchs*
tique n. f.
tiquer v. intr. (conjug. 1)
tiqueté, ée adj.
tiqueture n. f.
tiqueur, euse adj. et n.
tir n. m.
TIR n. m. (transit international routier)
tirade n. f.
tirage n. m.
tiraillement n. m.
tirailler v. (conjug. 1)
tiraillerie n. f.
tirailleur n. m.
tiramisu n. m.
tirant n. m.
tirasse n. f.
tire n. f.
tiré, ée adj.
tiré à part n. m.
tire-au-cul n. inv.
tire-au-flanc n. inv.
tire-balle n. m.
PL. *tire-balles*
tire-bonde n. m.
PL. *tire-bondes*
tire-botte n. m.
PL. *tire-bottes*
tirebouchon ou **tire-bouchon** n. m.
PL. *tire(-)bouchons*
tirebouchonner ou **tire-bouchonner** v. (conjug. 1)
tire-braise n. m.
PL. *tire-braises*
tire-clou n. m.
PL. *tire-clous*
tire-d'aile (à) loc. adv.
tirée n. f.
tire-fesse(s) n. m.
PL. *tire-fesses*
tire-filet n. m.
PL. *tire-filets*

tire-fil(s) n. m.
PL. *tire-fils*
tire-fond ou **tirefond*** n. m.
PL. *tire-fonds* ou *tirefonds**
tire-jus n. m. inv.
tire-lait n. m.
PL. *tire-laits*
tire-larigot (à) ou **tirelarigot (à)*** loc. adv.
tire-ligne n. m.
PL. *tire-lignes*
tirelire n. f.
tire-pied n. m.
PL. *tire-pieds*
tirer v. (conjug. 1)
tiret n. m.
tirette n. f.
tireur, euse n.
tireuse n. f.
tire-veille n. m.
PL. *tire-veilles*
tire-veine n. m.
PL. *tire-veines* (rec. off. pour stripper)
tiroir n. m.
tiroir-caisse n. m.
PL. *tiroirs-caisses*
tisane n. f.
tisanière n. f.
tiser v. intr. (conjug. 1)
tison n. m.
tisonné, ée adj.
tisonner v. tr. (conjug. 1)
tisonnier n. m.
tissage n. m.
tisser v. tr. (conjug. 1)
tisserand, ande n.
tisserin n. m.
tisseur, euse n.
tissu n. m.
tissulaire adj.
titan n. m.
titanate n. m.
titane n. m.
titanesque adj.
titi n. m.
titi (en) loc. adv.
titillation n. f.
titiller v. tr. (conjug. 1)
titrage n. m.

titraille n. f.
titre n. m.
titrer v. tr. (conjug. 1)
titre-restaurant n. m.
PL. *titres-restaurants*
titreuse n. f.
titrisation n. f.
titubant, ante adj.
tituber v. intr. (conjug. 1)
titulaire adj. et n.
titularisation n. f.
titulariser v. tr. (conjug. 1)
tmèse n. f.
TMS n. m. pl.
TNF n. m.
T. N. T. n. f. (télévision numérique terrestre)
toarcien, ienne adj. et n. m.
toast n. m.
toaster v. tr. (conjug. 1)
toasteur n. m.
toboggan n. m.
TOC n. m. (trouble obsessionnel compulsif)
toc interj. ; adj. inv. ; n. m.
tocade ou **toquade** n. f.
tocante ou **toquante** n. f.
tocard, arde ou **toquard, arde** adj. et n.
toccata n. f.
PL. *toccatas* ou *toccate* (it.)
tocophérol n. m.
tocsin n. m.
toffee [tɔfe ; tɔfi] n. m.
tofu [tɔfu] n. m.
toge n. f.
tohu-bohu ou **tohubohu*** n. m.
PL. inv. ou *tohubohus**
toi pron. pers. et nominal
toile n. f.
toilé, ée adj.
toilerie n. f.
toilettage n. m.
toilette n. f.
toiletter v. tr. (conjug. 1)
toilettes n. f. pl.
toiletteur, euse n.
toileuse n. f.

toilier, ière n. et adj.
toi-même pron. pers.
toise n. f.
toisé n. m.
toiser v. tr. (conjug. 1)
toison n. f.
toit n. m.
toiture n. f.
tokamak n. m.
tokay n. m.
tokharien, ienne n. m. et adj.
tôlard, arde n.
tolbutamide n. m.
tôle n. f.
tôlé, ée adj.
tolérable adj.
tolérance n. f.
tolérant, ante adj.
tolérantisme n. m.
tolérer v. tr. (conjug. 6)
tôlerie n. f.
tolet n. m.
toletière n. f.
tôlier, ière n.
tolite n. f.
tollé n. m.
toluène n. m.
toluidine n. f.
toluol n. m.
T. O. M. n. m. (territoire d'outre-mer)
tomahawk ou **tomawak** n. m.
tomaison n. f.
toman n. m.
tomate n. f.
tomawak n. m.
tombac n. m.
tombal, ale, aux adj.
tombant, ante adj.
tombe n. f.
tombé, ée adj. et n. m.
tombeau n. m.
tombée n. f.
tombelle n. f.
¹tomber v. intr. (conjug. 1)
²tomber v. (conjug. 1)
tombereau n. m. (rec. off. pour dumper)

tombeur, euse n.
tombola n. f.
tombolo n. m.
tome n. m.
tomenteux, euse adj.
tomer v. tr. (conjug. 1)
tomette n. f.
tomme n. f.
tommy n. m.
  PL. *tommies* ou *tommys**
tomodensitomètre n. m.
tomodensitométrie n. f.
tomographe n. m.
tomographie n. f.
tomographique adj.
tom-pouce n. m. inv.
¹ton adj. poss.
²ton n. m.
tonal, ale, als ou **aux** adj.
tonalité n. f.
tonca n. m.
tondage n. m.
tondeur, euse n.
tondeuse n. f.
tondre v. tr. (conjug. 41)
tondu, ue adj.
toner n. m.
tonétique n. f.
tonfa n. m.
tong n. f.
tonic n. m.
tonicardiaque adj.
tonicité n. f.
tonie n. f.
tonifiant, iante adj. et n. m.
tonifier v. tr. (conjug. 7)
tonique adj. et n. m. ; n. f.
tonitruant, ante adj.
tonitruer v. intr. (conjug. 1)
tonka ou **tonca** n. m.
tonlieu n. m.
tonnage n. m.
tonnant, ante adj.
tonne n. f.
tonneau n. m.
tonnelage n. m.
tonnelet n. m.
tonnelier n. m.
tonnelle n. f.

tonnellerie n. f.
tonner v. intr. (conjug. 1)
tonnerre n. m.
tonomètre n. m.
tonométrie n. f.
tonsure n. f.
tonsurer v. tr. (conjug. 1)
tonte n. f.
tontine n. f.
tontiner v. tr. (conjug. 1)
tontisse adj.
tonton n. m.
tonture n. f.
tonus n. m.
top n. m. ; adj. inv.
topaze n. f.
top-case n. m.
  PL. *top-cases*
toper v. intr. (conjug. 1)
topette n. f.
tophacé, ée adj.
tophus n. m.
topiaire adj. et n.
topinambour n. m.
topique adj. et n.
top-modèle ou **top model** n.
  PL. *top-modèles* ou *top models*
top niveau n. m.
topo n. m.
topographe n.
topographie n. f.
topographique adj.
topographiquement adv.
topoguide n. m.
topologie n. f.
topologique adj.
topométrie n. f.
toponyme n. m.
toponymie n. f.
toponymique adj.
toponymiste n.
top secret ou **top-secret** adj. inv.
toquade ou **tocade** n. f.
toquante n. f.
toquard, arde adj. et n.
toque n. f.
toqué, ée adj. et n.

toquer

toquer v. intr. (conjug. 1)
toquer (se) v. pron. (conjug. 1)
torah ou thora n. f.
torball n. m.
torche n. f.
torché, ée adj.
torche-cul n. m.
PL. torche-culs
torchée n. f.
torcher v. tr. (conjug. 1)
torchère n. f.
torchis n. m.
torchon n. m.
torchonner v. tr. (conjug. 1)
torcol n. m.
tordage n. m.
tordant, ante adj.
tord-boyau(x) n. m.
PL. tord-boyaux
tordeur, euse n.
tord-nez n. m. inv.
tordoir n. m.
tordre v. tr. (conjug. 41)
tordu, ue adj.
tore n. m.
toréador n. m.
toréer v. intr. (conjug. 1)
toréra ou torera n. f.
toréro ou torero n. m.
torgnole n. f.
torii n. m.
PL. inv. ou toriis*
toril n. m.
tormentille n. f.
tornade n. f.
toro n. m.
toroïdal, ale, aux adj.
toron n. m.
toronner v. tr. (conjug. 1)
toronneuse n. f.
torpédo n. f.
torpeur n. f.
torpide adj.
torpillage n. m.
torpille n. f.
torpiller v. tr. (conjug. 1)
torpilleur n. m.
torque n. m. et f.

torr n. m.
torréfacteur n. m.
torréfaction n. f.
torréfier v. tr. (conjug. 7)
torrent n. m.
torrentiel, ielle adj.
torrentiellement adv.
torrentueusement adv.
torrentueux, euse adj.
torride adj.
¹tors, torse adj.
²tors n. m.
torsade n. f.
torsader v. tr. (conjug. 1)
torse n. m.
torseur n. m.
torsion n. f.
tort n. m.
tortellini n. m.
torticolis n. m.
tortil n. m.
tortilla n. f.
tortillard adj. m. et n. m.
tortille n. f.
tortillement n. m.
tortiller v. (conjug. 1)
tortillon n. m.
tortionnaire adj.
tortis n. m.
tortore n. f.
tortorer v. tr. (conjug. 1)
tortu, ue adj.
tortue n. f.
tortueusement adv.
tortueux, euse adj.
torturant, ante adj.
torture n. f.
torturer v. tr. (conjug. 1)
torve adj.
tory n.
PL. torys ou tories
torysme n. m.
toscan, ane adj. et n.
tosser v. intr. (conjug. 1)
tôt adv.
total, ale, aux adj. et n. m.
totalement adv.
totalisant, ante adj.
totalisateur, trice adj. et n. m.

totalisation n. f.
totaliser v. tr. (conjug. 1)
totalitaire adj.
totalitarisme n. m.
totalité n. f.
totem n. m.
totémique adj.
totémisme n. m.
totipotence n. f.
totipotent, ente adj.
toto n. m.
totoche n. f.
toton n. m.
totote n. f.
touage n. m.
touareg ou touarègue* adj. et n.
PL. touaregs ou touarègues*
toubab, e n.
toubib n.
toucan n. m.
touchable adj.
touchau n. m.
touche n. f.
touche-à-tout n. m. inv.
touche-pipi n. m.
PL. touche-pipi(s)
¹toucher n. m.
²toucher v. tr. (conjug. 1)
touche-touche (à) loc. adv.
touchette n. f.
touée n. f.
touer v. tr. (conjug. 1)
toueur n. m.
touffe n. f.
touffeur n. f.
touffu, ue adj.
touillage n. m.
touille n. f.
touiller v. tr. (conjug. 1)
touillette n. f.
toujours adv.
touladi n. m.
touloupe n. f.
toundra n. f.
toungouze n. m. et adj.
toupet n. m.

toupie n. f.
toupiller v. tr. (conjug. 1)
toupilleur n. m.
toupilleuse n. f.
toupillon n. m.
toupiner v. intr. (conjug. 1)
touque n. f.
tour n. f. ; n. m.
touraillage n. m.
touraille n. f.
touranien, ienne adj.
tourbe n. f.
tourber v. intr. (conjug. 1)
tourbeux, euse adj.
tourbier, ière n. et adj.
tourbière n. f.
tourbillon n. m.
tourbillonnaire adj.
tourbillonnant, ante adj.
tourbillonnement n. m.
tourbillonner v. intr. (conjug. 1)
tourd n. m.
tourdille adj. m.
tourelle n. f.
touret n. m.
tourie n. f.
tourier, ière adj. et n.
tourillon n. m.
tourillonneuse n. f.
tourin n. m.
tourisme n. m.
tourista ou **turista** n. f.
touriste n.
touristique adj.
tourlourou n. m.
tourmaline n. f.
tourment n. m.
tourmentant, ante adj.
tourmente n. f.
tourmenté, ée adj.
tourmenter v. tr. (conjug. 1)
tourmenteur, euse n.
tourmentin n. m.
tournage n. m.
tournailler v. intr. (conjug. 1)
¹**tournant, ante** adj.
²**tournant** n. m.

tournante n. f.
tourne n. f.
tourné, ée adj.
tourne-à-gauche n. m. inv.
tournebouler v. tr. (conjug. 1)
tournebroche n. m.
tourne-disque n. m.
PL. *tourne-disques*
tournedos n. m.
tournée n. f.
tournemain (en un) loc. adv.
tourne-pierre n. m.
PL. *tourne-pierres*
tourner v. (conjug. 1)
tournesol n. m.
tournette n. f.
tourneur, euse n. et adj.
tournevis n. m.
tournicoter v. intr. (conjug. 1)
tourniole n. f.
tourniquer v. intr. (conjug. 1)
tourniquet n. m.
tournisse n. f.
tournoi n. m.
tournoiement n. m.
tournois adj.
tournoyant, ante adj.
tournoyer v. intr. (conjug. 8)
tournure n. f.
touron n. m.
tour-opérateur n. m.
PL. *tour-opérateurs* (rec. off. : voyagiste)
tourte n. f.
tourteau n. m.
tourtereau n. m.
tourterelle n. f.
tourtière n. f.
tous, toutes adj. ; pron. ; adv. ; n. m.
toussailler v. intr. (conjug. 1)
toussaint n. f.
tousser v. intr. (conjug. 1)

tousseur, euse n.
toussotement n. m.
toussoter v. intr. (conjug. 1)
tout, toute adj. ; pron. ; adv. ; n. m.
tout-à-l'égout n. m. inv.
toute-boîte ou **toute-boite** n. f.
PL. *toutes-boîtes* ou *toutes-boites**
toute-bonne n. f.
PL. *toutes-bonnes*
toute-épice n. f.
PL. *toutes-épices*
toutefois adv.
tout-en-un adj. inv.
toute-puissance n. f.
PL. *toutes-puissances*
toutes-boîtes ou **toutes-boites*** n. m. inv.
tout-fou adj. m. et n. m.
PL. *tout-fous*
toutim n. m.
toutou n. m.
tout-Paris n. m.
tout-petit n. m.
PL. *tout-petits*
tout-puissant, toute-puissante adj.
PL. *tout-puissants, toutes-puissantes*
tout-terrain adj. et n. inv.
tout-va (à) ou **tout va (à)** loc. adv.
tout-venant n. m. inv.
toux n. f.
township n. f. ou m.
toxémie n. f.
toxémique adj.
toxicité n. f.
toxico adj. et n.
toxicochimie n. f.
toxicochimiste n.
toxicodépendance n. f.
toxicodépendant, ante adj. et n.
toxicodermie n. f.
toxicologie n. f.
toxicologique adj.
toxicologue n.
toxicomane adj. et n.

toxicomaniaque adj.
toxicomanie n. f.
toxicomanologue n.
toxicose n. f.
toxicovigilance n. f.
toxi-infectieux, ieuse adj.
PL. *toxi-infectieux, ieuses*
toxi-infection ou **toxiinfection*** n. f.
PL. *toxi-infections* ou *toxiinfections**
toxine n. f.
toxique n. m. et adj.
toxocarose n. f.
toxoplasme n. m.
toxoplasmose n. f.
toyotisme n. m.
T. P. n. m. pl. (travaux pratiques)
trabe n. f.
trabée n. f.
trabendiste [-bɛn-] n.
trabendo [-bɛn-] n. m.
traboule n. f.
trabouler v. intr. (conjug. 1)
trac n. m.
trac (tout à) loc. adv.
traçabilité n. f.
traçable adj.
traçage n. m.
traçant, ante adj.
tracas n. m.
tracasser v. tr. (conjug. 1)
tracasserie n. f.
tracassier, ière adj.
tracassin n. m.
trace n. f.
tracé n. m.
tracelet n. m.
tracement n. m.
tracer v. (conjug. 3)
traceret n. m.
traceur, euse n.
trachéal, ale, aux adj.
trachée n. f.
trachée-artère n. f.
PL. *trachées-artères*
trachéen, enne adj.
trachéite n. f.

trachéobronchite n. f.
trachéofibroscopie n. f.
trachéostomie n. f.
trachéotomie n. f.
trachéotomisé, ée adj. et n.
trachome n. m.
trachyte [-k-] n. m.
trachytique [-k-] adj.
traçoir n. m.
tract n. m.
tractable adj.
tractage n. m.
tractation n. f.
tracté, ée adj.
tracter v. tr. (conjug. 1)
¹**tracteur, trice** adj.
²**tracteur** n. m.
tractif, ive adj.
traction n. f.
tractionnaire n. m.
tractopelle n. f.
tractoriste n.
tractus n. m.
trader n. m.
tradescantia n. m.
trade-union [tredynjɔ̃ ; tredjunjɔn] n. m.
PL. *trade-unions*
trade-unionisme n. m.
trade-unioniste adj. et n.
PL. *trade-unionistes*
tradeur, euse n.
traditeur n. m.
tradition n. f.
traditionalisme n. m.
traditionaliste adj. et n.
traditionnaire adj. et n.
traditionnel, elle adj.
traditionnellement adv.
traducteur, trice n.
traduction n. f.
traduire v. tr. (conjug. 38)
traduisible adj.
trafic n. m.
traficotage n. m.
traficoter v. intr. (conjug. 1)
trafiquant, ante n.
trafiquer v. tr. (conjug. 1)
tragédie n. f.

tragédien, ienne n.
tragicomédie n. f.
tragicomique adj.
tragique adj. et. n.
tragiquement adv.
tragus n. m.
trahir v. tr. (conjug. 2)
trahison n. f.
trail n. m.
traille n. f.
train n. m.
traînage ou **trainage*** n. m.
traînailler ou **trainailler*** v. intr. (conjug. 1)
traînant, ante ou **trainant*** adj.
traînard, arde ou **trainard, arde*** n.
traînasse ou **trainasse*** n. f.
traînasser ou **trainasser*** v. (conjug. 1)
traîne ou **traine*** n. f.
traîneau ou **traineau*** n. m.
traîne-bûche ou **traine-buche*** n. m.
PL. *traîne-bûches* ou *traine-buches**
traîne-buisson ou **traine-buisson*** n. m.
PL. *traîne-buissons* ou *traine-buissons**
traînée ou **trainée*** n. f.
traînement ou **trainement*** n. m.
traîne-misère ou **traine-misère*** n.
PL. *traîne-misère(s)* ou *traine-misères**
traîner ou **trainer*** v. (conjug. 1)
traînerie ou **trainerie*** n. f.
traîne-savate ou **traine-savate*** n.
PL. *traîne-savates* ou *traine-savates**

transfrontalier

traîne-semelle ou traîne-semelle* n. m.
PL. traîne-semelles ou traîne-semelles*
traîneur, euse ou traineur, euse* n.
traîneux, euse ou traineux, euse* n.
trainglot n. m.
training n. m.
traintrain ou train-train n. m.
PL. inv. ou traintrains
traire v. tr. (conjug. 50)
traitable adj.
traitant, ante n. m. et adj.
trait d'union n. m.
traite n. f.
traité n. m.
traitement n. m.
traiter v. tr. (conjug. 1)
traiteur n. m.
traître, traîtresse ou traitre, esse* n. et adj.
traîtreusement ou traitreusement* adv.
traîtrise ou traitrise* n. f.
trajectographie n. f.
trajectographique adj.
trajectoire n. f.
trajet n. m.
tralala n. m.
trâlée n. f.
tram n. m.
tramail n. m.
trame n. f.
tramelot n. m.
tramer v. tr. (conjug. 1)
traminot n. m.
tramontane n. f.
tramp n. m.
tramping n. m. (rec. off. : transport maritime à la demande)
trampoline n. m.
trampoliniste n.
tramway n. m.
PL. tramways
tranchage n. m.

tranchant, ante adj. et n. m.
tranche n. f.
tranché, ée adj.
tranchée n. f.
tranchée-abri n. f.
PL. tranchées-abris
tranchefile n. f.
tranchefiler v. tr. (conjug. 1)
tranche-montagne n. m.
PL. tranche-montagnes
trancher v. (conjug. 1)
tranchet n. m.
trancheur, euse n.
tranchoir n. m.
tranquille adj.
tranquillement adv.
tranquillisant, ante adj. et n. m.
tranquilliser v. tr. (conjug. 1)
tranquillité n. f.
trans adj.
transaction n. f.
transactionnel, elle adj.
transalpin, ine adj.
transamazonien, ienne adj.
transaminase n. f.
transandin, ine adj.
transat n. m. et f.
transatlantique adj. et n. m.
transbahuter v. tr. (conjug. 1)
transbordement n. m.
transborder v. tr. (conjug. 1)
transbordeur n. m. (rec. off. pour ferry-boat)
transcanadien, ienne adj. et n.
transcaspien, ienne adj.
transcaucasien, ienne adj.
transcendance n. f.
transcendant, ante adj.
transcendantal, ale, aux adj.

transcendantalisme n. m.
transcender v. tr. (conjug. 1)
transcodage n. m.
transcoder v. tr. (conjug. 1)
transcodeur n. m.
transconteneur n. m.
transcontinental, ale, aux adj.
transcriptase n. f.
transcripteur, trice n.
transcription n. f.
transcrire v. tr. (conjug. 39)
transcrit adj. m. et n. m.
transculturel, elle adj.
transdisciplinaire adj.
transdisciplinarité n. f.
transducteur n. m.
transduction n. f.
transe n. f.
transept n. m.
transfecter v. tr. (conjug. 1)
transfection n. f.
transférable adj.
transfèrement n. m.
transférentiel, ielle adj.
transférer v. tr. (conjug. 6)
transferrine n. f.
transfert n. m.
transfigurateur, trice adj.
transfiguration n. f.
transfigurer v. tr. (conjug. 1)
transfiler v. tr. (conjug. 1)
transfini, ie adj.
transfixion n. f.
transformable adj.
transformateur, trice adj. et n. m.
transformation n. f.
transformationnel, elle adj.
transformée n. f.
transformer v. tr. (conjug. 1)
transformisme n. m.
transformiste n. et adj.
transfrontalier, ière adj.

transfuge n.
transfuser v. tr. (conjug. 1)
transfuseur n. m.
transfusion n. f.
transfusionnel, elle adj.
transgène n. m.
transgénérationnel, elle adj.
transgenèse n. f.
transgénique adj.
transgenre adj. et n.
transgresser v. tr. (conjug. 1)
transgresseur n. m.
transgressif, ive adj.
transgression n. f.
transhumance n. f.
transhumant, ante adj.
transhumer v. intr. (conjug. 1)
¹**transi, ie** adj.
²**transi** n. m.
transiger v. intr. (conjug. 3)
transilien, ienne adj. et n.
transir v. (conjug. 2 ; seult prés. indic., temps comp. et inf.)
transistor n. m.
transistorisation n. f.
transistoriser v. tr. (conjug. 1)
transit n. m.
transitaire adj. et n.
transiter v. (conjug. 1)
transitif, ive adj.
transition n. f.
transitionnel, elle adj.
transitivement adv.
transitivité n. f.
transitoire adj.
transitoirement adv.
translatif, ive adj.
translation n. f.
translittération n. f.
translittérer v. tr. (conjug. 6)
translocation n. f.
translucide adj.
translucidité n. f.
transmanche adj. inv.

transmetteur, euse n.
transmettre v. tr. (conjug. 56)
transmigration n. f.
transmigrer v. intr. (conjug. 1)
transmissibilité n. f.
transmissible adj.
transmission n. f.
transmodulation n. f.
transmuable adj.
transmuer v. tr. (conjug. 1)
transmutabilité n. f.
transmutable adj.
transmutant, ante adj.
transmutation n. f.
transmuter v. tr. (conjug. 1)
transnational, ale, aux adj.
transocéanique adj.
transpalette n. m.
transparaître ou **transparaitre*** v. intr. (conjug. 57)
transparence n. f.
transparent, ente adj. et n. m.
transpercement n. m.
transpercer v. tr. (conjug. 3)
transphrastique adj.
transpirant, ante adj.
transpiration n. f.
transpirer v. intr. (conjug. 1)
transplacentaire adj.
transplant n. m.
transplantable adj.
transplantation n. f.
transplanté, ée n.
transplantement n. m.
transplanter v. tr. (conjug. 1)
transplanteur n. m.
transplantoir n. m.
transpolaire adj.
transpondeur n. m.
transport n. m.
transportabilité n. f.
transportable adj.

transportation n. f.
transporté, ée adj.
transporter v. tr. (conjug. 1)
transporteur n. m.
transposable adj.
transposer v. tr. (conjug. 1)
transpositeur n. m.
transposition n. f.
transposon n. m.
transpyrénéen, enne adj.
transsaharien, ienne adj.
transsexualisme n. m.
transsexualité n. f.
transsexuel, elle adj. et n.
transsibérien, ienne adj.
transsonique adj.
transsubstantiation n. f.
transsudat n. m.
transsudation n. f.
transsuder v. (conjug. 1)
transuranien, ienne adj. et n. m.
transvasement n. m.
transvaser v. tr. (conjug. 1)
transversal, ale, aux adj.
transversalement adv.
transversalité n. f.
transverse adj.
transvestisme n. m.
transvider v. tr. (conjug. 1)
trapèze n. m.
trapéziste n.
trapézoïdal, ale, aux adj.
trapézoïde adj.
trappe n. f.
trappeur, euse n.
trappillon n. m.
trappiste n. m. et n. f.
trappistine n. f.
trapu, ue adj.
traque n. f.
traquenard n. m.
traquer v. tr. (conjug. 1)
traquet n. m.
traqueur, euse n.
trash adj. inv.
trattoria n. f.
trauma n. m.

traumatique adj.
traumatisant, ante adj.
traumatiser v. tr. (conjug. 1)
traumatisme n. m.
traumatologie n. f.
traumatologique adj.
traumatologiste n.
¹travail n. m.
PL. travails (dispositif)
²travail, aux n. m. (tâche)
travaillé, ée adj.
travailler v. (conjug. 1)
travailleur, euse n. et adj.
travailleuse n. f.
travaillisme n. m.
travailliste n. et adj.
travailloter v. intr. (conjug. 1)
travée n. f.
travelage n. m.
traveling n. m.
traveller [travlœr] n. m.
traveller's chèque ou traveller's check ou traveler's chèque* [travlœr(s)ʃɛk] n. m.
travelling ou traveling n. m.
travelo n. m.
travers n. m.
traversable adj.
traverse n. f.
traversée n. f.
traverser v. tr. (conjug. 1)
traversier, ière adj. et n. m.
traversin n. m.
traversine n. f.
travertin n. m.
travesti, ie adj. et n. m.
travestir v. tr. (conjug. 2)
travestisme n. m.
travestissement n. m.
traviole (de) loc. adv.
trayeur, euse n.
trayon n. m.
trébuchant, ante adj.
trébuchement n. m.
trébucher v. (conjug. 1)

trébuchet n. m.
trécheur n. m.
tréfilage n. m.
tréfiler v. tr. (conjug. 1)
tréfilerie n. f.
tréfileur n. m.
trèfle n. m.
tréflé, ée adj.
tréflerie n. f.
tréflière n. f.
tréfonds n. m.
tréhalose n. m.
treillage n. m.
treillager v. tr. (conjug. 3)
treillageur n. m.
treille n. f.
treillis n. m.
treillisser v. tr. (conjug. 1)
treize adj. numér. inv. et n. inv.
treizième adj. et n.
treizièmement adv.
treiziste n.
trek n. m.
trekker v. intr. (conjug. 1)
trekkeur, euse n.
trekking ou trek n. m.
trélingage n. m.
tréma n. m.
trémail n. m.
trématage n. m.
trémater v. tr. (conjug. 1)
trématodes n. m. pl.
tremblaie n. f.
tremblant, ante adj.
tremble n. m.
tremblé, ée adj. et n. m.
tremblement n. m.
trembler v. intr. (conjug. 1)
trembleur, euse n. et adj.
trembleuse n. f.
tremblotant, ante adj.
tremblote n. f.
tremblotement n. m.
trembloter v. intr. (conjug. 1)
trémelle n. f.
trémie n. f.
trémière adj. f.
trémolo n. m.

trémoussement n. m.
trémousser (se) v. pron. (conjug. 1)
trempabilité n. f.
trempage n. m.
trempe adj. ; n. f.
trempé, ée adj.
tremper v. (conjug. 1)
trempette n. f.
trempeur n. m.
tremplin n. m.
trémulation n. f.
trémuler v. (conjug. 1)
trenail n. m.
trench n. m.
trench-coat [trɛnʃkot] n. m.
PL. trench-coats
trentain n. m.
trentaine n. f.
trente adj. numér. inv. et n. inv.
trente-et-quarante n. m. inv.
trente et un n. m.
trentenaire adj.
trente-six adj. numér. inv. et n.
trente-trois adj. numér. inv. et n.
trentième adj. et n.
trépan n. m.
trépanation n. f.
trépaner v. tr. (conjug. 1)
trépang n. m.
trépas n. m.
trépasser v. intr. (conjug. 1)
tréphocyte n. m.
tréphone n. f.
trépidant, ante adj.
trépidation n. f.
trépider v. intr. (conjug. 1)
trépied n. m.
trépignement n. m.
trépigner v. intr. (conjug. 1)
trépointe n. f.
tréponématose n. f.
tréponème n. m.
très adv.
trésaille n. f.

trescheur ou **trécheur** n. m.
trésor n. m.
trésorerie n. f.
trésorier, ière n.
trésorier-payeur n. m.
  PL. *trésoriers-payeurs*
tressage n. m.
tressaillement n. m.
tressaillir v. intr. (conjug. **13**)
tressautement n. m.
tressauter v. intr. (conjug. **1**)
tresse n. f.
tresser v. tr. (conjug. **1**)
tresseur, euse n.
tréteau n. m.
treuil n. m.
treuillage n. m.
treuiller v. tr. (conjug. **1**)
trêve n. f.
trévire n. f.
trévirer v. tr. (conjug. **1**)
trévise n. f.
tri n. m.
triacide n. m.
triade n. f.
triage n. m.
triaire n. m.
trial n. m. et f.
trialcool n. m.
triandre adj.
triandrie n. f.
triangle n. m.
triangulaire adj.
triangulation n. f.
trianguler v. tr. (conjug. **1**)
trias n. m.
triasique adj.
triathlète n.
triathlon n. m.
triathlonien, ienne n.
triatomique adj.
tribade n. f.
tribal, ale, aux adj.
tribalisme n. m.
triballe n. f.
triballer v. tr. (conjug. **1**)
tribart n. m.

tribasique adj.
triboélectricité n. f.
triboélectrique adj.
tribologie n. f.
triboluminescence n. f.
triboluminescent, ente adj.
tribomètre n. m.
tribométrie n. f.
tribord n. m.
tribordais n. m.
triboulet n. m.
tribu n. f.
tribulation n. f.
tribun n. m.
tribunal, aux n. m.
tribunat n. m.
tribune n. f.
tribunitien, ienne adj.
tribut n. m.
tributaire adj.
tributyrine n. f.
tric n. m.
tricarboxylique adj.
tricard, arde n.
tricennal, ale, aux adj.
tricentenaire n. m. et adj.
tricéphale adj.
triceps adj. et n. m.
tricératops n. m.
triche n. f.
tricher v. intr. (conjug. **1**)
tricherie n. f.
tricheur, euse n.
trichiasis [-k-] n. m.
trichine [-k-] n. f.
trichiné, ée [-k-] adj.
trichineux, euse [-k-] adj.
trichinose [-k-] n. f.
trichite [-k-] n. f.
trichloracétique [-k-] adj.
trichloréthylène [-k-] n. m.
trichocéphale [-k-] n. m.
trichocéphalose [-k-] n. f.
trichogramme [-k-] n. m.
tricholome [-k-] n. m.
trichoma [-k-] n. m.
trichomonas [-komonɑs] n. m.

trichophytie [-kofiti] n. f.
trichophyton [-kɔ-] n. m.
trichrome [-k-] adj.
trichromie [-k-] n. f.
trick ou **tric** n. m.
triclinique adj.
triclinium [-klinjɔm] n. m.
  PL. *tricliniums*
tricoises n. f. pl.
tricolore adj.
tricorne adj. et n. m.
tricot n. m.
tricotage n. m.
tricoté, ée adj.
tricoter v. (conjug. **1**)
tricotets n. m. pl.
tricoteur, euse n.
tricourant adj. inv.
trictrac n. m.
tricuspide adj.
tricycle n. m. et adj.
tridacne n. m.
tridactyle adj.
trident n. m.
tridi n. m.
tridimensionnel, elle adj.
trièdre adj. et n. m.
triennal, ale, aux adj.
trier v. tr. (conjug. **7**)
triérarque n. m.
trière n. f.
triester n. m.
trieur, trieuse n.
trieuse n. f.
trifide adj.
trifolié, ée adj.
triforium n. m.
trifouiller v. (conjug. **1**)
trigémellaire adj.
trigéminé, ée adj.
trigle n. m.
triglycéride n. m.
triglyphe n. m.
trigo n. f.
trigone adj. et n. m.
trigonelle n. f.
trigonocéphale n. m.
trigonométrie n. f.
trigonométrique adj.

trigonométriquement adv.
trigramme n. m.
trijumeau adj. et n. m.
trilatéral, ale, aux adj.
trilingue adj.
trilitère adj.
trille n. m.
triller v. (conjug. 1)
trillion n. m.
trilobé, ée adj.
trilobites n. m. pl.
triloculaire adj.
trilogie n. f.
trilogue n. m.
trimaran n. m.
trimard n. m.
trimarder v. (conjug. 1)
trimardeur n. m.
trimbalage ou **trimballage** n. m.
trimbalement ou **trimballement** n. m.
trimbaler ou **trimballer** v. tr. (conjug. 1)
trimer v. intr. (conjug. 1)
trimère adj.
trimestre n. m.
trimestriel, ielle adj.
trimestriellement adv.
trimètre n. m.
trimmer ou **trimmeur*** n. m.
trimoteur n. m.
trin, trine adj.
trinervé, ée adj.
tringle n. f.
tringler v. tr. (conjug. 1)
tringlot ou **trainglot** n. m.
trinitaire adj. et n.
trinité n. f.
trinitrobenzène n. m.
trinitrotoluène n. m.
trinôme n. m.
trinquart n. m.
trinqueballe n. m.
trinquer v. intr. (conjug. 1)
trinquet n. m.
trinquette n. f.

trio n. m.
triode n. f.
triol n. m.
triolet n. m.
triolisme n. m.
triomphal, ale, aux adj.
triomphalement adv.
triomphalisme n. m.
triomphaliste adj. et n.
triomphant, ante adj.
triomphateur, trice n.
triomphe n. m.
triompher v. (conjug. 1)
trionyx n. m.
trip n. m.
tripaille n. f.
tripale adj.
tripang ou **trépang** n. m.
triparti, ie ou **tripartite** adj.
tripartisme n. m.
tripartite n. f.
tripartition n. f.
tripatouillage n. m.
tripatouiller v. tr. (conjug. 1)
tripatouilleur, euse n.
tripe n. f.
triperie n. f.
tripette n. f.
triphasé, ée adj.
triphénylméthane n. m.
triphosphate n. m.
triphtongue n. f.
tripier, ière n.
triplace adj.
triplan n. m.
triple adj. et n. m.
triplé, ée n.
triplement adv. ; n. m.
tripler v. (conjug. 1)
triplet n. m.
triplette n. f.
triplex n. m.
triplicata n. m.
PL. inv. ou *triplicatas*
triploïde adj.
triploïdie n. f.
triplure n. f.
tripode adj. et n. m.

tripodie n. f.
tripoli n. m.
triporteur n. m.
tripot n. m.
tripotage n. m.
tripotée n. f.
tripoter v. (conjug. 1)
tripoteur, euse n.
tripous ou **tripoux** n. m. pl.
triptyque n. m.
trique n. f.
triqueballe ou **trinqueballe** n. m.
trique-madame ou **triquemadame*** n. f.
PL. inv. ou *triquemadames**
triquet n. m.
trirectangle adj.
trirègne n. m.
trirème n. f.
trisaïeul, eule n.
trisannuel, elle adj.
trisecteur, trice adj.
trisection n. f.
triskèle n. m.
trismique adj.
trismus n. m.
trisoc n. m.
trisomie n. f.
trisomique adj.
trisser v. (conjug. 1)
triste adj.
tristement adv.
tristesse n. f.
tristoune adj.
tristounet, ette adj.
trisyllabe adj. et n. m.
trisyllabique adj.
trithérapie n. f.
triticale n. m.
tritium n. m.
triton n. m.
triturateur n. m.
trituration n. f.
triturer v. tr. (conjug. 1)
triumvir n. m.
triumviral, ale, aux adj.
triumvirat n. m.
trivalence n. f.

trivalent

trivalent, ente adj.
trivalve adj.
trivial, iale, iaux adj.
trivialement adv.
trivialité n. f.
trivium n. m.
troc n. m.
trocart n. m.
trochaïque adj.
trochanter n. m.
trochantérien, ienne adj.
troche n. f.
trochée n. m. ; n. f.
troches n. f. pl.
trochile n. m.
trochilidés n. m. pl.
trochin n. m.
trochisque n. m.
trochiter n. m.
trochlée n. f.
trochléen, enne adj.
trochure n. f.
troène n. m.
troglobie adj.
troglodyte n. m.
troglodytique adj.
trogne n. f.
trognon n. m.
troïka n. f.
trois adj. numér. et n.
trois-D ou 3D adj. inv.
 (tridimensionnel)
trois-deux n. m.
trois-étoiles ou trois
 étoiles n. m. et adj. inv.
trois-huit n. m. inv. ; n. m. pl.
troisième adj. et n.
troisièmement adv.
trois-mâts n. m. inv.
trois-points adj. inv.
trois-ponts n. m.
trois-quarts n. m.
trois-quatre n. m. inv.
trois-six n. m.
troll n. m.
trolle ou trole* n. f. ; n. m.
trolley n. m.
 PL. trolleys
trolleybus n. m.

trombe n. f.
trombidion n. m.
trombidiose n. f.
trombine n. f.
trombinoscope n. m.
tromblon n. m.
trombone n. m.
tromboniste n.
trompe n. f.
trompe-la-mort n. m. inv.
trompe-l'œil n. m. inv.
tromper v. tr. (conjug. 1)
tromperie n. f.
trompeter ou
 trompetter ou
 trompéter* v.
 (conjug. 4)
trompette n. f. et m.
trompette-de-la-mort
 n. f.
 PL. trompettes-de-la-mort
trompette-des-morts
 n. f.
 PL. trompettes-des-morts
trompettiste n.
trompeur, euse adj.
trompeusement adv.
trompillon n. m.
tronc n. m.
troncation n. f.
troncature n. f.
tronche n. f.
tronchet n. m.
tronçon n. m.
tronconique adj.
tronçonnage n. m.
tronçonnement n. m.
tronçonner v. tr.
 (conjug. 1)
tronçonneur n. m.
tronçonneuse n. f.
tronculaire adj.
trône n. m.
trôner v. intr. (conjug. 1)
tronqué, ée adj.
tronquer v. tr. (conjug. 1)
trop adv. et nominal
trope n. m.
trophée n. m.

434

trophique adj.
trophoblaste n. m.
trophonévrose n. f.
tropical, ale, aux adj.
tropicalisation n. f.
tropicaliser v. tr.
 (conjug. 1)
tropique n. m. et adj.
tropisme n. m.
tropopause n. f.
troposphère n. f.
troposphérique adj.
trop-perçu n. m.
 PL. trop-perçus
trop-plein n. m.
 PL. trop-pleins
troque n. f.
troquer v. tr. (conjug. 1)
troquet n. m.
troqueur, euse n.
trot n. m.
trotskisme ou
 trotskysme n. m.
trotskiste ou trotskyste n.
trotte n. f.
trotte-menu adj. inv.
trotter v. (conjug. 1)
trotteur, euse n.
trotteuse n. f.
trottin n. m.
trottinement n. m.
trottiner v. intr. (conjug. 1)
trottinette n. f.
trottoir n. m.
trou n. m.
troubadour n. m.
troublant, ante adj. ;
 n. m.
trouble adj. ; n. m.
troublé, ée adj.
trouble-fête n.
 PL. trouble-fêtes
troubler v. tr. (conjug. 1)
troué, ée adj.
trouée n. f.
trouer v. tr. (conjug. 1)
troufignon n. m.
troufion n. m.
trouillard, arde adj. et n.

trouille n. f.
trouiller v. intr. (conjug. 1)
trouillomètre n. m.
trouilloter v. tr. (conjug. 1)
troupe n. f.
troupeau n. m.
troupiale n. m.
troupier n. m. et adj. m.
troussage n. m.
trousse n. f.
trousseau n. m.
trousse-galant n. m.
PL. *trousse-galants*
trousse-pet n. m.
PL. *trousse-pets*
trousse-pied n. m.
PL. *trousse-pieds*
trousse-queue n. m.
PL. *trousse-queues*
troussequin n. m.
trousser v. tr. (conjug. 1)
trousseur n. m.
trou-trou ou **troutrou*** n. m.
PL. *trous-trous* ou *troutrous**
trouvable adj.
trouvaille n. f.
trouvé, ée adj.
trouver v. tr. (conjug. 1)
trouvère n. m.
trouveur, euse n.
truand, ande n.
truandage n. m.
truander v. (conjug. 1)
truanderie n. f.
truble n. f.
trublion n. m.
¹truc n. m.
²truc ou **truck** [tʀœk] n. m. (chariot)
trucage ou **truquage** n. m.
truchement n. m.
trucider v. tr. (conjug. 1)
truck n. m.
trucmuche n. m.
truculence n. f.
truculent, ente adj.
truelle n. f.
truellée n. f.

truffade n. f.
truffe n. f.
truffer v. tr. (conjug. 1)
trufficulteur, trice n.
trufficulture n. f.
truffier, ière adj.
truffière n. f.
truie n. f.
truisme n. m.
truite n. f.
truité, ée adj.
truiticulture n. f.
trullo [tʀu(l)lo ; tʀylo] n. m.
PL. *trullos* ou *trulli*
trumeau n. m.
truquage v. (conjug. 1)
truquer v. (conjug. 1)
truqueur, euse n.
truquiste n.
trusquin n. m.
trusquiner v. tr. (conjug. 1)
trust n. m.
truste n. f.
truster v. tr. (conjug. 1)
trusteur n. m.
trutticulture n. f.
trypanosome n. m.
trypanosomiase n. f.
trypsine n. f.
trypsinogène n. m.
tryptamine n. f.
tryptophane n. m.
tsar n. m.
tsarévitch n. m.
tsarine n. f.
tsarisme n. m.
tsariste adj.
tsatsiki n. m.
tsé-tsé n. f.
PL. inv. ou *tsétsés*
T. S. F. n. f. (télégraphie sans fil)
TSH n. f.
t-shirt n. m.
PL. *t-shirts*
tsigane n. et adj.
tsoin-tsoin ou **tsointsoin*** interj. et adj. inv.
tss-tss interj.

tsuga n. m.
tsunami [tsunami] n. m.
T. T. C. abrév. (toutes taxes comprises)
T. U. abrév. (temps universel)
tu pron. pers.
tuage n. m.
tuant, tuante adj.
tub n. m.
tuba n. m.
tubage n. m.
tubaire adj.
tubard, arde adj. et n.
tube n. m. (rec. off. pour tit)
tubeless adj. et n.
tuber v. tr. (conjug. 1)
tubéracées n. f. pl.
tubercule n. m.
tuberculeux, euse adj. et n.
tuberculide n. f.
tuberculination n. f.
tuberculine n. f.
tuberculinique adj.
tuberculisation n. f.
tuberculose n. f.
tubéreuse n. f.
tubéreux, euse adj.
tubérisation n. f.
tubérisé, ée adj.
tubérosité n. f.
tubeur n. m.
tubicole n.
tubifex n. m.
tubipore n. m.
tubiste n.
tubitèle adj.
tubulaire n. f. et adj.
tubule n. m.
tubulé, ée adj.
tubuliflore adj.
tubuline n. f.
tubulure n. f.
tudesque adj.
tudieu interj.
tue-chien n. m.
PL. *tue-chiens*
tue-diable n. m.
PL. *tue-diables*
tue-l'amour n. m. inv.

tue-loup n. m.
PL. *tue-loups*
tue-mouche n. m. et adj.
PL. *tue-mouches*
tuer v. tr. (conjug. 1)
tuerie n. f.
tue-tête (à) loc. adv.
tueur, tueuse n.
tuf n. m.
tuffeau ou **tufeau** n. m.
tufier, ière n. f.
tufté, ée adj.
tuilage n. m.
tuile n. f.
tuileau n. m.
tuiler v. tr. (conjug. 1)
tuilerie n. f.
tuilier, ière n. et adj.
tularémie n. f.
tulipe n. f.
tulipier n. m.
tulle n. m.
tullerie n. f.
tullier, ière adj.
tulliste n.
tumbling n. m.
tuméfaction n. f.
tuméfié, iée adj.
tuméfier v. tr. (conjug. 7)
tumescence n. f.
tumescent, ente adj.
tumeur n. f.
tumoral, ale, aux adj.
tumorigène adj.
tumulaire adj.
tumulte n. m.
tumultueusement adv.
tumultueux, euse adj.
tumulus n. m.
PL. *tumulus* ou *tumuli* (lat.)
tune n. f.
tuner n. m. (rec. off. : syntoniseur)
tungar n. m.
tungstate n. m.
tungstène n. m.
tunicelle n. f.
tuniciers n. m. pl.
tuning n. m.
tunique n. f.

tunisien, ienne adj. et n.
tunnel n. m.
tunnelier n. m.
T. U. P. n. m. (titre universel de paiement)
tupaja ou **tupaïa** n. m.
tupi adj. et n.
tupinambis n. m.
tupperware® [typɛʀwɛʀ; tɶpœʀwɛʀ] n. m.
tuque n. f.
turban n. m.
turbe n. f.
turbé ou **turbeh** n. m.
turbellariés n. m. pl.
turbide adj.
turbidimétrie n. f.
turbidité n. f.
turbin n. m.
turbinage n. m.
turbine n. f.
turbiné, ée adj.
turbinelle n. f.
turbiner v. intr. (conjug. 1)
turbith n. m.
turbo n. m. et adj.
turboalternateur n. m.
turbocompressé, ée adj.
turbocompresseur n. m.
turbodiesel adj. et n. m.
turbofiltre n. m.
turboforage n. m.
turbomachine n. f.
turbomoteur n. m.
turbopompe n. f.
turbopropulseur n. m.
turboréacteur n. m.
turbosoufflante n. f.
turbostatoréacteur n. m.
turbot n. m.
turbotière n. f.
turbotin n. m.
turbotrain n. m.
turbulence n. f.
turbulent, ente adj.
turbulette n. f.
turc, turque adj. et n.
turcique adj.
turco n. m.

turco-mongol, ole n. m. et adj.
PL. *turco-mongols, oles*
turcophone adj.
turdidés n. m. pl.
turf n. m.
turfiste n.
turgescence n. f.
turgescent, ente adj.
turgide adj.
turion n. m.
turista n. f.
turkmène adj. et n.
turlupiner v. (conjug. 1)
turlutaine n. f.
turlute n. f.
turluter v. (conjug. 1)
turlutte n. f.
turlututu interj.
turne n. f.
turnep n. m.
turnover ou **turn-over** n. m.
PL. *turnovers* ou *turn-over*
turonien, ienne adj. et n. m.
turpide adj.
turpidement adv.
turpitude n. f.
turquerie n. f.
turquin adj. m.
turquoise n. f. ; adj. inv. ; n. m.
turriculé, ée adj.
turriforme adj.
turritelle n. f.
tussah n. m.
tussilage n. m.
tussor n. m.
tutélaire adj.
tutelle n. f.
tuteur, trice n.
tuteurage n. m.
tuteurer v. tr. (conjug. 1)
tutoiement n. m.
tutorat n. m.
tutoré, ée adj.
tutoriel, ielle adj. et n. m.
tutoyer v. tr. (conjug. 8)

tutti [tu(t)ti] n. m.
PL. inv. ou *tuttis**
tutti frutti loc. adj. inv. et n. m.
tutti quanti loc. nominale
tutu n. m.
tuyau n. m.
tuyautage n. m.
tuyauter v. (conjug. **1**)
tuyauterie n. f.
tuyauteur, euse n.
tuyère n. f.
T. V. A. n. f. (taxe à la valeur ajoutée)
TVHD n. f. inv. (télévision haute définition)
tweed n. m.
tweet® [twit] n. m.
tweeter [twitœʀ] n. m. (rec. off. : haut-parleur d'aigus)
tweeter [twite] v. intr. (conjug. **1**)
twill n. m.
twin-set ou **twinset*** n. m.
PL. *twin-sets* ou *twinsets**
twist n. m.
twister v. intr. (conjug. **1**)
tylenchus n. m.
tympan n. m.
tympanal, ale, aux adj. et n. m.
tympanique adj.
tympaniser v. tr. (conjug. **1**)
tympanisme n. m.
tympanométrie n. f.
tympanon n. m.
tyndallisation n. f.
typage n. m.
type n. m.
typé, ée adj.
typer v. tr. (conjug. **1**)
typesse n. f.
typha n. m.
typhique adj. et n.
typhlite n. f.
typhobacillose n. f.
typhoïde adj. et n. f.
typhoïdique adj.
typhomycine n. f.

typhon n. m.
typhose n. f.
typhus n. m.
typicité n. f.
typique adj. et n.
typiquement adv.
typo n. f. ; adj.
typochromie [-k-] n. f.
typographe n.
typographie n. f.
typographier v. tr. (conjug. **7**)
typographique adj.
typographiquement adv.
typolithographie n. f.
typologie n. f.
typologique adj.
typomètre n. m.
typtologie n. f.
tyramine n. f.
tyran n. m.
tyranneau n. m.
tyrannicide adj. et n. ; n. m.
tyrannie n. f.
tyrannique adj.
tyranniquement adv.
tyranniser v. tr. (conjug. **1**)
tyrannosaure n. m.
tyrolien, ienne adj. et n.
tyrolienne n. f.
tyrosinase n. f.
tyrosine n. f.
tyrosinémie n. f.
tyrothricine n. f.
tzatziki ou **tsatsiki** n. m.
tzigane n. et adj.

u

u n. m. inv.
ubac n. m.
ubérale adj. f.
ubiquiste [ybi-] adj. et n.

ubiquitaire [ybi-] n. et adj.
ubiquité [ybi-] n. f.
ubuesque adj.
uchronie [-k-] n. f.
UEM n. f. (union économique et monétaire)
ufologie n. f.
ufologique adj.
ufologue n.
UFR n. f. (unité de formation et de recherche)
uhlan n. m.
U. H. T. n. f. (ultra-haute température)
ukase n. m.
ukrainien, ienne adj. et n.
ukulélé n. m.
ulcératif, ive adj.
ulcération n. f.
ulcère n. m.
ulcéré, ée adj.
ulcérer v. tr. (conjug. **6**)
ulcéreux, euse adj.
ulcéroïde adj.
uléma n. m.
ulluque n. m.
U. L. M. n. m. inv. (ultra-léger motorisé)
ulmaire n. f.
ulnaire adj.
ultérieur, ieure adj.
ultérieurement adv.
ultimatum n. m.
ultime adj.
ultimo adv.
ultra n.
ultracentrifugation n. f.
ultracentrifugeuse n. f.
ultrachic adj.
ultraconcurrentiel, ielle adj.
ultraconservateur, trice adj. et n.
ultracourt, courte adj.
ultradien, ienne adj.
ultrafiltration n. f.
ultrafrais, fraîche ou **fraiche*** adj.
ultragauche n. f.
ultralarge adj.

ultralibéral, ale, aux adj. et n.
ultralibéralisme n. m.
ultramajoritaire adj.
ultramarin, ine adj.
ultramicroscope n. m.
ultramicroscopie n. f.
ultramicroscopique adj.
ultraminoritaire adj.
ultramoderne adj.
ultramontain, aine adj.
ultramontanisme n. m.
ultranationaliste adj. et n.
ultra-orthodoxe adj. et n.
PL. *ultra-orthodoxes*
ultrapatriotique adj.
ultraperformant, ante adj.
ultrapériphérique adj.
ultra-petita ou **ultrapétita*** [yltrapetita] adv.
ultraplat, plate adj.
ultraportable adj.
ultrapression n. f.
ultrarapide adj.
ultrarésistant, ante adj.
ultraroyaliste adj. et n.
ultrasensible adj.
ultrason n. m.
ultrasonique adj.
ultrasonore adj.
ultraviolence n. f.
ultraviolent, ente adj.
ultraviolet, ette adj. et n. m.
ululement n. m.
ululer v. intr. (conjug. 1)
ulve n. f.
un, une adj. numér. et qualificatif ; n. ; art. et pron. indéf.
unanime adj.
unanimement adv.
unanimisme n. m.
unanimiste adj. et n.
unanimité n. f.
unau n. m.
unciforme adj.
unciné, ée adj.

underground [œndœrɡraund ; œdɛrɡr(a)und] adj. inv.
PL. inv. ou *undergrounds*
une n. f.
unguéal, ale, aux [ɔ̃gyeal-] adj.
unguifère [ɔ̃gɥifɛr] adj.
unguis [ɔ̃gɥis] n. m.
uni, unie adj.
uniate n. et adj.
uniaxe adj.
unicellulaire adj.
unicité n. f.
unicolore adj.
unicorne n. m. et adj.
unidirectionnel, elle adj.
unidose n. f.
unième adj. numér. ord. et n.
unièmement adv.
unif n. f.
unifamilial, ale, aux adj.
unificateur, trice adj. et n.
unification n. f.
unifier v. tr. (conjug. 7)
unifilaire adj.
uniflore adj.
unifolié, iée adj. et n. m.
uniforme adj. et n. m.
uniformément adv.
uniformisant, ante adj.
uniformisation n. f.
uniformiser v. tr. (conjug. 1)
uniformité n. f.
unijambiste adj. et n.
unilatéral, ale, aux adj.
unilatéralement adv.
unilatéralisme n. m.
unilatéraliste adj.
unilinéaire adj.
unilingue adj.
unilobé, ée adj.
uniloculaire adj.
uniment adv.
uninominal, ale, aux adj.
union n. f.

unionisme n. m.
unioniste n. et adj.
uniovulé, ée adj.
unipare adj.
unipersonnel, elle adj. et n. m.
unipolaire adj.
unique adj.
uniquement adv.
unir v. tr. (conjug. 2)
uniramé, ée adj.
unisexe adj.
unisexualité n. f.
unisexué, ée adj.
unisson n. m.
unitaire n. et adj.
unitarien, ienne n.
unitarisme n. m.
unité n. f.
unitif, ive adj.
univalent, ente adj.
univalve adj.
univers n. m.
universalisation n. f.
universaliser v. tr. (conjug. 1)
universalisme n. m.
universaliste adj. et n.
universalité n. f.
universaux n. m. pl.
universel, elle adj. et n. m.
universellement adv.
universiade n. f.
universitaire adj. et n.
université n. f.
univibrateur n. m.
univitellin, ine adj.
univocité n. f.
univoque adj.
untel pron.
upas n. m.
upérisation n. f.
uppercut n. m.
upsilon n. m.
PL. inv. ou *upsilons***
upwelling n. m.
uracile n. m.
uraète n. m.
uræus n. m.
uranate n. m.

urane n. m.
uranie n. f.
uranifère adj.
uraninite n. f.
uranique adj.
uranisme n. m.
uranite n. f.
uranium n. m.
uranoplastie n. f.
uranoscope n. m.
uranyle n. m.
urate n. m.
urbain, aine adj.
urbanisation n. f.
urbaniser v. tr. (conjug. 1)
urbanisme n. m.
urbaniste n.
urbanistique adj.
urbanité n. f.
urbanologie n. f.
urbi et orbi loc. adv.
urcéolé, ée adj.
urdu n. m.
ure n. m.
urédinales n. f. pl.
urédospore n. f.
urée n. f.
uréide n. m.
urémie n. f.
urémique adj.
uréogénèse n. f.
uréotélie n. f.
uréotélique adj.
urétéral, ale, aux adj.
uretère n. m.
urétérite n. f.
uréthane ou uréthanne n. m.
urétral, ale, aux adj.
urètre n. m.
urétrite n. f.
urgemment adv.
urgence n. f.
urgent, ente adj.
urgentissime adj.
urgentiste n.
urgentologue n.
urger v. intr. (conjug. 3)
uricémie n. f.
uricotélie n. f.

uricotélique adj.
urinaire adj.
urinal, aux n. m.
urine n. f.
uriner v. intr. (conjug. 1)
urineux, euse adj.
urinifère adj.
urinoir n. m.
urique adj.
URL n. f. inv.
urne n. f.
urobiline n. f.
urobilinurie n. f.
urodèles n. m. pl.
urogénital, ale, aux adj.
urographie n. f.
urolagnie n. f.
urologie n. f.
urologique adj.
urologue n.
uromètre n. m.
uronique adj.
uropode n. m.
uropyges n. m. pl.
uropygial, iale, iaux adj.
uropygien, ienne adj.
urotélique adj.
ursidés n. m. pl.
ursin, ine adj.
ursuline n. f.
urticaire n. f.
urticant, ante adj.
urtication n. f.
urubu n. m.
urus n. m.
us n. m. pl.
usage n. m.
usagé, ée adj.
usager, ère n.
USB n. m. (universal serial bus)
usé, ée adj.
user v. tr. (conjug. 1)
usinage n. m.
usine n. f.
usiner v. tr. (conjug. 1)
usinier, ière adj.
usité, ée adj.
usnée n. f.

ustensile n. m.
ustilaginales n. f. pl.
usucapion n. f.
usuel, elle adj. et n. m.
usuellement adv.
usufructuaire adj.
usufruit n. m.
usufruitier, ière n. et adj.
usuraire adj.
usure n. f.
usurier, ière n.
usurpateur, trice n.
usurpation n. f.
usurper v. (conjug. 1)
ut n. m. inv.
utérin, ine adj.
utérus n. m.
utile adj. et n. m.
utilement adv.
utilisable adj.
utilisateur, trice n.
utilisation n. f.
utiliser v. tr. (conjug. 1)
utilitaire adj. et n. m.
utilitarisme n. m.
utilitariste adj.
utilité n. f.
utopie n. f.
utopique adj.
utopiste n.
utriculaire n. f. et adj.
utricule n. m.
utriculeux, euse adj.
¹U. V. n. m. pl. (ultraviolets)
²U. V. n. f. inv. (unité de valeur)
U. V. A. n. m. pl.
uval, ale, aux adj.
uva-ursi n. m. inv.
U. V. B. n. m. pl.
uvée n. f.
uvéite n. f.
uvulaire adj.
uvule n. f.
uxorilocal, ale, aux adj.

V

v n. m. inv. ; abrév. et symb.
V n. m. inv. ; abrév. et symb.
vacance n. f.
vacancier, ière n.
vacant, ante adj.
vacarme n. m.
vacataire n. et adj.
vacation n. f.
vaccaire n. f.
vaccin n. m.
vaccinal, ale, aux adj.
vaccinateur, trice n. et adj.
vaccination n. f.
vaccine n. f.
vaccinelle n. f.
vacciner v. tr. (conjug. 1)
vaccinide n. f.
vaccinogène adj.
vaccinoïde n. f. et adj.
vaccinologie n. f.
vaccinostyle n. m.
vaccinothérapie n. f.
vachard, arde adj.
vache n. f.
vachement adv.
vacher, ère n.
vacherie n. f.
vacherin n. m.
vachette n. f.
vacillant, ante adj.
vacillation n. f.
vacillement n. m.
vaciller v. intr. (conjug. 1)
vacive n. f.
va comme je te pousse (à la) loc. adv.
vacuité n. f.
vacuolaire adj.
vacuole n. f.
vacuolisation n. f.
vacuoliser v. tr. (conjug. 1)

vacuome n. m.
vacuum [vakyɔm] n. m.
va-de-la-gueule* n. inv.
vade-mecum ou vadémécum* [vademekɔm] n. m.
PL. inv. ou *vadémécums*
vadrouille n. f.
vadrouiller v. intr. (conjug. 1)
vadrouilleur, euse adj. et n.
va-et-vient n. m. inv.
vagabond, onde adj. et n.
vagabondage n. m.
vagabonder v. intr. (conjug. 1)
vagal, ale, aux adj.
vagin n. m.
vaginal, ale, aux adj.
vaginisme n. m.
vaginite n. f.
vagir v. intr. (conjug. 2)
vagissant, ante adj.
vagissement n. m.
vagolytique adj.
vagotonie n. f.
vagotonique adj.
vague adj. et n. m. ; n. f.
vaguelette n. f.
vaguement adv.
vaguemestre n. m.
vaguer v. intr. (conjug. 1)
vahiné n. f.
vaigrage n. m.
vaigre n. f.
vaillamment adv.
vaillance n. f.
vaillant, ante adj.
vaillantie n. f.
vain, vaine adj.
vaincre v. tr. (conjug. 42)
vaincu, ue adj.
vainement adv.
vainqueur, eure n.
vair n. m.
vairé, ée adj.
vairon adj. m. ; n. m.
vaisseau n. m.
vaisselier n. m.

vaisselle n. f.
val, vals ou vaux n. m.
VAL n. m. (véhicule automatique léger)
valable adj.
valablement adv.
valdinguer v. intr. (conjug. 1)
valençay n. m.
valence n. f.
valenciennes n. f.
valentinite n. f.
valériane n. f.
valérianelle n. f.
valérique adj.
valet n. m.
valetaille n. f.
valétudinaire adj. et n.
valeur n. f.
valeureusement adv.
valeureux, euse adj.
valgus adj. et n. m.
validation n. f.
valide adj.
validement adv.
valider v. tr. (conjug. 1)
validité n. f.
valine n. f.
valise n. f.
valisette n. f.
vallée n. f.
valleuse n. f.
vallisnérie n. f.
vallon n. m.
vallonné, ée adj.
vallonnement n. m.
valoche n. f.
valoir v. (conjug. 29)
valorisable adj.
valorisant, ante adj.
valorisation n. f.
valoriser v. tr. (conjug. 1)
valpolicella [valpɔlitʃella ; valpɔlitʃela] n. m.
valse n. f.
valse-hésitation n. f.
PL. *valses-hésitations*
valser v. intr. (conjug. 1)
valseur, euse n.
valvaire adj.

valve n. f.
valvé, ée adj.
valvulaire adj.
valvule n. f.
valvuloplastie n. f.
vamp n. f.
vamper v. tr. (conjug. 1)
vampire n. m.
vampirique adj.
vampiriser v. tr. (conjug. 1)
vampirisme n. m.
van n. m.
vanadinite n. f.
vanadique adj.
vanadium n. m.
vanda n. f.
vandale n.
vandaliser v. tr. (conjug. 1)
vandalisme n. m.
vandoise n. f.
vanesse n. f.
vanille n. f.
vanillé, ée adj.
vanillier n. m.
vanilline n. f.
vanilliné, ée adj.
vanillisme n. m.
vanillon n. m.
vanité n. f.
vaniteusement adv.
vaniteux, euse adj.
vanity n. m.
   PL. vanitys
vanity-case [vanitikɛz] n. m.
   PL. vanity-cases
vannage n. m.
vanne n. f.
vanneau n. m.
vannelle n. f.
vanner v. tr. (conjug. 1)
vannerie n. f.
vannet n. m.
vanneur, euse n.
vannier n. m.
vannure n. f.
vantail, aux ou ventail, aux n. m.
vantard, arde adj.
vantardise n. f.

vanter v. tr. (conjug. 1)
va-nu-pieds ou vanupied* n.
   PL. inv. ou vanupieds*
vape n. f.
vapeur n. f. ; n. m.
vapo n. m.
vapocraquage n. m.
vapocraqueur n. m.
vaporeusement adv.
vaporeux, euse adj.
vaporisage n. m.
vaporisateur n. m.
vaporisation n. f.
vaporiser v. tr. (conjug. 1)
vaquer v. (conjug. 1)
var n. m. (volt ampère réactif)
varaigne n. f.
varan n. m.
varangue n. f.
varappe n. f.
varapper v. intr. (conjug. 1)
varappeur, euse n.
varech [-RɛK] n. m.
vareuse n. f.
varia n. m. pl.
variabilité n. f.
variable adj. et n.
variablement adv.
variance n. f.
¹variant, ante adj.
²variant n. m.
variante n. f.
variateur n. m.
variation n. f.
varice n. f.
varicelle n. f.
varicocèle n. f.
varicosité n. f.
varié, iée adj.
varier v. (conjug. 7)
variétal, ale, aux adj.
variété n. f.
variétoche n. f.
variole n. f.
variolé, ée adj.
varioleux, euse adj. et n.
variolique adj.
variolisation n. f.
variomètre n. m.

variorum [varjɔrɔm] adj. inv.
variqueux, euse adj.
varlope n. f.
varloper v. tr. (conjug. 1)
varon ou varron n. m.
varus adj. et n. m.
varve n. f.
vasard, arde adj. et n. m.
vasculaire adj.
vascularisation n. f.
vascularisé, ée adj.
vasculariser (se) v. pron. (conjug. 1)
vase n. f. ; n. m.
vasectomie n. f.
vaseline n. f.
vaseliner v. tr. (conjug. 1)
vaser v. impers. (conjug. 1)
vaseux, euse adj.
vasière n. f.
vasistas [vazistɑs] n. m.
vasoconstricteur, trice adj. et n. m.
vasoconstriction n. f.
vasodilatateur, trice adj. et n.
vasodilatation n. f.
vasomoteur, trice adj.
vasopresseur n. m.
vasopressine n. f.
vasotomie n. f.
vasouillard, arde adj.
vasouiller v. intr. (conjug. 1)
vasque n. f.
vassal, ale, aux n.
vassalisation n. f.
vassaliser v. tr.
vassalité n. f.
vaste adj.
vastement adv.
vastitude n. f.
va-t-en-guerre n. inv. et adj. inv.
vaticane adj. f.
vaticinateur, trice n.
vaticination n. f.
vaticiner v. intr. (conjug. 1)
va-tout ou vatout* n. m.
   PL. inv. ou vatouts*

vau n. m.
vauchérie n. f.
vauclusien, ienne adj.
vaudeville n. m.
vaudevillesque adj.
vaudevilliste n.
vaudois, oise adj.
vaudou n. m.
vau-l'eau (à) loc. adv.
vaurien, ienne n.
vautour n. m.
vautrait n. m.
vautrer (se) v. pron. (conjug. **1**)
vau-vent (à) loc. adv.
vavasseur n. m.
va-vite (à la) loc. adv.
VDQS n. m. (vin délimité de qualité supérieure)
veau n. m.
vécés n. m. pl.
vecteur adj. et n. m.
vectoriel, ielle adj.
vectorisation n. f.
vectoriser v. tr. (conjug. **1**)
vécu, ue adj. et n. m.
véda n. m.
vedettariat n. m.
vedette n. f.
vedettisation n. f.
védique adj.
védisme n. m.
végétal, ale, aux n. m. et adj.
végétalien, ienne adj. et n.
végétalisation n. f.
végétaliser v. tr. (conjug. **1**)
végétalisme n. m.
végétarien, ienne adj. et n.
végétarisme n. m.
végétatif, ive adj.
végétation n. f.
végéter v. intr. (conjug. **6**)
véhémence n. f.
véhément, ente adj.
véhémentement adv.
véhiculaire adj.
véhicule n. m.

véhiculer v. tr. (conjug. **1**)
veille n. f.
veillée n. f.
veiller v. (conjug. **1**)
veilleur, euse n.
veilleuse n. f.
veinard, arde adj. et n.
veine n. f.
veiné, ée adj.
veiner v. tr. (conjug. **1**)
veinette n. f.
veineux, euse adj.
veinoprotecteur, trice adj.
veinotonique adj. et n. m.
veinule n. f.
veinure n. f.
vêlage n. m.
vélaire adj.
vélanède n. f.
vélani n. m.
vélar n. m.
vélarisation n. f.
vélarium ou **velarium** n. m.
velche ou **welche** n. m.
velcro n. m.
veld ou **veldt** n. m.
Vél d'hiv' n. m. sing.
veldt n. m.
vêlement n. m.
vêler v. intr. (conjug. **1**)
vélideltiste n.
vélie n. f.
vélin n. m.
véliplanchiste n.
vélique adj.
vélite n. f.
vélivole adj. et n.
velléitaire adj. et n.
velléité n. f.
vélo n. m.
véloce adj.
vélocement adv.
vélocimètre n. m.
vélocimétrie n. f.
vélocipède n. m.
vélocipédique adj.
vélocité n. f.
vélodrome n. m.

vélomoteur n. m.
vélopousse ou **vélo-pousse** n. m.
PL. inv. ou *vélopousses*
véloroute n. f.
véloski n. m.
velot n. m.
vélo-taxi n. m.
PL. *vélos-taxis*
velours n. m.
velouté, ée adj. et n. m.
veloutement n. m.
velouter v. tr. (conjug. **1**)
velouteux, euse adj.
veloutier n. m.
veloutine n. f.
veltage n. m.
velte n. f.
velu, ue adj.
vélum ou **velum** n. m.
Velux® n. m.
velvet n. m.
velvote n. f.
venaison n. f.
vénal, ale, aux adj.
vénalement adv.
vénalité n. f.
venant, ante n. et adj.
vendable adj.
vendange n. f.
vendangeoir n. m.
vendangeon n. m.
vendanger v. (conjug. **3**)
vendangerot n. m.
vendangette n. f.
vendangeur, euse n.
vendéen, enne adj. et n.
vendémiaire n. m.
vendetta [vɑ̃deta ; vɑ̃dɛtta] n. f.
vendeur, euse n. et adj.
vendre v. tr. (conjug. **41**)
vendredi n. m.
vendu, ue adj.
venelle n. f.
vénéneux, euse adj.
vénérable adj. et n.
vénération n. f.
vénère ou **véner** adj.
vénéréologie n. f.

vénérer v. tr. (conjug. 6)
vénéricarde n. f.
vénerie ou **vènerie*** n. f.
vénérien, ienne adj. et n.
vénérologie n. f.
venet n. m.
venette n. f.
veneur n. m.
vengeance n. f.
venger v. tr. (conjug. 3)
vengeron n. m.
vengeur, geresse n. et adj.
véniel, ielle adj.
venimeux, euse adj.
venin n. m.
venir v. intr. (conjug. 22 ; auxil. *être*)
vénitien, ienne adj. et n.
vent n. m.
ventail, aux n. m.
vente n. f.
venté, ée adj.
venter v. impers. (conjug. 1)
venteux, euse adj.
ventilateur n. m.
ventilation n. f.
ventilatoire adj.
ventilé, ée adj.
ventiler v. tr. (conjug. 1)
ventileuse n. f.
ventilo n. m.
ventis n. m. pl.
ventôse n. m.
ventouse n. f.
ventouser v. tr.
ventral, ale, aux adj.
ventre n. m.
ventrebleu interj.
ventrèche n. f.
ventrée n. f.
ventre-saint-gris interj.
ventriculaire adj.
ventricule n. m.
ventrière n. f.
ventriloque n. et adj.
ventriloquie n. f.
ventripotent, ente adj.
ventru, ue adj.
venturi n. m.

venu, ue adj. et n.
venue n. f.
vénus n. f.
vénusien, ienne adj.
vénusté n. f.
vépéciste n.
vêpres n. f. pl.
ver n. m.
vérace adj.
véracité n. f.
véraison n. f.
véranda n. f.
vératre n. m.
vératrine n. f.
verbal, ale, aux adj.
verbalement adv.
verbalisation n. f.
verbaliser v. (conjug. 1)
verbalisme n. m.
verbatim adv. et n. m.
verbe n. m.
verbeusement adv.
verbeux, euse adj.
verbiage n. m.
verbigération n. f.
verboquet n. m.
verbosité n. f.
ver-coquin n. m.
PL. *vers-coquins*
verdage n. m.
verdâtre adj.
verdelet, ette adj.
verdet n. m.
verdeur n. f.
verdict n. m.
verdier n. m.
verdir v. (conjug. 2)
verdissage n. m.
verdissant, ante adj.
verdissement n. m.
verdoiement n. m.
verdoyant, ante adj.
verdoyer v. intr. (conjug. 8)
verdunisation n. f.
verdure n. f.
vérétille n. f. ou m.
véreux, euse adj.
verge n. f.
vergé, ée adj.
vergence n. f.

vergeoise n. f.
verger n. m.
vergerette n. f.
vergeté, ée adj.
vergetier n. m.
vergette n. f.
vergeture n. f.
vergeure ou **vergeüre*** n. f.
[VERƷYR]
verglaçant, ante adj.
verglacé, ée adj.
verglas n. m.
vergne n. m.
vergobret n. m.
vergogne n. f.
vergue n. f.
véridicité n. f.
véridique adj.
véridiquement adv.
vérifiable adj.
vérificateur, trice n.
vérificatif, ive adj.
vérification n. f.
vérifier v. tr. (conjug. 7)
vérifieur, ieuse n.
vérin n. m.
vérine ou **verrine** n. f.
vérisme n. m.
vériste adj. et n.
véritable adj.
véritablement adv.
vérité n. f.
verjus n. m.
verjuter v. tr. (conjug. 1)
verlan n. m.
vermée n. f.
vermeil, eille adj. et n. m.
vermet n. m.
vermicelle n. m.
vermiculaire adj.
vermiculé, ée adj.
vermiculite n. f.
vermiculure n. f.
vermiforme adj.
vermifuge n. m.
vermifuger v. tr. (conjug. 3)
vermille n. f.
vermiller v. intr. (conjug. 1)
vermillon n. m.
vermillonner v. (conjug. 1)

vermine

vermine n. f.
vermineux, euse adj.
vermis n. m.
vermisseau n. m.
vermivore adj.
vermoulu, ue adj.
vermoulure n. f.
vermouth ou vermouth n. m.
vernaculaire adj.
vernal, ale, aux adj.
vernalisation n. f.
vernation n. f.
verni, ie adj. et n. m.
vernier n. m.
vernir v. tr. (conjug. 2)
vernis n. m.
vernissage n. m.
vernissé, ée adj.
vernisser v. tr. (conjug. 1)
vernisseur, euse n.
vérole n. f.
vérolé, ée adj.
véronal n. m.
véronique n. f.
verranne n. f.
verrat n. m.
verre n. m.
verré, ée adj.
verrée n. f.
verrerie n. f.
verrier n. m.
verrière n. f.
verrine n. f.
verroterie n. f.
verrou n. m.
verrouillage n. m.
verrouiller v. tr. (conjug. 1)
verrucaire n. f.
verrucosité n. f.
verrue n. f.
verruqueux, euse adj.
vers n. m. ; prép.
versaillais, aise adj. et n.
versant n. m.
versatile adj.
versatilité n. f.
verse n. f.
versé, ée adj.
verseau n. m. (pente)

versement n. m.
verser v. (conjug. 1)
verset n. m.
verseur n. m. et adj. m.
verseuse n. f.
versicolore adj.
versificateur, trice n.
versification n. f.
versifier v. tr. (conjug. 7)
version n. f.
vers-librisme n. m.
vers-libriste n.
 PL. *vers-libristes*
verso n. m.
versoir n. m.
verste n. f.
versus prép.
vert, verte adj. et n. m.
vert-de-gris n. m. et adj. inv.
vert-de-grisé, ée adj.
vertébral, ale, aux adj.
vertèbre n. f.
vertébré, ée adj. et n. m.
vertement adv.
vertex n. m.
vertical, ale, aux adj. et n.
verticalement adv.
verticaliser v. tr. (conjug. 1)
verticalité n. f.
verticille n. m.
verticillé, ée adj.
vertige n. m.
vertigineusement adv.
vertigineux, euse adj.
vertigo n. m.
vertu n. f.
vertubleu interj.
vertuchou interj.
vertueusement adv.
vertueux, euse adj.
vertugadin n. m.
verve n. f.
verveine n. f.
vervelle n. f.
¹verveux, euse adj.
²verveux n. m. (filet)
vésanie n. f.
vésanique adj.

vesce n. f.
vesceron n. m.
vésical, ale, aux adj.
vésicant, ante adj. et n. m.
vésication n. f.
vésicatoire adj. et n. m.
vésiculaire adj.
vésicule n. f.
vésiculeux, euse adj.
vesou n. m.
vespa n. f.
vespasienne n. f.
vespéral, ale, aux n. m. et adj.
vespertilion n. m.
vespidés n. m. pl.
vesse n. f.
vesse-de-loup n. f.
 PL. *vesses-de-loup*
vesser v. intr. (conjug. 1)
vessie n. f.
vestale n. f.
veste n. f.
vestiaire n. m.
vestibulaire adj.
vestibule n. m.
vestige n. m.
vestigial, iale, iaux adj.
vestimentaire adj.
veston n. m.
vêté n.
vêtement n. m.
vétéran n. m.
vétérante n. f.
vétérinaire adj. et n.
vététiste ou VTTiste n.
vétillard, arde adj. et n.
vétille n. f.
vétiller v. intr. (conjug. 1)
vétilleux, euse adj.
vêtir v. tr. (conjug. 20)
vétiver n. m.
veto ou véto n. m.
 PL. INV. *vétos* (opposition)*
vêtu, ue adj.
vêture n. f.
vétuste adj.
vétusté n. f.
veuf, veuve adj. et n.
veuglaire n. m.

veule adj.
veulerie n. f.
veuvage n. m.
vexant, ante adj.
vexateur, trice n.
vexation n. f.
vexatoire adj.
vexer v. tr. (conjug. 1)
vexillaire n.
vexille n. m.
vexillologie n. f.
vexillologue n.
VHS n. m.
via prép.
viabiliser v. tr. (conjug. 1)
viabilité n. f.
viable adj.
viaduc n. m.
via ferrata n. f.
viager, ère adj. et n. m.
viandard, arde n. m.
viande n. f.
viander v. (conjug. 1)
viatique n. m.
vibice n. f.
vibord n. m.
vibrage n. m.
vibrant, ante adj.
vibraphone n. m.
vibraphoniste n.
vibrateur n. m.
vibratile adj.
vibration n. f.
vibrato n. m.
vibratoire adj.
vibrer v. (conjug. 1)
vibreur n. m.
vibrion n. m.
vibrionner v. intr. (conjug. 1)
vibrisse n. f.
vibromasseur n. m.
vicaire n. m.
vicarial, iale, iaux adj.
vicariance n. f.
vicariant, iante adj.
vicariat n. m.
vice n. m.
vice-amiral, ale, aux n.

vice-champion, ionne n.
PL. *vice-champions, ionnes*
vice-chancelier, ière n.
PL. *vice-chanceliers, ières*
vice-consul, e n.
PL. *vice-consuls, es*
vice-consulat n. m.
PL. *vice-consulats*
vicelard, arde adj. et n.
vice-légat n. m.
PL. *vice-légats*
vice-légation n. f.
PL. *vice-légations*
vicennal, ale, aux adj.
vice-présidence n. f.
PL. *vice-présidences*
vice-président, ente n.
PL. *vice-présidents, entes*
vice-recteur, trice n.
PL. *vice-recteurs, trices*
vice-reine n. f.
PL. *vice-reines*
vice-roi n. m.
PL. *vice-rois*
vice-royauté n. f.
vicésimal, ale, aux adj.
vice versa ou **vice-versa**
loc. adv.
vichy n. m.
vichyssois, oise adj. et n.
vichyste adj. et n.
viciation n. f.
vicié, iée adj.
vicier v. tr. (conjug. 7)
vicieusement adv.
vicieux, ieuse adj.
vicinal, ale, aux adj.
vicinalité n. f.
vicissitude n. f.
vicomtal, ale, aux adj.
vicomte, esse n.
vicomté n. f.
victimaire n. m. et adj.
victime n. f.
victimisation n. f.
victimiser v. tr. (conjug. 1)
victimologie n. f.
victoire n. f.
victoria n. f.
victorien, ienne adj.
victorieusement adv.

victorieux, ieuse adj.
victuaille n. f.
vidage n. m.
vidame n. m.
vidamé ou **vidamie** n. m.
vidange n. f.
vidanger v. tr. (conjug. 3)
vidangeur n. m.
vide adj. et n. m.
vidé, ée adj.
vidéaste n.
vide-bouteille n. m.
PL. *vide-bouteilles*
vide-cave n. m.
PL. *vide-caves*
vide-grenier n. m.
PL. *vide-greniers*
videlle n. f.
vidéo adj. et n. f.
vidéocassette n. f.
vidéoclip n. m.
vidéoclub n. m.
vidéocommunication n. f.
vidéoconférence n. f.
vidéodisque n. m.
vidéofréquence n. f.
vidéogag n. m.
vidéogramme n. m.
vidéographie n. f.
vidéophone n. m.
vidéophonie n. f.
vidéoprojecteur n. m.
vidéoprojection n. f.
vidéoprotection n. f.
vide-ordures ou
vide-ordure* n. m.
PL. *vide-ordures*
vidéosurveillance n. f.
vidéotex n. m.
vidéothèque n. f.
vidéotransmission n. f.
vide-poche n. m.
PL. *vide-poches*
vide-pomme n. m.
PL. *vide-pommes*
vider v. tr. (conjug. 1)
vide-tourie n. m.
PL. *vide-touries*
videur, euse n.

vide-vite n. m. inv.
vidimer v. tr. (conjug. 1)
vidimus n. m.
vidoir n. m.
viduité n. f.
vidure n. f.
vie n. f.
vieil adj. et n.
vieillard n. m.
vieillarde n. f.
vieille adj. et n.
vieillerie n. f.
vieillesse n. f.
vieilli, ie adj.
vieillir v. (conjug. 2)
vieillissant, ante adj.
vieillissement n. m.
vieillot, otte adj.
vielle n. f.
vieller v. intr. (conjug. 1)
vielleur, euse n.
vielleux, euse n.
viennois, oise adj. et n.
viennoiserie n. f.
vierge n. f. et adj.
viet [vjɛt] adj. et n.
vietnamien, ienne adj. et n.
viet vo dao [vjɛtvodao] n. m.
vieux ou **vieil, vieille** adj. et n.
vieux-lille n. m. inv.
vif, vive adj. et n. m.
vif-argent n. m. sing.
vigie n. f.
vigilamment adv.
vigilance n. f.
vigilant, ante adj.
vigile adj. ; n. m. ; n. f.
vigne n. f.
¹**vigneau** n. m. (tertre)
²**vigneau** ou **vignot** n. m. (littorine)
vigneron, onne n.
vignetage ou **vignettage** n. m.
vignette n. f.
vignettiste n.
vigneture n. f.

vignoble n. m.
vignot n. m.
vigogne n. f.
vigoureusement adv.
vigoureux, euse adj.
viguerie n. f.
vigueur n. f.
viguier n. m.
VIH n. m. (virus de l'immunodéficience humaine)
vihuela n. f.
viking n. m. et adj.
vil, vile adj.
vilain, aine n. et adj.
vilainement adv.
vilayet [vilajɛt] n. m.
vilebrequin n. m.
vilement adv.
vilenie ou **vilénie** n. f.
vilipender v. tr. (conjug. 1)
villa n. f.
villafranchien, ienne adj. et n.
village n. m.
villageois, oise adj. et n.
villagisation n. f.
villanelle n. f.
ville n. f.
ville-dortoir n. f.
PL. *villes-dortoirs*
villégiateur n. m.
villégiature n. f.
villégiaturer v. intr. (conjug. 1)
villeux, euse adj.
villosité n. f.
vin n. m.
vinage n. m.
vinaigre n. m.
vinaigrer v. tr. (conjug. 1)
vinaigrerie n. f.
vinaigrette n. f.
vinaigrier n. m.
vinasse n. f.
vindas n. m.
vindicatif, ive adj.
vindicativement adv.
vindicte n. f.
vinée n. f.
viner v. tr. (conjug. 1)

vineux, euse adj.
vingt adj. numér. inv. et n. inv.
vingtaine n. f.
vingt-deux adj. numér. et interj.
vingtième adj. et n.
vingtièmement adv.
vinicole adj.
vinifère adj.
vinificateur, trice n.
vinification n. f.
vinifier v. tr. (conjug. 7)
vinique adj.
vinosité n. f.
vinothérapie n. f.
vintage n. m.
vinyle n. m.
vinylique adj.
vinylite® n. f.
vioc adj.
viol n. m.
violacé, ée adj.
violacer v. tr. (conjug. 3)
violat adj. m.
violateur, trice n.
violation n. f.
violâtre adj.
viole n. f.
violemment adv.
violence n. f.
violent, ente adj.
violenter v. tr. (conjug. 1)
violer v. tr. (conjug. 1)
violet, ette adj. et n. m.
violette n. f.
violeur, euse n.
violier n. m.
violine n. f. et adj.
violiste n.
violon n. m.
violoncelle n. m.
violoncelliste n.
violoné, ée adj.
violoner v. intr. (conjug. 1)
violoneux n. m.
violoniste n.
vioque ou **vioc** adj.
viorne n. f.

VIP [veipe ; viajpi] n. inv.
 (very important person)
vipère n. f.
vipereau n. m.
vipéridés n. m. pl.
vipérin, ine n. f. et adj.
virage n. m.
virago n. f.
viral, ale, aux adj.
viralité n. f.
vire n. f.
virée n. f.
virelai n. m.
virelangue n. m.
virement n. m.
virémie n. f.
virer v. (conjug. **1**)
virescence n. f.
vireur n. m.
vireux, euse adj.
virevoltant, ante adj.
virevolte n. f.
virevolter v. intr.
 (conjug. **1**)
¹**virginal, ale, aux** adj.
²**virginal** n. m.
virginie n. m.
virginité n. f.
virgule n. f.
viril, ile adj.
virilement adv.
virilisant, ante adj.
virilisation n. f.
viriliser v. tr. (conjug. **1**)
virilisme n. m.
virilité n. f.
virilocal, ale, aux adj.
virion n. m.
virocide adj. et n. m.
virolage n. m.
virole n. f.
viroler v. tr. (conjug. **1**)
virolier n. m.
virologie n. f.
virologiste n.
virologue n.
virophage n. m.
virose n. f.
virtualiser v. tr.
virtualité n. f.

virtuel, elle adj.
virtuellement adv.
virtuose n.
virtuosité n. f.
virucide adj. et n. m.
virulence n. f.
virulent, ente adj.
virure n. f.
virus n. m.
vis n. f.
visa n. m.
visage n. m.
visagisme® n. m.
visagiste® n.
vis-à-vis adv. et n. m.
viscache n. f.
viscéral, ale, aux adj.
viscéralement adv.
viscéralgie n. f.
viscère n. m.
viscoélastique adj.
viscose n. f.
viscosimètre n. m.
viscosité n. f.
visé n. m.
visée n. f.
viser v. (conjug. **1**)
viseur n. m.
visibilité n. f.
visible adj.
visiblement adv.
visière n. f.
visiocasque n. m.
visioconférence n. f.
vision n. f.
visionique n. f.
visionnage n. m.
visionnaire n. et adj.
visionnement n. m.
visionner v. tr. (conjug. **1**)
visionneuse n. f.
visiophone n. m.
visiophonie n. f.
visitable adj.
visitandine n. f.
visitation n. f.
visite n. f.
visiter v. tr. (conjug. **1**)
visiteur, euse n.
visnage n. m.

vison n. m.
visonnière n. f.
visqueux, euse adj.
vissage n. m.
vissant, ante adj.
visser v. tr. (conjug. **1**)
visserie n. f.
visseuse n. f.
vista n. f.
visu n. f. inv.
visu (de) [devizy] loc. adv.
visualisation n. f.
visualiser v. tr. (conjug. **1**)
visualiseur n. m.
visuel, elle adj. et n.
visuellement adv.
vit n. m.
vital, ale, aux adj.
vitalisme n. m.
vitaliste n.
vitalité n. f.
vitamine n. f.
vitaminé, ée adj.
vitaminer v. tr. (conjug. **1**)
vitaminique adj.
vite adj. et adv.
vitellin, ine adj. et n. m.
vitellus n. m.
vitelotte n. f.
vitesse n. f.
viticole adj.
viticulteur, trice n.
viticulture n. f.
vitiligo n. m.
vitrage n. m.
vitrail, aux n. m.
vitre n. f.
vitré, ée adj.
vitrer v. tr. (conjug. **1**)
vitrerie n. f.
vitreux, euse adj.
vitrier n. m.
vitrifiable adj.
vitrificateur n. m.
vitrification n. f.
vitrifier v. tr. (conjug. **7**)
vitrine n. f.
vitriol n. m.
vitriolage n. m.
vitrioler v. tr. (conjug. **1**)

vitrioleur, euse n.
vitrocéramique n. f.
vitrophanie n. f.
vitrosité n. f.
vitulaire adj.
vitupérateur, trice n.
vitupération n. f.
vitupérer v. (conjug. 6)
vivable adj.
¹**vivace** adj.
²**vivace** [vivatʃe] adj. inv.
vivacité n. f.
vivandier, ière n.
vivaneau n. m.
¹**vivant, ante** adj.
²**vivant** n. m.
vivarium n. m.
vivat interj. et n. m.
vive n. f. ; interj.
vivement adv.
viveur n. m.
vivier n. m.
vivifiant, iante adj.
vivificateur, trice adj. et n.
vivification n. f.
vivifier v. tr. (conjug. 7)
vivipare adj.
viviparité n. f.
vivisection n. f.
vivoir n. m.
vivoter v. intr. (conjug. 1)
¹**vivre** n. m.
²**vivre** v. (conjug. 46)
vivré, ée adj.
vivrier, ière adj.
vizir n. m.
vizirat n. m.
v'là prép.
vlan interj.
vobulateur n. m.
vocable n. m.
vocabulaire n. m.
vocal, ale, aux adj.
vocalement adv.
vocalique adj.
vocalisation n. f.
vocalise n. f.
vocaliser v. (conjug. 1)
vocalisme n. m.

vocaliste n.
vocatif n. m.
vocation n. f.
vocationnel, elle adj.
voceratrice ou **vocératrice** n. f.
vocero ou **vocéro** [vɔtʃero ; vɔsero] n. m. PL. *voceri* (it.) ou *vocéros*
vociférateur, trice n.
vocifération n. f.
vociférer v. intr. (conjug. 6)
vocodeur n. m.
VOD n. f. (vidéo à la demande)
vodka n. f.
vœu n. m.
vogoul ou **vogoule** n. m. et adj.
vogue n. f.
voguer v. intr. (conjug. 1)
voici prép.
voie n. f.
voierie n. f.
voilà prép.
voilage n. m.
voile n. m. ; n. f.
voilé, ée adj.
voilement n. m.
voiler v. (conjug. 1)
voilerie n. f.
voilette n. f.
voilier n. m.
voilure n. f.
voir v. (conjug. 30)
voire adv.
voirie n. f.
voisé, ée adj.
voisement n. m.
voisin, ine adj. et n.
voisinage n. m.
voisiner v. intr. (conjug. 1)
voiturage n. m.
voiture n. f.
voiture-balai n. f. PL. *voitures-balais*
voiture-bar n. f. PL. *voitures-bars*
voiturée n. f.

voiture-école n. f. PL. *voitures-écoles*
voiture-lit n. f. PL. *voitures-lits*
voiture-poste n. f. PL. *voitures-postes*
voiture-restaurant n. f. PL. *voitures-restaurants*
voiture-salon n. f. PL. *voitures-salons*
voiturette n. f.
voiturier n. m. et adj. m.
voïvodat n. m.
voïvode n. m.
voïvodie n. f.
voix n. f.
vol n. m.
volage adj.
volaille n. f.
volailler, ère n.
volailleur, euse n.
¹**volant, ante** adj.
²**volant** n. m.
volanter v. tr. (conjug. 1)
volapuk n. m.
volatil, ile adj.
volatile adj. ; n. m.
volatilisable adj.
volatilisation n. f.
volatiliser v. tr. (conjug. 1)
volatilité n. f.
vol-au-vent n. m. PL. *vol(s)-au-vent*
volcan n. m.
volcanique adj.
volcanisme n. m.
volcanologie n. f.
volcanologique adj.
volcanologue n.
vole n. f.
volé, ée adj.
volée n. f.
volémie n. f.
voler v. (conjug. 1)
volerie n. f.
volet n. m.
voletant, ante adj.
voleter v. intr. (conjug. 4)
volette n. f.

volettement ou
    volètement* n. m.
voleur, euse n. et adj.
volière n. f.
volige n. f.
voligeage n. m.
voliger v. tr. (conjug. 3)
volis n. m.
volitif, ive adj.
volition n. f.
volley n. m.
volleyball ou volley-ball
    [vɔlɛbol] n. m.
volleyer v. intr. (conjug. 1)
volleyeur, euse n.
volontaire adj. et n.
volontairement adv.
volontariat n. m.
volontarisme n. m.
volontariste adj.
volonté n. f.
volontiers adv.
volorécepteur n. m.
volt n. m.
voltage n. m.
voltaïque adj.
voltaire n. m.
voltairianisme n. m.
voltairien, ienne adj. et n.
voltaïsation n. f.
voltamètre n. m.
voltampère n. m.
voltampérométrie n. f.
volte n. f.
volte-face ou volteface* n. f.
    PL. volte-face(s) ou voltefaces*
volter v. intr. (conjug. 1)
voltige n. f.
voltigement n. m.
voltiger v. intr. (conjug. 3)
voltigeur, euse n.
voltmètre n. m.
volubile adj.
volubilement adv.
volubilis n. m.
volubilité n. f.
volucelle n. f.
volucompteur® n. m.

volumateur, trice adj.
volume n. m.
volumen n. m.
    PL. volumen(s)
volumétrie n. f.
volumétrique adj.
volumineux, euse adj.
volumique adj.
volupté n. f.
voluptuaire adj.
voluptueusement adv.
voluptueux, euse adj.
volute n. f.
volvaire n. f.
volvation n. f.
volvoce ou volvox n. m.
volvulus n. m.
vomer n. m.
vomérien, ienne adj.
vomi n. m.
vomique adj. f. ; n. f.
vomiquier n. m.
vomir v. tr. (conjug. 2)
vomissement n. m.
vomissure n. f.
vomitif, ive adj.
vomitoire n. m.
vomito negro ou
    vomito négro* n. m.
vorace adj.
voracement adv.
voracité n. f.
vortex n. m.
vorticelle n. f.
vos adj. poss.
votant, ante n.
votation n. f.
vote n. m.
voter v. (conjug. 1)
votif, ive adj.
votre adj. poss.
vôtre adj. ; pron. poss. et n.
vouer v. tr. (conjug. 1)
vouge n. m.
voui adv. d'affirmation
vouivre n. f.
¹vouloir n. m.
²vouloir v. tr. (conjug. 31)
voulu, ue adj.

vous pron. pers.
vous-même(s) pron. pers.
vousoiement n. m.
vousoyer v. tr. (conjug. 8)
vousseau n. m.
voussoiement n. m.
voussoir n. m.
voussoyer v. tr. (conjug. 8)
voussure n. f.
voûte ou voute* n. f.
voûté, ée ou vouté, ée* adj.
voûter ou vouter* v. tr. (conjug. 1)
vouvoiement n. m.
vouvoyer v. tr. (conjug. 8)
vouvray n. m.
vox populi n. f. inv.
voyage n. m.
voyager v. intr. (conjug. 3)
voyageur, euse n.
voyageur-kilomètre n. m.
    PL. voyageurs-kilomètres
voyagiste n. (rec. off. pour tour-opérateur)
voyance n. f.
voyant, ante n. et adj.
voyelle n. f.
voyer n. m.
voyeur, euse n.
voyeurisme n. m.
voyou n. m.
voyoucratie n. f.
voyoute n. f.
V. P. C. n. f. (vente par correspondance)
vrac (en) loc. adv.
vrai, vraie adj. ; n. m. et adv.
vraiment adv.
vraisemblable adj.
vraisemblablement adv.
vraisemblance n. f.
vraquier n. m.
vrillage n. m.
vrille n. f.
vrillé, ée adj.
vrillée n. f.
vriller v. (conjug. 1)

vrillette n. f.
vrombir v. intr. (conjug. 2)
vrombissant, ante adj.
vrombissement n. m.
vroum interj.
V. R. P. n. inv. (voyageur, représentant, placier)
VS n. f. (vitesse de sédimentation)
vs prép. (versus)
VSN n. m. (volontaire du service national)
VTC n. m. (vélo tout-chemin)
VTT n. m. (vélo tout-terrain)
VTTiste ou **vététiste** n.
¹**vu, vue** adj.
²**vu** prép.
vue n. f.
vulcain n. m.
vulcanales n. f. pl.
vulcanien, ienne adj.
vulcanisation n. f.
vulcaniser v. tr. (conjug. 1)
vulcanologie n. f.
vulgaire adj. et n.
vulgairement adv.
vulgarisateur, trice n. et adj.
vulgarisation n. f.
vulgariser v. tr. (conjug. 1)
vulgarisme n. m.
vulgarité n. f.
vulgate n. f.
vulgo adv.
vulgum pecus n. m. sing.
vulnérabilité n. f.
vulnérable adj.
vulnéraire adj. et n.
vulnérant, ante adj.
vulpin, ine adj. et n. m.
vultueux, euse adj.
vultuosité n. f.
vulvaire adj. ; n. f.
vulve n. f.
vulvite n. f.
vumètre n. m.
vuvuzela [vuvuzela] n. f.

W

w n. m. inv. ; abrév. et symb.
W n. m. inv. ; abrév. et symb.
wading [wediŋ] n. m.
wagage n. m.
wagnérien, ienne adj.
wagon n. m.
wagon-bar n. m.
PL. *wagons-bars*
wagon-citerne n. m.
PL. *wagons-citernes*
wagon-foudre n. m.
PL. *wagons-foudres*
wagon-lit n. m.
PL. *wagons-lits*
wagonnet n. m.
wagonnier n. m.
wagon-réservoir n. m.
PL. *wagons-réservoirs*
wagon-restaurant n. m.
PL. *wagons-restaurants*
wagon-salon n. m.
PL. *wagons-salons*
wagon-tombereau n. m.
PL. *wagons-tombereaux*
wagon-trémie n. m.
PL. *wagons-trémies*
wagon-vanne n. m.
PL. *wagons-vannes*
wahhabisme [waa-] n. m.
wahhabite [waa-] adj.
wah-wah [wawa] adj. et n. f. inv.
wakeboard n. m.
walé [wa-] n. m.
wali [wali] n. m.
walkie-talkie [wokitoki ; wɔlkitɔlki] n. m.
PL. *walkies-talkies*
walkman [wɔ(l)kman] n. m.
PL. *walkmans* (rec. off. : baladeur)
walk-over ou **walkover*** [wɔ(l)kɔvœr ; walkɔvœr] n. m.
PL. inv. ou *walkovers**
walkyrie n. f.
wallaby n. m.
PL. *wallabys* ou *wallabies*
wallingant, ante adj.
wallon, onne n. et adj.
wallonisme n. m.
walou adj.
waouh interj.
WAP n. m. (wireless application protocol)
wapiti n. m.
wargame n. m.
warning n. m.
warrant n. m.
warrantage n. m.
warranter [va-] v. tr. (conjug. 1)
wasabi [wazabi] n. m.
washingtonia [waʃiŋtɔnja] n. m.
wasp [wasp] n. et adj. (white anglo-saxon protestant)
wassingue [wasɛ̃g ; vasɛ̃g] n. f.
water [watɛʀ] n. m.
water-ballast [watɛʀbalast] n. m.
PL. *water-ballasts*
water-closet(s) ou **watercloset*** [watɛʀklɔzɛ(t)] n. m. pl.
PL. *water-closets* ou *waterclosets**
watergang [watɛʀgɑ̃g] n. m.
wateringue [watʀɛ̃g] n. m. ou f.
waterpolo ou **water-polo** [watɛʀpɔlo] n. m.
waterproof [watɛʀpʀuf] adj. et n.
PL. *waterproofs*
waters [watɛʀ] n. m. pl.
waterzooi ou **waterzoï** [watɛʀzɔj] n. m.
watt [wat] n. m.

wattheure [watœʀ] n. m.
wattman [watman] n. m.
PL. *wattmans* ou *wattmen*
wattmètre [wat-] n. m.
wax n. m.
Wb symb.
W.-C. [dublavese ; vese] n. m. pl.
web [wɛb] n. m.
webcam [wɛbkam] n. f.
webdesigner n.
weber ou **wéber*** [vebɛʀ] n. m.
webmaster n. m. (rec. off. : administrateur de site/serveur)
webmestre [wɛbmɛstʀ] n. m.
webrairie n. f.
webtélé n. f.
webzine n. m.
week-end ou **weekend*** n. m.
PL. *week-ends* ou *weekends**
welche [vɛlʃ] n. m.
wellingtonia [welintɔnja] n. m.
weltanschauung [vɛltanʃaun(g)] n. f.
welter [wɛltɛʀ ; vɛltɛʀ] n. m.
wengé n. m.
wergeld n. m.
western n. m.
westerner n. m.
Wh symb.
wharf [waʀf] n. m.
whig [wig] n.
whip [wip] n.
whipcord [wipkɔʀd] n. m.
whiskey [wiske] n. m.
whisky n. m.
PL. *whiskys* ou *whiskies*
whist n. m.
white [wajt] n. m.
white-spirit [wajtspiʀit] n. m.
PL. *white-spirits*
widget [widʒɛt] n. m.
wifi ou **wi-fi** n. m. inv
wigwam [wigwam] n. m.
wiki n. m.
wilaya n. f.
Williamine® [wi-] n. f.

williams n. f.
winch [win(t)ʃ] n. m.
PL. *winchs* ou *winches*
winchester [win(t)ʃɛstɛʀ] n. f.
windsurf® [windsœʀf] n. m.
windsurfeur, euse ou **windsurfer** [windsœʀfœʀ] n.
wintergreen [wintɛʀgʀin] n. m.
wishbone [wiʃbon] n. m.
wisigoth, othe [vizigo, ɔt] adj. et n.
wisigothique [vizi-] adj.
witloof [witlɔf] n. f.
W. O. abrév. (walk-over)
woh interj.
wok [wɔk] n. m.
wolfram [vɔlfʀam] n. m.
wolframite [vɔlfʀa-] n. f.
wolof ou **ouolof** [wɔlɔf] adj. et n.
wombat [wɔ̃ba] n. m.
won [wɔn] n. m.
woofer ou **woofeur** [wufœʀ] n. m.
world music n. f.
World Wide Web n. m.
wormien adj.
wrap [ʀap] n. m.
würmien, ienne adj.
wyandotte n. f. et adj.

X

x n. m. inv. ; abrév. et symb.
X n. m. et adj. inv. ; abrév. et symb.
xanthane n. m.
xanthie n. f.
xanthine n. f.
xanthome n. m.

xanthophylle n. f.
xénarthres n. m. pl.
xénélasie n. f.
xénodevise n. f.
xénogreffe n. f.
xénon n. m.
xénophile adj. et n.
xénophilie n. f.
xénophobe adj. et n.
xénophobie n. f.
xéranthème n. m.
xérès n. m.
xérodermie n. f.
xérographie n. f.
xérographique adj.
xérophile adj.
xérophtalmie n. f.
xérophyte n. f.
xérus n. m.
xi ou **ksi** n. m.
PL. inv. ou *xis**
xième adj. numér.
ximenia n. m.
ximénie n. f.
xipho n. m.
xiphoïde adj.
xiphoïdien, ienne adj.
xiphophore n. m.
xylème n. m.
xylène n. m.
xylidine n. f.
xylitol n. m.
xylo n. m.
xylocope n. m.
xylographe n.
xylographie n. f.
xylographique adj.
xylophage adj.
xylophène n. m.
xylophone n. m.
xylophoniste n.
xylose n. m.
xyste n. m.

Y

y n. m. inv. ; pron. et adv. ; abrév. et symb.
yacht ['jɔt] n. m.
yacht-club ['jɔtklœb] n. m.
PL. *yacht-clubs*
yachting ['jɔtiŋ] n. m.
yachtman ou **yachtsman** ['jɔtman] n. m.
PL. *yacht(s)mans* ou *yatch(s)men*
yack ou **yak** n. m.
yaka n. m. inv.
yakitori n. m.
yakuza ou **yakusa** [jakuza] n. m.
yamakasi n.
yams ou **yam's** [jams] n. m.
yang [jāg] n. m.
yankee ['jāki] n. et adj.
yaourt n. m.
yaourtier n. m.
yaourtière n. f.
y-a-qu'à n. m. inv.
yard ['jard] n. m.
yass ou **jass** ['jas] n. m.
yassa n. m.
yatagan n. m.
yearling ['jœrliŋ] n. m.
yèble n. f.
yen ['jɛn] n. m.
yeoman [jɔman] n. m.
PL. *yeomans* ou *yeomen*
yeshiva [jeʃiva] n. f.
PL. *yeshivot* (hébr.)
yéti ou **yeti** n. m.
yeuse n. f.
yeux n. m. pl.
yéyé ou **yé-yé** n.
PL. *yéyés* ou *yé-yé*

yiddish adj. inv. et n. m. inv. ou **yidiche*** adj. et n. m. ['jidiʃ]
yin n. m.
ylang-ylang n. m.
PL. *ylangs-ylangs*
yod ['jɔd] n. m.
yoga n. m.
yogi n. m.
yogourt ['jɔgurt] n. m.
yokozuna n. m.
yole n. f.
Yom Kippour ou **Yom Kippur** n. m.
york n. m.
youp interj.
youpala n. m.
youpi interj.
yourte ou **iourte** n. f.
youyou n. m.
yoyo® ou **yo-yo** n. m.
PL. *yoyos* ou *yo-yo*
yoyoter ou **yoyotter** v. intr. (conjug. 1)
ypérite n. f.
yponomeute n. m.
ypréau n. m.
ysopet ou **isopet** n. m.
ytterbine n. f.
ytterbium n. m.
yttria n. m.
yttrialite n. f.
yttrifère adj.
yttrique adj.
yttrium n. m.
yuan ['jyan ; 'yan] n. m.
yucca n. m.
yuppie ['jupi] n. (young urban professional)
yuzu n. m.

Z

z n. m. inv. ; abrév. et symb.
Z n. m. inv. ; abrév. et symb.
zabre n. m.
ZAC n. f. (zone d'aménagement concerté)
ZAD n. f. (zone d'aménagement différé)
zain adj. m.
zakouski n. m.
PL. inv. ou *zakouskis*
zamak® n. m.
zamier n. m.
zancle n. m.
zanni ou **zani** [(d)zani] n. m.
zanzi n. m.
zanzibar n. m.
zaouïa n. f.
zapatéado [zapa- ; sapa-] n. m.
zapatiste adj. et n.
zapper v. intr. (conjug. 1)
zappette n. f.
zappeur, euse n.
zapping n. m.
zarbi ou **zarb** adj.
zarzuela ou **zarzuéla*** n. f.
zazou n.
zebra ou **zébra** n. m. inv.
zèbre n. m.
zébrer v. tr. (conjug. 6)
zébrule n. m.
zébrure n. f.
zébu n. m.
zée n. m.
zélateur, trice n.
zèle n. m.
zélé, ée adj.
zellige n. m.
zélote n.
zen n. m. et adj. inv.

zénana n. m.
zend, zende n. m. et adj.
zénith n. m.
zénithal, ale, aux adj.
zénitude ou zenitude n. f.
zéolithe ou zéolite n. f.
ZEP n. f. inv. (zone d'éducation prioritaire)
zéphyr n. m.
zeppelin n. m.
zéro n. m.
zérotage n. m.
zest ou zeste interj.
zeste n. m.
zesteur n. m.
zêta n. m.
PL. inv. ou *zêtas**
zététe n. m.
zététique adj.
zeugma ou zeugme n. m.
zeuzère n. f.
zézaiement n. m.
zézayer v. intr. (conjug. 8)
ZI n. f. (zone industrielle)
zibeline n. f.
zicral® n. m.
zidovudine n. f.
zieuter ou zyeuter v. tr. (conjug. 1)
zig ou zigue n. m.
ziggourat [ziguRat] n. f.
zigonner v. intr. (conjug. 1)
zigoto n. m.
zigouigoui n. m.
zigouiller v. tr. (conjug. 1)
zigounette n. f.
zigue n. f.
zigzag n. m.
zigzagant, ante adj.
zigzaguer v. intr. (conjug. 1)
zinc n. m.
zincifère adj.
zincique adj.
zincographie n. f.
zingage n. m.
zingaro [dzingaRo] n. m.
PL. *zingari* ou *zingaros*
zinguer v. tr. (conjug. 1)
zingueur n. m.

zinjanthrope n. m.
zinnia n. m.
zinzin adj. inv. et n. ; n. m.
zinzinuler v. intr. (conjug. 1)
zinzolin n. m.
zip n. m.
ziphiidés n. m. pl.
zipper v. tr. (conjug. 1)
zircon n. m.
zircone n. f.
zirconium n. m.
zist n. m.
zizanie n. f.
zizi n. m.
zloty n. m.
PL. *zlotys*
zob n. m.
zodiac® n. m.
zodiacal, ale, aux adj.
zodiaque n. m.
zoé n. f.
zoécie n. f.
zoïde n. m.
zoïle n. m.
zombie ou zombi n. m.
zombiesque adj.
zona n. m.
zonage n. m.
zonal, ale, aux adj.
zonalité n. f.
zonard, arde n. et adj.
zone n. f.
zoné, ée adj.
zoner v. (conjug. 1)
zonier, ière n.
zoning n. m.
zonure n. m.
zoo [z(o)o] n. m.
zoogamète n. f.
zoogéographie n. f.
zooglée n. f.
zoolâtre adj. et n.
zoolâtrie n. f.
zoologie n. f.
zoologique adj.
zoologiquement adv.
zoologiste n.
zoologue n.
zoom [zum] n. m.

zoomable [zu-] adj.
zoomer [zu-] v. intr. (conjug. 1)
zoomorphe adj.
zoomorphisme n. m.
zoonose n. f.
zoopathie n. f.
zoophage adj.
zoophile adj.
zoophilie n. f.
zoophobie n. f.
zoophyte n. m.
zooplancton n. m.
zoopsie n. f.
zoosémiotique n. f.
zoospore n. f.
zootaxie n. f.
zootechnicien, ienne n.
zootechnie n. f.
zootechnique adj.
zoothérapie n. f.
zoreille n.
zorille n. f.
zoroastrien, ienne adj. et n.
zoroastrisme n. m.
zorse n. m.
zostère n. f.
zostérien, ienne adj.
zou interj.
zouave n. m.
zouk n. m.
zouker v. intr. (conjug. 1)
zoulou, e n.
zozo n. m.
zozoter v. intr. (conjug. 1)
zozoteur, euse n.
ZUP n. f. (zone à urbaniser en priorité)
ZUS n. f. (zone urbaine sensible)
zut interj.
zutique adj.
zutiste n.
zwanze [zwãz ; swantse ; sv-] n. f.
zwanzer [zwãze ; swantse ; sv-] v. intr. (conjug. 1)
zwanzeur, euse [zwãzœR, swantsœR, sv-] n.

zwinglianisme
zydeco n. m.
zyeuter v. tr. (conjug. 1)
zygène n. f.
zygoma n. m.
zygomatique adj.

zygomorphe adj.
zygomycètes n. m. pl.
zygopétale n. m.
zygospores n. f. pl.
zygote n. m.
zyklon n. m.

zymase n. f.
zymotique adj.
zython n. m.
zythum ou **zython** n. m.
zzzz... interj.

ANNEXES

noms d'habitants

suffixes et préfixes

conjugaisons

NOMS D'HABITANTS

Abbevillois, oise Abbeville (Somme)
Abidjanais, aise• Abidjan (Côte-d'Ivoire)
Abkhaze Abkhazie (Géorgie)
Ablonais, aise Ablon-sur-Seine (Val-de-Marne)
Abyssin, ine ou **Abyssinien, ienne** Abyssinie (Afrique)
Acadien, ienne Acadie (Canada)
Accréen, éenne Accra (Ghana)
Açoréen, éenne Açores (océan Atlantique)
Adamois, oise L'Isle-Adam (Val-d'Oise)
Adjar, e Adjarie (Géorgie)
Afghan, ane• Afghanistan (Asie)
Africain, aine Afrique
Agathois, oise Agde (Hérault)
Agéen, éenne Ay ou Aÿ (Marne)
Agenais, aise Agen (Lot-et-Garonne)
Aigrefeuillais, aise Aigrefeuille-d'Aunis (Charente-Maritime)
Aiguebellin, Aiguebellinche Aiguebelle (Savoie)
Aiguepersois, oise Aigueperse (Puy-de-Dôme)
Aigues-Mortais, aise Aigues-Mortes (Gard)
Aiguillon, onne Aiguilles-en-Queyras (Hautes-Alpes)
Aiguillonnais, aise Aiguillon (Lot-et-Garonne)
Aigurandais, aise Aigurande (Indre)
Airois, oise Aire-sur-la-Lys (Pas-de-Calais)
Airvaudais, aise Airvault (Deux-Sèvres)
Aixois, oise Aix-en-Othe (Aube)
Aixois, oise Aix-sur-Vienne (Haute-Vienne)
Aixois, oise Aix-les-Bains (Savoie)
Aixois, oise ou **Acquae-Sextien, ienne** Aix-en-Provence (Bouches-du-Rhône)
Ajaccien, ienne Ajaccio (Corse-du-Sud)
Akkadien, ienne Akkad (Mésopotamie)
Albanais, aise• Albanie (Europe)
Albenassien, ienne Aubenas (Ardèche)
Albertain, aine Alberta (Canada)
Albertin, ine Albert (Somme)
Albertivillarien, ienne Aubervilliers (Seine-Saint-Denis)
Albertvillois, oise Albertville (Savoie)
Albigeois, oise Albi (Tarn)
Albinien, ienne Aubigny-sur-Nère (Cher)
Alençonnais, aise Alençon (Orne)
Aléoute îles Aléoutiennes (États-Unis)
Aleppin, ine Alep (Syrie)
Alésien, ienne Alès (Gard)
Alexandrin, ine Alexandrie (Égypte)
Alfortvillais, aise Alfortville (Val-de-Marne)
Algérien, ienne• Algérie (Afrique)
Algérois, oise• Alger (Algérie)
Allaudien, ienne Allauch (Bouches-du-Rhône)
Allemand, ande• Allemagne (Europe)
Allossard, arde Allos (Alpes-de-Haute-Provence)
Alnélois, oise Auneau (Eure-et-Loir)
Alpin, ine Alpes (Europe)
Alréen, éenne Auray (Morbihan)
Alsacien, ienne Alsace (France)
Altaïen, ienne ou **Oïrat, e** Altaï (Russie)
Altaïque Altaï (Asie)
Altiligérien, ienne Haute-Loire (France)
Altkirchois, oise Altkirch (Bas-Rhin)
Altoséquanais, aise Hauts-de-Seine (France)
Amandinois, oise ou **Amandois, oise** Saint-Amand-en-Puisaye (Nièvre)
Amandinois, oise Saint-Amand-les-Eaux (Nord)
Amazonien, ienne Amazonie (Amérique du Sud)
Ambarrois, oise Ambérieu-en-Bugey (Ain)
Ambertois, oise Ambert (Puy-de-Dôme)
Amboisien, ienne Amboise (Indre-et-Loire)
Amélien, ienne ou **Paladéen, éenne** Amélie-les-Bains-Palalda (Pyrénées-Orientales)
Amiénois, oise Amiens (Somme)
Amollois, oise Amou (Landes)
Amstellodamien, ienne• ou **Amstellodamois, oise** Amsterdam (Pays-Bas)
Ancenien, ienne Ancenis (Loire-Atlantique)
Anconitain, aine Ancône (Italie)
Andalou, ouse Andalousie (Espagne)
Andelisien, ienne Les Andelys (Eure)
Andernosien, ienne Andernos-les-Bains (Gironde)
Andin, ine Andes (Amérique du Sud)
Andorran, ane• principauté d' Andorre (Europe)
Andorran, ane• Andorre-la-Vieille (principauté d'Andorre)

ANNEXES

Andrésien, ienne Saint-André-de-l'Eure (Eure)
Angelinos [plur.] Los Angeles (États-Unis)
Angérien, ienne Saint-Jean-d'Angély (Charente-Maritime)
Angevin, ine Angers (Maine-et-Loire)
Angevin, ine Anjou (France)
Angkorien, ienne Angkor (Cambodge)
Anglais, aise Angleterre (Grande-Bretagne)
Angloy, oye Anglet (Pyrénées-Atlantiques)
Angolais, aise* Angola (Afrique)
Angoumoisin, ine Angoulême (Charente)
Aniannais, aise Aniane (Hérault)
Ankarien, ienne* Ankara (Turquie)
Annamite Annam (Viêtnam)
Annécien, ienne Annecy (Haute-Savoie)
Annemassien, ienne Annemasse (Haute-Savoie)
Annonéen, éenne Annonay (Ardèche)
Annotain, aine Annot (Alpes-de-Haute-Provence)
Antibois, oise Antibes (Alpes-Maritimes)
Antiguais, aise et Barbudien, ienne Antigua-et-Barbuda (Petites Antilles)
Antillais, aise Antilles (Amérique centrale)
Antonien, ienne Antony (Hauts-de-Seine)
Antraiguain, aine Antraigues-sur-Volane (Ardèche)
Antrainais, aise Antrain (Ille-et-Vilaine)
Anversois, oise Anvers (Belgique)
Anzinois, oise Anzin (Nord)
Appalachien, ienne Appalaches (États-Unis)
Appaméen, éenne Pamiers (Ariège)
Aptésien, ienne Apt (Vaucluse)
Aquitain, aine Aquitaine (France)
Arabe Arabie (Asie)
Aragonais, aise Aragon (Espagne)
Aramonais, aise Aramon (Gard)
Arboisien, ienne Arbois (Jura)
Arcachonnais, aise Arcachon (Gironde)
Arcadien, ienne Arcadie (Grèce)
Archepontain, aine Pont-de-l'Arche (Eure)
Arcisien, ienne Arcis-sur-Aube (Aube)
Ardéchois, oise Ardèche (France)
Ardennais, aise Ardenne (Belgique, France)
Ardennais, aise Ardennes [dép.] (France)
Arédien, ienne Saint-Yrieix-la-Perche (Haute-Vienne)
Arétin, ine Arezzo (Italie)
Argelésien, ienne Argelès-Gazost (Hautes-Pyrénées)
Argelésien, ienne Argelès-sur-Mer (Pyrénées-Orientales)
Argentacois, oise Argentat (Corrèze)
Argentais, aise Argent-sur-Sauldre (Cher)
Argentanais, aise Argentan (Orne)
Argenteuillais, aise Argenteuil (Val-d'Oise)
Argentiérois, oise L'Argentière-la-Bessée (Hautes-Alpes)
Argentin, ine* Argentine (Amérique du Sud)
Argentonnais, aise Argenton-Château (Deux-Sèvres)
Argentonnais, aise Argenton-sur-Creuse (Indre)
Argentréen, éenne* Argentré-du-Plessis (Ille-et-Vilaine)
Ariégeois, oise Ariège (France)
Arlésien, ienne Arles (Bouches-du-Rhône)
Arleusien, ienne Arleux (Nord)
Arménien, ienne* Arménie (Asie)
Armentiérois, oise Armentières (Nord)
Armoricain, aine Armorique (France)
Arnétois, oise Arnay-le-Duc (Côte-d'Or)
Arrageois, oise Arras (Pas-de-Calais)
Arsais, aise Ars-en-Ré (Charente-Maritime)
Artésien, ienne Artois (France)
Ascquois, oise Ascq (Nord)
Asiate ou **Asiatique** Asie
Asniérois, oise Asnières-sur-Seine (Hauts-de-Seine)
Assyrien, ienne Assyrie (Asie)
Asturien, ienne Asturies (Espagne)
Athégien, ienne Athis-Mons (Essonne)
Athénien, ienne Athènes (Grèce)
Athisien, ienne Athis-de-l'Orne (Orne)
Aturin, ine Aire-sur-l'Adour (Landes)
Aubeterrien, ienne Aubeterre-sur-Dronne (Charente)
Aubois, oise Aube (France)
Aubussonnais, aise Aubusson (Creuse)
Auchellois, oise Auchel (Pas-de-Calais)
Audiernais, aise Audierne (Finistère)
Audincourtois, oise Audincourt (Doubs)
Audois, oise Aude (France)
Audomarois, oise Saint-Omer (Pas-de-Calais)
Audonien, ienne Saint-Ouen (Seine-Saint-Denis)

Audruicquois, oise Audruicq (Pas-de-Calais)
Audunois, oise Audun-le-Roman (Meurthe-et-Moselle)
Augeron, onne pays d' Auge (France)
Aulnaisien, ienne Aulnay-sous-Bois (Seine-Saint-Denis)
Aulnésien, ienne Aulnoye-Aymeries (Nord)
Aultois, oise Ault (Somme)
Aumalois, oise Aumale (Seine-Maritime)
Aunais, aise Aunay-sur-Odon (Calvados)
Aunisien, ienne Aunis (France)
Aupsois, oise Aups (Var)
Aurignacais, aise Aurignac (Haute-Garonne)
Aurillacois, oise Aurillac (Cantal)
Auscitain, aine Auch (Gers)
Australien, ienne* Australie
Autrichien, ienne* Autriche (Europe)
Autunois, oise Autun (Saône-et-Loire)
Auvergnat, ate Auvergne (France)
Auxerrois, oise Auxerre (Yonne)
Avallonnais, aise Avallon (Yonne)
Avesnois, oise Avesnes-sur-Helpe (Nord)
Aveyronnais, aise Aveyron (France)
Avignonnais, aise Avignon (Vaucluse)
Avranchinais, aise Avranches (Manche)
Axonais, aise Aisne (France)
Azéri, ie ou **Azerbaïdjanais, aise*** Azerbaïdjan (Caucase)
Babylonien, ienne Babylone (Mésopotamie)
Bachamois, oise Baccarat (Meurthe-et-Moselle)
Badois, oise Bade (Allemagne)
Badonvillois, oise Badonviller (Meurthe-et-Moselle)
Bagdadien, ienne* Bagdad (Irak)
Bagnérais, aise Bagnères-de-Bigorre (Hautes-Pyrénées)
Bahamien, ienne* îles Bahamas (océan Atlantique)
Bahreïni [invar. en genre] ou **Bahreïnien, ienne*** Bahreïn (Proche-Orient)
Baixanenc, Baixanenque Baixas (Pyrénées-Orientales)
Balbynien, ienne Bobigny (Seine-Saint-Denis)
Baléare Baléares (Espagne)
Balinais, aise Bali (Asie)
Balkanique* Balkans (Europe)
Bâlois, oise Bâle (Suisse)
Bamakois, oise* Bamako (Mali)

NOMS D'HABITANTS

Bangkokien, ienne* Bangkok (Thaïlande)
Bangladais, aise* Bangladesh (Asie)
Banguissois, oise* Bangui (République centrafricaine)
Banjulais, aise* Banjul (Gambie)
Banyulenc, Banyulencque Banyuls-sur-Mer (Pyrénées-Orientales)
Bapalmois, oise Bapaume (Pas-de-Calais)
Baralbin, ine Bar-sur-Aube
Barbadien, ienne* La Barbade (Petites Antilles)
Barcelonais, aise Barcelone (Espagne)
Barisien, ienne Bar-le-Duc (Meuse)
Barois, oise Le Bar-sur-Loup (Alpes-Maritimes)
Barséquanais, aise Bar-sur-Seine (Aube)
Bas-Alpin, ine Alpes-de-Haute-Provence (France)
Bas-Alpin, ine Basses-Alpes (France)
Basque, Basquaise ou **Euskarien, ienne** pays Basque (Espagne, France)
Bas-Rhinois, oise Bas-Rhin (France)
Basse-Terrien, ienne Basse-Terre (Guadeloupe)
Bastiais, iaise Bastia (Haute-Corse)
Batave République Batave (Europe)
Batzien, ienne île de Batz (Finistère)
Bavarois, oise Bavière (Allemagne)
Bayeusain, aine ou **Bajocasse** Bayeux (Calvados)
Bayonnais, aise Bayonne (Pyrénées-Atlantiques)
Béarnais, aise Béarn (France)
Beauceron, onne Beauce (France)
Beaunois, oise Beaune (Côte-d'Or)
Beauvaisien, ienne ou **Beauvaisin, ine** Beauvais (Oise)
Belfortain, aine Belfort (France)
Belge* Belgique (Europe)
Belgradois, oise* Belgrade (Serbie)
Bélizais, aise ou **Bélizien, ienne*** Bélize ou Belize (Amérique centrale)
Bellachon, onne Bellac (Haute-Vienne)
Belleysan, ane Belley (Ain)
Bellifontain, aine Fontainebleau (Seine-et-Marne)
Bellilois, oise Belle-Île (Morbihan)
Bénédictin, ine Saint-Benoît-du-Sault (Indre)
Bengali, ie ou **Bengalais, aise** Bengale (Inde)
Béninois, oise* Bénin (Afrique)
Béotien, ienne Béotie (Grèce)
Bergamasque Bergame (Italie)
Bergeracois, oise Bergerac (Dordogne)
Berlinois, oise* Berlin (Allemagne)

ANNEXES

Bermudien, ienne îles Bermudes (océan Atlantique)
Bernayen, enne Bernay (Eure)
Bernois, oise• Berne (Suisse)
Berrichon, onne Berry (France)
Berruyer, ère Bourges (Cher)
Béthunois, oise Béthune (Pas-de-Calais)
Beyrouthin, ine• Beyrouth (Liban)
Biafrais, aise Biafra (Afrique)
Biarrot, ote Biarritz (Pyrénées-Atlantiques)
Bidartars [plur.] Bidart (Pyrénées-Atlantiques)
Biélorusse• Biélorussie (Europe)
Bigourdan, ane Bigorre (France)
Binchois, oise Binche (Belgique)
Birman, ane• Birmanie (Asie)
Biscaïen, ïenne Biscaye (Espagne)
Bisontin, ine Besançon (Doubs)
Bissalien, ienne• Bissau ou Bissao (Guinée-Bissau)
Bissau-Guinéen, éenne ou **Bissao-Guinéen, éenne** Guinée-Bissau ou Guinée-Bissao (Afrique)
Biterrois, oise Béziers (Hérault)
Bizertin, ine Bizerte (Tunisie)
Blancois, oise Le Blanc (Indre)
Blangeois, oise Blangy-sur-Bresle (Seine-Maritime)
Blayais, aise Blaye (Gironde)
Blésois, oise Blois (Loir-et-Cher)
Bohémien, ienne Bohême (République tchèque)
Bolivien, ienne• Bolivie (Amérique du Sud)
Bolonais, aise Bologne (Italie)
Bonifacien, ienne Bonifacio (Corse-du-Sud)
Bonnevillois, oise Bonneville (Haute-Savoie)
Bonnois, oise• Bonn (Allemagne)
Bônois, oise Bône (Algérie)
Borain, aine Borinage (Belgique)
Borain, aine Bourg-Saint-Maurice (Savoie)
Bordelais, aise Bordeaux (Gironde)
Bosniaque• ou **Bosnien, ienne** Bosnie-Herzégovine (Europe)
Bostonien, ienne Boston (États-Unis)
Botswanais, aise ou **Botswanéen, éenne** ou **Botswana** (Afrique)
Boucalais, aise Le Boucau (Pyrénées-Atlantiques)
Bougivalais, aise Bougival (Yvelines)
Boulageois, oise Boulay-Moselle (Moselle)

460

Boulonnais, aise Boulogne-Billancourt (Hauts-de-Seine)
Boulonnais, aise Boulogne-sur-Mer (Pas-de-Calais)
Bourbonnais, aise Bourbonnais (France)
Bourbourgeois, oise Bourbourg (Nord)
Bourcain, aine Bourg-lès-Valence (Drôme)
Bourcat, ate Bourg-d'Oisans (Isère)
Bourgetin, ine Le Bourget (Seine-Saint-Denis)
Bourguésan, ane Bourg-Saint-Andéol (Ardèche)
Bourguignon, onne Bourgogne (France)
Bourguisan, ane Bourg-Argental (Loire)
Bouriate Bouriatie (Russie)
Bouthanais, aise• Bouthan (Asie)
Brabançon, onne Brabant (Belgique)
Bragard, arde Saint-Dizier (Haute-Marne)
Brandebourgeois, oise Brandebourg (Allemagne)
Brasilien, ienne• Brasilia (Brésil)
Brazzavillois, oise• Brazzaville (Congo)
Bréhatin, ine île de Bréhat (Côtes-d'Armor)
Brésilien, ienne Brésil (Amérique du Sud)
Bressan, ane Bresse (France)
Bressaud, aude La Bresse (Vosges)
Bressuirais, aise Bressuire (Deux-Sèvres)
Brestois, oise Brest (Finistère)
Breton, onne Bretagne (France)
Briançonnais, aise Briançon (Hautes-Alpes)
Briard, arde Brie (France)
Briéron, onne Brière (France)
Brignolais, aise Brignoles (Var)
Briochin, ine• Saint-Brieuc (Côtes-d'Armor)
Briotin, ine Briey (Meurthe-et-Moselle)
Britannique Grande-Bretagne (Europe)
Britanno-Colombien, ienne Colombie-Britannique (Canada)
Brivadois, oise Brioude (Haute-Loire)
Briviste Brive-la-Gaillarde (Corrèze)
Broutain, aine Brou (Eure-et-Loir)
Bruaysien, ienne Bruay-la-Buissière (Pas-de-Calais)
Brugeois, oise Bruges (Belgique)
Brunéien, ienne• Brunei (Asie)
Bruxellois, oise• Bruxelles (Belgique)
Bucarestois, oise• Bucarest (Roumanie)
Buccorhodanien, ienne Bouches-du-Rhône (France)
Budapestois, oise• Budapest (Hongrie)

NOMS D'HABITANTS

Buenos-Airien, ienne* Buenos Aires (Argentine)
Bujumburien, ienne* ou **Bujumburais, aís** Bujumbura (Burundi)
Bulgare Bulgarie (Europe)
Burgien, ienne Bourg-en-Bresse (Ain)
Burkinabé ou **Burkinabê*** [invar. en genre] Burkina-Faso ou Burkina Faso (Afrique)
Burundais, aise* Burundi (Afrique)
Byzantin, ine Byzance (Europe)
Cadurcien, ienne* ou **Cahorsin, ine** ou **Cahorsien, ienne** Cahors (Lot)
Caennais, aise Caen (Calvados)
Cairote* Le Caire (Égypte)
Calabrais, aise Calabre (Italie)
Caladois, oise Villefranche-sur-Saône (Rhône)
Calaisien, ienne Calais (Pas-de-Calais)
Calaisien, ienne Saint-Calais (Sarthe)
Calgarien, ienne Calgary (Alberta)
Californien, ienne Californie (États-Unis)
Calvadossien, ienne Calvados (France)
Calvais, aise Calvi (Haute-Corse)
Camarguais, aise ou **Camarguin, ine** ou **Camarguen, enne** Camargue (France)
Cambodgien, ienne* Cambodge (Asie)
Cambrésien, ienne Cambrai (Nord)
Camerounais, aise* Cameroun (Afrique)
Canadien, ienne* Canada (Amérique du Nord)
Cananéen, éenne pays de Canaan
Canarien, ienne îles Canaries (Espagne)
Cannois, oise Cannes (Alpes-Maritimes)
Cantalien, ienne Cantal (France)
Cantilien, ienne Chantilly (Oise)
Cantonais, aise Canton (Chine)
Capouan, ane Capoue (Italie)
Cap-Verdien, ienne* îles du Cap-Vert (océan Atlantique)
Caracassien, ienne* Caracas (Venezuela)
Caraïbe ou **Caribéen, éenne** Caraïbes (Amérique centrale)
Carcassonnais, aise Carcassonne (Aude)
Carélien, ienne Carélie (Russie)
Carioca [invar. en genre] Rio de Janeiro (Brésil)
Carolomacérien, ienne Charleville-Mézières (Ardennes)
Carolorégien, ienne Charleroi (Belgique)
Carpentrassien, ienne Carpentras (Vaucluse)
Carquefolien, ienne Carquefou (Loire-Atlantique)

Carillon, onne ou **Carriérois, oise** Carrières-sur-Seine (Yvelines)
Carthaginois, oise Carthage (Tunisie)
Casablancais, aise Casablanca (Maroc)
Cassidain, aine Cassis (Bouches-du-Rhône)
Castelbriantais, aise Châteaubriant (Loire-Atlantique)
Castellanais, aise Castellane (Alpes-de-Haute-Provence)
Castelneuvien, ienne Châteauneuf-la-Forêt (Haute-Vienne)
Castelnovien, ienne Châteauneuf-sur-Charente (Charente)
Castélorien, ienne Château-du-Loir (Sarthe)
Castelroussin, ine Châteauroux (Indre)
Castelsalinois, oise Château-Salins (Moselle)
Castelsarrasinois, oise Castelsarrasin (Tarn-et-Garonne)
Castillan, ane Castille (Espagne)
Castrais, aise Castres, La Châtre (Tarn)
Castrais, aise La Châtre (Indre)
Castrogontérien, ienne Château-Gontier (Mayenne)
Castrothéodoricien, ienne Château-Thierry (Aisne)
Catalan, ane Catalogne (Espagne, France)
Caucasien, ienne Caucase
Cauchois, oise pays de Caux (France)
Caussenard, arde Causses (France)
Cayennais, aise Cayenne (Guyane française)
Centrafricain, aine* République Centrafricaine (Afrique)
Cerdan, ane ou **Cerdagnol, ole** Cerdagne (Espagne, France)
Céretan, ane Céret (Pyrénées-Orientales)
Cévenol, ole Cévennes (France)
Ceylanais, aise île de Ceylan (Asie)
Chaldéen, éenne Chaldée (Mésopotamie)
Chalonnais, aise Chalon-sur-Saône (Saône-et-Loire)
Châlonnais, aise Châlons-en-Champagne (Marne)
Chambérien, ienne Chambéry (Savoie)
Chamoniard, iarde Chamonix (Haute-Savoie)
Champenois, oise Champagne (France)
Charentais, aise Charente (France)
Charentais, aise maritime Charente-Maritime (France)
Charolais, aise Charolais (France)

ANNEXES

Charollais, aise Charolles (Saône-et-Loire)
Chartrain, aine Chartres (Eure-et-Loir)
Château-Chinonais, aise Château-Chinon (Nièvre)
Châteaulinois, oise Châteaulin (Finistère)
Châteauneuvois, oise ou **Castel-Papaux** [plur.] Châteauneuf-du-Pape (Vaucluse)
Châtelain, aine Château-d'Oléron (Charente-Maritime)
Châtelleraudais, aise Châtellerault (Vienne)
Chaumontais, aise Chaumont (Haute-Marne)
Chaurien, ienne ou **Castelnaudarien, ienne** Castelnaudary (Aude)
Cherbourgeois, oise Cherbourg (Manche)
Chicoutimien, ienne Chicoutimi (Québec)
Chilien, ienne* Chili (Amérique du Sud)
Chinois, oise* Chine (Asie)
Chinonais, aise Chinon (Indre-et-Loire)
Choletais, aise Cholet (Maine-et-Loire)
Chypriote ou **Cypriote** Chypre (Méditerranée)
Ciotaden, enne La Ciotat (Bouches-du-Rhône)
Ciréen, éenne Cirey-sur-Vezouve (Meurthe-et-Moselle)
Cisjordanien, ienne Cisjordanie (Proche-Orient)
Civraisien, ienne Civray (Vienne)
Clamartois, oise Clamart (Hauts-de-Seine)
Clamecycois, oise Clamecy (Nièvre)
Clermontois, oise Clermont (Oise)
Clermontois, oise Clermont-Ferrand (Puy-de-Dôme)
Clodoaldien, ienne Saint-Cloud (Hauts-de-Seine)
Clusien, ienne Cluses (Haute-Savoie)
Cochinchinois, oise Cochinchine (Viêtnam)
Cognaçais, aise Cognac (Charente)
Colmarien, ienne Colmar (Haut-Rhin)
Colombien, ienne* Colombie (Amérique du Sud)
Commercien, ienne Commercy (Meuse)
Comorien, ienne* Comores (océan Indien)
Compiégnois, oise Compiègne (Oise)
Concarnois, oise Concarneau (Finistère)
Condomois, oise Condom (Gers)
Confolentais, aise Confolens (Charente)
Congolais, aise* Congo (Afrique)
Constantinois, oise Constantine (Algérie)
Copenhaguois, oise* Copenhague (Danemark)
Cordouan, ane Cordoue (Espagne)
Coréen, éenne* Corée (Asie)
Corfiote Corfou (Grèce)
Corpopétrussien, ienne Saint-Pierre-des-Corps (Indre-et-Loire)
Corrézien, ienne Corrèze (France)
Corse Corse (France)
Cortenais, aise Corte (Haute-Corse)
Cosnois, oise Cosne-Cours-sur-Loire (Nièvre)
Costaricain, aine* ou **Costaricien, ienne** Costa Rica (Amérique centrale)
Costarmoricain, aine Côtes-d'Armor (France)
Côte d'Orien, ienne Côte-d'Or (France)
Côtois, oise La Côte-Saint-André (Isère)
Côtois, oise La Côte-Saint-André
Cotonois, oise* Cotonou (Bénin)
Cotterézien, ienne Villers-Cotterêts (Aisne)
Coulumérien, ienne Coulommiers (Seine-et-Marne)
Courtraisien, ienne Courtrai (Belgique)
Coutançais, aise Coutances (Manche)
Creillois, oise Creil (Oise)
Crétois, oise Crète
Creusois, oise Creuse (France)
Cristolien, ienne Créteil (Val-de-Marne)
Croate* Croatie (Europe)
Croisicais, aise Le Croisic (Loire-Atlantique)
Cubain, aine* Cuba (Amérique centrale)
Cubzaguais, aise Saint-André-de-Cubzac (Gironde)
Dacquois, oise Dax (Landes)
Dahoméen, éenne Dahomey (Afrique)
Dakarois, oise* Dakar (Sénégal)
Dalmate Dalmatie (Croatie)
Damascène* Damas (Syrie)
Danois, oise* Danemark (Europe)
Danubien, ienne Danube (Europe centrale)
Dauphinois, oise Dauphiné (France)
Délien, ienne ou **Déliaque** Délos (Grèce)
Denaisien, ienne Denain (Nord)
Déodatien, ienne Saint-Dié-des-Vosges (Vosges)

NOMS D'HABITANTS

Deux-Sévrien, ienne Deux-Sèvres (France)
Dieppois, oise Dieppe (Seine-Maritime)
Dignois, oise Digne (Alpes-de-Haute-Provence)
Dijonnais, aise Dijon (Côte-d'Or)
Dinannais, aise Dinan (Côtes-d'Armor)
Diois, Dioise Die (Drôme)
Dionysien, ienne Saint-Denis (Réunion, Seine-Saint-Denis)
Djerbien, ienne Djerba (Tunisie)
Djiboutien, ienne* Djibouti (Afrique)
Dodomais, aise* Dodoma (Tanzanie)
Dolois, oise Dole (Jura)
Dominguois, oise* Saint-Domingue [ville] (République dominicaine)
Dominicain, aine* République Dominicaine (Antilles)
Dominicain, aine Saint-Domingue (Antilles)
Dominiquais, aise* République de Dominique (Petites Antilles)
Dordognais, aise Dordogne (France)
Douaisien, ienne Douai (Nord)
Douarneniste Douarnenez (Finistère)
Doubiste ou **Doubien, ienne** Doubs (France)
Douchanbéen, ééenne Douchanbé (Tadjikistan)
Dracénois, oise Draguignan (Var)
Drômois, oise Drôme (France)
Drouais, aise Dreux (Eure-et-Loir)
Dryat, Dryate Saint-André-les-Vergers (Aube)
Dublinois, oise* Dublin (Irlande)
Dunkerquois, oise Dunkerque (Nord)
Dunois, oise Châteaudun (Eure-et-Loir)
Ébroïcien, ienne Évreux (Eure)
Écossais, aise Écosse (Grande-Bretagne)
Édimbourgeois, oise Édimbourg (Écosse)
Égéen, ééenne mer Égée
Égyptien, ienne* Égypte (Proche-Orient)
Elbeuvien, ienne Elbeuf (Seine-Maritime)
Elbois, oise île d'Elbe (Italie)
Émirien, ienne* Émirats Arabes Unis (Arabie)
Éolien, ienne Éolide (Asie Mineure)
Équato-Guinéen, ééenne* Guinée Équatoriale (Afrique)
Équatorien, ienne* Équateur (Amérique du Sud)
Érévanais, aise* Erevan (Arménie)
Érythréen, ééenne* Érythrée (Afrique)
Esfahâni [invar. en genre] Ispahan (Iran)
Espagnol, ole* Espagne (Europe)

Essonnien, ienne Essonne (France)
Estonien, ienne* ou **Este** Estonie (Europe)
Étampois, oise Étampes (Essonne)
États-Unien, ienne États-Unis d'Amérique
Éthiopien, ienne* Éthiopie (Afrique)
Étolien, ienne Étolie (Grèce)
Étrusque Étrurie (Italie)
Eurasien, ienne Eurasie
Européen, enne Europe
Euskarien, ienne ou **Euscarien, ienne** Pays Basque
Évahonien, ienne Évaux-les-Bains (Creuse)
Évianais, aise Évian-les-Bains (Haute-Savoie)
Évryen, enne Évry (Essonne)
Ézasque Èze (Alpes-Maritimes)
Faouëtais, aise Le Faouët (Morbihan)
Fassi le Fez (Maroc)
Fécampois, oise Fécamp (Seine-Maritime)
Feroïen, ïenne îles Féroé (océan Atlantique)
Ferrarais, aise Ferrare (Italie)
Ferton, onne Fère-Champenoise (Marne)
Fidésien, ienne Sainte-Foy-lès-Lyon (Rhône)
Fidjien, ienne* îles Fidji (Océanie)
Figeacois, oise Figeac (Lot)
Finistérien, ienne Finistère (France)
Finlandais, aise* ou **Finnois, oise** Finlande (Europe)
Flamand, ande ou **Flandrien, ienne** Flandre ou Flandres (Europe)
Fléchois, oise La Flèche (Sarthe)
Flérien, ienne Flers-de-l'Orne (Orne)
Fleurantin, ine Fleurance (Gers)
Floracois, oise Florac (Lozère)
Florentin, ine Florence (Italie)
Florentinois, oise Saint-Florentin (Yonne)
Floridien, ienne Floride (États-Unis)
Fontenaisien, ienne Fontenay-le-Comte (Vendée)
Forbachois, oise Forbach (Moselle)
Forcalquiérien, ienne Forcalquier (Alpes-de-Haute-Provence)
Forgion, ionne Forges-les-Eaux (Seine-Maritime)
Formosan, ane Formose (Asie)
Fouesnantais, aise Fouesnant (Finistère)
Fougerais, aise Fougères (Ille-et-Vilaine)
Fourasin, ine Fouras (Charente-Maritime)
Fourchambaultais, aise Fourchambault (Nièvre)

ANNEXES 464

Fourmisien, ienne Fourmies (Nord)
Foyalais, aise Fort-de-France (Martinique)
Foyen, yenne Sainte-Foy-la-Grande (Gironde)
Français, aise* France (Europe)
Franc-Comtois, oise ou **Comtois, oise** Franche-Comté (France)
Francfortois, oise Francfort-sur-le-Main (Allemagne)
Francilien, ienne Île-de-France (France)
Frédérictonnais, aise Fredericton (Nouveau-Brunswick)
Fréjusien, ienne Fréjus (Var)
Fribourgeois, oise Fribourg (Suisse)
Frison, onne Frise (Pays-Bas)
Fuégien, ienne Terre de Feu (Amérique du Sud)
Fuxéen, éenne Foix (Ariège)
Gabalitain, aine Gévaudan (Lozère)
Gabonais, aise* Gabon (Afrique)
Gaboronais, aise* Gaborone (Botswana)
Gaditan, ane Cadix (Espagne)
Galicien, ienne Galice (Espagne)
Galiléen, éenne Galilée (Israël)
Gallois, oise pays de Galles (Grande-Bretagne)
Gambien, ienne* Gambie (Afrique)
Gantois, oise Gand (Belgique)
Gapençais, aise Gap (Hautes-Alpes)
Gardois, oise Gard (France)
Gascon, onne Gascogne (France)
Gaspésien, ienne Gaspésie (Québec)
Gaulois, oise Gaule
Genevois, oise Genève (Suisse)
Génois, oise Gênes (Italie)
Géorgien, ienne* Géorgie (Caucase, États-Unis)
Gergolien, ienne Jargeau (Loiret)
Germain, aine Germanie
Germanois, oise Saint-Germain-Laval (Loire)
Germanopratin, ine Saint-Germain-des-Prés (Paris)
Géromois, oise Gérardmer (Vosges)
Gersois, oise Gers (France)
Gessien, ienne ou **Gexois, oise** Gex (Ain)
Ghanéen, éenne* Ghana (Afrique)
Gibraltarien, ienne Gibraltar (Europe)
Giennois, oise Gien (Loiret)
Gillocrucien, ienne Saint-Gilles-Croix-de-Vie (Vendée)
Girondin, ine Gironde (France)
Gisorsien, ienne Gisors (Eure)
Gourdonnais, aise Gourdon (Lot)

Grandvallier, ière Saint-Laurent-en-Grandvaux (Jura)
Grassois, oise Grasse (Alpes-Maritimes)
Grec, Grecque* Grèce (Europe)
Grenadien, ienne* La Grenade (océan Atlantique)
Grenadin, ine Grenade (Espagne)
Grenoblois, oise Grenoble (Isère)
Grison, onne canton des Grisons (Suisse)
Groenlandais, aise Groenland (Amérique du Nord)
Groisillon, onne ou **Grésillon, onne** île de Groix (Morbihan)
Guadeloupéen, éenne Guadeloupe (Antilles)
Guatémalien, ienne* Guatemala (Guatemala)
Guatémaltèque Guatemala (Amérique centrale)
Guebwillerois, oise Guebwiller (Haut-Rhin)
Guérandais, aise Guérande (Loire-Atlantique)
Guérétois, oise Guéret (Creuse)
Guernesiais, iaise île de Guernesey (Grande-Bretagne)
Guinéen, éenne* Guinée (Afrique)
Guingampais, aise Guingamp (Côtes-d'Armor)
Guingettois, oise Bourg-Madame (Pyrénées-Orientales)
Guyanais, aise Guyane (Amérique du Sud)
Guyanien, ienne* Guyana (Amérique du Sud)
Hagetmautien, ienne Hagetmau (Landes)
Haguenois, oise* La Haye (Pays-Bas)
Haguenovien, ienne Haguenau (Bas-Rhin)
Haillicourtois, oise Haillicourt (Pas-de-Calais)
Hainuyer, ère ou **Hannuyer, ère** ou **Hennuyer, ère** Hainaut (Belgique)
Haïtien, ienne* Haïti (Amérique centrale)
Haligonien, ienne Halifax (Nouvelle-Écosse)
Hambourgeois, oise Hambourg (Allemagne)
Hamois, oise Ham (Somme)
Hanoïen, ïenne* Hanoï (Viêtnam)
Hanovrien, ienne Hanovre (Allemagne)
Hararais, aise* Harare (Zimbabwe)
Haut-Alpin, ine Hautes-Alpes (France)

NOMS D'HABITANTS

Haut-Garonnais, aise Haute-Garonne (France)
Haut-Marnais, aise Haute-Marne (France)
Haut-Pyrénéen, éenne Hautes-Pyrénées (France)
Haut-Rhinois, oise Haut-Rhin (France)
Haut-Saônois, oise Haute-Saône (France)
Haut-Viennois, oise Haute-Vienne (France)
Havanais, aise* La Havane (Cuba)
Havrais, aise Le Havre (Seine-Maritime)
Hawaïen, ïenne îles Hawaï (Polynésie)
Haytillon, onne La Haye-du-Puits (Manche)
Hédéen, éenne Hédé (Ille-et-Vilaine)
Hellène Hellade (Grèce ancienne)
Helsinkien, ienne Helsinki (Finlande)
Helvète Helvétie
Hendayais, aise Hendaye (Pyrénées-Atlantiques)
Hennebontais, aise Hennebont (Morbihan)
Héraultais, aise Hérault (France)
Hessois, oise Hesse (Allemagne)
Hiérosolymite ou **Hiérosolymitain, aine** Jérusalem (Israël)
Himalayen, enne Himalaya (Asie)
Hirsonnais, aise Hirson (Aisne)
Hollandais, aise ou **Néerlandais, aise** Hollande (Europe)
Hollywoodien, ienne Hollywood (États-Unis)
Hondurien, ienne* Honduras (Amérique centrale)
Honfleurais, aise Honfleur (Calvados)
Hongkongais, aise Hong-Kong (Asie)
Hongrois, oise* ou **Magyar, e** Hongrie (Europe)
Hullois, oise Hull (Québec)
Hyèrois, oise Hyères (Var)
Ibère Ibérie
Icaunais, aise Yonne (France)
Illyrien, ienne Illyrie (Europe)
Indien, ienne* Inde (Asie)
Indochinois, oise Indochine (Asie)
Indrien, ienne Indre (France)
Ingouche Ingouchie (Russie)
Ionien, ienne Ionie
Irakien, ienne ou **Iraqien, ienne** ou **Iraquien, ienne** Irak ou Iraq (Proche-Orient)
Iranien, ienne Iran (Proche-Orient)
Irlandais, aise* Irlande (Europe)

Isérois, oise ou **Iseran, ane** Isère (France)
Isignais, aise Isigny-sur-Mer (Calvados)
Islandais, aise* Islande (Europe)
Islois, oise L'Isle-sur-la-Sorgue (Vaucluse)
Israélien, ienne* Israël (Proche-Orient)
Isséen, éenne Issy-les-Moulineaux (Hauts-de-Seine)
Issoirien, ienne Issoire (Puy-de-Dôme)
Issoldunois, oise Issoudun (Indre)
Istanbuliote Istanbul (Turquie)
Istréen, éenne Istres (Bouches-du-Rhône)
Italien, ienne* Italie (Europe)
Ivoirien, ienne* Côte-d'Ivoire (Afrique)
Ivryen, yenne Ivry-sur-Seine (Val-de-Marne)
Jakartanais, aise* Jakarta (Indonésie)
Jamaïcain, aine ou **Jamaïquain, aine*** Jamaïque (Antilles)
Japonais, aise* ou **Nippon, onne** Japon (Asie)
Jarlandin, ine Château-Arnoux (Alpes-de-Haute-Provence)
Javanais, aise Java (Indonésie)
Jersiais, iaise île de Jersey (Grande-Bretagne)
Jocondien, ienne Joué-lès-Tours (Indre-et-Loire)
Joinvillois, oise Joinville (Haute-Marne)
Jonzacais, aise Jonzac (Charente-Maritime)
Jordanien, ienne* Jordanie (Proche-Orient)
Jurassien, ienne Jura (France)
Kaboulien, ienne* Kaboul (Afghanistan)
Kabyle Kabylie (Algérie)
Kalmouk, e Kalmoukie (Russie)
Kampalais, aise* Kampala (Ouganda)
Kazakh, e* Kazakhstan (Asie)
Kenyan, ane ou **Kényan, ane*** Kenya (Afrique)
Khakasse Khakassie (Russie)
Khartoumais, aise* Khartoum (Soudan)
Kiévien, ienne* Kiev (Ukraine)
Kigalois, oise* ou **Kigalien, ienne** Kigali (Rwanda)
Kinois, oise* Kinshasa (république démocratique du Congo)
Kirghiz, e* Kirghizistan (Asie)
Kiribatien, ienne* République de Kiribati (océan Pacifique)
Kitticien et Névicien, Kittitienne et Névicienne* Saint-Christophe-et-Niévès (Petites Antilles)
Kosovar, e Kosovo (Yougoslavie)
Koweitien, ienne* Koweit (Arabie)

ANNEXES

Kurde Kurdistan (Asie)
Labradorien, ienne Labrador (Québec, Terre-Neuve)
Lacédémonien, ienne Lacédémone (Grèce)
Lacaunais, aise Lacaune (Tarn)
Lachinois, oise Lachine (Québec)
Lagnolan, ane Lagnieu (Ain)
Lagotien, ienne* Lagos (Nigeria)
Landais, aise Landes (France)
Landernéen, éenne Landerneau (Finistère)
Landivisien, ienne Landivisiau (Finistère)
Landrecien, ienne Landrecies (Nord)
Langonais, aise Langogne (Lozère)
Langonnais, aise Langon (Gironde)
Langrois, oise Langres (Haute-Marne)
Languedocien, ienne Languedoc (France)
Lanmeurien, ienne Lanmeur (Finistère)
Lannionnais, aise Lannion (Côtes-d'Armor)
Laonnois, oise Laon (Aisne)
Laotien, ienne* Laos (Asie)
Lapalissois, oise Lapalisse (Allier)
Lapon, one Laponie (Europe)
Largentiérois, oise Largentière (Ardèche)
Lasallois, oise La Salle (Québec)
Latino-Américain, aine Amérique Latine
Laurentien, ienne Saint-Laurent (Québec)
Laurentin, ine Saint-Laurent-de-Cerdans (Pyrénées-Orientales)
Laurentinois, oise Saint-Laurent-du-Pont (Isère)
Lausannois, oise Lausanne (Suisse)
Lavallois, oise Laval (Mayenne)
Lavallois, oise Laval (Québec)
Lédonien, ienne Lons-le-Saunier (Jura)
Leipzigois, oise Leipzig (Allemagne)
Lensois, oise Lens (Pas-de-Calais)
Léonais, aise ou **Léonard, arde** pays de Léon (Bretagne)
Lesbien, ienne Lesbos (Grèce)
Lescarien, ienne Lescar (Pyrénées-Atlantiques)
Lesothan, ane* Lesotho (Afrique)
Lesparrain, aine Lesparre-Médoc (Gironde)
Letton, one* ou **Letton, onne** ou **Latvien, ienne** Lettonie (Europe)
Levantin, ine Levant
Lexovien, ienne Lisieux (Calvados)
L'Hayssien, ienne L'Haÿ-les-Roses (Val-de-Marne)

Libanais, aise* Liban (Proche-Orient)
Libérien, ienne* Liberia (Afrique)
Libournais, aise Libourne (Gironde)
Librevillois, oise* Libreville (Gabon)
Libyen, enne* Libye (Afrique)
Liechtensteinois, oise* Liechtenstein (Europe)
Liégeois, oise Liège (Belgique)
Ligérien, ienne Loire (France)
Ligurien, ienne Ligurie (Italie)
Lillois, oise Lille (Nord)
Lillot, ote L'Isle-d'Abeau (Isère)
Lilongwais, aise* Lilongwe (Malawi)
Liménien, ienne* Lima (Pérou)
Limougeaud, aude Limoges (Haute-Vienne)
Limousin, ine Limousin (France)
Limouxin, ine Limoux (Aude)
Lisbonnin, ine* Lisbonne (Portugal)
Lislois, oise L'Isle-Jourdain (Gers)
Lituanien, ienne* ou **Lithuanien, ienne** Lituanie (Europe)
Livournais, aise Livourne (Italie)
Lochois, oise Loches (Indre-et-Loire)
Loctudiste Loctudy (Finistère)
Lodévois, oise Lodève (Hérault)
Loir-et-Chérien, ienne Loir-et-Cher (France)
Lombard, arde Lombardie (Italie)
Loméen, éenne* Lomé (Togo)
Lommois, oise Lomme (Nord)
Londonien, ienne* Londres (Angleterre)
Longjumellois, oise Longjumeau (Essonne)
Longnycien, ienne Longny-au-Perche (Orne)
Longovicien, ienne Longwy (Meurthe-et-Moselle)
Loossois, oise Loos (Nord)
Lorientais, aise Lorient (Morbihan)
Lorrain, aine Lorraine (France)
Lot-et-Garonnais, aise Lot-et-Garonne (France)
Lotois, oise Lot (France)
Loudéacien, ienne Loudéac (Côtes-d'Armor)
Loudunais, aise Loudun (Vienne)
Louhannais, aise Louhans (Saône-et-Loire)
Louisianais, aise Louisiane (États-Unis)
Lourdais, aise Lourdes (Hautes-Pyrénées)
Louvaniste Louvain (Belgique)
Louveciennois, oise Louveciennes (Yvelines)

NOMS D'HABITANTS

Lovérien, ienne Louviers (Eure)
Lozérien, ienne Lozère (France)
Luandais, aise* Luanda (Angola)
Lucanien, ienne Lucanie (Italie)
Luchonnais, aise Bagnères-de-Luchon (Haute-Garonne)
Lucquois, oise Lucques (Italie)
Lunévillois, oise Lunéville (Meurthe-et-Moselle)
Lurcyquois, oise Lurcy-Lévis (Allier)
Luron, onne Lure (Haute-Saône)
Lusakois, oise* Lusaka (Zambie)
Lusitanien, ienne ou **Lusitain, aine** Lusitanie (Portugal)
Lussacais, aise Lussac (Gironde)
Luxembourgeois, oise* Luxembourg (Europe)
Luxovien, ienne Luxeuil-les-Bains (Haute-Saône)
Luzarchois, oise Luzarches (Val-d'Oise)
Luzien, ienne Saint-Jean-de-Luz (Pyrénées-Atlantiques)
Lydien, ienne Lydie
Lyonnais, aise Lyon (Rhône)
Lyonsais, aise Lyons-la-Forêt (Eure)
Macanéen, éenne Macao (Asie)
Macédonien, ienne Macédoine (Grèce; Europe)
Machecoulais, aise Machecoul (Loire-Atlantique)
Mâconnais, aise Mâcon (Saône-et-Loire)
Madelinot, Madelinienne Îles de la Madeleine (Canada)
Madérien, ienne ou **Madérois, oise** Madère (Portugal)
Madrilène Madrid (Espagne)
Maghrébin, ine Maghreb (Afrique)
Mahorais, aise Mayotte (océan Indien)
Maintenonnais, aise Maintenon (Eure-et-Loir)
Majorquin, ine Majorque (Espagne)
Malabare Malabar (Inde)
Malabéen, éenne* Malabo (Guinée équatoriale)
Malais, aise ou **Malaisien, ienne** ou **Malaysien, ienne** Malaisie (Asie)
Malawien, ienne* Malawi (Afrique)
Malaysia Malaisie
Maldivien, ienne* îles Maldives (océan Indien)
Malgache* Madagascar (océan Indien)
Malien, ienne* Mali (Afrique)
Malinois, oise Malines (Belgique)
Malouin, ine Saint-Malo (Ille-et-Vilaine)
Maltais, aise* Malte (Europe)

Mamertin, ine Mamers (Sarthe)
Managuayen, yenne* Managua (Nicaragua)
Manaméen, éenne* Manama (Bahreïn)
Manceau, Mancelle Le Mans (Sarthe)
Manceau, Mancelle Maine (France)
Manchois, oise Manche (France)
Mandchou, e ou **Manchou, e** Mandchourie ou Manchourie (Chine)
Manillais, aise* Manille (Philippines)
Manitobain, aine Manitoba (Canada)
Mannois, oise Île de Man (Grande-Bretagne)
Manosquin, ine Manosque (Alpes-de-Haute-Provence)
Mantais, aise Mantes-la-Jolie (Yvelines)
Mantevillois, oise Mantes-la-Ville (Yvelines)
Mantouan, ane Mantoue (Italie)
Maputais, aise* Maputo (Mozambique)
Marandais, aise Marans (Charente-Maritime)
Marcquois, oise Marcq-en-Barœul (Nord)
Marennais, aise Marennes (Charente-Maritime)
Marignanais, aise Marignane (Bouches-du-Rhône)
Maringois, oise Maringues (Puy-de-Dôme)
Marlois, oise Marle (Aisne)
Marlychois, oise Marly-le-Roi (Yvelines)
Marmandais, aise Marmande (Lot-et-Garonne)
Marnais, aise Marne (France)
Marocain, aine* Maroc (Afrique)
Marommais, aise Maromme (Seine-Maritime)
Marquésan, ane ou **Marquisien, ienne** Îles Marquises (Polynésie)
Marseillais, aise Marseille (Bouches-du-Rhône)
Marshallais, aise* îles Marshall (Micronésie)
Martégaux [plur.] Martigues (Bouches-du-Rhône)
Martien, ienne Mars (planète)
Martinais, aise Saint-Martin-de-Ré (Charente-Maritime)
Martinérois, oise Saint-Martin-d'Hères (Isère)
Martiniquais, aise Martinique (Antilles)
Marvejolais, aise Marvejols (Lozère)
Mascatais, aise* Mascate (Oman)
Masérois, oise* Maseru (Lesotho)

ANNEXES

Maskoutain, aine Saint-Hyacinthe (Québec)
Masopolitain, aine Masevaux (Haut-Rhin)
Mathalien, ienne Matha (Charente-Maritime)
Maubeugeois, oise Maubeuge (Nord)
Maubourguetois, oise Maubourguet (Hautes-Pyrénées)
Mauriacois, oise Mauriac (Cantal)
Mauricien, ienne* île Maurice (océan Indien)
Mauritanien, ienne* ou **Maure** [hist.] Mauritanie (Afrique)
Maxipontain, aine ou **Pontois, oise** Pont-Sainte-Maxence (Oise)
Mayençais, aise Mayence (Allemagne)
Mayennais, aise Mayenne (France)
Mazamétain, aine Mazamet (Tarn)
Mbabanais, aise* Mbabane (Swaziland)
Mède Médie
Méditerranéen, éenne Méditerranée
Médocain, aine ou **Médoquin, ine** Médoc (France)
Mélanésien, ienne Mélanésie (Océanie)
Meldois, oise Meaux (Seine-et-Marne)
Melunais, aise Melun (Seine-et-Marne)
Mendois, oise Mende (Lozère)
Ménéhildien, ienne Sainte-Menehould (Marne)
Mentonnais, aise Menton (Alpes-Maritimes)
Merdrignacien, ienne Merdrignac (Côtes-d'Armor)
Mersois, oise Mers-les-Bains (Somme)
Mervillois, oise Merville (Nord)
Mesnilois, oise Le Mesnil-le-Roi (Yvelines)
Mésopotamien, ienne Mésopotamie (Asie)
Messin, ine Metz (Moselle)
Meudonnais, aise Meudon-la-Forêt (Hauts-de-Seine)
Meulanais, aise Meulan (Yvelines)
Meusien, ienne Meuse (France)
Mexicain, aine* Mexique (Amérique centrale)
Meyrueisien, ienne Meyrueis (Lozère)
Micronésien, ienne* Micronésie (Océanie)
Milanais, aise Milan (Italie)
Millavois, oise Millau (Aveyron)
Milliacois, oise Milly-la-Forêt (Essonne)
Mimizanais, aise Mimizan (Landes)
Minhote, ienne Minho (Portugal)
Minorquin, ine Minorque (Espagne)

Miramasséen, éenne Miramas (Bouches-du-Rhône)
Mirandais, aise Mirande (Gers)
Mirapicien, ienne Mirepoix (Ariège)
Mirebalais, aise Mirebeau (Vienne)
Miribelan, ane Miribel (Ain)
Modanais, aise Modane (Savoie)
Modénais, aise Modène (Italie)
Moirantin, ine Moirans-en-Montagne (Jura)
Moissagais, aise Moissac (Tarn-et-Garonne)
Moldave* Moldavie (Roumanie; Europe)
Molsheimien, ienne ou **Molsheimois, oise** Molsheim (Bas-Rhin)
Moncoutantais, aise Moncoutant (Deux-Sèvres)
Monégasque* Monaco (Europe)
Monestois, oise Mennetou-sur-Cher (Loir-et-Cher)
Mongol, ole* Mongolie (Asie)
Monistrolien, ienne Monistrol-sur-Loire (Haute-Loire)
Monpaziérois, oise Monpazier (Dordogne)
Monrovien, ienne* Monrovia (Liberia)
Monségurais, aise Monségur (Gironde)
Monsois, oise Mons-en-Barœul (Nord)
Montacutain, aine ou **Montaigusien, ienne** Montaigu (Vendée)
Montalbanais, aise Montauban (Tarn-et-Garonne)
Montargois, oise Montargis (Loiret)
Montbardois, oise Montbard (Côte-d'Or)
Montbéliardais, aise Montbéliard (Doubs)
Montbrisonnais, aise Montbrison (Loire)
Montbronnais, aise Montbron (Charente)
Montcellien, ienne Montceau-les-Mines (Saône-et-Loire)
Montchaninois, oise Montchanin (Saône-et-Loire)
Montcuquois, oise Montcuq (Lot)
Montdidérien, ienne Montdidier (Somme)
Mont-Dorien, ienne Le Mont-Dore (Puy-de-Dôme)
Monténégrin, ine Monténégro
Montévidéen, éenne* Montevideo (Uruguay)
Monticinois, oise Montcenis
Montilien, ienne Montélimar (Drôme)

NOMS D'HABITANTS

Montluçonnais, aise Montluçon (Allier)
Montmartrois, oise Montmartre (Paris)
Montmorencéen, éenne Montmorency (Val-d'Oise)
Montmorillonnais, aise Montmorillon (Vienne)
Montois, oise Mont-de-Marsan (Landes)
Montpelliérain, aine Montpellier (Hérault)
Montponnais, aise Montpon-Ménestérol (Dordogne)
Montréalais, aise Montréal (Québec)
Montréjeaulais, aise Montréjeau (Haute-Garonne)
Montreuillois, oise Montreuil (Pas-de-Calais)
Montreuillois, oise Montreuil-sous-Bois (Seine-Saint-Denis)
Montrichardais, aise Montrichard (Loir-et-Cher)
Montrougien, ienne Montrouge (Hauts-de-Seine)
Morave Moravie (République tchèque)
Morbihannais, aise Morbihan (France)
Morcenais, aise Morcenx (Landes)
Mordve Mordovie (Russie)
Morétain, aine Moret-sur-Loing (Seine-et-Marne)
Morlaisien, ienne Morlaix (Finistère)
Morlan, ane Morlaas (Pyrénées-Atlantiques)
Moronais, aise• Moroni (Comores)
Mortagnais, aise Mortagne-au-Perche (Orne)
Mortainais, aise Mortain (Manche)
Mortuacien, ienne Morteau (Doubs)
Morvandiau, Morvandelle Morvan (France)
Morzinois, oise Morzine (Haute-Savoie)
Moscovite Moscou (Russie)
Mosellan, ane Moselle (France)
Moulinois, oise Moulins (Allier)
Mouysard, arde Mouy (Oise)
Mouzonnais, aise Mouzon (Ardennes)
Mozambicain, aine• Mozambique (Afrique)
Mulhousien, ienne Mulhouse (Haut-Rhin)
Munichois, oise Munich (Allemagne)
Muratais, aise Murat (Cantal)
Muretain, aine Muret (Haute-Garonne)
Murisaltien, ienne Meursault (Côte-d'Or)
Murois, oise La Mure (Isère)
Murviellois, oise Murviel-lès-Béziers (Hérault)

Mussipontain, aine Pont-à-Mousson (Meurthe-et-Moselle)
Mycénien, ienne Mycènes
Nairobien, ienne• Nairobi (Kenya)
Namibien, ienne• Namibie (Afrique)
Namurois, oise Namur (Belgique)
Nancéen, ienne Nancy (Meurthe-et-Moselle)
Nantais, aise Nantes (Loire-Atlantique)
Nanterrien, ienne Nanterre (Hauts-de-Seine)
Nantuatien, ienne Nantua (Ain)
Napolitain, aine Naples (Italie)
Narbonnais, aise Narbonne (Aude)
Nauruan, ane• Nauru (Micronésie)
Navarrais, aise ou **Navarrin, ine** Navarre (Espagne)
Nazairien, ienne Saint-Nazaire (Loire-Atlantique)
Nazaréen, éenne Nazareth (Galilée)
Ndjaménais, aise• ou **Ndjaménois, oise** Ndjamena (Tchad)
Néerlandais, aise• Pays-Bas, aussi Hollande (Europe)
Nemourien, ienne Nemours (Seine-et-Marne)
Néo-Brisacien, ienne Neuf-Brisach (Haut-Rhin)
Néo-Brunswickois, oise Nouveau-Brunswick (Canada)
Néo-Calédonien, ienne Nouvelle-Calédonie (Océanie)
Néocastrien, ienne Neufchâteau (Vosges)
Néodomien, ienne Neuves-Maisons
Néo-Écossais, aise Nouvelle-Écosse (Canada)
Néo-Guinéen, éenne Nouvelle-Guinée (Mélanésie)
Néo-Hébridais, aise Nouvelles-Hébrides (Mélanésie)
Néo-Orléanais, aise La Nouvelle-Orléans (États-Unis)
Néo-Zélandais, aise• Nouvelle-Zélande (Océanie)
Népalais, aise• Népal (Asie)
Néracais, aise Nérac (Lot-et-Garonne)
Neuchâtelois, oise Neuchâtel (Suisse)
Neufchâtelois, oise Neufchâtel-en-Bray (Seine-Maritime)
Neuilléen, éenne Neuilly-sur-Seine (Hauts-de-Seine)
Neustrien, ienne Neustrie (Gaule)
Neuvicois, oise Neuvic (Corrèze)

ANNEXES

Neuvillois, oise Neuville-de-Poitou (Vienne)
Neversois, oise ou **Nivernais, aise** Nevers (Nièvre)
New-Yorkais, aise New York (États-Unis)
Niaméyen, yenne* Niamey (Niger)
Nicaraguayen, yenne* Nicaragua (Amérique centrale)
Niçois, oise Nice (Alpes-Maritimes)
Nicosien, ienne* Nicosie (Chypre)
Nigérian, iane* Nigeria (Afrique)
Nigérien, ienne* Niger (Afrique)
Nîmois, oise Nîmes (Gard)
Niortais, aise Niort (Deux-Sèvres)
Nivellois, oise Nivelles (Belgique)
Nivernais, aise Nièvre (France)
Nocéen, éenne Neuilly-Plaisance (Seine-Saint-Denis)
Nogarolien, ienne Nogaro (Gers)
Nogentais, aise Nogent (Haute-Marne)
Nogentais, aise Nogent-le-Rotrou (Eure-et-Loir)
Nogentais, aise Nogent-sur-Marne (Val-de-Marne)
Nogentais, aise Nogent-sur-Oise (Oise)
Noirmoutrin, ine Noirmoutier-en-l'Île (Vendée)
Nolaytois, oise Nolay (Côte-d'Or)
Nonancourtois, oise Nonancourt (Eure)
Nontronnais, aise Nontron (Dordogne)
Nord-Africain, aine Afrique du Nord
Nord-Américain, aine Amérique du Nord
Nord-Coréen, éenne Corée du Nord
Nordiste Nord (France)
Nord-Vietnamien, ienne Nord-Viêtnam (Asie)
Normand, ande Normandie (France)
Norvégien, ienne* Norvège (Europe)
Nouakchottois, oise* Nouakchott (Mauritanie)
Nouvionnais, aise Le Nouvion-en-Thiérache (Aisne)
Nubien, ienne Nubie (Afrique)
Nuiton, onne Nuits-Saint-Georges (Côte-d'Or)
Numide Numidie (Afrique)
Nyonsais, aise Nyons (Drôme)
Occitan, ane Occitanie (France)
Océanien, ienne Océanie
Ogien, ienne Île-d'Yeu (Vendée)
Oisien, ienne Oise (France)
Oléronais, aise Île d' Oléron (Charente-Maritime)
Ollierguois, oise Olliergues (Puy-de-Dôme)
Oloronais, aise Oloron-Sainte-Marie (Pyrénées-Atlantiques)
Omanais, aise Oman (Arabie)
Ombrien, ienne Ombrie (Italie)
Ontarien, ienne Ontario (Canada)
Oranais, aise Oran (Algérie)
Orangeois, oise Orange (Vaucluse)
Orléanais, aise Orléans (Loiret)
Orlysien, ienne Orly (Val-de-Marne)
Ormessonnais, aise Ormesson-sur-Marne (Val-de-Marne)
Ornais, aise Orne (France)
Ornannais, aise Ornans (Doubs)
Ossète Ossétie (Russie, Géorgie)
Ostendais, aise Ostende (Belgique)
Ottoman, ane Empire Ottoman (Proche-Orient, Europe)
Ouagalais, aise* Ouagadougou (Burkina-Faso)
Oudmourte Oudmourtie (Russie)
Ouessantin, ine ou **Ouessantais, aise** Île d'Ouessant (Finistère)
Ougandais, aise* Ouganda (Afrique)
Outaouais, aise* Ottawa (Canada)
Outremontais, aise Outremont (Québec)
Ouzbek, e ou **Ouzbek, Ouzbèke*** Ouzbékistan (Asie)
Oxonien, ienne ou **Oxfordien, ienne** Oxford (Angleterre)
Oyonnaxien, ienne Oyonnax (Ain)
Pacéen, éenne Pacy-sur-Eure (Eure)
Pacénien, ienne* La Paz (Bolivie)
Padouan, ane Padoue (Italie)
Paimblotin, ine Paimbœuf (Loire-Atlantique)
Paimpolais, aise Paimpol (Côtes-d'Armor)
Pakistanais, aise* Pakistan (Asie)
Palaisien, ienne Le Palais-sur-Vienne (Haute-Vienne)
Palaisien, ienne Palaiseau (Essonne)
Palantin, ine Le Palais (Morbihan)
Palermitain, aine ou **Panormitain, aine** Palerme (Italie)
Palestinien, ienne Palestine (Proche-Orient)
Palois, oise Pau (Pyrénées-Atlantiques)
Panaméen, éenne* ou **Panamien, ienne*** Panamá ou Panama (Amérique centrale)

NOMS D'HABITANTS

Pantinois, oise Pantin (Seine-Saint-Denis)
Papou, e ou **Papoua** [plur.] ou **Papouan, ane*** Papouasie (Mélanésie)
Paraguayen, yenne Paraguay (Amérique du Sud)
Parisien, ienne* Paris (Seine)
Parmesan, ane Parme (Italie)
Parodien, ienne Paray-le-Monial (Saône-et-Loire)
Parthenaisien, ienne Parthenay (Deux-Sèvres)
Pascuan, ane île de Pâques (Polynésie)
Patagon, onne Patagonie (Argentine)
Pauillacais, aise Pauillac (Gironde)
Pauliste Saõ Paulo (Brésil)
Pavesan, ane Pavie (Italie)
Péageois, oise Bourg-de-Péage (Drôme)
Pékinois, oise* Pékin (Chine)
Péloponnésien, ienne Péloponnèse (Grèce)
Pennsylvanien, ienne Pennsylvanie (États-Unis)
Percheron, onne Perche (France)
Percyais, aise Percy (Manche)
Périgourdin, ine Périgord (France)
Périgourdin, ine Périgueux (Dordogne)
Pernois, oise Pernes-les-Fontaines (Vaucluse)
Péronnais, aise Péronne (Somme)
Pérougien, ienne Pérouges (Ain)
Perpignanais, aise Perpignan (Pyrénées-Orientales)
Persan, ane Perse (Proche-Orient)
Persanais, aise Persan (Val-d'Oise)
Pérugin, ine Pérouse (Italie)
Péruvien, ienne* Pérou (Amérique du Sud)
Pétrifontain, aine Pierrefonds (Oise)
Pétruvien, ienne Saint-Pierre-sur-Dives (Calvados)
Phalsbourgeois, oise Phalsbourg (Moselle)
Phénicien, ienne Phénicie (Asie)
Philadelphien, ienne Philadelphie (États-Unis)
Philippin, ine* Philippines (Océanie)
Phnompenhois, oise* Phnom-Penh (Cambodge)
Phocidien, ienne ou **Phocéen, éenne** Phocide (Grèce)
Phrygien, ienne Phrygie (Asie Mineure)
Picard, arde Picardie (France)
Pictavien, ienne Poitiers (Vienne)

Picto-Charentais, aise Poitou-Charentes (France)
Piémontais, aise Piémont (Italie)
Pierrefittois, oise Pierrefitte (Seine-Saint-Denis)
Pierrelattin, ine Pierrelatte (Drôme)
Pierrotin, ine Saint-Pierre (Martinique)
Pisan, ane Pise (Italie)
Piscénois, oise Pézenas (Hérault)
Pisciacais, aise Poissy (Yvelines)
Pithivérien, ienne Pithiviers (Loiret)
Placentin, ine Plaisance (Italie)
Plouescatais, aise Plouescat (Finistère)
Plouhatin, ine Plouha (Côtes-d'Armor)
Pointois, oise Pointe-à-Pitre (Guadeloupe)
Poitevin, ine Poitou (France)
Polinois, oise Poligny (Jura)
Polonais, aise* Pologne (Europe)
Polynésien, ienne Polynésie (Océanie)
Pompéien, ienne Pompéi (Italie)
Poncinois, oise Poncin (Ain)
Pondinois, oise Pont-d'Ain (Ain)
Ponot, ote Le Puy-en-Velay (Haute-Loire)
Pont-Audemérien, ienne Pont-Audemer (Eure)
Pontaveniste Pont-Aven (Finistère)
Pontellois-Combalusien, Pontelloise-Combalusienne Pontault-Combault (Seine-et-Marne)
Pontépiscopien, ienne Pont-l'Évêque (Calvados)
Pontissalien, ienne Pontarlier (Doubs)
Pontivyen, yenne Pontivy (Morbihan)
Pont-l'Abbiste Pont-l'Abbé (Finistère)
Pontois, oise Pons, Pont-de-Chéruy, Pont-en-Royans, Pont-Sainte-Maxence, Pont-sur-Yonne (Charente-Maritime, Isère, Yonne)
Pontoisien, ienne Pontoise (Val-d'Oise)
Pontorsonnais, oise Pontorson (Manche)
Pontrambertois, oise Saint-Just-Saint-Rambert (Loire)
Pontrivien, ienne Pontrieux (Côtes-d'Armor)
Pornicais, aise Pornic (Loire-Atlantique)
Pornichetain, aine Pornichet (Loire-Atlantique)
Portais, aise Port-Sainte-Marie (Lot-et-Garonne)
Port-au-Princien, ienne* Port-au-Prince (Haïti)
Port-Louisien, ienne* Port-Louis (île Maurice)

ANNEXES

Porto-Novien, ienne* Porto-Novo (Bénin)
Portoricain, aine Porto Rico (Amérique centrale)
Portugais, aise* Portugal (Europe)
Portusien, ienne Port-sur-Saône (Haute-Saône)
Port-Vendrais, aise Port-Vendres (Pyrénées-Orientales)
Port-Vilais, aise* Port-Vila (Vanuatu)
Pouillonnais, aise Pouillon (Landes)
Poyais, aise Poix-de-Picardie (Somme)
Pradéen, éenne Prades (Pyrénées-Orientales)
Pragois, oise ou **Praguois, oise*** Prague (République tchèque)
Praïen, ïenne* Praia (îles du Cap-Vert)
Prémerycois, oise Prémery (Nièvre)
Prince-Edouardien, ienne Île-du-Prince-Édouard (Canada)
Privadois, oise Privas (Ardèche)
Provençal, ale, aux Provence (France)
Provinois, oise Provins (Seine-et-Marne)
Prussien, ienne Prusse
Pugétais, aise Puget-Théniers (Alpes-Maritimes)
Puiseautin, ine Puiseaux (Loiret)
Pyrénéen, éenne Pyrénées (France)
Pyrénéen-Atlantique, Pyrénéenne-Atlantique Pyrénées-Atlantiques (France)
Qatari [plur.] ou **Qatarien, ienne*** Qatar (Proche-Orient)
Québécois, oise Québec (Canada)
Quercinois, oise Quercy (France)
Quercitain, aine Le Quesnoy (Nord)
Quesnoysien, ienne Quesnoy-sur-Deûle (Nord)
Quiberonnais, aise Quiberon (Morbihan)
Quillanais, aise Quillan (Aude)
Quillebois, oise Quillebeuf-sur-Seine (Eure)
Quimperlois, oise Quimperlé (Finistère)
Quimpérois, oise Quimper (Finistère)
Quiténien, ienne* Quito (Équateur)
Rabastinois, oise Rabastens (Tarn)
Rabati [invar.] Rabat (Maroc)
Radounaud, aude Oradour-sur-Glane (Haute-Vienne)
Raincéen, éenne Le Raincy (Seine-Saint-Denis)
Raismois, oise Raismes (Nord)
Rambertois, oise Saint-Rambert-d'Albon (Drôme)
Rambolitain, aine Rambouillet (Yvelines)
Rambuvetais, aise Rambervillers (Vosges)
Ravennate Ravenne (Italie)
Redonnais, aise Redon (Ille-et-Vilaine)
Réginaburgien, ienne ou **Réginaborgien, ienne** Bourg-la-Reine (Hauts-de-Seine)
Rémois, oise Reims (Marne)
Renazéen, éenne Renazé (Mayenne)
Rennais, aise Rennes (Ille-et-Vilaine)
Réolais, aise La Réole (Gironde)
Restérien, ienne Retiers (Ille-et-Vilaine)
Rétais, aise île de Ré (Charente-Maritime)
Rethélois, oise Rethel (Ardennes)
Réunionnais, aise île de la Réunion (océan Indien)
Rhénan, ane Rhénanie (Allemagne)
Rhénan, ane Rhin
Rhodanien, ienne Rhône (France)
Rhodien, ienne île de Rhodes (Grèce)
Rhône-Alpin, ine Rhône-Alpes (France)
Ribeauvillois, oise Ribeauvillé (Haut-Rhin)
Riceton, one Les Riceys (Aube)
Riézois, oise Riez (Alpes-de-Haute-Provence)
Rifain, aine Rif (Maroc)
Riomois, oise Riom (Puy-de-Dôme)
Ripagérien, ienne Rive-de-Gier (Loire)
Rivesaltais, aise Rivesaltes (Pyrénées-Orientales)
Rivois, oise Rives (Isère)
Riyadien, ienne* Riyad (Arabie saoudite)
Roannais, oise* Roanne (Loire)
Robertin, ine Le Robert (Martinique)
Rochechouartais, aise Rochechouart (Haute-Vienne)
Rochefortais, aise Rochefort (Charente-Maritime)
Rochelais, aise La Rochelle (Charente-Maritime)
Rochelais, aise La Roche-Posay (Vienne)
Rochois, oise La Roche-Bernard (Morbihan)
Roisséen, éenne Roissy-en-France (Val-d'Oise)
Romain, aine* Rome (Italie)
Romarimontain, aine Remiremont (Vosges)
Romorantinais, aise Romorantin (Loir-et-Cher)
Rotterdamois, oise Rotterdam (Pays-Bas)
Roubaisien, ienne Roubaix (Nord)
Rouchon, onne Roche-la-Molière (Loire)
Rouennais, aise Rouen (Seine-Maritime)

NOMS D'HABITANTS

Rouergat, ate Rouergue (France)
Rougéen, éenne Rougé (Loire-Atlantique)
Roumain, aine* Roumanie (Europe)
Roussillonnais, aise Roussillon (Isère)
Royannais, aise Royan (Charente-Maritime)
Roybonnais, aise Roybon (Isère)
Royen, enne Roye (Somme)
Royéraud, aude Royère (Creuse)
Rueillois, oise Rueil-Malmaison (Hauts-de-Seine)
Ruffécois, oise Ruffec (Charente)
Rumillien, ienne Rumilly (Haute-Savoie)
Russe* Russie (Europe)
Ruthénien, ienne ou **Ruthène** Ruthénie (Ukraine)
Ruthénois, oise Rodez (Aveyron)
Rwandais, aise* Rwanda (Afrique)
Sabéen, éenne Saba
Sablais, aise Les Sables-d'Olonne (Vendée)
Sabolien, ienne Sablé-sur-Sarthe (Sarthe)
Sabrais, aise Sabres (Landes)
Sagranier, ière Salers (Cantal)
Saharien, ienne Sahara (Afrique)
Saint-Africain, aine Saint-Affrique (Aveyron)
Saint-Agrèvois, oise Saint-Agrève (Ardèche)
Saint-Aignanais, aise Saint-Aignan-sur-Cher (Loir-et-Cher)
Saintais, aise Saintes (Charente-Maritime)
Saint-Alvérois, oise Saint-Alvère (Dordogne)
Saint-Amandois, oise ou **Amandin, ine** Saint-Amand-Montrond (Cher)
Saint-Andréen, éenne Saint-André-les-Alpes (Alpes-de-Haute-Provence)
Saint-Aubinais, aise Saint-Aubin-sur-Mer (Calvados)
Saint-Béatais, aise Saint-Béat (Haute-Garonne)
Saint-Céréen, éenne Saint-Céré (Lot)
Saint-Chamonais, aise Saint-Chamond (Loire)
Saint-Chinianais, aise Saint-Chinian (Hérault)
Saint-Cyrien, ienne Saint-Cyr-l'École (Yvelines)
Sainte-Crix [invar.] Sainte-Croix (Suisse)
Saint-Estevain, arde Saint-Étienne-en-Dévoluy (Hautes-Alpes)
Saint-Fidéen, éenne Sainte-Foy (Québec)
Saint-Foniard, iarde Saint-Fons (Rhône)

Saint-Fulgentais, aise Saint-Fulgent (Vendée)
Saint-Gallois, oise Saint-Gall (Suisse)
Saint-Gaudinois, oise Saint-Gaudens (Haute-Garonne)
Saint-Germanois, oise Saint-Germain-en-Laye (Yvelines)
Saint-Gillois, oise Saint-Gilles (Gard)
Saint-Gironnais, aise Saint-Girons (Ariège)
Saint-Jean-de-Losnais, aise Saint-Jean-de-Losne (Côte-d'Or)
Saint-Jeannais, aise Saint-Jean-de-Maurienne (Savoie)
Saint-Jeannais, aise Saint-Jean-Pied-de-Port (Pyrénées-Atlantiques)
Saint-Jeannois, oise Saint-Jean-Cap-Ferrat (Alpes-Maritimes)
Saint-Julien, ienne Saint-Julien-Chapteuil (Haute-Loire)
Saint-Juliennois, oise Saint-Julien-en-Genevois (Haute-Savoie)
Saint-Juniaud, iaude Saint-Junien (Haute-Vienne)
Saint-Juraud, aude Saint-Just-en-Chevalet (Loire)
Saint-Justois, oise Saint-Just-en-Chaussée (Oise)
Saint-Laurentin, ine Saint-Laurent-de-Neste (Hautes-Pyrénées)
Saint-Lois, Saint-Loise ou **Laudinien, ienne** Saint-Lô (Manche)
Saint-Louisien, ienne Port-Saint-Louis-du-Rhône (Bouches-du-Rhône)
Saint-Lucien, ienne* Sainte-Lucie (Petites Antilles)
Saint-Maixentais, aise Saint-Maixent-l'École (Deux-Sèvres)
Saint-Marcellinois, oise Saint-Marcellin (Isère)
Saint-Martinois, oise Saint-Martin-Vésubie (Alpes-Maritimes)
Saint-Mihielois, oise ou **Sammiellois, oise** Saint-Mihiel (Meuse)
Saintois, oise Saintes-Marie-de-la-Mer (Bouches-du-Rhône)
Saintongeais, aise Saintonge (France)
Saint-Ouennais, oise Saint-Ouen-l'Aumône (Val-d'Oise)
Saint-Paulais, aise Saint-Paul-de-Fenouillet (Pyrénées-Orientales)
Saint-Paulois, oise Saint-Paul-de-Vence (Alpes-Maritimes)
Saint-Pérollais, aise Saint-Péray (Ardèche)

ANNEXES

Saint-Pierrais, aise et Miquelonnais, aise Saint-Pierre-et-Miquelon (océan Atlantique)
Saint-Pierrois, oise Saint-Pierre-le-Moûtier (Nièvre)
Saint-Politain, aine Saint-Pol-de-Léon (Finistère)
Saint-Polois, oise Saint-Pol-sur-Ternoise (Pas-de-Calais)
Saint-Ponais, aise Saint-Pons-de-Thomières (Hérault)
Saint-Pourcinois, oise Saint-Pourçain-sur-Sioule (Allier)
Saint-Quentinois, oise Saint-Quentin (Aisne)
Saint-Rémois, oise Saint-Rémy-sur-Durolle (Puy-de-Dôme)
Saint-Servantin, ine ou **Servannais, aise** Saint-Servan-sur-Mer (Ille-et-Vilaine)
Saint-Severin, ine Saint-Sever (Landes)
Saint-Valliérois, oise Saint-Vallier-sur-Rhône (Drôme)
Saint-Vincentais (et Grenadin), Saint-Vincentaise (et Grenadine) Saint-Vincent (-et-les-Grenadines) (Petites Antilles)
Salinois, oise Salins-les-Bains (Jura)
Salisien, ienne Salies-de-Béarn (Pyrénées-Atlantiques)
Sallanchard, arde Sallanches (Haute-Savoie)
Salomonais, aise ou **Salomonien, ienne** îles Salomon (Mélanésie)
Salonicien, ienne Salonique (Grèce)
Saltusien, ienne Saint-Julien-du-Sault (Yonne)
Salvadorien, ienne• Salvador (Amérique centrale)
Samaritain, aine Samarie (Palestine)
Samien, ienne ou **Samiote** Samos (Grèce)
Samoan, ane• îles Samoa (Polynésie)
Sancerrois, oise Sancerre (Cher)
San-Claudien, ienne ou **Sanclaudien, ienne** Saint-Claude (Jura)
Sanflorain, aine Saint-Flour (Cantal)
San-Marinais, aise ou **Saint-Marinais, aise•** Saint-Marin (Europe)
Santoméen, éenne• Sao Tomé-et-Principe (océan Atlantique)
Saône-et-Loirien, ienne Saône-et-Loire (France)
Saoudien, ienne• Arabie Saoudite (Proche-Orient)

474

Sarajévien, ienne• Sarajevo (Bosnie-Herzégovine)
Sarde Sardaigne (Italie)
Sarladais, aise Sarlat-la-Canéda (Dordogne)
Sarrebourgeois, oise Sarrebourg (Moselle)
Sarrebruckois, oise Sarrebruck (Allemagne)
Sarregueminois, oise Sarreguemines (Moselle)
Sarrois, oise Sarre (Allemagne)
Sartenais, aise Sartène (Corse-du-Sud)
Sarthois, oise Sarthe (France)
Saskatchewanais, aise Saskatchewan (Canada)
Saulxuron, onne Saulxures-sur-Moselotte (Vosges)
Saumurois, oise Saumur (Maine-et-Loire)
Sauveterrat, ate Sauveterre-de-Rouergue (Aveyron)
Sauveterrien, ienne Sauveterre-de-Béarn (Pyrénées-Atlantiques)
Savenaisien, ienne Savenay (Loire-Atlantique)
Savernois, oise Saverne (Bas-Rhin)
Savinien, ienne Savigny-sur-Orge (Essonne)
Savoyard, arde ou **Savoisien, ienne** Savoie (France)
Saxon, onne Saxe (Allemagne)
Scandinave Scandinavie (Europe)
Scéen, éenne Sceaux (Hauts-de-Seine)
Seclinois, oise Seclin (Nord)
Sedanais, aise Sedan (Ardennes)
Sédélocien, ienne Saulieu (Côte-d'Or)
Ségovien, ienne Ségovie (Espagne)
Segréen, éenne Segré (Maine-et-Loire)
Seine-et-Marnais, aise Seine-et-Marne (France)
Sélestadien, ienne Sélestat (Bas-Rhin)
Semurois, oise Semur-en-Auxois (Côte-d'Or)
Sénan, ane Île de Sein (Finistère)
Sénéçois, oise ou **Sénécien, ienne** Senez (Alpes-de-Haute-Provence)
Sénégalais, aise• Sénégal (Afrique)
Sénégambien, ienne Sénégambie (Afrique)
Senlisien, ienne Senlis (Oise)
Sénonais, aise Sens (Yonne)
Séoulien, ienne• Séoul (Corée du Sud)
Septimontain, aine Samoëns (Haute-Savoie)
Séquano-Dyonisien, ienne Seine-Saint-Denis (France)
Serbe Serbie

Sétois, oise Sète (Hérault)
Seurrois, oise Seurre (Côte-d'Or)
Séveragais, aise Séverac-le-Château (Aveyron)
Sévillan, ane Séville (Espagne)
Sevranais, aise Sevran (Seine-Saint-Denis)
Sévrien, ienne Sèvres (Hauts-de-Seine)
Seychellois, oise• Seychelles (océan Indien)
Sherbrookois, oise Sherbrooke (Québec)
Siamois, oise Siam (Asie)
Sibérien, ienne Sibérie (Russie)
Sicilien, ienne Sicile (Italie)
Siennois, oise Sienne (Italie)
Sierra-Léonais, aise• ou **Sierra-Léonien, ienne** Sierra Leone (Afrique)
Silésien, ienne Silésie (Pologne)
Singapourien, ienne• Singapour (Asie)
Sissonnais, aise Sissonne (Aisne)
Sisteronais, aise Sisteron (Alpes-de-Haute-Provence)
Slovaque• Slovaquie (Europe)
Slovène• Slovénie (Europe)
Smyrniote Smyrne [auj. Izmir] (Turquie)
Sochalien, ienne Sochaux (Doubs)
Sofiote• Sofia (Bulgarie)
Soiséen, éenne Soisy-sous-Montmorency (Val-d'Oise)
Soissonnais, aise Soissons (Aisne)
Solesmien, ienne Solesmes (Sarthe)
Solesmois, oise Solesmes (Nord)
Soleurois, oise Soleure (Suisse)
Solliès-Pontois, oise Solliès-Pont (Var)
Solognot, ote Sologne (France)
Solrézien, ienne Solre-le-Château (Nord)
Somalien, ienne• Somalie (Afrique)
Sommiérois, oise Sommières (Gard)
Sonégien, ienne Soignies (Belgique)
Sorien, ienne Sore (Landes)
Sospellois, oise Sospel (Alpes-Maritimes)
Sostranien, ienne La Souterraine (Creuse)
Soudanais, aise• Soudan (Afrique)
Souillagais, aise Souillac (Lot)
Sourdevalais, aise Sourdeval (Manche)
Soussien, ienne Sousse (Tunisie)
Soviétique Union Soviétique ou URSS
Spadois, oise Spa (Belgique)
Sparnacien, ienne Épernay (Marne)
Spartiate Sparte (Grèce)
Spinalien, ienne Épinal (Vosges)
Spiripontain, aine Pont-Saint-Esprit
Sri Lankais, aise ou **Sri-Lankais, aise•** Sri Lanka (Asie)

NOMS D'HABITANTS

Stanois, oise Stains (Seine-Saint-Denis)
Stéoruellan, ane Saint-Jean-de-la-Ruelle (Loiret)
Stéphanais, aise Saint-Étienne-du-Rouvray (Seine-Maritime)
Stéphanois, oise Saint-Étienne (Loire)
Stockholmois, oise• Stockholm (Suède)
Strasbourgeois, oise Strasbourg (Bas-Rhin)
Sud-Africain, aine• Afrique du Sud
Sud-Américain, aine Amérique du Sud
Sud-Coréen, éenne Corée du Sud
Sud-Vietnamien, ienne Sud-Viêtnam (Asie)
Suédois, oise• Suède (Europe)
Suisse, Suissesse• Suisse (Europe)
Sullylois, oise Sully-sur-Loire (Loiret)
Suménois, oise Sumène (Gard)
Sumérien, ienne Somer (Mésopotamie)
Surinamien, ienne ou **Surinamais, aise•** Surinam ou Suriname (Amérique du Sud)
Swazi, ie• Swaziland (Afrique)
Sydnéen, éenne Sydney (Australie)
Syracusain, aine Syracuse (Sicile)
Syrien, ienne• Syrie (Proche-Orient)
Tadjik, e• Tadjikistan (Asie)
Tahitien, ienne Tahiti (Polynésie)
Taïwanais, aise Taïwan (Asie)
Talmondais, aise Talmont-Saint-Hilaire (Vendée)
Tananarivien, ienne• Antananarivo ou Tananarive (Madagascar)
Tanzanien, ienne• Tanzanie (Afrique)
Tararien, ienne Tarare (Rhône)
Tarasconnais, aise Tarascon (Bouches-du-Rhône)
Tarbais, aise Tarbes (Hautes-Pyrénées)
Tarentin, ine Tarente (Italie)
Tarnais, aise Tarn (France)
Tarusate Tartas (Landes)
Tasmanien, ienne Tasmanie (Australie)
Taulésien, ienne Taulé (Finistère)
Tchadien, ienne• Tchad (Afrique)
Tchécoslovaque Tchécoslovaquie (Europe)
Tchèque• République tchèque (Europe)
Tchétchène Tchétchénie (Russie)
Tchouvache Tchouvachie (Russie)
Téhéranais, aise• Téhéran (Iran)
Telavivien, ienne• Tel-Aviv (Israël)
Tençois, oise Tence (Haute-Loire)
Tendasque Tende (Alpes-Maritimes)
Ternois, oise Tergnier (Aisne)
Terrassonnais, aise Terrasson-la-Villedieu (Dordogne)

ANNEXES

Terre-Neuvien, ienne Terre-Neuve (Canada)
Testerin, ine La Teste (Gironde)
Texan, ane Texas (États-Unis)
Thaïlandais, aise* Thaïlande (Asie)
Thannois, oise Thann (Haut-Rhin)
Thébain, aine Thèbes (Grèce)
Théoulien, ienne Théoule-sur-Mer (Alpes-Maritimes)
Thessalien, ienne Thessalie (Grèce)
Theutois, oise Theux (Belgique)
Thiaisien, ienne Thiais (Val-de-Marne)
Thiernois, oise Thiers (Puy-de-Dôme)
Thillotin, ine Le Thillot (Vosges)
Thionvillois, oise Thionville (Moselle)
Thironnais, aise Thiron-Gardais (Eure-et-Loir)
Thononais, aise Thonon-les-Bains (Haute-Savoie)
Thouarsais, aise Thouars (Deux-Sèvres)
Thrace Thrace (Europe)
Thuirinois, oise Thuir (Pyrénées-Orientales)
Tibétain, aine Tibet (Asie)
Timorais, aise Timor (Indonésie)
Tiranais, aise* Tirana (Albanie)
Togolais, aise* Togo (Afrique)
Tokyote* ou **Tokyoïte** Tokyo (Japon)
Tonguien, ienne* ou **Tongan, ane** îles Tonga (Océanie)
Tonkinois, oise Tonkin (Viêtnam)
Tonneinquais, aise Tonneins (Lot-et-Garonne)
Tonnerrois, oise Tonnerre (Yonne)
Torontois, oise Toronto (Ontario)
Toscan, ane Toscane (Italie)
Toulois, oise Toul (Meurthe-et-Moselle)
Toulonnais, aise Toulon (Var)
Toulousain, aine Toulouse (Haute-Garonne)
Touquettois, oise Le Touquet-Paris-Plage (Pas-de-Calais)
Tourangeau, Tourangelle Touraine (France)
Tourangeau, Tourangelle Tours (Indre-et-Loire)
Tournaisien, ienne Tournai (Belgique)
Tournonais, oise Tournon-sur-Rhône (Ardèche)
Tournusien, ienne Tournus (Saône-et-Loire)
Tourouvrain, aine Tourouvre (Orne)
Tourquennois, oise Tourcoing (Nord)
Traiton, onne Le Trait (Seine-Maritime)

Transylvain, aine ou **Transylvanien, ienne** Transylvanie (Roumanie)
Trappiste Trappes (Yvelines)
Trégastellois, oise Trégastel (Côtes-d'Armor)
Trégorrois, oise ou **Trécorrois, oise** Tréguier (Côtes-d'Armor)
Treignacois, oise Treignac (Corrèze)
Trélonais, aise Trélon (Nord)
Trembladais, aise La Tremblade (Charente-Maritime)
Trévire ou **Trévère** Trèves (Allemagne)
Trévisan, ane Trévise (Italie)
Trévoltien, ienne Trévoux (Ain)
Tricastin, ine Saint-Paul-Trois-Châteaux (Drôme)
Triestin, ine Trieste (Italie)
Trifluvien, ienne Trois-Rivières (Québec)
Trinidadien, ienne* Trinité-et-Tobago (Petites Antilles)
Tripolitain, aine* Tripoli (Lybie)
Tropézien, ienne Saint-Tropez (Var)
Trouvillais, aise Trouville-sur-Mer (Calvados)
Troyen, yenne Troie (Asie Mineure)
Troyen, yenne Troyes (Aube)
Tulliste Tulle (Corrèze)
Tunisien, ienne* Tunisie (Afrique)
Tunisois, oise* Tunis (Tunisie)
Turc, Turque* Turquie (Proche-Orient)
Turinois, oise Turin (Italie)
Turkmène* Turkménistan (Asie)
Turripinois, oise La Tour-du-Pin (Isère)
Tuvaluan, ane* Tuvalu (océan Pacifique)
Tyrien, ienne Tyr (Phénicie)
Tyrolien, ienne Tyrol (Autriche)
Uginois, oise Ugine (Savoie)
Ukrainien, ienne* Ukraine (Europe)
Uruguayen, yenne* Uruguay (Amérique du Sud)
Ussellois, oise Ussel (Corrèze)
Utellien, ienne Utelle (Alpes-Maritimes)
Uzellois, oise Uzel (Côtes-d'Armor)
Uzerchois, oise Uzerche (Corrèze)
Uzétien, ienne Uzès (Gard)
Uztaritztarrak [invar. en genre] Ustaritz (Pyrénées-Atlantiques)
Vaillicien, ienne Vailly-sur-Aisne (Aisne)
Vaisonnais, aise Vaison-la-Romaine (Vaucluse)
Valache Valache (Roumanie)
Valaisan, ane ou **anne** Valais (Suisse)

NOMS D'HABITANTS

Val-de-Marnais, aise Val-de-Marne (France)
Val-d'Oisien, ienne Val-d'Oise (France)
Valdôtain, aine val d' Aoste (Italie)
Valencéen, éenne Valençay (Indre)
Valenciennois, oise Valenciennes (Nord)
Valentinois, oise Valence (Drôme)
Valéricain, aine Saint-Valéry-sur-Somme (Somme)
Valériquais, aise Saint-Valéry-en-Caux (Seine-Maritime)
Vallaurien, ienne Vallauris (Alpes-Maritimes)
Valmontais, aise Valmont (Seine-Maritime)
Valognais, aise Valognes (Manche)
Valréassien, ienne Valréas (Vaucluse)
Vancouvérois, oise Vancouver (Colombie-Britannique)
Vannetais, aise Vannes (Morbihan)
Vanuatuan, ane• Vanuatu (Mélanésie)
Varennois, oise Varennes-sur-Allier (Allier)
Varois, oise Var (France)
Varsovien, ienne• Varsovie (Pologne)
Vauclusien, ienne Vaucluse (France)
Vaudois, oise canton de Vaud (Suisse)
Vauverdois, oise Vauvert (Gard)
Vellave Velay (France)
Vençois, oise Vence (Alpes-Maritimes)
Vendéen, éenne Vendée (France)
Vendômois, oise Vendôme (Loir-et-Cher)
Vénézuélien, ienne• ou **Vénézolan, ane•** Venezuela (Amérique du Sud)
Vénitien, ienne Venise (Italie)
Verdunois, oise Verdun (Meuse)
Verdunois, oise Verdun-sur-le-Doubs (Saône-et-Loire)
Vermandois, oise Vermand (Aisne)
Vermontois, oise Vermont (Etats-Unis)
Vernois, oise Vergt (Dordogne)
Vernolien, ienne Verneuil-sur-Avre (Eure)
Vernonnais, aise Vernon (Eure)
Vernousain, aine Vernoux-en-Vivarais (Ardèche)
Véronais, oise Vérone (Italie)
Verriérois, oise ou **Védrarien, ienne** Verrières-le-Buisson (Essonne)
Versaillais, aise Versailles (Yvelines)
Vertavien, ienne Vertou (Loire-Atlantique)
Vervinois, oise Vervins (Aisne)
Vésigondin, ine Le Vésinet (Yvelines)

Vésulien, ienne Vesoul (Haute-Saône)
Veveysan, ane Vevey (Suisse)
Vézélien, ienne Vézelay (Yonne)
Vibraysien, ienne Vibraye (Sarthe)
Vicentin, ine Vicence (Italie)
Vichyssois, oise Vichy (Allier)
Vicois, oise Vic-Fezensac, Vic-sur-Cère (Gers)
Vicois, oise Vic-sur-Cère (Cantal)
Vicolais, aise Vico (Corse-du-Sud)
Vicomtois, oise Vic-le-Comte (Puy-de-Dôme)
Vicquois, oise Vic-en-Bigorre (Hautes-Pyrénées)
Viennois, oise• Vienne (Autriche)
Viennois, oise Vienne (Isère)
Vientianais, aise• Vientiane (Laos)
Vierzonnais, aise Vierzon (Cher)
Vietnamien, ienne• Viêtnam (Asie)
Viganais, aise Le Vigan (Gard)
Vigeoyens, euse Vigeois (Haute-Vienne)
Vigneusien, ienne Vigneux-sur-Seine (Essonne)
Villandrautais, aise Villandraut (Gironde)
Villardien, ienne Villard-de-Lans (Isère)
Villarois, oise Villers-lès-Nancy (Meurthe-et-Moselle)
Villefortais, aise Villefort (Lozère)
Villefranchois, oise Villefranche-de-Lauragais (Haute-Garonne)
Villefranchois, oise Villefranche-de-Rouergue (Aveyron)
Villejuifois, oise Villejuif (Val-de-Marne)
Villemomblois, oise Villemomble (Seine-Saint-Denis)
Villemurien, ienne Villemur (Haute-Garonne)
Villeneuvien, ienne Villeneuve-sur-Yonne (Yonne)
Villeneuvois, oise Villeneuve-sur-Lot (Lot-et-Garonne)
Villenogarennois, oise Villeneuve-la-Garenne (Hauts-de-Seine)
Villepintois, oise Villepinte (Seine-Saint-Denis)
Villérier, ière Villers-le-Lac (Doubs)
Villersois, oise Villers-Saint-Paul (Oise)
Villeruptien, ienne Villerupt (Meurthe-et-Moselle)
Villeurbannais, aise Villeurbanne (Rhône)
Vimonastérien, ienne Vimoutiers (Orne)
Vimynois, oise Vimy (Pas-de-Calais)
Vinçanais, aise Vinça (Pyrénées-Orientales)

ANNEXES

Vincennois, oise Vincennes (Val-de-Marne)
Viroflaysien, ienne Viroflay (Yvelines)
Virois, oise Vire (Calvados)
Vitréen, éenne Vitré (Ille-et-Vilaine)
Vitriot, iote Vitry-sur-Seine (Val-de-Marne)
Vitryat, ate Vitry-le-François (Marne)
Vivarois, oise Viviers (Ardèche)
Vizillois, oise Vizille (Isère)
Voironnais, aise Voiron (Isère)
Voltaïque Haute-Volta (Afrique)
Volvicois, oise Volvic (Puy-de-Dôme)
Vosgien, ienne Vosges (France)
Vouglaisien, ienne ou **Vogladien, ienne** Vouillé (Vienne)
Vouvrillon, onne Vouvray (Indre-et-Loire)
Vouzinois, oise Vouziers (Ardennes)
Wallisien, ienne et Futunien, ienne Îles Wallis-et-Futuna (Polynésie)
Wallon, onne Wallonie (Belgique)
Washingtonien, ienne* Washington (États-Unis)
Wasselonnais, aise Wasselonne (Bas-Rhin)
Wasseyen, yenne Wassy (Haute-Marne)
Wattignisien, ienne Wattignies (Nord)

Wattrelosien, ienne Wattrelos (Nord)
Winnipeguois, oise Winnipeg (Canada)
Wissembourgeois, oise Wissembourg (Bas-Rhin)
Wurtembergeois, oise Wurtenberg (Allemagne)
Yamoussoukrois, oise* Yamoussoukro (Côte-d'Ivoire)
Yaoundéen, éenne* Yaoundé (Cameroun)
Yéménite Yémen (Arabie)
Yennois, oise Yenne (Savoie)
Yerrois, oise Yerres (Essonne)
Yonnais, aise La Roche-sur-Yon (Vendée)
Yougoslave* Yougoslavie (Europe)
Yssingelais, aise Yssingeaux (Haute-Loire)
Yvelinois, oise Yvelines (France)
Yvetotais, aise Yvetot (Seine-Maritime)
Yzeurien, ienne Yzeure (Allier)
Zagrébois, oise* Zagreb (Croatie)
Zaïrois, oise* Zaïre (Afrique)
Zambien, ienne* Zambie (Afrique)
Zélandais, aise Zélande (Pays-Bas)
Zicavais, aise Zicavo (Corse-du-Sud)
Zimbabwéen, éenne* Zimbabwe (Afrique)
Zurichois, oise Zurich (Suisse)

SUFFIXES ET PRÉFIXES

a- ou **an-** du grec exprimant la négation (« pas »), ou la privation (« sans »)
-able du latin *-abilis* « qui peut être » ou « qui donne », « capable à »
-acées du latin *-aceae*, de *-aceus* « appartenant à »
acro- du grec *akros* « qui est à l'extrémité »
actino- du grec *aktis, aktinos* « rayon »
adip(o)- du latin *adeps, adipis* « graisse »
aéro- du grec *aêr, aeros* « air »
afro- du latin *afer, afri* « africain »
-agogue, -agogie du grec *-agôgos*, et *-agôgia*, de *agein* « mener, conduire »
agro- du grec *agros* « champ »
allo- du grec *allos* « autre »
ambi- du latin *ambo* « deux à la fois, les deux ensemble »
ambly- du grec *amblus* « émoussé, affaibli »
amph(i)- du grec *amphi* « des deux côtés, en double » ou « autour »
ana- du grec *ana* « de bas en haut, en remontant », « en arrière », « à rebours », « en sens contraire », ou « de nouveau »
-andre, -andrie du grec *-andros, -andria*, de *anêr, andros* « homme, mâle »
andro- du grec *anêr, andros* « homme, mâle »
anémo- du grec *anemos* « vent »
angi(o)- du grec *aggeion* « capsule; vaisseau »
anté- du latin *ante* « avant », indiquant l'antériorité
-anthe du grec *anthos* « fleur »
anthropo-, anthropie, anthropo du grec *anthrôpos* « homme »
ant(i)- du grec *anti* « en face de, contre »
aqua- ou **aqui-** du latin *aqua* « eau »
arbor(i)- du latin *arbor* « arbre »
archéo- du grec *arkhaios* « ancien »
arch(i)- du grec *arkhi-*, qui exprime la prééminence, le premier rang
-archie du grec *-arkhia*, de *arkhein* « commander »
argyr(o)- du grec *arguros* « argent »
-arque du grec *arkhein* « commander »
artér(io)- du latin *arteria* « artère »
arthr(o)- du grec *arthron* « articulation »
astro- du latin *astrum* « astre »
atto- du danois *atten* « dix-huit »
audi(o)- du latin *audire* « entendre »
auto- du grec *autos* « soi-même, lui-même »
bactéri(o)- du grec *baktêria* « bâton », au sens de « bactérie »
-bare du grec *barus* « lourd »

baro- du grec *baros* « pesanteur »
bary- du grec *barus* « lourd »
-bate du grec *batein* « marcher, s'appuyer »
bathy- du grec *bathus* « profond »
bi- du latin *bis* indiquant le redoublement par répétition ou duplication
biblio- du grec *biblion* « livre »
-bie du grec *bioun* « vivre »
bio- du grec *bios* « vie »
blast(o)-, -blaste du grec *blastos* « germe »
blenno- du grec *blennos* « humeur visqueuse »
-bole du grec *bolê* « action de jeter, lancer », de *ballein* « jeter, lancer »
brachy- du grec *brakhus* « court »
brady- du grec *bradus* « lent »
broncho- du grec *brogkhia* « bronches »
calci-, calc(o)- du latin *calx, calcis* « chaux », « calcium », « calcaire »
calli- du grec *kallos* « beauté »
calor(i)- du latin *calor* « chaleur »
carbo- du latin *carbo* « charbon »
carcino- du grec *karkinos* « crabe, chancre »
-carde, -cardie, cardio-, cardi du grec *kardia* « cœur »
-carpe du grec *karpos* « fruit », « poignet »
caryo- du grec *karuon* « noix, noyau »
cata- du grec *kata* « en dessous, en arrière »
cauli-, -caule du latin *caulis* « tige »
-cèle du grec *kêlê* « tumeur »
-cène du grec *kainos* « récent »
-centèse du grec *kentêsis* « action de piquer »
centi- du latin *centum* « cent », qui divise par cent l'unité dont il précède le nom
centro- du latin *centrum* « centre »
-céphale, céphal(o)-, -céphalie du grec *kephalê* « tête »
chalco- du grec *khalkos* « cuivre »
chir(o)- du grec *kheir* « main »
chlor(o)- du grec *khlôros* « vert », indiquant la présence de chlore ou la couleur verte
chol(é)- du grec *kholê* « bile »
chromat(o)- du grec *khrôma, atos* « couleur »
-chrome, chromo-, -chromie du grec *khrôma* « couleur »
-chronique, chron(o)-, -chrone, -chronisme du grec *khronos* « temps »
chrys(o)- du grec *khrusos* « or »
-cide du latin *caedere* « tuer »
circum- du latin *circum* « autour »
-clasie du grec *klasis* « action de briser »

SUFFIXES ET PRÉFIXES

clino- du grec *klinein* « pencher » et « être couché »
co- du latin *co*, variante de *cum* « avec »
col- du latin *com*, *cum* « avec »
-cole du latin *colere* « cultiver, habiter »
-colore du latin *color* « couleur »
com- ou **con-** du latin *com*, *cum* « avec »
contra- du latin *contra* « contre, en sens contraire »
contre- du latin *contra* qui exprime soit l'opposition, soit la proximité
-cope du grec *kopto* « je coupe »
copro- du grec *kopros* « excrément »
-coque du grec *kokkos* « grain »
cordi- du latin *cor*, *cordis* « cœur »
crani(o)- du grec *kranion* « crâne »
-crate, -cratie du grec *kratos* « force, puissance »
cristallo- du grec *krustallos* « cristal »
cruci- du latin *crux*, *crucis* « croix »
cryo- du grec *kruos* « froid »
crypto- du grec *kruptos* « caché »
cupri- ou **cupro-** du latin *cuprum* « cuivre »
curv(i)- du latin *curvus* « courbe »
cyan(o)- du grec *kuanos* « bleu sombre »
cyclo-, -cycle du grec *kuklos* « cercle »
cyn(o)- du grec *kuôn*, *kunos* « chien »
cyst(o)-, -cyste du grec *kustis* « vessie »
-cyte, cyto- du grec *kutos* « cavité, cellule »
-dactyle, dactylo- du grec *daktulos* « doigt »
déca- du grec *deka* « dix », qui multiplie par dix l'unité dont il précède le nom
déci- du latin *decimus* « dixième », qui divise par dix l'unité dont il précède le nom
dendro-, -dendron du grec *dendron* « arbre »
dento- du lat *in dens*, *dentis* « dent »
dermato-, derm(o)- du grec *derma*, *dermatos* « peau ».
-derme, -dermie du grec *derma* « peau »
dés- du latin *dis*, qui indique l'éloignement, la séparation, la privation, l'action contraire
deutér(o)- du grec *deuteros* « deuxième »
dextr(o)- du latin *dextra* « droite »
di- du grec *di-* « deux fois »
dia- du grec *dia-* signifiant « séparation, distinction » ou « à travers »
dicho- du grec *dikho-*, de *dikha* « en deux », de *dis* « deux fois »
didacte du grec *didaskein* « enseigner »
digiti- du grec *digitus* « doigt »
dipl(o)- du grec *diploos* « double »
dis- du latin *dis*, indiquant la séparation, la différence, le défaut
dodéca- du grec *dodeka* « douze »

dorso- du latin *dorsum* « dos »
-doxe du grec *doxa* « opinion »
-drome, -dromie du grec *dromos* « course »
-dynamie, dynam(o)-, -dyne du grec *dunamis* « force »
dys- du grec *dus-*, exprimant l'idée de difficulté, de manque (nombreux mots de médecine)
éco- du grec *oikos* « maison, habitat »
ecto- du grec *ektos* « au dehors »
-ectomie du grec *ektomê* « ablation »
-èdre du grec *hedra* « siège, base »
embryo- du grec *embruon* « embryon »
-émie du grec *-aimia*, de *haima* « sang »
en- ou **em-** du latin *in-* et *im-*, de *in* « dans »
endo- du grec *endo-*, de *endon* « en dedans »
entér(o)-, -entère du grec *enteron* « intestin »
entomo- du grec *entomon* « insecte », de *entomos* « coupé »
entre- du latin *inter* « entre »
épi- du grec *epi* « sur »
équi- du latin *aequi-*, de *aequus* « égal »
-érèse du grec *eirein* « enlever »
ergo-, -ergie du grec *ergon* « travail, force »
érythr(o)- du grec *eruthros* « rouge »
esthésio-, -esthésie du grec *aisthêsis* « sensation, sensibilité »
ethno- du grec *ethnos* « peuple »
eu- du grec *eu* « bien, agréablement »
ex- du latin *ex* « hors de »
exa- du grec *hexa* « six »
exo- du grec *exô* « au-dehors »
extra- du latin *extra* « en dehors »
femto- du danois *femten* « quinze »
-fère du latin *-fer* « qui porte », de *ferre* « porter, renfermer »
ferro- du latin *ferrum* « fer »
-fier du latin *-ficare*, de *facere* « faire »
-fique du latin *ficus*, de *facere* « faire »
flor(i)- ou **-flore** du latin *flos*, *floris* « fleur »
-forme du latin *-formis*, de *forma* « forme »
-fuge du latin *-fuga* et *-fugus*, de *fugere* « fuir »
gala- ou **galact(o)-** du grec *gala*, *galaktos* « lait »
gallo- du latin *gallus* « gaulois »
-game, -gamie du grec *gamos* « mariage »
gastéro- ou **gastr(o)-, -gastre** du grec *gastêr*, *gastros* « ventre, estomac »
-gée du grec *gê* « terre »
-gène du grec *genês*, de *genos* « naissance, origine »
-genèse ou **-génèse, -génésie** du grec *genesis* « naissance, formation, production »

-génie du grec *-geneia* « production, formation »
géo- du grec *gê* « Terre »
germano- du latin *germanus* « allemand »
géront(o)- du grec *gerôn, gerontos* « vieillard »
giga- du grec *gigas* « géant »
gloss(o)-, -glosse du grec *glôssa* « langue »
gluc(o)-, glyco- du grec *glukus* « doux »
glypto- du grec *gluptos* « gravé »
-gnose, -gnosie, -gnostique du grec *gnôsis* « connaissance »
-gone, -gonal, ale, aux, gonio- du grec *gônia* « angle »
-gone, -gonie du grec *gonos, gonia* « génération »
-grade du latin *-gradus*, de *gradi* « marcher »
-gramme du grec *gramma* « lettre, écriture »
-graphe, -graphie, -graphique du grec *-graphos, -graphia*, de *graphein* « écrire »
grapho- du grec *graphein* « écrire »
gréco- du latin *graecus* « grec »
gymn(o)- du grec *gumnos* « nu »
-gyne du grec *gunê* « femme »
gynéco- du grec *gunê, gunaikos* « femme »
gyr(o)- ou gir(o)- du grec *guros* « cercle »
haplo- du grec *haplous* « simple »
hect(o)- du grec *hekaton* « cent »
héli(o)-, -hélie du grec *hêlios* « soleil »
héma- ou hémat(o)- ou **hémo-** du grec *haima, haimatos* « sang »
hémi- du grec *hêmi* « à moitié »
hendéca- du grec *hendeka* « onze »
hépat(o)- du grec *hêpar, hêpatos* « foie »
hepta- du grec *hepta* « sept »
hérédo- du latin *heres, heredis* « héritier »
hétér(o)- du grec *heteros* « autre »
hexa- du grec *hexa-*, de *hex* « six »
hiér(o)- du grec *hieros* « sacré »
hipp(o)- du grec *hippos* « cheval »
hispano- du latin *hispanus* « espagnol »
hist(o)- du grec *histos* « tissu »
holo- ou olo- du grec *holos* « entier »
homéo- du latin *homœo*, du grec *homoios* « semblable »
homo- du grec *homos* « semblable, le même »
horo- du grec *hôro-*, de *hôra* « heure »
hydr(o)-, -hydre du grec *hudôr* « eau »
hygro- du grec *hugros* « humide »
hyl(é)-, hyl(o)- du grec *hulê* « bois; matière »
hymén(o)- du grec *humên* « membrane »
hyper- du grec *huper* « au-dessus, au-delà »
hypn(o)- du grec *hupnos* « sommeil »
hypo- du grec *hupo* « au-dessous, en deçà »

hypso- du grec *hupsos* « hauteur »
hystér(o)- du grec *hustera* « utérus »
iatr(o)-, -iatre, -iatrie du grec *iatros* « médecin »
ichty- ou ichthy(o)- du grec *ikhthus* « poisson »
icon(o)- du grec *eikôn* « image »
-ide du grec *-eidês*, de *eidos* « aspect, forme »
idéo- du grec *idea* « idée »
idio- du grec *idios* « propre, spécial »
igni- du latin *ignis* « feu »
immuno- du latin *immunis* « exempt »
impari- du latin *impar* « impair »
il-, in-, im- du latin *in*, du latin *in* « dans »
indo- du latin *Indus* « de l'Inde »
infra- du latin *infra* « inférieur », « en dessous de »
inter- du latin *inter* « entre »
intra- du latin *intra* « à l'intérieur de »
intro- du latin *intro* « dedans »
is(o)- du grec *isos* « égal »
judéo- du latin *judaeus* « juif »
juxta- du latin *juxta* « près de »
kérat(o)- du grec *keras, keratos* « corne, cornée »
kilo- du grec *khilioi* « mille »
kinési- du grec *kinêsis* « mouvement »
lact(o)- du latin *lac, lactis* « lait »
lalo- ou -lalie du grec *lalein* « parler »
lamelli- du latin *lamella* « lamelle »
laryng(o)- du grec *laruggos* « gorge »
latér(o)-, -latère du latin *latus, eris* « côté »
-lâtre ou -lâtrie du grec *latreuein* « servir »
lépido- du grec *lepis, lepidos* « écaille »
-leptique du grec *lêptikos* « qui prend »
leuc(o)- du grec *leukos* « blanc »
-lingue du latin *lingua* « langue »
lipo- du grec *lipos* « graisse »
longi- du latin *longus* « long »
-loque du latin *loqui* « parler »
lymph(o)- du latin *lympha* ou de *lymphe*
-lyse du grec *lusis* « solution, dissolution »
-machie du grec *makhê* « combat »
macro- du grec *makros* « long, grand »
magnéto- du latin *magneticus*, de *magnes* (*lapis*) « aimant »
malaco- du grec *malakos* « mou »
-lithe, -lithique, litho- du grec *lithos* « pierre »
loco- du latin *locus* « lieu »
-logie, -logue, -loge ; -logien, -logisme, -logiste ou -logique du grec *logia* « théorie », de *logos* « parole, discours »
logo- du grec *logos* « parole, discours »

SUFFIXES ET PRÉFIXES

-mancie, -mancien, ienne du grec *manteia* « divination »
-mane du latin *manus* « main »
-mane, -manie du grec *mania* « folie »
maxi- du latin *maximum* « grand, très grand »
mécano- du grec *mêkhanê* « machine »
médico- du latin *medicus* « médecin »
médio- du latin *medius* « moyen; au milieu »
méga-, mégal(o)-, -mégalie du grec *megas, megalou* « grand »
mélan(o)- du grec *melas, melanos* « noir »
mélo- du grec *melos* « chant »
méno- du grec *mên, mênos* « mois »
-mère, méro- du grec *meros* « partie »
més(o)- du grec *mesos* « au milieu, médian »
mét(a)- du grec *meta*, exprimant la succession, le changement, la participation, et en philosophie et dans les sciences humaines « ce qui dépasse, englobe »
-mètre, métro-, -métrie du grec *-metrês, -metros, -metron*, de *metron* « mesure »
mi- du latin *medius* « qui est au milieu »
micro- du grec *mikros* « petit »
milli- du latin *mille*
mini- du latin *minus* « moins »
mis(o)- du grec *misein* « haïr »
mnémo- du grec *mnêmê* « mémoire »
-mnèse, -mnésie, -mnésique du grec *-mnêsia* ou *-mnêsis*, radical *mimnêsko* « je me souviens »
-mobile du latin *mobilis* « qui se meut »
mon(o)- du grec *monos* « seul, unique »
morph(o)-, -morphe, -morphique, -morphisme du grec *morphê* « forme »
multi- du latin *multus* « beaucoup, nombreux »
musico- du latin *musica* « musique »
-myces, myc(o)-, -mycète du grec *mukês* « champignon »
myél(o)- du grec *muelos* « moelle »
myi- du grec *muia* « mouche »
my(o)- du grec *mus* « muscle »
myria- ou myrio- du grec *murias* « dizaine de mille »
mytho- du grec *muthos* « fable »
mytili- ou mytilo- du latin *mytilus*, grec *mutilos* « coquillage, moule »
nano- du grec *nannos* « nain »
narco- du grec *narkê* « engourdissement »
-naute, -nautique du grec *nautês* « navigateur », *nautikos* « relatif à la navigation »
nécr(o)- du grec *nekros* « mort »
némat(o)- du grec *nêma, nêmatos* « fil »

néo- du grec *neos* « nouveau »
néphr(o)- du grec *nephros* « rein »
neur(o)- ou névr(o)- du grec *neuron* « nerf »
nigri- ou nigro- du latin *niger* « noir »
nivo- du latin *niveus* « de neige »
-nome, -nomie, -nomique du grec *-nomos, -nomia, -nomikos*, de *nemein* « distribuer, administrer »
nomo- du grec *nomos* « loi »
noso- du grec *nosos* « maladie »
noto- du grec *nôtos* « dos »
novo- du latin *novus* « nouveau »
nuclé(o)- du latin *nucleus* « noyau »
ob- du latin *ob* « en face, à l'encontre »
oct(a)-, octi- ou octo- du latin *octo* « huit »
-odie du grec *-ôdia*, radical *odê* « chant »
-odontie, odont(o)- du grec *odous, odontos* « dent »
œn(o)- du grec *oinos* « vin »
-oïdal, ale, aux ou -oïde du grec *-eidês*, de *eidos* « aspect », servant à former des adj. avec le sens de « semblable à »
oléi- ou oléo- du latin *olea* « olivier », *oleum* « huile »
oligo- du grec *oligos* « petit, peu nombreux »
omni- du latin *omnis* « tout »
oniro- du grec *oneiros* « rêve »
onto- du grec *ôn, ontos* « l'être, ce qui est »
-onyme du grec *-ônumos*, de *onoma* « nom »
oo- du grec *ôon* « œuf »
-ope ou -opie du grec *ôps, opis* « vue »
ophi(o)- du grec *ophis* « serpent »
ophtalm(o)-, -ophtalmie du grec *ophthalmos* « œil »
opistho- du grec *opisthen* « derrière, en arrière »
opo- du grec *opos* « suc »
-opsie du grec *opsis* « vision, vue »
opto- du grec *optos* « visible »
-orama du grec *orama* « vue », souvent simplifié en *-rama*
ornitho- du grec *ornis, ornithos* « oiseau »
oro- du grec *oros* « montagne »
orth(o)- du grec *orthos* « droit », et fig. « correct »
-ose de *glucose*, sert à former les noms des glucides
osté(o)- du grec *osteon* « os »
ostréi- du latin *ostrea*, grec *ostreon* « huître »
oto- du grec *oûs, ôtos* « oreille »
-oure du grec *oura* « queue »
ovi- ou ov(o)- du latin *ovum* « œuf »
ox(y)- du grec *oxus* « pointu, acide », qui représente oxygène
paléo- du grec *palaios* « ancien »

SUFFIXES ET PRÉFIXES

pali(n)- du grec *palin* « de nouveau »
palmi- du latin *palma* « palme »
pan-, pant(o)- du grec *pan, pantos* « tout »
para- du grec *para* « à côté de »
-pare du latin *-parus*, de *parere* « engendrer »
-pathie, -pathique, -pathe du grec *-patheia, pathês*, de *pathein* « ce qu'on éprouve »
patho- du grec *pathos* « affection, maladie »
-pède, pédi- du latin *pes, pedis* « pied »
péd(o)- du grec *païs, paidos* « enfant, jeune garçon » ou de *paideuein* « élever, instruire »
pent(a)- du grec *pente* « cinq »
péri- du grec *peri* « autour (de) »
péta- du grec *penta* « cinq »
pétro- du grec *petros* « pierre »
-phage, -phagie, -phagique du grec *-phagos* et *-phagia*, de *phagein* « manger »
-phane, -phanie du grec *-phanes* et *-phaneia*, de *phainein* « paraître »
pharmaco- du grec *pharmakon* « remède »
phén(o)- du grec *phainein* « briller, éclairer »
-phile, -philie du grec *philos* « ami »
phil(o)- du grec *philos* « ami », ou *philein* « aimer »
phléb(o)- du grec *phleps, phlebos* « veine »
-phobe, -phobie du grec *phobos* « crainte »
phon(o)-, -phone, -phonie du grec *phônê* « voix, son »
-phore du grec *pherein* « porter »
-phote, photo- du grec *phôs, phôtos* « lumière »
phyco- du grec *phukos* « algue »
-phylle du grec *phullon* « feuille »
-physe du grec *phusis* « croissance, production »
physio- du grec *phusis* « nature »
phyt(o)-, -phyte du grec *phuton* « plante »
pico- de l'espagnol *pico* « petite somme »
picr(o)- du grec *pikros* « amer »
piézo- du grec *piezein* « presser »
pisci- du latin *piscis* « poisson »
plani- du latin *planus* « plan »
-plasie du grec *plasis* « action de façonner, modeler »
-plasme, plasmo- du grec *plasma* « chose façonnée »
-plastie du grec *plassein* « modeler »
-plégie du grec *plêssein* « frapper »
pleuro- du grec *pleuron* « côté »
plouto- du grec *ploutos* « richesse »
pluri- du latin *plures* « plusieurs »
pluvio- du latin *pluvia* « pluie »
pneumat(o)- du grec *pneuma, pneumatos* « souffle »

pneumo- du grec *pneumôn* « poumon »
-pode, podo- du grec *pous, podos* « pied »
polari- du grec *polein* « tourner »
poli-, -pole, -polite du grec *polis* « ville »
politico- du grec *politikos* « politique »
poly- du grec *polus* « nombreux; abondant »
pomi- ou **pomo-** du latin *pomum* « fruit »
post- du latin *post* « après »
pré- du latin *prae* « devant, en avant »
pro- du grec ou du latin *pro* « en avant » et « qui est pour, partisan de »
proct(o)- du grec *prôktos* « anus »
prot(o)- du grec *prôtos* « premier, primitif, rudimentaire »
pseud(o)- du grec *pseudês* « menteur »
psych(o)- du grec *psukhê* « l'âme sensitive »
-ptère du grec *-pteros*, de *pteron* « plume d'aile, ailé », et « aile, colonnade »
ptér(o)- du grec *pteron*, de *pteron* « aile »
-ptérygien du grec *pterugion* « nageoire »
-puncture ou **-poncture** du latin *punctura* « piqûre »
pyél(o)- du grec *puelos* « cavité, bassin »
-pyge, -pygie du grec *pugê* « fesse »
py(o)- du grec *puo*, de *puon* « pus »
pyro- du grec *pur, puros* « feu »
quadri- ou **quadru-** du latin *quadr-*, de *quattuor* « quatre »
quinqu(a)- du latin *quinque* « cinq »
quint- du lat *quintus* « cinquième »
radio- du latin *radius* « rayon » ou de *radiation*
-rama du grec *orama* « vue »
re- du latin *re* indiquant un mouvement en arrière
rect(i)- du latin *rectus* « droit ».
rétro- du latin *retro* « en arrière »
rhéo- du grec *rheô, rhein* « couler »
rhin(o)- du grec *rhis, rhinos* « nez »
rhizo- du grec *rhiza* « racine »
rhod(o)- du grec *rhodon* « rose (couleur) »
rhomb(o)- du grec *rhombos* « losange »
rhynch(o)- du grec *rhugkhos* « groin, bec »
-rostre du latin *rostrum* « bec »
-rragie ou **-rrhagie** du grec *-rragia*, d'après *erragên*, de *rhêgnumi* « briser; jaillir »
-rrhée ou **-rée** du grec *-rroia*, de *rhein* « couler »
sacchari- ou **sacchar(o)-** du latin *saccharum*, du grec *sakkharon* « sucre »
sapro- du grec *sapros* « putride »
sarco- du grec *sarx, sarkos* « chair »
-saure du grec *saura* ou *sauros* « lézard »
-scaphe du grec *skaphê* « barque »

SUFFIXES ET PRÉFIXES

scato- du grec *skor, skatos* « excrément »
schiz(o)- du grec *skhizein* « fendre »
sclér(o)- du grec *sklêros* « dur »
-scope, -scopie du grec *-skopos, -skopia*, de *skopein* « examiner, observer »
-sélène ou **seléno-** du grec *selênê* « Lune »
self- de l'anglais *self* « soi-même »
semi- du latin *semi-* « à demi »
-sepsie du grec *sêpsis* « putréfaction »
-septique du grec *sêptikos* « septique »
sérici- du latin *sericus* « de soie », grec *sêrikos*, de *sêr* « ver à soie », de *Sêres* « les Sères »
séro- du latin *serum* « petit-lait »
servo- du latin *servus* « esclave »
sidér(o)- du grec *sidêros* « fer »
simili- du latin *similis* « semblable »
sin(o)- du latin médiéval *Sinae* (nom grec d'une ville d'Extrême-Orient), signifiant « de la Chine »
sism(o)- ou **séism(o)-** du grec *seismos* « secousse »
somato-, -some du grec *sôma* « corps »
sono- du latin *sonus* « son »
-sophe du grec *sophos* « sage, savant »
-sophie du grec *sophia* « sagesse, science »
spatio- de *spatial*, signifie « espace »
spéléo- du grec *spêlaion* « caverne »
spermat(o)- ou **spermo-** du grec *sperma, spermatos* « semence, graine »
-sperme du grec *-spermos*, de *sperma* « semence, graine »
sphygmo- du grec *sphugmos* « pouls, pulsation »
-stat du grec *-statês*, de *histanai* « (se) dresser, (se) tenir en équilibre »
stéat(o)- du grec *stear, steatos* « graisse »
stégo- du grec *stegos* « toit »
sténo- du grec *stenos* « étroit »
stéréo- du grec *stereos* « solide »
-sthénie du grec *sthenos* « force »
stomat(o)-, -stomie du grec *stoma, atos* « bouche »
strato- du latin *stratum* « chose étendue »
strepto- du grec *streptos* « contourné, recourbé »
strobo- du grec *strobos* « rotation, tournoiement »
sub- du latin *sub* « sous »
sulf(o)- du latin *sulfur, uris* « soufre »
super- du latin *super* « au-dessus, sur »
supra- du latin *supra* « au-dessus, au-delà »
sur- du latin *super* « au-dessus »
sus- de l'adv. *sus*, « au-dessus », « ci-dessus, plus haut »
sylv(i)- du latin *silva* « forêt »

sym- ou **syn-** du grec *sun* « avec »
tachéo- du grec *takheos* « rapide »
tachy- du grec *takhus* « rapide »
tauto- du grec *tauto* « le même »
taxi- ou **taxo-** ; **-taxie** du grec *taxis* « arrangement, ordre »
-technie, -technique, techno- du grec *tekhnê* « art, métier, procédé », et *tekhnikos*
télé- du grec *têle* « loin »
téléo- ou **télo-** du grec *telos, teleos* « fin, but », et *teleios* « complet, achevé »
téra- du grec *teras* qui indique la multiplication par un million de millions, et par ext. par un très grand nombre, de l'unité dont il précède le nom
térato- du grec *teras, teratos* « monstre »
tétra- du grec *tetra-*, de *tettares* « quatre »
thalasso- du grec *thalasso* « mer »
thanato- du grec *thanatos* « mort »
-thée, théo-, -théisme, -théiste du grec *theos* « dieu »
-thèque du grec *thêkê* « loge, réceptacle, armoire »
-thérapie du grec *therapeia* « soin, cure »
-therme, -thermie, -thermique ou **therm(o)-** du grec *thermos* « chaud » ou *thermainein* « chauffer »
thi(o)- du grec *theion* « soufre »
thorac(o)- du grec *thôrax, thôrakos* « thorax »
thromb(o)- du grec *thrombos* « caillot »
-thymie du grec *-thumia*, de *thumos* « cœur, affectivité »
-tocie, toco- du grec *tokos* « accouchement »
-tome, -tomie du grec *-tomos*, et *-tomia*, radical *temnein* « couper, découper »
-tonie du grec *tonos* « tension »
-tope, topo- du grec *topo-*, de *topos* « lieu »
toxico- du latin *toxicum* « poison »
trans- du latin *trans* « par-delà »
tri- du latin et du grec *tri-* « trois »
tribo- du grec *tribein* « frotter »
trich(o)-, -triche du grec *thrix, trikhos* « poil, cheveu »
-trope, -tropie, -tropisme du grec *tropos* « tour, direction », de *trepein* « tourner »
-trophie, tropho- du grec *trophê* « nourriture »
tropo- du grec *tropos* « tour, direction »
tubi- du latin *tubus* « tube »
tubul- du latin *tubulus* « petit tube »
turbo- du latin *turbo* « tourbillon »
-type, -typie du grec *tupos* « empreinte; modèle »

typh(o)- du grec *tuphos* « fumée, torpeur »
typo- du grec *tupos* « marque, caractère »
typto- du grec *tuptein* « frapper »
tyr(o)- du grec *turos* « fromage »
unci- du latin *uncus* « crochet »
undéci- du latin *undecim* « onze »
ungu(i)- du latin *unguis* « ongle »
uni- du latin *unus* « un »
urano- du grec *ouranos* « ciel »
-urèse, -urie du grec *ourêsis* « action d'uriner »
-urge, -urgie du grec *-ourgos* et *-ourgia* ; radical *ergo* « je fais », *ergon* « œuvre, art »
uro- du grec *oûron* « urine »
-valent, ente de équivalent (en chimie), signifiant « qui a pour valence »
vaso- du latin *vas* « récipient »
verm(i)- du latin *vermis* « ver »
vice- du latin *vice* « à la place de, pour »
vidéo- du latin *videre* « voir »
vini- du latin *vinum* « vin »
vir- ou **-vir** du latin *vir* « homme »
viti- du latin *vitis* « vigne »
vivi- du latin *vivus, vivi* « vivant »
-vore du latin *-vorus*, de *vorare* « avaler, manger »
xantho- du grec *xanthos* « jaune »
xén(o)- du grec *xenos* « étranger »
xér(o)- du grec *xêros* « sec »
xyl(o)- du grec *xulo-*, de *xulon* « bois »
-yle du grec *hulê* « matière, substance »
-zoaire du grec *zôon* « animal » et du suffixe taxinomique de biologie *-aire*
-zoïque du grec *zôikos* « relatif aux animaux »
zoo- du grec *zôon* « être vivant, animal »
zygo- du grec *zugon* « joug », et fig. « couple »
zym(o)- du grec *zumê* « levain, ferment »

conjugaisons

1. Accord du participe passé

2. Tableaux des conjugaisons

VERBES RÉGULIERS :

conjugaison 1 *chanter*

conjugaison 2 *finir*

VERBES IRRÉGULIERS :

conjugaisons 3 à 9 : verbes irréguliers en -*er*

conjugaisons 10 à 22 : verbes irréguliers en -*ir*

conjugaisons 23 à 34 : verbes irréguliers en -*oir*
   (conjugaison 34 : verbe *avoir*)

conjugaisons 35 à 61 : verbes irréguliers en -*re*
   (conjugaison 61 : verbe *être*)

ACCORD DU PARTICIPE PASSÉ

AVEC « ÊTRE »

Lorsque le participe passé est employé avec être, il s'accorde en genre et en nombre avec le sujet. Il se met au pluriel s'il y a deux sujets (ou plus) et au masculin si l'un des sujets est masculin :

- *Il est déjà parti* • *Elle et son frère sont rentrés tard*

☛ Avec **on** et **vous**, l'accord varie selon les personnes que ces pronoms représentent. :
- *on est entré* (= quelqu'un est entré) • *on est entré(s)* (= nous sommes entrés)
- *vous êtes entré* (vous = un homme) • *vous êtes entrée* (vous = une femme)

AVEC « AVOIR »

Lorsque le participe passé est employé avec avoir, il est invariable si le verbe est intransitif (c'est-à-dire s'il n'a jamais de complément) ou si ses compléments sont toujours indirects :

- *Ils ont menti* • *Ces romans nous ont plu*

Il est invariable si le complément d'objet direct est placé après le verbe :
- *Il a reçu deux lettres* • *Elle m'a prêté sa bicyclette*
- *Ils ont passé des moments difficiles*

En revanche, le participe passé s'accorde en genre et en nombre avec le complément d'objet direct si celui-ci est placé avant le verbe :
- *Les lettres qu'il a reçues* • *La bicyclette qu'elle m'a prêtée*
- *Les moments difficiles qu'ils ont passés*
- *Ses arguments, je les ai trouvés très convaincants*

☛ Les verbes **courir, coûter, durer, peser, mesurer, valoir, vivre** sont parfois suivis de compléments qui ressemblent à des compléments d'objet direct mais qui sont en fait des compléments circonstanciels. Le participe passé est alors invariable :

- *Les 2000 mètres qu'ils ont couru* mais *Les dangers qu'ils ont courus*
- *Les milliards que le projet a coûté* mais *Les efforts que cela m'a coûtés*
- *Les millions que cela a valu* mais *La renommée que son film lui a value*

VERBE PRONOMINAL

Lorsque le participe passé est employé avec un verbe pronominal, il s'accorde en genre et en nombre avec le sujet quand le verbe est toujours pronominal, c'est-à-dire s'il se construit toujours avec le pronom se :

- *Elle s'est enfuie* • *Nous nous sommes emparés du sac*
- *Ils s'en sont souvenus*

Il s'accorde en genre et en nombre avec le sujet quand le pronom est complément d'objet direct du verbe :

- *Elle s'est coiffée* (= elle a coiffé elle-même)
- *Nous nous sommes lavé(e)s* (= nous avons lavé nous-mêmes)
- *Ils se sont brûlés* (= ils ont brûlé eux-mêmes)

Il s'accorde en genre et en nombre avec le complément d'objet direct quand celui-ci est placé avant le verbe :

- *La robe qu'elle s'est offerte* (= la robe qu'elle a offerte à elle-même)
- *Les objectifs qu'il s'est fixés* (= les objectifs qu'il a fixés à lui-même)

En revanche, le participe passé est invariable quand le pronom n'est pas complément d'objet direct :

- *Elle s'est offert une moto* (= elle a offert une moto à elle-même)
- *Nous nous sommes lavé les mains* (= nous avons lavé nos mains)
- *Elles se sont envoyé plusieurs lettres* (l'une à l'autre)

Le participe passé est invariable lorsque le verbe ne peut pas avoir de complément d'objet direct :

- *Ils se sont parlé* (= ils ont parlé l'un à l'autre)
- *Elles se sont succédé à la tribune* (= l'une a succédé à l'autre)

PARTICIPE PASSÉ SUIVI D'UN INFINITIF

Lorsque le participe passé est suivi d'un infinitif, il est invariable si le pronom placé devant lui est le complément d'objet direct de l'infinitif :

- *La chanson que j'ai entendu chanter* (on chante quoi ? la chanson)
- *Les plats qu'elle a choisi de cuisiner* (elle a cuisiné quoi ? les plats)
- *Elles se sont laissé convaincre* (on a convaincu qui ? elles)

Le participe passé s'accorde si le complément placé devant lui est à la fois le complément d'objet direct du verbe conjugué et celui de l'infinitif :

- *Les musiciens que j'ai entendus jouer*
(j'ai entendu qui ? les musiciens ; qui joue ? les musiciens)
- *Elle s'est laissée tomber* (qui est tombé ? elle)

> NB : La réforme de l'orthographe de 1990 préconise
> l'invariabilité du participe passé de *laisser* suivi d'un infinitif
> dans tous les cas. Ainsi, *Elle s'est laissé tomber* est une graphie
> acceptée.

Si l'infinitif est précédé d'une préposition, le participe s'accorde ou non :

- *Les chemises que j'ai mis ou mises à sécher*
- *Les problèmes que nous avons eu ou eus à régler*

VERBES IMPERSONNELS

Le participe passé des verbes impersonnels ou employés dans des tournures impersonnelles est invariable :

- *Les mètres de tissu qu'il a fallu*
- *Les tempêtes qu'il y a eu dans le Sud*

conjugaison | CHANTER

indicatif

PRÉSENT
je chante
tu chantes
il chante
nous chantons
vous chantez
ils chantent

IMPARFAIT
je chantais
tu chantais
il chantait
nous chantions
vous chantiez
ils chantaient

PASSÉ SIMPLE
je chantai
tu chantas
il chanta
nous chantâmes
vous chantâtes
ils chantèrent

FUTUR SIMPLE
je chanterai
tu chanteras
il chantera
nous chanterons
vous chanterez
ils chanteront

PASSÉ COMPOSÉ
j'ai chanté
tu as chanté
il a chanté
nous avons chanté
vous avez chanté
ils ont chanté

PLUS-QUE-PARFAIT
j'avais chanté
tu avais chanté
il avait chanté
nous avions chanté
vous aviez chanté
ils avaient chanté

PASSÉ ANTÉRIEUR
j'eus chanté
tu eus chanté
il eut chanté
nous eûmes chanté
vous eûtes chanté
ils eurent chanté

FUTUR ANTÉRIEUR
j'aurai chanté
tu auras chanté
il aura chanté
nous aurons chanté
vous aurez chanté
ils auront chanté

subjonctif

PRÉSENT
que je chante
que tu chantes
qu'il chante
que nous chantions
que vous chantiez
qu'ils chantent

IMPARFAIT
que je chantasse
que tu chantasses
qu'il chantât
que nous chantassions
que vous chantassiez
qu'ils chantassent

PASSÉ
que j'aie chanté
que tu aies chanté
qu'il ait chanté
que nous ayons chanté
que vous ayez chanté
qu'ils aient chanté

PLUS-QUE-PARFAIT
que j'eusse chanté
que tu eusses chanté
qu'il eût chanté
que nous eussions chanté
que vous eussiez chanté
qu'ils eussent chanté

conditionnel

PRÉSENT
je chanterais
tu chanterais
il chanterait
nous chanterions
vous chanteriez
ils chanteraient

PASSÉ 1ʳᵉ FORME
j'aurais chanté
tu aurais chanté
il aurait chanté
nous aurions chanté
vous auriez chanté
ils auraient chanté

PASSÉ 2ᵉ FORME
j'eusse chanté
tu eusses chanté
il eût chanté
nous eussions chanté
vous eussiez chanté
ils eussent chanté

impératif

PRÉSENT
chante
chantons
chantez

participe

PRÉSENT
chantant

PASSÉ
chanté

conjugaison 2 FINIR

indicatif

PRÉSENT
je finis
tu finis
il finit
nous finissons
vous finissez
ils finissent

IMPARFAIT
je finissais
tu finissais
il finissait
nous finissions
vous finissiez
ils finissaient

PASSÉ SIMPLE
je finis
tu finis
il finit
nous finîmes
vous finîtes
ils finirent

FUTUR SIMPLE
je finirai
tu finiras
il finira
nous finirons
vous finirez
ils finiront

PASSÉ COMPOSÉ
j'ai fini
tu as fini
il a fini
nous avons fini
vous avez fini
ils ont fini

PLUS-QUE-PARFAIT
j'avais fini
tu avais fini
il avait fini
nous avions fini
vous aviez fini
ils avaient fini

PASSÉ ANTÉRIEUR
j'eus fini
tu eus fini
il eut fini
nous eûmes fini
vous eûtes fini
ils eurent fini

FUTUR ANTÉRIEUR
j'aurai fini
tu auras fini
il aura fini
nous aurons fini
vous aurez fini
ils auront fini

subjonctif

PRÉSENT
que je finisse
que tu finisses
qu'il finisse
que nous finissions
que vous finissiez
qu'ils finissent

IMPARFAIT
que je finisse
que tu finisses
qu'il finît
que nous finissions
que vous finissiez
qu'ils finissent

PASSÉ
que j'aie fini
que tu aies fini
qu'il ait fini
que nous ayons fini
que vous ayez fini
qu'ils aient fini

PLUS-QUE-PARFAIT
que j'eusse fini
que tu eusses fini
qu'il eût fini
que nous eussions fini
que vous eussiez fini
qu'ils eussent fini

conditionnel

PRÉSENT
je finirais
tu finirais
il finirait
nous finirions
vous finiriez
ils finiraient

PASSÉ 1re FORME
j'aurais fini
tu aurais fini
il aurait fini
nous aurions fini
vous auriez fini
ils auraient fini

PASSÉ 2e FORME
j'eusse fini
tu eusses fini
il eût fini
nous eussions fini
vous eussiez fini
ils eussent fini

impératif

PRÉSENT
finis
finissons
finissez

participe

PRÉSENT
finissant

PASSÉ
fini

3. placer

indicatif présent je place, il place, nous plaçons, ils placent
> **imparfait** je plaçais
> **passé simple** je plaçai
> **futur** je placerai
impératif place, plaçons
conditionnel présent je placerais
subjonctif présent que je place, que nous placions
participe présent plaçant
> **passé** placé

.... bouger ....

indicatif présent je bouge, il bouge, nous bougeons, ils bougent
> **imparfait** je bougeais, nous bougions
> **passé simple** je bougeai
> **futur** je bougerai
impératif bouge, bougeons
conditionnel présent je bougerais
subjonctif présent que je bouge, que nous bougions
participe présent bougeant
> **passé** bougé

4. appeler[(1)]

indicatif présent j'appelle, il appelle, nous appelons, ils appellent
> **imparfait** j'appelais
> **passé simple** j'appelai
> **futur** j'appellerai
impératif appelle, appelons
conditionnel présent j'appellerais
subjonctif présent que j'appelle, que nous appelions
participe présent appelant
> **passé** appelé

.... jeter[(1)] ....

indicatif présent je jette, il jette, nous jetons, ils jettent
> **imparfait** je jetais
> **passé simple** je jetai
> **futur** je jetterai
impératif jette, jetons
conditionnel présent je jetterais
subjonctif présent que je jette, que nous jetions
participe présent jetant
> **passé** jeté

5. geler[(1)]

indicatif présent je gèle, il gèle, nous gelons, ils gèlent
> **imparfait** je gelais, nous gelions
> **passé simple** je gelai
> **futur** je gèlerai
impératif gèle, gelons
conditionnel présent je gèlerais
subjonctif présent que je gèle, que nous gelions
participe présent gelant
> **passé** gelé

.... acheter[(1)] ....

indicatif présent j'achète, il achète, nous achetons, ils achètent
> **imparfait** j'achetais, nous achetions
> **passé simple** j'achetai
> **futur** j'achèterai
impératif achète, achetons
conditionnel présent j'achèterais
subjonctif présent que j'achète, que nous achetions
participe présent achetant
> **passé** acheté

---

(1) NB : la réforme de l'orthographe préconise l'emploi systématique du è pour noter le son « e ouvert » dans les verbes en –eler et -eter. Ainsi, on peut conjuguer sur le modèle de geler et acheter (conjug. 5) des verbes tels que **ruisseler** (il ruissèle, il ruissèlera), **épousseter** (j'époussète, époussètera), **étiqueter** (il étiquètera)

6. céder

indicatif présent je cède, il cède, nous cédons, ils cèdent
> **imparfait** je cédais, nous cédions
> **passé simple** je cédai
> **futur** je céderai, je cèderai*
impératif cède, cédons
conditionnel présent je céderais, je cèderais*
subjonctif présent que je cède, que nous cédions
participe présent cédant
> **passé** cédé

CONJUGAISONS 7 À 13

7. épier
indicatif présent j'épie, il épie, nous épions, ils épient
> **imparfait** j'épiais, nous épiions
> **passé simple** j'épiai
> **futur** j'épierai
impératif épie, épions
conditionnel présent j'épierais
subjonctif présent que j'épie, que nous épiions
participe présent épiant
> **passé** épié

prier
indicatif présent je prie, il prie, nous prions, ils prient
> **imparfait** je priais, nous priions
> **passé simple** je priai
> **futur** je prierai
impératif prie, prions
conditionnel présent je prierais
subjonctif présent que je prie, que nous priions
participe présent priant
> **passé** prié

8. noyer
indicatif présent je noie, il noie, nous noyons, ils noient
> **imparfait** je noyais, nous noyions
> **passé simple** je noyai
> **futur** je noierai
impératif noie, noyons
conditionnel présent je noierais
subjonctif présent que je noie, que nous noyions
participe présent noyant
> **passé** noyé

payer
indicatif présent je paie ou je paye, il paie ou il paye, nous payons, ils paient ou ils payent
> **imparfait** je payais, nous payions
> **passé simple** je payai
> **futur** je paierai ou je payerai, nous paierons ou nous payerons
impératif paie ou paye, payons
conditionnel présent je paierais ou je payerais
subjonctif présent que je paie ou que je paye, que nous payions

participe présent payant
> **passé** payé

9. aller voir page ci-contre

10. haïr
indicatif présent je hais, il hait, nous haïssons, ils haïssent
> **imparfait** je haïssais, nous haïssions
> **passé simple** je haïs, nous haïmes
> **futur** je haïrai
impératif hais, haïssons
conditionnel présent je haïrais
subjonctif présent que je haïsse, que nous haïssions
participe présent haïssant
> **passé** haï

11. courir
indicatif présent je cours, il court, nous courons, ils courent
> **imparfait** je courais, nous courions
> **passé simple** je courus
> **futur** je courrai
impératif cours, courons
conditionnel présent je courrais
subjonctif présent que je coure
participe présent courant
> **passé** couru

12. cueillir
indicatif présent je cueille, il cueille, nous cueillons, ils cueillent
> **imparfait** je cueillais, nous cueillions
> **passé simple** je cueillis
> **futur** je cueillerai
impératif cueille, cueillons
conditionnel présent je cueillerais
subjonctif présent que je cueille, que nous cueillions
participe présent cueillant
> **passé** cueilli

13. assaillir
indicatif présent j'assaille, il assaille, nous assaillons, ils assaillent
> **imparfait** j'assaillais, nous assaillions
> **passé simple** j'assaillis
> **futur** j'assaillirai
impératif assaille, assaillons
conditionnel présent j'assaillirais
subjonctif présent que j'assaille, que nous assaillions

conjugaison 9 ALLER

indicatif

PRÉSENT
je vais
tu vas
il va
nous allons
vous allez
ils vont

IMPARFAIT
j'allais
tu allais
il allait
nous allions
vous alliez
ils allaient

PASSÉ SIMPLE
j'allai
tu allas
il alla
nous allâmes
vous allâtes
ils allèrent

FUTUR SIMPLE
j'irai
tu iras
il ira
nous irons
vous irez
ils iront

PASSÉ COMPOSÉ
je suis allé
tu es allé
il est allé
nous sommes allés
vous êtes allés
ils sont allés

PLUS-QUE-PARFAIT
j'étais allé
tu étais allé
il était allé
nous étions allés
vous étiez allés
ils étaient allés

PASSÉ ANTÉRIEUR
je fus allé
tu fus allé
il fut allé
nous fûmes allés
vous fûtes allés
ils furent allés

FUTUR ANTÉRIEUR
je serai allé
tu seras allé
il sera allé
nous serons allés
vous serez allés
ils seront allés

subjonctif

PRÉSENT
que j'aille
que tu ailles
qu'il aille
que nous allions
que vous alliez
qu'ils aillent

IMPARFAIT
que j'allasse
que tu allasses
qu'il allât
que nous allassions
que vous allassiez
qu'ils allassent

PASSÉ
que je sois allé
que tu sois allé
qu'il soit allé
que nous soyons allés
que vous soyez allés
qu'ils soient allés

PLUS-QUE-PARFAIT
que je fusse allé
que tu fusses allé
qu'il fût allé
que nous fussions allés
que vous fussiez allés
qu'ils fussent allés

conditionnel

PRÉSENT
j'irais
tu irais
il irait
nous irions
vous iriez
ils iraient

PASSÉ 1ʳᵉ FORME
je serais allé
tu serais allé
il serait allé
nous serions allés
vous seriez allés
ils seraient allés

PASSÉ 2ᵉ FORME
je fusse allé
tu fusses allé
il fût allé
nous fussions allés
vous fussiez allés
ils fussent allés

impératif

PRÉSENT
va
allons
allez

participe

PRÉSENT
allant

PASSÉ
allé

participe présent assaillant
> **passé** assailli

────── **14. servir** ──────
indicatif présent je sers, il sert, nous servons, ils servent
> **imparfait** je servais, nous servions
> **passé simple** je servis
> **futur** je servirai
impératif sers, servons
conditionnel présent je servirais
subjonctif présent que je serve
participe présent servant
> **passé** servi

────── **15. bouillir** ──────
indicatif présent je bous, il bout, nous bouillons, ils bouillent
> **imparfait** je bouillais, nous bouillions
> **passé simple** je bouillis
> **futur** je bouillirai
impératif bous, bouillons
conditionnel présent je bouillirais
subjonctif présent que je bouille, que nous bouillions
participe présent bouillant
> **passé** bouilli

────── **16. partir** ──────
indicatif présent je pars, il part, nous partons, ils partent
> **imparfait** je partais, nous partions
> **passé simple** je partis
> **futur** je partirai
impératif pars, partons
conditionnel présent je partirais
subjonctif présent que je parte
participe présent partant
> **passé** parti

············ **sentir** ············
indicatif présent je sens, il sent, nous sentons, ils sentent
> **imparfait** je sentais, nous sentions
> **passé simple** je sentis
> **futur** je sentirai
impératif sens, sentons
conditionnel présent je sentirais
subjonctif présent que je sente
participe présent sentant
> **passé** senti

────── **17. fuir** ──────
indicatif présent je fuis, il fuit, nous fuyons, ils fuient
> **imparfait** je fuyais, nous fuyions
> **passé simple** je fuis, nous fuîmes
> **futur** je fuirai
impératif fuis, fuyons
conditionnel présent je fuirais
subjonctif présent que je fuie, que nous fuyions
participe présent fuyant
> **passé** fui

────── **18. couvrir** ──────
indicatif présent je couvre, il couvre, nous couvrons, ils couvrent
> **imparfait** je couvrais, nous couvrions
> **passé simple** je couvris
> **futur** je couvrirai
impératif couvre, couvrons
conditionnel présent je couvrirais
subjonctif présent que je couvre
participe présent couvrant
> **passé** couvert

────── **19. mourir** ──────
indicatif présent je meurs, il meurt, nous mourons, ils meurent
> **imparfait** je mourais, nous mourions
> **passé simple** je mourus
> **futur** je mourrai
impératif meurs, mourons
conditionnel présent je mourrais
subjonctif présent que je meure
participe présent mourant
> **passé** mort

────── **20. vêtir** ──────
indicatif présent je vêts, il vêt, nous vêtons, ils vêtent
> **imparfait** je vêtais, nous vêtions
> **passé simple** je vêtis, nous vêtîmes
> **futur** je vêtirai
impératif vêts, vêtons
conditionnel présent je vêtirais
subjonctif présent que je vête
participe présent vêtant
> **passé** vêtu

21. acquérir

indicatif présent j'acquiers, il acquiert, nous acquérons, ils acquièrent
> **imparfait** j'acquérais, nous acquérions
> **passé simple** j'acquis
> **futur** j'acquerrai
impératif acquiers, acquérons
conditionnel présent j'acquerrais
subjonctif présent que j'acquière
participe présent acquérant
> **passé** acquis

22. venir

indicatif présent je viens, il vient, nous venons, ils viennent
> **imparfait** je venais, nous venions
> **passé simple** je vins, nous vînmes
> **futur** je viendrai
impératif viens, venons
conditionnel présent je viendrais
subjonctif présent que je vienne
participe présent venant
> **passé** venu

23. pleuvoir

indicatif présent il pleut
> **imparfait** il pleuvait
> **passé simple** il plut
> **futur** il pleuvra
impératif *n'existe pas*
conditionnel présent il pleuvrait
subjonctif présent qu'il pleuve
participe présent pleuvant
> **passé** plu

24. prévoir

indicatif présent je prévois, il prévoit, nous prévoyons, ils prévoient
> **imparfait** je prévoyais, nous prévoyions
> **passé simple** je prévis
> **futur** je prévoirai
impératif prévois, prévoyons
conditionnel présent je prévoirais
subjonctif présent que je prévoie, que nous prévoyions
participe présent prévoyant
> **passé** prévu

25. pourvoir

indicatif présent je pourvois, il pourvoit, nous pourvoyons, ils pourvoient
> **imparfait** je pourvoyais, nous pourvoyions
> **passé simple** je pourvus
> **futur** je pourvoirai
impératif pourvois, pourvoyons
conditionnel présent je pourvoirais
subjonctif présent que je pourvoie, que nous pourvoyions
participe présent pourvoyant
> **passé** pourvu

26. asseoir *ou* assoir*

indicatif présent j'assieds, il assied, nous asseyons, ils asseyent, *ou* j'assois, il assoit, nous assoyons, ils assoient
> **imparfait** j'asseyais, nous asseyions *ou* j'assoyais, nous assoyions
> **passé simple** j'assis
> **futur** j'assiérai *ou* j'assoirai
impératif assieds, asseyons *ou* assois, assoyons
conditionnel présent j'assiérais *ou* j'assoirais
subjonctif présent que j'asseye, que nous asseyions *ou* que j'assoie, que nous assoyions
participe présent asseyant *ou* assoyant
> **passé** assis

27. mouvoir

indicatif présent je meus, il meut, nous mouvons, ils meuvent
> **imparfait** je mouvais, nous mouvions
> **passé simple** je mus, nous mûmes
> **futur** je mouvrai
impératif meus, mouvons
conditionnel présent je mouvrais
subjonctif présent que je meuve, que nous mouvions
participe présent mouvant
> **passé** mû

28. recevoir

indicatif présent je reçois, il reçoit, nous recevons, ils reçoivent
> **imparfait** je recevais, nous recevions
> **passé simple** je reçus
> **futur** je recevrai

impératif reçois, recevons
conditionnel présent je recevrais
subjonctif présent que je reçoive, que nous recevions
participe présent recevant
> **passé** reçu

29. valoir

indicatif présent je vaux, il vaut, nous valons, ils valent
> **imparfait** je valais, nous valions
> **passé simple** je valus
> **futur** je vaudrai

impératif vaux, valons
conditionnel présent je vaudrais
subjonctif présent que je vaille, que nous valions
participe présent valant
> **passé** valu

.... falloir ....

indicatif présent il faut
> **imparfait** il fallait
> **passé simple** il fallut
> **futur** il faudra

impératif *n'existe pas*
conditionnel présent il faudrait
subjonctif présent qu'il faille
participe présent n'existe pas
> **passé** fallu

30. voir

indicatif présent je vois, il voit, nous voyons, ils voient
> **imparfait** je voyais, nous voyions
> **passé simple** je vis
> **futur** je verrai

impératif vois, voyons
conditionnel présent je verrais
subjonctif présent que je voie, que nous voyions
participe présent voyant
> **passé** vu

31. vouloir

indicatif présent je veux, il veut, nous voulons, ils veulent
> **imparfait** je voulais, nous voulions
> **passé simple** je voulus
> **futur** je voudrai

impératif veux ou veuille, voulons, voulez ou veuillez
conditionnel présent je voudrais
subjonctif présent que je veuille, que nous voulions
participe présent voulant
> **passé** voulu

32. savoir

indicatif présent je sais, il sait, nous savons, ils savent
> **imparfait** je savais, nous savions
> **passé simple** je sus
> **futur** je saurai

impératif sache, sachons
conditionnel présent je saurais
subjonctif présent que je sache, que nous sachions
participe présent sachant
> **passé** su

33. pouvoir

indicatif présent je peux *ou* je puis, il peut, nous pouvons, ils peuvent
> **imparfait** je pouvais, nous pouvions
> **passé simple** je pus
> **futur** je pourrai

impératif *inusité*
conditionnel présent je pourrais
subjonctif présent que je puisse, que nous puissions
participe présent pouvant
> **passé** pu

34. avoir voir page ci-contre

35. conclure

indicatif présent je conclus, il conclut, nous concluons, ils concluent
> **imparfait** je concluais, nous concluions
> **passé simple** je conclus
> **futur** je conclurai

impératif conclus, concluons
conditionnel présent je conclurais
subjonctif présent que je conclue

conjugaison 34 AVOIR

indicatif

PRÉSENT
j'ai
tu as
il a
nous avons
vous avez
ils ont

IMPARFAIT
j'avais
tu avais
il avait
nous avions
vous aviez
ils avaient

PASSÉ SIMPLE
j'eus
tu eus
il eut
nous eûmes
vous eûtes
ils eurent

FUTUR SIMPLE
j'aurai
tu auras
il aura
nous aurons
vous aurez
ils auront

PASSÉ COMPOSÉ
j'ai eu
tu as eu
il a eu
nous avons eu
vous avez eu
ils ont eu

PLUS-QUE-PARFAIT
j'avais eu
tu avais eu
il avait eu
nous avions eu
vous aviez eu
ils avaient eu

PASSÉ ANTÉRIEUR
j'eus eu
tu eus eu
il eut eu
nous eûmes eu
vous eûtes eu
ils eurent eu

FUTUR ANTÉRIEUR
j'aurai eu
tu auras eu
il aura eu
nous aurons eu
vous aurez eu
ils auront eu

subjonctif

PRÉSENT
que j'aie
que tu aies
qu'il ait
que nous ayons
que vous ayez
qu'ils aient

IMPARFAIT
que j'eusse
que tu eusses
qu'il eût
que nous eussions
que vous eussiez
qu'ils eussent

PASSÉ
que j'aie eu
que tu aies eu
qu'il ait eu
que nous ayons eu
que vous ayez eu
qu'ils aient eu

PLUS-QUE-PARFAIT
que j'eusse eu
que tu eusses eu
qu'il eût eu
que nous eussions eu
que vous eussiez eu
qu'ils eussent eu

conditionnel

PRÉSENT
j'aurais
tu aurais
il aurait
nous aurions
vous auriez
ils auraient

PASSÉ 1re FORME
j'aurais eu
tu aurais eu
il aurait eu
nous aurions eu
vous auriez eu
ils auraient eu

PASSÉ 2e FORME
j'eusse eu
tu eusses eu
il eût eu
nous eussions eu
vous eussiez eu
ils eussent eu

impératif

PRÉSENT
aie
ayons
ayez

participe

PRÉSENT
ayant

PASSÉ
eu

participe présent concluant
> **passé** conclu

---

36. rire

indicatif présent je ris, il rit,
nous rions, ils rient
> **imparfait** je riais, nous riions
> **passé simple** je ris
> **futur** je rirai
impératif ris, rions
conditionnel présent je rirais
subjonctif présent que je rie,
que nous riions
participe présent riant
> **passé** ri

---

37. dire

indicatif présent je dis, il dit,
nous disons, vous dites, ils disent
> **imparfait** je disais, nous disions
> **passé simple** je dis
> **futur** je dirai
impératif dis, disons, dites
conditionnel présent je dirais
subjonctif présent que je dise
participe présent disant
> **passé** dit

.... suffire ....

indicatif présent je suffis, il suffit,
nous suffisons, ils suffisent
> **imparfait** je suffisais, nous suffisions
> **passé simple** je suffis
> **futur** je suffirai
impératif suffis, suffisons
conditionnel présent je suffirais
subjonctif présent que je suffise
participe présent suffisant
> **passé** suffi

---

38. nuire

indicatif présent je nuis, il nuit,
nous nuisons, ils nuisent
> **imparfait** je nuisais, nous nuisions
> **passé simple** je nuisis
> **futur** je nuirai
impératif nuis, nuisons
conditionnel présent je nuirais
subjonctif présent que je nuise
participe présent nuisant
> **passé** nui

.... conduire ....

indicatif présent je conduis,
il conduit, nous conduisons,
ils conduisent
> **imparfait** je conduisais,
nous conduisions
> **passé simple** je conduisis
> **futur** je conduirai
impératif conduis, conduisons
conditionnel présent je conduirais
subjonctif présent que je conduise
participe présent conduisant
> **passé** conduit

---

39. écrire

indicatif présent j'écris, il écrit,
nous écrivons, ils écrivent
> **imparfait** j'écrivais, nous écrivions
> **passé simple** j'écrivis
> **futur** j'écrirai
impératif écris, écrivons
conditionnel présent j'écrirais
subjonctif présent que j'écrive
participe présent écrivant
> **passé** écrit

---

40. suivre

indicatif présent je suis, il suit,
nous suivons, ils suivent
> **imparfait** je suivais, nous suivions
> **passé simple** je suivis
> **futur** je suivrai
impératif suis, suivons
conditionnel présent je suivrais
subjonctif présent que je suive
participe présent suivant
> **passé** suivi

---

41. rendre

indicatif présent je rends, il rend,
nous rendons, ils rendent
> **imparfait** je rendais, nous rendions
> **passé simple** je rendis
> **futur** je rendrai
impératif rends, rendons
conditionnel présent je rendrais
subjonctif présent que je rende
participe présent rendant
> **passé** rendu

.... rompre ....

indicatif présent je romps, il rompt,
nous rompons, ils rompent

> **imparfait** je rompais,
    nous rompions
> **passé simple** je rompis
> **futur** je romprai
impératif romps, rompons
conditionnel présent je romprais
subjonctif présent que je rompe
participe présent rompant
> **passé** rompu

────────── battre ──────────
indicatif présent je bats, il bat,
    nous battons, ils battent
> **imparfait** je battais, nous battions
> **passé simple** je battis
> **futur** je battrai
impératif bats, battons
conditionnel présent je battrais
subjonctif présent que je batte
participe présent battant
> **passé** battu

────────── 42. vaincre ──────────
indicatif présent je vaincs, il vainc,
    nous vainquons, ils vainquent
> **imparfait** je vainquais,
    nous vainquions
> **passé simple** je vainquis
> **futur** je vaincrai
impératif vaincs, vainquons
conditionnel présent je vaincrais
subjonctif présent que je vainque
participe présent vainquant
> **passé** vaincu

────────── 43. lire ──────────
indicatif présent je lis, il lit,
    nous lisons, ils lisent
> **imparfait** je lisais, nous lisions
> **passé simple** je lus
> **futur** je lirai
impératif lis, lisons
conditionnel présent je lirais
subjonctif présent que je lise
participe présent lisant
> **passé** lu

────────── 44. croire ──────────
indicatif présent je crois, il croit,
    nous croyons, ils croient
> **imparfait** je croyais, nous croyions
> **passé simple** je crus, nous crûmes
> **futur** je croirai

impératif crois, croyons
conditionnel présent je croirais
subjonctif présent que je croie,
    que nous croyions
participe présent croyant
> **passé** cru

────────── 45. clore ──────────
indicatif présent je clos, il clôt,
    ils closent
> **imparfait** inusité
> **passé simple** n'existe pas
> **futur** je clorai
impératif clos
conditionnel présent je clorais
subjonctif présent que je close
participe présent closant
> **passé** clos

────────── 46. vivre ──────────
indicatif présent je vis, il vit,
    nous vivons, ils vivent
> **imparfait** je vivais, nous vivions
> **passé simple** je vécus
> **futur** je vivrai
impératif vis, vivons
conditionnel présent je vivrais
subjonctif présent que je vive
participe présent vivant
> **passé** vécu

────────── 47. moudre ──────────
indicatif présent je mouds, il moud,
    nous moulons, ils moulent
> **imparfait** je moulais, nous moulions
> **passé simple** je moulus
> **futur** je moudrai
impératif mouds, moulons
conditionnel présent je moudrais
subjonctif présent que je moule
participe présent moulant
> **passé** moulu

────────── 48. coudre ──────────
indicatif présent je couds, il coud,
    nous cousons, ils cousent
> **imparfait** je cousais, nous cousions
> **passé simple** je cousis
> **futur** je coudrai
impératif couds, cousons
conditionnel présent je coudrais
subjonctif présent que je couse

participe présent cousant
> **passé** cousu

49. joindre

indicatif présent je joins, il joint, nous joignons, ils joignent
> **imparfait** je joignais, nous joignions
> **passé simple** je joignis
> **futur** je joindrai
impératif joins, joignons
conditionnel présent je joindrais
subjonctif présent que je joigne, que nous joignions
participe présent joignant
> **passé** joint

50. traire

indicatif présent je trais, il trait, nous trayons, ils traient
> **imparfait** je trayais, nous trayions
> **passé simple** n'existe pas
> **futur** je trairai
impératif trais, trayons
conditionnel présent je trairais
subjonctif présent que je traie, que nous trayions
participe présent trayant
> **passé** trait

51. absoudre

indicatif présent j'absous, il absout, nous absolvons, ils absolvent
> **imparfait** j'absolvais, nous absolvions
> **passé simple** inusité
> **futur** j'absoudrai
impératif absous, absolvons
conditionnel présent j'absoudrais
subjonctif présent que j'absolve
participe présent absolvant
> **passé** absous ou absout*

52. craindre

indicatif présent je crains, il craint, nous craignons, ils craignent
> **imparfait** je craignais, nous craignions
> **passé simple** je craignis
> **futur** je craindrai
impératif crains, craignons
conditionnel présent je craindrais
subjonctif présent que je craigne, que nous craignions
participe présent craignant
> **passé** craint

.... peindre ....

indicatif présent je peins, il peint, nous peignons, ils peignent
> **imparfait** je peignais, nous peignions
> **passé simple** je peignis
> **futur** je peindrai
impératif peins, peignons
conditionnel présent je peindrais
subjonctif présent que je peigne, que nous peignions
participe présent peignant
> **passé** peint

53. boire

indicatif présent il bois, il boit, nous buvons, ils boivent
> **imparfait** je buvais, nous buvions
> **passé simple** je bus
> **futur** je boirai
impératif bois, buvons
conditionnel présent je boirais
subjonctif présent que je boive, que nous buvions
participe présent buvant
> **passé** bu

54. plaire [1]

indicatif présent je plais, il plaît, nous plaisons, ils plaisent
> **imparfait** je plaisais, nous plaisions
> **passé simple** je plus
> **futur** je plairai
impératif plais, plaisons
conditionnel présent je plairais
subjonctif présent que je plaise
participe présent plaisant
> **passé** plu

.... taire ....

indicatif présent je tais, il tait, nous taisons, ils taisent
> **imparfait** je taisais, nous taisions
> **passé simple** je tus
> **futur** je tairai
impératif tais, taisons
conditionnel présent je tairais
subjonctif présent que je taise
participe présent taisant
> **passé** tu

55. croître [2]

indicatif présent je croîs, tu croîs, il croît, nous croissons, ils croissent
> **imparfait** je croissais, nous croissions
> **passé simple** je crûs, nous crûmes
> **futur** je croîtrai
impératif croîs, croissons
conditionnel présent je croîtrais
subjonctif présent que je croisse
participe présent croissant
> **passé** crû

accroître [1]

indicatif présent j'accrois, il accroît, nous accroissons, ils accroissent
> **imparfait** j'accroissais, nous accroissions
> **passé simple** j'accrus, nous accrûmes
> **futur** j'accroîtrai
impératif accrois, accroissons
conditionnel présent j'accroîtrais
subjonctif présent que j'accroisse
participe présent accroissant
> **passé** accru

56. mettre

indicatif présent je mets, il met, nous mettons, ils mettent
> **imparfait** je mettais, nous mettions
> **passé simple** je mis
> **futur** je mettrai
impératif mets, mettons
conditionnel présent je mettrais
subjonctif présent que je mette
participe présent mettant
> **passé** mis

57. connaître [1]

indicatif présent je connais, il connaît, nous connaissons, ils connaissent
> **imparfait** je connaissais, nous connaissions
> **passé simple** je connus
> **futur** je connaîtrai
impératif connais, connaissons
conditionnel présent je connaîtrais
subjonctif présent que je connaisse
participe présent connaissant
> **passé** connu

58. prendre

indicatif présent je prends, il prend, nous prenons, ils prennent
> **imparfait** je prenais, nous prenions
> **passé simple** je pris
> **futur** je prendrai
impératif prends, prenons
conditionnel présent je prendrais
subjonctif présent que je prenne, que nous prenions
participe présent prenant
> **passé** pris

59. naître [1]

indicatif présent je nais, il naît, nous naissons, ils naissent
> **imparfait** je naissais, nous naissions
> **passé simple** je naquis
> **futur** je naîtrai
impératif nais, naissons
conditionnel présent je naîtrais
subjonctif présent que je naisse
participe présent naissant
> **passé** né

---

(1) La Réforme de l'orthographe de 1990 préconise l'abandon de l'accent circonflexe sur le **i** et le **u**, sauf dans les terminaisons verbales du passé simple ou antérieur et celles du subjonctif imparfait ou plus-que-parfait. Ainsi, on peut écrire **plait ; nait, naitra, naitrait, accroit, accroitra, accroitrait, connait, connaitra, connaitrait,** etc.

(2) La Réforme de l'orthographe de 1990 préconise de conserver l'accent circonflexe sur les formes du verbe **croître** qui, sinon, pourraient se confondre avec celles du verbe **croire**. Ainsi on peut écrire **croitre, croitrai, croitra, croitrait, croitrions,** etc. mais on écrit **crû, croîs, croît, crûs, crût, crûrent, crûsse,** etc.

conjugaison 60 FAIRE

indicatif

PRÉSENT
je fais
tu fais
il fait
nous faisons
vous faites
ils font

PASSÉ COMPOSÉ
j'ai fait
tu as fait
il a fait
nous avons fait
vous avez fait
ils ont fait

IMPARFAIT
je faisais
tu faisais
il faisait
nous faisions
vous faisiez
ils faisaient

PLUS-QUE-PARFAIT
j'avais fait
tu avais fait
il avait fait
nous avions fait
vous aviez fait
ils avaient fait

PASSÉ SIMPLE
je fis
tu fis
il fit
nous fîmes
vous fîtes
ils firent

PASSÉ ANTÉRIEUR
j'eus fait
tu eus fait
il eut fait
nous eûmes fait
vous eûtes fait
ils eurent fait

FUTUR SIMPLE
je ferai
tu feras
il fera
nous ferons
vous ferez
ils feront

FUTUR ANTÉRIEUR
j'aurai fait
tu auras fait
il aura fait
nous aurons fait
vous aurez fait
ils auront fait

subjonctif

PRÉSENT
que je fasse
que tu fasses
qu'il fasse
que nous fassions
que vous fassiez
qu'ils fassent

PASSÉ
que j'aie fait
que tu aies fait
qu'il ait fait
que nous ayons fait
que vous ayez fait
qu'ils aient fait

IMPARFAIT
que je fisse
que tu fisses
qu'il fît
que nous fissions
que vous fissiez
qu'ils fissent

PLUS-QUE-PARFAIT
que j'eusse fait
que tu eusses fait
qu'il eût fait
que nous eussions fait
que vous eussiez fait
qu'ils eussent fait

conditionnel

PRÉSENT
je ferais
tu ferais
il ferait
nous ferions
vous feriez
ils feraient

PASSÉ 1ʳᵉ FORME
j'aurais fait
tu aurais fait
il aurait fait
nous aurions fait
vous auriez fait
ils auraient fait

PASSÉ 2ᵉ FORME
j'eusse fait
tu eusses fait
il eût fait
nous eussions fait
vous eussiez fait
ils eussent fait

impératif

PRÉSENT
fais
faisons
faites

participe

PRÉSENT
faisant

PASSÉ
fait

conjugaison 61 ÊTRE

indicatif

PRÉSENT
je suis
tu es
il est
nous sommes
vous êtes
ils sont

IMPARFAIT
j'étais
tu étais
il était
nous étions
vous étiez
ils étaient

PASSÉ SIMPLE
je fus
tu fus
il fut
nous fûmes
vous fûtes
ils furent

FUTUR SIMPLE
je serai
tu seras
il sera
nous serons
vous serez
ils seront

PASSÉ COMPOSÉ
j'ai été
tu as été
il a été
nous avons été
vous avez été
ils ont été

PLUS-QUE-PARFAIT
j'avais été
tu avais été
il avait été
nous avions été
vous aviez été
ils avaient été

PASSÉ ANTÉRIEUR
j'eus été
tu eus été
il eut été
nous eûmes été
vous eûtes été
ils eurent été

FUTUR ANTÉRIEUR
j'aurai été
tu auras été
il aura été
nous aurons été
vous aurez été
ils auront été

subjonctif

PRÉSENT
que je sois
que tu sois
qu'il soit
que nous soyons
que vous soyez
qu'ils soient

IMPARFAIT
que je fusse
que tu fusses
qu'il fût
que nous fussions
que vous fussiez
qu'ils fussent

PASSÉ
que j'aie été
que tu aies été
qu'il ait été
que nous ayons été
que vous ayez été
qu'ils aient été

PLUS-QUE-PARFAIT
que j'eusse été
que tu eusses été
qu'il eût été
que nous eussions été
que vous eussiez été
qu'ils eussent été

conditionnel

PRÉSENT
je serais
tu serais
il serait
nous serions
vous seriez
ils seraient

PASSÉ 1re FORME
j'aurais été
tu aurais été
il aurait été
nous aurions été
vous auriez été
ils auraient été

PASSÉ 2e FORME
j'eusse été
tu eusses été
il eût été
nous eussions été
vous eussiez été
ils eussent été

impératif

PRÉSENT
sois
soyons
soyez

participe

PRÉSENT
étant

PASSÉ
été

– Dans la même collection –

VÉRIFIEZ VOTRE ORTHOGRAPHE
68 000 mots

Le correcteur pour un zéro faute en orthographe

—

CONJUGUEZ SANS FAUTE
8 000 verbes

Le conjugateur pour un zéro faute sur les verbes

—

TROUVEZ LE BON MOT
128 000 synonymes

Pour enrichir facilement votre vocabulaire

—

DÉJOUEZ LES PIÈGES
1 000 difficultés du français expliquées

Pour écrire et parler un français correct

—

1 000 QUESTIONS DE FRANÇAIS

Des quiz pour tester et améliorer votre français